Kliewer/Zschenderlein/Schneider
Die Prüfung der Steuerfachangestellten

Zusätzliche digitale Inhalte für Sie!

Zu diesem Buch stehen Ihnen kostenlos folgende digitale Inhalte zur Verfügung:

Schalten Sie sich das Buch inklusive Mehrwert direkt frei.

Scannen Sie den QR-Code **oder** rufen Sie die Seite **www.kiehl.de** auf. Geben Sie den Freischaltcode ein und folgen Sie dem Anmeldedialog. Fertig!

Ihr Freischaltcode

CCIX-AHJA-YQLG-KHEW-DGZQ-OW

Die Prüfung der Steuerfachangestellten

Von
StD Dipl.-Kfm. Dipl.-Hdl. Ekkehard Kliewer,
OStR Dipl.-Hdl. Oliver Zschenderlein und
Dipl.-Finanzw. Dipl.-Hdl. Alexander Schneider

37., aktualisierte Auflage

Bearbeitervermerk

- **Rechnungswesen:**
  Studiendirektor, Dipl.-Kfm., Dipl.-Hdl. Ekkehard Kliewer
- **Steuerwesen und Mandantenorientierte Sachbearbeitung:**
  Oberstudienrat, Dipl.-Hdl. Oliver Zschenderlein
- **Wirtschafts- und Sozialkunde:**
  Studienrat, Dipl.-Finanzw., Dipl.-Hdl. Alexander Schneider

ISBN 978-3-470-**64447**-9 · 37., aktualisierte Auflage 2019

© NWB Verlag GmbH & Co. KG, Herne 1960
www.kiehl.de

Kiehl ist eine Marke des NWB Verlags

Alle Rechte vorbehalten. Das Werk und seine Teile sind urheberrechtlich geschützt. Jede Nutzung in anderen als den gesetzlich zugelassenen Fällen bedarf der vorherigen schriftlichen Einwilligung des Verlages. Hinweis zu § 52a UrhG: Weder das Werk noch seine Teile dürfen ohne eine solche Einwilligung eingescannt und in ein Netzwerk eingestellt werden. Dies gilt auch für Intranets von Schulen und sonstigen Bildungseinrichtungen.

Satz: Röser MEDIA GmbH & Co. KG, Karlsruhe
Druck: medienHaus Plump GmbH, Rheinbreitbach

Vorwort

Das Standardwerk „Die Prüfung der Steuerfachangestellten" erscheint nun bereits in der 37. Auflage. Es bringt den gesamten Prüfungsstoff in rund 1.200 Fragen mit Antworten als Grundwissen und mehr als 40 praxisorientierten Prüfungsfällen für die schriftliche und mündliche Prüfung. Das Buch lehnt sich strikt an den Ausbildungsrahmenplan und den Rahmenlehrplan für den Berufsschulunterricht sowie an das Niveau der Abschlussprüfung der Steuerfachangestellten an. Daher eignet sich das Buch zur gezielten Prüfungsvorbereitung, aber auch als begleitende Literatur zum Berufsschulunterricht.

Die Neuauflage stellt die Rechtslage 2018 dar. Hinweise auf die ab 2019 eintretenden Rechtsänderungen wurden ebenfalls eingearbeitet, soweit sie zum Zeitpunkt der Drucklegung bereits verbindlich festgelegt waren. Berücksichtigt wurden u. a.:

- Gesetz zur Modernisierung des Besteuerungsverfahrens,
- Gesetz zur Umsetzung der Änderungen der EU-Amtshilferichtlinie und von weiteren Maßnahmen gegen Gewinnkürzungen und -verlagerungen,
- Gesetz zur Bekämpfung der Steuerumgehung und zur Änderung weiterer steuerlicher Vorschriften („Steuerumgehungsbekämpfungsgesetz"),
- Gesetz zur Stärkung der betrieblichen Altersversorgung und zur Änderung anderer Gesetze („Betriebsrentenstärkungsgesetz"),
- Gesetz gegen schädliche Steuerpraktiken im Zusammenhang mit Rechteüberlassungen,
- zahlreiche BMF-Schreiben aus 2017 und 2018.

Die Prüfungsfälle sind auch auf die Rechtslage 2018 abgestellt.

Das vorliegende Buch ist gleichfalls für die am bundesweiten Klausurenverbund teilnehmenden als auch für die nicht am Klausurenverbund teilnehmenden Kammerbezirke geeignet, weil das Buch die Anforderungen beider Alternativen berücksichtigt.

Der Prüfungsstoff wird in übersichtlicher Form dargestellt. In Verbindung mit dem detaillierten Stichwortverzeichnis besitzt der Prüfling, aber auch der bzw. die gestandene Steuerfachangestellte ein umfangreiches Nachschlagewerk, auf das in Zweifelsfällen bei der täglichen Berufsarbeit zurückgegriffen werden kann.

Unter **http://go.kiehl.de/stfa-pruefung** finden Sie unseren Aktualisierungsservice.

Im Hinblick auf die zukünftige Überarbeitung sind wir für konstruktive Kritik, Hinweise auf Fehler und Verbesserungsvorschläge stets dankbar. Sie können uns diese Anmerkungen auch in Kurzform an die folgende E-Mail-Adresse schicken: **feedback@kiehl.de**

Ekkehard Kliewer, Oliver Zschenderlein und Alexander Schneider
Friedelsheim, Koblenz und Eußerthal im November 2018

Benutzungshinweise
Diese Symbole erleichtern Ihnen die Arbeit mit diesem Buch:

 TIPP

Hier finden Sie nützliche Hinweise zum Thema.

 MERKE

Das X macht auf wichtige Merksätze oder Definitionen aufmerksam.

 ACHTUNG

Das Ausrufezeichen steht für Beachtenswertes, wie z. B. Fehler, die immer wieder vorkommen, typische Stolpersteine oder wichtige Ausnahmen.

 INFO

Hier erhalten Sie nützliche Zusatz- und Hintergrundinformationen zum Thema.

 RECHTSGRUNDLAGEN

Das Paragrafenzeichen verweist auf rechtliche Grundlagen, wie z. B. Gesetzestexte.

 MEDIEN

Das Maus-Symbol weist Sie auf andere Medien hin. Sie finden hier Hinweise z. B. auf Download-Möglichkeiten von Zusatzmaterialien, auf Audio-Medien oder auf die Website von Kiehl.

Aus Gründen der Praktikabilität und besserer Lesbarkeit wird darauf verzichtet, jeweils männliche und weibliche Personenbezeichnungen zu verwenden. So können z. B. Mitarbeiter, Arbeitnehmer, Vorgesetzte grundsätzlich sowohl männliche als auch weibliche Personen sein.

INHALTSVERZEICHNIS

Vorwort 5
Inhaltsverzeichnis 7
Abkürzungsverzeichnis 13

A. Einführung
1. Prüfungsvorbereitung und Prüfungstechnik 15
   1.1 Vorbemerkungen 15
   1.2 Die schriftliche Prüfung 15
   1.3 Mandantenorientierte Sachbearbeitung 17
2. Und was kommt danach? 18

B. Grundwissen
I. Steuerwesen 21
1. Grundlagen des Allgemeinen Steuerrechts 21
   1.1 Öffentlich-rechtliche Abgaben 21
   1.2 Steueraufkommen 23
   1.3 Einteilung der Steuern nach verschiedenen Kriterien 24
   1.4 Überblick über die steuerlichen Vorschriften 27
   1.5 Überblick über den Aufbau und die Aufgaben der Steuerverwaltung 29
2. Umsatzsteuer 30
   2.1 Stellung innerhalb des Steuersystems und rechtliche Grundlagen 30
   2.2 Grundbegriffe des Systems der Umsatzsteuer 32
   2.3 Steuerbare Umsätze 34
      2.3.1 Entgeltliche Leistungen 34
      2.3.2 Unentgeltliche Leistungen 66
      2.3.3 Steuerbare Einfuhr 77
      2.3.4 Steuerbarer innergemeinschaftlicher Erwerb 79
   2.4 Steuerbefreiungen 84
   2.5 Bemessungsgrundlagen 90
   2.6 Steuersätze 100
   2.7 Entstehung der Umsatzsteuer und Steuerschuldner 103
   2.8 Ausstellung von Rechnungen 109
   2.9 Vorsteuerabzug 115
   2.10 Festsetzung und Erhebung der Umsatzsteuer 126
   2.11 Mini-One-Stop-Shop 130
   2.12 Besondere Meldepflichten 131
   2.13 Wichtige Aufzeichnungspflichten 133
   2.14 Besteuerung der Kleinunternehmer 134

INHALTSVERZEICHNIS

3.	Einkommensteuer	137
3.1	Stellung innerhalb des Steuersystems und rechtliche Grundlagen	137
3.2	Steuerpflicht	138
3.2.1	Persönliche Steuerpflicht	138
3.2.2	Sachliche Steuerpflicht	142
3.2.3	Einkunftsermittlung	144
3.3	Die Einkunftsarten	168
3.3.1	Einkünfte aus Land- und Forstwirtschaft	168
3.3.2	Einkünfte aus Gewerbebetrieb	171
3.3.3	Einkünfte aus selbstständiger Arbeit	176
3.3.4	Einkünfte aus nichtselbstständiger Arbeit	178
3.3.5	Einkünfte aus Kapitalvermögen	188
3.3.6	Einkünfte aus Vermietung und Verpachtung	200
3.3.7	Sonstige Einkünfte	210
3.4	Ermittlung der Summe der Einkünfte	218
3.5	Ermittlung des Gesamtbetrags der Einkünfte	220
3.5.1	Altersentlastungsbetrag	220
3.5.2	Entlastungsbetrag für Alleinerziehende	222
3.5.3	Freibetrag für Land- und Forstwirte	223
3.6	Ermittlung des Einkommens	224
3.6.1	Verlustabzug	224
3.6.2	Sonderausgaben	226
3.6.3	Außergewöhnliche Belastungen	257
3.7	Ermittlung des zu versteuernden Einkommens	273
3.7.1	Kindergeld und Freibeträge für Kinder	273
3.7.2	Härteausgleich	282
3.8	Ermittlung der Einkommensteuer	283
3.8.1	Veranlagung	283
3.8.2	Einkommensteuertarif	287
3.8.3	Berechnung der Steuerschuld bzw. des Steuerguthabens	291
3.9	Steuerermäßigung bei Einkünften aus Gewerbebetrieb	292
3.10	Steuerermäßigung für haushaltsnahe Beschäftigungen, Dienstleistungen und Handwerkerleistungen	294
3.11	Lohnsteuer	300
4.	Körperschaftsteuer	312
4.1	Stellung innerhalb des Steuersystems und rechtliche Grundlagen	312
4.2	Persönliche Steuerpflicht und Steuerbefreiungen	313
4.3	Sachliche Steuerpflicht	317
4.4	Tarif und Steuerfestsetzung	324

INHALTSVERZEICHNIS

- 5. Gewerbesteuer — 325
    - 5.1 Stellung innerhalb des Steuersystems und rechtliche Grundlagen — 325
    - 5.2 Steuergegenstand und Steuerpflicht — 327
    - 5.3 Steuerschuldner — 331
    - 5.4 Ermittlung der Gewerbesteuer — 332
    - 5.5 Zerlegung des Steuermessbetrags — 345
    - 5.6 Gewerbesteuerrückstellung — 348
- 6. Abgabenordnung — 350
    - 6.1 Allgemeine Grundlagen — 350
    - 6.2 Zuständigkeit der Finanzbehörden — 351
    - 6.3 Steuerverwaltungsakte — 352
    - 6.4 Fristen und Termine — 354
    - 6.5 Festsetzungs- und Feststellungsverfahren — 360
    - 6.6 Erhebungsverfahren — 366
    - 6.7 Rechtsbehelfsverfahren — 370
    - 6.8 Rechtsverstöße im Steuerrecht — 374

II. Rechnungswesen — 377
1. Einführung in das Rechnungswesen — 377
2. Buchführungs- und Aufzeichnungsvorschriften — 381
3. Grundlagen der Finanzbuchführung — 399
4. Beschaffung und Absatz — 424
5. Personalwirtschaft — 429
6. Finanzwirtschaft — 444
    - 6.1 Zinsrechnung — 444
    - 6.2 Zahlungsverkehr — 447
    - 6.3 Darlehen — 450
    - 6.4 Leasingvorgänge — 451
    - 6.5 Wertpapiere — 455
7. Anlagenwirtschaft — 463
8. Buchungen im Steuerbereich — 468
9. Abschlüsse nach Handels- und Steuerrecht (Bilanzsteuerrecht) — 481
    - 9.1 Jahresabschluss — 481
    - 9.2 Zeitliche Abgrenzung — 492
    - 9.3 Grundsätze der Bilanzierung und Bewertung — 495
    - 9.4 Bewertungsmaßstäbe — 503
    - 9.5 Bewertung der Aktiva — 510
        - 9.5.1 Anlagevermögen — 510
        - 9.5.2 Umlaufvermögen — 527
        - 9.5.3 Rechnungsabgrenzungsposten — 536
        - 9.5.4 Aktive latente Steuern — 537

INHALTSVERZEICHNIS

9.6		Bewertung der Passiva	538
	9.6.1	Eigenkapital	538
	9.6.2	Rückstellungen	545
	9.6.3	Verbindlichkeiten	547
	9.6.4	Rechnungsabgrenzungsposten	549
	9.6.5	Passive latente Steuern	550
10. Betriebswirtschaftliche Auswertungen			552
10.1 Sachliche Abgrenzung			552
10.2 Unternehmensanalyse mithilfe von Kennzahlen			553

III. Wirtschafts- und Sozialkunde 561

1. Rechtliche Rahmenbedingungen der Wirtschaft 561
   - 1.1 Grundlagen 561
   - 1.2 Rechts- und Geschäftsfähigkeit 563
   - 1.3 Überblick über Willenserklärungen und Rechtsgeschäfte 567
   - 1.4 Der Kaufvertrag 576
   - 1.5 Grundsätze bei Verbraucherverträgen und besondere Vertriebsformen 586
   - 1.6 Störungen bei der Erfüllung des Kaufvertrages 591
     - 1.6.1 Mangelhafte Lieferung (Schlechtleistung) 592
     - 1.6.2 Lieferungsverzug 594
     - 1.6.3 Annahmeverzug 598
     - 1.6.4 Zahlungsverzug 600
   - 1.7 Besitz und Eigentum 602
   - 1.8 Mahnverfahren 608
   - 1.9 Fristen, Termine, Verjährung 611
2. Arbeitsrecht und soziale Sicherung 616
   - 2.1 Rahmenbedingungen der Berufsausbildung 616
   - 2.2 Institutionen zur Wahrnehmung ausbildungs- und arbeitsrechtlicher Ansprüche 623
   - 2.3 Wichtige arbeitsrechtliche Bestimmungen 627
   - 2.4 Gesetzlicher Datenschutz 632
   - 2.5 Versicherungen 633
3. Handels- und Gesellschaftsrecht 647
   - 3.1 Kaufmannseigenschaft 648
   - 3.2 Das Handelsregister 652
   - 3.3 Die Firma 654
   - 3.4 Die kaufmännischen Hilfsgewerbe 656
   - 3.5 Die unselbstständigen Hilfspersonen des Kaufmanns 659
   - 3.6 Unternehmensformen 663
     - 3.6.1 Grundlagen 663

3.6.2	Einzelunternehmung und Personengesellschaften	665
3.6.3	Kapitalgesellschaften	675
3.6.4	Die Genossenschaft	698
4.	Investition und Finanzierung	704
4.1	Grundlagen	704
4.2	Finanzierungsarten	708
4.3	Kreditarten	723
4.4	Kreditsicherungen	731
5.	Finanzwirtschaftliche Störungen	735
6.	Grundzüge der Wirtschaftsordnung und Wirtschaftspolitik	740

C. Übungsfälle für die schriftliche Prüfung

I. Steuerwesen 757

Umsatzsteuer-Prüfungsfall 1	757
Umsatzsteuer-Prüfungsfall 2	759
Umsatzsteuer-Prüfungsfall 3	762
Umsatzsteuer-Prüfungsfall 4	765
Umsatzsteuer-Prüfungsfall 5	768
Umsatzsteuer-Prüfungsfall 6	770
Einkommensteuer-Prüfungsfall 1	772
Einkommensteuer-Prüfungsfall 2	775
Einkommensteuer-Prüfungsfall 3	778
Einkommensteuer-Prüfungsfall 4	781
Einkommensteuer-Prüfungsfall 5	784
Einkommensteuer-Prüfungsfall 6	788
Gewerbesteuer-Prüfungsfall 1	791
Gewerbesteuer-Prüfungsfall 2	792
Gewerbesteuer-Prüfungsfall 3	793
Gewerbesteuer-Prüfungsfall 4	794
Gewerbesteuer-Prüfungsfall 5	795
Gewerbesteuer-Prüfungsfall 6	797
Körperschaftsteuer-Prüfungsfall 1	799
Körperschaftsteuer-Prüfungsfall 2	800
Körperschaftsteuer-Prüfungsfall 3	801
Körperschaftsteuer-Prüfungsfall 4	802
Körperschaftsteuer-Prüfungsfall 5	803
Körperschaftsteuer-Prüfungsfall 6	804
Abgabenordnung-Prüfungsfall 1	805
Abgabenordnung-Prüfungsfall 2	806

INHALTSVERZEICHNIS

Abgabenordnung-Prüfungsfall 3	807
Abgabenordnung-Prüfungsfall 4	808
Abgabenordnung-Prüfungsfall 5	809
Abgabenordnung-Prüfungsfall 6	810
II. Rechnungswesen	**811**
Prüfungsfall 1	811
Prüfungsfall 2	818
Prüfungsfall 3	826
Prüfungsfall 4	831
Prüfungsfall 5	835
Prüfungsfall 6	842
III. Wirtschafts- und Sozialkunde	**851**
Prüfungsfall 1	851
Prüfungsfall 2	854
Prüfungsfall 3	857
Prüfungsfall 4	859
Prüfungsfall 5	862
Prüfungsfall 6	866

D. Übungsfälle für die mündliche Prüfung: Mandantenorientierte Sachbearbeitung

Fall 1: Der neue Computerladen	871
Fall 2: Der neue Arbeitnehmer	872
Fall 3: Die geplante Investition	873
Fall 4: Das gemischt genutzte Gebäude	874
Fall 5: Italo-Express	875

Lösungen	877
Literaturverzeichnis	1051
Stichwortverzeichnis	1053

ABKÜRZUNGSVERZEICHNIS

A	Abschnitt	EK	Eigenkapital
Abs.	Absatz	ELSTAM	Elektronische Lohnsteuer-Abzugsmerkmale
Abschn.	Abschnitt		
AEAO	Anwendungserlass zur AO	ESt	Einkommensteuer
a. F.	alte Fassung	EStDV	Einkommensteuer-Durchführungsverordnung
AfA	Absetzung für Abnutzung		
AfaA	Absetzung für außergewöhnliche Abnutzung	EStG	Einkommensteuergesetz
		EStH	Amtliches Einkommensteuer-Handbuch
AG	Aktiengesellschaft		
AK	Anschaffungskosten	EStR	Einkommensteuer-Richtlinien
AktG	Aktiengesetz		
Anm.	Anmerkung	EU	Europäische Union
AO	Abgabenordnung	EuGH	Europäischer Gerichtshof
Art.	Artikel	EUR	Euro
Aufl.	Auflage	EUSt	Einfuhrumsatzsteuer
AVmG	Altersvermögensgesetz	e. V.	eingetragener Verein
		EWR	Europäischer Wirtschaftsraum
BA	Betriebsausgaben		
BAföG	Bundesausbildungsförderungsgesetz	EZ	Erhebungszeitraum
BAG	Bundesarbeitsgericht	f.	folgende Seite
BBiG	Berufsbildungsgesetz	ff.	folgende Seiten
BdF	Bundesminister der Finanzen	FG	Finanzgericht
BDSG	Bundesdatenschutzgesetz	FGO	Finanzgerichtsordnung
BE	Betriebseinnahmen	FinMin.	Finanzministerium
BewG	Bewertungsgesetz	FVG	Gesetz über die Finanzverwaltung
BfF	Bundesamt für Finanzen		
BFH	Bundesfinanzhof		
BGB	Bürgerliches Gesetzbuch	GdB	Grad der Behinderung
BGBl.	Bundesgesetzblatt	GdbR (GbR)	Gesellschaft des bürgerlichen Rechts
BGH	Bundesgerichtshof		
BilMoG	Bilanzrechtsmodernisierungsgesetz	GenG	Genossenschaftsgesetz
		GewO	Gewerbeordnung
BilRUG	Bilanzrichtlinie-Umsetzungsgesetz	GewSt	Gewerbesteuer
		GewStDV	Gewerbesteuer-Durchführungsverordnung
BMF	Bundesfinanzministerium		
BMG	Bemessungsgrundlage	GewStG	Gewerbesteuergesetz
BStBl	Bundessteuerblatt	GewStR	Gewerbesteuer-Richtlinien
BUrlG	Bundesurlaubsgesetz	GG	Grundgesetz
BV	Betriebsvermögen	GmbH	Gesellschaft mit beschränkter Haftung
BVerfG	Bundesverfassungsgericht		
BZSt	Bundeszentralamt für Steuern	GmbHG	GmbH-Gesetz
		GrESt	Grunderwerbsteuer
		GrSt	Grundsteuer
DBA	Doppelbesteuerungsabkommen	GrStG	Grundsteuergesetz
DV	Durchführungsverordnung	H	Hinweis

ABKÜRZUNGSVERZEICHNIS

HGB	Handelsgesetzbuch	SGB	Sozialgesetzbuch
HK	Herstellungskosten	SolZG	Solidaritätszuschlaggesetz
		StB	Steuerberater
i. d. F.	in der Fassung	StBerG	Steuerberatungsgesetz
InvZulG	Investitionszulagengesetz	StBv	Steuerbevollmächtigter
i. V.	in Verbindung	StGB	Strafgesetzbuch
		StModernG	Gesetz zur Modernisierung des Besteuerungsverfahrens
KapESt	Kapitalertragsteuer		
KassenSichV	Kassensicherungsverordnung	Stpfl.	Steuerpflichtige/r
		StUmgBG	Steuerumgehungsbekämpfungsgesetz
Kfz	Kraftfahrzeug		
KG	Kommanditgesellschaft		
KGaA	Kommanditgesellschaft auf Aktien	SvEV	Sozialversicherungsentgeltverordnung
KiSt	Kirchensteuer		
KSchG	Kündigungsschutzgesetz	TVG	Tarifvertragsgesetz
KSt	Körperschaftsteuer	Tz.	Textziffer
KStDV	Körperschaftsteuer-Durchführungsverordnung	UmWG	Umwandlungsgesetz
KStG	Körperschaftsteuergesetz	USt	Umsatzsteuer
KStR	Körperschaftsteuer-Richtlinien	UStAE	Umsatzsteuer-Anwendungserlass
		UStDV	Umsatzsteuer-Durchführungsverordnung
LSt	Lohnsteuer		
LStDV	Lohnsteuer-Durchführungsverordnung	UStG	Umsatzsteuergesetz
LStR	Lohnsteuer-Richtlinien	VermBG	Vermögensbildungsgesetz
		VerSt	Versicherungsteuer
MitbestG	Mitbestimmungsgesetz	Vfg.	Verfügung
MuSchG	Mutterschutzgesetz	vGA	verdeckte Gewinnausschüttung
n. F.	neue Fassung	vgl.	vergleiche
		VO	Verordnung
OFD	Oberfinanzdirektion	VwZG	Verwaltungszustellungsgesetz
OHG	Offene Handelsgesellschaft		
		VZ	Veranlagungszeitraum
p. a.	per anno (pro Jahr)		
PartGG	Partnerschaftsgesellschaftsgesetz	Wj. (WJ)	Wirtschaftsjahr
		WK	Werbungskosten
		WPO	Wirtschaftsprüferordnung
R	Abschnitt der Einkommensteuer-Richtlinien	ZM	Zusammenfassende Meldung
Rd. (RdNr.)	Randnummer		
Rz.	Randzahl	ZPO	Zivilprozessordnung
SE	Societas Europaea (= Europäische AG)		

A. Einführung

1. Prüfungsvorbereitung und Prüfungstechnik

1.1 Vorbemerkungen

Der Vorbereitung auf die Fachangestelltenprüfung dient sowohl der theoretische Unterricht der Berufsschule als auch die vorwiegend praktische Ausbildung in den Kanzleien. Eine optimale Ausbildung ist gewährleistet, wenn schulische und praktische Ausbildung in ihren Lerninhalten zeitlich koordiniert vermittelt werden. Nur so ist der Sinn der dualen Ausbildung erfüllt.

Der Auszubildende darf sich jedoch nicht damit zufrieden geben, dass ihm etwas angeboten wird, er darf keine passive Rolle spielen, er muss vielmehr bei jeder Gelegenheit die Chance nutzen aktiv zu werden, nachzufragen, nachzudenken, er muss ausgebildet werden wollen. Wenn der Auszubildende sich zu dieser Einstellung entschieden hat, wird ihm die Ausbildung nicht als notwendiges Übel erscheinen, er wird sich mit seiner Aufgabe identifizieren, er wird durch Eigenmotivation und durch die Sachmotivation angetrieben die Ausbildung mit Erfolg abzuschließen.

Dem Auszubildenden, der sich um seine Ausbildung bemüht, werden zudem vielfältige ergänzende Möglichkeiten angeboten. Umfangreiche Fachliteratur bietet die Möglichkeit durch Selbststudium sein Wissen zu erweitern (siehe Literaturverzeichnis). Mithilfe von Aufgaben- und Fallsammlungen kann der Auszubildende sein Wissen überprüfen und sich in simulierten Prüfungssituationen auf die Prüfung vorbereiten. Dabei ist äußerst wichtig sich frühzeitig an ein gewisses Arbeitstempo zu gewöhnen, damit in der Prüfungssituation das erworbene Wissen auch in der vorgegebenen Prüfungszeit angewendet werden kann.

Prüfungsvorbereitungskurse und Seminare werden von berufsständischen Organisationen und privaten Unternehmen angeboten, um eine konzentrierte Wiederholung des Prüfungsstoffes oder eine Vertiefung von Einzelwissen zu ermöglichen.

Wenn der Auszubildende in der genannten Form vorbereitet in die Prüfung geht, ist der Erfolg in der Regel gesichert.

1.2 Die schriftliche Prüfung

Die schriftliche Abschlussprüfung der Steuerfachangestellten findet seit 2012 im Rahmen eines bundeseinheitlichen Prüfungsverbundes statt. Vorläufig haben sich dreizehn Steuerberaterkammern zusammengeschlossen, um

- die Prüfungsergebnisse durch einheitliche Prüfungsstandards bundesweit vergleichbar zu machen,
- ein höheres Ansehen der Berufsausbildung zur/zum Steuerfachangestellten durch einheitliche Ausbildungs- und Prüfungsstandards zu erreichen und

- um Kontinuität und Verlässlichkeit im Hinblick auf die Prüfungsanforderungen zu verbessern.

Die inhaltliche Struktur der schriftlichen Prüfung beruht nach wie vor auf den Vorgaben des Rahmenlehrplans sowie des Ausbildungsrahmenplans. Die Prüfungsaufgaben werden jeweils in der gültigen Rechtslage zum 31.12. des vorangegangenen Jahres gestellt.

Für die schriftliche Prüfung sind die nachfolgenden Inhaltsbereiche zwingend in den Prüfungsklausuren enthalten. Die festgelegten Gewichtungen der einzelnen Themenschwerpunkte können variieren:

Steuerwesen (150 Minuten)

▸ Einkommensteuer (3 - 5 Einzelsachverhalte; kein Gesamtfall)	45 Punkte
▸ Umsatzsteuer (Tabellenform)	25 Punkte
▸ Gewerbesteuer	10 Punkte
▸ Körperschaftsteuer	10 Punkte
▸ Abgabenordnung	10 Punkte
	100 Punkte

Rechnungswesen (120 Minuten)

▸ Einnahmenüberschussrechnung gem. § 4 Abs. 3 EStG (Tabellenform und/oder ggf. Einzelfragen)	18 Punkte
▸ Laufende Buchungen, Abschlussbuchungen, Bewertung	75 Punkte
▸ Auswertung von Warenkonten, Gewinnverteilung	7 Punkte
	100 Punkte

Wirtschafts- und Sozialkunde (90 Minuten)

▸ Schuld- und Sachenrecht (BGB)	20 Punkte
▸ Handels- und Gesellschaftsrecht (HGB, GmbHG)	40 Punkte
▸ Arbeitsrecht und Soziale Sicherung	20 Punkte
▸ Investition und Finanzierung	20 Punkte
	100 Punkte

Die Anforderungen der schriftlichen Prüfung in den Fächern Steuerwesen, Rechnungswesen und Wirtschafts- und Sozialkunde gehen normalerweise nicht über das Maß hinaus, das in der praktischen und theoretischen Ausbildung gefordert wurde. Sie liegen eher niedriger. Dem Prüfling wird zugestanden, dass er in der Prüfungssituation häufig nicht seine Höchstleistung erbringen kann. Prüfungsangst – die Prüflinge befinden sich in einer Stresssituation – beeinträchtigen seine Leistungsfähigkeit.

Wenn der Prüfling bereits geübt hat, Aufgaben unter Prüfungsbedingungen zu lösen, wird er sich einen Zeitplan für die Ernstsituation aufstellen. Nach Beginn der Prüfung wird er zunächst einmal den Aufgabentext überfliegen und – soweit nicht bereits geschehen – gliedern und jedem Gliederungspunkt einen Zeitansatz zuordnen. Dies erscheint wichtig, damit für die Teile der Aufgabe, die dem Prüfling relativ schwierig erscheinen, von vornherein Zeit eingeplant wird, diese Teile nicht vernachlässigt werden („Verdrängungseffekt"). Es ist besser wenigstens eine Teillösung zu erstellen, die einige Bewertungspunkte erbringt, als auf den Lösungsansatz eines Aufgabenteils ganz zu verzichten.

Nach dieser Vorarbeit wird sich der Prüfling zuerst dem Gliederungspunkt der Aufgabe zuwenden, der ihm am leichtesten erscheint. Bei nochmaligem – jetzt intensivem Lesen – werden Lösungshinweise und Notizen auf dem Aufgabenblatt oder Konzeptpapier festgehalten. Die Aufgabe muss so konzentriert aufgenommen werden, verinnerlicht werden, dass der Prüfling sie mit eigenen Worten sinngemäß wiedergeben könnte. Nur so ist sichergestellt, dass er sich in die Aufgabenstellung hineinarbeitet, die Zusammenhänge sieht, die Probleme erkennt.

Die Formulierung der Lösung wird jetzt keine große Schwierigkeit mehr bereiten. Je nach Aufgabenstellung oder Prüfungsfach sind bestimmte Lösungsformen vorgeschrieben oder vorgegeben (z. B. Formulierung von Buchungssätzen, Lösungsschemata im Steuerrecht).

Wenn der Prüfling sich eingearbeitet hat, wird er vielleicht feststellen, dass seine Zeitplanung zu vorsichtig war, die leichteren Teile der Aufgabe sind schneller gelöst und er hat genügend Zeit sich den schwierigeren Aufgaben oder Teilaufgaben zuzuwenden. Diese kann er umso sicherer lösen, da er auf eine gesicherte Punktzahl aufbauen kann. Auf alle Fälle sollte der Prüfling sich nicht in Problemen „festbeißen", die Zeit beanspruchen und letztlich wenig Lösungspunkte bringen. Dies gilt insbesondere bei Teilaufgaben aus dem Gebiet der Steuerlehre: es nützt nichts die Prüfungszeit für die Ermittlung bestimmter Einkünfte zu verschwenden, wenn für die Ermittlung des zu versteuernden Einkommens keine Zeit mehr bleibt. Eine fehlerhafte Lösung bringt normalerweise mehr Punkte als keine Lösung.

Wenn eine Lösung nach bestem Wissen erstellt ist, kann man gegebenenfalls vorhandene Zeit verwenden, um einzelne Probleme nochmals durchzudenken, die Lösung nochmals zu korrigieren, den letzten „Schliff" anzubringen.

Sofern eine Lösung nicht sofort in Reinschrift und endgültige Form gebracht werden kann, muss auf alle Fälle ausreichende Zeit für die vollendete Lösung eingeplant werden.

1.3 Mandantenorientierte Sachbearbeitung

Ziel der betrieblichen als auch der schulischen Ausbildung ist die Vermittlung einer breit fundierten Handlungskompetenz. Sie soll zum Denken in Zusammenhängen, zur Flexibilität, zur Genauigkeit und zum Verantwortungsbewusstsein unter besonderer Beachtung der für diesen Ausbildungsberuf wichtigen rechtlichen Rahmenbedingungen sowie mitarbeiter- und mandantenorientiertem Verhalten befähigen. Diese Qualifikation drückt sich in der Befähigung zu selbstständiger Sachbearbeitung sowie in Handlungen wie Planen, Durchführen, Kontrollieren und Bewerten berufsbezogener Aufgaben aus.

Diese Qualifikation soll in dem vierten Prüfungsfach, der

Mandantenorientierten Sachbearbeitung,

es besteht aus einem Prüfungsgespräch, abgeprüft werden (max. 30 Min.).

Der Prüfling soll ausgehend von einer von zwei ihm mit einer Vorbereitungszeit von höchstens zehn Minuten zur Wahl gestellten Aufgaben zeigen, dass er in diesem Prüfungsgespräch berufspraktische Vorgänge und Problemstellungen bearbeiten und Lösungen darstellen kann.

Für die Technik dieses Prüfungsgesprächs lassen sich kaum allgemeine Hinweise geben. In der Vorbereitungszeit kann der Prüfling seine erste Erregung abbauen und sich in Ruhe konzentriert auf das Gespräch vorbereiten. Die anfängliche Erregung des Prüflings vor einer fremden mehrköpfigen Prüfungskommission ist situationsbedingt und trifft bei den Prüfern auf Verständnis. Sie wird sich umso schneller legen, je sicherer sich der Prüfling fühlt.

Der Prüfling sollte zu dem Fall kurz und prägnant Stellung nehmen, Abschweifungen sollten vermieden werden. Ergänzende Fragen und Aufgabenstellungen sollten kurz überdacht werden und möglichst präzise beantwortet werden. Wenn die Fragestellung nicht klar sein sollte, kann der Prüfling nachfragen und nicht einfach schweigen. Die Antwort in ganzen Sätzen sollte selbstverständlich sein. Eine klare und deutliche Sprache sowie ein angemessenes Auftreten sollten zeigen, dass sich der Prüfling der Bedeutung der Prüfung bewusst ist.

Die drei Klausuren und die mündliche Prüfung fließen jeweils zu einem Viertel in die Abschlussnote ein.

2. Und was kommt danach?

Mit dem Tage der bestandenen Prüfung ist der Auszubildende Steuerfachangestellter. Die Ausbildungszeit ist beendet, selbst wenn die Dauer des Ausbildungsvertrages noch nicht abgelaufen ist.

Wenn dem Fachangestellten die Möglichkeit geboten wird, sollte er seine praktischen Kenntnisse noch einige Zeit in der gleichen Praxis vertiefen, in der er ausgebildet wurde. Er wird nun doch einiges aus einer anderen Warte sehen. Er kann auch versuchen, sich in anderen Kanzleien weitere Kenntnisse anzueignen, der Arbeitsablauf, der Arbeitsstil ist nicht in jeder Praxis gleich.

Hat der Fachangestellte die Absicht, sich in dem gewählten Beruf weiter zu qualifizieren, hat er die Möglichkeit weiterführende Seminare zu besuchen, Selbststudium zu betreiben oder sich auf Fort- oder Weiterbildungsprüfungen vorzubereiten und entsprechende Prüfungen abzulegen.

Gerade im Steuer- und Bilanzsteuerrecht muss das Wissen ständig aktualisiert werden.

Zum Nachweis von Kenntnissen, Fertigkeiten und Erfahrungen, die durch die berufliche Fortbildung zum **Bilanzbuchhalter**/zur **Bilanzbuchhalterin** erworben worden sind, werden Prüfungen zum Abschluss Geprüfter Bilanzbuchhalter/Geprüfte Bilanzbuchhalterin durchgeführt. Durch die Prüfung soll festgestellt werden, ob der Prüfungsteilnehmer die notwendigen Kenntnisse, Fertigkeiten und Erfahrungen hat.

Er hat sämtliche Probleme und Aufgaben der Organisation und Funktion des betrieblichen Finanz- und Rechnungswesens anwendungsorientiert zu lösen, insbesondere

- Jahresabschlüsse, Abschlüsse nach internationalen Standards sowie Lageberichte nach Handelsrecht und Steuerbilanzen erstellen;
- Berichterstattung auswerten und interpretieren des Zahlenwerks für Planungs- und Kontrollentscheidungen;
- Umsetzen des Steuerrechts und der betrieblichen Steuerlehre;
- Erstellen einer Kosten- und Leistungsrechnung und zielorientierte Anwendung;
- Unternehmensrelevante Aufgaben unter Beachtung volkswirtschaftlicher Zusammenhänge wahrnehmen;
- Durchführung von Rechtsvorgängen im Mahn- und Klageverfahren und der Zwangsvollstreckung;
- Organisations- und Führungsaufgaben übernehmen, unternehmerische Kompetenzen einsetzen, die die Befähigung zur Gründung oder Übernahme eines Unternehmens beinhalten können.

Zur Prüfung wird zugelassen, wer eine mit Erfolg abgelegte Abschlussprüfung in einem anerkannten kaufmännischen oder verwaltenden Ausbildungsberuf und danach eine mindestens 3-jährige Berufspraxis hat. Alternativ kann auch eine mindestens 6-jährige Berufspraxis nachgewiesen werden. Sie muss durch Tätigkeiten nachgewiesen sein, die der beruflichen Fortbildung zum Bilanzbuchhalter dienlich sind und sie muss inhaltlich wesentliche Bezüge zum betrieblichen Finanz- und Rechnungswesen haben.

Wer ein mit Erfolg abgelegtes wirtschaftswissenschaftliches Studium an einer Hochschule oder einen betriebswirtschaftlichen Diplom- oder Bachelor-Abschluss einer staatlichen oder staatlich anerkannten Berufsakademie oder eines akkreditierten betriebswirtschaftlichen Ausbildungsganges einer Berufsakademie und danach eine mindestens 2-jährige Berufspraxis nachweisen kann, wird ebenfalls zur Prüfung zugelassen.

Auch wird eine Fortbildung zum **Steuerfachwirt**/zur **Steuerfachwirtin** angeboten. Die Steuerberaterkammern erteilen gerne weitere Auskunft. Zulassungsvoraussetzungen für diese Fortbildungsprüfung sind in der Regel:

1. mit Erfolg abgeschlossene Berufsausbildung als Steuerfachangestellter
2. hauptberufliche praktische Tätigkeit von mindestens drei Jahren bei einem Steuerberater zum Zeitpunkt des Beginns des schriftlichen Teils der Prüfung.

Der erfolgreiche Abschluss einer gleichwertigen Berufsausbildung (z. B. Rechtsanwaltsfachangestellter, Industriekaufmann, Groß- und Außenhandelskaufmann, Bankkaufmann) und mindestens **fünf** Jahre hauptberufliche praktische Tätigkeit auf dem Gebiet des Steuer- und Rechnungswesens, davon mindestens **drei** Jahre bei einem Angehörigen des steuerberatenden oder wirtschaftsprüfenden Berufes, erfüllt ebenfalls die Zulassungsvoraussetzung.

Wer keine gleichwertige Berufsausbildung nachweisen kann, muss mindestens **acht** Jahre hauptberuflich praktisch auf dem Gebiet des Steuer- und Rechnungswesens, davon mindestens fünf Jahre bei einem Angehörigen des steuerberatenden oder wirtschaftsprüfenden Berufes, tätig gewesen sein, bevor er die Prüfung zum Steuerfachwirt absolvieren kann.

Die Prüfung erstreckt sich auf folgende Prüfungsgebiete:

- Allgemeines Steuerrecht (Abgabenordnung, Bewertungsgesetz)
- Besonderes Steuerrecht (Einkommensteuer, Körperschaftsteuer, Gewerbesteuer, Umsatzsteuer, Erbschaft- und Schenkungsteuer, Grunderwerbsteuer)
- Rechnungswesen (Buchführung und Rechnungslegung nach Handelsrecht und nach Steuerrecht)
- Jahresabschlussanalyse, Kosten- und Leistungsrechnung, Finanzierung
- Grundzüge des Bürgerlichen Rechts, des Handels- und Gesellschaftsrechts, des Arbeitsrechts, des Sozialversicherungsrechts sowie des Steuerberatungsrechts.

Der erfolgreiche Besuch einer Fachschule mit entsprechendem Schwerpunkt kann zur Berechtigung **„staatlich geprüfter Betriebswirt"** führen.

Für besonders qualifizierte Steuerfachangestellte besteht auch die Möglichkeit, nach 10-jähriger hauptberuflicher praktischer Tätigkeit auf dem Gebiet des Steuerwesens die Zulassung zur Prüfung als **Steuerberater** zu beantragen. Der Nachweis der Steuerfachwirte- oder Bilanzbuchhalterprüfung verkürzt die Dauer der hauptberuflichen praktischen Tätigkeit. Unter bestimmten Voraussetzungen steht ihnen der Beruf des Steuerberaters auch über ein Hochschul- oder Fachhochschulstudium offen (§ 36 StBerG).

B. Grundwissen
I. Steuerwesen
1. Grundlagen des Allgemeinen Steuerrechts
1.1 Öffentlich-rechtliche Abgaben
1. Warum erhebt der Staat öffentlich-rechtliche Abgaben?

In einem Staat gibt es viele gesellschaftliche Aufgaben, die den öffentlichen Gebietskörperschaften (Bund, Länder, Gemeinden) übertragen werden. Beispiele hierfür sind die äußere Verteidigung (Streitkräfte), die innere Sicherheit (Polizei und Gerichtsbarkeit), das öffentliche Bildungswesen (Schulen und Hochschulen) oder die soziale Sicherung (Sozialhilfe, Wohngeld, Kindergeld usw.). Damit diese vielzähligen Aufgaben erfüllt werden können, müssen die Bürger ihrem Staat die nötigen Finanzmittel zur Verfügung stellen. Dies geschieht insbesondere dadurch, dass der Staat öffentlich-rechtliche Abgaben erhebt.

2. Welche Arten öffentlich-rechtlicher Abgaben fließen dem Staat zu?

Zu den öffentlich-rechtlichen Abgaben gehören

- Steuern
- Gebühren
- Beiträge
- steuerliche Nebenleistungen.

3. Wie sind Steuern definiert?

Steuern sind (§ 3 Abs. 1 AO):

- Geldleistungen, die
- nicht eine Gegenleistung für eine besondere Leistung (des Staates) darstellen und
- von einem öffentlich-rechtlichen Gemeinwesen (Bund, Länder, Gemeinden)
- zur Erzielung von Einnahmen
- allen auferlegt werden, bei denen der Tatbestand zutrifft, an den das Gesetz die Leistungspflicht knüpft.

Einfuhr- und Ausfuhrabgaben (Zölle) sind ebenfalls Steuern im Sinne der Abgabenordnung (vgl. § 3 Abs. 3 AO).

4. Was sind Gebühren und Beiträge?

- **Gebühren** werden für **bestimmte** öffentliche Leistungen erhoben. Die Gebühr unterscheidet sich von der Steuer insbesondere dadurch, dass der Gebühr eine **bestimmte** Leistung des Staates gegenübersteht (was bei der Steuer nicht der Fall ist).

  Folgende Gebührenarten werden zum Beispiel unterschieden:
  - **Benutzungsgebühren:** z. B. Kanalbenutzungsgebühr, Ausleihgebühr einer öffentlichen Bibliothek
  - **Verwaltungsgebühren:** z. B. Kfz-Zulassungs- oder Abmeldegebühr, Gebühr für einen Personalausweis oder Reisepass, eine Geburts- oder eine Sterbeurkunde.

- **Beiträge** sind **Kostenbeteiligungen** der Bürger **an speziellen öffentlichen Leistungen**. Sie werden bei denjenigen erhoben, die einen Sondervorteil durch diese Leistungen haben. Beispiele sind: Straßenanliegerbeiträge (z. B. für Abwasserentsorgung, Straßenreinigung, Müllabfuhr), Sozialversicherungsbeiträge, Kammerbeiträge usw.

  Im Gegensatz zur Gebühr ist bei einem Beitrag die **tatsächliche Inanspruchnahme** der öffentlichen Leistung **nicht** ausschlaggebend für die Pflicht zur Bezahlung. Im Vergleich zur Gebühr fehlt bei einem Beitrag der unmittelbare zeitliche Zusammenhang zwischen der Leistung und der Gegenleistung.

5. Was sind steuerliche Nebenleistungen und welche gibt es?

Steuerliche Nebenleistungen sind öffentlich-rechtliche Abgaben, die **neben** den Steuern erhoben werden. Sie können im Zusammenhang mit der Besteuerung oder der Steuererhebung auftreten (z. B. wenn ein Steuerpflichtiger eine festgesetzte Steuer zu spät, d. h. nach dem letztmöglichen fristgerechten Zahlungstermin, bezahlt). Sie sind jedoch selbst keine Steuern.

In § 3 Abs. 4 AO sind u. a. die folgenden steuerlichen Nebenleistungen aufgeführt:

- Verspätungszuschläge
- Säumniszuschläge
- Zinsen
- Verzögerungsgelder
- Zwangsgelder
- Kosten
- Zuschläge gemäß § 162 Abs. 4 AO.

Auf die steuerlichen Nebenleistungen wird im Kapitel zur Abgabenordnung näher eingegangen.

1.2 Steueraufkommen

1. Wie hoch waren die Steuereinnahmen in den Jahren 2015, 2016 und 2017, die der Bund, die Länder und Gemeinden jeweils zusammen erzielt haben?

In den Jahren 2015 bis 2017 wurden vom Bund, den Ländern und Gemeinden jeweils zusammen folgende Steuereinnahmen erzielt (gerundet auf volle Mrd. €):

2015 673 Mrd. €
2016 706 Mrd. €
2017 735 Mrd. €

2. Welche drei Steuern stehen am Anfang der Steuerspirale?

Das folgende Schaubild („Steuerspirale 2017") gibt Auskunft darüber, wie sich die gesamten Steuereinnahmen (Summe = 735 Mrd. €) des Jahres 2017 auf die einzelnen Steuerarten verteilen.

Die **Umsatzsteuer**, die **Lohnsteuer** und die **veranlagte Einkommensteuer** stehen am Anfang der Steuerspirale und haben 2017 somit am stärksten zum Gesamtaufkommen beigetragen.

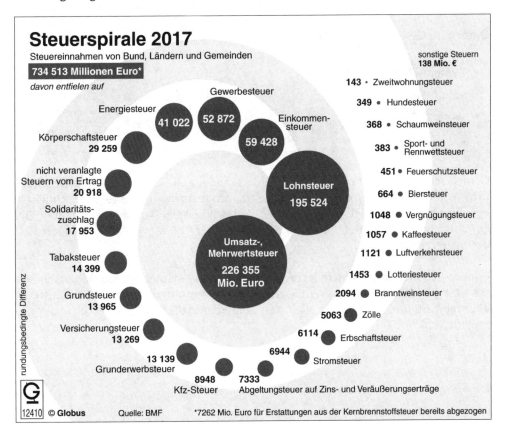

1.3 Einteilung der Steuern nach verschiedenen Kriterien

1. Nach welchen Kriterien können die Steuern eingeteilt werden?

Häufig vorzufinden ist die folgende Einteilung der Steuern (vgl. *Bornhofen*, Steuerlehre, 39. Aufl., S. 12):

Einteilung nach
- der Ertragshoheit
- der Überwälzbarkeit
- dem Gegenstand der Besteuerung
- der Abzugsfähigkeit bei der steuerlichen Gewinnermittlung
- den Erhebungsformen.

2. Was ist unter dem Merkmal „Ertragshoheit" zu verstehen und wie werden die Steuern nach diesem Gesichtspunkt unterteilt?

Die Einteilung nach der Ertragshoheit stellt darauf ab, welchen Gebietskörperschaften das Steueraufkommen (der Ertrag der Steuer) jeweils zusteht. Die Verteilung der Steuereinnahmen auf den Bund, die Länder und die Gemeinden ist im Artikel 106 GG geregelt.

Unter dem Gesichtspunkt der Ertragshoheit sind die Steuern zu unterscheiden in

- Gemeinschaftsteuern
- Bundessteuern
- Landessteuern
- Gemeindesteuern.

Gemeinschaftsteuern fließen dem Bund, den Ländern und Gemeinden **gemeinschaftlich** zu. Der Steuerertrag dieser Steuern wird nach festgelegten Verteilungsschlüsseln auf die einzelnen Gebietskörperschaften verteilt (Beispiel: von der veranlagten Einkommensteuer erhalten der Bund 42,5 %, die Länder 42,5 % und die Gemeinden 15 % des Steueraufkommens).

Bundes-, Landes- und Gemeindesteuern fließen den entsprechenden Gebietskörperschaften jeweils **allein** zu (so steht beispielsweise das Aufkommen der Energiesteuer allein dem Bund, die Biersteuer allein den Ländern und die Hundesteuer allein den Gemeinden zu).

Übersicht über die Einteilung ausgewählter Steuern nach der Ertragshoheit:

Gemeinschaftsteuern	Bundessteuern	Landessteuern	Gemeindesteuern
▸ Lohnsteuer	▸ Energiesteuer	▸ Grunderwerbsteuer	▸ Gewerbesteuer
▸ veranlagte ESt	▸ Tabaksteuer	▸ Biersteuer	▸ Grundsteuer
▸ Kapitalertragsteuer	▸ Versicherungsteuer	▸ Erbschaftsteuer	▸ Hundesteuer
▸ Körperschaftsteuer	▸ Zölle		▸ Vergnügungsteuer
▸ Umsatzsteuer	▸ Kfz-Steuer		

Trotz des Charakters der Gewerbesteuer als Gemeindesteuer fließt das Gewerbesteueraufkommen nicht in voller Höhe der jeweiligen Gemeinde zu. Das Gemeindefinanzreformgesetz (in der Fassung vom 04.04.2001, zuletzt geändert durch das Solidarpaktfortführungsgesetz) bestimmt ein Umlageverfahren, um auch die Finanzierung der Gemeinden mit wenig Gewerbesteueraufkommen sicherzustellen. Die Gemeinden führen einen Teil ihres Gewerbesteueraufkommens an Bund und Länder ab und erhalten dafür auf der Grundlage des Beitrags ihrer Einwohner zur Einkommensteuer einen Anteil an dieser Gemeinschaftssteuer (Art. 106 Abs. 5 und 6 GG) sowie einen Anteil an der Umsatzsteuer.

3. Wie werden die Steuern nach dem Merkmal der „Überwälzbarkeit" eingeteilt?

Das Merkmal der Überwälzbarkeit stellt darauf ab, ob der **Steuerschuldner** (derjenige, der die Steuer nach dem Gesetz schuldet) und der **Steuerträger** (derjenige, der wirtschaftlich mit der Steuer belastet wird) **identisch** sind **oder nicht**.

▸ Bei einer **direkten** Steuer sind der Steuerschuldner und der Steuerträger **identisch**. Dies ist **beispielsweise** bei der **Einkommensteuer** der Fall.

▸ Bei einer **indirekten** Steuer sind der Steuerschuldner und der Steuerträger **nicht** identisch. Der Steuerschuldner wälzt die Steuer auf die Person ab, die sie wirtschaftlich tragen soll. Dies ist **beispielsweise** bei der **Umsatzsteuer** der Fall, bei der normalerweise der **Unternehmer** der **Steuerschuldner** und der **Endverbraucher** der **Steuerträger** ist.

Es hängt aber von der Marktsituation und der wirtschaftlichen Stellung des Steuerschuldners ab, ob die Überwälzung tatsächlich gelingt. Lässt die Marktsituation die Überwälzung der Steuer nicht zu, dann wird die ansonsten indirekte Steuer zu einer direkten Steuer.

Beispiele

Direkte und indirekte Steuern:

direkte Steuern	indirekte Steuern
▸ Einkommensteuer	▸ Umsatzsteuer
▸ Körperschaftsteuer	▸ Versicherungsteuer
▸ Erbschaftsteuer	▸ Energiesteuer

4. Wie werden die Steuern nach dem „Gegenstand der Besteuerung" eingeteilt?

Nach dem Gegenstand der Besteuerung werden die Steuern in

- **Besitz- und Verkehrsteuern** einerseits und in
- **Zölle** (Ein-/Ausfuhrabgaben) **und Verbrauchsteuern** andererseits

eingeteilt.

Auf dieser Einteilung beruht die Zweiteilung der Finanzverwaltung. **Besitz- und Verkehrsteuern** werden grundsätzlich von den **Finanzämtern**, **Zölle und Verbrauchsteuern** von den **Hauptzollämtern** verwaltet. Diese Einteilung hat also vor allem verwaltungstechnische Bedeutung.

Besitzsteuern sind Steuern, deren Steuergegenstand **Besitzwerte** (Einkommen, Vermögen, Ertrag) sind. Zu ihnen gehören die **Personensteuern**, welche die **persönlichen Verhältnisse des Steuerpflichtigen berücksichtigen** (z. B. Einkommensteuer, Körperschaftsteuer, Erbschaftsteuer, Kirchensteuer) und die **Realsteuern**, die **an ein Objekt anknüpfen** (z. B. Grundsteuer, Gewerbesteuer).

Verkehrsteuern knüpfen an bestimmte rechtliche und **wirtschaftliche Vorgänge** des Wirtschaftslebens an. Durch sie werden diese Verkehrsvorgänge besteuert. Beispielsweise werden bei der Umsatzsteuer bestimmte, in § 1 UStG genannte Verkehrsvorgänge der Steuer unterworfen. Weitere Beispiele für Verkehrsteuern sind die Versicherungsteuer und die Grunderwerbsteuer.

Zölle sind die auf die Ein- oder Ausfuhr von Gegenständen erhobenen Steuern (z. B. auf Waren, die aus den USA importiert werden). Ausfuhrzölle werden in Deutschland nicht erhoben.

Verbrauchsteuern belasten den Verbrauch (insbesondere von Waren). Beispiele: Energiesteuer (früher: Mineralölsteuer), Tabaksteuer, Biersteuer.

5. Wie werden die Steuern nach dem Merkmal der „Abzugsfähigkeit" eingeteilt?

Bei der steuerlichen Gewinnermittlung sind grundsätzlich nur die **betrieblich veranlassten Sachsteuern** als Betriebsausgaben **abzugsfähig**. Beispiele: betriebliche Grundsteuer, Kraftfahrzeugsteuer betrieblicher Kfz, Einfuhrzölle. Eine **Ausnahme** von diesem Grundsatz ist die **Gewerbesteuer**. Sie ist seit dem VZ 2008 bei der steuerlichen Gewinnermittlung nicht mehr als Betriebsausgabe abzugsfähig (vgl. § 4 Abs. 5b EStG).

Nicht abzugsfähig sind insbesondere die **Personensteuern**, die bestimmte Personen nach Maßgabe ihrer persönlichen Verhältnisse und ihrer Leistungsfähigkeit besteuern. Beispiele: Einkommensteuer, Körperschaftsteuer.

6. Wie werden die Steuern nach dem Merkmal der „Erhebungsform" eingeteilt?

Nach dem Merkmal der Erhebungsform unterscheidet man zwischen

- **Veranlagungssteuern**, die in einem förmlichen Verfahren (Veranlagung) festgesetzt werden (z. B. Einkommensteuer, Körperschaftsteuer, Gewerbesteuer) und
- **Abzugssteuern**, die direkt an der „Quelle" dessen, was besteuert werden soll, einbehalten (abgezogen) werden. Beispiele: Lohnsteuer, Kapitalertragsteuer.

1.4 Überblick über die steuerlichen Vorschriften

1. Wodurch unterscheiden sich allgemeine Steuergesetze von Einzelsteuergesetzen?

Die **allgemeinen** Steuergesetze enthalten Vorschriften, die **für alle oder mehrere Steuerarten Geltung** haben. Hierzu zählen die Abgabenordnung (AO), die Finanzgerichtsordnung (FGO) und das Bewertungsgesetz (BewG). Beispiel: Für die verspätete Abgabe einer Einkommensteuererklärung enthält § 152 AO die Vorschrift, dass gegen denjenigen, der seiner Verpflichtung zur Abgabe einer Steuererklärung nicht fristgerecht nachkommt, ein Verspätungszuschlag festgesetzt werden kann. Gleiches gilt somit auch für eine Umsatzsteuererklärung, eine Gewerbesteuererklärung usw.

Bei den **Einzelsteuergesetzen** handelt es sich um Gesetze **zu einzelnen Steuerarten**. Hierzu zählen z. B. das Einkommensteuergesetz (EStG), das Körperschaftsteuergesetz (KStG), das Umsatzsteuergesetz (UStG) und das Gewerbesteuergesetz (GewStG). Diese Gesetze enthalten Vorschriften, die grundsätzlich nur für diejenige Steuer gelten, für die das jeweilige Gesetz erlassen wurde.

2. Welche Bedeutung hat die Abgabenordnung im Steuerrecht?

Die AO wird als **„Grundgesetz des Steuerrechts"** oder auch als **„Mantelgesetz"** bezeichnet. Sie enthält **grundlegende Bestimmungen für die Besteuerung**. So enthält die AO allgemeine steuerliche Begriffsbestimmungen (z. B. Definitionen von „Wohnsitz", „gewöhnlichem Aufenthalt", „Geschäftsleitung" usw.). Sie regelt die Zuständigkeit der

Finanzbehörden, enthält Vorschriften zum Steuergeheimnis, zu den Pflichten der Steuerpflichtigen im Besteuerungsverfahren, zur Haftung, zu Fristen, Terminen und den Folgen ihrer Überschreitung, zur Steuerfestsetzung, zur Vollstreckung usw.

3. Unterscheiden Sie Gesetze, Durchführungsverordnungen und Richtlinien voneinander!

Steuerliche Vorschriften	Merkmale
Gesetze	▸ in einem förmlichen Gesetzgebungsverfahren zustande gekommen und in den dafür vorgesehenen Blättern (z. B. Bundesgesetzblatt) veröffentlicht
	▸ **bindend für die Bürger, die Verwaltung und die Gerichte**
Durchführungs-verordnungen	▸ Rechtsnormen, die **ohne** Gesetzgebungsverfahren zustande kommen, sondern **von der Exekutive** (z. B. Bundesregierung) aufgrund einer gesetzlichen Ermächtigung (Art. 80 GG) **erlassen** werden und nur der Zustimmung des Bundesrates bedürfen
	▸ dienen der **Ergänzung und Erläuterung** der Gesetze
	▸ wie Gesetze **bindend für die Bürger, die Verwaltung und die Gerichte**
Richtlinien	▸ **Verwaltungsanweisungen**, die der Gleichmäßigkeit der Verwaltungsausübung und damit der Gleichmäßigkeit der Besteuerung dienen
	▸ Vorschriften vorgesetzter Behörden an die nachgeordneten Behörden
	▸ **bindend lediglich für die Finanzverwaltung** (z. B. Oberfinanzdirektionen, Finanzämter), **nicht** aber für die Bürger und die Gerichte
	▸ Erlasse des Bundesfinanzministeriums (**BMF-Schreiben**) gelten ebenso **wie** die **Richtlinien** bundesweit, Erlasse der Landesministerien für die jeweiligen Bundesländer

4. Was sind OFD-Verfügungen und wie verbindlich sind sie?

Bezogen auf ihren jeweiligen Zuständigkeitsbereich geben die Oberfinanzdirektionen **zu Einzelfragen** Anweisungen (**OFD-Verfügungen**) heraus. Beispiel: Verfügung der OFD Koblenz vom 18.02.2013 zur Ordnungsmäßigkeit eines elektronischen Fahrtenbuchs. **Verbindlich** sind diese Verfügungen **für die nachgeordneten Behörden** der OFD (insbesondere Finanzämter).

5. Welche Bindungswirkung hat die Rechtsprechung?

Entscheidungen (Urteile) der Finanzgerichte (FG) und des Bundesfinanzhofs (BFH) in München haben im Normalfall **keine** allgemeine Bindung, d. h. sie binden **nur die an** dem Streitfall Beteiligten (Kläger und Beklagte). **BFH-Urteile**, die im **Bundessteuerblatt Teil II** veröffentlicht werden, haben die **Verbindlichkeit von Richtlinien**.

Besondere Bedeutung haben die **Urteile des Europäischen Gerichtshofs (EuGH)**, der von den Finanzgerichten zur Klärung der Frage, ob eine nationale Vorschrift gegen Europäisches Gemeinschaftsrecht verstößt, angerufen werden kann. Eine Entscheidung des EuGH ist für das nationale Gericht bindend und bei weiteren Entscheidungen zu ähnlichen Sachverhalten zu beachten.

1.5 Überblick über den Aufbau und die Aufgaben der Steuerverwaltung

1. Wie ist die Steuerverwaltung in der Bundesrepublik Deutschland aufgebaut?

Grundsätzlich ist zwischen **Bundes-, Landes- und Gemeindefinanzbehörden** zu unterscheiden. Ein Überblick über die **Bundes- und Landesfinanzbehörden** ist in **§ 6 AO** enthalten. Hieraus ergibt sich der folgende Aufbau der Finanzverwaltung auf Bundes- und Länderebene, der auf dem **Gesetz über die Finanzverwaltung (FVG)** basiert (vgl. *Grefe, Unternehmenssteuern,* 20. Aufl. 2017, S. 29):

Behördenebene	Bundesebene	Länderebene
oberste Behörde	Bundesministerium der Finanzen	Landesfinanzministerien
Oberbehörden	Bundeszentralamt für Steuern u. a.	Rechenzentren
Mittelbehörden	Bundesfinanzdirektionen, Zollkriminalamt, Oberfinanzdirektionen (Länderebene) oder Landesämter für Finanzen (z. B. in Rhld.-Pfalz)	
örtliche Behörden	Hauptzollämter, Zollfahndungsämter	Finanzämter

Die Familienkasse, die zentrale Stelle i. S. d. § 81 EStG und die Bundesknappschaft/Verwaltungsstelle Cottbus gehören ebenfalls zu den Finanzbehörden (§ 6 Abs. 2 Nr. 6 - 8 AO).

2. Welche Aufgaben haben die einzelnen Teilbereiche der Finanzverwaltung?

Dem **Bundesministerium der Finanzen** obliegt die Leitung der Bundesfinanzverwaltung, die **Landesfinanzministerien** leiten die Landesfinanzverwaltungen.

Der obersten Behörde obliegt die Organisation ihrer Verwaltung, die Personalführung und die oberste Sachleitung in ihrem Zuständigkeitsbereich. Zu Einzelfragen der Gesetzesanwendung gibt das Bundesministerium der Finanzen deshalb BMF-Schreiben heraus, welche die Auffassung der obersten Finanzbehörde enthalten und für die untergeordneten Behörden bindend sind.

Die **Bundesoberbehörden** (z. B. Bundeszentralamt für Steuern) erledigen die ihnen vom Bundesministerium der Finanzen oder durch Gesetz zugewiesenen Aufgaben. Das **Bundeszentralamt für Steuern** ist beispielsweise zuständig für die Mitwirkung bei

Außenprüfungen der Landesfinanzbehörden, für die Vergabe der USt-Identifikationsnummern gem. § 27a Abs. 1 UStG (Außenstelle in Saarlouis), die Vergütung von Vorsteuerbeträgen an im Ausland ansässige Unternehmer gem. § 18 Abs. 9 UStG usw.

Die **Oberfinanzdirektionen** sind Landesbehörden und leiten die Finanzverwaltungen des jeweiligen Landes in ihrem Bezirk (§ 8 FVG). Sie sind **Aufsichtsbehörden der Finanzämter und der Hauptzollämter**. Hierzu geben sie beispielsweise **OFD-Verfügungen** heraus, an welche die ihnen untergeordneten Behörden (z. B. Finanzämter) gebunden sind.

Die **Finanzämter** sind Landesbehörden. Ihre Zuständigkeit betrifft die Verwaltung der Steuern **ohne** Zölle, soweit die Verwaltung nicht den Gemeindeverbänden übertragen worden ist (z. B. Grundsteuer).

Die **Hauptzollämter** sind für die Verwaltung der Zölle und der bundesgesetzlich geregelten Verbrauchsteuern (z. B. Energiesteuer, Tabaksteuer) zuständig. Sie verwalten auch die Einfuhrumsatzsteuer (Gemeinschaftsteuer) und die Biersteuer (Landessteuer).

Gemeindefinanzbehörden, zu denen die Steuerämter der Städte- und Gemeindeverwaltungen gehören, verwalten die Gemeindesteuern, wie z. B. die Hundesteuer, die Vergnügungsteuer oder die Schankerlaubnissteuer. **Gemeinsam mit den Finanzämtern** obliegt ihnen die **Verwaltung der Grund- und der Gewerbesteuer**.

2. Umsatzsteuer

2.1 Stellung innerhalb des Steuersystems und rechtliche Grundlagen

1. Welche Merkmale weist die Umsatzsteuer in steuersystematischer Hinsicht auf?

- Die Umsatzsteuer ist eine **Sach- bzw. Objektsteuer**, was bedeutet, dass sich die Steuer nach bestimmten Merkmalen des Steuergegenstandes (Objekt) bemisst, **ohne auf die persönlichen Verhältnisse des Steuerpflichtigen Rücksicht zu nehmen**.
- Sie ist eine **indirekte** Steuer, weil der Steuerschuldner und der Steuerträger normalerweise unterschiedliche Personen sind (Steuerschuldner ist in der Regel der Unternehmer, Steuerträger hingegen der Endverbraucher).
- Sie ist eine **Verkehrsteuer**, weil sie Umsätze (Vorgänge des Wirtschafts**verkehrs**) besteuert.
- Sie ist eine **Gemeinschaftsteuer**, weil sie dem Bund, den Ländern und in geringem Umfang auch den Gemeinden zusteht.
- In wirtschaftlicher Hinsicht ist die USt eine **Verbrauchsteuer** (weil sie vom Endverbraucher getragen wird), verfahrensmäßig ist sie eine **Veranlagungsteuer** (da sie durch ein förmliches Verfahren, die Veranlagung, festgesetzt wird).
- Hinsichtlich der **Höhe der Steuereinnahmen** ist die Umsatzsteuer vor der Einkommen- und Lohnsteuer der **größte Posten** des gesamten Steueraufkommens der Bundesrepublik Deutschland.

2. Warum wird die Umsatzsteuer als „Allphasen-Netto-Umsatzsteuer mit Vorsteuerabzug" bzw. als „Mehrwertsteuer" bezeichnet?

Auf jeder Wirtschaftsstufe wird jeweils der **Netto**umsatz (Wert ohne USt) der Steuer unterworfen. Die vom Leistungserbringer dem Leistungsempfänger **in Rechnung gestellte Umsatzsteuer kann** von diesem – sofern er ein zum Vorsteuerabzug berechtigter Unternehmer ist – **als Vorsteuer** von seiner Umsatzsteuer-Traglast **abgezogen werden**. Dies bedeutet, dass der einzelne Unternehmer jeweils nur den Steuerbetrag an das Finanzamt abführen muss, der auf den von ihm erzeugten **Mehrwert** entfällt. Deshalb wird die USt auch als **Mehrwertsteuer** bezeichnet.

Beispiel

Der Urerzeuger A verkauft an den Unternehmer B eine Ware für 100 € + 19 € USt. Der Unternehmer B verkauft diese Ware für 150 € + 28,50 € an den Endverbraucher C weiter.

Bei A unterliegt die Nettowertschöpfung (100 €) der USt, d. h. er muss 19 € an das Finanzamt abführen.

Bei B unterliegt ebenfalls nur die von ihm geschaffene Nettowertschöpfung der USt: Er vereinnahmt 28,50 € USt von C, die er grundsätzlich an das Finanzamt abführen muss (USt-Traglast). Er kann hiervon jedoch die ihm von A in Rechnung gestellte USt (19 €) als Vorsteuer abziehen, wodurch er dann 9,50 € an das Finanzamt zu zahlen hat (USt-Zahllast). Dieser Betrag ist die auf seine Nettowertschöpfung (50 €) entfallende Steuer (50 € · 19 % = 9,50 €).

C trägt die Steuer, welche auf die gesamte Nettowertschöpfung entfällt, weil C Endverbraucher ist (er hat keinen Vorsteuerabzug).

3. Auf welche rechtlichen Vorschriften kann man zur Lösung eines Umsatzsteuer-Falls zurückgreifen?

Die Rechtsgrundlagen der Umsatzsteuer ergeben sich aus

- dem **Umsatzsteuergesetz (UStG)** und
- der **Umsatzsteuer-Durchführungsverordnung (UStDV)**.

Ergänzend kann auf die entsprechenden Verwaltungsanweisungen zurückgegriffen werden:

- **Verwaltungsregelung zur Anwendung des Umsatzsteuergesetzes: Umsatzsteuer-Anwendungserlass (UStAE)**
- **BMF-Schreiben**
- **OFD-Verfügungen.**

4. Wie verbindlich sind die genannten Vorschriften?

Das **UStG** bindet die Bürger, die Finanzverwaltung und die Gerichte gleichermaßen (also „verbindlich für alle").

Die **UStDV** hat die Verbindlichkeit des UStG, obwohl sie nicht durch ein förmliches Gesetzgebungsverfahren zustande kommt, sondern von der Bundesregierung mit Zustimmung des Bundesrates erlassen wird („verbindlich für alle").

UStAE, BMF-Schreiben und OFD-Verfügungen sind Anweisungen zur Anwendung des Gesetzes, die lediglich für die Finanzverwaltung verbindlich sind. Werden diese Anweisungen bei der Beurteilung umsatzsteuerlicher Sachverhalte vom Steuerpflichtigen befolgt, so wird seine Rechtssicherheit erhöht, weil er sich im Streitfall mit der Finanzverwaltung auf diese Vorschriften berufen kann.

2.2 Grundbegriffe des Systems der Umsatzsteuer

1. Welche Vorgänge unterliegen grundsätzlich der Umsatzsteuer?

Der Umsatzsteuer unterliegen bestimmte wirtschaftliche Vorgänge, die in § 1 UStG ausdrücklich aufgeführt sind. Sie werden als **„steuerbare Umsätze"** bezeichnet.

Ein Umsatz, der ein Tatbestandsmerkmal des § 1 nicht erfüllt, ist nicht steuerbar und unterliegt somit auch nicht der Umsatzsteuer.

2. Welche Arten steuerbarer Umsätze sind zu unterscheiden?

Es sind die folgenden Arten steuerbarer Umsätze zu unterscheiden:

1. entgeltliche Leistungen
   1.1 Lieferungen gegen Entgelt
   1.2 sonstige Leistungen gegen Entgelt
2. unentgeltliche Leistungen
   2.1 Lieferungen ohne Entgelt
      2.1.1 Entnahme von Gegenständen
      2.1.2 Sachzuwendungen an das Personal
      2.1.3 andere unentgeltliche Zuwendungen
   2.2 sonstige Leistungen ohne Entgelt
      2.2.1 Verwendung (Nutzung) von Gegenständen des Unternehmens für Zwecke außerhalb des Unternehmens
      2.2.2 Verwendung (Nutzung) von Gegenständen des Unternehmens für private Zwecke des Personals
      2.2.3 andere unentgeltliche sonstige Leistungen
3. Einfuhr von Gegenständen aus dem Drittlandsgebiet
4. innergemeinschaftlicher Erwerb

3. Sind alle steuerbaren Umsätze mit Umsatzsteuer zu belasten?

Nein. Steuerpflichtig sind nur diejenigen steuerbaren Umsätze, die nicht gleichzeitig durch eine andere Vorschrift (z. B. durch § 4) von der Besteuerung befreit sind. Das bedeutet, dass ein Umsatz zwar steuerbar sein kann, weil er alle Merkmale einer Umsatzart des § 1 erfüllt, dieser Umsatz aber nicht der Umsatzsteuer unterliegt, weil er z. B. durch § 4 steuerbefreit ist (= ein steuerbarer Umsatz, der steuerfrei ist).

Beispiel

Vermittlung einer Lebensversicherungspolice durch einen Versicherungsmakler im Inland für 200 €. Es handelt sich um eine **entgeltliche sonstige Leistung** nach § 3 Abs. 9 Satz 1, die nach § 1 Abs. 1 Nr. 1 **zwar steuerbar, aber durch § 4 Nr. 11 gleichzeitig steuerfrei** ist (und damit nicht mit Umsatzsteuer zu belasten ist).

4. Was ist unter „Umsatzsteuer-Traglast" zu verstehen?

Umsatzsteuer-Traglast = Bemessungsgrundlage • Steuersatz.

Für einen Abrechnungszeitraum (z. B. Kalendermonat) errechnet sich die Umsatzsteuer-Traglast, indem die steuerpflichtigen Netto-Umsätze mit den entsprechenden Steuersätzen multipliziert werden.

5. Wie wird die „Umsatzsteuer-Zahllast" ermittelt?

Die Umsatzsteuer-Zahllast für einen Abrechnungszeitraum (z. B. Kalendermonat) wird wie folgt ermittelt:

Umsatzsteuer-Traglast
- abziehbare Vorsteuerbeträge
= **Umsatzsteuer-Zahllast**

6. Was ist ein „Vorsteuerguthaben"?

Ein Vorsteuerguthaben liegt dann vor, wenn in einem Abrechnungszeitraum die **Summe der abziehbaren Vorsteuerbeträge höher** ist **als die Umsatzsteuer-Traglast**. Das Vorsteuerguthaben ist eine Forderung gegenüber dem Finanzamt, die dem Steuerpflichtigen auszuzahlen ist.

2.3 Steuerbare Umsätze

2.3.1 Entgeltliche Leistungen

1. Welche Merkmale muss eine entgeltliche Leistung aufweisen, damit sie nach § 1 Abs. 1 Nr. 1 steuerbar ist?

Eine **Leistung** (Lieferung oder sonstige Leistung) ist nach § 1 Abs. 1 Nr. 1 steuerbar, wenn sie

1. durch einen **Unternehmer**
2. im **Inland**
3. gegen **Entgelt** und
4. im **Rahmen seines Unternehmens**

ausgeführt wird. Alle Merkmale müssen gleichzeitig erfüllt sein.

2.3.1.1 Leistungsbegriff

1. Was ist eine „Leistung" im umsatzsteuerlichen Sinn?

Eine Leistung im umsatzsteuerlichen Sinn ist nach Abschn. 1.1 Abs. 3 UStAE alles, was Gegenstand des Wirtschaftsverkehrs sein kann, mit Ausnahme bloßer Entgeltsentrichtungen. Bloße Zahlungsvorgänge sind somit **keine** Leistungen im umsatzsteuerlichen Sinn.

2. Welche verschiedenen Leistungsarten umfasst der Leistungsbegriff?

Das UStG untergliedert den Leistungsbegriff grundsätzlich wie folgt:

umsatzsteuerliche Leistungen			
Lieferung (§ 3 Abs. 1)	**Werklieferung** (§ 3 Abs. 4)	**sonstige Leistung** (§ 3 Abs. 9)	**Werkleistung** (Abschn. 3.8 Abs. 1 Satz 3 UStAE)
Verschaffung der Verfügungsmacht über einen **Gegenstand**. **Gegenstände** im Sinne von § 3 Abs. 1 sind insbesondere ▸ Sachen gem. § 90 BGB, ▸ Tiere gem. § 90a BGB, ▸ Wirtschaftsgüter, die im Wirtschaftsverkehr wie körperliche Sachen behandelt werden (z. B. Strom, Wärme, Wasserkraft). **Beispiel:** Ein Fahrradhändler verkauft (und übergibt) einem Kunden ein Fahrrad.	Herstellung eines Werkes für den Leistungsempfänger unter Verwendung von selbst beschafften Stoffen (Materialien), die nicht nur Zutaten oder sonstige Nebensachen sind (also **Verwendung von selbst beschafften Hauptstoffen**) **Beispiel:** Ein Schreinermeister stellt für eine Kundin einen Schrank her, für den er das Holz selbst beschafft hat.	Leistung, die **keine Lieferung** (und keine Werklieferung) ist, insbesondere ▸ Dienstleistungen, ▸ Gebrauchs- und Nutzungsüberlassungen (z. B. Vermietung, Verpachtung, Darlehensgewährung), ▸ Einräumung, Übertragung und Wahrnehmung von Patenten, Urheber- und ähnlichen Rechten, ▸ Verzehr an Ort und Stelle (z. B. Essen im Restaurant). **Beispiel:** Ein Steuerberater berät einen Mandanten.	Herstellung eines Werkes für den Leistungsempfänger, bei der der Werkunternehmer entweder keinerlei selbst beschaffte Stoffe verwendet (weil diese z. B. vom Leistungsempfänger zur Verfügung gestellt werden) oder nur Stoffe, die als Zutaten oder sonstige Nebensachen anzusehen sind. **Beispiel:** Eine Schneiderei stellt für einen Kunden einen Anzug her. Der Stoff des Anzugs wird vom Kunden zur Verfügung gestellt.

3. Was ist ein „Reihengeschäft" und wie wird es umsatzsteuerlich behandelt?

Der Begriff „Reihengeschäft" kommt im UStG seit 1997 nicht mehr vor, er wird in der Fachliteratur aber weiterhin verwendet.

Das UStG enthält in § 3 Abs. 6 Satz 5 weiterhin die Grundaussage zum Reihengeschäft in der früher gebräuchlichen Definition (ohne den Begriff selbst zu verwenden). Danach liegt ein Reihengeschäft vor, wenn mehrere Unternehmer über den selben Gegenstand Umsatzgeschäfte abschließen und der Gegenstand bei der Beförderung oder Versendung unmittelbar vom ersten Unternehmer an den letzten Abnehmer gelangt.

Die Beförderung oder Versendung (im Sinne von Gegenstandsbewegung) ist dann nur **einem** der Umsätze innerhalb der Reihe zuzuordnen. Demnach gibt es nur **eine** Lieferung **mit Gegenstandsbewegung** innerhalb eines Reihengeschäftes. Die übrigen Lieferungen innerhalb der Reihe sind dann Lieferungen **ohne Gegenstandsbewegung**.

Diese Unterscheidung hat Bedeutung für die Bestimmung des Umsatzortes, denn

- für eine Lieferung **mit** Gegenstandsbewegung im Inland gilt § 3 **Abs. 6** und
- für eine Lieferung **ohne** Gegenstandsbewegung im Inland gilt § 3 **Abs. 7**.

Beispiel

Der Lebensmitteleinzelhändler A, Bonn, bestellt beim Großhändler B in Köln eine Palette Zucker. Da der Großhändler B den Zucker nicht vorrätig hat, bestellt dieser den Zucker beim Hersteller C in Köln. Der Zucker wird vereinbarungsgemäß von C nicht erst an B, sondern im Auftrag des B direkt an den Einzelhändler A geliefert.

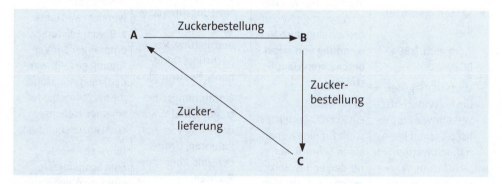

Die Kaufverträge (Verpflichtungsgeschäfte) wurden also zwischen A und B einerseits und zwischen B und C andererseits abgeschlossen. Der Gegenstand der Lieferung gelangt dabei aber unmittelbar vom ersten Unternehmer der Lieferung (C) zum letzten Abnehmer (A), wodurch ein Reihengeschäft (hier: „Dreiecksgeschäft") vorliegt.

Fallkonstellation 1:
Die Ware wird **von C** (erster Lieferer innerhalb der Reihe) **an A** (letzter Abnehmer innerhalb der Reihe) befördert oder versendet.

Nach § 3 Abs. 6 Satz 6 gilt dann Folgendes:
- zwischen **B und C** liegt eine **Lieferung mit Gegenstandsbewegung** und
- zwischen **A und B** eine **Lieferung ohne Gegenstandsbewegung** vor.

Übersicht für den Fall, dass der erste Lieferer die Ware an den letzten Abnehmer befördert oder versendet:

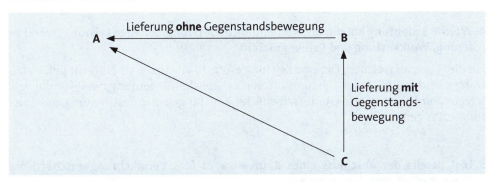

Fallkonstellation 2:
Die Ware wird **von A** (letzter Abnehmer innerhalb der Reihe) befördert oder versendet (Abholfall).

In diesem Fall gilt dann Folgendes:
- zwischen **B und C** liegt eine **Lieferung ohne Gegenstandsbewegung** und
- zwischen **A und B** eine **Lieferung mit Gegenstandsbewegung** vor.

Übersicht für den Fall, dass der letzte Abnehmer innerhalb der Reihe die Ware befördert oder versendet:

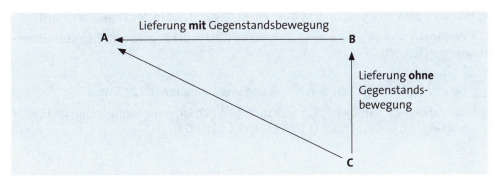

Bleibt der Liefergegenstand in einem Land, so unterliegen alle Lieferungen innerhalb des Reihengeschäftes grundsätzlich der Umsatzsteuer **dieses** Landes. Der Ort der Lieferung ist bei Reihengeschäften deshalb nur dann von Bedeutung, wenn der Gegenstand der Lieferung grenzüberschreitend in ein anderes Land gelangt.

Die folgenden Reihengeschäfte werden hier nicht behandelt, weil dies den Rahmen des Grundwissens übersteigt:

- Drittlands-Reihengeschäfte
- innergemeinschaftliche Reihengeschäfte
- innergemeinschaftliche Dreiecksgeschäfte im Sinne des § 25b.

4. Welche Bedeutung hat die Unterscheidung in Lieferung, sonstige Leistung, Werklieferung, Werkleistung und Reihengeschäft?

Für die Frage, **an welchem Ort** eine Leistung erbracht wird bzw. als erbracht gilt, ist die Unterscheidung nach der Leistungsart von erheblicher Bedeutung, weil für die verschiedenen Leistungsarten unterschiedliche Regelungen zur Bestimmung des Leistungsortes gelten.

5. Löst bereits der Abschluss eines Kaufvertrages (das Verpflichtungsgeschäft) die Steuerbarkeit einer Lieferung aus?

Nein, nicht das Verpflichtungsgeschäft (der Abschluss eines Kaufvertrages), sondern das **Verfügungsgeschäft** (die Übergabe bzw. Eigentumsübertragung an den Leistungsempfänger) löst bei einer Lieferung die Umsatzsteuer aus, weil eine Lieferung im umsatzsteuerlichen Sinne die **Verschaffung der Verfügungsmacht über den Gegenstand** voraussetzt (vgl. § 3 Abs. 1).

Eine Lieferung liegt deshalb erst dann vor, wenn der Abnehmer faktisch in der Lage ist, mit dem Gegenstand nach Belieben zu verfahren, insbesondere ihn **wie ein Eigentümer** nutzen und veräußern zu können (vgl. Abschn. 3.1 Abs. 2 Satz 2 UStAE).

6. Wie wird die Verfügungsmacht über einen Gegenstand in der Regel verschafft?

Die Verfügungsmacht über einen Gegenstand wird in der Regel **durch Eigentumsübertragung** verschafft:

- bei **beweglichen** Sachen durch **Einigung und Übergabe** (§ 929 Satz 1 BGB)
- bei **unbeweglichen** Sachen (Grundstücken) durch **Einigung (Auflassung) und Eintragung** in das Grundbuch (§ 873 i. V. mit § 925 BGB).

7. Kann die Verfügungsmacht auch ohne Eigentumsübertragung verschafft werden?

Die Verfügungsmacht über einen Gegenstand kann auch **ohne** Eigentumsübertragung verschafft werden, z. B. durch

- **Kommission:** Zwischen dem Kommittenten und dem Kommissionär liegt zwar zivilrechtlich keine Eigentumsübertragung (d. h. keine Lieferung), sondern eine Geschäftsbesorgung vor, tatsächlich ist der Kommissionär aber befähigt, im eigenen Namen über den Gegenstand zu verfügen (wodurch **umsatzsteuerrechtlich** sowohl zwischen dem Kommittenten und dem Kommissionär als auch zwischen dem Kommissionär und dem Abnehmer der Ware **jeweils** eine **Lieferung** vorliegt).

Beispiel

Frank Heidecker betreibt einen Zeitungskiosk. Er erhält die Zeitungen als Kommissionsware von einem Pressegroßvertrieb (wodurch er zivilrechtlich überhaupt kein Eigentum an den Zeitungen erlangt). Er verkauft die Zeitungen **im eigenen Namen**, aber **auf fremde Rechnung** (auf Rechnung des Pressegroßvertriebs) an seine Kunden. Dadurch liegt sowohl zwischen dem Pressegroßvertrieb (Kommittent) und Heidecker (Kommissionär) als auch zwischen Heidecker und dem Kunden **jeweils eine Lieferung** im umsatzsteuerlichen Sinne vor.

Beide Lieferungen gelten zum Zeitpunkt der Lieferung des Kommissionärs an seinen Kunden als ausgeführt (vgl. Abschn. 3.1 Abs. 3 Satz 7 UStAE).

- **Eigentumsvorbehalt:** Ein Unternehmer, der einen Gegenstand unter Eigentumsvorbehalt verkauft, bewirkt umsatzsteuerrechtlich eine Lieferung, weil der Abnehmer (Käufer) befähigt wird, über den Gegenstand **wie ein Eigentümer** zu verfügen (obwohl dieser zivilrechtlich in der Regel so lange kein Eigentum an dem Gegenstand erlangt, bis er den Kaufpreis vollständig beglichen hat).

Beispiel

Der Autohändler Fröhlich verkauft und übergibt der Kundin Schneiders in seinem Geschäft in Koblenz einen Pkw unter Eigentumsvorbehalt. Frau Schneiders bezahlt den Pkw vereinbarungsgemäß in zwei Teilbeträgen (die erste Hälfte bei Erhalt des Pkw, die andere Hälfte einen Monat später). Das Eigentum soll erst zum Zeitpunkt der vollständigen Bezahlung des Pkw an Frau Schneiders übergehen.

Obwohl Frau Schneiders zum Zeitpunkt der Auslieferung des Pkw zivilrechtlich noch kein Eigentum erlangt, liegt umsatzsteuerrechtlich bereits bei der Übergabe des Pkw eine Lieferung vor, weil Frau Schneiders **wie eine Eigentümerin** über den Pkw verfügen kann (vgl. Abschn. 3.1 Abs. 3 Satz 4 UStAE).

8. Was ist unter dem Grundsatz der „Einheitlichkeit der Leistung" zu verstehen?

Der Grundsatz der Einheitlichkeit der Leistung besagt, dass ein einheitlicher wirtschaftlicher Vorgang umsatzsteuerrechtlich nicht in mehrere Leistungen aufgeteilt werden darf (vgl. im Einzelnen Abschn. 3.10 UStAE).

Bedeutung hat dieser Grundsatz beispielsweise bei der umsatzsteuerlichen Beurteilung von **Nebenleistungen**, weil diese unter der Maxime der Leistungseinheitlichkeit **das Schicksal der Hauptleistung teilen** (was beispielsweise für die Beurteilung der Leistungsart, einer möglichen Steuerbefreiung oder des anzuwendenden Steuersatzes von Bedeutung sein kann). Dies gilt auch dann, wenn für die Nebenleistung ein besonders berechnetes Entgelt entrichtet wird.

Eine **Nebenleistung** liegt dann vor, wenn sie im Vergleich zu der Hauptleistung nebensächlich ist, mit der Hauptleistung aber eng zusammenhängt und üblicherweise in ihrem Gefolge vorkommt. Gegenstand einer Nebenleistung kann eine **unselbstständige** Lieferung, Werklieferung, sonstige Leistung oder Werkleistung sein. Siehe hierzu Abschn. 3.10 Abs. 5 UStAE.

Beispiel

Ein Computerfachhandel verkauft und übergibt einem Kunden einen Computer (Lieferung) und befördert diesen zu der Wohnung des Kunden (sonstige Leistung).

Die **Beförderung** des Computers ist als **untergeordnete** Nebenleistung der Lieferung des Computers anzusehen und teilt deshalb das Schicksal der Hauptleistung. Nach dem Grundsatz der **Einheitlichkeit der Leistung** liegt **insgesamt eine Lieferung** vor.

9. Wodurch wird der Grundsatz der Einheitlichkeit der Leistung durchbrochen?

Der Grundsatz der Einheitlichkeit der Leistung wird nur durch spezielle gesetzliche Regelungen durchbrochen.

Beispiel

Die Lieferung einer in einem Zahnlabor hergestellten Zahnprothese ist umsatzsteuer**pflichtig** (§ 4 Nr. 14 Buchst. a Satz 2), dagegen ist die dazu gehörende Zahnarztleistung steuer**frei** (§ 4 Nr. 14 Buchst. a Satz 1).

2.3.1.2 Unternehmerbegriff

1. Wer ist Unternehmer im Sinne des UStG?

> Unternehmer ist, wer eine **gewerbliche oder berufliche Tätigkeit selbstständig** ausübt (§ 2 Abs. 1).

Eine **Ausnahme** von diesem Grundsatz enthält **§ 2a**. Wer im Inland ein neues Fahrzeug liefert, das bei der Lieferung in das übrige Gemeinschaftsgebiet (EU-Staaten ohne die Bundesrepublik Deutschland) gelangt, wird, wenn er nicht Unternehmer im Sinne des § 2 ist, **für diese Lieferung** wie ein Unternehmer behandelt.

2. Was ist unter einer „gewerblichen oder beruflichen" Tätigkeit im Sinne des § 2 Abs. 1 zu verstehen?

> Gewerblich oder beruflich ist jede **nachhaltige (mit Wiederholungsabsicht betriebene) Tätigkeit zur Erzielung von Einnahmen**. Hierbei kommt es **nicht** darauf an, dass die Absicht besteht, Gewinn zu erzielen.

Damit geht der Begriff der gewerblichen oder beruflichen Tätigkeit im Sinne des UStG über den Begriff des Gewerbebetriebs nach dem EStG und dem GewStG hinaus, weil der Gewerbebetrieb auch die Gewinnerzielungsabsicht voraussetzt.

3. Was ist unter „Nachhaltigkeit" einer Tätigkeit zu verstehen?

Eine Tätigkeit wird nachhaltig ausgeübt, wenn sie **auf Dauer zur Erzielung von Einnahmen angelegt** ist. Als Kriterien, die für die Nachhaltigkeit sprechen können, kommen nach Abschn. 2.3 Abs. 5 UStAE beispielsweise in Betracht:

- auf Wiederholung angelegte Tätigkeit
- mehrjährige Tätigkeit
- die Ausführung mehr als nur eines Umsatzes
- Beteiligung am Markt
- Auftreten wie ein Händler
- Unterhalten eines Geschäftslokals.

4. Was ist unter einer „selbstständigen" Tätigkeit zu verstehen?

Eine selbstständige Tätigkeit liegt nach Abschn. 2.2 Abs. 1 UStAE vor, wenn sie auf **eigene Rechnung** und auf **eigene Verantwortung** ausgeübt wird. Dabei kommt es nicht auf die Bezeichnung, die Art der Tätigkeit oder die Form der Entlohnung an. Entscheidend ist das Gesamtbild der Verhältnisse (vgl. Abschn. 2.2 Abs. 1 Sätze 4 und 5 UStAE).

Ein **Arbeitnehmer** führt **im Rahmen seines Dienstvertrages** umsatzsteuerrechtlich eine **unselbstständige** Tätigkeit aus und kann deshalb für **diese** Tätigkeit **nicht** gleichzeitig Unternehmer sein. Natürliche Personen können jedoch zum Teil selbstständig und zum Teil unselbstständig sein. So ist z. B. ein Journalist, der bei einer Zeitung angestellt ist, im Rahmen seines Dienstvertrages unselbstständig (also kein Unternehmer). Wenn er zusätzlich als freier Mitarbeiter einer anderen Zeitung Artikel gegen Honorar veröffentlicht, ist er für diese Tätigkeit selbstständig (also Unternehmer). Zur Frage, ob eine **Nebentätigkeit** selbstständig oder unselbstständig ausgeübt wird, verweist Abschn. 2.2 Abs. 4 Satz 5 UStAE auf H 19.2 der Hinweise zu den Lohnsteuerrichtlinien.

5. Welche Personen bzw. Gebilde kommen als Unternehmer im Sinne des § 2 insbesondere in Betracht?

Als Unternehmer im Sinne des § 2 UStG kommen insbesondere in Betracht (vgl. Abschn. 2.1 Abs. 1 UStAE und *Bornhofen*, Steuerlehre 1, 39. Aufl. 2018, S. 143):

steuerfähige Personen/Vereinigungen	Beispiele
natürliche Personen	Einzelgewerbetreibende (z. B. Einzel- oder Großhändler), Handwerker, Vermieter, Schriftsteller, Freiberufler (z. B. Wirtschaftsprüfer, Steuerberater, Rechtsanwalt, Notar)
juristische Personen	AG, GmbH, Genossenschaft, eingetragener Verein, Stiftung
Personenvereinigungen	OHG, KG, Gesellschaft des bürgerlichen Rechts, nicht eingetragener Verein

6. Können juristische Personen und Personenvereinigungen auch unselbstständig sein?

Eine **Personenvereinigung des Handelsrechts** (z. B. OHG, KG) ist **stets selbstständig** (vgl. Abschn. 2.2 Abs. 5 Satz 1 UStAE), wohingegen eine **juristische Person** (z. B. GmbH oder AG) **selbstständig oder unselbstständig** sein kann.

Unselbstständig ist eine juristische Person dann, wenn sie nach dem Gesamtbild der Verhältnisse finanziell, wirtschaftlich und organisatorisch in ein anderes Unternehmen eingegliedert ist **(Organschaft)**.

Liegt eine Organschaft vor, so „sind die untergeordneten juristischen Personen (Organgesellschaften, Tochtergesellschaften) ähnlich wie Angestellte des übergeordneten Unternehmens als unselbstständig anzusehen" (Abschn. 2.8 Abs. 1 Satz 6 UStAE).

Beispiel

Die Sailer Papierfabrik GmbH gehört zu 90 % der Schnelldruck AG und ist in diese wirtschaftlich und organisatorisch eingegliedert.

Die Sailer Papierfabrik GmbH ist **unselbstständig** und umsatzsteuerrechtlich deshalb **kein** Unternehmer. Unternehmer gem. § 2 ist die Schnelldruck AG (Organträger). Sie ist für die Versteuerung der Umsätze beider Unternehmen verantwortlich.

7. Welche umsatzsteuerlichen Konsequenzen hat die Organschaft?

Unternehmen, die durch Organschaft verbunden sind, werden umsatzsteuerlich als ein einheitliches Unternehmen angesehen. Unternehmer ist der Organträger (Mutterunternehmen). Leistungen **innerhalb des Organkreises** sind **nicht steuerbare Innenumsätze**.

Der Organträger haftet für die vom Tochterunternehmen geschuldete USt (§ 73 AO).

Die Wirkungen der Organschaft sind auf die Innenleistungen zwischen den im Inland belegenen Unternehmensteilen beschränkt (vgl. § 2 Abs. 2 Nr. 2 Sätze 2 und 3). Wegen der Organschaft von grenzüberschreitenden Unternehmen vgl. Abschn. 2.9 UStAE.

8. Wann beginnt und endet die Unternehmereigenschaft?

Die Unternehmereigenschaft **beginnt** mit dem ersten nach außen erkennbaren, auf eine Unternehmertätigkeit gerichteten Tätigwerden, also bereits **mit den sog. Vorbereitungshandlungen** wie z. B. Geschäftsgründung, Miete eines Ladenlokals, Wareneinkauf vor Betriebseröffnung usw. (vgl. Abschn. 2.6 Abs. 1 ff. UStAE).

Die Unternehmereigenschaft **endet** mit dem **letzten unternehmerischen Tätigwerden**, also erst dann, wenn alles abgewickelt ist, was mit der bisherigen Unternehmertätigkeit in einem Sachzusammenhang stand (vgl. Abschn. 2.6 Abs. 6 UStAE).

9. Wer ist Eigenhändler? Nennen Sie ein Beispiel!

Eigenhändler ist, wer **im eigenen Namen** und **für eigene Rechnung** handelt (vgl. Abschn. 3.7 UStAE).

Beispiel

Helene Haar betreibt eine Modeboutique, für die sie regelmäßig Waren einkauft und an Kunden verkauft (keine Kommissionsware).

10. Wer ist Kommissionär? Nennen Sie ein Beispiel!

Kommissionär ist, wer **im eigenen Namen**, aber **für fremde Rechnung** handelt.

Beispiel

Christian Schlemmer betreibt das Sportartikelgeschäft „runners point", in dem er Waren eines Sportartikelgroßhändlers verkauft, die er als Kommissionsware erhält. Zivilrechtlich erlangt Herr Schlemmer also kein Eigentum an den Waren. Deshalb verkauft er – weil er diese Rechtsbeziehung seinen Kunden gegenüber nicht zu erkennen gibt – zwar im eigenen Namen, aber für fremde Rechnung. Er rechnet regelmäßig mit seinem Lieferanten (Kommittent) ab. Hierbei bezahlt er nur die verkaufte Ware unter Abzug seiner Verkaufsprovision.

11. Führt ein Warenkommissionär Lieferungen oder sonstige Leistungen aus?

Zwischen dem Kommittenten und dem Kommissionär kommt es ebenso wie zwischen dem Kommissionär und dem Dritten (Kunde) **jeweils** zu einer **Lieferung**, sofern die Verfügungsmacht über Gegenstände verschafft wird (Warenkommission). Vgl. § 3 Abs. 3.

12. Wer ist echter Agent? Nennen Sie ein Beispiel!

Echter Agent (z. B. Handelsvertreter) ist, wer **im fremden Namen** und **für fremde Rechnung** handelt.

Beispiel

Der Handelsvertreter Michael Paffenholz verkauft im Namen und für Rechnung eines Reifenherstellers Autoreifen an Kfz-Betriebe. Für die vermittelten Umsätze erhält er von dem Reifenhersteller eine Provision.

13. Führt ein echter Agent Lieferungen oder sonstige Leistungen aus?

Der echte Agent ist lediglich als Vermittler tätig (er vermittelt Umsätze). Deshalb führt er **sonstige Leistungen** aus.

14. Wer ist unechter Agent? Nennen Sie ein Beispiel!

Unechter Agent ist, wer **im fremden Namen**, aber **für eigene Rechnung** handelt.

Beispiel

Markus Laddey verkauft im Namen eines Elektronikunternehmens Funktelefone auf eigene Rechnung. Das Elektronikunternehmen hat ihm hierfür weder einen Auftrag noch eine Genehmigung erteilt.

15. Wie wird ein unechter Agent umsatzsteuerlich behandelt?

Umsatzsteuerlich wird der unechte Agent **wie ein Eigenhändler** behandelt. Wenn er also z. B. Waren verkauft, bewirkt er entgeltliche **Lieferungen**.

16. Sind Ehegatten, die beide selbstständig tätig sind, zwei Unternehmer oder nur ein Unternehmer im Sinne des § 2 UStG?

Ehegatten können im **gesetzlichen Güterstand** (kein Ehevertrag geschlossen) **oder** im **vertraglichen Güterstand** (Ehevertrag geschlossen) leben.

Im **gesetzlichen** Güterstand kann **jeder** Ehegatte ein einzelner Unternehmer sein.

Beispiel

Gerd und Anja Weber sind verheiratet und haben keinen Ehevertrag geschlossen. Gerd Weber ist als Steuerberater, Anja Weber als Rechtsanwältin tätig. In diesem Fall ist jeder Ehegatte **jeweils ein eigener Unternehmer**.

Im **vertraglichen** Güterstand kommt es hinsichtlich der getrennten oder gemeinsamen Unternehmereigenschaft darauf an, ob die Ehegatten **Gütertrennung** oder **Gütergemeinschaft** vertraglich vereinbart haben.

- Im Falle der **Gütertrennung** kann jeder Ehegatte ein eigener Unternehmer sein (wie im Fall zuvor).
- Bei **Gütergemeinschaft** sind beide Ehegatten zusammen **ein** Unternehmer.

Beispiel

Jens und Martina Neumann sind verheiratet; sie haben **Gütergemeinschaft vereinbart**. Jens Neumann ist Inhaber eines Kopierzentrums. Martina Neumann ist Eigentümerin eines Mehrfamilienhauses, das sie vermietet.

Beide Ehegatten sind zusammen **ein** Unternehmer. Die Unternehmenstätigkeit umfasst sowohl die Umsätze des Kopierzentrums als auch die Umsätze aus der Vermietung des Mehrfamilienhauses.

2.3.1.3 Inland, Ausland, Gemeinschafts- und Drittlandsgebiet

1. Wie definiert das UStG den Begriff „Inland"?

Inland im Sinne des § 1 Abs. 2 ist das **Gebiet der Bundesrepublik Deutschland**, ohne

- das Gebiet von Büsingen (zollrechtlich der Schweiz angeschlossen)
- die Insel Helgoland
- die Freizonen des Kontrolltyps I (bestimmte Freihäfen)
- die Gewässer und Watten zwischen der Hoheitsgrenze und der jeweiligen Strandlinie (12 Seemeilen)
- die deutschen Schiffe und Luftfahrzeuge in Gebieten, die zu keinem Zollgebiet gehören.

2. Welche Bedeutung hat der umsatzsteuerliche Inlandsbegriff?

Der Besteuerungszugriff des UStG ist auf das Inland begrenzt. Dies bedeutet, dass ein Umsatz im Inland ausgeführt werden muss (bzw. als ausgeführt gelten muss), damit er der deutschen Umsatzsteuer unterliegt.

Beispiel

Alexander Laux ist Inhaber von zwei Eisdielen. Die eine befindet sich in Hamburg, die andere auf der Insel Helgoland.

Bei den Eisverkäufen in Hamburg handelt es sich um steuerbare entgeltliche Lieferungen nach § 1 Abs. 1 Nr. 1, weil sie **im Inland** durch einen Unternehmer im Rahmen seines Unternehmens gegen Entgelt ausgeführt werden. Die Eisverkäufe auf der Insel Helgoland sind dagegen nicht steuerbar, weil sie **nicht** im Inland ausgeführt werden (Helgoland zählt zum Drittlandsgebiet).

3. Was sind „Freihäfen" im Sinne des UStG?

Freihäfen sind die Teile der Häfen Bremerhaven und Cuxhaven, die vom übrigen deutschen Teil des Zollgebietes der EU getrennt sind (vgl. Abschn. 1.9 Abs. 1 Satz 2 UStAE).

4. Was ist bei Umsätzen in den Freihäfen und den Gewässern und Watten zu beachten?

Umsätze, die auf dem Gebiet eines Freihafens oder in den Gewässern und Watten zwischen der Hoheitsgrenze und der jeweiligen Strandlinie ausgeführt werden, sind grundsätzlich **nicht** steuerbar, weil das **Merkmal Inland nicht verwirklicht** wird.

Die Vorschrift des **§ 1 Abs. 3** erklärt jedoch bestimmte, in diesen Gebieten ausgeführte Umsätze, für steuerbar (sie sind **wie** Umsätze im Inland zu behandeln). Hierunter fallen beispielsweise:

- Lieferungen, innergemeinschaftliche Erwerbe und sonstige Leistungen, wenn sie vom Leistungsempfänger für eine steuerfreie, den Vorsteuerabzug ausschließende unternehmerische Tätigkeit (z. B. Arzt) verwendet werden
- Abgabe von Speisen und Getränken zum Verzehr an Ort und Stelle
- Verkauf von Tabakwaren aus Automaten
- Lieferungen von Schiffsausrüstungsgegenständen, Treibstoff und Proviant an private Schiffseigentümer zur Ausrüstung und Versorgung von Wassersportfahrzeugen
- Beförderungen für private Zwecke.

Ebenfalls unter die Vorschrift des § 1 Abs. 3 fallen die **unentgeltlichen Lieferungen und sonstigen Leistungen** nach § 3 Abs. 1b und Abs. 9a („Eigenverbrauch").

5. Was ist unter „Gemeinschaftsgebiet" im Sinne des UStG zu verstehen?

Nach § 1 Abs. 2a Satz 1 gehören zum Gemeinschaftsgebiet

- das **Inland** im Sinne des § 1 Abs. 2 Satz 1 **und**
- die **Gebiete der übrigen (anderen) Mitgliedstaaten** der Europäischen Union, die nach dem Gemeinschaftsrecht als Inland dieser Mitgliedstaaten gelten.

Zum **Gemeinschaftsgebiet** gehören die gemeinschaftsrechtlichen **Inlandsgebiete der folgenden Staaten** (vgl. u. a. Abschn. 1.10 Abs. 1 UStAE):

1. **Belgien** (BE)
2. **Bulgarien** (BG)
3. **Bundesrepublik Deutschland** (DE)
4. **Dänemark** (DK)
5. **Estland** (EE)
6. **Finnland** (FI)
7. **Frankreich** (FR)
8. **Griechenland** (EL)
9. **Irland** (IE)
10. **Italien** (IT)
11. **Kroatien** (HR)

12. **Lettland** (LV)
13. **Litauen** (LT)
14. **Luxemburg** (LU)
15. **Malta** (MT)
16. **Niederlande** (NL)
17. **Österreich** (AT)
18. **Polen** (PL)
19. **Portugal** (PT)
20. **Rumänien** (RO)
21. **Schweden** (SE)
22. **Slowakei** (SK)
23. **Slowenien** (SL)
24. **Spanien** (ES)
25. **Tschechien** (CZ)
26. **Ungarn** (HU)
27. **Vereinigtes Königreich und Nordirland (Großbritannien)** (GB)
28. **Zypern (griechischer Teil)** (CY)

Staatsrechtliche Gebiete dieser Staaten, die **nicht** zum Gemeinschaftsgebiet im Sinne des UStG gehören (z. B. das zu Dänemark gehörende Grönland oder der Vatikan) sind im Einzelnen im Abschn. 1.10 Abs. 1 und 2 UStAE aufgeführt (siehe dort).

6. Wie ist das „übrige Gemeinschaftsgebiet" im Sinne des UStG definiert?
Übriges Gemeinschaftsgebiet = Gemeinschaftsgebiet minus Inland der BRD.

Übersicht:

7. Wie ist das „Drittlandsgebiet" im Sinne des UStG definiert?

Das Drittlandsgebiet umfasst die **Gebiete, die nicht zum Gemeinschaftsgebiet gehören** (im Schaubild alles, was **außerhalb** des großen Rahmens liegt).

Zum Drittlandsgebiet gehören beispielsweise Büsingen, die Insel Helgoland, die Freihäfen im Sinne des § 1 Abs. 2 Satz 1 und die anderen dort vom Inlandsbegriff ausgeschlossenen Gebiete sowie bestimmte **Gebiete, die nicht zum umsatzsteuerlichen Gemeinschaftsgebiet gehören** (z. B. der Vatikan, Andorra und Gibraltar). Vgl. Abschn. 1.10 Abs. 2 UStAE.

2.3.1.4 Entgelt

1. Welche Bedeutung hat das „Entgelt" für die Steuerbarkeit?

Entgeltliche Lieferungen und sonstige Leistungen nach § 1 Abs. 1 Nr. 1 sind grundsätzlich nur dann steuerbar, wenn ein **Leistungsaustausch** vorliegt. Dieser setzt voraus, dass ein Leistender und ein Leistungsempfänger vorhanden sind und dass der Leistung eine **Gegenleistung (Entgelt)** gegenübersteht (vgl. Abschn. 1.1 Sätze 1 und 2 UStAE).

2. Wie definiert das UStG den Begriff „Entgelt"?

Entgelt ist alles, was der Leistungsempfänger aufwendet, um die Leistung zu erhalten, jedoch ohne die Umsatzsteuer (vgl. § 10 Abs. 1 Satz 2).

Die **Umsatzsteuer** gehört also **nicht** zum Entgelt.

Beträge, die der Unternehmer im Namen und für Rechnung eines anderen vereinnahmt und verausgabt (**durchlaufende Posten**), gehören ebenfalls **nicht** zum Entgelt (vgl. § 10 Abs. 1 Satz 5).

Beispiel

Ein Rechtsanwalt bezahlt für seinen Mandanten Gerichtskosten und stellt diese seinem Mandanten in Rechnung. Die dem Mandanten berechneten Gerichtskosten sind kein Entgelt; sie unterliegen nicht der USt (nicht steuerbar).

3. Nennen Sie die drei Voraussetzungen für einen Leistungsaustausch!

Ein Leistungsaustausch setzt voraus:

- **zwei verschiedene Personen**, zwischen denen sich der Leistungsaustausch vollzieht
- eine **Leistung** (Lieferung oder sonstige Leistung) **und** eine **Gegenleistung** (Entgelt) und
- einen **wechselseitigen (wirtschaftlichen) Zusammenhang** zwischen der Leistung und der Gegenleistung, der u. a. gegeben ist, wenn eine Leistung erbracht wird, um dafür eine Gegenleistung zu erhalten.

4. Worin kann die Gegenleistung (das Entgelt) bestehen?

Das Entgelt kann bestehen in

- Geld
- einer Lieferung oder
- einer sonstigen Leistung.

5. Unterscheiden Sie die Begriffe „Tausch", „Tausch mit Baraufgabe" und „tauschähnlicher Umsatz" voneinander!

- Ein **Tausch** liegt vor, wenn eine Lieferung durch eine Lieferung bezahlt wird (vgl. § 3 Abs. 12 Satz 1).
- Ein **Tausch mit Baraufgabe** liegt vor, wenn eine Lieferung durch eine Lieferung plus einer Zuzahlung von Geld bezahlt wird.
- Ein **tauschähnlicher Umsatz** liegt vor, wenn eine sonstige Leistung durch eine Lieferung oder sonstige Leistung bezahlt wird (vgl. § 3 Abs. 12 Satz 2).

6. Nennen Sie typische Fälle, bei denen kein Leistungsaustausch vorliegt!

Typische Vorgänge, bei denen **kein** Leistungsaustausch im umsatzsteuerlichen Sinne vorliegt, sind z. B.:

- Innenumsatz
- echter Schadenersatz
- Erbschaft
- echte Schenkung
- echte Mitgliedsbeiträge.

7. Was ist ein nicht steuerbarer Innenumsatz? Schildern Sie ein Beispiel!

Ein nicht steuerbarer Innenumsatz liegt dann vor, wenn ein Teilbereich des Unternehmens im Inland für einen anderen Teilbereich dieses Unternehmens im Inland eine Leistung erbringt.

Ein solcher Umsatz ist nicht steuerbar, weil **keine zwei verschiedenen Personen** vorliegen.

Beispiel

Kirsten Höllger ist Inhaberin eines Modegeschäfts in Bonn. Gleichzeitig betreibt sie eine Schneiderei in Köln, in der Kleider für das Modegeschäft hergestellt werden. Zur besseren Übersicht werden alle Lieferungen der Schneiderei an das Modegeschäft regulär berechnet und von dem Modegeschäft an die Schneiderei bezahlt.

Die Rechnungen der Schneiderei an das Modegeschäft sind **ohne** USt auszustellen, da diese Umsätze als Innenumsätze **nicht** steuerbar sind. Es liegt **kein** Leistungsaustausch vor, weil die Leistende und die Leistungsempfängerin identisch sind (die Unternehmerin K. Höllger).

ACHTUNG

Nach § 2 Abs. 1 Satz 2 umfasst das Unternehmen die gesamte gewerbliche oder berufliche Tätigkeit des Unternehmers, was bedeutet, dass mehrere Betriebe eines Unternehmers als **ein** Unternehmen anzusehen sind (**Unternehmenseinheit**). Frau Höllger (Beispiel zuvor) gibt für beide Betriebe zusammen auch nur eine Umsatzsteuererklärung ab.

8. Schildern Sie ein Beispiel für einen nicht steuerbaren Schadenersatz!

Ein nicht steuerbarer (echter) Schadenersatz ist gegeben

- bei einer Schadensbeseitigung **durch den Schädiger** bzw. durch einen von ihm beauftragten Dritten oder
- bei Zahlung einer Geldentschädigung **durch den Schädiger**.

Beispiel

Der Bäckermeister Hommen beschädigt beim Einparken seines Firmen-Pkw das Fahrrad des Steuerberaters Clever. Hommen bezahlt Clever vereinbarungsgemäß 200 € zum Ausgleich.

Es findet **kein** Leistungsaustausch zwischen Hommen und Clever statt. „Der Schadenersatz wird nicht geleistet, weil der Leistende eine Lieferung oder sonstige Leistung erhalten hat, sondern weil er nach Gesetz oder Vertrag für den Schaden und seine Folgen einzustehen hat" (Abschn. 1.3 Abs. 1 Satz 2 UStAE).

9. Was ist ein „unechter Schadenersatz"? Schildern Sie ein Beispiel!

Ein unechter Schadenersatz liegt umsatzsteuerrechtlich dann vor, wenn die Ersatzleistung die Gegenleistung für eine Lieferung oder sonstige Leistung darstellt. Beseitigt der Geschädigte den ihm zugefügten Schaden selbst und erhält er hierfür vom Schädiger eine Ersatzleistung, so ist die Schadenersatzleistung als Entgelt im Rahmen eines Leistungsaustausches anzusehen (vgl. Abschn. 1.3 Abs. 1 Satz 4 UStAE).

Beispiel

Der Bäckermeister Mehl beschädigt beim Einparken seines Pkw das Firmenfahrzeug des Kfz-Meisters Blech. Mehl **beauftragt** Blech mit der Beseitigung des Schadens und bezahlt ihm hierfür vereinbarungsgemäß 500 €.

Die Ersatzleistung von Mehl (500 €) steht ursächlich im Zusammenhang mit der von Blech erbrachten Reparaturleistung. Es liegt ein **unechter** Schadenersatz vor. Die Leistung des Blech ist **steuerbar**.

10. Kann eine Leistung steuerbar sein, wenn der Leistungswille des Unternehmers fehlt?

Die Steuerbarkeit entfällt nicht, wenn der Umsatz aufgrund gesetzlicher oder behördlicher Anordnung ausgeführt wird oder als ausgeführt gilt (§ 1 Abs. 1 Nr. 1 Satz 2). Danach sind beispielsweise **Vergütungen, die für enteignete Gegenstände gezahlt werden**, der USt zu unterwerfen.

Aber eine gegen den Willen des Unternehmers durch widerrechtlichen Zwang vorgenommene Warenentnahme (z. B. Diebstahl) oder sonstige Leistung (z. B. unbefugte Nutzung eines Firmen-Pkw zu unternehmensfremden Zwecken durch einen Arbeitnehmer) ist **nicht** als steuerbare Leistung des Unternehmers anzusehen und zwar unabhängig davon, ob Ersatz geleistet wird oder nicht.

11. Unterliegen Mitgliederbeiträge von Vereinen der Umsatzsteuer?

So weit ein Verein zur Erfüllung seiner Satzungsmäßigen Aufgaben (die den Gesamtbelangen sämtlicher Mitglieder dienen sollen) **echte** Mitgliederbeiträge erhebt, fehlt es an einem Leistungsaustausch mit dem einzelnen Mitglied. **Echte** Mitgliederbeiträge sind somit **nicht** steuerbar (siehe im Einzelnen Abschn. 1.4 und 2.10 UStAE).

Wenn es sich jedoch um nachhaltige entgeltliche Lieferungen oder sonstige Leistungen des Vereins handelt, ist ein Leistungsaustausch gegeben (vgl. Abschn. 2.10 Abs. 1 Sätze 4 - 7 UStAE). Diese Leistungen sind somit grundsätzlich steuerbar.

Beispiel

Der Verein VFR-Koblenz unterhält ein Vereinslokal, in dem Getränke gegen Bezahlung ausgeschenkt werden. Hierbei handelt es sich um steuerbare entgeltliche Lieferungen, weil alle Voraussetzungen des § 1 Abs. 1 Nr. 1 erfüllt sind.

Ein Leistungsaustausch liegt auch dann vor, wenn ein Verein Leistungen erbringt, die den Sonderbelangen einzelner Mitglieder dienen und er von diesen Mitgliedern Beiträge entsprechend der tatsächlichen oder vermuteten Inanspruchnahme erhebt (vgl. Abschn. 1.4 Abs. 1 Satz 2 UStAE). Beispiel: Erhebung einer **speziellen** Gebühr des Tennisvereins Grün-Gelb Koblenz für die **tatsächliche Benutzung** seiner vereinseigenen Tennisanlage.

2.3.1.5 Rahmen des Unternehmens

1. Grenzen Sie die Begriffe „Unternehmer" und „Unternehmen" voneinander ab!

Unternehmer ist eine **Person oder Vereinigung**, welche die Voraussetzungen des § 2 Abs. 1 (bzw. des § 2a) erfüllt (siehe im Einzelnen Gliederungspunkt 2.3.1.2, S. 41 ff.).

 MERKE

> Das **Unternehmen** umfasst die **gesamte gewerbliche oder berufliche Tätigkeit des Unternehmers** (§ 2 Abs. 1 Satz 2). Nach der Einheitstheorie kann ein Unternehmer zwar mehrere Betriebe, aber nur ein Unternehmen haben (Grundsatz der Unternehmenseinheit).

Beispiel

Jürgen Preußer betreibt einen Naturkostladen in Köln in der Rechtsform einer Einzelunternehmung. Außerdem ist er Eigentümer eines Mehrfamilienhauses in Köln, das er vermietet.

Jürgen Preußer ist Unternehmer nach § 2 Abs. 1 Satz 1. Sein Unternehmen umfasst sowohl die Umsätze des Naturkostladens als auch die des vermieteten Mehrfamilienhauses.

2. Welche Folgen hat die Einheit des Unternehmens für Leistungen, die innerhalb des Unternehmens erbracht werden?

Leistungen, die von einem Teilbereich des Unternehmens im Inland für einen anderen Teilbereich des selben Unternehmens im Inland erbracht werden, erfüllen nicht die Voraussetzungen eines Leistungsaustausches (der Leistungsaustausch findet nicht zwischen zwei verschiedenen Personen statt). Es handelt sich um **nicht steuerbare Innenleistungen** (vgl. Abschn. 2.7 Abs. 1 Satz 3 UStAE).

ACHTUNG

Eine Besonderheit gilt bei grenzüberschreitenden unternehmensinternen **Warenbewegungen innerhalb des Gemeinschaftsgebietes**, z. B. von einer Betriebsstätte in Frankreich zu einer Betriebsstätte in Deutschland **(Innergemeinschaftliches Verbringen)**. Unter bestimmten Voraussetzungen sind solche Vorgänge, obwohl sie innerhalb eines Unternehmens stattfinden, bei derjenigen Betriebsstätte als innergemeinschaftlicher Erwerb (§ 1 Abs. 1 Nr. 5 i. V. mit § 1a Abs. 2) zu besteuern, bei der die Beförderung oder Versendung **endet** (Bestimmungsmitgliedstaat). Siehe hierzu § 1a Abs. 2 UStG, Abschn. 1a.2 UStAE.

3. Welche Geschäfte fallen in den Rahmen des Unternehmens?

Zum Rahmen des Unternehmens gehören **alle Geschäfte, die in einem Sachzusammenhang mit der selbstständigen Tätigkeit des Unternehmers anfallen**.

Die Frage der Zuordnung zur gewerblichen oder beruflichen Tätigkeit des Unternehmers richtet sich bei der USt **nicht** nach ertragsteuerlichen (z. B. einkommensteuerlichen) Kriterien, sondern ausschließlich nach umsatzsteuerlichen Gesichtspunkten (vgl. Abschn. 3.3 Abs. 1 Sätze 2 ff. UStAE).

Die Geschäfte eines Unternehmers werden umsatzsteuerlich wie folgt eingeteilt:

Haupt- bzw. Grundgeschäfte	**bilden den eigentlichen Gegenstand der geschäftlichen Tätigkeit** (z. B. Rechtsanwalt Müller führt für einen Mandanten einen Prozess)
Hilfsgeschäfte	bilden nicht den eigentlichen Gegenstand der gewerblichen oder beruflichen Tätigkeit, sondern fallen als **Nebeneffekt der Haupttätigkeit** an und **helfen, den eigentlichen Unternehmenszweck zu verwirklichen** (z. B. Rechtsanwalt Müller verkauft seinen betrieblichen Pkw)
Nebengeschäfte	stehen **nicht** mit der Verwirklichung des Unternehmenszwecks in einem Sachzusammenhang, **hängen** aber **wirtschaftlich mit der Haupttätigkeit zusammen** (z. B. Rechtsanwalt Müller ist nebenbei als Prüfer bei der Abnahme von Berufsausbildungsabschlussprüfungen für die Rechtsanwaltskammer tätig).

4. Welche Geschäfte fallen nicht in den Rahmen des Unternehmens?

Nicht in den Rahmen des Unternehmens fallen alle diejenigen Geschäfte, die in keinem Sachzusammenhang mit der gewerblichen oder beruflichen Tätigkeit stehen. Dies sind **insbesondere** Geschäfte, die innerhalb der **Privatsphäre** des Unternehmers anfallen.

Beispiel

Rechtsanwalt Müller verkauft den gebrauchten Pkw seiner Ehefrau, der zum Privatvermögen der Familie Müller gehört.

2.3.1.6 Ort der Leistung

1. Wo ist der Ort der Lieferung bei Beförderung oder Versendung?

Nach **§ 3 Abs. 6** gilt eine Beförderungs- oder Versendungslieferung dort als ausgeführt, wo die Beförderung oder Versendung des Gegenstandes an den Abnehmer **beginnt**.

Beispiel

Der Verlag Fölbach in Koblenz verkauft Drucksachen an einen Abnehmer in Luxemburg. Der Käufer holt die Drucksachen bei der Druckerei Fölbach in Koblenz mit dem eigenen Lkw ab.

Die Lieferung gilt nach § 3 Abs. 6 Satz 1 dort als ausgeführt, wo die Bewegung der Gegenstände **beginnt** (also in Koblenz). **Leistungszeitpunkt** ist der Zeitpunkt der **Verschaffung der Verfügungsmacht** (Übergabe der Ware an den Abnehmer).

ACHTUNG

Beim **Versendungsfall** (Beförderung durch einen selbstständigen Dritten zum Abnehmer) wird die Leistung dort ausgeführt, wo die Ware **an den Beauftragten (z. B. Spediteur) übergeben wird** (vgl. § 3 Abs. 6 Satz 1 i. V. mit Satz 4).

2. Wo werden Gas, Elektrizität, Wärme und Wasser geliefert?

Bestimmte Liefergegenstände werden regelmäßig in Leitungen zum Abnehmer geliefert (z. B. Gas, Elektrizität, Wärme, Wasser). In diesen Fällen wird die Lieferung grundsätzlich an dem Ort ausgeführt, an dem sich der für die Abrechnung maßgebende **Zähler** befindet.

Bei der Lieferung von **Gas** über das Erdgasverteilungsnetz, Wärme oder Kälte über Wärme- oder Kältenetze oder **Elektrizität** gilt die Sondervorschrift des **§ 3g**. In dieser Vorschrift wird danach unterschieden, ob die Lieferung an einen Wiederverkäufer oder an sonstige Abnehmer erfolgt.

- Bei der Lieferung an **Wiederverkäufer** (§ 3g Abs. 1) erfolgt die Lieferung dort, wo der Abnehmer sein Unternehmen betreibt oder eine Betriebsstätte unterhält, für welche diese Gegenstände geliefert wurden (= Ort der Lieferung am **Unternehmens-/Betriebssitz des Leistungsempfängers**).

- Bei der Lieferung an **andere Abnehmer** (§ 3g Abs. 2) – also Verbraucher – erfolgt die Lieferung am **Ort des tatsächlichen Verbrauchs**. Das ist normalerweise der Ort, wo sich der **Zähler des Abnehmers** befindet.

MERKE

Im Ergebnis führt dies dazu, dass für den Verkauf von Gas über das Erdgasverteilungsnetz, Wärme oder Kälte über Wärme- oder Kältenetze oder Elektrizität stets das **Empfängerortprinzip** gilt.

ACHTUNG

Bezüglich der Lieferung von Gas ist die Anwendung der Sonderregelung auf Lieferungen über das Erdgasverteilungsnetz beschränkt. Die Sonderregelung findet z. B. **keine** Anwendung auf den Verkauf von Erdgas in Flaschen. In diesem Fall gilt die allgemeine Ortsbestimmung (§ 3 Abs. 6 oder 7).

3. Wo wird eine Lieferung ausgeführt, wenn der Gegenstand der Lieferung nicht befördert oder versendet (also nicht „bewegt") wird?

Für den Fall, dass der Gegenstand der Lieferung nicht bewegt wird (Lieferung „ohne Warenbewegung") bestimmt **§ 3 Abs. 7 Satz 1**, dass die **Lieferung dort** ausgeführt wird, **wo sich der Gegenstand zum Zeitpunkt der Verschaffung der Verfügungsmacht tatsächlich befindet**.

Beispiel

Florian Lay, Koblenz, verkauft und übereignet an Markus Klöckner, Bonn, ein Grundstück in Zürich (Schweiz).

Die Übereignung des Grundstücks ist eine unbewegte Lieferung (Verschaffung der Verfügungsmacht über einen Gegenstand). Der Ort der Lieferung ist Zürich (§ 3 Abs. 7 Satz 1).

Die körperliche Übergabe ist auch entbehrlich, wenn der Abnehmer bereits im Besitz des Gegenstandes ist. Die Verschaffung der Verfügungsmacht erfolgt in diesem Fall lediglich durch Einigung über den Besitzübergang (§ 929 Satz 2 BGB).

4. Wo ist der Ort der Lieferung in dem Sonderfall des § 3 Abs. 8?

Der Sonderfall des § 3 Abs. 8 betrifft die grenzüberschreitende Beförderung oder Versendung **aus dem Drittlandsgebiet in das Inland**.

Die Regelung des § 3 Abs. 8 bestimmt, dass der Ort der Lieferung **im Inland** liegt, **wenn der Lieferer**, der den Gegenstand vom Drittland in das Inland einführt, **Schuldner der Einfuhrumsatzsteuer (EUSt) ist**.

Beispiel

Jörg Iseli ist Großhändler für Armbanduhren mit Unternehmenssitz in Bern (Schweiz). Er liefert mit dem eigenen Pkw 500 Uhren aus der Schweiz an ein Warenhaus in Köln. Vereinbarungsgemäß ist Iseli Schuldner der EUSt (vertragliche Vereinbarung). Er liefert die Ware also „verzollt und versteuert".

Nach der allgemeinen Vorschrift des § 3 Abs. 6 wäre der Ort der Lieferung dort, wo die Beförderung der Ware beginnt (also in Bern). Die **Sondervorschrift des § 3 Abs. 8** bestimmt jedoch für diesen Fall, dass der Ort der Lieferung **im Inland** (also in der Bundesrepublik Deutschland) liegt.

5. Wo ist der Ort der Lieferung bei innergemeinschaftlichen Beförderungs- und Versendungslieferungen nach § 3c?

§ 3c enthält eine Spezialvorschrift für sog. **Versandumsätze innerhalb des Gemeinschaftsgebietes an bestimmte Abnehmer** (insbesondere Privatpersonen).

Der Ort der Lieferung liegt nach § 3c Abs. 1 **beim Abnehmer** (dort, wo die Beförderung oder Versendung **endet**), sofern die folgenden Voraussetzungen erfüllt sind:

- Beförderungs- oder Versendungslieferung
- aus dem Gebiet eines Mitgliedsstaates
- in das Gebiet eines anderen Mitgliedsstaates (z. B. in das Inland)
- an
  - eine Privatperson oder
  - einen Halbunternehmer, der die maßgebende Erwerbsschwelle nicht überschritten und auch nicht für die Erwerbsbesteuerung optiert hat und
- Überschreitung der maßgebenden Lieferschwelle gem. § 3c Abs. 3 durch den Lieferer oder Option für die Besteuerung im Bestimmungsland gem. § 3c Abs. 4.

Wenn die Voraussetzungen des § 3c vorliegen, haben die Vorschriften des § 3 Abs. 6 bis 8 keine Gültigkeit.

Beispiel

Die Privatperson Gerd Weber aus Mayen bestellt bei einem Versandhaus in London einen CD-Player.

Der CD-Player wird Herrn Weber aus London per Paket zugestellt.

Da das Versandhaus viele Kunden in der Bundesrepublik Deutschland hat, wird die deutsche Lieferschwelle (100.000 € im Kalenderjahr) von dem Versandhaus überschritten (bereits im vergangenen Kalenderjahr).

Abweichend von § 3 Abs. 6 gilt die Lieferung nach § 3c Abs. 1 als **in Mayen** (am Ende der Versendung) ausgeführt. Der Umsatz ist nach § 1 Abs. 1 Satz 1 **in Deutschland** steuerbar.

Zu beachten ist, dass

- die Vorschrift des § 3c **nicht** für die Lieferung neuer Fahrzeuge gilt, weil dann die Regelung des § 1b greift (sog. Fahrzeugeinzelbesteuerung) und
- bei der Lieferung verbrauchsteuerpflichtiger Waren die Lieferschwelle **nicht** anzuwenden ist (vgl. § 3c Abs. 5).

6. Wo ist der Ort der sonstigen Leistung im Allgemeinen nach § 3a Abs. 1 und 2?

Wo der Ort der sonstigen Leistung im Allgemeinen liegt, geht aus der nachfolgenden Übersicht hervor (vgl. § 3a Abs. 1 und 2):

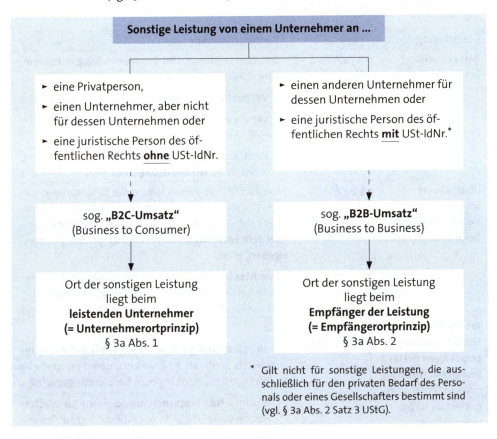

ACHTUNG

§ 3a Abs. 1 und 2 UStG darf nur dann angewendet werden, wenn **keine** Spezialvorschrift anwendbar ist, weil Spezialvorschriften den allgemeinen Vorschriften vorgehen! Spezialvorschriften sind z. B. in § 3a Abs. 3, 4 und 5, §§ 3b, 3e, 3g oder 3f enthalten.

7. Wo ist der Ort der sonstigen Leistung nach § 3a Abs. 3 oder 4?

Nach § 3a Abs. 3 und 4 lassen sich insbesondere folgende spezielle Leistungsorte bestimmen, die der allgemeinen Ortsbestimmung nach § 3a Abs. 1 und 2 vorgehen („spezielles Recht bricht allgemeines Recht"):

Bezeichnung	Fundstelle	Kurzbeschreibung
Belegenheitsort bei Grundstücken	§ 3a **Abs. 3 Nr. 1**	Sonstige Leistungen **im Zusammenhang mit einem Grundstück**, z. B. ▸ **Vermietung und Verpachtung** eines Grundstücks, ▸ **sonstige Leistung eines Grundstücksmaklers** oder eines Architekten oder ▸ **Werkleistungen** an dem Grundstück werden dort ausgeführt, **wo das Grundstück liegt.**
Übergabeort bei kurzfristiger Vermietung eines Beförderungsmittels	§ 3a **Abs. 3 Nr. 2** Sätze 1 - 2	Die kurzfristige Vermietung eines Beförderungsmittels (nicht mehr als 30 Tage bei einem Pkw) wird an dem **Ort** ausgeführt, **an dem das Beförderungsmittel dem Empfänger zur Verfügung gestellt (= übergeben) wird.** **Beachte:** § 3a Abs. 3 Nr. 2 gilt nicht bei einer Vermietung bestimmter Fahrzeuge an einen im Drittland ansässigen Unternehmer (siehe § 3a Abs. 7).
Wohnsitz oder Sitz des Leistungsempfängers bei langfristiger Vermietung eines Beförderungsmittels an Nichtunternehmer	§ 3a **Abs. 3 Nr. 2 Satz 3**	Die ▸ **nicht kurzfristige Vermietung eines Beförderungsmittels** (mehr als 30 Tage bei einem Pkw; mehr als 90 Tage bei einem anderen Beförderungsmittel) ▸ an einen **Nichtunternehmer** oder eine juristische Person ohne USt-IdNr. oder für die nichtunternehmerische Verwendung eines Unternehmers wird **dort** erbracht, **wo der Leistungsempfänger (Mieter)** seinen **Wohnsitz oder Sitz** hat. **Ausnahme:** Bei der Vermietung eines **Sportbootes** liegt der Ort dort, wo das Sportboot dem Empfänger **tatsächlich zur Verfügung gestellt** wird, wenn der leistende Unternehmer dort seinen Sitz hat oder eine Betriebsstätte unterhält (§ 3a Abs. 3 Nr. 2 Satz 4).

Bezeichnung	Fundstelle	Kurzbeschreibung
Tätigkeitsort bei bestimmten Tätigkeiten für nichtunternehmerische Zwecke	§ 3a **Abs. 3 Nr. 3 Buchst. a**	▸ kulturelle, ▸ künstlerische, ▸ wissenschaftliche, ▸ unterrichtende, ▸ sportliche, ▸ unterhaltende Leistungen oder ▸ Leistungen im Zusammenhang mit Messen und Ausstellungen ▸ an einen **Nichtunternehmer** oder ▸ für den **nichtunternehmerischen Bereich** eines Unternehmers oder ▸ an **eine juristische Person des öffentlichen Rechts ohne USt-IdNr.** werden grundsätzlich **dort** ausgeführt, **wo sie von dem leistenden Unternehmer tatsächlich erbracht (= ausgeführt)** werden.
Restaurationsort	§ 3a **Abs. 3 Nr. 3 Buchst. b**	**Restaurationsleistungen** (Verzehr an Ort und Stelle) werden grundsätzlich **dort** ausgeführt, **wo sie von dem leistenden Unternehmer tatsächlich erbracht (= ausgeführt)** werden, wenn diese nicht an Bord eines Schiffes, Flugzeugs oder einer Eisenbahn (wenn sie also z. B. in einem „stationären" Restaurant oder durch einen Cateringservice) erfolgen.
Ausführungsort bei Handwerker- und Begutachtungsleistungen für nichtunternehmerische Zwecke	§ 3a **Abs. 3 Nr. 3 Buchst. c**	Arbeiten an beweglichen körperlichen Gegenständen (z. B. **Handwerkerleistungen**) **und Begutachtung** dieser Gegenstände ▸ an einen **Nichtunternehmer** oder ▸ für den **nichtunternehmerischen Bereich** eines Unternehmers oder ▸ an eine juristische **Person des öffentlichen Rechts ohne USt-IdNr.** werden grundsätzlich **dort** ausgeführt**, wo sie von dem leistenden Unternehmer tatsächlich erbracht (= ausgeführt)** werden.

Bezeichnung	Fundstelle	Kurzbeschreibung
Ort der Vermittlungsleistung bei Leistungen für nichtunternehmerische Zwecke	§ 3a **Abs. 3 Nr. 4**	Eine Vermittlungsleistung (z. B. durch einen **Handelsvertreter oder Handelsmakler**) ▸ an einen **Nichtunternehmer** oder ▸ für den **nichtunternehmerischen Bereich** eines Unternehmers oder ▸ an **eine juristische Person des öffentlichen Rechts ohne USt-IdNr.** wird grundsätzlich an dem **Ort** erbracht (= ausgeführt), **an dem der vermittelte Umsatz** (die vermittelte Lieferung oder sonstige Leistung) **ausgeführt wird**. Hierunter fällt auch die Vermittlung von Zimmern in Hotels, Gaststätten oder Pensionen, von Fremdenzimmern, Ferienwohnungen usw. **an Nichtunternehmer** (siehe BMF-Schreiben vom 14.06.2010).
Veranstaltungsort bestimmte Eintrittsberechtigungen für unternehmerische Zwecke	§ 3a **Abs. 3 Nr. 5**	Die **Einräumung der Eintrittsberechtigung** zu ▸ kulturellen, ▸ künstlerischen, ▸ wissenschaftlichen, ▸ unterrichtenden, ▸ sportlichen, ▸ unterhaltenden Leistungen oder ▸ Leistungen im Zusammenhang mit Messen und Ausstellungen ▸ an einen **Unternehmer für dessen Unternehmen** oder ▸ an eine nicht unternehmerisch tätige **juristische Person, der eine USt-IdNr. erteilt worden ist**, werden grundsätzlich **dort** ausgeführt, **wo die Veranstaltung tatsächlich durchgeführt** wird.

Bezeichnung	Fundstelle	Kurzbeschreibung
Wohnsitz/Sitzort des Leistungsempfängers bei Katalogleistungen für nichtunternehmerische Zwecke und Empfänger im Drittlandsgebiet	§ 3a **Abs. 4**	Bestimmte, in § 3a **Abs. 4** genannte sonstige Leistungen **(sog. Katalogleistungen)**, gelten am **Sitzort** des Leistungsempfängers (also **beim Abnehmer**) als ausgeführt, sofern die Leistung ▸ an einen **Nichtunternehmer** mit Wohnsitz im Drittlandsgebiet oder ▸ für den **nichtunternehmerischen Bereich** eines Unternehmers mit Sitz im Drittlandsgebiet oder ▸ **eine juristische Person des öffentlichen Rechts ohne USt-IdNr.** mit Sitz im Drittlandsgebiet erbracht wird. Zu den **Katalogleistungen** gehören u. a. die sonstigen Leistungen ▸ der Rechtsanwälte, Steuerberater, Wirtschaftsprüfer etc., ▸ die der Werbung oder Öffentlichkeitsarbeit dienen (z. B. sonstige Leistungen der Werbeagenturen) usw.
Wohnsitz, gewöhnlicher Aufenthaltsort oder Sitz des Leistungsempfängers bei bestimmten Telekommunikations-, Rundfunk-, Fernseh- und elektronisch erbrachten sonstigen Leistungen für nichtunternehmerische Zwecke	§ 3a **Abs. 5**	Sonstige Leistungen ▸ auf dem Gebiet der **Telekommunikation** (Abschn. 3a.10 UStAE) ▸ **Rundfunk-** und **Fernsehdienstleistungen** (Abschn. 3a.11 UStAE) und ▸ auf **elektronischem Weg** erbrachte **sonstige Leistungen** (Abschn. 3a.12 UStAE) werden am Wohnsitz, gewöhnlichen Aufenthaltsort oder Sitz des **Leistungsempfängers** ausgeführt, wenn die Leistungen ▸ an Nichtunternehmer (z. B. Privatpersonen) oder ▸ für den nichtunternehmerischen Bereich eines Unternehmers oder ▸ an eine nicht steuerpflichtige juristische Person erbracht werden (= Besteuerung am **Ort des Verbrauchs**).

8. Wo ist der Ort der Beförderungsleistungen und der selbstständigen Nebenleistungen nach § 3b?

Nach § 3b gelten die folgenden Regelungen zur Bestimmung des Ortes von Beförderungsleistungen und der selbstständigen Nebenleistungen:

Kategorie der Leistung	Fundstelle	Ort der Leistung
Personenbeförderung	§ 3b Abs. 1	Dort, wo die Beförderung bewirkt **(ausgeführt)** wird. Die Beförderungsleistung ist entsprechend der Anteile, die auf das Inland und auf das Ausland entfallen, rechnerisch aufzuteilen.
Güterbeförderung im Inland und in ein Drittland für nichtunternehmerische Zwecke	§ 3b Abs. 1	Dort, wo die Beförderung bewirkt **(ausgeführt)** wird, sofern die Leistung ▸ an einen **Nichtunternehmer** oder ▸ für den **nichtunternehmerischen Bereich** eines Unternehmers oder ▸ **eine juristische Person des öffentlichen Rechts ohne USt-IdNr.** erbracht wird. Die Beförderungsleistung ist entsprechend der Anteile, die auf das Inland und auf das Drittlandsgebiet entfallen, rechnerisch aufzuteilen.
Beförderung von Gegenständen im Gemeinschaftsgebiet für nichtunternehmerische Zwecke	§ 3b Abs. 3	Dort, wo die Beförderung des Gegenstandes **beginnt**, sofern die Leistung ▸ an einen **Nichtunternehmer** oder ▸ für den **nichtunternehmerischen Bereich** eines Unternehmers oder ▸ **eine juristische Person des öffentlichen Rechts ohne USt-IdNr.** erbracht wird.
Selbstständige Nebenleistungen der Beförderungsleistungen (z. B. Beladen, Entladen, Umschlagen) für nichtunternehmerische Zwecke	§ 3b Abs. 2	Dort, wo der leistende Unternehmer ausschließlich oder zum wesentlichen Teil **tätig** wird **(Tätigkeitsort)**, sofern die Leistung ▸ an einen **Nichtunternehmer** oder ▸ für den **nichtunternehmerischen Bereich** eines Unternehmers oder ▸ **eine juristische Person des öffentlichen Rechts ohne USt-IdNr.** erbracht wird.

9. Welche Sonderregelung gilt nach § 3a Abs. 8 für bestimmte sonstige Leistungen, die im Drittlandsgebiet erbracht werden?

Für die in § 3a Abs. 8 aufgeführten sonstigen Leistungen (siehe unten) liegt der **Ort der Leistung** abweichend von § 3a Abs. 1 und 2 **im Drittlandsgebiet**, wenn sie

- von einem Unternehmer
- **im Drittlandsgebiet erbracht** und
- **dort genutzt** oder ausgewertet werden.

Die Sonderregelung **erfasst folgende sonstige Leistungen**:

- Güterbeförderung, Beladen, Entladen, Umschlagen oder ähnliche mit der Beförderung eines Gegenstands im Zusammenhang stehende Leistungen im Sinne des § 3b Abs. 2
- Arbeiten an beweglichen körperlichen Gegenständen (z. B. Handwerkerleistungen) oder Begutachtung dieser Gegenstände (Gutachtertätigkeit)
- Reisevorleistungen im Sinne von § 25 Abs. 1 Satz 5 (Lieferungen und sonstige Leistungen Dritter, die den Reisenden unmittelbar zugutekommen)
- Veranstaltungsleistungen im Zusammenhang mit Messen und Ausstellungen.

Beispiel

Der Unternehmer Pascal Neber aus Koblenz ist Spezialist für die Installation und Wartung von Kraft-Wärme-Kopplungs-Anlagen.

Von dem Unternehmer Philipp Roth mit Unternehmenssitz in Stuttgart wird Herr Neber beauftragt, für diesen einen Wartungsauftrag in Basel (Schweiz) durchzuführen.

Abweichend von § 3a Abs. 2 liegt der Ort der sonstigen Leistung im vorliegenden Fall nach § 3a Abs. 8 in der Schweiz.

Herr Neber schreibt Herrn Roth somit eine Rechnung ohne USt. Die Besteuerung mit USt erfolgt durch Herrn Roth in der Schweiz.

ACHTUNG

- Die vorgenannte Regelung gilt bei den in § 3a Abs. 8 Satz 1 aufgeführten sonstigen Leistungen nur, **wenn sie an Unternehmer oder diesen gleichgestellte juristische Personen erfolgen**; vgl. Abschn. 3a.14 Abs. 5 Satz 1 UStAE.

▶ Die Regelung des § 3a Abs. 8 gilt **nicht** für Leistungen, die in einem der in § 1 Abs. 3 genannten Gebiet (insbesondere Freihäfen) erbracht werden. Vgl. § 3a Abs. 8 Satz 2 UStG.

10. Wo liegt der Ort des Umsatzes bei der Abgabe von Waren, Speisen und Getränken an Bord von Schiffen, Flugzeugen und Eisenbahnen im Gemeinschaftsgebiet?

Für die Abgabe von **Waren** an Bord von Schiffen, Flugzeugen und Eisenbahnen **innerhalb des Gemeinschaftsgebiets** enthält **§ 3e** die Sonderregelung, dass der Ort des Umsatzes am **Abgangsort des jeweiligen Beförderungsmittels** im Gemeinschaftsgebiet liegt.

Diese Sonderregelung hat somit grundsätzlich zur Folge, dass die an Bord von Schiffen, Flugzeugen und Eisenbahnen innerhalb des Gemeinschaftsgebiets zum Verkauf angebotenen Waren mit dem **Steuersatz des Abreiselandes** zu besteuern sind.

Seit 2010 gilt die vorgenannte Regelung auch für die Abgabe von Speisen **(Restaurationsleistungen)** an Bord von Schiffen, Flugzeugen und Eisenbahnen **innerhalb des Gemeinschaftsgebiets**.

ACHTUNG

Durch § 4 Nr. 6 Buchst. e wird die Abgabe von Speisen und Getränken zum **Verzehr an Ort und Stelle auf Schiffen** zwischen einem inländischen und ausländischen Seehafen sowie zwischen zwei ausländischen Seehäfen von der USt **befreit**. Die Steuerbefreiung umfasst die entgeltliche und unentgeltliche Abgabe von Speisen und Getränken zum Verzehr an Ort und Stelle an Passagiere, Arbeitnehmer, den Unternehmer und seine Angehörigen sowie für andere außerunternehmerische Zwecke, sofern die Abgabe eine selbstständige Leistung ist (vgl. BMF-Schreiben vom 10.09.1998, BStBl. 1998 Teil I, S. 1149). **Nicht** befreit ist nach Abschn. 4.6.2 Satz 2 UStAE hingegen die **Lieferung** von Speisen und Getränken (zum Mitnehmen in das Inland).

2.3.2 Unentgeltliche Leistungen

1. Was ist allgemein unter „unentgeltlichen Leistungen" im Sinne des UStG zu verstehen?

Unentgeltliche Leistungen im Sinne des UStG sind **bestimmte** Wertabgaben aus dem Unternehmen, die **ohne unmittelbare Gegenleistung** erbracht werden (kein Leistungsaustausch, kein Entgelt). In Abschn. 3.2 UStAE werden diese Leistungen als **„unentgeltliche Wertabgaben"** bezeichnet. Sie können entweder in der Abgabe von Gegenständen **(Lieferung ohne Entgelt)** oder der Ausführung von sonstigen Leistungen **(sonstige Leistungen ohne Entgelt)** bestehen.

Beispiel

Die Unternehmerin Carmen Stockburger entnimmt aus dem Warenbestand ihres Unternehmens in Koblenz Waren für ihren privaten Bedarf. Beim Einkauf der Waren war Vorsteuerabzug möglich.

Es liegt eine unentgeltliche Lieferung vor, weil alle Tatbestandsmerkmale des § 3 Abs. 1b Nr. 1 erfüllt sind (Entnahme eines Gegenstandes, für den beim Einkauf Vorsteuerabzug möglich war, durch eine Unternehmerin aus ihrem Unternehmen für Zwecke, die außerhalb des Unternehmens liegen).

Unentgeltliche Leistungen sind sowohl bei Einzelunternehmern als auch bei Personen- und Kapitalgesellschaften, bei Vereinen, Betrieben gewerblicher Art oder land- und forstwirtschaftlichen Betrieben von Personen des öffentlichen Rechts möglich (vgl. Abschn. 3.2 Abs. 1 Satz 2 UStAE).

2. Welche Arten unentgeltlicher Leistungen kennt das UStG?

Im UStG werden die unentgeltlichen Leistungen wie folgt untergliedert:

1. **Lieferungen ohne Entgelt (§ 3 Abs. 1b)**
   - Entnahme von Gegenständen für Zwecke außerhalb des Unternehmens
   - Sachzuwendungen an das Personal
   - andere unentgeltliche Zuwendungen
2. **sonstige Leistungen ohne Entgelt (§ 3 Abs. 9a)**
   - Verwendung (= Nutzung) von Gegenständen des Unternehmens für Zwecke außerhalb des Unternehmens
   - Verwendung (= Nutzung) von Gegenständen des Unternehmens für den privaten Bedarf des Personals
   - andere unentgeltliche sonstige Leistungen.

3. Wie werden die unentgeltlichen Leistungen umsatzsteuerlich behandelt?

Unentgeltliche Lieferungen werden den entgeltlichen Lieferungen (§ 3 Abs. 1) gleichgestellt, wenn sie die Voraussetzungen des § 3 Abs. 1b erfüllen.

Unentgeltliche sonstige Leistungen werden den entgeltlichen sonstigen Leistungen (§ 3 Abs. 9) gleichgestellt, wenn sie die Voraussetzungen des § 3 Abs. 9a erfüllen.

Beispiel

Die Unternehmerin Alexandra Marx, Koblenz, schenkt ihrer Tochter Carina zum Geburtstag einen Computer im Wert von netto 1.000 € (Wiederbeschaffungskosten), den sie dem Warenbestand ihres Unternehmens entnommen hat. Beim Einkauf des Computers war Vorsteuerabzug möglich.

Die Entnahme des Computers aus dem Unternehmen ist eine unentgeltliche Lieferung nach § 3 Abs. 1b Nr. 1. Sie unterliegt wie eine entgeltliche Lieferung der Umsatzsteuer.

2.3.2.1 Entnahme von Gegenständen

1. Was ist unter der „Entnahme von Gegenständen" nach § 3 Abs. 1b Nr. 1 zu verstehen?

Eine Gegenstandsentnahme liegt nach § 3 Abs. 1b Nr. 1 dann vor, wenn die folgenden Tatbestandsmerkmale erfüllt sind:

- Entnahme eines Gegenstandes
- durch einen Unternehmer
- aus seinem Unternehmen im Inland
- für Zwecke außerhalb des Unternehmens (insbesondere private Zwecke), und
- für den Gegenstand oder seine Bestandteile war beim Einkauf Vorsteuerabzug möglich.

ACHTUNG

- Die **Entnahme von Geld** aus dem Unternehmen ist **keine** Gegenstandsentnahme, weil Geld **kein Gegenstand** im Sinne des UStG ist.
- Gegenstände, die **ohne Vorsteuerabzug erworben oder vom Privatvermögen in das Betriebsvermögen eingelegt** wurden, unterliegen bei einer späteren Entnahme durch den Unternehmer **nicht** der USt (nicht steuerbare Entnahme).

Sofern in den Gegenstand nach der Einlage **neue Bestandteile** eingebaut wurden, die zu einer **dauerhaften Werterhöhung des Gegenstands** geführt haben (z. B. eine nachträglich in einen Pkw eingebaute Klimaanlage), und für die der Unternehmer **zum Vorsteuerabzug berechtigt** war, unterliegen bei einer Entnahme des Wirtschaftsguts **nur diese Bestandteile** mit ihrem Restwert der Umsatzbesteuerung (vgl. Abschn. 3.3 Abs. 2 Satz 2 UStAE und BMF-Schreiben vom 26.11.2004).

Aus Vereinfachungsgründen wird **keine** dauerhafte Werterhöhung des Wirtschaftsguts angenommen, wenn die Aufwendungen für den Einbau von Bestandteilen netto **20 % der Anschaffungskosten** des Wirtschaftsguts oder einen Betrag von netto **1.000 € nicht übersteigen**. In diesen Fällen kann auf eine Besteuerung der Bestandteile bei der Entnahme verzichtet werden (vgl. Abschn. 3.3 Abs. 4 UStAE). Diese Bagatellgrenze ist für jede einzelne Maßnahme gesondert zu prüfen. Zu Einzelheiten siehe BMF-Schreiben vom 26.11.2004, GZ IV A 5 - S 7109 - 12/04.

- Eine **Gegenstandsentnahme im Freihafen** wird nach § 1 Abs. 3 Nr. 3 wie ein Umsatz im Inland behandelt und ist somit unter den Voraussetzungen von § 3 Abs. 1b Nr. 1 und § 1 Abs. 1 Nr. 1 steuerbar.

Beispiel

Der Unternehmer Matthias Dörner betreibt im Freihafen in Bremerhaven eine Imbissbude. Er entnimmt aus dem Warenbestand seines Unternehmens regelmäßig Waren für den eigenen Verzehr zu Hause. Beim Einkauf der Waren war Vorsteuerabzug möglich.

Die Warenentnahmen sind steuerbare unentgeltliche Lieferungen, weil die Tatbestandsmerkmale des § 3 Abs. 1b Nr. 1 erfüllt sind.

2. Wie wird eine Gegenstandsentnahme nach § 3 Abs. 1b Nr. 1 umsatzsteuerlich behandelt?

Sofern die Tatbestandsmerkmale des § 3 Abs. 1b Nr. 1 vollständig erfüllt sind, wird die Gegenstandsentnahme **einer Lieferung gegen Entgelt gleichgestellt** und ist somit steuerbar nach § 1 Abs. 1 Nr. 1 (siehe Beispiel oben).

2.3.2.2 Sachzuwendungen an das Personal

1. Was sind „Sachzuwendungen an das Personal" nach § 3 Abs. 1b Nr. 2?

Sachzuwendungen an das Personal liegen nach § 3 Abs. 1b Nr. 2 dann vor, wenn die folgenden Tatbestandsmerkmale erfüllt sind:

- unentgeltliche Zuwendung eines Gegenstandes
- durch einen Unternehmer
- aus seinem Unternehmen im Inland
- an sein Personal
- für dessen privaten Bedarf, und
- für den Gegenstand oder seine Bestandteile war beim Einkauf Vorsteuerabzug möglich.

ACHTUNG

- **Aufmerksamkeiten** (z. B. Geschenke aus besonderem Anlass, wie Blumen, Genussmittel, ein Buch o. Ä. zum Geburtstag) **bis** brutto **60 €** sind keine Sachzuwendungen nach § 3 Abs. 1b Nr. 2. Sie unterliegen **nicht** der Besteuerung. Gleiches gilt für **Getränke und Genussmittel**, die der Arbeitgeber den Arbeitnehmern **zum Verzehr im Betrieb** unentgeltlich überlässt. Siehe hierzu ausführlich Abschn. 1.8 Abs. 3 UStAE.

- Gegenstände, die **ohne Vorsteuerabzug erworben oder vom Privatvermögen in das Betriebsvermögen eingelegt** wurden, unterliegen bei einer späteren Zuwendung an Arbeitnehmer **nicht** der USt (nicht steuerbare Zuwendung). Vgl. Abschn. 1.8 Abs. 2 Satz 6 UStAE.

- **Nicht** unter diese Leistungsart fallen Lieferungen des Unternehmers an seine Arbeitnehmer **gegen Entgelt** (z. B. verbilligte Warenverkäufe an Arbeitnehmer). In diesen Fällen liegen **entgeltliche** Lieferungen nach § 3 Abs. 1 vor, die nach § 1 Abs. 1 Nr. 1 steuerbar sind und für die es bedeutungslos ist, ob beim Einkauf Vorsteuerabzug möglich gewesen ist oder nicht.

Beispiel

Der Unternehmer Hans-Jürgen Stengel verkauft seinem Arbeitnehmer Michael Gattung einen PC seines Unternehmens für netto 600 €. Herr Stengel hatte den PC ein Jahr zuvor **von einer Privatperson** für 800 € erworben (also ohne Vorsteuerabzugsmöglichkeit).

Der Verkauf des PC ist eine **steuerbare entgeltliche** Lieferung nach § 3 Abs. 1 i. V. mit § 1 Abs. 1 Nr. 1, auch wenn beim Einkauf kein Vorsteuerabzug möglich gewesen ist.

Würde Herr Stengel den PC seinem Arbeitnehmer **unentgeltlich** zuwenden, dann wäre der Vorgang **nicht** steuerbar, weil die Voraussetzung der Vorsteuerabzugsberechtigung nicht erfüllt ist.

2. Was ist unter „Personal" im Sinne von § 3 Abs. 1b Nr. 2 zu verstehen?

Personal im Sinne des UStG sind die Arbeitnehmer des Unternehmers. Hierzu gehören auch Auszubildende, Praktikanten und „ausgeschiedene" Arbeitnehmer (z. B. Betriebspensionäre); siehe Abschn. 1.8 Abs. 2 Satz 5 UStAE.

3. Wie wird eine Sachzuwendung an das Personal nach § 3 Abs. 1b Nr. 2 umsatzsteuerlich behandelt?

Sofern die Tatbestandsmerkmale des § 3 Abs. 1b Nr. 2 vollständig erfüllt sind, wird die Gegenstandsentnahme **einer Lieferung gegen Entgelt gleichgestellt** und ist somit steuerbar nach § 1 Abs. 1 Nr. 1.

2.3.2.3 Andere unentgeltliche Zuwendungen

1. Was sind „andere unentgeltliche Zuwendungen" nach § 3 Abs. 1b Nr. 3?

Andere unentgeltliche Zuwendungen liegen nach § 3 Abs. 1b Nr. 3 dann vor, wenn die folgenden Tatbestandsmerkmale erfüllt sind:

- unentgeltliche Zuwendung eines Gegenstandes
- durch einen Unternehmer
- **für Zwecke des Unternehmens**, und
- der Gegenstand oder seine Bestandteile haben beim Einkauf zum vollen oder teilweisen Vorsteuerabzug berechtigt.

B. Grundwissen | I. Steuerwesen

ACHTUNG

- Unentgeltliche Zuwendungen von Gegenständen sind auch dann steuerbar, wenn der Unternehmer sie aus unternehmerischen Erwägungen, z. B. zu Werbezwecken, zur Verkaufsförderung oder zur Imagepflege tätigt (vgl. Abschn. 3.3 Abs. 10 Sätze 8 und 9 UStAE).
- **Geschenke von geringem Wert** (bis netto 35 € pro Jahr und Empfänger) und **Warenmuster** unterliegen **nicht** der Besteuerung (vgl. Abschn. 3.3 Abs. 11 und 12 UStAE).
- Geschenke aus unternehmerischen Gründen **über 35 €** netto unterliegen **nicht** der Besteuerung gem. § 3 Abs. 1b Nr. 3, weil für sie der **Vorsteuerabzug ausgeschlossen** ist (siehe Abschn. 3.3 Abs. 12 UStAE). Sofern beim Einkauf oder der eigenen Herstellung Vorsteuerabzug für das Geschenk in Anspruch genommen wurde, ist eine entsprechende Korrektur der Vorsteuer gem. § 17 durchzuführen (vgl. Abschn. 15.6 Abs. 5 UStAE).

2. Wie werden unentgeltliche Sachzuwendungen nach § 3 Abs. 1b Nr. 3 umsatzsteuerlich behandelt?

Sofern die Tatbestandsmerkmale des § 3 Abs. 1b Nr. 3 vollständig erfüllt sind, wird eine Sachzuwendung dieser Art **einer Lieferung gegen Entgelt gleichgestellt** und ist somit steuerbar nach § 1 Abs. 1 Nr. 1.

3. Nennen Sie Beispiele für „andere unentgeltliche Zuwendungen"!

Unentgeltliche Zuwendungen gem. § 3 Abs. 1b Nr. 3 sind nach Abschn. 3.3 Abs. 10 Satz 9 UStAE **insbesondere**

- Sachspenden an Vereine und Schulen sowie
- Warenabgaben anlässlich von Preisausschreiben, Verlosungen etc. zu Werbezwecken.

Beispiele

Beispiel 1:
Der Unternehmer Adelbert Morath, Koblenz, schenkt der Berufsbildenden Schule Wirtschaft Koblenz zwei Computer, die er seinem Unternehmen entnimmt. Herr Morath konnte bei der Anschaffung der Computer Vorsteuerabzug in Anspruch nehmen.

Die Zuwendung der zwei Computer an die Berufsbildende Schule Wirtschaft unterliegt bei Herrn Morath als unentgeltliche Zuwendung von Gegenständen nach § 3 Abs. 1b Nr. 3 i. V. mit § 1 Abs. 1 Nr. 1 der Umsatzsteuer.

Beispiel 2:
Die Pkw-Zentrum GmbH verlost im Rahmen eines Preisausschreibens einen Pkw im Wert von netto 10.000 €. Beim Kauf des Pkw wurde Vorsteuerabzug in Anspruch genommen.

Die Abgabe dieses Pkw an den Gewinner ist eine steuerbare unentgeltliche Lieferung nach § 3 Abs. 1b Nr. 3, die bei der Pkw-Zentrum GmbH nach § 1 Abs. 1 Nr. 1 mit Umsatzsteuer zu belasten ist.

Nicht steuerbar ist hingegen die Gewährung unentgeltlicher sonstiger Leistungen aus unternehmerischen Gründen; z. B. die **unentgeltliche Überlassung von Gegenständen**, die im Eigentum des Unternehmers verbleiben und die der Empfänger später an den Unternehmer zurückgeben muss (vgl. Abschn. 3.3 Abs. 10 Sätze 10 und 11 UStAE).

Zu speziellen Einzelfragen siehe Abschn. 3.3 Abs. 10 - 20 UStAE.

2.3.2.4 Verwendung von Gegenständen für Zwecke außerhalb des Unternehmens

1. Was ist unter der „Verwendung von Gegenständen für Zwecke außerhalb des Unternehmens" nach § 3 Abs. 9a Nr. 1 zu verstehen?

Eine Verwendung (**Nutzung**) von Gegenständen des Unternehmens für Zwecke außerhalb des Unternehmens nach § 3 Abs. 9a Nr. 1 liegt dann vor, wenn die folgenden Tatbestandsmerkmale erfüllt sind:

- Verwendung (Nutzung) eines dem Unternehmen im Inland zugeordneten Gegenstandes,
- für den voller oder teilweiser Vorsteuerabzug möglich war,
- durch einen Unternehmer
- für Zwecke, die außerhalb des Unternehmens liegen (insbesondere private Zwecke).

ACHTUNG

- § 3 Abs. 9a Nr. 1 setzt voraus, dass ein Gegenstand genutzt wird, der **dem Unternehmen zugeordnet** ist. Die Zuordnung eines Gegenstandes zum Unternehmen richtet sich **nicht** nach ertragsteuerlichen Gesichtspunkten, also nicht nach der Einordnung als Betriebs- oder Privatvermögen. Maßgebend ist, ob der Unternehmer den Gegenstand aus umsatzsteuerlicher Sicht dem unternehmerischen Tätigkeitsbereich zugewiesen hat. Bei Gegenständen, die sowohl unternehmerisch als auch nichtunternehmerisch genutzt werden sollen, hat der **Unternehmer grundsätzlich die Wahl der Zuordnung**. Beträgt die **unternehmerische Nutzung** jedoch **weniger als 10 %**, ist die Zuordnung zum

Unternehmen **unzulässig**. Siehe hierzu Abschn. 3.3 Abs. 1 und Abschn. 15.2 Abs. 21 UStAE.

- Wird ein dem Unternehmen zugeordneter Gegenstand, bei dem **kein Recht zum Vorsteuerabzug bestand** (z. B. ein von einer Privatperson erworbener Computer), für nichtunternehmerische Zwecke genutzt, liegt **keine** sonstige Leistung im Sinne des § 3 Abs. 9a Nr. 1 vor (vgl. Abschn. 3.4 Abs. 2 Satz 3 UStAE).

2. Nennen Sie typische Fälle der Verwendung von Gegenständen für Zwecke außerhalb des Unternehmens im Sinne von § 3 Abs. 9a Nr. 1!

Typische Fälle im Sinne von § 3 Abs. 9a Nr. 1 sind:

- Private Nutzung eines betrieblichen Pkw, der mit vollem Vorsteuerabzug erworben, gemietet oder hergestellt wurde, durch den Unternehmer oder seine Angehörigen.

Beispiel

Kathrin Böhm und Nina Bremser sind Gesellschafterinnen der PROFI WERBUNG OHG. Mit dem Einverständnis von Frau Bremser nutzt Frau Böhm den Firmenwagen, für den die OHG den vollen Vorsteuerabzug in Anspruch genommen hatte, unentgeltlich auch für Privatfahrten.

Die unentgeltliche Nutzung des Firmenwagens ist eine sonstige Leistung im Sinne von § 3 Abs. 9a Nr. 1 und ist somit von der OHG zu versteuern. Der USt unterliegen jedoch nur die durch die Privatnutzung verursachten Kosten, für die Vorsteuerabzug möglich gewesen ist.

- Private Nutzung von Telekommunikationsgeräten, die dem Unternehmen zugeordnet sind (siehe Abschn. 3.4 Abs. 4 UStAE).
- Private Nutzung von Maschinen oder Geräten, die dem Unternehmen zugeordnet sind.

3. Wie werden unentgeltliche sonstige Leistungen nach § 3 Abs. 9a Nr. 1 umsatzsteuerlich behandelt?

Sofern die Tatbestandsmerkmale des § 3 Abs. 9a Nr. 1 vollständig erfüllt sind, wird eine sonstige Leistung dieser Art **einer sonstigen Leistung gegen Entgelt gleichgestellt** und ist somit steuerbar nach § 1 Abs. 1 Nr. 1.

2.3.2.5 Verwendung von Gegenständen für den privaten Bedarf des Personals

1. Was ist unter der „Verwendung von Gegenständen für den privaten Bedarf des Personals" nach § 3 Abs. 9a Nr. 1 zu verstehen?

Eine Verwendung von Gegenständen des Unternehmens für private Zwecke des Personals nach § 3 Abs. 9a Nr. 1 liegt dann vor, wenn die folgenden Tatbestandsmerkmale erfüllt sind:

- Verwendung (Nutzung) eines dem Unternehmen im Inland zugeordneten Gegenstandes,
- für den voller oder teilweiser Vorsteuerabzug möglich war,
- für den privaten Bedarf des Personals,
- sofern keine Aufmerksamkeiten vorliegen.

ACHTUNG

- Die Steuerbarkeit setzt voraus, dass Leistungen aus unternehmerischen (betrieblichen) Gründen für den privaten, außerhalb des Dienstverhältnisses liegenden Bedarf des Arbeitnehmers ausgeführt werden. Steuerbar sind auch Leistungen an ausgeschiedene Arbeitnehmer aufgrund eines früheren Dienstverhältnisses sowie Leistungen an Auszubildende (Abschn. 1.8 Abs. 2 Sätze 2 und 5 UStAE).

Beispiel

Verena Kunz ist Arbeitnehmerin der PROFI WERBUNG OHG. Mit dem Einverständnis ihrer Arbeitgeberin benutzt sie den Firmenwagen der OHG, der von einem Unternehmer erworben wurde und für den die OHG Vorsteuerabzug in Anspruch genommen hatte, unentgeltlich für eine private Urlaubsreise.

Die unentgeltliche Nutzung des Firmenwagens ist eine sonstige Leistung im Sinne von § 3 Abs. 9a Nr. 1 (vgl. Abschn. 15.23 Abs. 12 Satz 1 UStAE) und ist somit von der OHG zu versteuern. Der USt unterliegen jedoch nur die durch die Privatnutzung verursachten Kosten, für die Vorsteuerabzug möglich gewesen ist.

Zu beachten ist, dass bei einer **regelmäßigen** Kfz-Überlassung an Arbeitnehmer für private Zwecke keine unentgeltliche sonstige Leistung nach § 3 Abs. 9a Nr. 1, sondern eine **entgeltliche** sonstige Leistung vorliegt, die nach § 3 Abs. 9 i. V. mit § 1 Abs. 1 Nr. 1 steuerbar ist (siehe hierzu Übersicht auf der S. 97, Abschn. 15.23 Abs. 8 ff. UStAE und BMF-Schreiben vom 29.05.2000, BStBl. 2000 Teil I, S. 824, Rz. 24 sowie BMF-Schreiben vom 27.08.2004, Gliederungspunkt 4.1).

- **Keine** steuerbaren Leistungen sind **Aufmerksamkeiten** (bis 60 € brutto je Ergebnis) und **Leistungen, die überwiegend durch das betriebliche Interesse des Arbeitgebers veranlasst sind** (siehe hierzu die ausführlichen Erläuterungen in Abschn. 1.8 Abs. 3 UStAE).

2.3.2.6 Andere unentgeltliche sonstige Leistungen

1. Was ist eine „andere unentgeltliche sonstige Leistung" nach § 3 Abs. 9a Nr. 2?

Eine andere unentgeltliche sonstige Leistung nach § 3 Abs. 9a Nr. 2 liegt dann vor, wenn die folgenden Tatbestandsmerkmale erfüllt sind:

- Unentgeltliche Erbringung einer (**„anderen"**) sonstigen Leistung,
- durch den Unternehmer (oder seine Arbeitnehmer),
- für Zwecke außerhalb des Unternehmens oder
- für den privaten Bedarf des Personals, sofern keine Aufmerksamkeiten vorliegen.

„Andere" unentgeltliche sonstige Leistungen sind sonstige Leistungen, die nicht zu der in § 3 Abs. 9a Nr. 1 genannten Leistungsart (Verwendung von Gegenständen des Unternehmens für Zwecke außerhalb des Unternehmens oder für den privaten Bedarf des Personals) gehören.

2. Nennen Sie typische Fälle der unentgeltlichen Erbringung anderer sonstiger Leistungen im Sinne von § 3 Abs. 9a Nr. 2!

Typische Fälle im Sinne von § 3 Abs. 9a Nr. 2 sind:

- Erbringung von **Dienstleistungen** für den privaten Bedarf des Unternehmers oder seiner Angehörigen (z. B. Einsatz betrieblicher Arbeitnehmer für den privaten Haushalt des Unternehmers, etwa zur Pflege des Gartens oder zur Renovierung der Wohnung des Unternehmers). Vgl. Abschn. 3.4 Abs. 5 UStAE.
- Verwendung von Gegenständen des Unternehmens für Zwecke außerhalb des Unternehmens oder für den privaten Bedarf des Personals, wenn hierbei ein **nicht unwesentlicher Dienstleistungsanteil** hinzukommt (z. B. unentgeltliche Überlassung eines Pkw des Unternehmens **nebst Fahrer**).

3. Wie werden unentgeltliche sonstige Leistungen nach § 3 Abs. 9a Nr. 2 umsatzsteuerlich behandelt?

Sofern die Tatbestandsmerkmale des § 3 Abs. 9a Nr. 2 vollständig erfüllt sind, wird eine sonstige Leistung dieser Art **einer sonstigen Leistung gegen Entgelt gleichgestellt** und ist somit steuerbar nach § 1 Abs. 1 Nr. 1.

Zu beachten ist bei dieser Leistungsart, dass die Möglichkeit des Vorsteuerabzugs beim Leistungseingang für die Besteuerung der Leistungen **keine Bedeutung** hat (auch wenn kein Vorsteuerabzug möglich war, ist die sonstige Leistung dieser Art dennoch steuerbar).

2.3.2.7 Ort der Leistung

1. Welche Regelung enthält das UStG zur Bestimmung des Leistungsortes bei unentgeltlichen Wertabgaben?

Der Ort der unentgeltlichen Wertabgaben bestimmt sich nach **§ 3f**.

Unentgeltliche Lieferungen und sonstige Leistungen werden nach dieser Vorschrift an dem Ort ausgeführt, von dem aus der Unternehmer sein Unternehmen betreibt (**Sitzort des Unternehmers**). Werden die Leistungen von einer Betriebsstätte ausgeführt, gilt die Betriebsstätte als Ort der Leistungen.

Beispiel

Die Unternehmerin Miriam Panholzer, die in Trier ein Einzelhandelsgeschäft für Elektroartikel betreibt, entnimmt dem Warenbestand ihres Unternehmens in Trier ein tragbares Fernsehgerät im Wert von netto 300 € und schenkt dieses ihrer Arbeitnehmerin Tina Brück in Wasserbillig (Luxemburg) zum Geburtstag. Beim Einkauf des Fernsehgerätes war für Frau Panholzer Vorsteuerabzug möglich.

Der Ort der unentgeltlichen Lieferung liegt nach § 3f in Trier (Ort, von dem aus Frau Panholzer ihr Unternehmen betreibt). Die unentgeltliche Wertabgabe ist somit in Deutschland steuerbar (§ 3 Abs. 1b i. V. mit § 3f und § 1 Abs. 1 Nr. 1).

2.3.3 Steuerbare Einfuhr

1. Was ist unter einer steuerbaren Einfuhr nach § 1 Abs. 1 Nr. 4 zu verstehen?

Die steuerbare Einfuhr erfasst das Verbringen von Gegenständen aus dem Drittlandsgebiet in das Inland oder die österreichischen Gebiete Jungholz und Mittelberg. Eine steuerbare Einfuhr liegt aber nur dann vor, wenn der Vorgang im Inland tatsächlich der Besteuerung unterliegt. Das physische Gelangen des Gegenstands in das Inland oder die vorgenannten österreichischen Gebiete ist also nicht allein entscheidend für das Vorliegen einer steuerbaren Einfuhr. Eine steuerbare Einfuhr ist beispielsweise nicht gegeben, wenn sich die Drittlandsware im Inland in einem zollrechtlichen Versandverfahren befindet. Die Ware ist dann zwar physisch im Inland, sie befindet sich jedoch nicht im freien Verkehr.

Die Verwirklichung des Einfuhrtatbestandes ist erst dann gegeben, wenn die Ware im Inland in den zoll- und steuerrechtlich freien Verkehr überführt wird.

Die steuerbare Einfuhr unterliegt der **Einfuhrumsatzsteuer (EUSt)**, die von den **Zollbehörden** erhoben und verwaltet wird (was bedeutet, dass die EUSt nicht an das Finanzamt, sondern an das **Zollamt** bezahlt wird).

2. Nennen Sie die Tatbestandsmerkmale der steuerbaren Einfuhr!

Nach § 1 Abs. 1 Nr. 4 liegt eine steuerbare Einfuhr dann vor, wenn

- ein Gegenstand
- aus dem Drittlandsgebiet
- in das Inland oder die österreichischen Gebiete Jungholz und Mittelberg eingeführt (verbracht) wird und
- der Vorgang im Inland der Besteuerung unterliegt.

3. Welche Bedeutung hat der Ort der Lieferung für die Feststellung der Steuerbarkeit nach § 1 Abs. 1 Nr. 4?

Für die Feststellung der Steuerbarkeit nach § 1 Abs. 1 Nr. 4 hat die Ortsbestimmung **keine** Bedeutung, weil die Einfuhrumsatzsteuer bereits mit der Erfüllung der o. g. Tatbestandsmerkmale entsteht. Mit der Erfüllung dieser Merkmale ist der Vorgang im Einfuhrland (Bestimmungsland) steuerbar. Für Reihengeschäfte gelten hinsichtlich der Ortsbestimmung Besonderheiten, auf die hier nicht eingegangen wird.

4. Welche Bedeutung hat die Vorschrift des § 3 Abs. 8 im Zusammenhang mit der steuerbaren Einfuhr?

Die Vorschrift des § 3 Abs. 8 erfasst den Fall, bei dem

- eine Beförderungs- oder Versendungslieferung
- aus dem Drittlandsgebiet
- in das Inland erfolgt und
- der **Lieferer** sich verpflichtet, Zoll und Einfuhrumsatzsteuer für die Einfuhr des Gegenstandes an die Zollbehörden zu bezahlen (zu schulden). In einem solchen Fall liefert er „**verzollt und versteuert**" an den Abnehmer.

Dies hat zur Folge, dass **der Lieferer** zunächst eine **steuerbare Einfuhr** nach § 1 Abs. 1 Nr. 4 und im Anschluss daran eine steuerbare **Lieferung im Inland** nach § 1 Abs. 1 Nr. 1 verwirklicht, weil der Ort des Umsatzes für diesen Fall nach § 3 Abs. 8 als im Inland gelegen gilt.

Beispiel

Jörg Iseli ist Großhändler für Armbanduhren mit Unternehmenssitz in Bern (Schweiz). Er liefert mit dem eigenen Pkw 500 Uhren aus der Schweiz an ein Warenhaus in Köln. Vereinbarungsgemäß ist der Schweizer Jörg Iseli selbst Schuldner der EUSt (vertragliche Vereinbarung). Er liefert die Ware also „verzollt und versteuert".

Die **Sondervorschrift des § 3 Abs. 8** bestimmt für diesen Fall, dass der Ort der Lieferung **im Inland** (also in der Bundesrepublik Deutschland) liegt. Damit erbringt Iseli neben der steuerbaren Einfuhr eine steuerbare entgeltliche Lieferung im Inland nach § 3 Abs. 1 i. V. mit § 1 Abs. 1 Nr. 1.

2.3.4 Steuerbarer innergemeinschaftlicher Erwerb
1. Welche Formen des innergemeinschaftlichen Erwerbs sind zu unterscheiden?
Die verschiedenen Formen des innergemeinschaftlichen Erwerbs sind in den §§ 1a bis 1c definiert. Danach ist grundsätzlich zwischen den folgenden Formen zu unterscheiden:

- innergemeinschaftlicher **Erwerb gegen Entgelt** nach § 1a Abs. 1 („realer" Erwerb von Gegenständen ohne neue Fahrzeuge im Sinne des § 1b)
- innergemeinschaftliches **Verbringen** nach § 1a Abs. 2 („fiktiver" Erwerb)
- innergemeinschaftlicher **Erwerb neuer Fahrzeuge** nach § 1b
- innergemeinschaftliches **Verbringen** nach § 1c Abs. 2.

Die Sondervorschriften für sog. Schwellenerwerber (bzw. Halbunternehmer) in § 1a Abs. 3 und Abs. 4 werden im Folgenden außer Betracht gelassen, weil sie den Rahmen des Grundwissens überschreiten.

2. Erklären Sie, was unter einem steuerbaren innergemeinschaftlichen Erwerb gegen Entgelt nach § 1a Abs. 1 zu verstehen ist!

Nach § 1 Abs. 1 **Nr. 5** i. V. mit § 1a **Abs. 1** liegt ein steuerbarer innergemeinschaftlicher Erwerb gegen Entgelt vor, wenn die folgenden Tatbestandsmerkmale erfüllt sind:

- Erwerb eines Gegenstandes
- gegen Entgelt
- durch einen Erwerber nach § 1a Abs. 1 Nr. 2 (insbesondere durch einen Unternehmer, der zum Vorsteuerabzug berechtigt ist und den Gegenstand für sein Unternehmen erwirbt)
- von einem Unternehmer, der im Rahmen seines Unternehmens liefert und kein Kleinunternehmer ist
- aus dem übrigen Gemeinschaftsgebiet
- in das Inland oder die in § 1 Abs. 3 bezeichneten Gebiete.

Ein innergemeinschaftlicher Erwerb liegt auch dann vor, wenn die Beförderung oder Versendung im Drittlandsgebiet beginnt und der Gegenstand im Gebiet eines anderen EG-Mitgliedstaates der EUSt unterworfen wird, bevor er in das Inland bzw. die in § 1 Abs. 3 bezeichneten Gebiete gelangt.

ACHTUNG

Der innergemeinschaftliche Erwerb gegen Entgelt ist in § 1a definiert; die Steuerbarkeit wird hingegen durch § 1 Abs. 1 Nr. 5 geregelt. Deshalb sind diese beiden Gesetzesgrundlagen bei der Prüfung der Steuerbarkeit zusammen zu betrachten.

Sofern die o. g. Tatbestandsmerkmale vollständig erfüllt sind, ist der innergemeinschaftliche Erwerb **beim Erwerber** steuerbar. Steuerschuldner ist also **nicht der Lieferer**, sondern **der Erwerber**. Vorsteuerabzugsberechtigte Erwerber können die USt auf den innergemeinschaftlichen Erwerb (Erwerbsteuer) gleichzeitig als Vorsteuer abziehen (§ 15 Abs. 1 Nr. 3).

Beispiel

Der Unternehmer Dietmar Fölbach, Koblenz, kauft bei dem französischen Unternehmen „Repro-Pascal" in Paris eine Reprokamera für 10.000 €. Die Firma „Repro-Pascal" liefert die Kamera an Herrn Fölbach in Koblenz mit dem firmeneigenen Lkw. Beide Unternehmer verwenden ihre jeweilige inländische USt-IdNr. für dieses Geschäft.

Bei Herrn Fölbach (Erwerber) liegt ein steuerbarer innergemeinschaftlicher Erwerb gegen Entgelt vor, weil alle Tatbestandsmerkmale des § 1 Abs. 1 Nr. 5 i. V. mit § 1a Abs. 1 erfüllt sind.

Dietmar Fölbach berechnet sich selbst 1.900 € USt (19 % auf 10.000 €) und zieht diese gleichzeitig als Vorsteuer wieder ab. Ergebnis: Die Zahllast aus diesem Vorgang beträgt 0 €.

3. Wie kann der Erwerber erkennen, dass der Lieferer ein Unternehmer ist, der die Lieferung im Rahmen seines Unternehmens ausführt?

Der Erwerber eines Gegenstandes kann davon ausgehen, dass der Lieferer Unternehmer ist und die Lieferung im Rahmen seines Unternehmens ausführt, **wenn dieser in der Rechnung seine USt-IdNr. angibt.**

4. Welche Bedeutung hat die Angabe der USt-IdNr. durch den deutschen Erwerber?

Wenn der Erwerber bei einem Einkauf im übrigen Gemeinschaftsgebiet seine USt-Id-Nr. verwendet (dem Lieferer mitteilt), dann signalisiert er damit, dass er Unternehmer ist und die Ware für sein Unternehmen erwirbt.

Der Lieferer kann dann – unter bestimmten weiteren Voraussetzungen – eine steuerfreie innergemeinschaftliche Lieferung an den Erwerber ausführen (er stellt dem Erwerber nur den Nettowert in Rechnung).

Der Erwerber versteuert den Vorgang dann nach § 1 Abs. 1 Nr. 5 **in Deutschland** (Bestimmungsland).

5. Was ist unter einem innergemeinschaftlichen Verbringen nach § 1a Abs. 2 zu verstehen?

Unter innergemeinschaftlichem Verbringen nach § 1a **Abs. 2** ist

- eine Beförderung oder Versendung eines Gegenstandes des Unternehmens
- aus dem übrigen Gemeinschaftsgebiet
- in das Inland
- durch einen Unternehmer
- **zu seiner eigenen Verfügung**

zu verstehen. Dies gilt **nicht**, wenn er den Gegenstand nur zu einer **vorübergehenden** Verwendung in das Inland verbringt (vgl. hierzu Abschn. 1a.2 Abs. 1 Satz 2 UStAE).

Im Ausgangsmitgliedsstaat gilt der Unternehmer als Lieferer und im Bestimmungsmitgliedsstaat als Erwerber (Abschn. 1a.2 Abs. 1 Satz 3 UStAE).

Beispiel

Der Unternehmer Dietmar Fölbach hat Betriebe in Luxemburg, den Niederlanden und Deutschland. Von seinem Betrieb in Luxemburg befördert er eine Maschine zu seinem Betrieb in Deutschland zur dauerhaften Verwendung in Deutschland.

Bei dem Betrieb in Deutschland liegt ein steuerbarer innergemeinschaftlicher Erwerb vor, weil alle Merkmale des § 1 Abs. 1 Nr. 5 i. V. mit § 1a Abs. 2 erfüllt sind. In Luxemburg liegt eine steuerfreie innergemeinschaftliche Lieferung vor.

6. Wo ist der Ort des innergemeinschaftlichen Erwerbs?

Der Ort des innergemeinschaftlichen Erwerbs bestimmt sich nach **§ 3d**.

Die **Grundsatzregelung** des § 3d **Satz 1** besagt, dass der Ort des innergemeinschaftlichen Erwerbs dort ist, wo sich der Gegenstand **am Ende** der Beförderung oder Versendung befindet (in der Regel also **beim Abnehmer**).

Beispiel

Der Unternehmer Dietmar Fölbach, Koblenz, kauft bei einem österreichischen Unternehmen in Wien eine Druckmaschine für 60.000 €. Das österreichische Unternehmen liefert die Maschine an Herrn Fölbach in Koblenz mit dem firmeneigenen Lkw. Herr Fölbach verwendet für dieses Geschäft seine deutsche USt-IdNr.

Der Ort des innergemeinschaftlichen Erwerbs liegt in Deutschland, weil dort die Beförderung **endet**.

Wenn der Erwerber jedoch **ausnahmsweise** eine USt-IdNr. verwendet, die ihm von einem anderen Mitgliedsstaat als dem Bestimmungsland des Erwerbs erteilt wurde, dann gilt der Erwerb in dem **Ausgabestaat dieser USt-IdNr.** als ausgeführt (§ 3d **Satz 2**).

Beispiel

Fall wie zuvor, jedoch jetzt mit dem Unterschied, dass Herr Fölbach die ihm von den Niederlanden für seinen Zweigbetrieb in Amsterdam erteilte USt-IdNr. verwendet.

Es liegt ein steuerbarer innergemeinschaftlicher Erwerb gegen Entgelt **in den Niederlanden** vor, weil der **Ort des Erwerbs im Ausgabestaat der vom Erwerber verwendeten USt-IdNr.** liegt. Der Umsatz ist nicht in Deutschland, sondern in den Niederlanden der USt zu unterwerfen.

Die Vorschrift des § 3d Satz 2 bestimmt allerdings ergänzend, dass der Ausgabestaat der vom Erwerber verwendeten USt-IdNr. nur so lange für die Besteuerung des Erwerbs maßgebend ist, bis der Erwerber nachweist, dass der Erwerb im tatsächlichen Bestimmungsland (Mitgliedstaat, in dem die Beförderung oder Versendung des Gegenstandes geendet hat) der USt unterworfen wurde.

7. Welche Vorschrift enthält § 1b UStG für den innergemeinschaftlichen Erwerb neuer Fahrzeuge?

Die Vorschrift des § 1b ist ein Ergänzungstatbestand zu § 1a Abs. 1. Sie bestimmt, dass der Erwerb eines neuen Fahrzeugs im übrigen Gemeinschaftsgebiet durch eine Person, die nicht zu dem in § 1a Abs. 1 Nr. 2 aufgeführten Personenkreis gehört (**insbesondere private Endabnehmer**), als innergemeinschaftlicher Erwerb gegen Entgelt im Sinne des § 1a Abs. 1 zu behandeln ist, sofern die weiteren Voraussetzungen des § 1a Abs. 1 erfüllt sind (sog. **„Fahrzeugeinzelbesteuerung"**).

In den Absätzen 2 und 3 des § 1b ist definiert, was unter einem **neuen** Fahrzeug im Sinne dieser Vorschrift zu verstehen ist.

Die Vorschrift des § 1b hat zur Konsequenz, dass der Erwerb eines neuen Fahrzeugs im übrigen Gemeinschaftsgebiet auch von Privatpersonen **im Bestimmungsland** (hier Deutschland) der USt zu unterwerfen ist (Abgabe einer Umsatzsteuererklärung für die Fahrzeugeinzelbesteuerung innerhalb von 10 Tagen nach dem Erwerb; vgl. § 18 Abs. 5a).

Der **Verkäufer** des Fahrzeugs im Ausland führt dann eine **steuerfreie innergemeinschaftliche Lieferung** aus (also Verkauf des neuen Fahrzeugs ohne USt).

2.4 Steuerbefreiungen

1. Was ist eine Steuerbefreiung im Sinne des UStG?

Ein Umsatz, der nach § 1 steuerbar ist, wird nur dann mit USt belastet, wenn er auch steuerpflichtig ist. Steuerpflichtig sind alle steuerbaren Umsätze, die nicht ausdrücklich aufgrund einer Befreiungsvorschrift von der USt ausgenommen sind. Dies bedeutet, dass ein steuerbarer Umsatz entweder steuerpflichtig oder steuerfrei ist.

Das UStG enthält Steuerbefreiungen für alle Arten steuerbarer Umsätze:
- in § 4   für entgeltliche und unentgeltliche Leistungen
- in § 4b   für den innergemeinschaftlichen Erwerb
- in § 5   für Einfuhren.

2. Warum sind bestimmte steuerbare Umsätze von der USt befreit?

Der Gesetzgeber verfolgt mit den Steuerbefreiungen vor allem sozialpolitische, kulturpolitische und volkswirtschaftliche Ziele.

Beispiel

Die Regelung des § 4 Nr. 12 Buchstabe a befreit u. a. die Vermietung von Wohnungen von der USt. Würde es diese Steuerbefreiung nicht geben, dann wären alle Mietwohnungen in Höhe des USt-Prozentsatzes teurer, was sozialpolitisch nicht wünschenswert wäre.

3. Wodurch unterscheiden sich die steuerfreien Umsätze nach § 4 Nr. 1 - 7 von den steuerfreien Umsätzen nach § 4 Nr. 8 - 28?

- Die Steuerbefreiungen nach § 4 **Nr. 1 - 7** berechtigen den Unternehmer beim Einkauf der Leistungen zum Vorsteuerabzug, obwohl die dort genannten Umsätze wegen der Steuerbefreiung nicht mit USt belastet werden. Diese Umsätze werden deshalb auch als „**steuerfreie Umsätze mit Vorsteuerabzug**" bezeichnet.

- Die Steuerbefreiungen nach § 4 **Nr. 8 - 28** berechtigen den Unternehmer beim Einkauf der Leistungen für diese Umsätze **nicht** zum Vorsteuerabzug nach § 15; sie werden deshalb auch als „**steuerfreie Umsätze ohne Vorsteuerabzug**" bezeichnet.

4. Nennen Sie einige steuerfreie Umsätze mit Vorsteuerabzug!

Zu den steuerfreien Umsätzen **mit Vorsteuerabzug** gehören insbesondere:

- **Ausfuhrlieferungen** (Lieferungen in das Drittlandsgebiet) nach § 4 Nr. 1a i. V. mit § 6
- **Lohnveredelungen an Gegenständen der Ausfuhr** nach § 4 Nr. 1a i. V. mit § 7
- **innergemeinschaftliche Lieferungen** (Lieferungen in das übrige Gemeinschaftsgebiet) nach § 4 Nr. 1b i. V. mit § 6a
- **Umsätze für die Seeschifffahrt und die Luftfahrt** nach § 4 Nr. 2 i. V. mit § 8.

Beispiel

Der Steuerpflichtige Jan Kreuzer betreibt in Lahnstein ein Im- und Export-Großhandelsunternehmen für Sportartikel. Bei einem Hersteller in Köln kauft Herr Kreuzer 100 Fußbälle für zusammengerechnet 2.000 € + 380 € USt ein und verkauft und liefert sie an ein Sportgeschäft in den USA für 4.000 € netto. Alle Buch- und Belegnachweise (z. B. Ausfuhrnachweis) werden von Herrn Kreuzer ordnungsgemäß erbracht.

Diese Ausfuhrlieferung ist umsatzsteuerfrei gem. § 4 Nr. 1a i. V. mit § 6 Abs. 1. Der Verkauf an den Abnehmer erfolgt somit ohne USt.

Die Vorsteuer aus der Eingangsrechnung des Wareneinkaufs (380 €) kann Herr Kreuzer bei der Ermittlung seiner USt-Zahllast abziehen, obwohl er die Ware ohne USt weiter verkauft.

5. Unter welchen Voraussetzungen ist eine Ausfuhrlieferung steuerfrei?

Eine Ausfuhrlieferung ist steuerfrei, wenn die folgenden Voraussetzungen erfüllt sind (vgl. § 4 Nr. 1a i. V. mit § 6 Abs. 1 Nr. 1 und 2):

- Beförderungs- oder Versendungs**lieferung**
- durch den liefernden Unternehmer oder einen ausländischen Abnehmer
- **vom Inland in das Drittlandsgebiet** (ohne die in § 1 Abs. 3 genannten Gebiete).

Die Voraussetzungen müssen nach § 6 Abs. 4 vom liefernden Unternehmer **nachgewiesen werden**, damit die Steuerfreiheit anerkannt wird. Die §§ 9, 10 und 13 UStDV enthalten detaillierte Angaben über die geforderten Nachweise (siehe dort sowie Abschn. 6.5 ff. UStAE).

Auf die Voraussetzungen der steuerfreien Ausfuhrlieferung in die Gebiete nach § 1 Abs. 3 (Freihäfen und Gewässer und Watten zwischen der Hoheitsgrenze und der jeweiligen Strandlinie) nach § 4 Nr. 1a i. V. mit § 6 Abs. 1 Nr. 3 wird hier nicht eingegangen.

6. Unter welchen Voraussetzungen ist eine innergemeinschaftliche Lieferung steuerfrei?

Eine innergemeinschaftliche Lieferung ist nach **§ 4 Nr. 1b i. V. mit § 6a Abs. 1** steuerfrei, wenn die folgenden Voraussetzungen erfüllt sind:

- Beförderung oder Versendung **eines Gegenstandes**
- durch den liefernden Unternehmer oder den Abnehmer
- **vom Inland in das übrige Gemeinschaftsgebiet** und
- der **Abnehmer** ist
    - ein **Unternehmer**, der den Gegenstand **für sein Unternehmen** erworben hat **oder**
    - eine juristische Person, die nicht Unternehmer ist oder die den Gegenstand nicht für ihr Unternehmen erworben hat **oder**
    - bei der Lieferung eines neuen Fahrzeugs auch jeder andere Erwerber **und**
- der **Erwerb** des Gegenstandes **unterliegt beim Abnehmer** in einem anderen Mitgliedstaat **der Umsatzsteuer**.

Beispiel

Der Unternehmer Jan Kreuzer (Sportartikelgroßhändler in Lahnstein) verkauft 50 Deutschland-Trikots für zusammengerechnet 3.500 € netto an ein Sportartikelgeschäft in London.

Der Inhaber des Sportartikelgeschäfts in London teilt Herrn Kreuzer seine britische USt-IdNr. mit. Herr Kreuzer schickt die Ware per Paketpost nach London.

Alle erforderlichen Buch- und Belegnachweise werden von Herrn Kreuzer erbracht.

Diese innergemeinschaftliche Lieferung (vom Inland in das übrige Gemeinschaftsgebiet) ist umsatzsteuerfrei gem. § 4 Nr. 1b i. V. mit § 6a Abs. 1. Der Verkauf an den Abnehmer erfolgt somit ohne USt.

Die Besteuerung der Ware wird durch den Abnehmer (Sportartikelgeschäft) in London erledigt (als innergemeinschaftlicher Erwerb).

Als innergemeinschaftliche Lieferung gilt auch das einer Lieferung gleichgestellte innergemeinschaftliche Verbringen nach § 3 Abs. 1a (siehe § 6a Abs. 2).

Die Voraussetzungen müssen nach § 6a Abs. 3 vom liefernden Unternehmer nachgewiesen werden. Die §§ 17a bis 17c UStDV enthalten detaillierte Angaben über die geforderten Nachweise (siehe dort).

7. Nennen Sie einige steuerfreie Umsätze ohne Vorsteuerabzug!

Zu den steuerfreien Umsätzen **ohne** Vorsteuerabzug gehören beispielsweise:

- Geld-, Kapital- und Kreditumsätze nach § 4 Nr. 8a bis j
- Grundstücksverkäufe nach § 4 Nr. 9 Buchstabe a
- Versicherungsumsätze, Verschaffung von Versicherungsschutz nach § 4 Nr. 10
- Bausparkassenvertreter-, Versicherungsvertreter- und Versicherungsmaklerumsätze nach § 4 Nr. 11
- Vermietung von Grundstücken (z. B. Vermietung von Wohnungen) nach § 4 Nr. 12 Buchstabe a (beachte jedoch die Ausnahmen in § 4 Nr. 12 Satz 2!)
- Umsätze aus der Tätigkeit als Arzt, Zahnarzt, Heilpraktiker, Krankengymnast usw. nach § 4 Nr. 14 (beachte: nicht steuerfrei sind die Umsätze der Tierärzte und bestimmte Zahnarztlaborumsätze nach § 4 Nr. 14 Buchstabe a) Satz 2)
- Umsätze von Theatern, Orchestern, Museen u. ä. Einrichtungen nach § 4 Nr. 20
- Umsätze aus bestimmten ehrenamtlichen Tätigkeiten nach § 4 Nr. 26
- Lieferung von Gegenständen, für die der Vorsteuerabzug nach § 15 Abs. 1a Nr. 1 ausgeschlossen ist oder die von dem liefernden Unternehmer für steuerfreie Umsätze nach § 4 Nr. 8 - 27 verwendet werden.

Beispiel

Der Steuerpflichtige Max Porr ist in Koblenz als selbstständiger Versicherungsvertreter (Versicherungsagentur Max Porr) tätig. Seine Umsätze als Versicherungsvertreter (Vermittlungsumsätze) sind nach § 4 Nr. 11 umsatzsteuerfrei. Andere Arten von Umsätzen führt Herr Porr nicht aus.

Im Juni 2018 kauft Herr Porr bei einem Autohaus in Koblenz einen neuen Pkw für seine Versicherungsagentur. Der Pkw kostet 30.000 € + 5.700 € USt. Er ordnet den Pkw seinem Unternehmensvermögen zu.

Herr Porr darf die ihm in Rechnung gestellte USt nicht als Vorsteuer abziehen, weil er ausschließlich umsatzsteuerfreie Umsätze ohne Vorsteuerabzug ausführt. Auch aus anderen Eingangsleistungen (z. B. laufende Kfz-Betriebskosten) darf Herr Porr keinen Vorsteuerabzug geltend machen.

8. Was ist unter einer Option nach § 9 zu verstehen?

Nach § 9 kann der Unternehmer unter bestimmten Voraussetzungen auf die Steuerfreiheit von Umsätzen verzichten. Durch den Verzicht auf die Steuerfreiheit **wählt er die Steuerpflicht** dieser Umsätze. Die **Wahl der Steuerpflicht** wird als **Option** bezeichnet.

Zu den Umsätzen, für die der Unternehmer die Steuerpflicht wählen kann, gehören insbesondere:

- bestimmte Umsätze des Geld- und Kapitalverkehrs nach § 4 Nr. 8 Buchstabe a - g
- Grundstücksumsätze nach § 4 Nr. 9 Buchstabe a
- **Vermietung und Verpachtung von Grundstücken nach § 4 Nr. 12 Buchstabe a.**

9. Unter welchen Voraussetzungen ist eine Option nach § 9 möglich?

Für die Option nach § 9 müssen folgende Voraussetzungen vorliegen:

- steuerfreie Leistung, für die ein Optionsrecht in § 9 Abs. 1 eingeräumt wird
- **an einen anderen Unternehmer**
- **für dessen Unternehmen und**
- bei den in § 9 Abs. 2 genannten Leistungen (z. B. Vermietung eines Grundstücks) der Leistungsempfänger das Grundstück ausschließlich **für Umsätze** verwendet oder zu verwenden beabsichtigt, **die den Vorsteuerabzug nicht ausschließen** (z. B. der Leistungsempfänger verwendet das Grundstück ausschließlich für steuerpflichtige Umsätze).

Beispiel

Der Unternehmer Karl Thunert ist Eigentümer eines gemischt genutzten Gebäudes. Das Erdgeschoss nutzt er für sein eigenes Unternehmen (Sanitärfachhandel). Das 1. Obergeschoss vermietet Herr Thunert an einen zum Vorsteuerabzug berechtigten Steuerberater für dessen Steuerberatungskanzlei. Das 2. Obergeschoss vermietet Herr Thunert an den Steuerberater als Privatwohnung.

Die Vermietung des 1. und 2. Obergeschosses ist steuerbar gem. § 3 Abs. 9 i. V. mit § 1 Abs. 1 Nr. 1 und steuerfrei gem. § 4 Nr. 12 Buchst. a.

Wenn Herr Thunert das **1. Obergeschoss** dennoch steuerpflichtig an die Steuerberatungskanzlei vermieten möchte (weil er hierfür dann auch zum Vorsteuerabzug berechtigt ist), kann er für diese Vermietungsumsätze gem. § 9 zur Umsatzsteuer optieren. Er ist hierzu berechtigt, weil der Mieter ein Unternehmer ist, der die Räume für sein Unternehmen nutzt und zum Vorsteuerabzug berechtigt ist.

Für das **2. Obergeschoss** darf Herr Thunert **nicht** zur Umsatzsteuer optieren (die Vermietung bleibt umsatzsteuerfrei), weil dieses Geschoss nicht für das Unternehmen, sondern als Privatwohnung genutzt wird.

Zu Einzelheiten siehe Abschn. 9.1 und 9.2 UStAE.

ACHTUNG

Die Option zur Steuerpflicht ist bei **Grundstücksverkäufen** nur wirksam, wenn sie **notariell beurkundet** wird (vgl. § 9 Abs. 3 Satz 2). Wegen der für Grundstücksverkäufe geltenden Übertragung der Steuerschuld **auf den Erwerber** nach § 13b Abs. 1 Nr. 3, darf die USt im notariellen Vertrag aber nicht als Betrag gesondert ausgewiesen werden; die Option wird im notariellen Vertrag lediglich erklärt und es wird auf die Übertragung der Steuerschuld auf den Käufer hingewiesen.

10. Wie wirkt sich der Verzicht auf die Steuerbefreiung für den leistenden Unternehmer aus?

Wenn der Unternehmer nach § 9 auf die Steuerbefreiung bestimmter Umsätze verzichtet und somit USt für diese Umsätze berechnet, dann ist er berechtigt, die Vorsteuerbeträge, die im Zusammenhang mit den steuerpflichtigen Umsätzen anfallen, nach § 15 geltend zu machen (= Berechtigung zum Vorsteuerabzug).

11. Ist die Option nach § 9 an eine Form oder Frist gebunden?

Die Option nach § 9 ist an **keine Frist** gebunden. Sie kann – bis auf die oben genannte Ausnahme bei Grundstücksverkäufen – **formlos** erfolgen; einfach dadurch, dass der Unternehmer bestimmte steuerfreie Umsätze unter den Voraussetzungen des § 9 als steuerpflichtig behandelt (Berechnung der Leistung mit gesondertem Ausweis der USt).

Die Optionsmöglichkeit steht dem Unternehmer **für jeden einzelnen Umsatz** gesondert zu **(Einzeloption)**. Vgl. hierzu Abschn. 9.1 Abs. 1 UStAE.

2.5 Bemessungsgrundlagen

1. Was versteht man unter „Bemessungsgrundlage"?

Bemessungsgrundlage ist der **Wert, auf den der Steuersatz angewendet wird**.

Wird ein Umsatz als steuerbar und steuerpflichtig eingestuft, dann muss also im nächsten Schritt für diesen Umsatz die maßgebende Bemessungsgrundlage ermittelt werden, auf die dann der entsprechende Steuersatz anzuwenden ist.

Für die einzelnen Umsatzarten gelten unterschiedliche Bemessungsgrundlagen. Im Folgenden werden die in der Praxis regelmäßig wichtigsten Bemessungsgrundlagen angesprochen. Sonderregelungen dieses Bereichs (z. B. Besteuerung von Reiseleistungen nach § 25 oder Differenzbesteuerung nach § 25a) bleiben außer Betracht.

2. Was ist die Bemessungsgrundlage bei entgeltlichen Leistungen?

Bei entgeltlichen Lieferungen und sonstigen Leistungen ist das **Entgelt** die Bemessungsgrundlage (vgl. § 10 Abs. 1 Satz 1).

3. Was ist unter „Entgelt" zu verstehen?

 MERKE

> Entgelt ist alles, was der Leistungsempfänger aufwendet, um die Leistung zu erhalten, jedoch ohne USt (vgl. § 10 Abs. 1 Satz 2).

Die USt gehört also **nicht** zum Entgelt. Deshalb ist der Begriff Entgelt **nicht** gleichbedeutend mit dem Begriff „Kaufpreis" (der die USt enthält, falls ein steuerpflichtiger Umsatz zugrunde liegt). Entgelt ist also der **Netto**betrag, auf den die USt aufgeschlagen wird.

Entgelt ist auch **nicht** gleichbedeutend mit „Geld". Entgelt kann z. B. auch in einer Lieferung oder einer sonstigen Leistung bestehen. Beim Tausch und bei tauschähnlichen Umsätzen gilt der gemeine Wert (§ 9 BewG) jedes Umsatzes als Entgelt für den anderen Umsatz (§ 10 Abs. 2 Satz 2 UStG und Abschn. 10.5 Abs. 1 UStAE).

Beispiel

Der Werbegrafiker Godde, Koblenz, erstellt für das Motorradgeschäft Schmittke in Bonn eine Werbekonzeption. Er erhält dafür ein Motorrad im Wert von 4.000 € (Nettoverkaufspreis im Geschäft). Die Bemessungsgrundlage der entgeltlichen sonstigen Leistung von Herrn Godde an das Motorradgeschäft (Werbekonzeption) beträgt also 4.000 € (vgl. Abschn. 10.5 Abs. 1 UStAE).

4. Welche Beträge gehören nicht zum Entgelt? Schildern Sie ein Beispiel!

Nicht zum Entgelt gehören (vgl. § 10 UStG und Abschn. 10.1 Abs. 3 Sätze 8 - 9 UStAE):

- durchlaufende Posten
- Vertragsstrafen
- Verzugszinsen, Fälligkeitszinsen, Prozesszinsen
- Mahngebühren, Mahnkosten, Kosten eines gerichtlichen Mahnverfahrens.

Beispiel

Rechtsanwalt Schlemmer, Köln, bezahlt für seinen Mandanten Paffenholz bei der Gerichtskasse Prozesskosten in Höhe von 300 € und berechnet diesen Betrag neben seinem Honorar in Höhe von 2.500 € an den Mandanten Paffenholz weiter.

Zur Bemessungsgrundlage gehört nur das Honorar in Höhe von 2.500 €. Die weiterberechneten Prozesskosten sind als durchlaufender Posten nicht in die Bemessungsgrundlage einzubeziehen.

Durchlaufende Posten liegen nur dann vor, wenn die Beträge **im fremden Namen und für fremde Rechnung vereinnahmt und verauslagt** werden.

5. Wie sind Zahlungszuschläge zu behandeln?

Zahlungszuschläge (z. B. Zinsen für die Stundung des Kaufpreises) gehören zur Bemessungsgrundlage. Wenn sie nachträglich anfallen, erhöhen sie die ursprüngliche Bemessungsgrundlage.

Nicht zu den Zahlungszuschlägen gehören **Verzugszinsen u. ä. Beträge**, die dem **echten Schadenersatz** zuzuordnen sind (vgl. Abschn. 10.1 Abs. 3 Satz 9 UStAE).

6. Was sind Entgeltsminderungen und wie wirken sie sich auf die Bemessungsgrundlage aus?

Entgeltsminderungen liegen vor, wenn der Leistungsempfänger bei der Zahlung Beträge abzieht, z. B. Skonti, Rabatte, Preisnachlässe usw., oder wenn dem Leistungsempfänger bereits gezahlte Beträge zurückgewährt werden (Abschn. 10.3 Abs. 1 Satz 1 UStAE).

Auf die Gründe für die Entgeltsminderung kommt es nicht an. Es ist jedoch stets zu prüfen, ob sich das Entgelt tatsächlich ermäßigt hat oder ob die ermäßigte Zahlung nur in der Verrechnung mit einer Gegenleistung begründet ist („unechte" Entgeltsminderung).

Die echte Entgeltsminderung hat die **Änderung der Bemessungsgrundlage** zur Folge. Die Pflicht des Unternehmers, bei nachträglichen Änderungen des Entgelts die Steuer zu berichtigen, ergibt sich aus **§ 17 UStG** (vgl. Abschn. 10.3 Abs. 1 Satz 3 UStAE).

7. Was ist die Bemessungsgrundlage beim innergemeinschaftlichen Erwerb?

Beim innergemeinschaftlichen Erwerb nach § 1 Abs. 1 Nr. 5 ist die Bemessungsgrundlage das **Entgelt zuzüglich** der **Verbrauchsteuern**, die vom Erwerber geschuldet oder entrichtet werden (vgl. § 10 Abs. 1 Satz 1 i. V. mit Satz 4).

Beträge in fremder Währung sind in Euro umzurechnen. Grundlage bilden die vom Bundesministerium der Finanzen monatlich bekannt gegebenen Durchschnittskurse oder alternativ die maßgebenden Tageskurse (vgl. § 16 Abs. 6 UStG, Abschn. 16.4 UStAE).

8. Welche Bemessungsgrundlagen gelten für die „unentgeltlichen Wertabgaben"?

Für die „unentgeltlichen Wertabgaben" (§ 3 Abs. 1b und Abs. 9a), also Lieferungen und sonstige Leistungen **ohne Entgelt,** gelten die folgenden Bemessungsgrundlagen:

unentgeltliche Leistungen	Bemessungsgrundlagen
1. Lieferungen (§ 3 Abs. 1b)	**Wiederbeschaffungskosten**
▶ **Gegenstandsentnahmen** für außerunternehmerische Zwecke (z. B. Privatentnahme von Gegenständen durch den Unternehmer)	(Nettokaufpreis zzgl. Nebenkosten zum Zeitpunkt des Umsatzes) oder
▶ **Sachzuwendungen an das Personal**	**Selbstkosten** zum Zeitpunkt des Umsatzes (falls die Wiederbeschaffungskosten nicht ermittelt werden können oder bei eigener Herstellung des Gegenstandes)
▶ andere unentgeltliche Zuwendungen	
	(§ 10 Abs. 4 Nr. 1)
2. Verwendung von Gegenständen (§ 3 Abs. 9a Nr. 1)	entstandene (anteilige) Ausgaben, so weit für sie Vorsteuerabzug möglich war
▶ für Zwecke außerhalb des Unternehmens (z. B. Privatnutzung durch den Unternehmer)	(§ 10 Abs. 4 Nr. 2)
▶ für den privaten Bedarf des Personals (Privatnutzung durch Arbeitnehmer)	
3. Erbringung von anderen sonstigen Leistungen (§ 3 Abs. 9a Nr. 2)	entstandene (anteilige) Ausgaben
	(§ 10 Abs. 4 Nr. 3)
▶ für Zwecke außerhalb des Unternehmens (z. B. für den Unternehmer privat)	Vorsteuerabzug beim Leistungseingang ohne Bedeutung
▶ für den privaten Bedarf des Personals	

Beispiel

Entnahme eines Gegenstands:
Die Unternehmerin Nina Schell ist Inhaberin eines Spielzeuggeschäfts in Koblenz. Sie schenkt ihrem Sohn Michael zum Geburtstag ein ferngesteuertes Spielzeugauto, welches sie dem Warenbestand ihres Unternehmens entnommen hat. Beim Einkauf des Spielzeugautos war für Frau Schell Vorsteuerabzug möglich. Sie hatte das Spielzeugauto für 150 € + 24 € USt ein Jahr zuvor eingekauft. Der Nettoeinkaufspreis zum Zeitpunkt der Entnahme (Wiederbeschaffungskosten) beträgt 200 €. Der Verkaufspreis im Geschäft beträgt 300 € (brutto).

Die Entnahme der Ware aus dem Unternehmen ist eine **unentgeltliche Lieferung** nach **§ 3 Abs. 1b Nr. 1**, die einer entgeltlichen Lieferung gleichgestellt ist. Die Bemessungsgrundlage wird nach § 10 Abs. 4 Nr. 1 ermittelt. Im vorliegenden Fall sind die **Wiederbeschaffungskosten** in Höhe von 200 € als Bemessungsgrundlage anzusetzen. Die USt auf die Entnahme beläuft sich somit auf 38 € (200 € · 19 %).

ACHTUNG

Zu den „entstandenen Ausgaben" (insbesondere § 10 Abs. 4 Nr. 2) gehören **auch** die anteiligen Anschaffungs- oder Herstellungskosten (**Abschreibungsbeträge**) eines Gegenstandes, der dem Unternehmen zugeordnet wurde (z. B. ein Pkw, der sowohl für unternehmerische und auch für private Zwecke verwendet und für den ein Fahrtenbuch geführt wird).

Für die Ermittlung der einzubeziehenden **Abschreibungsbeträge** sind die Anschaffungs-/Herstellungskosten − sofern sie mindestens 500 € betragen − **abweichend** von den einkommensteuerlichen Grundsätzen **gleichmäßig** (also **linear**) auf den nach § 15a UStG jeweils maßgebenden Berichtigungszeitraum zu verteilen (z. B. bei beweglichen Wirtschaftsgütern **5 Jahre**, bei Grundstücken **10 Jahre**). Ist die Nutzungsdauer kürzer (z. B. 4 Jahre), dann ist diese maßgebend für die Ermittlung der einzubeziehenden Abschreibungsbeträge (vgl. Abschn. 15a.3 Abs. 1 Sätze 4 - 5 UStAE).

Beispiel

Der zum Vorsteuerabzug berechtigte Unternehmer Karl Thunert nutzt den betrieblichen Pkw mit dem Kennzeichen KO-KT 111 sowohl für betriebliche als auch private Zwecke. Herr Thunert führt ein Fahrtenbuch ordnungsgemäß. Die Anschaffungskosten des Pkw betragen 30.440 € (im Juni 2017 angeschafft).

a) Der Pkw wird für einkommensteuerliche Zwecke über eine Nutzungsdauer von 6 Jahren abgeschrieben.

b) Fallvariante: Die betriebsgewöhnliche Nutzungsdauer des Pkw beträgt 4 Jahre. Somit wird dieser Pkw für einkommensteuerliche Zwecke über eine Nutzungsdauer von 4 Jahren abgeschrieben

zu a): Die für umsatzsteuerliche Zwecke zu berücksichtigenden „entstandenen Ausgaben" sind die Betriebskosten, für die Vorsteuerabzug möglich gewesen ist und die Abschreibungsbeträge. Weil die einkommensteuerliche Nutzungsdauer größer als 5 Jahre ist, werden die Anschaffungskosten für umsatzsteuerliche Zwecke auf eine Nutzungsdauer von 5 Jahren linear verteilt. Für 2018 sind somit 6.088 € (30.440 € : 5 Jahre) bei der Ermittlung der Bemessungsgrundlage zu berücksichtigen.

zu b): Weil die einkommensteuerliche Nutzungsdauer kleiner als 5 Jahre ist, werden die Anschaffungskosten auch für umsatzsteuerliche Zwecke auf die kürzere Nutzungsdauer von 4 Jahren linear verteilt. Für 2018 sind somit 7.610 € (30.440 € : 4 Jahre) bei der Ermittlung der Bemessungsgrundlage zu berücksichtigen.

Nach Ablauf des jeweils maßgeblichen Zeitraums sind die Abschreibungsbeträge bei der Ermittlung der Bemessungsgrundlage nicht mehr zu berücksichtigen, weil sie dann bereits vollständig in die Bemessungsgrundlage eingeflossen sind.

Betragen die **AK/HK weniger als 500 €**, sind diese **nicht** auf mehrere Jahre zu verteilen, sondern im Jahr der Anschaffung oder Herstellung zu berücksichtigen. Siehe hierzu BMF-Schreiben vom 13.04.2004, BStBl. I S. 468 f.

9. Wie wird die Bemessungsgrundlage bei der privaten Nutzung eines betrieblichen Pkw durch den Unternehmer ermittelt?

Wenn ein Unternehmer ein betriebliches Fahrzeug für Zwecke außerhalb des Unternehmens (z. B. für Privatfahrten) verwendet, unterliegt diese Nutzung nach § 3 Abs. 9a Nr. 1 i. V. mit § 1 Abs. 1 Nr. 1 der Umsatzsteuer.

Nach **§ 10 Abs. 4 Nr. 2** sind dann diejenigen Kosten in die Bemessungsgrundlage einzubeziehen, die durch die außerunternehmerische (z. B. private) Nutzung entstanden sind. Außerdem sind nur solche Kosten zu berücksichtigen, für die Vorsteuerabzug möglich war.

MERKE

Bei der privaten Nutzung betrieblicher Fahrzeuge bilden also die **anteiligen Kosten der Privatfahrten, für die Vorsteuerabzug möglich war,** die Bemessungsgrundlage.

Beispiel

Der zum Vorsteuerabzug berechtigte Unternehmer Karl Thunert (siehe Beispiel zuvor) nutzt seinen betrieblichen Pkw sowohl für betriebliche als auch private Zwecke. Herr Thunert führt ein Fahrtenbuch ordnungsgemäß.

Aus dem Fahrtenbuch geht hervor, dass 2018 mit dem Pkw 67 % betriebliche und 33 % private Fahrten erfolgten.

An Kosten sind für den Pkw in 2018 entstanden (jeweils netto):

- **mit** Vorsteuerabzug
Betriebskosten (Benzin etc.)	3.360 €
Reparaturen	500 €
Abschreibung	6.088 €
	9.948 €

- **ohne** Vorsteuerabzug
Kfz-Steuer	285 €
Kfz-Versicherung	1.850 €
	2.135 €

In die umsatzsteuerliche Bemessungsgrundlage werden nur diejenigen Ausgaben einbezogen, für die Vorsteuerabzug möglich gewesen ist. Im vorliegenden Beispiel sind dies die 9.948 €.

Die Privatnutzung, die der Umsatzsteuer unterliegt, beträgt 33 % von 9.948 € = **3.282,84 €**.

Voraussetzung für die Berechnung ist allerdings, dass der Unternehmer schlüssig darlegen und nachweisen kann, welcher Kostenanteil der Gesamtkosten auf die Privatfahrten entfällt (= ordnungsgemäß geführtes Fahrtenbuch). Siehe hierzu BMF-Schreiben vom 05.06.2014, Gliederungspunkt I.5.

Wenn der **Unternehmer** für einkommensteuerliche Zwecke den Wert der **Nutzungsentnahme** nach der sog. „**Ein-Prozent-Regelung**" des **§ 6 Abs. 1 Nr. 4 Satz 2 EStG** ermittelt – weil er kein Fahrtenbuch geführt hat – und diesen Wert auch für die Besteuerung der unentgeltlichen sonstigen Leistung nach § 3 Abs. 9a Nr. 1 heranzieht, dann ist als umsatzsteuerliche Bemessungsgrundlage **80 % dieses Wertes** anzusetzen (pauschaler Abschlag von 20 % für die nicht mit Vorsteuern belasteten Kosten). Siehe hierzu BMF-Schreiben vom 05.06.2014, Gliederungspunkt I.5 Buchst. a) aa).

Beispiel

Der zum Vorsteuerabzug berechtigte selbstständige Rechtsanwalt Gerhard Leverkinck nutzt seinen betrieblichen Pkw, der nachweislich zum notwendigen Betriebsvermögen gehört, sowohl für betriebliche als auch private Zwecke. Er führt kein Fahrtenbuch.

Der Listenpreis des Pkw einschließlich Umsatzsteuer hat zum Zeitpunkt der Erstzulassung 33.320 € betragen.

- einkommensteuerlicher Wert der Privatnutzung (Jahreswert):
  33.320 € → 33.200 € · 1 % · 12 Monate = **3.984,00 €**

- umsatzsteuerpflichtige unentgeltliche sonstige Leistung (Bemessungsgrundlage):
  80 % von 3.984 € = **3.187,20 €**

- **nicht** umsatzsteuerpflichtige unentgeltliche sonstige Leistung:
  20 % von 3.984 € = **796,80 €**

ACHTUNG

Seit dem 01.01.2006 ist die Zulässigkeit der Anwendung der Ein-Prozent-Regelung auf Fahrzeuge beschränkt worden, die **zu mehr als 50 % betrieblich genutzt werden** (vgl. § 6 Abs. 1 Nr. 4 Satz 2 EStG sowie BMF-Schreiben vom 07.07.2006).

10. Welche Besonderheiten sind bei der Ermittlung der Bemessungsgrundlage für die Fahrzeugüberlassung an Arbeitnehmer zu beachten?

Nach Auffassung der Finanzverwaltung ist die Pkw-Überlassung **an einen Arbeitnehmer** zur privaten Nutzung in der Regel **entgeltlich** (auch wenn der Arbeitnehmer dafür kein Geld bezahlt), weil der Arbeitnehmer als **Gegenleistung** seine **Arbeitskraft** erbringt. Es handelt sich um einen **tauschähnlichen** Umsatz. Die Pkw-Überlassung ist damit steuerbar nach § 3 Abs. 9 i. V. mit § 1 Abs. 1 Nr. 1 (**entgeltliche** sonstige Leistung). Siehe BMF-Schreiben vom 03.06.2014, Gliederungspunkt II.1.

Da jedoch kein tatsächlich gezahltes Entgelt vorliegt, müssen als **Bemessungsgrundlage** die **entstandenen (anteiligen) Kosten** ermittelt werden.

Dies kann entweder

- anhand eines ordnungsgemäß geführten **Fahrtenbuchs** oder
- nach der **„Ein-Prozent-Regelung"** erfolgen.

B. Grundwissen | I. Steuerwesen

Nutzung unternehmerischer Kraftfahrzeuge

ausschließlich für Zwecke des Unternehmens		sowohl für Zwecke des Unternehmens als auch für Zwecke außerhalb des Unternehmens („gemischte Nutzung")

betrieblich veranlasste Fahrten	„Kfz-Gestellung" an Arbeitnehmer (private Kfz-Nutzung durch AN)	betriebliche und private Nutzung durch den Unternehmer
Vorsteuerabzugsmöglichkeit in voller Höhe	Vorsteuerabzugsmöglichkeit in voller Höhe die Privatnutzung durch den AN unterliegt im Gegenzug der USt: a) regelmäßige Überlassung: sonstige Leistung **gegen Entgelt** (auch, wenn der AN dafür nichts bezahlt); § 3 Abs. 9 UStG; **Bemessungsgrundlage der USt:** **alle** anteiligen Kosten der Privatfahrten (auch die Kosten ohne Vorsteuerabzug);* b) gelegentliche Überlassung ohne Bezahlung durch den AN: sonstige Leistung **ohne Entgelt**; § 3 Abs. 9a Nr. 1 UStG und Abschn. 15.23 Abs. 12 UStAE; **Bemessungsgrundlage der USt:** anteilige Kosten der Privatfahrten, für die Vorsteuerabzug möglich war (Kosten ohne Vorsteuerabzug gehören **nicht** zur BMG).*	▸ grundsätzlich Vorsteuerabzugsmöglichkeit in voller Höhe ▸ Privatnutzung ist eine **sonstige Leistung ohne Entgelt**; § 3 Abs. 9a Nr. 1 UStG; **Bemessungsgrundlage der USt:** anteilige Kosten, für die Vorsteuerabzug möglich war; § 10 Abs. 4 Nr. 2 UStG und BMF-Schreiben vom 27.08.2004 Alternative 1: **„Fahrtenbuchmethode"** Kfz-Kosten, für die Vorsteuerabzug möglich war • priv. Nutzungsanteil in % lt. Fahrtenbuch = **BMG der USt** Alternative 2: **„Ein-Prozent-Methode"** Listenpreis zum Zeitpunkt der Erstzulassung plus Sonderausstattung zuzüglich USt, abgerundet auf volle 100 € (= **„Bruttolistenpreis"**) • 1 % pro Monat der Privatnutzung = Wert der Privatnutzung **davon 80 % = BMG der USt**
Die Kosten der Fahrten zwischen Wohnung und Betrieb sind beschränkt abzugsfähige Betriebsausgaben (siehe § 4 Abs. 5 Nr. 6 EStG); Vorsteuerabzug ist aber zu 100 % zulässig. Siehe auch Abschn. 3.4 Abs. 3 Satz 2 UStAE.	* alternativ: „Ein-Prozent-Methode": siehe Frage 10	

- Wird der Nutzungswert der Pkw-Überlassung für lohnsteuerliche Zwecke mithilfe eines ordnungsgemäß geführten **Fahrtenbuchs** anhand der durch Belege nachgewiesenen Gesamtkosten ermittelt, dann ist der so ermittelte Wert der Privatnutzung (die anteiligen Kosten der Privatnutzung) auch bei der USt zugrunde zu legen.

> Bei der Ermittlung der Bemessungsgrundlage ist zu beachten, dass zur Berechnung der privatanteiligen Nutzung **sämtliche** Kosten dieses Fahrzeugs – **auch Kosten, für die kein Vorsteuerabzug möglich war** – heranzuziehen sind, weil es sich bei der Privatnutzung durch Arbeitnehmer grundsätzlich um eine **entgeltliche** sonstige Leistung handelt (vgl. BMF-Schreiben vom 03.06.2014, Gliederungspunkt II.2.).

- Aus Vereinfachungsgründen kann der Wert der Pkw-Überlassung auch nach der „**Ein-Prozent-Regelung**" des § 6 Abs. 1 Nr. 4 Satz 2 EStG ermittelt werden. Dieser Wert gilt dann als **Bruttobetrag, aus dem die USt herauszurechnen** ist um die Bemessungsgrundlage zu erhalten (vgl. Abschn. 15.23 Abs. 11 UStAE). Ein Abschlag für die nicht mit Vorsteuer belasteten Kosten ist hierbei **un**zulässig (vgl. BMF-Schreiben vom 03.06.2014, Gliederungspunkt II.2.).

Beispiel

Der Einzelunternehmer Erkan Snajder stellt seinem Außendienstmitarbeiter (Arbeitnehmer) Max Porr einen betrieblichen Pkw zur Verfügung, den dieser im Einvernehmen mit Herrn Snajder sowohl für betriebliche als auch private Fahrten verwendet. Im Kalenderjahr 2018 ist Herr Porr auch an 230 Tagen von seiner Wohnung zu seiner Arbeitsstätte gefahren (einfache Entfernung = 8 km). Ein Fahrtenbuch wird für diesen Pkw nicht geführt.

Der Listenpreis des Pkw einschließlich Umsatzsteuer hat zum Zeitpunkt der Erstzulassung 26.180 € betragen.

- lohnsteuerlicher Wert der Privatnutzung (Jahreswert):
  26.180 € → 26.100 € • 1 % • 12 Monate = 3.132,00 €
  + 26.100 € • 0,03 % • 8 km • 12 Monate = 751,68 €
  3.883,68 €

- umsatzsteuerpflichtige entgeltliche sonstige Leistung (Bemessungsgrundlage):
  3.883,68 € : 1,19 = **3.263,60 €**

Wird das Fahrzeug an den Arbeitnehmer **nur gelegentlich** (von Fall zu Fall) an **nicht mehr als fünf Kalendertagen im Kalendermonat** für private Zwecke überlassen, so handelt es sich ausnahmsweise um eine **unentgeltliche** Überlassung (vgl. Abschn. 15.23 Abs. 12 UStAE). In diesem Fall wird die Bemessungsgrundlage für die USt wie bei der privaten Pkw-Nutzung durch Unternehmer berechnet (siehe Frage 9).

11. Was sind die sogenannten „Mindestbemessungsgrundlagen" und wann kommen sie zur Anwendung?

Die in § 10 Abs. 4 geregelten Bemessungsgrundlagen

- **Wiederbeschaffungskosten** bzw. **Selbstkosten** (bei Lieferungen),
- **entstandene Ausgaben**[1] (bei sonstigen Leistungen)

müssen bei einer Leistung gegen Entgelt **mindestens** angesetzt werden (sog. Mindestbemessungsgrundlagen gem. § 10 Abs. 5), **wenn die Leistung in der folgenden Weise erbracht wird:**

- von einem Einzelunternehmer an ihm **nahestehende Personen** (§ 10 Abs. 5 Nr. 1) oder
- von einem Unternehmer an seine **Arbeitnehmer oder deren Angehörige** aufgrund des Dienstverhältnisses (§ 10 Abs. 5 Nr. 2) oder
- von einer Körperschaft oder Personenvereinigung (z. B. Gesellschaft) im Rahmen ihres Unternehmens an ihre **Anteilseigner, Gesellschafter, Mitglieder, Teilhaber** oder diesen nahestehende Personen (§ 10 Abs. 5 Nr. 1).

Bedeutung haben die Mindestbemessungsgrundlagen **nur dann, wenn das Entgelt niedriger ist, als die in § 10 Abs. 4 UStG aufgeführten Bemessungsgrundlagen**. Ist das Entgelt höher, dann ist dieses die Bemessungsgrundlage (vgl. § 10 Abs. 5 Satz 2).

Beispiel

Der Unternehmer Marco Wiedhorn, Koblenz, verkauft seiner Schwester ein Fahrrad seines Fahrradgeschäfts für 300 € (verbilligt). Der Nettoeinkaufspreis (Wiederbeschaffungskosten) beträgt zum Zeitpunkt des Verkaufs 350 €.

Die Bemessungsgrundlage dieser entgeltlichen Lieferung beträgt 350 € (Mindestbemessungsgrundlage nach § 10 Abs. 5 Nr. 1 i. V. mit § 10 Abs. 4 Nr. 1). Die USt beträgt somit 66,50 € (350 € · 19 %).

---

[1] Die Mindestbemessungsgrundlage darf jedoch **höchstens** dem **marktüblichen Entgelt** entsprechen, wenn das marktübliche Entgelt niedriger als die entstandenen Ausgaben ist.
Wenn aber das vereinbarte Entgelt höher als die entstandenen Ausgaben und auch höher als das marktübliche Entgelt ist, dann ist das vereinbarte Entgelt die Bemessungsgrundlage.

2.6 Steuersätze

1. Welche Steuersätze nennt das UStG?

Das UStG nennt die folgenden Steuersätze:

- **allgemeiner** Steuersatz, 19 %
- **ermäßigter** Steuersatz, 7 %
- **Durchschnittssteuersätze.**

2. Welche Umsätze unterliegen dem ermäßigten Steuersatz?

Dem ermäßigten Steuersatz unterliegen nur diejenigen Umsätze, die in § 12 Abs. 2 aufgeführt sind (siehe dort). Einzelheiten können den Abschnitten 12.2 - 12.16 UStAE entnommen werden.

Gegenstände, die dem ermäßigten Steuersatz unterliegen, sind in der **Anlage 2 zu § 12 Abs. 2** einzeln aufgelistet. Hierzu gehören **beispielsweise**:

- Lebensmittel einschließlich bestimmter Getränke
- Waren des Buchhandels und des grafischen Gewerbes
- Kunstgegenstände und Sammlungen.

ACHTUNG

Nicht dem ermäßigten, sondern dem allgemeinen Steuersatz unterliegen beispielsweise:

- Kaviar, Langusten, Hummer, Austern, Schnecken sowie Zubereitungen aus diesen Waren
- Trinkwasser (z. B. Mineralwasser) in Flaschen oder Fertigpackungen, Bier, Wein, Spirituosen, Fruchtsäfte
- die Lieferung von Speisen und Getränken zum Verzehr an Ort und Stelle (in der Regel als sonstige Leistung zu behandeln).

Von alltäglicher Bedeutung sind auch **Personenbeförderungen im Nahverkehr** nach § 12 Abs. 2 Nr. 10. Sie unterliegen unter bestimmten Voraussetzungen dem **ermäßigten** Steuersatz. Hierzu gehören Personenbeförderungen mit Bussen oder Schiffen im genehmigten Linienverkehr, Beförderungen im Fährverkehr oder mit Taxen, **sofern** die Beförderung

- **innerhalb einer Gemeinde** ausgeführt wird **oder**
- wenn die Beförderungsstrecke **nicht mehr als 50 km** beträgt.

3. Mit welchem Steuersatz ist die „Abgabe von Speisen und Getränken zum Verzehr an Ort und Stelle" zu besteuern? Begründen Sie Ihre Antwort!

Auf die Abgabe von Speisen und Getränken zum Verzehr an Ort und Stelle ist der **allgemeine** Steuersatz anzuwenden, weil in diesem Fall in der Regel insgesamt eine sonstige Leistung vorliegt, die nicht dem ermäßigten Steuersatz unterliegt. Die Abgabe von Speisen und Getränken zum Verzehr an Ort und Stelle setzt voraus, dass

- zwischen dem Ort der Lieferung und dem Ort des Verzehrs ein räumlicher Zusammenhang besteht (z. B. Verzehr im Geschäftslokal oder in unmittelbarer Nähe zu diesem) **und**
- besondere Vorrichtungen für den Verzehr an Ort und Stelle bereitgehalten werden (z. B. Tische, Stühle, Bänke).

ACHTUNG

Die vorangegangenen Ausführungen gelten **auch** für den „Eigenverbrauch" von Speisen und Getränken, die **an Ort und Stelle** verzehrt werden (z. B. Mittagessen des Gastwirts in seiner eigenen Gaststätte). In diesem Fall liegt eine unentgeltliche **sonstige Leistung** nach § 3 Abs. 9a Nr. 2 vor, die dem **allgemeinen** Steuersatz unterliegt.

Entnimmt der Unternehmer jedoch Speisen und Getränke, die dem ermäßigten Steuersatz unterliegen und verzehrt diese **an einem anderen Ort** (z. B. zu Hause), so ist hierauf der **ermäßigte** Steuersatz anzuwenden, weil dann eine **Lieferung** nach § 3 Abs. 1b Nr. 1 vorliegt.

Zu Einzelheiten siehe BMF-Schreiben vom 16.10.2008, BStBl I S. 949 und vom 29.03.2010, BStBl I S. 330.

4. Mit welchem Steuersatz wird die kurzfristige Beherbergung von Fremden (z. B. Vermietung von Hotel- oder Fremdenzimmern) besteuert?

Die kurzfristige Vermietung von Wohn- und Schlafräumen zur Beherbergung von Fremden ist eine steuerbare und steuerpflichtige **sonstige Leistung** nach **§ 3 Abs. 9**, die mit dem **ermäßigten Steuersatz (= 7 %) besteuert** wird (vgl. § 12 Abs. 2 Nr. 11 Satz 1 UStG).

Nach der Gesetzesbegründung werden neben dem klassischen **Hotelgewerbe** auch **Pensionen**, **Fremdenzimmer** und **vergleichbare Einrichtungen** begünstigt.

Auch die **kurzfristige Vermietung von Campingplätzen** ist begünstigt (z. B. für das Aufstellen von Zelten und zum Abstellen von Wohnwagen und Caravans). **Kurzfristig** bedeutet eine Gebrauchsüberlassung von **nicht mehr als sechs Monaten** (vgl. Abschn. 12.16 Abs 1 Satz 2 und 4.12.3 Abs. 2 UStAE).

Ebenfalls ermäßigt sind die folgenden Nebenleistungen, weil sie unmittelbar der Beherbergung dienen (vgl. Abschn. 12.16 Abs. 4 UStAE):

Bereitstellung von

- Wasser, Strom, Abwasser, Heizung
- Bettwäsche
- Handtüchern
- üblichen Hygieneartikeln wie etwa ein Stück Seife.

Nicht ermäßigt zu besteuern (also mit 19 %) sind hingegen die nachfolgend aufgezählten Leistungen – auch wenn diese mit dem Entgelt für die Vermietung abgegolten sind – weil sie nicht unmittelbar der Beherbergung dienen (vgl. § 12 Abs. 2 Nr. 11 Satz 2 UStG und Abschn. 12.16 Abs. 5 und 8 UStAE; Aufzählung siehe BT-Drucksache: 17/147 S. 9 und 10):

- Verpflegung (z. B. das Frühstück)
- Zugang zu Kommunikationsnetzen (z. B. Telefon und Internet)
- TV-Nutzung („pay per view")
- Getränkeversorgung aus der Minibar
- Wellnessangebote
- Überlassung von Tagungsräumen
- sonstige Pauschalangebote.

Bei **Übernachtungen mit Frühstück** müssen beide Leistungen somit grundsätzlich getrennt in der Rechnung ausgewiesen werden, und zwar der Beherbergungsumsatz mit 7 % und das Frühstück mit 19 %.

2.7 Entstehung der Umsatzsteuer und Steuerschuldner

1. Wann entsteht die Steuer für entgeltliche Lieferungen und sonstige Leistungen?

Für entgeltliche Lieferungen und sonstige Leistungen entsteht die Umsatzsteuer abhängig von der Art der Besteuerung wie folgt:

> - bei der **Sollbesteuerung** (Berechnung der USt nach **vereinbarten** Entgelten): grundsätzlich mit dem Ablauf des Voranmeldungszeitraums, in dem die **Leistungen ausgeführt** worden sind. Das gilt auch für Teilleistungen (vgl. § 13 Abs. 1 Nr. 1a).
>
> **Besonderheit:** Die vorgenannte Regelung gilt nicht, wenn das Entgelt oder ein Teilbetrag vereinnahmt wird, bevor die Leistung oder Teilleistung ausgeführt worden ist (**Anzahlungen, Abschlagszahlungen o. Ä.**). In diesem Fall entsteht die USt für diese Teilbeträge bereits mit dem Ablauf des Voranmeldungszeitraums, in dem sie **vereinnahmt** wurden, d. h. unabhängig vom Zeitpunkt der Leistungserbringung (§ 13 Abs. 1 Nr. 1 Buchst. a Satz 4).
>
> - bei der **Istbesteuerung** (Berechnung der USt nach **vereinnahmten** Entgelten): grundsätzlich mit dem Ablauf des Voranmeldungszeitraums, in dem die **Entgelte vereinnahmt** worden sind (vgl. § 13 Abs. 1 Nr. 1 Buchst. b). Der Zeitpunkt der Leistung und der Termin der Rechnungsstellung sind ohne Bedeutung (es wird nur auf den Zeitpunkt der **Vereinnahmung des Entgelts** abgestellt). Zum Zeitpunkt der Vereinnahmung siehe Abschn. 13.6 Abs. 1 UStAE.

2. Unter welchen Voraussetzungen kann ein Unternehmer seine Umsätze nach vereinnahmten Entgelten versteuern?

Die Voraussetzungen für die Berechnung der USt nach **vereinnahmten** Entgelten (sog. **Istbesteuerung**) ist in **§ 20** geregelt.

Zunächst kommt es darauf an, dass der Unternehmer einen entsprechenden **Antrag** beim Finanzamt stellt. Das Finanzamt kann dem Unternehmer dann die Berechnung der USt nach vereinnahmten Entgelten gestatten, falls **eine** der folgenden Voraussetzungen erfüllt ist:

> - **Gesamtumsatz** im Sinne des § 19 Abs. 3 im **vorangegangenen** Kalenderjahr **nicht mehr als 500.000 €/Kj. oder**
> - Befreiung des Unternehmers von der Buchführungspflicht nach § 148 AO **oder**
> - Ausführung der Umsätze im Rahmen einer Tätigkeit als Angehöriger eines freien Berufs im Sinne von § 18 Abs. 1 Nr. 1 EStG (**Freiberufler**, wie z. B. Arzt, Steuerberater, Rechtsanwalt, Notar usw.).

ACHTUNG

Freiberuflern, die ihren Gewinn nach § 4 Abs. 1 oder § 5 EStG ermitteln (z. B. freiwillige Bilanzierung), kann die Besteuerung nach vereinnahmten Entgelten nur noch gewährt werden, wenn sie die Umsatzgrenze von 500.000 €/Kj. nicht überschreiten (vgl. BMF-Schreiben vom 31.07.2013).

Freiberufler müssen somit für die Gewährung der Besteuerung nach vereinnahmten Entgelten die folgenden zwei Voraussetzungen erfüllen:

- **keine** Gewinnermittlung durch Betriebsvermögensvergleich nach § 4 Abs. 1 oder § 5 EStG **und**
- Gesamtumsatz im Sinne des § 19 Abs. 3 im vorangegangenen Kalenderjahr **nicht mehr als 500.000 €**.

3. Wann entsteht die USt bei unentgeltlichen Wertabgaben nach § 3 Abs. 1b und Abs. 9a?

Bei den unentgeltlichen Wertabgaben entsteht die USt mit dem Ablauf des Voranmeldungszeitraums, in dem der Gegenstand entnommen (Lieferung ohne Entgelt gem. § 3 Abs. 1b) bzw. die sonstige Leistung gem. § 3 Abs. 9a ausgeführt wurde.

4. Wann entsteht die USt für den innergemeinschaftlichen Erwerb?

Die USt entsteht

- für den innergemeinschaftlichen Erwerb im Sinne des § 1a (Erwerb gegen Entgelt) mit der **Ausstellung der Rechnung**, spätestens jedoch mit Ablauf des Kalendermonats, der dem Erwerb folgt (§ 13 Abs. 1 Nr. 6)
- für den innergemeinschaftlichen Erwerb von neuen Fahrzeugen im Sinne des § 1b am **Tag des Erwerbs** (§ 13 Abs. 1 Nr. 7).

5. Wer ist Schuldner der USt?

Nach § 13a ist Schuldner der USt

- bei Lieferungen und sonstigen Leistungen im Rahmen des § 1 Abs. 1 Nr. 1 der **Unternehmer**, der diese Leistungen ausgeführt hat (§ 13a Abs. 1 Nr. 1)
- beim innergemeinschaftlichen Erwerb der **Erwerber** (§ 13a Abs. 1 Nr. 2)
- bei innergemeinschaftlichen Lieferungen, die wegen falscher Angaben des Abnehmers unberechtigt als steuerfrei behandelt wurden, der **Abnehmer** (§ 13a Abs. 1 Nr. 3)
- bei unberechtigt ausgewiesener USt der **Aussteller der Rechnung** (§ 13a Abs. 1 Nr. 4)
- bei innergemeinschaftlichen Dreiecksgeschäften der **letzte Abnehmer** (§ 13a Abs. 1 Nr. 5)
- bei Auslagerungen aus einem Umsatzsteuerlager (§ 4 Nr. 4a) der Unternehmer, dem die Auslagerung zuzurechnen ist (**Auslagerer**), daneben in bestimmten Fällen auch der Lagerhalter (§ 13a Abs. 1 Nr. 6).

6. Welche Regelung enthält § 13b zur Steuerschuldnerschaft des Leistungsempfängers?

Die Steuerschuldnerschaft des Leistungs**empfängers** gemäß § 13b verlagert die Steuerschuld für **bestimmte steuerpflichtige Umsätze** vom Leistenden (Verkäufer) zum Leistungsempfänger (Käufer). Dies hat zur Folge, dass für die Fälle des § 13b nicht – wie sonst vorgeschrieben – der Leistende dem Leistungsempfänger die fällige USt berechnet und beim Finanzamt anmeldet, sondern dass der Leistungsempfänger vom Leistenden eine **Rechnung ohne USt** erhält und der Leistungs**empfänger** den Umsatz und die hierauf entfallende USt beim Finanzamt anmeldet.

Die Steuerschuldnerschaft des Leistungsempfängers nach § 13b wurde 2002 in das UStG eingefügt und in den Folgejahren erweitert. Diejenigen Umsätze, die 2018 in den Regelungsbereich des § 13b fallen, gehen aus der nachfolgenden Übersicht hervor:

Umsatzarten (§ 13b Abs. 1 und 2)	Voraussetzung (§ 13b Abs. 5)

- Abs. 1:
  Nach § 3a Abs. 2 im Inland steuerpflichtige sonstige Leistungen eines im übrigen Gemeinschaftsgebiet ansässigen Unternehmers.
- Abs. 2:
  1. **Werklieferungen** und **sonstige Leistungen** eines im Ausland ansässigen Unternehmers.
	Der Leistungs**empfänger** ist **Unternehmer** oder eine juristische Person.

Umsatzarten (§ 13b Abs. 1 und 2)	Voraussetzung (§ 13b Abs. 5)
2. Lieferungen sicherungsübereigneter Gegenstände durch den Sicherungsgeber an den Sicherungsnehmer außerhalb des Insolvenzverfahrens.	Der Leistungs**empfänger** ist **Unternehmer** oder eine juristische Person.
3. Umsätze, die unter das Grunderwerbsteuergesetz fallen (z. B. **Grundstücksverkäufe**).	
4. **Werklieferungen** und **sonstige Leistungen**, die von inländischen Unternehmen **für Bauwerke** erbracht oder **an Bauwerken** ausgeführt werden; **nicht** jedoch Planungs- und Überwachungsleistungen.	Der Leistungs**empfänger** ist **Unternehmer**, der nachhaltig Leistungen der in § 13b Abs. 2 Satz 1 Nr. 4 aufgeführten Art (siehe links) erbringt; also ein **„Bauleister"**, der von einem anderen **„Bauleister" Bauleistungen bezieht**.
5. Bestimmte Lieferungen von Gas, Elektrizität, Wärme oder Kälte gem. § 13b Abs. 2 Nr. 5.	Der Leistungs**empfänger** ist **Unternehmer**.
6. Übertragung von Berechtigungen nach § 3 Nr. 3 des Treibhausgas-Emissionsgesetzes.	
7. Lieferungen der in der Anlage 3 zum UStG bezeichneten Gegenstände (**bestimmte Schlacken, Abfälle und Schrott**; betrifft insbesondere den **Schrotthandel**).	
8. **Reinigen von Gebäuden und Gebäudeteilen** durch einen im Inland ansässigen Unternehmer.	Der Leistungs**empfänger** ist **Unternehmer, der selbst nachhaltig Gebäudereinigungsleistungen erbringt** („Gebäudereinigungsleistungen an Gebäudereiniger") – siehe hierzu Abschn. 13b.5 Abs. 4-5 UStAE.
9. Lieferungen von Gold und Goldplattierungen mit einem bestimmten Feingehalt.	Der Leistungs**empfänger** ist **Unternehmer**.
10. Bestimmte Lieferungen von Mobilfunkgeräten und integrierten Schaltkreisen sowie von Tablet-Computern und Spielekonsolen, wenn die Summe der in Rechnung zu stellenden Entgelte im Rahmen eines wirtschaftlichen Vorgangs mindestens 5.000 € beträgt – siehe hierzu Abschn. 13b.7 UStAE.	
11. Lieferungen von Edelmetallen, unedlen Metallen, Selen und Cermets gem. Anlage 4 des UStG.	

Die Steuerschuldnerschaft des Leistungsempfängers ist **nicht** anzuwenden, wenn der **leistende** Unternehmer **Kleinunternehmer** ist, bei dem gem. § 19 Abs. 1 keine Steuer erhoben wird (vgl. § 13b Abs. 5 Satz 8).

Beispiele

Beispiel 1:
Der Unternehmer Christian Schneider kauft für sein Verlagshaus in Lindau bei der Drucktechnik AG in Bern (Schweiz) eine Zusammentragmaschine für 250.000 €. Die Anlage wird in Lindau von Monteuren der Drucktechnik AG erstmals zusammengebaut (Spezialanfertigung für Herrn Schneider) und in Betrieb genommen.

Diese Werklieferung der Drucktechnik AG ist in Deutschland steuerpflichtig (§ 3 Abs. 4 i. V. mit § 3 Abs. 7 Satz 1 und § 1 Abs. 1 Nr. 1).

Nach § 13b Abs. 2 Nr. 1 i. V. mit Abs. 5 Satz 1 ist in diesem Fall der Leistungs**empfänger** – also Herr Schneider – Schuldner der USt. Er muss diesen Umsatz und die hierauf entfallende USt beim Finanzamt melden.

Die Drucktechnik AG stellt Herrn Schneider eine Rechnung **ohne USt** aus und weist in dieser auf die Steuerschuldnerschaft von Herrn Schneider hin (vgl. § 14a Abs. 5).

[Nach § 15 Abs. 1 Nr. 4 hat Herr Schneider jedoch unter den weiteren Voraussetzungen des § 5 in Höhe der entstandenen USt ein Vorsteuerabzugsrecht. Dadurch erfolgt die Besteuerung – wie beim innergemeinschaftlichen Erwerb – beim Leistungsempfänger, ohne diesen jedoch mit der USt zu belasten.]

Beispiel 2:
Der Unternehmer Andreas Gemein, Bonn, verkauft dem zum Vorsteuerabzug berechtigten Unternehmer Florian Böcher, Montabaur, ein Grundstück in Koblenz. Herr Gemein optiert gemäß § 9 Abs. 1 i. V. mit Abs. 3 zur USt. Im notariellen Vertrag wird auch auf die Steuerschuldnerschaft von Herrn Böcher (§ 13b) hingewiesen.

Die Bemessungsgrundlage dieses Umsatzes beträgt 508.750 €.

Herr Böcher – also der Erwerber (= Leistungsempfänger) – erklärt diesen Umsatz und die hierauf entfallende USt (96.662,50 €) beim Finanzamt Montabaur und zieht die Umsatzsteuer – sofern alle Voraussetzungen für den Vorsteuerabzug erfüllt sind – nach § 15 Abs. 1 Nr. 4 gleichzeitig als Vorsteuer ab.

Beispiel 3:
Der selbstständige Dachdeckermeister Andreas Stich, Koblenz, arbeitet als Subunternehmer für den Bauunternehmer David Monreal, Mayen. Bei einem im Bau befindlichen Haus in Andernach deckt Herr Stich im Auftrag von Herrn Monreal das Dach für netto 15.000 €.

Herr Stich stellt dem Bauunternehmer Monreal seine Leistung netto – also **ohne USt** – in Rechnung und weist in dieser auf die Steuerschuldnerschaft von Herrn Monreal (§ 13b) hin.

Herr Monreal – also der Leistungsempfänger – erklärt diesen Umsatz und die hierauf entfallende USt (2.850 €) beim Finanzamt Mayen und zieht die Umsatzsteuer – sofern alle Voraussetzungen für den Vorsteuerabzug erfüllt sind – nach § 15 Abs. 1 Nr. 4 gleichzeitig als Vorsteuer ab.

Nicht zu den in § 13b Abs. 1 Nr. 4 („Bauleistungen von Bauleistern an Bauleister") aufgeführten Umsätzen, gehören u. a. (vgl. Abschn. 13b.2 Abs. 7 UStAE):

- Materiallieferungen (z. B. durch Baustoffhändler oder Baumärkte)
- Anliefern von Beton ohne fachgerechte Verarbeitung durch den Anliefernden
- Lieferungen von Wasser und Energie
- Zurverfügungstellen von Betonpumpen und anderen Baugeräten
- Gerüstbau
- Aufstellen von Material- und Bürocontainern, mobilen Toilettenhäuschen etc.
- **Reparatur- und Wartungsarbeiten** an Bauwerken, wenn das (Netto-)Entgelt für den einzelnen Umsatz **nicht mehr als 500 €** beträgt.

ACHTUNG

Die Verlagerung der Steuerschuld auf den Leistungsempfänger gilt **auch** bei Leistungen

- **an** Kleinunternehmer
- **an** pauschalierende Land- und Forstwirte
- **an** Unternehmer, die nur steuerfreie Umsätze erbringen (z. B. Ärzte, Wohnungsvermieter etc.) sowie
- bei bestimmten Leistungen (z. B. „Bauleistungen an Bauleister") für den Privatbereich des Leistungsempfängers.

TIPP

Einzelheiten zur Steuerschuldnerschaft des Leistungsempfängers können Abschn. 13b.1 ff. UStAE und den BMF-Schreiben vom 08.05.2014 und 26.09.2014 entnommen werden.

2.8 Ausstellung von Rechnungen

1. Was ist eine Rechnung im Sinne des UStG?

Eine Rechnung ist jedes Dokument, mit dem über eine Lieferung oder sonstige Leistung abgerechnet wird, gleichgültig, wie dieses Dokument im Geschäftsverkehr bezeichnet wird (§ 14 Abs. 1 Satz 1).

Rechnungen können **auf Papier oder auf elektronischem Weg** (z. B. per E-Mail) übermittelt werden, **sofern der Empfänger zustimmt** (vgl. § 14 Abs. 1 Satz 7).

Bei einer **elektronisch übermittelten Rechnung** müssen allerdings die Echtheit der Herkunft und die Unversehrtheit des Inhalts gewährleistet sein (vgl. § 14 Abs. 1 Sätze 2 - 6).

2. Was ist eine Gutschrift und unter welchen Voraussetzungen ist sie als Rechnung im Sinne des UStG anzuerkennen?

Eine Gutschrift ist eine **Rechnung**, die vom Leistungs**empfänger** oder einem beauftragten Dritten ausgestellt und dem Leistenden übermittelt wird (vgl. § 14 Abs. 2 Sätze 2 - 4).

Sie ist als Rechnung im Sinne des UStG anzuerkennen, wenn diese Art der Abrechnung zwischen dem Leistenden und dem Leistungsempfänger **vorher vereinbart** wurde.

Die Angabe „Gutschrift" muss auf dem Beleg zwingend enthalten sein (vgl. Abschn. 14.3 Abs. 2 Satz 4 UStAE).

Beispiel

Der Autor Heiko Müller (= Leistender) schreibt für die Zeitschrift „Die Steuerfachangestellten" einen Artikel und verkauft die Veröffentlichungsrechte dieses Artikels an den NWB Verlag. Der NWB Verlag (= Leistungsempfänger) rechnet das Honorar in Höhe von 250,00 € + 17,50 € USt vereinbarungsgemäß mittels einer Gutschrift ab, die sie dem Autor Heiko Müller zuschickt.

Wenn der Empfänger der Gutschrift dem ihm übermittelten Dokument widerspricht, verliert die Gutschrift die Wirkung einer Rechnung (vgl. § 14 Abs. 2 Satz 3); wenn er nicht widerspricht, tritt die Gutschrift an die Stelle der Rechnung, die eigentlich der Leistende hätte ausstellen müssen (vgl. § 14 Abs. 2 Satz 2).

ACHTUNG

Die im allgemeinen Sprachgebrauch als „Gutschrift" bezeichnete Korrektur einer zuvor ergangenen Rechnung ist **keine** Gutschrift im Sinne von § 14 Abs. 2 UStG (vgl. Abschn. 14.3 Abs. 1 Satz 6 UStAE).

Eine Gutschrift muss – um als ordnungsgemäße Rechnung anerkannt zu werden – alle **Pflichtbestandteile** einer Rechnung enthalten (siehe §§ 14 Abs. 4 und 14a sowie die nachfolgende Frage).

3. Welche Angaben muss eine Rechnung enthalten um aus umsatzsteuerlicher Sicht korrekt ausgestellt zu sein?

Rechnungen müssen folgende Pflichtangaben enhalten (vgl. § 14 Abs. 4 UStG und Abschn. 14.5 UStAE):

1. **Vollständiger Name** und **vollständige Anschrift** des leistenden Unternehmers und des Leistungsempfängers
2. **Steuernummer** oder **Umsatzsteuer-Identifikationsnummer** des leistenden Unternehmers
3. **Ausstellungsdatum**
4. **Rechnungsnummer** (fortlaufende Nummer), die zur Identifizierung der Rechnung einmalig vergeben wird
5. **Menge und Art** (handelsübliche Bezeichnung) der gelieferten Gegenstände bzw. **Umfang und Art** der erbrachten sonstigen Leistungen
6. **Zeitpunkt** der Lieferung oder sonstigen Leistung oder der Vereinnahmung des Entgelts (Vorauszahlung) oder eines Teils des Entgelts (Anzahlung), sofern dieser Zeitpunkt feststeht und nicht mit dem Ausstellungsdatum der Rechnung identisch ist
7. **Entgelt** (Nettobetrag), **aufgeschlüsselt nach Steuersätzen und Steuerbefreiungen** sowie jede im Voraus vereinbarte Minderung des Entgelts, sofern nicht bereits im Entgelt berücksichtigt
8. **anzuwendende Steuersätze** oder **Steuerbefreiungen** und der auf das Entgelt entfallende **Steuerbetrag**
9. Bei Ausführung einer steuerpflichtigen **Werklieferung oder sonstigen Leistung im Zusammenhang mit einem Grundstück** (z. B. Handwerkerrechnung) zusätzlich einen **Hinweis auf die Aufbewahrungspflicht** dieser Rechnung gem. § 14b.
10. Bei Ausstellung einer **Gutschrift** im Sinne von § 14 Abs. 2 Satz 2 die Angabe „Gutschrift".

In den Fällen des § 10 Abs. 5 (**Mindestbemessungsgrundlagen**), sind bei den o. g. Nummern 7 und 8 die Bemessungsgrundlage für die Leistung nach § 10 Abs. 4 und der darauf entfallende Steuerbetrag anzugeben (vgl. § 14 Abs. 4 Satz 2).

4. Welche Folgen hat es, wenn eine Rechnung nicht den Erfordernissen des § 14 Abs. 4 entspricht?

Wenn eine Rechnung die in § 14 Abs. 4 geforderten Angaben nicht vollständig enthält, dann ist der **Leistungsempfänger (Rechnungsempfänger) nicht berechtigt, die entsprechende Vorsteuer geltend zu machen** (Umkehrschluss aus § 15 Abs. 1 Nr. 1 Satz 2). Ausnahmen hiervon bilden Kleinbetragsrechnungen und Fahrausweise (siehe Fragen 8 und 9).

5. Welche zusätzlichen Angaben müssen Rechnungen über steuerfreie innergemeinschaftliche Lieferungen enthalten?

Nach § 14a Abs. 3 hat der Unternehmer in einer Rechnung über eine steuerfreie innergemeinschaftliche Lieferung (§ 6a i. V. mit § 4 Nr. 1b) **zusätzlich** die folgenden Angaben aufzuführen:

- die eigene USt-IdNr. (USt-IdNr. des leistenden Unternehmers) und
- die USt-IdNr. des Leistungsempfängers.

6. Wer ist berechtigt, Rechnungen mit gesondertem Steuerausweis auszustellen?

Nach § 14 Abs. 2 Satz 1 ist grundsätzlich **nur ein Unternehmer** berechtigt, **für Leistungen im Rahmen seines Unternehmens** Rechnungen mit gesondertem Steuerausweis auszustellen.

7. Ist ein Unternehmer verpflichtet, dem Leistungsempfänger eine Rechnung auszustellen?

Führt der Unternehmer eine Lieferung oder sonstige Leistung **an einen anderen Unternehmer oder an eine juristische Person, die nicht Unternehmer ist**, aus, dann ist er **verpflichtet**, innerhalb von 6 Monaten nach Ausführung der Leistung eine Rechnung auszustellen. Diese Verpflichtung gilt jedoch **nicht, wenn der ausgeführte Umsatz nach § 4 Nr. 8 - 28 steuerfrei ist** (vgl. § 14 Abs. 2 Nr. 2 Satz 3).

Führt der Unternehmer eine steuerpflichtige Werklieferung oder sonstige Leistung **im Zusammenhang mit einem Grundstück** aus, ist er **verpflichtet, innerhalb von 6 Monaten** nach Ausführung der Leistung **jedem** Leistungsempfänger – also auch einer Privatperson – eine Rechnung auszustellen (§ 14 Abs. 2 Satz 1 Nr. 1 UStG).

Eine Verletzung dieser Rechnungsausstellungs**pflicht** kann mit einer **Geldbuße** in Höhe von **bis zu 5.000 €** geahndet werden (§ 26a Abs. 2 UStG).

8. Welche Vereinfachungsregelung gilt für Kleinbetragsrechnungen?

Eine Rechnung, deren Gesamtbetrag brutto **250 €** nicht übersteigt (sog. Kleinbetragsrechnung), braucht nur die folgenden Angaben zu enthalten (vgl. § 33 UStDV):

1. vollständiger Name und vollständige Anschrift des **leistenden** Unternehmers
2. Ausstellungsdatum
3. Menge und Art der gelieferten Gegenstände oder Umfang und Art der sonstigen Leistung
4. Entgelt und Steuerbetrag in einer Summe **(= Bruttobetrag)**, den anzuwendenden **Steuersatz** und im Falle einer Steuerbefreiung einen entsprechenden Hinweis auf die Steuerbefreiung.

9. Welche anderen Vereinfachungsregelungen hinsichtlich der Rechnungsausstellung gibt es?

Vereinfachungsregelungen zur Rechnungsausstellung sind in den §§ 31 - 34 UStDV enthalten.

Beispiele

- Eine Rechnung **kann aus mehreren Dokumenten bestehen**, aus denen sich die nach § 14 Abs. 4 des Gesetzes geforderten **Pflichtangaben** insgesamt ergeben, **sofern** eine **leichte Nachprüfbarkeit** der Angaben gewährleistet ist und auf der Rechnung angegeben ist, welche anderen Unterlagen die ergänzenden Angaben enthalten. Mindestens eines dieser Dokumente muss das Entgelt und den Steuerbetrag jeweils zusammengefasst enthalten (vgl. § 31 Abs. 1 UStDV).

- Für den Namen und die Anschrift des Leistenden und des Leistungsempfängers sowie für die erbrachten Leistungen dürfen **Abkürzungen, Buchstaben, Zahlen oder Symbole** verwendet werden, wenn ihre Bedeutung in der Rechnung oder in anderen Unterlagen eindeutig festgelegt ist. Diese Unterlagen müssen beim Aussteller und beim Empfänger der Rechnung vorhanden sein (vgl. § 31 Abs. 3 UStDV).

- Als **Zeitpunkt** der Lieferung oder sonstigen Leistung kann der **Kalendermonat** angegeben werden (vgl. § 31 Abs. 4 UStDV).

▶ **Fahrausweise**, die für die Beförderung von Personen ausgegeben werden, brauchen nur die folgenden Angaben zu enthalten (vgl. § 34 Abs. 1 UStDV und Abschn. 14.7 UStAE):

1. vollständiger Name und vollständige Anschrift des Unternehmers, der die Beförderung ausführt (weitere Vereinfachung durch § 31 Abs. 2 UStDV möglich)
2. Ausstellungsdatum
3. Entgelt und den darauf entfallenden Steuerbetrag in einer Summe (= Bruttobetrag)
4. anzuwendender Steuersatz, wenn die Beförderungsleistung nicht dem ermäßigten Steuersatz unterliegt und
5. im Fall der Anwendung von § 26 Abs. 3 des Gesetzes (ermäßigt besteuerte oder steuerbefreite grenzüberschreitende Beförderung von Personen) einen Hinweis auf die grenzüberschreitende Beförderung von Personen im Luftverkehr.

Auf Fahrausweisen der **Eisenbahnen**, die dem öffentlichen Verkehr dienen, kann anstelle des Steuersatzes die **Tarifentfernung** angegeben werden (vgl. § 34 Abs. 1 Satz 2 EStDV).

10. Was ist zu beachten, wenn in Rechnungen Umsätze abgerechnet werden, die unterschiedlichen Steuersätzen unterliegen?

Unterliegen die abgerechneten Umsätze verschiedenen Steuersätzen, so sind die **Entgelte und** die **Steuerbeträge nach Steuersätzen zu trennen** (vgl. § 14 Abs. 4 Nrn. 7 und 8 UStG).

Wird der Steuerbetrag durch Maschinen automatisch ermittelt und in der Rechnung angegeben (z. B. durch einen Computer), dann ist der Ausweis des Steuerbetrages in einer Summe zulässig, wenn für die einzelnen Posten der Rechnung der Steuersatz angegeben wird (vgl. § 32 UStDV).

11. Was ist bei der Erteilung einer Endabrechnung zu beachten, wenn zuvor Rechnungen über Voraus- oder Anzahlungen mit gesondertem Steuerausweis erteilt wurden?

Wird eine Endrechnung erteilt, mit der der Unternehmer über die ausgeführten Leistungen insgesamt abrechnet, dann sind die vor der Endabrechnung **vereinnahmten Teilentgelte** (Voraus- bzw. Anzahlungen) **sowie die hierauf entfallenden USt-Beträge offen abzusetzen**, wenn über diese Teilentgelte Rechnungen mit gesondertem Steuerausweis erteilt worden sind (vgl. § 14 Abs. 5). Siehe hierzu Abschn. 14.8 Abs. 7 UStAE – mit Beispielen!

12. Welche Folge hat eine Rechnungserteilung mit unberechtigtem Steuerausweis?

Wer in einer Rechnung einen Steuerbetrag gesondert ausweist, obwohl er zum gesonderten Ausweis der Steuer nicht berechtigt ist (z. B. eine Privatperson oder ein Kleinunternehmer nach § 9 Abs. 1), **schuldet den ausgewiesenen Betrag dem Finanzamt** (vgl. § 14c Abs. 2).

Die Steuer entsteht in diesem Fall mit der **Ausgabe der Rechnung** (vgl. § 13 Abs. 1 Nr. 4). Steuerschuldner ist der **Aussteller** der Rechnung (vgl. § 13a Abs. 1 Nr. 4).

Der aus einem unberechtigten Steuerausweis geschuldete Steuerbetrag **kann berichtigt werden**, soweit die Gefährdung des Steueraufkommens beseitigt worden ist; dies ist dann gegeben, wenn der Empfänger der Rechnung keinen Vorsteuerabzug hieraus geltend gemacht hat oder die bereits geltend gemachte Vorsteuer an die Finanzbehörde zurückgezahlt worden ist. Die **Berichtigung** des unberechtigten Steuerausweises ist außerdem **beim Finanzamt schriftlich zu beantragen**. Siehe hierzu § 14c Abs. 2 Sätze 3 - 5.

13. Welche Folge hat ein zu hoher Steuerausweis in einer Rechnung?

Hat ein **Unternehmer** in einer Rechnung für eine Lieferung oder sonstige Leistung einen höheren Steuerbetrag gesondert ausgewiesen, als er nach dem UStG schuldet (unrichtiger Steuerausweis), dann **schuldet er auch den Mehrbetrag** (vgl. § 14c Abs. 1 Satz 1).

Der Unternehmer hat in diesem Fall die **Möglichkeit**, die Rechnung **zu berichtigen** (vgl. § 14c Abs. 1 Satz 2 sowie Abschn. 14c.1 Abs. 5 und Abschn. 14.11 UStAE – mit Beispielen!).

14. Welche Folge hat ein zu niedriger Steuerausweis in einer Rechnung?

Bei zu niedrigem Steuerausweis **schuldet der Unternehmer die gesetzlich vorgeschriebene Steuer**. In diesem Fall hat er unter Zugrundelegung des maßgeblichen Steuersatzes die **Steuer aus dem Gesamtbetrag herauszurechnen**. Siehe hierzu Abschn. 14c.1 Abs. 9 UStAE (mit Beispiel).

Beispiel

Der Unternehmer Jan Hunke berechnet der Unternehmerin Christina Fuhrmann für eine von ihm ausgeführte Lieferung 1.100 € + 190 € USt = 1.290 € (= Gesamtbetrag). Frau Fuhrmann überweist Herrn Hunke die 1.290 €.

Der Unternehmer Hunke schuldet aus diesem Umsatz **205,97 €** USt (1.290 € : 1,19 • 19 %).

Der Leistungs**empfänger** (hier Frau Fuhrmann) darf als Vorsteuer aber nur den in der Rechnung ausgewiesenen Steuerbetrag abziehen (hier 190 €). Der Rechnungsaussteller hat aber die **Möglichkeit**, dem Leistungsempfänger **eine berichtigte Rechnung auszustellen** (vgl. Abschn. 14c.1 Abs. 9 Beispiel Satz 3 UStAE).

2.9 Vorsteuerabzug

1. Wer ist zum Vorsteuerabzug grundsätzlich berechtigt?

Nur **Unternehmer im Sinne der §§ 2 und 2a** (keine Kleinunternehmer im Sinne des § 19 Abs. 1) sind **im Rahmen ihrer unternehmerischen Tätigkeit** zum Vorsteuerabzug berechtigt (vgl. § 15 Abs. 1 Satz 1 und Abschn. 15.1 Abs. 1 UStAE).

Im Ausland ansässige Unternehmer können den Vorsteuerabzug im Inland grundsätzlich auch dann beanspruchen, wenn sie im Inland keine Lieferungen oder sonstige Leistungen ausgeführt haben. Ihnen steht der Vorsteuerabzug aber auch nur insoweit zu, als die Vorsteuerbeträge ihrer unternehmerischen Tätigkeit zuzurechnen sind (Abschn. 15.1 Abs. 2 Sätze 1 - 2 UStAE).

2. Welche fünf Arten abziehbarer Vorsteuerbeträge nennt § 15?

§ 15 Abs. 1 nennt die folgenden **fünf Arten** abziehbarer Vorsteuerbeträge:

- die dem Leistungsempfänger von einem Unternehmer **in einer Rechnung im Sinn des § 14 berechnete USt** (Vorsteuer nach § 15 Abs. 1 **Nr. 1**)
- die **bei der Einfuhr entstandene Einfuhrumsatzsteuer** (Vorsteuer nach § 15 Abs. 1 **Nr. 2**)
- die **Steuer für den innergemeinschaftlichen Erwerb** (Vorsteuer nach § 15 Abs. 1 **Nr. 3**)
- die **Steuer für Leistungen im Sinne des § 13b** (Vorsteuer nach § 15 Abs. 1 **Nr. 4**)
- die **nach § 13a Abs. 1 Nr. 6** (für die Auslagerung aus einem Umsatzsteuerlager) **geschuldete Steuer** (Vorsteuer nach § 15 Abs. 1 **Nr. 5**).

3. Nennen Sie die Voraussetzungen für den Vorsteuerabzug nach § 15 Abs. 1 Nr. 1!

Vorsteuerabzug nach § 15 Abs. 1 Nr. 1 ist möglich, wenn die folgenden Voraussetzungen erfüllt sind:

> - Der Leistungsempfänger ist **Unternehmer** im Sinne der §§ 2 oder 2a (kein Kleinunternehmer nach § 19 Abs. 1), und
> - er besitzt eine **ordnungsgemäße Rechnung** (gem. §§ 14, 14a bzw. §§ 31 - 34 UStDV),
> - in der ihm die **gesetzlich geschuldete Umsatzsteuer**
> - von einem **anderen Unternehmer** (Leistungserbringer) berechnet wurde,
> - für Lieferungen oder sonstige Leistungen, die **für sein Unternehmen** erbracht wurden, und
> - die in Rechnung gestellten Leistungen wurden bereits **ausgeführt**.
>
> **Ausnahme:** Bei einer **Anzahlung** kann die Vorsteuer bereits abgezogen werden, wenn
>
> - die **Anzahlungsrechnung vorliegt** und
> - die **Zahlung geleistet** wurde (die Leistung kann später erbracht werden).
>
> Siehe hierzu auch Abschn. 15.3 UStAE.

ACHTUNG

In einer Rechnung unrichtig oder unberechtigt ausgewiesene Umsatzsteuer ist nicht als Vorsteuer abziehbar.

---

4. Ist die Vorsteuer auch abzugsfähig, wenn die erhaltene Leistung teilweise außerunternehmerischen (z. B. privaten) Zwecken dient?

a) Wenn es sich bei der erhaltenen Leistung um einen **Gegenstand** handelt, der teilweise betrieblichen und **teilweise privaten oder anderen Zwecken** außerhalb des Unternehmens dient, kann die **Vorsteuer**, die bei der Anschaffung/Herstellung, der Miete und der Unterhaltung des Gegenstandes anfällt, in dem **Umfang abgezogen werden, in dem der Gegenstand dem Unternehmen zugeordnet wird**. Der Unternehmer kann den Gegenstand

- **voll** dem **Unternehmensbereich** zuordnen (dann auch **voller** Vorsteuerabzug) oder
- **voll** dem **Privatbereich** zuordnen (dann **kein** Vorsteuerabzug) oder
- **anteilig** dem Unternehmensbereich zuordnen, d. h. im Ausmaß der unternehmerischen Nutzung – z. B. zu 50 % (dann Vorsteuerabzug in Höhe dieses Prozentsatzes).

Die Entscheidung über die Zuordnung zum Unternehmen hat der Unternehmer zu treffen; er trifft diese Entscheidung in der Regel durch die **Inanspruchnahme oder Nichtinanspruchnahme des Vorsteuerabzugs**. Der Gegenstand muss allerdings in einem objektiven und erkennbaren wirtschaftlichen Zusammenhang mit der gewerblichen oder beruflichen Tätigkeit des Unternehmers stehen und der **unternehmerische Nutzungsanteil** muss **mindestens 10 %** betragen (vgl. § 15 Abs. 1 Satz 2), damit eine Zuordnung zum Unternehmen zulässig ist.

Ordnet der Unternehmer den Gegenstand in vollem Umfang dem Unternehmen zu und zieht er die Vorsteuer aus der Anschaffung/Herstellung und Nutzung dementsprechend zu 100 % ab, so unterliegt die Verwendung des Gegenstandes für Zwecke außerhalb des Unternehmens als **unentgeltliche sonstige Leistung** nach § 3 Abs. 9a Nr. 1 i. V. mit § 1 Abs. 1 Nr. 1 der Umsatzsteuer.

b) Wenn es sich jedoch um den Bezug von

- **vertretbaren Sachen** (Sachen, die im Verkehr nach Maß, Zahl oder Gewicht bestimmt werden, wie z. B. Getreide, Obst, Gas, Wasser, Bier usw.) **oder** um
- **sonstige Leistungen** (z. B. Arbeitsleistungen, Telefonentgelte)

handelt, dann ist die darauf entfallende Vorsteuer **entsprechend dem Verwendungszweck** in einen abziehbaren und einen nicht abziehbaren Teil **aufzuteilen** (vgl. Abschn. 15.2c Abs. 2 Nr. 1 UStAE).

Die Steuer, die auf den außerunternehmerischen Teil der Leistung entfällt, ist dann **nicht** abziehbar.

5. Unter welchen Voraussetzungen ist die Einfuhrumsatzsteuer als Vorsteuer abziehbar?

Ein Unternehmer kann die Einfuhrumsatzsteuer (EUSt) als Vorsteuer abziehen, sofern sie

- **bereits entstanden und**
- **für Gegenstände, die für sein Unternehmen in das Inland eingeführt wurden, angefallen** (oder die er zur Ausführung der in § 1 Abs. 3 bezeichneten Umsätze verwendet) und
- die Entstehung durch einen zollamtlichen Beleg nachgewiesen ist.

Vgl. BMF-Schreiben vom 15.11.2013.

6. Unter welchen Voraussetzungen ist die Umsatzsteuer für den innergemeinschaftlichen Erwerb als Vorsteuer abzugsfähig?

Der Unternehmer (Erwerber) kann die von ihm geschuldete USt für den innergemeinschaftlichen Erwerb als Vorsteuer abziehen, wenn er

- den Gegenstand **für sein Unternehmen bezogen** hat und diesen
- **zur Ausführung von Umsätzen** verwendet, **die den Vorsteuerabzug nicht ausschließen**. Vgl. § 15 Abs. 1 Nr. 3 und Abschn. 15.12 ff. UStAE.

Das Recht auf Vorsteuerabzug der Erwerbsteuer entsteht in dem Zeitpunkt, in dem die Erwerbsteuer entsteht (§ 13 Abs. 1 Nr. 6). Der Unternehmer kann damit den Vorsteuerabzug in der selben Umsatzsteuer-Voranmeldung oder -Erklärung geltend machen, in der er den innergemeinschaftlichen Erwerb zu versteuern hat.

7. Welche Vorsteuerabzugsverbote enthält § 15 Abs. 1a?

Nach § 15 Abs. 1a sind Vorsteuerbeträge, die auf die folgenden Aufwendungen entfallen, nicht abziehbar:

- **bestimmte nichtabzugsfähige Betriebsausgaben** nach § 4 Abs. 5 EStG und
- **Kosten der Lebensführung** nach § 12 Nr. 1 EStG.

8. Für welche nichtabzugsfähigen Betriebsausgaben gilt das Vorsteuerabzugsverbot nach § 15 Abs. 1a Nr. 1?

Vorsteuerbeträge, die auf die folgenden nichtabzugsfähigen Betriebsausgaben entfallen, sind nach § 15 Abs. 1a Nr. 1 **nicht abziehbar:**

- Geschenke aus betrieblichem Anlass über 35 €/Empfänger/Wirtschaftsjahr (§ 4 Abs. 5 Nr. 1 EStG)
- geschäftlich veranlasste Bewirtungsaufwendungen, die unangemessen oder nicht ordnungsgemäß nachgewiesen sind (§ 4 Abs. 5 Nr. 2 EStG)
- Aufwendungen für Gästehäuser (§ 4 Abs. 5 Nr. 3 EStG)
- Aufwendungen für Jagd, Fischerei, Segel- und Motorjachten und die hiermit zusammenhängenden Bewirtungen (§ 4 Abs. 5 Nr. 4 EStG)
- unangemessene Aufwendungen (§ 4 Abs. 5 Nr. 7 EStG)
- Aufwendungen nach § 4 Abs. 5 EStG, die nicht einzeln und getrennt aufgezeichnet wurden (§ 4 Abs. 7 EStG)

ACHTUNG

Durch das BFH-Urteil vom 10.02.2005 wurde entschieden, dass eine Einschränkung des Vorsteuerabzugs **für ordnungsgemäß nachgewiesene und angemessene** Bewirtungsaufwendungen nicht mit EU-Recht vereinbar ist. Steuerpflichtige können somit für **angemessene und ordnungsgemäß nachgewiesene** Bewirtungsaufwendungen **vollen** Vorsteuerabzug in Anspruch nehmen. Diese Rechtsauffassung wurde 2007 in das UStG aufgenommen (vgl. § 15 Abs. 1a Satz 2 UStG).

9. Schildern Sie ein Beispiel für das Vorsteuerabzugsverbot nach § 15 Abs. 1a Nr. 1!

Die Unternehmerin Katja Friedrichs, Winningen, kauft bei dem Winzer Löwenstein eine Kiste Wein für 50,00 € + 9,50 € USt, die sie ihrem guten Kunden Adelbert Morath anlässlich eines Geschäftsabschlusses schenkt (geschäftlich veranlasstes Geschenk).

Die Vorsteuer aus dem Einkauf des Geschenks ist nach § 15 Abs. 1a Nr. 1 nicht abziehbar, weil der Wert des Geschenks die 35 €-Grenze nach § 4 Abs. 5 Nr. 1 EStG übersteigt.

10. Schildern Sie, inwiefern Vorsteuerbeträge aus Bewirtungskosten abziehbar sind!

Vorsteuern aus Bewirtungskosten sind dann abziehbar, wenn die Bewirtung **geschäftlich veranlasst** war (z. B. Geschäftsessen mit einem Kunden), die Bewirtungskosten **angemessen** und **ordnungsgemäß nachgewiesen** und die allgemeinen **Voraussetzungen des § 15** erfüllt sind (siehe Frage 3).

Beispiel

Der Unternehmer Kurz isst mit einem Kunden in einem Restaurant aus geschäftlichem Anlass. Er bezahlt hierfür 100 € + 19 € USt und erhält einen ordnungsgemäß ausgestellten Beleg, der alle Voraussetzungen gem. § 15 Abs. 1 UStG erfüllt. Alle Nachweisvorschriften werden von Herrn Kurz ordnungsgemäß erbracht.

Obwohl Herr Kurz einkommensteuerrechtlich gem. § 4 Abs. 5 Nr. 2 EStG nur 70 € (70 % von 100 €) als Betriebsausgabe geltend machen kann, darf er umsatzsteuerrechtlich aus diesem Beleg die gesamte ausgewiesene Vorsteuer in Höhe von 19 € abziehen.

Die Versagung des Vorsteuerabzugs allein wegen nicht eingehaltener einkommensteuerlicher Formvorschriften (einzelne und getrennte Aufzeichnung nach § 4 Abs. 7 EStG) ist für angemessene Bewirtungsaufwendungen nicht zulässig (vgl. BMF-Schreiben vom 23.06.2005).

Wenn die Angemessenheit im Einzelfall zu verneinen ist, dann ist der Vorsteuerabzug für den nicht angemessenen Anteil an den Gesamtaufwendungen zu versagen.

11. Inwiefern sind Vorsteuerbeträge aus Reisekosten abziehbar?

Vorsteuerbeträge aus beruflichen Auswärtstätigkeiten, also

- **Geschäftsreisen** (Reisen des Unternehmers aus geschäftlichem Anlass) oder
- **Dienstreisen** (Reisen des Arbeitnehmers aus dienstlichem Anlass)

sind dann abziehbar, wenn der Unternehmer vorsteuerabzugsberechtigt ist und er

- **Rechnungen gemäß §§ 14 und 14a UStG** bzw. 31 - 34 UStDV hierfür besitzt und
- die Leistungen **für das Unternehmen** bezogen wurden.

Sofern die Rechnungen **auf den Unternehmer bzw. das Unternehmen ausgestellt** sind, ist – auch wenn ein Arbeitnehmer der Reisende war – davon auszugehen, dass die Leistungen für das Unternehmen erbracht wurden.

Aus Rechnungen, die **auf den Namen des Arbeitnehmers ausgestellt** sind, ist der Vorsteuerabzug **nicht** zulässig. Arbeitnehmer, die Reisen für einen vorsteuerabzugsberechtigten Unternehmer durchführen, sollten deshalb angewiesen werden, sämtliche Reisekostenbelege auf den Namen des Unternehmers bzw. das Unternehmen ausstellen zu lassen.

Bei **Kleinbetragsrechnungen** (bis brutto 250 €) sind der Name und die Anschrift des Leistungsempfängers – also der Name und die Anschrift des Unternehmers, für den die Reise durchgeführt wird – entbehrlich (vgl. § 33 UStDV).

Vorsteuerbeträge aus ordnungsmäßigen Rechnungen über Reisekosten sind auch dann **in voller Höhe** abziehbar, wenn die Reisekosten nach dem EStG nur begrenzt abziehbar sind (z. B. bei Verpflegungskosten, für die in § 4 Abs. 5 Nr. 5 EStG Höchstbeträge festgelegt sind).

Auch für das in Hotelrechnungen berechnete **Frühstück** (bei Übernachtungen) braucht deshalb hinsichtlich des Vorsteuerabzugs **keine** Kürzung vorgenommen zu werden.

Beispiel

Der Unternehmer Muhammed Öztürk, Koblenz, unternimmt eine dreitägige Geschäftsreise nach Hamburg. Er fährt mit dem Zug von Koblenz nach Hamburg, in Hamburg fährt er mit der U-Bahn oder dem Taxi. Die Fahrtkosten betragen zusammengerechnet 180,00 € + 26,85 € USt (19 % für die Zugfahrkarte und 7 % für die Fahrten mit den öffentlichen Verkehrsmitteln in Hamburg).

Herr Öztürk übernachtet in einem Hotel für insgesamt 150,00 € + 10,50 € USt (ohne Frühstück). Eine ordnungsgemäße Rechnung liegt vor. Das Frühstück wird getrennt mit 10,00 € + 1,90 € USt in Rechnung gestellt. An Verpflegungskosten weist Herr Öztürk insgesamt 140,00 € + 26,60 € USt durch ordnungsgemäße Belege nach.

Sämtliche Vorsteuerbeträge sind abziehbar, weil ordnungsgemäße Rechnungen vorliegen und alle sonstigen Voraussetzungen erfüllt sind.

Aus Reisekosten**pauschbeträgen** (z. B. für Verpflegungsmehraufwendungen oder für Kfz-Kosten bei der Verwendung eines privaten Pkw für die Fahrt) ist **kein** Vorsteuerabzug möglich, weil hierüber keine Rechnungen gem. §§ 14, 14a vorliegen. Es ist aber möglich, für einkommensteuerliche Zwecke Reisekostenpauschbeträge anzusetzen und für umsatzsteuerliche Zwecke aus den vorliegenden Belegen (z. B. Benzinquittungen) die Vorsteuer nach § 15 Abs. 1 Nr. 1 geltend zu machen.

12. Wie wird die Vorsteuer bei Kleinbetragsrechnungen ermittelt?

Bei **Kleinbetragsrechnungen** (bis 250 € brutto) kann der Unternehmer die abziehbare Vorsteuer aus dem Bruttobetrag herausrechnen, sofern der Beleg den Erfordernissen des § 33 UStDV entspricht. Hierzu kann er die amtlich anerkannten Faktoren verwenden:

- **bei 19 % USt:**   Bruttobetrag · **15,9664 %**   = Vorsteuerbetrag
- **bei 7 % USt:**   Bruttobetrag · **6,5421 %**   = Vorsteuerbetrag.

13. Wie wird die Vorsteuer bei Fahrausweisen ermittelt?

Bei **Fahrausweisen** im Sinne des § 34 UStDV kann der Unternehmer die Vorsteuer wie bei Kleinbetragsrechnungen aus dem Bruttobetrag herausrechnen (auch bei sogenannten „Surf & Rail"-Tickets der DB, die über das Internet erworben und zu Hause selbst ausgedruckt wurden).

Der zugrunde zu legende Steuersatz ergibt sich entweder aus der Angabe des Steuersatzes auf dem Fahrausweis oder aus der Tarifentfernung (Beförderungsentfernung **bis zu 50 km**: 7 % USt; Beförderungsentfernung **mehr als 50 km**: 19 % USt).

Keine Fahrausweise im Sinne des § 34 UStDV sind Belege über die Benutzung von Taxen, von Mietwagen oder von Kraftomnibussen außerhalb des Linienverkehrs (Abschn. 15.5 Abs. 7 UStAE). Für sie gelten die allgemeinen Vorschriften für Rechnungen (§§ 14 ff. UStG, 33 UStDV).

14. Welches Vorsteuerabzugsverbot enthält § 15 Abs. 1b?

Die Regelung des § 15 Abs. 1b wurde zum 01.01.2011 in das UStG eingefügt. Sie betrifft das Verbot des Vorsteuerabzugs **für Grundstücksteile, die nicht für Zwecke des Unternehmens verwendet werden**.

Bei einer gemischten Nutzung eines Grundstücks darf der Unternehmer also nur für den Teil Vorsteuerabzug in Anspruch nehmen, der für Zwecke des Unternehmens verwendet wird. Dadurch wurde die Gestaltungsvariante des Vorsteuerabzugs nach dem sogenannten **„Seeling-Urteil"** (Vorsteuerabzug auch für Grundstücksteile, die nicht für Zwecke des Unternehmens genutzt werden – beispielsweise die Privatwohnung in einem ansonsten unternehmerisch genutzten Gebäude) **für Neufälle zum 01.01.2011 gesetzlich beendet**.

Beispiel

Der zum Vorsteuerabzug berechtigte Steuerberater Philip Roth baut auf seinem Grundstück ein Gebäude, in welchem er im Erdgeschoss seine Steuerberatungskanzlei betreiben und im Obergeschoss privat wohnen wird.

Die auf das **Erdgeschoss** entfallenden Vorsteuerbeträge aus der Errichtung des Gebäudes und den laufenden Kosten (durch direkte Zuordnung oder anteilig, wenn sie für das gesamte Gebäude anfallen) kann Herr Roth nach § 15 Abs. 1 **in voller Höhe abziehen**.

Die auf das **Obergeschoss** entfallenden Vorsteuerbeträge darf Herr Roth nach § 15 Abs. 1b **nicht** abziehen.

Die **Vorsteueraufteilung** von Vorsteuerbeträgen, die für das gesamte Gebäude anfallen, erfolgt nach den Grundsätzen des **§ 15 Abs. 4**.

Zu Einzelheiten siehe BMF-Schreiben vom 22.06.2011, BStBl I S. 597.

15. Welche Vorsteuerbeträge sind nach § 15 Abs. 2 vom Vorsteuerabzug ausgeschlossen?

Der allgemeine Grundsatz, dass die in § 15 Abs. 1 bezeichneten Vorsteuern abgezogen werden können, gilt nicht, wenn der Unternehmer bestimmte steuerfreie oder bestimmte nicht steuerbare Umsätze ausführt (vgl. Abschn. 15.12 UStAE mit Beispielen). Zu diesen Umsätzen gehören insbesondere:

- **steuerfreie Umsätze ohne Vorsteuerabzug (sog. Ausschlussumsätze)**
  - Umsätze im Ausland, die steuerfrei wären, wenn sie im Inland ausgeführt würden.

Beispiel

Der Unternehmer Mario Korfanty, Montabaur, ist Eigentümer eines Mehrfamilienhauses, das er ausschließlich an Privatpersonen zu Wohnzwecken vermietet. Für die Reparatur des Hausdaches erhält er von dem Dachdecker eine Rechnung über 2.500 € + 475 € USt.

Die Herrn Korfanty von dem Dachdecker in Rechnung gestellte USt erfüllt die Voraussetzungen des § 15 Abs. 1 Nr. 1 und wäre grundsätzlich als Vorsteuer abziehbar. Da die Vermietung der Wohnungen des Hauses jedoch nach § 4 Nr. 12 Buchstabe a steuerfrei ist (und es sich hierbei um steuerfreie Umsätze **ohne Vorsteuerabzug** handelt), ist die Vorsteuer nach § 15 Abs. 2 insgesamt **nicht** abziehbar.

Zu weiteren Umsätzen ohne Vorsteuerabzug: siehe Frage 7 des Kapitels 2.4 Steuerbefreiungen und Abschn. 15.12 - 15.15 UStAE.

16. In welchen Fällen ist eine Vorsteueraufteilung nach § 15 Abs. 4 vorzunehmen?

Wenn der Unternehmer die für sein Unternehmen erworbenen Gegenstände bzw. ausgeführten sonstigen Leistungen sowohl für Umsätze verwendet, die zum Vorsteuerabzug berechtigen (sog. Abzugsumsätze) als auch für Umsätze, die den Vorsteuerabzug ausschließen (sog. Ausschlussumsätze), dann hat er die angefallenen Vorsteuerbeträge in einen abziehbaren und einen nicht abziehbaren Teil aufzuteilen (vgl. § 15 Abs. 4 Satz 1 UStG und Abschn. 15.16 Abs. 1 Satz 1 UStAE).

Derjenige Teil der jeweiligen Vorsteuerbeträge, der Umsätzen, die den Vorsteuerabzug ausschließen, wirtschaftlich zuzurechnen ist, darf **nicht** abgezogen werden. Eine Ermittlung der nicht abziehbaren Teilbeträge kann im Wege einer sachgerechten Schätzung erfolgen. Eine Aufteilung nach dem Verhältnis der Umsätze ist nur dann zulässig, wenn keine andere wirtschaftliche Zurechnung möglich ist.

Bei gemischt genutzten Gebäuden sind die Vorsteuerbeträge in der Regel **nach dem Verhältnis der Nutzflächen** aufzuteilen (vgl. BMF-Schreiben vom 24.11.2004, Rz. 10 und Abschn. 15.17 Abs. 7 Satz 4 UStAE).

17. Schildern Sie ein typisches Beispiel für eine Vorsteueraufteilung nach § 15 Abs. 4!

Beispiel

Der Unternehmer Marco Vogt ist Eigentümer eines Hauses in Koblenz. Das Erdgeschoss hat er steuerpflichtig an ein Lebensmittelgeschäft vermietet (Option gem. § 9). Das 1. und das 2. Obergeschoss hat er steuerfrei an Privatpersonen als Wohnung vermietet (§ 4 Nr. 12 Buchst. a). Die Fläche des Erdgeschosses beträgt $1/3$ der insgesamt vermieteten Fläche.

Für eine Dachreparatur erhält er von dem Dachdecker eine Rechnung in Höhe von 2.500 € + 475 € USt.

Die Vorsteuer (475 €) ist gem. § 15 Abs. 4 in einen abziehbaren und einen nicht abziehbaren Teil aufzuteilen. Der Anteil, der auf den steuerpflichtig vermieteten Teil (also das Erdgeschoss) entfällt, ist abziehbar. Der andere Teil der Vorsteuer, der auf den steuerfrei vermieteten Teil des Hauses entfällt, ist nicht abziehbar. Die Aufteilung kann im Wege einer wirtschaftlichen Zuordnung oder einer sachgerechten Schätzung erfolgen (vgl. § 15 Abs. 4 und Abschn. 15.17 UStAE).

Als **Aufteilungsmaßstab** ist im vorliegenden Fall die **vermietete Fläche** heranzuziehen (vgl. Abschn. 15.17 Abs. 7 Satz 4 UStAE). Die abziehbare Vorsteuer beträgt somit 158,33 € ($1/3$ von 475,00 €). [Siehe auch BMF-Schreiben vom 24.11.2004, Rz. 10.]

18. In welchen Fällen ergibt sich die Notwendigkeit einer Vorsteuerberichtigung?

a) Hat sich die **Bemessungsgrundlage** für einen **steuerpflichtigen Umsatz nachträglich geändert** (z. B. durch Skontoabzug, nachträglich gewährte Rabatte, Preisminderungen durch reklamierte Mängel o. Ä.), dann hat der Unternehmer, der den ursprünglich in Rechnung gestellten Vorsteuerbetrag geltend gemacht hat, **den auf die Änderung der Bemessungsgrundlage entfallenden Vorsteuerbetrag zu berichtigen** (rückgängig zu machen). Die Berichtigung erfolgt für den Besteuerungszeitraum, für den die Änderung eingetreten ist (vgl. § 17 Abs. 1 Satz 7).

b) Ändern sich bei einem **Wirtschaftsgut des Anlagevermögens** die Verhältnisse, die für den ursprünglichen Vorsteuerabzug maßgebend waren, innerhalb von **5 Jahren** seit dem Beginn der Verwendung (bei Gebäuden innerhalb von **10 Jahren**), so ist für jedes Jahr der Änderung ein Ausgleich durch eine Berichtigung des Abzugs der auf die Anschaffungs- oder Herstellungskosten entfallenden Vorsteuerbeträge vorzunehmen (vgl. § 15a Abs. 1); Vereinfachungen: §§ 44, 45 UStDV. Siehe im Einzelnen Abschn. 15a.1 - 15a.12 UStAE (mit Beispielen).

c) In den Regelungsbereich des § 15a werden auch **Wirtschaftsgüter** einbezogen, die nur **einmalig** zur Ausführung **eines** Umsatzes verwendet werden (also insbesondere **Wirtschaftsgüter des Umlaufvermögens**). Vgl. § 15a **Abs. 2**.

d) **Weiterhin** werden **Gegenstände** und **sonstige Leistungen, die in ein Wirtschaftsgut eingehen bzw. an diesem ausgeführt werden (z. B. Erhaltungsaufwendungen** an einem Gebäude) in den Regelungsbereich des § 15a einbezogen (vgl. § 15a **Abs. 3**). Auf eine Werterhöhung des Wirtschaftsguts kommt es hierbei nicht an.

Beispiel

Peter Werner vermietet ein Bürogebäude umsatzsteuerpflichtig an eine Handelsvertretung. Im Jahr 2016 führte er eine aufwendige Renovierung durch. Die neue Heizungsanlage war Ende Dezember 2016 betriebsbereit und kostete netto 30.000 € + 5.700 € USt. Herr Werner machte den Vorsteuerabzug von 5.700 € zu Recht in voller Höhe in der Umsatzsteuer-Voranmeldung Dezember 2016 geltend.

Seit Januar 2018 vermietet Herr Werner das Gebäude nach Insolvenz des bisherigen Mieters umsatzsteuerfrei an eine Artzpraxis.

Nun ist eine Vorsteuerberichtigung gem. § 15a Abs. 3 vorzunehmen. Der Berichtigungszeitraum des § 15a UStG für die Reparatur läuft von Januar 2018 bis Dezember 2026. Ab 2018 muss wegen Änderung der ursprünglichen Verhältnisse, also wegen des Wechsels von umsatzsteuerpflichtiger zu umsatzsteuerfreier Vermietung, jedes Jahr die anteilige Vorsteuer von 570 € (5.700 € : 10 Jahre) an das Finanzamt zurückgezahlt werden.

Eine **Änderung der Verhältnisse** ist auch anzunehmen, wenn das Wirtschaftsgut **aus dem Unternehmen entnommen** wird, ohne dass dabei eine unentgeltliche Wertabgabe nach § 3 Abs. 1b zu versteuern ist. Dies ist dann der Fall, wenn der Unternehmer beim Erwerb des Wirtschaftsguts nicht zum Vorsteuerabzug berechtigt war (vgl. § 3 Abs. 1b Satz 2). Eine Vorsteuerberichtigung ist dann für diejenigen Aufwendungen vorzunehmen, die nachträglich für diesen Gegenstand getätigt wurden und für die Vorsteuerabzug in Anspruch genommen wurde (z. B. nachträglicher Einbau einer Klimaanlage in einen Pkw).

e) **Bei sonstigen Leistungen**, die nicht an einem Wirtschaftsgut ausgeführt werden, ist gem. § 15a **Abs. 4** bei einer Änderung der Verhältnisse ebenfalls die Vorsteuer zu berichtigen. Die Berichtigung nach § 15a Abs. 4 ist jedoch nur für solche Leistungen vorzunehmen, für die in der Steuerbilanz ein Aktivierungsgebot bestünde (z. B. erworbene Patente, Urheberrechte, Lizenzen, bestimmte Computerprogramme).

Um bei geringwertigen Leistungsbezügen **keine** Vorsteuerberichtigung vornehmen zu müssen, wurden die **Bagatellgrenzen** (Freigrenzen) in **§ 44 UStDV** angehoben:

- Bei einer Vorsteuer aus dem Kaufpreis von bis zu **1.000 €** ist **keine** Vorsteuerberichtigung vorzunehmen (vgl. § 44 Abs. 1 UStDV).
- Wenn sich in einem Kalenderjahr die für den ursprünglichen Vorsteuerabzug maßgebenden Verhältnisse um **weniger als 10 %** geändert haben **und** der Betrag der **Berichtigung für das betrachtete Kalenderjahr nicht mehr als 1.000 €** beträgt, ist **keine** Berichtigung vorzunehmen (vgl. § 44 Abs. 2 UStDV).
- Sofern der Berichtigungsbetrag, der bei einem Wirtschaftsgut für das Kalenderjahr vorzunehmen ist, 6.000 € nicht übersteigt, so ist die Berichtigung für den Besteuerungszeitraum durchzuführen, in dem sich die für den ursprünglichen Vorsteuerabzug maßgebenden Verhältnisse geändert haben (vgl. § 44 Abs. 3 UStDV).

2.10 Festsetzung und Erhebung der Umsatzsteuer

1. Welcher Zeitabschnitt ist für die Festsetzung der Umsatzsteuer maßgebend und wie wird die USt-Zahllast für diesen Zeitraum festgestellt?

Besteuerungszeitraum der USt ist **grundsätzlich das Kalenderjahr** (vgl. § 16 Abs. 1 Satz 2). Für diesen Zeitraum ist die Umsatzsteuer für die steuerbaren und steuerpflichtigen Umsätze zu ermitteln. Die für den selben Zeitraum angefallenen und abziehbaren Vorsteuerbeträge sind davon abzusetzen.

Der Unternehmer hat **für das Kalenderjahr** oder für den kürzeren Besteuerungszeitraum eine **Steuererklärung** nach amtlich vorgeschriebenem Datensatz durch Datenfernübertragung nach Maßgabe der Steuerdaten-Übermittlungsverordnung zu übermitteln, in der er die zu entrichtende Steuer oder den Überschuss, der sich zu seinen Gunsten ergibt, selbst berechnet (§ 18 Abs. 3 Satz 1). Auf Antrag kann das Finanzamt zur Vermeidung von unbilligen Härten auf eine elektronische Übermittlung verzichten; in diesem Fall hat der Unternehmer eine Steuererklärung nach amtlich vorgegebenen Vordruck abzugeben und eigenhändig zu unterschreiben.

Beim **innergemeinschaftlichen Erwerb neuer Fahrzeuge** im Sinne des § 1b durch Privatpersonen ist die Umsatzsteuer (Erwerbsteuer) nach § 16 Abs. 5a für jeden einzelnen steuerpflichtigen Erwerb zu berechnen **(Fahrzeugeinzelbesteuerung)**. Der Erwerber des Fahrzeugs hat **innerhalb von 10 Tagen nach Ablauf des Tages des Erwerbs** eine entsprechende Steuererklärung abzugeben und die Steuer zu bezahlen (vgl. § 18 Abs. 5a i. V. mit § 13 Abs. 1 Nr. 7).

2. Was ist unter einer Umsatzsteuer-Voranmeldung zu verstehen?

Der Besteuerungszeitraum der USt (Kalenderjahr) wird zur Erhebung von Vorauszahlungen auf die USt-Zahllast in kürzere Zeitabschnitte (Voranmeldungszeiträume) zerteilt. Der Unternehmer hat deshalb für jeden dieser Zeiträume eine Voranmeldung (VA) nach amtlich vorgeschriebenem Vordruck auf elektronischem Weg nach Maßgabe der StDÜV abzugeben, in der er die Steuer selbst berechnet (vgl. § 18 Abs. 1 Satz 1). Zur Vermeidung von unbilligen Härten muss das Finanzamt auf Antrag zulassen, dass die USt-VA in herkömmlicher Form – auf Papier oder per Telefax – abgegeben werden, wenn eine elektronische Übermittlung für den Unternehmer wirtschaftlich oder persönlich unzumutbar ist (Abschn. 18.1 Abs. 1 Satz 3 UStAE).

3. Welche Voranmeldungszeiträume und -fristen nennt das UStG?

Regel-Voranmeldungszeitraum ist das Kalender**vierteljahr**.

Beträgt die USt-Zahllast für das **vorangegangene** Kalenderjahr **mehr als 7.500 €**, dann ist der **Kalendermonat** Voranmeldungszeitraum (vgl. § 18 Abs. 2 Sätze 1 und 2).

Bis zum 10. Tag nach Ablauf jedes Voranmeldungszeitraums hat der Unternehmer die entsprechende Voranmeldung nach amtlich vorgeschriebenem Vordruck elektronisch zu übermitteln und zu bezahlen (vgl. § 18 Abs. 1).

Wenn die USt-Zahllast für das **vorangegangene** Kalenderjahr **nicht mehr als 1.000 €** betragen hat, kann das Finanzamt den Unternehmer von der Verpflichtung zur Abgabe von Voranmeldungen und der Entrichtung von Vorauszahlungen **befreien**.

Unabhängig von dieser Befreiungsregelung kann das Finanzamt den Unternehmer in Sonderfällen für bestimmte Voranmeldungszeiträume von der Abgabe der Voranmeldungen befreien, wenn für diese Voranmeldungszeiträume regelmäßig keine USt-Zahllast entsteht (vgl. Abschnitt 18.6 Abs. 1 UStAE mit einem Beispiel).

Wenn der Unternehmer seine gewerbliche oder berufliche Tätigkeit **nur in einem Teil** des vorangegangenen Kalenderjahres ausgeübt hat, dann ist für die Bestimmung des Voranmeldungszeitraums die **tatsächliche USt-Zahllast des vorangegangenen Kalenderjahres in eine Jahressteuer hochzurechnen**.

Nimmt der Unternehmer seine gewerbliche oder berufliche Tätigkeit erst im laufenden Kalenderjahr auf, ist im laufenden Kalenderjahr (Erstjahr) und im folgenden Kalenderjahr generell der **Kalendermonat** Voranmeldungszeitraum (monatliche Abgabe der USt-Voranmeldung). Vgl. § 18 Abs. 2 Satz 4.

B. Grundwissen | I. Steuerwesen

Für **Unternehmer mit hohen Vorsteuerüberschüssen** ist in § 18 Abs. 2a geregelt, dass bei einem **Überschuss von mehr als 7.500 €** im vorangegangenen Kalenderjahr für das laufende Kalenderjahr der **Kalendermonat** als Voranmeldungszeitraum gewählt werden kann. Die Ausübung des Wahlrechts erfolgt durch die Abgabe einer Voranmeldung für den Monat Januar bis zum 10. Februar (bei Dauerfristverlängerung bis zum 10. März). Diese Entscheidung bindet den Unternehmer für das gesamte Kalenderjahr.

Fristen zur Abgabe und Bezahlung von Umsatzsteuer-Voranmeldungen und -Erklärungen im Überblick:

USt-Voranmeldungen

Die Abgabe- und Bezahlungsfristen sind abhängig von der gesamten Zahllast bzw. dem gesamten Überschuss (Guthaben) des **vorangegangenen** Kalenderjahres wie folgt:

Zahllast des vorangegangenen Kalenderjahres	Voranmeldungszeitraum des laufenden Kalenderjahres	Abgabe- und Bezahlungsfrist
mehr als 7.500 €	Kalendermonat (= **monatlich**)	bis zum Ablauf des **10.** Tages **des Folgemonats** (z. B. für Januar: 10.02., für Februar: 10.03. usw.)
mehr als 1.000 € bis 7.500 €	Kalendervierteljahr (= **vierteljährlich**)	bis zum Ablauf des **10.** Tages **nach dem Ende jedes Kalendervierteljahres** (z. B. für das 1. Vierteljahr bis zum Ablauf des 10.04. usw.)
0 bis 1.000 € (bzw. Vorsteuer-Überschuss)		auf Antrag beim Finanzamt **Befreiung von der Abgabe** von Voranmeldungen und Entrichtung von Vorauszahlungen

 INFO

Besonderheiten:

- **Verlängerung** der Abgabe- und Bezahlungsfrist um **1 Monat** durch **Dauerfristverlängerung** (auf Antrag beim Finanzamt – siehe hierzu §§ 46 - 48 UStDV).
- Zusätzlich **3 Tage Schonfrist** für die **Bezahlung** durch Überweisung oder Lastschrift nach § 240 Abs. 3 AO. [Beachte: Keine Schonfrist für die Anmeldung; nur für die Bezahlung].
- **Wahl des Kalendermonats** als Voranmeldungszeitraum möglich, **wenn** für das vorangegangene Kalenderjahr ein Überschuss **(Guthaben) von mehr als 7.500 €** zugunsten des Steuerpflichtigen gegeben war (§ 18 Abs. 2a UStG).

- Hat der Unternehmer seine unternehmerische Tätigkeit **neu aufgenommen**, so ist für das Jahr der Aufnahme dieser Tätigkeit und das Folgejahr generell der **Kalendermonat** Voranmeldungszeitraum (vgl. § 18 Abs. 2 Satz 4 UStG).

USt-Erklärung

- **Abgabe:** jährlich bis zum Ablauf des 31.05. für das jeweils vorangegangene Kalenderjahr (§ 149 Abs. 2 AO). Fristverlängerung auf Antrag möglich (§ 109 Abs. 1 AO).

- **Bezahlung:** **binnen eines Monats** nach der Abgabe der Steuererklärung bzw. nach dem Erhalt des Steuerbescheids (§ 18 Abs. 4 UStG).

---

4. Erläutern Sie die Dauerfristverlängerung nach §§ 46 - 48 UStDV!

Für die meisten Unternehmer ist es schwierig, die gesetzlichen Fristen für die Abgabe der Voranmeldungen und Entrichtung der Vorauszahlungen einzuhalten. Aus diesem Grund sieht § 18 Abs. 6 die Möglichkeit vor, diese Fristen um **einen Monat** zu verlängern. Die Verlängerung der Abgabe- und Zahlungsfrist ist in den §§ 46 - 48 UStDV geregelt.

§ 46 UStDV bestimmt, dass das Finanzamt **auf Antrag** (amtlich vorgeschriebener Vordruck) die Fristen für die Abgabe der Voranmeldungen und die Entrichtung der Vorauszahlungen um einen Monat zu verlängern hat (Dauerfristverlängerung).

§ 47 UStDV regelt ergänzend, dass die Fristverlängerung bei Unternehmern, welche die Voranmeldungen monatlich abzugeben haben (Monatszahler) nur dann gewährt wird, wenn sie eine **Sondervorauszahlung** auf die Steuer des Kalenderjahres entrichten (gilt nicht für Vierteljahreszahler). Die Sondervorauszahlung beträgt $1/11$ **der Summe der Vorauszahlungen für das vorangegangene Kalenderjahr (ohne Anrechnung der Sondervorauszahlung)**. Sie ist **bis zum 10. Februar** des laufenden Kalenderjahres nach amtlich vorgeschriebenem Vordruck an das Finanzamt zu melden und zu bezahlen (vgl. § 48 UStDV). Die Sondervorauszahlung wird bei der Zahllast der USt-Voranmeldung des letzten Voranmeldungszeitraums des Kalenderjahres (regelmäßig Dezember) angerechnet. Ein danach verbleibender Erstattungsanspruch ist mit Ansprüchen aus dem Steuerschuldverhältnis aufzurechnen. Ein nach der Verrechnung verbleibender Überhang ist zu erstatten (§ 48 Abs. 4 UStDV).

Hat der Unternehmer seine gewerbliche oder berufliche Tätigkeit erst im laufenden Kalenderjahr aufgenommen, dann ist die Sondervorauszahlung auf der Grundlage der zu erwartenden Vorauszahlungen dieses Kalenderjahres zu berechnen (also sachgerecht zu schätzen).

Eine einmal gewährte **Dauerfristverlängerung** gilt so lange, bis sie widerrufen wird (sie muss also nicht jedes Jahr neu beantragt werden). Die **Sondervorauszahlung** ist aber für jedes Jahr neu anzumelden und zu bezahlen.

5. Innerhalb welcher Frist ist die USt-Abschlusszahlung zu entrichten?

Die Abschlusszahlung ist

> ▸ **einen Monat nach dem Eingang der Steuererklärung beim Finanzamt** (§ 18 Abs. 4 Satz) **bzw.**
> ▸ wenn das Finanzamt die Abschlusszahlung festgesetzt hat, **einen Monat nach der Bekanntgabe des Steuerbescheids** fällig (§ 18 Abs. 4 Satz 2).

2.11 Mini-One-Stop-Shop

1. Was ist der „Mini-One-Stop-Shop" und welche Bedeutung hat er im Besteuerungsverfahren?

Der „Mini-One-Stop-Shop" („kleine einzige Anlaufstelle") ist ein **Meldeportal beim Bundeszentralamt für Steuern** (BZSt). Es ermöglicht den dort registrierten Unternehmen seit dem 01.01.2015, bestimmte steuerpflichtige Umsätze, die sie im übrigen Gemeinschaftsgebiet ausführen und dort (im Abnehmerland der Leistungen) versteuern müssen, stattdessen beim BZSt zu melden und die zu entrichtenden ausländischen Steuern an das BZSt abzuführen. Das BZSt leitet die Steuern dann an die betreffenden Länder, in denen die Umsätze zu versteuern sind, weiter.

Hintergrund:
Seit dem 01.01.2015 liegt der Leistungsort bei Telekommunikations-, Rundfunk- und Fernseh- sowie auf elektronischem Weg erbrachten Dienstleistungen an Nichtunternehmer in dem Staat, in dem der **Leistungsempfänger** ansässig ist oder seinen Wohnsitz oder gewöhnlichen Aufenthaltsort hat.

Dadurch erfolgt die Umsatzbesteuerung dieser Leistungen nicht mehr in dem Staat, in dem der leistende Unternehmer ansässig ist, sondern am **Verbrauchsort**.

Als Folge hiervon müssen sich Unternehmer entweder in den Mitgliedstaaten, in denen sie die genannten Leistungen ausführen, umsatzsteuerlich erfassen lassen und dort ihren Melde- und Erklärungspflichten nachkommen oder die Vereinfachungsmöglichkeit durch die Sonderregelung „Mini-One-Stop-Shop" in Anspruch nehmen.

Die Sonderregelung des „Mini-One-Stop-Shop" ermöglicht es den in Deutschland ansässigen Unternehmern also, ihre in den übrigen Mitgliedstaaten der EU ausgeführten Umsätze, die unter die Sonderregelung der **Telekommunikations-, Rundfunk- und Fernseh- sowie auf elektronischem Weg erbrachten Dienstleistungen an Nichtunternehmer** fallen, in einer besonderen Steuererklärung zu erklären, diese Steuererklärung zentral an das BZSt auf elektronischem Weg zu übermitteln und die sich ergebende Steuer insgesamt an das BZSt zu entrichten.

Die Mini-One-Stop-Regelung gilt jedoch nur für Umsätze in anderen Mitgliedstaaten der EU, in denen der Unternehmer keine umsatzsteuerliche Betriebsstätte hat.

2. Wie erfolgt die Besteuerung über den „Mini-One-Stop-Shop" konkret?

Unternehmer, die am Besteuerungsverfahren des „Mini-One-Stop-Shop" teilnehmen möchten, können dies auf elektronischem Weg beim BZSt beantragen.

Sie müssen dann **vierteljährlich** eine Steuererklärung elektronisch an das BZSt übermitteln, in der sie die im übrigen Gemeinschaftsgebiet an Nichtunternehmer erbrachten Telekommunikations-, Rundfunk- und Fernseh- sowie auf elektronischem Weg erbrachten Dienstleistungen und die hierauf entfallenden ausländischen Steuern melden.

Die Steuererklärung ist jeweils **bis zum 20. Tag nach Ablauf des Besteuerungszeitraums dem BZSt zu übermitteln**. Spätestens an diesem Tag ist auch die Steuer zu entrichten.

Die Steuererklärungen sind somit zu folgenden Terminen zu übermitteln:

- I. Kalendervierteljahr bis zum 20. April
- II. Kalendervierteljahr bis zum 20. Juli
- III. Kalendervierteljahr bis zum 20. Oktober
- IV. Kalendervierteljahr bis zum 20. Januar des Folgejahres.

Die Angaben zu den Umsätzen sind **getrennt für jeden EU-Mitgliedstaat**, in dem die unter die Sonderregelung fallenden Leistungen an Nichtunternehmer erbracht wurden, zu machen. Sie sind **nach den anzuwendenden Steuersätzen aufzuschlüsseln** und in Euro anzugeben.

Auch wenn **keine Umsätze** im betreffenden Kalendervierteljahr ausgeführt wurden, ist eine Steuererklärung (sog. **Nullmeldung**) zu den angegebenen Terminen abzugeben.

Für die Abgabe der Steuererklärung steht unter der Rubrik „Formulare" seit dem 01.04.2015 ein Steuererklärungsformular im BZStOnline-Portal zur Verfügung.

2.12 Besondere Meldepflichten

1. Was ist eine Zusammenfassende Meldung und wann und wo ist sie abzugeben?

In der Zusammenfassenden Meldung (ZM) erklärt der Unternehmer die von ihm getätigten

- innergemeinschaftlichen Warenlieferungen,
- innergemeinschaftlichen Dreiecksgeschäfte und
- im übrigen Gemeinschaftsgebiet steuerpflichtigen sonstigen Leistungen, für die der Leistungsempfänger die Steuer schuldet.

Die Abgabe der ZM erfolgt **monatlich** (vgl. § 18a Abs. 1 Satz 1 UStG). Der Unternehmer ist verpflichtet, **bis zum 25. Tag** nach Ablauf jedes Kalendermonats (Meldezeitraum), in dem er die o. g. Leistungen ausgeführt hat, eine ZM auf elektronischem Wege an das Bundeszentralamt für Steuern zu übermitteln. In der ZM muss er die in § 18a Abs. 7

aufgeführten Angaben machen (z. B. USt-IDNrn. der Warenabnehmer und Leistungsempfänger, Bemessungsgrundlagen der Umsätze usw.).

Bagatellgrenze:
Unternehmer, die **nur in geringer Höhe innergemeinschaftliche Warenlieferungen, Dreiecksgeschäfte oder sonstige Leistungen der oben genannten Art** tätigen, können die ZM **quartalsweise** abgeben, soweit die Umsätze **im Quartal nicht mehr als 50.000 €** betragen (vgl. § 18a Abs. 1 Satz 2 UStG).

Auch bei Unterschreiten dieser Betragsgrenze kann der Unternehmer die ZM monatlich abgeben. Er ist dann jedoch verpflichtet, dies gegenüber dem BZSt anzuzeigen (vgl. § 18a Abs. 1 Satz 4 UStG).

Einzelheiten des Meldeverfahrens sind durch das **BMF-Schreiben** vom **16.06.2010** geregelt (siehe dort).

ACHTUNG

Unternehmer, die von der Abgabe der Voranmeldungen und der Entrichtung der Vorauszahlungen befreit sind, müssen keine monatliche oder vierteljährliche ZM abgeben. Sie sind stattdessen verpflichtet, **für jedes Kalenderjahr**, in dem innergemeinschaftliche Warenlieferungen, Dreiecksgeschäfte oder im übrigen Gemeinschaftsgebiet steuerpflichtige sonstige Leistungen, für die der Leistungsempfänger die Steuer schuldet, ausgeführt wurden, **eine** Zusammenfassende Meldung **bis zum 25. Tag nach Ablauf des Kalenderjahres** abzugeben (vgl. § 18a Abs. 9).

2. Was muss der Unternehmer für die von ihm ausgeführten innergemeinschaftlichen Warenlieferungen und sonstigen Leistungen in einer Zusammenfassenden Meldung angeben?

Die in § 18a Abs. 7 geforderten Angaben bezüglich der innergemeinschaftlichen Warenlieferungen im Sinne des § 6a Abs. 1 sind:

- die **USt-Identifikationsnummern aller Erwerber**, die diesen von anderen Mitgliedstaaten erteilt wurden und die sie bei den innergemeinschaftlichen Warenlieferungen dem Lieferer mitgeteilt haben

- für jeden Erwerber die Summe der **Bemessungsgrundlagen der** an ihn **ausgeführten innergemeinschaftlichen Warenlieferungen**.

Für die im übrigen Gemeinschaftsgebiet ausgeführten steuerpflichtigen sonstige Leistungen, für die der in einem anderen Mitgliedstaat ansässige Leistungsempfänger die Steuer dort schuldet, muss der Unternehmer die folgenden Angaben machen:

- die **Umsatzsteuer-Identifikationsnummer jedes Leistungsempfängers**, die ihm von einem anderen Mitgliedstaaten erteilt worden ist und unter der die steuerpflichtigen sonstigen Leistungen an ihn erbracht wurden, und
- für jeden Leistungsempfänger die Summe der **Bemessungsgrundlagen der** an ihn **erbrachten steuerpflichtigen sonstigen Leistungen**.

Dasselbe gilt für die Berichtigung der Bemessungsgrundlage, z. B. wegen der Gewährung von Skonti, Boni oder Rabatten.

2.13 Wichtige Aufzeichnungspflichten

1. Wo sind Regelungen zu Aufzeichnungspflichten im UStG und in der UStDV zu finden?

Regelungen zu Aufzeichnungspflichten sind **insbesondere in § 22 UStG und in den §§ 63 - 68 UStDV** enthalten. Dort sind die **allgemeinen** Aufzeichnungspflichten für Unternehmer im Sinne des § 2 UStG geregelt. **Spezielle** Aufzeichnungspflichten finden sich verstreut im UStG und in der UStDV (z. B. in **§ 13 UStDV** für Ausfuhrlieferungen und Lohnveredelungen an Gegenständen der Ausfuhr, in den **§§ 17a bis c UStDV** für verschiedene Formen der innergemeinschaftlichen Lieferungen, in **§ 25 Abs. 5 UStG** für Reiseleistungen, in **§ 65 UStDV** für Kleinunternehmer usw.).

2. Welcher allgemeine Aufzeichnungsgrundsatz gilt für die in § 22 UStG enthaltenen Aufzeichnungsverpflichtungen?

Nach § 63 Abs. 1 UStDV müssen die Aufzeichnungen „so beschaffen sein, dass es einem sachverständigen Dritten innerhalb einer angemessenen Zeit möglich ist, einen Überblick über die Umsätze des Unternehmers und die abziehbaren Vorsteuern zu erhalten und die Grundlagen für die Steuerberechnung festzustellen."

3. Was ist bei der Aufzeichnung der steuerbaren Lieferungen und sonstigen Leistungen zu beachten?

Bei der Aufzeichnung der **entgeltlichen** Lieferungen und sonstigen Leistungen muss der Unternehmer Folgendes beachten:

- Die Entgelte müssen **eindeutig, fortlaufend und leicht überprüfbar** aufgezeichnet werden.
- Er muss ersichtlich machen, **wie sich die Entgelte auf die steuerpflichtigen und die steuerfreien Umsätze verteilen** (getrennte Aufzeichnung).
- Bei den steuerpflichtigen Umsätzen muss er die Entgelte **nach Steuersätzen getrennt** aufzeichnen.

Diese Vorschriften gelten auch für die Bemessungsgrundlagen der **unentgeltlichen** Lieferungen und sonstigen Leistungen (§ 3 Abs. 1b und Abs. 9a) sowie für **Anzahlungen** auf noch nicht ausgeführte Leistungen. Vgl. im Einzelnen § 22 Abs. 2 Nr. 1 und 2.

Aus den Aufzeichnungen muss außerdem hervorgehen, welche Umsätze der Unternehmer nach § 9 UStG als steuerpflichtig behandelt. Die Umsatzsteuer gehört nicht zum Entgelt. Sie braucht deshalb grundsätzlich nicht aufgezeichnet zu werden.

4. Welche Aufzeichnungserleichterung sieht § 63 Abs 3 UStDV vor?

Nach § 63 Abs. 3 UStDV **kann** der Unternehmer für die aufzuzeichnenden Umsätze und Entgeltsminderungen das **Entgelt und den darauf entfallenden Steuerbetrag in einer Summe (also brutto)** – jedoch getrennt nach Steuersätzen – aufzeichnen.

Spätestens zum Schluss jedes Voranmeldungszeitraums muss der Unternehmer dann die Nettobeträge (Bemessungsgrundlagen nach § 10) aus den aufgezeichneten Bruttobeträgen durch Herausrechnen der USt ermitteln und aufzeichnen.

5. Was ist bei der Aufzeichnung des Leistungseingangs zu beachten?

Bei der Aufzeichnung der steuerpflichtigen Lieferungen und sonstigen Leistungen, die an den Unternehmer für sein Unternehmen ausgeführt worden sind, muss der Unternehmer

- die Entgelte **(Nettobeträge)** für die empfangenen Leistungen und
- die darauf entfallenden Steuerbeträge **(Vorsteuern)**

getrennt aufzeichnen (vgl. § 22 Abs. 2 Nr. 5 UStG).

Wie beim Leistungsausgang kann der Unternehmer jedoch zunächst nur die Bruttobeträge – getrennt nach Steuersätzen – aufzeichnen und hieraus jeweils am Schluss jedes Voranmeldungszeitraums die Nettobeträge und die Vorsteuern durch Herausrechnen der Steuer ermitteln und aufzeichnen (vgl. § 63 Abs. 5 UStDV).

2.14 Besteuerung der Kleinunternehmer

1. Wer ist Kleinunternehmer?

Kleinunternehmer nach § 19 Abs. 1 ist ein im Inland oder in den in § 1 Abs. 3 genannten Gebieten (Freihäfen usw.) ansässiger Unternehmer, dessen **Gesamtumsatz zuzüglich Umsatzsteuer (Bruttoumsatz)**

- im **vorangegangenen** Kalenderjahr **17.500 €** nicht überstiegen hat **und**
- im **laufenden** Kalenderjahr voraussichtlich **50.000 €** nicht übersteigen wird.

Dies bedeutet, dass die Kleinunternehmerregelung dann zum Zuge kommt, wenn **keine** der vorgenannten Grenzen überschritten wurde bzw. wird.

Bei der Ermittlung des maßgeblichen Bruttoumsatzes ist stets von **vereinnahmten** Entgelten auszugehen. Außerdem bleiben die Umsätze aus dem Verkauf oder der Entnahme von Wirtschaftsgütern des Anlagevermögens **(Hilfsgeschäfte) außer Ansatz** (siehe § 19 Abs. 1 Satz 2 UStG und Abschn. 19.1 UStAE).

2. Welche Folge hat es für den Unternehmer, wenn er die Voraussetzungen des § 19 Abs. 1 Satz 1 erfüllt?

Sofern der Unternehmer die o. g. Voraussetzungen des § 19 Abs. 1 Satz 1 erfüllt, ist er **von der Erhebung der Umsatzsteuer grundsätzlich befreit**. Diese Befreiung betrifft allerdings nur die nach § 1 Abs. 1 Nr. 1 erzielten Umsätze. Die Steuer auf die Einfuhr von Gegenständen, auf den innergemeinschaftlichen Erwerb, die Auslagerung aus einem USt-Lager gem. § 13a Abs. 1 Nr. 6 und die nach § 13b zu erhebende Steuer muss der Kleinunternehmer an das Finanzamt abführen.

In Rechnung gestellte Umsatzsteuer muss der Kleinunternehmer aber in jedem Fall an das Finanzamt abführen (vgl. § 19 Abs. 1 Satz 3 i. V. mit § 14c Abs. 2).

3. Wie wird der Gesamtumsatz im Sinne des § 19 Abs. 3 ermittelt?

Der Gesamtumsatz nach § 19 Abs. 3 ist – stets nach **vereinnahmten** Entgelten – wie folgt zu ermitteln:

> **Summe der steuerbaren Umsätze nach § 1 Abs. 1 Nr. 1**
> **abzüglich der folgenden steuerfreien Umsätze**:
> ► Umsätze nach § 4 Nr. 8i, Nr. 9b und Nr. 11 - 28 und
> ► Umsätze nach § 4 Nr. 8a - h, Nr. 9a und Nr. 10, wenn sie Hilfsumsätze sind.

4. Wie ist der Gesamtumsatz zu ermitteln, wenn der Unternehmer seine gewerbliche oder berufliche Tätigkeit nur in einem Teil des Kalenderjahres ausübt?

In diesem Fall ist zur Beantwortung der Frage, ob eine der in § 19 Abs. 1 Satz 1 genannten Grenzen überschritten wird, der **tatsächliche Gesamtumsatz in einen Jahresgesamtumsatz umzurechnen**. Angefangene Kalendermonate sind bei der Umrechnung als volle Kalendermonate zu behandeln, es sei denn, dass die Umrechnung nach Tagen zu einem niedrigeren Jahresgesamtumsatz führt (vgl. § 19 Abs. 3 Sätze 3 - 4 und Abschn. 19.3 Abs. 3 UStAE).

Nimmt der Unternehmer seine gewerbliche oder berufliche **Tätigkeit im Laufe eines Kalenderjahres neu** auf, dann kann nicht auf den Vorjahresumsatz zurückgegriffen werden. Deshalb ist in diesem Fall ausschließlich **auf den voraussichtlichen Jahresumsatzes des laufenden Kalenderjahres abzustellen**. Hierbei ist dann die **Grenze von 17.500 €** maßgebend (vgl. Abschn. 19.1 Abs. 4 UStAE).

5. Welche Rechte stehen dem Kleinunternehmer nicht zu?
Ein Kleinunternehmer hat u. a.

- **kein** Recht auf Vorsteuerabzug
- **kein** Recht zum USt-Ausweis in seinen Rechnungen
- **keine** Verzichtsmöglichkeit auf Steuerbefreiungen (Option nach § 9)
- **kein** Recht auf Vorsteuerberichtigung zu seinen Gunsten (§ 15a).

6. Was bedeutet bei einem Kleinunternehmer „Option zur Regelbesteuerung"?

Der Unternehmer kann auf die Befreiung von der Umsatzsteuer verzichten, d. h. die **Steuerpflicht seiner Umsätze wählen**.

Diese Wahl wird als „**Option zur Besteuerung nach den allgemeinen Vorschriften des UStG**" (also zur Regelbesteuerung) bezeichnet. Sie ist gegenüber dem Finanzamt zu erklären und **bindet** den Unternehmer dann mindestens für **5 Jahre** an die Regelbesteuerung (vgl. § 19 Abs. 2 Sätze 1 und 2).

Für die Erklärung der Option ist keine bestimmte Form vorgeschrieben. Berechnet der Unternehmer in den Voranmeldungen oder in der Steuererklärung für das Kalenderjahr die Steuer nach den allgemeinen Vorschriften des UStG, ist darin grundsätzlich eine Erklärung im Sinne des § 19 Abs. 2 zu erblicken (Abschn. 19.2 Abs. 1 Satz 4 Nr. 2 UStAE).

7. Welchen Vorteil kann die Option nach § 19 Abs. 2 für den Unternehmer haben?

Wenn der Kleinunternehmer zur Besteuerung nach den allgemeinen Vorschriften des UStG optiert, ist er grundsätzlich auch **zum Vorsteuerabzug berechtigt**. Für Veranlagungszeiträume mit einem Vorsteuerüberhang (z. B. infolge größerer Investitionen) erhält er das Vorsteuerguthaben vom Finanzamt erstattet.

8. Ab wann gilt die Option des Kleinunternehmers zur Regelbesteuerung?

Die Erklärung zur Option nach § 19 Abs. 2 gilt vom **Beginn des Kalenderjahres** an, für das der Unternehmer sie abgegeben hat.

3. Einkommensteuer

3.1 Stellung innerhalb des Steuersystems und rechtliche Grundlagen

1. Charakterisieren Sie die Einkommensteuer in steuersystematischer Hinsicht!

Die Einkommensteuer (ESt) ist

- eine **Personensteuer**, was bedeutet, dass die **persönlichen Verhältnisse** des bzw. der Steuerpflichtigen bei der Berechnung der Steuerschuld **berücksichtigt werden** (Familienstand, Alter, Kinder, Behinderungen und weitere persönliche Merkmale können bei der Ermittlung der ESt von Bedeutung sein)
- eine **Besitzsteuer** (unter Besitzsteuern werden Steuern verstanden, die an Besitz und Vermögen bzw. Erwerb, d. h. **Einkommen**, anknüpfen)
- eine **direkte** Steuer, weil Steuerschuldner und Steuerträger **identisch** sind (natürliche Person, die der Steuerpflicht des EStG unterliegt)
- eine **Gemeinschaftsteuer**, weil das Steueraufkommen dem Bund, den Ländern und den Gemeinden **gemeinschaftlich** zusteht (Verteilung nach festgelegten Verteilungsschlüsseln)
- eine **Veranlagungs-** als auch eine **Abzugssteuer**, d. h. sie wird zwar grundsätzlich durch Veranlagung festgesetzt, als Lohnsteuer (§§ 38 ff. EStG) und Kapitalertragsteuer (§§ 43 ff. EStG) wird sie aber auch im Abzugsverfahren erhoben.

2. Auf welche rechtlichen Grundlagen kann man zur Lösung eines Einkommensteuerfalls zurückgreifen?

Die Rechtsgrundlagen der Einkommensteuer ergeben sich aus

- dem **Einkommensteuergesetz (EStG)** und
- der **Einkommensteuer-Durchführungsverordnung (EStDV)** und für die Lohnsteuer aus der **Lohnsteuer-Durchführungsverordnung (LStDV)**.

Ergänzend kann auf die entsprechenden Verwaltungsanweisungen zurückgegriffen werden:

- **Einkommensteuer-Richtlinien (EStR)** bzw. **Lohnsteuerrichtlinien (LStR)**
- **BMF-Schreiben**
- **OFD-Verfügungen**.

Gesetze und **Durchführungsverordnungen** haben allgemeine Verbindlichkeit (bindend für die Steuerpflichtigen, die Finanzverwaltung und die Gerichte).

Verwaltungsanweisungen sind nur für die Finanzverwaltung bindend. Sie erläutern Zweifelsfragen bei der Auslegung des Gesetzes.

3.2 Steuerpflicht

3.2.1 Persönliche Steuerpflicht

1. Wer ist unbeschränkt einkommensteuerpflichtig nach § 1 Abs. 1 EStG?

Unbeschränkt einkommensteuerpflichtig nach **§ 1 Abs. 1** sind

> - **natürliche Personen**, die
> - **im Inland**
> - einen **Wohnsitz** (§ 8 AO) **oder** ihren **gewöhnlichen Aufenthalt** (§ 9 AO) haben.

Das Alter, die Geschäftsfähigkeit, der Familienstand, die Staatsangehörigkeit oder andere persönliche Merkmale spielen hierbei **keine** Rolle. Die unbeschränkte Steuerpflicht **beginnt mit der Geburt** und **endet mit dem Tod**.

2. Unterscheiden Sie die Begriffe „Wohnsitz" und „gewöhnlicher Aufenthalt" voneinander!

- Der **Wohnsitz** setzt eine **Wohnung** des Steuerpflichtigen voraus, die er unter solchen Umständen innehat, die darauf schließen lassen, dass er sie beibehalten und benutzen wird (vgl. § 8 AO). Es reicht aus, dass damit zu rechnen ist, dass der Steuerpflichtige sich in der Wohnung **wiederholt zum Wohnen** aufhalten wird. Auf den Umfang und die Dauer der Benutzung kommt es grundsätzlich nicht an. Entscheidend ist, dass die Wohnung dem Inhaber dauernd für seine Wohnzwecke zur Verfügung steht.

- Der **gewöhnliche Aufenthalt** wird von einer natürlichen Person an dem Ort (bzw. in dem Gebiet) begründet, wo sie **nicht nur vorübergehend** verweilt (vgl. § 9 AO).

Ein zeitlich zusammenhängender Aufenthalt von **mehr als 6 Monaten** (180 Tage) im Inland gilt stets und von Beginn an als gewöhnlicher Aufenthalt; kurzfristige Unterbrechungen bleiben dabei unberücksichtigt.

Diese zeitliche Regel gilt nicht, wenn der Aufenthalt ausschließlich zu **Besuchs-, Erholungs-, Kur-** oder ähnlichen privaten Zwecken dient und **nicht länger als ein Jahr** dauert (vgl. § 9 Satz 3 AO).

3. Wer ist unbeschränkt einkommensteuerpflichtig nach § 1 Abs. 2 EStG?

Unbeschränkt einkommensteuerpflichtig nach **§ 1 Abs. 2** sind **deutsche Staatsangehörige**, die

> - im Inland weder einen Wohnsitz noch ihren gewöhnlichen Aufenthalt haben **und**
> - zu einer inländischen juristischen Person des öffentlichen Rechts in einem Dienstverhältnis stehen und dafür Arbeitslohn aus einer inländischen öffentlichen Kasse beziehen (z. B. Beamte und Angestellte einer deutschen Botschaft im Ausland) **und**
> - in dem Staat, in dem sie ihren Wohnsitz oder gewöhnlichen Aufenthalt haben, nur in einem beschränkten Umfang zu einer Steuer vom Einkommen herangezogen werden.

Unter bestimmten Voraussetzungen gilt dies auch für die zu ihrem Haushalt gehörenden Angehörigen, was bedeutet, dass dadurch beispielsweise die Anwendung des Splittingverfahrens für diesen Personenkreis in Betracht kommt.

4. Welche Folge hat die unbeschränkte Einkommensteuerpflicht nach § 1 Abs. 1 und 2?

Die unbeschränkte Einkommensteuerpflicht nach § 1 Abs. 1 und 2 hat zur Folge, dass grundsätzlich **alle** inländischen und ausländischen Einkünfte der ESt unterliegen (sog. **„Welteinkommensprinzip"**) und dass die im System der ESt vorgesehenen persönlichen Verhältnisse des bzw. der Steuerpflichtigen bei der Veranlagung berücksichtigt werden können (z. B. Zusammenveranlagung nach § 26, Anwendung des Splittingverfahrens nach § 32a usw.).

Das „Welteinkommensprinzip" gilt nicht, sofern für bestimmte Einkünfte abweichende Regelungen bestehen (z. B. in Doppelbesteuerungsabkommen).

5. Wer ist unbeschränkt einkommensteuerpflichtig nach § 1 Abs. 3 EStG?

Nach **§ 1 Abs. 3** können **auf Antrag** diejenigen natürlichen Personen als unbeschränkt einkommensteuerpflichtig behandelt werden, die

> - im Inland weder einen Wohnsitz noch ihren gewöhnlichen Aufenthalt **und**
> - inländische Einkünfte im Sinne des § 49 EStG erzielt haben **und**
> - ihre Einkünfte im Kalenderjahr
>   - zu mindestens 90 % der deutschen ESt unterliegen **oder**
>   - die nicht der deutschen ESt unterliegenden Einkünfte höchstens 9.000 € (Höhe des Grundfreibetrags 2018) betragen haben

(sog. **„fiktive unbeschränkte Steuerpflicht"**).

Weitere Voraussetzung ist, dass die Höhe der nicht der deutschen ESt unterliegenden Einkünfte durch eine **Bescheinigung der zuständigen ausländischen Steuerbehörde** nachgewiesen wird (§ 1 Abs. 3 Satz 5).

Von Bedeutung ist die fiktive unbeschränkte Steuerpflicht insbesondere für Personen, die in der Bundesrepublik Deutschland eine berufliche Tätigkeit ausüben, ihren Wohnsitz aber im Ausland haben, zu dem sie regelmäßig (z. B. täglich) zurückkehren (sogenannte **Grenzpendler**). Weil das tägliche Arbeiten im Inland nicht zu einem gewöhnlichen Aufenthalt im Inland führt und der Steuerpflichtige keinen Wohnsitz im Inland hat, kommt eine „normale" unbeschränkte Steuerpflicht nach § 1 Abs. 1 nicht in Betracht.

In die Veranlagung sind im Falle der unbeschränkten Steuerpflicht nach § 1 Abs. 3 **nur die steuerabzugspflichtigen (d. h. die inländischen) Einkünfte einzubeziehen**. Die nicht der deutschen ESt unterliegenden positiven Einkünfte unterliegen dem Progressionsvorbehalt nach § 32b Abs. 1 Nr. 3.

Wenn der Ehegatte **nicht** unbeschränkt einkommensteuerpflichtig ist (= Normalfall), dann sind die Ehegattenveranlagung nach § 26 und die Anwendung des Splittingtarifs **nicht** möglich.

6. Welche Sonderregelungen enthält § 1a EStG?

§ 1a enthält Sonderregelungen, die ausschließlich **für EU- oder EWR-Staatsangehörige** (siehe hierzu H1a (Europäischer Wirtschaftsraum) EStH 2017) anwendbar sind. Sofern die Voraussetzungen des § 1a erfüllt sind, können bestimmte personen- und familienbezogene steuerentlastede Vorschriften in Anspruch genommen werden.

Grundvoraussetzungen für die Anwendbarkeit des § 1a sind:

- der Steuerpflichtige ist **EU- oder EWR-Staatsangehöriger**, der die Voraussetzungen gemäß § 1 Abs. 3 Sätze 2 - 5 erfüllt, und
- er stellt einen **Antrag** nach § 1 Abs. 3 Satz 1 zur unbeschränkten Steuerpflicht (sofern nicht bereits eine unbeschränkte Steuerpflicht nach § 1 Abs. 1 vorliegt).

§ 1a regelt, dass (unter bestimmten weiteren Voraussetzungen) die Inanspruchnahme folgender steuerentlastender Vorschriften zulässig ist:
- **Realsplitting** nach § 10 Abs. 1a Nr. 1 (siehe hierzu Frage 7 auf der S. 231);
- **Sonderausgabenabzug**
    - **nach § 10 Abs. 1a Nr. 2** für Versorgungsleistungen, die auf besonderen Verpflichtungsgründen beruhen (z. B. lebenslange monatliche Rente anlässlich der Übertragung eines gewerblichen Einzelunternehmens auf den Steuerpflichtigen)

- nach **§ 10 Abs. 1a Nr. 4** für Ausgleichszahlungen im Rahmen eines Versorgungsausgleichs (Ausgleichzahlungen, die ein zum Versorgungsausgleich verpflichteter Ehegatte an den anderen Ehegatten zahlt, um Kürzungen seiner Versorgungsbezüge zu vermeiden)
- **Ehegattenveranlagung** nach § 26 Abs. 1 Satz 1.

7. Wer ist beschränkt einkommensteuerpflichtig?

Natürliche Personen, die

- im Inland **weder einen Wohnsitz noch ihren gewöhnlichen Aufenthalt** haben und
- **inländische Einkünfte im Sinne des § 49 EStG** erzielen, sind

beschränkt einkommensteuerpflichtig nach **§ 1 Abs. 4**, sofern sie nicht unter § 1 Abs. 2 oder 3 bzw. § 1a fallen.

Die beschränkte Steuerpflicht bezieht sich **nur** auf **die in § 49 aufgelisteten inländischen Einkünfte**. Nach § 50 finden bei der beschränkten Steuerpflicht im Gegensatz zur unbeschränkten Steuerpflicht persönliche Merkmale des Steuerpflichtigen grundsätzlich **keine** Berücksichtigung. Beispielsweise werden Sonderausgaben und außergewöhnliche Belastungen bei der Ermittlung des zu versteuernden Einkommens grundsätzlich **nicht** berücksichtigt und es kommt auch **nur** der **Grundtarif** zur Anwendung.

8. Welchen Zweck erfüllen Doppelbesteuerungsabkommen?

Nach dem „Welteinkommensprinzip" unterliegen bei einer nach § 1 Abs. 1 und 2 unbeschränkt einkommensteuerpflichtigen Person auch die im Ausland erzielten Einkünfte der Einkommensteuer in der Bundesrepublik Deutschland. Damit es zu keiner Doppelbesteuerung dieser Einkünfte kommt (Besteuerung im Ausland und im Inland), hat die Bundesrepublik Deutschland Doppelbesteuerungsabkommen (DBA) mit vielen Staaten abgeschlossen (siehe z. B. Amtliches Einkommensteuer-Handbuch 2017, Anhang 12).

In den DBA beschränken die Vertragsstaaten ihre Besteuerungsrechte gegenseitig. Entweder werden die aus der Sicht des jeweiligen Vertragsstaates im Ausland erzielten Einkünfte von der Besteuerung im Inland weitgehend befreit **(Befreiungsmethode)** oder aber die im Ausland auf die ausländischen Einkünfte gezahlte Einkommensteuer wird ganz oder zum Teil auf die deutsche Einkommensteuer angerechnet **(Anrechnungsmethode)**. Die nach der Befreiungsmethode im Inland steuerbefreiten ausländischen Einkünfte unterliegen in der Bundesrepublik Deutschland allerdings dem Progressionsvorbehalt nach § 32b Abs. 1 Nr. 3.

3.2.2 Sachliche Steuerpflicht

1. Welche Einkunftsarten unterliegen der Einkommensteuer?

Die folgenden **sieben Einkunftsarten** unterliegen nach § 2 Abs. 1 der Einkommensteuer:

1. Einkünfte aus Land- und Forstwirtschaft (§ 13)
2. Einkünfte aus Gewerbebetrieb (§ 15)
3. Einkünfte aus selbstständiger Arbeit (§ 18)
4. Einkünfte aus nichtselbstständiger Arbeit (§ 19)
5. Einkünfte aus Kapitalvermögen (§ 20)
6. Einkünfte aus Vermietung und Verpachtung (§ 21)
7. Sonstige Einkünfte im Sinne des § 22.

Diese Aufzählung ist **abschließend**, was bedeutet, dass Einkünfte oder Einnahmen, die nicht in den Rahmen dieser sieben Einkunftsarten passen (z. B. Erbschaften, Lotteriegewinne oder Streikunterstützungen) **nicht** steuerbar sind und damit nicht der Einkommensteuer unterliegen.

2. In welche zwei Gruppen von Einkünften werden die sieben Einkunftsarten unterteilt? Beschreiben Sie diese zwei Gruppen kurz!

Nach § 2 Abs. 2 werden die sieben Einkunftsarten unterteilt in

- **Gewinneinkünfte** (Einkunftsarten 1 bis 3) und
- **Überschusseinkünfte** (Einkunftsarten 4 bis 7).

Bei den Einkunftsarten 1 bis 3 sind die Einkünfte der **Gewinn**, der als

- **Saldo zwischen den Betriebseinnahmen und Betriebsausgaben** oder durch
- **Betriebsvermögensvergleich**

ermittelt wird. Die Quelle des Gewinns (oder Verlustes) ist bei diesen Einkunftsarten der **Betrieb** (**Betriebsvermögen** als Gewinn-/Verlustquelle).

Bei den Einkunftsarten 4 bis 7 sind die Einkünfte der **Überschuss**, der als

- **Saldo zwischen den Einnahmen nach § 8 und den Werbungskosten nach § 9 oder § 9a**

ermittelt wird. Die Quelle des Überschusses (oder Verlustes) ist bei diesen Einkunftsarten das **Privatvermögen** (Privatvermögen als Überschuss-/Verlustquelle).

3. Was versteht man unter Liebhaberei?

Wenn Einnahmen erzielt werden, die zwar grundsätzlich einer der sieben Einkunftsarten zugeordnet werden könnten, eine ernsthafte Beteiligung am Wirtschaftsleben aber **nicht** zu erkennen ist **(z. B. fehlendes Gewinnstreben)**, dann spricht man im Einkommensteuerrecht von „Liebhaberei" (Hobby), deren Erträge oder Verluste nicht unter das EStG fallen (vgl. z. B. H 15.3 EStH 2017).

Beispiel

Regelmäßige Vermietung einer privaten Segeljacht. Die Einnahmen decken nicht die Kosten für die Segeljacht.

Zwar werden hierdurch Einnahmen erzielt, diese reichen aber nicht aus, um die Kosten der Jacht zu decken. Die Verluste, die entstehen, können bei der Einkommensteuer nicht berücksichtigt werden.

4. Wie wird das zu versteuernde Einkommen ermittelt?

Das zu versteuernde Einkommen wird grundsätzlich wie folgt ermittelt (vgl. R 2 EStR):

    Summe der Einkünfte aus den sieben Einkunftsarten
- Altersentlastungsbetrag (§ 24a)
- Entlastungsbetrag für Alleinerziehende (§ 24b)
- Freibetrag für Land- und Forstwirte (§ 13 Abs. 3)

= **Gesamtbetrag der Einkünfte**

- Verlustabzug nach § 10d
- Sonderausgaben (§§ 10, 10a, 10b, 10c)
- außergewöhnliche Belastungen (§§ 33 bis 33b)

= **Einkommen**

- Freibeträge für Kinder (§§ 31, 32 Abs. 6)
- Härteausgleich nach § 46 Abs. 3 EStG, § 70 EStDV

= **zu versteuerndes Einkommen**

3.2.3 Einkunftsermittlung

3.2.3.1 Grundgrößen der Einkünfte

1. Unterscheiden Sie „Einnahmen" und „Einkünfte" voneinander!

Einnahmen sind alle Güter, die in Geld oder Geldeswert bestehen und dem Steuerpflichtigen zufließen. Wenn sie dem Steuerpflichtigen im Rahmen einer der sieben Einkunftsarten des EStG zufließen, handelt es sich um steuerbare Einnahmen, die dann grundsätzlich der ESt unterliegen (sofern sie nicht ausdrücklich von der ESt befreit sind).

Bloße Wertsteigerungen sind keine Einnahmen. Das Gleiche gilt für ersparte Ausgaben und den Verzicht auf mögliche Einnahmen.

Beispiel

Christian Scharf besitzt Aktien im Wert von 100.000 €. Im Laufe des Jahres steigt der Wert auf 150.000 €.

Bei der Wertsteigerung in Höhe von 50.000 € handelt es sich nicht um eine Einnahme, weil kein Zufluss in Geld oder Geldeswert stattfindet. Erst wenn Herr Scharf die Aktien verkauft, liegt eine Einnahme vor (Geldzufluss).

Wenn die Einnahmen im Rahmen der **Einkunftsarten 1 bis 3** erzielt werden, dann handelt es sich um **Betriebseinnahmen**, wenn sie im Rahmen der **Einkunftsarten 4 bis 7** erzielt werden, so handelt es sich um **Einnahmen nach § 8**.

Einkünfte sind **saldierte Größen** („Reineinkünfte").

Bei den Einkunftsarten 1 bis 3 werden die Einkünfte durch **Saldierung der Betriebseinnahmen mit den Betriebsausgaben** (Betriebseinnahmen minus Betriebsausgaben = Einkünfte) oder durch Betriebsvermögensvergleich ermittelt.

Bei den Einkunftsarten 4 bis 7 werden die Einkünfte durch **Saldierung der Einnahmen nach § 8 mit den Werbungskosten** ermittelt (Einnahmen nach § 8 minus Werbungskosten nach § 9 oder § 9a = Einkünfte).

2. Was sind Einnahmen in Geldeswert?

Bei den Einnahmen in Geldeswert handelt es sich insbesondere um sogenannte **Sachbezüge**. Werden beispielsweise einem Arbeitnehmer im Rahmen seines Dienstvertrages **Wohnung, Kost, Waren, Dienstleistungen oder andere Sachbezüge** ohne Bezahlung oder verbilligt zur Verfügung gestellt, so handelt es sich bei ihm um Einnahmen im Sinne des § 8, die ebenso wie Lohn bzw. Gehalt der Einkommensteuer unterliegen.

Einnahme ist in einem solchen Fall der **geldwerte Vorteil**, der im Einzelfall zu ermitteln ist (entweder durch Einzelbewertung oder durch Ansatz des amtlichen Sachbezugswerts). Siehe im Einzelnen R 8.1 und 8.2 LStR.

Beispiel

Der Bäckergeselle Mathias Heß erhält von seinem Arbeitgeber neben dem Arbeitslohn täglich eine bestimmte Menge Backwaren kostenlos für den privaten Bedarf.

Die Überlassung der Backwaren durch den Arbeitgeber stellt bei dem Arbeitnehmer Sachbezug in Höhe des gelderten Vorteils dar (Einnahme nach § 8). Der geldwerte Vorteil gehört zum Arbeitslohn und ist somit lohnsteuer- und sozialversicherungspflichtig.

Sachbezüge sind grundsätzlich mit den üblichen Endpreisen am Abgabeort anzusetzen, jedoch vermindert um übliche Preisnachlässe (vgl. § 8 Abs. 2 Satz 1). Bei der Überlassung einer Wohnung zu Wohnzwecken ist der geldwerte Vorteil durch den ortsüblichen Mietwert zu bestimmen.

Sofern der Arbeitnehmer Zuzahlungen leistet, verringern diese den geldwerten Vorteil.

Sonderregelungen zur Bestimmung des geldwerten Vorteils sind in § 8 enthalten für

- die **Gestellung von Kraftfahrzeugen an Arbeitnehmer** für private Zwecke (§ 8 Abs. 2 Sätze 2 bis 5)
- die **Gestellung von Mahlzeiten an Arbeitnehmer** während beruflicher Auswärtstätigkeiten (§ 8 Abs. 2 Sätze 8 bis 9)
- den kostenlosen oder verbilligten **Bezug von Waren durch Arbeitnehmer** (§ 8 Abs. 3).

3. Was sind steuerfreie Einnahmen? Nennen Sie Beispiele!

Von den einkommensteuerlich relevanten Zuflüssen werden bestimmte Einnahmen von der Besteuerung ausgenommen. Eine **Auflistung** steuerfreier Einnahmen enthält **§ 3**. Die Steuerbefreiungen gehen insbesondere auf sozial-, wirtschafts- und kulturpolitische Überlegungen zurück.

Steuerfrei sind im VZ 2018 **beispielsweise**:

> - Leistungen aus einer Krankenversicherung (z. B. Krankengeld), einer Pflegeversicherung (Pflegegeld) oder der gesetzlichen Unfallversicherung (§ 3 **Nr. 1a**)
> - Mutterschaftsgeld und Zuschuss des Arbeitgebers zum Mutterschaftsgeld (§ 3 **Nr. 1d**)
> - Arbeitslosengeld, Teilarbeitslosengeld, Kurzarbeitergeld und Arbeitslosenhilfe (§ 3 **Nr. 2**)
> - Aufwandsentschädigungen für nebenberufliche Tätigkeiten als Übungsleiter, Ausbilder, Erzieher oder vergleichbare nebenberufliche Tätigkeiten bis zu einem Freibetrag von **2.400 €** im Kalenderjahr, sog. **„Übungsleiterfreibetrag"** (§ 3 **Nr. 26**)
> - Einnahmen aus nebenberuflichen Tätigkeiten im Dienst oder Auftrag bestimmter juristischer Personen des öffentlichen Rechts oder steuerbefreiter privater Einrichtungen bis zur Höhe von **720 €** im Jahr, sog. **„Ehrenamtspauschale"** (§ 3 **Nr. 26a**)
> - private Nutzung von betrieblichen Telekommunikationsgeräten (z. B. Telefon, Handy), betrieblichen Personalcomputern (z. B. Surfen im Internet) durch Arbeitnehmer sowie die Überlassung von Software, die der Arbeitgeber in seinem Betrieb einsetzt, zur privaten Nutzung an seine Arbeinehmer (§ 3 **Nr. 45**)
> - freiwillige Trinkgelder, die einem Arbeitnehmer von Dritten gezahlt werden (§ 3 **Nr. 51**)
> - Wohngeld nach dem Wohngeldgesetz (§ 3 **Nr. 58**)
> - Elterngeld nach dem Bundeselterngeldgesetz (§ 3 **Nr. 67**).

4. Was sind Werbungskosten?

Werbungskosten sind **Aufwendungen, die der Erwerbung, Sicherung und Erhaltung der Einnahmen** im Sinne des § 8 **dienen** (vgl. § 9).

§ 9 enthält eine beispielhafte Aufzählung von Werbungskosten, die in der Praxis häufig vorkommen. Diese Aufzählung ist aber keineswegs vollständig. Es gibt eine Vielzahl weiterer Aufwendungen, die Werbungskosten im Sinne der Definition des § 9 Abs. 1 Satz 1 sind.

Bei bestimmten, in § 9 einzeln genannten Werbungskosten ist die Höhe der Abzugsfähigkeit gesetzlich begrenzt.

Beispielsweise darf ein Arbeitnehmer nach § 9 Abs. 1 Satz 3 Nr. 4 für seine **Wege zwischen Wohnung und erster Tätigkeitsstätte** für jeden Arbeitstag, an dem er die erste Tätigkeitsstätte (Arbeitsstätte) aufsucht, grundsätzlich höchstens **0,30 €** je vollem **Kilometer der Entfernung** (einfache Strecke) ansetzen (**Entfernungspauschale**).

Die aus der **Entfernungspauschale** resultierenden Werbungskosten dürfen grundsätzlich nur bis zu einer Höhe von **4.500 €** im Kalenderjahr abgesetzt werden. Die Überschreitung der 4.500 €-**Höchstgrenze** kann beim Werbungskostenabzug nur in den gesetzlich geregelten **Ausnahmen** erfolgen – z. B. bei der **Benutzung eines Pkw** oder **öffentlicher Verkehrsmittel** für die Fahrten zwischen Wohnung und erster Tätigkeitsstätte oder **bei Behinderten** – siehe im Einzelnen § 9 Abs. 1 Satz 3 Nr. 4 und Abs. 2 EStG.

Die Entfernungspauschale stellt nicht auf die Benutzung eines bestimmten Verkehrsmittels ab, sondern wird grundsätzlich verkehrsmittelunabhängig gewährt (also auch bei der Benutzung eines Fahrrads oder für Mitfahrer). Für Flugstrecken und bei steuerfreier Sammelbeförderung gilt die Entfernungspauschale aber **nicht**.

Bei der **Benutzung öffentlicher Verkehrsmittel** für die Wege zwischen Wohnung und erster Tätigkeitsstätte können die tatsächlichen Kosten (Fahrkarten) unbegrenzt abgesetzt werden, wenn sie den im Kalenderjahr insgesamt als Entfernungspauschale ermittelten Betrag übersteigen (vgl. § 9 Abs. 2 Satz 2).

Das Finanzamt prüft nun also **jahresbezogen**, ob die Anwendung der Entfernungspauschale oder der Ansatz der tatsächlichen Aufwendungen für die Benutzung öffentlicher Verkehrsmittel höher ist. Der höhere Betrag wird dann als Werbungskosten abgezogen.

Beispiel

Melanie Heck fährt täglich mit dem Zug zu ihrer 8 km entfernten einzigen Arbeitsstätte (einfache Entfernung Wohnung – erste Tätigkeitsstätte); in 2018 an 220 Tagen. Die Monatskarte der DB kostet **55 €**. Da sie ein Abonnement hat, muss sie nur 11 der 12 Karten bezahlen. Der Jahresbetrag beträgt somit **605 €** (11 · 55 €).

Bei Ansatz der Entfernungspauschale würde der abziehbare Betrag **528 €** betragen (220 Tage · 8 km · 0,30 €).

Frau Heck kann **605 €** als Werbungskosten ansetzen, weil dieser Betrag höher ist als der insgesamt unter Anwendung der Entfernungspauschale ermittelte Betrag.

Wenn der Steuerpflichtige bei der Erklärung seiner Einkünfte überhaupt keine oder nur sehr niedrige Werbungskosten erklärt, sieht § 9a für bestimmte Einkünfte Pauschbeträge für Werbungskosten vor, die mindestens abgezogen werden.

5. Welche Pauschbeträge für Werbungskosten sind in § 9a geregelt?

Für Werbungskosten sind bei der Ermittlung der Einkünfte folgende Pauschbeträge abzuziehen, wenn nicht höhere Werbungskosten nachgewiesen werden:

▸ von den Einnahmen aus nichtselbstständiger Arbeit, die keine Versorgungsbezüge sind	1.000 €
▸ von Versorgungsbezügen (§ 19 Abs. 2)	102 €
▸ von den Einnahmen im Sinne des § 22 Nr. 1, 1a und 5 (insbesondere Renten)	102 €

6. Was sind Betriebsausgaben?

Betriebsausgaben sind die **Aufwendungen, die durch den Betrieb veranlasst sind** (§ 4 Abs. 4). Aufwendungen, die durch die **private** Nutzung eines Wirtschaftsgutes entstehen, das zum Betriebsvermögen gehört, sind **keine** Betriebsausgaben (vgl. R 18 Abs. 1 Satz 1 EStR). Gehört ein Wirtschaftsgut zum Privatvermögen, so sind die Aufwendungen, die durch die **betriebliche** Nutzung dieses Wirtschaftsgutes entstehen, **Betriebsausgaben** (vgl. R 4.7 Abs. 1 Satz 2 EStR).

7. Was sind nichtabzugsfähige Betriebsausgaben?

Nicht alle betrieblich veranlassten Aufwendungen (Betriebsausgaben) können uneingeschränkt bei der Ermittlung der Einkünfte von den Betriebseinnahmen abgezogen werden.

§ 4 Abs. 5 schränkt die Abzugsfähigkeit für bestimmte Aufwendungen ein (manche Aufwendungen sind hiernach sogar gänzlich vom Abzug ausgeschlossen).

Ziel dieser Beschränkung des Betriebsausgabenabzugs für bestimmte Aufwendungen ist u. a. die Verwirklichung von Steuergerechtigkeit gegenüber Steuerpflichtigen, die vergleichbare Aufwendungen nicht oder ebenfalls nur begrenzt steuermindernd berücksichtigen können (z. B. Arbeitnehmer). Weiterhin soll verhindert werden, dass ein Spesenmissbrauch stattfindet.

8. Nennen Sie Beispiele für nichtabzugsfähige Betriebsausgaben!

Nach § 4 Abs. 5 bis 9 dürfen **z. B.** die folgenden Betriebsausgaben den Gewinn nicht mindern:

- Geschenke über netto **35 €** aus betrieblichem Anlass an Personen, die nicht Arbeitnehmer des Steuerpflichtigen sind. Maßgebend ist der Wert aller einem Empfänger in einem Wirtschaftsjahr zugewendeten Geschenke (§ 4 Abs. 5 Nr. 1)
- **30 %** der ordnungsgemäß nachgewiesenen und angemessenen Bewirtungsaufwendungen aus geschäftlichem Anlass nach § 4 Abs. 5 Nr. 2
- nicht ordnungsgemäß nachgewiesene Bewirtungsaufwendungen nach § 4 Abs. 5 Nr. 2
- unangemessene Bewirtungsaufwendungen nach § 4 Abs. 5 Nr. 2
- Mehraufwendungen für die Verpflegung des Steuerpflichtigen im Rahmen einer betrieblich veranlassten Auswärtstätigkeit (z. B. Geschäftsreise), sofern sie die in § 9 Abs. 4a genannten Pauschbeträge übersteigen.

Für betrieblich oder beruflich veranlasste Auswärtstätigkeiten (z. B. Geschäfts- oder Dienstreisen) gelten ab 2018 die folgenden abziehbaren Pauschbeträge:

Abwesenheit pro Kalendertag		Verpflegungspauschale
eintägige Abwesenheit	nicht länger als 8 Stunden (also 8 Stunden oder kürzer)	0 €
	länger als 8 Stunden	12 €
mehrtägige Abwesenheit mit Übernachtung	Anreisetag	12 €
	Abreisetag	12 €
24 Stunden Abwesenheit		24 €

- Wird eine betriebliche oder berufliche Auswärtstätigkeit an einem Tag begonnen und am nachfolgenden Tag **ohne Übernachtung** beendet, werden die Abwesenheitszeiten beider Tage zusammengerechnet. Beträgt die Abwesenheit zusammengerechnet mehr als 8 Stunden, so wird die **Verpflegungspauschale (12 €) für den Tag** gewährt, an dem der Unternehmer bzw. Arbeitnehmer **länger** abwesend war (vgl. § 9 Abs. 4a EStG).
- Führt der Unternehmer oder Arbeitnehmer **an einem Tag mehrere Auswärtstätigkeiten** durch, darf er die **Abwesenheitszeiten zusammenrechnen** (vgl. BMF-Schreiben vom 30.09.2013, Rz. 46).

- Aufwendungen für Wege des Unternehmers zwischen Wohnung und erster Betriebsstätte so weit sie die nach § 9 abzugsfähigen Aufwendungen übersteigen (z. B. bei der Benutzung eines Pkw diejenigen Aufwendungen, welche die abzugsfähigen **0,30 €** pro Entfernungskilometer – siehe S. 146 Frage 4 – übersteigen); vgl. § 4 Abs. 6.

- Aufwendungen für ein häusliches Arbeitszimmer, sofern die Aufwendungen nach § 4 Abs. 5 Nr. 6b nicht abzugsfähig sind (siehe hierzu Frage 11 auf S. 187)
- Geldbußen, Ordnungsgelder und Verwarnungsgelder nach § 4 Abs. 5 Nr. 8
- Zinsen auf hinterzogene Steuern nach § 4 Abs. 5 Nr. 8a
- Gewerbesteuer nach § 4 Abs. 5b
- Aufwendungen des Steuerpflichtigen für seine **Erst**ausbildung (Berufsausbildung oder Studium (vgl. § 4 Abs. 9)). Siehe hierzu Frage 9 des Kapitels 3.6.2 Sonderausgaben (S. 234).

Ausführliche Informationen enthalten R 4.10 ff. und H 4.10 ff. EStH 2017.

9. Welche Aufwendungen sind nach § 12 nicht abzugsfähig?

Sofern in den §§ 10, 10a, 10b und 33 bis 33b nichts anderes bestimmt ist, dürfen nach § 12 bestimmte Aufwendungen weder bei den einzelnen Einkunftsarten noch vom Gesamtbetrag der Einkünfte abgezogen werden; hierzu gehören **beispielsweise:**

- die für den Haushalt des Steuerpflichtigen und für den Unterhalt seiner Familienangehörigen aufgewendeten Beträge einschließlich der **„Aufwendungen für die Lebensführung"** nach **§ 12 Nr. 1**
- **Steuern vom Einkommen** (z. B. ESt) und **andere Personensteuern** sowie die **USt auf Entnahmen** (z. B. umsatzsteuerpflichtige Entnahme von Gegenständen) nach **§ 12 Nr. 3** (das gilt auch für die auf diese Steuern entfallenden Nebenleistungen sowie Vorsteuerbeträge, die auf nichtabzugsfähige Betriebsausgaben nach § 4 Abs. 5 Nr. 1 bis 5, Nr. 5 und Nr. 7 sowie Abs. 7 entfallen)
- **in einem Strafverfahren festgesetzte Geldstrafen** und bestimmte andere Rechtsfolgen nach **§ 12 Nr. 4**; [Bußgelder und Geldstrafen sind weder Betriebsausgaben noch Werbungskosten, und zwar auch dann, wenn sie ihre Ursache in einer betrieblichen Handlung haben (vgl. § 4 Abs. 5 Nr. 8 und § 9 Abs. 5).].

Beispiele zu Ausgaben, die gem. § 12 nicht abzugsfähig sind: siehe H 12.1 - H 12.6 EStH 2017.

10. Wie erfolgt die Abgrenzung zwischen Aufwendungen für die Lebensführung und Betriebsausgaben/Werbungskosten, wenn eine „gemischte Veranlassung" vorliegt?

Wenn zwischen den Aufwendungen für die Lebensführung und der gewerblichen oder beruflichen Tätigkeit des Steuerpflichtigen ein Zusammenhang besteht (gemischte Aufwendungen), dann ist derjenige Anteil als Betriebsausgabe oder Werbungskosten abziehbar, der betrieblich oder beruflich veranlasst ist.

Voraussetzung für die Abzugsfähigkeit des betrieblich oder beruflich veranlassten Anteils der Aufwendungen ist jedoch, dass sich dieser Anteil **nach objektiven Merkmalen und Unterlagen** von den Aufwendungen für die private Lebensführung **trennen lässt** (es sind also Aufzeichnungen zu führen oder Berechnungen anzustellen, aus welchen eine objektive Trennung abzuleiten ist).

Eine Aufteilung der Aufwendungen kommt also nur in Betracht, wenn der Steuerpflichtige die betriebliche oder berufliche Veranlassung im Einzelnen umfassend darlegt und nachweist (vgl. BMF-Schreiben vom 06.07.2010, Rz. 2, abgedruckt im Anhang 14 des EStH 2017).

Nach dem BMF-Schreiben vom 06.07.2010 kommt ein (anteiliger) Abzug nur in Betracht, wenn die **betriebliche oder berufliche Mitveranlassung mindestens 10 %** beträgt. Bei einer betrieblichen oder beruflichen Mitveranlassung von weniger als 10 % sind die Aufwendungen insgesamt nicht als Betriebsausgaben/Werbungskosten abziehbar (vgl. Rz. 11 des BMF-Schreibens).

Die Aufteilung hat nach einem **an objektiven Kriterien orientierten Maßstab** zu erfolgen (beispielsweise Zeit-, Mengen- oder Flächenanteile oder Aufteilung nach Köpfen; vgl. Rz. 15 des vorgenannten BMF-Schreibens); ist dies nur mit unverhältnismäßigem Aufwand möglich, erfolgt die Aufteilung im Wege der (sachgerechten) Schätzung. Fehlt es an einer geeigneten Schätzgrundlage, oder sind die Veranlassungsbeiträge nicht trennbar, gelten die Aufwendungen als insgesamt privat veranlasst und sind somit nicht abziehbar (vgl. Rz. 11 des BMF-Schreibens).

Zu Einzelheiten (mit Beispielen) siehe BMF-Schreiben vom 06.07.2010 – IV C 3 – S 2227/07/10003 :002, abgedruckt im Anhang 14 des EStH 2017.

Für „gemischte" Steuerberatungskosten, die sowohl die Privatsphäre als auch die steuerpflichtigen Einkünfte betreffen, gibt es die folgende **Vereinfachungsregelung**: Bei Beträgen an Lohnsteuerhilfevereine, Aufwendungen für steuerliche Fachliteratur und Software wird es nicht beanstandet, wenn diese Aufwendungen **zu 50 % den Betriebsausgaben oder Werbungskosten** zugeordnet werden und **bis 100 € (Nichtaufgriffsgrenze) ist der Zuordnungsentscheidung des Steuerpflichtigen** zu folgen (BMF-Schr. v. 21.12.2007 Rz. 8, abgedruckt im Anhang 16 XIII des EStH 2017).

3.2.3.2 Gewinn- bzw. Überschussermittlung

1. Welche Gewinnermittlungsmethoden kennt das EStG?

Das EStG sieht für die Ermittlung der Gewinneinkünfte (Einkunftsarten 1 bis 3) die folgenden Gewinnermittlungsarten vor:

- **Betriebsvermögensvergleich nach § 4 Abs. 1** für Land- und Forstwirte und selbstständig Tätige, die nicht buchführungspflichtig sind
- **Betriebsvermögensvergleich nach § 5** für Gewerbetreibende, die aufgrund gesetzlicher Vorschriften verpflichtet sind, Bücher zu führen (§§ 140 oder 141 AO, § 238 HGB) oder die ohne eine solche Verpflichtung – also freiwillig – Bücher führen und regelmäßig Abschlüsse machen
- **Gewinnermittlung durch Einnahmenüberschussrechnung nach § 4 Abs. 3** für Steuerpflichtige, die **nicht** buchführungspflichtig sind und auch nicht freiwillig Bücher führen und Abschlüsse machen
- **Gewinnermittlung nach Durchschnittssätzen nach § 13a Abs. 3 bis 6** für Land- und Forstwirte, welche die Voraussetzungen des § 13a Abs. 1 erfüllen.

2. Wie wird der Gewinn durch Betriebsvermögensvergleich nach § 4 Abs. 1 ermittelt?

Bei dem Betriebsvermögensvergleich nach § 4 Abs. 1 ist der Gewinn der Unterschiedsbetrag zwischen dem Betriebsvermögen am Schluss des Wirtschaftsjahres und dem Betriebsvermögen am Schluss des vorangegangenen Wirtschaftsjahres, vermehrt um den Wert der Entnahmen und vermindert um den Wert der Einlagen.

Schematisch stellt sich diese Form der Gewinnermittlung wie folgt dar:

```
   Betriebsvermögen (= EK) am Schluss des Wirtschaftsjahres (z. B. 31.12.)
 - Betriebsvermögen (= EK) am Schluss des vorangegangenen Wirtschaftsjahres
 = Unterschiedsbetrag
 + Entnahmen innerhalb des Wirtschaftsjahres
 - Einlagen innerhalb des Wirtschaftsjahres
 = Gewinn/Verlust
```

Der Betriebsvermögensvergleich beruht auf einer ordnungsmäßigen Buchführung (einschließlich Inventar und Jahresabschluss).

Bei der Gewinnermittlung nach § 4 Abs. 1 ist der Steuerpflichtige grundsätzlich **nur an die Vorschriften des Steuerrechts gebunden** (vgl. z. B. §§ 142 ff. AO, R 4.1 Abs. 5 i. V. mit R 5.2 - 5.4 EStR). Handelsrechtliche Vorschriften müssen von diesen Steuerpflichtigen nur dann beachtet werden, wenn das EStG auf das HGB verweist.

3. Wie wird der Gewinn durch Betriebsvermögensvergleich nach § 5 ermittelt?

Buchführungspflichtige **Kaufleute** und **Gewerbetreibende**, die **freiwillig** Bücher führen und Abschlüsse machen, ermitteln ihren Gewinn nach § 5. Vom Betriebsvermögensvergleich nach § 4 Abs. 1 unterscheidet sich der Betriebsvermögensvergleich nach § 5 dadurch, dass die Buchführung und Bilanz nach den handelsrechtlichen Vorschriften zu erstellen sind. Dieser – in § 5 Abs. 1 Satz 1 geregelte – **Grundsatz der Maßgeblichkeit der Handelsbilanz für die Steuerbilanz** besagt, dass beim Betriebsvermögensvergleich grundsätzlich auch für steuerliche Zwecke das Betriebsvermögen anzusetzen ist, das nach den **handelsrechtlichen** Vorschriften (insbesondere §§ 238 ff. HGB) auszuweisen ist, es sei denn, im Rahmen der Ausübung eines steuerlichen Wahlrechts wird oder wurde ein anderer Wertansatz in der steuerlichen Gewinnermittlung gewählt.

Sofern die steuerrechtlichen von den handelsrechtlichen Vorschriften im Hinblick auf die Gewinnauswirkung abweichen, muss der nach Handelsrecht ermittelte Gewinn für die steuerlichen Zwecke entsprechend korrigiert werden. Beispielsweise müssen dem handelsrechtlichen Gewinn die steuerlich nicht abzugsfähigen Betriebsausgaben (§ 4 Abs. 5 EStG) hinzugerechnet werden, weil im Handelsrecht kein derartiges Abzugsverbot zu beachten ist (die in § 4 Abs. 5 EStG genannten Aufwendungen sind handelsrechtlich in der Regel voll abzugsfähig, steuerrechtlich aber nicht). Abschließend ist das Ergebnis um steuerfreie Betriebseinnahmen zu kürzen.

Es ergibt sich dann das folgende Berechnungsschema:

	Eigenkapital am Schluss des Wirtschaftsjahres
-	Eigenkapital am Schluss des vorangegangenen Wirtschaftsjahres
=	**Unterschiedsbetrag**
+	Entnahmen innerhalb des Wirtschaftsjahres
-	Einlagen innerhalb des Wirtschaftsjahres
=	**Gewinn/Verlust nach Handelsrecht**
+	als Aufwand erfasste, steuerlich aber nicht abzugsfähige Betriebsausgaben (z. B. nach § 4 Abs. 5 und 5b)
-	steuerfreie Betriebseinnahmen
=	**Gewinn/Verlust im Sinne des EStG**

4. Was sind Entnahmen?

Wirtschaftsgüter, die der Steuerpflichtige dem Betriebsvermögen für **betriebsfremde** Zwecke entnimmt, sind Entnahmen (vgl. § 4 Abs. 1 Satz 2). Sie **vermindern** das Betriebsvermögen.

Hierbei kann es sich z. B. um Geld, Waren, Erzeugnisse, Nutzungen oder Leistungen handeln, die der Steuerpflichtige für sich selbst oder für seinen Haushalt (Privatentnahmen) oder für andere betriebsfremde Zwecke entnimmt.

5. Nennen Sie die vier unterschiedlichen Entnahmearten mit Beispielen!

Entnahmearten	Beispiele
Geldentnahme	Bezahlung einer Privatrechnung vom betrieblichen Bankkonto
Sachentnahme	Entnahme von Waren für private Zwecke
Nutzungsentnahme	Privatfahrten mit dem betrieblichen Pkw
Leistungsentnahme	Einsatz betrieblicher Arbeitnehmer für private Zwecke (z. B. zur Pflege des Privatgrundstücks)

6. Was sind Einlagen?

Einlagen sind alle Wirtschaftsgüter, die der Steuerpflichtige dem Betrieb **aus dem außerbetrieblichen** (insbesondere privaten) Bereich zuführt (vgl. § 4 Abs. 1 Satz 8). Sie **erhöhen** das Betriebsvermögen.

Einlagen können abnutzbare und nicht abnutzbare, materielle und immaterielle Wirtschaftsgüter aller Art sein (also z. B. Geld, Forderungen, Waren, Gegenstände des Sachanlagevermögens, Lizenzen, Patente usw.).

7. Warum werden Entnahmen und Einlagen beim Betriebsvermögensvergleich als Korrekturposten hinzu- bzw. abgerechnet?

Entnahmen und Einlagen dürfen den Gewinn grundsätzlich nicht verändern. Da sie aber das Betriebsvermögen (EK) verändern (Entnahmen vermindern das EK, Einlagen erhöhen das EK) und diese Betriebsvermögensveränderungen aus dem außerbetrieblichen Bereich stammen, würde ein Betriebsvermögensvergleich ohne Korrekturen um Entnahmen und Einlagen ein verfälschtes Ergebnis ausweisen.

Aus diesem Grund werden die **Entnahmen** des Wirtschaftsjahres, die das EK des Wirtschaftsjahres vermindert haben, beim Betriebsvermögensvergleich **wieder hinzugerechnet** und die **Einlagen**, die das EK des Wirtschaftsjahres erhöht haben, **abgezogen**.

8. Mit welchem Wert sind Entnahmen und Einlagen jeweils anzusetzen?

Entnahmen und Einlagen sind grundsätzlich mit dem **Teilwert** anzusetzen (vgl. § 6 Abs. 1 Nr. 4 Satz 1 sowie Nr. 5 Satz 1).

MERKE

Der **Teilwert** ist der Betrag, den ein Erwerber des ganzen Betriebs oder Teilbetriebs im Rahmen des Gesamtkaufpreises für das **einzelne** Wirtschaftsgut ansetzen **würde**; dabei ist davon auszugehen, dass der Erwerber den Betrieb fortführt (§ 6 Abs. 1 Nr. 1 Satz 3).

Zu Einzelheiten und Besonderheiten siehe R 6.7 EStR, H 6.7 (Teilwertbegriff und Teilwertvermutungen) EStH 2017, R 6.12 EStR, H 6.12 EStH 2017.

ACHTUNG

Wird ein Wirtschaftsgut, das bereits zur Erzielung von Überschusseinkünften verwendet und für das bereits AfA geltend gemacht wurde (z. B. ein Laptop, der für die Erzielung der Einkünfte aus nichtselbstständiger Arbeit verwendet und für den AfA als Werbungskosten geltend gemacht wurde), in das Betriebsvermögen eingelegt, so bemessen sich die **weiteren Abschreibungen** grundsätzlich **von dem um die bisher vorgenommene AfA verminderten Einlagewert** (also Einlagewert zum Zeitpunkt der Einlage minus bisher vorgenommene Abschreibung). Die Minderung des Einlagewertes erfolgt höchstens bis zu den fortgeführten Anschaffungs- oder Herstellungskosten. Vgl. § 7 Abs. 1 Satz 5.

Zu Detailfragen und Sonderfällen siehe BMF-Schreiben vom 27.10.2010, BStBl I S. 1204.

9. Wer darf den Gewinn durch Einnahmenüberschussrechnung nach § 4 Abs. 3 ermitteln?

Steuerpflichtige, die nicht buchführungspflichtig sind und die auch nicht freiwillig Bücher führen und Abschlüsse machen, können den Gewinn nach § 4 Abs. 3 als **Überschuss der Betriebseinnahmen über die Betriebsausgaben** ermitteln. Die Einnahmenüberschussrechnung kommt demnach insbesondere für die folgenden Steuerpflichtigen in Betracht:

- **„kleine" Gewerbetreibende und Handwerker**; dies sind Steuerpflichtige, die zwar Einkünfte aus Gewerbebetrieb nach § 15 erzielen, jedoch nicht buchführungspflichtig sind und auch nicht freiwillig Bücher führen
- **Land- und Forstwirte, die nicht buchführungspflichtig sind**, nicht freiwillig Bücher führen und ihren Gewinn auch nicht nach Durchschnittssätzen (§ 13a) ermitteln
- **selbstständig Tätige**; insbesondere Freiberufler wie z. B. Steuerberater, Wirtschaftsprüfer, Rechtsanwälte, Notare, Ärzte), **die keinen Gewerbebetrieb betreiben und nicht freiwillig Bücher führen.**

10. Erläutern Sie die Grundzüge der Einnahmenüberschussrechnung nach § 4 Abs. 3!

Gewinn im Sinne des § 4 Abs. 3 ist der Überschuss der Betriebseinnahmen über die Betriebsausgaben eines Wirtschaftsjahres:

	Betrieb**seinnahmen** eines Wirtschaftsjahres
-	Betrieb**sausgaben** dieses Wirtschaftsjahres
=	**Überschuss (Gewinn) bzw. Verlust dieses Wirtschaftsjahres**

Voraussetzung ist, dass der Steuerpflichtige seine Betriebseinnahmen und Betriebsausgaben **vollständig** aufzeichnet. Fehlen solche Aufzeichnungen, so muss der Gewinn geschätzt werden (vgl. § 162 AO oder H 4.1 (Gewinnschätzung) EStH 2017). Die Betriebseinnahmen und die Betriebsausgaben sind außerdem **hinreichend aufzugliedern**.

Nach § 60 Abs. 4 EStDV muss die Einnahmenüberschussrechnung standardisiert nach **amtlich vorgeschriebenem Datensatz** (Anlage „EÜR") durch Datenfernübertragung an das Finanzamt übermittelt werden.

In Härtefällen kann die Finanzbehörde jedoch auf Antrag des Stpfl. auf die Verpflichtung zur Übermittlung nach amtlich vorgeschriebenem Datensatz verzichten (vgl. § 60 Abs. 4 Satz 2 EStDV). Für diese Fälle stehen in den Finanzämtern Papiervordrucke der Anlage EÜR zur Verfügung.

Vom Grundsatz her ist die Einnahmenüberschussrechnung eine **Geldrechnung**, bei der die tatsächlich erhaltenen Einnahmen und geleisteten Ausgaben (Zahlungen) erfasst werden und zwar für den Zeitpunkt, zu dem sie **zu- bzw. abgeflossen** sind. Eine Bestandsaufnahme des Vermögens und der Schulden ist deshalb nicht erforderlich.

Die Berücksichtigung der Betriebseinnahmen/-ausgaben bestimmt sich in zeitlicher Hinsicht also **grundsätzlich** nach dem **Zu- bzw. Abflussprinzip** des § 11 EStG (vgl. R 4.5 Abs. 2 EStR). Dieses Grundprinzip wird jedoch von bestimmten **Ausnahmen** durchbrochen, von denen nachfolgend die Wichtigsten aufgeführt werden:

- **Wirtschaftsgüter des abnutzbaren Anlagevermögens** (z. B. Gebäude, Maschinen oder Betriebs- und Geschäftsausstattung) werden mit ihren Abschreibungen berücksichtigt (nicht die Ausgaben für die Anschaffung oder Herstellung, sondern die auf das Wirtschaftsjahr entfallenden **Abschreibungen** sind als **Betriebsausgaben** zu berücksichtigen). Vgl. R 4.5 Abs. 3 Sätze 2 - 3 EStR.

  Die bei der Anschaffung/Herstellung **gezahlten** und nach § 15 Abs. 1 UStG **abziehbaren Vorsteuerbeträge** sind aber zum **Zeitpunkt der Zahlung** als **Betriebsausgabe** abzuziehen. Vorsteuerbeträge, die bei der USt **nicht** abziehbar sind, gehören einkommensteuerlich bei der Anschaffung von Anlagegütern zu den Anschaffungskosten und sind bei abnutzbaren Anlagegütern somit über deren Nutzungsdauer mit abzuschreiben (vgl. R 9b Abs. 1 Satz 1 EStR).

- Die Vorschriften über die **(eingeschränkte) Abzugsfähigkeit der geringwertigen Wirtschaftsgüter** (GWG) sowie die Bildung eines Sammelpostens sind **auch bei der Einnahmenüberschussrechnung** anzuwenden (siehe hierzu § 6 Abs. 2 und 2a EStG).

- **Wirtschaftsgüter des nicht abnutzbaren Anlagevermögens** (z. B. Grund und Boden, Finanzanlagen), werden **erst im Zeitpunkt ihrer Veräußerung oder Entnahme** erfasst.

  Die Bruttoeinnahmen (Erlös bzw. Entnahmewert) werden zum Zuflusszeitpunkt als Betriebseinnahmen und die ursprünglichen Anschaffungs- bzw. Herstellungskosten werden zum Zeitpunkt des Anlagenabgangs als Betriebsausgaben erfasst (vgl. R 4.5 Abs. 3 Sätze 1 und 5 EStR).

- *Bestimmte* Wirtschaftsgüter des **Umlaufvermögens** werden wie die nicht abnutzbaren Wirtschaftsgüter des Anlagevermögens behandelt (Berücksichtigung erst zum Zeitpunkt ihrer Veräußerung oder Entnahme). Hiervon betroffen sind Wertpapiere, Anteile an Kapitalgesellschaften, Grund und Boden und Gebäude.

- Beim **Verkauf von Wirtschaftsgütern des abnutzbaren Anlagevermögens** ist die Bruttoeinnahme zum Zuflusszeitpunkt als Betriebseinnahme und der Restbuchwert des Wirtschaftsgutes zum Zeitpunkt des Anlagenabgangs als Betriebsausgabe zu erfassen.

- **Nutzungsentnahmen** (z. B. private Nutzung des betrieblichen Pkw) **und Sachentnahmen** (z. B. Entnahme von Waren) sind mit den Bruttobeträgen (Entnahmewerte inkl. USt, falls umsatzsteuerpflichtig) zu den Entnahmezeitpunkten als **Betriebseinnahmen** zu erfassen.

- **Durchlaufende Posten** (Beträge, die im Namen und für Rechnung eines anderen vereinnahmt und verausgabt werden) sind weder Betriebseinnahmen noch -ausgaben.

ACHTUNG

Die vereinnahmte bzw. verausgabte Umsatzsteuer ist **kein** durchlaufender Posten, was bedeutet, dass **vereinnahmte Umsatzsteuerbeträge** als **Betriebseinnahmen** und **verausgabte Umsatzsteuerbeträge** als **Betriebsausgaben** erfasst werden (vgl. im Einzelnen H 9b EStH 2017).

- **Einnahmen aus Darlehensaufnahmen** sind keine Betriebseinnahmen; **Darlehensrückzahlungen** sind keine Betriebsausgaben. [**Beachte:** Gezahlte Zinsen, Kreditgebühren usw. sind aber Betriebsausgaben. Erhaltene Zinsen etc. sind Betriebseinnahmen.]
- **Forderungen und Verbindlichkeiten** werden **nicht** berücksichtigt (nur die aus ihrer Begleichung resultierenden Einnahmen und Ausgaben).
- **Regelmäßig wiederkehrende Betriebseinnahmen und Betriebsausgaben**, die dem Steuerpflichtigen innerhalb einer kurzen Zeit (10 Tage) vor dem Beginn des Kalenderjahres zufließen oder von ihm innerhalb einer kurzen Zeit (10 Tage) nach Beendigung des Kalenderjahres gezahlt werden, sind dem Kalenderjahr zuzurechnen, zu dem sie wirtschaftlich gehören (Zurechnungsprinzip nach § 11 Abs. 1 Satz 2 und Abs. 2 Satz 2). Siehe H 11 (Allgemeines) EStH 2017.

ACHTUNG

Zur Feststellung nicht abziehbarer Schuldzinsen nach § 4 Abs. 4a (Schuldzinsen, die auf private Geldentnahmen entfallen), müssen auch Einnahmenüberschussrechner ihre **Privatentnahmen und -einlagen gesondert aufzeichnen** (vgl. § 4 Abs. 4a Satz 6).

11. Welche Korrekturen sind beim Übergang von der Gewinnermittlung nach § 4 Abs. 3 zum Betriebsvermögensvergleich vorzunehmen?

Beim Übergang von der Gewinnermittlung nach § 4 Abs. 3 zum Betriebsvermögensvergleich sind diejenigen Betriebsvorgänge, die bei der Einnahmenüberschussrechnung nicht berücksichtigt wurden, aber in den Betriebsvermögensvergleich einbezogen werden müssen, durch entsprechende **Hinzu- und Abrechnungen im ersten Jahr des Betriebsvermögensvergleichs** in die Gewinnermittlung einzubeziehen.

Das folgende Schema enthält eine Übersicht über **die wichtigsten Zu- und Abrechnungen** (vgl. Anlage zu R 4.6 EStR, abgedruckt im EStH 2017, S. 1234):

	Gewinn/Verlust des ersten Jahres nach dem Übergang
+	**Hinzurechnungen** Warenanfangsbestand Warenforderungsanfangsbestand Anfangsbestand der sonstigen Forderungen Anfangsbestand der aktiven Rechnungsabgrenzungsposten
−	**Abrechnungen** Warenschuldenanfangsbestand Anfangsbestand der sonstigen Verbindlichkeiten Anfangsbestand der Rückstellungen Anfangsbestand der passiven Rechnungsabgrenzungsposten
=	**Gewinn einschließlich Übergangsgewinn/-verlust**

Die Anfangsbestände der Hinzu- und Abrechnungen sind **der Eröffnungsbilanz des Übergangsjahres zu entnehmen**.

Die Übersicht zu den Hinzu- und Abrechnungen ist **nicht erschöpfend**. Beim Wechsel der Gewinnermittlungsart kommen im Einzelfall eventuell noch andere Hinzu- oder Abrechnungen in Betracht, die hier nicht genannt sind (im Einzelfall zu überprüfen!).

Bei dem Übergang zur Gewinnermittlung durch Bestandsvergleich kann sich durch die Gewinnkorrektur im Übergangsjahr ein außergewöhnlich hoher Gewinn ergeben. Zur Vermeidung von Härten darf der Steuerpflichtige den **Übergangsgewinn** (Saldo aus Hinzu- und Abrechnungen) gleichmäßig auf 2 oder 3 Jahre **verteilen** (Wahlrecht – vgl. R 4.6 Abs. 1 Satz 4 EStR).

12. Welche Korrekturen sind beim Übergang vom Betriebsvermögensvergleich zur Einnahmenüberschussrechnung vorzunehmen?

Beim Übergang vom Betriebsvermögensvergleich zur Einnahmenüberschussrechnung sind die folgenden **Hinzu- und Abrechnungen im ersten Jahr der Überschussermittlung** zu berücksichtigen (vgl. Anlage zu R 4.6 EStR, abgedruckt im EStH 2017, S. 1234):

> **Gewinn/Verlust des ersten Jahres nach dem Übergang** (nach § 4 Abs. 3)
>
> + **Hinzurechnungen**
> Warenschuldenbestand am Ende des Vorjahres
> Bestand der sonstigen Verbindlichkeiten am Ende des Vorjahres
> Bestand der Rückstellungen am Ende des Vorjahres
> Bestand der passiven Rechnungsabgrenzungsposten am Ende des Vorjahres
>
> - **Abrechnungen**
> Warenbestand am Ende des Vorjahres
> Warenforderungsbestand am Endes des Vorjahres
> Bestand der sonstigen Forderungen am Ende des Vorjahres
> Bestand der aktiven Rechnungsabgrenzungsposten am Ende des Vorjahres
>
> = **Gewinn einschließlich Übergangsgewinn/-verlust**

Die Bestände der Hinzu- und Abrechnungen sind **der Schlussbilanz des dem Übergangsjahr vorangegangenen Jahres zu entnehmen**.

Die vorstehende Übersicht zu den Hinzu- und Abrechnungen ist **nicht erschöpfend**. Beim Wechsel der Gewinnermittlungsart kommen im Einzelfall eventuell noch andere Hinzu- oder Abrechnungen in Betracht, die hier nicht genannt sind (im Einzelfall zu überprüfen!).

Eine Verteilung des Übergangsgewinns auf mehrere Jahre kommt beim Übergang vom Betriebsvermögensvergleich zur Einnahmenüberschussrechnung **nicht** in Betracht (vgl. H 4.6 (keine Verteilung des Übergangsgewinns) EStH 2017).

3.2.3.3 Umfang des Betriebsvermögens

1. In welche zwei Gruppen lässt sich das Vermögen eines Steuerpflichtigen, der Gewinneinkünfte erzielt, einteilen?

Die Wirtschaftsgüter des Vermögens eines Steuerpflichtigen, der Gewinneinkünfte erzielt, lassen sich in die folgenden zwei Gruppen einteilen:

- Wirtschaftsgüter des **Betriebsvermögens** und
- Wirtschaftsgüter des **Privatvermögens**.

Wirtschaftsgüter können entweder nur ganz zum Betriebsvermögen oder zum Privatvermögen gehören; eine anteilige Zuordnung ist grundsätzlich nicht möglich (Ausnahme: Grundstücke).

2. Was sind Wirtschaftsgüter?

Wirtschaftsgüter sind selbstständig bewertbare Güter aller Art. Die Wirtschaftsgüter des Vermögens sind **„positive** Wirtschaftsgüter". Dazu gehören nicht nur körperliche Gegenstände (z. B. Gebäude, Maschinen, Kraftfahrzeuge, Waren etc.), sondern auch Rechte (z. B. Forderungen) und sonstige Vermögenswerte (z. B. entgeltlich erworbener Firmenwert). Schulden sind sogenannte **„negative** Wirtschaftsgüter".

3. Was ist unter dem Begriff „Betriebsvermögen" zu verstehen?

Der Begriff Betriebsvermögen wird in **doppelter Bedeutung** verwendet:

- Betriebsvermögen ist der **Unterschiedsbetrag zwischen dem Vermögen und den Schulden**, bilanzmäßig ausgedrückt als **Eigenkapital** (§ 4 Abs. 1).
- Betriebsvermögen ist die **Summe aller Wirtschaftsgüter**, die bei der Gewinnermittlung durch Betriebsvermögensvergleich anzusetzen ist (§ 6 Abs. 1).

4. Welche Wirtschaftsgüter gehören zum notwendigen Betriebsvermögen?

Zum **notwendigen** Betriebsvermögen gehören (vgl. R 4.2 Abs. 1 EStR):

- Wirtschaftsgüter, die ihrer Natur oder Zweckbestimmung nach **ausschließlich und unmittelbar betrieblichen Zwecken zu dienen bestimmt** sind und
- Wirtschaftsgüter, die **zu mehr als 50 % eigenbetrieblich genutzt** werden (gilt nicht für Grundstücke und Grundstücksteile).

Beispiel

Notwendiges Betriebsvermögen:
Bei einem Landwirt das Stallgebäude; bei einer Schlosserei die Drehbank; bei einem Arzt der Röntgenapparat.

Schulden, die in objektivem Zusammenhang zum notwendigen Betriebsvermögen stehen, sind auch notwendiges Betriebsvermögen.

5. Was ist notwendiges Privatvermögen?

Zum **notwendigen** Privatvermögen gehören (vgl. R 4.2 Abs. 1 EStR):

> - Wirtschaftsgüter, die ihrer Natur oder Zweckbestimmung nach **ausschließlich privaten Zwecken zu dienen bestimmt** sind sowie
> - Wirtschaftsgüter, die sowohl privat als auch betrieblich genutzt werden und deren **betrieblicher Nutzungsanteil weniger als 10 %** beträgt.

Es handelt sich hierbei also um das Spiegelbild zum notwendigen Betriebsvermögen.

Beispiel

Notwendiges Privatvermögen:
Wohnzimmereinrichtung eines Lebensmittelhändlers.

6. Welche Wirtschaftsgüter gehören zum gewillkürten Betriebsvermögen?

Werden Wirtschaftsgüter **teils betrieblich und teils privat genutzt**, so hat der Steuerpflichtige unter bestimmten Voraussetzungen die Möglichkeit, diese Wirtschaftsgüter dem Betriebsvermögen **oder** dem Privatvermögen **zuzuordnen**. Dieses **Wahlrecht** hat er bei den folgenden Wirtschaftsgütern:

> - Die Wirtschaftsgüter müssen in einem gewissen **objektiven Zusammenhang zu dem Betrieb** stehen **und bestimmt und geeignet** sein, **ihn zu fördern**, *und*
> - die Wirtschaftsgüter dürfen weder zum notwendigen Betriebsvermögen noch zum notwendigen Privatvermögen gehören, d. h. sie müssen **mindestens zu 10 %, aber höchstens zu 50 % betrieblich genutzt** werden (vgl. R 4.2 Abs. 1 Satz 6 EStR).

Die Aufnahme solcher Wirtschaftsgüter in das Betriebsvermögen muss in der Buchführung und der Bilanz eindeutig zum Ausdruck kommen; vgl. H 4.2 (1) (Gewillkürtes Betriebsvermögen) EStH 2017.

Auch bei der **Einnahmenüberschussrechnung** ist es möglich, gewillkürtes Betriebsvermögen zu bilden. **Voraussetzung** ist allerdings, dass die Zuordnung des Wirtschaftsguts (z. B. ein Pkw, der sowohl für betriebliche als auch für private Zwecke verwendet wird) zum Betriebsvermögen in unmissverständlicher Weise durch entsprechende zeitnah erstellte Aufzeichnungen zum Ausdruck kommt (vgl. BMF-Schreiben vom 17.11.2004).

Vermögensarten bei beweglichen Wirtschaftsgütern nach R 4.2 Abs. 1 EStR

Betriebsvermögen		Privatvermögen
notwendiges Betriebsvermögen	**gewillkürtes Betriebsvermögen**	
Wirtschaftsgüter, die ▶ ausschließlich und unmittelbar für eigenbetriebliche Zwecke genutzt werden oder dazu bestimmt sind oder ▶ zu **mehr als 50 % betrieblich** genutzt werden.	Wirtschaftsgüter, die ▶ in einem gewissen objektiven Zusammenhang mit dem Betrieb stehen und ihn zu fördern bestimmt und geeignet sind und ▶ zu **mindestens 10 %** und **höchstens 50 %** betrieblich genutzt werden.	Wirtschaftsgüter, die ▶ ausschließlich und unmittelbar für private Zwecke genutzt werden oder dazu bestimmt sind oder ▶ zu **mehr als 90 % privat** genutzt werden.
Beispiel: Pkw, der zu 80 % für betriebliche und zu 20 % für private Fahrten verwendet wird.	**Beispiel:** Pkw, der zu 40 % für betriebliche und zu 60 % für private Fahrten verwendet wird.	**Beispiel:** Pkw, der zu 95 % für private Fahrten und nur gelegentlich betrieblich genutzt wird.
	▶ Es existiert kein freies Wahlrecht, gewillkürtes Betriebsvermögen oder Privatvermögen zu bilden. Vielmehr muss für die Bildung gewillkürten Betriebsvermögens eine betriebliche Veranlassung gegeben sein. Die Wirtschaftsgüter müssen objektiv „betriebsdienlich" sein. Vgl. H 4.2 Abs. 1 (Gewillkürtes Betriebsvermögen) EStH 2017. ▶ Die Zuordnung zum gewillkürten Betriebsvermögen muss zeitnah in den Büchern oder Aufzeichnungen dokumentiert sein. Vgl. H 4.2 Abs. 1 (Gewillkürtes Betriebsvermögen) EStH 2017.	

Zum Betriebsvermögen bei Personengesellschaften siehe R 4.2 Abs. 2 EStR.

7. Nach welchen Grundsätzen werden Grundstücke dem Privat- bzw. Betriebsvermögen zugeordnet?

Grundstücke sind, wenn sie unterschiedlichen Nutzungen unterliegen, **nach diesen Nutzungen in eigenständige Wirtschaftsgüter aufzuteilen** (siehe R 4.2 Abs. 4 und Abs. 6 EStR).

Die Zuordnung von Grundstücksteilen zum Betriebsvermögen oder Privatvermögen sind in der nachfolgenden Übersicht sowie in R 4.2 Abs. 4 und 7 - 14 EStR ausgeführt (siehe dort!).

Nutzungen und Funktionen eines Gebäudes nach R 4.2 Abs. 4 ff. EStR

Wird ein Gebäude teils eigenbetrieblich, teils fremdbetrieblich, teils zu eigenen Wohnzwecken und teils zu fremden Wohnzwecken genutzt, ist **jeder der unterschiedlich genutzten Gebäudeteile ein besonderes (= eigenständig zu bewertendes) Wirtschaftsgut**. R 4.2 Abs. 4 EStR.

vier mögliche Nutzungen oder Funktionen	Beispiele
eigene Wohnzwecke	eigene Wohnung
fremde Wohnzwecke	vermietet als Wohnung
fremdbetriebliche Zwecke	vermietet als Büro
eigenbetriebliche Zwecke	eigenes Ladenlokal oder Büro

- Die Anschaffungs- oder Herstellungskosten des gesamten Gebäudes sind auf die einzelnen Gebäudeteile aufzuteilen. Für die Aufteilung ist das Verhältnis der Nutzflächen maßgebend. R 4.2 Abs. 6 EStR.
- Grundstücksteile, die **ausschließlich** für **eigenbetriebliche** Zwecke genutzt werden, gehören zum **notwendigen Betriebsvermögen**. R 4.2 Abs. 7 EStR.
- Grundstücksteile, die **ausschließlich eigenen Wohnzwecken** dienen, gehören zum **notwendigen Privatvermögen**.
- Grundstücksteile, die nicht eigenbetrieblich genutzt werden und nicht eigenen Wohnzwecken dienen, sondern **vermietet** sind, **können** als **gewillkürtes Betriebsvermögen** behandelt werden, **wenn** die Grundstücksteile in einem gewissen **objektiven Zusammenhang mit dem Betrieb stehen** und ihn zu fördern bestimmt und geeignet sind. R 4.2 Abs. 9 EStR.

3.2.3.4 Ermittlung der Überschusseinkünfte

1. Wie werden die Einkünfte bei den Einkunftsarten 4 bis 7 ermittelt?

Bei den Einkunftsarten 4 bis 7 (Überschusseinkünfte) werden die Einkünfte als Saldo zwischen den Einnahmen und den Werbungskosten ermittelt:

```
  Einnahmen (§ 8)
- Werbungskosten (§§ 9 oder 9a)
= Einkünfte (Überschuss/Verlust)
```

3.2.3.5 Zeitlicher Aspekt der Einkunftsermittlung

1. Welche Zeiträume kennt das Einkommensteuergesetz für die Ermittlung der Gewinneinkünfte?

Gewinnermittlungszeitraum kann nach § 4a bei den Einkunftsarten 1 bis 3 sein:

- das **Kalenderjahr** oder
- das **Wirtschaftsjahr**.

Wirtschaftsjahr ist nach **§ 4a Abs. 1** grundsätzlich

- **bei Land- und Forstwirten**: der Zeitraum vom 1. Juli bis zum 30. Juni; Abweichungen bei speziellen Fällen (z. B. bei reinem Weinbau oder Gartenbau: siehe § 8c EStDV)
- **bei Gewerbetreibenden, deren Firma im Handelsregister eingetragen ist**: der Zeitraum, für den sie regelmäßig Abschlüsse machen
- **bei anderen Gewerbetreibenden** als den vorgenannten: das Kalenderjahr.

Nach § 8b EStDV umfasst das **Wirtschaftsjahr grundsätzlich** einen **Zeitraum von 12 Monaten**; es kann jedoch auch kürzer sein, wenn ein Betrieb eröffnet, erworben, aufgegeben oder veräußert wird oder wenn der Steuerpflichtige das Wirtschaftsjahr umstellt (auf einen anderen als den bisherigen Abschlussstichtag). Die **Umstellung des Wirtschaftsjahres** ist nach § 8b Satz 2 Nr. 2 EStDV **nur im Einvernehmen mit dem Finanzamt** zulässig.

Gewinnermittlungszeitraum der **Einkünfte aus selbstständiger Arbeit** (§ 18) ist **stets das Kalenderjahr**.

2. Wie wird der Gewinn eines vom Kalenderjahr abweichenden Wirtschaftsjahres bei der Ermittlung der Einkünfte berücksichtigt?

Bei einem von dem Kalenderjahr abweichenden Wirtschaftsjahr wird der ermittelte Gewinn/Verlust wie folgt berücksichtigt (vgl. § 4a Abs. 2):

- **bei Land- und Forstwirten**: Aufteilung auf die Kalenderjahre, in denen das Wirtschaftsjahr liegt, entsprechend der zeitlichen Anteile, die auf sie entfallen; Veräußerungsgewinne im Sinne des § 14 sind allein dem Kalenderjahr zuzurechnen, in dem sie entstanden sind (vgl. § 4a Abs. 2 Nr. 1)
- **bei Gewerbetreibenden**: Zurechnung des gesamten Gewinns eines Wirtschaftsjahres zu dem Kalenderjahr, in dem das Wirtschaftsjahr endet (vgl. § 4a Abs. 2 Nr. 2).

Beispiele

Beispiel 1:
Der Landwirt Jan Spitzley ermittelt seinen Gewinn jährlich für die Zeit vom 01.07. bis zum 30.06. (vom Kalenderjahr abweichendes Wirtschaftsjahr). Für die Zeit vom 01.07.2017 bis zum 30.06.2018 hat er einen Gewinn in Höhe von **56.000 €** ermittelt und für die Zeit vom 01.07.2018 bis zum 30.06.2019 einen Gewinn in Höhe von **38.000 €**.

Seine Einkünfte aus Land- und Forstwirtschaft betragen im Veranlagungszeitraum **2018** somit **47.000 €** (die Hälfte von 56.000 € plus die Hälfte von 38.000 €).

Beispiel 2:
Die im Handelsregister eingetragene Gewerbetreibende Carina Müller ermittelt den Gewinn ihres Gewerbebetriebs jährlich für die Zeit vom 01.05. bis zum 30.04. (vom Kalenderjahr abweichendes Wirtschaftsjahr). Für die Zeit vom 01.05.2016 bis zum 30.04.2017 hat sie einen Gewinn in Höhe von **42.000 €** ermittelt und für die Zeit vom 01.05.2017 bis zum 30.04.2018 einen Gewinn in Höhe von **55.000 €**.

Ihre Einkünfte aus Gewerbebetrieb betragen im Veranlagungszeitraum **2018** somit **55.000 €**, weil das Wirtschaftsjahr 2017/2018 im Kalenderjahr 2018 **endet**.

3. Welcher Zeitraum ist für die Ermittlung der Überschusseinkünfte maßgebend?

Der Zeitraum für die Ermittlung der Überschusseinkünfte ist **stets das Kalenderjahr** (vgl. § 2 Abs. 7 Satz 2 EStG). Wie Einnahmen und Ausgaben in zeitlicher Hinsicht zu berücksichtigen sind, ist in § 11 geregelt.

4. Welche Vorschriften enthält § 11 für die zeitliche Zurechnung von Einnahmen und Ausgaben?

Die zeitliche Zurechnung von Einnahmen und Ausgaben erfolgt bei der **Ermittlung der Überschusseinkünfte** grundsätzlich nach dem **Zu- bzw. Abflussprinzip** (§ 11 Abs. 1 Satz 1 und Abs. 2 Satz 1). Nach diesem Grundsatz ist allein der **Zahlungszeitpunkt** ausschlaggebend für die Zuordnung zu dem jeweiligen Kalenderjahr.

Grundsatz des § 11: Zahlungszeitpunkt ausschlaggebend

- **Einnahmen** sind in dem Kalenderjahr zu berücksichtigen, in dem sie dem Steuerpflichtigen **zugeflossen** sind (beachte aber die Ausnahme für Zinsen: sie sind dem Jahr zuzuordnen, zu dem sie wirtschaftlich gehören; die wirtschaftliche Zugehörigkeit bestimmt sich nach dem Jahr, in dem sie zahlbar, d. h. fällig sind).
- **Ausgaben** sind in dem Kalenderjahr zu berücksichtigen, in dem sie von dem Steuerpflichtigen **geleistet (= gezahlt)** wurden.

Ausnahme des § 11: Prinzip der wirtschaftlichen Zuordnung
Bei **regelmäßig wiederkehrenden** Zahlungen, **die innerhalb von 10 Tagen vor oder 10 Tagen nach dem 31.12. zu- oder abfließen**, ist nicht der Zahlungszeitpunkt für die zeitliche Zurechnung maßgebend, sondern die **wirtschaftliche Zugehörigkeit** zu dem jeweiligen Kalenderjahr (vgl. H 11 (Allgemeines) EStH 2017). Auf die Fälligkeit kommt es hierbei nicht an.

Regelmäßig wiederkehrende Zahlungen sind z. B. Mieten, Darlehenszinsen, Renten oder Versicherungsbeiträge.

Beispiel

Die zum 01.01. fällige Januarmiete wird bereits am 28.12. gezahlt.

Obwohl nach dem Grundsatz des § 11 die Berücksichtigung der Mietzahlung im Dezember (= Zahlungszeitpunkt) erfolgen müsste, erfolgt die Zurechnung dieser Zahlung zum Januar, weil

- es sich um eine **regelmäßig wiederkehrende Zahlung** handelt und
- die Zahlung **innerhalb von 10 Tagen** (hier 3 Tage) **vor Beendigung des Kj. geleistet** wurde und
- die Zahlung **wirtschaftlich dem** Monat **Januar zuzurechnen** ist.

ACHTUNG

Bei der Ermittlung der Überschusseinkünfte sind hinsichtlich der zeitlichen Zurechnung der Einnahmen und der Werbungskosten bestimmte, im EStG verstreut zu findende **Ausnahmen** zu berücksichtigen. Beispiele hierfür sind:

- § 38a Abs. 1 Sätze 2 und 3 i. V. mit R 104a LStR für den **Zufluss von Arbeitslohn**
- § 44 Abs. 3 für den Zufluss von Einnahmen aus der **Beteiligung an einem Handelsgewerbe als stiller Gesellschafter**
- § 9 Abs. 1 Nr. 7 i. V. mit §§ 7 und 6 Abs. 2 oder 2a für die Berücksichtigung von **abnutzbaren Wirtschaftsgütern des Anlagevermögens** als Werbungskosten.

> **ACHTUNG**
>
> Ausgaben für eine Nutzungsüberlassung (z. B. Leasingraten), die **im Voraus für einen Zeitraum von mehr als 5 Jahren** geleistet werden, sind auf den Zeitraum gleichmäßig zu verteilen, für den die Vorauszahlungen geleistet werden (vgl. § 11 Abs. 2 Satz 3). Dies gilt **nicht** für ein Damnum oder Disagio, wenn es marktüblich ist (vgl. § 11 Abs. 2 Satz 4).

3.3 Die Einkunftsarten

3.3.1 Einkünfte aus Land- und Forstwirtschaft

1. Welche Einkünfte gehören zu den Einkünften aus Land- und Forstwirtschaft nach § 13 Abs. 1?

Einkünfte aus Land und Forstwirtschaft (LuF) sind nach § 13 Abs. 1 die aus der planmäßigen Nutzung der natürlichen Kräfte des Bodens zur Erzeugung von Pflanzen und Tieren erzielten Einkünfte, sofern sie nicht gewerblicher Natur sind. Hierzu gehören auch die durch die Verwertung der selbst gewonnenen Erzeugnisse erzielten Einkünfte (vgl. R 15.5 Abs. 1 Satz 1 EStR).

Die **Formen land- und forstwirtschaftlicher Betätigungen** sind in § 13 Abs. 1 beispielhaft aufgezählt. Hierzu gehören **u. a.**:

- Landwirtschaft
- Forstwirtschaft
- Weinbau
- Gartenbau
- Obstbau, Gemüsebau
- Baumschulen
- Tierzucht und Tierhaltung bis zu dem in § 13 Abs. 1 Nr. 1 Satz 2 genannten Umfang
- Jagd, wenn diese mit dem Betrieb einer Land- oder Forstwirtschaft im Zusammenhang steht.

Weiterhin gehören die Einkünfte aus Binnenfischerei, Teichwirtschaft nebst Fischzucht, Imkerei oder Wanderschäferei zu den Einkünften aus LuF nach § 13 Abs. 1.

Die gewerbliche Bodenbewirtschaftung (z. B. Abbau von Bodenschätzen) gehört **nicht** zu den Einkünften aus LuF (Ausnahme: siehe R 15.5 Abs. 3 Satz 9 EStR).

Zu den Einkünften aus LuF nach § 13 Abs. 1 gehören auch die Einkünfte aus einem land- und forstwirtschaftlichen **Nebenbetrieb** (vgl. § 13 Abs. 2 Nr. 1) und die Einkünfte aus der Veräußerung oder Aufgabe eines land- und forstwirtschaftlichen Betriebes (vgl. § 13 Abs. 2 Nr. 3 i. V. mit §§ 14, 14a und 16).

2. Was ist ein Nebenbetrieb im Sinne des § 13 Abs. 2?

Als Nebenbetrieb im Sinne des § 13 Abs. 2 gilt ein Betrieb, der **dem land- und forstwirtschaftlichen Hauptbetrieb zu dienen bestimmt** ist.

Ein solcher Nebenbetrieb liegt z. B. vor, wenn in diesem überwiegend die im eigenen Hauptbetrieb erzeugten Rohstoffe be- oder verarbeitet werden und die dabei gewonnenen Erzeugnisse überwiegend für den Verkauf bestimmt sind (vgl. R 15.5 Abs. 3 Satz 1 EStR).

Beispiele

- **Molkerei** eines landwirtschaftlichen Betriebes
- **Mosterei** oder **Brennerei** eines Obstbaubetriebes
- **Sägewerk** eines forstwirtschaftlichen Betriebes.

3. Welche Problematik ergibt sich beim Zukauf fremder Erzeugnisse?

Wenn ein land- und forstwirtschaftlicher Betrieb fremde Erzeugnisse zu den selbst erzeugten hinzukauft um diese weiterzuveräußern, so stellt sich ab einem bestimmten Umfang dieses Zukaufs die Frage, ob Einkünfte aus LuF oder vielmehr Einkünfte aus Gewerbebetrieb erzielt werden.

Als **fremde Erzeugnisse** gelten alle **zur Weiterveräußerung zugekauften Erzeugnisse, Produkte oder Handelswaren**, die nicht im Rahmen des land- und forstwirtschaftlichen Erzeugungsprozesses im eigenen Betrieb verwendet werden. Dies gilt unabhängig davon, ob es sich um betriebstypische oder -untypische Erzeugnisse, Handelswaren zur Vervollständigung der eigenen Produktpalette oder andere Waren aller Art handelt (vgl. R 15.5 Abs. 5 Sätze 7 - 8 EStR).

Werden durch einen Land- und Forstwirt neben eigenen Erzeugnissen auch fremde oder gewerbliche Erzeugnisse abgesetzt (beispielsweise in einem eigenen „Hofladen"), liegen eine land- und forstwirtschaftliche (für den Verkauf der eigenen Erzeugnisse) **und** eine gewerbliche Tätigkeit (für den Verkauf der fremden und gewerblichen Erzeugnisse) vor (vgl. R 15.5 Abs. 6 Satz 3 EStR).

Die gewerbliche Tätigkeit durch den Verkauf der fremden oder gewerblichen Erzeugnisse kann jedoch der **Land- und Forstwirtschaft** zugerechnet werden, **wenn** die Umsätze hieraus dauerhaft (Zeitraum von 3 Wirtschaftsjahren; vgl. R 15.5 Abs. 2 Satz 5 EStR)

- nicht mehr als ein Drittel des Gesamtumsatzes und
- nicht mehr als 51.500 € netto im Wirtschaftsjahr

betragen (vgl. R 15.5 Abs. 11 Satz 2 EStR).

Zu den einzelnen Abgrenzungskriterien zwischen einem land- und forstwirtschaftlichen Betrieb und einem Gewerbebetrieb siehe im Einzelnen R 15.5 EStR.

4. Erläutern Sie den Freibetrag für Land- und Forstwirte nach § 13 Abs. 3!

Bei der Ermittlung des Gesamtbetrags der Einkünfte werden die Einkünfte aus LuF nur berücksichtigt, soweit sie **900 €** bzw. bei Zusammenveranlagung **1.800 €** übersteigen **(Freibetrag für Land- und Forstwirte)**. Vgl. § 13 Abs. 3.

Der erhöhte Freibetrag von 1.800 € ist auch dann abzuziehen, wenn nur einer der Ehegatten Einkünfte aus LuF erzielt hat.

Gewährt wird der Freibetrag nach § 13 Abs. 3 nur dann, wenn die **Summe der Einkünfte** des Steuerpflichtigen **höchstens 30.700 €** bzw. bei Zusammenveranlagung **61.400 €** beträgt.

ACHTUNG

Der Freibetrag für LuF ist **nicht** bei der Ermittlung der Einkünfte aus LuF abzuziehen, sondern **nach der Summe der Einkünfte** zur Ermittlung des Gesamtbetrags der Einkünfte (siehe Schema zur Ermittlung der Einkommensteuer in R 2 EStR).

3.3.2 Einkünfte aus Gewerbebetrieb
1. Welche Einkünfte gehören zu den Einkünften aus Gewerbebetrieb?

Zu den Einkünften aus Gewerbebetrieb gehören **insbesondere**:

- **Gewinne aus gewerblichen Einzelunternehmen** nach § 15 Abs. 1 Nr. 1 (aus Einzel- und Großhandelsunternehmen, Industriebetrieben, Handwerksbetrieben, aus der Tätigkeit als Handelsvertreter oder Handelsmakler usw.) sowie
- **Gewinnanteile der Gesellschafter einer Personengesellschaft** nach § 15 Abs. 1 Nr. 2 aus einer OHG, KG, GbR **einschließlich der Vergütungen**, welche die Gesellschafter von der Gesellschaft erhalten haben (z. B. **Lohn/Gehalt** für Arbeitsleistungen, **Zinsen** für Darlehen, die der Gesellschaft gewährt werden, **Miete** für die Überlassung von Wirtschaftsgütern).

ACHTUNG

Die Gewinnanteile der Anteilseigner einer GmbH oder AG gehören **nicht** zu den Einkünften aus Gewerbebetrieb, sondern zu den Einkünften aus Kapitalvermögen nach § 20.

Zu den Einkünften nach § 15 Abs. 1 Nr. 2 gehören **auch die Gewinnanteile eines unechten (atypischen) stillen Gesellschafters**, weil dieser als Mitunternehmer im Sinne des § 15 Abs. 1 Nr. 2 angesehen wird. Um als Mitunternehmer angesehen werden zu können, muss ein solcher stiller Gesellschafter einen **Anspruch auf die Beteiligung am tatsächlichen Zuwachs des Gesellschaftsvermögens unter Einschluss der stillen Reserven und eines Geschäftswerts** haben (H 15.8 (1) (Stiller Gesellschafter) EStH 2017).

ACHTUNG

Die Gewinnanteile des **echten (typischen)** stillen Gesellschafters, der nicht am tatsächlichen Zuwachs des BV, sondern **nur am Gewinn/Verlust des Unternehmens beteiligt** ist, gehören zu den **Einkünften aus Kapitalvermögen** nach **§ 20 Abs. 1 Nr. 4**.

Zu den Einkünften aus Gewerbebetrieb gehören auch:
- die Gewinnanteile der persönlich haftenden Gesellschafter einer Kommanditgesellschaft auf Aktien (KGaA) nach § 15 Abs. 1 Nr. 3 und
- die Gewinne aus der Veräußerung des Gewerbebetriebes oder von Anteilen an diesem nach § 16 sowie aus dem Verkauf von Beteiligungen an Kapitalgesellschaften nach § 17.

2. Was ist ein Gewerbebetrieb im Sinne des § 15?

Ein Gewerbebetrieb im Sinne des § 15 Abs. 2 ist eine Tätigkeit, die

- selbstständig
- nachhaltig
- mit Gewinnerzielungsabsicht unternommen wird
- eine Beteiligung am allgemeinen wirtschaftlichen Verkehr darstellt und
- nicht als Ausübung von Land- und Forstwirtschaft im Sinne des § 13 oder einer selbstständigen Arbeit im Sinne des § 18 anzusehen ist.

Ein Gewerbebetrieb liegt auch dann vor, wenn die Gewinnerzielungsabsicht nur ein Nebenzweck ist (vgl. § 15 Abs. 2 Satz 3).

Zu den einzelnen Merkmalen des Gewerbebetriebs enthalten die Einkommensteuer-Richtlinien ausführliche Erläuterungen (siehe R 15.1 ff. EStR).

3. Wie werden die Einkünfte aus Gewerbebetrieb bei einem Gesellschafter einer Personengesellschaft ermittelt?

Die **Gewinnanteile der Gesellschafter** einer Personengesellschaft (z. B. OHG, KG, GbR) **werden** im Gegensatz zu einer Kapitalgesellschaft (z. B. GmbH, AG) nicht bei der Gesellschaft, sondern **bei den einzelnen Gesellschaftern besteuert**.

Die dem einzelnen Gesellschafter zustehenden Gewinnanteile werden im Rahmen einer **gesonderten und einheitlichen Feststellung** ermittelt und durch **einheitlichen Feststellungsbescheid**, der für die Besteuerung der einzelnen Gesellschafter bindend ist, festgestellt (vgl. § 180 Abs. 1 Nr. 2a AO i. V. mit §§ 179 und 182 Abs. 1 AO).

MERKE

Zu den Einkünften aus Gewerbebetrieb gehören **auch** die Vergütungen, die der Gesellschafter von der Gesellschaft für

- seine Tätigkeit im Dienste der Gesellschaft **(Lohn/Gehalt)** oder
- für die Hingabe von Darlehen **(Zinsen)** oder
- für die Überlassung von Wirtschaftsgütern **(Miete/Pacht)**

bezogen hat (vgl. § 15 Abs. 1 Nr. 2).

Beispiel

Die Gerd Müller & Sepp Maier OHG erzielte in 2018 einen **Handelsbilanzgewinn** von **140.000 €**. Gerd Müller stehen nach dem Gesellschaftervertrag 60 % und Sepp Maier 40 % des Gewinns zu. Gerd Müller hat der OHG ein Darlehen zur Verfügung gestellt, für das er in 2018 insgesamt **8.000 € Zinsen** von der OHG bezogen hat. Weiterhin hat er, da er die Geschäfte der OHG führt, in 2018 eine Vergütung („**Gehalt**") in Höhe von **30.000 €** von der OHG bezogen. Sepp Maier hat für seine Tätigkeiten im Dienst der OHG insgesamt **25.000 €** („**Gehalt**") in 2018 erhalten. Die Vorabvergütungen („Gehälter" und Zinsen) wurden in der Buchführung der OHG gewinnmindernd gebucht.

Ermittlung der Einkünfte der Gesellschafter für 2018:

Gerd Müller: 60 % von 140.000,00 € = 84.000,00 €
+ Vergütungen von der Gesellschaft
für die Tätigkeiten im Dienst der OHG 30.000,00 €
für die Hingabe des Darlehens 8.000,00 €
= **Einkünfte aus Gewerbebetrieb** 122.000,00 € → 122.000,00 €

Sepp Maier: 40 % von 140.000,00 € = 56.000,00 €
+ Vergütungen von der Gesellschaft
für die Tätigkeiten im Dienst der OHG 25.000,00 €
= **Einkünfte aus Gewerbebetrieb** 81.000,00 € → 81.000,00 €

steuerlicher Gewinn der OHG 2018 **203.000,00 €**

4. Wie wird der Gewinn aus der Veräußerung oder Aufgabe eines Betriebes versteuert?

Der Gewinn

- aus der Veräußerung oder Aufgabe des **ganzen** Betriebes oder
- aus der Veräußerung eines **Teil**betriebes (Teilbetriebsveräußerung) oder
- eines Mitunternehmeranteils

wird nach **§ 16** in Verbindung mit § 15 zur Einkommensteuer herangezogen.

Durch § 16 werden keine eigenen steuerbaren Vorgänge geschaffen. Die Vorschrift des § 16 zielt vielmehr auf die **gesonderte** Erfassung der Veräußerungs- bzw. Aufgabegewinne, die zu den Einkünften aus Gewerbebetrieb nach § 15 gehören.

Wenn der Steuerpflichtige zum Zeitpunkt der Betriebsveräußerung oder -aufgabe

- das **55. Lebensjahr vollendet** hat **oder**
- **dauernd berufsunfähig** ist (im sozialversicherungsrechtlichen Sinne),

erhält er für den erzielten Veräußerungsgewinn auf **Antrag** einen **Freibetrag** in Höhe von **45.000 €**. Vgl. § 16 Abs. 4 Satz 1.

Der **Freibetrag** ist dem Steuerpflichtigen **nur einmal** zu gewähren. Veräußerungsfreibeträge, die vor 1996 beansprucht wurden, werden nach § 52 Abs. 34 aber nicht angerechnet.

Der Freibetrag ermäßigt sich um den Betrag, um den der Veräußerungsgewinn 136.000 € übersteigt (vgl. § 16 Abs. 4 Satz 3).

Beispiel

Der Steuerpflichtige Pino Vernia verkauft sein Großhandelsunternehmen im Juni 2018. Im Januar 2018 hatte er das 55. Lebensjahr vollendet. Der Veräußerungsgewinn beträgt 165.800 €.

Auf Antrag erhält Herr Vernia einen Freibetrag nach § 16 Abs. 4 in Höhe von 15.200 € (45.000 € Freibetrag minus Betrag, der den Veräußerungsgewinn von 136.000 € übersteigt: 45.000 € minus 29.800 € = 15.200 €).

Der steuerpflichtige Veräußerungsgewinn beträgt somit 150.600 € (Veräußerungsgewinn von 165.800 € minus Freibetrag von 15.200 €).

Der volle Freibetrag wird auch bei der Veräußerung eines Mitunternehmeranteils oder eines Teilbetriebs gewährt (keine Quotelung), sofern die Voraussetzungen für die Freibetragsgewährung erfüllt sind.

Der **Veräußerungsgewinn** wird wie folgt ermittelt:

	Veräußerungserlös
-	Veräußerungskosten (z. B. Makler-, Notar-, Rechtsanwalts-, Steuerberatungskosten)
-	Wert des Betriebsvermögens (Vermögen minus Schulden)
=	**Veräußerungsgewinn**

ACHTUNG

Zu beachten ist hierbei, dass Gewinne aus der Veräußerung von **Anteilen an Kapitalgesellschaften** (z. B. Gewinn aus der Veräußerung einer GmbH-Beteiligung) seit 2009 dem sog. **„Teileinkünfteverfahren"** unterliegen (60 % steuerpflichtig, 40 % steuerfrei). Der Veräußerungserlös, die Veräußerungskosten und der Wert des Betriebsvermögens werden dann in dem obigen Berechnungsschema jeweils zu 60 % angesetzt (vgl. § 3 Nr. 40 Buchst. b und § 3c Abs. 2 Satz 1).

Gewinne aus der Veräußerung oder Aufgabe des Gewerbebetriebes oder eines Teilbetriebes unterliegen nach **§ 34** einem **ermäßigten Steuersatz**. Berechnungsbeispiele hierzu sind in H 34.2 EStH 2017 aufgeführt (siehe dort).

5. Was ist bei der Veräußerung einer Beteiligung an einer Kapitalgesellschaft zu beachten?

Anteile an Kapitalgesellschaften können von dem Steuerpflichtigen im Betriebs- oder Privatvermögen gehalten werden.

Die Veräußerung einer Beteiligung, die im **Betriebsvermögen** des Steuerpflichtigen gehalten wird, ist als **betrieblicher Vorgang** bei der Einkunftsart zu erfassen, zu der die Beteiligung gehört.

Demgegenüber wird die Veräußerung einer Beteiligung, die im **Privatvermögen** gehalten wird und **mindestens 1 %** am Nennkapital einer Kapitalgesellschaft beträgt, durch **§ 17** erfasst und – obwohl kein Betriebsvermögen als Erfolgsquelle vorliegt – unter den Voraussetzungen des § 17 Abs. 1 den Einkünften aus **Gewerbebetrieb** zugeordnet.

Für die Erfassung durch § 17 muss die Beteiligung **innerhalb der letzten 5 Jahre** bestanden haben.

Der Veräußerungsgewinn wird dadurch ermittelt, dass von dem erzielten Veräußerungspreis 60 % als steuerpflichtige Einnahme anzusetzen ist (§ 3 Nr. 40 Satz 1 Buchstabe c) und von diesem Betrag jeweils 60 % der Veräußerungskosten und 60 % der Anschaffungskosten der Beteiligung abgezogen werden (§ 3c Abs. 2 Satz 1); sog. **„Teileinkünfteverfahren"**.

Für Veräußerungsgewinne nach § 17 kann ein **Freibetrag** von bis zu **9.060 €** gewährt werden (§ 17 Abs. 3). Wenn der Veräußerungsgewinn jedoch über 36.100 € liegt, wird der Freibetrag um den Betrag gekürzt, der die **36.100 €** übersteigt (**Kürzungsgrenze**). Der Freibetrag in Höhe von 9.060 € und die Kürzungsgrenze in Höhe von 36.100 € gelten für eine Beteiligung von 100 %. Bei einer geringeren Beteiligungsquote (z. B. 30 %) reduzieren sich der Freibetrag und die Kürzungsgrenze entsprechend (bei 30 % Beteiligung: Freibetrag = 2.718 €; Kürzungsgrenze = 10.830 €).

Der Freibetrag kann mehrmals in Anspruch genommen werden und eine altersbezogene Anwendungsgrenze existiert dabei nicht.

3.3.3 Einkünfte aus selbstständiger Arbeit

1. Welche Einkünfte gehören zu den Einkünften aus selbstständiger Arbeit nach § 18?

Zu den Einkünften aus selbstständiger Arbeit gehören Einkünfte, die aus den in § 18 Abs. 1 aufgeführten Tätigkeiten erzielt werden.

Besonderes Merkmal dieser Tätigkeiten ist, dass bei deren Ausübung im Allgemeinen **das geistige Vermögen und die persönliche Arbeitskraft eines Menschen im Vordergrund** stehen.

Nach H 18.1 in Verbindung mit H 15.6 EStH 2017 gelten *außerdem* die folgenden **Voraussetzungen** für das Vorliegen von Einkünften aus selbstständiger Arbeit:

> - **Selbstständigkeit**
> - **Nachhaltigkeit**
> - **Gewinnerzielungsabsicht**
> - **Beteiligung am allgemeinen wirtschaftlichen Verkehr**.

Erfordert die Ausübung eines in § 18 Abs. 1 Nr. 1 genannten Berufes eine gesetzlich vorgeschriebene Berufsausbildung (z. B. Steuerberater, Arzt, Rechtsanwalt), so übt nur derjenige diesen Beruf aus, der berechtigt ist, die entsprechende Berufsbezeichnung zu führen.

2. Nennen Sie die zwei Hauptarten der Einkünfte aus selbstständiger Arbeit nach § 18!

In § 18 Abs. 1 werden die folgenden zwei Hauptarten unterschieden:

- Einkünfte aus **freiberuflicher Tätigkeit** (§ 18 Abs. 1 **Nr. 1**) und
- Einkünfte aus **sonstiger selbstständiger Arbeit** (§ 18 Abs. 1 **Nr. 3**).

3. Was sind Einkünfte aus freiberuflicher Tätigkeit?

Zu den Einkünften aus **freiberuflicher** Tätigkeit gehören (siehe § 18 Abs. 1 **Nr. 1**!):

> - die Einkünfte aus selbstständiger wissenschaftlicher, künstlerischer, schriftstellerischer unterrichtender oder erzieherischer Tätigkeit
> - die Einkünfte aus der selbstständigen Berufstätigkeit der Ärzte, Zahnärzte, Tierärzte, Rechtsanwälte, Notare, Steuerberater usw. (**Katalogberufe** im Sinne des § 18 Abs. 1 Satz 2) und
> - die Einkünfte aus den Katalogberufen ähnlichen Berufe (z. B. Hebamme, Heilmasseur).

4. Was sind Einkünfte aus sonstiger selbstständiger Arbeit?

Einkünfte aus **sonstiger** selbstständiger Arbeit sind nach § 18 Abs. 1 **Nr. 3** z. B. die Einkünfte aus der Tätigkeit als **Testamentsvollstrecker, Vermögensverwalter** (z. B. **Insolvenzverwalter**) und aus der Tätigkeit als **Aufsichtsratsmitglied**.

5. Was ist bei einer nebenberuflichen Tätigkeit als Übungsleiter, Ausbilder, Erzieher bzw. einer vergleichbaren Tätigkeit zu beachten?

Aufwandsentschädigungen, die für **nebenberufliche** Tätigkeiten als Übungsleiter, Ausbilder, Erzieher, Betreuer oder für eine vergleichbare nebenberufliche Tätigkeit gewährt werden, sind bis zu einem Freibetrag (Einnahmen) von **2.400 €** im Kalenderjahr steuerfrei, wenn die Tätigkeiten im Dienst einer öffentlich-rechtlichen oder gemeinnützigen Körperschaft (z. B. Sportverein, freiwillige Feuerwehr o. Ä.) erfolgen und der **Förderung gemeinnütziger, mildtätiger oder kirchlicher Zwecke** dienen (vgl. § 3 Nr. 26).

Übersteigen die Einnahmen den Betrag von 2.400 €, so können Ausgaben, die in unmittelbarem wirtschaftlichen Zusammenhang mit diesen Einnahmen stehen, nur insoweit abgezogen werden, als sie zusammengerechnet ebenfalls den Betrag von 2.400 € im Kalenderjahr übersteigen.

[Der vorgenannte Freibetrag wird auch für Einnahmen aus der nebenberuflichen Pflege alter, kranker oder behinderter Menschen im Dienst einer öffentlich-rechtlichen oder gemeinnützigen Körperschaft gewährt.]

6. Wodurch unterscheiden sich die Einkünfte aus selbstständiger Arbeit von den Einkünften aus Gewerbebetrieb?

Weil das EStG den Begriff der selbstständigen Arbeit nicht definiert, gibt es keine eindeutigen Abgrenzungsmerkmale zwischen den Einkünften aus § 15 und den Einkünften aus § 18.

Bei den in § 18 ausdrücklich genannten Tätigkeiten ist die Zuordnung in der Regel unproblematisch (z. B. bei der selbstständigen Tätigkeit als Arzt, Rechtsanwalt oder Steuerberater).

Abgrenzungsschwierigkeiten entstehen vielmehr bei Tätigkeiten, die nicht in § 18 genannt sind.

Nach der herrschenden Rechtsprechung muss für die Annahme einer selbstständigen Arbeit im Sinne des § 18 eine Tätigkeit vorliegen, bei der **der Berufsträger aufgrund eigener Fachkenntnisse persönlich leitend und eigenverantwortlich tätig** ist. Es kommt entscheidend darauf an, dass der Einsatz von Kapital gegenüber dem persönlichen Arbeitseinsatz des Steuerpflichtigen zurücktritt.

Ein Angehöriger eines freien Berufs im Sinne des § 18 Abs. 1 Sätze 1 und 2 ist auch dann freiberuflich tätig, wenn er sich der Mithilfe fachlich vorgebildeter Arbeitskräfte in einem gewissen Umfang bedient (vgl. § 18 Abs. 1 Nr. 1 Satz 3). Auch eine Vertretung im Fall vorübergehender Verhinderung steht der Annahme einer solchen Tätigkeit nicht entgegen (vgl. § 18 Abs. 1 Nr. 1 Satz 4).

Zur Abgrenzung bei konkreten Einzelfällen kann u. a. **H 15.6 EStH 2017** herangezogen werden, weil dort entsprechende begriffliche Abgrenzungen vorgenommen werden und zahlreiche Tätigkeiten einschließlich der Zuordnung zu den Einkünften aus § 15 bzw. § 18 aufgelistet sind.

7. Wie wird der Gewinn aus der Veräußerung oder Aufgabe eines Betriebes oder Teilbetriebes, der einer Tätigkeit im Sinne des § 18 dient, versteuert?

Der Fall der **Veräußerung** eines Betriebes oder Teilbetriebes, der einer Tätigkeit im Sinne des § 18 dient, wird durch § 18 Abs. 3 erfasst. Nach dieser Vorschrift wird der Veräußerungsgewinn den Einkünften aus selbstständiger Arbeit zugeordnet.

Für die **Aufgabe** der sonstigen selbstständigen Tätigkeit gilt diese Vorschrift sinngemäß (vgl. R 18.3 Abs. 1 und 3 EStR).

Der Veräußerungs- oder Aufgabegewinn gehört – wie bei einem Gewerbebetrieb – zu den tarifbegünstigten Einkünften (§ 16 i. V. mit § 34), weil § 18 Abs. 3 auf § 16 verweist.

3.3.4 Einkünfte aus nichtselbstständiger Arbeit

1. Welche zwei Kategorien von Einnahmen gehören zu den Einkünften aus nichtselbstständiger Arbeit nach § 19?

Bei § 19 sind insbesondere die folgenden Einnahmenkategorien zu unterscheiden:

- **Gehälter, Löhne, Gratifikationen, Tantiemen und andere Bezüge und Vorteile,** die einem Arbeitnehmer für seine *gegenwärtigen* Dienste gewährt werden nach § 19 Abs. 1 **Nr. 1** und

- **Pensionen und andere Bezüge und Vorteile aus *früheren* Dienstleistungen** des Arbeitnehmers (auch Wartegelder, Ruhegelder, Witwen- und Waisengelder) nach § 19 Abs. 1 **Nr. 2**.

2. Wer ist Arbeitnehmer?

Arbeitnehmer sind natürliche Personen, die im öffentlichen oder privaten Dienst angestellt oder beschäftigt sind oder waren und aus diesem Dienstverhältnis oder einem früheren Dienstverhältnis **Arbeitslohn** beziehen.

Hierzu gehören auch die Rechtsnachfolger dieser Personen (z. B. Witwen oder Waisen), soweit sie Arbeitslohn aus dem früheren Dienstverhältnis ihres Rechtsvorgängers beziehen (vgl. § 1 Abs. 1 LStDV).

Ein **Dienstverhältnis** liegt grundsätzlich dann vor, wenn der Beschäftigte dem Arbeitgeber aufgrund eines Dienstvertrages seine Arbeitskraft schuldet. Dies ist der Fall, wenn er unter der Leitung des Arbeitgebers steht oder im geschäftlichen Organismus des Arbeitgebers **dessen Weisungen zu folgen verpflichtet** ist (§ 1 Abs. 2 LStDV). **Typische Merkmale**, die für eine Arbeitnehmereigenschaft sprechen, sind in **H 19.0 LStH** aufgeführt (siehe dort).

Wer Lieferungen oder sonstige Leistungen innerhalb einer von ihm **selbstständig** ausgeübten **gewerblichen oder beruflichen Tätigkeit gegen Entgelt** im Inland ausführt, ist für **diese** Tätigkeit **kein** Arbeitnehmer (vgl. § 1 Abs. 3 LStDV).

Da ein Steuerpflichtiger mehrere Tätigkeiten ausüben kann, ist es möglich, dass er nebeneinander Arbeitnehmer und Unternehmer ist. **Jede Tätigkeit** ist dabei **für sich zu beurteilen**.

3. Welche Einnahmen des Arbeitnehmers sind Arbeitslohn?

Arbeitslohn sind grundsätzlich **alle Einnahmen, die dem Arbeitnehmer aus dem gegenwärtigen oder früheren Dienstverhältnis zufließen**. Es ist dabei unerheblich, unter welcher Bezeichnung oder in welcher Form sie gewährt werden (vgl. § 2 Abs. 1 LStDV sowie R 19.3 LStR).

Zum Arbeitslohn gehören nach H 19.3 LStR **z. B. auch**:

- **Sachbezüge**, soweit sie zu geldwerten Vorteilen des Arbeitnehmers aus seinem Dienstverhältnis führen;
- **Entschädigungen,** die **für nicht gewährten Urlaub** gezahlt werden
- Vergütungen, die der Arbeitnehmer vom Arbeitgeber zum **Ersatz seiner Kontoführungsgebühren** erhält
- Vergütungen, die der Arbeitnehmer vom Arbeitgeber **für die Fahrten zwischen Wohnung und Arbeitsstätte** [seit 2014: erste Tätigkeitsstätte] erhält, soweit die Aufwendungen nicht zu den Reisekosten gehören.

4. Welche Einnahmen des Arbeitnehmers sind kein Arbeitslohn? Nennen Sie einige Beispiele!

Kein Arbeitslohn sind nach R 19.3 Abs. 2 und H 19.3 LStR **z. B.** die folgenden Einnahmen:

- **übliche Zuwendungen bei Betriebsveranstaltungen** (Speisen, Getränke, Übernahme von Fahrtkosten, Geschenke ohne bleibenden Wert usw., sofern die Aufwendungen des Arbeitgebers einschließlich Umsatzsteuer **für den einzelnen Arbeitnehmer nicht mehr als 110 € je Veranstaltung** – jedoch höchstens zwei Veranstaltungen im Kalenderjahr – betragen)

  Zum 01.01.2015 wurde die bisherige Freigrenze von **110 €** in einen **Freibetrag** umgewandelt. Seit 2015 unterliegen somit nur diejenigen Teile der **Besteuerung, welche die 110 €/AN übersteigen**. Neu ist auch, dass **alle Kosten in die Berechnung einbezogen** werden müssen (auch die Kosten „für den äußeren Rahmen der Betriebsveranstaltung" – z. B. Fremdkosten für Saalmiete und „Eventmanager"). Die geldwerten Vorteile, die Begleitpersonen des Arbeitnehmers gewährt werden, müssen ebenfalls dem Arbeitnehmer als geldwerter Vorteil zugerechnet werden; siehe § 19 Abs. 1 Satz 1 Nr. 1a EStG.

- **Aufmerksamkeiten im Sinne von R 19.6 LStR** (z. B. Blumen, Pralinen o. Ä. bis zu einem Wert von **60 €** (Freigrenze), die der Arbeitnehmer oder seine Angehörigen aus Anlass eines besonderen persönlichen Ereignisses erhalten. Beachte: **Geldzuwendungen gehören stets zum Arbeitslohn**, auch wenn ihr Wert gering ist!)

- **durchlaufende Gelder und Auslagenersatz** (Ausgaben des Arbeitnehmers für seinen Arbeitgeber, die er von diesem erstattet bekommt und über die im Einzelnen abgerechnet wird – vgl. § 3 Nr. 50 EStG und R 3.50 LStR).

5. Welche Einnahmen des Arbeitnehmers sind steuerfrei? Nennen Sie einige Beispiele!

Von den Einnahmen eines Arbeitnehmers sind **z. B. steuerfrei**:

- Leistungen aus einer Krankenversicherung (z. B. Krankengeld), einer Pflegeversicherung (Pflegegeld) oder der gesetzlichen Unfallversicherung (§ 3 Nr. 1a)
- Mutterschaftsgeld und Zuschuss des Arbeitgebers zum Mutterschaftsgeld (§ 3 Nr. 1d)
- Arbeitslosengeld, Kurzarbeitergeld und Arbeitslosenhilfe nach dem Dritten Buch Sozialgesetzbuch oder dem Arbeitsförderungsgesetz (§ 3 Nr. 2);
- Trinkgelder nach § 3 Nr. 51
- Sachbezüge im Sinne des § 8 Abs. 3 bis zu 1.080 € im Kalenderjahr (Rabattfreibetrag nach § 8 Abs. 3 Satz 2).

6. Was sind Versorgungsbezüge im Sinne von § 19 Abs. 2?

Versorgungsbezüge sind Bezüge und Vorteile aus **früheren** Dienstleistungen, die

- als Ruhegehalt („Pension"), Witwen- oder Waisengeld oder als gleichartiger Bezug

    (1) aufgrund beamtenrechtlicher Vorschriften (**z. B. Beamtenpensionen**) oder

    (2) nach beamtenrechtlichen Grundsätzen von Körperschaften des öffentlichen Rechts etc. gewährt werden

- in anderen als den vorgenannten Fällen (**z. B. Betriebspensionen**) wegen des Erreichens einer Altersgrenze, Berufsunfähigkeit, Erwerbsunfähigkeit oder als Hinterbliebenenbezug gewährt werden

    Bezüge dieser Art (z. B. Betriebspensionen), die wegen Erreichens einer Altersgrenze gewährt werden, gelten erst dann als Versorgungsbezüge und werden nur dann durch den Versorgungsfreibetrag begünstigt, wenn der Steuerpflichtige das **63. Lebensjahr vollendet** hat.

    Schwerbehinderte erhalten den Versorgungsfreibetrag bereits, wenn sie das **60. Lebensjahr** vollendet haben (siehe § 19 Abs. 2 letzter Satz).

7. Wodurch werden Versorgungsbezüge steuerlich begünstigt?

Versorgungsbezüge werden durch den **Versorgungsfreibetrag** und den **Zuschlag zum Versorgungsfreibetrag** gem. § 19 Abs. 2 steuerlich begünstigt. In Höhe dieser Beträge bleiben Versorgungsbezüge steuerfrei.

Der **Versorgungsfreibetrag** errechnet sich durch Anwendung eines bestimmten **Prozentsatzes** auf die Versorgungsbezüge, begrenzt durch einen **Höchstbetrag**.

Sowohl der anzuwendende Prozentsatz als auch der zugehörige Höchstbetrag sind in § 19 Abs. 2 vorgegeben (siehe dort!).

Der im konkreten Fall anzuwendende Prozentsatz und der Höchstbetrag sind davon abhängig, wann die Versorgungsbezüge **erstmalig** bezogen wurden (Jahr des Versorgungsbeginns = Versorgungseintrittsjahr).

Für das **Versorgungseintrittsjahr 2017** (= Versorgungsbeginn in 2017) beträgt der Versorgungsfreibetrag **20,8 % der Versorgungsbezüge**, höchstens jedoch **1.560 €**.

Für das **Versorgungseintrittsjahr 2018** (= Versorgungsbeginn in 2018) beträgt der Versorgungsfreibetrag **19,2 % der Versorgungsbezüge**, höchstens jedoch **1.440 €**.

Zusätzlich zum Versorgungsfreibetrag wird der **Zuschlag zum Versorgungsfreibetrag** gewährt. Die Höhe dieses zusätzlichen Freibetrags ist ebenfalls abhängig vom Versorgungseintrittsjahr. Für das **Versorgungseintrittsjahr 2017** beträgt dieser Freibetrag **468 €**, für das Eintrittsjahr **2018** beträgt er **432 €**.

Der für den Beginn des Versorgungsbezugs ermittelte Prozentsatz und Höchstbetrag gem. § 19 Abs. 2 (s. o.) bleibt für den einzelnen Versorgungsempfänger auch in zukünftigen Veranlagungszeiträumen grundsätzlich **unverändert**; dieses Besteuerungsmerkmal wird also ab dem Versorgungseintrittsjahr für den jeweiligen Steuerpflichtigen **für die Zukunft festgeschrieben** (vgl. § 19 Abs. 2 Satz 8). Für den einzelnen Versorgungsempfänger ergibt sich hieraus ein individuelles Besteuerungsmerkmal, das in späteren Veranlagungszeiträumen beibehalten wird.

MERKE

> **Bemessungsgrundlage für die Berechnung des Versorgungsfreibetrags** ist das **Zwölffache** des Versorgungsbezugs für den **ersten vollen Monat** der Versorgungsbezüge, jeweils zuzüglich voraussichtlicher Sonderzahlungen im Kalenderjahr, auf die zu diesem Zeitpunkt ein Rechtsanspruch besteht. Beispiel: Siehe S. 184.

Der **Zuschlag zum Versorgungsfreibetrag** darf nur bis zur Höhe der um den Versorgungsfreibetrag geminderten Bemessungsgrundlage berücksichtigt werden.

Der Versorgungsfreibetrag und der Zuschlag zum Versorgungsfreibetrag vermindern sich jedoch für jeden vollen Kalendermonat, für den keine Versorgungsbezüge gezahlt werden, in diesem Kalenderjahr um je ein **Zwölftel** (vgl. § 19 Abs. 2 Satz 12); sog. **Monatsprinzip**. Dadurch wird ausgeschlossen, dass in Jahren, in denen solche Zahlungen nur in wenigen Monaten erfolgen, unvertretbar geringe oder sogar negative Einkünfte entstehen können.

Bei **mehreren Versorgungsbezügen mit unterschiedlichem Bezugsbeginn** bestimmen sich der Höchstbetrag des Versorgungsfreibetrags und der Zuschlag zum Versorgungsfreibetrag nach dem **ersten Jahr des Versorgungsbezugs** (vgl. § 19 Abs. 2 Satz 6).

TIPP

▶ Erstjahr:

	erster Versorgungsbezug (Monatswert)
•	12
=	fiktiver Jahreswert
+	evtl. Zusatzvergütungen (z. B. Weihnachtsgeld)
=	Berechnungsgrundlage
•	Prozentsatz aus der Tabelle des § 19 Abs. 2
=	Versorgungsfreibetrag, höchstens jedoch Höchstbetrag gem. § 19 Abs. 2 (→ Tabelle)
+	Zuschlag gem. § 19 Abs. 2 (→ Tabelle)
=	Jahresfreibetrag
•	$^{x}/_{12}$ (x = Anzahl der Monate, für die Versorgungsbezüge gezahlt wurde)
=	**abzuziehender Versorgungsfreibetrag**

▶ Folgejahre:

	tatsächliche Versorgungsbezüge des Kalenderjahres
•	Prozentsatz aus der Tabelle des § 19 Abs. 2 (Wert aus dem Erstjahr)
=	Versorgungsfreibetrag, höchstens jedoch berechneter Jahreshöchstbetrag gem. § 19 Abs. 2 aus dem Erstjahr
+	Zuschlag gem. § 19 Abs. 2 aus dem Erstjahr (→ Jahresbetrag aus der Tabelle)
=	**abzuziehender Versorgungsfreibetrag**

8. Schildern Sie ein Beispiel, welches die steuerliche Begünstigung von Versorgungsbezügen darstellt!

Beispiel

Ein Angestellter tritt mit der Vollendung seines 63. Lebensjahres am 31.03.2018 in den Ruhestand. Sein laufendes Gehalt vom 01.01. bis zum 31.03.2018 beträgt insgesamt 9.000 € (Bruttogehalt). Ab dem 01.04.2018 erhält er von seinem Arbeitgeber eine monatliche Betriebspension von 750 € sowie ein Weihnachtsgeld von 500 €.

Versorgungsbezüge 2018:	750 € · 9 Monate = 6.750 €	
	+ 500 € Weihnachtsgeld =	**7.250,00 €**
Versorgungsfreibetrag 2018:	19,2 % von 9.500[1] € =	1.824,00 €
	Höchstbetrag	1.440,00 €
	davon 9/12 (April - Dezember)	**1.080,00 €**
Zuschlag zum Versorgungsfreibetrag 2018:	9/12 von 432 € =	**324,00 €**
Einnahmen nach § 19:	Bruttogehalt 01.01. - 31.03.	9.000,00 €
	Versorgungsbezüge s. o.	7.250,00 €
	Versorgungsfreibetrag	- 1.080,00 €
	Zuschlag zum Versorgungsfreibetrag	- 324,00 €
	verbleibende steuerpflichtige Einnahmen	**14.846,00 €**

Der Prozentsatz in Höhe von 19,2 und der Höchstbetrag in Höhe von 1.440 € sowie der Zuschlag in Höhe von 432 € werden für diesen Steuerpflichtigen bis an sein Lebensende festgeschrieben.

9. Welche Werbungskosten kommen bei den Einkünften aus nichtselbstständiger Arbeit in Betracht? Nennen Sie typische Beispiele!

Nach **R 9.1 Abs. 1 LStR** gehören **„alle Aufwendungen, die durch den Beruf veranlasst sind"** zu den Werbungskosten der Einkünfte aus nichtselbstständiger Arbeit.

Voraussetzung ist also, dass bei den Aufwendungen ein objektiver Zusammenhang mit dem Beruf besteht, bzw. dass sie der Erzielung, Sicherung oder Erhaltung der Einnahmen aus nichtselbstständiger Arbeit dienen (siehe im Einzelnen R 9.2 - 9.12 LStR).

---

[1] 12 · 750 € + 500 € Weihnachtsgeld.

Werbungskosten im Zusammenhang mit den Einnahmen nach § 19 sind **z. B.** (Auswahl):

> - **Berufsverbandsbeiträge**, z. B. Gewerkschaftsbeiträge (siehe § 9 Abs. 1 Satz 3 Nr. 3)
> - Aufwendungen für die **Wege zwischen Wohnung und erster Tätigkeitsstätte** (siehe § 9 Abs. 1 Satz 3 Nr. 4): pauschal **0,30 €** je Kilometer der Entfernung zwischen Wohnung und Arbeitsstätte
> - Aufwendungen für **Arbeitsmittel**, z. B. für Fachliteratur, typische Berufskleidung oder Werkzeuge – siehe § 9 Abs. 1 Satz 3 Nr. 6 EStG und R 9.12 LStR
> - Aufwendungen für die **Aus- und Fortbildung** (siehe R 9.2 LStR)
> - Aufwendungen für **beruflich veranlasste Reisekosten** (siehe § 9 Abs. 4a und R 9.4 - 9.8 LStR)
> - Aufwendungen für **beruflich veranlasste Umzugskosten** (siehe R 9.9 LStR)
> - **Mehraufwendungen wegen doppelter Haushaltsführung** (siehe § 9 Abs. 1 Satz 3 Nr. 5 EStG und R 9.11 LStR);

Aufwendungen für **abnutzbare bewegliche Anlagegüter** (z. B. Computer, Schreibtisch, Büroregal) sind in Höhe der auf das Kalenderjahr entfallenden **Abschreibung** als Werbungskosten zu berücksichtigen (vgl. § 9 Abs. 1 Satz 3 Nr. 7).

Betragen die AK *bis zu* **800 €** netto, dann können diese nach § 6 Abs. 2 i. V. mit § 9 Abs. 1 Satz 3 Nr. 7 Satz 2 **direkt in voller Höhe** abgezogen werden (sofern die berufliche Nutzung nahezu 100 % beträgt).

10. Unter welchen Voraussetzungen sind Aufwendungen für eine Berufsausbildung als Werbungskosten abziehbar?

Nach § 9 Abs. 6 EStG sind Aufwendungen des Steuerpflichtigen für seine Berufsausbildung oder sein Studium dann als Werbungskosten abziehbar, wenn er

- zuvor bereits eine Erstausbildung (Berufsausbildung oder Studium) abgeschlossen hat (der Steuerpflichtige also eine zweite oder weitere Berufsausbildung bzw. ein Studium nach Absolvierung einer Erstausbildung absolviert) **oder**
- wenn die Berufsausbildung oder das Studium im Rahmen eines Dienstverhältnisses stattfindet (§ 9 Abs. 6 Satz 1).

Eine Berufsausbildung **nach** einer Erstausbildung liegt nur dann vor, wenn der Steuerpflichtige bereits zuvor

- eine geordnete Ausbildung von mindestens 12 Monaten (bei vollzeitiger Ausbildung)
- mit einer Abschlussprüfung

absolviert hat (§ 9 Abs. 6 Satz 2).

Eine „geordnete Ausbildung" liegt nach § 9 Abs. 6 Satz 3 dann vor, wenn sie auf der Grundlage von Rechts- oder Verwaltungsvorschriften oder internen Vorschriften eines Bildungsträgers durchgeführt wird.

Ist eine Abschlussprüfung nach dem Ausbildungsplan nicht vorgesehen, gilt die Berufsausbildung mit der tatsächlichen planmäßigen Beendigung als abgeschlossen (§ 9 Abs. 6 Satz 4).

Wenn der Steuerpflichtige die vorgenannten Voraussetzungen erfüllt, kann er die von ihm nachgewiesenen Aufwendungen für die Ausbildung oder das Studium grundsätzlich in „unbegrenzter Höhe" als Werbungskosten abziehen. Allgemeine Abzugsbegrenzungen oder -verbote, die für Werbungskosten gelten (z. B. Fahrtkosten zur ersten Ausbildungs- oder Tätigkeitsstätte höchstens in Höhe der Entfernungspauschale, Verpflegungsmehraufwendungen höchstens in Höhe der Höchstbeträge gem. § 9 Abs. 4a usw.), sind jedoch bei der Ermittlung der abzugsfähigen Berufsausbildungskosten zu beachten.

TIPP

Aufwendungen des Steuerpflichtigen **für eine Erstausbildung**, die nicht im Rahmen eines Dienstverhältnisses stattfindet, sind nicht als Werbungskosten, sondern unter den Voraussetzungen des § 10 Abs. 1 Nr. 7 als **Sonderausgaben** abziehbar. Siehe hierzu Frage 9 des Kapitels 3.6.2 Sonderausgaben (mit Beispiel).

Übersicht:

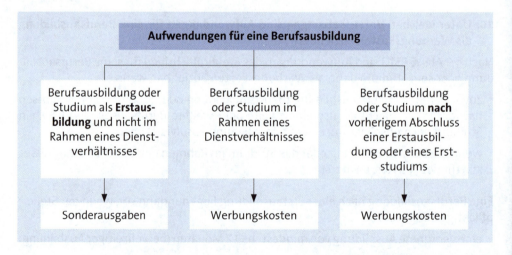

11. Können die Aufwendungen für ein häusliches Arbeitszimmer als Werbungskosten abgezogen werden?

Aufwendungen für ein häusliches Arbeitszimmer gehören grundsätzlich zu den nicht abziehbaren Aufwendungen (weder als Werbungskosten noch als Betriebsausgaben abziehbar – vgl. § 4 Abs. 5 Nr. 6b Satz 1).

Es gibt jedoch die folgenden Ausnahmeregelungen (hier im Hinblick auf den Werbungskostenabzug – vgl. § 4 Abs. 5 Nr. 6b Sätze 2 und 3):

- Wenn dem Arbeitnehmer für die berufliche Tätigkeit **kein anderer Arbeitsplatz zur Verfügung steht** (z. B. ein Lehrer, der kein Arbeitszimmer in der Schule hat), dürfen die Aufwendungen für das häusliche Arbeitszimmer **bis zu 1.250 €** im Kalenderjahr (Höchstbetrag) abgezogen werden.
- Bei der **1.250 €-Grenze** handelt es sich nicht um einen Pauschbetrag, sondern um einen **Höchstbetrag**, was bedeutet, dass die **Aufwendungen für das Arbeitszimmer nachzuweisen** sind. Sofern der Steuerpflichtige weniger als 1.250 € Aufwendungen für das Arbeitszimmer nachweist, sind nur die tatsächlich nachgewiesenen und dem Arbeitszimmer zugeordneten Aufwendungen abziehbar.
- Wenn das Arbeitszimmer den **Mittelpunkt der beruflichen Betätigung** bildet (z. B. bei einem Arbeitnehmer, der einen Heimarbeitsplatz hat und nahezu ausschließlich dort arbeitet) gilt die Abzugsbeschränkung gar nicht. In diesem Fall dürfen die Aufwendungen für das häusliche Arbeitszimmer **in voller Höhe** als Werbungskosten abgezogen werden (vgl. § 9 Abs. 5 i. V. mit § 4 Abs. 5 Nr. 6b).

Abziehbare Aufwendungen sind beispielsweise

- die auf das Arbeitszimmer entfallene anteilige Miete oder anteilige Gebäude-AfA
- anteilige Schuldzinsen für Kredite, die zur Anschaffung, Herstellung oder Reparatur des Gebäudes oder der Eigentumswohnung verwendet worden sind
- anteilige Strom, Heizungs-, Reinigungskosten
- direkt zurechenbare oder anteilige Erhaltungs-/Renovierungskosten
- anteilige Grundsteuer, Müllabfuhrgebühren, Schornsteinfegergebühren, Gebäudeversicherungen
- Aufwendungen für die Ausstattung des Zimmers, wie Tapeten, Teppiche usw.

Zu Einzelfragen siehe BMF-Schreiben vom 02.03.2011 und vom 06.10.2017, abgedruckt im Anhang 16 V des EStH 2017 (S. 1755).

12. Können die Werbungskosten bei der Ermittlung der Einkünfte aus nichtselbstständiger Arbeit auch pauschal angesetzt werden?

Ja. Wenn nicht höhere Werbungskosten nachgewiesen werden, dann wird von den Einnahmen, die **keine** Versorgungsbezüge sind, ein Werbungskosten-Pauschbetrag in Höhe von **1.000 € (Arbeitnehmer-Pauschbetrag)** abgezogen (vgl. § 9a Satz 1 Nr. 1 a).

Von **Versorgungsbezügen** im Sinne des § 19 Abs. 2 wird ein Pauschbetrag von **102 €** abgezogen (vgl. § 9a Satz 1 Nr. 1b).

3.3.5 Einkünfte aus Kapitalvermögen

1. Beschreiben Sie, welche Einnahmen im Allgemeinen zu den Einkünften aus Kapitalvermögen gehören!

Zu den Einnahmen aus Kapitalvermögen gehören insbesondere die **Erträge**, die einem **Kapitalgeber** dafür zufließen, dass er einem anderen Kapital zur Nutzung überlässt. Bei den Einkünften aus Kapitalvermögen wird also nicht das Kapital selbst erfasst, sondern die **dem Eigentümer des Kapitals** hieraus **zufließenden Erträge** oder Gewinne (bei Veräußerungsgeschäften).

Bloße Wertsteigerungen eines Kapitalstamms (z. B. gestiegener Wert von Aktien oder anderen Wertpapieren) werden **nicht** erfasst, weil durch bloße Wertsteigerungen noch keine Einnahmen im Sinne des § 8 entstehen (**kein Zufluss** bei dem Steuerpflichtigen).

Weil die Einkünfte aus Kapitalvermögen zu der Gruppe der sog. Nebeneinkunftsarten gehören, werden Erträge aus Kapitalvermögen nur dann § 20 zugeordnet, wenn sie nicht im Rahmen eines land- und forstwirtschaftlichen Betriebs, eines Gewerbebetriebs, eines Betriebs der selbstständigen Arbeit oder im Zusammenhang mit den Einkünften aus Vermietung und Verpachtung anfallen, weil sie sonst diesen Einkünften zuzuordnen sind (Subsidiaritätsklausel des § 20 Abs. 8).

2. Nennen Sie typische Einnahmen, die zu den Einkünften aus Kapitalvermögen gehören!

Zu den Einnahmen im Sinne des § 20 gehören **insbesondere**:

- **Gewinnanteile** (Dividenden) und sonstige Bezüge aus Anteilen **an bestimmten juristischen Personen**, z. B.
  - Dividenden aus Aktien
  - Gewinnanteile aus GmbH-Beteiligungen
- **Einnahmen aus der Beteiligung an einem Handelsgewerbe als echter stiller Gesellschafter**
- **Erträge aus sonstigen Kapitalforderungen**, z. B.
  - Sparzinsen
  - Zinsen aus festverzinslichen Wertpapieren
  - Zinsen aus Bausparguthaben
- **Erträge aus Kapitallebensversicherungen**
  - bei Verträgen, die nach dem 31.12.2004 abgeschlossen wurden (sog. Neuverträge)
- **Gewinne aus der Veräußerung von Anteilen an Kapitalgesellschaften** (z. B. Aktien, GmbH-Anteile), **von Zinsscheinen und Zinsforderungen sowie von sonstigen Kapitalforderungen jeder Art**, die im Privatvermögen gehalten und nach dem 31.12.2008 erworben wurden.

3. Wodurch unterscheidet sich ein echter stiller Gesellschafter von einem unechten stillen Gesellschafter?

- Ein **echter** (typischer) stiller Gesellschafter ist **nur am Erfolg** (Gewinn/Verlust) des Unternehmens **beteiligt**, nicht jedoch am tatsächlichen Zuwachs des Betriebsvermögens (d. h. keine Vermögens-, sondern nur eine reine Erfolgsbeteiligung).

  Die Einnahmen des **echten** stillen Gesellschafters sind den **Einkünften aus Kapitalvermögen** gem. § 20 zuzuordnen.

  Die Gewinnanteile des **echten** stillen Gesellschafters unterliegen bei der Ausschüttung an den Gesellschafter grundsätzlich der Kapitalertragsteuer (25 %) und dem Solidaritätszuschlag (vgl. § 43 Abs. 1 Nr. 3 i. V. mit § 43a Abs. 1 Nr. 1 EStG und § 3 Abs. 1 Nr. 5 SolZG).

- Der **unechte** (atypische) stille Gesellschafter ist nicht nur am Gewinn/Verlust des Unternehmens beteiligt, sondern **auch am tatsächlichen Zuwachs des Gesellschaftsvermögens** einschließlich der stillen Reserven und eines Geschäftswerts (vgl. H 15.8 Abs. 1 (Stiller Gesellschafter) EStH 2017).

  Der **unechte** stille Gesellschafter erzielt im Rahmen dieser Beteiligung **Einnahmen aus Gewerbebetrieb** nach § 15 EStG, weil er als **Mitunternehmer** anzusehen ist. Die

Gewinnanteile des unechten stillen Gesellschafters unterliegen deshalb bei der Ausschüttung **nicht** der Kapitalertragsteuer und dem Solidaritätszuschlag.

4. Welche grundlegende Besteuerungskonzeption gilt für Einkünfte aus Kapitalvermögen?

Für Einkünfte aus Kapitalvermögen gilt seit dem VZ 2009 ein **einheitlicher Einkommensteuersatz** von **25 %** zuzüglich 5,5 % Solidaritätszuschlag und ggf. zuzüglich Kirchensteuer (sofern Kirchensteuerpflicht vorliegt).

Die Besteuerung der Kapitaleinkünfte erfolgt im Regelfall durch **Kapitalertragsteuerabzug an der „Quelle"** – d. h. von der auszahlenden Stelle (z. B. Bank). Die einbehaltenen Steuern werden an das Finanzamt abgeführt, **wodurch die Besteuerung dieser Einkünfte in der Regel abgegolten ist**. Aus diesem Grund wird die 25 %ige Steuer auf Kapitaleinkünfte als „**Abgeltungsteuer**" bezeichnet.

Folge der Abgeltungswirkung ist, dass diese Einkünfte **bei der Ermittlung des zu versteuernden Einkommens außer Ansatz** bleiben (sie werden nicht wie die anderen Einkünfte der „regulären" tariflichen Einkommensteuer, sondern nur dem pauschalen Steuersatz von 25 % unterworfen).

Beispiel

Florian Hoffmann erhält für eine Kapitalanlage von seiner Bank im Juni 2018 Zinsen in Höhe von 450 €. Er hat der Bank keinen Freistellungsauftrag erteilt. Kirchensteuerabzug wird nicht vorgenommen, weil Herr Hoffmann konfessionslos ist.

Abrechnung der Bank bei der Auszahlung der Zinsen:

Bruttozinsen	450,00 €	
- 25 % KapESt von 450,00 €	112,50 €	
- 5,5 % SolZ von 112,50 €	6,19 €	
= Nettozinsen (Auszahlungsbetrag)	**331,31 €**	

Die Abgeltungsteuer und der hierauf entfallende SolZ werden von der Bank einbehalten und an das Finanzamt abgeführt. Die auf diese Einkünfte entfallende Einkommensteuer und der Solidaritätszuschlag sind damit abgegolten. Deshalb bleiben diese Einkünfte bei der Ermittlung des zu versteuernden Einkommens grundsätzlich außer Ansatz (vgl. § 2 Abs. 5b Satz 1 EStG).

Wenn der Steuerpflichtige einer kirchensteuerpflichtigen Religionsgemeinschaft angehört, ist die auszahlende Stelle (in der Regel die Bank) grundsätzlich verpflichtet, den **Kirchensteuerabzug**, der auf die Kapitalertragsteuer entfällt (= Zuschlag zur Kapitalertragsteuer) vorzunehmen und an das Finanzamt abzuführen (vgl. § 51a Abs. 2c EStG).

In diesem Fall ist die auf die Kapitalerträge entfallende Kirchensteuer ebenfalls abgegolten, sofern der Steuerpflichtige keine Veranlagung beantragt (vgl. § 51a Abs. 2d EStG). Wenn der Steuerpflichtige die Kirchensteuer auf die Kapitalertragsteuer nicht von der auszahlenden Stelle, sondern vom Finanzamt erheben lassen möchte, kann er der Übermittlung seines Kirchensteuerabzugsmerkmals (KISTAM) vom Bundeszentralamt für Steuern an die Bank widersprechen (sog. Sperrvermerk); vgl. § 51a Abs. 2e.

Weil gezahlte Kirchensteuer bei der Veranlagung zur Einkommensteuer als Sonderausgabe abziehbar ist und sich dadurch das zu versteuernde Einkommen – somit auch die tarifliche Einkommensteuer – vermindert, wird im Fall des Kirchensteuerabzugs durch die auszahlende Stelle auch die Kapitalertragsteuer, die ja eine besondere Erhebungsform der Einkommensteuer ist, vermindert. Die Berechnung der verminderten Kapitalertragsteuer ist in § 32d Abs. 1 Satz 3 EStG gesetzlich vorgegeben. Die einzubehaltende Kapitalertragsteuer beträgt danach

- **24,5098 %** bei 8 % Kirchensteuer
- **24,4499 %** bei 9 % Kirchensteuer.

Beispiel

Fall wie im Beispiel zuvor, jetzt jedoch mit dem Unterschied, dass Herr Hoffmann katholisch ist und seiner Bank den Auftrag erteilt hat, den Kirchensteuerabzug (9 %) im Rahmen des Kapitalertragsteuerabzugs mit vorzunehmen.

Abrechnung der Bank bei der Auszahlung der Zinsen:

	Bruttozinsen	450,00 €
-	24,4499 % KapESt von 450,00 €	110,02 €
-	5,5 % SolZ von 110,02 €	6,05 €
-	9 % KiSt von 110,02 €	9,90 €
=	Nettozinsen (Auszahlungsbetrag)	324,03 €

Die auszahlende Stelle ist verpflichtet, dem Gläubiger (Empfänger) der Kapitalerträge auf dessen Antrag eine Steuerbescheinigung auszustellen, aus der die einbehaltenen Steuern hervorgehen (vgl. § 45a Abs. 2 EStG und BMF-Schreiben vom 15.12.2017, BStBl 2018 I, S. 13), abgedruckt im Anhang 19I des EStH 2017.

Ist **kein Kirchensteuerabzug** durch die auszahlende Stelle erfolgt, **obwohl der Steuerpflichtige einer kirchensteuerpflichtigen Religionsgemeinschaft angehört**, wird die **Kirchensteuer im Rahmen der Veranlagung** zur Einkommensteuer **durch das Finanzamt** erhoben (vgl. § 51a Abs. 2d EStG). In der Einkommensteuererklärung sind dafür die einbehaltenen Abzugsteuern anzugeben (Nachweis durch die Steuerbescheinigung der Bank).

Wenn **kein Kapitalertragsteuerabzug erfolgt** ist – beispielsweise weil die auszahlende Stelle nicht verpflichtet ist, den Abzug durchzuführen – **müssen die Kapitalerträge im Rahmen des Veranlagungsverfahrens (also in der Steuererklärung) angegeben werden**. Das Finanzamt führt dann die Besteuerung in dem oben genannten Umfang durch. Eine **Ausnahme** gilt allerdings dann, wenn der Kapitalertragsteuerabzug aufgrund einer Nichtveranlagungs-Bescheinigung (§ 44a Abs. 2 Nr. 2 EStG) oder eines Freistellungsauftrags (§ 44a Abs. 2 Nr. 1 EStG) unterblieben ist. In diesen Fällen müssen die Kapitalerträge nicht in der Steuererklärung angegeben werden (siehe hierzu Frage 7).

5. In welchen Fällen erfolgt keine Besteuerung der Kapitaleinkünfte mit Abgeltungsteuer? Nennen Sie zwei Ausnahmen!

Ausnahmen von der Besteuerung der Kapitaleinkünfte mit der Abgeltungssteuer sind insbesondere in § 32d Abs. 2 und 6 EStG aufgeführt.

Eine Ausnahme von der Besteuerung mit Abgeltungssteuer liegt z. B. vor, wenn der im Einzelfall anzuwendende **„persönliche" Steuersatz niedriger als 25 %** ist (beispielsweise Rentner und Studenten sowie andere Steuerpflichtige mit niedrigen Einkünften). In diesem Fall kann der Steuerpflichtige den Antrag stellen, dass seine Kapitaleinkünfte in die reguläre Besteuerung seiner Einkünfte einbezogen und zusammen mit diesen der tariflichen Einkommensteuer unterworfen werden (vgl. § 32d Abs. 6 EStG). Die einbehaltenen Steuern (KapESt und SolZ) werden dann wie bereits geleistete Vorauszahlungen auf die Steuerschuld angerechnet.

Eine **weitere Ausnahmeregelung** gilt für **Dividendenempfänger mit einer Beteiligungsquote von mindestens 25 % an der ausschüttenden Gesellschaft** (beispielsweise Anteil an einer GmbH zu ¼ des Stammkapitals oder mehr): Diese Anteilseigner können alternativ zur oben dargestellten Besteuerung das **„Teileinkünfteverfahren"** wählen. Bei diesem Verfahren werden die Dividendenerträge auf Antrag des Steuerpflichtigen in das reguläre Veranlagungsverfahren einbezogen, **wobei 40 % steuerfrei** (§ 3 Nr. 40 Buchstabe d) und 60 % steuerpflichtig sind (vgl. § 32d Abs. 2 Nr. 3 Buchst. a EStG). Das Gleiche gilt für Anteilseigner, die für die ausschüttende Gesellschaft beruflich tätig sind, soweit ihr Anteil mindestens 1 % beträgt (vgl. § 32d Abs. 2 Nr. 3 Buchstabe b EStG).

Beispiel

Der ledige Steuerpflichtige Jan Kreuzer ist an der Schmitz & Kreuzer GmbH zu 35 % beteiligt. Anfang 2018 erhält er eine Dividendenausschüttung in Höhe von brutto 45.000 € von der GmbH. Bei der Ausschüttung behält die GmbH 25 % KapESt plus 5,5 % SolZ von den 45.000 € ein, führt die Steuern an das Finanzamt ab und stellt Herrn Kreuzer eine Steuerbescheinigung aus. Herr Kreuzer erhält eine Nettogutschrift in Höhe von 33.131,25 € (45.000 € minus 11.250 € KapESt und 618,75 € SolZ) auf seinem Bankkonto.

Zur Finanzierung der Beteiligung hatte Herr Kreuzer ein Bankdarlehen in Höhe von 60.000 € aufgenommen, für das er im VZ 2018 Zinsen in Höhe von 3.800 € bezahlt.

Bei der Veranlagung zur Einkommensteuer 2018 kann Herr Kreuzer den Antrag stellen, diese Einkünfte im Rahmen des regulären Besteuerungsverfahrens zu berücksichtigen. Seine Einkünfte aus Kapitalvermögen betragen dann:

	Bruttodividende	45.000,00 €
-	davon steuerfrei nach § 3 Nr. 40d (40 %)	18.000,00 €
=	steuerpflichtige Einnahme	27.000,00 €
-	Werbungskosten (Zinsen) 60 % (vgl. § 3c Abs. 2 EStG) von 3.800 € =	2.280,00 €
=	Einkünfte aus Kapitalvermögen	24.720,00 €

Die 24.720 € erhöhen dann das zu versteuernde Einkommen von Herrn Kreuzer.

Die von der GmbH einbehaltene Kapitalertragsteuer (25 % von 45.000 € = 11.250 €) und der einbehaltene SolZ (5,5 % von 11.250 € = 618,75 €) werden als Vorauszahlungen auf die Steuerschuld des VZ 2018 angerechnet.

6. Welche privaten Veräußerungsgeschäfte werden von § 20 Abs. 2 erfasst und wie werden sie steuerlich berücksichtigt?

Seit dem VZ 2009 werden bestimmte private Veräußerungsgeschäfte (z. B. der Verkauf von Aktien oder anderer Wertpapiere) von § 20 Abs. 2 erfasst. Sie unterliegen dadurch auch der Abgeltungsteuer. Grundvoraussetzung ist, dass sie

- im **Privatvermögen** gehalten werden und
- **nach dem 31.12.2008 erworben** wurden.

ACHTUNG

Sofern die Anschaffung **vor 2009** erfolgte, ist die Veräußerung den privaten Veräußerungsgeschäften gem. **§ 22 Nr. 2 i. V. mit § 23** zuzuordnen (siehe Kapitel 3.3.7 Sonstige Einkünfte, Frage 4).

Private Veräußerungsgeschäfte im Sinne von **§ 20 Abs. 2** sind **z. B.** die **Veräußerung von**

- **Aktien** (§ 20 Abs. 2 Nr. 1)
- **GmbH-Anteilen** (§ 20 Abs. 2 Nr. 1)
- **Dividendenscheinen** (§ 20 Abs. 2 Nr. 2a)
- **Zinsscheinen** (§ 20 Abs. 2 Nr. 2b)
- **Ansprüchen auf eine Versicherungsleistung** (§ 20 Abs. 2 Nr. 6) oder
- **festverzinslichen Wertpapieren** (§ 20 Abs. 2 Nr. 7).

Beispiel

Norbert Wirges verkauft im Februar 2018 über seine Bank 25 Aktien der XY-AG, die er im Juli 2017 erworben und seinem Privatvermögen zugeordnet hatte.

Der Aktienverkauf wird § 20 Abs. 2 Satz 1 Nr. 1 zugeordnet. Der Veräußerungsgewinn unterliegt der Abgeltungsteuer (siehe unten).

 ACHTUNG

Bei einer **Beteiligung an einer Kapitalgesellschaft** (z. B. GmbH oder AG) greift § 20 Abs. 2 Nr. 1 nur dann, wenn die Beteiligung weniger als 1 % des Eigenkapitals der Gesellschaft beträgt. Bei 1 % oder mehr Eigenkapitalbeteiligung unterliegen die Veräußerungsgewinne den Einkünften aus Gewerbebetrieb.

Der Gewinn oder Verlust wird nach **§ 20 Abs. 4** wie folgt berechnet:

	Veräußerungspreis
-	Veräußerungskosten (z. B. Makler-/Bankgebühren)
-	Anschaffungskosten (Kaufpreis plus Anschaffungsnebenkosten)
=	**Gewinn oder Verlust**

Beispiel

Fortsetzung des Falls auf der Seite zuvor (Aktienverkauf): Herr Wirges erzielt einen Verkaufspreis (Kurswert) von 98,50 €/Aktie. Er hatte die Aktien in 2017 für 72,50 € plus Anschaffungsnebenkosten (1,5 %) angeschafft. Die Verkaufskosten betragen ebenfalls 1,5 %.

	Veräußerungspreis	25 · 98,50 € =		2.462,50 €
-	Veräußerungskosten	2.462,50 € · 1,5 % =		36,94 €
-	Anschaffungskosten	25 · 72,50 € =	1.812,50 €	
		+ 1,5 % von 1.812,50 € =	27,19 €	1.839,69 €
=	Veräußerungsgewinn			585,87 €

Wenn Herr Wirges seiner Bank keinen Freistellungsauftrag in mindestens dieser Höhe erteilt hat oder ein bestehender Freistellungsauftrag bereits durch andere Einkünfte in Sinne von § 20 ausgeschöpft ist, unterliegt der Gewinn der Abgeltungsteuer.

Herr Wirges hat seiner Bank keinen Freistellungsauftrag erteilt. Er ist katholisch.

Abrechnung der Bank:
Veräußerungsgewinn   585,87 €

Besteuerung:
   24,4499 % KapESt von 585,87 €   143,24 €
+ 5,5 % SolZ von 143,24 €   7,88 €
+ 9 % KiSt von 143,24 €   12,89 €
= Summe Abzugssteuern   164,01 €

Auszahlungsabrechnung:
	Veräußerungspreis	25 · 98,50 € =	2.462,50 €
-	Veräußerungskosten	2.462,50 € · 1,5 % =	36,94 €
-	Abzugssteuern (s. o.)		164,01 €
=	Auszahlung (Gutschrift)		2.261,55 €

Hinweis zur Verrechnung mit Verlusten:
Positive und negative Einkünfte im Sinne von § 20 können innerhalb eines Veranlagungszeitraums grundsätzlich miteinander verrechnet werden. Nur der danach verbleibende Saldo unterliegt dann der Besteuerung (allgemeiner Verlustverrechnungstopf gem. § 43a Abs. 3).

Für **Aktienverkäufe** gilt jedoch die **Ausnahme**, dass **Verluste aus Aktienverkäufen** nur mit **Gewinnen aus Aktienverkäufen** verrechnet werden dürfen (vgl. § 20 Abs. 6 Satz 5). Nicht ausgeglichene Verluste werden auf nachfolgende Veranlagungszeiträume vorgetragen; im jeweiligen Vortagsjahr können sie erneut nur mit Gewinnen aus Aktienverkäufen verrechnet werden (§ 20 Abs. 6 Satz 3).

7. Welche Beträge werden von den Einnahmen abgezogen, wenn die Kapitalerträge im regulären Besteuerungsverfahren berücksichtigt werden?

Wenn die Kapitalerträge im regulären Besteuerungsverfahren berücksichtigt werden, dann **können nachgewiesene Werbungskosten** von den Einnahmen **abgezogen werden** (vgl. § 32d Abs. 2 Nr. 3 Satz 2 EStG). Dies sind beispielsweise Bearbeitungsgebühren, Safemieten, Beratungshonorare, Fremdkapitalzinsen, die im Zusammenhang mit der Finanzierung des Kapitals stehen oder andere mit den Erträgen im Zusammenhang anfallende Aufwendungen.

Bei Anwendung des Teileinkünfteverfahrens ist jedoch eine Kürzung der Werbungskosten um 40 % vorzunehmen; dies bedeutet, dass 60 % der nachgewiesenen Werbungskosten abgezogen werden können (vgl. § 3c Abs. 2 EStG).

Die **Regelungen zum Sparer-Pauschbetrag** (§ 20 Abs. 9 EStG) sind dann **nicht** anzuwenden (vgl. § 32d Abs. 2 Nr. 1 Satz 2 und Nr. 3 Satz 2 EStG).

ACHTUNG

> Wenn die Kapitalerträge **nicht** in das reguläre Besteuerungsverfahren einbezogen werden und somit nicht dem progressiven Einkommensteuertarif, sondern der Abgeltungssteuer in Höhe von 25 % unterliegen, ist der Abzug von nachgewiesenen Werbungskosten **ausgeschlossen**. In diesen Fällen wird lediglich der Sparer-Pauschbetrag (801 €/1.602 €) von den Erträgen abgezogen (vgl. § 20 Abs. 9 EStG).

8. Unter welchen Voraussetzungen wird vom Abzug der Kapitalertragsteuer bei Zinsen und Dividenden abgesehen?

Für bestimmte Kapitalerträge wird unter den folgenden Voraussetzungen **keine** Kapitalertragsteuer einbehalten:

- Der auszahlenden Stelle (z. B. Bankinstitut) liegt ein **Freistellungsauftrag** vom Gläubiger der Zinsen nach amtlich vorgeschriebenem Vordruck vor.

  Jeder unbeschränkt Steuerpflichtige kann durch den Freistellungsauftrag bestimmte Kapitalerträge bis zu insgesamt **801 €** im Kalenderjahr (Sparer-Pauschbetrag) vom Kapitalertragsteuerabzug freistellen. Vgl. § 44a Abs. 1 Nr. 1 und Abs. 2 Nr. 1.

  Bei **Ehegatten**, die zusammen zur ESt veranlagt werden, ist der vorgenannte Betrag zu **verdoppeln**.

- Der auszahlenden Stelle liegt eine **Nichtveranlagungs-Bescheinigung** (NV-Bescheinigung) des für den Gläubiger der Zinsen zuständigen Wohnsitzfinanzamts vor, aus der hervorgeht, dass eine ESt-Veranlagung für den Steuerpflichtigen nicht in Betracht kommt (vgl. § 44a Abs. 1 Nr. 2 und Abs. 2 Nr. 2).

Wenn die Zinseinnahmen des Steuerpflichtigen den Umfang des Freistellungsauftrages nicht übersteigen, dann werden die Zinsen ohne Abzug – also brutto – gutgeschrieben. Wird das Freistellungsvolumen jedoch überschritten wird, dann erfolgt Kapitalertragsteuerabzug und Abzug von SolZ von den **übersteigenden** Zinsen.

Beispiel

Peter Sailer erteilt seiner Bank einen **Freistellungsauftrag** in Höhe von **801 €**. Für seine Sparguthaben erhält Herr Sailer in 2018 insgesamt **1.500 € Zinsen** von seiner Bank.

Von diesen Zinsen bleiben 801 € vom Kapitalertragsteuerabzug frei. Die verbleibenden 699 € Zinsen unterliegen dann aber dem Abzug von Kapitalertragsteuer (25 % von 699 € = 174,75 €) und dem Abzug von SolZ (5,5 % von 174,75 € = 9,61 €). Herr Sailer erhält also 1.315,64 € ausgezahlt (Nettozinsen), sofern keine Kirchensteuerpflicht besteht.

9. Bei welchen Sachverhalten werden die Einkünfte aus Kapitalvermögen im Veranlagungsverfahren berücksichtigt? Nennen Sie wichtige Fälle!

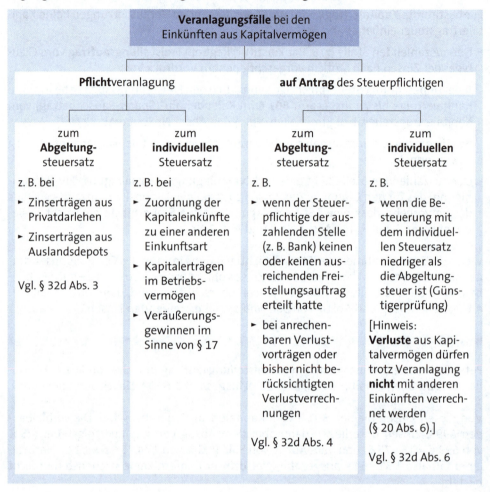

10. Wie werden Erträge aus Kapitallebensversicherungen bei den Einkünften aus Kapitalvermögen berücksichtigt?

Hinsichtlich der Besteuerung der Erträge aus Kapitallebensversicherungen kommt es insbesondere darauf an

- **wann** der Vertrag **abgeschlossen** wurde (vor dem 01.01.2005 = „Altvertrag" oder nach dem 31.12.2004 = „Neuvertrag")
- um welche **Art der Versicherung** es sich handelt (siehe hierzu § 10 Abs. 1 Nr. 2b Buchst. bb) - dd) EStG 2004) und
- **wie lang** die Versicherung bis zur Auszahlung der Versicherungssumme läuft (**Vertragslaufzeit**).

„Altvertrag" (vor dem 01.01.2005 abgeschlossen und erster Beitrag vor diesem Datum bezahlt):

> Zinserträge/Überschussanteile aus einem Altvertrag bleiben – sofern die Voraussetzungen gem. § 20 Abs. 1 Nr. 6 Satz 2 EStG 2004 erfüllt sind – auch in Zukunft **steuerfrei** („Bestandsschutz").
>
> **Hauptvoraussetzungen für die Steuerfreiheit:**
> - Erfüllung der Voraussetzungen für den Sonderausgabenabzug nach § 10 Abs. 1 Nr. 2 Buchst. b EStG 2004 und
> - Eintritt des Versicherungsfalls oder Auszahlung nach dem 12. Vertragsjahr.

Fondsgebundene Lebensversicherungen sind von der Steuerbefreiung ausgeschlossen (vgl. § 20 Abs. 1 Nr. 6 Satz 3 EStG 2004). Erträge aus diesen Versicherungen sind also immer steuerpflichtig.

„Neuvertrag" (nach dem 31.12.2004 abgeschlossen):
Erträge aus einem Neuvertrag gehören zu den Einnahmen aus Kapitalvermögen gem. § 20 Abs. 1 Nr. 6, sofern eine **Kapitalauszahlung im Erlebensfall** erfolgt (die Auszahlung der Versicherung im **Todesfall** führt **nicht** zur Besteuerung).

Steuerpflichtiger Ertrag ist der **Unterschiedsbetrag** zwischen der **Versicherungsleistung** (Kapitalauszahlung) und der **Summe der eingezahlten Versicherungsbeiträge** (vgl. § 20 Abs. 2 Nr. 6).

Sofern die Kapitalauszahlung nach einer abgelaufenen **Vertragslaufzeit von 12 Jahren** und erst nach **Vollendung des 62. Lebensjahres** erfolgt (für Verträge, die vor dem 01.01.2012 abgeschlossen wurden, ist die Vollendung des 60. Lebensjahres relevant), unterliegen die Erträge dem **„Halbeinkünfteverfahren"** (d. h. die Hälfte des Ertrags ist steuerfrei; vgl. § 20 Abs. 1 Nr. 6).

ACHTUNG

> Die Einkünfte aus diesen Verträgen unterliegen nicht der Abgeltungsteuer. Sie werden in die reguläre Veranlagung zur Einkommensteuer einbezogen und unterliegen damit dem progressiven Einkommensteuertarif.

Mit dem Jahressteuergesetz 2009 wurde für Kapitallebensversicherungsverträge, die ab dem 01.04.2009 geschlossen wurden, in bestimmten Fällen die Besteuerung nach dem Halbeinkünfteverfahren abgeschafft. Siehe hierzu § 20 Abs. 1 Nr. 6 Satz 6.

3.3.6 Einkünfte aus Vermietung und Verpachtung

1. Beschreiben Sie kurz, welche Einnahmearten zu den Einkünften aus Vermietung und Verpachtung gehören!

Zu den Einnahmen aus Vermietung und Verpachtung gehören nach § 21 Abs. 1 und 2:

> - Einnahmen aus der **Vermietung und Verpachtung von unbeweglichem Vermögen**, z. B. aus der **Vermietung von Grundstücken, Gebäuden**, Schiffen, die im Schiffsregister eingetragen sind
>
> - Einnahmen aus der **Vermietung von Sachinbegriffen,** z. B. Vermietung einer Betriebsausstattung bzw. einer Praxiseinrichtung [Beachte: Die Vermietung **einzelner** beweglicher Gegenstände fällt unter die Einnahmen nach § 22 Nr. 3.]
>
> - Einnahmen aus der **zeitlich begrenzten Überlassung von Rechten,** z. B. Lizenzgebühren für die Überlassung eines Patents oder für die Überlassung eines schriftstellerischen oder künstlerischen Werkes
>
> [Beachte: Einnahmen, die der Schriftsteller, Künstler oder Erfinder selbst aus der Überlassung seiner Werke erzielt, gehören zu den Einkünften aus selbstständiger Arbeit (§ 18). Daher fallen nur die zeitlich begrenzten Überlassungen von **erworbenen** Urheberrechten unter § 21 Abs. 1 Satz 1 Nr. 3.]
>
> - Einnahmen aus der **Veräußerung von Miet- und Pachtzinsforderungen** nach § 21 Abs. 1 Nr. 4.

2. Welche Besonderheit ist nach R 21.2 Abs. 1 EStR zu beachten?

Sofern Teile einer selbstgenutzten Eigentumswohnung, eines selbstgenutzten Einfamilienhauses oder eines insgesamt selbstgenutzten anderen Hauses vorübergehend vermietet werden, so kann aus Vereinfachungsgründen **von der Besteuerung abgesehen** werden, wenn die Einnahmen hieraus **520 € im VZ nicht übersteigen** (vgl. R 21.2 Abs. 1 Satz 1 EStR).

3. Was besagt die sogenannte Subsidiaritätsklausel des § 21 Abs. 3?

Die Subsidiaritätsklausel (subsidiäres Recht = ersatz- bzw. hilfsweise geltende gesetzliche Vorschrift) des § 21 Abs. 3 besagt, dass Einnahmen der in § 21 Abs. 1 genannten Art nur dann den Einkünften aus Vermietung und Verpachtung nach § 21 zuzurechnen sind, wenn sie nicht vorrangig einer anderen Einkunftsart zuzuordnen sind.

Befindet sich beispielsweise ein Gebäude, das ganz oder teilweise vermietet wird, im Betriebsvermögen eines Gewerbetreibenden, dann sind die hieraus erzielten Mieteinnahmen den Betriebseinnahmen und die abzugsfähigen Aufwendungen den Betriebsausgaben des Gewerbebetriebes zuzurechnen (Zuordnung zu den Einkünften aus Gewerbebetrieb nach § 15).

Würde das Gebäude zum Betriebsvermögen eines Freiberuflers gehören, dann wäre eine Zuordnung der Einkünfte aus der Vermietung zu den Einkünften aus selbstständiger Arbeit nach § 18 geboten.

Eine Zuordnung zu den Einkünften aus Vermietung und Verpachtung nach § 21 erfolgt also nur dann, wenn das vermietete oder verpachtete Objekt zum **Privatvermögen** des Steuerpflichtigen gehört. Siehe hierzu R 4.2 Abs. 4 ff. EStR.

ACHTUNG

Die Einkünfte aus Kapitalvermögen nach § 20 sind den Einkünften aus Vermietung und Verpachtung **nachgeordnet** (vgl. § 20 Abs. 8), was bedeutet, dass Einnahmen und zugehörige Werbungskosten, die dem Charakter nach den Einkünften aus Kapitalvermögen zuzuordnen wären, den Einkünften aus Vermietung und Verpachtung zuzuordnen sind, wenn sie mit diesen in wirtschaftlichem Zusammenhang stehen. Beispiel: Guthabenzinsen aus einem Bausparvertrag sind den Einkünften aus Vermietung und Verpachtung zuzuordnen, wenn der Bausparvertrag der Finanzierung des vermieteten oder verpachteten Objektes dient bzw. dienen soll (z. B. Guthabenzinsen aus einem noch nicht zugeteilten Bausparvertrag, der durch ein Bankdarlehen – sog. Bankvorausdarlehen – zwischenfinanziert wird und das Darlehen der Finanzierung des vermieteten Grundstücks dient).

4. Nach welchen Kriterien können Grundstücke unterschieden werden?

Grundstücke können beispielsweise nach den folgenden Kriterien unterschieden werden:

(1) nach der Zuordnung des den Erträgen zugrunde liegenden Vermögens zum
- **Privatvermögen** (dann werden die Einnahmen und Aufwendungen den Einkünften aus Vermietung und Verpachtung zugeordnet) oder zum
- **Betriebsvermögen** (dann werden die Einnahmen und Aufwendungen derjenigen Einkunftsart zugeordnet, zu der das betreffende Grundstück gehört).

(2) nach der Anzahl der Wohnungen in dem vermieteten oder verpachteten Objekt in
- **Einfamilienhaus** (EFH)
- **Zweifamilienhaus** (ZFH) oder
- **Mietwohngrundstück** (das zu mehr als 80 % Wohnzwecken dient).

(3) nach der Form der Nutzung des Objekts:
- **in vollem Umfang vermietet/verpachtet** oder
- **in vollem Umfang selbst bewohnt** oder
- **„gemischt" genutzt** (zum Teil selbst bewohnt und zum Teil vermietet/verpachtet).

Übersicht zur Unterscheidung der Grundstücke des Privatvermögens:

Grundstücke des Privatvermögens			
voll vermietet/ verpachtet	voll selbst bewohnt	„gemischt" genutzt (zum Teil vermietet/verpachtet und zum Teil selbst bewohnt)	
		selbst bewohnter Teil	vermieteter Teil
Einnahmen - WK = **Einkünfte**	*keine* Einkünfte nach § 21	*keine* Einkünfte nach § 21	Einnahmen - WK = **Einkünfte**

5. Wie werden die Einkünfte aus Vermietung und Verpachtung grundsätzlich ermittelt?

Die Einkunftsart Vermietung und Verpachtung gehört zu der Gruppe der **Überschusseinkünfte**. Deshalb werden die **Einkünfte** als **Überschuss der Einnahmen über die Werbungskosten** ermittelt (Gegenüberstellung der Einnahmen nach § 8 Abs. 1 und der Werbungskosten nach § 9).

6. Was gehört zu den Einnahmen aus Vermietung und Verpachtung bei einem Grundstück?

Zu den **Einnahmen** aus Vermietung und Verpachtung gehören **alle Güter in Geld oder Geldeswert, die dem Steuerpflichtigen im Rahmen der Nutzungsüberlassung zufließen** (vgl. § 8 Abs. 1). Dazu gehören insbesondere:

- **Mieteinnahmen,** z. B. für Wohnungen, Garagen, Werbeflächen, Gärten usw.
- **vereinnahmte Umlagen,** z. B. für Heizung, Wasser, Abwasser, Müllabfuhr, Straßenreinigung, Flur-/Kellerbeleuchtung usw., sofern sie nicht bereits in der Miete enthalten sind.

ACHTUNG

- Weil für die zeitliche Zuordnung der Einnahmen § 11 Abs. 1 gilt, gehören **auch Mietnachzahlungen** für frühere Kalenderjahre **oder Mietvorauszahlungen** für nachfolgende Kalenderjahre grundsätzlich zu den **Mieteinnahmen des laufenden Kalenderjahres** (Zuflussprinzip des § 11 Abs. 1 Satz 1). Eine **Ausnahme** hiervon bildet das Zurechnungsprinzip des § 11 Abs. 1 Satz 2 bei regelmäßig wiederkehrenden Zahlungen innerhalb von 10 Tagen vor oder 10 Tagen nach dem 31.12. des laufenden Kalenderjahres.

- Mieteinnahmen für einen Zeitraum von mehr als 5 Jahren im Voraus können auf den Zeitraum, für den sie gezahlt wurden, gleichmäßig verteilt werden (Wahlrecht gem. § 11 Abs. 1 Satz 3).

- **Nicht** zu den Einnahmen gehört die **Kaution**, die der Mieter dem Vermieter als Sicherheitsleistung bezahlt, weil der Vermieter keine wirtschaftliche Verfügungsmacht hierüber erlangt.

7. Welche Aufwendungen kommen als Werbungskosten bei der Ermittlung der Einkünfte aus Vermietung und Verpachtung in Betracht?

Zu den Werbungskosten gehören **alle Aufwendungen zur Erwerbung, Sicherung und Erhaltung der Einnahmen** (vgl. § 9 Abs. 1 Satz 1).

Bei der Ermittlung der Einkünfte aus Vermietung und Verpachtung kommen insbesondere die folgenden Werbungskosten in Betracht (vgl. R 21.2 EStR und H 21.2 (Werbungskosten) EStH):

- Schuldzinsen einschließlich Disagio/Damnum und Finanzierungsnebenkosten, wie Kreditprovisionen, Bereitstellungsgebühren etc. (**nicht** Tilgungsbeiträge)
- Absetzung für Abnutzung (AfA)
- erhöhte Absetzungen und Sonderabschreibungen
- Erhaltungsaufwendungen (z. B. für Reparaturen)
- Grundsteuer, Straßenreinigung, Müllabfuhr
- Wasserversorgung, Entwässerung, Hausbeleuchtung
- Heizung, Warmwasser
- Schornsteinreinigung, Hausversicherung, Hauswart, Treppenreinigung, Fahrstuhl und
- sonstige Werbungskosten.

ACHTUNG

Bei den Einkünften aus Vermietung und Verpachtung darf ein **Damnum (Disagio)** grundsätzlich im **Zeitpunkt der Zahlung** als **Werbungskosten** abgezogen werden, soweit § 42 AO dem nicht entgegensteht. Mit dem BMF-Schreiben vom 20.10.2003 wurde aber einschränkend geregelt, dass für Verträge, die nach dem 31.12.2003 geschlossen wurden, bei einer Zinsfestschreibung von mehr als 5 Jahren nur noch Disagiobeträge in Höhe von **maximal 5 %** der Darlehenssumme als sofort abzugsfähige Werbungskosten berücksichtigt werden dürfen. Übersteigende Disagiobeträge sind auf die Restlaufzeit des Darlehens zu verteilen, also jährlich anteilig als Werbungskosten abziehbar. Siehe hierzu Anhang 30 I Rz. 15 im EStH 2017 (S. 2437).

8. Welche AfA-Alternativen stehen dem Steuerpflichtigen nach § 7 bei Gebäuden des Privatvermögens zur Wahl?

Bei der Ermittlung der Einkünfte aus Vermietung und Verpachtung bei Gebäuden des Privatvermögens stehen grundsätzlich die folgenden AfA-Alternativen zur Wahl:

AfA-Arten	AfA-Sätze	Voraussetzungen	AfA im Erstjahr
lineare AfA (§ 7 Abs. 4)	2,5 %	Fertigstellung vor dem 01.01.1925	zeitanteilig
	2 %	Fertigstellung nach dem 31.12.1924	zeitanteilig
degressive AfA (§ 7 Abs. 5)	Staffel 65/77 12 · 3,5 % 20 · 2 % 18 · 1 %	Bauantrag bzw. Kaufvertrag vor dem 30.07.1981 (ausgesetzt für die Zeit vom 08.05.1973 bis zum 01.09.1977)	in voller Höhe
	Staffel 81 8 · 5 % 6 · 2,5 % 36 · 1,25 %	Bauantrag bzw. Kaufvertrag nach dem 29.07.1981 und vor dem 01.01.1995	in voller Höhe
	Staffel 89 4 · 7 % 6 · 5 % 6 · 2 % 24 · 1,25 %	Wohnzwecken dienend und Bauantrag bzw. Kaufvertrag nach dem 28.02.1989 und vor dem 01.01.1996	in voller Höhe
	Staffel 96 8 · 5 % 6 · 2,5 % 36 · 1,25 %	Wohnzwecken dienend und Bauantrag bzw. Kaufvertrag nach dem 31.12.1995	in voller Höhe
	Staffel 04 10 · 4 % 8 · 2,5 % 32 · 1,25 %	Wohnzwecken dienend und Bauantrag bzw. Kaufvertrag nach dem 31.12.2003 und vor dem 01.01.2006[1]	in voller Höhe

Grundlage für die Berechnung der AfA bilden die **Anschaffungskosten** (beim Kauf) oder **Herstellungskosten** (bei eigener Herstellung) **des Gebäudes**. Der Wert des Grund und Bodens ist deshalb für die Zwecke der AfA-Ermittlung vom Wert des Gebäudes zu trennen.

Abschreibungsbeginn ist bei angeschafften Gebäuden der **Zeitpunkt der Anschaffung** und bei hergestellten Gebäuden der **Zeitpunkt der Fertigstellung** (wenn die wesentlichen Bauarbeiten abgeschlossen sind und der Bau so weit errichtet ist, dass der Bezug zumutbar ist (vgl. H 7.4 (Fertigstellung) EStH 2017).

---

[1] Die degressive Gebäude-AfA wurde für Neufälle zum **01.01.2006 abgeschafft**.

9. Ist ein Wechsel zwischen den Abschreibungsarten möglich?

Ein Wechsel zwischen der linearen AfA nach § 7 Abs. 4 und der degressiven AfA nach § 7 Abs. 5 oder umgekehrt ist grundsätzlich **nicht** zulässig (vgl. H 7.4 (Wechsel der AfA-Methode bei Gebäuden) EStH 2017). Hinsichtlich der Ausnahmen siehe R 7.4 Abs. 7 EStR.

10. Wie setzen sich die Anschaffungskosten eines Gebäudes zusammen?

Die Anschaffungskosten eines Gebäudes setzen sich wie folgt zusammen:

```
  Kaufpreis
+ Anschaffungsnebenkosten
- Anschaffungspreisminderungen
= Anschaffungskosten
```

- Bei der Anschaffung eines **bebauten Grundstücks** sind der **Kaufpreis** und die **Anschaffungsnebenkosten** sowie die **Anschaffungspreisminderungen** nach dem Verhältnis der Verkehrswerte oder Teilwerte auf den Grund und Boden und auf das Gebäude **aufzuteilen**; vgl. H 7.3 (Kaufpreisaufteilung) EStH 2017.
- Zu den **Anschaffungsnebenkosten** gehören beispielsweise: Maklergebühr, Notariatskosten, Grundbuchgebühren, Grunderwerbsteuer, Reisekosten für die Besichtigung vor dem Kauf.

11. Was gehört zu den Herstellungskosten eines Gebäudes?

Zu den Herstellungskosten eines **Gebäudes** gehören neben den reinen Baukosten (Rechnungen der Bauunternehmungen und der Handwerker oder Belege über eigene Materialeinkäufe) z. B. auch (vgl. R 6.4 EStR und H 6.4 EStH 2017):

- Kosten des Anschlusses an das Gasnetz, an das Stromversorgungsnetz, an die Wasser- und Wärmeversorgung und an das Breitbandkabel
- Kanalanschlusskosten (Kosten für die Zuleitung zum öffentlichen Kanal und Kanalanstich)
- Aufwendungen für Heizungsanlagen
- Aufwendungen für Küchenspülen
- Fahrtkosten zur Baustelle
- Aufwendungen für Maschendrahtzaun und für lebende Umzäunungen (z. B. Hecken) in angemessenem Umfang
- Aufwendungen für das Richtfest und für den sog. Baustrom und das Bauwasser.

12. Was gehört z. B. nicht zu den Herstellungskosten eines Gebäudes?

Nicht zu den Herstellungskosten eines **Gebäudes** gehören u. a. die folgenden Aufwendungen (vgl. H 6.4 EStH 2017):

- Wert der eigenen Arbeitsleistung
- Aufwendungen für Gartenanlagen (= eigenständige Wirtschaftsgüter, vgl. R 21.1 Abs. 3 EStR)
- erstmalige Erschließungs-, Straßenanliegerbeiträge und andere, auf das Grundstückseigentum bezogene **kommunale Beiträge**, wie z. B. erstmalige Straßenausbau- und Kanalanschluss**beiträge** (= AK des Grund und Bodens!).

13. Was ist unter Erhaltungsaufwendungen eines Gebäudes zu verstehen?

Unter Erhaltungsaufwendungen sind Aufwendungen für die **Erneuerung von bereits vorhandenen Teilen**, Einrichtungen oder Anlagen zu verstehen (vgl. R 21.1 Abs. 1 Satz 1 EStR), sofern sie **nach** der Fertigstellung des Gebäudes anfallen. Hierzu gehören z. B. der Neuanstrich des Hauses, die Erneuerung von Fenstern oder Türen oder die Erneuerung des Daches.

14. Erläutern Sie die Abzugsfähigkeit von Erhaltungsaufwendungen eines Gebäudes als Werbungskosten!

Erhaltungsaufwendungen eines Gebäudes sind – sofern die Aufwendungen für das Gebäude als Werbungskosten absetzbar sind – im Jahr der Verausgabung (§ 11 Abs. 2 Satz 1) **direkt in voller Höhe absetzbar**.

Fallen **größere Aufwendungen für die Erhaltung von Gebäuden** an, die

- **nicht** zum **Betriebsvermögen** gehören und
- die **überwiegend Wohnzwecken** dienen,

können diese größeren Erhaltungsaufwendungen **auf 2 bis 5 Jahre verteilt** als Werbungskosten abgezogen werden (§ 82b EStDV). Ein Gebäude dient überwiegend Wohnzwecken, wenn die Flächen der Wohnzwecken dienenden Räume mehr als die Hälfte der gesamten Nutzfläche betragen. Zum Gebäude gehörende Garagen sind ohne Rücksicht auf ihre tatsächliche Nutzung als Wohnzwecken dienend zu behandeln, soweit in ihnen nicht mehr als ein Pkw pro Wohnung untergestellt werden kann.

Wird ein Gebäude während des Verteilungszeitraums veräußert, kann der noch nicht als WK abgezogene Erhaltungsaufwand im Jahr der Veräußerung abgezogen werden. Dies gilt auch für die Fälle, in denen ein Gebäude in dem Verteilungszeitraum in ein Betriebsvermögen eingebracht oder nicht mehr zur Einkunftserzielung genutzt wird.

15. Was ist unter Herstellungsaufwendungen nach der Fertigstellung des Gebäudes zu verstehen und wie sind diese abziehbar?

Herstellungsaufwendungen sind Aufwendungen, die nach der Fertigstellung des Gebäudes für die **Erweiterung** oder die über den ursprünglichen Zustand hinausgehende **wesentliche Verbesserung** des Gebäudes entstehen (vgl. R 21.1 Abs. 2 EStR). In der Regel dienen sie dazu, etwas **Neues, bisher nicht Vorhandenes** an dem Gebäude zu schaffen (z. B. Anbau eines Wintergartens).

Herstellungsaufwendungen können **nicht sofort** in voller Höhe als Werbungskosten (WK) abgezogen werden, weil sie nachträgliche Herstellungskosten des Gebäudes sind. Sie können nur **im Rahmen der Gebäude-AfA** als WK geltend gemacht werden.

Zu den **Herstellungskosten** eines Gebäudes gehören auch Aufwendungen für Instandsetzungs- und Modernisierungsmaßnahmen, die

- **innerhalb von drei Jahren** nach der Anschaffung des Gebäudes durchgeführt werden **und**
- ohne die Umsatzsteuer **15 % der Anschaffungskosten** des Gebäudes **übersteigen (anschaffungsnahe Herstellungskosten)**.

Zu diesen Aufwendungen gehören **nicht** die Aufwendungen für Erhaltungsarbeiten, die jährlich üblicherweise anfallen (siehe § 6 Abs. 1 Nr. 1a EStG). Diese sind im Jahr der Bezahlung direkt als WK abziehbar. Siehe hierzu H 6.4 (Anschaffungsnahe Herstellungskosten) EStH 2017.

Betragen die Aufwendungen nach der Fertigstellung eines Gebäudes für die **einzelne Baumaßnahme** jedoch **nicht mehr als 4.000 €** (Rechnungsbetrag **ohne USt**), so sind diese Aufwendungen **auf Antrag als Erhaltungsaufwendungen zu behandeln**, die dann sofort in voller Höhe als WK abgezogen werden können (vgl. R 21.1 Abs. 2 EStR 2017).

16. Welcher Grundsatz gilt für die Abzugsfähigkeit der Aufwendungen als Werbungskosten bei einem Grundstück?

Für die Abzugsfähigkeit der Grundstücksaufwendungen gilt der Grundsatz, dass Aufwendungen nur insoweit als WK abgezogen werden dürfen, als sie zur Erwerbung, Sicherung oder Erhaltung von Einnahmen aus diesem Grundstück angefallen sind.

Dies bedeutet, dass

- Grundstücksaufwendungen, die für ein voll selbst bewohntes Objekt anfallen, überhaupt nicht als WK bei § 21 abgezogen werden dürfen und
- Grundstücksaufwendungen, die für ein „gemischt" genutztes Objekt anfallen, nur insoweit als WK bei § 21 abgezogen werden dürfen, als sie auf die Teile des Objektes entfallen, für die Einnahmen erzielt werden (anteilige Abzugsfähigkeit).

ACHTUNG

Aufwendungen, die **im Zusammenhang mit Räumen** entstehen, **die zu eigenen beruflichen oder gewerblichen Zwecken genutzt werden**, können nicht als Werbungskosten bei den Einkünften aus Vermietung und Verpachtung, sondern nur als Werbungskosten oder Betriebsausgaben bei den Einnahmen abgezogen werden, die im Zusammenhang mit der Nutzung dieser Räume erzielt werden.

Beispiel

Ein Rechtsanwalt ist Eigentümer eines in 2018 selbst hergestellten Zweifamilienhauses, das er zu ⅓ vermietet, zu ⅓ selbst bewohnt und zu ⅓ für seine Tätigkeit als selbstständiger Rechtsanwalt nutzt.

Die auf die **vermietete Wohnung** entfallenden Grundstücksaufwendungen **sind** als **Werbungskosten** bei der Ermittlung der Einkünfte aus Vermietung und Verpachtung (§ 21) abzuziehen.

Die auf den **selbst bewohnten Teil** des Hauses entfallenden Aufwendungen sind **nicht** abzugsfähig, weil für diesen Teil des Hauses keine Einnahmen erzielt werden (keine Nutzungswertbesteuerung).

Die auf die **Praxisräume** entfallenden Aufwendungen sind **Betriebsausgaben** bei der Ermittlung der Einkünfte aus selbstständiger Arbeit nach § 18.

17. Welche Besonderheit ist bei der verbilligten Überlassung einer Wohnung zu Wohnzwecken zu beachten?

Wenn das Entgelt für die Überlassung einer Wohnung zu Wohnzwecken **weniger als 66 % der ortsüblichen Marktmiete** beträgt (z. B. bei der Vermietung an Familienangehörige), dann ist die Nutzungsüberlassung nach § 21 Abs. 2 in einen entgeltlichen und einen unentgeltlichen Teil aufzuteilen.

Dies bedeutet, dass die auf diese Wohnung entfallenden Einnahmen bei der Ermittlung der Einkünfte zwar in voller Höhe angesetzt werden (= Einnahmen, die dem entgeltlichen Teil der Nutzungsüberlassung zugeordnet werden), die **Werbungskosten** aber **nur anteilsmäßig** abgezogen werden können (nur mit dem Anteil, der auf den entgeltlich überlassenen Teil der Wohnung entfällt). Diejenigen Werbungskosten, die auf den unentgeltlichen Anteil der Nutzungsüberlassung entfallen, können nicht abgezogen werden.

Beispiel

Udo Krämer ist Eigentümer mehrerer Eigentumswohnungen, die er vermietet. Eine dieser Wohnungen vermietet er für 240 € an seine Nichte. Die ortsübliche Miete beträgt 600 €. Im VZ 2018 sind Herrn Krämer für diese Eigentumswohnung Aufwendungen in Höhe von 2.400 € entstanden.

Bei der Ermittlung der Einkünfte aus der Vermietung dieser Eigentumswohnung sind zunächst die Einnahmen in voller Höhe anzusetzen: 12 • 240 € = 2.880 €.

Die für die Eigentumswohnung entstandenen Aufwendungen dürfen aber nicht in voller Höhe abgesetzt werden weil die Miete weniger als 66 % der ortsüblichen Marktmiete beträgt: 240 € : 600 € • 100 = 40 %. Da die Miete 40 % der ortsüblichen Miete beträgt, dürfen die entstandenen Aufwendungen auch nur zu 40 % als Werbungskosten abgesetzt werden.

Ermittlung der Einkünfte:

	Einnahmen	2.880,00 €
-	WK (40 % von 2.400 €)	960,00 €
=	Einkünfte	1.920,00 €

3.3.7 Sonstige Einkünfte

1. Nennen Sie die Arten der sonstigen Einkünfte nach § 22!

Zu den sonstigen Einkünften gehören nur die folgenden, in § 22 genannten Einkünfte:

- **Einkünfte aus wiederkehrenden Bezügen**, z. B. Leibrenten (§ 22 Nr. 1)
- **Einkünfte aus Unterhaltsleistungen** (§ 22 Nr. 1a)
- **Einkünfte aus Versorgungsleistungen**, soweit sie beim Zahlungsverpflichteten nach § 10 Abs. 1 Nr. 1a als Sonderausgaben abgezogen werden können (§ 22 Nr. 1b)
- **Einkünfte aus Leistungen aufgrund eines schuldrechtlichen Versorgungsausgleichs** (§ 22 Nr. 1c)
- **Einkünfte aus privaten Veräußerungsgeschäften** (§ 22 Nr. 2 i. V. mit § 23)
- **Einkünfte aus bestimmten Leistungen**, z. B. aus der gelegentlichen Vermittlung von Versicherungsverträgen oder aus der Vermietung beweglicher Gegenstände (§ 22 Nr. 3)
- **Abgeordnetenbezüge** (§ 22 Nr. 4)
- **Einkünfte aus Altersvorsorgeverträgen nach dem AVmG** (sog. „Riester-Rente") (§ 22 Nr. 5)

2. Wie werden die Einkünfte bei Leibrenten ermittelt?

Die Einkünfte aus Leibrenten (z. B. Renten aus der gesetzlichen Rentenversicherung oder aus privaten Versicherungen) werden als **Überschuss der Einnahmen über die Werbungskosten** ermittelt (Einkünfte = Einnahmen - Werbungskosten nach § 9 oder 9a).

Einnahme ist bei Leibrenten der **Besteuerungs-** oder **Ertragsanteil**, der sich aus den **Tabellen des § 22 Nr. 1 EStG** bzw. **§ 55 EStDV** ergibt. Die Tabelle des § 55 EStDV ist bei abgekürzten, d. h. zeitlich befristeten Renten (z. B. Berufs- oder Erwerbsunfähigkeitsrenten, die nicht aus der gesetzlichen Rentenversicherung gezahlt werden) anzuwenden.

Im **Erstjahr** des Rentenbezugs und in dem darauf folgenden Jahr wird die Einnahme, die zur Besteuerung herangezogen wird, wie folgt ermittelt (= steuerpflichtige Einnahme):

> Einnahme = Bruttorente • Besteuerungsanteil (%) (nach § 22 Nr. 1 EStG bzw. § 55 EStDV)

Die von den Einnahmen abzusetzenden **Werbungskosten** können entweder nach § 9 in tatsächlicher Höhe oder nach § 9a **pauschal** mit **102 €** im Kalenderjahr abgesetzt werden.

Beispiel

Der Rentner André Ferber erhält seit der Vollendung seines 65. Lebensjahres im Jahr 2017 eine Leibrente von der Deutschen Rentenversicherung (DRV). Seine Bruttorente im Kalenderjahr 2018 beträgt 12.740 €. Werbungskosten weist er nicht nach.

Ermittlung der Einkünfte 2018:

	Einnahmen: Bruttorente 2018 = 12.740 € • 74 %	
	(Besteuerungsanteil aus 2017)	9.427,00 €
-	Werbungskosten nach § 9a	102,00 €
=	Einkünfte	9.325,00 €

Der **nicht** der Besteuerung unterliegende Anteil der Rente (im vorangegangenen Fall 26 % = 3.313 €) wird für diesen Steuerpflichtigen grundsätzlich lebenslang festgeschrieben und in jedem folgenden VZ als **„persönlicher Rentenfreibetrag"** von den Einnahmen gem. § 22 Nr. 1 Satz 3 Buchstabe a Doppelbuchstabe aa abgezogen.

Beispiel

Bezogen auf den Fall zuvor erfolgt die Berechnung der Einkünfte dann im **VZ 2019** unter der Annahme einer um 1 % gestiegenen monatlichen Bruttorente wie folgt:

	Einnahmen:	12.867,00 €
-	Rentenfreibetrag (festgeschrieben)	3.313,00 €
=	steuerpflichtige Einnahme	9.554,00 €
-	WKP § 9a	102,00 €
=	Einkünfte	9.452,00 €

 MERKE

Renten **aus der gesetzlichen Rentenversicherung** werden also in

- einen steuerpflichtigen Anteil und
- einen steuerfreien Anteil (= persönlicher Rentenfreibetrag)

aufgeteilt.

Der **steuerpflichtige** Anteil bestimmt sich nach dem **Jahr des Rentenbeginns** und dem für dieses Jahr maßgebenden Prozentsatz gem. § 22 Nr. 1 Satz 3 Buchstabe a Doppelbuchstabe aa (siehe erste Tabelle in § 22 Nr. 1).

Für Renten, die in **2005 erstmalig** bezogen wurden und Renten, die **bereits vor 2005 begannen**, beträgt der steuerpflichtige Anteil **50 %**.

Für Renten, die **2006 begannen**, beträgt der steuerpflichtige Anteil **52 %**, bei Renten, die **2007 begannen**, beträgt dieser Prozentsatz **54 %,** für Renten, die **2008** erstmalig gezahlt wurden, beträgt er **56 %**, bei Renten, die **2009** erstmalig gezahlt wurden, **58 %** usw. [**2018: 76 %**]

Der steuerpflichtige Anteil der Rente steigt also in jedem nachfolgenden Kalenderjahr für jeden **neu hinzukommenden** Rentnerjahrgang (sog. Kohorte) bis 2020 um 2 %-Punkte, danach von 2021 bis 2040 jährlich um 1 %-Punkt.

Für Rentner, die **2040 erstmals eine Altersrente** beziehen, betragen die Einnahmen somit **100 %** der Rente.

Entscheidend für die Höhe des steuerpflichtigen Anteils der Rente ist also allein das Kalenderjahr, in dem die Rente versicherungsrechtlich zu laufen beginnt.

ACHTUNG

Der persönliche **Rentenfreibetrag**, der lebenslang festgeschrieben wird, wird **im Jahr nach dem Rentenbeginn** unter Zugrundelegung der folgenden Daten ermittelt:

- Besteuerungsanteil (Prozentsatz gem. § 22 Nr. 1), der für das Erstjahr des Rentenbezugs gilt und
- Bruttorente des Kalenderjahres, das dem Erstjahr folgt (erstes volles Rentenjahr).

Beispiel

Rentenbeginn am 01.07.2017; monatliche Bruttorente in 2017: 1.000 €; Rentenerhöhung zum 01.07.2018 um 1,0 %.

Bruttorente 2017 : 6 • 1.000 € =	6.000,00 €
steuerpflichtiger Anteil: 74 % =	4.440,00 €

Ermittlung des Rentenfreibetrags (steuerfreier Anteil) ab 2018:

Bruttorente 2018 : 6 • 1.000 € + 6 • 1.010 € =	12.060,00 €
davon 74 % steuerpflichtig =	- 8.924,00 €
steuerfreier Anteil (= **Rentenfreibetrag, der festgeschrieben wird**)	3.136,00 €

Der persönliche Rentenfreibetrag wird nur dann neu ermittelt, wenn sich die Rente aus tatsächlichen oder rechtlichen Gründen ändert (z. B. eine Teilrente wird später als Vollrente gezahlt oder eine Erwerbsunfähigkeitsrente wird in eine Altersrente umgewandelt); bei der Neuberechnung bleibt der bisher festgestellte Besteuerungsprozentsatz des Erstjahres unverändert (lediglich der Rentenfreibetrag wird neu ermittelt). Regelmäßige Rentenanpassungen lösen hingegen **keine** Neuberechnung aus.

B. Grundwissen | I. Steuerwesen

> - Die oben dargestellte Ermittlung der Einkünfte nach der **ersten** Tabelle in § 22 Nr. 1 betrifft Renten aus
>   - der **gesetzlichen Rentenversicherung** (einschließlich der Erwerbsunfähigkeits- und der Hinterbliebenenrenten)
>   - landwirtschaftlichen Alterskassen
>   - berufsständischen Versorgungseinrichtungen und
>   - **kapitalgedeckten Altersvorsorgeverträgen im Sinne des § 10 Abs. 1 Nr. 2b** („Rürup-Rente").
> - Die Tabelle der Besteuerungsanteile in § 22 Nr. 1 Satz 3 Buchstabe a Doppelbuchstabe bb (**zweite** Tabelle in § 22 Nr. 1) betrifft insbesondere **private Leibrenten**, die nicht staatlich gefördert wurden, also z. B. Renten aus
>   - privaten Rentenversicherungen (**nicht** jedoch aus einer „Riester"- oder „Rürup"-Rente)
>   - privaten Unfallversicherungen
>   - privaten Berufsunfähigkeitsversicherungen und
>   - Zusatzversorgungen (z. B. von der Versorgungsanstalt des Bundes und der Länder – VBL).
> - **Abgekürzte private Leibrenten** (die nur über einen bestimmten Zeitraum gezahlt werden, wie z. B. eine private Berufsunfähigkeitsrente, befristet auf 10 Jahre) werden nach der Tabelle in **§ 55 EStDV** besteuert.

3. Wie sind die Zuschüsse der Rentenversicherungsträger zur Krankenversicherung der Rentner zu berücksichtigen?

Die Zuschüsse der Rentenversicherungsträger zur Krankenversicherung der Rentner sind nach **§ 3 Nr. 14 steuerfrei**. Sie stellen also keine steuerpflichtigen Einnahmen dar.

4. Was ist unter Einkünften aus privaten Veräußerungsgeschäften im Sinne des § 22 Nr. 2 i. V. mit § 23 zu verstehen?

Einkünfte aus **privaten Veräußerungsgeschäften** im Sinne des § 22 Nr. 2 i. V. mit § 23 sind Ergebnisse (Gewinne) aus dem Verkauf von Vermögensgegenständen des Privatvermögens. Ein Geschäft in diesem Sinne liegt vor, wenn

(1) **zwischen dem Erwerb und dem Verkauf** ein bestimmter **Zeitraum** nicht überschritten wird („Spekulationsfrist"):

- ▸ **bei Grundstücken** und grundstücksgleichen Rechten **nicht mehr als 10 Jahre** (§ 23 Abs. 1 Satz 1 Nr. 1);

  Ausgenommen sind Grundstücke, die im Zeitraum zwischen der Anschaffung/Fertigstellung und der Veräußerung
  - ausschließlich zu eigenen Wohnzwecken **oder**
  - im Jahr der Veräußerung und in den beiden vorangegangenen Jahren zu eigenen Wohnzwecken genutzt wurden;

- ▸ **bei anderen Wirtschaftsgütern** (z. B. Antiquitäten) **nicht mehr als 1 Jahr** (§ 23 Abs. 1 Satz 1 Nr. 2) *oder*

(2) die Veräußerung vor dem Erwerb erfolgt (§ 23 Abs. 1 Satz 1 Nr. 3).

Für die Berechnung der Spekulationsfrist ist regelmäßig das zugrunde liegende Verpflichtungsgeschäft (Datum des Kaufvertrages) maßgebend (vgl. H 23 (Veräußerungsfrist) EStH 2017).

ACHTUNG

Die 1-jährige **Veräußerungsfrist** (§ 23 Abs. 1 Nr. 2) wird auf **10 Jahre** verlängert, wenn aus den Wirtschaftsgütern zumindest in einem Jahr Einkünfte erzielt werden (vgl. § 23 Abs. 1 Satz 1 Nr. 2 Satz 3).

Bei Wirtschaftsgütern, die unentgeltlich erworben wurden (z. B. durch Schenkung oder Erbschaft), ist für die Berechnung der Veräußerungsfrist der Zeitpunkt maßgebend, zu dem der Rechts**vorgänger** das Wirtschaftsgut angeschafft oder fertig gestellt hat, wenn sie innerhalb der Spekulationsfrist wieder verkauft werden (vgl. § 23 Abs. 1 Satz 3).

Private Veräußerungsgeschäfte liegen **nicht** vor, wenn Wirtschaftsgüter veräußert werden, deren Wert bei einer anderen Einkunftsart anzusetzen ist; vgl. § 23 Abs. 2.

ACHTUNG

Gegenstände des täglichen Gebrauchs bleiben unberücksichtigt, d. h. Gewinne aus dem Verkauf solcher Gegenstände unterliegen **nicht** der Besteuerung nach § 22 Nr. 2 i. V. mit § 23 (vgl. § 23 Abs. 1 Satz 1 Nr. 2 Satz 2).

INFO

Gewinne aus der **Veräußerung von Anteilen an Kapitalgesellschaften** (insbes. Aktien) gehören **seit 2009** nicht mehr zu den „privaten Veräußerungsgeschäften" im Sinne von § 23 EStG, sondern zu den **Einkünften aus Kapitalvermögen** (§ 20 EStG). Die Neuregelung gilt für Wertpapiere, Beteiligungen usw., die **nach dem 31.12.2008 angeschafft** wurden. Für die bis zum 31.12.2008 angeschafften Wertpapiere bleibt es bei der bisherigen Regelung (Ansatz der Veräußerungsgewinne nach § 22 Nr. 2 i. V. mit § 23 Abs. 1 Nr. 2).

5. Wie sind die Einkünfte aus privaten Veräußerungsgeschäften zu ermitteln?

Die Einkünfte aus privaten Veräußerungsgeschäften werden als **Überschuss der Einnahmen über die Werbungskosten** wie folgt ermittelt:

Veräußerungspreis
- fortgeführte Anschaffungs-/Herstellungskosten (AK/HK - Abschreibungen)
- Werbungskosten
= **Gewinn/Verlust (= Einkünfte)**

Für die zeitliche Erfassung der **Einnahmen** gilt § 11 Abs. 1 Satz 1 (Zuflussprinzip).

Für die mit den privaten Veräußerungsgeschäften zusammenhängenden **Werbungskosten** wird das Abflussprinzip des § 11 Abs. 2 Satz 1 durchbrochen. Entsprechende Werbungskosten (z. B. Kosten für Zeitungsinserate, Maklergebühren, Notarkosten, Grundbuchgebühren etc.) sind **in dem Kalenderjahr abzuziehen, in dem der Verkaufserlös zufließt** (vgl. H 23 (Werbungskosten) EStH 2017).

6. Wie sind Verluste aus privaten Veräußerungsgeschäften zu berücksichtigen?

Verluste aus privaten Veräußerungsgeschäften dürfen **nur bis zur Höhe der Gewinne**, die der Steuerpflichtige **im gleichen Kalenderjahr aus privaten Veräußerungsgeschäften** erzielt hat, berücksichtigt werden. Sofern das Ergebnis aus dieser Verrechnung negativ ist, darf es in diesem VZ **nicht** berücksichtigt werden.

Bei Zusammenveranlagung von Ehegatten ist ein Ausgleich von Gewinnen und Verlusten aus privaten Veräußerungsgeschäften im Rahmen der Ermittlung der Summe der Einkünfte der beiden Ehegatten vorzunehmen (siehe BMF-Schreiben vom 05.10.2000 und vom 07.02.2007, Rz. 41 abgedruckt im Anhang 26 des EStH 2017, S. 2201 ff.), sofern die Gewinne die Freigrenze von 600 € übersteigen.

Verluste aus privaten Veräußerungsgeschäften können nach Maßgabe des § 10d die Einkünfte des Steuerpflichtigen aus privaten Veräußerungsgeschäften in dem unmittelbar vorangegangenen oder den folgenden VZ mindern; vgl. § 23 Abs. 3 letzter Satz (= Verlustrücktrag und -vortrag).

7. Welche Freigrenze ist bei den Einkünften aus privaten Veräußerungsgeschäften zu beachten?

Die Einkünfte aus privaten Veräußerungsgeschäften (Gesamtergebnis aller privaten Veräußerungsgeschäfte eines Kalenderjahres) bleiben **steuerfrei**, **wenn** sie **weniger als 600,00 €** betragen (= **Freigrenze** in Höhe von **599,99 €**). Vgl. § 23 Abs. 3 Satz 5.

Wenn das Gesamtergebnis aller privaten Veräußerungsgeschäfte eines Kalenderjahres also bis 599,99 € beträgt, bleiben diese Einkünfte steuerfrei; beträgt das Gesamtergebnis aber 600,00 € oder mehr, dann sind die Einkünfte in voller Höhe zu berücksichtigen.

Bei **Ehegatten, die zusammen zur ESt veranlagt werden**, steht diese Freigrenze **jedem Ehegatten gesondert** zu (vgl. H 23 (Freigrenze) EStH 2017). Eine Übertragung zwischen den Ehegatten ist **nicht** möglich.

8. Was sind Einkünfte aus Leistungen nach § 22 Nr. 3?

Als Einkünfte aus Leistungen im Sinne des § 22 Nr. 3 werden nur **bestimmte** Einkünfte erfasst, soweit sie weder zu anderen Einkunftsarten (1 bis 6) noch zu einer anderen Art der sonstigen Einkünfte gehören (vgl. § 22 Nr. 3 Satz 1).

Zu den Leistungseinkünften nach § 22 Nr. 3 gehören insbesondere Einkünfte, die aus

- **gelegentlichen Vermittlungen** (z. B. von Bauspar- oder Versicherungsverträgen) oder
- der **Vermietung einzelner beweglicher Gegenstände des Privatvermögens** (z. B. des privaten Pkws, Wohnmobils oder Wohnwagens)

erzielt werden (vgl. § 22 Nr. 3 Satz 1). Weitere Beispiele: siehe H 22.8 EStH 2017.

9. Wie sind die Einkünfte aus Leistungen nach § 22 Nr. 3 zu ermitteln?

Die Einkünfte aus Leistungen nach § 22 Nr. 3 werden als **Überschuss der Einnahmen über die Werbungskosten** ermittelt (Überschusseinkünfte).

Für die zeitliche Erfassung der **Einnahmen** gilt § 11 Abs. 1 Satz 1 (Zuflussprinzip).

Für die **Werbungskosten** wird das Abflussprinzip des § 11 Abs. 2 Satz 1 – wie bei den privaten Veräußerungsgeschäften – durchbrochen. Werbungskosten sind bei Einkünften aus Leistungen im Sinne des § 22 Nr. 3 unabhängig vom tatsächlichen Zahlungszeitpunkt – **im Jahr des Zuflusses der Einnahme abzuziehen** (vgl. H 22.8 (Werbungskosten) EStH 2017).

10. Wie sind Verluste aus Leistungen im Sinne des § 22 Nr. 3 zu berücksichtigen?

Verluste aus Leistungen nach § 22 Nr. 3 dürfen im selben VZ **nur bis zur Höhe der Überschüsse aus solchen Leistungen**, die der Steuerpflichtige **im gleichen Kalenderjahr** erzielt hat, berücksichtigt werden.

Verluste aus Leistungen im Sinne des § 22 Nr. 3 dürfen auch **nicht** mit anderen Einkünften verrechnet werden; sie können nach Maßgabe des § 10d die Einkünfte, die der Steuerpflichtige in dem unmittelbar vorangegangenen oder in den folgenden VZ **aus Einkünften nach § 22 Nr. 3** erzielt hat oder erzielt, verrechnet werden; vgl. § 22 Nr. 3 Satz 4 (Verlustrücktrag oder -vortrag).

11. Welche Freigrenze ist bei den Einkünften nach § 22 Nr. 3 zu beachten?

Die Einkünfte aus Leistungen nach § 22 Nr. 3 sind nicht einkommensteuerpflichtig, wenn sie **weniger als 256 € im Kalenderjahr** (= **Freigrenze** in Höhe von **255,99 €**) betragen; vgl. § 22 Nr. 3 Satz 2. Wenn das Gesamtergebnis aller Einkünfte aus Leistungen nach § 22 Nr. 3 im Kalenderjahr also bis 255,99 € beträgt, bleiben diese Einkünfte steuerfrei; beträgt das Gesamtergebnis aber 256 € oder mehr, dann sind die Einkünfte in voller Höhe zu berücksichtigen.

Bei **Ehegatten, die zusammen zur ESt veranlagt werden**, steht diese Freigrenze **jedem Ehegatten gesondert** zu (vgl. R 22.8 EStR). Eine Übertragung zwischen den Ehegatten ist **nicht** möglich.

3.4 Ermittlung der Summe der Einkünfte

1. Was ist unter der „Summe der Einkünfte" zu verstehen?

Die „Summe der Einkünfte" ist das **gesetzlich definierte Zwischenergebnis nach der Auflistung der verschiedenen Einkunftsarten** im Schema zur Ermittlung des zu versteuernden Einkommens (vgl. R 2 EStR).

2. Was versteht man unter dem horizontalen Verlustausgleich?

Unter dem horizontalen (internen) Verlustausgleich versteht man die Verrechnung der positiven Einkünfte einer Einkunftsart mit den negativen Einkünften **der *selben* Einkunftsart** innerhalb eines Veranlagungszeitraums.

Beispiel

Michael Müller ist Inhaber der Diskothek „Supra-Dance" und der Kneipe „Absacker". Mit der Diskothek erzielt Herr Müller im VZ 2018 einen Gewinn von 50.000 € und mit der Kneipe im gleichen VZ einen Verlust von 10.000 €.

In beiden Fällen handelt es sich um Einkünfte aus Gewerbebetrieb, die bei der Ermittlung der Summe der Einkünfte zunächst miteinander verrechnet werden (= horizontaler Verlustausgleich). Die Einkünfte aus Gewerbebetrieb belaufen sich bei Herrn Müller im VZ 2018 somit auf 40.000 € (50.000 € - 10.000 €).

3. Was versteht man unter dem vertikalen Verlustausgleich?

Unter dem vertikalen (externen) Verlustausgleich versteht man die Verrechnung der positiven Einkünfte einer Einkunftsart mit den negativen Einkünften **einer anderen Einkunftsart** innerhalb eines Veranlagungszeitraums.

Beispiel

Josef Pecsi ist Inhaber des Computergeschäftes „SoftHard", mit dem er im VZ 2018 einen Gewinn von 40.000 € erzielt hat (Einkünfte aus Gewerbebetrieb). Außerdem ist Herr Pecsi Eigentümer eines vollständig vermieteten Mehrfamilienhauses, das zu seinem Privatvermögen gehört. Aus der Vermietung hat er im VZ 2018 einen Verlust von 5.000 € erzielt (Einkünfte aus Vermietung und Verpachtung). Andere Einkünfte hat Herr Pecsi nicht erzielt.

Bei der Ermittlung der Summe der Einkünfte werden die positiven und negativen Einkünfte **verschiedener Einkunftsarten** innerhalb eines VZ grundsätzlich miteinander verrechnet (vertikaler Verlustausgleich). Die Summe der Einkünfte beträgt für Herrn Pecsi somit 35.000 € (40.000 € - 5.000 €).

Übersteigen die negativen Einkünfte die positiven Einkünfte, dann ist ein externer Verlustausgleich **nur bis zur Höhe der positiven Einkünfte** möglich (d. h. die Summe der Einkünfte darf durch den externen Verlustausgleich nicht negativ werden).

Die ggf. verbleibenden (nicht ausgeglichenen) negativen Einkünfte können dann nur noch unter bestimmten Voraussetzungen nach § 10d auf vorangegangene Veranlagungszeiträume zurückgetragen oder auf nachfolgende Veranlagungszeiträume vorgetragen werden.

4. Welche Verluste sind nicht oder nur begrenzt ausgleichbar? Nennen Sie zwei Beispiele!

Der Verlustausgleich ist aus unterschiedlichen Gründen nur beschränkt möglich oder sogar ganz ausgeschlossen:

- **Verluste aus privaten Veräußerungsgeschäften** dürfen zunächst nur mit Gewinnen aus privaten Veräußerungsgeschäften des selben Kalenderjahres verrechnet werden. Ein weitergehender Verlustausgleich ist dann nur noch über den Verlustrücktrag oder -vortrag nach § 10d möglich.

- **Verluste aus Leistungen nach § 22 Nr. 3** dürfen zunächst nur bis zur Höhe der Überschüsse aus solchen Leistungen, die der Steuerpflichtige im gleichen Kalenderjahr erzielt hat, ausgeglichen werden. Ein weitergehender Verlustausgleich ist dann nur noch über den Verlustrücktrag oder -vortrag nach § 10d möglich.

3.5 Ermittlung des Gesamtbetrags der Einkünfte

Wie ist der „Gesamtbetrag der Einkünfte" definiert?

Der Gesamtbetrag der Einkünfte ist wie folgt definiert (vgl. § 2 Abs. 3 EStG und R 2 EStR):

	Summe der Einkünfte
−	Altersentlastungsbetrag (§ 24a)
−	Entlastungsbetrag für Alleinerziehende (§ 24b)
−	Freibetrag für Land- und Forstwirte (§ 13 Abs. 3)
=	**Gesamtbetrag der Einkünfte**

3.5.1 Altersentlastungsbetrag

1. Was ist unter dem „Altersentlastungsbetrag" zu verstehen?

Der Altersentlastungsbetrag (AEB) ist eine steuerliche Vergünstigung (ein Abzugsbetrag), der jedem Steuerpflichtigen gewährt wird, der die persönlichen und sachlichen Voraussetzungen des § 24a erfüllt. Er wird von der Summe der Einkünfte abgezogen und beträgt für Steuerpflichtige, die im VZ 2018 erstmals die altersmäßige Voraussetzung für die Inanspruchnahme des AEB erfüllen, **19,2 %** der in § 24a definierten Bemessungsgrundlage, **höchstens** aber **912 €** im Kalenderjahr.

Der AEB wird – bedingt durch das Alterseinkünftegesetz – bis zum Jahr 2040 abgeschmolzen (= jährlich vermindert!). Hierbei gilt – wie bei der Besteuerung der Altersrenten – das „Kohorten-Prinzip". Dies bedeutet, dass der Prozentsatz und der Höchstbetrag, die für einen Altersjahrgang erstmalig anzuwenden sind, für diese Personen **zeitlebens unverändert** bleiben.

2. Welche Voraussetzungen müssen für die Gewährung des Altersentlastungsbetrages nach § 24a vorliegen?

Die Gewährung des AEB ist an die folgenden Voraussetzungen gebunden:

> - **persönliche Voraussetzung:** Der AEB wird einem Steuerpflichtigen nur gewährt, wenn er **vor dem Beginn des VZ das 64. Lebensjahr bereits vollendet** hat (64. Geburtstag vor dem 2.1. des betrachteten VZ);
> - **sachliche Voraussetzung:** Der Steuerpflichtige hat **andere** Einkünfte als Versorgungsbezüge (§ 19 Abs. 2), Abgeordneten-Versorgungsbezüge (§ 22 Nr. 4), Leibrenten (§ 22 Nr. 1 Satz 3 Buchstabe a) und Leistungen aus Altersvorsorgeverträgen (§ 22 Nr. 5) bezogen.

Versorgungsbezüge und Leibrenten bleiben bei der Berechnung des AEB deshalb unberücksichtigt, weil sie bereits steuerlich begünstigt werden (Versorgungsbezüge durch den Versorgungsfreibetrag nach § 19 Abs. 2 und Leibrenten durch die Begrenzung der Besteuerung auf den Besteuerungs- bzw. Ertragsanteil gem. § 22 Nr. 1 EStG oder § 55 EStDV).

3. Wie wird der AEB ermittelt?

Der AEB wird für Steuerpflichtige, die im VZ 2018 erstmals einen Anspruch auf die Gewährung des AEB haben, wie folgt ermittelt:

>   Arbeitslohn/Gehalt
> -   darin enthaltene Versorgungsbezüge
> +   Summe der übrigen Einkünfte, **sofern insgesamt positiver Betrag**
>   (**ohne** Einkünfte aus Leibrenten)
>   (**ohne** Einkünfte aus Abgeordneten-Versorgungsbezügen)
>   (ohne Leistungen aus Altersvorsorgeverträgen)
> =   Bemessungsgrundlage für die Ermittlung des AEB
> •   19,2 % = AEB, höchstens aber 912 € im Kalenderjahr

Beispiel

Der am 15.12.1953 geborene Jürgen Retzmann ist Pensionär. Er hat im VZ 2018 die folgenden Einnahmen bzw. Einkünfte erzielt:

- Bruttogehalt: 20.000 €; davon Versorgungsbezüge: 20.000 €
- Altersrente: 12 · 500 € = 6.000 €
- Einkünfte aus selbstständiger Arbeit: 5.000 €
- Einkünfte aus Vermietung und Verpachtung: -2.500 €.

B. Grundwissen | I. Steuerwesen

Ermittlung des AEB für den VZ 2018:

Gehalt (Pension)	20.000,00 €
- darin enthaltene Versorgungsbezüge	20.000,00 €
	0,00 €
+ positive Summe der anderen Einkünfte ohne die Einkünfte aus der Leibrente (Einkünfte § 18 - Einkünfte § 21 = 5.000 € - 2.500 €)	2.500,00 €
= Bemessungsgrundlage	2.500,00 €
• 19,2 % = AEB	480,00 €

Der Prozentsatz in Höhe von 19,2 % und der Höchstbetrag gem. § 24a in Höhe von 912 € werden für Herrn Retzmann bis einschließlich VZ 2039 festgeschrieben.

 TIPP

Kapitaleinkünfte, die endgültig mit der Abgeltungssteuer besteuert wurden, die also nicht im Rahmen der Einkommensteuer-Veranlagung berücksichtigt werden, werden auch nicht bei der Ermittlung des AEB berücksichtigt.

3.5.2 Entlastungsbetrag für Alleinerziehende

1. Was ist unter dem „Entlastungsbetrag für Alleinerziehende" zu verstehen?

Bei dem Entlastungsbetrag für Alleinerziehende (§ 24b) handelt es sich um einen Abzugsbetrag, der **von der Summe der Einkünfte** zur Ermittlung des Gesamtbetrags der Einkünfte abgezogen wird, sofern die Voraussetzungen für die Inanspruchnahme (siehe Frage 2) erfüllt sind.

Die Höhe des Abzugsbetrags beträgt **1.908 € im Kalenderjahr** für Alleinerziehende mit einem zu berücksichtigenden Kind. Dieser Entlastungsbetrag erhöht sich **für jedes weitere** zu berücksichtigende **Kind im Haushalt** um jeweils **240 €**.

Für jeden vollen Kalendermonat, in dem die Voraussetzungen nicht vorgelegen haben, vermindert sich dieser Jahresbetrag nach § 24b Abs. 4 um ein Zwölftel (**„Monatsprinzip"**).

Der Entlastungsbetrag nach § 24b wird beim **Lohnsteuerabzug** mit der **Steuerklasse II** berücksichtigt (vgl. § 38b Abs. 1 Satz 2 Nr. 2 EStG).

2. Welche Voraussetzungen müssen erfüllt sein, damit der Abzugsbetrag nach § 24b gewährt wird?

Steuerpflichtige, welche den Entlastungsbetrag für Alleinerziehende erhalten möchten, müssen die folgenden Voraussetzungen erfüllen (vgl. § 24b Abs. 1):

Der/Die Steuerpflichtige ist

1. **allein stehend** und
2. zum **Haushalt** gehört mindestens **ein Kind, für das dem Steuerpflichtigen Kindergeld oder ein Freibetrag nach § 32 Abs. 6 (Kinderfreibetrag) zusteht.**

Als **allein stehend** im Sinne dieser Vorschrift gelten Steuerpflichtige, die (vgl. § 24b Abs. 3)

- nicht die Voraussetzungen für die Anwendung des Splittingverfahrens (§ 26 Abs. 1) erfüllen oder verwitwet sind **und**
- keine Haushaltsgemeinschaft mit einer anderen volljährigen Person bilden, es sei denn, für diese andere Person steht ihnen Kindergeld oder ein Freibetrag nach § 32 Abs. 6 zu oder es handelt sich um ein Kind gem. § 32 Abs. 1, das einen Dienst/eine Tätigkeit nach § 32 Abs. 5 Satz 1 Nr. 1 - 3 leistet bzw. ausübt (z. B. freiwilliger Wehrdienst oder Tätigkeit als Entwicklungshelfer).

Eine **Haushaltsgemeinschaft** mit einer anderen Person ist in der Regel dann anzunehmen, wenn die andere Person mit ihrem Haupt- oder Nebenwohnsitz in der Wohnung des Steuerpflichtigen gemeldet ist (vgl. § 24b Abs. 3 Satz 2).

Die **Haushaltszugehörigkeit des Kindes** ist anzunehmen, wenn das Kind in der Wohnung des allein stehenden Steuerpflichtigen gemeldet ist. Ist das Kind bei mehreren Steuerpflichtigen gemeldet (z. B. gleichzeitig bei der Mutter und dem Vater, die getrennt leben), steht der Entlastungsbetrag demjenigen Alleinstehenden zu, der die Voraussetzungen auf Auszahlung des Kindergeldes erfüllt oder erfüllen würde.

Zu Einzelheiten siehe BMF-Schreiben vom 23.10.2017, abgedruckt im Anhang 12a des Amtlichen Einkommensteuer-Handbuchs 2017, S. 1631 ff.

3.5.3 Freibetrag für Land- und Forstwirte

Was ist unter dem Freibetrag für Land- und Forstwirte zu verstehen?

Bei der Ermittlung des Gesamtbetrags der Einkünfte werden die Einkünfte aus Land- und Forstwirtschaft nur berücksichtigt, so weit sie **900 €** bzw. **1.800 €** bei Zusammenveranlagung übersteigen **(Freibetrag für Land- und Forstwirte nach § 13 Abs. 3)**. Der erhöhte Freibetrag von 1.800 € ist auch dann abzuziehen, wenn nur einer der Ehegatten Einkünfte aus LuF erzielt hat.

ACHTUNG

Gewährt wird der Freibetrag nach § 13 Abs. 3 nur dann, wenn die **Summe der Einkünfte** des Steuerpflichtigen **höchstens 30.700 €** (bzw. **61.400 €** bei Zusammenveranlagung) beträgt.

Der Freibetrag darf höchstens so hoch wie die nach § 13 erzielten Einkünfte sein. Wenn von einem ledigen Steuerpflichtigen im VZ also beispielsweise nur 500 € Einkünfte aus Land- und Forstwirtschaft erzielt werden, dann darf der Freibetrag für Land- und Forstwirtschaft auch nur 500 € betragen.

3.6 Ermittlung des Einkommens

Was ist unter dem „Einkommen" zu verstehen?

Nach R 2 EStR ist das Einkommen wie folgt definiert:

	Gesamtbetrag der Einkünfte
−	**Verlustabzug** nach § 10d
−	**Sonderausgaben** (§§ 10, 10a, 10b, 10c)
−	**außergewöhnliche Belastungen** (§§ 33 bis 33b)
=	**Einkommen** (§ 2 Abs. 4)

3.6.1 Verlustabzug

1. Unterscheiden Sie Verlustausgleich und Verlustabzug voneinander!

Unter Verlust**ausgleich** versteht man die Verrechnung von positiven mit negativen Einkünften **desselben** Veranlagungszeitraums.

Unter Verlust**abzug** versteht man hingegen die Berücksichtigung von nicht ausgeglichenen Verlusten in einem **anderen** Veranlagungszeitraum.

Der nicht ausgeglichene Verlust eines Veranlagungszeitraums ist in dem anderen Veranlagungszeitraum, in dem er als Verlust**abzug** berücksichtigt wird, vorrangig vor Sonderausgaben, außergewöhnlichen Belastungen und sonstigen Abzugsbeträgen **vom Gesamtbetrag der Einkünfte** abzuziehen (vgl. § 10d Abs. 1 Satz 1 und Abs. 2 Satz 1). Siehe hierzu Schema zur Ermittlung des zu versteuernden Einkommens in R 2 EStR!

2. Erläutern Sie den Verlustabzug nach § 10d!

Nach § 10d ist der Verlustabzug für solche Verluste zulässig, die bei der Ermittlung des Gesamtbetrags der Einkünfte innerhalb eines Veranlagungszeitraums nicht durch positive Einkünfte der selben Einkunftsart oder anderer Einkunftsarten ausgeglichen werden (z. B. weil keine positiven Einkünfte in ausreichender Höhe vorhanden sind oder der Verlustabzug gesetzlich ausgeschlossen ist).

Hinsichtlich des Abzugs nicht ausgeglichener Verluste eines Veranlagungszeitraums regelt § 10d Folgendes:

Verlustrücktrag:
Verluste im Sinne des § 10d können bis zu einer Höhe von **höchstens 1.000.000 €** (bei zusammenveranlagten Ehegatten **2.000.000 €**) zunächst im Wege des Verlust**rücktrags** berücksichtigt werden (vgl. § 10d Abs. 1 Satz 1).

Der Rücktrag erfolgt dadurch, dass der Abzug vom Gesamtbetrag der Einkünfte des **unmittelbar vorangegangenen** Veranlagungszeitraums, also ein VZ zurück, erfolgt. Ist für den vorangegangenen VZ bereits ein Steuerbescheid erlassen worden, so ist dieser insoweit zu ändern, als der Verlustabzug zu gewähren oder zu ändern ist (neuer Steuerbescheid).

Beispiel

Die ledige Steuerpflichtige Verena Schlegel erzielt im Jahr 2018 Einkünfte aus dem Gewerbebetrieb A in Höhe 20.000 € und Einkünfte aus dem Gewerbebetrieb B in Höhe von minus 60.000 € (Verlust). Andere Einkünfte hat Frau Schlegel in 2018 nicht erzielt.

2017 hatte Frau Schlegel Einkünfte aus Gewerbebetrieb in Höhe von 90.000 €.

Zunächst werden in 2018 die Einkünfte aus Gewerbebetrieb miteinanderer verrechnet (horizontaler Verlustausgleich):

20.000 € minus 60.000 € = minus 40.000 € (verbleibender Verlust).

Der verbleibende Verlust aus Gewerbebetrieb in Höhe von 40.000 € wird nach § 10d Abs. 1 in den VZ 2017 zurückgetragen (Abzug von Gesamtbetrag der Einkünfte 2017). Die Veranlagung 2017 wird in diesem Punkt also neu durchgeführt, und der Steuerpflichtigen wird ein neuer Einkommensteuerbescheid bekannt gegeben.

Wenn die zurückgetragenen Verluste im unmittelbar vorangegangenen VZ nicht oder nicht vollständig verrechnet werden können (z. B. weil der Gesamtbetrag der Einkünfte geringer als die Höhe des zur Verrechnung anstehenden Verlustbetrags ist), können die nicht verrechneten (verbleibenden) Verluste in **nachfolgenden** Veranlagungszeiträumen verrechnet werden (Verlustvortrag).

Auf Antrag des Steuerpflichtigen ist vom Verlustrücktrag ganz oder teilweise abzusehen (vgl. § 10d Abs. 1 Sätze 4 und 5). Dies kann dann sinnvoll sein, wenn die steuerliche Entlastung geringer ist als bei einer Verrechnung mit zukünftigen positiven Einkünften.

Verlustvortrag:
Verluste, die durch den Verlustrücktrag nicht ausgeglichen werden, sind in den **nachfolgenden** Veranlagungszeiträumen vom Gesamtbetrag der Einkünfte abzuziehen (**Verlustvortrag** nach § 10d Abs. 2 Satz 1).

Beispiel

Die ledige Steuerpflichtige Nadine Schuwerack erzielt im Jahr 2018 Einkünfte aus dem Gewerbebetrieb A in Höhe 20.000 € und Einkünfte aus dem Gewerbebetrieb B in Höhe von minus 60.000 € (Verlust). Andere Einkünfte hat Frau Schuwerack in 2018 nicht erzielt. Auf Antrag von Frau Schuwerack unterbleibt ein Verlustrücktrag in den VZ 2017 (§ 10d Abs. 1 Satz 4).

2019 erzielt Frau Schuwerack Einkünfte aus Gewerbebetrieb in Höhe von 90.000 €.

Zunächst werden die Einkünfte aus Gewerbebetrieb in 2018 miteinander verrechnet (horizontaler Verlustausgleich):

20.000 € minus 60.000 € = minus 40.000 € (verbleibender Verlust).

Der verbleibende Verlust aus Gewerbebetrieb in Höhe von 40.000 € im Jahr 2018 wird nun nach § 10d Abs. 2 in den VZ 2019 vorgetragen und von den dort erzielten positiven Einkünften abgezogen.

Der Verlustvortrag ist **ohne Einschränkungen bis** zu einem Höchstbetrag von **1.000.000 €** mit dem Gesamtbetrag der Einkünfte vorrangig vor Sonderausgaben, außergewöhnlichen Belastungen und sonstigen Abzugsbeträgen zu verrechnen (vgl. § 10d Abs. 2 EStG). Bei zusammenveranlagten Ehegatten verdoppelt sich der Höchstbetrag auf **2.000.000 €**.

Gehen vortragsfähige Verluste über diesen Höchstbetrag hinaus, so können nur bis zu **60 %** des nach Abzug des Höchstbetrags verbliebenen Gesamtbetrags der Einkünfte verrechnet werden.

3.6.2 Sonderausgaben

1. Was ist allgemein unter „Sonderausgaben" zu verstehen?
Der Begriff „Sonderausgaben" ist im EStG nicht definiert.

Allgemein sind hierunter **private Aufwendungen** zu verstehen, **die durch spezielle gesetzliche Regelungen als abzugsfähig deklariert sind**. Hierbei darf es sich weder um Werbungskosten noch um Betriebsausgaben handeln (vgl. § 10 Abs. 1 Satz 1).

Die als Sonderausgaben abzugsfähigen Aufwendungen sind in § 10, 10a, 10b abschließend (d. h. vollständig) aufgeführt.

- Grundsätzlich kann der Steuerpflichtige nur seine **eigenen** Sonderausgaben geltend machen, d. h. Sonderausgaben, die auf einer **eigenen Verpflichtung** des Steuerpflichtigen beruhen und von ihm selbst entrichtet worden sind (vgl. H 10.1 (Abzugsberechtigte Person) EStH 2017).

  Bei Ehegatten, die nach § 26 zusammen veranlagt werden, kommt es für den Abzug **nicht** darauf an, ob der Ehemann oder die Ehefrau die Sonderausgaben geleistet hat (vgl. R 10.1 EStR).

- Sonderausgaben können nur in dem Kalenderjahr berücksichtigt werden, in dem sie geleistet (bezahlt) wurden. Ausnahme: Prinzip der wirtschaftlichen Zurechnung bei regelmäßig wiederkehrenden Ausgaben nach § 11 Abs. 2 Satz 2 („10-Tage-Frist"; siehe Frage 4 auf der S. 166 f.).

- Erstattete Aufwendungen sind im Jahr ihrer Erstattung mit geleisteten Sonderausgaben der gleichen Art zu verrechnen.

Beispiel

Der Steuerpflichtige Müller hat im VZ 2018 Krankenversicherungsbeiträge (Basisabsicherung) in Höhe von 3.840 € bezahlt. Für 2017 erhält er in 2018 eine Erstattung in Höhe von 150 €.

Die Erstattung in Höhe von 150 € für 2017 ist mit den in 2018 geleisteten Beiträgen zu verrechnen. Somit kann er im VZ 2018 insgesamt 3.690 € (3.840 € - 150 €) als Basisabsicherung in der KV absetzen.

Übersteigen die erhaltenen Erstattungen bei **bestimmten** Sonderausgaben (Versicherungsbeiträge nach § 10 Abs. 1 Nr. 2 bis 3a) die geleisteten Aufwendungen, dann sind diese Sonderausgaben (z. B. Aufwendungen für die Basisabsicherung in der KV) mit Null anzusetzen, und der **Erstattungsüberhang** ist dann zunächst mit anderen Versicherungsbeiträgen des betrachteten VZ zu verrechnen (z. B. mit geleisteten Unfall- und Haftpflichtversicherungsbeiträgen).

Wenn sich nach der vorgenannten Verrechnung der Erstattungen mit den geleisteten Beiträgen ein **verbleibender Erstattungsüberhang** ergibt, so ist dieser nach § 10 Abs. 4b dem **Gesamtbetrag der Einkünfte** des laufenden VZ **hinzuzurechnen**.

Verbleibende Erstattungsüberhänge bestimmter Sonderausgaben werden der Besteuerung unterworfen.

2. In welche Hauptgruppen werden die Sonderausgaben üblicherweise unterteilt?

Nach dem Umfang der steuerlichen Berücksichtigung wird unterschieden zwischen

- **unbeschränkt** abzugsfähigen Sonderausgaben und
- **beschränkt** abzugsfähigen Sonderausgaben, unterteilt in die folgenden Gruppen:
  - **Vorsorgeaufwendungen**, unterteilt in
    - Altersvorsorgeaufwendungen gem. § 10 Abs. 1 Nr. 2 und
    - Sonstige Vorsorgeaufwendungen gem. § 10 Abs. 1 Nr. 3 und 3a
  - **Sonderausgaben, die keine Vorsorgeaufwendungen sind**.

3. Welche Sonderausgaben sind unbeschränkt abzugsfähig?

Unbeschränkt abzugsfähig sind die folgenden Sonderausgaben:

- **bestimmte Versorgungsleistungen** (§ 10 Abs. 1a Nr. 2) und Leistungen aufgrund eines schuldrechtlichen Versorgungsausgleichs (§ 10 Abs. 1a Nr. 4) sowie Ausgleichszahlungen zur Vermeidung eines Versorgungsausgleichs (§ 10 Abs. 1a Nr. 3)
- **gezahlte Kirchensteuer** (§ 10 Abs. 1 Nr. 4).

4. Nennen Sie die beschränkt abzugsfähigen Sonderausgaben, die keine Vorsorgeaufwendungen im Sinne von § 10 Abs. 1 Nr. 2, 3 und 3a sind!

Die folgenden Sonderausgaben gehören zu den beschränkt abzugsfähigen Sonderausgaben, die keine Vorsorgeaufwendungen im Sinne von § 10 Abs. 1 Nr. 2, 3 und 3a sind:

- **Unterhaltsleistungen an den geschiedenen/dauernd getrennt lebenden Ehegatten** (§ 10 Abs. 1a Nr. 1)
- **Kinderbetreuungskosten** (§ 10 Abs. 1 Nr. 5)
- **Aufwendungen für die eigene Berufsausbildung** (§ 10 Abs. 1 Nr. 7)
- **Schulgeld** (§ 10 Abs. 1 Nr. 9)
- **Altersvorsorgebeiträge** im Sinne des § 10a (Beiträge zur sog. „Riester-Rente")
- **Zuwendungen (Spenden und Beiträge)** (§ 10b).

5. Welche Aufwendungen gehören zu den Vorsorgeaufwendungen gem. § 10 Abs. 1 Nr. 2, 3 und 3a?

Zu den Vorsorgeaufwendungen gehören gem. § 10 Abs. 1 Nr. 2, 3 und 3a nur die dort genannten **Versicherungsbeiträge** (siehe nachfolgende Übersicht, rechte Spalte).

Übersicht zur Einteilung der Sonderausgaben:

Sonderausgaben		
unbeschränkt abzugsfähig	**beschränkt abzugsfähig**	
1. **bestimmte Versorgungsleistungen** (§ 10 Abs. 1a Nr. 2) und Leistungen aufgrund eines Versorgungsausgleichs (§ 10 Abs. 1a Nr. 2 und 4) sowie Ausgleichszahlungen zur Vermeidung eines Versorgungsausgleichs (§ 10 Abs. 1a Nr. 3)	1. **Unterhaltsleistungen an den geschiedenen/dauernd getrennt lebenden Ehegatten** (sog. „Realsplitting") (siehe § 10 Abs. 1a Nr. 1 und R 10.2 EStR)	**bestimmte Versicherungsbeiträge** 1. **Altersvorsorgeaufwendungen im Sinne des § 10 Abs. 1 Nr. 2** Beiträge zu den folgenden Versicherungen: ▸ gesetzliche Rentenversicherung ▸ landwirtschaftliche Alterskassen ▸ berufsständische Versorgungseinrichtungen ▸ private kapitalgedeckte Leibrentenversicherungen gem. § 10 Abs. 1 Nr. 2 Buchstabe b („Rürup-Rente")
2. **Kirchensteuer** (siehe § 10 Abs. 1 Nr. 4 und R 10.7 EStR)	2. **Kinderbetreuungskosten** (§ 10 Abs. 1 Nr. 5) 3. **Aufwendungen für die eigene Berufsausbildung** (siehe § 10 Abs. 1 Nr. 7 und R 10.9 EStR sowie H 10.9 EStH 2017) 4. **Schulgeld** (siehe § 10 Abs. 1 Nr. 9 und R 10.10 EStR sowie H 10.10 EStH 2017) 5. **Altersvorsorgebeiträge im Sinne des § 10a** (Beiträge zur sog. „Riester-Rente") 6. **Zuwendungen im Sinne des § 10b** (Spenden und Beiträge) (siehe R 10b.1 bis R 10b.3 EStR)	2. **Sonstige Vorsorgeaufwendungen im Sinne des § 10 Abs. 1 Nr. 3 und 3a** Beiträge zu den folgenden Versicherungen: ▸ Kranken- und Pflegeversicherung ▸ Unfallversicherung ▸ Arbeitslosenversicherung ▸ Erwerbs- und Berufsunfähigkeitsversicherungen ▸ Haftpflichtversicherungen ▸ Risikoversicherungen für den Todesfall ▸ Kapital-Lebensversicherungen, die vor dem 01.01.2005 abgeschlossen wurden und bei denen bis zum 31.12.2004 mindestens ein Beitrag geleistet worden ist (Altfälle)
keine Vorsorgeaufwendungen[1]		**Vorsorgeaufwendungen**[1]

---

[1] im Sinne von § 10 Abs. 1 Nr. 2, 3 und 3a.

6. Unter welchen Voraussetzungen und bis zu welcher Höhe sind Unterhaltsleistungen an Ehegatten nach § 10 Abs. 1a Nr. 1 abzugsfähig?

Unterhaltsleistungen nach § 10 Abs. 1a Nr. 1 sind abzugsfähig, wenn

- Leistungen an den geschiedenen oder dauernd getrennt lebenden Ehegatten erbracht werden und
- der Ehegatte (Empfänger der Unterhaltsleistungen) unbeschränkt einkommensteuerpflichtig ist[1] und
- ein vollständiger Antrag des Steuerpflichtigen auf Abzug nach § 10 Abs. 1a Nr. 1 mit Zustimmung des Unterhaltsempfängers und Angabe seiner Identifikationsnummer vorliegt (z. B. auf der Anlage U zur ESt-Erklärung).

Wenn alle der genannten Voraussetzungen erfüllt sind, ist ein Abzug der Unterhaltsleistungen **bis zu 13.805 € im Kalenderjahr** pro Empfänger möglich. Der Höchstbetrag ist ein Jahresbetrag, der auch dann keine Kürzung erfährt, wenn die Unterhaltsleistungen nur in einem Teil des Kalenderjahres erbracht werden.

Der Höchstbetrag von 13.805 € **erhöht sich** um die für den Unterhaltsempfänger aufgewandten **Beiträge zur Basisversorgung bei der Kranken- und Pflegeversicherung** (vgl. § 10 Abs. 1a Nr. 1 Satz 2). Der Erhöhungsbetrag wirkt sich allerdings nur dann aus, wenn der Verpflichtete entsprechende Unterhaltsaufwendungen über den Höchstbetrag hinaus auch tatsächlich leistet.

Beispiel

Der Steuerpflichtige Uli Gilles, Koblenz, bezahlt seiner ehemaligen Ehefrau Gaby Luy, von der er seit 2014 geschieden ist, im VZ 2018 monatlich 1.300 € Unterhalt. Gaby Luy bezahlt monatlich 185 € für ihre Basis-Kranken- und Pflegeversicherung (durch Belege nachgewiesen). Sie hat ihren Wohnsitz in Mainz und stimmt auf der Anlage U unter Angabe ihrer Identifikationsnummer einem Sonderausgabenabzug bei Uli Gilles zu.

Uli Gilles kann 2018 somit den folgenden Betrag als Sonderausgaben gem. § 10 Abs. 1a Nr. 1 abziehen:

	Höchstbetrag gem. § 10 Abs. 1a Nr. 1 Satz 1	13.805 €
+	Erhöhungsbetrag gem. § 10 Abs. 1a Nr. 1 Satz 2: 12 · 185 € =	2.220 €
=	um die Basisabsicherung in der KV/PV erhöhter Höchstbetrag	16.025 €
	höchstens jedoch tatsächlich geleistete Unterhaltszahlungen: 12 · 1.300 € =	**15.600 €**

---

[1] Ein Abzug nach § 10 Abs. 1a Nr. 1 kommt auch in Betracht, wenn der geschiedene oder dauernd getrennt lebende Ehegatte nicht unbeschränkt einkommensteuerpflichtig ist, aber seinen Wohnsitz oder gewöhnlichen Aufenthalt in einem EU-/EWR-Staat hat und die Besteuerung der Unterhaltsleistungen beim Empfänger durch eine Bescheinigung der zuständigen ausländischen Steuerbehörde nachgewiesen wird (§ 1a Abs. 1 Nr. 1).

ACHTUNG

- Übersteigen die Unterhaltsleistungen den abziehbaren Höchstbetrag pro Empfänger oder wird der Antrag auf Sonderausgabenabzug auf einen niedrigeren Betrag beschränkt, so kann der nicht als Sonderausgaben abziehbare Teil der Unterhaltsaufwendungen auch **nicht** als außergewöhnliche Belastung geltend gemacht werden (vgl. H 10.2 (Allgemeines) EStH 2017).
- **Alternativ** zum Sonderausgabenabzug besteht die Möglichkeit des Abzugs der Unterhaltsleistungen als **außergewöhnliche Belastung** nach **§ 33a Abs. 1**.

  Vorteile: Keine Zustimmung des Unterhaltsempfängers notwendig und keine Besteuerung der Unterhaltsleistungen beim Unterhaltsempfänger.

  Nachteil: Abzugshöhe ist niedriger als bei § 10 Abs. 1a Nr. 1 (siehe § 33a Abs. 1 Sätze 1 und 5).

7. Was ist unter „Realsplitting" zu verstehen?

Unterhaltsleistungen an den geschiedenen oder getrennt lebenden Ehegatten, die nach § 10 Abs. 1a Nr. 1 beim Geber als Sonderausgaben abgezogen werden, müssen beim Unterhaltsempfänger als Einnahme nach § 22 Nr. 1a behandelt und damit der Besteuerung unterworfen werden. Dies nennt man Realsplitting, weil sich hieraus für die Ehegatten insgesamt eine Steuerersparnis ergibt, wenn der Spitzensteuersatz des Unterhaltsgebers höher ist als der des Unterhaltsempfängers.

8. Unter welchen Voraussetzungen und in welcher Höhe sind Kinderbetreuungskosten als Sonderausgaben abziehbar?

Kinderbetreuungskosten können seit dem VZ 2012 nur noch als Sonderabgaben gem. § 10 Abs. 1 Nr. 5 abgezogen werden.

Voraussetzung ist, dass Aufwendungen für Dienstleistungen zur Betreuung eines Kindes geleistet wurden, das folgende Voraussetzungen erfüllt:

- Das Kind ist ein **Kind im Sinne von § 32 Abs. 1** (z. B. leibliches Kind oder Adoptivkind), welches
- **zum Haushalt des Steuerpflichtigen** gehört und
- das **14. Lebensjahr noch nicht vollendet** hat (also noch 13 Jahre alt ist) **oder** wegen einer vor Vollendung des 25. Lebensjahres eingetretenen **Behinderung** außer Stande ist, sich selbst zu unterhalten.

Seitens der Eltern sind **keine** zusätzlichen Voraussetzungen zu erfüllen.

Das Kind gehört **zum Haushalt des Steuerpflichtigen**, wenn es dort lebt oder mit seiner Einwilligung vorübergehend auswärtig untergebracht ist (z. B. für Zwecke der Ausbildung).

Kinderbetreuungskosten:
Folgende Aufwendungen für die Betreuung eines Kindes kommen als **Kinderbetreuungskosten** beispielsweise in Betracht (vgl. BMF-Schreiben vom 14.03.2012, abgedruckt im Anhang 19a des Amtlichen Einkommensteuer-Handbuchs 2017, S. 2033 ff.):

- Beiträge für die Unterbringung des Kindes in einem Kindergarten oder -hort, einer Krabbelstube oder Kinderkrippe
- Löhne/Gehälter einschließlich der Lohnnebenkosten für Erzieherinnen, Kinderpflegerinnen, Tagesmütter oder Haushaltshilfen, soweit diese das Kind betreuen
- Taschengeld und weitere Aufwendungen für eine Au-pair-Hilfe
- Sachleistungen an die Betreuungsperson (z. B. kostenlose Unterkunft/Verpflegung)
- Erstattung von Aufwendungen der Betreuungsperson (z. B. Fahrtkosten), wenn hierüber eine Rechnung erstellt wird.

ACHTUNG

- Aufwendungen für jede Art von **Unterricht** (auch für Nachhilfeunterricht) oder für die **Vermittlung von besonderen Fähigkeiten** (z. B. Musikunterricht, Sprachkurse, Tanzkurse) und für **sportliche oder andere Freizeitbeschäftigungen** gehören **nicht** zu den Kinderbetreuungskosten im Sinne des § 10 Abs. 1 Nr. 5, weil nicht die Betreuung, sondern der jeweils andere Zweck im Vordergrund steht (vgl. § 10 Abs. 1 Nr. 5 Satz 2).
- Aufwendungen für die **Beaufsichtigung** eines Kindes während der zuvor genannten Tätigkeiten (z. B. bei der Erledigung der Schulaufgaben) **sind** Kinderbetreuungskosten im Sinne des § 10 Abs. 1 Nr. 5.

MERKE

Höhe der Abziehbarkeit:
Kinderbetreuungskosten können, wenn die Voraussetzungen gem. § 10 Abs. 1 Nr. 5 erfüllt sind, in der folgenden Höhe als Sonderausgaben abgezogen werden:

$2/3$ **der nachgewiesenen Aufwendungen, höchstens** jedoch **4.000 € je Kind**, das die Voraussetzungen erfüllt.

Beispiele

Beispiel 1:
Die zusammenlebenden Ehegatten Martina und Lutz Müller hatten im VZ 2018 anzuerkennende Aufwendungen für die Betreuung ihrer 10-jährigen leiblichen Tochter Marie in Höhe von 3.000 €. Marie lebt im Haushalt ihrer Eltern.

Lösung: Die Eheleute können 2.000 € (²/₃ von 3.000 €) als Kinderbetreuungskosten gem. § 10 Abs. 1 Nr. 5 als Sonderausgaben vom Gesamtbetrag der Einkünfte abziehen.

Beispiel 2:
Fall wie im Beispiel zuvor, jetzt jedoch mit dem Unterschied, dass die Kinderbetreuungskosten 7.200 € betragen (600 €/Monat).

Lösung: Die Eheleute können 4.000 € (²/₃ von 7.200 € = 4.800 €, höchstens jedoch 4.000 €) als Kinderbetreuungskosten gem. § 10 Abs. 1 Nr. 5 als Sonderausgaben vom Gesamtbetrag der Einkünfte abziehen.

Liegen die Voraussetzungen für die Inanspruchnahme der Kinderbetreuungskosten nicht das ganze Jahr vor (z. B. Geburt des Kindes während des VZ oder Vollendung des 14. Lebensjahres des Kindes im Laufe des VZ), so ist der **Höchstbetrag nicht zu zwölfteln** (keine zeitanteilige Betrachtung).

Liegen die gesetzlichen Voraussetzungen nicht für das gesamte Kalenderjahr vor (z. B. weil das Kind im Laufe des VZ das 14. Lebensjahr vollendet), sind aber für das ganze Kalenderjahr Kinderbetreuungskosten angefallen (z. B. monatlich 400 €), so sind die Aufwendungen den jeweiligen Zeiträumen zuzuordnen. Berücksichtigungsfähig sind dann nur diejenigen Aufwendungen, die auf Zeiträume entfallen, in denen die Voraussetzungen erfüllt waren.

Beispiel

Die zusammenveranlagten Ehegatten Julia und Marc Kurz leben zusammen mit ihrer leiblichen Tochter Natalie in ihrem Haushalt in Koblenz. Da beide Ehegatten erwerbstätig sind, haben sie für Natalie nachmittags eine Betreuungsperson beschäftigt, die einschließlich Abgaben monatlich 400,54 € kostet.

Natalie vollendet im Juni 2018 ihr 14. Lebensjahr.

Die Eheleute Kurz können ²/₃ von 2.403,24 € (6 · 400,54 € für Januar bis einschließlich Juni 2018) = 1.603,00 € (gerundet) als Sonderausgaben gem. § 10 Abs. 1 Nr. 5 vom Gesamtbetrag der Einkünfte abziehen.

Nachweis:
Voraussetzung für den Abzug ist, dass der Steuerpflichtige für die Aufwendungen eine **Rechnung** erhalten hat und die **Zahlung auf das Konto des Erbringers** der Leistung erfolgt ist (§ 10 Abs. 1 Nr. 5 Satz 4).

Bei **Kindergartengebühren** gilt als Rechnung der **Bescheid** über die zu zahlenden Gebühren.

Einzelveranlagung von Ehegatten:
Bei einer Einzelveranlagung von Ehegatten sind die Kinderbetreuungskosten den Ehegatten **jeweils zur Hälfte** zuzurechnen, es sei denn die Ehegatten wählen gemeinsam eine andere Aufteilung (§ 26a Abs. 2).

Auslandskinder:
Ist das Kind nicht unbeschränkt einkommensteuerpflichtig (ein im Ausland lebendes Kind ohne Wohnsitz in Deutschland), dann ist der zu berücksichtigende Betrag auf das nach den Verhältnissen des Wohnsitzstaates des Kindes notwendige und angemessene Maß zu **kürzen**. Die Ländergruppeneinteilung des BMF vom 20.10.2016 (abgedruckt im Anhang 2 III des EStH 2017, S. 1427).

INFO

Einzelheiten zum Abzug von Kinderbetreuungskosten können dem BMF-Schreiben vom 14.03.2012 – abgedruckt im Anhang 19a des Amtlichen Einkommensteuer-Handbuchs 2017 (S. 2033 ff.) – entnommen werden.

9. Unter welchen Voraussetzungen und bis zu welcher Höhe sind Berufsausbildungskosten als Sonderausgaben abzugsfähig?

Nach § 10 Abs. 1 Nr. 7 sind Berufsausbildungskosten als Sonderausgaben abzugsfähig, wenn dem Steuerpflichtigen **tatsächliche** Aufwendungen für seine **eigene erste** Berufsausbildung (auch Studium) in einem nicht ausgeübten Beruf entstanden sind.

Die Aufwendungen müssen nachgewiesen werden und sind **bis zu einem Höchstbetrag von 6.000 € im Kalenderjahr** abzugsfähig (vgl. § 10 Abs. 1 Nr. 7 Satz 1).

Bei **Ehegatten**, die die Voraussetzungen des § 26 Abs. 1 Satz 1 erfüllen (= Ehegattenveranlagung), gilt die o. g. Höchstgrenze **für jeden Ehegatten** (§ 10 Abs. 1 Nr. 7 Satz 2). Dies bedeutet, dass Ehegatten, die beide eine eigene Berufsausbildung absolvieren und die Voraussetzungen für die Ehegattenveranlagung erfüllen, bis zu **12.000 €** Berufsausbildungskosten als Sonderausgaben abziehen können, sofern jeder Ehegatte einzeln mindestens 6.000 € nachweist.

Zu den abzugsfähigen Aufwendungen gehören beispielsweise

- Schul-, Lehrgangs- und Studiengebühren
- Aufwendungen für Fachliteratur und andere Lernmaterialien (z. B. Büromaterial)
- Aufwendungen für Fahrten zwischen der Wohnung und der Bildungsstätte in Höhe der sog. „Entfernungspauschale" nach § 9 Abs. 1 Satz 3 Nr. 4 und Abs. 2
- Mehraufwendungen für Verpflegung nach § 9 Abs. 4a
- Kosten für Unterkunft und andere Mehraufwendungen, die durch eine auswärtige Unterbringung entstehen.

Beispiel

Die Eheleute Sailer, Koblenz, werden zusammen zur Einkommensteuer veranlagt. Für den VZ 2018 machen sie u. a. die folgenden Angaben (die Zahlungen sind jeweils in 2018 erfolgt):

Frau Sailer studiert seit März 2018 Wirtschaftspädagogik an der Universität Köln (Erststudium bzw. Erstausbildung).

2018 sind ihr für das Studium die folgenden Aufwendungen entstanden:
- Studiengebühren (Studentenbeitrag)   285 €
- Fachliteratur, Büromaterial, Kopien   875 €
- Fahrten von der Wohnung zur Universität mit dem Pkw:
  112 Tage • 220 km (hin und zurück zusammengerechnet)
  Frau Sailer war an allen 112 Tagen nachweislich jeweils mehr als 8 Stunden unterwegs (einzeln aufgezeichnet).
- Kauf eines Computers mit Zubehör, der zu 80 % für die Studienzwecke genutzt wird (anzuerkennende sachgerechte Schätzung); Anschaffung am 01.03.2018; Nutzungsdauer 3 Jahre; Komplettpreis, brutto 19 % USt   1.500 €
- Kauf eines Schreibtischs am 01.03.2018, der ausschließlich für Studienzwecke verwendet wird (glaubhaft dargelegt), Nutzungsdauer 12 Jahre, brutto 19 %   330 €

abziehbare Sonderausgaben gem. § 10 Abs. 1 Nr. 7:
- Studiengebühren   285 €
- Fachliteratur, Kopien, Büromaterial   875 €
- Fahrten Wohnung - Universität: 112 • 110 km • 0,30 € =   3.696 €
  (§ 9 Abs. 1 Nr. 4 i. V. mit § 10 Abs. 1 Nr. 7 Satz 4)
- Verpflegungsmehraufwendungen: 112 • 12 € =   1.344 €
  (§ 9 Abs. 4a i. V. mit § 10 Abs. 1 Nr. 7 Satz 4)

- AfA Computer (ND 3 Jahre):

  1.500 € : 3 Jahre • $^{10}/_{12}$ = 416,66 €, davon 80 % =   334 €

- Schreibtisch (ND 12 Jahre): 330 € : 12 Jahre • $^{10}/_{12}$ =   23 €

Summe   6.557 €

davon höchstens abzugsfähig (§ 10 Abs. 1 Nr. 7 Satz 1)   **6.000 €**

INFO

Aufwendungen für die Berufsausbildung sind **Werbungskosten**, wenn die Berufsausbildung Gegenstand eines Dienstverhältnisses ist (vgl. BMF-Schreiben vom 22.09.2010, Rz. 27, abgedruckt im Anhang 5a des EStH 2017, S. 1461 ff.).

10. Unter welchen Voraussetzungen und bis zu welcher Höhe ist Schulgeld nach § 10 Abs. 1 Nr. 9 abzugsfähig?

Schulgeld, das der Steuerpflichtige für den Privatschulbesuch seines Kindes bezahlt, ist in Höhe von **30 % der entrichteten Beträge, höchstens** jedoch **5.000 €** im Kj abzugsfähig, **sofern**

- der Steuerpflichtige Anspruch auf Kindergeld oder einen Kinderfreibetrag nach § 32 Abs. 6 für dieses Kind hat
- es sich um eine allgemein- oder berufsbildende Schule handelt, die überwiegend privat finanziert und in einem EU-/EWR-Mitgliedstaat belegen ist und
- die Schule zu einem Schul-, Jahrgangs- oder Berufsabschluss führt oder darauf vorbereitet, und dieser von einem deutschen Kultusministerium bzw. der Kultusministerkonferenz der Länder anerkannt ist.

Nicht begünstigt ist der Besuch von Hochschulen (einschließlich Fachhochschulen).

Nicht absetzbar sind Aufwendungen für Beherbergung, Betreuung und Verpflegung.

Zu Einzelheiten siehe BMF-Schreiben vom 09.03.2009, BStBl I S. 487, abgedruckt im Anhang 27a des EStH 2017, S. 2223 f.

11. Wie werden Beiträge zur zusätzlichen privaten Altersvorsorge nach dem Altersvermögensgesetz (sog. „Riester-Rente") bei den Sonderausgaben berücksichtigt?

Der Aufbau einer zusätzlichen **privaten** Altersvorsorge nach dem Altersvermögensgesetz (AVmG) wird seit dem VZ 2002 bei bestimmten Personengruppen (insbesondere Pflichtversicherte in der gesetzlichen Rentenversicherung und Beamte) staatlich gefördert.

Die Förderung besteht zunächst in der Gewährung einer „**Altersvorsorgezulage**" nach den §§ 79 ff. EStG (Grundzulage in Höhe von **175 €** pro Kalenderjahr plus **185 €** Kinderzulage für jedes zu berücksichtigende Kind), die vom Staat in den entsprechenden zulagebegünstigten Vorsorgevertrag als Zuschuss zur eigenen Sparleistung eingezahlt wird (vgl. § 90 Abs. 2 Satz 1). Für jedes **nach dem 31.12.2007 geborene** Kind beträgt die Kinderzulage **300 €** pro Kalenderjahr (vgl. § 85 Abs. 2 Satz 1).

Zulageberechtigte, die zu Beginn des ersten Beitragsjahres das 25. Lebensjahr noch nicht vollendet haben, erhalten seit dem VZ 2008 zusätzlich zu der o. g. Grundzulage **einmalig 200 €** (vgl. § 84 Satz 2).

Ergänzend wird im Rahmen der Einkommensteuerveranlagung auf Antrag des Steuerpflichtigen (in der Anlage AV) geprüft, ob eine Berücksichtigung als Sonderausgaben nach **§ 10a** bei der Ermittlung des zu versteuernden Einkommens zu einer niedrigeren oder höheren Steuerentlastung als die gewährte Altersvorsorgezulage führt („**Günstigerprüfung**").

Sofern die steuerliche Entlastung durch den Sonderausgabenabzug **höher** als die Altersvorsorgezulage ist, wird dem Steuerpflichtigen der **Sonderausgabenabzug nach § 10a** gewährt. Die Zulage wird in diesem Fall der tariflichen Einkommensteuer hinzugerechnet (vgl. § 10a Abs. 2 Satz 1). Im Ergebnis erfolgt bei dieser Konstellation die Auszahlung der Differenz zwischen der Steuerentlastung durch den Sonderausgabenabzug und der bereits gewährten Zulage an den Steuerpflichtigen.

Ist die steuerliche Entlastung durch den Sonderausgabenabzug **niedriger** als die gewährte Altersvorsorgezulage, dann entfällt die Berücksichtigung bei den **Sonderausgaben** (vgl. § 10a Abs. 2 Satz 2).

INFO

> Eine ausführliche Darstellung und die Klärung von Einzelfragen ist zu finden in den BMF-Schreiben vom 24.07.2013, 13.01.2014 und 13.03.2014, Anhang 1a des Amtlichen Einkommensteuer-Handbuchs 2017 (S. 1245 ff.).

12. Bis zu welcher Höhe können Beiträge zur zusätzlichen privaten Altersvorsorge als Sonderausgaben nach § 10a berücksichtigt werden?

Als **Sonderausgaben** können die geleisteten Beiträge zuzüglich der dem Steuerpflichtigen zustehenden Zulagen abgezogen werden, **höchstens** jedoch **2.100 €** im Kalenderjahr (vgl. § 10a Abs. 1 Satz 1 EStG).

Bei **Ehegatten**, die beide zum begünstigten Personenkreis zählen, steht dieser Sonderausgaben-Höchstbetrag **jedem Ehegatten gesondert** zu, wenn er Beitragsleistungen für eine begünstigte Anlageform in dem betreffenden Kalenderjahr erbracht hat. Eine Übertragung des nicht ausgeschöpften Sonderausgabenvolumens auf den Ehegatten ist nicht möglich.

13. Welche Zuwendungen (Spenden und Beiträge) können nach § 10b grundsätzlich steuermindernd berücksichtigt werden?

Bei der Einteilung der Spenden und Beiträge nach § 10b ist zu unterscheiden in:

- Spenden und Mitgliedsbeiträge zur Förderung steuerbegünstigter Zwecke im Sinne der §§ 52 - 54 AO, also für gemeinnützige, mildtätige und kirchliche Zwecke (**Zuwendungen nach § 10b Abs. 1 Satz 1**)
- Spenden in den Vermögensstock von Stiftungen des öffentlichen Rechts und Stiftungen des privaten Rechts, die nach § 5 Abs. 1 Nr. 9 KStG steuerbefreit sind (**Zuwendungen nach § 10b Abs. 1a**) und
- Spenden und Mitgliedsbeiträge an politische Parteien, sofern die jeweilige Partei nicht gemäß § 18 Abs. 7 des Parteiengesetzes von der staatlichen Teilfinanzierung ausgeschlossen ist (**Zuwendungen nach § 10b Abs. 2**).

ACHTUNG

Nicht abziehbar sind **Mitgliedsbeiträge** für

- Zwecke des Sports
- kulturelle Betätigungen, die in erster Linie der Freizeitgestaltung dienen
- die Heimatkunde und Heimatpflege und
- Zwecke im Sinne des § 52 Abs. 2 Nr. 23 AO (z. B. Tierzucht, Pflanzenzucht, Kleingärtnerei, Karneval, Fastnacht usw.).

Siehe § 10b Abs. 1 Satz 8!

Zuwendungen nach §§ 10b und 34g EStG	
Spenden	**Mitgliedsbeiträge**

Bis zu den gesetzlichen Höchstbeträgen absetzbar, wenn ein Zweck gefördert wird, der als förderungswürdig anerkannt ist (siehe hierzu §§ 10b und 34g EStG sowie §§ 52 - 54 AO und R 10b EStR);
 	
also Spenden
▸ zur Förderung
  - **gemeinnütziger**
  - **mildtätiger**
  - **kirchlicher**
  Zwecke sowie
▸ an bestimmte **Stiftungen**
▸ an **Parteien** gem. § 2 PartG
▸ an bestimmte **Wählervereinigungen**.
	Grundsätzlich wie Spenden absetzbar (siehe links), jedoch **nicht** absetzbar sind die folgenden **Mitgliedsbeiträge**:
	▸ für **Zwecke des Sports**
	▸ für **kulturelle Betätigungen**, die in erster Linie der **Freizeitgestaltung** dienen
	▸ für Zwecke der **Heimatkunde/Heimatpflege**
	▸ für **Zwecke im Sinne von § 52 Abs. 2 Nr. 23 AO** (z. B. Tierzucht, Pflanzenzucht, Kleingärtnerei, Karneval etc.).

14. Unter welchen Voraussetzungen sind Zuwendungen nach § 10b Abs. 1 und 1a abzugsfähig?

Spenden und Mitgliedsbeiträge nach § 10b Abs. 1 und 1a sind grundsätzlich abzugsfähig, wenn die folgenden Voraussetzungen erfüllt sind (vgl. § 50 EStDV und R 10b.1 und H 10b.1 EStH 2017):

▸ freiwillige Ausgabe des Steuerpflichtigen
▸ für einen nach § 10b Abs. 1 und 1a begünstigten Zweck (siehe hierzu §§ 51 - 68 AO)
▸ an einen begünstigten Empfänger und
▸ ordnungsgemäßer Nachweis („Zuwendungsbestätigung").

15. In welcher Höhe sind Spenden und Beiträge nach § 10b Abs. 1 und 1a abzugsfähig?

Zuwendungen zur Förderung **gemeinnütziger, mildtätiger und kirchlicher Zwecke** sind bis zur Höhe von insgesamt

- **20 % des Gesamtbetrags der Einkünfte (GdE)** oder
- **4 Promille der Summe der gesamten Umsätze und der im Kalenderjahr aufgewendeten Löhne und Gehälter**

als Sonderausgaben abzugsfähig (**höchstens** jedoch in Höhe der **nachgewiesenen Ausgaben**).

Abziehbare Zuwendungen, welche die o. g. Höchstbeträge überschreiten, sind im Rahmen der Höchstbeträge in den nachfolgenden Veranlagungszeiträumen abzuziehen (vgl. § 10b Abs. 1 Sätze 9 - 10).

Beispiel

Der Steuerpflichtige Fabian Schupp spendet im VZ 2018 insgesamt 8.000 € an den Bund für Umwelt und Naturschutz e. V. (als gemeinnützig anerkannt). Sein Gesamtbetrag der Einkünfte beträgt 34.575 € im VZ 2018.

Der Höchstbetrag der abziehbaren Spenden gem. § 10 Abs. 1 beträgt für 2018 für Herrn Schupp 20 % von 34.575 € = 6.915 €. Von den gespendeten 8.000 € darf er im VZ 2018 somit 1.085 € (8.000 € - 6.915 €) nicht abziehen.

Die in 2018 nicht abziehbaren 1.085 € können auf nachfolgende VZ (z. B. 2019) übertragen und im Rahmen der jeweils abziehbaren Höchstbeträge geltend gemacht werden.

Spenden, die in den Vermögensstock einer Stiftung des öffentlichen Rechts oder einer steuerbefreiten Stiftung des privaten Rechs geleistet werden, können im Jahr der Zuwendung und in den folgenden 9 Veranlagungszeiträumen bis zu einem Betrag von zusammen **1.000.000 €** neben den zuvor genannten Zuwendungen (also **zusätzlich**) als Sonderausgaben abgezogen werden. Dieser Abzugsbetrag darf **innerhalb des Zehnjahreszeitraums nur einmal** in Anspruch genommen werden. Vgl. § 10b Abs. 1a. Bei Ehegatten, die nach den §§ 26, 26b zusammen veranlagt werden, erhöht sich der vorgenannte Höchstbetrag auf 2.000.000 €.

16. Unter welchen Voraussetzungen sind Zuwendungen an politische Parteien nach § 10b Abs. 2 abzugsfähig?

Beiträge und Spenden nach § 10b Abs. 2 sind grundsätzlich abzugsfähig, wenn die folgenden Voraussetzungen erfüllt sind (vgl. R 10b.2 EStR):

- freiwillige Zuwendung des Steuerpflichtigen
- an eine politische Partei nach § 2 Parteiengesetz, sofern diese nicht von der staatlichen Teilfinanzierung ausgeschlossen ist und
- ordnungsgemäßer Nachweis („Zuwendungsbestätigung").

ACHTUNG

Mitgliedsbeiträge und Spenden an sog. unabhängige Wählervereinigungen (Vereine ohne Parteicharakter) führen weder zu Sonderausgaben nach § 10b Abs. 1 noch nach § 10b Abs. 2. Sie werden nur nach § 34g berücksichtigt – siehe dort!

17. In welcher Höhe sind Zuwendungen an politische Parteien nach § 10b Abs. 2 abzugsfähig?

Zuwendungen an politische Parteien nach § 10b Abs. 2 sind pro Kalenderjahr bis zur Höhe von **insgesamt 1.650 €** (**3.300 €** bei Zusammenveranlagung) als Sonderausgaben abzugsfähig (vgl. § 10b Abs. 2).

Der Sonderausgabenabzug beschränkt sich allerdings auf den Teil der Aufwendungen, für den nicht bereits eine Steuerermäßigung nach § 34g gewährt wurde (**§ 34g hat Vorrang vor § 10b!**).

ACHTUNG

- Bei Zuwendungen an politische Parteien ist also zunächst § 34g anzuwenden und nur der Teil der Aufwendungen, der die dort genannten Höchstgrenzen überschreitet, kommt für den Sonderausgabenabzug nach § 10b Abs. 2 in Betracht („zuerst § 34g, danach § 10b Abs. 2").

  § 34g gewährt für entsprechende Aufwendungen eine **Steuerermäßigung**, welche die tarifliche Einkommensteuer mindert (direkte Steuergutschrift). Sie beträgt 50 % der Zuwendungen an politische Parteien eines Kalenderjahres, **höchstens** jedoch **50 % von 1.650 €** (bzw. **50 % von 3.300 €** bei Zusammenveranlagung). Vgl. § 34g Satz 2.

- Für Spenden und Beiträge an **unabhängige Wählervereinigungen** (Vereine ohne Parteicharakter) gewährt § 34g eine **gesonderte Steuerermäßigung**.

Beispiel

Die ledige Steuerpflichtige Sabrina Quiring spendet der XY-Partei 2.000 €.

Frau Quiring erhält nach § 34g eine Steuergutschrift von 825 € (50 % von 1.650 € = Höchstbetrag nach § 34g). Der übersteigende Betrag der Spende in Höhe von 350 € (2.000 € Spende - 1.650 € Höchstbetrag gem. § 34g) wird nach § 10b Abs. 2 als Sonderausgabe abgezogen.

Schema zur Ermittlung der abzugsfähigen Zuwendungen nach § 10b:

		Euro	Euro
	Zuwendungen für steuerbegünstigte Zwecke im Sinne der §§ 52 - 54 AO (gemeinnützige, mildtätige, kirchliche Zwecke)	....	
	davon höchstens 20 % des GdE	- .... →	....
	Restbetrag (im aktuellen VZ nicht absetzbar)	....	
=	**abzugsfähige Zuwendungen nach § 10b Abs. 1**		....
+	**Spenden an Stiftungen im oben genannten Umfang** (§ 10b Abs. 1a)		....
+	**Zuwendungen an politische Parteien nach § 10b Abs. 2** (so weit die Zuwendungen die Höchstbeträge des § 34g übersteigen)		....
=	**insgesamt nach § 10b abzugsfähige Zuwendungen**		....

Zuwendungen (Spenden und Beiträge) im Rahmen von § 10b EStG

Zuwendungen nach § 10b Abs. 1 und 1a („Nicht-Parteispenden")

Abzug dem Grunde nach?
Voraussetzungen:
1. freiwillige Zuwendung des Stpfl.
2. für einen begünstigten Zweck
3. an einen begünstigten Empfänger
4. ordnungsgemäßer Nachweis (siehe § 50 EStDV; R 10b.1 EStR)

Abzug der Höhe nach?
1. Prozentmethode:
Zuwendungen für gemeinnützige
+ mildtätige
+ kirchliche
Zwecke

Summe **bis zu 20 % des GdE** abziehbar

Restbetrag im aktuellen VZ nicht abziehbar

+ **Spenden an Stiftungen** in dem in § 10b Abs. 1a EStG genannten Umfang (siehe dort!)

2. Promillemethode: (für Unternehmen)
höchstens **4 Promille** der **Summe der gesamten Umsätze und der** im Kalenderjahr aufgewendeten **Löhne und Gehälter**

Zuwendungen nach § 10b Abs. 2 („Parteispenden")

Abzug dem Grunde nach?
Voraussetzungen:
1. freiwillige Zuwendung des Stpfl.
2. an eine politische Partei gem. § 2 Parteiengesetz
3. ordnungsgemäßer Nachweis (siehe § 50 EStDV; R 10b.2 EStR)

Abzug der Höhe nach?
Im Rahmen von § 10b ist nur derjenige Spendenbetrag zu berücksichtigen, **der nicht bereits im Rahmen von § 34g berücksichtigt wurde** („zuerst § 34g, dann erst § 10b!")

§ 34g berücksichtigt bereits **zwingend** Zuwendungen bis zu **1.650 €** bzw. **3.300 €** bei Zusammenveranlagung: Steuerermäßigung in Höhe von 50 % dieser Beträge (Steuergutschrift) = keine SA

übersteigende Zuwendungen (über 1.650/3.300 €):
Berücksichtigung bei **§ 10b Abs. 2** (Abzug als Sonderausgaben), **höchstens** jedoch wiederum **1.650/3.300 €**

Der Restbetrag ist nicht abziehbar.

„Nicht-Parteispenden" gem. § 10b Abs. 1 und 1a
+ Parteispenden gem. § 10b Abs. 2
= insgesamt als **Sonderausgaben** abziehbare Zuwendungen gem. § 10b

18. Welche Ausgaben gehören zu den Vorsorgeaufwendungen nach § 10 Abs. 1 Nr. 2, 3 und 3a?

Zu den Vorsorgeaufwendungen im Sinne von § 10 Abs. 1 Nr. 2, 3 und 3a gehören die folgenden **Versicherungsbeiträge**:

1. Altersvorsorgeaufwendungen (§ 1 Abs. 1 Nr. 2)	2. Sonstige Vorsorgeaufwendungen (§ 10 Abs. 1 Nr. 3 und 3a)
Beiträge zu den folgenden Versicherungen:	Beiträge zu den folgenden Versicherungen:
▸ gesetzliche Rentenversicherung	▸ Kranken-, Pflege-, Unfallversicherungen
▸ landwirtschaftliche Alterskassen	▸ Arbeitslosenversicherung
▸ berufsständische Versorgungseinrichtungen	▸ Erwerbs- und Berufsunfähigkeitsversicherungen
▸ private kapitalgedeckte Leibrentenversicherung gem. § 10 Abs. 1 Nr. 2 Buchst. b („Rürup-Rente")	▸ Haftpflichtversicherungen
	▸ Risikoversicherungen für den Todesfall (= „Risiko-Lebensversicherungen")
	▸ Kapital-Lebensversicherungen, die vor dem 01.01.2005 abgeschlossen wurden und bei denen bis zum 31.12.2004 mindestens ein Beitrag geleistet worden ist (Altfälle), jedoch nur in Höhe von 88 % der gezahlten Beiträge.

- **Grundvoraussetzung für den Abzug** ist, dass die Vorsorgeaufwendungen (vgl. § 10 Abs. 2)
  - nicht in unmittelbarem wirtschaftlichen Zusammenhang mit steuerfreien Einnahmen stehen und
  - die Beiträge geleistet wurden an
    - Versicherungsunternehmen, die ihren Sitz, ihre Geschäftsleitung oder Geschäftsbetriebserlaubnis in einem EU-Staat oder einem anderen Vertragsstaat des Europäischen Wirtschaftsraums haben und das Versicherungsgeschäft im Inland betreiben dürfen oder Versicherungsunternehmen, denen die Erlaubnis zum Geschäftsbetrieb im Inland erteilt ist oder
    - berufsständische Versorgungseinrichtungen
    - einen Sozialversicherungsträger (vgl. § 10 Abs. 2) oder
    - einen Anbieter im Sinne des § 80 (Anbieter von Altersvorsorgebeiträgen und bestimmte Versorgungseinrichtungen).
- Beiträge zu einer **Berufshaftpflichtversicherung** gehören grundsätzlich **nicht** zu den Vorsorgeaufwendungen, sondern zu den **Werbungskosten** bzw. bei Selbstständigen zu den **Betriebsausgaben**.

19. Wie ist der Abzug der Vorsorgeaufwendungen grundsätzlich geregelt?

Seit dem 01.01.2005 werden

- die **Altersvorsorgeaufwendungen** und
- die **sonstigen Vorsorgeaufwendungen**

unterschiedlich behandelt (getrennte Höchstbeträge).

Altersvorsorgeaufwendungen nach § 10 Abs. 1 Nr. 2 sind wesentlich höher absetzbar als die **sonstigen Vorsorgeaufwendungen** nach § 10 Abs. 1 Nr. 3 und 3a.

Da nicht jeder Steuerpflichtige von der Neuregelung seit 2005 profitiert, hat der Gesetzgeber in § 10 Abs. 4a eine sogenannte **Günstigerprüfung** geregelt. Danach wurde die Rechtslage, die vor dem 01.01.2005 galt (also die alte Rechtslage), bis einschließlich 2010 uneingeschränkt angewendet, wenn sie für den Steuerpflichtigen günstiger als die Neuregelung war. In der Zeit vom 01.01.2011 bis zum 31.12.2019 wird die alte Rechtslage nur noch in vermindertem Umfang und ab 2020 überhaupt nicht mehr angewendet (siehe § 10 Abs. 4a).

Im VZ 2018 gibt es also grundsätzlich zwei Möglichkeiten, die Höhe der abzuziehenden Vorsorgeaufwendungen zu berechnen:

- **Einzelnachweis** und Abzug nach dem **neuen** Recht (§ 10 Abs. 3 und 4) oder
- **Einzelnachweis** und Abzug nach dem **alten** Recht (§ 10 Abs. 4a).

20. In welcher Höhe sind einzeln nachgewiesene Altersvorsorgeaufwendungen nach dem „neuen Recht" in 2018 abziehbar (§ 10 Abs. 3)?

Altersvorsorgeaufwendungen im Sinne von § 10 Abs. 1 Nr. 2 sind 2018 bei einem einzelnen Steuerpflichtigen grundsätzlich bis zu einem **Höchstbetrag von 23.712**[1] **€** und bei zusammenveranlagenden Ehegatten bis zu einem **Höchstbetrag** von **47.424 €** zu berücksichtigen.

Im **VZ 2018** sind von dem Höchstbetrag jedoch nur **86 %** berücksichtigungsfähig. Dieser Prozentsatz steigt in den nachfolgenden Veranlagungszeiträumen um jeweils 2 % bis zum Jahr 2025 (im VZ 2019 **88 %**, im VZ 2020 **90 %** usw.).

- Bei rentenversicherungspflichtigen Arbeitnehmern sind zunächst die **gesamten gesetzlichen Rentenversicherungsbeiträge** (Arbeitnehmer- und Arbeitgeberbeiträge zusammengerechnet) **zuzüglich** der Beiträge, die in eine **freiwillige kapitalgedeckte**

---

[1] Dieser Wert errechnet sich wie folgt: Beitragsbemessungsgrenze in der knappschaftlichen Rentenversicherung Westdeutschland • Beitragssatz (Arbeitgeber- und Arbeitnehmeranteil); für 2018: 96.000 € • 24,7 % = 23.712 € (auf volle Euro aufgerundet).

Leibrentenversicherung im Sinne von § 10 Abs. 1 Nr. 2b (= „Rürup-Rente") eingezahlt wurden, als Ausgangsgröße anzusetzen (höchstens jedoch 23.712 € bzw. 47.424 €).

Von dieser Ausgangsgröße sind im **VZ 2018** nur **86 %** berücksichtigungsfähig.

Von dem berücksichtigungsfähigen Betrag ist dann noch der **steuerfreie Arbeitgeberanteil** zur gesetzlichen Rentenversicherung **in voller Höhe abzuziehen**.

Ein dem steuerfreien Arbeitgeberanteil gleichgestellter steuerfreier Zuschuss des Arbeitgebers zu einer freiwilligen Versicherung des Arbeitnehmers im Sinne von § 3 Nr. 62 ist ebenfalls in voller Höhe abzuziehen.

Der verbleibende Betrag kann dann als Vorsorgeaufwand gem. § 10 Abs. 3 abgezogen werden.

Beispiel

Der rentenversicherungspflichtige ledige Arbeitnehmer Sebastian Drechsel hat im VZ 2018 ein Bruttogehalt von insgesamt 42.000 €. Der gesamte Rentenversicherungsbeitrag (Arbeitnehmer- plus Arbeitgeberanteil) beträgt für 2018 zusammengerechnet 7.812 € (42.000 € · 18,6 %).

Herr Drechsel hat zusätzlich monatlich 200 € in eine kapitalgedeckte Leibrentenversicherung im Sinne von § 10 Abs. 1 Nr. 2b eingezahlt (= 2.400 € im VZ 2018).

Herr Drechsel kann für 2018 nun den folgenden Betrag als Sonderausgabe gem. § 10 Abs. 3 abziehen:

Altersvorsorgeaufwendungen gem. § 10 Abs. 1 Nr. 2a	7.812,00 €
Altersvorsorgeaufwendungen gem. § 10 Abs. 1 Nr. 2b	2.400,00 €
Zwischensumme	10.212,00 €
davon 86 % = aufgerundet	8.783,00 €
abzüglich steuerfreier Arbeitgeberanteil zur RV (42.000 € · 18,6 % · ½)	- 3.906,00 €
abziehbare Altersvorsorgeaufwendungen	4.877,00 €

- Bei **Selbstständigen**, die Beiträge zu einer berufsständischen Versorgungseinrichtung geleistet haben, dienen die **gezahlten Beiträge** als Ausgangsgröße.

Im **VZ 2018** sind von diesen Beträgen höchstens **86 %** berücksichtigungsfähig, höchstens jedoch 86 % von 23.712 € bzw. bei Zusammenveranlagung 86 % von 47.424 €. Dieser Prozentsatz steigt in den nachfolgenden Veranlagungszeiträumen um jeweils 2 % bis zum Jahr 2025.

Beispiel

Der selbstständige ledige Rechtsanwalt Markus Hermann hat im VZ 2018 Beiträge an das Versorgungswerk der Rechtsanwälte in Höhe von insgesamt 12.168 € gezahlt.

Herr Hermann kann für 2018 nun den folgenden Betrag als Sonderausgabe gem. § 10 Abs. 3 abziehen:

Altersvorsorgeaufwendungen gem. § 10 Abs. 1 Nr. 2a	12.168,00 €
davon 86 % = abziehbare Altersvorsorgeaufwendungen	10.465,00 €

▶ Bei Arbeitnehmern, die in der Rentenversicherung **versicherungsfrei** (z. B. **Beamte, Richter, Soldaten**) oder die **nicht versicherungspflichtig** sind (z. B. **GmbH-Gesellschafter-Geschäftsführer** mit maßgebendem Einfluss) wird der Höchstbetrag um einen fiktiven Gesamtrentenversicherungsbeitrag gekürzt, weil bei diesen Personen der Anspruch auf Altersversorgung ganz oder teilweise ohne eigene Beitragsleistungen erworben wird.

Der **Kürzungsbetrag** wird aus dem Bruttogehalt (maximal bis zur Höhe der Beitragsbemessungsgrenze) und dem Beitragssatz der gesetzlichen Rentenversicherung zu Beginn des Veranlagungszeitraums ermittelt: Bruttogehalt • Beitragssatz zur gesetzlichen Rentenversicherung = Kürzungsbetrag.

Von den **geleisteten Altersvorsorgeaufwendungen** (z. B. Einzahlungen in die sog. „Rürup-Rente") können von diesen Personen im VZ 2018 höchstens **86 %** als Altersvorsorgeaufwendungen abgezogen werden, höchstens jedoch 86 % des um den fiktiven Gesamtsozialversicherungsbeitrag gekürzten Höchstbetrags. Der Prozentsatz steigt in den nachfolgenden Veranlagungszeiträumen bis zum Jahr 2025 um jeweils 2 %.

Beispiel

Der ledige Beamte Robin Puth hat im VZ 2018 Bruttobezüge von insgesamt 36.000 €.

Herr Puth hat freiwillig monatlich 150 € in eine kapitalgedeckte Leibrentenversicherung im Sinne von § 10 Abs. 1 Nr. 2b eingezahlt (= 1.800 € im VZ 2018).

Für 2018 kann Herr Puth nun den folgenden Betrag als Sonderausgabe gem. § 10 Abs. 3 abziehen:

geleistete Altersvorsorgeaufwendungen gem. § 10 Abs. 1 Nr. 2b	1.800,00 €
davon 86 % = abziehbare Altersvorsorgeaufwendungen	1.548,00 €

B. Grundwissen | I. Steuerwesen

Die bei Herrn Puth im VZ 2018 **höchstens** berücksichtigungsfähigen Altersvorsorgeaufwendungen betragen:

Höchstbetrag	23.712,00 €
- Kürzungsbetrag (36.000 € · 18,6 %)	6.696,00 €
berücksichtigungsfähige Aufwendungen	17.016,00 €
davon im VZ 2018 abziehbar: 86 % von 16.630 € =	14.634,00 €

Da Herr Puth jedoch nur Altersvorsorgeaufwendungen in Höhe von 1.800 € geleistet hat, kann er im VZ 2018 nur 1.548 € (= 86 % von 1.800 €) als Sonderausgabe absetzen.

21. Wie werden die abziehbaren Altersvorsorgeaufwendungen bei zusammen zur Einkommensteuer veranlagten Ehegatten berechnet?

Bei Verheirateten, die zusammen zur Einkommensteuer veranlagt werden, **verdoppelt sich der Höchstbetrag** für die Altersvorsorgeaufwendungen. Er beträgt somit **47.424 €**, wovon im **VZ 2018** jedoch nur **86 %**, also **40.785 €**, abziehbar sind. Dieser Prozentsatz steigt in den nachfolgenden Veranlagungszeiträumen um jeweils 2 % bis zum Jahr 2025.

Somit ist es möglich, dass der von einem Ehepartner nicht ausgenutzte Höchstbetrag von dem anderen Ehepartner ausgeschöpft werden kann.

Beispiel

Der angestellte Arbeitnehmer Rolf Theisen ist mit der selbstständigen Rechtsanwältin Melanie Theisen verheiratet. Für den VZ 2018 wählen die Eheleute die Zusammenveranlagung.

Rolf Theisen hat im VZ 2018 ein Bruttogehalt in Höhe von 42.000 €. Seine Beiträge zur gesetzlichen Rentenversicherung (Arbeitnehmer- und Arbeitgeberanteil zusammengerechnet) betragen 7.812 €. Weitere Altersvorsorgeaufwendungen hat Herr Theisen nicht.

Melanie Theisen hat im VZ 2018 Altersvorsorgeaufwendungen an das Versorgungswerk der Rechtsanwälte in Nordrhein-Westfalen in Höhe von insgesamt 16.800 € gezahlt. Sie hat zusätzlich monatlich 500 € in eine kapitalgedeckte private Rentenversicherung im Sinne von § 10 Abs. 1 Nr. 2b eingezahlt.

Berechnung der abziehbaren Altersvorsorgeaufwendungen:

Altersvorsorgeaufwendungen Rolf Theisen gem. § 10 Abs. 1 Nr. 2a	7.812,00 €
Altersvorsorgeaufwendungen Melanie Theisen gem. § 10 Abs. 1 Nr. 2a	16.800,00 €
Altersvorsorgeaufwendungen Melanie Theisen gem. § 10 Abs. 1 Nr. 2b	6.000,00 €
Summe (Höchstbetrag = 47.424 €)	30.612,00 €
davon 86 % im VZ 2018	26.327,00 €
- steuerfreier Arbeitgeberanteil zur Rentenversicherung von Herrn Theisen 42.000 € · 18,6 % · ½ =	- 3.906,00 €
abziehbare Altersvorsorgeaufwendungen der Eheleute	22.421,00 €

22. In welcher Höhe sind einzeln nachgewiesene „sonstige Vorsorgeaufwendungen" im VZ 2018 nach § 10 Abs. 4 abziehbar?

Einzeln nachgewiesene Vorsorgeaufwendungen, die **nicht** zu den Altersvorsorgeaufwendungen gehören (= Versicherungsbeiträge im Sinne von § 10 Abs. 1 Nr. 3 und 3a), sind im VZ 2018 **bis zu** den folgenden **Höchstbeträgen** pro Kalenderjahr abziehbar:

▸ bei Personen, die ganz oder teilweise ohne eigene Aufwendungen einen Anspruch auf Erstattung oder Übernahme von Krankheitskosten haben oder für deren Krankenversicherung steuerfreie Leistungen erbracht werden: **1.900 €**

hierzu gehören:

- **sozialversicherungspflichtige Arbeitnehmer**
- **Rentner**, die aus der gesetzlichen Rentenversicherung steuerfreie Zuschüsse nach § 3 Nr. 14 erhalten
- **Beamte**, die von ihrem Arbeitgeber steuerfreie Beihilfen nach § 3 Nr. 11 erhalten
- in der gesetzlichen Krankenversicherung ohne eigene Beiträge **familienversicherte Angehörige**

▸ bei den übrigen Steuerpflichtigen (die ihre Krankheitskosten bzw. Beiträge zur Krankenversicherung vollständig selbst tragen): **2.800 €**

hierzu gehören:

- **Selbstständige**, die keinen steuerfreien Arbeitgeberzuschuss erhalten
- **Angehörige von Beihilfeberechtigten** (z. B. Ehegatten), die über den Beihilfeanspruch des Beihilfeberechtigten abgesichert sind
- **geringfügig Beschäftigte**, für die vom Arbeitgeber nur Pauschalbeiträge geleistet werden.

ACHTUNG

- Der **niedrigere** Höchstbetrag kommt bereits dann zur Anwendung, wenn **ohne eigene Aufwendungen** irgendwann im VZ „ganz oder teilweise" ein **Anspruch auf Erstattung von Krankheitskosten** besteht. Eine zeitanteilige Aufteilung sieht das Gesetz **nicht** vor.

- Bei zusammenveranlagten **Ehegatten** wird für **jeden Ehegatten gesondert** geprüft, welcher der beiden Höchstbeträge zur Anwendung kommt. Die festgestellten Höchstbeträge werden dann für den Sonderausgabenabzug **zusammengerechnet**.

Zum 01.01.2010 hatte der Gesetzgeber den steuerlichen Abzug von Kranken- und Pflegeversicherungsbeiträgen durch das **„Bürgerentlastungsgesetz Krankenversicherung"** neu geregelt. Seitdem werden **Beiträge zur Kranken- und Pflegeversicherung** stärker als bisher berücksichtigt. Versicherte können ihre Beiträge seitdem mindestens in Höhe der sogenannten **„Basisvorsorge"** (Basiskrankenversicherung plus Pflichtbeiträge zur Pflegeversicherung) abziehen.

Unter **„Basiskrankenversicherung"** versteht der Gesetzgeber die Basisversorgung **ohne Komfortleistungen**, also **ohne Wahl-/Zusatzleistungen** wie Einbettzimmer oder Chefarztbehandlung.

Manche Kassen fordern von ihren Versicherten einen Zusatzbeitrag, der zusätzlich zum Einheitsbeitrag anfällt. Der Beitrag wird nicht über die Gehaltsabrechnung einbehalten, sondern den Versicherten direkt in Rechnung gestellt. Auch **diese Zusatzbeiträge gehören zur Basiskrankenversicherung** (§ 10 Abs. 1 Nr. 3a EStG i. V. m. § 242 SGB V).

MERKE

Die für die **Basiskranken- und Pflegepflichtversicherung** vom Steuerpflichtigen geleisteten Beiträge sind seit dem VZ 2010 grundsätzlich **unbeschränkt** abziehbar.

ACHTUNG

Vorauszahlungen für Beiträge nachfolgender Veranlagungszeiträume sind im Jahr der Zahlung jedoch **höchstens bis zum 2,5-fachen** der auf den Veranlagungszeitraum entfallenden Beiträge abziehbar. Diejenigen vorausgezahlten Beiträge, die das 2,5-fache des Jahresbeitrags für die Basiskranken- und Pflegepflichtversicherung überschreiten, sind nach dem Zurechnungsprinzip in denjenigen Veranlagungszeiträumen anzusetzen, für welche sie geleistet wurden; dies gilt nicht für Beiträge, soweit sie der unbefristeten Beitragsminderung nach Vollendung des 62. Lebensjahrs dienen. Vgl. § 10 Abs. 1 Nr. 3 Satz 4 EStG.

Wahl- und Zusatztarife gehören – wie oben schon erwähnt – **nicht** zur Basisvorsorge, da sie über die Pflichtleistungen der gesetzlichen Krankenversicherung hinausgehen. Hierzu gehören beispielsweise Zusatztarife für

- Chefarztbehandlung
- Ein- oder Zweibettzimmer
- Krankentagegeld
- Zahnersatz usw.

Sie können nur abgezogen werden, wenn die Beiträge für die Basisversorgung die Höchstbeträge von 1.900/2.800 € nicht übersteigen.

- **Gesetzlich Versicherte** erwerben mit ihrem Vertrag in der Regel zugleich einen Anspruch auf Krankengeld. Da Krankengeld **nicht** zur Basisvorsorge gehört, sind die geleisteten Beträge zur Krankenversicherung pauschal um den für das Krankengeld aufgewendeten Beitragsanteil zu kürzen. Der Gesetzgeber nimmt aus Vereinfachungsgründen einen **pauschalen Kürzungssatz von 4 %** an (vgl. § 10 Abs. 1 Nr. 3a Satz 4 EStG). Diese Kürzung ist allerdings nur dann vorzunehmen, wenn der versicherten Person dem Grunde nach ein Anspruch auf eine Krankengeldzahlung zusteht. Dies bedeutet, dass z. B. bei den in der GKV versicherten Rentenbeziehern **keine** Kürzung erfolgt, weil diese kein Krankengeld erhalten.

  Gesetzlich Krankenversicherte mit dem allgemeinen Beitragssatz und mit Anspruch auf Krankengeld können somit **96 %** ihrer **Arbeitnehmeranteile zur KV** steuerlich geltend machen.

- **Privat Versicherte** (beispielsweise Arbeitnehmer mit einem regelmäßigen Jahresarbeitsentgelt über der Versicherungspflichtgrenze, Selbstständige, Beamte) können die Beiträge zur Krankheitskostenversicherung (inklusive Beihilfetarife) mit dem Beitragsanteil steuerlich abziehen, der den gesetzlichen Leistungen entspricht. Über dieses GKV-Niveau hinausgehende Beitragsanteile werden bei der Basisabsicherung nicht berücksichtigt. Die Beiträge für die „Mehrleistungen" (Heilpraktiker, Ein- oder Zweibettzimmer, Chefarztbehandlung, Zahnersatz, Implantate, Kieferorthopädie, Tagegelder usw.) sind nur im Rahmen von § 10 Abs. 1 Nr. 3a abzugsfähig.

Folgende Merksätze gelten:

- Wenn Tarife **ausschließlich Grundleistungen** vorsehen, sind die Beiträge hierfür steuerlich zu **100 % abzugsfähig**.
- Wenn Tarife **ausschließlich Mehrleistungen** vorsehen (z. B. Einbettzimmer, Chefarzt), sind die Beiträge hierfür bei § 10 Abs. 1 Nr. 3a zu berücksichtigen.
- Wenn Tarife **sowohl Grund- als auch Mehrleistungen** vorsehen, erfolgt eine **prozentuale Aufteilung**.

Beiträge zur gesetzlichen wie privaten Pflegepflichtversicherung sind entsprechend der Behandlung der Beiträge zu einer Basiskrankenversicherung **unbegrenzt** nach § 10 Abs. 1 Nr. 3 Satz 1 Buchst. b) anzusetzen. Beiträge zu darüber hinausgehenden (freiwilligen) Pflegeversicherungen sind wie weitere sonstige Vorsorgeaufwendungen zu behandeln.

Hinsichtlich der **konkreten Abzugshöhe** der sonstigen Vorsorgeaufwendungen ist nun eine **Vergleichsrechnung** zwischen den Beiträgen zur Basisversorgung und den Höchstbeträgen nach § 10 Abs. 4 durchzuführen:

Abzug von sonstigen Vorsorgeaufwendungen:

Summe aller geleisteten sonstigen Vorsorgeaufwendungen
(ohne Arbeitgeberanteile), z. B. Beiträge für

- Krankenversicherung (inkl. Wahl- und Zusatzleistungen) _____
- Pflegeversicherung _____
- Arbeitslosenversicherung _____
- Erwerbs-/Berufsunfähigkeitsversicherungen _____
- Haftpflicht- und Unfallversicherungen _____
- Risiko-Lebensversicherungen _____
- Kapital-Lebensversicherungs-Altverträge (zu 88 %) _____
- Erstattungen oder Zuschüsse _____
  Summe _____

davon maximal abzugsfähig (Höchstbetrag):

- **1.900 €** bei Arbeitnehmern, Rentnern und Beamten
- **2.800 €** bei Selbstständigen

[bei Ehegatten pro Person] _____ → __❶__

Vergleichsrechnung:
Ist der Basisvorsorgeaufwand höher als der vorgenannte Höchstbetrag?

Beiträge des Steuerpflichtigen zur Basiskrankenversicherung
(**ohne** Beiträge für Wahl-/Zusatzleistungen) _____

- 4 % bei Mitgliedern der gesetzlichen KV mit Krankengeldanspruch (nicht bei Rentnern oder privat Versicherten) _____
- Beitragsanteile für Krankengeldanspruch bei privat Versicherten _____
- Erstattungen oder Zuschüsse _____
+ **Beiträge zur Pflegepflichtversicherung** _____
  Summe des Basisvorsorgeaufwands _____ → __❷__

Vergleich zwischen ❶ und ❷: der höhere Beitrag kann als Sonderausgabe abgezogen werden.

Beispiele

Beispiel 1:
Der ledige Selbstständige Peter Meier ist privat krankenversichert. Er finanziert seine Krankenversicherung allein und zahlt im VZ 2018 einen Krankenversicherungsbeitrag in Höhe von 2.640 €, von dem 10 % der Finanzierung von Komfortleistungen (Wahl-/Zusatzleistungen) dienen. Auf die Basiskrankenversicherung entfällt somit ein Beitragsanteil von 2.376 € (90 % von 2.640 €). Für eine Pflegepflichtversicherung hat er 180 € und für weitere sonstige Vorsorgeaufwendungen insgesamt 300 € gezahlt.

Abzug der sonstigen Vorsorgeaufwendungen 2018 nach § 10 Abs. 4:

KV-Beiträge	2.640,00 €	
PV-Beiträge	180,00 €	
weitere sonstige Vorsorgeaufwendungen	300,00 €	
Summe	3.120,00 €	
davon höchstens abziehbar (Höchstbetrag):	2.800,00 €	**2.800,00 €**
nicht abziehbar	320,00 €	

Vergleichsrechnung:

Beiträge zur Basiskrankenversicherung	2.376,00 €
Beiträge zur Pflegepflichtversicherung	180,00 €
Summe (unbegrenzt abziehbar)	2.556,00 €

Der oben ermittelt Höchstbetrag (**2.800 €**) ist höher und wird deshalb abgezogen.

Beispiel 2:
Fall wie in dem Beispiel zuvor, jedoch jetzt mit dem Unterschied, dass Herr Meier für seine private Krankenversicherung im VZ 2018 insgesamt 3.600 € bezahlt. Davon dienen 2.880 € der Basiskrankenversicherung und 720 € der Finanzierung von Komfortleistungen. Alle weiteren Daten sind unverändert.

Abzug der sonstigen Vorsorgeaufwendungen 2018 nach § 10 Abs. 4:

KV-Beiträge	3.600,00 €	
PV-Beiträge	180,00 €	
weitere sonstige Vorsorgeaufwendungen	300,00 €	
Summe	4.080,00 €	
davon höchstens abziehbar (Höchstbetrag):	2.800,00 €	2.800,00 €

Vergleichsrechnung:

Beiträge zur Basiskrankenversicherung	2.880,00 €	
Beiträge zur Pflegepflichtversicherung	180,00 €	
Summe (unbegrenzt abziehbar)	3.060,00 €	3.060,00 €
2018 abziehbar (höherer Betrag)		**3.060,00 €**

23. Wie erfährt das Finanzamt von den geleisteten Kranken- und Pflegeversicherungsbeiträgen und welche Daten werden gemeldet?

Die Höhe der begünstigten Kranken- und Pflegeversicherungsbeiträge wird **elektronisch** an die Finanzverwaltung übermittelt (vgl. § 10 Abs. 2 Satz 3):

- bei gesetzlich krankenversicherten Arbeitnehmern **vom Arbeitgeber mit der elektronischen Lohnsteuerbescheinigung**
- bei gesetzlich krankenversicherten Rentnern vom **Rentenversicherungsträger mit der Rentenbezugsmitteilung**
- bei anderen gesetzlich Krankenversicherten (sog. Selbstzahler) übermittelt der **Träger der gesetzlichen Krankenversicherung** die Daten
- bei privat Kranken- und Pflegepflichtversicherten übermittelt das **private Versicherungsunternehmen** die relevanten Daten.

Die **Träger der gesetzlichen Krankenversicherung** müssen nur diejenigen Beitragsdaten übermitteln, die nicht bereits mit der elektronischen Lohnsteuerbescheinigung vom Arbeitgeber oder im Rentenbezugsmitteilungsverfahren durch die Rentenversicherungsträger übermittelt wurden. Hierbei handelt es sich z. B. um **eventuelle Zusatzbeiträge**, die durch die gesetzliche Krankenversicherung unmittelbar vom Steuerpflichtigen erhoben wurden.

Die **Versicherungsunternehmen** teilen dem Finanzamt u. a. folgende Daten mit:

- Höhe der jeweiligen im Beitragsjahr geleisteten und erstatteten Beiträge zur Basiskrankenversicherung und zur Pflegepflichtversicherung
- Identifikationsnummer des Steuerpflichtigen.

Der Versicherer hat den Steuerpflichtigen über die Datenübermittlung an die Finanzverwaltung zu informieren.

Einwilligung des Steuerpflichtigen:
Bestand das Versicherungsverhältnis für die Kranken- und Pflegepflichtversicherung bereits vor dem 01.01.2010, dann gilt die grundsätzlich erforderliche Einwilligung zur Datenübermittlung an das Finanzamt als erteilt (vgl. § 52 Abs. 24 Satz 2 Nr. 1).

Wurde ein Versicherungsverhältnis nach dem 31.12.2009 begründet, ist hingegen eine schriftliche Einwilligung des Steuerpflichtigen für die Datenübermittlung erforderlich.

Grundsätzlich gilt: Die Krankenversicherungsunternehmen haben den Versicherten schriftlich darüber zu informieren, dass sie von der Einwilligung zur Datenübermittlung ausgehen, wenn nicht innerhalb von vier Wochen nach Erhalt der Information schriftlich dagegen widersprochen wird.

24. In welcher Höhe können einzeln nachgewiesene Vorsorgeaufwendungen gem. § 10 Abs. 4a (= „altes Recht") abgezogen werden?

Alternativ zu § 10 Abs. 4 können die gesamten Vorsorgeaufwendungen bis zu bestimmten Höchstbeträgen abgezogen werden. Die **Höchstbetragsberechnung** vollzieht sich im VZ 2017 dann in den folgenden Schritten (siehe H 10.11 (Allgemeines) EStH 2016):

(1) **Vorwegabzug**
Bei der Berechnung der abzugsfähigen Höchstbeträge können von den gesamten Vorsorgeaufwendungen (Altersvorsorgeaufwendungen plus sonstige Vorsorgeaufwendungen) **vorab bis zu 600 €** bzw. **1.200 €** bei Zusammenveranlagung als Sonderausgaben abgezogen werden.

Bei Arbeitnehmern ist dieser Vorwegabzug **zu kürzen** um 16 % der Summe der Einnahmen aus nichtselbstständiger Arbeit im Sinne des § 19 (Bruttoarbeitslohn) ohne Versorgungsbezüge im Sinne des § 19 Abs. 2.

(2) **Grundhöchstbetrag**
Die nach dem Vorwegabzug verbleibenden Vorsorgeaufwendungen können dann bis zu **1.334 €** bzw. **2.668 €** bei Zusammenveranlagung abgezogen werden.

(3) **Zusätzlicher Höchstbetrag**
Steuerpflichtige, die nach dem 31.12.1957 geboren sind, können ihre Beiträge zu einer **zusätzlichen freiwilligen** Pflegeversicherung bis zu einem **zusätzlichen Höchstbetrag** von **184 €** im Kalenderjahr als Sonderausgaben abziehen.

(4) **Hälftiger Höchstbetrag**
Verbleiben nach den oben genannten Abzugsbeträgen Vorsorgeaufwendungen, die bei der Höchstbetragsberechnung noch nicht berücksichtigt wurden, dann sind diese **zur Hälfte, höchstens jedoch** bis zu **667 €** bzw. **1.334 €** bei Zusammenveranlagung abzuziehen.

Beispiel

Die Steuerpflichtigen Friedhelm und Viola Kurz werden zusammen zur ESt veranlagt. Für den VZ 2018 weisen sie Vorsorgeaufwendungen von insgesamt 6.164 € nach. Friedhelm hat in 2018 Arbeitslohn in Höhe von 22.000 € und Viola in Höhe von 11.000 € bezogen.

Nach § 10 Abs. 3 EStG 2004 i. V. mit § 10 Abs. 4a EStG 2018 können die Eheleute Kurz die folgenden Beträge als Sonderausgaben abziehen:

	Euro	Euro	Euro
Versicherungsbeiträge nach § 10 Abs. 1 Nr. 2 und 3		6.164,00	
- **Vorwegabzug**	1.200,00 €		
Kürzung um 16 % des Bruttoarbeitslohns			
EM: 16 % von 22.000 €	- 3.520,00 €		
EF: 16 % von 11.000 €	- 1.760,00 €		
verbleibender Vorwegabzug	0,00 € →	0,00 →	0,00
verbleibender Betrag		6.164,00	
- **Grundhöchstbetrag**		- 2.668,00 →	2.668,00
verbleibender Betrag		3.496,00	
- **hälftiger Grundhöchstbetrag**		- 1.334,00 →	1.334,00
= insgesamt abzugsfähige Vorsorgeaufwendungen			**4.002,00**

INFO

Beiträge zu einer kapitalgedeckten Rentenversicherung gem. § 10 Abs. 1 Nr. 2 Buchst. b) – sog. „Rürup-Rente" – werden seit dem VZ 2006 stets steuermindernd berücksichtigt. Sofern die Berechnung der abziehbaren Vorsorgeaufwendungen nach § 10 Abs. 4a erfolgt (also in der Rechtslage 2004), wird das Abzugsvolumen ggf. um einen Erhöhungsbetrag (2018: 86 % der Beiträge zu einer „Rürup"-Rentenversicherung) vergrößert, damit diese Beiträge zusätzlich zu den anderen Vorsorgeaufwendungen steuermindernd berücksichtigt werden.

25. Nennen Sie Beispiele für Versicherungsbeiträge, die nicht zu den Vorsorgeaufwendungen gem. § 10 Abs. 1 Nr. 2, 3 und 3a gehören!

Nicht zu den Vorsorgeaufwendungen gehören beispielsweise die Beiträge zu den folgenden Versicherungen (vgl. § 10 Abs. 1 Nr. 2, 3 und 3a EStG und H 10.5 EStH 2017):

- Hausratversicherung
- Kaskoversicherung (z. B. Kfz-Voll- oder Teilkaskoversicherung)
- Rechtschutzversicherung

- Sachversicherungen (z. B. Einbruch-, Diebstahl-, Feuer-, Hagelversicherung)
- Kapitalversicherungen oder Rentenversicherungen mit Kapitalwahlrecht gegen Einmalbetrag
- Kapitalversicherungen oder Rentenversicherungen gegen laufende Beitragsleistungen (z. B. Kapital-Lebensversicherungen) mit einer Laufzeit von weniger als 12 Jahren
- fondsgebundene Lebensversicherungen
- Beiträge zur zusätzlichen privaten Altersvorsorge nach § 10a (sog. „Riester-Rente").

26. Welche Pauschbeträge für Sonderausgaben gibt es?

§ 10c sieht für den Fall, dass keine höheren nachgewiesenen Sonderausgaben, **die keine Vorsorgeaufwendungen sind**, angegeben werden, die folgenden Pauschbeträge vor:

	Einzelveranlagung	Zusammenveranlagung
Sonderausgaben-Pauschbetrag	36 €	72 €

3.6.3 Außergewöhnliche Belastungen

1. Was ist allgemein unter außergewöhnlichen Belastungen zu verstehen?

Außergewöhnliche Belastungen (agB) liegen nach § 33 Abs. 1 grundsätzlich dann vor, wenn dem Steuerpflichtigen **zwangsläufig größere Aufwendungen als der überwiegenden Mehrzahl der Steuerpflichtigen** gleicher Einkommensverhältnisse, gleicher Vermögensverhältnisse und gleichen Familienstandes entstehen.

Es handelt sich um Kosten der Lebensführung, die vom Abzugsverbot des § 12 ausdrücklich ausgenommen sind.

MERKE

Aufwendungen erwachsen dem Steuerpflichtigen dann **zwangsläufig**, wenn er sich ihnen aus
- **rechtlichen** (z. B. gesetzliche Unterhaltspflicht),
- **tatsächlichen** (z. B. Krankheit, Unfall) oder
- **sittlichen** (Unterstützung bedürftiger Geschwister)

Gründen nicht entziehen kann und soweit die Aufwendungen den Umständen nach **notwendig** sind (§ 33 Abs. 2 Satz 1).

Zwangsläufigkeit liegt in der Regel nur dann vor, wenn die Aufwendungen des Steuerpflichtigen **für ihn selbst oder für Angehörige im Sinne des § 15 AO** anfallen. Aufwendungen für andere Personen können diese Voraussetzung nur ausnahmsweise erfüllen (vgl. R 33.1 Sätze 4 und 5 EStR).

ACHTUNG

- Es muss eine Vermögensminderung des Steuerpflichtigen durch **Abfluss von Geld oder geldwerten Gütern** vorliegen. Reine Vermögensverluste, Wertminderungen des Vermögens oder Vermögensumschichtungen stellen keine zu berücksichtigenden Aufwendungen dar.
- Außergewöhnliche Belastungen kann **nur derjenige** geltend machen, **der die Ausgaben auch geleistet hat**. Bei Ehegatten mit Zusammenveranlagung (§ 26b) spielt es allerdings **keine Rolle, wer die Ausgaben geleistet hat** und für welchen Ehegatten die Ausgaben entstanden sind.

  Bei Einzelveranlagung von Ehegatten (§ 26a) gilt Folgendes:
  - außergewöhnliche Belastungen werden demjenigen Ehegatten zugerechnet, der die Aufwendungen wirtschaftlich getragen hat
  - auf gemeinsamen Antrag der Ehegatten werden sie abweichend von der vorgenannten Regelung bei jedem Ehegatten jeweils zur Hälfte abgezogen (vgl. § 26a Abs. 2).
- Die in Betracht kommenden Aufwendungen dürfen **keine Betriebsausgaben, Werbungskosten oder Sonderausgaben** sein (die Berücksichtigung von agB erfolgt stets nachrangig).

2. In welche Hauptgruppen können die außergewöhnlichen Belastungen unterteilt werden?

Die außergewöhnlichen Belastungen lassen sich in die folgenden Hauptgruppen unterteilen:

- außergewöhnliche Belastungen **allgemeiner Art** nach **§ 33** und
- außergewöhnliche Belastungen **spezieller Art** nach den **§§ 33a und 33b**.

Die Regelungen der §§ 33a und 33b sind spezielles Recht und gehen deshalb grundsätzlich dem allgemeinen Recht (§ 33) vor.

3. Was sind außergewöhnliche Belastungen „allgemeiner" Art? Nennen Sie Beispiele!

Außergewöhnliche Belastungen **allgemeiner Art nach § 33** liegen dann vor, wenn dem Steuerpflichtigen zwangsläufig größere Aufwendungen als der überwiegenden Mehrzahl der Steuerpflichtigen gleicher Einkommensverhältnisse, gleicher Vermögensverhältnisse und gleichen Familienstandes entstehen **und kein typisierter Fall nach §§ 33a oder 33b vorliegt**.

Beispiele

- nicht erstattete (selbst getragene) **Krankheitskosten** (vgl. § 64 EStDV und R 33.4 EStR)
- **Kurkosten** unter bestimmten Voraussetzungen (vgl. R 33.4 EStR sowie H 33.1 - 33.4 (Kur) EStH 2017)
- Aufwendungen für die **Wiederbeschaffung existenziell notwendiger Gegenstände** (z. B. Hausrat, Kleidung) unter den Voraussetzungen von R 33.2 EStR (z. B. wenn diese Gegenstände durch ein unabwendbares Ereignis, wie z. B. Hochwasser, zerstört wurden und ein Ersatz von Dritter Seite nicht bzw. nur teilweise erfolgt)
- **Aufwendungen wegen Pflegebedürftigkeit** unter den Voraussetzungen von R 33.3 EStR
- **Bestattungskosten**, sofern diese den Wert des Nachlasses übersteigen (vgl. H 33.1 - 33.4 (Bestattungskosten) EStH 2017)
- **Kfz-Kosten behinderter Menschen**, deren Grad der Behinderung mindestens 80 % beträgt, sowie von Personen, die zu mindestens 70 % behindert sind und bei denen darüber hinaus eine erhebliche Geh- und Stehbehinderung vorliegt (Merkmal „G" im Behinderten-Ausweis); der Ansatz des Behinderten-Pauschbetrages nach § 33b Abs. 6 wird davon nicht berührt (vgl. H 33.1 - 33.4 (Fahrtkosten behinderter Menschen) EStH 2017).

ACHTUNG

Aufwendungen, die durch **Diätverpflegung** entstehen, können **nicht** als agB berücksichtigt werden (§ 33 Abs. 2 Satz 3).

4. Wie wird die Höhe der abzugsfähigen außergewöhnlichen Belastungen nach § 33 ermittelt?

Die nach § 33 abzugsfähigen agB werden nach dem folgenden Schema ermittelt:

```
  Summe der vom Stpfl. getragenen Aufwendungen im Sinne des § 33 Abs. 1
- zumutbare Belastung nach § 33 Abs. 3
= abzugsfähige agB nach § 33
```

Die zwangsläufig erwachsenen außergewöhnlichen Aufwendungen des Steuerpflichtigen, die grundsätzlich als agB anerkannt werden, dürfen **nicht in voller Höhe abgezogen** werden.

Zunächst sind die vom Steuerpflichtigen getragenen Aufwendungen zu **kürzen um die Ersatz- bzw. Unterstützungsleistungen von Dritter Seite** (z. B. Erstattungen von der gesetzlichen Kranken- oder Pflegekasse, einer privaten Zusatzversicherung oder Beihilfeleistungen bei Beamten); siehe hierzu H 33.1 - H 33.4 (Ersatz von Dritter Seite) EStH 2017.

Weiterhin wird dem Steuerpflichtigen zugemutet, dass er einen bestimmten Teil der Aufwendungen selbst trägt (sog. **zumutbare Belastung**), ohne dafür eine Steuerentlastung zu erhalten. Dieser Teil der Aufwendungen darf also nicht steuermindernd abgezogen werden. Er berechnet sich mithilfe von gesetzlich vorgegebenen Prozentsätzen, die auf die Höhe des Gesamtbetrags der Einkünfte (GdE) des Steuerpflichtigen anzuwenden sind. Die Prozentsätze zur Ermittlung der zumutbaren Belastung sind in § 33 Abs. 3 vorgegeben (siehe dort!). Ihre Höhe ist abhängig von dem anzuwendenden Einkommensteuertarif (Grund- oder Splittingtarif) oder zu berücksichtigenden Kindern sowie der Höhe des GdE des Steuerpflichtigen.

Seit dem hierzu ergangenen BFH-Urteil vom 19.01.2017 erfolgt die Berechnung der zumutbaren Belastung **stufenweise**. Der für eine bestimmte Grenze des GdE vorgegebene Prozentsatz wird bei der Berechnung für den einzelnen Steuerpflichtigen nur bis zu dieser Höhe seines GdE angewendet (z. B. von 1 € bis 15.340 € mit 2 % bei Steuerpflichtigen mit Kindern). Der die jeweilige Grenze übersteigende Teil seines GdE wird dann bis zur jeweils nächsten Grenze des § 33 Abs. 3 mit dem jeweils höheren Prozentsatz belastet (stufenweise Berechnung).

Beispiel

Die Steuerpflichtige Nadine Buß wird einzeln zur Einkommensteuer veranlagt (Anwendung des Grundtarifs gem. § 32a Abs. 1). Sie hat ein steuerlich zu berücksichtigendes Kind, für das sie Kindergeld erhält. Ihr Gesamtbetrag der Einkünfte 2018 beträgt 52.400 €. Sie weist für 2018 Zahnarztkosten in Höhe von 3.700 € nach. Von ihrer Krankenkasse erhält sie hierfür eine Erstattung in Höhe von 1.200 €.

Ermittlung der abzugsfähigen agB:

	Aufwendungen gem. § 33 Abs. 1			3.700,00 €
-	Erstattung von der Krankenkasse			- 1.200,00 €
=	selbst getragene Aufwendungen			2.500,00 €
-	zumutbare Belastung gem. § 33 Abs. 3			
	15.340 €	• 2 % =	306,80 €	
	35.790 € (51.130 € - 15.340 €)	• 3 % =	1.073,70 €	
	1.270 € (52.400 € - 51.130 €)	• 4 % =	50,80 €	
			1.431,30 € →	- 1.431,00 €
=	abzugsfähige agB gem. § 33 bei Frau Buß			**1.069,00 €**

5. Was sind außergewöhnlichen Belastungen „spezieller Art"? Geben Sie einen Überblick!

In den §§ 33a und 33b hat der Gesetzgeber sog. **„typisierte Fälle"** von agB gesetzlich geregelt. Als spezielles Recht gehen diese Regelungen grundsätzlich der allgemeinen Regelung des § 33 vor.

außergewöhnliche Belastungen spezieller Art (typisierte Fälle)	
§ 33a	**§ 33b**
▸ Unterstützung gesetzlich unterhaltsberechtigter Personen (§ 33a Abs. 1) ▸ Ausbildungsfreibetrag (§ 33a Abs. 2)	Pauschbeträge für Behinderte, Hinterbliebene und Pflegepersonen ▸ Behinderten-Pauschbetrag (§ 33b Abs. 1 bis 3 und Abs. 5) ▸ Hinterbliebenen-Pauschbetrag (§ 33b Abs. 4) ▸ Pflege-Pauschbetrag (§ 33b Abs. 6)
Keine Kürzung um die zumutbare Belastung des § 33 Abs. 3, aber **Begrenzung** der Höhe der abzugsfähigen agB durch **Höchst- bzw. Pauschbeträge!**	

ACHTUNG

- Beim Vorliegen eines typisierten Falls ist die Anwendung des § 33 für diesen speziellen Fall grundsätzlich ausgeschlossen. Beispiel: Wenn einem Steuerpflichtigen Aufwendungen für die Berufsausbildung seines steuerlich zu berücksichtigenden Kindes entstehen, dann kann er **diese** Aufwendungen **nicht** nach § 33 als agB berücksichtigen; er erhält jedoch auf Antrag einen Ausbildungsfreibetrag nach § 33a Abs. 2, sofern die Voraussetzungen hierfür erfüllt sind.
- Der Steuerpflichtige kann auf die Anwendung des § 33b verzichten und seine Aufwendungen im Rahmen des § 33 nachweisen oder glaubhaft machen, wenn dies zu einem höheren Abzug führt. Bei bestimmten Sonderfällen ist ein Abzug nach § 33 **neben** der Inanspruchnahme von § 33b möglich (siehe hierzu H 33b EStH 2017).

6. Unter welchen Voraussetzungen und bis zu welcher Höhe sind Unterhaltsaufwendungen nach § 33a Abs. 1 abzugsfähig?

Unterhaltsaufwendungen nach § 33a Abs. 1 (Unterstützung von Angehörigen oder gleich gestellten Personen) sind dann als agB abzugsfähig, wenn dem Steuerpflichtigen **Aufwendungen entstanden** sind

- für den Unterhalt und/oder die Berufsausbildung einer ihm oder seinem Ehegatten gegenüber gesetzlich unterhaltsberechtigten Person und
- weder der Steuerpflichtige noch eine andere Person einen Anspruch auf Kindergeld oder einen Kinderfreibetrag für die unterstützte Person hat und
- die unterstützte Person bedürftig ist, also kein oder nur geringes Vermögen besitzt (siehe hierzu R 33a.1 Abs. 2 EStR).

Seit dem VZ 2015 ist es für den Abzug der Unterhaltsaufwendungen zusätzlich erforderlich, dass der Leistende in seiner Steuererklärung die Identifikationsnummer der unterhaltenden Person angibt (vgl. § 33a Abs. 1 Satz 9).

Sofern diese Voraussetzungen erfüllt sind, können die Unterhaltsaufwendungen im VZ 2018 grundsätzlich **bis zu 9.000 € im Kalenderjahr** als agB vom Gesamtbetrag der Einkünfte abgezogen werden.

Der Jahreshöchstbetrag in Höhe von **9.000 € erhöht sich** um die vom oder für den Unterhaltsempfänger getragenen **Kranken- und Pflegeversicherungsbeiträge**, die der **Basisabsicherung** im Sinne von § 10 Abs. 1 Nr. 3 dienen (siehe Beispiel auf der S. 264); vgl. § 33a Abs. 1 Satz 2. Die Erhöhung wird **nicht** vorgenommen, wenn der Unterstützte ein **eingetragener Lebenspartner** des Unterstützenden ist oder wenn bei ihm die Beiträge als Sonderausgaben abziehbar sind.

ACHTUNG

- **Gesetzlich unterhaltsberechtigte Personen** sind insbesondere: der getrennt lebende oder geschiedene Ehegatte, Eltern, Kinder, Großeltern, Enkelkinder, nichteheliche Kinder, für ehelich erklärte Kinder, Adoptivkinder und die Mutter eines nichtehelichen Kindes (vgl. R 33a.1 Abs. 1 EStR). Gesetzlich unterhaltsberechtigt sind auch die Partner einer eingetragenen Partnerschaft.

    Diesen Personen gleich gestellt ist der nichteheliche Lebenspartner, wenn bei ihm zum Unterhalt bestimmte öffentliche Mittel (z. B. Hartz IV-Leistungen oder Sozialhilfe) im Hinblick auf die Unterhaltsleistungen des Steuerpflichtigen gekürzt werden (vgl. § 33a Abs. 1 Satz 3 EStG und BMF-Schreiben vom 07.06.2010, abgedruckt im Anhang 3 II des EStH 2017, S. 1444).

- **Geschwister** sind **keine** gesetzlich unterhaltsberechtigten Personen. Deshalb können Unterhaltsaufwendungen an Geschwister nicht als agB nach § 33a Abs. 1 abgezogen werden (ggf. kommt dann ein Abzug nach § 33 in Betracht).

Hat die **unterhaltene Person** neben den Unterhaltsleistungen eigene **Einkünfte und Bezüge**, die auf den Unterhaltszeitraum entfallen und zur Bestreitung ihres Unterhalts bestimmt oder geeignet sind, so werden sie auf den Höchstbetrag von 9.000 € angerechnet, wenn sie den Karenzbetrag **(Anrechnungsfreibetrag) von 624 €** im Kalenderjahr übersteigen (siehe hierzu H 33a.1 (Anrechnung eigener Einkünfte und Bezüge) und H 33a.1 (Zusammenfassendes Beispiel für die Anrechnung) EStH 2017).

 INFO

Zu Einzelheiten siehe BMF-Schreiben vom 07.06.2010, BStBl I S. 582 - 587 und S. 588 - 595, abgedruckt im Anhang 3 II des EStH 2017, S. 1444.

Berechnung der abzugsfähigen Unterhaltsaufwendungen nach § 33a Abs. 1 (VZ 2018):

		Euro	Euro
	Unterhaltshöchstbetrag (je unterstützte Person)		**9.000**
+	geleistete Beiträge zur Basisabsicherung in der KV und PV des Unterhaltsempfängers		....
=	erhöhter Höchstbetrag		....
	Einkünfte und Bezüge der unterstützten Person, die auf den Unterhaltszeitraum entfallen		
	Einkünfte im Sinne des § 2 Abs. 1	....	
+	**Bezüge** (siehe R 33a.1 Abs. 3 EStR)	....	
	Zwischensumme	....	
−	**Kostenpauschale *für Bezüge* (180 €)** oder tatsächliche Kosten, **höchstens Höhe der Bezüge** [Abzug der Kostenpauschale nur, wenn sie nicht unten bei der Ausbildungshilfe zu berücksichtigen ist.]	-	
=	Summe der anzusetzenden Einkünfte und Bezüge	....	
−	**anrechnungsfreier Betrag (Karenzbetrag)**	**- 624**	
=	**anzurechnende Einkünfte und Bezüge** (sofern positiver Betrag)	.... →	- ....
	Ausbildungszuschuss aus öffentlichen Mitteln		....
−	**Kostenpauschale** in Höhe von **180 €** oder tatsächliche Kosten (wenn oben auch Bezüge anzusetzen sind, Kostenpauschale hier vorrangig)	- .... →	- ....
=	**gekürzter Höchstbetrag = abzugsfähige agB, höchstens jedoch tatsächliche Aufwendungen**		....

Beispiel

Die Steuerpflichtige Simone Kleinert unterstützte in 2018 ihre 30 Jahre alte leibliche Tochter Christine, die in Gießen Tiermedizin studiert, mit Geldzahlungen in Höhe von insgesamt 7.200 €. Weder Frau Kleinert noch eine andere Person erhält Kindergeld oder einen Kinderfreibetrag für Christine, die nur ein geringes Vermögen hat. Andere Unterhaltsleistungen hat Christine nicht erhalten; sie hatte jedoch eigene Einkünfte aus nichtselbstständiger Arbeit in Höhe von 3.600 €.

Christine Kleinert bezahlt monatlich 95 € für die Basisabsicherung in der Kranken- und Pflegeversicherung.

Berechnung der abzugsfähigen agb nach § 33a Abs. 1 bei Frau Kleinert:

Unterhaltsaufwendungen: 12 · 600 € = 7.200 €		
Höchstbetrag gem. § 33a Abs. 1		9.000,00 €
+ Beiträge zur Basisabsicherung (12 · 95 €)		1.140,00 €
= erhöhter Höchstbetrag		10.140,00 €
eigene Einkünfte/Bezüge der Unterhaltsempfängerin		
Einkünfte § 19	3.600,00 €	
− Karenzbetrag für die Anrechnung (Anrechnungsfreibetrag)	− 624,00 €	
= Kürzungsbetrag	2.976,00 € →	− 2.976,00 €
abzugsfähige Unterhaltsaufwendungen		7.164,00 €

 ACHTUNG

- Für den ungekürzten Höchstbetrag und den anrechnungsfreien Betrag (Karenzbetrag) gilt das **Monatsprinzip** gem. § 33a Abs. 3 (Ansatz nur für die Monate, in denen die entsprechenden Voraussetzungen erfüllt waren = zeitanteilige Kürzung für die Monate, in denen die Voraussetzungen für den ganzen Monat nicht erfüllt waren).

- **Einkünfte und Bezüge** der unterhaltenen Person sind **nur insoweit zu berücksichtigen, als sie auf den Unterhaltszeitraum entfallen** (vgl. § 33a Abs. 3 Satz 2). Gegebenenfalls ist eine Aufteilung bzw. zeitliche Zurechnung nach R 33a.3 Abs. 2 EStR vorzunehmen (siehe dort sowie H 33a.4 EStH 2017).

7. Was sind anrechenbare „Einkünfte und Bezüge"? Nennen Sie Beispiele!

Unter **Einkünfte** der unterhaltenen Person sind solche im Sinne des Einkommensteuergesetzes zu verstehen.

Bezüge sind Einnahmen in Geld oder Geldeswert, die nicht im Rahmen der einkommensteuerlichen Einkunftsermittlung erfasst werden. Zu den anzusetzenden Bezügen gehören z. B. (siehe R 33a.1 Abs. 3 EStR und H 33a.1 (Anrechnung eigener Einkünfte und Bezüge) EStH 2017):

- Kapitalerträge, die der Abgeltungsteuer gem. § 32d Abs. 1 unterliegen ohne Abzug des Sparer-Pauschbetrags
- die nicht der Besteuerung unterliegenden Teile von Leibrenten (diejenigen Teile der Renten, die den Besteuerungs- bzw. Ertragsanteil übersteigen)
- Zuschüsse zu den KV-Beiträgen eines Rentners (z. B. im Sinne von § 3 Nr. 14)
- die steuerfreien Einkünfte und Leistungen, die dem Progressionsvorbehalt unterliegen (z. B. Arbeitslosengeld, Arbeitslosenhilfe, Krankengeld)
- pauschal besteuerter oder steuerfreier Arbeitslohn (z. B. aus geringfügiger Beschäftigung)
- Wohngeld
- Ausbildungszuschüsse aus privaten Mitteln (z. B. Stipendien)
- ausgezahlte Arbeitnehmersparzulage nach dem 5. VermBG
- nach § 19 Abs. 2 gewährter Versorgungsfreibetrag
- nach § 3 Nr. 40 und 40a steuerfreie Einkünfte, die dem Teileinkünfteverfahren unterliegen.

Die Bezüge des Unterhaltsempfängers sind um die sog. **Kostenpauschale** von **180 €** im Kalenderjahr zu kürzen, wenn nicht höhere Aufwendungen nachgewiesen oder glaubhaft gemacht werden (vgl. R 33a.1 Abs. 3 Satz 5 EStR).

8. Welche Bezüge sind nicht anzurechnen? Nennen Sie einige Beispiele!

Zu den **nicht** anrechenbaren Bezügen gehören z. B.:

- Unterhaltsleistungen der Eltern an ihre Kinder und freiwillige Leistungen der Personen, bei denen das Kind berücksichtigt werden kann
- Elterngeld in Höhe der Mindestbeträge
- Leistungen aus einer Pflegeversicherung nach § 3 Nr. 1a
- steuerfreie Einnahmen nach § 3 Nr. 12, 13, 16 und 26 (z. B. steuerfreie Aufwandsentschädigung als Übungsleiter)
- steuerfrei ersetzte Werbungskosten nach § 3 Nr. 30, 31, 32 und 34
- pauschal versteuerter Werbungskostenersatz nach § 40 Abs. 2 Satz 2 (für Wege des Arbeitnehmers zwischen Wohnung und erster Tätigkeitsstätte).

9. Was sind anzurechnende Ausbildungsbeihilfen?

Auf den Unterhaltshöchstbetrag sind Ausbildungsbeihilfen aus öffentlichen Mitteln mit dem als Zuschuss gezahlten Betrag, vermindert um die Kostenpauschale oder nachgewiesene Kosten, anzurechnen. Der **anrechnungsfreie** Betrag von **624 €** ist auf diese Art der Bezüge **nicht** anwendbar.

Zu den anzurechnenden Ausbildungsbeihilfen gehören u. a.

- BAföG-Zuschüsse (der nicht als Darlehen gewährte Anteil der BAföG-Zahlungen)
- Berufsbeihilfen nach dem Sozialgesetzbuch III und
- steuerfreie Stipendien von Förderungseinrichtungen, die hierfür öffentliche Mittel erhalten haben.

10. Welche Besonderheit gilt für den Fall, bei dem mehrere Personen für den Unterhalt einer Person aufkommen?

Tragen mehrere Personen zu dem Unterhalt der selben Person bei und erfüllt jeder von ihnen die Voraussetzungen des § 33a Abs. 1, so wird bei dem betrachteten Steuerpflichtigen **der Teil der abzugsfähigen Unterhaltsaufwendungen** abgezogen, der **seinem Anteil** am Gesamtbetrag der Leistungen entspricht (vgl. § 33a Abs. 1 Satz 7).

Beispiel

Die Brüder A und B unterstützen ihren bedürftigen Vater durch Geldzahlungen. A hat in 2018 insgesamt 3.000 € (= $1/3$), B hat 6.000 € (= $2/3$) gezahlt. Die in einer Nebenrechnung ermittelten abzugsfähigen Unterhaltsaufwendungen betragen insgesamt 4.500 €.

Auf A entfällt $1/3$ der abzugsfähigen Unterhaltsaufwendungen (= 1.500 €), auf B $2/3$ (= 3.000 €).

11. Welche Besonderheit gilt für den Fall, dass der Steuerpflichtige mehrere Personen nach § 33a Abs. 1 unterstützt, die einen gemeinsamen Haushalt führen?

Unterhält der Steuerpflichtige mehrere Personen, die einen gemeinsamen Haushalt führen, so ist der nach § 33a Abs. 1 abziehbare Betrag **grundsätzlich für jede Person getrennt zu ermitteln**, was bedeutet, dass auch der Höchstbetrag und der Karenzbetrag entsprechend der Anzahl der unterstützten Personen mehrfach zu gewähren sind.

Handelt es sich bei den unterhaltenen Personen um in Haushaltsgemeinschaft lebende Ehegatten (z. B. Eltern), so sind die Einkünfte und Bezüge zunächst für jeden Unterhaltsempfänger gesondert festzustellen und sodann zusammenzurechnen. Die zusammengerechneten Einkünfte und Bezüge sind dann um 1.248 € (zweimal 624 €) sowie ggf. um 360 € (zweimal 180 €) zu kürzen. Der verbleibende Betrag ist von der Summe der beiden Höchstbeträge (2 • 9.000 € = 18.000 € im Kj.) abzuziehen (H 33a.1 (Unterhalt für mehrere Personen) EStH 2017).

12. Unter welchen Voraussetzungen kann ein Ausbildungsfreibetrag nach § 33a Abs. 2 gewährt werden?

Erwachsen dem Steuerpflichtigen Aufwendungen für die Berufsausbildung eines **volljährigen, auswärtig untergebrachten** Kindes, für das er Kindergeld oder einen Freibetrag nach § 32 Abs. 6 erhält, so kann ihm auf Antrag für dieses Kind ein „Freibetrag zur Abgeltung des Sonderbedarfs eines sich in Berufsausbildung befindenden, auswärtig untergebrachten Kindes" (kurz: Ausbildungsfreibetrag) nach § 33a Abs. 2 gewährt werden.

Der Ausbildungsfreibetrag kann demnach unter folgenden Voraussetzungen gewährt werden:

- Dem Steuerpflichtigen sind Aufwendungen entstanden für die **Berufsausbildung eines volljährigen Kindes**,
- das **auswärtig untergebracht** ist und
- für das er **Kindergeld oder** einen **Freibetrag nach § 32 Abs. 6** erhält, und
- der Steuerpflichtige **beantragt die Gewährung des Ausbildungsfreibetrages**.

Die **Aufwendungen** für die Berufsausbildung des Kindes müssen **nicht** einzeln nachgewiesen werden, weil die tatsächliche Höhe der Aufwendungen nicht von Bedeutung ist. Im Steuerformular (Anlage Kinder) wird deshalb lediglich der Zeitraum angegeben, in dem Aufwendungen für die Berufsausbildung entstanden sind.

Eine **auswärtige Unterbringung** im Sinne des § 33a Abs. 2 liegt vor, wenn ein Kind **außerhalb des Haushalts der Eltern wohnt**. Dies ist anzunehmen, wenn für das Kind außerhalb des Haushalts der Eltern eine Wohnung oder ein Zimmer (z. B. in einem Studentenwohnheim) ständig bereitgehalten und das Kind auch **außerhalb des Haushalts der Eltern verpflegt** wird (vgl. R 33a.2 Abs. 2 EStR).

Eine **Berufsausbildung** ist jede Vorbereitung auf einen Beruf. Die Berufsausbildung beginnt bereits im Alter von etwa 6 Jahren mit dem Besuch der Grundschule (BFH-Urteil vom 26.05.1971) und endet, wenn das Kind sein endgültiges Berufsziel erreicht hat. Wann dies der Fall ist, bestimmt sich nach den Vorstellungen des Kindes und der Eltern. Zu Einzelheiten siehe H 32.5 sowie H 32.10 EStH 2017.

Beispiele

Beispiel 1:
Die zusammenveranlagten Ehegatten Julia und Marc Kurz, Koblenz, haben die leibliche Tochter Natalie, die im März 2017 ihr 20. Lebensjahr vollendete. Natalie studiert seit Oktober 2017 Pädagogik an der Johannes Gutenberg-Universität in Mainz. Sie wohnt dort außerhalb des Haushalts ihrer Eltern im Studentenwohnheim.

Die Eheleute Kurz haben im VZ 2018 Anspruch auf Gewährung eines vollen Ausbildungsfreibetrages gem. § 33a Abs. 2.

Beispiel 2:
Die Ehegatten Julia und Marc Kurz (siehe Beispiel 1) haben zusätzlich zu Natalie den leiblichen Sohn Fritz, der im August 2018 sein 17. Lebensjahr vollendet. Fritz besucht in Bonn ein Internat, in dem er auch wohnt. Für die Unterbringung bezahlen die Eheleute monatlich 800 €.

Die Eheleute Kurz haben im VZ 2018 keinen Anspruch auf Gewährung eines Ausbildungsfreibetrages gem. § 33a Abs. 2, weil Fritz im VZ 2018 das 18. Lebensjahr noch nicht vollendet hat.

Unter gleichen Voraussetzungen und der Annahme einer unveränderten Gesetzeslage haben die Eheleute Kurz im VZ 2019 ab August Anspruch auf Gewährung eines zeitanteiligen Ausbildungsfreibetrages gem. § 33a Abs. 2.

13. In welcher Höhe können Ausbildungsfreibeträge nach § 33a Abs. 2 gewährt werden?

Nach § 33a Abs. 2 kann für jedes **volljährige, auswärtig untergebrachte Kind**, das die Voraussetzungen des § 33a Abs. 2 vollständig erfüllt, vom Gesamtbetrag der Einkünfte ein Ausbildungsfreibetrag in Höhe von **924 €** im Kalenderjahr abgezogen werden.

ACHTUNG

Keine Ausbildungsfreibeträge gibt es für
- Kinder bis zur Vollendung des 18. Lebensjahres
- volljährige Kinder, die nicht auswärtig untergebracht sind (die also noch bei ihren Eltern wohnen).

ACHTUNG

- Für den Ausbildungsfreibetrag (Höchstbetrag) gilt das **Monatsprinzip** gem. § 33a Abs. 3 (monatsanteilige Kürzung für die Monate, in denen die Voraussetzungen für den ganzen Monat nicht erfüllt waren).
- Eigene Einkünfte und Bezüge (einschließlich BAföG-Unterstützung) des Kindes werden **nicht** auf den Ausbildungsfreibetrag nach § 33a Abs. 2 angerechnet; sie sind sowohl für die Frage, ob ein Ausbildungsfreibetrag zu gewähren ist, als auch in welcher Höhe dieser anzusetzen ist, irrelevant.

Beispiel

Die zusammenveranlagten Ehegatten Hubertus und Angela Gilles, Koblenz, haben den leiblichen Sohn Frank, der im September 2018 sein 18. Lebensjahr vollendete. Frank besuchte während des gesamten VZ 2018 in Bad Marienberg ein Internat, in dem er auch wohnte. Für die Unterbringung bezahlten die Eheleute monatlich 750 €.

Die Eheleute Gilles haben für 2018 Anspruch auf Gewährung eines Ausbildungsfreibetrages gem. § 33a Abs. 2, weil Frank im September 2018 sein 18. Lebensjahr vollendet hat und er zu Ausbildungszwecken auswärtig untergebracht war.

Der für 2018 zu gewährende Ausbildungsfreibetrag beträgt $4/12$ von 924 € = 308 €.

14. Welche Besonderheit gilt für den Fall, dass mehrere Personen für die Berufsausbildung eines Kindes aufkommen?

Wenn mehrere Steuerpflichtige sämtliche Voraussetzungen für die Inanspruchnahme eines Ausbildungsfreibetrages erfüllen, so ist eine **Aufteilung** vorzunehmen.

Dauernd getrennt lebende oder geschiedene Ehegatten oder Eltern eines nichtehelichen Kindes erhalten **jeweils die Hälfte** des Ausbildungsfreibetrages (vgl. § 33a Abs. 2 Satz 4).

Auf gemeinsamen Antrag der Eltern ist jedoch auch eine andere Aufteilung möglich (vgl. § 33a Abs. 2 Satz 5).

15. Welche Besonderheit gilt für sogenannte „Auslandskinder"?

Für Kinder, die nicht unbeschränkt einkommensteuerpflichtig sind (Auslandskinder), für die der Steuerpflichtige alle Voraussetzungen für die Gewährung eines Ausbildungsfreibetrages erfüllt, ist der maßgebende **Ausbildungsfreibetrag gegebenenfalls nach der Ländergruppeneinteilung** des BMF-Schreibens vom 18.11.2013, abgedruckt im Anhang 2 III des EStH 2017, **zu kürzen** (vgl. § 33a Abs. 2 Satz 2).

16. Geben Sie einen Überblick über die Pauschbeträge, die nach § 33b gewährt werden können!

Die Vorschriften des § 33b sind Vereinfachungsregelungen. Durch sie soll eine pauschale Berücksichtigung bestimmter agB ermöglicht werden, ohne dass ein Einzelnachweis der Aufwendungen erfolgen muss. Die unter bestimmten Voraussetzungen zu gewährenden Pauschbeträge sind dann **ohne eine Kürzung um die zumutbare Belastung** vom Gesamtbetrag der Einkünfte abzuziehen.

Wahlweise kann jedoch z. B. auf die Anwendung des § 33b Abs. 1 bis 3 (Behinderten-Pauschbetrag) oder Abs. 6 (Pflege-Pauschbetrag) verzichtet werden und statt dessen ein **Einzelnachweis der Aufwendungen** erfolgen. **Dann** werden diese agB im Rahmen von **§ 33** berücksichtigt und um die zumutbare Belastung gekürzt.

	Behinderten-Pauschbetrag (§ 33b Abs. 1 - 3)	Hinterbliebenen-Pauschbetrag (§ 33b Abs. 4)	Pflege-Pauschbetrag (§ 33b Abs. 6)
Höhe	Staffelung nach dem Grad der Behinderung, z. B.: 25 und 30 % **310 €** … 95 und 100 % **1.420 €** Für **Hilflose** und **Blinde**: **3.700 €**	370 €	924 €
Voraussetzungen	Grad der Behinderung **mindestens 50 %** *oder* Grad der Behinderung **mindestens 25 %** *und* ▸ dem Behinderten stehen wegen seiner Behinderung nach gesetzlichen Vorschriften Renten oder andere laufende Bezüge zu *oder* ▸ die Behinderung hat zu einer dauernden Einbuße der körperlichen Beweglichkeit geführt *oder* ▸ die Behinderung beruht auf einer typischen Berufskrankheit. *Weitere Voraussetzung:* ▸ Nachweis der obigen Voraussetzungen nach Maßgabe des § 65 EStDV (siehe dort).	Dem Steuerpflichtigen wurden **laufende Hinterbliebenenbezüge** bewilligt, und zwar nach ▸ dem Bundesversorgungsgesetz *oder* ▸ den Vorschriften der gesetzlichen Unfallversicherung *oder* ▸ den beamtenrechtlichen Vorschriften bzgl. der Hinterbliebenen eines Beamten, der an den Folgen eines Dienstunfalls gestorben ist *oder* ▸ dem Bundesentschädigungsgesetz. *Weitere Voraussetzung:* ▸ Nachweis der obigen Voraussetzungen nach Maßgabe des § 65 EStDV; siehe H 33b (Allgemeines und Nachweis) EStH 2017.	▸ Pflege einer Person, die **nicht nur vorübergehend hilflos** ist *und* ▸ der Stpfl. erhält **für die Pflege keine Einnahmen**. ▸ Die Pflege muss im Inland in der Wohnung des Steuerpflichtigen oder in der Wohnung des Pflegebedürftigen **persönlich** durchgeführt werden. ▸ Wird der Pflegebedürftige von mehreren Personen gepflegt, wird der Pauschbetrag entsprechend geteilt (vgl. § 33b Abs. 6 Satz 6).

ACHTUNG

- Die Pauschbeträge nach § 33b sind **als Jahresbeträge** zu berücksichtigen, auch wenn die entsprechenden Voraussetzungen nur während eines Teils des Jahres vorgelegen haben (vgl. R 33b Abs. 8 Satz 2 EStR).
- Ändert sich im Laufe des Jahres der Grad der Behinderung, dann ist der **Pauschbetrag nach dem höchsten Grad der Behinderung** zu berücksichtigen, der für das Jahr festgestellt wurde (vgl. R 33b Abs. 8 Satz 1 EStR).
- Die Pauschbeträge des § 33b sind gleichzeitig nebeneinander absetzbar, sofern die entsprechenden Voraussetzungen vorliegen (vgl. R 33b Abs. 1 EStR).
- Atypische Aufwendungen, die einmalig und unregelmäßig anfallen (z. B. außerordentliche, durch einen akuten Anlass verursachte Krankheitskosten) können **neben** den Pauschbeträgen berücksichtigt werden (vgl. H 33b EStH 2017).
- Andere Abzugsbeträge, die **neben** der Inanspruchnahme von § 33b geltend gemacht werden können, sind im H 33b aufgeführt (siehe dort).

---

17. Unter welchen Voraussetzungen ist eine Übertragung von Pauschbeträgen nach § 33b möglich?

Durch § 33b **Abs. 5** besteht die Möglichkeit, Pauschbeträge, die einem Kind zustehen, **auf dessen Eltern** zu übertragen, **sofern das Kind sie nicht in Anspruch nimmt**.

Von dieser Vorschrift erfasst werden

- der **Behinderten-Pauschbetrag** und
- der **Hinterbliebenen-Pauschbetrag**.

Voraussetzung ist allerdings, dass der Steuerpflichtige, auf den die Freibeträge übertragen werden sollen, für das Kind einen **Freibetrag nach § 32 Abs. 6 oder Kindergeld** erhält. Erhalten mehrere Steuerpflichtige für das Kind einen Kinderfreibetrag oder Kindergeld, so gilt für die Übertragung § 33b Abs. 5 Sätze 2 - 3 sinngemäß (siehe dort).

Auch Großeltern und Stiefeltern können Anspruch auf die Übertragung der Pauschbeträge haben, wenn sie einen Kinderfreibetrag oder Kindergeld für das Kind erhalten.

3.7 Ermittlung des zu versteuernden Einkommens
Was ist unter dem „zu versteuernden Einkommen" zu verstehen?
Nach R 2 EStR ist das zu versteuernde Einkommen wie folgt definiert:

	Einkommen
-	**Freibeträge für Kinder** (§§ 31, 32 Abs. 6 EStG)
-	**Härteausgleich** nach § 46 Abs. 3 EStG, § 70 EStDV
=	**zu versteuerndes Einkommen** (§ 2 Abs. 5 EStG)

3.7.1 Kindergeld und Freibeträge für Kinder
1. Was ist unter „Familienleistungsausgleich" im Sinne des EStG zu verstehen?
Der Familienleistungsausgleich (§ 31) hat das Ziel, den Einkommensbetrag in Höhe des Existenzminimums eines Kindes von der Besteuerung freizustellen. Dies soll durch die Auszahlung des Kindergeldes **oder** die Berücksichtigung der Freibeträge für Kinder nach § 32 Abs. 6 bei der Ermittlung des zu versteuernden Einkommens erreicht werden.

Im laufenden Kalenderjahr wird auf Antrag des Steuerpflichtigen monatlich das Kindergeld von der zuständigen Familienkasse ausgezahlt. Das Kindergeld ist eine Steuervergütung für die Freistellung eines Einkommensbetrages in Höhe des Existenzminimums eines Kindes.

Sofern die steuerliche Entlastung durch die Gewährung der Freibeträge für Kinder nach § 32 Abs. 6 höher ist als das ausgezahlte Kindergeld, so sind bei der Veranlagung zur Einkommensteuer die Freibeträge abzuziehen und das ausgezahlte Kindergeld der tariflichen Einkommensteuer wieder hinzuzurechnen (vgl. § 2 Abs. 6 Satz 3).

Die Freibeträge für Kinder nach § 32 Abs. 6 werden bei der Berechnung des Solidaritätszuschlags und der Kirchensteuer jedoch stets berücksichtigt.

2. Welche Kinder fallen unter den Kindbegriff des § 32 Abs. 1?
Die Gewährung des Kindergeldes bzw. der Freibeträge für Kinder setzt voraus, dass das Kind nach § 32 zu berücksichtigen ist.

Grundvoraussetzung ist, dass das Kind ein Kind im Sinne des § 32 Abs. 1 ist. Hierunter fallen

- **Kinder, die im ersten Grad mit dem Steuerpflichtigen verwandt sind** (§ 32 Abs. 1 Nr. 1) und
- **Pflegekinder** (§ 32 Abs. 1 Nr. 2).

Im ersten Grad mit dem Steuerpflichtigen verwandt sind **leibliche** Kinder und **Adoptiv**kinder, sofern das Verwandtschaftsverhältnis zum Steuerpflichtigen nicht durch Adoption erloschen ist.

Ein **Pflegekindschaftsverhältnis** setzt voraus, dass der Steuerpflichtige das Kind nicht zu Erwerbszwecken in seinen Haushalt aufgenommen hat, er das Kind zu einem nicht unwesentlichen Teil auf seine Kosten unterhält und das Obhuts- und Pflegeverhältnis zu den Eltern nicht mehr besteht (vgl. im Einzelnen R 32.2 Abs. 1 EStR).

ACHTUNG

- Ist ein im 1. Grad mit dem Steuerpflichtigen verwandtes Kind zugleich Adoptivkind bei einer anderen Person, so ist es vorrangig als Adoptivkind bei der anderen Person zu berücksichtigen (vgl. § 32 Abs. 2 Satz 1).
- Ist ein im 1. Grad mit dem Steuerpflichtigen verwandtes Kind zugleich Pflegekind bei einer anderen Person, so ist es vorrangig als Pflegekind bei der anderen Person (und nicht zugleich als leibliches Kind oder als Adoptivkind) zu berücksichtigen (vgl. § 32 Abs. 2 Satz 2).

Beispiel:
Julien Jung, 14 Jahre alt, ist ein leibliches Kind von Karen Jung. Juliens Vater ist verstorben. Julien wurde von seinen Großeltern in deren Haushalt und auf deren Kosten aufgenommen. Das Obhuts- und Pflegeverhältnis zu seiner Mutter besteht nicht mehr.

Julien ist bei seinen Großeltern als Kind im Sinne des § 32 zu berücksichtigen. Juliens Mutter hat deshalb keinen Anspruch auf Berücksichtigung von Julien nach § 32 (keine Doppelberücksichtigung).

3. Ist es für die steuerliche Berücksichtigung ausreichend, dass das Kind die Voraussetzungen des § 32 Abs. 1 erfüllt?

Wenn das Kind das 18. Lebensjahr noch nicht vollendet hat, reicht es aus, dass das Kind die Voraussetzungen des § 32 Abs. 1 erfüllt (vgl. § 32 Abs. 3). Hat es aber bereits das 18. Lebensjahr vollendet, wird es nur dann berücksichtigt, wenn es weitere Voraussetzungen erfüllt, die in § 32 Abs. 4 und 5 für bestimmte Gruppen von Kindern aufgeführt sind.

4. In welche Gruppen können steuerliche Kinder eingeteilt werden?

Kinder im Sinne des § 32 Abs. 1 können in die folgenden 4 Gruppen eingeteilt werden:

Kinder im Sinne des § 32 Abs. 1	I unter 18 Jahren	II ab 18 bis zur Vollendung des 21. Lebensjahres	III ab 18 bis zur Vollendung des 25. Lebensjahres	IV unabhängig vom Alter
steuerliche Berücksichtigung unter folgenden weiteren Voraussetzungen	Keine weiteren Voraussetzungen (§ 32 Abs. 3).	Das Kind ist **arbeitslos** und bei einer Agentur für Arbeit im Inland als arbeitssuchend gemeldet (§ 32 Abs. 4 Nr. 1)	Das Kind ▸ wird für einen Beruf ausgebildet (§ 32 Abs. 4 Nr. 2a) ▸ befindet sich in der Übergangszeit (höchstens 4 Monate) zwischen zwei Ausbildungsabschnitten oder zwischen einem Ausbildungsabschnitt vor oder nach dem freiwilligen Wehrdienst oder einem Freiwilligendienst gem. § 32 Abs. 4 Nr. 2d ▸ kann eine Berufsausbildung mangels Ausbildungsplatz nicht beginnen oder fortsetzen (§ 32 Abs. 4 Nr. 2c) ▸ leistet ein freiwilliges soziales oder ökologisches Jahr, einen Internationalen Jugendfreiwilligendienst oder einen Bundesfreiwilligendienst oder einen anderen Freiwilligendienst im Sinne von § 32 Abs. 4 Nr. 2d EStG.	Das Kind ist wegen körperlicher, geistiger oder seelischer Behinderung außer Stande, sich selbst zu unterhalten (§ 32 Abs. 4 Nr. 3). **Beachte:** ▸ Die Behinderung muss vor Vollendung des 25. Lebensjahres eingetreten sein. ▸ Das verfügbare Nettoeinkommen des behinderten Kindes zzgl. der Leistungen Dritter darf den notwendigen Lebensbedarf nicht übersteigen. Der notwendige Lebensbedarf umfasst den allgemeinen Lebensbedarf in Höhe des Grundfreibetrags zzgl. dem behinderungsbedingten Mehrbedarf.

Bei Kindern zwischen 18 und 21 Jahren (Gruppe II) und zwischen 18 und 25 Jahren (Gruppe III): Verlängerung der Altersgrenzen um die Zeit eines abgeleisteten Grundwehr-, Zivil- oder Entwicklungshelferdienstes nach § 32 Abs. 5 EStG.

Zu den einzelnen Gruppen von Kindern siehe im Einzelnen R 32.4 bis R 32.9 EStR sowie H 32.4 bis H 32.9 EStH 2017.

ACHTUNG

Einkünfte des Kindes sind nur dann relevant, wenn es eine **Erstausbildung oder ein Erststudium bereits abgeschlossen** hat und es einer Erwerbstätigkeit mit einer regelmäßigen wöchentlichen Arbeitszeit von **mehr als 20 Stunden** nachgeht (siehe unten Frage 6).

5. Was besagt das Monatsprinzip im Hinblick auf die Berücksichtigung eines Kindes?

Ein Kind wird nur für diejenigen **Monate** berücksichtigt, in denen die Voraussetzungen des § 32 erfüllt sind (monatsanteilige Berücksichtigung). Für volle Monate, in denen diese Voraussetzungen nicht vorgelegen haben, unterbleibt eine steuerliche Berücksichtigung, d. h. es wird für diese Monate **kein** Kindergeld bzw. Freibetrag nach § 32 Abs. 6 gewährt (Monatsprinzip).

Abweichend von der einkommensteuerlichen Vorgehensweise sind sowohl bei den Zuschlagsteuern (Solidaritätszuschlag, Kirchensteuer) nach § 51a als auch bei der Ermittlung des zu versteuernden Einkommens als Grundlage für andere Gesetze (z. B. Wohnungsbau-Prämiengesetz, Vermögensbildungsgesetz) nach § 2 Abs. 5 Satz 2 immer Jahresbeträge (Freibeträge für Kinder) abzuziehen, wenn die Voraussetzungen des § 32 mindestens einen Tag innerhalb des VZ erfüllt waren. Die Freibeträge werden in diesen Fällen auch dann berücksichtigt, wenn sie bei der Ermittlung der Einkommensteuer aufgrund der abgeltenden Wirkung des Kindergeldes nicht abgezogen werden.

6. Welche Bedeutung haben eigene Einkünfte und Bezüge oder eine Erwerbstätigkeit des Kindes für dessen steuerliche Berücksichtigung?

Bis zum 31.12.2011 wurden **Kinder ab Vollendung des 18. Lebensjahres** steuerlich nur dann berücksichtigt, wenn die Summe ihrer eigenen Einkünfte und Bezüge den Grundfreibetrag (= Existenzminimum) im Kalenderjahr **nicht überschritt**.

Durch das Steuerentlastungsgesetz 2011 wurde die Anrechnung eigener Einkünfte und Bezüge **zum 01.01.2012** ersatzlos **aufgehoben**. Eigene Einkünfte und Bezüge von zu berücksichtigenden Kindern führen somit nicht mehr zum Verlust des Kindergeldes oder der Freibeträge nach § 32 Abs. 6 EStG.

Eingeführt wurde stattdessen eine **Zeitgrenze** für die zulässige Erwerbstätigkeit von Kindern **nach Abschluss einer erstmaligen Berufsausbildung oder eines Erststudiums**. Für ihre steuerliche Berücksichtigung ist eine Beschäftigung von durchschnittlich mehr als 20 Stunden wöchentlich schädlich (vgl. § 32 Abs. 4 Sätze 2 - 3). Diese Regelung gilt für Kinder, die

- **erneut oder weiterhin eine Berufsausbildung** absolvieren oder studieren (§ 32 Abs. 4 Nr. 2a) oder
- sich in einer **Übergangszeit** (§ 32 Abs. 4 Nr. 2b) befinden oder
- eine Berufsausbildung **mangels Ausbildungsplatz nicht beginnen oder fortsetzen** können (§ 32 Abs. 4 Nr. 2c) oder
- einen **Freiwilligendienst** im Sinne von § 32 Abs. 4 Nr. 2d absolvieren.

Eine **abgeschlossene Erstausbildung** liegt vor, wenn der Beruf durch eine Ausbildung im Rahmen eines **geordneten Ausbildungsgangs** erlernt und durch eine **Prüfung abgeschlossen** wurde. Als berufsqualifizierender Studienabschluss gilt z. B. das **1. Staatsexamen**. Auch der **Bachelorgrad** stellt einen berufsqualifizierenden **Abschluss** dar.

Der Besuch und Abschluss einer **allgemein bildenden** Schule gilt **nicht** als erstmalige Berufsausbildung.

Eine untergeordnete – also **unschädliche** – Erwerbstätigkeit liegt nach § 32 Abs. 4 Satz 3 EStG vor,

- wenn diese eine **durchschnittliche wöchentliche Arbeitszeit von 20 Stunden nicht überschreitet** oder
- wenn ein **Ausbildungsdienstverhältnis** vorliegt oder
- wenn ein **geringfügiges Beschäftigungsverhältnis** im Sinne der §§ 8 und 8a SGB IV ausgeübt wird.

Ein **Ausbildungsdienstverhältnis** liegt dann vor, wenn die Ausbildungsmaßnahme Gegenstand des Dienstverhältnisses ist (z. B. ein Berufsausbildungsverhältnis eines Auszubildenden).

Geringfügige Beschäftigungen gem. §§ 8, 8a SGB IV sind
- sog. Minijobs („450 €-Job") und
- kurzfristige Beschäftigungen (innerhalb eines Kalenderjahres längstens 3 Monate oder 70 Arbeitstage bei Beschäftigungen von regelmäßig weniger als 5 Tagen pro Woche).

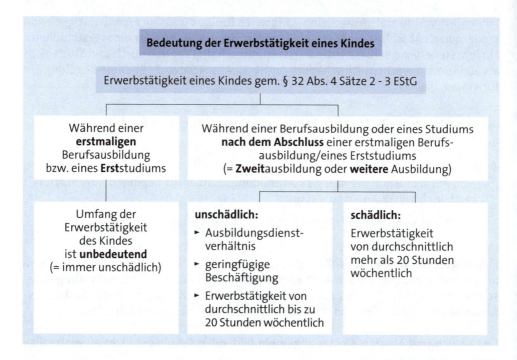

Beispiele

Beispiel 1:
Die Eheleute Viola und Friedhelm Kurz, Koblenz, werden zusammen zur Einkommensteuer veranlagt. Sie haben die 20-jährige leibliche Tochter Natalie, die im März 2018 ihre allgemeine Hochschulreife (Abitur) ablegt und ab April 2018 an der Universität Koblenz studiert. Natalie arbeitet neben ihrem Studium in den Monaten März bis Juli und Oktober bis Dezember halbtags und in den Monaten August und September ganztags bei einem Großhandelsunternehmen in Koblenz. Die Summe Ihrer Einkünfte und Bezüge in 2018 beträgt 10.750 €.

Natalie ist nach § 32 Abs. 1 i. V. mit Abs. 4 Nr. 2a bei ihren Eltern steuerlich zu berücksichtigen, weil sie sich in einer erstmaligen Berufsausbildung (Erststudium) befindet. Die von Natalie 2018 erzielten Einkünfte sind hierbei bedeutungslos.

Beispiel 2:
Die Eheleute Kurz (siehe Beispiel 1) haben außer Natalie den 23 Jahre alten Sohn Florian, der an der Universität Mainz Betriebswirtschaftslehre studiert. Vor seinem Studium hatte Florian eine Berufsausbildung zum Industriekaufmann abgeschlossen.

Zur Finanzierung seines Studiums arbeitet Florian 20 Stunden/Woche bei einem Industrieunternehmen. Sein monatlicher Bruttoarbeitslohn beträgt 1.200 €.

Florian ist nach § 32 Abs. 1 i. V. mit Abs. 4 Nr. 2a bei seinen Eltern steuerlich zu berücksichtigen, weil er sich in einer zweiten Berufsausbildung (Studium nach einer erstmaligen Berufsausbildung) befindet und seine Erwerbstätigkeit neben dem Studium durchschnittlich nicht mehr als 20 Stunden wöchentlich umfasst.

Würde Florian mehr als 20 Stunden wöchentlich arbeiten, wäre er bei seinen Eltern nicht mehr zu berücksichtigen.

7. Wie hoch ist das Kindergeld?

Das Kindergeld wird **monatlich** gewährt und beträgt im VZ 2018 nach § 66

- für das **1.** und **2.** Kind jeweils   **194 €**
- für das **3.** Kind jeweils   **200 €**
- für das **4.** und jedes weitere Kind   **225 €**

8. Wer hat Anspruch auf Kindergeld nach Abschnitt X des EStG?

Anspruch auf Kindergeld hat nach § 62, wer

- **im Inland einen Wohnsitz oder** seinen **gewöhnlichen Aufenthalt** hat **oder**
- ohne Wohnsitz oder gewöhnlichen Aufenthalt im Inland
  a) nach § 1 Abs. 2 unbeschränkt einkommensteuerpflichtig ist oder
  b) nach § 1 Abs. 3 als unbeschränkt einkommensteuerpflichtig behandelt wird.

Ausländer haben grundsätzlich nur Anspruch auf Kindergeld, **wenn sie im Besitz einer Niederlassungserlaubnis oder Aufenthaltserlaubnis sind, die zur Ausübung einer Erwerbstätigkeit berechtigt oder berechtigt hat**. Ausländische Arbeitnehmer, die nur zu einer vorübergehenden Dienstleistung in das Inland entsandt sind, haben keinen Anspruch auf Kindergeld. Siehe hierzu BMF-Schreiben vom 14.07.2005, BStBl I S. 819.

ACHTUNG

- Nach § 64 Abs. 1 wird für jedes Kind nur **einem** Berechtigten Kindergeld gezahlt (**kein** Halbteilungsgrundsatz wie beim Kinderfreibetrag).
- Bei mehreren Berechtigten (z. B. bei getrennt lebenden Eltern) wird das Kindergeld demjenigen gezahlt, der das Kind in seinen Haushalt aufgenommen hat (§ 64 Abs. 2 Satz 1). Der andere Elternteil hat dann einen zivilrechtlichen Ausgleichsanspruch (z. B. Anrechnung auf seine Unterhaltsverpflichtung).

9. Wie hoch sind die Freibeträge für Kinder?

Für jeden Kalendermonat, in dem ein Kind nach § 32 zu berücksichtigen ist, können dem einzelnen Steuerpflichtigen im VZ 2018 nach § 32 Abs. 6 Satz 1 folgende Freibeträge gewährt werden

- **199,50 €** monatlich = **2.394 €** im Kalenderjahr („halber Kinderfreibetrag")
- **110 €** monatlich = **1.320 €** im Kalenderjahr („halber Erziehungsfreibetrag").

Im Fall der **Zusammenveranlagung** von Ehegatten verdoppeln sich diese Beträge nach § 32 Abs. 6 Satz 2, wenn das Kind zu beiden Ehegatten in einem Kindschaftsverhältnis steht, auf

- **399 €** monatlich = **4.788 €** im Kalenderjahr („voller Kinderfreibetrag") und
- **220 €** monatlich = **2.640 €** im Kalenderjahr („voller Erziehungsfreibetrag").

Die **vollen** Freibeträge können einem **einzelnen** Steuerpflichtigen nach § 32 Abs. 6 Satz 3 gewährt werden, wenn

- der andere Elternteil verstorben ist oder
- der andere Elternteil nicht unbeschränkt einkommensteuerpflichtig ist oder
- der Steuerpflichtige das Kind allein angenommen (adoptiert) hat oder
- das Kind nur zu ihm in einem Pflegekindschaftsverhältnis steht.

Für nicht nach § 1 Abs. 1 oder 2 unbeschränkt einkommensteuerpflichtige Kinder (sog. „**Auslandskinder**") können die Freibeträge für Kinder nur abgezogen werden, soweit sie nach den Verhältnissen des Wohnsitzstaates des Kindes notwendig und angemessen sind (§ 32 Abs. 6 Satz 4). Aus diesem Grund sind die o. g. Freibeträge gegebenenfalls nach der Ländergruppeneinteilung des BMF-Schreibens vom 20.10.2016 nur mit $1/3$ oder $2/3$ zu berücksichtigen (siehe Anhang 2 III des EStH 2017, S. 1427).

10. Was bedeutet „Günstigerprüfung" bei den Freibeträgen für Kinder?

Im Rahmen der Veranlagung zur Einkommensteuer prüft das Finanzamt, wie hoch die Steuerentlastung durch die Gewährung der Freibeträge nach § 32 Abs. 6 ist. Dieses geschieht dadurch, dass die tarifliche Einkommensteuer einmal ohne und einmal mit Berücksichtigung der Freibeträge berechnet wird. Der Differenzbetrag zwischen diesen beiden Berechnungen ist die im konkreten Steuerfall aus den Freibeträgen resultierende Steuerentlastung.

Die aus der Berücksichtigung der Freibeträge nach § 32 Abs. 6 resultierende Steuerentlastung wird in einem weiteren Schritt mit der Höhe des zu gewährenden Kindergeldes verglichen.

Wenn die aus den Freibeträgen resultierende Steuerentlastung höher als das zu gewährende Kindergeld ist, werden die Freibeträge bei der Ermittlung des zu versteuernden Einkommens berücksichtigt. In diesem Fall wird der Anspruch auf das Kindergeld der tariflichen Einkommensteuer hinzugerechnet (vgl. § 31 Satz 4). Im Ergebnis wird dem bzw. den Steuerpflichtigen dann noch der Teil der Steuerentlastung aus der Berücksichtigung der Freibeträge gutgeschrieben, der den Anspruch auf das Kindergeld übersteigt.

Beispiel

Die Eheleute Antje und Peter Sailer werden zusammen zur Einkommensteuer veranlagt. Ihr Einkommen beträgt 72.889 €. Sie haben im VZ 2018 eine zu berücksichtigende Tochter, die in Köln Medizin studiert.

Ohne Berücksichtigung der Freibeträge nach § 32 Abs. 6 beträgt das zu versteuernde Einkommen 72.889 € und die tarifliche Einkommensteuer 14.876 €.

Unter Berücksichtigung der Freibeträge nach § 32 Abs. 6 beträgt das zu versteuernde Einkommen hingegen 65.461 € und die tarifliche Einkommensteuer 12.422 €.

Die Differenz aus den beiden Berechnungen beträgt 2.454 €. Sie ist die aus der Berücksichtigung der Freibeträge nach § 32 Abs. 6 resultierende Steuerentlastung.

Der Anspruch auf Kindergeld beträgt 2.328 € (12 · 194 €).

Der Vergleich des Kindergeldanspruchs mit der Höhe der Steuerentlastung, die aus der Berücksichtigung der Freibeträge nach § 32 Abs. 6 resultiert, zeigt, dass die Steuerentlastung höher als der Kindergeldanspruch ist. Somit werden die Freibeträge bei der Ermittlung des zu versteuernden Einkommens berücksichtigt. Der Kindergeldanspruch wird dann der tariflichen Einkommensteuer hinzugerechnet:

12.422 € + 2.328 € = 14.750 €.

Im Vergleich zur tariflichen Einkommensteuer ohne Berücksichtigung der Freibeträge fällt die tarifliche Einkommensteuer unter Berücksichtigung der Freibeträge auch nach der Hinzurechnung des Kindergeldes um 126 € niedriger aus. Diese zusätzliche Steuerentlastung wird den Steuerpflichtigen somit gutgeschrieben.

Sollte jedoch die Berücksichtigung der Freibeträge nach § 32 Abs. 6 zu einer Steuerentlastung führen, die niedriger als der Kindergeldanspruch ist, dann bleibt es bei dem Anspruch auf Kindergeld und die Freibeträge bleiben unberücksichtigt (Abgeltungswirkung des Kindergeldes).

Die Freibeträge nach § 32 Abs. 6 werden aber bei der Berechnung der Kirchensteuer und des Solidaritätszuschlags unabhängig vom Kindergeld immer berücksichtigt (vgl. § 51a Abs. 2).

11. Welche Regelungen enthält das EStG zur Übertragung der Freibeträge nach § 32 Abs. 6?

- Bei geschiedenen oder dauernd getrennt lebenden Eltern oder bei Eltern nichtehelicher Kinder kann ein Elternteil beantragen, dass der Kinderfreibetrag des anderen Elternteils auf ihn übertragen wird, wenn er, nicht aber der andere Elternteil seine Unterhaltsverpflichtung gegenüber dem Kind im VZ im Wesentlichen nachkommt oder der andere Elternteil mangels Leistungsfähigkeit nicht unterhaltspflichtig ist (vgl. § 32 Abs. 6 Satz 6). Eine **einvernehmliche** Übertragung des Kinderfreibetrages ist **nicht** möglich. Siehe im Einzelnen R 32.13 EStR.

- Bei geschiedenen oder getrennt lebenden Eltern wird der Freibetrag für den Betreuungs-/Erziehungs-/Ausbildungsbedarf eines minderjährigen Kindes auf Antrag in voller Höhe dem Elternteil gewährt, in dessen Wohnung das Kind gemeldet ist (sofern es bei dem anderen Elternteil nicht gemeldet ist). Siehe § 32 Abs. 6 Satz 8. Die Übertragung ist nicht möglich, wenn der andere Elternteil der Übertragung widerspricht (vgl. § 32 Abs. 6 Satz 9).

- Die Freibeträge nach § 32 Abs. 6 können **mit Zustimmung des leiblichen Elternteils auch auf einen Stiefelternteil oder auf Großeltern übertragen werden**, wenn sie das Kind in ihren Haushalt aufgenommen haben (vgl. § 32 Abs. 6 Satz 10); eine monatsweise Übertragung ist nicht möglich.

3.7.2 Härteausgleich

1. Was ist unter „Härteausgleich" zu verstehen?

Bei der Ermittlung des zu versteuernden Einkommens bleiben **bei Arbeitnehmern** Einkünfte, **die nicht dem Lohnsteuerabzug unterliegen**, bis zu einer Höhe von insgesamt **410 €** im Kalenderjahr **(Freigrenze)** grundsätzlich außer Ansatz; d. h. sie werden bei den Einkünften zunächst angesetzt und dann nach § 46 Abs. 3 vom Einkommen als Härteausgleich abgezogen.

Wenn die Nebeneinkünfte des Arbeitnehmers, die nicht dem Lohnsteuerabzug unterworfen wurden, **mehr als 410 €, aber nicht mehr als 820 €** betragen, erfolgt eine stufenweise Überleitung zur vollen Besteuerung. Dies geschieht dadurch, dass als Härteausgleich der Betrag vom Einkommen abzuziehen ist, um den die Nebeneinkünfte niedriger als **820 €** sind:

> **820 €** - Nebeneinkünfte = Härteausgleich (§ 46 Abs. 5 EStG i. V. mit § 70 EStDV)

2. Schildern Sie zwei kurze Beispiele zum Härteausgleich!

a) Der 25 Jahre alte Steuerfachangestellte Guildo Horn, Koblenz, veröffentlicht nebenbei Aufsätze in der Zeitschrift „Die Steuerfachangestellten". In 2018 hat er hieraus Einkünfte (Honorare - Betriebsausgaben) in Höhe von insgesamt 350 € erzielt.

Die Einkünfte in Höhe von 350 € haben nicht dem Lohnsteuerabzug unterlegen. Es handelt sich hierbei um Einkünfte aus selbstständiger Arbeit (§ 18), die als solche **bei der Ermittlung der Einkünfte anzusetzen** sind. Nach § 43 Abs. 3 sind diese Einkünfte – weil sie nicht mehr als 410 € betragen – **in voller Höhe** als Härteausgleich **vom Einkommen abzuziehen**.

b) Fall wie zuvor, mit dem Unterschied, dass die Einkünfte aus selbstständiger Arbeit 700 € betragen. In diesem Fall ist ein Härteausgleich nach § 46 Abs. 5 EStG i. V. mit § 70 EStDV durchzuführen. Der vom Einkommen **abzuziehende Betrag** beläuft sich auf **120 €** (820 € - 700 €).

ACHTUNG

Sofern bei der Ermittlung des Gesamtbetrags der Einkünfte ein Abzug für Land- und Forstwirte (§ 13 Abs. 3) und/oder ein Altersentlastungsbetrag (§ 24a) zu gewähren ist, vermindert sich der Härteausgleich um den Altersentlastungsbetrag, sowie um den auf die Nebeneinkünfte entfallenden Abzug für Land- und Forstwirte. Ziel dieser Regelung: Vermeidung der mehrfachen Begünstigung der Nebeneinkünfte.

3.8 Ermittlung der Einkommensteuer

3.8.1 Veranlagung

1. Was versteht man unter „Veranlagung"?

Steuerveranlagung ist

- die **Feststellung des Einkommens** des Steuerpflichtigen für ein Kalenderjahr **und**
- die **Festsetzung der Steuerschuld** durch schriftlichen Bescheid an ihn. Grundlage ist die Steuererklärung, die der Steuerpflichtige jährlich abzugeben hat (§ 25). Lohnsteuerpflichtige werden grundsätzlich nicht veranlagt und brauchen auch keine Steuererklärung abzugeben, es sei denn, dass nach § 46 Abs. 1 oder Abs. 2 Nr. 1 - 8 eine Veranlagung durchzuführen ist oder beantragt wird.

2. Welche Veranlagungsarten sind zu unterscheiden?

Das EStG unterscheidet in den §§ 25 ff. zwischen

- **Einzelveranlagung** (§ 25 Abs. 1) und
- **Ehegattenveranlagung** (§ 26).

Ehegatten, welche die Voraussetzungen des § 26 Abs. 1 erfüllen, haben die **Wahl** zwischen

- Einzelveranlagung von Ehegatten (§ 26a) und
- Zusammenveranlagung von Ehegatten (§ 26b).

Die **Einzelveranlagung** gem. § 25 Abs. 1 kommt immer dann in Betracht, wenn keine andere Veranlagungsart zum Zuge kommt (insbesondere bei ledigen, verwitweten oder geschiedenen Steuerpflichtigen sowie bei dauernd getrennt lebenden Ehegatten). Die Besteuerung erfolgt dann – bis auf die Ausnahmen des § 32a Abs. 6 – nach dem **Grundtarif (Grundtabelle)**.

Ehegatten, werden **einzeln** veranlagt, wenn **einer** der Ehegatten diese Veranlagungsart beantragt (vgl. § 26 Abs. 2 Satz 1). Unterbleibt ein Antrag, so wird unterstellt, dass die Ehegatten die Zusammenveranlagung wählen (vgl. § 26 Abs. 3). Bei der Einzelveranlagung gem. § 26a werden jedem Ehegatten die Einkünfte, die er bezogen hat, zugerechnet.

Wählen Ehegatten die **Zusammenveranlagung** (§ 26b), so werden ihre **Einkünfte zunächst getrennt ermittelt** (personelle Zuordnung der Einkünfte) und dann **im zweiten Schritt zusammengerechnet**. Die Einkommensteuer wird dann nach dem **Splittingtarif** (§ 32a Abs. 5) ermittelt **(Splittingtabelle)**.

ACHTUNG

Durch das Gesetz zur Änderung des Einkommensteuergesetzes in Umsetzung der Entscheidung des Bundesverfassungsgerichts vom 07.05.2013 werden Lebenspartner den Ehegatten und Lebenspartnerschaften den Ehen steuerlich gleichgestellt. Die Regelungen des Einkommensteuergesetzes zu Ehegatten und Ehen sind somit auch auf Lebenspartner und Lebenspartnerschaften anzuwenden (§ 2 Abs. 8).

MERKE

Es stehen somit die folgenden Veranlagungsarten zur Wahl:
- Einzelveranlagung (§ 25 Abs. 1)
- Ehegattenveranlagung (§ 26)
  - Einzelveranlagung von Ehegatten (§ 26a)
  - Zusammenveranlagung von Ehegatten (§ 26b).

3. Steht allen Ehegatten ein Wahlrecht zwischen den verschiedenen Formen der Ehegattenveranlagung zu?

Das Wahlrecht gilt nur für Ehegatten, die

- beide unbeschränkt steuerpflichtig (§ 1 Abs. 1 oder 2 oder § 1a) sind,
- nicht dauernd getrennt leben und
- für die diese Voraussetzungen zu Beginn des VZ vorgelegen haben oder im Laufe des VZ eingetreten sind (vgl. § 26 Abs. 1).

4. Ist die Einzelveranlagung oder die Zusammenveranlagung günstiger?

Die Einzelveranlagung führt nur bei genau gleich hohen Einkommen der Ehegatten zu einer gleich hohen Steuerbelastung wie die Zusammenveranlagung, sonst ist die Zusammenveranlagung in der Regel günstiger.

Eine geringere steuerliche Belastung kann durch die Wahl der Einzelveranlagung jedoch in Ausnahmefällen erreicht werden, z. B. bei der Anwendung des Härteausgleichs (beide Ehegatten haben bei etwa gleich hohen Einkünften Nebeneinkünfte, die nicht der Lohnsteuer zu unterwerfen waren), weil diese Vorschrift bei einer getrennten Veranlagung zweimal zum Zuge kommt, bei der Zusammenveranlagung hingegen nur einmal.

5. Wie werden Sonderausgaben und außergewöhnliche Belastungen bei der Einzelveranlagung von Ehegatten nach § 26a zugeordnet?

Bei der Einzelveranlagung von Ehegatten gem. § 26a sind zunächst jedem Ehegatten die von ihm bezogenen **Einkünfte persönlich zuzuordnen** (vgl. § 26a Abs. 1).

Sonderausgaben und außergewöhnliche Belastungen werden **demjenigen Ehegatten** zugeordnet, der sie **wirtschaftlich getragen** hat (vgl. § 26a Abs. 2 Satz 1).

Aus Vereinfachungsgründen lässt § 26a Abs. 2 Satz 2 jedoch bei **übereinstimmendem Antrag** der Ehegatten zu, dass sie bei jedem Ehegatten **jeweils zur Hälfte** abgezogen werden; in begründeten Einzelfällen reicht jedoch der Antrag des Ehegatten, der die Aufwendungen wirtschaftlich getragen hat, aus (vgl. § 26a Abs. 2 Sätze 2 - 3). Ein **anderer Aufteilungsmaßstab** ist – auch auf gemeinsamen Antrag der Ehegatten – **nicht** zulässig.

Beispiel

Antje und Peter Sailer sind verheiratet. Sie wohnen in ihrer gemeinsamen Wohnung in Koblenz. Für das Veranlagungsjahr 2018 wählen sie die Einzelveranlagung gem. § 26a.

Peter Sailer unterstützt die gemeinsame Tochter Karen, die 28 Jahre alt ist und in Marburg Medizin studiert, mit monatlich 700 € (im VZ 2018 also 8.400 €). Da Karen keine Einkünfte oder Bezüge hat, werden die 8.400 € als außergewöhnliche Belastungen gem. § 33a Abs. 1 anerkannt (Höchstbetrag 9.000 € plus Beiträge von Karen zur studentischen Krankenversicherung in Höhe von 960 €, höchstens jedoch die gezahlten Unterhaltsleistungen in Höhe von 8.400 €).

Die gesamten Unterhaltsleistungen an Karen werden vom Girokonto des Ehegatten Peter Sailer abgebucht. Auf dieses Konto erhält Peter Sailer auch seine monatlichen Gehaltszahlungen. Ein finanzieller Ausgleich zwischen Antje und Peter Sailer findet nicht statt.

Peter Sailer trägt die Unterhaltsleistungen somit wirtschaftlich allein. Nach § 26a Abs. 2 Satz 1 sind sie ihm allein zuzurechnen, wenn die Ehegatten nicht eine hälftige Zuordnung beantragen.

Die **zumutbare Belastung** (§ 33 Abs. 3) wird bei der Einzelveranlagung von Ehegatten nach dem Gesamtbetrag der Einkünfte des **einzelnen** Ehegatten bestimmt (vgl. Verfügung der OFD Frankfurt vom 20.08.2012 – S 2262 A – 10 – St 216).

3.8.2 Einkommensteuertarif

1. Wie ist der Einkommensteuertarif aufgebaut?

Der Tarif der Einkommensteuer ergibt sich zunächst aus § 32a Abs. 1 - 3. Es handelt sich um einen Formeltarif, was bedeutet, dass die Ermittlung der Steuerschuld mithilfe von mathematischen Funktionsgleichungen erfolgt (siehe § 32a Abs. 1).

Nach § 32a Abs. 1 ist der **Grundtarif** der Einkommensteuer 2018 folgendermaßen aufgebaut:

	Einkommensteuertarif 2018				
Grundfreibetrag	Erste progressive Zone	Zweite progressive Zone	Erste Proportionalzone	Zweite Proportionalzone
z. v. E. 0 - 9.000 €	z. v. E. 9.001 - 13.996 €	z. v. E. 13.997 - 54.949 €	z. v. E. 54.950 - 260.532 €	z. v. E. ab 260.533 €
Ein zu versteuerndes Einkommen (z. v. E.) von **9.000 € bleibt bei jedem Steuerpflichtigen unbesteuert.** Durch die Gewährung des Grundfreibetrages soll das **Existenzminimum steuerfrei** gestellt werden (eine Besteuerung erfolgt erst oberhalb dieses Betrages).	**Bei Überschreiten des Grundfreibetrages erfolgt eine progressive Besteuerung:** **Der Steuersatz**, mit dem das in diese Zone fallende Einkommen besteuert wird, **steigt innerhalb der Zone stetig an** (bei der Besteuerung eines Einkommens werden deshalb viele verschiedene Steuersätze angewendet). Der Grenzsteuersatz beginnt bei **14 %** und endet bei **42 %**.		Jeder Euro des zu versteuernden Einkommens über 54.057 € wird gleichbleibend mit **42 %** besteuert, bis die zweite Proportionalzone erreicht wird (siehe rechte Spalte).	Jeder Euro des zu versteuernden Einkommens über 256.303 € wird gleichbleibend mit **45 %** besteuert.
	In der ersten progressiven Zone steigt der Grenzsteuersatz innerhalb eines kurzen Intervalls stark an.	In der zweiten progressiven Zone steigt der Grenzsteuersatz gemäßigt an.		

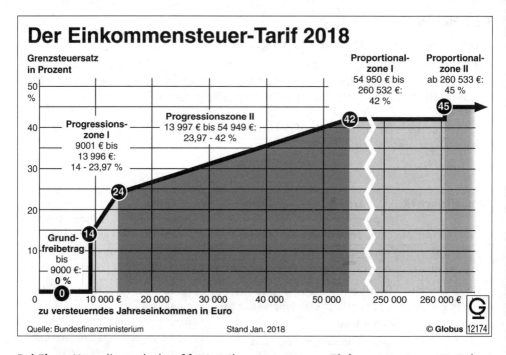

Bei Ehegatten, die nach den §§ 26, 26b zusammen zur Einkommensteuer veranlagt werden, beträgt die tarifliche ESt grundsätzlich das Zweifache des Steuerbetrags, der sich für die Hälfte ihres gemeinsam zu versteuernden Einkommens ergibt (**Splitting-Verfahren** nach § 32a Abs. 5). Bezogen auf die o. g. Zonen verdoppeln sich dann die genannten Beträge, welche die Zonengrenzen markieren.

Aus Praktikabilitätsgründen werden Steuertabellen (Grund- und Splittingtabelle) herausgegeben, welche die Einkommensteuer jeweils für bestimmte zu versteuernde Einkommen ausweisen. Seit dem VZ 2001 sind die **gesetzlichen** Einkommensteuertabellen abgeschafft. Die Einkommensteuer muss deshalb unmittelbar nach den Tarifformeln des § 32a Abs. 1 berechnet werden.

2. Unterscheiden Sie Durchschnitts-, Grenz- und Spitzensteuersatz voneinander!

- Der **Durchschnittssteuersatz** gibt an, mit welchem Prozentsatz das zu versteuernde Einkommen eines Steuerpflichtigen durchschnittlich besteuert wird:

  Durchschnittssteuersatz = tarifliche ESt · 100 : zu versteuerndes Einkommen.

- Der **Grenzsteuersatz** ist der Prozentsatz, mit dem der letzte Euro eines zu versteuernden Einkommens besteuert wird.

- Der **Spitzensteuersatz** ist der höchste in Betracht kommende Grenzsteuersatz (VZ 2018: 42 % bzw. bei Anwendung des „Reichenzuschlags" 45 %).

Beispiel

Bei einem zu versteuernden Einkommen eines ledigen Steuerpflichtigen in Höhe von 20.000 € beträgt die **tarifliche ESt 2018: 2.467 €** (Grundtarif). Der **Durchschnittssteuersatz** beträgt **12,34 %** (2.467 € • 100 : 20.000 €), der **Grenzsteuersatz** (Besteuerung des letzten Euro des zu versteuernden Einkommens) beträgt **26,61 %**.

3. Bei welchen Steuerpflichtigen wird der Grundtarif angewendet?

Der Grundtarif (die Grundtabelle) wird angewendet bei

- **ledigen** Steuerpflichtigen
- **verwitweten** Steuerpflichtigen, bei denen nicht ausnahmsweise der Splittingtarif nach § 32a Abs. 6 Satz 1 Nr. 1 (Witwer-/Witwensplitting) anzuwenden ist
- **geschiedenen Ehegatten**, sofern nicht ausnahmsweise der Splittingtarif nach 32a Abs. 6 Satz 1 Nr. 2 (sog. „Gnadensplitting") anzuwenden ist
- **Ehegatten, die nicht die Voraussetzungen der Ehegattenveranlagung erfüllen** (z. B. weil ein Ehegatte nicht unbeschränkt einkommensteuerpflichtig ist).

4. Bei welchen Steuerpflichtigen wird der Splittingtarif angewendet?

Der Splittingtarif wird angewendet bei

- Ehegatten, die nach § 26b zusammen veranlagt werden
- verwitweten Steuerpflichtigen nach § 32a Abs. 6 Satz 1 Nr. 1 (Witwen-/Witwersplitting)
- Ehegatten, die geschieden sind und die Voraussetzungen des § 32a Abs. 6 Satz 1 Nr. 2 erfüllen (sog. „Gnadensplitting").

Der Splittingtarif kommt demnach grundsätzlich nur bei Ehegatten in Betracht, die zusammen zur ESt veranlagt werden. Die zwei Fälle des **§ 32a Abs. 6** sind **Ausnahmeregelungen**.

5. Wie wird der Splittingtarif aus dem Grundtarif abgeleitet?

Der Splittingtarif (§ 32a Abs. 5) beträgt das Zweifache des Steuerbetrags, der sich für die Hälfte des gemeinsam zu versteuernden Einkommens der Ehegatten nach dem Grundtarif ergibt.

Beispiel

- zu versteuerndes Einkommen der Ehegatten — 60.000 €
- davon ½ — 30.000 €
- tarifliche ESt nach dem Grundtarif 2018 — 5.348 €
- Verdoppelung ergibt die tarifliche ESt für 60.000 € nach dem Splittingtarif — 10.696 €

6. Was ist unter dem „Progressionsvorbehalt" zu verstehen?

Die ESt bemisst sich innerhalb der progressiven Zone des Tarifs nach einem progressiven (also steigenden) Besteuerungsprozentsatz: Je höher das zu versteuernde Einkommen ist, desto höher ist der Prozentsatz der Besteuerung (siehe Übersicht auf der S. 288).

Bestimmte Einkünfte, die bei der Ermittlung des zu versteuernden Einkommens unberücksichtigt bleiben (z. B. weil sie durch § 3 steuerbefreit sind), bewirken somit nicht nur den Ausfall der Steuer, die auf diese Einkünfte anfallen würde, wenn sie besteuert würden, sondern auch die Anwendung eines niedrigeren Steuersatzes auf die übrigen Einkünfte.

Diese zweite Folge soll durch die Anwendung des Progressionsvorbehalts nach § 32b ausgeschlossen werden, damit diejenigen, die steuerfreie Einkünfte erzielt haben, im Vergleich zu anderen Steuerpflichtigen, die nur steuerpflichtige Einkünfte haben, hinsichtlich der Besteuerung der steuerpflichtigen Einkünfte nicht besser gestellt werden.

Das EStG sieht in § 32b für solche Fälle die Anwendung eines **besonderen Steuersatzes auf die steuerpflichtigen Einkünfte** vor. Der Prozentsatz der Besteuerung für die steuerpflichtigen Einkünfte wird so bemessen, als ob die steuerbefreiten Einkünfte steuerpflichtig gewesen wären (die steuerfreien Einnahmen bzw. Einkünfte werden zwar nicht besteuert, sie erhöhen aber den Steuersatz für die übrigen Einkünfte).

Die folgende Übersicht zeigt die schematische Vorgehensweise bei der Ermittlung der tariflichen Einkommensteuer unter Berücksichtigung des Progressionsvorbehalts:

1. Ermittlung des zu versteuernden Einkommens
2. Hinzurechnung der dem Progressionsvorbehalt unterliegenden steuerfreien Einnahmen bzw. Einkünfte (fiktive Nebenrechnung) [Bei Einnahmen gem. § 32b Abs. 1 Nr. 1 ist der Arbeitnehmer-Pauschbetrag (1.000 €) abzuziehen, soweit er nicht bei der Ermittlung der Einkünfte gem. § 19 abziehbar ist (vgl. § 32b Abs. 2)]
3. Ermittlung der tariflichen ESt für das zu versteuernde Einkommen, das sich aus 2. ergeben würde, wenn die steuerfreien Einkünfte steuerpflichtig gewesen wären (fiktive tarifliche ESt)
4. Berechnung des Durchschnittssteuersatzes zu 3.:
fiktive ESt (3.) : fiktives zu versteuerndes Einkommen (2.) • 100 = Durchschnittssteuersatz
5. Anwendung des bei 4. ermittelten Steuersatzes auf das bei 1. ermittelte zu versteuernde Einkommen ergibt die tatsächliche tarifliche Einkommensteuer.

7. Welche Einkünfte bzw. Einnahmen lösen die Anwendung des Progressionsvorbehalts nach § 32b aus?

Der oben dargestellte besondere Steuersatz nach § 32b Abs. 2 ist auf das zu versteuernde Einkommen von Steuerpflichtigen anzuwenden, die beispielsweise folgende Einnahmen bzw. Einkünfte bezogen haben (vgl. im Einzelnen § 32b Abs. 1):

- Arbeitslosengeld, Teilarbeitslosengeld, Zuschüsse zum Arbeitsentgelt, Kurzarbeitergeld, Insolvenzgeld (§ 32b Abs. 1 Nr. **1a**)
- Krankengeld, Mutterschaftsgeld, Verletztengeld und dergleichen (§ 32b Abs. 1 Nr. **1b**)
- Arbeitslosenbeihilfe nach dem Soldatenversorgungsgesetz (§ 32b Abs. 1 Nr. **1d** EStG).

3.8.3 Berechnung der Steuerschuld bzw. des Steuerguthabens

1. Welche Abzugssteuern werden bei der Ermittlung der Einkommensteuer-Restschuld bzw. dem Restguthaben angerechnet?

Nach § 36 Abs. 2 werden zur Ermittlung der Restschuld bzw. des Restguthabens neben den entrichteten Vorauszahlungen folgende Abzugssteuern angerechnet:

- Lohnsteuer
- Kapitalertragsteuer, sofern diese nicht Abgeltungswirkung hat (Abgeltungsteuer).

2. Wie wird die Einkommensteuer-Restschuld bzw. das Einkommensteuer-Restguthaben ermittelt?

Schematisch wird die Restschuld/das Restguthaben nach § 2 Abs. 6 und R 2 EStR wie folgt berechnet (hier verkürzt dargestellt):

	tarifliche Einkommensteuer gem. § 32a Abs. 1 und 5 oder § 32b
+	Anspruch auf Kindergeld oder vergleichbare Leistungen, falls bei der Ermittlung des zu versteuernden Einkommens ein Kinderfreibetrag nach § 32 Abs. 6 abgezogen wurde (§ 36 Abs. 2 Satz 1)
+	Anspruch auf die Altersvorsorgezulage nach Abschnitt XI des EStG, sofern Sonderausgaben gem. § 10a Abs. 1 vom GdE abgezogen werden
-	Steuerermäßigung nach § 34g (für Zuwendungen an politische Parteien und unabhängige Wählervereinigungen)
-	Steuerermäßigung nach § 35 (für gewerbesteuerpflichtige Einkünfte)
-	Steuerermäßigung nach § 35a (für haushaltsnahe Beschäftigungsverhältnisse, haushaltsnahe Dienstleistungen und Handwerkerleistungen)
-	entrichtete Einkommensteuer-Vorauszahlungen (§ 36 Abs. 2 Satz 2 Nr. 1)
-	durch Steuerabzug erhobene Einkommensteuer (§ 36 Abs. 2 Satz 2 Nr. 2) ▸ Lohnsteuer ▸ Kapitalertragsteuer, die keine Abgeltungsteuer gem. § 32d ist
=	**Restschuld** (Abschlusszahlung) **oder Restguthaben** (Erstattung)

3.9 Steuerermäßigung bei Einkünften aus Gewerbebetrieb

1. Was ist unter „Steuerermäßigung bei Einkünften aus Gewerbebetrieb" nach § 35 EStG zu verstehen?

Im Zuge der Unternehmenssteuerreform wurde die Möglichkeit geschaffen, seit dem VZ 2001

▸ gewerblich tätige Einzelunternehmer und

▸ Mitunternehmer bei gewerblich tätigen Personengesellschaften

bei der Besteuerung zu entlasten. Dies geschieht dadurch, dass die **Gewerbesteuerbelastung** bei der tariflichen Einkommensteuer **als Abzugsbetrag angerechnet** wird. Dadurch soll die Doppelbelastung der Gewerbetreibenden mit Einkommensteuer und Gewerbesteuer kompensiert werden, also faktisch entfallen.

2. Wie erfolgt die Anrechnung der Gewerbesteuer auf die Einkommensteuer nach § 35 EStG?

Nach § 35 Abs. 1 erfolgt die Anrechnung der Gewerbesteuer auf die Einkommensteuer dadurch, dass das **3,8-fache** (= 380 %) **des Gewerbesteuer-Messbetrags** (§ 14 GewStG) von dem Teil der tariflichen Einkommensteuer, der auf die gewerblichen Einkünfte entfällt, abgezogen wird.

Der gewerbliche Anteil an der Einkommensteuer wird wie folgt ermittelt:

$$\text{gewerblicher Anteil} = \frac{\text{tarifl. ESt}^1 \cdot \text{Summe der positiven gewerblichen Einkünfte}}{\text{Summe aller positiven Einkünfte}}$$

Beispiel

Wolfgang Greiber betreibt in Koblenz eine Weingroßhandlung in der Rechtsform einer Einzelunternehmung. Sein Gewerbeertrag 2018 beträgt 56.065 €. Der hieraus ermittelte Steuermessbetrag beläuft sich auf 1.102 €. Die tarifliche Einkommensteuer, die auf die gewerblichen Einkünfte von Herrn Greiber entfällt, beträgt vor der Tarifermäßigung 14.880 €.

Die Einkommensteuer, welche auf die gewerblichen Einkünfte entfällt, wird um 4.187,60 € (1.102 € · 3,8) ermäßigt. Somit ergibt sich eine auf die gewerblichen Einkünfte entfallende Einkommensteuer in Höhe von 10.692,40 € (14.880 € - 4.187,60 €).

Hat ein Steuerpflichtiger mehrere Gewerbebetriebe, dann ist die Ermäßigung für jeden Gewerbebetrieb getrennt zu ermitteln. Dies gilt auch, wenn der Steuerpflichtige an mehreren Personengesellschaften beteiligt ist. Die einzelnen Gewerbesteuermessbeträge oder Anteile daran werden zusammengefasst und auf die Einkommensteuer der gewerblichen Einkünfte angerechnet.

Durch die Anrechnung kann sich allenfalls eine Einkommensteuer von Null ergeben; eine Erstattung an Einkommensteuer oder Nachholung in späteren Jahren ist nicht möglich.

Eine ausführliche Darstellung der Steuerermäßigung nach § 35 mit Beispielen ist abgedruckt in dem BMF-Schreiben vom 03.11.2016 (siehe Anhang 15 des Amtlichen Einkommensteuer-Handbuchs 2017, S. 1707).

---

[1] vor Ermäßigung (§§ 34f, 34g, 35).

3.10 Steuerermäßigung für haushaltsnahe Beschäftigungen, Dienstleistungen und Handwerkerleistungen

1. Für welche Sachverhalte kommt eine Steuerermäßigung nach § 35a EStG in Betracht?

Begünstigt sind nach dieser Vorschrift sogenannte „haushaltsnahe Beschäftigungsverhältnisse und Dienstleistungen sowie Handwerkerleistungen", die für den Steuerpflichtigen ausgeführt bzw. erbracht werden.

Die folgenden Arten von haushaltsnahen Beschäftigungsverhältnissen und Dienstleistungen werden steuerlich gefördert:

- haushaltsnahe **Beschäftigungsverhältnisse** soweit es sich um eine **geringfügige Beschäftigung** handelt (§ 35a Abs. 1)
- haushaltsnahe **Beschäftigungsverhältnisse**, die **nicht** als geringfügige Beschäftigung ausgeübt werden (§ 35a Abs. 2)
- haushaltsnahe **Dienstleistungen** (§ 35a Abs. 2 und 3):
  - **allgemeine** haushaltsnahe Dienstleistungen (§ 35a Abs. 2 Satz 1)
  - **Pflege- und Betreuungsleistungen** (§ 35a Abs. 2 Satz 2)
  - bestimmte **Handwerkerleistungen** (§ 35a Abs. 3).

2. Was ist unter „haushaltsnahen Tätigkeiten" zu verstehen?

Haushaltsnahe Tätigkeiten sind z. B. (vgl. u. a. BMF-Schreiben vom 09.11.2016, Rz. 1, abgedruckt im Anhang 17a des Amtlichen Einkommensteuer-Handbuchs 2017, S. 1849 ff.):

- Reinigung der Wohnung des Steuerpflichtigen
- Zubereitung von Mahlzeiten im Haushalt
- Pflege, Versorgung, Betreuung von Kranken, alten Menschen und pflegebedürftigen Personen sowie von Kindern des Steuerpflichtigen
- Gartenpflege.

Nicht zu den haushaltsnahen Tätigkeiten gehören beispielsweise die folgenden Tätigkeiten:
- Partyservice
- Erteilung von Sprachen- oder Sportunterricht
- Tagesmutter außer Haus (nicht im Haushalt des Steuerpflichtigen).

INFO

Eine ausführliche Auflistung begünstigter und nicht begünstigter Aufwendungen zu haushaltsnahen Dienstleistungen und Handwerkerleistungen enthält die Anlage 1 des BMF-Schreibens vom 09.11.2016 (siehe Anhang 17a im Einkommensteuer-Handbuch 2017, S. 1849 ff.).

3. Wie werden „haushaltsnahe Beschäftigungsverhältnisse" steuerlich gefördert?

Werden haushaltsnahe Tätigkeiten **im Rahmen eines Beschäftigungsverhältnisses** (als **Arbeitnehmer** des Leistungsempfängers), **in einem Haushalt des Steuerpflichtigen** in der Europäischen Union oder im Europäischen Wirtschaftsraum ausgeführt, ist auf Antrag eine steuerliche Förderung in Form einer Steuerermäßigung **(Abzug von der Steuerschuld)** möglich.

Die Höhe der Förderung hängt von der Art des Beschäftigungverhältnisses ab. Sie beträgt (vgl. § 35a Abs. 1 und 2):

> - bei **geringfügiger Beschäftigung** gem. § 8a SGB IV (sog. „Minijob"):
>   **20 %** der Aufwendungen, **höchstens 510 €** jährlich
> - bei anderen haushaltsnahen Beschäftigungsverhältnissen, für die aufgrund dieser Beschäftigung reguläre **Pflichtbeiträge zur gesetzlichen Sozialversicherung** entrichtet werden (= sozialversicherungspflichtige Beschäftigung):
>   **20 %** der Aufwendungen, **höchstens 4.000 €** jährlich.

Wenn die Voraussetzungen für die Inanspruchnahme nicht im gesamten Kalenderjahr vorgelegen haben, wird **keine zeitanteilige Kürzung der Höchstbeträge** vorgenommen.

Beispiel

Der Rechtsanwalt Thomas Schmidt beschäftigt in seinem Privathaushalt seit dem 01.05.2018 eine Haushaltshilfe für monatlich 400 €, für die er die pauschalen Arbeitgeberabgaben an die Bundesknappschaft abführt (geringfügiges Beschäftigungsverhältnis nach § 8a SGB IV). Seine Aufwendungen für diese Haushaltshilfe belaufen sich für 2018 somit auf 3.671,68 € (8 · 400 € = 3.200 € + 14,74 % pauschale Abgaben hierauf).

Die Steuerermäßigung nach § 35a Abs. 1 beträgt für 2018:
20 % von 3.672 € = 734,40 €
höchstens jedoch 510 €   510,00 €

Fallvariante:
Wäre die Haushaltshilfe sozialversicherungspflichtig beschäftigt (z. B. wie zuvor ab dem 01.05.2018, jedoch jetzt täglich halbtags für monatlich 1.200 € brutto), dann würde die Steuerermäßigung betragen:

Bruttogehalt:	8 · 1.200 € =	9.600,00 €
AG-Beitrag zur Sozialversicherung:	z. B. 19,5 % von 9.600 € =	1.872,00 €
Summe		11.472,00 €
davon 20 % =	gerundet	2.295,00 €

Zwischen Ehegatten, die in einem Haushalt zusammenleben, zwischen Eltern und in deren Haushalt lebenden Kindern sowie zwischen Partnern einer nichtehelichen Lebensgemeinschaft, die in einem Haushalt zusammenleben, kann ein haushaltsnahes Beschäftigungsverhältnis im Sinne des § 35a **nicht** begründet werden (vgl. BMF-Schreiben vom 09.11.2016, Rz. 9).

Leben **zwei Alleinstehende in einem Haushalt** zusammen („nichteheliche Lebensgemeinschaft"), dann können sie die Höchstbeträge – wie Eheleute – insgesamt jeweils **nur einmal** in Anspruch nehmen (vgl. § 35a Abs. 5 Satz 4).

Die Berücksichtigung von Aufwendungen im Rahmen von § 35a erfolgt grundsätzlich **nachrangig**, also nur insoweit, als ein Abzug als Betriebsausgaben, Werbungskosten, Sonderausgaben oder außergewöhnliche Belastungen nicht möglich ist (vgl. § 35a Abs. 5 Satz 1 und BMF-Schreiben vom 09.11.2016, Rz. 31 - 32).

Hinsichtlich des Abzugs als außergewöhnliche Belastungen (agB) nach § 33 besteht nach der OFD NRW jedoch ein Wahlrecht, ob ein Abzug als agB oder eine Berücksichtigung im Rahmen von § 35a erfolgt (es ist dem Antrag des Steuerpflichtigen zu folgen); siehe OFD NRW Kurzinfo ESt 10/2014 vom 17.03.2014, DB 2014, S. 745.

4. Was ist unter „haushaltsnahen Dienstleistungen" zu verstehen?

Zu den haushaltsnahen Dienstleistungen im Sinne des § 35a Abs. 2 gehören alle Tätigkeiten, die auch Gegenstand eines haushaltsnahen Beschäftigungsverhältnisses sein können (siehe hierzu Frage 2). Haushaltsnahe Dienstleistungen unterscheiden sich von den haushaltsnahen Beschäftigungsverhältnissen dadurch, dass die Leistungen nicht durch selbst beschäftigte Arbeitnehmer, sondern **durch beauftragte Unternehmer** erfolgen, z. B.

- Reinigungsarbeiten durch einen selbstständigen Fensterputzer
- Gartenpflegearbeiten durch einen Gärtner- oder Hausmeisterbetrieb
- Pflege von Angehörigen durch einen selbstständigen Pflegedienst.

Zu den begünstigten Dienstleistungen gehören auch **handwerkliche Tätigkeiten** für die zu eigenen Wohnzwecken genutzte Wohnung (vgl. § 35a Abs. 3).

Zu den begünstigten Handwerkerleistungen rechnen beispielsweise:

- Dacherneuerung
- Heizungswartung oder -reparatur
- Fliesenlegerarbeiten
- Schornsteinfegerarbeiten (siehe BMF-Schreiben vom 09.11.2015)
- Erneuerung einer Sonnenmarkise
- Erneuerung des Bodenbelags.

Herstellungskosten sind **nicht** begünstigt (z. B. Hausbau).

 INFO

Eine ausführliche Auflistung begünstigter und nicht begünstigter Aufwendungen enthält die Anlage 1 des BMF-Schreibens vom 09.11.2016 (siehe Einkommensteuer-Handbuch 2017, S. 1849 ff.).

5. Wie werden „haushaltsnahe Dienstleistungen" steuerlich gefördert?

Für die Inanspruchnahme von **haushaltsnahen Dienstleistungen** (= Beauftragung von Unternehmen), die in einem Haushalt des Steuerpflichtigen in der Europäischen Union oder im Europäischen Wirtschaftsraum erbracht werden, ermäßigt sich die tarifliche Einkommensteuer des Steuerpflichtigen auf Antrag wie folgt (vgl. § 35a Abs. 2 und 3):

- für **haushaltsnahe Dienstleistungen** im Sinne von § 35a Abs. 2 (z. B. Gärtner-, Tapezier- oder Reinigungsleistungen sowie die Inanspruchnahme von Pflege- und Betreuungsleistungen einschließlich der Aufwendungen, die dem Steuerpflichtigen wegen der Unterbringung in einem Heim erwachsen):
  20 % der Aufwendungen, **höchstens 4.000 €** jährlich
- für **Handwerkerleistungen** im Sinne von § 35a Abs. 3:
  20 % der Aufwendungen, **höchstens 1.200 €** jährlich.

Die steuerliche Förderung umfasst **allein** die **Arbeitskosten** (vgl. § 35a Abs. 5 Satz 2). Materialkosten werden **nicht** berücksichtigt. Bei der Rechnung des Handwerkers ist deshalb darauf zu achten, dass die Arbeits- und die Materialkosten getrennt voneinander ausgewiesen werden. Geschieht dies nicht, muss die Aufteilung im Schätzwege erfolgen.

Die Steuererstattung für Handwerkerarbeiten, die im inländischen Haushalt des Steuerpflichtigen erbracht werden, können **Mieter** genauso wie **Eigentümer** beantragen. Entscheidend ist, wer die Leistungen beauftragt und bezahlt hat.

ACHTUNG

- Die Förderungen nach Abs. 2 (haushaltsnahe Dienstleistungen) und Abs. 3 (Handwerkerleistungen) können **nebeneinander (kumulativ)** in Anspruch genommen werden, **jedoch nicht gleichzeitig für die selbe Dienstleistung** (siehe Drucksache 16/643 des Deutschen Bundestags, S. 10 und BMF-Schreiben vom 15.02.2010, Rz. 51).

- Die **Steuerermäßigung für Pflegeleistungen** steht **auch den Angehörigen** (z. B. Kinder der Pflegeperson) zu, wenn sie für die Pflege- oder Betreuungsleistungen ganz oder teilweise aufkommen. Die Pflege- oder Betreuungsleistungen können hierbei im europäischen Haushalt des Steuerpflichtigen (also z. B. in der Wohnung des Kindes) oder im Haushalt der gepflegten bzw. betreuten Person durchgeführt werden.

- Pflege**sachleistungen** und **Kostenersatz** (z. B. von der Pflegeversicherung) sind auf die entstandenen Aufwendungen **anzurechnen** (also von den Aufwendungen abzuziehen). **Pflegegeld** von der Pflegeversicherung ist hingegen **nicht** anzurechnen, weil es nicht zweckgebunden für professionelle Pflegedienste bestimmt ist. Siehe hierzu im Einzelnen: BMF-Schreiben vom 09.11.2016, Rz. 42, EStH 2017, S. 1859 f. (mit Beispielen).

- Zu den **Handwerkerleistungen** im Sinne von § 35a Abs. 3 gehören alle handwerklichen Tätigkeiten, unabhängig davon, ob es sich um regelmäßig vorzunehmende Renovierungsarbeiten oder um Erhaltungs- oder Renovierungsarbeiten handelt. Begünstigt sind handwerkliche Tätigkeiten, die von Mietern und Eigentümern **für die zu eigenen Wohnzwecken genutzte Wohnung** in Auftrag gegeben werden, z. B. das Streichen und Tapezieren von Innenwänden, die Erneuerung des Bodenbelags, die Modernisierung des Badezimmers oder der Austausch von Fenstern (siehe Drucksache 16/643 des Deutschen Bundestags, S. 10 sowie BMF-Schreiben vom 09.11.2016, Rz. 19, abgedruckt im EStH 2017, S. 1849 ff.).

- Die **Handwerkerleistungen müssen in der Wohnung, an der Wohnung oder „um die Wohnung herum"** (z. B. Anlegen einer Teichanlage oder Pflasterarbeiten am Zugang zum Haus) ausgeführt werden, um begünstigt zu sein. **Nicht** begünstigt sind deshalb Reparaturarbeiten, die außerhalb des Haushalts des Steuerpflichtigen erbracht werden (z. B. Reparatur des Fernsehgerätes durch einen Elektronikfachbetrieb).

- Um eine **Doppelförderung auszuschließen**, ist ein Steuerabzug für solche Aufwendungen **nicht** möglich, die Betriebsausgaben oder Werbungskosten sind, oder unter § 10 Abs. 1 Nr. 5 (Kinderbetreuungskosten) fallen und soweit sie als außergewöhnliche Belastungen abgezogen werden (vgl. § 35a Abs. 5 Satz 1).

- Bei Aufwendungen, die sowohl als **außergewöhnliche Belastung (agB)** als auch nach **§ 35a** geltend gemacht werden können, **darf** der Steuerpflichtige zwischen diesen Abzugsvarianten **wählen**.

    Beim Abzug von **Pflegeaufwendungen als agB** muss das erhaltene **Pflegegeld oder Pflegetagegeld angerechnet** (= von den Aufwendungen abgezogen) werden.

    Werden **Pflegeaufwendungen im Rahmen von § 35a** geltend gemacht, müssen das Pflegegeld oder Pflegetagegeld hingegen **nicht** angerechnet werden.

    Die OFD NRW (Kurzinfo ESt 10/2014 vom 17.03.2014) weist ergänzend darauf hin, dass der Steuerpflichtige die Pflegeaufwendungen als agB ansetzen und **ergänzend** § 35a für die abgezogene zumutbare Belastung und das angerechnete Pflegegeld oder Pflegetagegeld in Anspruch nehmen darf.

- Die Steuerermäßigung für **haushaltsnahe Dienstleistungen** und für **Handwerkerleistungen** ist nur dann möglich, wenn der Steuerpflichtige für die Aufwendungen **eine Rechnung erhalten hat und** die **Zahlung auf das Konto des Erbringers** der haushaltsnahen Dienstleistung erfolgt ist (vgl. § 35a Abs. 5 Satz 3). [Diese Regelung gilt nicht für Minijobs im Privathaushalt; sie können auch bar bezahlt werden.]

Leben **zwei Alleinstehende in einem Haushalt** zusammen („nichteheliche Lebensgemeinschaft"), dann können sie die Höchstbeträge – wie Eheleute – insgesamt jeweils nur einmal in Anspruch nehmen (vgl. § 35a Abs. 5 Satz 4).

Die Aufwendungen für haushaltsnahe Beschäftigungsverhältnisse und Dienstleistungen können nach § 39a Abs. 1 Nr. 5c auch als **Freibetrag auf der Lohnsteuerkarte** des Steuerpflichtigen eingetragen werden. Der Freibetrag berechnet sich mit dem Vierfachen der Steuerermäßigung nach § 35a.

6. Schildern Sie ein umfassendes Beispiel, welches die steuerliche Förderung gem. § 35a EStG darstellt!

Beispiel

(aus NWB Nr. 16/2006 vom 18.04.2006, S. 1277) – hier in der **Rechtslage 2018:**

Eine Familie beschäftigt eine **Putzhilfe** im Rahmen eines **Minijobs** für **400 €** im Monat. Das sind **4.800 €** im Jahr. Die Nebenkosten betragen **707,52 €** im Jahr. Das sind **5.507,52 €** Gesamtkosten.

Die maximale Förderung für die Beschäftigung der Putzhilfe beträgt **20 %** der Gesamtaufwendungen (= 1.103 €), **höchstens** jedoch **510 €** im Jahr (§ 35a Abs. 1). Der Steuerrabatt ohne Solidaritätszuschlag liegt also bei **510 €**.

Um Essen und Wäsche kümmert sich eine **angestellte Haushaltshilfe**. Sie verdient monatlich **1.400 €** (Bruttolohn). Das sind 16.800 € jährlich. Die Nebenkosten hierfür betragen (rund 19,5 %), das sind **3.276 €** im Jahr. An Gesamtkosten fällt somit ein Betrag von **20.076 €** an.

Die maximale Förderung für die Beschäftigung der Haushaltshilfe beträgt **20 %** der Gesamtaufwendungen (= 4.016 €), **höchstens** jedoch **4.000 €** im Jahr (§ 35a Abs. 2). Der Steuerrabatt ohne Solidaritätszuschlag liegt also bei **4.000 €**.

Weiterhin wurde die Hausfassade neu gestrichen. Die **Malerrechnung** beträgt **5.000 €**. Davon entfallen **1.000 €** auf Material, **4.000 €** beträgt der Lohn. Nebenkosten fallen nicht an.

Als maximale Förderung der Malerkosten können **20 %** der Arbeitskosten angesetzt werden (= 800 €), **höchstens 1.200 €** im Jahr (§ 35a Abs. 3). Der Steuerrabatt für die Malerarbeiten liegt somit bei **800 €** (ohne SolZ).

Zusammenstellung der Förderung (alle nebeneinander – also im gleichen VZ – möglich):

	Putzfrau	Haushaltshilfe	Maler
Lohn/Honorar	4.800 €	16.800 €	4.000 €
Nebenkosten[1]	708 €	3.276 €	0 €
Material	–	–	1.000 €
Gesamtkosten	5.508 €	20.076 €	5.000 €
Maximale Förderung	20 % höchstens 510 €	20 % höchstens 4.000 €	20 % des Lohns höchstens 1.200 €
Steuerrabatt[2]	510 €	4.000 €	800 €

3.11 Lohnsteuer

1. In welchem Verhältnis steht die Lohnsteuer zur Einkommensteuer?

Die Lohnsteuer (LSt) ist keine eigene Steuerart, sondern **eine besondere Erhebungsform der Einkommensteuer** für die Einkünfte aus nichtselbstständiger Arbeit nach § 19. Bei diesen Einkünften wird die Steuer direkt an der „Quelle" der steuerpflichtigen Einnahmen **(Quellensteuer)** abgezogen **(Abzugsteuer)**.

Schuldner der Lohnsteuer ist der Arbeitnehmer (vgl. § 38 Abs. 2). Der Arbeitgeber hat die Lohnsteuer allerdings für Rechnung des Arbeitnehmers bei jeder Lohnzahlung vom

---

[1] Nebenkosten Minijob: 14,74 %; Nebenkosten Angestellte: 19,5 % (gerundet).
[2] ohne Solidaritätszuschlag.

Arbeitslohn einzubehalten (vgl. § 38 Abs. 3) oder im Rahmen der Lohnsteuer-Pauschalierung zusätzlich zum ausgezahlten Arbeitslohn zu entrichten.

Wird ein Arbeitnehmer zur Einkommensteuer veranlagt, so wird die vom Arbeitslohn einbehaltene und dem Arbeitnehmer bescheinigte Lohnsteuer auf die tarifliche Einkommensteuer des zu versteuernden Einkommens angerechnet.

2. Auf welche rechtlichen Grundlagen kann man zur Lösung eines Lohnsteuerfalls zurückgreifen?

Die Rechtsgrundlagen der Lohnsteuer ergeben sich aus

- dem **Einkommensteuergesetz (insbesondere §§ 38 ff. EStG)** und
- der **Lohnsteuer-Durchführungsverordnung (LStDV)**.

Ergänzend kann auf die entsprechenden Verwaltungsanweisungen zurückgegriffen werden:

- **Lohnsteuer-Richtlinien (LStR)**
- **BMF-Schreiben**
- **OFD-Verfügungen.**

Die Verwaltungsanweisungen dienen der Klärung von Zweifels- und Auslegungsfragen bei der Anwendung der gesetzlichen Vorschriften sowie der Sicherstellung einer möglichst gleichmäßigen Besteuerung aller Arbeitnehmer.

3. Wer haftet für die Lohnsteuer?

Nach § 42d Abs. 1 haftet **grundsätzlich der Arbeitgeber** für die Lohnsteuer (LSt), die er einzubehalten und an das Finanzamt abzuführen hat. Außerdem haftet er für die LSt, die er beim Lohnsteuer-Jahresausgleich zu Unrecht erstattet hat. Insoweit sind **der Arbeitgeber und der Arbeitnehmer Gesamtschuldner der LSt** (vgl. § 42d Abs. 3 Satz 1).

4. Was sind Lohnsteuerklassen und welche gibt es?

Für die Durchführung des Lohnsteuerabzugs werden unbeschränkt einkommensteuerpflichtige Arbeitnehmer in Steuerklassen eingereiht (§ 38b Satz 1).

Der Arbeitgeber hat die Berechnung der Lohnsteuer nach Maßgabe der Angaben auf der Lohnsteuerkarte des Arbeitnehmers vorzunehmen, die u. a. die Lohnsteuerklasse enthält, in die der Steuerpflichtige von der Gemeinde eingestuft wurde. Nach § 38b gibt es die folgenden **sechs** Lohnsteuerklassen:

Lohn-steuer-klassen	Einreihung von folgenden Arbeitnehmern:
I	1. **Ledige** 2. **Verheiratete, Verwitwete oder Geschiedene**, bei denen die Voraussetzung für die Steuerklassen III oder IV nicht erfüllt sind. 3. **Beschränkt Steuerpflichtige**
II	Steuerpflichtige, die in der Steuerklasse I genannt sind, **wenn** bei ihnen **ein Entlastungsbetrag für Alleinerziehende (§ 24b) zu berücksichtigen ist**.
III	1. **Verheiratete**, die beide unbeschränkt einkommensteuerpflichtig sind und **nicht dauernd getrennt leben und** der **Ehegatte** des Arbeitnemers auf Antrag beider Ehegatten in die **Steuerklasse V** eingereiht wird [Steuerklassenkombination III/V]. 2. **Verwitwete, für das Kalenderjahr, das dem Kalenderjahr folgt, in dem der Ehegatte verstorben ist**, unter den Voraussetzungen des § 38b Satz 2 Nr. 3b. 3. **Geschiedene im Kalenderjahr der Auflösung der Ehe, wenn** beide Ehegatten in diesem Kalenderjahr unbeschränkt einkommensteuerpflichtig waren und sie **nicht dauernd getrennt gelebt haben und der andere Ehegatte wieder geheiratet hat**, von seinem Ehegatten nicht dauernd getrennt lebt und er und sein neuer Ehegatte unbeschränkt einkommensteuerpfichtig sind.
IV	**Verheiratete**, die beide unbeschränkt steuerpflichtig sind und **nicht dauernd getrennt leben** [sofern sie nicht die Steuerklassenkombination III/V gewählt haben]; dies gilt auch, wenn einer der Ehegatten keinen Arbeitslohn bezieht und kein Antrag auf Steuerklassenkombination III/IV gestellt wurde.
V	**Verheiratete**, die nicht von ihrem Ehegatten dauernd getrennt leben und wie ihr Ehegatte unbeschränkt einkommensteuerpflichtig sind und **der Ehegatte** auf Antrag beider Ehegatten in die **Steuerklasse III** eingereiht wird [Steuerklassenkombination III/V].
VI	Steuerpflichtige, die **nebeneinander von mehreren Arbeitgebern Arbeitslohn** beziehen; Lohnsteuerklasse VI dann für die Einbehaltung der Lohnsteuer aus dem **zweiten und weiteren** Dienstverhältnis [zweite und weitere Lohnsteuerkarte/n des Arbeitnehmers].

5. Erklären Sie die Unterschiede zwischen den Steuerklassenkombinationen „IV/IV", „III/V" und „IV/IV mit Faktor"!

Ehegatten können unter bestimmten Voraussetzungen zwischen folgenden Steuerklassenkombinationen wählen:

- IV/IV,
- III/V oder
- IV/IV mit Faktor.

Die **Steuerklasse IV** ist betragsmäßig **identisch mit der Steuerklasse I** für ledige Arbeitnehmer. Die **Steuerklassenkombination IV/IV** geht für den Lohnsteuerabzug also davon aus, dass die Bruttoarbeitslöhne beider Ehegatten ungefähr gleich hoch sind. Dann entsteht bei beiden Ehegatten ein Lohnsteuerabzug in etwa gleicher Höhe.

Die **Steuerklassenkombination III/V** ist so gestaltet, dass die Summe der Steuerabzugsbeträge beider Ehegatten in etwa der zu erwartenden Jahressteuer entspricht, wenn der in **Steuerklasse III** eingestufte Ehegatte etwa **60 %** und der in **Steuerklasse V** eingestufte Ehegatte etwa **40 %** des gemeinsamen Arbeitseinkommens erzielt. Der prozentuale Lohnsteuerabzug ist bei der Lohnsteuerklasse III deutlich niedriger als bei der Steuerklasse V. Es bleibt den Ehegatten aber unbenommen, sich trotzdem für die Steuerklassenkombination IV/IV zu entscheiden, wenn sie den höheren Steuerabzug bei dem Ehegatten mit der Steuerklasse V vermeiden wollen. Dann entfällt jedoch für den anderen Ehegatten die günstigere Steuerklasse III.

Anstelle der Steuerklassenkombination III/V können **Ehegatten**, die **beide unbeschränkt einkommensteuerpflichtig** sind, **nicht dauernd getrennt leben** und **beide Arbeitslohn** beziehen, die Steuerklassenkombination „**IV/IV mit Faktor**" wählen.

Mit dem **Faktorverfahren** soll eine gerechtere Verteilung der Lohnsteuerabzüge erreicht werden. Im Rahmen der Steuerklassenkombination III/V, die häufig von Ehepaaren gewählt wird, bei denen nur ein Ehegatte Arbeitslohn bezieht, verhindert der hohe Lohnsteuerabzug bei dem Ehepartner mit der Steuerklasse V unter Umständen die Aufnahme einer sozialversicherungspflichtigen Beschäftigung, da diese wegen der hohen Abzüge (deutlich höherer Lohnsteuerabzug als bei den Steuerklassen III und IV) nicht lohnenswert erscheint. Das Faktorverfahren soll diese Hemmschwelle abbauen.

Das Faktorverfahren geht zunächst vom Regelfall der Steuerklassenkombination IV/IV aus. Danach wird ein Faktor ermittelt, der auf die ermittelten Lohnsteuerabzugsbeträge als Multiplikator anzuwenden ist. Es gilt dann die Steuerklassenkombination „**IV/IV mit Faktor**".

Nach § 39f muss der Faktor kleiner als 1 sein und wird als Y : X vom Finanzamt mit drei Nachkommastellen ohne Rundung berechnet.

Y ist dabei die **voraussichtliche (Jahres-)Einkommensteuer** für beide Ehegatten **nach dem Splittingverfahren** unter Berücksichtigung der in § 39b Abs. 2 genannten Abzugsbeträge.

X ist die **Summe der voraussichtlichen Lohnsteuer** beider Ehegatten (zusammengerechnet) **bei Anwendung der Steuerklasse IV**.

Wählen die Arbeitnehmer-Ehegatten die Steuerklassenkombination „**IV/IV mit Faktor**", wird der jeweils nach der Steuerklasse IV ermittelte Lohnsteuerabzugsbetrag mit dem ermittelten Faktor multipliziert.

Das Faktorverfahren führt im Ergebnis zu einer genaueren Aufteilung des Lohnsteuerabzugsbetrags.

Beispiel

Beispiel zur Ermittlung des Faktors:

Arbeitnehmer-Ehegatte A:	monatlicher Bruttolohn 3.000 €	
	Jahreslohnsteuer (Steuerklasse IV):	
	12 • 425,50 € =	5.106,00 €
Arbeitnehmer-Ehegatte B:	monatlicher Bruttolohn 1.700 €	
	Jahreslohnsteuer (Steuerklasse IV):	
	12 • 121,83 € =	1.462,00 €
Summe der Lohnsteuer bei Steuerklassenkombination IV/IV		
(entspricht „X") =		6.568,00 €
Die voraussichtliche Einkommensteuer im Splittingverfahren		
(entspricht „Y") =		6.378,00 €

Der **Faktor** ist Y geteilt durch X, also 6.378,00 € : 6.568,00 € = **0,971**.

(Der Faktor wird mit drei Nachkommastellen berechnet und nur berücksichtigt, wenn er kleiner als 1 ist).

Jährliche Lohnsteuer bei Steuerklasse IV/IV mit dem Faktor 0,971:

- Arbeitnehmer-Ehegatte A für monatlich 3.000,00 €:
  425,50 € • 0,971 = 413,16 € • 12 =   4.957,00 €

- Arbeitnehmer-Ehegatte B für monatlich 1.700,00 €:
  121,83 € • 0,971 = 118,30 € • 12 =   1.419,00 €

- Summe der Lohnsteuer bei Kombination „IV/IV mit Faktor 0,971" =   6.376,00 €

Wie bei der Wahl der Steuerklassenkombination III/V sind die Arbeitnehmer-Ehegatten auch bei der Wahl des Faktorverfahrens verpflichtet, eine Einkommensteuererklärung beim Finanzamt einzureichen.

Im Beispielfall führt die Einkommensteuerveranlagung

- **bei der Steuerklassenkombination III/V**
  zu einer **Nachzahlung** in Höhe von **351,00 €**:
voraussichtliche Einkommensteuer im Splittingverfahren	6.378,00 €
- Summe Lohnsteuer bei Steuerklassenkombination III/V	6.027,00 €
= **Nachzahlung**	351,00 €

- **bei der Steuerklassenkombination IV/IV**
  zu einer **Erstattung** in Höhe von **190,00 €**:
voraussichtliche Einkommensteuer im Splittingverfahren	6.378,00 €
- Summe Lohnsteuer bei Steuerklassenkombination IV/IV	6.568,00 €
= **Erstattung**	190,00 €

- **bei der Steuerklassenkombination IV/IV mit Faktor**
  weder zu einer hohen Nachzahlung noch zu einer Erstattung
  (in diesem Fall nur Rundungsdifferenz in Höhe von 2,00 €)

voraussichtliche Einkommensteuer Splittingverfahren	6.378,00 €
- Summe der Lohnsteuer bei Steuerklasse IV/IV mit Faktor	6.376,00 €
= **zu niedrige Zahlung (Rundungsdifferenz)**	2,00 €

6. Was sind Lohnsteuertabellen?

Lohnsteuertabellen enthalten die Lohnsteuer für bestimmte Bruttoarbeitslöhne, differenziert nach Steuerklassen. Sie sind unter Berücksichtigung der gesetzlich feststehenden Freibeträge und Pauschalen aus den Einkommensteuertabellen abgeleitet.

Je nach dem zugrunde liegenden Besteuerungszeitraum wird unterschieden zwischen **Jahres-, Monats-, Wochen- oder Tageslohnsteuertabelle**.

Durch das Steuersenkungsgesetz vom 23.10.2000 ist mit der Aufhebung des § 38c die Verpflichtung für das BMF entfallen, **amtliche** Lohnsteuertabellen zu veröffentlichen. Es ist aber damit zu rechnen, dass die einschlägigen Verlage wie in den vergangenen Jahren weiterhin nicht amtliche Lohnsteuertabellen herausgeben werden.

7. Welche Freibeträge und Pauschalen sind in den Lohnsteuertarif eingearbeitet?

Die folgenden Beträge sind gem. § 39b Abs. 2 in den Lohnsteuertarif eingearbeitet (VZ 2018):

- der **Grundfreibetrag**:
  9.000 € (Steuerklassen I, II, IV) bzw. 18.000 € (Steuerklasse III)
- der **Arbeitnehmer-Pauschbetrag** nach § 9a:
  1.000 € von den Einnahmen aus einem aktiven Beschäftigungsverhältnis bzw.
  102 € von Versorgungsbezügen gem. § 19 Abs. 2 (Steuerklassen I bis V)
- der **Sonderausgaben-Pauschbetrag** nach § 10c:
  36 € (Steuerklassen I, II, IV) bzw. 72 € (Steuerklasse III)
- die **Vorsorgepauschale** nach § 39b Abs. 2 Satz 5 Nr. 3
- der **Entlastungsbetrag für Alleinerziehende** für ein Kind gem. § 24b:
  1.908 € (nur in der Steuerklasse II).

8. Welche Freibeträge und Pauschalen sind nicht in den Lohnsteuertarif eingearbeitet?

In den Lohnsteuertarif sind die folgenden Beträge **nicht** eingearbeitet:

- der **Versorgungsfreibetrag** und der **Zuschlag zum Versorgungsfreibetrag** nach § 19 Abs. 2 und
- der **Altersentlastungsbetrag** nach § 24a.

Der Arbeitgeber hat diese Freibeträge aber auch ohne Beantragung durch den Arbeitnehmer bei Vorliegen der entsprechenden Voraussetzungen zu berücksichtigen (vgl. § 39b Abs. 2 Satz 3).

9. Wie wird der Arbeitgeber über die persönlichen Besteuerungsmerkmale eines Arbeitnehmers für Zwecke des Lohnsteuerabzugs in Kenntnis gesetzt?

Seit 2013 werden die Besteuerungsgrundlagen wie z. B. Familienstand und Kinderzahl von der Finanzverwaltung zentral und einheitlich in der bundesweiten Datenbank EL-STAM verwaltet und automatisiert gepflegt. Der Arbeitgeber muss unter Nachweis seiner entsprechenden Berechtigung die elektronischen Lohnsteuerabzugsmerkmale abrufen und so den jeweils aktuell zutreffenden Lohnsteuerabzug vornehmen (vgl. § 39e Abs. 4).

Für **Änderungen der Meldedaten** (z. B. Heirat, Geburt, Kircheneintritt oder -austritt) sind weiterhin **die Gemeinden** zuständig.

10. Was ist unter „Lohnsteuer-Ermäßigungsverfahren" zu verstehen?

Der Arbeitnehmer kann sich nach § 39a für Werbungskosten, Sonderausgaben (ohne Vorsorgeaufwendungen), außergewöhnliche Belastungen und andere Steuerermäßigungen vom Finanzamt einen **Freibetrag eintragen lassen**, den der Arbeitgeber bei der Ermittlung der Lohnsteuer zu berücksichtigen hat. Dieses Verfahren wird Lohnsteuer-Ermäßigungsverfahren genannt.

ACHTUNG

- Bei der Berechnung der Sozialversicherungsbeiträge dürfen die für die Lohnsteuer eingetragenen Freibeträge **nicht** berücksichtigt werden.
- Die Eintragung eines Freibetrags führt stets dazu, dass der Arbeitnehmer für das betreffende Kalenderjahr eine Steuererklärung abgeben muss und zur Einkommensteuer veranlagt wird (Pflichtveranlagung gem. § 46 Abs. 2).
- Für Werbungskosten, Sonderausgaben und außergewöhnliche Belastungen wird ein Freibetrag **nur dann** eingetragen, wenn die Summe der zu berücksichtigenden Beträge – mit Ausnahme des Freibetrags für Behinderte und Hinterbliebene – **600 € übersteigt** (vgl. § 39a Abs. 2 Satz 4).

Für die Feststellung, ob die Antragsgrenze überschritten wird, dürfen die Werbungskosten nicht in voller Höhe, sondern nur mit dem Betrag angesetzt werden, der den Arbeitnehmer-Pauschbetrag nach § 9a Satz 1 Nr. 1 Buchst. a übersteigt (weil dieser bereits in die Lohnsteuertabelle eingearbeitet ist).

11. Welche Ermäßigungsgründe (Freibeträge) können im Lohnsteuer-Ermäßigungsverfahren berücksichtigt werden?

Im Lohnsteuer-Ermäßigungsverfahren können nur diejenigen Beträge berücksichtigt werden, die in § 39a ausdrücklich als solche zugelassen sind. Dies sind **z. B.**:

- **Werbungskosten** im Rahmen der Einkünfte nach § 19, soweit sie den Arbeitnehmer-Pauschbetrag (1.000 €) oder bei Versorgungsbezügen den Pauschbetrag gem. § 9a Satz 1 Nr. 1 Buchstabe b (102 €) übersteigen
- **Sonderausgaben**, die **keine Vorsorgeaufwendungen** sind, so weit sie den Pauschbetrag nach § 10c Abs. 1 (36 €/72 €) übersteigen
- **außergewöhnliche Belastungen** nach den §§ 33, 33a, 33b Abs. 6 (ohne Kürzung um die zumutbare Belastung)
- **Pauschbeträge für Behinderte und Hinterbliebene** nach § 33b.

Für den Fall, dass ein Arbeitnehmer mehrere Arbeitsverhältnisse hat, kann zur besseren Ausnutzung des Grundfreibetrags ein **Freibetrag nach § 39a Abs. 1 Nr. 7** eingetragen werden.

12. Wer nimmt die Eintragung der Freibeträge vor?

Freibeträge sind auf Antrag des Steuerpflichtigen vom **Finanzamt** einzutragen (vgl. § 39a Abs. 2 Sätze 1 - 2). Die Eintragung eines Freibetrags kann nur nach amtlich vorgeschriebenem Vordruck **bis zum 30. November** des Kalenderjahres gestellt werden (vgl. § 39a Abs. 2 Satz 3).

13. Wann hat der Arbeitgeber eine Lohnsteuerbescheinigung auszustellen und was muss sie enthalten?

Nach § 41b ist der Arbeitgeber verpflichtet, **bei Beendigung eines Dienstverhältnisses oder am Ende eines Kalenderjahres** das Lohnkonto abzuschließen. Der Arbeitgeber hat **insbesondere** die folgenden Daten zu bescheinigen (vgl. u. a. § 41b Abs. 1 Sätze 1 - 2):

- Name, Vorname, Geburtsdatum und Anschrift des Arbeitnehmers, die auf der Lohnsteuerkarte oder der entsprechenden Bescheinigung eingetragenen Besteuerungsmerkmale, die Bezeichnung und Nummer des Finanzamts, an das die Lohnsteuer abgeführt worden ist und die Steuernummer des Arbeitgebers
- Dauer des Dienstverhältnisses während des Kalenderjahres
- Anzahl der auf dem Lohnkonto vermerkten Unterbrechungen
- Höhe des Bruttoarbeitslohns (einschließlich der steuerpflichtigen Sachbezüge)
- einbehaltene LSt, einbehaltener SolZ, einbehaltene KiSt
- Lohnersatzzahlungen nach § 41b Abs. 1 Nr. 5 (z. B. Kurzarbeitergeld oder Zuschuss zum Mutterschaftsgeld)
- die auf die Entfernungspauschale anzurechnenden steuerfreien Arbeitgeberleistungen für Fahrten zwischen Wohnung und erster Tätigkeitsstätte
- pauschal besteuerte Leistungen für Fahrten zwischen Wohnung und Arbeitsstätte
- Beiträge des Arbeitgebers an eine Pensionskasse oder einen Pensionsfond nach § 3 Nr. 63
- der Arbeitnehmeranteil am Gesamtsozialversicherungsbeitrag.

Seit dem VZ 2004 wurde die **elektronische Lohnsteuerbescheinigung** eingeführt. Bei diesem Verfahren erfolgt die Übermittlung der Lohnsteuerbescheinigungsdaten durch Datenfernübertragung. Im Einzelnen gilt Folgendes (vgl. § 41b EStG):

- In der elektronischen Lohnsteuerbescheinigung müssen Arbeitgeber die entsprechenden Daten der Finanzverwaltung grundsätzlich **elektronisch bis zum 28.02. des Folgejahres** übermitteln. Dazu muss der Arbeitgeber die für die Übermittlung unverzichtbare Identifikationsnummer des Arbeitnehmers (§ 139b AO) verwenden. Diese ermöglicht der Finanzverwaltung eine Plausibilitätsprüfung der übermittelten Daten.
- Der Arbeitgeber hat dem **Arbeitnehmer einen Ausdruck der elektronischen Lohnsteuerbescheinigung** mit Angabe der Identifikationsnummer gem. § 139b AO **auszuhändigen. Anstelle des Ausdrucks** (Papierform) **kann der Arbeitgeber die Lohnsteuerbescheinigung** und die Identifikationsnummer gem. § 139b AO **dem Arbeitnehmer auch elektronisch übermitteln oder zum Datenabruf bereitstellen.**
- Pauschal besteuerter Arbeitslohn ist von der Bescheinigungspflicht ausgenommen (vgl. § 41b Abs. 4).

14. Was bedeutet „Lohnsteuerpauschalierung" und welche Arten sind zu unterscheiden?

Unter bestimmten Voraussetzungen kann die Lohnsteuer **pauschal** ermittelt werden, d. h. unabhängig von den Besteuerungsmerkmalen des Arbeitnehmers:

a) **Pauschalierung der Lohnsteuer in besonderen Fällen (§ 40), z. B.:**
   - wenn von dem Arbeitgeber **sonstige Bezüge in einer größeren Zahl** von Fällen gewährt werden (siehe hierzu R 40.1 LStR) oder
   - wenn **in einer größeren Zahl von Fällen Lohnsteuer nachzuerheben** ist, weil der Arbeitgeber die Lohnsteuer nicht vorschriftsmäßig einbehalten hat oder
   - **bei unentgeltlicher oder verbilligter Beförderung von Arbeitnehmern** oder Zuschüssen für Fahrten zwischen Wohnung und erster Tätigkeitsstätte (vgl. § 40 Abs. 2 Satz 2).

b) **Pauschalierung der Lohnsteuer für Teilzeitbeschäftigte (§ 40a):**
   - pauschale Lohnsteuer in Höhe von **25 %** des Arbeitslohns bei **kurzfristig** Beschäftigten (vgl. § 40a Abs. 1)
   - pauschale Lohnsteuer in Höhe von **2 %** des Arbeitslohns bei **geringfügig** Beschäftigten im Sinne des § 8 Abs. 1 Nr. 1 oder des § 8a SGB IV – sog. „Minijobs" (vgl. § 40a Abs. 2)
   - pauschale Lohnsteuer in Höhe von **20 %** des Arbeitslohns bei geringfügig Beschäftigten, wenn die Voraussetzungen der Pauschalierung mit 2 % nicht erfüllt sind (vgl. § 40 Abs. 2a)
   - pauschale Lohnsteuer in Höhe von **5 %** bei bestimmten **Aushilfskräften in Betrieben der Land- und Forstwirtschaft** (vgl. § 40a Abs. 3).

c) **Pauschalierung der Lohnsteuer bei Zukunftssicherungsleistungen (§ 40b).**

15. Welche Regelungen enthält § 41a zur Anmeldung und Abführung der Lohnsteuer?

Nach § 41a hat der Arbeitgeber spätestens am 10. Tag nach Ablauf jedes Lohnsteuer-Anmeldungszeitraums eine Lohnsteuer-Anmeldung nach amtlich vorgeschriebenem Datensatz elektronisch an das Finanzamt zu übermitteln und zu bezahlen.

Nach § 41a Abs. 2 kommen – abhängig von der Steuerschuld des **vorangegangenen** Kalenderjahres – für das laufende Kalenderjahr die folgenden Lohnsteuer-Anmeldungszeiträume in Betracht:

Steuerschuld des vorangegangenen Kalenderjahres	Anmeldungszeitraum des laufenden Kalenderjahres	Abgabe- und Bezahlungsfrist
0 bis 1.080 €	Kalenderjahr (= **jährlich**)	bis zum Ablauf des 10. Tages nach dem Ende des Kalenderjahres (bis zum Ablauf des 10.1.)
1.080,01 € bis 5.000 €	Kalendervierteljahr (= **vierteljährlich**)	bis zum Ablauf des 10. Tages nach dem Ende jedes Kalendervierteljahres (z. B. für das 1. Vierteljahr bis zum Ablauf des 10.4.)
mehr als 5.000 €	Kalendermonat (= **monatlich**)	bis zum Ablauf des 10. Tages des Folgemonats (z. B. für Jan. bis zum Ablauf des 10.2.)
Besonderheiten: § 41a Abs. 2 Sätze 3 - 4		**+ jeweils 3 Tage Schonfrist** nach § 240 Abs. 3 AO für die Bezahlung durch **Überweisung** oder **Lastschrift**

16. Unter welchen Voraussetzungen werden Arbeitnehmer zur Einkommensteuer veranlagt?

Bei der Veranlagung von Arbeitnehmern zur Einkommensteuer ist grundsätzlich zu unterscheiden in

- **Antragsveranlagung** und
- **Pflichtveranlagung**.

Die **Antragsveranlagung** ist an die Stelle des früher geltenden Lohnsteuer-Jahresausgleichs durch das Finanzamt getreten. Sie ist durchzuführen, wenn der Arbeitnehmer einen Antrag auf Veranlagung zur ESt stellt (vgl. § 46 Abs. 2 Nr. 8). Der Antrag erfolgt durch die Abgabe einer Einkommensteuererklärung und ist bis zum Ablauf der Festsetzungsfrist (**innerhalb von 4 Jahren nach Ablauf des jeweiligen VZ**) zu stellen.

Eine Antragsveranlagung kann nur durchgeführt werden, wenn keine Pflichtveranlagung durchzuführen ist.

Durch die Antragsveranlagung kann es sowohl zu einer Steuererstattung (einbehaltene Lohnsteuer ist höher als die festgesetzte ESt) als auch zu einer Steuernachforderung kommen (einbehaltene Lohnsteuer ist niedriger als die festgesetzte ESt). Der Steuernachforderung kann der Steuerpflichtige jedoch durch die Rücknahme des Antrags auf Veranlagung begegnen (auch noch im Rechtsbehelfsverfahren möglich). Dann wird der Einkommensteuerbescheid aufgehoben, es sei denn, es ist eine Veranlagungspflicht (§ 46 Abs. 2 Nr. 1 - 7) gegeben.

Die Antragsveranlagung kommt insbesondere dann in Betracht, wenn z. B. aus den folgenden Gründen mit einer Steuererstattung zu rechnen ist:

- Das Dienstverhältnis hat nur während eines Teils des Kalenderjahres bestanden und in der verbleibenden Zeit sind keine oder nur niedrige Einkünfte erzielt worden.
- Der Steuerpflichtige hat absetzbare Aufwendungen bzw. Ausgaben, die er nicht im Lohnsteuer-Ermäßigungsverfahren geltend gemacht hat (z. B. hohe Werbungskosten und/oder außergewöhnliche Belastungen).

Die **Pflichtveranlagung** (von Amts wegen) ist vorzunehmen, wenn eine der in § 46 Abs. 2 Nr. 1 - 7 aufgeführten Voraussetzungen erfüllt ist. In diesem Fall besteht die Verpflichtung, nach Ablauf des Kalenderjahres unaufgefordert eine Einkommensteuererklärung bis zum 31.05. des dem Veranlagungsjahr folgenden Jahres abzugeben.

Zur Pflichtveranlagung kommt es nach § 46 Abs. 2 **z. B.** dann, wenn

- der Arbeitnehmer sich im Rahmen des Lohnsteuer-Ermäßigungsverfahrens einen **Freibetrag** hat eintragen lassen und der im Kalenderjahr insgesamt erzielte Arbeitslohn den Betrag von 11.400 € bzw. 21.650 € bei zusammenveranlagten Ehegatten übersteigt
- die **Summe der einkommensteuerpflichtigen Einkünfte, die nicht dem Lohnsteuerabzug zu unterwerfen waren** (z. B. Einkünfte aus Kapitalvermögen, aus Vermietung und Verpachtung oder andere Einkünfte), ggf. vermindert um den Freibetrag für Land- und Forstwirte nach § 13 Abs. 3 und um den Altersentlastungsbetrag nach § 24a, **mehr als 410 €** im Kalenderjahr betragen (keine Verdoppelung bei Ehegatten)
- die Summe der **Einkünfte und Leistungen, die dem Progressionsvorbehalt unterliegen** (z. B. Arbeitslosengeld, Krankengeld etc.), **mehr als 410 €** im Kalenderjahr betragen (keine Verdoppelung bei Ehegatten)
- der Arbeitnehmer Arbeitslohn bezogen hat, der nach der **Steuerklasse VI** besteuert worden ist (**Arbeitslohn von mehreren Arbeitgebern erhalten**); das gilt nicht, wenn Arbeitslohn gem. § 38 Abs. 3a Satz 7 für den Lohnsteuerabzug von mehreren Arbeitgebern zusammengerechnet worden ist
- der **Arbeitnehmer und sein Ehegatte Arbeitslohn** bezogen haben **und** die Ehe mit der **Steuerklassenkombination III/V** besteuert worden ist.

4. Körperschaftsteuer

4.1 Stellung innerhalb des Steuersystems und rechtliche Grundlagen

1. Charakterisieren Sie die Körperschaftsteuer in steuersystematischer Hinsicht!

Die Körperschaftsteuer (KSt) ist

- eine **Personensteuer**, weil durch sie **juristische Personen** (insbesondere Kapitalgesellschaften und Vereine) besteuert werden
- eine **Besitzsteuer** (unter Besitzsteuern werden Steuern verstanden, die an Besitz und Vermögen bzw. Erwerb, d. h. Einkommen, anknüpfen)
- eine **direkte** Steuer, weil Steuerschuldner und Steuerträger identisch sind (juristische Person, die der Steuerpflicht des KStG unterliegt)
- eine **Gemeinschaftsteuer**, weil das Steueraufkommen dem Bund und den Ländern gemeinschaftlich zusteht (zu jeweils 50 %)
- eine **Veranlagungssteuer**, d. h. sie wird grundsätzlich durch Veranlagung erhoben (Feststellung des Einkommens durch ein förmliches Verfahren und Festsetzung der Steuerschuld durch schriftlichen Bescheid).

2. Welche rechtlichen Grundlagen können zur Lösung eines Körperschaftsteuerfalls herangezogen werden?

Die Rechtsgrundlagen der Körperschaftsteuer ergeben sich aus

- dem Körperschaftsteuergesetz (KStG)
- dem Einkommensteuergesetz (EStG) zur Ermittlung des Einkommens
- der Körperschaftsteuer-Durchführungsverordnung (KStDV)
- der Einkommensteuer-Durchführungsverordnung (EStDV).

Zusätzlich kann auf die entsprechenden Verwaltungsanweisungen zurückgegriffen werden:

- Körperschaftsteuer-Richtlinien (KStR) und Einkommensteuer-Richtlinien (EStR)
- BMF-Schreiben und OFD-Verfügungen.

4.2 Persönliche Steuerpflicht und Steuerbefreiungen

1. Wer ist unbeschränkt körperschaftsteuerpflichtig?

Unbeschränkt körperschaftsteuerpflichtig sind nach **§ 1 Abs. 1** KStG

- bestimmte Körperschaften, Personenvereinigungen und Vermögensmassen
- mit Geschäftsleitung oder Sitz
- im Inland.

Zu den Begriffen „**Sitz**" und „**Geschäftsleitung**" siehe **§§ 10** und **11 AO**.

Unbeschränkt körperschaftsteuerpflichtig sind nach § 1 Abs. 1:

1. **Kapitalgesellschaften** (**AG**, **GmbH**, KGaA, Europäische Gesellschaften)
2. Erwerbs- und Wirtschaftsgenossenschaften (eingetragene Genossenschaften, wie z. B. Volksbanken, Wohnungsgenossenschaften, Einkaufsgenossenschaften)
3. Versicherungs- und Pensionsfondsvereine auf Gegenseitigkeit
4. **sonstige juristische Personen des privaten Rechts (z. B. eingetragene Vereine)**
5. **nichtrechtsfähige Vereine** (z. B. Gewerkschaften, Arbeitgeberverände), Anstalten, Stiftungen und andere Zweckvermögen (z. B. Immobilien- oder Investmentfonds)
6. Betriebe gewerblicher Art von juristischen Personen des öffentlichen Rechts (z. B. Schwimmbäder, die dem öffentlichen Badebetrieb dienen).

Die KSt wird – weil die o. g. juristischen Personen das Steuersubjekt der KSt sind – auch als „**Einkommensteuer der juristischen Personen**" bezeichnet.

ACHTUNG

Personengesellschaften, wie z. B. die OHG, KG oder BGB-Gesellschaft unterliegen **nicht** der Körperschaftsteuer, weil sie keine juristischen Personen sind. Die von diesen Gesellschaften erzielten Einkünfte (Gewinne oder Verluste) werden vielmehr **bei den einzelnen Gesellschaftern** im Rahmen der **Veranlagung zur Einkommensteuer** berücksichtigt.

2. Welche Folge hat die unbeschränkte Körperschaftsteuerpflicht?

Die unbeschränkte Körperschaftsteuerpflicht nach § 1 Abs. 1 hat zur Folge, dass grundsätzlich **alle** inländischen und ausländischen Einkünfte dieser Körperschaft der KSt unterliegen (sog. **"Welteinkommensprinzip"** nach § 1 Abs. 2).

Das „Welteinkommensprinzip" gilt nicht, sofern für bestimmte Einkünfte abweichende Regelungen bestehen (z. B. in Doppelbesteuerungsabkommen).

3. Wer ist beschränkt körperschaftsteuerpflichtig?

Beschränkt körperschaftsteuerpflichtig nach § 2 **Nr. 1** sind (ausländische) Körperschaften, Personenvereinigungen und Vermögensmassen, die

- weder ihre Geschäftsleitung noch ihren Sitz im Inland haben
- jedoch inländische Einkünfte im Sinne des § 49 EStG erzielen.

Nach § 2 **Nr. 2** sind sonstige (inländische) Körperschaften, Personenvereinigungen und Vermögensmassen **(insbesondere inländische Körperschaften des öffentlichen Rechts)** ebenfalls beschränkt körperschaftsteuerpflichtig, wenn sie

- inländische Einkünfte beziehen,
- von denen ein Steuerabzug (z. B. Kapitalertragsteuerabzug) vorzunehmen ist.

4. Welche Folge hat die beschränkte Körperschaftsteuerpflicht?

Die beschränkte Körperschaftsteuerpflicht nach § 2 hat zur Folge, dass **nur die inländischen Einkünfte** zur Besteuerung herangezogen werden.

- Bei den **ausländischen** Körperschaften nach § 2 **Nr. 1** bezieht sich die Steuerpflicht nur auf die **inländischen Einkünfte** im Sinne des § 49 EStG.
- Bei den **inländischen** Körperschaften nach § 2 **Nr. 2** bezieht sich die Steuerpflicht nur auf die **steuerabzugspflichtigen inländischen Einkünfte**.

Beispiel

Die Öhi GmbH hat ihren Sitz und ihre Geschäftsleitung in der Schweiz. Im Jahr 2018 erzielt die GmbH in Lindau (Deutschland) Einkünfte aus der Vermietung eines Geschäftsgebäudes.

Die **in Deutschland** erzielten **Vermietungseinkünfte** der Öhi GmbH (= inländische Einkünfte im Sinne des § 49 EStG) unterliegen in Deutschland der Körperschaftsteuer.

5. Wann beginnt und wann endet die Körperschaftsteuerpflicht von juristischen Personen (z. B. bei einer AG oder GmbH)?

Maßgeblich für den **Beginn** der Steuerpflicht sind die zivilrechtlichen Regelungen.

Dies bedeutet, dass sogenannte „**Vorgründungsgesellschaften**" (Gesellschaften **vor** dem Abschluss des **notariellen** Gesellschaftsvertrages) **noch nicht** körperschaftsteuerpflichtig sind; erzielte Einkünfte werden den Gesellschaftern dann direkt zugerechnet (z. B. nach § 15 Abs. 1 Nr. 2 EStG). Rechtsform einer Vorgründungsgesellschaft: BGB-Gesellschaft oder OHG.

MERKE

Sogenannte „**Vorgesellschaften**" (Gesellschaften, die **bereits einen notariellen Gesellschaftsvertrag abgeschlossen** haben, aber noch nicht in das Handels-/Genossenschaftsregister eingetragen sind) **unterliegen** hingegen **bereits der Steuerpflicht des KStG** ab dem Zeitpunkt des Abschlusses des **notariellen** Vertrags (vgl. H 1.1 (Beginn der Steuerpflicht) zu R 1.1 KStR).

Kommt es später nicht zu einer Eintragung, dann ist die Vorgesellschaft als Mitunternehmerschaft (z. B. im Rahmen einer BGB-Gesellschaft) zu behandeln und es liegt in der Regel keine Körperschaftsteuerpflicht vor.

Der Zeitpunkt der Eintragung in das HR ist für die Steuerpflicht nach dem KStG also grundsätzlich ohne Bedeutung.

Die Körperschaftsteuerpflicht **endet**

- mit der tatsächlichen Beendigung der geschäftlichen Betätigung **und**
- der Beendigung der Verteilung des gesamten vorhandenen Vermögens an die Gesellschafter (Liquidation),

jedoch nicht vor dem Ablauf eines gesetzlich vorgeschriebenen Sperrjahres (z. B. nach § 272 AktG oder § 73 GmbHG).

Die **Löschung im Handelsregister** ist für das Ende der Körperschaftsteuerpflicht grundsätzlich **ohne Bedeutung**.

6. Wer ist nach § 5 KStG von der Körperschaftsteuer befreit?

Durch § 5 werden bestimmte Körperschaften aus staats-, wirtschafts- und sozialpolitischen Gründen von der KSt befreit. Diese Steuerbefreiungen beziehen sich im Gegensatz zur Einkommensteuer nicht auf bestimmte Einnahmen oder Erträge, sondern auf die in § 5 genannten **Steuersubjekte**.

Von der Körperschaftsteuer sind nach § 5 Abs. 1 **z. B.** befreit:

- die staatlichen Lotterieunternehmen
- die Deutsche Bundesbank
- politische Parteien im Sinne des § 2 des Parteiengesetzes und ihre Gebietsverbände, sofern die jeweilige Partei nicht von der staatlichen Teilfinanzierung ausgeschlossen ist, sowie kommunale Wählervereinigungen und ihre Dachverbände
- Körperschaften, Personenvereinigungen und Vermögensmassen (z. B. eingetragene Vereine), die ausschließlich und unmittelbar gemeinnützigen, mildtätigen oder kirchlichen Zwecken (§§ 51 bis 68 AO) dienen.

 ACHTUNG

- Die Steuerbefreiungen nach § 5 gelten nur für **unbeschränkt** steuerpflichtige Körperschaften (vgl. § 5 Abs. 2).
- Wird von steuerbefreiten gemeinnützigen Körperschaften neben ihrer ideellen Tätigkeit gleichzeitig noch ein **wirtschaftlicher Geschäftsbetrieb** im Sinne von § 14 AO unterhalten (z. B. ein Laden oder ein Vereinslokal), dann ist die Steuerbefreiung **für diese Tätigkeit ausgeschlossen**, d. h. sie ist grundsätzlich **steuerpflichtig** (vgl. § 5 Abs. 1 Nr. 9 Satz 2), soweit der wirtschaftliche Geschäftsbetrieb kein Zweckbetrieb ist (vgl. § 64 Abs. 1 letzter Halbsatz AO).

Wenn die **Bruttoeinnahmen** (einschließlich USt) aus wirtschaftlichen Geschäftsbetrieben jedoch **35.000 € im Kalenderjahr nicht übersteigen**, dann unterliegen die diesen Geschäftsbetrieben zuzuordnenden Besteuerungsgrundlagen **nicht der Körperschaftsteuer** und der **Gewerbesteuer** (vgl. § 64 Abs. 3 AO).

Einnahmen aus **sportlichen Veranstaltungen** eines Sportvereins gehören nicht zum wirtschaftlichen Geschäftsbetrieb (bleiben also grundsätzlich **steuerfrei**), wenn sie einschließlich Umsatzsteuer insgesamt **45.000 € im Jahr** nicht übersteigen. Der Verkauf von Speisen und Getränken sowie die Werbung gehören nicht zu den sportlichen Veranstaltungen. Vgl. § 67a Abs. 1 i. V. mit § 64 Abs. 1 AO.

4.3 Sachliche Steuerpflicht

1. Welche Einkünfte hat eine Kapitalgesellschaft?

Kapitalgesellschaften sind nach § 238 HGB buchführungspflichtig und haben deshalb nach § 8 Abs. 2 grundsätzlich **nur Einkünfte aus Gewerbebetrieb**.

2. Was ist die Bemessungsgrundlage der Körperschaftsteuer?

Die Körperschaftsteuer bemisst sich gem. § 7 Abs. 1 grundsätzlich nach dem **zu versteuernden Einkommen** der Körperschaft.

Das zu versteuernde Einkommen ist das Einkommen im Sinne des § 8 Abs. 1, ggf. vermindert um die Freibeträge der §§ 24 und 25.

Was als **Einkommen** gilt und wie es zu ermitteln ist, bestimmt sich nach den Vorschriften des **EStG** und ergänzend nach den vom EStG abweichenden Vorschriften des **KStG** (vgl. § 8 Abs. 1).

ACHTUNG

Nach § 8 Abs. 2 sind bei Steuerpflichtigen, die nach den Vorschriften des HGB zur Führung von Büchern verpflichtet sind (z. B. Aktiengesellschaften und Gesellschaften mit beschränkter Haftung), **alle Einkünfte als Einkünfte aus Gewerbebetrieb zu behandeln**.

---

3. Wie wird das zu versteuernde Einkommen ermittelt?

Das zu versteuernde Einkommen wird im Wesentlichen nach den Vorschriften des Einkommensteuergesetzes ermittelt. Vorschriften, die ausschließlich auf natürliche Personen zugeschnitten sind (z. B. Sonderausgaben, außergewöhnliche Belastungen, Kinderfreibeträge) bleiben hierbei unberücksichtigt.

Körperschaftsteuerliche Sonderregelungen (z. B. hinsichtlich des Spendenabzugs) gehen den einkommensteuerlichen Vorschriften vor und sind entsprechend zu berücksichtigen.

Die **Ermittlung des zu versteuernden Einkommens einer Kapitalgesellschaft** wird nach R 7.1 KStR wie folgt durchgeführt (hier verkürztes Schema):

	Gewinn/Verlust lt. Handelsbilanz (Jahresüberschuss/-fehlbetrag)
+/-	steuerrechtliche Korrekturen zwecks Anpassung der Handelsbilanz an die Steuerbilanz (z. B. Anpassung an die steuerlichen Bilanzansatz- und Bewertungsvorschriften)
=	**Gewinn/Verlust lt. Steuerbilanz**
-	steuerfreie Einnahmen bzw. Einkünfte (z. B. gem. § 8b Abs. 1 und 2 KStG für Erträge aus Beteiligungen an anderen Körperschaften und Gewinne aus der Veräußerung von Beteiligungen an anderen Körperschaften sowie gem. § 3 EStG)
+	5 % der steuerfreien Einnahmen im Sinne von § 8b Abs. 1 und 2 (Abzugsposition zuvor); siehe § 8b Abs. 3 Satz 1 und Abs. 5 Satz 1
-	steuerfreie Investitionszulagen (z. B. gem. § 10 InvZulG)
+	Aufwendungen, die gem. § 3c EStG nicht abgezogen werden dürfen (Aufwendungen, die in unmittelbarem wirtschaftlichen Zusammenhang mit steuerfreien Einnahmen stehen; **nicht** anzuwenden auf steuerfreie Erträge im Sinne von § 8b Abs. 1 und 2 – siehe § 8b Abs. 3 Satz 2 und Abs. 5 Satz 2)
+	**nichtabzugsfähige Betriebsausgaben gem. § 4 Abs. 5 bis 7 EStG**
+/-	körperschaftsteuerrechtliche Korrekturen, z. B.
+	**verdeckte Gewinnausschüttungen** gem. **§ 8 Abs. 3**, § 8a KStG
-	**verdeckte Einlagen** (§ 8 Abs. 3 Sätze 3 - 5 KStG)
-	**nicht abziehbare Aufwendungen** gem. **§ 10 KStG**
	▸ Satzungspflichtaufwendungen (§ 10 Nr. 1)
	▸ nicht abziehbare Steuern und Nebenleistungen (§ 10 Nr. 2)
	▸ Geldstrafen (§ 10 Nr. 3)
	▸ Hälfte der Aufsichtsratvergütungen (§ 10 Nr. 4)
+	**Zuwendungen** (Spenden), die gewinnmindernd erfasst (gebucht) wurden
=	**steuerlicher Gewinn (Summe der Einkünfte)**
-	**Zuwendungen** (Spenden), die gem. **§ 9** Abs. 1 Nr. 2 KStG abziehbar sind
=	**Gesamtbetrag der Einkünfte**
-	Verlustabzug gem. § 10d EStG
=	**Einkommen**
-	Freibetrag für bestimmte Körperschaften (§ 24 KStG)
=	**zu versteuerndes Einkommen**

4. Was sind nichtabzugsfähige Aufwendungen nach § 10 KStG?

Das KStG enthält eigene Vorschriften zur Nichtabzugsfähigkeit von Betriebsausgaben (Betriebsausgaben, die das körperschaftsteuerliche Ergebnis nicht mindern dürfen). Diese Regelungen gelten **neben** den einkommensteuerlichen Vorschriften zu den nichtabzugsfähigen Betriebsausgaben nach § 4 Abs. 5 EStG.

§ 10 enthält **spezielle Abzugsverbote** für die folgenden Aufwendungen:

- **Aufwendungen zur Erfüllung von Satzungszwecken (§ 10 Nr. 1)**
  (insbesondere bei Stiftungen und anderen Zweckvermögen relevant)
- **Steuern vom Einkommen (z. B. KSt) und sonstige Personensteuern (z. B. SolZ)** sowie die auf diese Steuern entfallenden Nebenleistungen, wie z. B. Säumnis-/Verspätungszuschläge **(§ 10 Nr. 2)**
- **Umsatzsteuer für Umsätze, die Entnahmen oder verdeckte Gewinnausschüttungen sind (§ 10 Nr. 2)**
- **in einem Strafverfahren festgesetzte Geldstrafen (§ 10 Nr. 3)**
  (eng begrenzter Anwendungsbereich dieser Vorschrift, da Geldstrafen/Auflagen/Weisungen nach dem deutschen Strafrecht gegenüber juristischen Personen nicht zulässig sind; für Geldbußen, Ordnungsgelder und Verwarnungsgelder ergibt sich ein Abzugsverbot bereits aus § 4 Abs. 5 Satz 1 Nr. 8 EStG)
- **die Hälfte der Vergütungen jeder Art für die Überwachung der Geschäftsführung (§ 10 Nr. 4),**
  z. B. an die Mitglieder des Aufsichtsrats, des Verwaltungsrats oder andere mit der Überwachung beauftragte Personen (auch Tagegelder und Sitzungsgelder; **nicht jedoch Auslagenersatz** für mit der Wahrnehmung der Überwachungsfunktion zusammenhängende Aufwendungen, **wie z. B. Reisekostenerstattungen**).

5. Was sind „verdeckte Gewinnausschüttungen"?

Verdeckte Gewinnausschüttungen im Sinne des § 8 Abs. 3 Satz 2 sind **durch das Gesellschaftsverhältnis veranlasste** Vermögensminderungen oder verhinderte Vermögensmehrungen der Gesellschaft, die sich auf die Höhe des Einkommens auswirken und nicht auf einem den gesellschaftsrechtlichen Vorschriften entsprechenden Gewinnverteilungsbeschluss beruhen (vgl. R 8.5 Abs. 1 Satz 1 KStR).

Beispiel

Der Gesellschaftergeschäftsführer der „Einmann GmbH" gewährt sich neben seinem angemessenen Gehalt eine unangemessen hohe Sonderzuwendung zu Weihnachten („Weihnachtsgeld" in Höhe von 20.000 €).

„Eine Veranlassung durch das Gesellschaftsverhältnis liegt dann vor, wenn ein ordentlicher und gewissenhafter Geschäftsleiter die Vermögensminderung oder verhinderte Vermögensmehrung gegenüber einer Person, die nicht Gesellschafter ist, unter sonst gleichen Umständen nicht hingenommen hätte" (H 8.5 (III. Veranlassung durch das Gesellschaftsverhältnis) zu R 8.5 KStR).

Verdeckte Gewinnausschüttungen kommen z. B. in den folgenden Fällen in Betracht (siehe im Einzelnen H 8.5 zu R 8.5 KStR):

(1) Ein Gesellschafter erhält für seine Vorstands- oder Geschäftsführertätigkeit ein unangemessen hohes Gehalt.
(2) Ein Gesellschafter erhält ein Darlehen von der Gesellschaft zinslos oder zu einem außergewöhnlich niedrigen Zinssatz.
(3) Ein Gesellschafter gibt der Gesellschaft ein Darlehen zu einem außergewöhnlich hohen Zinssatz.
(4) Ein Gesellschafter erwirbt von der Gesellschaft Waren oder andere Wirtschaftsgüter zu ungewöhnlich niedrigen Preisen oder erhält besondere Preisnachlässe oder Rabatte.
(5) Ein Gesellschafter verkauft der Gesellschaft Waren oder andere Wirtschaftsgüter zu ungewöhnlich hohen Preisen.
(6) Ein Gesellschafter erhält von der Gesellschaft sonstige Leistungen zu ungewöhnlich niedrigen Preisen oder erhält besondere Preisnachlässe oder Rabatte.
(7) Ein Gesellschafter gewährt der Gesellschaft sonstige Leistungen (z. B. Überlassung eines Gebäudes zur Nutzung) zu ungewöhnlich hohen Preisen.
(8) Eine GmbH gibt aus Anlass des Geburtstages ihres Gesellschafter-Geschäftsführers einen Empfang, an dem nahezu ausschließlich Geschäftsfreunde teilnehmen.

ACHTUNG

Eine verdeckte Gewinnausschüttung ist **auch** anzunehmen, **wenn die Vorteilsziehung** nicht unmittelbar durch den Gesellschafter, sondern **durch eine ihm nahestehende Person** (z. B. Ehemann, Ehefrau oder Kind) erfolgt, vorausgesetzt, dass ein Vorteil für den Gesellschafter selbst damit verbunden ist (R 8.5 Abs. 1 Satz 3 KStR).

6. Was sind verdeckte Einlagen?

Verdeckte Einlagen sind das Gegenstück zu verdeckten Gewinnausschüttungen. Im KStG sind sie nicht definiert. R 8.9 KStR enthält deshalb eine aus der Rechtsprechung abgeleitete Definition, nach der eine verdeckte Einlage dann vorliegt, „wenn ein Gesellschafter oder eine ihm nahestehende Person der Körperschaft außerhalb der gesellschaftsrechtlichen Einlagen einen einlagefähigen Vermögensvorteil zuwendet und diese Zuwendung durch das Gesellschaftsverhältnis veranlasst ist."

Der **Vermögensvorteil** der Gesellschaft kann in einer **Vermehrung der Aktiva** oder einer **Verminderung der Schulden** bestehen.

Diese gesellschaftsrechtlich bedingte Vermögensmehrung wird oftmals durch ein anderes Rechtsgeschäft überlagert (z. B. Kauf-, Miet- oder Pachtvertrag zwischen der Gesellschaft und dem Gesellschafter oder der nahestehenden Person). Das **Jahresergebnis der Gesellschaft** ist **um den zugewendeten Vermögensvorteil zu hoch** und demgemäß entsprechend zu kürzen.

 ACHTUNG

> Die **Überlassung eines Wirtschaftsguts zum Gebrauch oder zur Nutzung** kann **nicht** Gegenstand einer Einlage sein (H 8.9 (Nutzungsvorteile) zu R 8.9 KStR).
>
> Eine **zinslose oder zinsverbilligte Darlehensgewährung** an eine Kapitalgesellschaft durch ihren Gesellschafter stellt deshalb **keine** verdeckte Einlage dar (vgl. H 8.9 (Nutzungsvorteile) zu R 8.9 KStR).
>
> Eine verdeckte Einlage liegt jedoch dann vor, wenn der Gesellschafter gegenüber der Kapitalgesellschaft auf ihm **zustehende** Zinsen **verzichtet**.

Beispiel

Marco Dick ist Gesellschafter der „Dick & Dünn GmbH" in Koblenz. Am 01.01.2018 hat er der GmbH für 5 Jahre ein Fälligkeitsdarlehen über 100.000 € zu einem Zinssatz von **1 %** p. a. gewährt, für das die Zinsen jährlich zum 31.12. zu zahlen sind. Der marktübliche Zinssatz beträgt **4 %** p. a.

Am 31.12.2018 verzichtet Herr Dick auf die Zahlung der fälligen Zinsen für 2018.

Der aus dem Gesellschafterdarlehen resultierende Zinsvorteil für die GmbH in Höhe von 3 % p. a. beruht auf einer Nutzungsüberlassung und ist deshalb nicht einlagefähig.

Der Zins**verzicht** am 31.12.2018 führt hingegen zu einer verdeckten Einlage, weil die GmbH eine entsprechende Verbindlichkeit (1 % von 100.000 € = 1.000 €) in der Bilanz zum 31.12.2018 ausweisen muss. Der Zinsverzicht führt bei der GmbH zu einem a. o. Ertrag, der den Zinsaufwand für dieses Darlehen neutralisiert und damit den Gewinn um diesen Betrag erhöht. Das Ergebnis der Steuerbilanz ist deshalb um 1.000 € zu kürzen.

Diese Regelungen gelten entsprechend, wenn der Gesellschafter der Kapitalgesellschaft **Wirtschaftsgüter zur Nutzung überlässt oder andere Leistungen erbringt** (vgl. H 8.9 zu R 8.9 KStR).

Eine beispielhafte Auflistung von verdeckten Einlagen enthält H 8.9 zu R 8.9 KStR (siehe dort!).

7. Welche Zuwendungen (Spenden und Mitgliedsbeiträge) sind nach § 9 Abs. 1 Nr. 2 KStG dem Grunde nach abziehbar?

Nach § 9 Abs. 1 Nr. 2 Sätze 1 und 2 sind die folgenden Zuwendungen (Spenden und Mitgliedsbeiträge) dem Grunde nach abziehbar:

Ausgaben zur Förderung steuerbegünstigter Zwecke gem. §§ 52 - 54 AO, z. B.

- **gemeinnütziger**
- **mildtätiger**
- **kirchlicher** Zwecke.

Eine detaillierte Auflistung der gemeinnützigen Zwecke ist in § 52 AO zu finden (siehe dort!).

 ACHTUNG

Nicht abziehbar sind **Mitgliedsbeiträge** für

- Zwecke des Sports
- kulturelle Betätigungen, die in erster Linie der Freizeitgestaltung dienen
- die Heimatkunde und Heimatpflege
- Zwecke im Sinne des § 52 Abs. 2 Nr. 23 AO (z. B. Tierzucht, Pflanzenzucht, Kleingärtnerei, Karneval, Fastnacht usw.).

Siehe § 9 Abs. 1 Nr. 2 Satz 8 KStG!

 ACHTUNG

Zuwendungen **an politische Parteien** sind bei der Ermittlung des Einkommens von Kapitalgesellschaften **nicht** abziehbar (vgl. § 4 Abs. 6 EStG).

8. In welcher Höhe sind Zuwendungen nach § 9 Abs. 1 Nr. 2 KStG abziehbar?

Ausgaben zur Förderung steuerbegünstigter Zwecke gem. §§ 52 - 54 AO sind abziehbar in Höhe der nachgewiesenen Ausgaben, **höchstens** jedoch bis zur Höhe von insgesamt

- **20 % des Einkommens** oder
- **4 Promille der Summe der gesamten Umsätze und der im Kalenderjahr aufgewendeten Löhne und Gehälter.**

INFO

Abziehbare Zuwendungen, welche die o. g. Höchstbeträge überschreiten, sind im Rahmen der Höchstbeträge in den **nachfolgenden Veranlagungszeiträumen** abzuziehen.

9. Wie wird die einkommensabhängige Höchstgrenze des „Spendenabzugs" ermittelt?

Bemessungsgrundlage für die einkommensabhängige Begrenzung des Abzugs von Spenden und Mitgliedsbeiträgen ist nach § 9 Abs. 2 Satz 1 KStG das **Einkommen *vor* dem Abzug der Spenden und Beiträgen und dem Verlustabzug.**

Dies bedeutet, dass für die Berechnung der Höchstgrenze der abziehbaren Zuwendungen zuvor alle als Betriebsausgaben erfassten Spenden und Beiträge dem Gewinn/Verlust wieder hinzuzurechnen sind und der auf dieser Grundlage ermittelte Abzugsbetrag dann abziehbar ist. Die Berechnung des Höchstbetrags ist wie bei der Ermittlung der abziehbaren Zuwendungen nach **§ 10b Abs. 1 EStG** durchzuführen.

Beispiel

Die „Dick & Dünn GmbH" weist für 2018 ein handelsrechtliches Ergebnis (Jahresüberschuss) von 175.000 € aus. Die von der GmbH in 2018 geleisteten Spenden, die auch gewinnmindernd erfasst wurden, belaufen sich für wissenschaftliche Zwecke auf 43.000 € und für kirchliche Zwecke auf 3.000 €.

a) Im ersten Schritt sind die gewinnmindernd erfassten Spenden dem Ergebnis wieder hinzuzurechnen: 175.000 € + 43.000 € + 3.000 € = 221.000 €.

b) Im zweiten Schritt ist der nach § 9 abziehbare Betrag zu ermitteln:

20 % von 221.000 € = **44.200 €**

(1.800 € übersteigen den Höchstbetrag und sind somit in 2018 **nicht** abziehbar; es erfolgt eine Übertragung auf den VZ 2019.)

c) Ermittlung des körperschaftsteuerlichen Ergebnisses nach der Berücksichtigung der abziehbaren Spenden:

221.000 € - 44.200 € = **176.800 €**

10. Welche Einkunftsarten sind bei Vereinen von Bedeutung?

Körperschaften, die nicht nach den Vorschriften des HGB zur Führung von Büchern verpflichtet sind (z. B. Vereine), können Einkünfte im Rahmen der sieben Einkunftsarten des EStG beziehen. Von Bedeutung sind jedoch nur die folgenden Einkunftsarten:

(1) Einkünfte aus Land- und Forstwirtschaft
(2) Einkünfte aus Gewerbebetrieb
(3) Einkünfte aus Kapitalvermögen
(4) Einkünfte aus Vermietung und Verpachtung
(5) Sonstige Einkünfte.

11. Wie sind die Mitgliederbeiträge der Vereine zu behandeln?

Die **aufgrund der Satzung oder sonstigen Verfassung erhobenen Mitgliederbeiträge** bleiben außer Ansatz (vgl. § 8 Abs. 5). Diese sachliche Befreiung ist allerdings daran gebunden, dass die Leistungen der Mitglieder **kein Entgelt für konkrete Leistungen des Vereins** darstellen, d. h. es müssen **echte** Mitgliedsbeiträge sein. Auch einmalige Zahlungen, wie z. B. Aufnahmegelder, können Mitgliedsbeiträge sein; sie stellen nicht steuerbare Einnahmen des Vereins dar.

12. Welche Freibetragsregelung enthält § 24 KStG?

§ 24 Satz 1 enthält einen Tariffreibetrag in Höhe von **5.000 €**, jedoch höchstens in Höhe des Einkommens, der aber **nur für bestimmte Körperschaften** (z. B. für Vereine) in Betracht kommt **(siehe § 24)**.

Der Freibetrag gilt **nicht** für Körperschaften und Personenvereinigungen, deren Leistungen bei den Empfängern zu den Einkünften aus Kapitalvermögen gehören (z. B. Kapitalgesellschaften) und für Vereine im Sinne des § 25 (siehe dort).

4.4 Tarif und Steuerfestsetzung

1. Welchem Steuersatz unterliegt das zu versteuernde Einkommen von Kapitalgesellschaften?

Im VZ **2018** wird das zu versteuernde Einkommen von Kapitalgesellschaften mit einem Körperschaftsteuersatz in Höhe von **15 %** besteuert (§ 23 Abs. 1 KStG). Dies gilt **unabhängig davon, ob die Gewinne einbehalten oder ausgeschüttet werden**.

Bei diesem einheitlichen Steuersatz handelt es sich um eine „Definitivsteuer". Dies bedeutet, dass der Gesellschafter die Steuer **nicht** auf seine persönliche Einkommensteuer anrechnen kann.

Unter Berücksichtigung des Solidaritätszuschlags (5,5 % der Körperschaftsteuer) ergibt sich eine körperschaftsteuerliche Gesamtbelastung von 15,825 % (15 % + [5,5 % von 15 %]) des zu versteuernden Einkommens der Körperschaft.

2. Wie wird die Körperschaftsteuer-Abschlusszahlung oder -erstattung berechnet?

Die KSt bemisst sich als Jahressteuer nach dem zu versteuernden Einkommen des betreffenden Veranlagungszeitraums (vgl. § 7 Abs. 3 und 1 KStG).

Auf das zu versteuernde Einkommen des VZ wird der o. g. Steuersatz angewendet. Das Ergebnis hieraus ist die tarifliche Körperschaftsteuer.

Nach dem Abzug anzurechnender ausländischer Steuern, anzurechnender Steuerabzugsbeträge und der festgesetzten Vorauszahlungen für diesen VZ verbleibt die KSt-Abschlusszahlung bzw. -erstattung:

	zu versteuerndes Einkommen des VZ
•	Steuersatz (15 %)
=	tarifliche Körperschaftsteuer
-	anzurechnende ausländische Steuern (§ 26 KStG)
=	festzusetzende Körperschaftsteuer
-	Körperschaftsteuervorauszahlungen (§ 31 KStG i. V. mit § 36 Abs. 2 Satz 2 EStG)
-	anzurechnende Steuerabzugsbeträge (z. B. Kapitalertragsteuer)
=	**Abschlusszahlung oder Erstattung**

5. Gewerbesteuer

5.1 Stellung innerhalb des Steuersystems und rechtliche Grundlagen

1. Charakterisieren Sie die Gewerbesteuer in steuersystematischer Hinsicht!

Die Gewerbesteuer (GewSt) ist

- eine **Real-** oder **Objektsteuer**, weil sie an ein Objekt (Gewerbebetrieb) anknüpft und diesen der Besteuerung unterwirft; persönliche Verhältnisse des Inhabers bleiben hierbei unberücksichtigt

- eine **direkte** Steuer, weil Steuerschuldner und Steuerträger identisch sind (Gewerbebetrieb, welcher der Steuerpflicht des GewStG unterliegt bzw. Unternehmer, der den Gewerbebetrieb betreibt)

- eine **Gemeindesteuer**, weil das Steueraufkommen den Gemeinden zusteht (nur Gemeinden sind berechtigt, GewSt zu erheben [seit dem Erhebungszeitraum 2004 ist die bisherige Ermächtigung der Gemeinden zur Erhebung der GewSt durch eine **Verpflichtung** zur Erhebung der GewSt ersetzt worden, um den Ausschluss von Steuervorteilen durch Steueroasen zu gewährleisten])

- eine **Veranlagungssteuer**, d. h. sie wird grundsätzlich durch Veranlagung erhoben (Feststellung der Besteuerungsgrundlagen durch ein förmliches Verfahren und Festsetzung der Steuerschuld durch schriftlichen Bescheid).

2. Welche rechtlichen Grundlagen können zur Lösung eines Gewerbesteuerfalls herangezogen werden?

Die **Rechtsgrundlagen** der Gewerbesteuer ergeben sich aus

- dem Gewerbesteuergesetz (GewStG) und
- der Gewerbesteuer-Durchführungsverordnung (GewStDV).

Zusätzlich kann auf die entsprechenden **Verwaltungsanweisungen** zurückgegriffen werden:

- Gewerbesteuer-Richtlinien (GewStR),
- BMF-Schreiben und OFD-Verfügungen.

Das **GewStG** und die **GewStDV** sind **Rechtsnormen**, die für alle am Besteuerungsverfahren Beteiligten verbindlich sind (Bürger, Steuerverwaltungsbehörden, Gerichte usw.).

GewStR, BMF-Schreiben und OFD-Verfügungen sind **Verwaltungsanweisungen**, die Zweifels- und Auslegungsfragen von allgemeiner Bedeutung behandeln, um eine einheitliche Rechtsanwendung durch die Finanzbehörden sicherzustellen. Sie binden grundsätzlich nur die Finanzbehörden.

3. Wem obliegt die Verwaltung der Gewerbesteuer?

Die Verwaltung der Gewerbesteuer steht zwar grundsätzlich den Landesfinanzbehörden zu, die Festsetzung und Erhebung der GewSt ist in den meisten Bundesländern allerdings den **Gemeinden** übertragen worden.

Hierbei sind die folgenden Zuständigkeiten zu beachten:

Die **Betriebsfinanzämter** ermitteln die **Besteuerungsgrundlagen** und setzen sie nach § 22 AO fest (Gewerbesteuermessbescheid und ggf. Zerlegungsbescheid).

Die **Gemeinden**

- setzen **die Gewerbesteuer** fest (Gewerbesteuerbescheid) und
- entscheiden über Stundung, Niederschlagung oder Erlass der GewSt.

5.2 Steuergegenstand und Steuerpflicht

1. Was ist der Steuergegenstand (das Besteuerungsobjekt) der Gewerbesteuer?

Steuergegenstand ist **der Gewerbebetrieb**, soweit er **im Inland** betrieben wird (vgl. § 2 Abs. 1). Hierbei ist wie folgt zu unterscheiden:

- **Gewerbebetrieb kraft gewerblicher Betätigung**
  Unter einem Gewerbebetrieb kraft gewerlicher Betätigung ist ein **gewerbliches Unternehmen im Sinne des § 15 EStG** zu verstehen (§ 2 Abs. 1 Satz 2).
  Siehe R 2.1 Abs. 1 GewStR sowie § 15 Abs. 2 EStG und R 15.1 ff. EStR.

- **Gewerbebetrieb kraft Rechtsform**
  Als Gewerbebetrieb gilt **stets** und **in vollem Umfang die Tätigkeit der Kapitalgesellschaften** (z. B. GmbH, AG), der Erwerbs- und Wirtschaftsgenossenschaften (z. B. DATEV eG) und der Versicherungsvereine auf Gegenseitigkeit (§ 2 Abs. 2 Satz 1).

- **Gewerbebetrieb kraft wirtschaftlichen Geschäftsbetriebs**
  Als Gewerbebetrieb gilt auch die Tätigkeit der sonstigen juristischen Personen des privaten Rechts **(z. B. eingetragener Verein)** und der nichtrechtsfähigen Vereine, **so weit sie einen wirtschaftlichen Geschäftsbetrieb unterhalten** (§ 2 Abs. 3). Zum wirtschaftlichen Geschäftsbetrieb siehe § 14 AO und R 2.1 Abs. 5 GewStR.

ACHTUNG

- Unterhält ein Gewerbetreibender mehrere Gewerbebetriebe **verschiedener Art** (z. B. eine Autowerkstatt und ein Fachgeschäft für Büroartikel), so ist **jeder Betrieb für sich zu besteuern**. Dies gilt auch dann, wenn die Betriebe in derselben Gemeinde liegen (vgl. R 2.4 Abs. 1 Sätze 1 - 3 GewStR).

  Es ist aber **ein einheitlicher Gewerbebetrieb** anzunehmen, wenn ein Gewerbetreibender in derselben Gemeinde verschiedene gewerbliche Tätigkeiten ausübt, die nach der Verkehrsauffassung und nach den Betriebsverhältnissen als Teil **eines** Gewerbebetriebes anzusehen sind, wie z. B. Gastwirtschaft und Bäckerei oder Fleischerei und Speisewirtschaft mit gegenseitiger Belieferung (vgl. R 2.4 Abs. 1 Satz 3 GewStR).

  Ein **einheitlicher** Gewerbebetrieb liegt auch dann vor, wenn das Unternehmen **mehrere Betriebsstätten** hat (z. B. eine Bäckerei mit mehreren Verkaufsfilialen).

- Zur Steuerpflicht bei einem **Unternehmerwechsel** siehe R 2.7 GewStR.

2. Wann beginnt die Gewerbesteuerpflicht?

Abhängig von der Rechtsform des Gewerbebetriebs beginnt die Gewerbesteuerpflicht wie folgt:

Rechtsform des Gewerbebetriebs	Beginn der Steuerpflicht (vgl. R 2.5 GewStR)
Einzelunternehmung und **Personengesellschaft** (z. B. GdbR, OHG, KG)	**wenn alle Voraussetzungen zur Annahme eines Gewerbebetriebs erfüllt sind.** Dies sind nach Abschn. 11 Abs. 1 GewStR i. V. mit § 15 Abs. 2 EStG: ▸ Selbstständigkeit ▸ Nachhaltigkeit der Betätigung ▸ Gewinnerzielungsabsicht ▸ Beteiligung am allgemeinen wirtschaftlichen Verkehr ▸ **keine** Ausübung von Land- und Forstwirtschaft (§ 13 EStG), von selbstständiger Arbeit oder Vermögensverwaltung (§ 18 EStG). Zu den einzelnen Merkmalen siehe R 15.1 ff. EStR. **Bloße Vorbereitungshandlungen** (z. B. Anmieten eines Geschäftsraums) reichen **nicht** aus (vgl. R 2.5 Abs. 1 Satz 2 GewStR).
Kapitalgesellschaft (z. B. GmbH, AG)	mit der **Eintragung in das Handelsregister (HR)**; vgl. R 2.5 Abs. 2 Satz 1. Bei einer noch nicht eingetragenen Gesellschaft wird die Steuerpflicht jedoch bereits vor der Eintragung in das HR durch die **Aufnahme einer nach außen gerichteten Geschäftstätigkeit** ausgelöst (vgl. R 2.5 Abs. 2 Satz 3 GewStR).
sonstige juristische Person des privaten Rechts (z. B. e. V.) oder nicht rechtsfähiger Verein	mit der **Aufnahme eines wirtschaftlichen Geschäftsbetriebs** (vgl. R 2.5 Abs. 3 GewStR).

3. Wann endet die Gewerbesteuerpflicht?

Abhängig von der Rechtsform des Gewerbebetriebs endet die Gewerbesteuerpflicht wie folgt:

Rechtsform des Gewerbebetriebs	Ende der Steuerpflicht (vgl. R 2.6 GewStR)
Einzelunternehmung und **Personengesellschaft** (z. B. GdbR, OHG, KG)	mit der **tatsächlichen Einstellung des Betriebs** (vgl. R 2.6 Abs. 1 Satz 1 GewStR). „Die tatsächliche Einstellung des Betriebs ist anzunehmen mit der völligen **Aufgabe jeder werbenden Tätigkeit**. Die Aufgabe eines Handelsbetriebs liegt erst in der tatsächlichen Einstellung jedes Verkaufs. Die Frage nach der Beendigung der Gewerbesteuerpflicht darf jedoch nicht allein nach äußeren Merkmalen beurteilt werden. Die Einstellung der werbenden Tätigkeit oder andere nach außen in Erscheinung tretende Umstände (z. B. Entlassung der Betriebszugehörigen, Einstellung des Verkaufs) bedeuten nicht immer die tatsächliche Einstellung des Betriebs. Es müssen auch die inneren Vorgänge berücksichtigt werden" (R 2.6 Abs. 1 Sätze 6 - 9 GewStR). **Vorübergehende Unterbrechungen** (z. B. bei Saisonbetrieben) heben die Gewerbesteuerpflicht jedoch **nicht auf** (vgl. R 2.6 Abs. 1 Sätze 3 - 4 GewStR).
Kapitalgesellschaft (z. B. GmbH, AG)	nicht schon mit dem Aufhören der gewerblichen Betätigung, sondern mit dem **Aufhören jeglicher Betätigung überhaupt**. „Das ist grundsätzlich der **Zeitpunkt, in dem das Vermögen an die Gesellschafter verteilt worden ist**" (R 2.6 Abs. 2 Satz 2 GewStR).
sonstige juristische Person des privaten Rechts (z. B. e. V.) oder nicht rechtsfähiger Verein	mit der **tatsächlichen Einstellung des wirtschaftlichen Geschäftsbetriebs** (vgl. R 2.6 Abs. 4 Satz 1 GewStR). Zum Problem der regelmäßig wiederkehrenden Tätigkeiten (Veranstaltungen, wie z. B. Bier-, Wein-, Schützenfeste): siehe R 2.6 Abs. 4 Satz 2 GewStR.

 **ACHTUNG**

- Die Gewerbesteuerpflicht wird durch die **Eröffnung des Insolvenzverfahrens** über das Vermögen des Unternehmers **nicht** berührt (§ 4 Abs. 2 GewStDV).

- Geht ein **Gewerbebetrieb im Ganzen auf einen anderen Unternehmer** über, so gilt der Gewerbebetrieb in Bezug auf den bisherigen Unternehmer als eingestellt (vgl. R 2.7 Abs. 1 Satz 1 GewStR); die Steuerpflicht endet somit zu diesem Zeitpunkt. Der Gewerbebetrieb gilt dann grundsätzlich als **durch den anderen Unternehmer neu gegründet** (vgl. R 2.7 Abs. 1 Satz 2 GewStR).

4. Wer ist nach § 3 GewStG von der Gewerbesteuer befreit?

Durch § 3 werden bestimmte Gewerbebetriebe aus staats-, wirtschafts- oder sozialpolitischen Gründen von der GewSt befreit. Diese Steuerbefreiungen beziehen sich im Gegensatz zur Einkommensteuer nicht auf bestimmte Einnahmen oder Erträge, sondern auf die in § 3 genannten Gewerbebetriebe.

Von der Gewerbesteuer sind nach § 3 **z. B.** befreit:

- das Bundeseisenbahnvermögen
- die staatlichen Lotterieunternehmen
- Körperschaften, Personenvereinigungen und Vermögensmassen (z. B. **eingetragene Vereine**), die ausschließlich und unmittelbar **gemeinnützigen**, **mildtätigen** oder **kirchlichen Zwecken** dienen (siehe hierzu §§ 51 bis 68 AO).

 ACHTUNG

Wird von derartigen Körperschaften etc. neben ihrer ideellen Tätigkeit ein **wirtschaftlicher Geschäftsbetrieb** (§ 14 AO), z. B. ein Vereinslokal, unterhalten, dann ist **diese Tätigkeit grundsätzlich steuerpflichtig** (vgl. § 3 Nr. 6 GewStG i. V. mit § 5 Abs. 1 Nr. 9 Satz 2 KStG). Selbst bewirtschaftete Betriebe der Land- und Forstwirtschaft fallen nicht unter diese Regelung, d. h. sie bleiben bei den o. g. Körperschaften steuerfrei.

Ausnahme („Kleinbetriebsregelung"):
Wenn die **Bruttoeinnahmen** (einschließlich USt) aus wirtschaftlichen Geschäftsbetrieben **35.000 €** im Kalenderjahr nicht übersteigen, dann unterliegen die diesen Geschäftsbetrieben zuzuordnenden Besteuerungsgrundlagen **nicht** der **Körperschaftsteuer** und der **Gewerbesteuer** (vgl. § 64 Abs. 3 AO).

5.3 Steuerschuldner

1. Wer ist Steuerschuldner der Gewerbesteuer?

Steuerschuldner ist in Abhängigkeit von der Rechtsform des Gewerbebetriebs:

Rechtsform des Gewerbebetriebs	Steuerschuldner
Einzelunternehmung	**Der Unternehmer**, auf dessen Rechnung und Gefahr der Gewerbebetrieb betrieben wird (vgl. § 5 Abs. 1 Sätze 1 - 2).
Personengesellschaft (z. B. GdbR, OHG, KG)	**Die Gesellschaft** (vgl. § 5 Abs. 1 Satz 3). Die Gesellschafter können allerdings als Haftungsschuldner in Anspruch genommen werden.
Kapitalgesellschaft und **sonstige juristische Person des privaten Rechts** (z. B. e. V.) oder nicht rechtsfähiger Verein	**Die juristische Person** (GmbH, AG, e. V. usw.). Die Gesellschafter (Mitglieder) kommen als Haftungsschuldner grundsätzlich **nicht** in Betracht.

5.4 Ermittlung der Gewerbesteuer
1. Nennen Sie das Schema zur Ermittlung der Gewerbesteuer!

Gewinn aus Gewerbebetrieb gem. § 7			.... €
+	**Hinzurechnungen gem. § 8, z. B.**		
	‣ Finanzierungsaufwendungen gem. § 8 Nr. 1:		
	a) 100 % der Entgelte für Schulden (insbes. Zinsen) gem. § 8 Nr. 1a	.... €	
	b) 100 % der Renten und dauernden Lasten gem. § 8 Nr. 1b	.... €	
	c) 100 % der Gewinnanteile des echten stillen Gesellschafters gem. § 8 Nr. 1c	.... €	
	d) 20 % der Miet- und Pachtzinsen (einschließlich Leasing-Raten) für bewegliche Wirtschaftsgüter des AV gem. § 8 Nr. 1d	.... €	
	e) 50 % der Miet- und Pachtzinsen (einschließlich Leasing-Raten) für unbewegliche Wirtschaftsgüter des AV gem. § 8 Nr. 1e	.... €	
	f) 25 % der Aufwendungen für die zeitlich befristete Überlassung bestimmter Rechte (z. B. Lizenzen) gem. § 8 Nr. 1f	.... €	
	Summe aus a) - f)	.... €	
	Freibetrag	- 100.000 €	
	Restbetrag	.... €	
	25 % der Zeile zuvor = Hinzurechnungsbetrag gem. § 8 Nr. 1 (sofern positiver Betrag)	.... €	
	‣ Anteile am Verlust einer Personengesellschaft gem. § 8 Nr. 8	+............ €	
	‣ Spenden der Körperschaften gem. § 8 Nr. 9	+............ €	
	‣ ggf. weitere Hinzurechnungen	+............ €	
	Summe der Hinzurechnungen	.... € →	+............ €
-	**Kürzungen gem. § 9, z. B.**		
	‣ 1,2 % vom Einheitswert des zum Betriebsvermögen gehörenden und nicht von der Grundsteuer befreiten Grundbesitzes gem. § 9 Nr. 1	.... €	
	‣ bestimmte Gewinnanteile an Personengesellschaften gem. § 9 Nr. 2	.... €	
	‣ Spenden gem. § 9 Nr. 5	.... €	
	‣ ggf. weitere Kürzungen	.... €	
	Summe der Kürzungen	.... € →	-............ €
-	**Gewerbeverlust gem. § 10a**		-............ €
=	**Gewerbeertrag** → Abrundung auf volle 100 €		.... €

-	**Freibetrag gem. § 11 Abs. 1:**
	24.500 € bei natürlichen Personen und Personengesellschaften
	  5.000 € bei Vereinen
	       0 € bei Kapitalgesellschaften
			-............ €

=	**steuerpflichtiger Gewerbeertrag**		.... €
•	3,5 % Steuermesszahl gem. § 11 Abs. 2		
=	**Steuermessbetrag**		.... €
•	...... % Hebesatz der Gemeinde		
=	**Gewerbesteuer**		.... €

2. Was ist die Ausgangsgröße für die Ermittlung der Gewerbesteuer?

Für die Ermittlung der Gewerbesteuer ist seit dem Erhebungszeitraum 1998 ausschließlich der **Gewerbeertrag** relevant. Diese Größe ist der für den Gewerbebetrieb ermittelte Gewinn oder Verlust, vermehrt und vermindert um die in den §§ 8 ff. genannten Hinzurechnungen und Kürzungen (vgl. § 7).

Ausgangsgröße bildet der **Gewinn aus Gewerbebetrieb** (vgl. § 7 Abs. 1). Für gewerbesteuerliche Zwecke ist der Gewinn verfahrensrechtlich selbstständig zu ermitteln; dabei sind aber die Vorschriften des Einkommensteuergesetzes und der Einkommensteuer-Durchführungsverordnung (bzw. des Körperschaftsteuergesetzes und der Körperschaftsteuer-Durchführungsverordnung) sowie die allgemeinen Verwaltungsanordnungen über die Ermittlung des Gewinns anzuwenden. Einzelne Vorschriften sind nur dann nicht anzuwenden, wenn sie ausdrücklich auf die Einkommensteuer (bzw. Körperschaftsteuer) beschränkt sind oder ihre Nichtanwendung sich unmittelbar aus dem Gewerbesteuergesetz oder dem Wesen der Gewerbesteuer ergibt.

In der Regel wird der einkommensteuerliche (bzw. körperschaftsteuerliche) Gewinn mit dem für die Ermittlung des Gewerbeertrags maßgebenden Gewinn übereinstimmen. Zu beachten ist, dass die Gewerbesteuer selbst (auch die Gewerbesteuervorauszahlungen) steuerlich nicht gewinnmindernd berücksichtigt werden darf (nicht abzugsfähige Betriebsausgabe gem. § 5 Abs. 5b EStG). Weil die Aufwendungen für Gewerbesteuer handelsrechtlich gewinnmindernd gebucht werden, muss außerhalb der Buchführung eine entsprechende Hinzurechnung zur Ermittlung des Gewerbebetrages erfolgen.

Als **Gewinn aus Gewerbebetrieb** – also als Ausgangsgröße für die Ermittlung des Gewerbeertrags – wird deshalb regelmäßig angesetzt:

bei **Einzelgewerbetreibenden**	Einkünfte aus Gewerbebetrieb im Sinne des § 15 Abs. 2 Satz 1 Nr. 1 EStG
bei **Mitunternehmerschaft** (z. B. Gewinnanteile einer Personengesellschaft aus einer Mitunternehmerschaft an einem Einzelunternehmen oder einer Personengesellschaft)	steuerlicher Gewinn der Mitunternehmerschaft im Sinne des § 15 Abs. 1 Satz 1 Nr. 2 EStG (Gewinnanteile zuzüglich Sondervergütungen)
bei **Kapitalgesellschaften**	körperschaftsteuerliches Einkommen vor Verlustabzug

Siehe zu dieser Übersicht *Grefe*, Unternehmenssteuern, 21. Aufl. 2018, S. 329.

Gegenstand der Gewerbesteuer soll das Ergebnis aus der laufenden betrieblichen Tätigkeit sein. Dies bedeutet, dass **z. B.** die folgenden Vorgänge bei der Gewinnermittlung **nicht** berücksichtigt werden dürfen (siehe R 7.2 GewStR):

- Betriebsausgaben, die vor dem Beginn der Gewerbesteuerpflicht entstanden sind
- bei Einzelgewerbetreibenden:
  - Gewinne aus der Veräußerung oder Aufgabe des Gewerbebetriebs
  - Gewinne aus dem Verkauf eines Anteils an einer Personengesellschaft.

Bei Kapitalgesellschaften und Personengesellschaften gehören Einkünfte aus der Veräußerung oder Aufgabe des Gewerbebetriebs sowie aus Beteiligungen hingegen grundsätzlich zum Gewinn/Verlust des Gewerbebetriebs (vgl. § 7 Satz 2 GewStG).

3. Nennen Sie typische Hinzurechnungen nach § 8 GewStG!

Dem Gewinn aus Gewerbebetrieb werden nach § 8 z. B. die folgenden Beträge hinzugerechnet:

- **25 %** der nachfolgend aufgeführten und gewinnmindernd erfassten Hinzurechnungstatbestände, **wenn sie insgesamt 100.000 € (Freibetrag) im VZ überschreiten:**
  a) Entgelte für Schulden (insbesondere Zinsen) nach § 8 Nr. 1a
  b) Renten und dauernde Lasten nach § 8 Nr. 1b
  c) Gewinnanteile des stillen Gesellschafters nach § 8 Nr. 1c
  d) 20 % der Miet- und Pachtzinsen (einschließlich Leasingraten) für bewegliche Wirtschaftsgüter des Anlagevermögens nach § 8 Nr. 1d
  e) 50 % der Miet- und Pachtzinsen (einschließlich Leasingraten) für unbewegliche Wirtschaftsgüter des Anlagevermögens nach § 8 Nr. 1e
  f) 25 % der Aufwendungen für die zeitlich befristete Überlassung bestimmter Rechte (z. B. Konzessionen, Lizenzen) nach § 8 Nr. 1f
- Anteile am Verlust bestimmter Mitunternehmergemeinschaften (z. B. an Personengesellschaften) nach § 8 Nr. 8
- Zuwendungen (Spenden) nach § 8 Nr. 9.

4. Welchen Zweck (Sinn) haben die Hinzurechnungen?

Da die GewSt eine auf den Gewerbebetrieb bezogene Objektsteuer ist (Besteuerungsgegenstand ist das „Objekt Gewerbebetrieb"), soll die **Ertragskraft des Gewerbebetriebs**, losgelöst von dem jeweiligen Inhaber, besteuert werden. Dabei ist es grundsätzlich unerheblich, ob das Unternehmen mit eigenem oder fremdem Kapital bzw. eigenem oder fremdem Vermögen (z. B. Maschinen) arbeitet. Die Hinzurechnungen verfolgen zusammen mit den Kürzungen das Ziel, von dem Gewinn des EStG oder KStG zu dem **„objektiven Gewerbeertrag"** zu gelangen.

5. Erläutern Sie kurz, was unter „Entgelten für Schulden" nach § 8 Nr. 1a zu verstehen ist!

Entgelte für Schulden gem. § 8 Nr. 1a sind insbesondere **Zinsen**, Bankprovisionen und sonstige Entgelte (auch das **Damnum/Disagio**) für Schulden.

Keine Entgelte für Schulden sind Verwaltungskosten, Depotgebühren etc. (siehe im Einzelnen R 8.1 Abs. 1 Sätze 7 ff. GewStR).

 ACHTUNG

- Zu den Zinsen gem. § 8 Nr. 1a gehören auch (vgl. R 8.1 Abs. 1 GewStR)
  - **Zinsen für kurzfristige Schulden** (z. B. für kurzfristige Bankschulden) und
  - gewährte Skonti, wenn sie nicht dem allgemeinen Geschäftsverkehr entsprechen (z. B. bei ungewöhnlich langem Zahlungsziel).
- **Nicht** zu den Schulden gem. § 8 Nr. 1a gehören die **Schulden des laufenden Geschäftsverkehrs** (z. B. Warenschulden, Wechselschulden).

Die Hinzurechnung nach § 8 Nr. 1a erfolgt aber nur dann, wenn die **Summe der Hinzurechnungen nach § 8 Nr. 1a bis 1f den Freibetrag (100.000 €)** überschreitet.

6. Wie werden Renten und dauernde Lasten dem Gewinn hinzugerechnet?

Renten und dauernde Lasten, die den Gewinn des Gewerbebetriebs gemindert haben, sind nach § 8 Nr. 1b dem Gewinn wieder hinzuzurechnen.

Beispiel

Nicole Blank verkauft ihren Gewerbebetrieb an Karina Gondert auf Rentenbasis. Frau Blank setzt sich zur Ruhe und Frau Gondert führt den Gewerbebetrieb weiter. Im Jahr 2018 wurde der Gewinn bei Frau Gondert durch die Rentenzahlungen an Frau Blank um 10.000 € gemindert.

Bei der Ermittlung der Hinzurechnung nach § 8 Nr. 1 muss Frau Gondert 10.000 € erhöhend berücksichtigen.

Nicht hinzuzurechnen sind Pensionszahlungen aufgrund einer unmittelbar vom Arbeitgeber erteilten Zusage (§ 8 Nr. 1b Satz 2 GewStG).

Die Hinzurechnung nach § 8 Nr. 1b erfolgt aber nur dann, wenn die **Summe der Hinzurechnungen nach § 8 Nr. 1a bis 1f den Freibetrag (100.000 €)** überschreitet.

7. Unter welcher Voraussetzung werden Gewinnanteile eines stillen Gesellschafters dem Gewinn hinzugerechnet?

Gewinnanteile eines stillen Gesellschafters, die den Gewinn des Gewerbebetriebs gemindert haben, sind nach § 8 Nr. 1c dem Gewinn wieder hinzuzurechnen, wenn es sich um einen **echten** (typischen) stillen Gesellschafter handelt.

Beispiel

Beate Alflen (Privatperson) ist stille Gesellschafterin der Stein & Robbel OHG. Sie ist nur am Gewinn, nicht aber am Betriebsvermögenszuwachs beteiligt (echte stille Gesellschafterin).

Für 2018 hat Frau Alflen gegenüber der OHG einen Gewinnanspruch in Höhe von 15.000 € (brutto), den die OHG als Aufwand, also gewinnmindernd, bucht.

Bei der Ermittlung der Hinzurechnung nach § 8 Nr. 1 muss die OHG 15.000 € erhöhend berücksichtigen.

Die Hinzurechnung nach § 8 Nr. 1c erfolgt aber nur dann, wenn die **Summe der Hinzurechnungen nach § 8 Nr. 1a bis 1f den Freibetrag (100.000 €)** überschreitet.

8. Welche Miet- und Pachtzinsen müssen dem Gewinn hinzugerechnet werden?

Miet- und Pachtzinsen sind nach § 8 Nr. 1d und e zu

- **20 %** hinzuzurechnen, wenn die Miet-/Pachtzinsen (einschließlich Leasingraten) für die Benutzung von **beweglichen** Wirtschaftsgütern des Anlagevermögens (z. B. Maschinen, Fahrzeuge, Computer etc.) angefallen sind (§ 8 Nr. 1d)
- **50 %** hinzuzurechnen, wenn die Miet-/Pachtzinsen (einschließlich Leasingraten) für die Benutzung von **unbeweglichen** Wirtschaftsgütern des Anlagevermögens (z. B. Grund und Boden, Bürogebäude, Lagerhallen) angefallen sind (§ 8 Nr. 1e).

Beispiel

Olesja Neufeld betreibt in Koblenz eine Modeboutique. Für eine Geschäftsreise im Oktober 2018 verwendet sie den Pkw einer Freundin (Privatperson). Sie bezahlt ihrer Freundin 250 € Miete für die Pkw-Benutzung und erfasst diesen Betrag als Aufwand (gewinnmindernd).

Bei der Ermittlung der Hinzurechnung nach § 8 Nr. 1 muss Frau Neufeld 50 € (20 % von 250 €) erhöhend berücksichtigen.

Die Hinzurechnung nach § 8 Nr. 1d und e erfolgt aber nur dann, wenn die **Summe der Hinzurechnungen nach § 8 Nr. 1a bis 1f den Freibetrag (100.000 €)** überschreitet.

9. In welchem Umfang sind Konzessionen und Lizenzen dem Gewinn hinzuzurechnen?

Für die zeitlich befristete Überlassung von Rechten (insbesondere Konzessionen und Lizenzen) sind nach § 8 Nr. 1f

- **25 %**

dieser Aufwendungen hinzuzurechnen, wenn sie den Gewinn gemindert haben.

Beispiel

Der Steuerpflichtige Jan Kreuzer betreibt in Lahnstein ein Industrieunternehmen zur Herstellung von Körperpflegemitteln. Für die Produktion des Duschgels „Dusch-Fit" muss er an die Entwicklerfirma jährlich 80.000 € Lizenzgebühren bezahlen. Die Lizenzgebühr für 2018 hat er an die Entwicklerfirma bezahlt und gewinnmindernd gebucht.

Herr Kreuzer muss zur Ermittlung der Hinzurechnungen gem. § 8 Nr. 1 GewStG 20.000 € (25 % von 80.000 €) erhöhend berücksichtigen.

Nicht unter diese Vorschrift fallen

- Honorare an Künstler und Publizisten für die Nutzung ihrer Werke (z. B. Ausstellung, Veröffentlichung usw.) sowie
- Konzessionen und Rechte, die ausschließlich dazu berechtigen, daraus abgeleitete Rechte Dritten zu überlassen (sog. „Vertriebslizenzen"; z. B. Veräußerung von Computerprogrammen).

Die Hinzurechnung nach § 8 Nr. 1f erfolgt aber nur dann, wenn die **Summe der Hinzurechnungen nach § 8 Nr. 1a bis 1f den Freibetrag (100.000 €)** überschreitet.

10. Geben Sie einen zusammenfassenden Überblick über die Ermittlung der Hinzurechnungen nach § 8 Nr. 1a bis 1 f!

Der Hinzurechnungsbetrag der sog. „Finanzierungsaufwendungen" nach § 8 Nr. 1a bis 1f wird wie folgt ermittelt (vgl. *Grefe*, Unternehmenssteuern, 21. Aufl. 2018, S. 334):

Aufwandsart	Höhe der Hinzurechnung
a) Entgelte für Schulden (§ 8 Nr. 1a)	zu 100 %
b) Renten und dauernde Lasten (§ 8 Nr. 1b)	zu 100 %
c) Gewinnanteile stiller Gesellschafter (§ 8 Nr. 1c)	zu 100 %
d) Miet- und Pachtzinsen einschließlich Leasingraten für bewegliche Wirtschaftsgüter des AV (§ 8 Nr. 1d)	zu 20 %
e) Miet- und Pachtzinsen einschließlich Leasingraten für unbewegliche Wirtschaftsgüter des AV (§ 8 Nr. 1e)	zu 50 %
f) Entgelte für Konzessionen und Lizenzen (§ 8 Nr. 1f)	zu 25 %
Summe aus a) - f)	.... €
Freibetrag	- 100.000 €
Summe der Finanzierungsaufwendungen nach Abzug des Freibetrags (nicht negativ)	.... €
25 % der Zeile zuvor = Hinzurechnungsbetrag	.... €

11. Sind Verlustanteile an Mitunternehmerschaften dem Gewinn hinzuzurechnen?

Verlustanteile aus einer Mitunternehmerschaft an einer OHG, KG oder GbR, die zum Betriebsvermögen gehört, sind beim Mitunternehmer nach § 8 Nr. 8 dem Gewinn wieder hinzuzurechnen, wenn sie bei ihm den Gewinn gemindert haben.

Personengesellschaften sind gewerbesteuerlich als eigene Rechtssubjekte anzusehen. Verluste wirken sich somit bei den Gesellschaften selbst auf den Gewerbeertrag aus. Ohne die Hinzurechnungsvorschrift nach § 8 Nr. 8 würde der Verlustanteil doppelt berücksichtigt (zunächst bei der Gesellschaft selbst und dann noch einmal bei dem Mitunternehmer, der den Verlustanteil gewinnmindernd bucht).

Beispiel

Der Gewerbetreibende Paul Schmidt, Koblenz, hält im Betriebsvermögen eine Beteiligung in Höhe von 20 % an der Frick u. Co. KG. Er ist am Betriebsvermögenszuwachs beteiligt und hinsichtlich seiner Rechte als Mitunternehmer anzusehen.

Die Frick & Co. KG hat 2018 einen Verlust in Höhe von 50.000 € erzielt. Seinen Verlustanteil hat Herr Schmidt gewinnmindernd gebucht.

Herr Schmidt muss seinem Gewinn aus Gewerbebetrieb die gewinnmindernd gebuchten 10.000 € (20 % von 50.000 €) nach § 8 Nr. 8 hinzurechnen.

12. Welche Zuwendungen (Spenden und Mitgliedsbeiträge) müssen dem Gewinn hinzugerechnet werden?

Spenden und Mitgliedsbeiträge zur Förderung steuerbegünstigter Zwecke im Sinne der §§ 52 bis 54 AO gehören **bei Körperschaften** (z. B. Kapitalgesellschaften) zu den Betriebsausgaben, die bei der Ermittlung des zu versteuernden Einkommens aber nur bis zu gesetzlich festgelegten Höchstbeträgen abgezogen werden dürfen (vgl. § 9 Nr. 5).

Diese Zuwendungen sind nach § 8 Nr. 9 bei der Ermittlung des Gewerbeertrags dem Gewinn zunächst wieder hinzuzurechnen (Neutralisierung der gebuchten Gewinnminderung).

Die Hinzurechnung nach § 8 Nr. 9 ist mit dem Betrag vorzunehmen, mit dem die Zuwendungen als Betriebsausgaben abgezogen wurden.

[Einzelunternehmen und Personengesellschaften brauchen keine derartige Hinzurechnung vorzunehmen, weil sie die vorgenannten Zuwendungen nicht als Aufwand erfassen (eine Berücksichtigung erfolgt im Rahmen des Sonderausgabenabzugs nach § 10b EStG bei den Unternehmern).]

Eine Kürzung um die geleisteten Zuwendungen erfolgt dann im Rahmen der Höchstbeträge nach § 9 Nr. 5 (siehe Frage 15). Dadurch erfolgt eine Gleichstellung von Personen- und Kapitalgesellschaften hinsichtlich der Abzugsfähigkeit des Spendenaufwands bei der Gewerbesteuer.

13. Nennen Sie typische Kürzungen nach § 9!

Nach § 9 sind z. B. die folgenden Kürzungen vorzunehmen:

- 1,2 % vom Einheitswert des Grundbesitzes, der zum Betriebsvermögen gehört und nicht von der Grundsteuer befreit ist (§ 9 Nr. 1)
- Gewinnanteile an Personengesellschaften (§ 9 Nr. 2)
- Gewinne aus bestimmten Anteilen an einer steuerpflichtigen inländischen Körperschaft (§ 9 Nr. 2a)
- Zuwendungen (Spenden) für steuerbegünstigte Zwecke im Sinne der §§ 52 - 54 AO (§ 9 Nr. 5).

14. Erläutern Sie die Vorschrift des § 9 Nr. 1 (Kürzung für Grundbesitz)!

Nach § 9 Nr. 1 wird die Summe des Gewinns und der Hinzurechnungen **gekürzt** um **1,2 % vom Einheitswert des Grundbesitzes, der zum Betriebsvermögen gehört.**

Voraussetzung ist, dass der Grundbesitz nicht von der Grundsteuer befreit ist.

Maßgebend ist der Einheitswert zu **Beginn** des Kalenderjahres (vgl. § 20 Abs. 1 Satz 2 GewStDV). Grundstücke, die im Laufe des Kalenderjahres angeschafft wurden, können im Rahmen dieser Kürzungsvorschrift also **nicht** berücksichtigt werden (auch dann nicht, wenn das Unternehmen erst im Laufe des Jahres gegründet wurde).

Ziel der Kürzungsvorschrift ist die **Vermeidung einer Doppelbelastung des Grundbesitzes mit zwei Realsteuern** (Grundsteuer und Gewerbesteuer).

- Für die Berechnung der Gewerbesteuer sind Betriebsgrundstücke in den **alten** Bundesländern, soweit sie auf den Wertverhältnissen von 1964 beruhen, mit 140 % des Einheitswertes anzusetzen (vgl. § 121a BewG). Dies bedeutet, dass der Kürzungsbetrag nach § 9 Nr. 1 wie folgt ermittelt wird:

> Einheitswert des Betriebsgrundstücks · **1,4** · **1,2 %** = Kürzungsbetrag

- In den **neuen** Bundesländern sind die Einheitswerte wie folgt zu ermitteln (vgl. § 133 BewG):

    - Mietwohngrundstücke: **100 %** des Einheitswertes 1935
    - Geschäftsgrundstücke: **400 %** des Einheitswertes 1935
    - gemischt genutzte Grundstücke: **250 %** des Einheitswertes 1935
    - unbebaute Grundstücke: **600 %** des Einheitswertes 1935

- Dient **nur ein Teil** des Grundstücks **eigenbetrieblichen Zwecken**, so ist der **Kürzungsbetrag nur von diesem Teil** zu ermitteln (vgl. § 20 Abs. 2 GewStDV).

Beispiel

Das zum Betriebsvermögen gehörende und nicht von der Grundsteuer befreite Grundstück mit einem Einheitswert von 100.000 € (Wertverhältnisse 1964) wird zu **90 % eigenbetrieblich** genutzt und zu 10 % vermietet.

Kürzungsbetrag nach § 9 Nr. 1: 100.000 € · 90 % = 90.000 €
　　　　　　　　　　　　　　　　　90.000 € · 1,4 = 126.000 €
　　　　　　　　　　　　　　　　　126.000 € · 1,2 % = **1.512 €**

15. Erläutern Sie die Vorschrift des § 9 Nr. 5 (Kürzung für Zuwendungen zur Förderung steuerbegünstigter Zwecke)!

Nach § 9 Nr. 5 wird die Summe des Gewinns und der Hinzurechnungen bei **allen** Gewerbebetrieben – also rechtsformunabhängig – **gekürzt** um

Spenden und Mitgliedsbeiträge des Gewerbebetriebs zur Förderung steuerbegünstigter Zwecke im Sinne der §§ 52 - 54 AO (bestimmte gemeinnützige, mildtätige und kirchliche Zwecke).

Zu beachten ist, dass der Kürzungsbetrag **höchstens** die Höhe der **geleisteten Zuwendungen** und bei den vorgenannten Zuwendungen **nicht mehr** betragen darf **als**

- **20 %** des Gewinns aus Gewerbebetrieb zuzüglich der Hinzurechnung nach § 8 Nr. 9 **oder alternativ**
- **4 Promille** (= 0,4 %) der Summe der im Wirtschaftsjahr erzielten Umsätze und aufgewendeten Löhne und Gehälter.

Nicht abziehbar sind **Mitgliedsbeiträge** für

- Zwecke des Sports
- kulturelle Betätigungen, die in erster Linie der Freizeitgestaltung dienen
- die Heimatkunde und Heimatpflege
- Zwecke im Sinne des § 52 Abs. 2 Nr. 23 AO neuer Fassung (z. B. Tierzucht, Pflanzenzucht, Kleingärtnerei, Karneval, Fastnacht usw.).

Siehe § 9 Nr. 5 GewStG!

Abziehbare Zuwendungen, welche die o. g. Höchstbeträge überschreiten, sind im Rahmen der Höchstbeträge in den **nachfolgenden Veranlagungszeiträumen** abzuziehen.

Beispiel

Die „Groß und Klein GmbH" hat im Erhebungszeitraum 2018 einen Gewinn aus Gewerbebetrieb (§ 7) in Höhe von 175.000 €. Die von der GmbH geleisteten Spenden, die auch gewinnmindernd erfasst wurden, belaufen sich für wissenschaftliche Zwecke auf 35.000 € und für kirchliche Zwecke auf 10.000 €.

Die Berechnung der abziehbaren Spenden wird für 2018 wie folgt durchgeführt:

Gewinn aus Gewerbebetrieb	175.000,00 €
Hinzurechnung aller Spenden (§ 8 Nr. 9)	45.000,00 €
Gewinn ohne Spendenabzug	220.000,00 €

geleistete Spenden für steuerbegünstigte Zwecke	45.000,00 €
20 % von 220.000,00 € = 44.000,00 € (Höchstbetrag)	
somit abziehbar:	44.000,00 €

(1.000 € übersteigen den Höchstbetrag und sind somit in 2018 nicht abziehbar; es erfolgt eine Übertragung auf den VZ 2019.)

Alternative 2:
Höchstgrenze der abzugsfähigen Spenden:

Summe der gesamten **Umsätze und** der im Wirtschaftsjahr aufgewendeten **Löhne und Gehälter • 4 ‰**, höchstens jedoch tatsächliche Aufwendungen.

Spenden, die von Einzelunternehmen und Personengesellschaften in den Vermögensstock einer Stiftung des öffentlichen Rechts oder einer steuerbefreiten Stiftung des Privatrechts geleistet werden, können im Jahr der Zuwendung und in den folgenden 9 Erhebungszeiträumen bis zu einem Betrag von zusammen **1.000.000 €** neben den zuvor genannten Zuwendungen (also ebenfalls **zusätzlich**) abgezogen werden. Dieser Abzugsbetrag darf **innerhalb des Zehnjahreszeitraums nur einmal** in Anspruch genommen werden.

16. Erläutern Sie die Vorschrift des § 10a (Verlustabzug)!

Nach § 10a wird die Summe des Gewinns und der Hinzurechnungen **gekürzt** um **Gewerbeverluste, die sich** bei der Ermittlung des Gewerbeertrags **für die vorangegangenen Erhebungszeiträume ergeben haben**, soweit diese Fehlbeträge nicht bereits berücksichtigt wurden (vgl. R 10a.1 Abs. 1 GewStR).

Beispiel

Gewinn aus Gewerbebetrieb 2017	5.000,00 €
Hinzurechnungen nach § 8	2.000,00 €
Kürzungen nach § 9	- 27.000,00 €
Gewerbeverlust 2017	**20.000,00 €**

Der Gewerbeverlust 2017 kann nach 2018 vorgetragen werden (Verlustrücktrag ist nicht möglich) und führt im Erhebungszeitraum 2018 zur Kürzung nach § 10a in Höhe von bis zu 20.000 €. Die Höhe des vortragsfähigen Gewerbeverlustes ist **gesondert festzustellen** (vgl. § 10a GewStG i. V. mit §§ 179 ff. AO sowie R 10a.1 Abs. 2 GewStR).

Der **Verlustvortrag ist betragsmäßig jedoch nur eingeschränkt** möglich. Uneingeschränkt vortragsfähig ist nach § 10a Satz 1 ein Betrag bis zu **1 Mio. €**. Ist nach dieser Verrechnung sowohl ein positiver Gewerbeertrag als auch ein noch nicht verrechneter Verlustvortrag aus Vorjahren übrig, kann der noch nicht verrechnete Verlust **höchstens mit 60% des** nach der Verrechnung der 1 Mio. € **verbleibenden positiven Gewerbeertrags** berücksichtigt werden (vgl. § 10a Satz 2). Der dann noch verbleibende Verlust aus den Vorjahren kann in diesem Erhebungszeitraum nicht mehr verrechnet werden; er kann aber in künftige Erhebungszeiträume vorgetragen werden.

17. Welche Freibeträge werden nach § 11 Abs. 1 gewährt?

Nach § 11 Abs. 1 können

- **natürliche Personen** (Einzelunternehmer) und **Personengesellschaften** (z. B. OHG, KG, GdbR) einen Freibetrag von **24.500 €** und
- Gewerbebetriebe nach § 2 Abs. 3 **(z. B. Vereine mit einem wirtschaftlichen Geschäftsbetrieb)**, juristische Personen des öffentlichen Rechts, Unternehmen im Sinne von § 3 Nr. 5, 6, 8, 9, 15, 17, 21, 26 - 29 einen Freibetrag von **5.000 €** geltend machen.

ACHTUNG

- Durch die Gewährung des Freibetrags darf kein negativer Gewerbeertrag entstehen (Freibetrag maximal in Höhe eines positiven Gewerbeertrags).
- **Kapitalgesellschaften** (z. B. GmbH, AG) erhalten **keinen** Freibetrag gem. § 11 Abs. 1 Satz 3 Nr. 1!
- Wenn eine Person mehrere Gewerbebetriebe besitzt, wird der **Freibetrag** aufgrund des Objektcharakters der Gewerbesteuer **für jeden Gewerbebetrieb** gewährt (nicht bei Kapitalgesellschaften).
- Auch bei einem abgekürzten Erhebungszeitraum (z. B. infolge Gründung oder Einstellung des Gewerbebetriebs innerhalb des Kalenderjahres) ist der Freibetrag **in voller Höhe** (nicht zeitanteilig) zu gewähren.

18. Wie wird der Steuermessbetrag ermittelt?

Nach § 11 Abs. 1 ist der ermittelte Gewerbeertrag zunächst auf volle **100 €** abzurunden und um den o. g. Freibetrag (sofern er gewährt werden kann) zu kürzen. Der dann noch verbleibende (steuerpflichtige) Gewerbeertrag wird mit der in § 11 Abs. 2 gesetzlich vorgegebenen Steuermesszahl multipliziert, woraus sich dann der Steuermessbetrag ergibt (siehe Schema zur Ermittlung der Gewerbesteuer auf der S. 332).

Die Steuermesszahl beträgt gem. § 11 Abs. 2: **3,5 %**

> steuerpflichtiger Gewerbeertrag • 3,5 % = Steuermessbetrag

Nach R 14.1 Satz 3 GewStR ist der Steuermessbetrag dann erforderlichenfalls auf volle Euro nach unten abzurunden.

Beispiel

Der Einzelgewerbetreibende Ernst Dolkemeier hat mit seinem Computerfachgeschäft im EZ 2018 einen Gewerbeertrag von 56.065 € erzielt.

Berechnung des Steuermessbetrags:

Gewerbeertrag 56.065 € → Abrundung auf volle 100 € ergibt	56.000,00 €
- Freibetrag nach § 11 Abs. 1	- 24.500,00 €
steuerpflichtiger Gewerbeertrag	31.500,00 €
Steuermessbetrag: 31.500 € • 3,5 % =	1.102,50 €
Abrundung auf volle Euro ergibt:	1.102,00 €

19. Wie wird die Gewerbesteuer aus dem Steuermessbetrag ermittelt?

Die Gewerbesteuer wird aus dem Steuermessbetrag wie folgt abgeleitet:

> Steuermessbetrag • Hebesatz der Gemeinde = Gewerbesteuer

Beispiel

Fall wie zuvor („Ernst Dolkemeier"); Hebesatz der Gemeinde: 420 %.
Ermittlung der Gewerbesteuer: 1.102 € • 420 % = **4.628,40 €**.

20. Wie wird die Gewerbesteuer-Abschlusszahlung bzw. das Gewerbesteuerguthaben ermittelt und wann erfolgt ein Ausgleich?

Berechnung nach § 20:

	Gewerbesteuer des Erhebungszeitraums
-	Vorauszahlungen für diesen Erhebungszeitraum
=	Abschlusszahlung/Guthaben für den Erhebungszeitraum

Die Vorauszahlungen sind grundsätzlich am **15.02., 15.05., 15.08.** und **15.11.** des EZ zu entrichten (vgl. § 19 Abs. 1). Jede Vorauszahlung beträgt grundsätzlich **ein Viertel der Steuer, die sich bei der letzten Veranlagung ergeben hat** (§ 19 Abs. 2); sie werden jedoch nur festgesetzt, wenn sie mindestens **50 €** betragen (vgl. R 19.1 Satz 7).

Eine sich ergebende **Abschlusszahlung** ist **innerhalb eines Monats nach Bekanntgabe des Steuerbescheids** zu entrichten (vgl. § 20 Abs. 2).

Ist die Steuerschuld kleiner als die Summe der anzurechnenden Vorauszahlungen, so wird der Unterschiedsbetrag **(Guthaben)** nach Bekanntgabe des Steuerbescheids durch Zurückzahlung oder Aufrechnung ausgeglichen.

5.5 Zerlegung des Steuermessbetrags

1. Was bedeutet „Zerlegung" bei der Ermittlung der Gewerbesteuer?

Sind im Erhebungszeitraum **in mehreren Gemeinden Betriebsstätten eines Gewerbebetriebs** unterhalten worden, so ist der Steuermessbetrag dieses Gewerbebetriebs in die auf die einzelnen Gemeinden entfallenden Anteile (Zerlegungsanteile) zu zerlegen (vgl. § 28 Abs. 1).

Beispiel

Christian Kimmel ist Inhaber des Kfz-Handels „Autohaus Kimmel" (Einzelunternehmung). Das Unternehmen hat in Koblenz seinen Hauptsitz und in Trier eine Filiale.

Der für das ganze Unternehmen (Niederlassung Koblenz und Niederlassung Trier) ermittelte Steuermessbetrag ist **auf die Gemeinden Koblenz und Trier aufzuteilen** (zu zerlegen). Die anschließende Multiplikation mit den Hebesätzen ergibt dann die auf diese Gemeinden jeweils entfallende Gewerbesteuer.

Wenn der Steuermessbetrag beispielsweise 4.500 € beträgt und davon $2/3$ auf die Niederlassung Koblenz und $1/3$ auf die Niederlassung Trier entfällt, dann ergibt die Zerlegung das folgende Ergebnis:

B. Grundwissen | I. Steuerwesen

Koblenz:	Steuermessbetrag:	²/₃ von 4.500 €	=	3.000 €
	Gewerbesteuer:	3.000 € • 410 %	=	**12.300 €**
Trier:	Steuermessbetrag:	¹/₃ von 4.500 €	=	1.500 €
	Gewerbesteuer:	1.500 € • 420 %	=	**6.300 €**

Eine **Zerlegung** des Steuermessbetrages ist **auch** vorzunehmen, **wenn**

- sich **eine Betriebsstätte über mehrere Gemeinden** erstreckt oder
- eine **Betriebsstätte** innerhalb eines Erhebungszeitraums **von einer Gemeinde in eine andere Gemeinde verlegt worden** ist (vgl. § 28 Abs. 1 Satz 2).

Das **Zerlegungsverfahren** ist in den **§§ 185 - 189 AO** geregelt; über das Ergebnis erlässt das zuständige Betriebsfinanzamt einen **Zerlegungsbescheid**.

2. Nach welchem Maßstab wird der Steuermessbetrag zerlegt?

Durch die Zerlegung soll den betreffenden Gemeinden derjenige Anteil an der Gewerbesteuer zugerechnet werden, der der wirtschaftlichen Bedeutung des bei ihnen liegenden Betriebsteils entspricht.

Grundsätzlich erfolgt die Zerlegung des Steuermessbetrags in dem **Verhältnis der in den einzelnen Gemeinden gezahlten Arbeitslöhne** (vgl. § 29 Abs. 1 GewStG sowie R 29.1 und 31.1 GewStR).

Für die einzelne Gemeinde ergibt sich somit der folgende Zerlegungsanteil in Prozent:

$$\text{Zerlegungsanteil einer Gemeinde (\%)} = \frac{\text{Arbeitslöhne in der Betriebsstätte der betreffenden Gemeinde}}{\text{Summe der Arbeitslöhne aller Betriebsstätten}} \cdot 100$$

Beispiel

Fall wie zuvor („Autohaus Kimmel"), jedoch mit dem Unterschied, dass 2018 Arbeitslöhne in folgender Höhe gezahlt wurden:

- in Koblenz   300.000,00 €
- in Trier   100.000,00 €
                400.000,00 €

Zerlegung:

Betriebsstätte	Anteil in %	anteiliger Messbetrag
Koblenz	300.000 € : 400.000 € • 100 = 75 %	4.500 € • 75 % = 3.375 €
Trier	100.000 € : 400.000 € • 100 = 25 %	4.500 € • 25 % = 1.125 €

Berechnung der Gewerbesteuer:

Betriebsstätte	anteiliger Messbetrag	• Hebesatz	= Gewerbesteuer
Koblenz	3.375 €	• 410 %	13.837,50 €
Trier	1.125 €	• 420 %	4.725,00 €

Die für die Zerlegung heranzuziehenden **Arbeitslöhne** sind für die Berechnung der Zerlegungsanteile **auf volle 1.000 € abzurunden**.

ACHTUNG

Bei Unternehmen, die **nicht** von einer juristischen Person betrieben werden (insbesondere Einzelunternehmung, OHG, KG, GdbR), sind für die im Betrieb tätigen Unternehmer insgesamt **25.000 €** jährlich als **Unternehmerlohn** anzusetzen (vgl. § 31 Abs. 5).

Ist der Unternehmer in mehreren Gemeinden (mehreren Betriebsstätten) tätig, dann erfolgt eine Aufteilung des Unternehmerlohns auf die einzelnen Gemeinden.

Wenn mehrere Unternehmer (Mitunternehmer) in dem Betrieb tätig sind, so wird der Betrag von **25.000 €** insgesamt nur einmal angesetzt (keine Vervielfältigung entsprechend der Anzahl der Unternehmer).

Zum **Begriff der Arbeitslöhne** siehe im Einzelnen § 31 GewStG und R 29.1 und 31.1 GewStR.

Für den Fall, dass sich **Betriebsstätten über mehrere Gemeinden** erstrecken, ist die Aufteilung nach § 30 vorzunehmen (nach dem Verhältnis der durch das Vorhandensein der Betriebsstätte(n) erwachsenden Gemeindelasten).

5.6 Gewerbesteuerrückstellung

1. Was ist eine Gewerbesteuerrückstellung und warum wird sie gebildet?

Da die Vorauszahlungen auf die Gewerbesteuer in den seltensten Fällen mit der tatsächlichen Gewerbesteuer für das Kalenderjahr übereinstimmen, müssen buchführungspflichtige Gewerbetreibende im Rahmen des handelsrechtlichen Jahresabschlusses eine entsprechende zeitliche Abgrenzung vornehmen (vgl. § 252 Abs. 1 Nr. 4 und 5 HGB und § 249 Abs. 1 HGB).

Sofern eine Gewerbesteuernachzahlung zu erwarten ist, muss von diesem Personenkreis **in Höhe der zu erwartenden Abschlusszahlung** eine entsprechende **Gewerbesteuerrückstellung** erfasst werden, die das Ergebnis des Betrachtungsjahres mindert und in der Bilanz als Steuerrückstellung ausgewiesen wird.

Steuerlich ist die Gewerbesteuer seit 2008 nicht mehr abziehbar (sie gehört nun zu den nicht abzugsfähigen Betriebsausgaben; siehe § 4 Abs. 5b EStG). Nach Auffassung der Finanzverwaltung ist auch in der Steuerbilanz weiterhin eine Gewerbesteuerrückstellung zu passivieren. Zur Ermittlung des steuerlichen Gewinns ist die gewinnmindernd erfasste Gewerbesteuer dann außerbilanziell wieder hinzuzurechnen (vgl. BMF-Schreiben vom 11.08.2008, BStBl I S. 838).

2. Wie wird die Gewerbesteuerrückstellung berechnet?

Die Gewerbesteuerrückstellung wird wie folgt berechnet:

	Gewinn aus Gewerbebetrieb gemäß § 7
+	Hinzurechnungen gemäß § 8
−	Kürzungen gemäß § 9
−	Gewerbeverlust gemäß § 10a
=	Gewerbeertrag → Abrundung auf volle 100 €
−	Freibetrag gemäß § 11 Abs. 1
=	steuerpflichtiger Gewerbeertrag
•	Steuermess**zahl** gemäß § 11 Abs. 2
=	Steuermess**betrag**
•	Hebesatz der Gemeinde
=	Gewerbesteuer
−	geleistete Gewerbesteuer-Vorauszahlungen
=	**Gewerbesteuerrückstellung oder Gewerbesteuerguthaben**

Beispiel

Der Gewerbetreibende (Einzelunternehmer) Thomas Hickmann betreibt sein Unternehmen in Koblenz. Sein handelsrechtlicher Gewinn 2018 beläuft sich auf 103.000 €, der Hebesatz von Koblenz beträgt 410 %. Thomas Hickmann hat für 2018 insgesamt 11.000 € Gewerbesteuer-Vorauszahlungen geleistet und diese gewinnmindernd gebucht. Die zu berücksichtigenden Hinzurechnungen gemäß § 8 belaufen sich auf 5.600 €, die Kürzungen gemäß § 9 betragen 1.200 €. Nichtabzugsfähige Betriebsausgaben liegen nicht vor.

	Berechnung:	Euro
	Handelsrechtlicher Gewinn	103.000,00
+	als Aufwand gebuchte Gewerbesteuervorauszahlung	11.000,00
	Gewinn aus Gewerbebetrieb gemäß § 7	114.000,00
+	Hinzurechnungen gemäß § 8	5.600,00
−	Kürzungen gemäß § 9	1.200,00
=	Gewerbeertrag → Abrundung auf volle 100 €	118.400,00
−	Freibetrag gemäß § 11 Abs. 1	24.500,00
=	steuerpflichtiger Gewerbeertrag	93.900,00
•	Steuermesszahl gemäß § 11 Abs. 2	3,5 %
=	Steuermess**betrag**, abgerundet auf volle Euro	3.286,00
•	Hebesatz der Gemeinde	410 %
=	Gewerbesteuer	13.472,60
−	geleistete Gewerbesteuer-Vorauszahlungen	11.000,00
=	**Gewerbesteuerrückstellung**	**2.472,60**

6. Abgabenordnung

6.1 Allgemeine Grundlagen

1. Welche Bedeutung hat die AO im Hinblick auf das Besteuerungsverfahren?

Der Ablauf des Besteuerungsverfahrens ist in sachlicher und zeitlicher Hinsicht insbesondere in der **Abgabenordnung (AO)** geregelt. Dieses Gesetz enthält vor allem **verfahrensrechtliche Aspekte der Besteuerung** (Regelung der Form und des Ablaufs der Besteuerung); es gilt grundsätzlich für alle Steuerarten. Die einzelnen Steuergesetze werden dadurch von derartigen Bestimmungen entlastet; sie enthalten lediglich Ergänzungen oder Spezialisierungen für die jeweilige Steuer (Beispiel: Bei der Umsatzsteuer sind die Abgabe- und Bezahlungsfristen für Umsatzsteuer-Voranmeldungen in § 18 UStG geregelt).

Weil die **AO** die einzelnen Steuergesetze „ummantelt", wird sie auch als **„Mantelgesetz"** oder sogar als **„Grundgesetz des Steuerrechts"** bezeichnet.

2. Geben Sie einen kurzen Überblick über den Ablauf des Besteuerungsverfahrens!

Das Besteuerungsverfahren lässt sich in sachlicher und zeitlicher Hinsicht wie folgt gliedern (aus: *Grefe*, Unternehmenssteuern, 21. Aufl. 2018, S. 43):

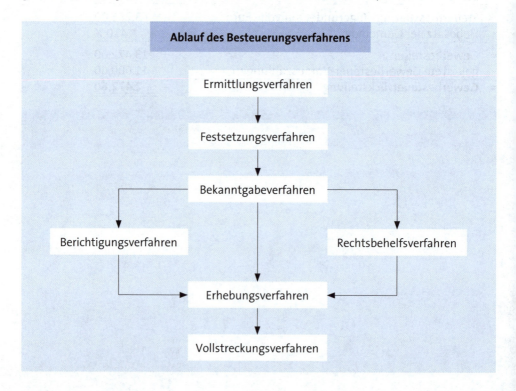

6.2 Zuständigkeit der Finanzbehörden

1. Wie können die Finanzämter im Hinblick auf ihre örtliche Zuständigkeit unterschieden werden?

Die Aufgabenverteilung der Finanzämter kann in **räumlicher Hinsicht** (= örtliche Zuständigkeit) insbesondere wie folgt unterschieden werden:

Zuständiges Finanzamt (Bezeichnung)	örtliche Zuständigkeit für
Wohnsitzfinanzamt Finanzamt, in dessen Bezirk der Steuerpflichtige seinen Wohnsitz (§ 8 AO) hat (§ 19 Abs. 1 AO)	▸ Steuern vom Einkommen der **natürlichen Personen** (Einkommensteuer) ▸ USt der natürlichen Personen, die keine Unternehmer sind (z. B. für unberechtigten USt-Ausweis in einer Rechnung)
Geschäftsleitungsfinanzamt Finanzamt, in dessen Bezirk sich die Geschäftsleitung (§ 10 AO) befindet (§ 20 Abs. 1 AO)	▸ Steuern vom Einkommen der **juristischen Personen** (Körperschaftsteuer), Personenvereinigungen und Vermögensmassen
Betriebsfinanzamt Finanzamt, von dessen Bezirk aus der Unternehmer sein Unternehmen ganz oder vorwiegend betreibt (§§ 18 Abs. 1 Nr. 2, 21 Abs. 1 und 22 Abs. 1 AO)	▸ Umsatzsteuer ▸ Gewerbesteuer (Gewerbesteuermessbescheid/-zerlegungsbescheid) ▸ gesonderte Feststellung der Einkünfte aus Gewerbebetrieb (§ 179 Abs. 2 AO) ▸ Einheitswerte der Gewerbebetriebe
Tätigkeitsfinanzamt Finanzamt, von dessen Bezirk aus die Berufstätigkeit vorwiegend ausgeübt wird (§ 18 Abs. 1 Nr. 3 AO)	▸ Feststellung der Einkünfte aus selbstständiger Arbeit (§ 18 EStG) ▸ Feststellung der Einheitswerte des Betriebsvermögens bei freiberuflicher Tätigkeit
Lagefinanzamt Finanzamt, in dessen Bezirk das Grundstück liegt (§ 18 Abs. 1 Nr. 1 AO)	▸ Feststellung der Einheitswerte von Grundstücken ▸ Grundsteuer (Grundsteuermessbescheid/-zerlegungsbescheid)
Verwaltungsfinanzamt Finanzamt, von dessen Bezirk aus die Verwaltung dieser Einkünfte vorgenommen wird (§ 18 Abs. 1 Nr. 4 AO)	▸ Einkünfte aus Kapitalvermögen, Einkünfte aus Vermietung und Verpachtung und sonstige Einkünfte mehrerer Personen (Eigentümergemeinschaften)

Für die Besteuerung von Umsätzen ausländischer Unternehmer, die im Inland bewirkt werden, sind spezielle Finanzämter zuständig (geregelt durch die USt-Zuständigkeitsverordnung). Weil diese Finanzämter jeweils zentral für alle im Inland bewirkten Umsätze des ausländischen Unternehmers zuständig sind, werden diese Finanzämter auch als **„Zentralfinanzamt"** bezeichnet.

Wenn mehrere Finanzämter für einen Einzelfall zuständig sind (Mehrfachzuständigkeit), dann entscheidet das Finanzamt, welches zuerst mit der Sache befasst worden ist, es sei denn die zuständigen Finanzämter einigen sich auf ein anderes zuständiges Finanzamt (vgl. § 25 AO).

6.3 Steuerverwaltungsakte

1. Was ist ein Steuerverwaltungsakt?

Nach § 118 Satz 1 AO ist ein Steuerverwaltungsakt wie folgt definiert:

- Verfügung, Entscheidung oder andere hoheitliche Maßnahme einer Behörde (z. B. Finanzamt, OFD oder Gemeindefinanzbehörde)
- zur Regelung eines Einzelfalls
- auf dem Gebiet des Steuerrechts
- mit unmittelbarer Rechtswirkung nach außen.

Beispiel

Erlass und Bekanntgabe des Einkommensteuerbescheids 2016 an die Steuerpflichtige Sarah Nix durch das Finanzamt Montabaur.

2. Was sind die Grundvoraussetzungen für die Wirksamkeit eines Verwaltungsaktes?

Ein Verwaltungsakt ist nur dann wirksam, wenn er

- **inhaltlich hinreichend bestimmt** ist (§ 119 Abs. 1 AO)
- **in der vorgeschriebenen Form** erlassen wurde (§ 119 Abs. 3 AO) und
- **demjenigen, für den er bestimmt ist** oder der von ihm betroffen wird, **bekannt gegeben** wurde (§ 122 Abs. 1 und 124 Abs. 1 AO).

 MERKE

Ein Steuerverwaltungsakt wird erst **zu dem Zeitpunkt wirksam, zu dem er bekannt gegeben wird.** Bis zur Bekanntgabe ist der Steuerverwaltungsakt **nur** als **behördeninterner Vorgang** anzusehen.

Er wird **mit dem Inhalt wirksam, mit dem er bekannt gegeben wird** und wirkt gegenüber demjenigen, für den er bestimmt ist oder der von ihm betroffen ist.

3. Wie kann ein Steuerverwaltungsakt bekannt gegeben werden?

Ein Verwaltungsakt kann

- **schriftlich**,
- **elektronisch** (z. B. per E-Mail),
- **mündlich** oder
- **in anderer Weise** (durch schlüssiges Handeln)

bekannt gegeben werden (§ 119 Abs. 2 Satz 1 AO).

Ein mündlicher Verwaltungsakt ist schriftlich zu bestätigen, wenn hieran ein berechtigtes Interesse besteht und der Betroffene dies unverzüglich verlangt (§ 119 Abs. 2 Satz 2 AO).

Für **schriftliche oder elektronisch übermittelte** Verwaltungsakte kommen insbesondere die folgenden **Formen der Bekanntgabe** in Betracht:

- mittels gewöhnlichem Brief (Post)
- Zustellung nach dem Verwaltungszustellungsgesetz (z. B. durch die Post mit Postzustellungsurkunde oder mittels eingeschriebenem Brief)
- Übermittlung per Telefax
- elektronische Übermittlung gem. §§ 87a und 122a AO.

ACHTUNG

- **Steuerbescheide** müssen **schriftlich oder elektronisch** ergehen, soweit nichts anderes bestimmt ist (vgl. § 157 Abs. 1 AO).
- Ein Steuerbescheid gilt als bekannt gegeben, wenn er **in den Machtbereich des Empfängers gelangt** ist und zwar **derart, dass dem Empfänger die Kenntnisnahme normalerweise möglich ist** und dieses nach den Gepflogenheiten des Verkehrs auch erwartet werden kann. Eine Bekanntgabe mittels gewöhnlichem Brief ist wirksam erfolgt, wenn der Postzusteller den Briefumschlag dem Empfänger, seinem Ehegatten oder einem Postbevollmächtigten aushändigt, in den Haus- oder Wohnungsbriefkasten einwirft oder in Ermangelung eines solchen Briefkastens durch einen Spalt der Wohnungstür in die Wohnung schiebt. Es ist also für den Zugang **unbeachtlich, ob der Empfänger von dem Verwaltungsakt tatsächlich Kenntnis nimmt** oder die fehlende Kenntnisnahme verschuldet hat.

4. Zu welchem Zeitpunkt gilt ein schriftlicher oder elekronisch übermittelter Verwaltungsakt als bekannt gegeben?

Ein schriftlicher oder elektronisch übermittelter Verwaltungsakt gilt abhängig von der Form der Zustellung zu den folgenden Zeitpunkten als bekannt gegeben:

Form der Zustellung	Zeitpunkt der Bekanntgabe
▸ durch gewöhnlichen Brief oder ▸ durch Einschreibebrief	▸ bei einer Zustellung im Inland: **am 3. Tag nach der Aufgabe zur Post** (Bekanntgabefiktion des § 122 Abs. 2 Nr. 1 AO): also: **Datum des Bescheids + 3 Tage = Bekanntgabedatum** (gilt nicht, wenn dieser Tag ein Samstag, Sonntag oder gesetzlicher Feiertag ist – in diesem Fall verlängert sich die Dreitagesfrist bis zum nächstfolgenden Werktag – vgl. AEAO zu § 108 Nr. 2); ▸ bei einer Zustellung an einen Beteiligten im Ausland: **einen Monat** nach der Aufgabe zur Post (Bekanntgabefiktion des § 122 Abs. 2 Nr. 2 AO). Die Bekanntgabefiktionen gelten nicht, wenn der Verwaltungsakt nicht oder zu einem späteren Zeitpunkt zugegangen ist (vgl. § 122 Abs. 2 letzter Halbsatz AO).
▸ durch Postzustellungsurkunde	Tag der tatsächlichen Zustellung
▸ durch einen Boten (mit Empfangsbestätigung)	Tag der tatsächlichen Zustellung (Datum der Empfangsbestätigung durch den Empfänger bzw. Empfangsbevollmächtigten)
▸ elektronische Übermittlung (z. B. per Telefax, Telekopierer, E-Mail oder Datenabruf)	**am 3. Tag nach der Absendung** des Verwaltungsaktes oder der Benachrichtigung über die Bereitstellung der Daten, außer wenn er nicht oder zu einem späteren Zeitpunkt zugegangen ist (Bekanntgabefiktion nach § 122 Abs. 2a oder § 122a Abs. 4 AO; siehe AEAO zu § 122 AO, Unterpunkt 1.8.2).

6.4 Fristen und Termine

1. Wodurch unterscheidet sich eine Frist von einem Termin?

Eine *Frist* ist ein abgegrenzter bestimmter **Zeitraum** (z. B. Einspruchsfrist nach § 355 Abs. 1 AO: ein Monat), in dem etwas geschehen soll oder eine bestimmte Wirkung eintritt.

Ein *Termin* ist ein bestimmter **Zeitpunkt**, an dem etwas geschehen soll oder eine bestimmte Wirkung eintritt. „Fälligkeitstermine" geben das Ende einer Frist an (vgl. Nr. 1 des Anwendungserlasses zu § 108 AO).

2. Welche zwei Arten von Fristen unterscheidet die AO?
Die AO unterscheidet

> - **behördliche Fristen**, die im Einzelfall **von einer Behörde festgesetzt** werden (z. B. Stundungsfrist nach § 222 AO). Sie **können verlängert werden** (vgl. § 109 Abs. 1 AO).
> - **gesetzliche Fristen**, die **vom Gesetz festgelegt** werden (z. B. Abgabefrist für Steuererklärungen nach § 149 Abs. 2 AO oder Einspruchsfrist nach § 355 Abs. 1 AO). Sie sind **nur dann verlängerungsfähig, wenn das Gesetz dies ausdrücklich zulässt** (z. B. die Frist zur Abgabe einer Steuererklärung ist nach § 109 Abs. 1 Satz 1 AO verlängerungsfähig; nicht verlängerungsfähig ist dagegen z. B. die Einspruchsfrist).

3. Wie können Fristen in zeitlicher Hinsicht unterschieden werden?
Das BGB unterscheidet hinsichtlich des Beginns einer Frist
- **Ereignisfristen** (§ 187 Abs. 1 BGB) und
- **Beginnfristen** (§ 187 Abs. 2 BGB).

Bei **Ereignisfristen** bleibt der **Tag des Ereignisses** (z. B. Bekanntgabetag des Steuerbescheids) bei der Fristberechnung **unberücksichtigt**, was bedeutet, dass die an den Ereignistag anknüpfende Frist erst mit dem Ablauf dieses Tages (also um 24:00 Uhr bzw. um 0:00 Uhr des folgenden Tages) zu laufen beginnt.

Bei **Beginnfristen** – z. B. bei der Berechnung des Lebensalters einer Person – wird der **Tag, der die Frist auslöst** (hier: Tag der Geburt), bei der Fristberechnung **mitgezählt**. Dies bedeutet, dass die an diesen Tag anknüpfende Frist bereits mit dem **Beginn dieses Tages** (also um 0:00 Uhr) zu laufen beginnt. Deshalb vollendet eine Person z. B. das 1. Lebensjahr am Tag **vor** dem 1. Geburtstag um 24:00 Uhr, das 2. Lebensjahr am Tag **vor** dem 2. Geburtstag um 24:00 Uhr usw.

In zeitlicher Hinsicht kann auch unterschieden werden in
- **Jahresfristen**   z. B. Festsetzungsfrist nach § 169 Abs. 2 AO
- **Monatsfristen**   z. B. Einspruchsfrist nach § 355 Abs. 1 AO
- **Wochenfristen**   z. B. Mahnfrist nach § 259 AO
- **Tagesfristen**   z. B. Schonfrist nach § 240 Abs. 3 AO.

4. Wie wird das Ende einer Frist berechnet?
Das Ende einer Frist wird wie folgt ermittelt:

> **Fristbeginn + Fristdauer = Fristende**

Fristbeginn ist bei einer Ereignisfrist der **Ablauf des Tages, an dem das Ereignis stattgefunden hat** (z. B. Ablauf des Bekanntgabetages eines Steuerbescheids = 0:00 Uhr des darauf folgenden Tages).

Die **Fristdauer** hängt von der Art der Frist ab (z. B. Einspruchsfrist nach § 355 Abs. 1 AO: 1 Monat).

Fristende ist der Ablauf des letzten Tages der Frist (24:00 Uhr).

ACHTUNG

Fällt das Ende einer Frist auf einen Samstag, Sonntag oder gesetzlichen Feiertag, dann endet die Frist nach § 108 Abs. 3 AO mit dem **Ablauf des nächstfolgenden Werktages** (wenn z. B. die Einspruchsfrist an einem Samstag um 24:00 Uhr endet, dann verlängert sich die Frist bis zum darauf folgenden Montag um 24:00 Uhr oder – wenn der Montag ein gesetzlicher Feiertag ist – auf den nächstfolgenden Werktag, also Dienstag, 24:00 Uhr).

5. Schildern Sie ein Beispiel für die Berechnung einer Ereignisfrist!

Der Einkommensteuerbescheid für 2017 wurde an die Steuerpflichtige Petra Schmidt am 04.08.2018 vom Finanzamt Koblenz mit gewöhnlichem Brief zur Post gegeben.

Frau Schmidt erhält den Bescheid am 06.08.2018 und stellt fest, dass dieser einen sachlichen Fehler enthält. Deshalb will sie gegen den Bescheid Einspruch einlegen.

Die Einspruchsfrist ist eine **Ereignisfrist**. Das **Ereignis** ist die **Bekanntgabe** des Steuerbescheids. Bei der Zustellung mittels gewöhnlichem Brief erfolgt die Bekanntgabe **am dritten Tag nach der Aufgabe zur Post** (04.08.2018 + 3 Tage = 07.08.2018).

Mit dem Ablauf des Tages der Bekanntgabe beginnt die Frist zu laufen (07.08.2018 um 24:00 Uhr bzw. 08.08.2018 um 0:00 Uhr).

Fristbeginn: 08.08.2018 um 0:00 Uhr
Fristdauer: 1 Monat (§ 355 Abs. 1 AO)
Fristende: 07.09.2018 um 24:00 Uhr („Tageszahl der Bekanntgabe + 1 Monat")

ACHTUNG

Fehlt bei einer Monatsfrist in dem folgenden Monat der für den Ablauf maßgebende Tag (z. B. Ende der Frist wäre rechnerisch am 31.09.), dann endet die Frist nach § 188 Abs. 3 BGB mit dem Ablauf des letzten Tages dieses Monats (also am 30.09., weil es den 31.09. nicht gibt).

6. Welche Folgen hat es für den Steuerpflichtigen, wenn er eine Frist versäumt?

Je nach der Art der Fristversäumnis ergreifen die Finanzbehörden bestimmte Maßnahmen. Hierbei kommen in 2018 insbesondere die folgenden steuerlichen Nebenleistungen in Betracht:

steuerliche Nebenleistung	auslösende Ursache	Höhe der Nebenleistung
Verspätungszuschlag (§ 152 AO)	verspätete **Abgabe** einer Steuererklärung oder Steueranmeldung	Festsetzung liegt im Ermessen der Finanzbehörde; gesetzliche Begrenzung auf **höchstens 10 % der Steuer und nicht mehr als 25.000 €**
Säumniszuschlag (§ 240 AO)	verspätete **Bezahlung** einer Steuerschuld	Festsetzung liegt **nicht** im Ermessen der Finanzbehörde (gesetzlich zwingend vorgeschrieben): **1 %** der auf volle **50 € abgerundeten Steuer** für jeden **angefangenen** Monat der verspäteten Zahlung
Zwangsgeld (§ 329 AO)	keine Steuererklärung oder -anmeldung abgegeben (Verletzung der Abgabepflicht)	Festsetzung liegt im Ermessen der Finanzbehörde, **höchstens** jedoch **25.000 € je Einzelfall**; Androhung des Zwangsgeldes durch die Finanzbehörde erforderlich!
Zinsen (§§ 233 - 239 AO)	z. B. ▸ gesetzliche Verzinsung nach einer Karenzzeit von 15 Monaten nach Ablauf des Kalenderjahres, in dem die Steuer entstanden ist ▸ Stundung ▸ Steuerhinterziehung	**0,5 % pro Monat** des Zinslaufs; sie sind nur für **volle Monate** zu zahlen, d. h. angefangene Monate bleiben außer Ansatz (vgl. § 238 Abs. 1 AO)
Kosten (§§ 337 - 345 AO)	z. B. aufgrund einer Vollstreckung gegen den Steuerschuldner	**entstandene Gebühren und Auslagen** (vgl. im Einzelnen §§ 337 - 345 AO)

Auf die Zuschläge nach § 162 Abs. 4 AO, die Mitwirkungs- und Aufzeichnungspflichten bei Vorgängen mit Auslandsbezug betreffen, und das Verzögerungsgeld nach § 146 Abs. 2b AO wird hier aus Vereinfachungsgründen nicht eingegangen.

7. Welchen Ermessensspielraum haben die Finanzbehörden bei der Festsetzung eines Verspätungszuschlags in 2018?

Gegen denjenigen, der seiner Verpflichtung zur Abgabe einer Steuererklärung nicht oder nicht fristgerecht nachkommt, **kann** (muss aber nicht) die Finanzbehörde einen Verspätungszuschlag festsetzen. Von der Festsetzung ist **abzusehen, wenn die Versäumnis entschuldbar erscheint**. Die Beweislast liegt bei dem Steuerpflichtigen.

Sofern ein Verspätungszuschlag gegen den Steuerpflichtigen festgesetzt wird, hat die Finanzbehörde weiterhin einen **Ermessenspielraum** hinsichtlich der **Höhe des Zuschlags** (siehe hierzu § 152 Abs. 2 AO a. F.).

INFO

Durch das Gesetz zur Modernisierung des Besteuerungsverfahrens (StModernG) vom 18.07.2016 wurden die Regelungen zum Verspätungszuschlag für Steuererklärungen, die **nach dem 31.12.2018** einzureichen sind, **geändert** (siehe § 152 AO neue Fassung). Die Höhe des Verspätungszuschlags ist **dann abhängig von der Art der abzugebenden Erklärung.** Für jährlich abzugebende Steuererklärungen (z. B. Einkommensteuer-Erklärung) beträgt der Verspätungszuschlag dann beispielsweise **0,25 % der** nach Anrechnungen **verbleibenden Steuer – mindestens** jedoch **25 € – je angefangenem Monat** der Verspätung. Er ist auf volle Euro abzurunden und darf höchstens 25.000 € betragen. Hiervon gibt es jedoch verschiedene Ausnahmen, die in der nächsten Auflage dargestellt werden.

8. Was ist unter der „Schonfrist" zu verstehen?

Wird eine Steuer nicht bis zum Ablauf des Fälligkeitstages bezahlt, so ist nach § 240 Abs. 1 AO ein Säumniszuschlag gegen den Steuerpflichtigen festzusetzen.

Bei einer **Überschreitung des Fälligkeitstermins von bis zu 3 Tagen** wird nach § 240 Abs. 3 AO grundsätzlich **kein** Säumniszuschlag erhoben (**= Schonfrist**). Nach § 240 Abs. 3 Satz 2 AO gilt diese Regelung aber **nicht für Bar- oder Scheckzahlungen**.

9. Was bedeutet „Wiedereinsetzung in den vorigen Stand"?

War jemand ohne Verschulden verhindert, eine gesetzliche Frist einzuhalten, so ist ihm nach § 110 Abs. 1 AO auf Antrag Wiedereinsetzung in den vorigen Stand zu gewähren, was bedeutet, dass er dann so behandelt wird, als hätte er die Frist nicht versäumt. Die Frist beginnt erneut zu laufen.

Hierdurch soll vermieden werden, dass jemand durch den Ablauf einer nicht verlängerungsfähigen Frist (z. B. Einspruchsfrist nach § 355 AO) einen Rechtsverlust erleidet, obwohl ihm kein Verschulden zuzurechnen ist.

10. Welche Voraussetzungen müssen für die Gewährung einer Wiedereinsetzung in den vorigen Stand vorliegen?

Die Voraussetzungen für die Gewährung einer Wiedereinsetzung in den vorigen Stand sind:

1. **kein Verschulden** des Antragstellers hinsichtlich der Fristversäumnis (Beweislast liegt beim Antragsteller)
2. **Antrag** binnen eines Monats nach Wegfall des Hindernisses
3. **Nachholung der versäumten Handlung** (z. B. Einspruch gegen einen Steuerbescheid) innerhalb der Antragsfrist (= innerhalb eines Monats).

ACHTUNG

- Nach einem Jahr seit dem Ende der versäumten Frist kann die Wiedereinsetzung nicht mehr beantragt oder die versäumte Handlung nicht mehr nachgeholt werden, außer wenn dies vor Ablauf der Jahresfrist infolge höherer Gewalt (z. B. Naturkatastrophe) unmöglich war (§ 110 Abs. 3 AO).
- So weit das Gesetz eine Fristverlängerung vorsieht (§ 109 Abs. 1 AO), so kommt nicht Wiedereinsetzung, sondern rückwirkende Fristverlängerung in Betracht (Nr. 1 des Anwendungserlasses zu § 110 AO).

11. Schildern Sie ein typisches Beispiel für die Möglichkeit der Gewährung einer Wiedereinsetzung in den vorigen Stand!

Der Steuerpflichtige Markus Laddey fährt am 25.06.2018 in Urlaub, von dem er am 05.08.2018 zurückkehrt.

Am 23.06.2018 hatte das Finanzamt Koblenz den Einkommensteuerbescheid für 2017 an Herrn Laddey mit gewöhnlichem Brief zur Post gegeben.

Nach seiner Rückkehr findet Herr Laddey den Bescheid in seiner Post und stellt bei der sofortigen Prüfung fest, dass der Bescheid einen sachlichen Fehler enthält.

Die Bekanntgabe des Steuerbescheids erfolgt am 26.06.2018. Die Einspruchsfrist endet einen Monat später, also am 26.07.2018 um 24:00 Uhr. Ein Einspruch ist somit nach der Rückkehr von Herrn Laddey grundsätzlich nicht mehr möglich.

Sofern Herr Laddey jedoch gegenüber dem Finanzamt belegen kann, dass er aufgrund der urlaubsbedingten Abwesenheit keine Kenntnis von dem Bescheid nehmen konnte, kann ihm auf Antrag Wiedereinsetzung in den vorigen Stand gewährt werden. Der Einspruch ist dann binnen eines Monats seit seiner Rückkehr vom Urlaub zu stellen.

ACHTUNG

Urlaubsbedingte Abwesenheit wird als Grund nur anerkannt, wenn die Abwesenheit nicht mehr als 6 Wochen beträgt. Andere Gründe, die anerkannt werden: Unfall mit nachfolgendem Krankenhausaufenthalt, plötzliche (unvorhersehbare) Erkrankung, Naturkatastrophe (z. B. Hochwasser) usw.

6.5 Festsetzungs- und Feststellungsverfahren

1. Wie wird eine Steuer festgesetzt?

Wenn die Besteuerungsgrundlagen ermittelt sind, dann wird die Steuer von der zuständigen Finanzbehörde durch einen Steuerbescheid festgesetzt.

Ein Steuerbescheid ist ein Verwaltungsakt, in dem ein Steuerbetrag gegenüber einem bestimmten Steuerschuldner festgesetzt wird oder durch den eine völlige oder teilweise Freistellung von einer Steuer erfolgt (Freistellungsbescheid).

2. Was sind Steueranmeldungen? Nennen Sie Beispiele!

In einer Steuererklärung hat der Steuerpflichtige die für die Ermittlung und Feststellung der Steuer notwendigen Angaben zu machen (vgl. §§ 90 und 93 AO).

In bestimmten Fällen hat der Steuerpflichtige in der Steuererklärung die **Steuer selbst zu berechnen**. Diese besondere Art der Steuererklärung wird als Steuer**anmeldung** bezeichnet (vgl. § 150 Abs. 1 Satz 3 AO).

Beispiele

- Lohnsteuer-Anmeldung (§ 41a Abs. 1 EStG)
- Umsatzsteuer-Voranmeldung (§ 18 Abs. 1 UStG)
- Umsatzsteuer-Erklärung (§ 18 Abs. 3 UStG).

Eine Festsetzung der Steuer durch die Finanzbehörde erfolgt in diesen Fällen nur dann, wenn von der erklärten Steuer abgewichen wird oder der Steuerpflichtige keine Steueranmeldung abgibt (vgl. § 167 Abs. 1 Satz 1 AO).

3. Welche inhaltlichen Merkmale muss ein Steuerbescheid aufweisen?

Nach § 157 Abs. 1 i. V. mit § 119 AO muss ein ordnungsgemäßer Steuerbescheid die folgenden Merkmale aufweisen:

B. Grundwissen | I. Steuerwesen

1. die erlassende Behörde (z. B. das zutreffende Finanzamt)
2. den Steuerschuldner
3. die festgesetzte Steuer nach Art und Betrag mit einer Begründung (§ 121 AO) sowie
4. eine Rechtsbehelfsbelehrung, aus der hervorgeht, welcher Rechtsbehelf zulässig ist und in welcher Frist und bei welcher Behörde er einzulegen ist (§ 157 Abs. 1 Satz 3 AO).

ACHTUNG

- Fehlt eine notwendige Begründung (siehe 3.), dann liegt ein Formfehler vor, der durch nachträgliche Begründung geheilt werden kann (vgl. § 126 Abs. 1 AO).
- Fehlt die Rechtsbehelfsbelehrung oder wurde sie nicht richtig erteilt, so ist der Bescheid dennoch **wirksam**; der Steuerpflichtige kann in einem solchen Fall aber binnen **eines Jahres** Einspruch gegen den Bescheid einlegen (vgl. § 356 Abs. 2 AO).
- Fehlt eine der anderen oben genannten Angaben, dann ist der Bescheid in der Regel unwirksam (nichtig). Zur Nichtigkeit eines Verwaltungsaktes siehe § 125 AO.

4. Welche Möglichkeit gibt es, eine Steuer nicht endgültig festzusetzen?

Es gibt die folgenden Möglichkeiten, eine Steuer nicht endgültig festzusetzen:

- Festsetzung unter dem **Vorbehalt der Nachprüfung** nach § 164 AO oder
- **vorläufige Steuerfestsetzung** nach § 165 AO.

5. Was ist unter dem „Vorbehalt der Nachprüfung" zu verstehen?

Die Festsetzung einer Steuer kann – solange der Steuerfall nicht abschließend geprüft ist – allgemein oder im Einzelfall unter dem Vorbehalt der Nachprüfung festgesetzt werden, ohne dass dies einer Begründung bedarf (vgl. § 164 Abs. 1 Satz 1 AO). **Solange der Vorbehalt wirksam ist, kann die Steuerfestsetzung aufgehoben oder geändert werden**.

MERKE

Der Vorbehalt der Nachprüfung bezieht sich **im Gegensatz zur vorläufigen Steuerfestsetzung** (§ 165 AO) auf den **gesamten** Steuerfall.

Der Vorbehalt der Nachprüfung kann erfolgen

- **durch Vermerk** auf dem Steuerbescheid (z. B. „Dieser Bescheid ergeht nach § 164 Abs. 1 AO unter dem Vorbehalt der Nachprüfung.") oder
- **kraft Gesetz** (also ohne Vorbehaltsvermerk).

Kraft Gesetz unterliegen z. B. die folgenden Vorgänge **automatisch** dem Vorbehalt der Nachprüfung:

- Vorauszahlungsbescheide (§ 164 Abs. 1 Satz 2 AO)
- Steueranmeldungen (§ 168 AO)
- Eintragungen von Freibeträgen in die Lohnsteuerabzugsmerkmale (§ 39a Abs. 4 EStG).

ACHTUNG

Der Vorbehalt entfällt automatisch mit Ablauf der Festsetzungsfrist (ohne Nachprüfung oder Mitteilung der Finanzbehörde an den Steuerpflichtigen). Zur Festsetzungsfrist siehe Fragen 7 und 8.

6. Was ist unter einer „vorläufigen" Steuerfestsetzung zu verstehen?

Soweit ungewiss ist, ob die Voraussetzungen für die Entstehung einer Steuer eingetreten sind oder nicht, kann auf Antrag des Steuerpflichtigen oder durch die eigene Veranlassung der Finanzverwaltung die Steuer **vorläufig** festgesetzt werden (vgl. § 165 Abs. 1 Satz 1 AO).

MERKE

Die Vorläufigkeit erstreckt sich in der Regel nur auf **diejenigen Besteuerungsmerkmale, die ungewiss sind**.

Ein Steuerbescheid ist z. B. auch vorläufig festzusetzen, wenn

- das Bundesverfassungsgericht die Unvereinbarkeit eines Steuergesetzes mit dem Grundgesetz festgestellt hat und der Gesetzgeber zu einer Neuregelung verpflichtet ist oder
- die Vereinbarkeit eines Steuergesetzes mit höherrangigem Recht Gegenstand eines Verfahrens bei dem Gerichtshof der Europäischen Gemeinschaft, dem Bundesverfassungsgericht oder einem obersten Bundesgericht (z. B. Bundesfinanzhof) ist.

Der **Umfang** und der **Grund** der Vorläufigkeit sind **von der Finanzbehörde anzugeben** (vgl. § 165 Abs. 1 Satz 3 AO).

Wenn die **Ungewissheit beseitigt** ist, ist die **Vorläufigkeit aufzuheben**. Die Steuerfestsetzung ist dann zu ändern oder für endgültig zu erklären (vgl. § 165 Abs. 2 Satz 2 AO).

7. Was ist unter „Festsetzungsverjährung" zu verstehen?

Steuern sind innerhalb der **Festsetzungsfrist** (gesetzlich festgelegte Frist) von der zuständigen Finanzbehörde festzusetzen. Nach dem **Ablauf der Festsetzungsfrist** tritt die **Festsetzungsverjährung** ein, was bedeutet, dass die Steuer nicht mehr festgesetzt werden kann (vgl. § 169 Abs. 1 Satz 1 AO).

ACHTUNG

Die Festsetzungsverjährung betrifft die **Festsetzung** einer Steuer, nicht aber die Verjährung einer bereits festgesetzten Steuer (Zahlungsverjährung nach §§ 228 - 232 AO).

8. Welche Festsetzungsfristen nennt § 169 AO?

§ 169 Abs. 2 AO nennt die folgenden Festsetzungsfristen, nach deren Ablauf die Festsetzung einer Steuer nicht mehr möglich ist:

- für Verbrauchsteuern   1 Jahr
- für alle übrigen Steuern   4 Jahre
- für leichtfertig verkürzte Steuern   5 Jahre
- für hinterzogene Steuern   10 Jahre.

Beginn der Festsetzungsfrist und Einzelfragen der Ablaufhemmung: siehe §§ 170 und 171 AO.

9. In welchen Fällen kann ein Steuerbescheid berichtigt (geändert) werden?

Änderungen bzw. Berichtigungen von Verwaltungsakten bzw. Steuerbescheiden sieht die AO u. a. in den folgenden Fällen vor:

(1) Berichtigung offenbarer Unrichtigkeiten nach § 129 AO:
Schreibfehler, Rechenfehler oder andere offenbare Unrichtigkeiten, **die der Finanzbehörde beim Erlass eines Verwaltungsakts unterlaufen sind**, können bis zum Ablauf der Festsetzungsfrist korrigiert werden.

Fehler des Steuerpflichtigen, die zu einer unrichtigen Steuerfestsetzung geführt haben, können grundsätzlich **nur im Rahmen des Einspruchsverfahrens** korrigiert werden (innerhalb der Einspruchsfrist von einem Monat).

Wenn das Finanzamt den Fehler jedoch klar erkennen konnte und ihn dennoch in den Steuerbescheid übernommen hat, dann ist der Fehler des Steuerpflichtigen insoweit auch dem Finanzamt zuzurechnen und somit nach § 129 AO zu korrigieren.

(2) **Berichtigung von Steuerbescheiden wegen Schreib- und Rechenfehlern nach § 173a AO:**

Ein Steuerbescheid ist nach § 173a AO zu ändern oder aufzuheben, wenn bekannt wird, dass dem Steuerpflichtigen bei der Erstellung der eingereichten Steuererklärung Schreib- und/oder Rechenfehler unterlaufen sind, sodass beim Erlass des Steuerbescheids unzutreffende Tatsachen berücksichtigt wurden. § 173a AO ist eine Spezialvorschrift zu § 129 AO für Steuerbescheide. Die Änderung oder Aufhebung bereits bestandskräftiger Steuerbescheide ist allerdings nur im Rahmen der Festsetzungsfrist (siehe S. 363) möglich.

(3) **Änderung nach § 172 AO:**

Das Finanzamt kann einen Steuerbescheid – wenn dieser nicht vorläufig oder unter dem Vorbehalt der Nachprüfung ergangen ist – nach § 172 AO zurücknehmen oder ändern, **sofern der Steuerpflichtige die Änderung oder Aufhebung beantragt bzw. dieser zustimmt.**

Die Zustimmung des Steuerpflichtigen ist bei Steuerbescheiden, die Zölle oder Verbrauchsteuern betreffen, nicht notwendig.

Eine Änderung nach § 172 AO kommt **insbesondere** für die Fälle in Betracht, in denen die Korrektur auf Antrag des Steuerpflichtigen **innerhalb der Einspruchsfrist** erfolgt. Der Steuerpflichtige wird die Änderung in der Regel nur dann beantragen bzw. dieser zustimmen, wenn sie für ihn vorteilhaft ist.

a) **„Schlichte Änderung":** nur punktuelle Berichtigung des Bescheids auf Antrag des Steuerpflichtigen innerhalb der Einspruchsfrist.

b) **Einspruch** nach §§ 347 Abs. 1 i. V. mit 367 Abs. 2 AO: der ganze Fall wird neu aufgerollt.

(4) **Änderung nach § 173 AO:**

Steuerbescheide sind innerhalb der Festsetzungsfrist zuungunsten oder zugunsten des Steuerpflichtigen aufzuheben oder zu ändern, wenn **neue Tatsachen oder Beweismittel nachträglich bekannt werden.**

Eine Änderung ist jedoch nur insoweit zulässig, wie sich die neuen Tatsachen oder Beweismittel auswirken **(punktuelle Änderung).**

a) Eine Änderung **zuungunsten** des Steuerpflichtigen **muss** vorgenommen werden, wenn die neuen Tatsachen oder Beweismittel zu einer **höheren Steuer** führen.

b) Eine Änderung **zugunsten** des Steuerpflichtigen **(niedrigere Steuer)** kann nur dann vorgenommen werden, wenn den Steuerpflichtigen **kein grobes Verschulden** an dem nachträglichen Bekanntwerden trifft (siehe hierzu im Einzelnen Nr. 4 des Anwendungserlasses zu § 173 AO).

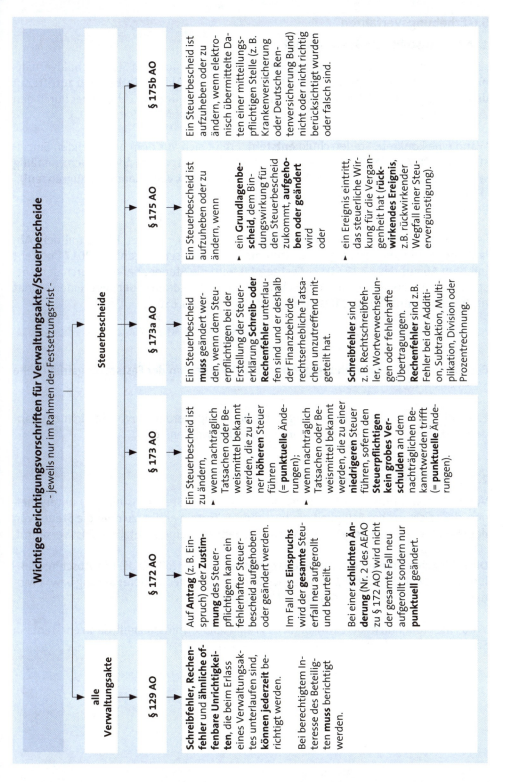

6.6 Erhebungsverfahren

1. Wann entsteht eine Steuerschuld?

„Entstehung" einer Steuer bedeutet, dass ein Anspruch aus dem Steuerschuldverhältnis verwirklicht wird (vgl. § 38 AO). Dies geschieht, **sobald der Tatbestand zutrifft, an den das Gesetz die Leistungspflicht knüpft** (z. B. Entstehung der Lohnsteuer durch den Zufluss von Arbeitslohn an den Arbeitnehmer – vgl. § 38 Abs. 2 Satz 2 EStG).

Wann eine konkrete Steuerschuld **entsteht**, ergibt sich aus dem betreffenden Einzelsteuergesetz. Auf den Zeitpunkt, zu dem die Steuer **festgesetzt** oder zu dem sie **fällig** wird, kommt es dabei nicht an **(diese Begriffe sind strikt voneinander abzugrenzen!)**.

Beispiel

Die **Einkommensteuer-Abschlusszahlung entsteht** nach § 36 Abs. 1 EStG mit dem **Ablauf des jeweiligen Veranlagungszeitraums** (die ESt-Abschlusszahlung 2017 entsteht mit dem Ablauf des 31.12.2017). **Festgesetzt** wird die Steuer aber erst durch den entsprechenden Einkommensteuerbescheid; **fällig** wird sie dann in der Regel einen Monat nach der Bekanntgabe des Bescheids (§ 36 Abs. 4 Satz 1 EStG).

Bedeutung hat der **Entstehungszeitpunkt** für den **Beginn der Festsetzungsfrist** (siehe § 170 Abs. 1 AO).

Eine entstandene Steuer kann festgesetzt und fällig werden; bevor sie nicht entstanden ist, kann sie nicht festgesetzt und nicht fällig werden.

2. Wann wird eine Steuerschuld fällig?

Von der Entstehung einer Steuer ist die Fälligkeit der Steuer insofern zu unterscheiden, dass sich aus der **Fälligkeit** ein bestimmter **Termin** ergibt, **zu dem die Steuer von dem Steuerschuldner bezahlt werden muss**, damit er keine gesetzliche Frist versäumt.

Die Fälligkeit geht aus den Einzelsteuergesetzen hervor (z. B. für die USt-Abschlusszahlung aus § 18 Abs. 4 UStG: 1 Monat nach dem Eingang der Steuererklärung bzw. 1 Monat nach der Bekanntgabe des Steuerbescheids).

Wird eine Steuer nicht bis zum Ablauf des Fälligkeitstermins bezahlt, dann entsteht ein Säumniszuschlag (siehe Frage 6 des Kapitels 6.4).

3. Welche Zahlungserleichterungen hinsichtlich der Begleichung einer Steuerschuld kennen Sie?

Auf Antrag kann das Finanzamt gewisse Zahlungserleichterungen gewähren, z. B. durch

- **Stundung**
- **Ratenzahlung**
- **Aussetzung der Vollziehung.**

Ferner können **Vorauszahlungen**, die nach den Verhältnissen des zuletzt veranlagten Kalenderjahres festgesetzt wurden, durch Anpassung an die veränderten Verhältnisse **herabgesetzt** werden.

Schließlich kann eine **Steuer** auch **erlassen** werden (siehe § 227 AO).

4. Was ist unter „Stundung" zu verstehen?

Die Stundung fälliger Steuern bedeutet ein **Hinausschieben des Zahlungstermins**. Nach § 222 AO kann sie **nur** gewährt werden, **wenn**

(1) **die Einziehung der Steuer bei Fälligkeit eine erhebliche Härte für den Schuldner bedeuten würde** (z. B. der Steuerpflichtige befindet sich in ernsthaften, aber nur vorübergehenden Zahlungsschwierigkeiten) **und**

(2) **der Anspruch durch die Stundung nicht gefährdet erscheint** (z. B. eine Besserung der Zahlungsfähigkeit ist ernsthaft zu erwarten).

Die Stundung soll in der Regel nur **auf Antrag** und **gegen Sicherheitsleistung** gewährt werden.

Für die Dauer der gewährten Stundung werden **Stundungszinsen nach § 234 AO** erhoben (0,5 % für jeden vollen Monat der Stundung; der Stundungsbetrag ist auf volle 50 € abzurunden) – vgl. § 238 AO.

Beispiel

Der Unternehmer Dietmar Fölbach ist wegen der Zahlungsschwierigkeiten einiger Kunden nicht in der Lage, die für 2017 festgesetzte Einkommensteuer-Nachzahlung in Höhe von 21.130 € zu bezahlen.

Er beantragt beim Finanzamt Koblenz eine Stundung. Das Finanzamt gewährt die Stundung für einen Zeitraum von 6 Monaten.

Ein Vierteljahr später verbessert sich die Zahlungsfähigkeit seiner Kunden wieder; zahlreiche fällige Forderungen werden bei Herrn Fölbach beglichen. Er bezahlt nun die noch fällige Einkommensteuer-Nachzahlung (bereits 4 Monate nach der Stundungsgewährung).

Die Höhe der von Herrn Fölbach zu entrichtenden Stundungszinsen betragen:
21.130 €, abgerundet auf volle 50 € = 21.100 €
21.100 € · 0,5 % · **6 Monate** (Stundungszeitraum) = **633 €**.

Die Stundungszinsen werden also für den Zeitraum der gewährten Stundung und nicht für den Zeitraum des Zahlungsrückstands berechnet.

Der Steuerpflichtige hat **keinen Anspruch auf Stundung** (Ermessensentscheidung des Finanzamts). Er kann aber gegen deren Versagung Einspruch einlegen.

Ein Stundungsantrag ist rechtzeitig zu stellen, d. h. vor dem Eintritt der Fälligkeit der Steuer; sonst wird – wenn das Finanzamt die Stundung nicht rückwirkend ab dem Fälligkeitstermin gewährt – ein Säumniszuschlag fällig (1 % der Steuer für jeden angefangenen Monat der Säumnis).

Steueransprüche können **nicht** gestundet werden, wenn der Steuerschuldner die Steuer für Rechnung eines Dritten einzubehalten und abzuführen hat, wie dies z. B. bei der **Lohnsteuer** oder der **Kapitalertragsteuer** der Fall ist (vgl. § 222 Satz 3 AO).

5. Was ist unter „Aussetzung der Vollziehung" zu verstehen?

Durch das Einlegen eines Einspruchs gegen einen Steuerbescheid wird die Vollziehung der Steuer nicht gehemmt (sie ist also trotz des Einspruchs termingerecht zu bezahlen).

Um die sich hieraus ergebenden Härten zu vermeiden, kann der Steuerpflichtige nach § 361 Abs. 2 AO einen Antrag auf Aussetzung der Vollziehung stellen, der hinreichend zu begründen ist. Sofern der **Einspruch** gegen den Steuerbescheid **Aussicht auf Erfolg** hat, kann das Finanzamt dem Antrag auf Aussetzung der Vollziehung stattgeben und damit die Fälligkeit der Steuer aussetzen. **Dies bedeutet, dass auf die Erhebung der Steuer während des Einspruchsverfahrens verzichtet wird.**

Die Aussetzung ist **auf den umstrittenen Betrag zu beschränken** und kann von einer Sicherheitsleistung abhängig gemacht werden.

Wird dem Einwand des Steuerpflichtigen gegen den Steuerbescheid später entsprochen, dann ist ihm auf diese Weise kein finanzieller Schaden (Zinsverlust) entstanden (für die Aussetzung der Vollziehung werden in diesem Fall auch keine Zinsen erhoben). Zinsen werden gegen den Steuerpflichtigen nur dann festgesetzt, wenn sein Einspruch gegen den Steuerbescheid abgelehnt wird (siehe §§ 237 f. AO).

6. Wodurch erlischt eine Steuerschuld?

Eine Steuerschuld erlischt durch

- Zahlung
- Aufrechnung (z. B. mit einer Forderung des Steuerpflichtigen gegenüber der Finanzbehörde)
- Erlass
- Niederschlagung oder
- Verjährung.

7. Unter welchen Voraussetzungen kann eine Steuer erlassen werden?

Die Finanzbehörden können Ansprüche aus dem Steuerschuldverhältnis ganz oder zum Teil erlassen, wenn deren Einziehung nach Lage des einzelnen Falls unbillig wäre, d. h. für den Steuerpflichtigen eine besondere Härte bedeuten würde (vgl. § 227 AO).

Ein Erlass kann nur in seltenen Ausnahmefällen in Betracht kommen, z. B. wenn durch die Ablehnung des Erlassantrages die Fortführung des Betriebes oder die Bestreitung des notwendigen Lebensunterhaltes gefährdet würde.

Ein Erlass kommt zudem nur dann in Betracht, wenn der Steuerschuldner **erlasswürdig** ist, was u. a. voraussetzt, dass er sich **bisher steuerehrlich** verhalten hat und seine finanzielle Notlage **unverschuldet** eingetreten ist (z. B. durch eine Naturkatastrophe).

8. Was ist unter „Niederschlagung" (§ 261 AO) zu verstehen?

Ansprüche aus dem Steuerschuldverhältnis können niedergeschlagen werden, wenn feststeht, dass die Einziehung keinen Erfolg haben wird (z. B. Insolvenz des Steuerschuldners) oder wenn die Kosten der Einziehung im Verhältnis zu dem Steuerbetrag unverhältnismäßig hoch wären.

Durch die Niederschlagung ruht der Steueranspruch vorläufig, lebt aber bei Besserung der Verhältnisse wieder auf.

9. Wann verjährt eine bereits festgesetzte Steuerschuld?

Die **Zahlungsansprüche** aus Steuerschuldverhältnissen verjähren grundsätzlich nach **5 Jahren** (**Zahlungsverjährung** nach § 228 AO). Mit dem Eintritt der Verjährung erlischt die Steuerschuld. Im Gegensatz zum bürgerlichen Recht ist die Verjährung von Amts wegen zu berücksichtigen. **Zahlt der Steuerpflichtige trotz Verjährung, so hat er einen Erstattungsanspruch** (vgl. § 37 Abs. 2 AO).

Die Verjährungsfrist **beginnt** mit dem Ablauf des Kalenderjahres, in dem die Steuer erstmalig fällig geworden ist, jedoch nicht vor Ablauf des Kalenderjahres, in dem die Festsetzung des Anspruchs, ihre Aufhebung, Änderung oder Berichtigung nach § 129 AO wirksam geworden ist, aus der sich der Anspruch ergibt.

Bei **Unterbrechung der Verjährung** beginnt die **Verjährung neu** zu laufen und zwar mit dem Ablauf des Kalenderjahres, in dem die Unterbrechung endet. Unterbrechung der Verjährung nach § 231 AO z. B. durch:

- schriftliche Zahlungsaufforderung
- Zahlungsaufschub
- Stundung
- Aussetzung der Vollziehung.

6.7 Rechtsbehelfsverfahren

1. Was ist unter „Rechtsbehelfsverfahren" zu verstehen und welche Formen sind zu unterscheiden?

„Rechtsbehelf" ist die **Möglichkeit des Steuerpflichtigen, die Finanzverwaltung** (allgemein: eine Behörde) **zur Überprüfung** und ggf. Korrektur **einer Maßnahme** oder eines Verhaltens **zu bewegen**. Rechtsbehelfe dienen somit der Gewährung von Rechtsschutz im Besteuerungsverfahren.

Förmliche Rechtsbehelfe sind die Mittel, die dem Steuerpflichtigen gesetzlich zustehen um einen Verwaltungsakt (insbesondere einen Steuerbescheid) überprüfen zu lassen.

Hinsichtlich der einzelnen Formen der Rechtsbehelfe, die dem Steuerpflichtigen zur Verfügung stehen, kann wie folgt unterschieden werden:

Rechtsbehelfe			
nichtförmliche (außerordentliche)		förmliche (ordentliche)	
außergerichtlich		außergerichtlich	gerichtlich
Gegenvorstellung	(Dienst-/Sach-) Aufsichtsbeschwerde	Einspruchsverfahren (§§ 347 - 367 AO)	Klage beim Finanzgericht (§§ 40 ff. FGO)
			Revision beim Bundesfinanzhof (§§ 115 ff. FGO)

Von besonderer praktischer Bedeutung für Steuerfachangestellte ist das **Einspruchsverfahren** (insbesondere der Einspruch gegen einen Steuerbescheid, eine Vollstreckungsmaßnahme usw. nach § 347 Abs. 1 Nr. 1 AO). Im Folgenden werden wir nur auf diesen Bereich des Rechtsbehelfsverfahrens näher eingehen.

2. Gegen welche Verwaltungsakte im Sinne der AO kann der Steuerpflichtige Einspruch einlegen?

Aus § 347 Abs. 1 AO geht im Einzelnen hervor, gegen welche Verwaltungsakte der Einspruch statthaft ist. Dies sind Verwaltungsakte in

- Abgabenangelegenheiten, auf die die AO Anwendung findet,
- Verfahren zur Vollstreckung von Verwaltungsakten,
- Steuerberatungsangelegenheiten und
- sonstigen Verwaltungsangelegenheiten.

Konkret kann z. B. gegen die folgenden Verwaltungsakte der Finanzbehörden Einspruch eingelegt werden:

- Steuerbescheide
- Steueranmeldungen
- Festsetzungsbescheide
- Steuermessbescheide
- Festsetzung von Verspätungszuschlägen oder Zwangsgeldern
- Ablehnung von Stundungs- oder Erlassanträgen.

Ein Einspruch ist weiterhin zulässig, wenn die Finanzbehörde über einen von dem Steuerpflichtigen gestellten Antrag auf Erlass eines Verwaltungsaktes (z. B. Steuerbescheid) nicht binnen einer angemessenen Frist tätig wird (**Untätigkeitseinspruch** nach § 347 Abs. 1 Satz 2 AO).

 ACHTUNG

Nach § 350 AO ist für die Zulässigkeit eines Einspruchs zusätzlich Voraussetzung, dass der Steuerpflichtige durch den Verwaltungsakt oder die Unterlassung beschwert („belastet") wird.

3. Welche Verwaltungsakte können nicht mit einem Einspruch angefochten werden?

Nach § 348 AO ist ein Einspruch gegen die folgenden Verwaltungsakte **nicht** zulässig:
- **gegen Einspruchsentscheidungen**
- **bei Nichtentscheidung über einen Einspruch**

- gegen Verwaltungsakte der obersten Finanzbehörden des Bundes (BMF) und der Länder, außer wenn ein Gesetz das Einspruchsverfahren vorschreibt
- gegen Entscheidungen des Zulassungs- und Prüfungsausschusses der Oberfinanzdirektionen in Angelegenheiten des Steuerberatungsgesetzes.

Gegen diese Verwaltungsakte kann **unmittelbar Klage** eingereicht werden (vgl. § 44 FGO).

4. Wie, wann und wo ist ein Einspruch einzulegen?

Ein Einspruch kann nach § 357 Abs. 1 AO **mündlich zu Protokoll** gegeben **oder schriftlich oder elektronisch** eingelegt werden (auch telegrafisch, per Telefax, Fernkopierer oder durch andere Telekommunikationsmittel möglich, weil die eigenhändige Unterschrift nicht erforderlich ist). Fernmündlich ist ein Einspruch **nicht** zulässig. Die unrichtige Bezeichnung (z. B. „Beschwerde" statt „Einspruch") ist unerheblich.

Ein Einspruch ist **innerhalb eines Monats nach Bekanntgabe** des Verwaltungsaktes einzulegen (vgl. § 355 Abs. 1 AO).

Rechtsbehelfsfristen sind **Ausschlussfristen**, d. h. sie können nicht verlängert werden und der **ungenutzte Ablauf der Frist** hat den **Ausschluss des Rechtsbehelfs** zur Folge.

Die Einlegung eines Einspruchs hat **bei der Behörde** zu erfolgen, **deren Entscheidung angefochten wird**. Er kann aber auch bei der darüber entscheidenden Stelle (z. B. OFD) eingelegt werden, was in der Regel aber unzweckmäßig ist, weil die Behörde, deren Bescheid angefochten wird, dazu Stellung nehmen muss.

Der Steuerpflichtige soll in dem Einspruch angeben, welcher Verwaltungsakt von ihm angefochten wird und inwieweit dieser angefochten wird. Ferner ist der Einspruch zu begründen, insbesondere sind Tatsachen und Beweismittel, die zur Begründung dienen, aufzuführen (vgl. § 357 Abs. 3 AO).

Zur Wahrung der Einspruchsfrist kann der Einspruch zunächst ohne Begründung eingelegt werden; die Begründung ist dann innerhalb einer angemessenen Frist nachzureichen.

5. Welche Folgen hat die Versäumung der Einspruchsfrist?

Nach dem Ablauf der Einspruchsfrist ist grundsätzlich kein Einspruch mehr möglich. Nur dann, wenn die Fristversäumnis unverschuldet war (z. B. wegen Unfall, Krankheit, Naturkatastrophe), kann **Wiedereinsetzung in den vorigen Stand** (§ 110 AO) beantragt werden (siehe Fragen 9 - 11 des Kapitels 6.4).

6. Welche Wirkung hat ein Einspruch?

Durch die Einlegung eines Einspruchs wird die Rechtskraft, nicht aber die Fälligkeit der Zahlung hinausgeschoben. Die Erhebung der Steuer wird durch den Einspruch also nicht aufgehalten (sie ist trotz des Einspruchs fristgerecht zu bezahlen). Allerdings kann die Vollziehung des Steuerbescheids auf Antrag ausgesetzt werden (Antrag auf Aussetzung der Vollziehung nach § 361 AO – siehe Frage 5 des Kapitels 6.6).

Wenn der Steuerpflichtige gleichzeitig Stundung begehrt, muss er neben dem Einspruch noch einen Antrag auf Stundung einreichen und diesen entsprechend begründen (siehe Frage 4 des Kapitels 6.6).

Die Entscheidung über den Einspruch führt zu einer Wiederaufrollung des gesamten Steuerfalls; eine Beschränkung auf Teile des Falls ist nicht zulässig.

Die Finanzbehörde entscheidet über den Einspruch durch schriftlichen Bescheid (Einspruchsbescheid nach §§ 366 und 367 AO).

ACHTUNG

Der angefochtene Bescheid kann dann auch zum Nachteil des Steuerpflichtigen geändert werden (sog. „Verböserung"). Die Finanzbehörde muss den Steuerpflichtigen jedoch vorab hierauf hinweisen und ihm rechtliches Gehör schenken (vgl. § 367 Abs. 2 Satz 2 AO). Der Steuerpflichtige hat dann die Möglichkeit, den Einspruch zurückzunehmen (vgl. § 362 Abs. 1 AO) und damit die Verböserung zu verhindern.

7. Was kann der Steuerpflichtige unternehmen, wenn sein Einspruch abgelehnt wird?

Wenn der Einspruch des Steuerpflichtigen abgelehnt bzw. über diesen negativ entschieden wird, besteht nur noch die Möglichkeit, gerichtlich gegen die Entscheidung der Finanzverwaltung vorzugehen. Der Steuerpflichtige muss dann **innerhalb eines Monats nach Bekanntgabe der Einspruchsentscheidung** Klage beim zuständigen Finanzgericht einreichen.

Sofern auch das Finanzgericht nicht der Ansicht des Steuerpflichtigen (des Klägers) folgt, also gegen ihn entscheidet, kann dieser Revision beim Bundesfinanzhof einlegen, wenn das Finanzgericht eine Revision für zulässig erklärt (vgl. § 115 FGO).

6.8 Rechtsverstöße im Steuerrecht

1. Unterscheiden Sie „Steuerstraftaten" und „Steuerordnungswidrigkeiten" voneinander!

(1) **Steuerstraftaten** (§§ 369 bis 370a AO) sind:
- Steuerhinterziehung
- Versuch der Steuerhinterziehung
- Zollstraftaten.

> **Steuerhinterziehung** begeht insbesondere, wer den Finanzbehörden über steuerlich erhebliche Tatsachen **vorsätzlich** unrichtige oder unvollständige Angaben macht und dadurch Steuern verkürzt oder für sich oder für einen anderen nicht gerechtfertigte Steuervorteile verschafft.

Steuerstraftaten haben **Geld- oder Freiheitsstrafen** zur Folge (bei schwerer Steuerhinterziehung Freiheitsstrafe von bis zu 10 Jahren, vgl. § 370 Abs. 3 AO).

Strafbar sind auch die Teilnahmeformen der Steuerhinterziehung, z. B. als Gehilfe (§ 27 StGB), als Anstifter (§ 26 Abs. 1 StGB) oder als Begünstigter (§ 257 StGB).

(2) **Steuerordnungswidrigkeiten** (§§ 377 ff. AO) sind:
- leichtfertige Steuerverkürzung (§ 378 AO)
- Steuergefährdung (§ 379 AO)
- Gefährdung von Abzugsteuern (§ 380 AO)
- Verbrauchsteuergefährdung (§ 381 AO)
- Gefährdung der Einfuhr- und Ausfuhrabgaben (§ 382 AO)
- unzulässiger Erwerb von Steuererstattungs- und Vergütungsansprüchen (§ 383 AO) und
- zweckwidrige Verwendung des Identifikationsmerkmals nach § 139a (§ 383a AO).

> **Steuerordnungswidrigkeiten** begeht, wer den Finanzbehörden über steuerlich erhebliche Tatsachen **unwissentlich oder grob fahrlässig** unrichtige oder unvollständige Angaben macht und dadurch Steuern verkürzt oder für sich oder für einen anderen nicht gerechtfertigte Steuervorteile verschafft.

Im Gegensatz zu Steuerstraftaten werden Steuerordnungswidrigkeiten nicht mit Geld- oder Freiheitsstrafen, sondern mit **Bußgeldern** geahndet. Je nach der Art und der Schwere der Steuerverkürzung darf das einzelne Bußgeld **höchstens 5.000 €** (bei Steuergefährdung) **bzw. 50.000 €** (bei leichtfertiger Steuerverkürzung und bei unzulässigem Erwerb von Steuererstattungs- und Vergütungsansprüchen) betragen (siehe §§ 378 Abs. 2, 379 Abs. 4, 380 Abs. 2, 381 Abs. 2, 382 Abs. 3, 383 Abs. 2).

2. Was ist unter einer Selbstanzeige zu verstehen?

Wer in den Fällen der Steuerhinterziehung unrichtige oder unvollständige Angaben bei der Finanzbehörde berichtigt oder ergänzt oder unterlassene Angaben nachholt (= Selbstanzeige), bleibt unter gewissen Voraussetzungen straffrei (vgl. § 371 AO).

Die Anzeige muss **freiwillig** erfolgen, **bevor die Untersuchung eingeleitet ist** bzw. ein Amtsträger der Finanzverwaltung zur Prüfung erschienen und bevor die Gefahr der Entdeckung besteht. Die verkürzten Steuern müssen dann innerhalb der von der Finanzbehörde bestimmten angemessenen Frist bezahlt werden.

Straffreiheit tritt **nicht** ein, wenn

1. vor der Berichtigung, Ergänzung oder Nachholung
   a) ein Amtsträger der Finanzbehörde zur steuerlichen Prüfung oder zur Ermittlung einer Steuerstraftat oder einer Steuerordnungswidrigkeit erschienen ist oder
   b) dem Täter oder seinem Vertreter die Einleitung des Straf- oder Bußgeldverfahrens wegen der Tat bekannt gegeben worden ist oder
2. die Tat im Zeitpunkt der Berichtigung, Ergänzung oder Nachholung ganz oder zum Teil bereits entdeckt war und der Täter dies wusste oder bei verständiger Würdigung der Sachlage damit rechnen musste.

Die Selbstanzeige hat eine persönliche Strafbefreiung zur Folge, sofern die unterlassenen oder unvollständigen Angaben des Steuerpflichtigen vollständig nachgeholt werden. Der vage Hinweis, eine Steuerverkürzung läge vor, die Einkünfte seien zu niedrig deklariert, reicht nicht aus. Durch die vom Anzeigenden gemachten Angaben muss die Finanzbehörde in die Lage versetzt werden, den Sachverhalt ohne lange Nachforschungen aufzuklären und die Steuer richtig festzusetzen.

Enthalten die Angaben des Anzeigenden wiederum Unrichtigkeiten oder werden nicht alle Sachverhalte richtig gestellt, so tritt insoweit keine Straffreiheit ein.

In einer Selbstanzeige müssen **alle noch nicht verjährten** Hinterziehungssachverhalte enthalten sein, damit Straffreiheit eintritt. Die strafbefreiende Selbstanzeige darf sich also **nicht nur als Teilselbstanzeige** auf bestimmte Steuersachverhalte beziehen. Unrichtige oder unvollständige Angaben müssen gegenüber der Finanzbehörde berichtigt, ergänzt oder unterlassene Angaben nachgeholt werden (§ 371 Abs. 1 AO).

ACHTUNG

> Eine Selbstanzeige hat also nur dann Straffreiheit zur Folge, wenn **alle noch nicht verjährten** Besteuerungsgrundlagen zutreffend nacherklärt werden. Es tritt also keine Straffreiheit ein, wenn von den bisher verschwiegenen Besteuerungsgrundlagen nur ausgewählte Sachverhalte nacherklärt werden.

Die Straffreiheit tritt grundsätzlich **nicht** ein, wenn der aus der Hinterziehung erlangte **Steuervorteil** den Betrag von **25.000 €** je Tat übersteigt (vgl. § 371 Abs. 2 Nr. 3 AO).

Damit in diesen Fällen dennoch ein Anreiz zur Selbstanzeige bestehen bleibt, tritt Straffreiheit auch bei Überschreiten der „25.000 €-Grenze" ein, wenn der Steuerpflichtige innerhalb einer angemessenen Frist

- die aus der Tat zu seinen Gunsten hinterzogenen Steuern bezahlt und – **zusätzlich** zu den anfallenden Hinterziehungszinsen –
- einen Geldbetrag in Höhe **von 10 % der hinterzogenen** Steuer zugunsten der Staatskasse zahlt (§ 398a AO). [Ab 100.000 € bis 1 Mio. € hinterzogenen Steuern beträgt der Zuschlag 15 % und über 1 Mio. hinterzogenen Steuern beträgt der Zuschlag 20 %.]

Beispiel

Der Unternehmer Florian Gilles hinterzieht im VZ 2016 Einkommensteuer in Höhe von 65.000 € durch unvollständige Angaben in der Gewinnermittlung. Für den VZ 2017 macht er erneut unvollständige Angaben, die zu einer Einkommensteuer-Hinterziehung von 24.000 € führen.

Die Finanzverwaltung hat bisher keine Kenntnis von dieser Steuerhinterziehung.

Im Juli 2018 erstattet Herr Gilles eine umfassende Selbstanzeige, die alle noch nicht verjährten Hinterziehungssachverhalte enthält und entrichtet gleichzeitig die Steuer nebst Zinsen.

Die Straffreiheit tritt zunächst nur für das Jahr 2017 ein („25.000 €-Grenze" nicht überschritten). Weil die hinterzogene Steuer für den VZ 2016 die „25.000 €-Grenze" übersteigt, tritt für 2016 nur dann Straffreiheit ein, wenn Herr Gilles zusätzlich und freiwillig 6.500 € (10 % von 65.000 €) an die Finanzkasse überweist.

II. Rechnungswesen

1. Einführung in das Rechnungswesen

1. Was versteht man unter dem betrieblichen Rechnungswesen?

Unter dem betrieblichen Rechnungswesen versteht man das systematische **Erfassen** und **Überwachen** aller im Betrieb auftretenden Geld- und Leistungsströme, die durch den betrieblichen Leistungsprozess hervorgerufen werden.

2. Nennen Sie die Aufgaben des betrieblichen Rechnungswesens!

Das betriebliche Rechnungswesen hat interne und externe Aufgaben zu erfüllen.

- **Interne Aufgaben:** Information, Disposition, Kontrolle.
  Es muss vor allem die Unternehmensleitung informieren, damit sie u. a. auf den betrieblichen Daten ihre Entscheidungen aufbauen kann. Außerdem dient es der laufenden Selbstkontrolle (Soll-Ist-Vergleich).
- **Externe Aufgaben:** Rechenschaftslegung, Information.
  Verschiedene gesetzliche Vorschriften verlangen die Rechenschaftslegung. Es informiert Außenstehende – Kreditinstitute, Aktionäre, Gläubiger, Allgemeinheit, Finanzverwaltung – über die Vermögens- und Ertragslage aufgrund gesetzlicher Vorschriften oder freiwillig. Die Aussagefähigkeit für Außenstehende ist entscheidend von der Ausgestaltung des Rechnungswesens abhängig.

3. Wie ist das betriebliche Rechnungswesen gegliedert?

Entsprechend den verschiedenen Aufgaben des betrieblichen Rechnungswesens wird es traditionsgemäß in vier Bereiche gegliedert:

(1) Finanzbuchführung mit Bilanz

(2) Kosten- und Leistungsrechnung

(3) Betriebsstatistik und Vergleichsrechnung

(4) Planungsrechnung.

Die Daten des Rechnungswesens laufen im Controlling zusammen. Dies ist ein Teilbereich des unternehmerischen Führungssystems, dessen Hauptaufgabe in der Planung, Steuerung und Kontrolle aller Unternehmensbereiche besteht.

4. Was versteht man unter kaufmännischer Buchführung?

Die Buchführung zeichnet planmäßig und lückenlos alle Geschäftsvorfälle in einem Zeitraum auf, die mit betrieblichen Werten zusammenhängen. Die Geschäftsvorfälle erscheinen **chronologisch** geordnet im Grundbuch, **sachlich** geordnet auf Sachkonten im Hauptbuch. Die Buchführung macht Wertzuwachs und Wertverzehr sowie Änderungen der Vermögens- und Kapitalstruktur sichtbar. Sie arbeitet mit den Größen Einzahlungen und Auszahlungen, Einnahmen und Ausgaben, Ertrag und Aufwand, im

Steuerrecht mit Betriebseinnahmen und Betriebsausgaben. Den Abschluss der Buchführung bilden Bilanz und Gewinn- und Verlustrechnung. Die kaufmännische Buchführung ist in der Regel eine doppelte Buchführung.

5. Grenzen Sie die Begriffe Auszahlungen, Ausgaben, Aufwand und Kosten voneinander ab!

- Unter **Auszahlung** versteht man den Abfluss liquider Mittel (beispielsweise Kredittilgungen).
- **Ausgaben** führen zu einer Minderung von Verbindlichkeiten oder zur Mehrung von Forderungen.
- **Aufwand** kann neutraler Aufwand (betriebsfremd, periodenfremd, außerordentlich) oder Zweckaufwand sein. Der Zweckaufwand entspricht den Grundkosten.
- Unter **Kosten** versteht man den bewerteten Verzehr von Produktionsfaktoren (Werkstoffe, Betriebsmittel, Arbeit) zur betrieblichen Leistungserstellung. Sie können Grundkosten (gleich Zweckaufwand) oder Zusatzkosten (kalkulatorische Miete, Zinsen oder kalkulatorischer Unternehmerlohn) sein.

Auszahlungen					
Ausgaben					
Aufwand					
neutraler Aufwand			Zweckaufwand =		
betriebsfremd	periodenfremd	außerordentlich			
			Grundkosten	Zusatzkosten	
			Kosten		

Die Entsprechungen sind die Begriffe Einzahlungen, Einnahmen, Erträge und Leistungen.

6. Nennen Sie die Aufgaben der Buchführung!

- **Selbstinformation:** Der Unternehmer kann Zusammensetzung und Änderung von Vermögen und Kapital erkennen, er sieht, welchen Gewinn oder Verlust er erwirtschaftet hat und aus welchen Quellen dieses Ergebnis stammt. Er kann diese Ergebnisse der Vergangenheit für Planungs- und Kontrollzwecke verwenden.
- **Rechenschaftslegung:** Wenn Beteiligte (z. B. Gesellschafter, Aktionäre) oder Gläubiger (z. B. Kreditinstitute, Lieferanten) Geld zur Verfügung gestellt haben, schuldet der Unternehmer Rechenschaft über die Verwaltung des fremden Geldes.
- **Gläubigerschutz:** Ein Gläubiger kann sich vor der Kreditgewährung anhand der Buchführung über die Kreditwürdigkeit des Schuldners informieren und die wirtschaftliche Lage des Schuldners überprüfen.

- **Grundlagen der Besteuerung:** Aus der Buchführung ergeben sich die wichtigsten Besteuerungsgrundlagen: Gewinn – Umsatz – Vermögen.
- **Beweismittel:** Bei Rechtsstreitigkeiten, bei Vermögensauseinandersetzungen kann das Gericht die Vorlage der Handelsbücher anordnen (§ 258 Abs. 1 HGB).

7. Wie kann der Gewinn bzw. Verlust ermittelt werden?

Einkommensteuerrecht

- Der Gewinn bzw. Verlust kann durch **Betriebsvermögensvergleich** (auch Bestandsvergleich genannt), d. h. mittels Buchführung, ermittelt werden (§ 4 Abs. 1 oder § 5 i. V. mit § 4 Abs. 1 EStG). Unter Betriebsvermögen ist der Wert aller aktiven Vermögensgegenstände eines Betriebes abzüglich der Werte aller Schulden zu verstehen, dies entspricht dem ökonomischen Begriff des Eigenkapitals. Dabei sind die Vorschriften über die Betriebsausgaben, über die Bewertung und über die Absetzung für Abnutzung oder Substanzverringerung zu befolgen (§ 4 Abs. 1 Satz 9 EStG). Diese Buchführung wird eine doppelte Buchführung sein. Das Ergebnis wird sowohl durch Eigenkapitalvergleich als auch durch Gegenüberstellung von **Betriebsausgaben und Betriebseinnahmen** ermittelt. Aber auch eine einfache Buchführung ermöglicht die Gewinnermittlung durch Bestandsvergleich.

  Wird der Gewinn nach § 4 Abs. 1, § 5 oder § 5a EStG ermittelt, so ist der Inhalt der Bilanz sowie der Gewinn- und Verlustrechnung nach amtlich vorgeschriebenem Datensatz durch Datenfernübertragung zu übermitteln (§ 5b Abs. 1 EStG). Enthält die Bilanz Ansätze oder Beträge, die den steuerlichen Vorschriften nicht entsprechen, so sind Anpassungen an die steuerlichen Vorschriften vorzunehmen und ebenfalls zu übermitteln. Es kann auch eine eigene Steuerbilanz erstellt werden, diese muss dann an die Finanzverwaltung übermittelt werden.

  Der Steuererklärung ist eine Abschrift der Bilanz beizufügen, wenn zur Vermeidung von unbilligen Härten auf eine elektronische Übermittlung verzichtet wird (§ 5b Abs. 2 EStG, § 60 Abs. 1 EStDV). Werden Bücher geführt, die den Grundsätzen der doppelten Buchführung entsprechen, ist eine Gewinn- und Verlustrechnung beizufügen.

- Der Gewinn bzw. Verlust kann ohne Betriebsvermögensvergleich mithilfe der **Überschussrechnung** (§ 4 Abs. 3 EStG) ermittelt werden. In diesem Falle ist die Einnahmenüberschussrechnung nach amtlich vorgeschriebenem Datensatz durch Datenfernübertragung zu übermitteln (§ 60 Abs. 4 EStDV). Wenn zur Vermeidung von unbilligen Härten auf eine elektronische Übermittlung verzichtet wird, ist der Steuererklärung eine Gewinnermittlung nach amtlich vorgeschriebenem Vordruck beizufügen.

- Der Gewinn aus Land- und Forstwirtschaft ist in besonderen Fällen nach Durchschnittssätzen (§ 13a EStG) zu ermitteln.

Soweit das Finanzamt die **Besteuerungsgrundlagen** nicht ermitteln oder berechnen kann, wird der Gewinn durch Schätzung ermittelt (§ 162 AO).

Handelsrecht

Die handelsrechtliche Gewinn- und Verlustrechnung ist nach § 242 Abs. 2 HGB eine Gegenüberstellung der **Aufwendungen und Erträge** des Geschäftsjahres. Die Begriffe Aufwand und Ertrag beziehen sich deshalb stets auf den handelsrechtlichen Gewinn bzw. Verlust und sind in der betriebswirtschaftlichen Fachsprache nur so zu benutzen.

Kosten- und Leistungsrechnung

Die Kosten- und Leistungsrechnung vergleicht **Erlöse und Kosten** zur Ermittlung des Gewinns oder Verlustes, wobei sich die Gesamtkosten aus variablen Kosten und Fixkosten zusammensetzen.

8. Wie ermitteln Land- und Forstwirtschaft ihren Gewinn?

Land- und Forstwirte, die die **Buchführungspflichtgrenzen** des § 141 AO überschreiten, ermitteln ihren Gewinn durch Betriebsvermögensvergleich nach § 4 Abs. 1 EStG. Sie haben den zum Anlagevermögen gehörenden Grund und Boden in der Bilanz auszuweisen.

Für Land- und Forstwirte, die nicht gesetzlich verpflichtet sind Bücher zu führen, gilt:

Sie ermitteln den Gewinn aus Land- und Forstwirtschaft nach Durchschnittssätzen, wenn die Voraussetzungen aus § 13a Abs. 1 EStG vorliegen:

(1) Der Steuerpflichtige ist nicht aufgrund gesetzlicher Vorschriften verpflichtet, Bücher zu führen und regelmäßig Abschlüsse zu machen.

(2) Die selbst bewirtschaftete Fläche (§ 34 Abs. 2 Nr. 1 Buchstabe a BewG) der landwirtschaftlichen Nutzung ohne Sonderkulturen überschreitet nicht 20 Hektar.

(3) Die Tierbestände übersteigen insgesamt nicht 50 Vieheinheiten (Anlage 1 zum BewG).

(4) Die selbst bewirtschafteten Flächen der forstwirtschaftlichen Nutzung (§ 160 Abs. 2 Satz 1 Nr. 1 Buchstabe b des Bewertungsgesetzes) überschreiten nicht 50 Hektar.

(5) Die selbst bewirtschafteten Flächen der Sondernutzungen überschreiten nicht die in § 13a Abs. 6 EStG genannten Grenzen.

Der **Durchschnittssatzgewinn** ist die Summe aus

1. dem Gewinn der landwirtschaftlichen Nutzung
2. dem Gewinn der forstwirtschaftlichen Nutzung
3. dem Gewinn der Sondernutzungen
4. den Sondergewinnen
5. den Einnahmen aus Vermietung und Verpachtung von Wirtschaftsgütern des land- und forstwirtschaftlichen Betriebsvermögens
6. den Einnahmen aus Kapitalvermögen, soweit sie zu den Einkünften aus Land- und Forstwirtschaft gehören (§ 20 Abs. 8 EStG).

Abzusetzen sind verausgabte Pachtzinsen und Schuldzinsen, die Betriebsausgaben sind. Diese Beträge dürfen jedoch nicht zu einem Verlust führen.

Sind die Voraussetzungen für die Gewinnermittlung nach Durchschnittssätzen gegeben, kann der Steuerpflichtige auch beantragen, den Gewinn für vier aufeinander folgende Wirtschaftsjahre durch Betriebsvermögensvergleich oder durch Vergleich der Betriebseinnahmen und Betriebsausgaben zu ermitteln.

Sind die Voraussetzungen für die Gewinnermittlung nach Durchschnittssätzen **nicht** gegeben, so ist der Gewinn durch Abzug der Betriebsausgaben von den Betriebseinnahmen zu ermitteln. Werden freiwillig Bücher geführt, so ist der Gewinn nach § 4 Abs. 1 EStG zu ermitteln.

Werden keine Bücher geführt oder Aufzeichnungen gemacht, die zur Gewinnermittlung nach § 4 Abs. 3 EStG ausreichen, ist der Gewinn zu schätzen.

9. Wie ermitteln Steuerpflichtige mit Einkünften aus selbstständiger Arbeit den Gewinn?

Steuerpflichtige mit Einkünften aus selbstständiger Arbeit (§ 18 Abs. 1 EStG) unterliegen nicht der Buchführungspflicht nach § 141 AO, da sich diese Bestimmung nur auf gewerbliche Unternehmen und Land- und Forstwirte bezieht. Sie können also in jedem Falle ihren Gewinn durch **Überschussrechnung** (§ 4 Abs. 3 EStG) ermitteln. Führen sie freiwillig Bücher, ermitteln sie ihren Gewinn nach § 4 Abs. 1 EStG.

2. Buchführungs- und Aufzeichnungsvorschriften

1. Was versteht man unter Buchführungspflicht?

Unter Buchführungspflicht versteht man die Pflicht jeden Kaufmanns, in den Büchern die Handelsgeschäfte und die Vermögenslage nach den Grundsätzen ordnungsmäßiger Buchführung ersichtlich zu machen (§ 238 Abs. 1 HGB). Die Buchführung muss so beschaffen sein, dass sie einem sachverständigen Dritten in angemessener Zeit einen Überblick über die Geschäftsvorfälle und über die Vermögenslage des Unternehmens vermitteln kann. Die Geschäftsvorfälle müssen sich auch in ihrer **Entstehung** und **Abwicklung** verfolgen lassen. Zur Buchführungspflicht gehört auch die Pflicht Unterlagen aufzubewahren (§ 257 HGB). Die für alle Kaufleute geltenden Vorschriften über Handelsbücher (3. Buch des HGB, §§ 238 bis 263) werden durch besondere rechtsformspezifische Vorschriften für Kapitalgesellschaften (§§ 264 bis 335b) und für eingetragene Genossenschaften (§§ 336 bis 339) ergänzt.

2. Wer ist verpflichtet nach handelsrechtlichen Vorschriften Bücher zu führen?

§ 238 Abs. 1 HGB verpflichtet jeden Kaufmann (siehe „Kaufmannseigenschaft") zur ordnungsmäßigen Buchführung einschließlich Bilanzierung, unabhängig von der Handelsregistereintragung. Ein Kaufmann hat daher zwingend eine Handelsbilanz zu erstellen. Der Vorstand der Aktiengesellschaft (§ 91 AktG), der Vorstand der Genossenschaft (§ 33 GenG), der Geschäftsführer der GmbH (§ 41 GmbHG) haben dafür zu sorgen, dass die erforderlichen Handelsbücher geführt werden. Nur die Handelsbilanz hat Gläubiger-Schutzfunktion. Der „Kleingewerbetreibende", der eines nach Art und Umfang in kaufmännischer Weise eingerichteten Geschäftsbetriebes nicht bedarf, ist als Nicht-Kaufmann von dieser Verpflichtung befreit.

Das Handelsrecht bezweckt mit seiner Buchführungspflicht vorwiegend den Schutz der Gläubiger („Gläubigerschutzgedanke").

Gemäß § 241a HGB brauchen Einzelkaufleute die Vorschriften über Buchführung und Inventar (§§ 238 bis 241 HGB) nicht anzuwenden, wenn sie an den Abschlussstichtagen von zwei aufeinander folgenden Geschäftsjahren nicht mehr als jeweils 600.000 € Umsatzerlöse und jeweils 60.000 € Jahresüberschuss aufweisen. Im Fall der Neugründung treten die Rechtsfolgen schon ein, wenn die genannten Werte am ersten Abschlussstichtag nach Neugründung nicht überschritten werden. Diese Kaufleute können also den Gewinn durch Einnahmen-Überschuss-Rechnung ermitteln, sofern sie nicht nach § 141 AO buchführungspflichtig im Sinne von § 4 Abs. 1 EStG werden.

3. Wann beginnt und wann endet die Buchführungspflicht nach Handelsrecht?

Für den **Istkaufmann (§ 1 HGB)** beginnt die Buchführungspflicht ab dem Zeitpunkt, ab dem er ein Handelsgewerbe betreibt.

Für den **Kannkaufmann (§§ 2 und 3 HGB)** beginnt die Buchführungspflicht ab dem Zeitpunkt, ab dem er freiwillig die Eintragung ins Handelsregister herbeiführt.

Für den **Formkaufmann (§ 6 HGB)** beginnt die Buchführungspflicht ab dem Zeitpunkt der Eintragung ins Handelsregister.

Die Buchführungspflicht endet mit dem Zeitpunkt des Verlustes der Eigenschaft als Kaufmann.

4. Welchen Zweck verfolgen die steuerrechtlichen Buchführungspflichten?

Anders als das Handelsrecht verlangt das Steuerrecht zur richtigen und gerechten Steuerfestsetzung vor allem die genaue Ermittlung der Besteuerungsgrundlagen.

5. Erläutern Sie die abgeleitete Buchführungspflicht nach § 140 AO!

„Wer nach anderen Gesetzen als den Steuergesetzen Bücher und Aufzeichnungen zu führen hat, die für die Besteuerung von Bedeutung sind, hat die Verpflichtungen, die ihm nach den anderen Gesetzen obliegen, auch für die Besteuerung zu erfüllen." Die steuerrechtliche Verpflichtung, Bücher zu führen, wird also aus der handelsrechtlichen Buchführungspflicht abgeleitet.

Eine Buchführungspflicht nach § 140 AO können auch ausländische Rechtsnormen begründen (R 4.1 Abs. 4 Satz 2 EStR 2012). Dies kann insbesondere bei der Verwendung ausländischer Rechtsformen (z. B. **Limited by Shares**) von Bedeutung sein.

Für Beginn und Ende der abgeleiteten Buchführungspflicht gilt das unter Frage 3 Gesagte.

6. Erläutern Sie die originäre Buchführungspflicht nach § 141 AO!

Durch § 141 AO wird der Kreis der Buchführungspflichtigen erweitert. Man spricht von der originären – ursprünglich steuerrechtlichen – Buchführungspflicht.

Danach sind

- gewerbliche Unternehmen und
- Land- und Forstwirte,

die nach den Feststellungen der Finanzbehörde für den einzelnen Betrieb die folgenden Grenzen überschreiten, auch dann buchführungspflichtig, wenn sich nach § 140 AO keine Buchführungspflicht ergibt:

(1) Umsätze einschließlich der steuerfreien Umsätze, ausgenommen die Umsätze nach § 4 Nr. 8 bis 10 des Umsatzsteuergesetzes von mehr als 600.000 € im Kalenderjahr **oder**

(2) selbst bewirtschaftete land- und forstwirtschaftliche Fläche mit einem Wirtschaftswert (§ 46 BewG) von mehr als 25.000 € **oder**

(3) Gewinn aus Gewerbebetrieb von mehr als 60.000 € im Wirtschaftsjahr **oder** Gewinn aus Land- und Forstwirtschaft von mehr als 60.000 € im Kalenderjahr.

Die **Betriebsvermögensgrenze** (Einheitswert des Betriebsvermögens) als Buchführungspflichtgrenze ist mit der Abschaffung der Vermögensteuer weggefallen.

Selbstständig Tätige mit Einkünften im Sinne des § 18 EStG unterliegen nicht der Buchführungspflicht.

7. Wann beginnt, wann endet die originäre Buchführungspflicht?

Die originäre Buchführungspflicht ist vom Beginn des Wirtschaftsjahres an zu erfüllen, das auf die Bekanntgabe der Mitteilung folgt, durch die die Finanzbehörde auf den Beginn dieser Verpflichtung hingewiesen hat (Ausnahme: AEAO zu § 141 AO). Die **Verpflichtung** endet mit **Ablauf des Wirtschaftsjahres**, das auf das Wirtschaftsjahr folgt, in dem die Finanzbehörde feststellt, dass keine der in § 141 Abs. 1 AO genannten Grenzen mehr überschritten sind (§ 141 Abs. 2 AO).

8. Welche Anforderungen sind an eine ordnungsmäßige Buchführung zu stellen?

Die Grundsätze ordnungsmäßiger Buchführung (GoB) sind ein in Jahrhunderten gewachsener und gepflegter Rechtsbegriff. Er wird vom Gesetzgeber sowohl im HGB als auch in der AO häufig verwendet, wird aber nirgendwo explizit definiert. Die GoB stellen damit einen unbestimmten Rechtsbegriff dar. Mit dieser Regelung kann eine schnelle Anpassung an sich ändernde wirtschaftliche Entwicklungen erreicht werden.

Die Buchführung ist ordnungsmäßig, wenn sie den Grundsätzen des **Handelsrechts** (§ 239 HGB) entspricht.

Steuerrecht: Eine Buchführung ist ordnungsmäßig (R 5.2 EStR 2012), wenn
- die für die kaufmännische Buchführung erforderlichen Bücher geführt werden,
- die Bücher förmlich in Ordnung sind und
- der Inhalt sachlich richtig ist.
- Bei der Aufstellung der Bilanz sind alle wertaufhellenden Umstände zu berücksichtigen, die für die Verhältnisse am Bilanzstichtag von Bedeutung sind. Als „**wertaufhellend**" sind nur die Umstände zu berücksichtigen, die zum Bilanzstichtag bereits objektiv vorlagen und nach dem Bilanzstichtag, aber vor dem Tag der Bilanzerstellung lediglich bekannt oder erkennbar wurden. Sachverhalten, die erst nach dem Abschlussstichtag eingetreten sind, dürfen im Jahresabschluss nicht berücksichtigt werden (**wertbegründend** auch **wertbeeinflussend**).

Man muss also zwischen formeller und materieller (sachlicher) Ordnungsmäßigkeit unterscheiden:
- Die **formelle Ordnungsmäßigkeit** soll ermöglichen, dass sich ein sachverständiger Dritter in angemessener Zeit einen Überblick über die Geschäftsvorfälle und über die Vermögenslage des Unternehmens machen kann (§ 238 Abs. 1 HGB, § 145 Abs. 1 AO). Hierin kommt die Forderung nach **Klarheit und Übersichtlichkeit** zum Ausdruck. Sie kann erreicht werden durch eine bestimmte Organisation der Buchführung:

    (1) § 239 Abs. 2 HGB: Die Eintragungen in Büchern und die sonst erforderlichen Aufzeichnungen müssen vollständig, richtig, zeitgerecht und geordnet vorgenommen werden.

    § 146 Abs. 1 AO: [1]Die Buchungen und die sonst erforderlichen Aufzeichnungen sind **einzeln**, vollständig, richtig, zeitgerecht und geordnet vorzunehmen. [2]Kasseneinnahmen und Kassenausgaben **sind** (bisher: sollen) täglich festzuhalten. [3]Die Pflicht zur Einzelaufzeichnung nach Satz 1 besteht aus Zumutbarkeitsgründen bei Verkauf von Waren an eine Vielzahl von nicht bekannten Personen gegen Barzahlung nicht. [4]Das gilt nicht, wenn der Steuerpflichtige ein elektronisches Aufzeichnungssystem im Sinne des § 146a verwendet (Gesetz zum Schutz vor Manipulationen an digitalen Grundaufzeichnungen vom 22.12.2016).

    Am 19.06.2018 ist zu der Neufassung des § 146 Abs. 1 AO ein Anwendungserlass veröffentlicht worden. Er enthält interne Verwaltungsanweisungen zur Auslegung des § 146 Abs. 1 AO:
    - Grundsätze der Einzelaufzeichnung

- Ausnahmen der Einzelaufzeichnungspflicht aus Zumutbarkeitsgründen
- Aufzeichnungspflichten bei Verwendung einer offenen Ladenkasse
- Verzögerungsgeld (§ 146 Abs. 2b AO)
- DV-gestützte Buchführung (§ 146 Abs. 5 AO)

Der Erlass bindet nur die Finanzverwaltung der Länder, nicht aber die Finanzgerichtsbarkeit.

(2) Nach § 239 Abs. 1 HGB, § 146 Abs. 2 und 3 AO sind die Bücher und sonst erforderlichen Aufzeichnungen im Geltungsbereich des Gesetzes zu führen und die Buchungen und Aufzeichnungen in einer lebenden Sprache vorzunehmen. Werden Abkürzungen, Ziffern, Buchstaben oder Symbole verwendet, muss deren Bedeutung im Einzelfall festliegen.

Nach § 146 Abs. 2a AO kann die zuständige Finanzverwaltung auf schriftlichen Antrag des Steuerpflichtigen bewilligen, dass elektronische Bücher und sonstige erforderliche elektronische Aufzeichnungen in einem Mitgliedstaat der Europäischen Union und in EWR-Staaten mit Amtshilfevereinbarung geführt und aufbewahrt werden. Eine Verlagerung in Drittstaaten bleibt dagegen auch dann ausgeschlossen, wenn umfassende Auskunftsklauseln in Doppelbesteuerungsabkommen bestehen.

(3) Nach § 239 Abs. 3 HGB, § 146 Abs. 4 AO dürfen Buchungen und Aufzeichnungen nicht in der Weise verändert werden, dass der ursprüngliche Inhalt nicht mehr festgestellt werden kann (kein Radieren, Rasieren, Überkleben, Löschen oder Überspielen). Auch solche Veränderungen dürfen nicht vorgenommen werden, deren Beschaffenheit es ungewiss lässt, ob sie ursprünglich oder erst später gemacht worden sind.

(4) Nach § 239 Abs. 4 HGB, § 146 Abs. 5 AO können Bücher und sonst erforderliche Aufzeichnungen auch in der geordneten Ablage von Belegen bestehen („Offene-Posten-Buchführung") oder auf Datenträgern geführt werden. Im letzteren Falle muss jedoch sichergestellt sein, dass die Daten während der Dauer der Aufbewahrungsfrist verfügbar sind und jederzeit innerhalb angemessener Zeit lesbar gemacht werden können (R 5.2 Abs. 1 EStR 2012).

(5) Eine Buchung darf nicht ohne Beleg erfolgen.

Ein bestimmtes Buchführungssystem ist nicht vorgeschrieben, allerdings muss die Buchführung bei Kaufleuten den Grundsätzen der doppelten Buchführung entsprechen (§ 242 HGB).

- Die **materielle Ordnungsmäßigkeit** erfordert **Richtigkeit und Vollständigkeit** der Aufzeichnungen. Das bedeutet:
  (1) Alle Geschäftsvorfälle, die stattgefunden haben, sind aufzuzeichnen.
  (2) Die Richtigkeit und Vollständigkeit der Geschäftsvorfälle ist durch Belege nachzuweisen. Diese sind für bestimmte Zeiträume aufzubewahren und geordnet abzulegen.
  (3) Es ist eine ordnungsgemäße Inventur durchzuführen.
  (4) Es sind handels- und steuerrechtliche Bewertungsvorschriften zu beachten.

Die Inanspruchnahme von Steuervergünstigungen ist nicht an das Vorliegen einer ordnungsmäßigen Buchführung geknüpft.

9. Welche Anforderungen stellen die „Grundsätze zur ordnungsmäßigen Führung und Aufbewahrung von Büchern, Aufzeichnungen und Unterlagen in elektronischer Form sowie zum Datenzugriff" (GoBD)?

Die GoBD (BFH-Schreiben vom 14.11.2014) gelten ab dem 01.01.2015 und konkretisieren die Ordnungsmäßigkeitsanforderungen der Finanzverwaltung an den Einsatz von IT bei der Buchführung und bei sonstigen Aufzeichnungen. Sie ersetzen die GoBS (Grundsätze ordnungsmäßer DV-gestützter Buchführungssysteme) und GDPdU (Grundsätze zum Datenzugriff und Prüfbarkeit digitaler Unterlagen). Sie sind von allen Buchführungs- bzw. Aufzeichnungspflichtigen zu beachten. Ihre Geltung ist nicht auf die Verwendung von Systemen der doppelten Buchführung beschränkt, sondern schließt ausdrücklich auch die steuerlichen Aufzeichnungspflichten ein, denen z. B. Einnahmenüberschussrechner unterliegen. Die GoBD beziehen sich auch auf Vor- und Nebensysteme der Finanzbuchführung. **Die GoB gelten weiterhin.**

Nach § 146 Abs. 5 AO können Bücher und Aufzeichnungen auf Datenträgern geführt werden, soweit diese Form der Buchführung einschließlich des angewendeten Verfahrens den GoB entspricht. Alle Unternehmensbereiche sind betroffen, in denen betriebliche Abläufe durch DV-gestützte Verfahren abgebildet werden und ein DV-System verwendet wird.

Nachvollziehbarkeit und Nachprüfbarkeit
Die Nachprüfbarkeit der Bücher und sonst erforderlichen Aufzeichnungen erfordert eine aussagekräftige und vollständige Verfahrensdokumentation, die sowohl die aktuellen als auch die historischen Verfahrensinhalte für die Dauer der Aufbewahrungsfrist nachweist und den in der Praxis eingesetzten Versionen des DV-Systems entspricht.

Vollständigkeit

- Die vollständige und lückenlose Erfassung und Wiedergabe aller Geschäftsvorfälle ist bei DV-Systemen durch ein Zusammenspiel von technischen und organisatorischen Kontrollen sicherzustellen.
- Ein und derselbe Geschäftsvorfall darf nicht mehrfach aufgezeichnet werden.
- Die Erfassung oder Verarbeitung von tatsächlichen Geschäftsvorfällen darf nicht unterdrückt werden.

Zeitgerechte Erfassung

- Unbare Geschäftsvorfälle müssen innerhalb von 10 Tagen erfasst werden.
- Kontokorrentbeziehungen müssen innerhalb von 8 Tagen erfasst werden.
- Die Führung von Kassen muss (bisher: soll) täglich geschehen.
- Wird nicht laufend, sondern nur periodenweise gebucht, müssen alle unbaren Vorfälle bis zum Ablauf des Folgemonats erfasst sein.

Unveränderbarkeit

- Belege gelten in dem Moment als unveränderbar, in dem sie erfasst werden. Das zum Einsatz kommende DV-Verfahren muss die Gewähr dafür bieten, dass alle Informationen (Programme und Datenbestände), die einmal in den Verarbeitungsprozess eingeführt wurden (Beleg, Grundbuchaufzeichnung, Buchung), nicht mehr unterdrückt oder ohne Kenntlichmachung überschrieben, gelöscht oder verfälscht werden können. Die Unveränderbarkeit der Daten, Datensätze, elektronischen Dokumente und elektronischen Unterlagen kann sowohl hardwaremäßig als auch softwaremäßig als auch organisatorisch gewährleistet werden. Veränderungen und Löschungen von und an elektronischen Buchungen und Aufzeichnungen müssen protokolliert werden.
- Die definitive buchhalterische Verarbeitung unterliegt erstmals konkreten Fristen, die an den Termin der USt-Voranmeldung angelehnt sind.
- Im Sinne der Unveränderbarkeit von Dokumenten sind PDFs und Bilddateien normalerweise unbedenklich, Office-Formate allerdings nicht.
- Werden Manipulationsprogramme (Zapper, Phantomware, Backofficeprodukte) eingesetzt, die den Anforderungen der Unveränderbarkeit entgegenwirken, führt dies zur Ordnungswidrigkeit der elektronischen Bücher und sonst erforderlichen elektronischen Aufzeichnungen.

Verfahrensdokumentation

Da sich die Ordnungsmäßigkeit neben den elektronischen Büchern und sonst erforderlichen Aufzeichnungen auch auf die damit in Zusammenhang stehenden Verfahren und Bereiche des DV-Systems bezieht, muss für jedes DV-System eine übersichtlich gegliederte Verfahrensdokumentation vorhanden sein, aus der Inhalt, Aufbau, Ablauf und Ergebnisse des DV-Verfahrens vollständig, und schlüssig ersichtlich sind.

Datensicherheit
Der Steuerpflichtige hat sein DV-System gegen Verlust zu sichern und gegen unberechtigte Eingaben und Veränderungen zu schützen. Können die Daten, Datensätze, elektronischen Dokumente und elektronischen Unterlagen nicht vorgelegt werden, ist die Buchführung formell nicht mehr ordnungsmäßig.

10. Welche Besonderheiten sind bei der Aufzeichnung von Kasseneinnahmen und Kassenausgaben zu beachten?

Beim Verkauf von Waren an eine Vielzahl von nicht bekannten Personen gegen Barzahlung sind Einzelaufzeichnungen nicht zumutbar. In diesen Fällen werden Bareinnahmen und Barausgaben mittels einer **offenen Ladenkasse (Schubladenkasse)** erfasst, die ohne jegliche technische Unterstützung geführt wird. Um die Ordnungsmäßigkeit der Kassenbuchführung zu gewährleisten ist ein täglicher Kassenbericht erforderlich. Darin werden die jeweiligen Tageseinnahmen retrograd ermittelt. Darüber hinaus wird ein „Zählprotokoll", in dem die genaue Stückzahl der vorhandenen Geldscheine und -münzen aufgelistet wird, nicht gefordert (BFH-Beschluss vom 16.12.2016).

Hinsichtlich **elektronischer Registrierkassen (PC-Kassen)** hat das Bundesministerium der Finanzen die besonderen Anforderungen und Aufbewahrungsmodalitäten in einem BMF-Schreiben vom 26.11.2010 festgelegt. Sie sind durch die GoBD konkretisiert.

Durch das „Gesetz zum Schutz vor Manipulation an digitalen Grundaufzeichnungen" sollen bisher bestehende technische Möglichkeiten zur Manipulation von digitalen Grundaufzeichnungen, wie z. B. bei elektronischen Kassen, verhindert werden:

- § 146a Abs. 1 AO legt fest, dass alle elektronischen Aufzeichnungssysteme und die digitalen Aufzeichnungen durch eine zertifizierte technische Sicherheitseinrichtung zu schützen sind. Diese Sicherheitseinrichtung muss aus einem Sicherheitsmodul, einem Speichermedium und einer einheitlichen digitalen Schnittstelle bestehen.

- § 146a Abs. 2 AO führt eine verpflichtende Belegausgabe ein. Lediglich bei Unternehmen, die Waren an eine Vielzahl von nicht bekannten Personen verkaufen, kann von der generellen Erteilung einer Kassenquittung abgesehen werden. Auf Antrag erteilen die Finanzämter aus Gründen der Praktikabilität und Zumutbarkeit eine Befreiung von der Belegausgabepflicht; diese kann aber auch widerrufen werden.

- Für die eingesetzten elektronischen Aufzeichnungssysteme und zertifizierten technischen Sicherheitseinrichtungen besteht eine Meldepflicht. Wer ein elektronisches Aufzeichnungssystem anschafft oder außer Betrieb nimmt, hat dies innerhalb eines Monats mitzuteilen (§ 146a Abs. 4 AO).

- Ergänzend zu den bereits vorhandenen Instrumenten der Steuerkontrolle in Unternehmen wird ab 2018 das Instrument einer Kassen-Nachschau (§ 146b AO) ohne vorherige Ankündigung und außerhalb einer Außenprüfung eingeführt.

Neben der technischen Sicherheitseinrichtung, die ab dem 01.01.2020 zwingend in jedes elektronische Aufzeichnungssystem (§ 1 KassenSichV, gültig ab dem 07.10.2017) eingebaut sein muss, und der Belegausgabepflicht (§ 146a Abs. 2 AO) stellt die Kassen-

Nachschau eine weitere Maßnahme dar, um das Entdeckungsrisiko für Manipulationen an Kassen zu erhöhen.

Mit der Kassensicherungsverordnung wird u. a. definiert, welche elektronischen Aufzeichnungssysteme durch eine zertifizierte technische Sicherheitseinrichtung zu schützen sind und wie eine Protokollierung der digitalen Aufzeichnungen sowie deren Speicherung erfolgen müssen.

Die Kassensicherungsverordnung legt fest,
- welche elektronischen Aufzeichnungssysteme von der Regelung des § 146a AO betroffen sind,
- wann und in welcher Form eine Protokollierung der digitalen Grundaufzeichnungen im Sinne des § 146a AO zu erfolgen hat,
- wie diese digitalen Grundaufzeichnungen zu speichern sind,
- die Anforderungen an eine einheitliche digitale Schnittstelle,
- die Anforderungen an die technischen Sicherheitseinrichtungen, die Anforderungen an den auszustellenden Beleg und
- die Kosten der Zertifizierung.

Soweit eine Kasse bauartbedingt den gesetzlichen Anforderungen des BMF-Schreibens vom 26.10.2010 nicht oder nur teilweise genügt, wird es nicht beanstandet, wenn der Steuerpflichtige dieses Gerät längstens bis zum 31.12.2016 in seinem Betrieb weiterhin einsetzt. Das setzt aber voraus, dass der Steuerpflichtige technisch mögliche Softwareanpassungen und Speichererweiterungen mit dem Ziel durchführt, die gesetzlichen Anforderungen zu erfüllen. **Ab dem 01.01.2017 müssen Registrierkassen die Voraussetzungen für die Aufbewahrung von digitalen Unterlagen bei Bargeschäften erfüllen. Registrierkassen ohne Datenhaltung dürfen nicht mehr für die Einnahmenaufzeichnung verwendet werden.**

Für nicht aufrüstbare Kassensysteme mit Anschaffungsdatum zwischen dem 25.11.2010 und dem 01.01.2020 gilt eine Übergangsfrist bis zum 31.12.2022. Diese Kassensysteme müssen grundsätzlich noch nicht die Voraussetzungen von elektronischen Kassen mit zertifizierten technischen Sicherheitseinrichtungen erfüllen.

11. Was umfasst das Datenverarbeitungssystem für das betriebliche Rechnungswesen?

Unter DV-System wird die im Unternehmen oder für Unternehmenszwecke zur elektronischen Datenverarbeitung eingesetzte Hard- und Software verstanden, mit denen Daten und Dokumente erfasst, erzeugt, empfangen, übernommen, verarbeitet, gespeichert oder übermittelt werden. Dazu gehören das Hauptsystem sowie Vor- und Nebensysteme (z. B. Finanzbuchführungssystem, Anlagenbuchhaltung, Lohnbuchhaltungssystem, Kassensystem, Warenwirtschaftssystem, Zahlungsverkehrssystem, Taxameter, Geldspielgeräte, elektronische Waagen, Materialwirtschaft, Lohnabrechnung, Fakturierung, Zeiterfassung, Archivsystem, Dokumenten-Management-System) einschließlich der Schnittstelle zwischen den Systemen.

12. Was sind Aufzeichnungen?

Aufzeichnungen sind alle dauerhaft verkörperten Erklärungen über Geschäftsvorfälle in Schriftform oder auf Medien mit Schriftersatzfunktion (z. B. auf Datenträgern). Der Begriff der Aufzeichnungen umfasst Darstellungen in Worten, Zahlen, Symbolen und Grafiken.

13. Wie sind Geschäftsvorfälle aufzuzeichnen?

Geschäftsvorfälle sind alle rechtlichen und wirtschaftlichen Vorgänge, die innerhalb eines bestimmten Zeitabschnitts den Gewinn bzw. Verlust oder die Vermögenszusammensetzung in einem Unternehmen dokumentieren oder beeinflussen bzw. verändern.

Der Steuerpflichtige hat organisatorisch und technisch sicherzustellen, dass die elektronischen Buchungen einzeln und sachlich geordnet nach Konten dargestellt (**Kontenfunktion**) und unverzüglich lesbar gemacht werden können, die sonst erforderlichen elektronischen Aufzeichnungen müssen vollständig, richtig, zeitgerecht und geordnet vorgenommen werden.

Die fortlaufende Aufzeichnung der Geschäftsvorfälle erfolgt zunächst in Papierform oder in elektronischen Grund(buch)aufzeichnungen (**Grundaufzeichnungsfunktion**), um die Belegsicherung und die Garantie der Unverlierbarkeit des Geschäftsvorfalls zu gewährleisten. Durch Erfassungs-, Übertragungs- und Verarbeitungsprotokolle ist sicherzustellen, dass alle Geschäftsvorfälle vollständig erfasst werden oder übermittelt werden und danach nicht unbefugt und nicht ohne Nachweis des vorausgegangenen Zustandes verändert werden können.

Die **Journalfunktion** erfordert eine vollständige, zeitgerechte und formal richtige Erfassung, Verarbeitung und Wiedergabe der eingegebenen Geschäftsvorfälle. Sie dient dem Nachweis der tatsächlichen und zeitgerechten Verarbeitung der Geschäftsvorfälle.

14. Welche Funktion haben Belege?

Jeder Geschäftsvorfall ist urschriftlich bzw. als Kopie der Urschrift zu belegen. Zweck der Belege ist es, den sicheren und klaren Nachweis über den Zusammenhang zwischen den Vorgängen in der Realität einerseits und dem aufgezeichneten oder gebuchten Inhalt in Büchern oder sonstigen Aufzeichnungen zu erbringen (**Belegfunktion**). Die Belegfunktion ist die Voraussetzung für die Beweiskraft der Buchführung und sonstigen Aufzeichnungen und gilt auch bei Einsatz eines DV-Systems.

versch. Nummern-kreise möglich

- Belege sind durch laufende Nummerierung, laufende Ablage, durch zeitgerechte Erfassung in Grund(buch)aufzeichnungen oder durch laufende Vergabe eines Barcodes und anschließendes Scannen zeitnah gegen Verlust zu sichern.
- Die Zuordnung zwischen Beleg und dazugehöriger Grundbuchaufzeichnung oder Buchung muss gewährleistet sein. Diese Zuordnungs- und Identifikationsmerkmale aus dem Beleg müssen bei der Aufzeichnung oder Verbuchung in die Bücher oder Aufzeichnungen übernommen werden, um eine progressive und retrograde Prüfung zu ermöglichen.
- Eine erfassungsgerechte Aufbereitung der Buchungsbelege in Papierform oder die entsprechende Übernahme von Beleginformationen aus elektronischen Belegen ist sicherzustellen.

Keine Buchung ohne Beleg; Beleg ist das Beweismittel der BF

15. Welchen Inhalt müssen Belege haben?

Jeder Beleg muss folgenden Inhalt haben (siehe auch GoBD, Rz. 77):

- Belegnummer
- Belegaussteller und -empfänger
- Betrag bzw. Mengen- oder Wertangabe, aus denen sich der zu buchende Betrag ergibt
- Währungsangabe und Wechselkurs bei Fremdwährung
- Hinreichende Erläuterung des Geschäftsvorfalls
- Belegdatum
- Verantwortlicher Aussteller, soweit vorhanden *eventuell Steuer Ausweis (Rechnung)*

16. Welche Belegarten gibt es?

(1) Fremd- und Eigenbelege

- **Fremdbelege** gelangen von außen her in den Betrieb. Es sind Originalbelege wie Eingangsrechnungen, Bank- und Postbankauszüge, Frachtbriefe, Lieferscheine, Wechsel etc.
- **Eigenbelege** werden vom Unternehmer selbst oder von einer zum Unternehmen gehörigen Person ausgestellt, weil ein Fremdbeleg nicht vorhanden ist, eine Buchung ohne Beleg jedoch nicht zulässig ist. Sie werden z. B. notwendig, weil Fremdbelege über außerhalb geführte Telefongespräche, Parkplatzgebühren und Trinkgelder üblicherweise nicht erteilt werden, Eigenleistungen belegt werden müssen, zeitliche Abgrenzungen nachzuweisen sind. Notbelege werden z. B. wegen der Vernichtung unverkäuflicher Ware, für Geschenke an Kunden oder für verloren gegangene Fremdbelege ausgestellt.

(2) Umlauf- und Mehrschreibbelege

- Da die Buchungsunterlagen sowohl in die Finanzbuchführung als auch in die Kosten- und Leistungsrechnung eingehen müssen, werden diese Belege zeitlich nacheinander von der Geschäftsbuchhaltung und der Betriebsbuchhaltung oder umgekehrt bearbeitet, sie laufen um, man nennt sie Umlaufbelege.

- Die hierdurch entstehenden Terminschwierigkeiten beseitigt man durch die Anfertigung mehrerer Belegausfertigungen, Mehrschreibbelege. Sie ermöglichen die gleichzeitige Buchung und Abrechnung in der Geschäfts- und Betriebsbuchhaltung (Rechnungskreise I und II).

Mehrschreibbelege werden auch als verschiedenfarbige Ausgangsrechnungsdurchschriften für Sachkontenbuchführung, Kontokorrentbuchführung, Lagerkartei und Provisionsabrechnung verwendet.

(3) Einzel-, Sammel- und Dauerbelege

- **Einzelbelege** enthalten die Daten eines einzelnen Geschäftsvorfalles.
- **Sammelbelege** sind z. B. Lohnlisten, Sammelüberweisungen usw. Sie sind in der Regel Einzelbelege und umfassen Aufzeichnungen über mehrere gleichartige Vorgänge.
- **Dauerbelege** betreffen Geschäftsvorfälle, die sich in gleichen Zeitabständen wiederholen oder sich über einen längeren Zeitraum erstrecken. Aufgrund dieses Belegs wird mehrmals gebucht, bei der Buchung im Grundbuch ist immer die gleiche Belegnummer anzugeben. Auf dem Dauerbeleg muss jede einzelne Buchung durch einen eigenen Buchungsvermerk festgehalten werden. Beispiele: monatliche Abschreibungen auf abnutzbares Anlagevermögen im Rahmen der kurzfristigen Erfolgsrechnung und kalkulatorische Abgrenzungen.

17. Welche Anforderungen sind an die Aufbewahrung und maschinelle Auswertbarkeit von Daten zu stellen?

- Neben den außersteuerlichen und steuerlichen Büchern, Aufzeichnungen und Unterlagen zu Geschäftsvorfällen sind alle Unterlagen aufzubewahren, die zum Verständnis und zur Überprüfung der für die Besteuerung gesetzlich vorgeschriebenen Aufzeichnungen im Einzelfall von Bedeutung sind. Dies sind Unterlagen in Papierform, in Form von Daten, Datensätzen und elektronische Dokumente, die dokumentieren, dass die Ordnungsvorschriften umgesetzt und deren Einhaltung überwacht wird.
- Die Daten aus Vor- oder Nebensystemen müssen unverändert aufbewahrt und dürfen erst nach Ablauf der Aufbewahrungsfrist gelöscht werden.
- Insbesondere betrifft das auch E-Mails und E-Mail-Anlagen, die geschäftliche Dokumente darstellen, wie z. B. Rechnungen, Aufträge usw. Dient eine E-Mail nur als „Transportmittel", z. B. für eine angehängte elektronische Rechnung, und enthält darüber hinaus keine weitergehenden aufbewahrungspflichtigen Informationen, so ist diese nicht aufbewahrungspflichtig (wie der bisherige Papierbriefumschlag).
- Außer den Belegen und sonstigen Unterlagen, die unter die außersteuerlichen und steuerlichen Aufzeichnungspflichten fallen, sind alle weiteren Unterlagen aufzubewahren, z. B. digitale oder digitalisierte Belege, relevante Stammdaten, Verfahrensdokumentationen.

- Daten, Datensätze, elektronische Dokumente und elektronische Unterlagen müssen maschinell auswertbar sein. Sie müssen mathematisch-technische Auswertungen ermöglichen, eine Volltextsuche ermöglichen oder auch ohne mathematisch-technische Auswertungen eine Prüfung im weitesten Sinne ermöglichen (z. B. Bildschirmabfragen).

- Werden Handels- oder Geschäftsbriefe und Buchungsbelege in Papierform empfangen und danach elektronisch erfasst (Scanner), ist das Scanergebnis so aufzubahren, dass die Wiedergabe mit dem Original bildlich Übereinstimmt, wenn es lesbar gemacht wird. Das Verfahren des Scanvorgangs ist zu dokumentieren.

18. Welche Möglichkeiten hat die Finanzverwaltung auf die Daten zuzugreifen?

Nach § 147 Abs. 6 AO hat die Finanzbehörde das Recht, die mithilfe eines DV-Systems erstellten und nach außersteuerlichen und steuerlichen Vorschriften aufzeichnungspflichtigen und die nach § 147 Abs. 1 AO aufbewahrungspflichtigen Unterlagen durch Datenzugriff zu prüfen. Neben den Daten müssen insbesondere auch die Teile der Verfahrensdokumentation auf Verlangen zur Verfügung gestellt werden können, die einen vollständigen Systemüberblick ermöglichen. Die angeforderten Strukturinformationen sind in den „Ergänzenden Informationen zur Datenträgerüberlassung" (BMF vom 14.11.2014) beschrieben.

Bei der Ausübung des Rechts auf Datenzugriff stehen der Finanzbehörde nach dem Gesetz drei Möglichkeiten zur Verfügung.

- **Unmittelbarer Datenzugriff (Z1):** Direkter Lesezugriff für die Finanzbehörde über das DV-System des Unternehmens auf alle aufzeichnungs- und aufbewahrungspflichtigen Daten

- **Mittelbarer Datenzugriff (Z2):** Maschinelle Auswertung aller aufzeichnungs- und aufbewahrungspflichtigen Daten durch das Unternehmen oder einen Dritten

- **Datenträgerüberlassung (Z3):** Bereitstellung aller aufzeichnungs- und aufbewahrungspflichtigen Daten nebst allen zur Auswertung nötigen Tabellendaten sowie Verknüpfungen auf einem maschinell auswertbaren Datenträger

Positivtestate zur Ordnungsmäßigkeit der Buchführung – und damit zur Ordnungsmäßigkeit DV-gestützter Buchführungssysteme – werden im Rahmen einer steuerlichen Außenprüfung nicht erteilt.

19. Welche Auswirkungen haben formelle Mängel?

Sind formelle Mängel so gering, dass die sachliche Richtigkeit nicht beeinträchtigt wird, ist die Ordnungsmäßigkeit der Buchführung grundsätzlich nicht zu beanstanden (R 5.2 Abs. 2 EStR 2012). Enthält die Buchführung dagegen schwere und gewichtige formelle Mängel, die die Grundlagen der kaufmännischen Buchführung berühren, kann dies zu einer **Verwerfung** der **Buchführung** führen, d. h. es kann eine Vollschätzung der Besteuerungsgrundlagen gem. § 162 AO vorgenommen werden.

Die Inanspruchnahme von Steuervergünstigungen (z. B. Bewertungsfreiheit für geringwertige Wirtschaftsgüter, Sonderabschreibungen usw.) ist nicht (mehr) von dem Vorliegen einer ordnungsgemäßen Buchführung abhängig.

20. Welche Auswirkungen haben materielle Mängel?

Enthält eine Buchhaltung nur unwesentliche materielle Mängel, z. B. sind nur unbedeutsame Geschäftsvorfälle nicht oder falsch erfasst, so können diese Fehler berichtigt werden oder das Buchführungsergebnis ist durch eine Zuschätzung richtig zu stellen (R 5.2 Abs. 2 EStR 2012).

Enthält die Buchführung dagegen schwere materielle Mängel, z. B. ist ein Teil des Warenbestandes nicht in der Bilanz ausgewiesen oder werden für einen gewerblichen Betrieb, für den Buchführungspflicht besteht, keine Bücher geführt, dann ist die Buchführung nicht mehr ordnungsmäßig. In diesem Falle ist der Gewinn nach § 5 EStG unter Berücksichtigung der Verhältnisse des Einzelfalles, unter Umständen unter Anwendung von **Richtsätzen**, zu schätzen (R 5.2 Abs. 2 Satz 3 EStR 2012).

Wer vorsätzlich oder leichtfertig buchführungspflichtige Geschäftsvorfälle nicht oder falsch bucht, begeht eine **Ordnungswidrigkeit** (Steuergefährdung nach § 379 AO), wenn hierdurch eine Verkürzung der Steuereinnahmen ermöglicht wird. Eine Steuergefährdung kann mit einer Geldbuße bis zu 5.000 € geahndet werden.

Bei einer Steuerverkürzung im Sinne des § 378 AO kann eine Geldbuße bis zu 50.000 € verhängt werden.

Liegt der Tatbestand der **Steuerhinterziehung** vor (§ 370 AO), können Geld- oder Freiheitsstrafen bis zu fünf Jahren, in besonders schweren Fällen bis zu zehn Jahren, verhängt werden.

21. Unterscheiden Sie Buchführungs- und Aufzeichnungspflicht und nennen Sie Aufzeichnungsvorschriften nach Abgabenordnung und Einkommensteuergesetz!

Eine Buchführung ist umfassender als Aufzeichnungen, da sie **alle Geschäftsvorfälle** nach einem bestimmten System erfasst.

Aufzeichnungen erfassen dagegen nur bestimmte bedeutsame Sachverhalte. Der Gegenstand der Aufzeichnungen bestimmt sich nach dem **Zweck der gesetzlichen Vorschrift**.

Originäre steuerrechtliche Aufzeichnungspflichten ergeben sich unmittelbar aus **Steuergesetzen**.

Beispiele

- Anbauverzeichnis bei Land- und Forstwirtschaft (§ 142 AO)
- Aufzeichnung des Wareneingangs (§ 143 AO)
- Aufzeichnung des Warenausgangs (§ 144 AO)
- Kasseneinnahmen und Kassenausgaben müssen täglich festgehalten werden (§ 146 Abs. 1 Satz 2 AO)
- Verzeichnis der Wirtschaftsgüter, die nicht mit dem handelsrechtlich maßgeblichen Wert in der steuerlichen Gewinnermittlung ausgewiesen sind (§ 5 Abs. 1 Satz 2 EStG)
- Verzeichnis nach § 4 Abs. 3 Satz 5 EStG
- besondere Aufzeichnungen nach § 4 Abs. 7 EStG.

22. Welche Aufzeichnungen schreibt das Umsatzsteuergesetz vor?

Regelungen zu Aufzeichnungspflichten sind insbesondere im § 22 UStG und in den §§ 63 bis 68 UStDV zu finden.

23. Wer ist zur Aufzeichnung des Wareneingangs verpflichtet?

Alle gewerblichen Unternehmer – nicht Land- und Forstwirte – müssen nach § 143 AO den Wareneingang aufzeichnen.

Eine bestimmte Form ist für die Aufzeichnung des Wareneingangs nicht vorgeschrieben.

Wenn sich bei buchführenden Gewerbetreibenden die geforderten Angaben aus der Buchführung ergeben, genügen sie damit der Aufzeichnungspflicht. Nichtbuchführungspflichtige Gewerbetreibende erfüllen die Aufzeichnungspflicht in der Regel durch Führen eines Wareneingangsbuches.

Die Aufzeichnung des Wareneingangs kann auch in der **geordneten Ablage** von Belegen (§ 146 Abs. 5 AO) bestehen oder auf **Datenträgern** erfolgen.

24. Welche Angaben muss die Aufzeichnung des Wareneingangs enthalten?

Die Aufzeichnung des Wareneingangs muss gem. § 143 Abs. 3 AO folgende Angaben enthalten:

(1) Tag des Wareneingangs oder Datum der Rechnung
(2) Name oder Firma und Anschrift des Lieferers
(3) handelsübliche Bezeichnung der Ware

(4) Preis der Ware

(5) Hinweis auf den Beleg.

25. Wer ist zur Aufzeichnung des Warenausgangs verpflichtet?

Gewerbliche Unternehmer, die nach der Art ihres Geschäftsbetriebes Waren regelmäßig an andere Unternehmer zur Weiterveräußerung oder zum Verbrauch liefern, **müssen** gem. § 144 Abs. 1 AO den Warenausgang gesondert aufzeichnen. Dies gilt auch für buchführungspflichtige Land- und Forstwirte (§ 144 Abs. 5 AO).

Eine bestimmte Form ist für die Aufzeichnung des Warenausgangs nicht vorgeschrieben. Buchführungspflichtige Unternehmer können die Aufzeichnungspflicht im Rahmen der Buchführung erfüllen.

Nichtbuchführungspflichtige Steuerpflichtige führen in der Regel ein Warenausgangsbuch.

Die Aufzeichnungen **können** durch die geordnete Ablage von Belegen ersetzt werden **oder** auf Datenträgern erfolgen.

26. Welche Angaben muss die Aufzeichnung des Warenausgangs enthalten?

Die Aufzeichnung des Warenausgangs muss gem. § 144 Abs. 3 AO folgende Angaben enthalten:

(1) Tag des Warenausgangs oder Tag der Rechnung

(2) Name oder Firma und Anschrift des Abnehmers

(3) handelsübliche Bezeichnung der Ware

(4) Preis der Ware

(5) Hinweis auf den Beleg.

27. Welche Verzeichnisse sind nach § 4 Abs. 3 EStG zu führen?

Da die Anschaffungs- oder Herstellungskosten für nicht abnutzbare Wirtschaftsgüter des Anlagevermögens, für Anteile an Kapitalgesellschaften, für Wertpapiere und vergleichbare nicht verbriefte Forderungen und Rechte, für Grund und Boden sowie Gebäude des Umlaufvermögens erst im Zeitpunkt der Veräußerung oder Entnahme dieser Wirtschaftsgüter als Betriebsausgabe zu berücksichtigen sind, müssen sie in besondere, laufend zu führende Verzeichnisse aufgenommen werden, damit auch noch nach Jahren die entsprechenden Werte festgestellt werden können. Der Tag der Anschaffung **oder** Herstellung **und** die Anschaffungs- oder Herstellungskosten **oder** der an deren Stelle getretene Wert sind in laufend zu führende Verzeichnisse aufzunehmen.

Die für abnutzbare Anlagegüter (z. B. Einrichtungsgegenstände, Maschinen, Geschäfts- oder Firmenwert, Praxiswert) vorgenommenen Abschreibungen sind ebenfalls in die besondere, laufend zu führenden Verzeichnisse des Anlagevermögens aufzunehmen (R 4.5 Abs. 3 Satz 4 EStR 2012).

28. Welche besonderen Aufzeichnungsvorschriften sind nach § 4 Abs. 7 EStG zu beachten?

Die Aufwendungen nach § 4 Abs. 5 Nr. 1 bis 4, 6b und 7 EStG sind einzeln und getrennt von den sonstigen Betriebsausgaben aufzuzeichnen. Zu diesen Aufwendungen gehören z. B. Geschenke an Personen, die nicht Arbeitnehmer des Steuerpflichtigen sind, Bewirtungsaufwendungen etc.

Da diese Aufwendungen einer besonders sorgfältigen Überprüfung bedürfen, sind sie auf besonderen Konten zu erfassen, so steht z. B. für steuerlich abzugsfähige Geschenke das Konto „Geschenke abzugsfähig" 6610 (*4630*), für steuerlich nicht abzugsfähige Geschenke das Konto „Geschenke nicht abzugsfähig" 6620 (*4635*) zur Verfügung.

Die Grenze für die Abzugsfähigkeit von Geschenken an Personen, die nicht Arbeitnehmer des Steuerpflichtigen sind, beträgt 35 € pro Empfänger und Kalenderjahr (§ 4 Abs. 5 Nr. 1 EStG). Werden die besonderen Aufzeichnungsvorschriften nicht beachtet, sind selbst Geschenke bis 35 € vom Abzug ausgeschlossen.

Die Bewirtungsaufwendungen dürfen nur noch bis zu 70 % den Gewinn als Betriebsausgaben mindern (§ 4 Abs. 5 Nr. 2 EStG).

29. Welche Bedeutung kommt dem Verzeichnis nach § 5 Abs. 1 Satz 2 EStG zu?

Mit dem Bilanzrechtsmodernisierungsgesetz (BilMoG) wurde die **umgekehrte Maßgeblichkeit** (formelle Maßgeblichkeit) **aufgehoben**. Steuerrechtlich zugelassene Wahlrechte können nunmehr in der Steuerbilanz unabhängig von der Handelsbilanz ausgeübt werden.

Die Ausübung steuerlicher Wahlrechte wird gem. § 5 Abs. 1 Satz 2 EStG an die Voraussetzung geknüpft, dass die Wirtschaftsgüter, die nicht mit dem handelsrechtlich maßgeblichen Wert in der steuerlichen Gewinnermittlung ausgewiesen werden, in besondere, laufend zu führende Verzeichnisse aufgenommen werden. Das Verzeichnis muss nach § 5 Abs. 1 Satz 3 EStG folgende Mindestangaben enthalten:

- der Tag der Anschaffung/Herstellung
- die Anschaffungs- oder Herstellungskosten
- die Vorschrift des ausgeübten steuerlichen Wahlrechts
- die vorgenommene Abschreibung.

Eine besondere Form der Verzeichnisse ist nicht vorgeschrieben. Soweit die erforderlichen Angaben bereits im Anlagenverzeichnis enthalten sind, ist dies ausreichend. Dies gilt ebenso für das Verzeichnis für geringwertige Wirtschaftsgüter nach § 6 Abs. 2 EStG.

30. Nennen Sie fünf Aufzeichnungspflichten nach Spezialgesetzen!

Sind Aufzeichnungspflichten, die nach anderen als steuerrechtlichen Vorschriften bestehen, für die Besteuerung von Bedeutung, so sind sie auch für die Besteuerung zu erfüllen (§ 140 Abs. 1 AO). Es handelt sich um abgeleitete Aufzeichnungspflichten.

(1) Apotheken haben nach der Chemikalien-Verbotsverordnung (§ 3 ChemVerbotsV) ein Gefahrstoffbuch über die Abgabe von Gefahrstoffen zu führen.

(2) Nach dem Weingesetz haben Winzer Keller- und Weinlagerbücher zu führen.

(3) Nach § 100 HGB hat der Handelsmakler ein Tagebuch zu führen und darin der Zeitfolge nach alle vermittelten oder abgeschlossenen Geschäfte einzutragen.

(4) Nach dem Depotgesetz haben Banken Wertpapierverwahrbücher zu führen.

(5) Gebrauchtwagenhändler haben Gebrauchtwagenbücher zu führen.

31. Wie lange muss Schriftgut aufbewahrt werden?

Die Vorschriften über aufzubewahrendes Schriftgut und über Aufbewahrungsfristen sind nach Handels- und Steuerrecht weitgehend identisch (§ 257 HGB und § 147 Abs. 1 AO).

Die Aufbewahrungsfrist von **10 Jahren** gilt für

(1) **Bücher** wie Grund-, Haupt- und Nebenbücher, Anlagekarteien und Bücher, die aufgrund besonderer steuerrechtlicher Vorschriften (z. B. Anbauverzeichnis, Wareneingangs- und Warenausgangsbuch) und anderer gesetzlicher Vorschriften (z. B. Baubücher, Fahrtenbücher, Tagebücher der Makler) zu führen sind

(2) **Aufzeichnungen**, wie z. B. Umsatzsteueraufzeichnungen nach § 22 UStG

(3) **Inventare**

(4) **Eröffnungsbilanzen**, Jahresabschlüsse, Lageberichte, Konzernabschlüsse, Konzernlageberichte, Hauptabschlussübersichten

(5) **Arbeitsanweisungen** und sonstige **Organisationsunterlagen**, wie z. B. Kontenpläne und beim Einsatz von EDV-Anlagen die Programm- und Systemdokumentationen (z. B. Datenflussplan, Kodierblätter, Umwandlungslisten, Bedienungsanweisungen usw.)

(6) **Buchungsbelege**, dies sind u. a. Rechnungen, Lieferscheine, Quittungen, Auftragszettel, Bankauszüge, Buchungsanweisungen, Gehaltslisten, Kassenberichte, Vertragsunterlagen etc.

Die Aufbewahrungsfrist von **6 Jahren** gilt für empfangene **Handels-** oder **Geschäftsbriefe**, Wiedergabe der **abgesandten Handels-** und **Geschäftsbriefe** und sonstige **Unterlagen**, soweit sie für die Besteuerung von Bedeutung sind.

Ab 2017 endet für zugegangene Lieferscheine, die keine Buchungsbelege sind, die Aufbewahrungsfrist bereits mit dem Erhalt der Rechnung. Gleiches gilt für abgesandte Lieferscheine, die keine Buchungsbelege sind. Ihre Aufbewahrungsfrist endet mit dem

Versand der Rechnung. Die verkürzte Aufbewahrungsfrist gilt allerdings nicht für Lieferscheine, die Bestandteile einer umsatzsteuerlichen Rechnung sind.

Die Aufbewahrungsfrist beginnt mit dem **Schluss** des Kalenderjahres, in dem das Schriftgut entstanden ist (§ 257 Abs. 5 HGB und § 147 Abs. 4 AO). Sie läuft nicht ab, soweit und solange die Unterlagen für diejenigen Steuern von Bedeutung sind, für welche die Festsetzungsfrist noch nicht abgelaufen ist (§ 147 Abs. 3 AO).

Die Art der Aufbewahrung (Original, Wiedergabe auf Bild- oder anderen Datenträgern) ist in § 147 Abs. 2 AO geregelt. Die Direktübertragung von magnetgespeicherten Daten auf Mikrofilm ist zulässig (Computer Output on Microfilm, COM-Verfahren).

3. Grundlagen der Finanzbuchführung
1. Was versteht man unter Inventur?

Inventur bedeutet die mengenmäßige Erfassung der Wirtschaftsgüter durch Zählen, Wiegen oder Messen (= körperliche Bestandsaufnahme) zu einem **bestimmten Zeitpunkt**. Unkörperliche Wirtschaftsgüter – Forderungen und Schulden – ergeben sich aus Belegen und Buchungen, sie werden durch Buchinventur lediglich wertmäßig ermittelt. Die Buchbestände können durch Saldenbestätigungen der Geschäftsfreunde kontrolliert werden.

Im weiteren Sinne versteht man unter Inventur **alle Tätigkeiten**, die für die Aufstellung des Inventars notwendig sind, also die mengen- und wertmäßige Erfassung der Wirtschaftsgüter (Vermögenswerte und Schulden).

Auf die körperliche Bestandsaufnahme des beweglichen Anlagevermögens kann verzichtet werden, wenn ein fortlaufendes Bestandsverzeichnis vorhanden ist, das folgende Angaben enthält (R 5.4 Abs. 4 EStR 2012):

(1) genaue Bezeichnung des Gegenstandes

(2) seinen Bilanzwert am Bilanzstichtag

(3) den Tag der Anschaffung oder Herstellung des Gegenstandes

(4) die Höhe der Anschaffungs- oder Herstellungskosten oder, wenn die Anschaffung oder Herstellung vor dem 21.06.1948 oder im Beitrittsgebiet vor dem 01.07.1990 erfolgt ist, die in Euro umgerechneten Werte der DM-Eröffnungsbilanz

(5) den Tag des Abgangs.

Es kann als Anlagekartei geführt werden. Fehlt dieses Bestandsverzeichnis oder ist es unvollständig, so kann darin jedoch ein materieller Mangel der Buchführung liegen (R 5.2 Abs. 2 EStR 2012).

Fehlt eine körperliche Bestandsaufnahme oder enthält das Inventar in formeller oder materieller Hinsicht nicht nur unwesentliche Mängel, so ist die Buchführung als **nicht ordnungsmäßig** anzusehen (R 5.3 Abs. 4 EStR 2012).

Wenn die Pflicht zur Führung von Büchern nicht besteht und auch nicht freiwillig Bücher geführt werden, sind Bestandsaufnahmen nicht erforderlich.

2. Woraus ergibt sich die Verpflichtung zur Bestandsaufnahme?

§ 240 HGB verpflichtet jeden Kaufmann – sofern nicht § 241a HGB greift – für den Geschäftsbeginn und für den Schluss eines jeden Geschäftsjahres zur Aufstellung eines Inventars, dessen Grundlage die durch Inventur festgestellten Bestände sind.

Außerdem sind gewerbliche Unternehmer und Land- und Forstwirte, die nicht nach § 238 HGB buchführungspflichtig sind, die aber nach § 141 AO Bücher führen müssen, **verpflichtet**, Bestandsaufnahmen zu machen.

3. Welche Bedeutung kommt der Inventur zu?

Ordnungsgemäße Inventuren sind für die vollständige Erfassung und sachgemäße Bewertung der Wirtschaftsgüter unentbehrlich. Mit ihrer Hilfe sind Bilanzansätze auf Vollständigkeit und richtige Bewertung hin zu überprüfen und gegebenenfalls zu korrigieren. Jährliche Bestandsaufnahmen bilden die Grundlage für die steuerliche Gewinnermittlung. Der Gewinnermittlungszeitraum kann nicht länger als ein Jahr sein.

4. Welche Inventurarten sind zugelassen? Erläutern Sie diese!

Das Handelsrecht kennt folgende Inventurarten:

(1) Stichtagsinventur (§ 240 Abs. 1 und 2 HGB)
(2) permanente Inventur (§ 241 Abs. 2 und 3 Nr. 2 HGB)
(3) zeitverschobene Inventur (§ 241 Abs. 2 und 3 Nr. 1 HGB)
(4) Stichprobeninventur (§ 241 Abs. 1 HGB).

Diese Vorschriften haben in R 5.3 EStR 2012 ihren Niederschlag gefunden, soweit es sich um die Bestandsaufnahme des Vorratsvermögens handelt.

Zu (1): Sie ist eine Bestandsaufnahme für einen bestimmten Tag, muss jedoch nicht am Stichtag vorgenommen werden. Sie muss aber zeitnah sein, d. h. sie muss i. d. R. in einem Zeitraum von zehn Tagen vor oder nach dem Bilanzstichtag durchgeführt werden. Bestandsveränderungen zwischen Aufnahmetag und Abschlussstichtag müssen durch Belege oder Aufzeichnungen ordnungsgemäß berücksichtigt werden (R 5.3 Abs. 1 EStR 2012).

Nachteil: Wegen großer organisatorischer Schwierigkeiten und wegen des Umfangs der Inventurarbeiten ist u. U. eine vorübergehende Geschäftsschließung notwendig, es kann zu Umsatzeinbußen kommen.

Zu (2): Sie ist immer dann möglich, wenn der fortgeschriebene Bestand am Bilanzstichtag nach Art und Menge auch ohne körperliche Aufnahme anhand von Lagerbüchern bzw. Lagerkarteien festgestellt werden kann. Es sind jedoch folgende Voraussetzungen zu beachten:

- Bestände und deren Änderungen sind in die Lagerbücher/-karteien einzeln nach Tag, Art und Menge einzutragen. Belegnachweis erforderlich! *(Wenzel) #1578*
- In jedem Wirtschaftsjahr muss mindestens einmal durch körperliche Bestandsaufnahme geprüft werden, ob die ausgewiesenen mit den vorhandenen Beständen übereinstimmen. Die Lagerbücher sind ggf. zu korrigieren. Der Tag der körperlichen Bestandsaufnahme ist im Lagerbuch zu verzeichnen.
- Über die Durchführung und das Ergebnis der körperlichen Bestandsaufnahme sind Aufzeichnungen (Protokolle) anzufertigen. Sie sind unter Angabe des Aufnahmezeitpunkts von den aufnehmenden Personen zu unterzeichnen (H 5.3 (Permanente Inventur) EStH).

Vorteil: Die Inventurarbeiten können **auf das ganze Jahr verteilt** werden.

Zu (3): Hierbei kann die jährliche körperliche Bestandsaufnahme innerhalb der letzten drei Monate vor oder der ersten zwei Monate nach dem Bilanzstichtag durchgeführt werden (R 5.3 Abs. 2 EStR 2012). Es wird ein besonderes Inventar auf den Inventurstichtag aufgestellt. Die **mengenmäßigen** Bestände werden **nicht** mehr in das Inventar am Bilanzstichtag aufgenommen. Die Veränderungen zwischen Aufnahme- und Bilanzstichtag werden nur noch wertmäßig durch Wertfortschreibung oder Wertrückrechnung berücksichtigt:

- Bei der vorverlegten Inventur erfolgt Fortschreibung:

	Wert des Warenbestandes am Inventurstichtag
+	Wert des Wareneingangs bis zum Bilanzstichtag
-	Wert der verkauften Ware – bewertet zum Einstandspreis – bis zum Bilanzstichtag
=	**Wert des Warenbestandes am Bilanzstichtag**

- Bei nachverlegter Inventur erfolgt Rückrechnung:

	Wert des Warenbestandes am Inventurstichtag
-	Wert des Wareneingangs vom Bilanzstichtag bis zum Inventurstichtag
+	Wert der verkauften Ware – bewertet zum Einstandspreis – im gleichen Zeitraum
=	**Wert des Warenbestandes am Bilanzstichtag**

Für Bestände, bei denen durch Schwund, Verdunsten, Verderb etc. unkontrollierte Abgänge eintreten und bei besonders wertvollen Wirtschaftsgütern ist weder die permanente noch die zeitlich verlegte Inventur zulässig (R 5.3 Abs. 3 EStR 2012).

Zu (4): Neben den genannten Inventurarten lässt § 241 Abs. 1 HGB auch zu, dass der Bestand der Vermögensgegenstände mithilfe mathematisch-statistischer Methoden aufgrund von Stichproben ermittelt wird (= Stichprobeninventur). Es wird also nur ein

Teil der Bestände körperlich aufgenommen. Dabei muss sichergestellt sein, dass der **Aussagewert des Inventars** nicht verfälscht wird.

Die Stichprobeninventur ist grundsätzlich auch bei den ersten drei Inventurarten zugelassen.

5. Was versteht man unter dem Inventar?

Die durch Inventur aufgenommenen Vermögensteile und Schulden werden in ein Inventar (= Inventarverzeichnis) aufgenommen.

Das Inventar ist das Verzeichnis, das alle **betrieblichen Vermögenswerte** und **Schulden** eines Kaufmanns nach Menge, Art und Wert aufweist. Es enthält also nicht nur das Vorratsvermögen, sondern auch die Wirtschaftsgüter des Anlagevermögens, selbst wenn diese bereits voll abgeschrieben sind und nur mit einem Erinnerungswert von 1 € zu Buche stehen. Die unter Eigentumsvorbehalt angelieferten Waren sind ebenso aufzunehmen wie Gegenstände, die der Kaufmann zur Sicherheit übereignet hat.

Geringwertige Wirtschaftsgüter i. S. des § 6 Abs. 2 EStG, Sammelposten i. S. des § 6 Abs. 2a EStG und Wirtschaftsgüter, die mit einem Festwert angesetzt sind, brauchen nicht in das Inventar aufgenommen zu werden (R 5.4 Abs. 1 Satz 3 EStR 2012).

6. Wie ist das Inventar gegliedert?

Das Inventar ist staffelförmig gegliedert in:

I. Vermögen
II. Schulden
III. Reinvermögen (Eigenkapital)

Eine weitergehende Gliederungsvorschrift gibt es nicht. Es ist jedoch üblich, das Vermögen in Anlage- und Umlaufvermögen, die Schulden in langfristige und kurzfristige Schulden zu untergliedern.

Das Inventar wird vom Kaufmann nicht unterschrieben (§ 240 HGB). Es muss zehn Jahre lang aufbewahrt werden (§ 257 Abs. 1 und 4 HGB).

7. Was ist die Bilanz?

Außer dem Inventar muss jeder Kaufmann gem. § 242 Abs. 1 HGB zu Beginn seines Handelsgewerbes und für den Schluss eines jeden Geschäftsjahres eine **kurz gefasste, übersichtliche Gegenüberstellung** der Vermögens- und Schuldwerte aufstellen – sofern nicht § 241a HGB greift.

Die Bilanz (lat. bilancia = Waage) ist die wertmäßige Gegenüberstellung des Vermögens (= Aktiva, linke Seite) und des Kapitals (= Passiva, rechte Seite) in Kontenform.

Das Kapital setzt sich aus Eigenkapital und Fremdkapital (= Schulden, Verbindlichkeiten) zusammen. Die Summe der Aktiva muss ebenso groß sein wie die Summe der Passiva, sodass man von einer Bilanzgleichung (Bilanzwaage) sprechen kann:

Vermögen = Eigenkapital + Fremdkapital
Aktiva = Passiva

Ist das Fremdkapital größer als das Vermögen, ist also das gesamte Eigenkapital durch Verluste und Entnahmen aufgezehrt, liegt **Überschuldung** vor. In diesem Falle erscheint ein Ausgleichsposten „Unterbilanz" auf der Aktivseite der Bilanz.

AKTIVA		Bilanz	PASSIVA
Anlagevermögen	60	Fremdkapital	100
Umlaufvermögen	30		
Unterbilanz	10		

Da die Aktiva über die Mittelverwendung Auskunft geben und die Passiva die Herkunft der eingesetzten Mittel widerspiegeln, kann man die Bilanzgleichung auch definieren als:

Mittelverwendung = Mittelherkunft
Investierung = Finanzierung

Die **Aktivseite** ist nach der **Flüssigkeit** (Liquidität), nach der Geldnähe gegliedert. Da es in der Regel sehr lange dauert, bis ein Grundstück im Betriebsablauf zu Geld wird, steht das Grundstück unter den Sachanlagen an erster Stelle, der Kassenbestand unter dem Umlaufvermögen an letzter Stelle. Die **Passivseite** ist nach der **Fristigkeit** gegliedert. Da die eigenen Mittel – das Eigenkapital – dem Unternehmen langfristig bzw. zeitlich unbegrenzt zur Verfügung stehen, sind sie an der ersten Stelle genannt, die kurzfristigen Verbindlichkeiten (z. B. Kreditoren) folgen weiter unten.

Im Gegensatz zum Inventar muss der Jahresabschluss (= Bilanz und Gewinn- und Verlustrechnung) vom Kaufmann unter Angabe des Datums unterzeichnet werden (§ 245 HGB). Sind mehrere persönlich haftende Gesellschafter vorhanden, so haben sie alle zu unterzeichnen.

8. Wie ist die Bilanz gegliedert?

Für Einzelvollkaufleute und Personengesellschaften schreibt § 247 Abs. 1 HGB vor, das Anlage- und Umlaufvermögen, das Eigenkapital und die Schulden sowie die Rechnungsabgrenzungen gesondert auszuweisen. Diese gesondert ausgewiesenen Posten sind hinreichend zu untergliedern, d. h. entsprechend den Grundsätzen ordnungsmäßiger Buchführung klar und übersichtlich darzustellen. Für diese Darstellung kommt das Gliederungsschema, das für Kapitalgesellschaften vorgeschrieben ist (§ 266 Abs. 2 und 3 HGB), in verkürzter Form in Betracht.

Für „kleine" Kapitalgesellschaften ist das folgende Gliederungsschema vorgeschrieben (§ 266 HGB):

AKTIVA	Bilanz	PASSIVA

A. Anlagevermögen
  I. Immaterielle Vermögensgegenstände
  II. Sachanlagen
  III. Finanzanlagen
B. Umlaufvermögen
  I. Vorräte
  II. Forderungen und sonstige Vermögensgegenstände
  III. Wertpapiere
  IV. Kassenbestand, Bundesbankguthaben, Guthaben bei Kreditinstituten und Schecks
C. Rechnungsabgrenzungsposten
D. Aktive latente Steuern
E. Aktiver Unterschiedsbetrag aus der Vermögensrechnung
		A. Eigenkapital
		  I. Gezeichnetes Kapital
		  II. Kapitalrücklage
		  III. Gewinnrücklagen
		  IV. Gewinnvortrag/Verlustvortrag
		  V. Jahresüberschuss/Jahresfehlbetrag
		B. Rückstellungen
		C. Verbindlichkeiten
		D. Rechnungsabgrenzungsposten
		E. Passive latente Steuern

„Mittelgroße" und „große" Kapitalgesellschaften haben die Bilanzansätze in arabischen Ziffern zu untergliedern, „kleine" Kapitalgesellschaften können dies tun. In der Bilanz ist zu jedem Posten der entsprechende Betrag des vorhergehenden Geschäftsjahres anzugeben, sind Beträge nicht vergleichbar, so ist dies im Anhang anzugeben und zu erläutern.

„Kleinstkapitalgesellschaften" im Sinne von § 267a HGB können eine verkürzte Bilanz aufstellen. Sie müssen lediglich die mit Buchstaben bezeichneten Posten angeben (§ 266 Abs. 1 Satz 4 HGB).

Ein Posten der Bilanz, der keinen Betrag ausweist, braucht nicht aufgeführt zu werden, es sei denn, dass im vorhergehenden Geschäftsjahr unter diesem Posten ein Betrag ausgewiesen wurde.

Die **DATEV-Standardkontenrahmen** (SKR) 04 und (SKR) 03 berücksichtigen die Gliederungsvorschriften des HGB.

Für Zwecke der E-Bilanz sind die Kontenrahmen an die Vorgaben über den Aufbau (Taxonomie) des elektronisch zu übermittelnden Abschlusses sowie Mindestpositionen (Muss-Felder), die übermittelt werden müssen, angepasst.

Das einheitliche Gliederungsschema erleichtert dem Leser einer Bilanz den Einblick in die Struktur der Bilanz.

9. Was ist Anlagevermögen?

Zum Anlagevermögen gehören nur die Gegenstände, die am Abschlussstichtag dazu bestimmt sind, dauernd dem Geschäftsbetrieb zu dienen (§ 247 Abs. 2 HGB). Sie dienen dem Produktions- und Leistungsprozess und sind nicht zur Veräußerung bestimmt. Man unterscheidet

- immaterielle Vermögensgegenstände, Sachanlagen und Finanzanlagen
- nicht abnutzbares Vermögen (z. B. Grund und Boden, Beteiligungen) und abnutzbares/abschreibbares Vermögen (z. B. Firmenwert, Gebäude, Maschinen)
- bewegliches und unbewegliches Vermögen
- immaterielles und materielles Vermögen.

Eine **genaue Zuordnung** zum Anlagevermögen oder zum Umlaufvermögen ist äußerst wichtig, da für diese unterschiedlichen Vermögensarten unterschiedliche Bewertungsvorschriften gelten.

10. Was ist Umlaufvermögen?

Zum Umlaufvermögen zählen alle **Gegenstände**, die am **Abschlussstichtag** dazu bestimmt sind, dem Geschäftsbetrieb nur vorübergehend zu dienen (Umkehrschluss aus § 247 Abs. 2 HGB). Man unterscheidet:

(1) Vorräte
(2) Forderungen und sonstige Vermögensgegenstände
(3) Wertpapiere
(4) Schecks, Kassenbestand, Bundesbank- und Postbankguthaben, Guthaben bei Kreditinstituten.

Die Zweckbestimmung des Gegenstandes entscheidet über die Abgrenzung zum Anlagevermögen.

11. Was ist ein Konto?

Ein Konto (ital. = Rechnung, Rechnungsführung) ist eine Abrechnung über Bestände und/oder Erfolgsvorgänge durch Gegenüberstellung in T-Form (andere Darstellung: Staffelform). Wie die Bilanz hat auch das Konto zwei Seiten:

- linke Kontoseite = **Sollseite** (Soll, auch Debet) und
- rechte Kontoseite = **Habenseite** (Haben, auch Kredet).

12. Welche Kontenarten unterscheidet man?

Nach den Bücherarten der doppelten Buchführung unterscheidet man Sachkonten (Hauptbuch) und Personenkonten (Geschäftsfreundebuch).

Nach ihrer Stellung im System der **doppelten Buchführung** teilt man die Sachkonten ein in

- Bestandskonten (Aktiv- und Passivkonten),
- Unterkonten des Eigenkapitalkontos (Erfolgskonten und Privatkonten) und
- gemischte Konten (Erfolgskonten mit Beständen, vor allem aber Bestandskonten mit Erfolg).

13. Erläutern Sie die Bestandskonten der doppelten Buchführung!

Für jede Bilanzposition wird ein eigenes Konto geführt, die Bestände werden vorgetragen. Das Vermögen steht in der Bilanz auf der linken Seite, entsprechend wird der Bestand des Vermögens auf der Sollseite des aktiven Bestandskontos vorgetragen. Eigen- und Fremdkapital werden auf der Habenseite vorgetragen. Alle Bestandsmehrungen werden auf der Kontoseite gebucht, auf der auch der Anfangsbestand steht, Bestandsminderungen werden auf der gegenüberliegenden Seite gebucht. Der Endbestand steht als Saldo grundsätzlich auf der kleineren Kontoseite.

Aktive Bestandskonten		Passive Bestandskonten	
Soll	Haben	Soll	Haben
Anfangsbestand	- Vermögensminderungen	- Eigen- und Fremdkapitalminderungen	Anfangsbestand
+ Vermögensmehrungen			+ Eigen- und Fremdkapitalmehrungen
	Endbestand	Endbestand	

Der Endbestand wird auf dem Schlussbilanzkonto gegengebucht.

14. Wie werden Konten abgeschlossen?

Der Abschluss der Konten erfolgt in drei Schritten:

- Addition der größeren Kontoseite
- Übertrag der Summe auf kleinere Kontoseite
- Ermittlung der Differenz auf der kleineren Kontoseite = Saldo oder Schlussbestand.

Das ausgeglichene Konto wird mit Doppelstrichen abgestrichen. Leerzeilen werden durch die Buchhalternase entwertet.

Diese Form des Kontenabschlusses ist bei **manuell geführter Buchhaltung** zu beachten.

15. Welche Information enthält ein Buchungssatz?

Jeder Geschäftsvorfall betrifft (mindestens) zwei Konten und wird daher zweimal erfasst: auf der Sollseite eines Kontos und auf der Habenseite eines anderen Kontos (Gegenkonto).

Ein Buchungssatz enthält eine Arbeitsanweisung an den Buchhalter und gibt an, auf welche Konten ein Geschäftsvorfall zu buchen ist. Er nennt zuerst das **Sollkonto** und dann das **Habenkonto**. Die beiden Kontobezeichnungen werden durch die Worte „per" und „an" zu einem Buchungssatz ergänzt. Zu jedem Buchungssatz gehört auch die Angabe des Buchungsbetrages und Buchungstages.

Auf die Angabe des Buchungstages kann hier verzichtet werden.

Werden durch einen Buchungssatz mehrere Soll- und/oder Habenkonten betroffen, können auch sog. zusammengesetzte Buchungssätze gebildet werden.

Geschäftsvorfall: Wir begleichen eine Liefererschuld von 1.000 € durch Barzahlung 300 €, durch Bankscheck 700 €.

Buchungssatz: Lieferer 1.000 € / Kasse 300 € und Bank 700 €

Der Buchungssatz kann direkt auf dem Beleg angebracht werden oder in Kontierungslisten oder -stempel eingetragen werden.

Geschäftsvorfall:	Überweisung HWK-Beitrag durch Bank	1.000 €
Buchungssatz:	per Konto Beiträge an Bankkonto	1.000 €
verkürzte Schreibweise:	Beiträge / Bank	1.000 €

Man verzichtet meist auf die Worte **„per"** und **„an"** und auf das Wort „Konto".

Eine EDV-Kontierungsliste kann z. B. folgende Spalten enthalten:

Betrag		Gegenkonto	Konto	Text
Soll	Haben			

Die Eintragungen in der Soll- bzw. Haben-Spalte beziehen sich **immer** auf das Konto – nicht auf das Gegenkonto!

Der Eintrag: Betrag Soll: 1.000
                 Gegenkonto: Bank
                 Konto: Beiträge

entspricht also obigem Geschäftsvorfall und Buchungssatz.

16. Wie werden Buchungssätze gebildet?

Es sind die folgenden Fragen in der gegebenen Reihenfolge zu beantworten:

Frage 1: Welche Konten spricht der Geschäftsvorfall an?

Frage 2:
(1) Handelt es sich um ein Bestandskonto oder um mehrere Bestandskonten?
(2) Wie ändert sich der Bestand, wie ändern sich die Bestände?
(3) Handelt es sich um ein Erfolgskonto oder um mehrere Erfolgskonten? Liegt Aufwand oder Ertrag vor?
(4) Liegt ein privater Vorgang vor, handelt es sich um eine Privatentnahme oder eine Privateinlage?

Frage 3: Auf welcher Kontoseite sind die angesprochenen Konten zu bebuchen?

Die Beantwortung der dritten Frage führt direkt zum Buchungssatz.

17. Welche Buchungen fallen von der Kontoeröffnung bis zum Kontenabschluss an?

▶ **Eröffnungsbuchungen:** Die Anfangsbilanz (= Schlussbilanz des Vorjahres) wird in Konten aufgelöst. Daraus folgt, dass nur Bestandskonten eröffnet werden können, die einen Anfangsbestand haben. Für die Eröffnung wird ein Hilfskonto, das Eröffnungsbilanzkonto (EBK) oder „Saldenvorträge, Sachkonten" 9000 (9000), verwendet. Es ist Gegenkonto für die Eröffnungsbuchungen und hat keine weitere Funktion.

    ▶ Eröffnung der Aktivkonten: verschiedene Aktiva/EBK
    ▶ Eröffnung der Passivkonten: EBK/verschiedene Passiva

Bei EDV-Buchführungen kann von der Möglichkeit der automatischen Saldenübernahme Gebrauch gemacht werden.

- **Laufende Buchungen:** Sämtliche Geschäftsvorfälle, die im Laufe des Wirtschaftsjahres anfallen, werden in Buchungssätzen ausgedrückt, um die Buchführungsarbeit zu vereinheitlichen und zu vereinfachen:

Es gibt nur vier Buchungsmöglichkeiten:

Soll		Haben	Auswirkung
Bestandskonto	/	Bestandskonto	keine Gewinnauswirkung
Bestandskonto	/	Erfolgskonto	Gewinnmehrung
Erfolgskonto	/	Bestandskonto	Gewinnminderung
Erfolgskonto	/	Erfolgskonto	keine Gewinnauswirkung

- **Vorbereitende Abschlussbuchungen:** Bestimmte Geschäftsvorfälle werden im Laufe des Jahres nicht gebucht oder nicht so gebucht, wie es aus steuerrechtlichen Gründen erforderlich wäre. Bevor die Konten abgeschlossen werden, der Jahresabschluss erstellt wird, müssen solche Vorgänge nachgebucht bzw. richtiggestellt werden. Diese internen Buchungen dienen der Vorbereitung des Kontenabschlusses z. B. Bewertungsbuchungen, Abgrenzungsbuchungen,

    Privatanteile, Umbuchungen. Die vorbereitenden Abschlussbuchungen sprechen weder das Gewinn- und Verlustkonto (GuVK) noch das Schlussbilanzkonto an.

- **Hauptabschlussbuchungen:** Nachdem die Konten zum Abschluss vorbereitet sind, können sie endgültig abgeschlossen werden. Dies geschieht in folgender logischer Reihenfolge:

(1)	Abschluss der Aufwandskonten:	GuVK/verschiedene Aufwandskonten
(2)	Abschluss der Ertragskonten:	verschiedene Ertragskonten/GuVK
(3)	Umbuchung des Gewinnes: bzw. Umbuchung des Verlustes:	GuVK/Eigenkapitalkonto oder Eigenkapitalkonto/GuVK
(4)	Abschluss der Aktiva:	SBK/verschiedene Aktivkonten
(5)	Abschluss der Passiva:	verschiedene Passivkonten/SBK

Dieser formelle Abschluss der Konten unterbleibt bei einer EDV-Buchführung.

Aus dem **GuVK** kann nun eine **Gewinn- und Verlustrechnung**, aus dem **SBK** eine **Schlussbilanz** – mit den Seitenbezeichnungen Aktiva und Passiva – abgeleitet werden.

18. Nennen Sie die vier betriebsvermögensumschichtenden Buchungen!

Es gibt vier Typen von betriebsvermögensumschichtenden Buchungen:

(1) Es wird nur auf Aktivkonten gebucht, der Bestand eines Aktivkontos wird größer, der eines anderen Aktivkontos wird kleiner. Es liegt ein **Aktivtausch** vor. Beispiel:

Sollkonto	SKR 04 (SKR03)	Euro	Habenkonto	SKR 04 (SKR03)
Maschinen	**0440** (0210)	1.000,00	Kasse	**1600** (1000)

(2) Es wird nur auf Passivkonten gebucht, der Bestand eines Passivkontos wird größer, während der eines anderen Passivkontos kleiner wird. Es liegt ein **Passivtausch** vor. Beispiel:

Sollkonto	SKR 04 (SKR03)	Euro	Habenkonto	SKR 04 (SKR03)
Kreditoren, Personenkonto	**70000** (70000)	1.000,00	Darlehen	**1360** (0550)

(3) Sowohl der Bestand eines Aktivkontos als auch der Bestand eines Passivkontos nehmen zu. Es handelt sich um eine **Aktiv-Passiv-Mehrung**. Beispiel:

Sollkonto	SKR 04 (SKR03)	Euro	Habenkonto	SKR 04 (SKR03)
Maschinen	**0440** (0210)	1.000,00	Verbindlichkeiten	**3300** (1600)

(4) Sowohl der Bestand eines Aktivkontos als auch der Bestand eines Passivkontos nehmen ab. Es liegt eine **Aktiv-Passiv-Minderung** vor. Beispiel:

Sollkonto	SKR 04 (SKR03)	Euro	Habenkonto	SKR 04 (SKR03)
Kreditoren, Personenkonto	**70000** (70000)	1.000,00	Postbank	**1700** (1100)

Durch diese Buchungen wird das Eigenkapital nicht betroffen, es handelt sich lediglich um Umschichtungen innerhalb des Betriebsvermögens. Die Buchungen sind gewinnneutral. In den ersten beiden Fällen bleibt die Bilanzsumme unverändert, während sie im 3. Fall länger wird (Bilanzverlängerung), im 4. Fall dagegen kürzer wird (Bilanzverkürzung).

19. Was ist das Eigenkapital?

Das Eigenkapital ist der Unterschiedsbetrag zwischen der Summe der Vermögensteile und der Summe der Verbindlichkeiten.

Es macht als Saldo dieser beiden **Größen** die Bilanz **summengleich** und verkörpert die Ansprüche der Eigentümer gegenüber der Unternehmung. Das buchmäßig ausgewiesene Eigenkapital kann vom tatsächlichen Eigenkapital abweichen, wenn Bilanzpositionen unter- oder überwertet sind.

20. Durch welche Vorgänge wird das Eigenkapital geändert?

(1) Das Eigenkapital (= Betriebsvermögen i. S. des § 4 Abs. 1 EStG) kann durch **betriebliche Vorgänge** geändert werden, diese sind erfolgswirksam.

- **Erträge** erhöhen das Betriebsvermögen. Sie können mit einer Erhöhung der Aktiva verbunden sein (z. B. Kasse / Erlöse) oder mit einer Verminderung der Passiva (z. B. Rückstellung/Erträge aus der Auflösung von Rückstellungen).

- **Aufwendungen** mindern das Betriebsvermögen (= Eigenkapital). Sie können mit einer Minderung der Aktiva verbunden sein (z. B. Löhne / Bank) oder mit einer Erhöhung der Passiva (z. B. Zinsaufwand / Darlehensverbindlichkeiten).

(2) Das Eigenkapital kann durch **private Vorgänge** geändert werden:

- **Privatentnahmen** mindern das Betriebsvermögen.

- **Privateinlagen** erhöhen das Betriebsvermögen.

Diese Vorgänge sind grundsätzlich erfolgsneutral.

Ausnahmen:

- Bei einer Entnahme weichen Buchwert und Entnahmewert (Teilwert) voneinander ab, bei einer Nutzungsentnahme weichen gebuchter Privatanteil und tatsächliche Nutzungsentnahme voneinander ab. Die Differenz wirkt sich auf den Gewinn aus.

  Beachte: Die Buchung selbst wirkt sich in voller Höhe auf den Gewinn aus, da ein Erlös oder eine Aufwandsminderung gebucht wird.

- Nichtaktivierungspflichtige Nutzungen und Leistungen werden eingelegt und führen zu einer Gewinnminderung.

  Beispiel: Privater Pkw wird vorübergehend für betriebliche Zwecke verwendet.

21. Wie werden die Erfolgskonten geführt und abgeschlossen?

Betrieblich bedingte Eigenkapitaländerungen werden nicht direkt auf dem **Eigenkapitalkonto** gebucht. Dies wäre wegen der großen Anzahl von Geschäftsvorfällen zu unübersichtlich. Außerdem könnte der Gewinn nur durch Bestandsvergleich ermittelt werden, die Quellen des Erfolgs wären nicht ersichtlich. Die betrieblich bedingten Eigenkapitaländerungen werden daher auf Unterkonten des Eigenkapitals, auf sog. Erfolgskonten, gebucht.

Die Eigenkapitalminderungen werden auf Aufwandskonten, die Eigenkapitalmehrungen auf Ertragskonten gebucht.

Die allgemeinen Buchungsregeln gelten auch für die Führung von Erfolgskonten, sie haben jedoch keinen Anfangs- und Endbestand.

- **Erträge** (= Eigenkapitalmehrungen) werden auf der **Habenseite** der Ertragskonten erfasst.

- **Aufwendungen** (= Eigenkapitalminderungen) werden auf der **Sollseite** der Aufwandskonten erfasst.

Die Erfolgskonten als Unterkonten des Eigenkapitalkontos werden nicht direkt auf das Eigenkapitalkonto gebracht, sondern zunächst auf das eigens für diesen Zweck eingerichtete Gewinn- und Verlustkonto gebucht.

- Aufwendungen: Gewinn- und Verlustkonto / Aufwandskonten
- Erträge: Ertragskonten / Gewinn- und Verlustkonto

Der **Saldo** des Gewinn- und Verlustkontos stellt **Gewinn** oder **Verlust** dar und wird auf das Eigenkapitalkonto gebracht:

- Gewinn: Gewinn- und Verlustkonto / Eigenkapitalkonto
- Verlust: Eigenkapitalkonto / Gewinn- und Verlustkonto

22. Welchen Zweck erfüllt ein Kontenrahmen?

Der Kontenrahmen ist ein wichtiges Organisationsmittel des Rechnungswesens. Alle Konten sind einheitlich gegliedert und bezeichnet. Dadurch wird ein genauer Überblick über die in einem Unternehmen geführten Konten ermöglicht. Der Buchungstext kann durch Verwendung von Kontonummern vereinfacht und vereinheitlicht werden.

Die Verwendung von Kontenrahmen ermöglicht den

- **Zeitvergleich**: Vergleich von Aufwendungen und Erträgen desselben Unternehmens in verschiedenen Rechnungsperioden (innerer Betriebsvergleich);
- **Betriebsvergleich**: Vergleich einzelner Aufwands- und Ertragsarten eines Unternehmens mit denen anderer Unternehmen derselben Branche (äußerer Betriebsvergleich).

Für verschiedene Branchen gibt es verschiedene Kontenrahmen:
- Kontenrahmen für den Großhandel
- Kontenrahmen für den Einzelhandel
- Kontenrahmen für das Handwerk
- Kontenrahmen für die Industrie
- Kontenrahmen für Versicherungen
- Kontenrahmen für Banken etc.

Datenverarbeitungsorganisationen haben Standardkontenrahmen (SKR) entwickelt, um den Bedürfnissen der betreuten Unternehmen gerecht zu werden (z. B. DATEV-Kontenrahmen, Taylorix-EDV-Kontenrahmen).

23. Wie ist ein Kontenrahmen aufgebaut?

Die Konten sind in 10 Kontenklassen (0 - 9) eingeteilt, die wiederum nach dem Dezimalsystem in zehn Gruppen untergliedert sind (Dezimalklassifikation). Die Kontengruppen können wiederum in Kontenarten, diese in Kontenunterarten unterteilt sein.

Der Kontenrahmen kann nach dem **Abschlussgliederungsprinzip** aufgebaut sein, wie der Industriekontenrahmen (IKR) und der DATEV-Standardkontenrahmen (SKR 04), d. h. die Kontenklassen sind entsprechend dem Abschluss der Konten nach den Gliederungsvorschriften für die Bilanz und Gewinn- und Verlustrechnung geordnet:

Kontenklasse	DATEV-Kontenrahmen SKR 04
0	Anlagevermögenskonten
1	Umlaufvermögenskonten
2	Eigenkapitalkonten/Fremdkapitalkonten
3	Fremdkapitalkonten
4	Betriebliche Erträge
5	Betriebliche Aufwendungen
6	Betriebliche Aufwendungen
7	Weitere Erträge und Aufwendungen
8	frei
9	Vortrags-, Kapital- und statistische Konten

Die Reihenfolge der Konten kann auch dem regelmäßigen Betriebsablauf entsprechen (**Prozessgliederungsprinzip**):

Kontenklasse	Kontenrahmen des Großhandels	DATEV-Kontenrahmen SKR 03
0	Anlage- und Kapitalkonten	Anlage- und Kapitalkonten
1	Finanzkonten	Finanz- und Privatkonten
2	Abgrenzungskonten	Abgrenzungskonten
3	Wareneinkaufskonten Warenbestandskonten	Wareneingangs- und Bestandskonten
4	Konten der Kostenarten	Betriebliche Aufwendungen
5	frei	frei
6	frei	frei
7	frei	Bestände an Erzeugnissen
8	Warenverkaufskonten	Erlöskonten
9	Abschlusskonten	Vortrags-, Kapital- und statistische Konten

Eine nach SKR 04 oder 03 kontierte Buchführung führt zur gleichen Jahresabschlussgliederung. Die DATEV-Standardkontenrahmen (SKR) 04 und (SKR) 03 enthalten neben den Konten und ihren EDV-spezifischen Funktionen auch die Zuordnungen zu entsprechenden Bilanzposten (§ 266 HGB) und GuV-Posten (§ 275 HGB).

24. Was ist ein Kontenplan?

Aus dem Kontenrahmen ihrer Branche entwickelt die Unternehmung den Kontenplan, der ihren besonderen Anforderungen entspricht. Dieser Kontenplan enthält nur die für das Unternehmen notwendigen Konten.

25. Welche Regeln sind bei der Kontierung nach DATEV zu beachten?

Im DATEV-Finanzbuchhaltungsprogramm sind die Sachkonten vierstellig, die Personenkonten fünfstellig. Die Ziffer „0" an der 5. Stelle – von rechts gelesen – bedeutet, dass es sich um ein Sachkonto handelt. Sie wird als „Überbrückungsnull" bezeichnet. Die Ziffern 1 bis 6 an der 5. Stelle kennzeichnen ein Kundenkonto, die Ziffern 7 bis 9 ein Lieferantenkonto. Das **Gegenkonto** kann an der 6. Stelle (von rechts) einen Umsatzsteuerschlüssel aufnehmen, an der 7. Stelle einen Berichtigungsschlüssel. Darüber hinaus können Konten durch Zusatzfunktionen (KU = keine Errechnung der Umsatzsteuer möglich, V = Zusatzfunktion „Vorsteuer", M = Zusatzfunktion „Umsatzsteuer") oder Hauptfunktionen (z. B. AV = automatische Errechnung der Vorsteuer, AM = automatische Errechnung der Umsatzsteuer, S = Sammelkonto für Personenkonten) gekennzeichnet sein.

Die DATEV-Buchungsliste hat folgendes Aussehen:

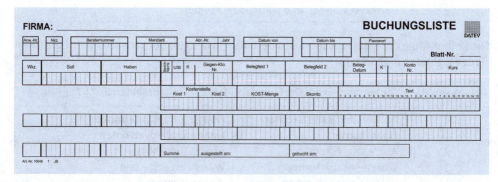

Der Eintrag eines Euro-Betrages in der Soll- oder Habenspalte bezieht sich immer auf das **Konto**. Ist der Betrag in der Sollspalte eingetragen, wird er im Soll des Kontos gebucht, ist er im Haben eingetragen, wird er auf der Habenseite des Kontos gebucht. Die Gegenbuchung wird automatisch auf dem **Gegenkonto** gebucht. Die Auswirkung auf den Konten ist also in beiden Fällen gleich.

In die DATEV-Eingabemaske wird der Umsatz entsprechend der Buchungsliste eingegeben, für einen Soll-Umsatz ist die „Enter"-Taste zu drücken, für einen Haben-Umsatz muss die „+"-Taste gedrückt werden.

26. Welche Warenkonten werden geführt?

Das „einheitliche" Warenkonto enthält als gemischtes Konto Warenbestand und -erfolg. Es ist unübersichtlich und wenig aussagefähig, da nur der Warenrohgewinn erscheint und Einkäufe zu Einkaufspreisen und Verkäufe zu Verkaufspreisen auf ein und demselben Konto gebucht werden. Es empfiehlt sich daher, getrennte Warenkonten zu führen.

▶ **Wareneingangskonten** dienen der Erfassung aller Waren-, Handelswaren-, Rohstoff-, Hilfs- und Betriebsstoffeinkäufe und der Fremdleistungen. Sie können mit verschiedenen Umsatzsteuerschlüsseln verwendet werden oder als automatische Konten programmiert sein (z. B. „Wareneingang 19 % Vorsteuer" 5400 (*3400*). Wenn sie als aktive (gemischte) Bestandskosten geführt werden, enthalten sie auf der Sollseite den Anfangsbestand und die Wareneinkäufe zu Einkaufspreisen, auf der Habenseite u. a. den Wareneinsatz (= Aufwand) und den Warenendbestand jeweils zu Einkaufspreisen.

▶ Die Konten „**Bestand** Roh-, Hilfs- und Betriebsstoffe" 1000 - 1039 (*3970 - 3979*) und „**Bestand** Waren" 1100 - 1109 (*3980 - 3989*) sind dagegen reine Bestandskonten.

▶ **Bezugs- und Nebenkosten** beim Wareneinkauf sind einkommensteuerrechtlich Anschaffungsnebenkosten und gehören mit dem Kaufpreis der Ware zu den Anschaffungskosten. Die „Bezugsnebenkosten" 5800 (*3800*), das „Leergut" 5820 (*3830*), die „Zölle und Einfuhrabgaben" 5840 (*3850*) werden gesondert gebucht. Diese Konten sind Unterkonten der Wareneingangskonten und dorthin abzuschließen.

▶ **Warenverkaufskonten** nehmen als Erfolgskonten die „Umsatzerlöse" 4000 (*8000*) auf. Sie können als automatische Konten „Erlöse 19 % USt" 4400 (*8400*) geführt werden und erleichtern die Ermittlung der Umsatzsteuer und die Erstellung der Umsatzsteuervoranmeldung.

27. Wie können Warenkonten abgeschlossen werden?

Beim **Nettoabschluss** der Warenkonten wird der Wareneinsatz auf das Warenverkaufskonto gebucht: WVK/WEK.

Der Wareneinsatz wird folgendermaßen ermittelt:

```
  Warenanfangsbestand
+ Wareneingänge
- Rücksendungen etc.
- Warenendbestand
```
= **Wareneinsatz = Einstandspreis der umgesetzten Ware**

Auf dem Warenverkaufskonto stehen sich Warenverkauf und Wareneinsatz gegenüber, im GuVK erscheint lediglich der Saldo, der Rohgewinn: WVK/GuVK. Der Endbestand laut Inventur wird auf SBK gebucht: SBK/WEK.

Dies entspricht der Möglichkeit, bei „kleinen" und „mittelgroßen" Kapitalgesellschaften, das Rohergebnis auszuweisen.

Beim **Bruttoabschluss** der Warenkonten wird der Wareneinsatz direkt auf das GuVK gebracht: GuVK/WEK. Das Warenverkaufskonto weist die Umsatzerlöse aus, der Abschluss erfolgt über das GuVK: WVK/GuVK. Diese Methode entspricht den **handelsrechtlichen Gliederungsvorschriften** (Umsatzkostenverfahren). Sie erleichtert die Auswertung der Buchführung durch Ermittlung betrieblicher Kennzahlen.

In der Praxis werden insbesondere beim Einsatz von Datenverarbeitungsanlagen die Wareneingänge auf Konto „Wareneingang" 5200 (*3200*) sofort in voller Höhe als Aufwand gebucht, Abschluss: GuVK/WEK. Dieses Verfahren entspricht auch der Tendenz in bestimmten Bereichen der Industrie, durch entsprechende Logistiksysteme („**Just-in-time-Verfahren**") die Durchlaufzeiten in der Produktion zu vermindern und die Lagerbestände auf einen – möglichst beim Lieferanten zu haltenden – eisernen Bestand herunterzufahren.

Der Warenbestand wird auf dem Konto „Bestand Waren" 1100 (*3980*) festgehalten, dieses Konto zeigt im Laufe des Geschäftsjahres keine Bewegungen, Abschluss über SBK.

Die Veränderung zwischen Anfangs- und Endbestand ist nur noch über Konto „Bestandsveränderungen Roh-, Hilfs- und Betriebsstoffe sowie bezogene Waren" 3960 (*5880*) zu buchen.

Dieses Erfolgskonto kann über GuVK abgeschlossen werden oder mit dem Wareneingangskonto verrechnet werden.

Das Just-in-time-System wird ebenso im gesamten Materialbereich und bei der buchmäßigen Erfassung der Bestände an unfertigen und fertigen Erzeugnissen des Handwerks- und Industriebetriebs angewendet.

Die Bestände an unfertigen und fertigen Erzeugnissen werden in Klasse 1 (7) aktiviert („Unfertige Erzeugnisse, unfertige Leistungen (Bestand)" 1040 (*7000*), „Fertige Erzeugnisse und Waren (Bestand)" 1110 (*7100*).

Die Erhöhung dieser Bestände bedeutet eine Gewinnmehrung (mehr Aktiva, geringere Aufwendungen, da weniger Produkte verkauft wurden), die auf dem Konto „Bestandsveränderungen – unfertige Erzeugnisse" (*4810* bzw. *8960*) oder auf dem Konto „Bestandsveränderung – fertige Erzeugnisse" (4800 bzw. *8980*) erfasst werden:

Sollkonto	SKR 04 (SKR03)	Euro	Habenkonto	SKR 04 (SKR03)
Unfertige Erzeugnisse, unfertige Leistungen (Bestand)	1040 (7000)	Betrag	Bestandsveränderungen – unfertige Erzeugnisse	4810 (8960)

Sollkonto	SKR 04 (SKR03)	Euro	Habenkonto	SKR 04 (SKR03)
Fertige Erzeugnisse und Waren (Bestand)	1110 (7100)	Betrag	Bestandsveränderungen – fertige Erzeugnisse	4800 (8980)

28. Welche Umsatzsteuerkonten müssen mindestens geführt werden?

Es müssen mindestens zwei Umsatzsteuerkonten geführt werden:

▶ Das Konto „Umsatzsteuer" 3800 (*1770*) ist ein passives Bestandskonto. Es enthält die Traglast für die steuerpflichtigen Leistungen des Unternehmers. Die Traglast stellt eine Verbindlichkeit gegenüber dem Finanzamt dar. Mit der getrennten Buchung von Traglast und Entgelt erfüllt der Unternehmer seine umsatzsteuerlichen Aufzeichnungspflichten. Die Erlöse können aus Vereinfachungsgründen (insbesondere im Einzelhandel) auch zunächst brutto gebucht werden. Sie sind jedoch dann nachträglich in Entgelt und Umsatzsteuer aufzuteilen.

Die Umsatzsteuerzahllast kann direkt auf der Sollseite des Umsatzsteuerkontos gebucht werden.

▶ Das Konto „Abziehbare Vorsteuer" 1400 (*1570*) ist ein aktives Bestandskonto. Die abziehbare Vorsteuer ist für den Unternehmer eine Forderung an das Finanzamt. Vorsteuer fällt beim Wareneinkauf, beim Kauf von Anlagegütern und bei verschiedenen Aufwendungen an.

Die Vorsteuer wird am Ende der Abrechnungsperiode auf das Umsatzsteuerkonto umgebucht: **Umsatzsteuerkonto / Vorsteuerkonto**

Dadurch ergibt sich die Zahllast auf dem Umsatzsteuerkonto, die in der folgenden Abrechnungsperiode bezahlt wird. Für den letzten Monat des Geschäftsjahres wird die Zahllast ggf. passiviert: **Umsatzsteuerkonto / SBK**

Bei der Datenverarbeitung kann ein gesonderter Kontenanruf für die Umsatzsteuer und Vorsteuer unterbleiben, wenn mit entsprechenden Steuerschlüsseln oder mit automatischen Konten gearbeitet wird.

29. Welche besonderen Umsatzsteuerkonten können infrage kommen?

Werden Umsätze getätigt, die verschiedenen Steuersätzen unterliegen, werden hierfür gesonderte Steuerkonten geführt, z. B. 3801 (*1771*). Entsprechendes gilt für die Vorsteuerseite, z. B. 1401 (*1571*).

Zur besseren Übersicht werden die „Umsatzsteuer-Vorauszahlungen" auf das „Zwischenkonto" 3820 (*1780*) gebucht. Das Konto „Umsatzsteuer-Vorauszahlungen" gehört zur Kontengruppe „Sonstige Verbindlichkeiten". Ergibt sich eine Umsatzsteuer-Überzahlung, wäre diese unter „Sonstige Vermögensgegenstände" zu bilanzieren. Ebenso wird die „Umsatzsteuer-Vorauszahlung 1/11" wegen Dauerfristverlängerung (§§ 46 - 48 UStDV) auf ein eigenes Konto 3830 (*1781*) gebucht. Am Ende des Geschäftsjahres werden die Salden aller Umsatzsteuerkonten zusammengefasst und der Saldo hieraus in „Sonstigen Verbindlichkeiten"/„Sonstigen Vermögensgegenstände" eingestellt.

Diese Zusammenfassung kann auch über „Sonstige Verrechnungskonten (Interimskonten)" 3852 (*1792*) erfolgen, das alle Salden der Umsatzsteuerkonten ausweist. Die Buchungen lauten z. B.:

Sollkonto	SKR 04 (SKR 03)	Euro	Habenkonto	SKR 04 (SKR 03)
Verrechnungskonto	**3852** (*1792*)	Betrag	Abziehbare Vorsteuer	**1400** (*1570*)
Verrechnungskonto	**3852** (*1792*)	Betrag	USt-Vorauszahlungen	**3820** (*1780*)
Verrechnungskonto	**3852** (*1792*)	Betrag	USt-Vorausz. 1/11	**3830** (*1781*)
Umsatzsteuer	**3800** (*1770*)	Betrag	Verrechnungskonto	**3852** (*1792*)

Der Saldo des Umsatzsteuerverrechnungskontos entspricht in der Regel der Zahllast des Monats Dezember:

Sollkonto	SKR 04 (SKR 03)	Euro	Habenkonto	SKR 04 (SKR 03)
Verrechnungskonto	**3852** (*1792*)	Betrag	Sonstige Verbindlichk.	**3500** (*1700*)

Ergibt sich eine Umsatzsteuerüberzahlung (Vorsteuerüberschuss), lautet die Buchung:

Sollkonto	SKR 04 (SKR 03)	Euro	Habenkonto	SKR 04 (SKR 03)
Sonst. Verm.gegenstände	**1300** (*1500*)	Betrag	Verrechnungskonto	**3852** (*1792*)

Die Umsatzsteuerbuchungen des innergemeinschaftlichen Erwerbs gleichen Vorsteuer und Umsatzsteuer aus, z. B.:

Sollkonto	SKR 04 (SKR 03)	Euro	Habenkonto	SKR 04 (SKR 03)
Vorsteuer ig. Erwerb 19 %	**1404** (*1574*)	Betrag	USt ig. Erwerb 19 %	**3804** (*1774*)

Sinngemäß lauten die Umsatzsteuerbuchungen bei Leistungen im Sinne des § 13b UStG:

Sollkonto	SKR 04 (SKR 03)	Euro	Habenkonto	SKR 04 (SKR 03)
Vorst. § 13b UStG 19 %	1407 (1577)	Betrag	USt n. § 13b UStG 19 %	3837 (1787)

Die **Umsatzsteuerbuchungen** wirken sich grundsätzlich nicht auf den Erfolg aus.

30. Wie werden Privatkonten geführt und abgeschlossen?

Privat bedingte Eigenkapitaländerungen, dies sind nach § 4 Abs. 1 Satz 2 EStG Entnahmen von Wirtschaftsgütern (Barentnahmen, Waren, Erzeugnisse, Nutzungen und Leistungen) und nach § 4 Abs. 1 Satz 8 EStG Einlagen von Wirtschaftsgütern (Bareinzahlungen und sonstige Wirtschaftsgüter) könnten direkt auf dem Eigenkapitalkonto gebucht werden. Da dies in der Regel jedoch zu unübersichtlich ist, werden private Vorgänge auf Unterkonten des Eigenkapitalkontos, auf besonderen Privatkonten, gebucht.

Für die verschiedenen Arten der Privatentnahmen und -einlagen werden verschiedene Privatkonten geführt, z. B. für beschränkt abzugsfähige Sonderausgaben, Vorsorgeaufwendungen, Spenden, außergewöhnliche Belastungen, Grundstücksaufwand und -ertrag etc. (Konten 2100 (*1800*) bis 2399 (*1899*) und 2500 (*1900*) bis 2799 (*1999*)).

- **Privatentnahmen** (= Eigenkapitalminderungen) werden auf der Sollseite des Privatentnahmekontos erfasst.
- **Privateinlagen** (= Eigenkapitalmehrungen) werden auf der Habenseite des Privateinlagekontos erfasst.

Als Unterkonten des Eigenkapitalkontos werden die Privatkonten am Ende des Wirtschaftsjahres über das Eigenkapitalkonto abgeschlossen (vorbereitende Abschlussbuchungen):

- **Entnahmen:** Eigenkapitalkonto / Privatentnahmekonto
- **Einlagen:** Privateinlagekonto / Eigenkapitalkonto.

Privatentnahmen und Privateinlagen wirken sich grundsätzlich nicht auf den Gewinn aus.

31. Wie können Abschreibungen auf das Anlagevermögen (Sach- und Finanzanlagen) gebucht werden?

Technische und wirtschaftliche Ursachen haben die Wertminderung des Anlagevermögens zur Folge. Diese Wertminderung stellt Aufwand dar, der als Abschreibung erfasst wird. Durch die Abschreibung muss sich einerseits der Wert des Anlagegutes um den Abschreibungsbetrag mindern, andererseits muss dieser Betrag über ein entsprechendes Aufwandskonto (z. B. 6220 (*4830*), 6262 (*4860*), 7200 (*4870*), 7250 (*4874*)) in die Erfolgsrechnung gelangen.

Für die „Kalkulatorischen Abschreibungen" wird das Konto 6976 (*4993*) angesprochen. Nach der Buchungstechnik unterscheidet man:

- **Direkte Abschreibungen:** Der Abschreibungsbetrag wird direkt auf dem Anlagekonto gebucht, der Anlagegegenstand wird in der Regel bis auf einen Erinnerungswert von 1 € abgeschrieben. Der Restbuchwert bzw. Buchwert ist auf dem Bestandskonto direkt ersichtlich.

Buchung, z. B.:

Sollkonto	SKR 04 (SKR 03)	Euro	Habenkonto	SKR 04 (SKR 03)
Abschr. a. Sachanl.	**6220** (4830)	Betrag	Maschinen	**0440** (0210)

- **Indirekte Abschreibungen:** Das abzuschreibende Anlagegut erscheint in Buchführung und Bilanz während der Betriebszugehörigkeit unverändert mit den vollen Anschaffungs- oder Herstellungskosten. Der Abschreibungsbetrag wird auf einem eigenen Wertberichtigungskonto passiviert.

Buchung, z. B.:

Sollkonto	SKR 04 (SKR 03)	Euro	Habenkonto	SKR 04 (SKR 03)
Abschr. a. Sachanl.	**6220** (4830)	Betrag	Abgrenzungen f. BWA	**3950** (0992)

Bei Ausscheiden aus dem Betrieb muss die Wertberichtigung jedoch aufgelöst werden (erfolgsunwirksam):

Sollkonto	SKR 04 (SKR 03)	Euro	Habenkonto	SKR 04 (SKR 03)
Abgrenzungen f. BWA	**3950** (0992)	Betrag	Maschinen	**0440** (0210)

Der Vorteil dieser Methode liegt in der besseren Übersicht.

In der Bilanz der Kapitalgesellschaft darf eine Wertberichtigung nicht ausgewiesen werden.

32. Was ist eine Hauptabschlussübersicht?

Die Hauptabschlussübersicht – auch Betriebsübersicht, Summen-Salden-Liste – ist eine **Abschlusstabelle**. Sie enthält eine Übersicht über die Entwicklung der einzelnen Konten und das Ergebnis der Inventur von der Eröffnungsbilanz bis zur Schlussbilanz.

33. Welche Aufgaben erfüllt die Hauptabschlussübersicht?

Die Hauptabschlussübersicht dient der Vorbereitung der Jahresabschlussarbeiten, indem sie das Zahlenmaterial der Buchführung geordnet zusammenstellt.

Mit ihrer Hilfe wird die rechnerische Richtigkeit der Buchführung überprüft (Summe Sollbuchungen = Summe Habenbuchungen).

Mit der Hauptabschlussübersicht lässt sich die Identität von Schlussbilanz und Eröffnungsbilanz (Bilanzenzusammenhang) nachweisen.

In der Hauptabschlussübersicht werden ggf. Abweichungen zwischen Inventurwerten und Kontensalden umgebucht, Nachtrags- und Berichtigungsbuchungen vorgenommen.

34. Wie ist eine Hauptabschlussübersicht gegliedert?

Die Hauptabschlussübersicht wird als sechs- oder achtspaltige tabellarische Übersicht verwendet. Die Eröffnungsbilanz, die Summenzugänge oder Jahresverkehrszahlen sind in der sechsspaltigen Hauptabschlussübersicht bereits zu der Summenbilanz zusammengefasst. Sie enthält die Endbeträge aller Konten, die sich vor den vorbereitenden Abschlussbuchungen auf beiden Seiten der Konten ergeben.

Die **Summenbilanz** muss auf beiden Seiten die gleiche Summe aufweisen, da alle Beträge doppelt gebucht sind. Man spricht auch von der Probebilanz.

Die **Saldenbilanz I** weist für jedes Konto den Überschuss der größeren über die kleinere Kontoseite aus, er steht – anders als auf einem Konto – jeweils auf der stärkeren Seite des Kontos. Diese Salden sind die Buchwerte der Konten. Die Endsummen der Saldenbilanz I müssen gleich sein.

Die **Umbuchungsspalte** nimmt sämtliche vorbereitenden Abschlussbuchungen, Nachtrags- und Berichtigungsbuchungen auf.

Durch die Umbuchungen werden die Salden der Saldenbilanz I berichtigt, sie werden in der **Saldenbilanz II** erfasst.

Stimmen die durch die Umbuchungen korrigierten Buchbestände der Bestandskonten mit den durch Inventur ermittelten Beständen überein, werden die Beträge der Bestandskonten in die **Hauptabschlussbilanz** übernommen und die Erfolgskonten als Aufwand oder Ertrag in die **Gewinn- und Verlustrechnung** übertragen.

Ist der Gewinn nicht vorher umgebucht, ergibt er sich als Saldo in der Hauptabschlussbilanz und in der Gewinn- und Verlustrechnung. Die Konten der Buchführung brauchen nicht formell abgeschlossen zu werden, wenn die Soll- und Habensumme (Verkehrszahlen) in die Hauptabschlussübersicht übernommen werden. Die Sachkonten sind lediglich durch doppeltes Unterstreichen als abgeschlossen zu kennzeichnen, die Umbuchungen sind ausreichend zu erläutern, die Hauptabschlussübersicht ist als Bestandteil der Buchführung aufzubewahren. Die Ordnungsmäßigkeit der Buchführung wird durch dieses Verfahren nicht berührt.

Bei DV-gestützten Buchführungssystemen kommt der Hauptabschlussübersicht (auch Betriebsübersicht oder Abschlusstabelle) keine praktische Bedeutung mehr zu. An ihre Stelle treten **Summen- und Saldenlisten** sowie Umbuchungslisten. Die Vorlage einer Hauptabschlussübersicht kann von Steuerpflichtigen, die ihren Gewinn durch Betriebsvermögensvergleich ermitteln, nicht mehr verlangt werden.

35. Welche Bücher werden geführt?

Zur ordnungsmäßigen Buchführung gehören: Inventar- und Bilanzbuch, Grundbuch, Hauptbuch, Neben- und Hilfsbücher.

36. Was enthält das Grundbuch?

Das Grundbuch enthält chronologische Aufzeichnungen aller Geschäftsvorfälle. Seine Bedeutung liegt darin, dass es ermöglichen soll, zu jedem beliebigen Zeitpunkt während der Aufbewahrungsfristen mühelos den einzelnen Geschäftsvorfall bis hin zum Beleg zurück zu identifizieren. Im Grundbuch wird häufig zur Erläuterung des Geschäftsvorfalles der Buchungssatz vermerkt.

37. Welche Grundbücher werden geführt?

Kasseneinnahmen und -ausgaben werden im Kassenbuch eingetragen, es ist in vielen Betrieben das wichtigste Grundbuch. Je nach Größe des Betriebes kommen weitere Grundbücher in Betracht, z. B. Rechnungseingangs- und Rechnungsausgangsbücher, Bank- und Postbankbücher. Das Grundbuch kann auch in geordneter Ablage von Belegen bestehen oder auf Datenträgern geführt werden, d. h. Bank- und Postbankauszüge können ebenfalls als Grundbuch dienen.

Sämtliche Geschäftsvorfälle sind in den Grundbüchern zeitnah und geordnet zu erfassen. Eine tägliche Erfassung ist nicht erforderlich (H 5.2 „Zeitgerechte Erfassung", EStH 2011). Zum wirtschaftlichen Einsatz von Datenverarbeitungsanlagen brauchen Buchführungsarbeiten nicht laufend, sondern nur periodisch erledigt zu werden.

In der EDV gibt es **zwei Grundbücher**, die die laufenden Geschäftsvorfälle aufnehmen:
- die Primanota, die vom Anwender erstellt wird und
- das Journal, das vom Rechenzentrum ausgedruckt wird.

38. Was enthält das Hauptbuch?

Im Hauptbuch findet sich die **systematische Gliederung** des Buchführungsstoffes, dargestellt auf Bestands- und Erfolgskonten. Die Buchungen im Hauptbuch erfolgen nach dem Grundbuch. Im Hauptbuch sind alle Sachkonten vom Eröffnungsbilanzkonto bis zum Schlussbilanzkonto zusammengefasst. Die Konten kommen als Kontenkarten, Kontenbögen oder Kontenlisten vor.

39. Welche Nebenbücher werden geführt? *Debitoren & Kreditoren*

Das wichtigste Nebenbuch ist häufig das **Geschäftsfreundebuch** (Kontokorrentbuch). Es steht außerhalb der Kontensystematik, Buchungssätze, also Buchungen mit Gegenbuchungen sind ihm fremd.

Die Entstehung von Forderungen und Verbindlichkeiten sowie ihre Begleichung ist für jeden Kunden und Lieferanten kontenmäßig dargestellt, dies geschieht auf sog. Personenkonten. Die Personenkonten werden neben den Sachkonten „Debitoren" und „Kreditoren" geführt. Der Inhalt sämtlicher Personenkonten ergibt den Inhalt des entsprechenden Sachkontos („Sammelkonto"). Beim Jahresabschluss erfolgt die Abstimmung der beiden Sachkonten „Forderungen aus Lieferungen und Leistungen" (1200 (*1400*) und „Verbindlichkeiten aus Lieferungen und Leistungen" 3300 (*1600*)) durch Aufstellen einer Saldenliste.

Neben dem Geschäftsfreundebuch werden **weitere Nebenbücher** wie Lagerbücher, Wechselbücher, Lohn- und Gehaltsbücher geführt.

40. Was ist eine „Offene-Posten-Buchführung"?

Der Zweck des Geschäftsfreundebuches kann durch die Führung entsprechender Personenkonten erfüllt werden. Dieser Zweck kann aber auch durch eine geordnete Ablage der noch nicht beglichenen Rechnungen erfüllt werden. Diese Form der Buchhaltung, die von den offenen

Rechnungen ausgeht, bezeichnet man als **Offene-Posten-Buchhaltung** (§ 239 Abs. 4 HGB). Die Belege dienen als Buchungsträger, die Kontenführung entfällt. Die Offene-Posten-Buchführung entspricht den Grundsätzen ordnungsmäßiger Buchführung (R 5.2 Abs. 1 Satz 6 EStR 2012).

41. Welche Hilfsbücher können geführt werden?

Hilfsbücher besitzen einen noch loseren Zusammenhang zur Buchführung als Nebenbücher. Zu Kontrollzwecken werden z. B. Auftragsbücher, Mahn- und Terminbücher, Kalkulationsbücher etc. geführt.

42. Unterscheiden Sie doppelte und einfache Buchführung!

Die doppelte Buchführung zeichnet sich durch folgende Merkmale aus:

- Alle Geschäftsvorfälle werden **doppelt** erfasst, zeitlich geordnet im Grundbuch, sachlich (und zeitlich) geordnet im Hauptbuch.
- Alle Geschäftsvorfälle werden im Hauptbuch einmal im **Soll** und einmal im **Haben** gebucht.
- Die Geschäftsvorfälle werden auf Bestands- und Erfolgskonten gebucht.
- Der Gewinn bzw. Verlust wird auf zwei Arten ermittelt: durch Betriebsvermögensvergleich und durch Gegenüberstellung von Aufwendungen und Erträgen.

Die **einfache** unterscheidet sich von der doppelten Buchführung dadurch, dass die zeitlich erfassten Geschäftsvorfälle nicht im Hauptbuch sachlich gegliedert dargestellt werden. Da kein Hauptbuch geführt wird, unterbleibt auch die Untergliederung in Bestands- und Erfolgskonten. Daraus folgt, dass der Gewinn oder Verlust nur **einfach** durch Betriebsvermögensvergleich und nicht durch Gewinn- und Verlustrechnung ermittelt werden kann. Dennoch handelt es sich bei der einfachen Buchführung nicht lediglich um Aufzeichnungen, da alle Geschäftsvorfälle – auch die unbaren – fortlaufend erfasst werden, Kontokorrentbücher geführt werden und jährlich Abschlüsse mit Bestandsaufnahmen gemacht werden.

4. Beschaffung und Absatz

1. Wie werden die Kosten der Warenabgabe gebucht?

Sämtliche Kosten, die im weitesten Sinne mit der Warenabgabe zusammenhängen, werden in die Klasse 4 bzw. 5 und 6 („Betriebliche Aufwendungen") gebucht: „Kosten der Warenabgabe" 6700 (*4700*).

Es handelt sich um sonstige **betriebliche Aufwendungen**.

Verpackungsmaterial, Ausgangsfrachten, Transportversicherungen und Verkaufsprovisionen stellen einkommensteuerrechtlich sofort abzugsfähige Betriebsausgaben dar.

Die Konten sind als **Aufwandskosten** über das GuVK abzuschließen.

2. Beschreiben Sie die buchmäßige Behandlung von Warenrücksendungen und Gutschriften!

Einkaufsbereich: Rücksendungen an Lieferer und Gutschriften von Lieferern (z. B. wegen Mängelrüge) mindern den Wareneinsatz und die Lieferantenverbindlichkeiten, die Vorsteuer ist zu berichtigen:

Sollkonto	SKR 04 (SKR03)	Euro	Habenkonto	SKR 04 (SKR03)
Kreditoren, Personenkto.	**70000** (70000)	Betrag	Wareneingang	**5000** (3200)
Kreditoren, Personenkto.	**70000** (70000)	Betrag	Abziehbare Vorsteuer	**1400** (1570)

Verkaufsbereich: Rücksendungen von Kunden und Gutschriften an Kunden mindern die Erlöse und die Forderungen, die Umsatzsteuer darf berichtigt werden (§ 17 UStG):

Sollkonto	SKR 04 (SKR03)	Euro	Habenkonto	SKR 04 (SKR03)
Umsatzerlöse	**4000** (8000)	Betrag	Debitoren, Personenkto.	**10000** (10000)
Umsatzsteuer	**3800** (1770)	Betrag	Debitoren, Personenkto.	**10000** (10000)

3. Beschreiben Sie die buchmäßige Behandlung von Preisnachlässen und Preisabzügen im Einkaufsbereich!

Als solche Nachlässe und Abzüge kommen auf der Einkaufsseite Liefererrabatte, -skonti und -boni in Betracht. **Sofortrabatte** haben umsatzsteuerrechtlich keine Bedeutung, während nachträglich gewährte Rabatte, erhaltene **Skonti** und **Boni** eine Berichtigung der Vorsteuer zur Folge haben.

- Sofortrabatte, die der Lieferer bereits gekürzt hat, werden in der Regel buchmäßig nicht erfasst, gebucht wird der Zieleinkaufspreis.
- Werden Rabatte ausnahmsweise nachträglich gewährt oder will man Sofortrabatte in der Buchführung ausweisen, so werden sie auf dem Konto „Erhaltene Rabatte" 5770 (3770) gebucht. Dieses wird am Jahresende über das WEK abgeschlossen.
- Erhaltene Skonti stellen einkommensteuerrechtlich eine Minderung der Anschaffungskosten dar. Die direkte Buchung über das WEK wäre zu unübersichtlich, man bucht sie stattdessen auf dem Konto „Erhaltene Skonti" 5730 (3730), die Vorsteuer für den Wareneinkauf ist zu mindern. Buchung bei Zahlung durch Bank:

Sollkonto	SKR 04 (SKR 03)	Euro	Habenkonto	SKR 04 (SKR 03)
Kreditoren, Personenkto.	**70000** (70000)	Betrag	Erhaltene Skonti	**5730** (3730)
Kreditoren, Personenkto.	**70000** (70000)	Betrag	Abziehbare Vorsteuer	**1400** (1570)
Kreditoren, Personenkto.	**70000** (70000)	Betrag	Bank	**1800** (1200)

Bei diesem sog. **Nettoverfahren** wird bei Zahlung sofort die Vorsteuer korrigiert und der Nettoskontobetrag gebucht.

Beim **Bruttoverfahren** wird bei Zahlung die Steuer zunächst noch nicht berichtigt:

Sollkonto	SKR 04 (SKR 03)	Euro	Habenkonto	SKR 04 (SKR 03)
Kreditoren, Personenkto.	**70000** (70000)	Betrag	Erhaltene Skonti	**5730** (3730)
Kreditoren, Personenkto.	**70000** (70000)	Betrag	Bank	**1800** (1200)

Die Steuerberichtigung für die gesamten Skonti eines bestimmten Zeitraums erfolgt in einer Summe durch die Buchung:

Sollkonto	SKR 04 (SKR 03)	Euro	Habenkonto	SKR 04 (SKR 03)
Erhaltene Skonti	**5730** (3730)	Betrag	Abziehbare Vorsteuer	**1400** (1570)

Das „Skontokonto" wird mit dem Waren- bzw. Materialeingang verrechnet.

Erhaltene Boni – Liefererboni – stellen wie erhaltene Skonti einkommensteuerrechtlich eine Minderung der Anschaffungskosten des Wareneinkaufs dar. Wegen der besseren Übersichtlichkeit werden sie auf einem besonderen Konto, auf dem Konto „Erhaltene Boni" 5740 (3740) gebucht und am Jahresende mit dem Waren- bzw. Materialeingang verrechnet. Die Vorsteuer ist zu berichtigen:

Sollkonto	SKR 04 (SKR 03)	Euro	Habenkonto	SKR 04 (SKR 03)
Kreditoren, Personenkto.	**70000** (70000)	Betrag	Erhaltene Boni	**5740** (3740)
Kreditoren, Personenkto.	**70000** (70000)	Betrag	Abziehbare Vorsteuer	**1400** (1570)

Preisnachlässe und -abzüge bei der Anschaffung von Gegenständen des Anlagevermögens mindern stets die **Anschaffungskosten**. Rabatte und Skonti werden in diesem Falle immer auf das Anlagenkonto (Habenseite) gebucht, d. h. aktiviert wird nur der Zieleinkaufspreis bzw. der Bareinkaufspreis.

4. Beschreiben Sie die buchmäßige Behandlung von Preisnachlässen und Preisabzügen im Verkaufsbereich!

- Sofortrabatte an Kunden werden in der Regel nicht gebucht.
- Rabatte können jedoch auf dem Unterkonto des Erlöskontos „Gewährte Rabatte" 4770 (*8770*) gebucht werden. Gewährte Rabatte sind am Jahresende über das Erlöskonto abzuschließen. In der Gewinn- und Verlustrechnung nach § 275 HGB werden lediglich die Umsatzerlöse vermindert um Skonti, Rabatte und Preisnachlässe ausgewiesen.
- Gewährte Skonti an Kunden mindern nachträglich die Erlöse, sie werden jedoch auf einem eigenen Konto „Gewährte Skonti" 4730 (*8730*) erfasst, die Umsatzsteuer wird berichtigt, Buchung bei Zahlungseingang durch Bank bei Nettobuchung:

Sollkonto	SKR 04 (SKR 03)	Euro	Habenkonto	SKR 04 (SKR 03)
Bank	**1800** (1200)	Betrag	Debitoren, Personenkto. **10000** (10000)	
Gewährte Skonti	**4730** (8730)	Betrag	Debitoren, Personenkto. **10000** (10000)	
Umsatzsteuer	**3800** (1770)	Betrag	Debitoren, Personenkto. **10000** (10000)	

bei Bruttobuchung:

Sollkonto	SKR 04 (SKR 03)	Euro	Habenkonto	SKR 04 (SKR 03)
Bank	**1800** (1200)	Betrag	Debitoren, Personenkto. **10000** (10000)	
Gewährte Skonti	**4730** (8730)	Betrag	Debitoren, Personenkto. **10000** (10000)	

Der Bruttoskonto ist nachträglich zu korrigieren, die Umsatzsteuer ist zu berichtigen:

Sollkonto	SKR 04 (SKR 03)	Euro	Habenkonto	SKR 04 (SKR 03)
Umsatzsteuer	**3800** (1770)	Betrag	Gewährte Skonti	**4730** (8730)

Das Konto „gewährte Skonti" ist mit den **Umsatzerlösen** zu verrechnen (§ 277 Abs. 1 HGB).

- „Gewährte Boni" 8740 (*4740*) mindern den Erlös und werden wie Skonti über Erlöskonto abgeschlossen.

Sollkonto	SKR 04 (SKR 03)	Euro	Habenkonto	SKR 04 (SKR 03)
Gewährte Boni	**4740** (8740)	Betrag	Debitoren, Personenkto. **10000** (10000)	
Umsatzsteuer	**3800** (1770)	Betrag	Debitoren, Personenkto. **10000** (10000)	
Umsatzerlöse	**4000** (8000)	Betrag	Gewährte Boni	**4740** (8740)

5. Wie wird der Kalkulationszuschlag ermittelt?

Zur Vereinfachung der Warenkalkulation können die Prozentsätze zwischen dem Bezugspreis und dem Listenverkaufspreis zu einem Prozentsatz zusammengefasst werden.

Beispiel

Bezugspreis	1.800 €	= 100 %	(Ausgangswert)
Zuschlag für Handlungskosten, Gewinn, Kundenskonto und -rabatt z. B.	900 €	= 50 %	(Kalkulationszuschlag)
Listenverkaufspreis	2.700 €	= 150 %	(= gesuchte Größe)

Das heißt, zur vereinfachten Ermittlung des **Listenverkaufspreises** wird auf den Bezugspreis ein Zuschlag von 50 % vorgenommen, um den Listenverkaufspreis zu erhalten.

Der Kalkulationszuschlag entspricht dem **Rohaufschlagsatz** (siehe steuerliche Richtsätze).

6. Wie wird der Kalkulationsfaktor ermittelt?

Zur Vereinfachung der Warenkalkulation kann der **Kalkulationszuschlag** auch als Kalkulationsfaktor ausgedrückt werden. Zur Ermittlung dieses Faktors gilt der Bezug:

Listenverkaufspreis : Bezugspreis

Im Beispiel der Frage 5 beträgt der Kalkulationsfaktor:

$$2.700 : 1.800 = 1{,}5$$

Das heißt, zur vereinfachten Ermittlung des **Listenverkaufspreises** wird der **Bezugspreis** mit dem Faktor 1,5 multipliziert (1.800 · 1,5 = 2.700) um den Listenverkaufspreis zu erhalten.

7. Wie wird die Handelsspanne ermittelt?

Ist dem Händler der Listenverkaufspreis vorgegeben, muss er den prozentualen Gesamtabschlag für Handlungskosten, Gewinn, Kundenrabatt und -skonto kennen, um den Bezugspreis ermitteln zu können.

Beispiel

Beispiel wie oben:

Listenverkaufspreis	2.700 €	= 100 %	(Ausgangswert)
Abschlag für Handlungskosten, Gewinn, Kundenskonto und -rabatt z. B.	900 €	= 33 $\frac{1}{3}$ %	(Handelsspanne)
Bezugspreis	1.800 €	= 100 %	(= gesuchte Größe)

Das heißt, zur vereinfachten Ermittlung des Bezugspreises wird vom Listenverkaufspreis ein Abschlag von 33 $1/3$ % vorgenommen, um den Bezugspreis zu erhalten.

Die Handelsspanne entspricht dem **Rohgewinnsatz** (siehe steuerliche Richtsätze).

8. Kalkulieren Sie den Listenverkaufspreis einer Ware, wenn der Listeneinkaufspreis 1.000 € beträgt, der Lieferer 25 % Rabatt und 2 % Skonto gewährt, die Bezugskosten 417 € betragen und dem Kunden 2 % Skonto und 20 % Rabatt eingeräumt werden. Es wird mit 16 $2/3$ % Handlungskosten und 5 % Gewinn kalkuliert.

	Listeneinkaufspreis		1.000,00 €
−	Liefererrabatt	25,00 % v. H.	250,00 €
=	**Zieleinkaufspreis**		750,00 €
−	Liefererskonto	2,00 % v. H.	15,00 €
=	**Bareinkaufspreis**		735,00 €
+	Bezugskosten	in Euro	417,00 €
=	**Einstands- oder Bezugspreis**		1.152,00 €
+	Handlungskosten	16,67 % v. H.	192,00 €
=	**Selbstkosten**		1.344,00 €
+	Gewinn	5,00 % v. H.	67,20 €
=	**Barverkaufspreis**		1.411,20 €
+	Kundenskonto	2,00 % i. H.	28,80 €
=	**Zielverkaufspreis**		1.440,00 €
+	Kundenrabatt	20,00 % i. H.	360,00 €
=	**Listenverkaufspreis**		1.800,00 €

Die Umsatzsteuer wird bei der Kalkulation grundsätzlich zunächst nicht berücksichtigt.

5. Personalwirtschaft

1. Wie werden Personalkosten gebucht?

▶ **Nettoverfahren:** Bisweilen werden alle Auszahlungen, die im Zusammenhang mit Personalkosten anfallen, auf verschiedenen Kostenkonten gebucht. Das Konto „Sonstige Verbindlichkeiten" (3500 bzw. 1700) wird im Laufe des Jahres nicht angesprochen. Die Gehaltsabrechnung Juni 2018 lautet:

Bruttogehalt, Juni 2018	2.800,00 €
- einbehaltene Lohnsteuer, Steuerklasse I	372,58 €
- Solidaritätszuschlag (5,5 % von 372,58 €)	20,49 €
- Kirchensteuer 9 %	33,53 €
- Arbeitnehmeranteil zur gesetzlichen Sozialversicherung (KV 14,6 %, RV 18,6 %, ArlV 3,0 %, PV 2,55 %, zusätzlich vom Arbeitnehmer zu tragen: KV 1,0 %, PV 0,25 %; U1 2,2 %; U2 0,49 %; Insolvenzgeldumlage 0,06 %)	577,50 €
Überweisung des Nettogehalts durch Bank	1.795,90 €

Der Arbeitgeberanteil zur gesetzlichen Sozialversicherung beträgt 619,50 €, der Gesamtbeitrag zur gesetzlichen Sozialversicherung 1.197,00 €. Bei Überweisung der Beträge wird gebucht:

Sollkonto	SKR 04 (SKR 03)	Euro	Habenkonto	SKR 04 (SKR 03)
Gehälter	6020 (4120)	1.795,90	Bank	1800 (1200)
LSt, KiSt, SolZ	6011 (4111)	426,60	Bank	1800 (1200)
Ges. soz. Aufwendungen	6110 (4130)	1.197,50	Bank	1800 (1200)

Das Ergebnis der Buchführung stimmt, da ein Aufwand von insgesamt 3.419,50 € (Bruttogehalt 2.800 € + Arbeitgeberanteil zur gesetzlichen Sozialversicherung 619,50 €) gebucht wurde.

Diese Art der buchmäßigen Erfassung ist jedoch unübersichtlich, eine Abstimmung mit den Lohn- und Gehaltslisten ist erschwert, das Konto „Gesetzliche soziale Aufwendungen" 6110 *(4130)* weist nicht den Arbeitgeberanteil aus, Lohn- und Kirchensteuer sind **nicht** Aufwand, da sie vom Arbeitnehmer zu tragen sind!

Um diese Unstimmigkeit zu vermeiden, sollte gebucht werden:

Sollkonto	SKR 04 (SKR 03)	Euro	Habenkonto	SKR 04 (SKR 03)
Gehälter	6020 (4120)	1.795,90	Bank	1800 (1200)
Gehälter	6020 (4120)	426,60	Bank	1800 (1200)
Gehälter	6020 (4120)	577,50	Bank	1800 (1200)
Ges. soz. Aufwendungen	6110 (4130)	619,50	Bank	1800 (1200)

- **Bruttoverfahren:** Das Bruttogehalt wird als Aufwand erfasst, die einbehaltenen, aber noch nicht abgeführten Abzüge sowie das Nettogehalt stellen zunächst Verbindlichkeiten dar. Ebenso stellt der Arbeitgeberanteil zur Sozialversicherung Aufwand dar und ist – solange er nicht abgeführt ist – eine „Verbindlichkeit im Rahmen der sozialen Sicherheit".

Es werden die Konten „Löhne" 6010 (*4110*) bzw. „Gehälter" 6020 (*4120*) und „Gesetzliche soziale Aufwendungen" 6110 (*4130*) benötigt. Die Verbindlichkeiten werden auf den Konten „Verbindlichkeiten aus Lohn- und Kirchensteuer" 3730 (*1741*), „Verbindlichkeiten im Rahmen der sozialen Sicherheit" 3740 (*1742*) und „Verbindlichkeiten aus Lohn und Gehalt" 3720 (*1740*) erfasst.

Sollkonto	SKR 04 (SKR 03)	Euro	Habenkonto	SKR 04 (SKR 03)
Gehälter	**6020** (*4120*)	2.800,00	Verb. aus Lohn u. Gehalt	**3720** (*1740*)
Verb. aus Lohn u. Gehalt	**3720** (*1740*)	426,60	Verb. Lohn- u. KiSteuer	**3730** (*1741*)
Verb. aus Lohn u. Gehalt	**3720** (*1740*)	577,50	Verb. soziale Sicherheit	**3740** (*1742*)
Ges. soz. Aufwendungen	**6110** (*4130*)	619,50	Verb. soziale Sicherheit	**3740** (*1742*)

Es ist zu beachten, dass die an das Finanzamt abzuführenden Beiträge grundsätzlich bis zum 10. des Folgemonats dort eingegangen sein müssen. Die Beiträge sind in voraussichtlicher Höhe der Beitragsschuld spätestens am drittletzten Bankarbeitstag des Monats fällig, in dem die Beschäftigung oder Tätigkeit, mit der das Arbeitsentgelt oder Arbeitseinkommen erzielt wird, ausgeübt worden ist oder als ausgeübt gilt; ein verbleibender Restbetrag wird zum drittletzten Bankarbeitstag des Folgemonats fällig (§ 23 Abs. 1 Satz 2 SGB IV). Der Arbeitgeber kann abweichend davon den Betrag in Höhe der Beiträge des Vormonats zahlen; für einen verbleibenden Restbetrag bleibt es bei der Fälligkeit zum drittletzten Bankarbeitstag des Folgemonats (§ 23 Abs. 1 Satz 3 SGB IV, Zweites Bürokratieentlastungsgesetz).

Bei Zahlung der Verbindlichkeiten durch Bank:

Sollkonto	SKR 04 (SKR 03)	Euro	Habenkonto	SKR 04 (SKR 03)
Verb. aus Lohn u. Gehalt	**3720** (*1740*)	1.795,90	Bank	**1800** (*1200*)
Verb. Lohn- u. KiSteuer	**3730** (*1741*)	426,60	Bank	**1800** (*1200*)
Verb. soziale Sicherheit	**3740** (*1742*)	1.197,00	Bank	**1800** (*1200*)

In der Regel wird nicht der Lohn oder das Gehalt des einzelnen Arbeitnehmers gebucht, vielmehr werden die Summen für Bruttolohn bzw. -gehalt, Abzüge etc. den Lohn- oder Gehaltslisten entnommen.

Da die Sozialversicherungsbeiträge des laufenden Monats am drittletzten Bankarbeitstag des laufenden Monats fällig sind, die tatsächliche Höhe der Sozialversicherungsbeiträge aber in der Regel noch nicht feststeht, wird zunächst ein geschätzter Beitragsnachweis für den Monat Juni 2018 erstellt, der Betrag (z. B. 1.197,00 €) wird fristgerecht überwiesen:

Sollkonto	SKR 04 (SKR 03)	Euro	Habenkonto	SKR 04 (SKR 03)
Voraussichtl. Beitragsschuld	**3729** (*1759*)	1.199,52	Bank	**1800** (*1200*)

- **Lohn- und Gehaltsverrechnungskonto:** Um die mittels EDV erstellte Lohn- und Gehaltsabrechnung mit den Konten für Personalaufwendungen abstimmen zu können, bietet sich die Verwendung des Kontos „Lohn- und Gehaltsverrechnung" 3790 (*1755*) an.

1. Schritt:
Aufgrund der Gehaltsabrechnung wird gebucht:

Sollkonto	SKR 04 (SKR 03)	Euro	Habenkonto	SKR 04 (SKR 03)
Gehälter	**6020** (4120)	2.800,00	Lohn- u. Gehaltsverr.	**3790** (1755)
Ges. soz. Aufwendungen	**6110** (4130)	619,50	Lohn- u. Gehaltsverr.	**3790** (1755)

Damit ist der Aufwand bereits richtig erfasst.

2. Schritt:
Das Gehaltsverrechnungskonto wird unter Verwendung der Konten „Verbindlichkeiten aus Lohn und Gehalt" 3720 (*1740*), „Verbindlichkeiten aus Lohn- und Kirchensteuer" 3730 (*1741*) und „Verbindlichkeiten im Rahmen der sozialen Sicherheit" 3740 (*1742*) aufgelöst:

Sollkonto	SKR 04 (SKR 03)	Euro	Habenkonto	SKR 04 (SKR 03)
Lohn- u. Gehaltsverr.	**3790** (1755)	1.795,90	Verb. aus Lohn- u. Gehalt	**3720** (1740)
Lohn- u. Gehaltsverr.	**3790** (1755)	426,60	Verb. Lohn- u. KiSteuer	**3730** (1741)
Lohn- u. Gehaltsverr.	**3790** (1755)	1.197,00	Verb. soziale Sicherheit	**3740** (1742)

3. Schritt:
Die Verbindlichkeiten werden bei Zahlung – z. B. durch Bank – aufgelöst:

Sollkonto	SKR 04 (SKR 03)	Euro	Habenkonto	SKR 04 (SKR 03)
Verb. aus Lohn- u. Gehalt	**3720** (1740)	1.795,90	Bank	**1800** (1200)
Verb. Lohn- u. KiSteuer	**3730** (1741)	426,60	Bank	**1800** (1200)
Verb. soziale Sicherheit	**3740** (1742)	1.197,00	Bank	**1800** (1200)

2. Wie werden Lohn- und Gehaltsvorschüsse gebucht?

Der Vorschuss an den Arbeitnehmer stellt keinen Aufwand dar, er ist eine Forderung des Arbeitgebers gegenüber dem Arbeitnehmer, Konto „Forderungen gegen Personal aus Lohn- und Gehaltsabrechnung". Bei Barauszahlung wird gebucht:

Sollkonto	SKR 04 (SKR 03)	Euro	Habenkonto	SKR 04 (SKR 03)
Ford. Personal a. Gehalt	**3720** (1530)	Betrag	Kasse	**1600** (1000)

Der Vorschuss wird häufig nicht zurückgezahlt, sondern mit dem Gehalt verrechnet; die sonstige Forderung wird aufgelöst:

Sollkonto	SKR 04 (SKR 03)	Euro	Habenkonto	SKR 04 (SKR 03)
Gehälter	6020 (4120)	Betrag	Ford. Personal a. Gehalt	3720 (1530)

3. Wie werden Zinsvorteile aus unverzinslichen oder zinsverbilligten Arbeitgeberdarlehen ermittelt?

Ein Arbeitgeberdarlehen ist die Überlassung von Geld durch den Arbeitgeber oder aufgrund des Dienstverhältnisses durch einen Dritten an den Arbeitnehmer, die auf dem Rechtsgrund eines Darlehensvertrags beruht.

Hierbei handelt es sich um Einnahmen, die nicht in Geld bestehen (Sachbezüge i. S. § 8 Abs. 2 EStG). Gemäß dem Schreiben des Bundesministeriums für Finanzen vom 19.05.2015 bemisst sich der geldwerte Vorteil bei Arbeitgeberdarlehen nach dem Unterschiedsbetrag zwischen dem gezahlten Zinssatz (sogenannter Effektivzinssatz) und dem marktüblichen Zinssatz (sogenannter Maßstabszinssatz). Die so ermittelte Zinsdifferenz zum Zeitpunkt des Vertragsabschlusses ist grundsätzlich für die gesamte Vertragslaufzeit maßgebend – es sei denn, es wurde eine variable Verzinsung vereinbart.

Beispiel

Ein Arbeitnehmer erhält im März 2018 ein Arbeitgeberdarlehen (Arbeitgeber kein Finanzunternehmen) von 20.000 € zu einem – monatlich zu entrichtenden – Effektivzins von 3 % jährlich (Laufzeit 4 Jahre). Der bei Vertragsabschluss im Februar 2018 von der Deutschen Bundesbank für Konsumentenkredite mit anfänglicher Zinsbindung von über einem Jahr bis fünf Jahre veröffentlichte Effektivzinssatz beträgt 4,28 %. Nach Abzug eines Abschlags von 4 % ergibt sich ein Maßstabszinssatz von 4,109 %. Die Zinsverbilligung beträgt somit 1,109 % (4,109 % abzüglich 3 %). Danach ergibt sich ein monatlicher Zinsvorteil von 18,48 € (1,109 % von 20.000 € · $^1/_{12}$). Dieser Vorteil ist nicht lohnsteuerpflichtig, da die 44-Euro-Freigrenze nicht überschritten wird.

Außerdem sind die Zinsvorteile als Sachbezüge nur zu versteuern, wenn die Summe der noch nicht getilgten Darlehen am Ende des Lohnzahlungszeitraums 2.600 € (Freigrenze) übersteigt.

Auf Zinsvorteile aus unverzinslichen oder zinsverbilligten Arbeitgeberdarlehen von „Finanzunternehmen" (zum Beispiel: Arbeitnehmer einer Sparkasse erhält ein zinsgünstiges Arbeitgeberdarlehen) ist § 8 Abs. 3 EStG anzuwenden („Rabattfreibetrag").

4. Wie werden vermögenswirksame Leistungen gebucht?

Wenn ein Arbeitnehmer bestimmte Teile seines Lohnes in bestimmter Form „vermögenswirksam" spart, erhält er vom Staat eine sog. Arbeitnehmersparzulage.

Sie beträgt beim **Investmentsparen** 20 %, höchstens 80 € je Jahr (Förderhöchstbetrag 400 €). Die Anlage erfolgt im Produktivkapital (z. B. Aktienfonds, Beteiligungen am Unternehmen des Arbeitgebers). Voraussetzung für die Gewährung der Arbeitnehmersparzulage ist, dass das zu versteuernde Einkommen des betreffenden Kalenderjahres 20.000 € oder bei Zusammenveranlagung von Ehegatten 40.000 € nicht übersteigt.

Beim **Bausparen** beträgt die Arbeitnehmersparzulage 9 %, höchstens 42,30 € je Jahr (Förderhöchstbetrag 470 €). Das zu versteuernde Einkommen darf die Grenze des zu versteuernden Einkommens von 17.900 € bzw. 35.800 € nicht übersteigen.

Die Arbeitnehmer-Sparzulage wird erst mit Ablauf der jeweiligen Sperrfrist bzw. bei Zuteilung des Bausparvertrages oder bei vorzeitiger unschädlicher Verfügung über die Bausparmittel fällig. Sie ist grundsätzlich zusammen mit der Einkommensteuererklärung zu beantragen.

Die Arbeitnehmer-Sparzulage ist steuer- und sozialversicherungsfrei.

Das Anlageunternehmen bescheinigt auf Verlangen des Arbeitnehmers die vermögenswirksamen Leistungen (§ 15 Abs. 1 des 5. VermBG).

Der Arbeitgeber hat die vermögenswirksamen Leistungen für den Arbeitnehmer unmittelbar an das Unternehmen oder Institut zu überweisen, bei dem sie angelegt werden. Werden die Werte der Gehaltsbuchführung in die Finanzbuchführung übernommen, kann die vereinbarte vermögenswirksame Leistung auf dem Konto „Verbindlichkeiten aus Vermögensbildungen" 3770 *(1750)* ausgewiesen werden.

▸ Der Arbeitnehmer bringt die vermögenswirksame Leistung selbst auf. Beispiel wie in Tz. 1, jedoch mit einer vermögenswirksamen Leistung von 39,17 (470/12) €:

Bruttogehalt:	2.800,00 €
- Lohn- und Kirchensteuer, Solidaritätszuschlag	426,60 €
- Arbeitnehmeranteil zur gesetzlichen Sozialversicherung	577,50 €
- vermögenswirksame Leistung (470/12)	39,17 €
Auszahlung durch Bank:	1.756,73 €

Arbeitgeberanteil zur gesetzlichen Sozialversicherung 619,50 €.

Beachten Sie: Der Aufwand des Arbeitgebers hat sich gegenüber der Abrechnung in Tz. 1 nicht geändert!

Buchungen:

Sollkonto	SKR 04 (SKR 03)	Euro	Habenkonto	SKR 04 (SKR 03)
Gehälter	**6020** (4120)	2.800,00	Lohn- u. Gehaltsverr.	**3790** (1755)
Ges. soz. Aufwendungen	**6110** (4130)	619,50	Lohn- u. Gehaltsverr.	**3790** (1755)
Lohn- u. Gehaltsverr.	**3790** (1755)	1.756,73	Verb. aus Lohn u. Gehalt	**3720** (1740)
Lohn- u. Gehaltsverr.	**3790** (1755)	426,60	Verb. Lohn- u. KiSteuer	**3730** (1741)
Lohn- u. Gehaltsverr.	**3790** (1755)	1.197,00	Verb. soziale Sicherheit	**3740** (1742)
Lohn- u. Gehaltsverr. oder direkt	**3790** (1755)	39,17	Verb. aus Vermögensb.	**3770** (1750)
Lohn- u. Gehaltsverr.	**3790** (1755)	39,17	Bank	**1800** (1200)

Bei Überweisung sind die Konten „Verb. aus Lohn u. Gehalt" 3720 (*1740*) 3730 (*1741*), 3740 (*1742*) und ggf. 3770 (*1750*) aufzulösen.

▶ Die vermögenswirksame Leistung wird oft vom Arbeitgeber als zusätzliches Gehalt voll oder zum Teil übernommen, er hat dadurch einen zusätzlichen Aufwand: „Vermögenswirksame Leistungen" 6080 (*4170*). Dieser Betrag stellt für den Arbeitnehmer **lohnsteuer-** und **sozialversicherungspflichtigen Arbeitslohn** dar. Beispiel wie oben, der Arbeitgeber übernimmt die vermögenswirksame Leistung in voller Höhe. Die Gehaltsabrechnung lautet nun:

Bruttogehalt:	2.800,00 €
+ vermögenswirksame Leistungen	39,17 €
	2.839,17 €
- Lohn- und Kirchensteuer, Solidaritätszuschlag	437,77 €
- Arbeitnehmeranteil zur gesetzlichen Sozialversicherung	585,58 €
- vermögenswirksame Leistung	39,17 €
Auszahlung durch Bank	1.776,65 €

Nach der Gewährung einer vermögenswirksamen Leistung ergibt sich eine tatsächliche Beitragsschuld für den Monat Juni 2018 in Höhe von 1.213,75 €, der bei der Gehaltsbuchung Juni 2018 auf der Habenseite des Kontos 3759 (*1759*) erscheint. Es ergibt sich eine Restverbindlichkeit in Höhe von 16,75 €, die zusammen mit der voraussichtlichen Beitragsschuld Juli 2018 abzuführen ist

Arbeitgeberanteil zur gesetzlichen Sozialversicherung 628,17 €. Die Buchungen lauten:

Sollkonto	SKR 04 (SKR 03)	Euro	Habenkonto	SKR 04 (SKR 03)
Gehälter	**6020** (4120)	2.800,00	Lohn- u. Gehaltsverr.	**3790** (1755)
Vermögensw. Leistungen	**6080** (4170)	39,17	Lohn- u. Gehaltsverr.	**3790** (1755)
Ges. soz. Aufwendungen	**6110** (4130)	628,17	Lohn- u. Gehaltsverr.	**3790** (1755)
Lohn- u. Gehaltsverr.	**3790** (1755)	1.776,65	Verb. aus Lohn u. Gehalt	**3720** (1740)
Lohn- u. Gehaltsverr.	**3790** (1755)	437,77	Verb. Lohn- u. KiSteuer	**3730** (1741)
Lohn- u. Gehaltsverr.	**3790** (1755)	1.213,75	Verb. soziale Sicherheit	**3759** (1759)
Lohn- u. Gehaltsverr. oder direkt	**3790** (1755)	39,17	Verb. aus Vermögensb.	**3770** (1750)
Lohn- u. Gehaltsverr.	**3790** (1755)	39,17	Bank	**1800** (1200)

Der Gesamtaufwand beträgt 3.467,34 € (2.839,17 + 628,17). Bei Überweisung der Einbehaltungen sind die Konten 3720 (*1740*), 3730 (*1741*), 3759 (*1759*) und ggf. 3770 (*1750*) aufzulösen.

5. Wie werden die Beiträge zur gesetzlichen Unfallversicherung gebucht?

Der Arbeitgeber hat die Beiträge zur gesetzlichen Unfallversicherung (Berufsgenossenschaft) allein zu tragen und bucht bei Zahlung:

> „Beiträge zur Berufsgenossenschaft" **6120 (*4138*)**/Finanzkonto

6. Was sind Sachbezüge der Arbeitnehmer?

Gewährt der Arbeitgeber dem Arbeitnehmer neben Barlohnzahlungen Arbeitslohn in Form von Sachbezügen, so sind diese als laufender Arbeitslohn oder als sonstige Bezüge sowohl lohnsteuer- als auch sozialversicherungspflichtig (R 8.1 Abs. 1 Satz 1 LStR 2015). Es ist eine **Freigrenze** von monatlich 44 € zu beachten (§ 8 Abs. 2 Satz 11 EStG).

Die Übertragung nicht ausgeschöpfter Beträge in andere Monate ist nicht möglich (Verfügung der OFD Erfurt vom 30.01.1996).

Als **Sachbezüge** kommen insbesondere in Betracht:
- unentgeltliche oder verbilligte Überlassung einer Wohnung oder Unterkunft
- unentgeltliche oder verbilligte Mahlzeiten (§ 8 Abs. 2 Satz 1 EStG)
- Gestellung von Kraftfahrzeugen (die Freigrenze des § 8 Abs. 2 Satz 11 EStG bleibt außer Betracht)
- Bezug von Waren und Dienstleistungen (§ 8 Abs. 3 EStG).

„Verrechnete sonstige Sachbezüge" werden als „Sonstige betriebliche Erträge" auf den Konten 4940 (*8590*) bis 4949 (*8614*) gebucht.

7. Wie werden Sachbezüge i. S. der Sachbezugsverordnung gebucht?

Beispiel

Der ledige Bäckergeselle Brot (keine Kinder), Mainz, erhält im Juni 2018 einen Bruttobarlohn von 2.328 € sowie freie Verpflegung und Unterkunft (inkl. Heizung und Beleuchtung). Die einzubehaltende Lohnsteuer beträgt 372,58 €, die Kirchensteuer 9 %, der Solidaritätszuschlag 5,5 %, der Arbeitnehmeranteil zur Sozialversicherung 577,50 €, der Arbeitgeberanteil 619,50 €.

B. Grundwissen | II. Rechnungswesen

Sachbezüge – dies sind z. B. freie oder verbilligte Verpflegung, Unterkunft, Wohnung, Heizung, Beleuchtung etc. – gehören zu den lohnsteuerpflichtigen Einnahmen des Arbeitnehmers. Da diese Einnahmen nicht in Geld bestehen, sind sie mit den üblichen Mittelpreisen des Verbrauchsortes anzusetzen (§ 8 Abs. 2 EStG). Der Wert für freie Verpflegung beträgt nach der Sozialversicherungsentgeltverordnung (SvEV) 2018 je Monat in allen Bundesländern 246 €, der Wert für freie Unterkunft 226 € monatlich. Werden Verpflegung, Unterkunft oder Wohnung verbilligt als Sachbezüge zur Verfügung gestellt, ist der Unterschiedsbetrag zwischen dem vereinbarten Preis und dem Wert bei freiem Bezug dem Arbeitsentgelt zuzurechnen. Der Sachbezugswert einer unentgeltlich oder verbilligt überlassenen Wohnung (auch Heizung und Beleuchtung) ist mit dem ortsüblichen Preis zu bewerten. Eine Wohnung ist eine in sich abgeschlossene Einheit von Räumen, in denen ein selbstständiger Haushalt geführt werden kann (R 8.1 Abs. 6 Satz 2 LStR 2015).

Lohnabrechnung:		
Barlohn Brutto		2.328,00 €
Sachbezüge		472,00 €
		2.800,00 €
abz. LSt	372,58 €	
Solidaritätszuschlag	20,49 €	
KiSt	33,53 €	
Sozialversicherung	577,50 €	1.004,10 €
Nettolohn		1.795,90 €
abz. Sachbezüge		472,00 €
Auszahlung (durch Bank)		1.323,90 €
Ermittlung der Entgelte und der Umsatzsteuer		
Der Sachbezugswert für die unentgeltlich überlassene Unterkunft ist umsatzsteuerfrei		226,00 €
Der Sachbezugswert für die freie Verpflegung beträgt		246,00 €
Er enthält 19 % Umsatzsteuer		39,28 €
Das steuerpflichtige Entgelt beträgt		206,72 €

Buchungen:

Sollkonto	SKR 04 (SKR 03)	Euro	Habenkonto	SKR 04 (SKR 03)
Löhne	6010 (4110)	2.800,00	Lohn- u. Gehaltsverr.	3790 (1755)
Ges. soz. Aufwendungen	6110 (4130)	619,50	Lohn- u. Gehaltsverr.	3790 (1755)
Lohn- u. Gehaltsverr.	3790 (1755)	1.323,90	Verb. aus Lohn u. Gehalt	3720 (1740)
Lohn- u. Gehaltsverr.	3790 (1755)	426,60	Verb. Lohn- u. KiSteuer	3730 (1741)
Lohn- u. Gehaltsverr.	3790 (1755)	1.197,00	Verb. soziale Sicherheit	3740 (1742)
Lohn- u. Gehaltsverr.	3790 (1755)	226,00	Verb. Sachbez. ohne USt	4949 (8614)
Lohn- u. Gehaltsverr.	3790 (1755)	206,72	Verr. Sachb. 19 % (Waren)	4945 (8595)
Lohn- u. Gehaltsverr.	3790 (1755)	39,28	Umsatzsteuer 19 %	3806 (1776)

Beim Anruf des Kontos „Verrechnete sonstige Sachbezüge 19 % USt" 4947 (*8611*) wird die Umsatzsteuer in Höhe von 39,28 € automatisch herausgerechnet und auf Umsatzsteuerkonto gebucht (AM-Konto).

8. Wie wird die Gestellung von Kraftfahrzeugen bewertet?

Der geldwerte Vorteil, der dem Arbeitnehmer durch die Überlassung eines betrieblichen Kraftfahrzeugs für seine private Nutzung entsteht, ist entweder

- zu schätzen oder
- nach der Fahrtenbuchmethode zu bewerten.

Die monatliche **Geringfügigkeitsgrenze** von 44 € bleibt hierbei außer Betracht (§ 8 Abs. 2 Satz 11 EStG).

Nach der **1 %-Regelung** ist der private Nutzungsanteil mit monatlich 1 % des inländischen Listenpreises im Zeitpunkt der Erstzulassung zuzüglich der Kosten für Sonderausstattungen (einschließlich eines werksseitig eingebauten Navigationsgerätes), einschließlich der Umsatzsteuer anzusetzen (§ 8 Abs. 2 Satz 2 i. V. m. § 6 Abs. 1 Nr. 4 Satz 2 EStG). Diese Regelung gilt auch für Gebraucht- und Leasingfahrzeuge. Der Bruttolistenpreis ist auf volle 100 € abzurunden (R 8.1 Abs. 9 Nr. 1 Satz 6 LStR 2015).

Die Anwendung der 1 %-Regelung setzt voraus, dass der Arbeitgeber seinem Arbeitnehmer tatsächlich einen Dienstwagen zur privaten Nutzung überlassen hat. Denn der Ansatz eines lohnsteuerrechtlich erheblichen Vorteils rechtfertigt sich nur insoweit, als der Arbeitgeber dem Arbeitnehmer gestattet, den Dienstwagen privat zu nutzen. Allein die Gestattung der Nutzung eines betrieblichen Fahrzeugs für Fahrten zwischen Wohnung und Arbeitsstätte begründet noch keine Überlassung zur privaten Nutzung i. S. des § 8 Abs. 2 Satz 2 EStG.

Kann das Fahrzeug auch für Fahrten zwischen Wohnung und erster Tätigkeitsstätte genutzt werden, erhöht sich dieser Wert für jeden Kalendermonat um 0,03 % des Bruttolistenpreises für jeden Kilometer der Entfernung zwischen Wohnung und erster Tätigkeitsstätte (§ 8 Abs. 2 Satz 3 EStG).

Gleiches gilt für Fahrten zu dem Ort der beruflichen Tätigkeit, der dienst- oder arbeitsrechtlich festgelegt ist (§ 9 Abs. 1 Nr. 4a Satz 3 EStG).

Erste Tätigkeitsstätte ist die ortsfeste betriebliche Einrichtung des Arbeitgebers, der der Arbeitnehmer dauerhaft zugeordnet ist. Von einer dauerhaften Zuordnung ist insbesondere auszugehen, wenn der Arbeitnehmer unbefristet, für die Dauer des Dienstverhältnisses oder über einen Zeitraum von 48 Monaten hinaus an einer solchen Tätigkeitsstätte tätig werden soll (§ 9 Abs. 4 EStG, BMF-Schreiben vom 30.09.2013 zur Reform des steuerlichen Reisekostenrechts ab 01.01.2014).

Beispiel

Der Angestellte Krug, Zweibrücken, Lohnsteuerklasse I, erhält im April 2018 ein Bruttogehalt von 4.000 €. Sein Arbeitgeber überlässt ihm einen für den Bruttolistenpreis von 25.080 € angeschafften Firmenwagen zur privaten Nutzung. Krug kann dieses Fahrzeug auch für die Fahrten zwischen Wohnung und erster Tätigkeitsstätte nutzen, die Entfernung beträgt 40 km.

Der geldwerte Vorteil beträgt für Krug im April 2018:

Geldwerter Vorteil für Privatfahrten: 1 % von 25.000 €	250,00 €
Zuschlag für Fahrten zwischen Wohnung und erster Tätigkeitsstätte 0,03 % von 25.000 € • 40 km	300,00 €
Geldwerter Vorteil im April 2018:	550,00 €

Dieser Betrag enthält 19 % Umsatzsteuer, ein pauschaler Abschlag von 20 % für nicht mit Vorsteuer belastete Kosten ist nicht zulässig (BMF-Schreiben vom 05.06.2014 II 2.a).

Gehaltsabrechnung April 2018 (beachte die Beitragsbemessungsgrenze KV und PflV mit 4.425,00 €!):

Bruttogehalt		4.000,00 €
+ Sachbezug netto	462,18 €	
zuzüglich Umsatzsteuer	87,82 €	550,00 €
= lohnsteuer- und sozialversicherungspflichtiges Gehalt		4.550,00 €
- einbehaltene Lohnsteuer		869,51 €
- Solidaritätszuschlag (5,5 % von 869,91 €)		47,84 €
- Kirchensteuer 9 %		79,29 €
- Arbeitnehmeranteil zur gesetzlichen Sozialversicherung		926,16 €
- Sachbezug		550,00 €
Überweisung des Nettogehalts durch Bank		2.077,80 €

Der Arbeitgeberanteil zur gesetzlichen Sozialversicherung beträgt 995,97 €.

Der Arbeitgeber unterstellt aus Vereinfachungsgründen, dass das Fahrzeug an 15 Tagen monatlich zu Fahrten zwischen Wohnung und Arbeitsstätte benutzt wird. Berechnung:

$$25.000 € • 15 \text{ Tage} • 40 \text{ km} • 0,002 \% = 300 €$$

Weist der Arbeitnehmer nach, dass er das Fahrzeug zu weniger als 15 Tage im Monat für Fahrten zwischen erster Tätigkeitsstätte und Wohnung genutzt hat, kann er den zu viel versteuerten Betrag als Werbungskosten bei den Einkünften aus nichtselbstständiger Arbeit geltend machen, z. B.:

Der Arbeitnehmer nutzt das Fahrzeug nur an 10 Tagen für diese Fahrten. Berechnung:

$$25.000\ € \bullet 10\ \text{Tage} \bullet 40\ \text{km} \bullet 0{,}002\ \% = 200\ €$$

Der Differenzbetrag von 100 € kann als Werbungskosten berücksichtigt werden.

Alternativ kann der Arbeitgeber die Lohnsteuer für den Nutzungswert der Fahrten zwischen Wohnung und Arbeitsstätte pauschal mit 15 % übernehmen (§ 40 Abs. 2 Satz 2 EStG, R 40.2 Abs. 6 Nr. 1 LStR 2015). Die Pauschalierung ist jedoch nur bis zur Höhe der dem Arbeitnehmer zustehenden Entfernungspauschale möglich.

Geldwerter Vorteil, siehe oben	550,00 €
Pauschalierbar: 15 Tage • 20 km (40 km - 20 km) • 0,30 € =	90,00 €
Individuell steuer- und beitragspflichtiger Arbeitslohn	460,00 €

Der geldwerte Vorteil für die Privatnutzung kann auch nach **der Fahrtenbuchmethode** bewertet werden. Hierbei sind die durch das Kraftfahrzeug insgesamt entstehenden Aufwendungen durch Belege und das Verhältnis der privaten Fahrten und der Fahrten zwischen Wohnung und Arbeitsstätte zu den übrigen Fahrten durch ein ordnungsgemäßes Fahrtenbuch nachzuweisen. Das so ermittelte Nutzungsverhältnis ist auch der Umsatzsteuer zugrunde zu legen (R 8.1 Abs. 9 Nr. 2 LStR 2015).

Aus den Gesamtkosten dürfen keine Kosten ausgeschieden werden, bei denen der Vorsteuerabzug nicht möglich ist (BMF-Schreiben vom 05.06.2014).

9. Wie wird die Gestellung von Kraftfahrzeugen gebucht?

Buchung der Gehaltsabrechnung des Angestellten Krug für April 2018 nach der Bruttomethode:

Sollkonto	SKR 04 (SKR 03)	Euro	Habenkonto	SKR 04 (SKR 03)
Gehälter	6020 (4120)	4.000,00	Lohn- u. Gehaltsverr.	3790 (1755)
Gehälter	6020 (4120)	462,18	Verr. Sachb. 19 % (Kfz)	4947 (8611)
Gehälter	6020 (4120)	87,82	Umsatzsteuer 19 %	3806 (1776)
Ges. soz. Aufwendungen	6110 (4130)	995,97	Lohn- u. Gehaltsverr.	3790 (1755)
Lohn- u. Gehaltsverr.	3790 (1755)	2.077,80	Verb. aus Lohn u. Gehalt	3720 (1740)
Lohn- u. Gehaltsverr.	3790 (1755)	996,04	Verb. Lohn- u. KiSteuer	3730 (1741)
Lohn- u. Gehaltsverr.	3790 (1755)	1.922,13	Verb. soziale Sicherheit	3740 (1742)

Die Gehaltsabrechnung unter Berücksichtigung der Fahrtenbuchmethode erfolgt sinngemäß.

10. Wir wird die Gestellung von Elektrofahrzeugen bewertet und gebucht?

Da die Anschaffungskosten von Elektro- und Hybridelektrofahrzeugen höher sind als die Anschaffungskosten von Fahrzeugen mit Verbrennungsmotor, soll dieser Nachteil bei der Dienstwagenbesteuerung ausgeglichen werden. Begünstigt sind Fahrzeuge, die ausschließlich durch Elektromotoren angetrieben werden (Elektrofahrzeuge) und Hybridelektrofahrzeuge (BMF-Schreiben vom 05.06.2014, 26.10.2017, 24.01.2018, und 04.04.2018).

Begünstigt bei der 1 %-Regelung:
Der Listenpreis der begünstigten Fahrzeuge soll um die darin enthaltenen Kosten des Akkumulators (= Batterie) im Zeitpunkt der Erstzulassung des Elektrofahrzeugs für bis zum 31.12.2013 angeschaffte Fahrzeuge um 500 € je kWh der Batteriekapazität gemindert werden. Diese Regelung gilt also auch für bereits vor dem 01.01.2013 angeschaffte Fahrzeuge. Der Betrag von 500 € mindert sich für in den Folgejahren angeschaffte Fahrzeuge um jährlich 50 € je kWh der Batteriekapazität. Die Minderung pro Fahrzeug darf höchstens 10.000 € betragen, dieser Betrag mindert sich für die in den Folgejahren angeschafften Fahrzeuge um jährlich 500 €.

Beispiel

Fahrzeugkauf einschließlich Batterie
Herr Kleinschmitt erwirbt in 2018 ein Elektrofahrzeug mit einer Batteriekapazität von 16 kWh, das er seinem Arbeitnehmer zur Nutzung überlässt. Der Bruttolistenpreis beträgt 44.590 €. Die betriebliche Nutzung durch den Arbeitnehmer beträgt 60 %. Bei der 1 %-Regelung ist der Bruttolistenpreis um (16 kWh • 250 € =) 4.000 € zu mindern. Der für die Ermittlung des entgeltlichen Vorteils geminderte Bruttolistenpreis beträgt (44.590 € - 4.000 € = 40.590 €), abgerundet auf volle Hundert Euro 40.500 €. Der geldwerte Vorteil nach der 1 %-Regelung beträgt für lohnsteuerliche Zwecke somit 405 € pro Monat. Die Bemessungsgrundlage für die Umsatzsteuer beträgt 1 % des abgerundeten Bruttolistenpreises, also 445 € (44.500 € x 1 %). Diese Beträge enthalten die Umsatzsteuer von 64,66 € bzw. 71,05 €.

Sollkonto	SKR 04 (SKR 03)	Euro	Habenkonto	SKR 04 (SKR 03)
Gehälter	**6020** (4120)	340,34	Kfz-Gestellung	**4947** (8911)
Gehälter	**6020** (4120)	64,66	Umsatzsteuer 19%	**3806** (1776)
Gehälter	**6020** (4120)	6,39	Umsatzsteuer 19%	**3806** (1776)

Begünstigung bei der Fahrtenbuchmethode:
Die tatsächlichen Gesamtaufwendungen für das Fahrzeug gelten als Bemessungsgrundlage für die Besteuerung. Die pauschalen Kosten für das Batteriesystem sind von der Bemessungsgrundlage für die in die Gesamtkosten einfließende Abschreibung des Fahrzeugs abzuziehen. Wird das Batteriesystem separat gemietet oder geleast, darf das hierfür gezahlte Entgelt nicht in die Berechnung der Gesamtkosten eingehen.

Beziehen sich die Leasingzahlungen auf das gesamte Fahrzeug inkl. Batteriesystem, muss die Leasingrate aufgeteilt werden. Der Teil, der auf die Batterie entfällt, mindert die Gesamtkosten. Als Aufteilungsmaßstab darf das Verhältnis zwischen dem Listenpreis einschließlich Batteriesystem und dem Listenpreis abzüglich der o. g. pauschalen Abschläge für das Batteriesystem herangezogen werden.

Die Regelung soll zeitlich auf die bis zum 31.12.2022 angeschafften Elektrofahrzeuge beschränkt werden.

11. Wie wird die Gestellung von Elektrofahrrädern bewertet?

Überlässt der Arbeitgeber oder aufgrund des Dienstverhältnisses ein Dritter dem Arbeitnehmer ein Elektrofahrrad zur privaten Nutzung, gilt für die Bewertung dieses zum Arbeitslohn gehörenden geldwerten Vorteils Folgendes:

Nach § 8 Abs. 2 Satz 10 EStG wird hiermit als monatlicher Durchschnittswert der privaten Nutzung (einschließlich Privatfahrten, Fahrten zwischen Wohnung und erster Tätigkeitsstätte und Heimfahrten im Rahmen einer doppelten Haushaltsführung) 1 % der auf volle 100 € abgerundeten unverbindlichen Preisempfehlung des Herstellers, Importeurs oder Großhändlers im Zeitpunkt der Inbetriebnahme des Fahrrads einschließlich der Umsatzsteuer festgesetzt. Die Freigrenze für Sachbezüge nach § 8 Abs. 2 Satz 11 EStG ist nicht anzuwenden.

Gehört die Nutzungsüberlassung von Fahrrädern zur Angebotspalette des Arbeitgebers an fremde Dritte (z. B. Fahrradverleihfirmen), ist der geldwerte Vorteil nach § 8 Abs. 3 EStG zu ermitteln, wenn die Lohnsteuer nicht nach § 40 EStG pauschal erhoben wird. Bei Personalrabatten ist der Rabattfreibetrag in Höhe von 1.080 € zu berücksichtigen.

Die vorstehenden Regelungen gelten auch für Elektrofahrräder, wenn diese verkehrsrechtlich als Fahrrad einzuordnen sind (u. a. keine Kennzeichen- und Versicherungspflicht).

Ist ein Elektrofahrrad verkehrsrechtlich als Kraftfahrzeug einzuordnen (z. B. gelten Elektrofahrräder, deren Motor auch Geschwindigkeiten über 25 km/h unterstützt, als Kraftfahrzeuge), gelten für die Ermittlung des geldwerten Vorteils die gleichen Regeln wie bei einem Pkw (BMF-Schreiben vom 23.11.2012).

12. Wie wird der Bezug von Waren bewertet und gebucht?

Erhält der Arbeitnehmer aufgrund seines Dienstverhältnisses Waren, die vom Arbeitgeber nicht überwiegend für den Bedarf seiner Arbeitnehmer hergestellt oder vertrieben werden, so ist der **geldwerte Vorteil** (§ 8 Abs. 3 Satz 1 EStG) folgendermaßen zu bewerten:

```
  Endpreis inkl. USt (R 8.2 Abs. 2 LStR 2015)
- 4 % Minderung
= geminderter Endpreis
- vom Arbeitnehmer gezahltes Entgelt
= geldwerter Vorteil
- Rabatt-Freibetrag § 8 Abs. 3 EStG 1.080 €
= steuerpflichtiger geldwerter Vorteil
```

Endpreis i. S. d. § 8 Abs. 3 Satz 1 EStG ist der Preis, zu dem der Arbeitgeber fremden Letztverbrauchern im allgemeinen Geschäftsverkehr am Ende von Verkaufsverhandlungen durchschnittlich anbietet. Auf diesen Angebotspreis sind der gesetzliche Bewertungsabschlag von 4 % und der gesetzliche Rabattfreibetrag von 1.080 € zu berücksichtigen (§ 8 Abs. 3 Satz 2 EStG).

Bei der Ermittlung des tatsächlichen Angebotspreises ist es nicht zu beanstanden, wenn als Endpreis i. S. d. § 8 Abs. 3 EStG der Preis angenommen wird, der sich ergibt, wenn der Preisnachlass, der durchschnittlich beim Verkauf an fremde Letztverbraucher im allgemeinen Geschäftsverkehr tatsächlich gewährt wird, von dem empfohlenen Preis abgezogen wird.

Beispiel

Der Prokurist Klein erwirbt am 21.05.2018 von seinem Arbeitgeber, dem Möbelhändler Schnell, Möbel zum Preis von 10.000 € + USt gegen Bankscheck. Der durch Preisauszeichnung angegebene Endpreis beträgt 20.000 €. Der Möbelhändler gewährt auf diese Möbelstücke durchschnittlich 20 % Rabatt. Die auf den geldwerten Vorteil entfallende Lohnsteuer und Sozialversicherung wird mit der nächsten Gehaltszahlung verrechnet. Der Einkaufspreis im Zeitpunkt der Entnahme beträgt 12.000 € ohne USt.

Der geldwerte Vorteil beträgt:

```
  Endpreis laut Preisauszeichnung              20.000,00 €
- durchschnittlicher Rabatt 20 %                4.000,00 €
= durchschnittlich angebotener Endpreis        16.000,00 €
- Minderung um 4 %                                640,00 €
= geminderter Endpreis                         15.360,00 €
- gezahltes Entgelt                            11.900,00 €
  Differenz                                     3.460,00 €
- Rabattfreibetrag                              1.080,00 €
= geldwerter Vorteil                            2.380,00 €
```

Der Möbelhändler Schnell bucht bei Verkauf:

Sollkonto	SKR 04 (SKR 03)	Euro	Habenkonto	SKR 04 (SKR 03)
Bank	1800 (1200)	10.000,00	Erlöse 19 %	4400 (8400)
Bank	1800 (1200)	1.900,00	Umsatzsteuer 19 %	3806 (1776)
Gehälter	6020 (4120)	380,00	Umsatzsteuer 19 %	3806 (1776)
Gehälter	6020 (4120)	2.000,00	Sachbez. 19 % (Waren)	4595 (8945)

Es ist zu beachten, dass der Unternehmer **mindestens** den Betrag von 12.000 € der Umsatzsteuer zu unterwerfen hat (§ 10 Abs. 5 Nr. 2 UStG). Daher ist die abzuführende Umsatzsteuer um 380 € (19 % von 2.000 €) zu erhöhen, gleichzeitig mindert sich der von ihm zu versteuernde Ertrag von 2.380 € um 380 €.

Beispiel

Beispielerweiterung:
Ein anderes inländisches Möbelhaus bietet die genannten Möbel auf seiner Internetseite für 15.000 € an.

Der Arbeitnehmer kann im Rahmen seiner Einkommensteuerveranlagung die Bewertung des geldwerten Vorteils nach § 8 Abs. 2 Satz 1 EStG beantragen. Endpreis im Sinne dieser Vorschrift ist die nachgewiesene günstige Marktkondition (BMF-Schreiben vom 16.05.2013).

Der geldwerte Vorteil beträgt nun:

	nachgewiesener günstigster Preis	15.000,00 €
-	gezahltes Entgelt	11.900,00 €
	Differenz	3.100,00 €
-	Rabattfreibetrag	1.080,00 €
=	geldwerter Vorteil	2.020,00 €

Der bisher versteuerte Arbeitslohn (2.380 €) ist durch das Finanzamt um 360 € zu mindern.

Gemäß dem BMF-Schreiben vom 18.12.2009 gilt bei der Ermittlung des geldwerten Vorteils beim **Erwerb von Kraftfahrzeugen** vom Arbeitgeber in der Automobilbranche Folgendes: Wenn kein anderes Preisangebot vorliegt, ist dem Endpreis grundsätzlich die unverbindliche Preisempfehlung (UPE) des Herstellers zugrunde zu legen. Da nach den Gepflogenheiten in der Automobilbranche Kraftfahrzeuge im allgemeinen Geschäftsverkehr fremden Letztverbrauchern häufig unter der unverbindlichen Preisempfehlung angeboten werden, kann der tatsächliche Angebotspreis anstelle des empfohlenen Preises angesetzt werden. Aus Vereinfachungsgründen kann der Preis angenommen werden, der sich ergibt, wenn 80 % des Preisnachlasses, der durchschnittlich beim Verkauf an fremde Letztverbraucher im allgemeinen Geschäftsverkehr tatsächlich gewährt wird, von dem empfohlenen Preis abgezogen wird.

Nach dem BMF-Schreiben vom 16.05.2013 ist das oben genannte BMF-Schreiben hinsichtlich des bisher zu berücksichtigenden Preisnachlasses in Höhe von 80 % nicht mehr anzuwenden. Es gilt ansonsten unverändert fort.

Bei neu eingeführten Fahrzeugtypen oder einer neuen Fahrzeuggeneration (nicht lediglich Modellpflegemaßnahmen) kann ein pauschaler Abschlag von 6 Prozent der unverbindlichen Preisempfehlung als durchschnittlicher Preisnachlass angenommen werden.

6. Finanzwirtschaft

6.1 Zinsrechnung

1. Wie werden Tageszinsen berechnet?

Da die Zinsrechnung eine Erweiterung der Prozentrechnung ist, unterscheidet sie sich lediglich durch die **Berücksichtigung** des Faktors **Zeit**. Ihr liegen folgende Größen zugrunde:

- Zinssatz, auch Zinsfuß = Z
- Kapital = K
- Zinssatz = p
- Zinstage = T

Gesucht:	Z =	?
Gegeben:	K =	1.000,00 €
	p =	8 %
	T =	360

$$Z = K \cdot p \cdot T : (100 \cdot 360)$$

Ergebnis: Z =   **80,00 €**

Müssen mehrere unterschiedliche Kapitalien mit dem gleichen Zinssatz, aber unterschiedlichen Laufzeiten verzinst werden, kann es zweckmäßig sein, die variablen Größen der Formel zu einer Zinszahl und die konstanten Größen zum Zinsteiler zusammenzufassen.

Zinszahl (#) = 1 % des Kapitals · Tage
Zinsteiler (ZT) = 360 : p

Die verkürzte Formel für die Berechnung der Tageszinsen lautet dann:

$$Z = \text{Zinszahl (\#)} : \text{Zinsteiler (ZT)}$$

Für die Tageszinsberechnung kommen drei Methoden infrage:
1. Nach der **kaufmännischen Zinsrechnung** werden die Monate jeweils mit 30 Tagen gerechnet, das Jahr mit 360 Tagen. Lautet die Fälligkeit „Ende Februar", so wird der Zinszeitraum mit 28 bzw. im Schaltjahr mit 29 Tagen gerechnet, ansonsten wird der Februar mit 30 Zinstagen gerechnet.
2. Eine **zweite Methode** rechnet dagegen das Jahr mit 360 Tagen, jeden Monat dagegen mit seinen exakten Tagen.
3. Nach der **Eurozinsmethode** wird jeder Monat kalendergenau, das Jahr mit 365 bzw. 366 Tagen gerechnet.

Die **Tageszinsberechnungsmethode** spielt jedoch nur bei unterjährigen Laufzeiten eine Rolle.

Beispiel

Ein Darlehen in Höhe von 10.000 € wird am 31.12.2017 aufgenommen, der Zinssatz beträgt 10 %, die Laufzeit 1 Jahr. Der Betrag ist ab dem 01.01.2018 zu verzinsen, die Zinsen werden halbjährlich im Nachhinein gezahlt.
1. Nach der Methode der kaufmännischen Zinsrechnung fallen für jedes Halbjahr 500 € Zinsen an, für das Jahr 2018 also insgesamt 1.000 €.
2. Nach der Eurozinsmethode fallen im ersten Halbjahr 2018 für 181 Tage 495,89 € Zinsen, für das zweite Halbjahr für 184 Tage 504,11 € Zinsen an, zusammen also ebenfalls 1.000,00 €. Es entsteht also ein Nachteil, da für das erste Halbjahr nur ein Betrag von 495,89 € zur weiteren Verzinsung zur Verfügung steht.

2. Wie wird das Kapital berechnet?

Gesucht:	K =	?
Gegeben:	Z =	80,00 €
	p =	8 %
	T =	360

$K = Z \cdot 100 \cdot 360 : (p \cdot T)$

Ergebnis:	K =	1.000,00 €

3. Wie wird der Zinssatz berechnet?

Gesucht:	p =	?
Gegeben:	Z =	80,00 €
	K =	1.000,00 €
	T =	360

$p = Z \cdot 100 \cdot 360 : (K \cdot T)$

Ergebnis: **p =** **8 %**

4. Wie werden die Zinstage berechnet?

Gesucht:	T =	?
Gegeben:	Z =	80,00 €
	K =	1.000,00 €
	p =	8 %

$T = Z \cdot 100 \cdot 360 : (K \cdot p)$

Ergebnis: **T =** **360**

5. Ermitteln Sie die Zinsen für unterschiedlich hohe Kapitalien mit unterschiedlicher Fälligkeit bei gleichbleibendem Zinssatz!

In der summarischen Zinsrechnung kann man die Zinsen vereinfacht mithilfe der Formel

$Z = \text{Zinszahl (\#)} : \text{Zinsteiler (ZT)}$

ermitteln.

Beispiel

Kaufmännische Zinsrechnung:

Summarische Zinsrechnung					
Kapital	Wert	Zinstage	p = 2,5 %	#	Stichtag
1.500,00 €	23.02.2018	307		4.605	30.12.2018
800,00 €	27.03.2018	243		1.944	
1.200,00 €	05.08.2018	145		1.740	
900,00 €	10.09.2018	110		990	
2.000,00 €	25.11.2018	35		700	
6.400,00 €	Kapitalsumme			9.979	
	Zinsteiler (ZT) = 360 / 2,5 = 144				
69,30 €	Zinsen = 9.979 : 144 = 69,30 €				
6.469,30 €	Guthaben am: 30.12.2018				

6.2 Zahlungsverkehr

1. Wie wird Geldtransit gebucht?

Wenn Geldverkehr zwischen den einzelnen Finanzkonten stattfindet, muss bei Datenverarbeitung ein „Überleitungskonto" „Geldtransit" 1460 (*1360*) verwendet werden. Da nach Kontenkreisen gebucht wird, würde der Geldverkehr sonst doppelt erfasst, die Geldkonten würden nicht stimmen.

Geschäftsvorfall: Barabhebung vom Bankkonto

Buchungssätze:

Sollkonto	SKR 04 (SKR 03)	Euro	Habenkonto	SKR 04 (SKR 03)
Kasse	**1600** (1000)	Betrag	Geldtransit	**1460** (1360)
und				
Geldtransit	**1460** (1360)	Betrag	Bank	**1800** (1200)

Bei manueller Buchung ist dieses „Überleitungskonto" nicht erforderlich, da sofort gebucht wird:

Sollkonto	SKR 04 (SKR 03)	Euro	Habenkonto	SKR 04 (SKR 03)
Kasse	**1600** (1000)	Betrag	Bank	**1800** (1200)

2. Wie werden Kundenschecks gebucht?

Werden Kundenschecks nicht der Bank sofort zum Einzug vorgelegt, können sie auf Konto „Schecks" 1550 (*1330*) gebucht werden. Sind sie am **Bilanzstichtag** noch vorhanden, sind sie unter der Bilanzposition „Schecks, Kassenbestand, Bundesbank- und Postbankguthaben, Guthaben bei Kreditinstituten" auszuweisen.

3. Wie werden Personenkonten bebucht?

Für den Kontokorrentverkehr mit Gläubigern und Schuldnern werden i. d. R. neben den Sachkonten

„Forderungen aus Lieferungen und Leistungen" 1200 (*1400*) und „Verbindlichkeiten aus Lieferungen und Leistungen" 3300 (*1600*) zur näheren Erläuterung Personenkonten bebucht (R 5.2 Abs. 1 Satz 2 EStR). Die auf den Personenkonten gebuchten Beträge werden automatisch auf den entsprechenden **Sammelkonten** zusammengefasst (Erläuterung vor den fest vergebenen Konten: „S = Sammelkonto").

Bei EDV-Buchführungen werden i. d. R. die fünfstelligen Kontonummern

10000 bis 69999 für Debitorenkonten und
70000 bis 99999 für Kreditoren verwendet,

wobei die erste Ziffer auf Debitoren (1 bis 6) bzw. Kreditoren (7 bis 9) hinweist.

4. Wie werden geleistete Anzahlungen gebucht?

Da der Unternehmer noch keine Leistung erhalten hat, kann kein Aufwand gebucht werden. Die Vorsteuer ist abziehbar, wenn eine Anzahlungsrechnung mit gesondertem **Umsatzsteuerausweis** vorliegt und die Anzahlung geleistet ist. Die geleistete Anzahlung wird auf Konto „Geleistete Anzahlungen, 19 % Vorsteuer" 1186 (*1518*) gebucht.

Beispiel

- Unternehmer Anselm überweist am 10.09.2018 für eine Anzahlungsrechnung (19 % USt) an den Lieferer Unger 23.800 € durch Bank.
- Unger erbringt die Leistung am 08.10.2018 und erteilt die Endabrechnung über den Betrag von 47.600 €.
- Anselm überweist den Restbetrag am 11.11.2018 durch Bank.

Anselm bucht unter Verwendung der Automatikkonten:

Sollkonto	SKR 04 (SKR 03)	Euro	Habenkonto	SKR 04 (SKR 03)
am 10.09.2018: Geleistete Anz. 19 % AV	**1184** (1518)	23.800,00	Bank	**1800** (1200)
am 08.10.2018: WE 19 % Vorsteuer AV	**5400** (3400)	47.600,00	Verbindlichkeiten a. LuL	**3300** (1600)
am 08.10.2018: Verbindlichkeiten a. LuL	**3300** (1600)	23.800,00	Geleistete Anz. 19 % AV	**1186** (1518)
am 11.11.2018: Verbindlichkeiten a. LuL	**3300** (1600)	23.800,00	Bank	**1800** (1200)

Somit ist das Konto 1186 (*1518*) wieder ausgeglichen. Beachten Sie, dass sich eine abzugsfähige Vorsteuer in Höhe von 7.600 € ergibt!

5. Wie werden erhaltene Anzahlungen gebucht?

Führt ein Unternehmer steuerpflichtige Leistungen (§ 1 Abs. 1 Nr. 1 UStG) aus, so ist er berechtigt, soweit er Umsätze an einen anderen Unternehmer für dessen Unternehmen ausführt und auf Verlangen verpflichtet, eine Rechnung i. S. des § 14 Abs. 1 Abs. 1 UStG auszustellen. Dies gilt entsprechend, wenn der Unternehmer An-, Voraus- oder Teilzahlungen vor Ausführung der Leistung erhält.

Buchung, z. B.:

Sollkonto	SKR 04 (SKR 03)	Euro	Habenkonto	SKR 04 (SKR 03)
Bank	**1800** (1200)	Betrag	Erhaltene Anzahlungen	**3250** (1710)
oder				
Bank	**1800** (1200)	Betrag	Erhaltene Anz. 7 % USt	**3260** (1711)
oder				
Bank	**1800** (1200)	Betrag	Erhaltene Anz. 19 % USt	**3272** (1718)

Da erhaltene Anzahlungen mit dem Bruttowert (Erfüllungsbetrag) passiviert werden müssen (§ 253 Abs. 1 Satz 2 HGB), ist ergänzend die **Umsatzsteuer** am Bilanzstichtag **aktiv abzugrenzen** (§ 5 Abs. 5 Satz 2 EStG):

Unternehmer Anselm erhält am 20.09.2018 eine Anzahlung in Höhe von 10.000 € zuzüglich 19 % USt (Bankgutschrift).

„Als Aufwand berücksichtigte Umsatzsteuer auf Anzahlungen" **1930** (*0985*)

Beispiel

Sollkonto	SKR 04 (SKR 03)	Euro	Habenkonto	SKR 04 (SKR 03)
Bank	**1800** (1200)	11.900,00	Erhaltene Anzahlungen	**3250** (1710)
Als Aufwand berücksichtigte USt auf Anzahlungen	**1930** (0985)	1.900,00	Sonst. Verbindlichkeiten	**3500** (1700)

Das nach § 250 Abs. 1 HGB a. F. bestehende Wahlrecht zur Bildung eines aktiven Rechnungsabgrenzungspostens ist abgeschafft (§ 250 Abs. 1 HGB). Wegen der sofortigen Aufwandsverrechnung in der Handelsbilanz ist das Handelsbilanzergebnis niedriger. Es besteht dann ein Wahlrecht zur Bildung einer aktiven latenten Steuer (§ 274 Abs. 1 HGB).

6.3 Darlehen

1. Wie wird die Darlehensaufnahme gebucht?

Die Verbindlichkeiten gegenüber Kreditinstituten werden auf dem passiven Bestandskonto „Verbindlichkeiten gegenüber Kreditinstituten" 3150 (0630) ausgewiesen. Entsprechend der Restlaufzeit des Krediets stehen folgende Konten zur Verfügung:

„Restlaufzeit bis 1 Jahr" 3151 (0631),
„Restlaufzeit 1 bis 5 Jahre" 3160 (0640),
„Restlaufzeit größer 5 Jahre" 3170 (0650).

Bei Darlehensaufnahme wird z. B. gebucht:

Sollkonto	SKR 04 (SKR 03)	Euro	Habenkonto	SKR 04 (SKR 03)
Bank	**1800** (1200)	Betrag	Verb. KI RestLZ gr. 5 J.	**3170** (0650)

Ist der Auszahlungsbetrag **niedriger** als der Erfüllungsbetrag des Darlehens, ist der Unterschiedsbetrag als Rechnungsabgrenzungsposten zu aktivieren (nach Handelsrecht: Wahlrecht, § 250 Abs. 3 HGB). Dieses Abgeld, auch Disagio oder Damnum genannt, wird auf die Laufzeit des Darlehens abgeschrieben (§ 5 Abs. 5 Satz 1 EStG).

Beispiel

Aufnahme eines Darlehens über 100.000 €, die Bank zahlt 98.000 € aus, das heißt, es wird ein Abgeld von 2.000 € einbehalten.

Sollkonto	SKR 04 (SKR 03)	Euro	Habenkonto	SKR 04 (SKR 03)
Bank	**1800** (1200)	98.000,00	Verb. KI RestLZ gr. 5 J.	**3170** (0650)
Damnum/Disagio	**1940** (0986)	2.000,00	Verb. KI RestLZ gr. 5 J.	**3170** (0650)

2. Wie wird die Darlehensrückzahlung gebucht?

Für die Rückzahlung des Darlehens können verschiedene Vereinbarungen getroffen sein:

- Das **Fälligkeitsdarlehen** ist nach Vertragsablauf in einer Summe zurückzuzahlen.
- Das **Tilgungsdarlehen (auch Abzahlungs- oder Ratendarlehen)** wird in jährlich gleichbleibenden Raten getilgt.
- Das **Annuitätendarlehen** wird jährlich mit einem gleichbleibenden Betrag „bedient", der sich aus Zinsen und Tilgung zusammensetzt (Annuität = Jahresleistung).

Bei Rückzahlung des Fälligkeitsdarlehens wird gebucht (siehe vorherige Frage):

Sollkonto	SKR 04 (SKR 03)	Euro	Habenkonto	SKR 04 (SKR 03)
Verb. KI RestLZ gr. 5 J.	3170 (0650)	100.000,00	Bank	1800 (1200)

6.4 Leasingvorgänge

1. Wie werden geleaste Gegenstände bilanzmäßig behandelt?

Operating-Leasing:
Bei dieser Vertragsform richten sich die Rechte und Pflichten der Vertragspartner – ähnlich wie beim Mietvertrag – nach dem BGB, der Vertrag ist kurzfristig unter Einhaltung der vereinbarten Kündigungsfrist kündbar. Der Vermieter als Eigentümer aktiviert den Gegenstand, die Mieteinnahme ist für ihn Ertrag (Erlöse aus Leasinggeschäften):

Sollkonto	SKR 04 (SKR 03)	Euro	Habenkonto	SKR 04 (SKR 03)
Bank	1800 (1200)	Betrag	Umsatzerlöse	4000 (8000)
Bank	1800 (1200)	Betrag	Umsatzsteuer 19 %	3806 (1776)

Der Leasingnehmer bucht als Besitzer des Gegenstandes die Leasinggebühr als Aufwand für Mietleasing:

Sollkonto	SKR 04 (SKR 03)	Euro	Habenkonto	SKR 04 (SKR 03)
Mietleasing	6840 (4810)	Betrag	Bank	1800 (1200)
Vorsteuer 19 %	1406 (1576)	Betrag	Bank	1800 (1200)

Financial-Leasing bei beweglichen Wirtschaftsgütern:
Während der Grundmietzeit ist der Leasingvertrag nicht kündbar. Der Leasinggeber kalkuliert in seine Leasing-Raten folgende Beträge ein:

- Abschreibung
- Kapitalkosten (sein eingesetztes Kapital muss sich verzinsen)
- Risikoprämie, z. B. für schnelles Veralten
- Verwaltungskosten
- Gewinn.

Die monatlichen **Leasing-Raten** werden in der Regel so bemessen, dass alle diese Kosten vom Leasingnehmer während der Grundmietzeit zu erstatten sind.

Entspricht die Grundmiete annähernd der betriebsgewöhnlichen Nutzungsdauer, so hätte der **Leasingnehmer** den Gegenstand beinahe genauso gut erwerben können.

Beträgt die Grundmietzeit mehr als 90 % der **betriebsgewöhnlichen Nutzungsdauer**, dann ist das bewegliche Wirtschaftsgut dem Leasingnehmer zuzurechnen, er wird als wirtschaftlicher Eigentümer behandelt.

Hat der Leasingnehmer ein Interesse daran, während einer relativ kurzen Grundmietzeit dem **Leasinggeber** alle obigen Kosten zu erstatten, muss er sich ebenfalls den Gegenstand zurechnen lassen (Grundmietzeit beträgt weniger als 40 % der betriebsgewöhnlichen Nutzungsdauer).

Beträgt die Grundmietzeit dagegen mindestens 40 und höchstens 90 % der betriebsgewöhnlichen Nutzungsdauer, so ist wie beim Operating-Leasing zu verfahren, der Leasinggeber bleibt wirtschaftlich Eigentümer und bilanziert den Gegenstand (BMF-Schreiben vom 19.04.1971).

In Leasingverträgen können Kauf- und/oder Verlängerungsoptionen vereinbart sein.

2. Wie bucht der Leasingnehmer, wenn ihm der Leasinggegenstand zuzurechnen ist?

Beispiel

Der Leasinggeber LG beschafft am 03.01.2018 eine Maschine zu Nettoanschaffungskosten von 100.000 € (19 % USt), um sie an den Leasingnehmer LN zu vermieten. Es ist vereinbart, dass der Leasingnehmer (LN) während der unkündbaren Grundmietzeit von 4 Jahren Jahresraten von je 30.000 € zu entrichten hat. Die Maschine hat eine betriebsgewöhnliche Nutzungsdauer von 20 Jahren. Eine Kauf- oder eine Verlängerungsoption ist nicht vereinbart. Alle Zahlungen werden über Bankkonten abgewickelt. Die Differenz zwischen Anschaffungskosten und Summe der Leasingraten (Zins- und Kostenanteil des LG) soll nach der Zinsstaffelmethode (digital) auf die Vertragslaufzeit verteilt werden.

Der Leasingnehmer wendet während der unkündbaren Grundmietzeit in seinen Leasingraten die gesamten Anschaffungskosten, die Kosten und den Gewinnzuschlag des Leasinggebers auf. Die Grundmietzeit beträgt 20 % der betriebsgewöhnlichen Nutzungsdauer. Daher ist der bewegliche Gegenstand dem LN als wirtschaftlichem Eigentümer zuzurechnen.

Der Leasingnehmer bucht:
1. Die Verschaffung des wirtschaftlichen Eigentums nebst Vorsteuer:

Sollkonto	SKR 04 (SKR 03)	Euro	Habenkonto	SKR 04 (SKR 03)
Maschinen	**0440** (0210)	100.000,00	Sonstige Verbindlk.	**3500** (1700)
Vorsteuer 19 %	**1406** (1576)	22.800,00	Sonstige Verbindlk.	**3806** (1776)

19 % von 120.000 € = 22.800 € (Abschn. 3.5. Abs. 5 Satz 1 UStAE).

2. Die Überweisung der Vorsteuer in einer Summe:

Sollkonto	SKR 04 (SKR 03)	Euro	Habenkonto	SKR 04 (SKR 03)
Sonstige Verbindlk.	**3500** (1700)	22.800,00	Bank	**1800** (1200)

3. Die Abgrenzung der Differenz zwischen Anschaffungskosten und Summe der Leasingraten (120.000 - 100.000):

Sollkonto	SKR 04 (SKR 03)	Euro	Habenkonto	SKR 04 (SKR 03)
Aktive Rechnungsabgr.	**1900** (0980)	20.000,00	Sonstige Verbindlk.	**3500** (1700)

Somit betragen die während der Grundmietzeit zu tilgenden Verbindlichkeiten 120.000 €.

4. Den Zahlungsausgang der Leasingrate:

Sollkonto	SKR 04 (SKR 03)	Euro	Habenkonto	SKR 04 (SKR 03)
Sonstige Verbindlk.	**3500** (1700)	30.000,00	Bank	**1800** (1200)

5. Die Auflösung der aktiven Rechnungsabgrenzung im 1. Jahr:

Sollkonto	SKR 04 (SKR 03)	Euro	Habenkonto	SKR 04 (SKR 03)
Kaufleasing	**6250** (4815)	8.000,00	Aktive Rechnungsabgr.	**1900** (0980)

Neben diesen Aufwendungen für Kaufleasing bucht LN die Abschreibung für das Wirtschaftsgut gewinnmindernd.

Die Aufwendungen für Kaufleasing, insgesamt 20.000 €, sind folgendermaßen auf die Vertragslaufzeit (n) zu verteilen:

Die Summe der Zahlenreihe – der Teiler – aller Raten wird ermittelt:

$$\text{Teiler} = n : 2 \cdot (n + 1)$$
$$= 4 : 2 \cdot (4 + 1) = 10$$

Die Summe der Zins- und Kostenanteile aller Leasingraten ist durch diesen Teiler zu dividieren:

$$20.000 \text{ €} : 10 = 2.000 \text{ €}$$

Von diesem Betrag ist im ersten Jahr der 4-jährigen Vertragslaufzeit das Vierfache als Kaufleasing zu buchen (2.000 € · 4 = 8.000 €), im zweiten Jahr das Dreifache (= n - 1) usw.

Allgemein gilt die Formel:

> (Summe der Zins - und Kostenanteile aller Leasingraten : Summe der Zahlenreihe aller Raten) · (Anzahl der restlichen Raten + 1)

3. Wie bucht der Leasinggeber, wenn der Leasinggegenstand dem Leasingnehmer zuzurechnen ist?

In obigem Beispiel bucht LG:

1. Die Anschaffung der Maschine für sein Umlaufvermögen nebst Vorsteuer:

Sollkonto	SKR 04 (SKR 03)	Euro	Habenkonto	SKR 04 (SKR 03)
Wareneingang	**5200** (3200)	100.000,00	Bank	**1800** (1200)
Vorsteuer 19 %	**1406** (1576)	19.000,00	Bank	**1800** (1200)

2. Die Verschaffung des wirtschaftlichen Eigentums nebst Umsatzsteuer:

Sollkonto	SKR 04 (SKR 03)	Euro	Habenkonto	SKR 04 (SKR 03)
Sonst. Verm.gegenstände	**1300** (1500)	100.000,00	Erlöse	**4200** (8200)
Sonst. Verm.gegenstände	**1300** (1500)	22.800,00	Umsatzsteuer 19 %	**3806** (1776)

3. Die Überweisung der Umsatzsteuer an ihn in einer Summe:

Sollkonto	SKR 04 (SKR 03)	Euro	Habenkonto	SKR 04 (SKR 03)
Bank	**1800** (1200)	22.800,00	Sonst. Verm.gegenstände	**1300** (1500)

4. Die Abgrenzung der Differenz zwischen Anschaffungskosten und Summe der Leasingraten (120.000 - 100.000):

Sollkonto	SKR 04 (SKR 03)	Euro	Habenkonto	SKR 04 (SKR 03)
Sonst. Verm.gegenstände	**1300** (1500)	20.000,00	Passive Rechnungsabgr.	**3900** (0990)

Somit betragen die während der Grundmietzeit aufzulösenden Forderungen 120.000 €.

5. Den Zahlungseingang der Leasingrate:

Sollkonto	SKR 04 (SKR 03)	Euro	Habenkonto	SKR 04 (SKR 03)
Bank	**1800** (1200)	30.000,00	Sonst. Verm.gegenstände	**1300** (1500)

6. Die Auflösung der passiven Rechnungsabgrenzung im 1. Jahr:

Sollkonto	SKR 04 (SKR 03)	Euro	Habenkonto	SKR 04 (SKR 03)
Passive Rechnungsabgr.	**3900** (0990)	8.000,00	Sonstige Zinsen	**7110** (2650)

6.5 Wertpapiere

1. Wie wird der Kauf von Dividendenpapieren gebucht?

Für Dividendenpapiere kommen z. B. folgende Konten in Betracht:

▶ **Anlagevermögen:** „Wertpapiere mit Gewinnbeteiligungsansprüchen" 0910 (*0530*),

▶ **Umlaufvermögen:** „sonstige Wertpapiere" 1510 (*1348*).

Beteiligungen sind auf Konto 0820 (*0510*) zu aktivieren, sie müssen nicht in Wertpapieren verbrieft sein. Werden mehr als 20 % der Gesellschaftsanteile gehalten, legt § 271 Abs. 1 Satz 3 HGB die Vermutung einer Beteiligung nahe. Diese Vermutung ist widerlegbar.

Die beim Kauf von Dividendenpapieren entstehenden **Nebenkosten** (Courtage = Maklergebühr und Bankprovision) sind als **Anschaffungsnebenkosten** den Anschaffungskosten hinzuzurechnen.

Beispiel

Unternehmer K. Kullmer e. K. kauft 100 Stück ABIG-Aktien zum Kurs von 100 € je Stück durch seine Hausbank. Es handelt sich um Wertpapiere des Umlaufvermögens. Die Bank erstellt folgende Abrechnung:

100 ABIG-Aktien, Kurs 100 €, Kurswert		10.000,00 €
+ Provision	100,00 €	
+ Courtage	10,00 €	110,00 €
Lastschrift der Bank = Anschaffungskosten		10.110,00 €

Buchung:

Sollkonto	SKR 04 (SKR 03)	Euro	Habenkonto	SKR 04 (SKR 03)
Sonst. Wertpapiere	**1510** (1348)	10.110,00	Bank	**1800** (1200)

2. Wie wird der Verkauf von Dividendenpapieren gebucht?

Bei Veräußerung von Dividendenpapieren entstehen die gleichen Kosten wie bei Kauf, sie mindern die Bankgutschrift. Übersteigt die Bankgutschrift den Buchwert der Papiere, wird der Kursgewinn über das Konto „Erträge aus der Veräußerung von Anteilen an Kapitalgesellschaften § 3 Nr. 40, § 8b KStG (inländische Kap.Ges.)" 4901 (2723), gebucht, ein Verlust erscheint auf dem Konto „Verluste aus der Veräußerung von Anteilen an Kapitalgesellschaften §§ 3 Nr. 40, 3c EStG, § 8b KStG (inländische Kap.Ges.)" 6903 (2323).

Beispiel

K. Kullmer e. K. veräußert die Wertpapiere aus obiger Aufgabe zum Kurs von 125 € je Stück. Die Bank belegt die Gutschrift wie folgt:

Kurswert der 100 ABIG-Aktien		12.500,00 €
- Provision	125,00 €	
- Courtage	12,50 €	137,50 €
Bankgutschrift = Nettoerlös		12.362,50 €

Der Buchwert der Papiere betrug 10.110,00 €, sodass sich der Veräußerungsgewinn auf 2.252,50 € beläuft.

Buchungen:

Sollkonto	SKR 04 (SKR 03)	Euro	Habenkonto	SKR 04 (SKR 03)
Bank	1800 (1200)	10.110,00	Sonst. Wertpapiere	1510 (1348)
Bank	1800 (1200)	2.252,50	Ertr. Veräußerung Aktien	4901 (2723)

Einzelunternehmen und Personengesellschaften:
Ab 01.01.2009 unterliegen die betrieblichen Beteiligungserträge im Sinne des § 20 Abs. 1 Nr. 1 und 9 EStG 2009 dem Teileinkünfteverfahren (§ 3 Nr. 40 EStG i. V. m. § 20 Abs. 8 EStG). Infolge des Teileinkünfteverfahrens sind nur noch 60 % der begünstigten Kapitalerträge im Betriebsvermögen steuerpflichtig. Verluste werden nur zu 60 % steuerlich berücksichtigt. Korrespondierend dazu sind damit zusammenhängende Aufwendungen zu 60 % als Betriebsausgaben absetzbar. Für die steuerliche Gewinnermittlung ist der handelsrechtliche Ertrag von 2.252,50 € um 901,00 € (40 % von 2.252,50 €) zu kürzen.

In der Praxis wird der Erlös manchmal zuerst bei Zahlungseingang auf das Bestandskonto 1348 (1510) gebucht und der Erfolg bei Erstellung des Jahresabschlusses herausgebucht:

Sollkonto	SKR 04 (SKR 03)	Euro	Habenkonto	SKR 04 (SKR 03)
Bank	1800 (1200)	12.362,50	Sonst. Wertpapiere	1510 (1348)
Sonst. Wertpapiere	1510 (1348)	2.252,50	Ertr. Veräußerung Aktien	4901 (2723)

Diese gemischte Kontenführung sollte vermieden werden um eine bessere Vermögensübersicht zu gewährleisten.

3. Wie werden Dividendenerträge gebucht?

Die ABIG AG stellt einen Gewinn 2018 (Bruttodividende) von 1.000,00 €
zur Ausschüttung an Kullmer zur Verfügung (zu versteuerndes Einkommen).
Hiervon hat sie 15 % Körperschaftsteuer 150,00 €
und 5,5 % SolZ (von 150 €) 8,25 €
abzuführen, sodass zur Auszahlung eine **Bardividende** von **841,75 €**
zur Verfügung steht.

Dieser Betrag stellt Betriebseinnahme für K. Kullmer dar. Hiervon werden
allerdings noch 25 % Kapitalertragsteuer (§ 43a Abs. 1 Nr. 1 EStG) 210,44 €
und hierauf 5,5 % Solidaritätszuschlag 11,57 €
einbehalten: **Nettodividende** (Bankgutschrift) **619,74 €**

Gegebenenfalls ist die Kirchensteuer mit 8 bzw. 9 % zu berücksichtigen.

Die Betriebseinnahme von 841,75 € ist nach dem Teileinkünfteverfahren zu 40 % steuerfrei (§ 3 Nr. 40 EStG), zu 60 % – 505,05 € – einkommensteuerpflichtig.

Kapitalertragsteuer und Solidaritätszuschlag sind als besondere Erhebungsformen der Einkommensteuer wie Einkommensteuervorauszahlungen auf Konto „Privatsteuern" 1810 (*2150*) zu buchen.

Buchungen:

Sollkonto	**SKR 04** (SKR 03)	Euro	Habenkonto	**SKR 04** (SKR 03)
Bank	**1800** (1200)	619,74	Erträge aus Aktien	**7103** (2655)
Privatsteuern	**2150** (1810)	222,01	Erträge aus Aktien	**7103** (2655)

Die Kapitalertragsteuer und der Solidaritätszuschlag werden als Einnahme aus § 20 Abs. 1 Nr. 1 EStG mit erfasst. Nach § 36 Abs. 2 Satz 2 EStG werden die vorausgezahlten Beträge bei der Einkommensteuerveranlagung angerechnet.

Die steuerfrei gestellten Beträge unterliegen nicht dem Progressionsvorbehalt (§ 32b EStG).

Dividendeneinnahmen bei Kapitalgesellschaften:
Um wirtschaftliche Doppelbesteuerungen bei Schachtelbeteiligungen zu vermeiden, bleiben Dividenden, die aus einer derartigen Beteiligung bezogen werden, bei der Ermittlung des Einkommens außer Ansatz (§ 8b Abs. 1 KStG). Dies gilt auch für Gewinne aus der Veräußerung entsprechender Anteile (§ 8b Abs. 2 KStG). 5 % der jeweiligen Bezüge gelten als Ausgaben, die nicht als Betriebsausgaben abgezogen werden dürfen (§ 8b Abs. 5 KStG). Im Ergebnis sind diese Bezüge also zu 95 % steuerfrei.

Beispiel: Die CELOS GmbH erhält von der ABIG AG eine Bardividende in Höhe von 841,75 € (siehe oben!).

Sollkonto	SKR 04 (SKR 03)	Euro	Habenkonto	SKR 04 (SKR 03)
Bank	1800 (1200)	619,74	Erträge aus Aktien	7104 (2656)
Kapitalertragsteuer	7630 (2113)	210,44	Erträge aus Aktien	7104 (2656)
Solidaritätszuschlag	7608 (2208)	11,57	Erträge aus Aktien	7104 (2656)

Für die steuerliche Gewinnermittlung ist der handelsrechtliche Ertrag von 841,75 € um 799,66 € (95 % von 841,75 €) zu kürzen.

4. Wie wird der Kauf festverzinslicher Wertpapiere gebucht?

Festverzinsliche Wertpapiere können als Anlagevermögen auf dem Konto „Festverzinsliche Wertpapiere" 0920 (*0535*) oder als Umlaufvermögen auf dem Konto „Sonstige Wertpapiere" 1510 (*1348*) gebucht werden. Über die Zuordnung entscheidet die Absicht des Unternehmers.

Festverzinsliche Wertpapiere sind mit Zinsscheinen ausgestattet, die eine gleichbleibend hohe, in der Regel **halbjährliche, nachträgliche Zinszahlung** gewähren.

Wird beim Kauf dieser Wertpapiere der Zinsschein der laufenden Zinsperiode mitgekauft, muss der Erwerber dem Veräußerer anteilige Zinsen, sog. Stückzinsen, vergüten.

Dem Verkäufer stehen diese Zinsen bis einschließlich des Kalendertages vor der Valutierung zu. Der Tag der **Valutierung** ist der **Erfüllungstag** = Zahltag. Nach den Börsenbedingungen gilt als Erfüllungstag der zweite Börsentag nach dem Abschluss. Der Käufer erwirbt den Anspruch auf Verzinsung von dem Tag an, an dem er den Kaufpreis zu entrichten hat.

Beispiele

1. Beispiel:
Kaufabrechnung von 8%igen Pfandbriefen im Nennwert von 1.000 €, Kurs 95 % **mit laufendem Zinsschein** am 16.11. durch die Bank, Zinstermin J/J (l.1. und 1.7.), es handelt sich um Wertpapiere des Umlaufvermögens, Kaufkosten 5,75 €.

Berechnung der Stückzinsen:

Die Bank belastet unser Konto wie folgt:

Kurswert (95 % von 1.000,00)	950,00 €
+ Stückzinsen (8 % von 1.000,00 € für 135 Tage)	30,00 €
ausmachender Betrag	980,00 €
+ Kaufkosten	5,75 €
Bankbelastung:	985,75 €

Hiervon sind Anschaffungskosten des Wertpapieres:	
Kurswert	950,00 €
+ Kaufnebenkosten	5,75 €
	955,75 €

Buchung:

Sollkonto	SKR 04 (SKR 03)	Euro	Habenkonto	SKR 04 (SKR 03)
Sonst. Wertpapiere	1510 (1348)	955,75	Bank	1800 (1200)

Der Zinsanspruch von 30 € ist gesondert zu aktivieren:

Sollkonto	SKR 04 (SKR 03)	Euro	Habenkonto	SKR 04 (SKR 03)
Zinsscheine	1511 (1349)	30,00	Bank	1800 (1200)

Da die Banken den laufenden Zinsschein kurze Zeit vor seiner Fälligkeit bereits abtrennen, kann es vorkommen, dass der Erwerber den laufenden Zinsschein nicht miterwirbt. In diesem Falle hat ihm der Veräußerer die anteiligen Zinsen zu vergüten. Sie unterliegen dem Zinsabschlag, der 25 %igen Kapitalertragsteuer (Annahme: keine gezahlten Stückzinsen zur Gegenrechnung!). Ein Freistellungsantrag kommt bei Gewinneinkünften nicht infrage.

B. Grundwissen | II. Rechnungswesen

Sollkonto	SKR 04 (SKR 03)	Euro	Habenkonto	SKR 04 (SKR 03)
Sonst. Wertpapiere	1510 (1348)	Betrag	Bank	1800 (1200)
Bank	1800 (1200)	Betrag	Sonstige Zinsen	7100 (2650)

2. Beispiel:
Kaufabrechnung von 8 %igen Pfandbriefen im Nennwert von 1.000,00 €. Kurs 95 % **ohne laufenden Zinsschein** am 16.11. durch die Bank, Zinstermine J/J, Umlaufvermögen, Kaufkosten 5,75 €. Die Bank belastet wie folgt:

Kurswert	950,00 €
- Stückzinsen (8 % von 1.000,00 € für 45 Tage)	10,00 €
+ Kapitalertragsteuer (25 % von 10,00 €)	2,50 €
+ Solidaritätszuschlag 5,5 %	0,14 €
	942,64 €
+ Kaufkosten	5,75 €
Bankbelastung:	948,39 €

Buchung:

Sollkonto	SKR 04 (SKR 03)	Euro	Habenkonto	SKR 04 (SKR 03)
Sonst. Wertpapiere	1510 (1348)	955,75	Bank	1800 (1200)
Bank	1800 (1200)	7,36	Sonstige Zinsen	7100 (2650)
Privatsteuern	2150 (1810)	2,64	Sonstige Zinsen	7100 (2650)

Die Zinserträge werden mit einem einheitlichen Steuersatz von 25 % besteuert, hinzu kommen der Solidaritätszuschlag von 5,5 % und ggf. die Kirchensteuer von 8/9 % (Abgeltungssteuer).

5. Wie wird die Einlösung der Zinsscheine gebucht?
Der Kapitalertrag, z. B. 80 €, unterliegt der Kapitalertragsteuer von 25 %, hierauf werden 5,5 % Solidaritätszuschlag erhoben. Der Zahlungseingang wird als Ertrag gebucht:

Sollkonto	SKR 04 (SKR 03)	Euro	Habenkonto	SKR 04 (SKR 03)
Bank	1800 (1200)	58,90	Sonstige Zinsen	7100 (2650)
Privatsteuern	1810 (2150)	21,10	Sonstige Zinsen	7100 (2650)

Werden festverzinsliche Wertpapiere mit laufendem Zinsschein erworben und ist der Stückzinsbetrag aktiviert – 1511 (*1349*) –, so sind bei Einlösung des Coupons noch im Laufe des Anschaffungsjahres dessen Anschaffungskosten auszubuchen.

Beispiel

Einlösung des Coupons (Wert 80,00 €) nach Abzug der Kapitalertragsteuer (25 % von 80,00 €) und des Solidaritätszuschlags (5,5 % von 20,00 €), Bankgutschrift 58,90 €. Beim Kauf wurden 30,00 € Stückzinsen gebucht.

Sollkonto	SKR 04 (SKR 03)	Euro	Habenkonto	SKR 04 (SKR 03)
Bank	**1800** (1200)	58,90	Sonstige Zinsen	**7100** (2650)
Bank	**1800** (1200)	30,00	Zinsscheine	**1511** (1349)
Privatsteuern	**2150** (1810)	21,10	Sonstige Zinsen	**7100** (2650)

Durch diese Art der Buchung erscheint auf dem Konto „Sonstige Zinsen und ähnliche Erträge" 7100 (*2650*) der dem Erwerber des Wertpapieres anteilig zustehende Zinsertrag.

Bis zum Bilanzstichtag aufgelaufene Zinsscheine, die noch **nicht fällig** sind, müssen als sonstige Forderungen aktiviert werden.

Fließen solche Zinsen Kapitalgesellschaften zu, sind die Steuern in Klasse 7 (*2*) zu buchen:

„Zinsabschlagsteuer" **7635** (*2215*) bzw. „Solidaritätszuschlag" **7608** (*2208*)

Sie stellen handelsrechtlich Aufwand dar, sind bei der Ermittlung des körperschaftsteuerpflichtigen Gewinns allerdings wieder hinzuzurechnen.

6. Wie wird der Verkauf von festverzinslichen Wertpapieren gebucht?

Wird der laufende Zinsschein mitveräußert, muss der Käufer die anteiligen Stückzinsen ersetzen.

Beispiel

Verkauf der oben genannten Wertpapiere (Beispiel 1) zum Kurs von 105 % am 16.2. des Folgejahres mit laufendem Zinsschein durch die Bank, Verkaufskosten 5,75 €.

Die Bank erteilt uns folgende Gutschrift:

Kurswert	1.050,00 €
+ Stückzinsen (8 % von 1.000,00 € für 45 Tage)	10,00 €
− Kapitalertragsteuer (25 % von 10,00 €)	2,50 €
− Solidaritätszuschlag (5,5 % von 2,50 €)	0,14 €
ausmachender Betrag	1.057,36 €
− Verkaufskosten	5,75 €
= Bankgutschrift	1.051,61 €
Hiervon beträgt der Nettoerlös (1.050,00 € − 5,75 €)	1.034,25 €
− Buchwert der veräußerten Papiere	955,75 €
Veräußerungsgewinn	88,50 €

Der Ertrag der Stückzinsen beträgt 10,00 € und unterliegt dem Zinsabschlag.

Buchungen:

Sollkonto	SKR 04 (SKR 03)	Euro	Habenkonto	SKR 04 (SKR 03)
Bank	**1800** (1200)	955,75	Sonst. Wertpapiere	**1510** (1348)
Bank	**1800** (1200)	88,50	Erträge Abgang UV	**4905** (2725)
Bank	**1800** (1200)	7,36	Sonstige Zinsen	**7100** (2650)
Privatsteuern	**1810** (2150)	2,64	Sonstige Zinsen	**7100** (2650)

Wird der laufende Zinsschein nicht mitveräußert, müssen wir dem Käufer die Stückzinsen erstatten. Der Kurswert wird um die **Stückzinsen** und **Verkaufskosten** vermindert, um die Bankgutschrift zu erhalten.

Die Kreditinstitute verrechnen für Zwecke der Zinsabschlagsteuer gezahlte Stückzinsen und vergütete Zinsen in einem sog. **„Stückzinstopf"**. Bei Auszahlung werden Zinsabschlagsteuer und Solidaritätszuschlag einbehalten. Der Stückzinstopf ist zu einem umfassenden allgemeinen Verrechnungstopf fortentwickelt worden und ist um einen besonderen Verlustverrechnungstopf für Verluste aus dem Verkauf von Aktien ergänzt worden.

7. Anlagenwirtschaft

1. Wie wird die Anschaffung von Sachanlagegütern gebucht?

Für die Aktivierung der Anschaffungskosten von Sachanlagen stehen die Konten 0200 (*0050*) bis 0795 (*0499*) zur Verfügung. Zu den Sachanlagen gehören:

- Grundstücke, grundstücksgleiche Rechte und Bauten einschließlich der Bauten auf fremden Grundstücken
- technische Anlagen und Maschinen
- andere Anlagen, Betriebs- und Geschäftsausstattung
- geleistete Anzahlungen und Anlagen im Bau.

Die Aktivierungsbuchung

Sollkonto	SKR 04 (SKR 03)	Euro	Habenkonto	SKR 04 (SKR 03)
Maschinen	**0340** (0210)	Betrag	Bank	**1800** (1200)

stellt einen erfolgsunwirksamen **Aktivtausch** dar.

Führt der Unternehmer „Abzugsumsätze" aus, kommt die Vorsteuerbuchung hinzu:

Sollkonto	SKR 04 (SKR 03)	Euro	Habenkonto	SKR 04 (SKR 03)
Vorsteuer 19 %	**1406** (1576)	Betrag	Bank	**1800** (1200)

Ist die Vorsteuer nicht abzugsfähig, erhöht sie die Anschaffungskosten.

2. Wie werden Investitionszuwendungen bilanziert?

Nicht rückzahlbare öffentliche Zuwendungen der öffentlichen Hand zielen grundsätzlich nicht auf die Erbringung einer konkreten Gegenleistung, sondern auf die Vornahme einer förderungswürdigen Handlung ab.

Die Bilanzierung von (finanziellen) Zuwendungen ist **im HGB nicht explizit normiert**. Folgende Darstellungsvarianten stehen dem Rechnungslegenden im Handelsbilanzrecht zur Erfassung von Zuwendungen grundsätzlich zur Verfügung:

- Berücksichtigung als Anschaffungskostenminderung (**direkte Methode**). Die Bewertung der Aktiva spiegelt den („Gegen-")Wert des Vermögensgegenstands gegenüber der Unternehmung wider und gewährt einen zutreffenden Einblick in die Vermögens-, Finanz- und Ertragslage. Der Vermögensgegenstand wird so behandelt, als wären die Anschaffungskosten tatsächlich um die Zuwendung gemindert. Dementsprechend hat ein Zugang in der Bilanz gekürzt zu erfolgen. In der Folgebewertung ergibt sich eine verminderte Abschreibung aufgrund der geringeren Bemessungsgrundlage. Dies gilt entsprechend auch für die Darstellung im Anlagenspiegel.

- Ansatz eines Passivpostens (**indirekte Methode**). Diese Vorgehensweise gewährt einen sachgerechten Einblick in die Vermögens-, Finanz- und Ertragslage, da erhaltene Zuwendungen den Wert der erworbenen Vermögensgegenstände nicht beeinflussen und mithin eine Unterbewertung der Aktiva vermieden wird. Es ist ein Sonderposten auf der Passivseite zu bilden. Aus der Bezeichnung dieses Sonderpostens muss sich der Inhalt unzweifelhaft ergeben. Es handelt sich um eine Erweiterung der Bilanzposten (§ 265 Abs. 5 Satz 2 HGB). Die Auflösung erfolgt ratierlich im „Gleichschritt" mit der Abschreibung des Vermögensgegenstands, wobei die Auflösung zu einer Minderung der Abschreibungsbeträge führt, die in der Gewinn- und Verlustrechnung gesondert darzustellen sind.
- die **sofortige erfolgswirksame Vereinnahmung** der Zuwendung. Eine sofortige Ertragsrealisierung ist grundsätzlich nicht sachgerecht, sie würde zu einer Verzerrung der Periodenergebnisse im Jahr der Gewährung und auch der Folgejahre führen.

Steuerrechtlich besteht für Zuschüsse gemäß R 6.5 Abs. 2 EStR 2012 ein Wahlrecht zwischen der sofortigen erfolgswirksamen Vereinnahmung und der Anwendung der direkten Methode durch Abzug von den Anschaffungskosten. Sofern das Wahlrecht abweichend zur Handelsbilanz ausgeübt wird, ist gemäß § 5 Abs. 1 Satz 2 EStG die Aufnahme in ein gesondertes Verzeichnis vorzunehmen.

3. Wie werden zu aktivierende Eigenleistungen gebucht?

Stellt der Unternehmer Anlagen her, die im eigenen Betrieb verwendet werden sollen, so sind die **Herstellungskosten** für diese Wirtschaftsgüter zu **aktivieren**. Die verschiedenen Kosten (Materialeinzel- und -gemeinkosten, Fertigungseinzel- und -gemeinkosten etc.), die die Herstellungskosten ausmachen, haben sich auf verschiedenen Konten der Klasse 4 (6) gewinnmindernd ausgewirkt. Eine entsprechende Entlastung wäre denkbar. Dies wäre jedoch recht aufwendig, zumal die GuV-Gliederung nach dem Gesamtkostenverfahren (§ 275 Abs. 2 Nr. 3 HGB) eine eigene Position für „Andere aktivierte Eigenleistungen" vorsieht. Es wird z. B. gebucht:

Sollkonto	SKR 04 (SKR 03)	Euro	Habenkonto	SKR 04 (SKR 03)
Geschäftsbauten	**0240** (0090)	Betrag	Aktivierte Eigenl.	**4820** (8990)

Der Vorgang stellt einen nichtsteuerbaren Innenumsatz dar, **Umsatzsteuer fällt nicht an**, die mit der Baumaßnahme in Zusammenhang stehende Vorsteuer kann jedoch in der Regel mit der Traglast verrechnet werden.

4. Wie werden geleistete Anzahlungen und Anlagen im Bau gebucht?

Die Bilanzposition „Geleistete Anzahlungen und Anlagen im Bau" (§ 266 Abs. 2 HGB) sammelt die zu aktivierenden Aufwendungen (Herstellungs- bzw. Anschaffungskosten) einer Baumaßnahme, z. B.:

- „Technische Anlagen und Maschinen im Bau" 0770 (*0290*)
- „Anzahlungen auf technische Anlagen und Maschinen" 0780 (*0299*).

Ist die im Bau befindliche Anlage fertig gestellt, werden die Beträge auf das entsprechende Anlagekonto umgebucht, z. B.:

Sollkonto	SKR 04 (SKR 03)	Euro	Habenkonto	SKR 04 (SKR 03)
Maschinen	0340 (0210)	Betrag	Anlagen, Masch. im Bau	0770 (0290)
Maschinen	0340 (0210)	Betrag	Anzahlungen Maschinen	0780 (0299)

Eine **Abschreibung** ist erst nach **Fertigstellung** der Anlage möglich.

5. Wie wird der Verkauf von Gegenständen des Anlagevermögens gebucht?

Die Veräußerung von Gegenständen des Anlagevermögens führt zu einem Veräußerungsgewinn („Erträge aus dem Abgang von Gegenständen des Anlagevermögens" 4900 (*2720*)), wenn der Erlös den Restbuchwert im Zeitpunkt der Veräußerung übersteigt. Sie führt zu einem Veräußerungsverlust („Verluste aus dem Abgang von Gegenständen des Anlagevermögens" 6900 (*2320*)), wenn der Restbuchwert den Erlös übersteigt. Der Erlös ist in der Regel steuerbarer Umsatz („Hilfsgeschäft") und **steuerpflichtig**. Der Restbuchwert im Zeitpunkt der Veräußerung ist der Wert am Monatsende vor der Veräußerung, d. h. die Abschreibung ist für volle Monate der Nutzung im Veräußerungsjahr zu berechnen („Abschreibung auf Sachanlagen ohne AfA auf Kfz und Gebäude" 6220 (*4830*)).

Beispiel

Veräußerung eines gebrauchten Buchungsautomaten am 25.10.2018 für 15.000 € + 2.850 € Umsatzsteuer (19 %) gegen Bankscheck (alternativ 10.000 € + 1.900 € USt). Der Buchwert am 01.01.2017 betrug 18.000 €, es ist linear mit 20 % von 30.000 € abgeschrieben worden.

Der Gegenstand ist noch für 9 Monate mit 4.500 € abzuschreiben ($9/12$ von 6.000 €), hat also im Zeitpunkt der Veräußerung einen Restbuchwert von 13.500 € (18.000 - 4.500).

Ermittlung des Veräußerungsgewinnes:

Nettoveräußerungserlös	15.000,00 €
- Restbuchwert	13.500,00 €
= Veräußerungsgewinn:	1.500,00 €

▸ **Nettomethode:** Nach dem für Kapitalgesellschaften gültigen Gliederungsschema der Gewinn- und Verlustrechnung werden Veräußerungsgewinne oder -verluste unter dem Posten „Sonstige betriebliche Erträge" und „Sonstige betriebliche Aufwendungen" gesondert ausgewiesen.

Buchungen zu obigem Beispiel:

Sollkonto	SKR 04 (SKR 03)	Euro	Habenkonto	SKR 04 (SKR 03)
Abschr. a. Sachanlagen	**6220** (4830)	4.500,00	Büroeinrichtung	**0650** (0420)
Bank	**1800** (1200)	13.500,00	Büroeinrichtung	**0650** (0420)
Bank	**1800** (1200)	1.500,00	Erträge Abgang AV	**4900** (2720)
Bank	**1800** (1200)	2.850,00	Umsatzsteuer 19 %	**3806** (1776)

Auf dem Bankkonto erscheint insgesamt der Zahlungseingang von 17.850 €, das Anlagekonto ist aufgelöst. Nachteilig ist, dass das umsatzsteuerliche Entgelt auf die Konten 0650 (*0420*) und 4900 (*2720*) verteilt ist.

▸ **Bruttomethode:** Insbesondere aus umsatzsteuerlichen Gründen vermeidet man den Nachteil und bucht den Erlös in vollem Umfang gewinnerhöhend („Erlöse aus Verkäufen Sachanlagevermögen 19 % USt (bei Buchgewinn)" 4845 (*8820*)), der **Restbuchwert** muss dann aber über das Konto „4855 (*2315*), Anlagenabgänge Sachanlagen, Restbuchwert bei Buchgewinn" **gewinnmindernd** gebucht werden. Veräußerungsgewinn oder -verlust sind bei dieser Methode nicht direkt aus der Buchführung zu ersehen, sie sind erst durch Saldierung der Konten 4845 (*8820*) und 4855 (*2315*) zu ermitteln. Da beide Konten unter den „Sonstigen betrieblichen Erträgn" erscheinen, erfolgt die Saldierung in der GuV automatisch.

Sollkonto	SKR 04 (SKR 03)	Euro	Habenkonto	SKR 04 (SKR 03)
Abschr. a. Sachanl.	**6220** (4830)	4.500,00	Büroeinrichtung	**0650** (0420)
Bank	**1800** (1200)	15.000,00	Erlöse Verk. SachAV	**4845** (8820)
Bank	**1800** (1200)	2.850,00	Umsatzsteuer 19 %	**3806** (1776)
Anlagenabg. (Gewinn)	**4855** (2315)	13.500,00	Büroeinrichtung	**0650** (0420)

Im Falle des Veräußerungsverlustes lautet die Kontierung z. B.:

Sollkonto	SKR 04 (SKR 03)	Euro	Habenkonto	SKR 04 (SKR 03)
Abschr. a. Sachanl.	6220 (4830)	4.500,00	Büroeinrichtung	0650 (0420)
Bank	1800 (1200)	10.000,00	Erl. Verk. SachAV (Verl.)	6885 (8801)
Bank	1800 (1200)	1.900,00	Umsatzsteuer 19 %	3806 (1776)
Anlagenabg. (Verlust)	6895 (2310)	13.500,00	Büroeinrichtung	0650 (0420)

Für den GuV-Ausweis gilt das oben Gesagte sinngemäß.

Beachten Sie: Bei der manuellen Kontierung wird unterstellt, dass die Eingabe des Berichtigungsschlüssels 4 zur Aufhebung der Automatik der Konten 6885 (*8801*) und 4845 (*8820*) unterbleibt!

6. Wie ist der Anlagespiegel gegliedert?

Im Anhang einer Kapitalgesellschaft (§ 284 Abs. 3 HGB) ist für jede Bilanzposition des Anlagevermögens die **wertmäßige Entwicklung des Vermögens** darzustellen. Die Darstellung erfolgt üblicherweise in Form eines Anlagespiegels. Um die vom Gesetz geforderten Informationen zu liefern, muss der Anlagenspiegel folgende Spalten aufweisen:

Anfangsbestand (AHK) - historischer -	Zugänge	Abgänge (AHK)	Umbuchungen (AHK)	Zuschreibungen im Wj.	Abschreibungen kumuliert	Buchwert Ende des Wj.	Buchwert Ende Vorjahr	Abschreibungen im Wj.
1	2	3	4	5	6	7	8	9

Erläuterungen zu den einzelnen Spalten:

> **Anfangsbestand** der am Jahresanfang vorhandenen Vermögensgegenstände zu Anschaffungs- oder Herstellungskosten
>
> + **Zugänge** der während des Geschäftsjahres angeschafften oder hergestellten Wirtschaftsgüter; bewertet zu AHK
>
> - **Abgänge** liegen beim Ausscheiden (z. B. Verkauf) von Vermögensgegenständen vor. Die Gegenstände sind mit ihren ursprünglichen AHK aus dem Anlagevermögen zu entnehmen.
>
> +/- **Umbuchungen** von vorhandenen Vermögensgegenständen. Der Mehrung einer Bilanzposition steht die Minderung einer anderen Bilanzposition gegenüber.
>
> **Beispiel:** Eine im letzten Jahr im Bau befindliche Anlage (Lagerhalle) wird fertig gestellt. Während die Bilanzposten „Anlagen im Bau" um den Betrag gemindert wird, kommt es in der Position „Grundstücke, grundstücksgleiche" zu einer Mehrung des Bilanzwertes.
>
> + **Zuschreibungen** fallen an, wenn außerplanmäßige Abschreibungen durch Wertaufholungen rückgängig gemacht werden.
>
> - **Abschreibungen** insgesamt (kumuliert) umfassen alle in den Vorjahren und im Geschäftsjahr vorgenommenen Abschreibungen. In die Abschreibungen sind die am Ende des Geschäftsjahres vorhandenen Vermögensgegenstände einzubeziehen. Die Ermittlung der kumulierten Abschreibungen vollzieht sich nach folgendem Schema:
>
> kumulierte Abschreibungen des Vorjahres
>
> + Abschreibungen des Geschäftsjahres
> - Zuschreibungen des Vorjahres
> - kumulierte Abschreibungen der Vermögensabgänge
> +/- kumulierte Abschreibungen auf Umbuchungen
>
> = **Buchwert am Ende des Geschäftsjahres**

Die Spalte **Abschreibungen des Geschäftsjahres** bietet eine wichtige Zusatzinformation. Sie enthält sämtliche im Geschäftsjahr vorgenommenen planmäßigen und außerplanmäßigen Abschreibungen.

8. Buchungen im Steuerbereich

1. Wie werden Betriebssteuern gebucht?

Betriebssteuern können

- aktivierungspflichtig sein, z. B. ist die Grunderwerbsteuer den Anschaffungskosten des erworbenen (bebauten oder unbebauten) Grundstücks hinzuzurechnen. Soweit sie auf ein Gebäude entfällt, ist sie im Rahmen der Abschreibung wieder als Aufwand zu verrechnen, soweit sie auf das Grundstück entfällt, wirkt sie sich nicht auf den Gewinn aus.

- sofort abzugsfähig sein.

Dem GuV-Posten „Sonstige Steuern" sind zuzuordnen:

„Grundsteuer"	7680 (*2375*)
„Sonstige Betriebsteuern"	7650 (*4340*)
„Verbrauchsteuer"	7675 (*4350*)
„Ökosteuer"	7678 (*4355*)
„Kfz-Steuern"	7685 (*4510*)

„Steuernachzahlungen für Vorjahre" werden auf Konto 7640 (*2280*) erfasst, soweit sie Steuern vom Einkommen und Ertrag betreffen, auf Konto 7690 (*2285*), soweit sie sonstige Steuern betreffen.

Steuererstattungen werden gebucht auf:

Gewerbesteuererstattungen Vorjahre	7642 (*2282*)
Steuererstattungen Vorjahre für sonstige Steuern	7692 (*2287*)

▸ nicht abzugsfähig sein. Die nicht abzugsfähigen Steuern der juristischen Personen (Körperschaftsteuer, Vermögensteuer) werden handelsrechtlich als Aufwand gebucht:

Steuern vom Einkommen und Ertrag:

„Körperschaftsteuer"	7600 (*2200*)
„Solidaritätszuschlag"	7608 (*2208*)
„Anrechenbarer Solidaritätszuschlag auf Kapitalertragsteuer 25 %"	7633 (*2216*)
„Gewerbesteuer"	7610 (*4320*)

Bei Ermittlung des **körperschaftsteuerpflichtigen Gewinns** sind sie dem **handelsrechtlichen Ergebnis** jedoch wieder hinzuzurechnen. Dies kann auch außerbilanzmäßig geschehen.

2. Wie werden Privatsteuern gebucht?

Die nicht abzugsfähigen Privatsteuern der natürlichen Personen (Einkommensteuer, Solidaritätszuschlag, Kirchensteuer, Erbschaft- und Schenkungsteuer, Grundsteuer für Privatgrundstücke) werden als Eigenkapitalminderungen auf den **Privatkonten** gebucht („Privatsteuern" 2150 (*1810*), „Sonderausgaben unbeschränkt abzugsfähig" 2230 (*1830*), „Grundstücksaufwand" 2300 (*1860*)).

3. Wie werden Lohn- und Kirchensteuer und der Solidaritätszuschlag der Arbeitnehmer gebucht?

Diese Steuern erscheinen in der Finanzbuchführung, werden aber nicht vom Unternehmer getragen, er haftet jedoch für die Einbehaltung und ordnungsgemäße Abführung. Hiermit entsteht dem Unternehmer eine Verbindlichkeit, die durch Zahlung an das Finanzamt ausgeglichen wird.

4. Wie werden steuerliche Nebenleistungen gebucht?

Steuerliche Nebenleistungen sind Säumnis- und Verspätungszuschläge, Zinsen, Zwangsgelder und Kosten (§ 3 Abs. 4 AO).

Ist die zugrunde liegende Steuer **abzugsfähig**, ist auch die Nebenleistung bei der Gewinnermittlung abzugsfähig (H 12.4 (Nebenleistungen) EStH):

Sollkonto	SKR 04 (SKR 03)	Euro	Habenkonto	SKR 04 (SKR 03)
Sonstige Abgaben	**6430** (4390)	Betrag	Bank	**1800** (1200)

alternativ:

Sollkonto	SKR 04 (SKR 03)	Euro	Habenkonto	SKR 04 (SKR 03)
Steuerlich abzugsfähige Verspätungszuschläge und Zwangsgelder	**6436** (4396)	Betrag	Bank	**1800** (1200)

Ist die Steuer, die die Nebenleistung auslöst, **nicht abzugsfähig**, ist auch die Nebenleistung nicht abzugsfähig. Es stehen die Konten zur Verfügung:

Sollkonto	SKR 04 (SKR 03)	Euro	Habenkonto	SKR 04 (SKR 03)
Steuerlich nicht abzugsfähige Verspätungszuschläge und Zwangsgelder	**6437** (4397)	Betrag	Bank	**1800** (1200)

oder:

Sollkonto	SKR 04 (SKR 03)	Euro	Habenkonto	SKR 04 (SKR 03)
Privatsteuern	**2150** (1810)	Betrag	Bank	**1800** (1200)

5. Wie werden Vorsteuerbeträge buchmäßig behandelt?

- Abziehbare Vorsteuern: Die nach § 15 Abs. 1 UStG abziehbaren Vorsteuern gehören nicht zu den Anschaffungs- oder Herstellungskosten (§ 9b Abs. 1 EStG). Das verrechenbare Vorsteuerguthaben ist gleichsam ein **zweites Wirtschaftsgut**, dies gilt auch für die Einfuhrumsatzsteuer. Buchungen, z. B.:

Sollkonto	SKR 04 (SKR 03)	Euro	Habenkonto	SKR 04 (SKR 03)
Pkw	**0520** (0320)	10.000,00	Bank	**1800** (1200)
Vorsteuer 19 %	**1406** (1576)	1.900,00	Bank	**1800** (1200)

- Nichtabziehbare Vorsteuer: Tätigt ein Unternehmer nur Umsätze, die nicht zum Vorsteuerabzug berechtigen (Ausschlussumsätze), so ist die in Rechnung gestellte Vorsteuer nicht abzugsfähig, sie **erhöht** die Anschaffungs- oder Herstellungskosten der Wirtschaftsgüter des Anlage- und Umlaufvermögens bzw. die Aufwendungen. Buchungssatz, z. B.:

Sollkonto	SKR 04 (SKR 03)	Euro	Habenkonto	SKR 04 (SKR 03)
Pkw	**0520** (0320)	11.900,00	Bank	**1800** (1200)

Mit dem Verbrauch bzw. der Abschreibung der Wirtschaftsgüter wirkt sich die Umsatzsteuer als Aufwand auf den Gewinn aus.

▶ Teilweise abziehbare Vorsteuer: Führt ein Unternehmer Abzugs- und Ausschlussumsätze nebeneinander aus, so ist die Vorsteuer aufzuteilen. Nur der nach § 15 UStG abziehbare Teil gehört nicht zu den Anschaffungskosten, der andere Teil muss den Anschaffungskosten zugerechnet werden.

Wird der Vorsteuerabzug nach § 15a UStG berichtigt, so sind die Mehrbeträge als Betriebseinnahmen und die Minderbeträge als Betriebsausgaben zu behandeln (§ 9b Abs. 2 EStG). Die Anschaffungs- oder Herstellungskosten bleiben unberührt.

Braucht der **nicht** abziehbare Anteil der Vorsteuer nicht aktiviert zu werden, wird er als sofort **abzugsfähiger Aufwand gebucht** („Nicht abziehbare Vorsteuer" 6860 (*4300*)), er gehört zu den sonstigen betrieblichen Aufwendungen.

Für Betriebsfahrzeuge, die der Unternehmer nach dem 31.12.2003 angeschafft, hergestellt, eingeführt oder innergemeinschaftlich erworben hat (*Neufahrzeuge*) und dann privat mit nutzt, steht ihm der Vorsteuerabzug in voller Höhe zu. Das Fahrzeug muss jedoch zu mindestens 10 % für das Unternehmen genutzt werden, damit es dem Unternehmen zugeordnet werden kann (§ 15 Abs. 1 Satz 2 UStG). Bei geringerer unternehmerischer Nutzung, kann der Unternehmer keine Vorsteuer abziehen (BMF-Schreiben vom 05.06.2014).

Die nichtunternehmerische Nutzung ist als unentgeltliche sonstige Leistung der Umsatzsteuer zu unterwerfen (§ 3 Abs. 9a Nr. 1 UStG, Abschn. 3.2 Abs. 1 Satz 1 UStAE).

Zur Bewertung der unentgeltlichen Leistung siehe: 9.6.1 Bewertung der Entnahmen und Einlagen.

6. Wie bucht der Erwerber einen innergemeinschaftlichen Umsatz?
Beispiel

Der Mannheimer Unternehmer Isle erhält von dem spanischen Lieferer Alcas eine Warenlieferung für sein Unternehmen. Die Rechnung des Alcas über 20.000 € enthält seine USt-IdNr., die USt-IdNr. des Erwerbers und den Hinweis auf die Steuerfreiheit der Lieferung. Isle bucht:

Sollkonto	SKR 04 (SKR 03)	Euro	Habenkonto	SKR 04 (SKR 03)
Ig. Erwerb 19 %	**5425** (3425)	20.000,00	Kreditoren, Personenkto.	**70000** (70000)

„Abziehbare Vorsteuer aus innergemeinschaftlichem Erwerb" 1403 (1573) und „USt aus innergemeinschaftlichem Erwerb" 3803 (1773) gleichen sich aus:

Sollkonto	SKR 04 (SKR 03)	Euro	Habenkonto	SKR 04 (SKR 03)
Vorsteuer ig. Erwerb 19 %	**1404** (1574)	3.800,00	USt ig. Erwerb 19 %	**3804** (1774)

7. Wie bucht der Lieferer die innergemeinschaftliche Lieferung?

Beispiel

Der Mannheimer Unternehmer Isle versendet unter Verwendung seiner USt-IdNr. Ware für 35.000 € netto an den spanischen Unternehmer Lieferer Alcas mit spanischer USt-IdNr. Isle liefert auf Ziel. Isle führt eine steuerfreie innergemeinschaftliche Lieferung aus (§ 4 Abs. 1b i. V. mit § 6a Abs. 1 UStG) und hat diese in seine Umsatzsteuervoranmeldung einzutragen. Darüber hinaus sind diese Beträge in den **Zusammenfassenden Meldungen (ZM, § 18a UStG)** anzumelden. Isle bucht:

Sollkonto	SKR 04 (SKR 03)	Euro	Habenkonto	SKR 04 (SKR 03)
Debitoren, Personenkto.	**10000** (10000)	35.000,00	Steuerfreie ig. Lieferung	**4125** (8125)

8. Wie werden Ausfuhrlieferungen gebucht?

Eine Ausfuhrlieferung liegt vor, wenn bei einer Lieferung der Unternehmer den Gegenstand der Lieferung in das Drittlandsgebiet befördert oder versendet hat. Diese Ausfuhrlieferung ist steuerfrei (§ 4 Nr. 1a i. V. m. § 6 Abs. 1 Nr. 1 UStG).

Beispiel

Der Mannheimer Unternehmer Isle verkauft (auf Ziel) und versendet Ware für 30.000 € netto zum Abnehmer Bürli nach Rüthi (Schweiz). Der Ausfuhrnachweis liegt vor.

Die steuerfreie Ausfuhrlieferung wird gebucht:

Sollkonto	SKR 04 (SKR 03)	Euro	Habenkonto	SKR 04 (SKR 03)
Debitoren, Personenkto.	**10000** (10000)	30.000,00	Steuerfreie Lieferung	**4120** (8120)

9. Wie werden Leistungen gebucht, bei denen der Leistungsempfänger Steuerschuldner ist?

In gewissen Fällen geht die Steuerschuldnerschaft auf den Leistungsempfänger über (Erweiterung der Steuerschuldnerschaft), insbesondere

- im Falle von sonstigen Leistungen und Werkleistungen eines im Ausland ansässigen Unternehmers
- bei der Erbringung von Bauleistungen an andere Unternehmer, die selbst nachhaltig Bauleistungen erbringen.

Der Leistungsempfänger kann die von ihm geschuldete Umsatzsteuer (§ 13b Abs. 2 UStG) als Vorsteuer abziehen (vergleiche die Besteuerung des innergemeinschaftlichen Erwerbs!), wenn er die Lieferung oder sonstige Leistung für sein Unternehmen bezieht und zur Ausführung von Umsätzen verwendet, die den Vorsteuerabzug nicht ausschließen.

Beispiel

Der in Pirmasens ansässige Bauunternehmer Pfirrmann hat den Auftrag erhalten, in Landau eine Lagerhalle zu errichten. Sein französicher Subunternehmer Lagrand aus Metz (Frankreich) führt die Arbeiten aus und stellt 180.000 € in Rechnung.

Lösung: Der im Ausland ansässige Lagrand erbringt im Inland eine steuerpflichtige Werklieferung an Pfirrmann (§ 13b Abs. 1 UStG). Die Umsatzsteuer für diese Werklieferung schuldet Pfirrmann (§ 13b Abs. 2 UStG).

Pfirrmann bucht:

Sollkonto	SKR 04 (SKR 03)	Euro	Habenkonto	SKR 04 (SKR 03)
Leistungen eines i. A. a. U.	**5925** (3125)	180.000,00	Verbindlichkeiten a LuL	**3300** (1600)
VoSt nach § 13b UStG	**1407** (1577)	34.200,00	USt nach § 13b UStG	**3837** (1787)

10. Geben Sie ein Beispiel für Differenzbesteuerung, buchen Sie!

Der Autohändler Schnittig kauft von einem Privatmann einen gebrauchten Pkw für 2.000 € und zahlt bar. Er bucht

Sollkonto	SKR 04 (SKR 03)	Euro	Habenkonto	SKR 04 (SKR 03)
Wareneingang	**5200** (3200)	2.000,00	Kasse	**1600** (1000)

Dieses Fahrzeug verkauft Schnittig für 3.000 € (brutto). Der Käufer zahlt bar. Der Umsatz wird nach dem Betrag bemessen, um den der Verkaufspreis den Einkaufspreis für den Gegenstand übersteigt (Marge), abzüglich der in diesem Betrag enthaltenen Umsatzsteuer (§ 25a UStG).

Sollkonto	SKR 04 (SKR 03)	Euro	Habenkonto	SKR 04 (SKR 03)
Kasse	1000 (1600)	2.840,34	Umsatzerlöse	4000 (8000)
Kasse	1000 (1600)	159,66	Umsatzsteuer 19 %	3806 (1776)

Die Differenzbesteuerung ist nicht auf gebrauchte Gegenstände beschränkt, sondern kann sich auch auf neue Gegenstände beziehen, die ohne ausgewiesene Umsatzsteuer gekauft wurden. Bei der Differenzbesteuerung muss immer der Regelsteuersatz angewandt werden (§ 25a Abs. 5 UStG).

11. Wie werden nicht abzugsfähige Betriebsausgaben (§ 4 Abs. 5 Nr. 1 bis 7 EStG) im Rechnungswesen behandelt?

Bestimmte Betriebsausgaben dürfen den – steuerlichen – Gewinn nicht mindern. Zu diesen Aufwendungen gehören die Aufwendungen nach § 4 Abs. 5 Satz 1 Nr. 1 bis 7 EStG:

1. Aufwendungen für **Geschenke** an Nichtarbeitnehmer, also Geschäftsfreunde wie Kunden und Lieferanten, wenn die Anschaffungs- oder Herstellungskosten aller einem Empfänger zugewendeten Gegenstände insgesamt 35 € übersteigen
2. 30 % der angemessenen und die unangemessenen **Bewirtungsaufwendungen**
3. Aufwendungen für **Gästehäuser**, die sich außerhalb des Ortes eines Betriebes des Steuerpflichtigen befinden
4. Aufwendungen für **Jagden, Jachten** und die damit zusammenhängenden Aufwendungen
5. **Mehraufwendungen für Verpflegung**, soweit bestimmte Pauschbeträge überschritten werden (12/24 €, § 9 Abs. 4a EStG)
6. Aufwendungen für die Wege des Steuerpflichtigen zwischen Wohnung und erster Tätigkeitsstätte und für Familienheimfahrten, soweit sie bestimmte Sätze überschreiten
6b. Aufwendungen für ein **häusliches Arbeitszimmer** sowie die Kosten der Ausstattung. Dies gilt jedoch nicht, wenn für die betriebliche oder berufliche Tätigkeit kein anderer Arbeitsplatz zur Verfügung steht. In diesem Falle wird die Höhe der abziehbaren Aufwendungen auf 1.250 € begrenzt; die Beschränkung der Höhe nach gilt nicht, wenn das Arbeitszimmer den Mittelpunkt der gesamten betrieblichen oder beruflichen Betätigung bildet
7. Nach der Verkehrsauffassung unangemessene andere Aufwendungen, die die Lebenshaltung des Steuerpflichtigen oder anderer Personen berühren

Zu den nicht abzugsfähigen Betriebsausgaben gehören z. B. auch Geldbußen, Ordnungsgelder und Verwarnungsgelder, die von einem Gericht oder einer Behörde festgesetzt wurden und Schmiergelder (§ 4 Abs. 5 Satz 1 Nr. 8 und 10 EStG).

Diese Beträge stellen zwar handelsrechtlich Aufwand dar und mindern damit den handelsrechtlichen Gewinn. Da sie nach § 4 Abs. 5 EStG bei der Ermittlung des steuerlichen Gewinns nicht berücksichtigt werden dürfen, sind sie dem handelsrechtlichen Gewinn – außerbilanzmäßig – wieder hinzuzurechnen.

Für die Aufwendungen im Sinne des § 4 Abs. 5 Satz 1 Nr. 1 bis 4, 6b und 7 EStG sind jedoch in jedem Falle die besonderen Aufzeichnungspflichten des § 4 Abs. 7 EStG zu beachten, das heißt, diese Aufwendungen sind einzeln und getrennt von den übrigen Aufwendungen aufzuzeichnen (R 4.11 Abs. 1 Satz 1 EStR 2012).

Vorsteuerbeträge, die auf die Aufwendungen nach § 4 Abs. 5 Satz 1 Nr. 1 bis 4, 7 oder § 12 Nr. 1 EStG entfallen, sind **nicht** abziehbar (§ 15 Abs. 1a Satz 1 UStG). Dies gilt nicht für Bewirtungsaufwendungen, soweit § 4 Abs. 5 Satz 1 Nr. 2 des Einkommensteuergesetzes einen Abzug angemessener und nachgewiesener Aufwendungen ausschließt (§ 15 Abs. 1a Satz 2 UStG).

Zinsschranke (§ 4h EStG)
Zinsaufwendungen eines Betriebs sind abziehbar in Höhe des Zinsertrags, darüber hinaus nur bis zur Höhe von 30 % des maßgeblichen Gewinns. Zinsaufwendungen, die nicht abgezogen werden dürfen, sind in die folgenden Wirtschaftsjahre vorzutragen (Zinsvortrag). Sie erhöhen die Zinsaufwendungen dieser Wirtschaftsjahre, nicht aber den maßgeblichen Gewinn. Die Regelung ist nicht anzuwenden, wenn der Betrag der Zinsaufwendungen, soweit er den Betrag der Zinserträge übersteigt, weniger als 3 Mio. € beträgt.

12. Welche Aufwendungen sind keine Betriebsausgaben?
Keine Betriebsausgaben sind

- die Gewerbesteuer und die darauf entfallenden Nebenleistungen (§ 4 Abs. 5b EStG)
- die Aufwendungen zur Förderung staatspolitischer Zwecke i. S. des § 10b Abs. 2 EStG (§ 4 Abs. 6 EStG).
- Aufwendungen des Steuerpflichtigen für seine Berufsausbildung oder für sein Studium sind nur dann Betriebsausgaben, wenn der Steuerpflichtige zuvor bereits eine Erstausbildung (Berufsausbildung oder Studium) abgeschlossen hat (§ 4 Abs. 9 EStG).

13. Wie werden Geschenke an Nichtarbeitnehmer gebucht?
Geschenke an Nichtarbeitnehmer bis zu Anschaffungs- oder Herstellungskosten in Höhe von 35 € einschließlich eines umsatzsteuerrechtlich nicht abziehbaren Vorsteuerabzugs (Freigrenze, § 4 Abs. 5 Nr. 1 EStG, R 9b Abs. 2 Satz 3 EStR 2012) werden auf dem Konto Geschenke abzugsfähig ohne § 37b EStG 6610 (*4630*) erfasst. Der Vorsteuerabzug bleibt erhalten.

Beispiel

Der Unternehmer K. tätigt ausschließlich Abzugsumsätze. Er kauft im November 2017 ein Geschenk für 35,00 € (Barzahlung) zuzüglich 6,65 € USt, um es seinem Kunden L. zu schenken. Der Beschenkte muss den Wert des Geschenkes als Einnahme versteuern.

Sollkonto	SKR 04 (SKR 03)	Euro	Habenkonto	SKR 04 (SKR 03)
Geschenke abzugsfähig	**6610** (4630)	35,00	Kasse	**1600** (1000)
Vorsteuer 19 %	**1406** (1576)	6,65	Kasse	**1600** (1000)

Der Empfänger muss betrieblich veranlasste Sachzuwendungen (Geschenke) nicht versteuern, wenn der Schenker die Steuer gem. § 37b EStG pauschal mit 30 % für ihn übernimmt. Er bucht das Geschenk auf Konto „Geschenke abzugsfähig mit § 37b EStG" 06611 (*4631*).

Wenn sich Unternehmer K. zur pauschalen Besteuerung entschließt, rechnet er wie folgt:

Wert des Geschenks		41,65 €
Pauschalsteuer 30 %	12,50 €	
Solidaritätszuschlag 5,5 %	0,69 €	
ggf. pauschale KiSt 7 %	0,87 €	**14,06 €**

Unternehmer K. bucht die pauschale Steuer auf Konto „Pauschale Steuern für Geschenke und Zugaben abzugsfähig" 6612 (*4632*).

Werden im Laufe des Jahres mehrere Geschenke an ein und dieselbe Person zugewendet und wird dabei die Freigrenze von 35,00 € überstiegen, so entfällt der Vorsteuerabzug nachträglich, die gesamten Aufwendungen sind nicht abzugsfähig.

Das Abzugsverbot greift nicht, wenn die zugewendeten Wirtschaftsgüter beim Empfänger ausschließlich betrieblich genutzt werden können (R 4.10 Abs. 2 Satz 4 EStR 2012).

Erweiterung obigen Beispiels:
K. kauft im Dezember 2018 ein weiteres Geschenk für 60,00 € (Barzahlung) zuzüglich 11,40 € USt, um es seinem Kunden L. zu schenken.

Sollkonto	SKR 04 (SKR 03)	Euro	Habenkonto	SKR 04 (SKR 03)
Geschenke nicht abz. und	**6620** (4635)	71,40	Kasse	**1600** (1000)
Geschenke nicht abz.	**6620** (4635)	35,00	Geschenke abzugsfähig	**6610** (4630)
Geschenke nicht abz.	**6620** (4635)	6,65	Vorsteuer 19 %	**1406** (1576)

Übersteigt der Wert von als Geschenk gekauften Gegenständen die Freigrenze von 35,00 € netto, so ist der Bruttobetrag sofort auf Konto

> „Geschenke nicht abzugsfähig" 6620 (4635)

zu buchen.

Entstehen dem Steuerpflichtigen Aufwendungen für Geschenke an Geschäftsfreunde und übernimmt er zusätzlich die Steuer, die durch die Zuwendung an den Beschenkten ausgelöst wird, ist der Steuerpflichtige nicht zum Betriebsausgabenabzug berechtigt, wenn die Zuwendung zusammen mit der Steuer 35 € übersteigt (BFH-Urteil vom 30.03.2017).

Werden Gegenstände nicht als Geschenke gekauft, sondern dem Warenlager entnommen, ist das Warenkonto zu entlasten, die Vorsteuer ist zu berichtigen.

Abwandlung obigen Beispiels:
Unternehmer K. schenkt seinem Kunden L. Waren aus seinem Warenlager, bei deren Anschaffung er Vorsteuer geltend gemacht hat, Warenwert netto 100 €.

Sollkonto	SKR 04 (SKR 03)	Euro	Habenkonto	SKR 04 (SKR 03)
Geschenke nicht abz.	**6620** (4635)	100,00	Wareneingang 19 %	**5400** (3400)
Geschenke nicht abz.	**6620** (4635)	19,00	Vorsteuer 19 %	**1406** (1576)

Die Vorsteuer ist gem. § 17 Abs. 2 Nr. 5 UStG zu berichtigen.

Damit ist der steuerliche Gewinn um insgesamt 119 € zu niedrig ausgewiesen. Die Korrektur erfolgt durch außerbilanzmäßige Hinzurechnung. Die Umbuchung auf Privatkonto ist nicht zulässig (R 4.10 Abs. 1 Satz 3 EStR 2012).

Geschenke an Arbeitnehmer sind grundsätzlich als Arbeitslohn zu versteuern. Bloße **Aufmerksamkeiten** bis zu einem Wert von 60 € sind jedoch nicht lohnsteuerpflichtig. Dies sind Sachleistungen des Arbeitgebers, die auch im gesellschaftlichen Verkehr üblicherweise ausgetauscht werden und zu keiner ins Gewicht fallenden Bereicherung des Arbeitnehmers führen (R 19.6 Abs. 1 Satz 2 LStR 2015). Geldzuwendungen gehören stets zum Arbeitslohn, auch wenn ihr Wert gering ist.

14. Wie werden Bewirtungsaufwendungen gebucht?

Angemessene Bewirtungsaufwendungen dürfen zu 70 % den Gewinn mindern, die übrigen 30 % stellen nicht abzugsfähige Betriebsausgaben dar (§ 4 Abs. 5 Satz 1 Nr. 2 EStG).

Der Vorsteuerabzug für die dem einkommensteuerrechtlichen Abzugsverbot des § 4 Abs. 5 Satz 1 Nr. 2 EStG unterliegenden angemessenen und nachgewiesenen Bewirtungsaufwendungen ist unter den allgemeinen Voraussetzungen des § 15 UStG in vollem Umfang zulässig.

Beispiel

Dem Unternehmer Uhl, Koblenz, sind anlässlich der Bewirtung von Geschäftsfreunden Aufwendungen in Höhe von 1.000 € (netto) entstanden. Die Aufwendungen sind belegt, bar bezahlt und angemessen (§ 14 UStG, R 4.10 Abs. 8 EStR 2012).

Sollkonto	SKR 04 (SKR 03)	Euro	Habenkonto	SKR 04 (SKR 03)
Bewirtungskosten	**6640** (4650)	700,00	Kasse	**1600** (1000)
Nicht abz. Bewirtungskost.	**6644** (4654)	300,00	Kasse	**1600** (1000)
Vorsteuer 19 %	**1406** (1576)	190,00	Kasse	**1600** (1000)

Unangemessene Bewirtungsaufwendungen sind als Betriebsausgaben nicht abzugsfähig, sie sind vom Vorsteuerabzug ausgeschlossen.

Beispiel

Dem Unternehmer Merz, Kaiserslautern, sind anlässlich der Bewirtung von Geschäftsfreunden Aufwendungen in Höhe von 1.000 € (netto) entstanden. Die Aufwendungen sind belegt und bar bezahlt. Sie sind **nicht** angemessen.

Sollkonto	SKR 04 (SKR 03)	Euro	Habenkonto	SKR 04 (SKR 03)
Nicht abz. Bewirtungskost.	**6644** (4654)	1.190,00	Kasse	**1600** (1000)

Die Aufwendungen, die den steuerrechtlichen Gewinn **nicht mindern** dürfen, sind dem Gewinn außerbilanzmäßig hinzuzurechnen.

15. Wie werden Reisekosten des Arbeitnehmers und des Unternehmers gebucht?

Reisekosten sind

- Fahrtkosten (R 9.5 LStR 2015),
- Verpflegungsmehraufwendungen (R 9.6 LStR 2015),

Übernachtungskosten (R 9.7 LStR 2015) und Reisenebenkosten (R 9.8 LStR 2015), soweit diese durch eine beruflich veranlasste Auswärtstätigkeit des Arbeitnehmers, Unternehmers entstehen (R 9.4 Abs. 1 Satz 1 LStR 2015).

Die Aufwendungen für **beruflich veranlasste Auswärtstätigkeit** des Arbeitnehmers (R 9.4 Abs. 2 LStR 2015) kann der Unternehmer dem Arbeitnehmer steuerfrei erstatten, soweit bestimmte Höchstbeträge nicht überschritten werden (§ 3 Nr. 16 EStG):

„Reisekosten Arbeitnehmer" 4660 (6650)

Er bucht:

Sollkonto	SKR 04 (SKR 03)	Euro	Habenkonto	SKR 04 (SKR 03)
Reisekosten Arbeitnehm.	6650 (4660)	Betrag	Kasse	1600 (1000)
Vorsteuer 19 %	1406 (1576)		Kasse	1600 (1000)

Bei einer Auswärtstätigkeit des Unternehmers spricht man von einer Geschäftsreise.

„Reisekosten Unternehmer" 6670 (4670)

Er bucht:

Sollkonto	SKR 04 (SKR 03)	Euro	Habenkonto	SKR 04 (SKR 03)
Reisekosten Unterneh.	6670 (4670)	Betrag	Kasse	1600 (1000)
Vorsteuer 19 %	1406 (1576)	Betrag	Kasse	1600 (1000)

Die Buchungen erfolgen

- anhand von Einzelbelegen oder
- nach Pauschalen.

Der Vorsteuerabzug für Reisekosten des Unternehmers und seines Personals ist zulässig, soweit es sich um

- Verpflegungskosten und
- Übernachtungskosten handelt (siehe § 15 Abs. 1a Satz 1 UStG, § 4 Abs. 5 Nr. 5 ist dort nicht genannt).

Die Rechnung mit gesondertem Steuerausweis muss auf den Namen des Unternehmers bzw. des Arbeitgebers lauten.

- Für Reisekostenpauschbeträge ist ein Vorsteuerabzug nicht möglich.
- Aus Fahrtkosten für Fahrzeuge des Personals (arbeitnehmereigene Fahrzeuge) und aus Umzugskosten für einen Wohnungswechsel ist der Vorsteuerabzug nicht zulässig, auch wenn die Rechnung auf den Unternehmer lautet.

16. Buchen Sie ein Beispiel zur Reisekostenabrechnung anhand von Einzelbelegen!

Beispiel

Der Unternehmer Moll, Mainz, besucht im September 2018 aus betrieblichen Gründen eine Baumesse in München. Die Geschäftsreise dauert 23 Stunden. Er legt folgende Belege vor, die er bar bezahlt hat:

Fahrkarte der DB	178,50 €
Verpflegungskosten	166,60 €
Übernachtungskosten	128,40 €
Reisenebenkosten für Taxifahrten in München	42,80 €

Lösung:

	lt. Beleg	abziehbare BA	nicht abziehbare BA	Vorsteuer
Fahrtkosten	178,50 €	150,00 €		28,50 €
Verpflegungskosten	166,60 €	24,00 €	116,00 €	26,60 €
Übernachtungskosten	128,40 €	120,00 €		8,40 €
Nebenkosten	42,80 €	40,00 €		2,80 €
Summen:	**516,30 €**	**334,00 €**	**116,00 €**	**66,30 €**

Die Verpflegungskosten in Höhe von 140 € netto sind nur mit 24 € als Verpflegungsmehraufwand als Betriebsausgabe zu berücksichtigen. An- und Abreisetage werden jeweils mit 12 € veranschlagt, da es sich um eine mehrtägige Geschäftsreise mit Übernachtung handelt. Die auf den Nettobetrag entfallende Vorsteuer ist jedoch abzugsfähig (§ 15 Abs. 1a Satz 1 UStG).

Er bucht:

Sollkonto	SKR 04 (SKR 03)	Euro	Habenkonto	SKR 04 (SKR 03)
Reisekosten Unterneh.	**6677** (4670)	334,00	Kasse	**1600** (1000)
Reisekosten U (nabz BA).	**6672** (4672)	116,00	Kasse	**1600** (1000)
Vorsteuer 19 %	**1406** (1576)	55,10	Kasse	**1600** (1000)
Abziehbare Vorsteuer 7 %	**1401** (1571)	11,20	Kasse	**1600** (1000)

Wird durch Zahlungsbelege nur ein Gesamtpreis für Unterkunft und Verpflegung nachgewiesen und lässt sich der Preis für die Verpflegung nicht feststellen, so ist dieser Gesamtbetrag zur Ermittlung der Übernachtungskosten zu kürzen. Als Kürzungsbeträge sind dabei

- für Frühstück 20 %,
- für Mittag- und Abendessen jeweils 40 %

der maßgebenden Verpflegungspauschale bei einer Auswärtstätigkeit mit einer Abwesenheitsdauer von mindestens 24 Stunden anzusetzen.

17. Wie werden Kinderbetreuungskosten gebucht?

Die steuerliche Berücksichtigung der Kinderbetreuungskosten ist ab 2012 vereinfacht worden. Die Unterscheidung zwischen erwerbsbedingten und nicht erwerbsbedingten Kinderbetreuungskosten ist entfallen. Die Kinderbetreuungskosten sind als **Sonderausgaben** (§ 10 Abs. 1 Satz 1 Nr. 5 EStG) zu berücksichtigen.

9. Abschlüsse nach Handels- und Steuerrecht (Bilanzsteuerrecht)

9.1 Jahresabschluss

1. Was umfasst der Jahresabschluss?

Der Jahresabschluss umfasst die **Bilanz** und die **Gewinn- und Verlustrechnung** (§ 242 Abs. 3 HGB).

Bei Kapitalgesellschaften ist der Jahresabschluss um einen **Anhang** zu erweitern, der mit der Bilanz und der Gewinn- und Verlustrechnung eine Einheit bildet. Die gesetzlichen Vertreter der Kapitalgesellschaft haben auch einen **Lagebericht** aufzustellen (§ 264 Abs. 1 HGB). Die gesetzlichen Vertreter einer kapitalmarktorientierten Kapitalgesellschaft, die nicht zur Aufstellung eines Konzernabschlusses verpflichtet sind, haben den Jahresabschluss um eine **Kapitalflussrechnung** und einen **Eigenkapitalspiegel** zu erweitern, die mit der Bilanz, Gewinn- und Verlustrechnung und dem Anhang eine Einheit bilden; sie können den Jahresabschluss um eine **Segmentberichterstattung** erweitern.

2. Innerhalb welcher Frist ist der Jahresabschluss aufzustellen?

Der Jahresabschluss ist innerhalb der einem **ordnungsmäßigen Geschäftsgang** entsprechenden Zeit aufzustellen (§ 243 Abs. 3 HGB). Diese allgemeine Bestimmung ist für Kapitalgesellschaften präzisiert: Der Jahresabschluss und der Lagebericht sind in den ersten drei Monaten des Geschäftsjahrs für das vergangene Geschäftsjahr aufzustellen. „Kleine" Kapitalgesellschaften (§ 267 Abs. 1) brauchen den Lagebericht nicht aufzustellen, sie dürfen den Jahresabschluss auch später erstellen, wenn dies einem ordnungsgemäßen Geschäftsgang entspricht, diese Unterlagen sind jedoch innerhalb der ersten sechs Monate des Geschäftsjahrs aufzustellen (§ 264 Abs. 1 HGB).

Für steuerliche Zwecke ist die Bilanz „innerhalb der einem ordnungsmäßigen Geschäftsgang entsprechenden Zeit" aufzustellen (H 5.2 (Jahresabschluss) EStH).

3. Wie ist die Gewinn- und Verlustrechnung gegliedert?

Während der Jahreserfolg in der Bilanz global als Eigenkapitaländerung erscheint, ist er in der GuV-Rechnung der Saldo der einzeln ausgewiesenen Aufwendungen und Erträge.

Nach § 275 HGB ist die GuV-Rechnung der Kapitalgesellschaften nicht in Kontenform, sondern als Staffel angelegt. Dies hat den Vorteil, dass nicht nur ein einziger Gewinnsaldo, sondern mehrere Salden zu ersehen sind. Nachteilig ist jedoch, dass Aufwendungen und Erträge nicht geschlossen in einer Summe erscheinen.

Das Handelsrecht lässt die Anwendung des Gesamtkostenverfahrens (§ 275 Abs. 2 HGB) oder das Umsatzkostenverfahren (§ 275 Abs. 3 HGB) zu.

- Beim **Gesamtkostenverfahren** (Produktionsrechnung) werden die Gesamtleistungen unsaldiert mit den ihnen insgesamt zugeordneten Aufwendungen ausgewiesen:
  1. Umsatzerlöse
  2. Erhöhung oder Verminderung des Bestandes an fertigen und unfertigen Erzeugnissen
  3. andere aktivierte Eigenleistungen
  4. sonstige betriebliche Erträge
  5. Materialaufwand

  Die Positionen 1 bis 5 dürfen bei „kleinen" und „mittelgroßen" Kapitalgesellschaften zum **„Rohergebnis"** zusammengefasst werden.

  6. Personalaufwand
  7. Abschreibungen (ohne Abschreibungen auf Finanzanlagen und auf Wertpapiere des Umlaufvermögens)
  8. sonstige betriebliche Aufwendungen
  9. bis 11. Erträge aus Beteiligungen, anderen Wertpapieren und Ausleihungen, sonstige Zinserträge
  12. Abschreibungen auf Finanzanlagen und auf Wertpapiere des Umlaufvermögens
  13. Zinsen und ähnliche Aufwendungen
  14. Steuern vom Einkommen und vom Ertrag
  15. Ergebnis nach Steuern
  16. sonstige Steuern
  17. Jahresüberschuss/Jahresfehlbetrag

- Beim **Umsatzkostenverfahren** (Umsatzrechnung) werden den Umsatzerlösen die Umsatzselbstkosten gegenübergestellt. Die Endbestände an Erzeugnissen können rein rechnerisch ermittelt werden, während sie beim Gesamtkostenverfahren inventurmäßig erfasst werden müssen. Das Umsatzkostenverfahren kann die Quellen des Erfolges aufzeigen, wenn das Herstellkonto nach Erzeugnissen oder Erzeugnisgruppen aufgeteilt wird:
  1. Umsatzerlöse
  2. Herstellkosten der zur Erzielung der Umsatzerlöse erbrachten Leistungen
  3. **Bruttoergebnis vom Umsatz**
  4. Vertriebskosten

5. allgemeine Verwaltungskosten
6. sonstige betriebliche Erträge

   Die Positionen 1 bis 3 und 6 dürfen bei „kleinen" und „mittelgroßen" Kapitalgesellschaften zum **„Rohergebnis"** zusammengefasst werden.
7. sonstige betriebliche Aufwendungen
8. bis 10. Erträge aus Beteiligungen, anderen Wertpapieren und Ausleihungen, sonstige Zinserträge
11. Abschreibungen auf Finanzanlagen und auf Wertpapiere des Umlaufvermögens
12. Zinsen und ähnliche Aufwendungen
13. Steuern vom Einkommen und vom Ertrag
14. Ergebnis nach Steuern
15. sonstige Steuern
16. Jahresüberschuss/Jahresfehlbetrag

Definition der Umsatzerlöse (§ 277 Abs. 1 HGB): Umsätze sind die Erlöse aus dem Verkauf, der Vermietung oder Verpachtung von Produkten sowie aus der Erbringung von Dienstleistungen der Kapitalgesellschaft nach Abzug von Erlösschmälerungen und der Umsatzsteuer sowie sonstiger direkt mit dem Umsatz verbundenen Steuern.

Kleinstkapitalgesellschaften dürfen nach § 275 Abs. 5 HGB eine verkürzte GuV-Rechnung aufstellen, welche die folgenden Posten enthalten muss:

1. Umsatzerlöse
2. Sonstige Erträge
3. Materialaufwand
4. Personalaufwand
5. Abschreibungen
6. Sonstige Aufwendungen
7. Steuern
8. Jahresüberschuss/Jahresfehlbetrag

Unter den Posten „Sonstige Erträge" bzw. „Sonstige Aufwendungen" werden Bestandsveränderungen, aktivierte Eigenleistungen, sonstige betriebliche Erträge/Aufwendungen, außerordentliche Erträge/Aufwendungen sowie finanzielle Erträge/Aufwendungen erfasst.

Erst nach dem Posten Jahresüberschuss/Jahresfehlbetrag dürfen Veränderungen der Kapital- und Gewinnrücklagen in der GuV-Rechnung ausgewiesen werden (§ 275 Abs. 4 HGB und § 158 Abs. 1 AktG)!

Die DATEV-Standardkontenrahmen SKR 04 und 03 berücksichtigen, dass das Umsatzkostenverfahren zugelassen ist und sehen für die Kosten bei Anwendung dieses Verfahrens die Konten 6990 bis 6999 (bei SKR 04) bzw. 4996 bis 4999 (bei SKR 03) vor. Sie ordnen den Kontonummern die entsprechenden Bilanz- bzw. GuV-Posten zu.

4. Wo können Erläuterungen der Bilanz und Gewinn- und Verlustrechnung erscheinen?

Erläuterungen zu verschiedenen Posten der Bilanz und der Gewinn- und Verlustrechnung können in der Bilanz oder GuV-Rechnung selbst erscheinen, sie können unter der Bilanz anzugeben sein (Bilanzvermerke) oder sie können im Anhang gegeben werden.

5. Wie entstehen latente Steuern?

Bestehen zwischen den handelsrechtlichen Wertansätzen von Vermögensgegenständen, Schulden und Rechnungsabgrenzungsposten und ihren steuerlichen Wertansätzen Differenzen, die sich in späteren Geschäftsjahren voraussichtlich abbauen, so ist eine sich daraus insgesamt ergebende Steuerbelastung als passive latente Steuer in der Handelsbilanz anzusetzen. Eine sich daraus insgesamt ergebende Steuerentlastung kann als aktive latente Steuer in der Handelsbilanz angesetzt werden. Steuerliche Verlustvorträge sind bei der Berechnung aktiver latenter Steuern in Höhe der innerhalb der nächsten fünf Jahre zu erwartenden Verlustverrechnungen zu berücksichtigen. Die Vorschriften sind auf mittelgroße und große Kapitalgesellschaften und Kapitalgesellschaften & Co. anzuwenden.

Passive latente Steuern: (Handelsbilanzgewinn größer als steuerrechtlicher Gewinn)
- die handelsrechtlichen Wertansätze von Vermögensgegenständen sind größer als die steuerrechtlichen Ansätze
- die handelsrechtlichen Wertansätze von Schulden sind kleiner als die steuerrechtlichen Ansätze

Aktive latente Steuern: (Handelsbilanzgewinn kleiner als steuerrechtlicher Gewinn)
- die handelsrechtlichen Wertansätze von Vermögensgegenständen sind kleiner als die steuerrechtlichen Ansätze
- die handelsrechtlichen Wertansätze von Schulden sind größer als die steuerrechtlichen Ansätze

6. Welche Bilanzposten sind bei Kapitalgesellschaften zu erläutern?

§ 268 HGB schreibt zu einzelnen Bilanzposten vor:
(1) Die Bilanz darf unter Berücksichtigung der Verwendung des Jahresergebnisses aufgestellt werden. An die Stelle der Posten „Jahresüberschuss/Jahresfehlbetrag" und „Gewinnvortrag/ Verlustvortrag" tritt der Posten „Bilanzgewinn/Bilanzverlust". Ein vorhandener Gewinn- oder Verlustvortrag ist in den Posten „Bilanzge-

winn/Bilanzverlust" einzubeziehen und in der Bilanz gesondert anzugeben. Die Angabe kann auch im Anhang gemacht werden.

(2) Eine Unterbilanz ist unter der Bezeichnung „Nicht durch Eigenkapital gedeckter Fehlbetrag" auszuweisen.

(3) Forderungen mit einer Restlaufzeit von mehr als einem Jahr sind kenntlich zu machen. Werden unter dem Posten „sonstige Vermögensgegenstände" Beträge ausgewiesen, die erst nach dem Abschlussstichtag rechtlich entstehen, so müssen Beträge, die einen größeren Umfang haben, im Anhang erläutert werden.

(4) **Verbindlichkeiten** mit einer Restlaufzeit bis zu einem Jahr und der Betrag der Verbindlichkeiten mit einer Restlaufzeit von mehr als einem Jahr sind bei jedem gesondert ausgewiesenen Posten zu vermerken. Erhaltene Anzahlungen auf Bestellungen sind, soweit Anzahlungen auf Vorräte nicht von dem Posten „Vorräte" offen abgesetzt werden, unter den Verbindlichkeiten gesondert auszuweisen. Beträge für Verbindlichkeiten, die einen größeren Umfang haben und erst nach dem Abschlussstichtag rechtlich entstehen, müssen im Anhang erläutert werden.

(5) Ein Disagio ist auf der Aktivseite unter dem Rechnungsabgrenzungsposten gesondert auszuweisen oder im Anhang anzugeben.

(6) Für die in § 251 HGB bezeichneten Haftungsverhältnisse (Verbindlichkeiten aus der Begebung und Übertragung von Wechseln, aus Bürgschaften, aus Gewährleistungsverträgen sowie Haftungsverhältnisse aus der Bestellung von Sicherheiten für fremde Verbindlichkeiten) sind die Angaben im Anhang zu machen.

(7) Gewinne, die durch die Aktivierung selbst geschaffener immaterieller Vermögensgegenstände des Anlagevermögens oder durch aktive latente Steuern, soweit diese passive latente Steuern übersteigen, dürfen nicht ausgeschüttet werden. Der Gesamtbetrag und die Aufgliederung sind im Anhang zu erläutern.

Kleine Kapitalgesellschaften brauchen die Vorschriften zu (5) nicht zu erfüllen (§ 274a HGB). Sie brauchen bestimmte größere Forderungen und Verbindlichkeiten, die erst nach dem Abschlussstichtag rechtlich entstehen, nicht im Anhang zu erläutern. Sie sind von der Anwendung der Vorschriften über die Steuerabgrenzung (latente Steuern, § 274 HGB) befreit.

7. Was müssen Kapitalgesellschaften im Anhang angeben?

In den Anhang sind diejenigen Angaben aufzunehmen, die zu den einzelnen Posten der Bilanz oder der Gewinn- und Verlustrechnung vorgeschrieben sind; sie sind in der Reihenfolge der einzelnen Posten der Bilanz und der Gewinn- und Verlustrechnung darzustellen. Im Anhang sind auch die Angaben zu machen, die in Ausübung eines Wahlrechts nicht in die Bilanz oder in die Gewinn- und Verlustrechnung aufgenommen wurden (§§ 284, 285 HGB).

Hierzu gehören insbesondere:

- Angabe der Bilanzierungs- und Bewertungsmethoden
- Angabe und Begründung von **Abweichungen** von Bilanzierungs- und Bewertungsmethoden deren Einfluss auf die Vermögens-, Finanz- und Ertragslage ist gesondert darzustellen
- Die Entwicklung der einzelnen Posten des Anlagevermögens ist in einer gesonderten Aufgliederung darzustellen. Dabei sind, ausgehend von den gesamten Anschaffungs- und Herstellungskosten, die Zugänge, Abgänge, Umbuchungen und Zuschreibungen des Geschäftsjahrs sowie die Abschreibungen gesondert aufzuführen. Zu den Abschreibungen sind gesondert folgende Angaben zu machen:
  1. die Abschreibungen in ihrer gesamten Höhe zu Beginn und Ende des Geschäftsjahrs,
  2. die im Laufe des Geschäftsjahrs vorgenommenen Abschreibungen und
  3. Änderungen in den Abschreibungen in ihrer gesamten Höhe im Zusammenhang mit Zu- und Abgängen sowie Umbuchungen im Laufe des Geschäftsjahrs.

  Sind in die Herstellungskosten Zinsen für Fremdkapital einbezogen worden, ist für jeden Posten des Anlagevermögens anzugeben, welcher Betrag an Zinsen im Geschäftsjahr aktiviert worden ist.
- Gesamtbetrag und Aufgliederung der **Verbindlichkeiten** mit einer Restlaufzeit von mehr als fünf Jahren
- Art und Zweck sowie Risiken und Vorteile und finanzielle Auswirkungen von nicht in der Bilanz enthaltenen Geschäften, soweit dies für die Beurteilung der Finanzlage erforderlich ist
- Gesamtbetrag der durch **Pfandrechte** gesicherten Verbindlichkeiten unter Angabe von Art und Form der Sicherheiten
- finanzielle Verpflichtungen aus **Leasing- und Mietverträgen**, die nicht aus der Bilanz hervorgehen (gilt nicht für „kleine" Kapitalgesellschaften)
- **Aufgliederung** der **Umsatzerlöse** nach Tätigkeitsbereichen und Märkten (gilt nur für „große" Kapitalgesellschaften)
- durchschnittliche Zahl der während des Geschäftsjahres beschäftigten Arbeitnehmer getrennt nach Gruppen (gilt nicht für „kleine" Kapitalgesellschaften)
- **Vorschüsse** und **Kredite** und deren Zinssätze an Geschäftsführer und Aufsichtsräte
- Familienname und mindestens ein ausgeschriebener Vorname aller Mitglieder der Geschäftsführung und des Aufsichtsrats, die Angaben des Vorsitzenden des Aufsichtsrats, seiner Stellvertreter, eines etwaigen Vorsitzenden des Geschäftsführungsorgans

- **Beteiligungen** an anderen Unternehmen von mehr als 20 %
- Gründe für die planmäßige **Abschreibung** des Geschäfts- oder Firmenwertes
- Angabe **nicht bilanzierter Betriebspensionen** und Anwartschaften (neu begründete Verpflichtungen werden passivierungspflichtig).

„Mittelgroße" und „große" Kapitalgesellschaften haben außerdem folgende Angaben zu machen:
- Aufgliederung des **Materialaufwandes** des Geschäftsjahrs bei Anwendung des Umsatzkostenverfahrens
- Gesamtbezüge (Gehälter, Gewinnbeteiligungen, Aufwandsentschädigungen etc., Abfindungen, Ruhegehälter etc.) der Mitglieder der Geschäftsführung, des Aufsichtsrats, des Beirats und der früheren Mitglieder der bezeichneten Organe
- Aufgliederung des **Personalaufwandes** des Geschäftsjahrs bei Anwendung des Umsatzkostenverfahrens
- Aufschlüsselung der **„Sonstigen Rückstellungen"**, wenn sie nicht einen untergeordneten Umfang haben.

Der **Anhang** ist um Angaben zu Honoraren für Abschlussprüfung und Beratung, zu derivativen Finanzinstrumenten und zu unterlassenen außerplanmäßigen Abschreibungen auf den zu den Finanzanlagen gehörenden Finanzinstrumenten wegen nur vorübergehender Wertminderung zu erweitern.

§ 286 HGB nennt wenige **Ausnahmen**, die das Unterlassen von Angaben rechtfertigen: Das Wohl der Bundesrepublik Deutschland oder eines ihrer Länder erfordert, dass die Berichterstattung insoweit unterbleibt.

Die Aufgliederung der Umsätze kann unterbleiben, soweit sie nach vernünftiger kaufmännischer Beurteilung geeignet ist, der Kapitalgesellschaft einen erheblichen Nachteil zuzufügen.

Außerdem können unter bestimmten Voraussetzungen die Angaben nach § 285 Nr. 11 und 11b unterbleiben.

Kleinstkapitalgesellschaften im Sinne des § 267a HGB können auf die Aufstellung eines Anhangs verzichten, wenn folgende Angaben unter der Bilanz ausgewiesen werden:
- Haftungsverhältnisse und gewährte Pfandrechte und sonstige Sicherheiten
- Vorschüsse und Kredite an Mitglieder der Verwaltungs-, Geschäftsführung- oder Aufsichtsratsorgane
- Angaben zu eigenen Aktien.

8. Erläutern Sie den „Maßgeblichkeitsgrundsatz"!

Gemäß § 5 Abs. 1 EStG ist bei

- Kaufleuten,
- bestimmten anderen Gewerbetreibenden, dies sind diejenigen, die die Buchführungspflichtgrenzen des § 141 AO übersteigen, und
- Gewerbetreibenden, die ohne gesetzliche Verpflichtung freiwillig Bücher führen und regelmäßig Abschlüsse machen,

„für den Schluss des Wirtschaftsjahres das Betriebsvermögen anzusetzen (§ 4 Abs. 1 Satz 1 EStG), das nach den handelsrechtlichen Grundsätzen ordnungsmäßiger Buchführung auszuweisen ist", d. h. es gilt der Grundsatz der Maßgeblichkeit der Handelsbilanz für die Steuerbilanz (**Maßgeblichkeitsgrundsatz**). Im Rahmen der Ausübung eines steuerlichen Wahlrechts kann ein anderer Ansatz gewählt werden (§ 5 Abs. 1 Satz 1 Halbs. 2 EStG). D. h. bei gleichen Wahlrechten in der Handels- und Steuerbilanz kann das Wahlrecht in der Steuerbilanz anders ausgeübt werden als in der Handelsbilanz. Voraussetzung für die Ausübung steuerlicher Wahlrechte ist, dass die Wirtschaftsgüter, die nicht zu dem nach Handelsrecht verpflichtenden Werten angesetzt werden, in besondere, laufend zu führende Verzeichnisse aufgenommen werden (§ 5 Abs. 1 Satz 2 EStG).

Hierin sind

- Tag der Anschaffung oder Herstellung,
- die Anschaffungs- oder Herstellungskosten,
- die Vorschrift des ausgeübten steuerlichen Wahlrechts und
- die vorgenommenen Abschreibungen

auszuweisen. Soweit diese Angaben bereits im Anlagespiegel enthalten sind oder der Anlagespiegel um diese Angaben ergänzt wird, ist diese Dokumentation ausreichend.

Die sogenannte „umgekehrte Maßgeblichkeit" entfällt.

9. Welche Zwecke verfolgen die Bilanzierungs- und Bewertungsvorschriften des Bilanzsteuerrechts und des Handelsrecht?

Während das **Bilanzsteuerrecht** den Grundsatz der periodengerechten Gewinnermittlung in den Vordergrund stellt, um eine gleichmäßige Besteuerung aller Steuerpflichtigen zu ermöglichen, folgt das **Handelsrecht** stärker dem Prinzip der Vorsicht, um die Forderungen der Gläubiger zu sichern und um die Ausschüttung von Gewinnen zu begrenzen. Die Bewertungsvorschriften des Steuerrechts sind demzufolge **Mindestwertvorschriften**, während die des Handelsrechts als **Höchstwertvorschriften** ausgestaltet sind.

10. Was enthält der Lagebericht der Kapitalgesellschaft?

Der Lagebericht soll den Geschäftsverlauf und die Lage der Kapitalgesellschaft so darstellen, dass ein den tatsächlichen Verhältnissen entsprechendes Bild vermittelt wird (§ 289 Abs. 1 HGB).

Er geht auch ein auf:

- die Risikomanagementziele und -methoden der Gesellschaft, die Preisänderungs-, Ausfall- und Liquiditätsrisiken, jeweils in Bezug auf die Verwendung von Finanzinstrumenten durch die Gesellschaft und sofern dies für die Beurteilung der Lage oder der voraussichtlichen Entwicklung von Belang ist
- den Bereich Forschung und Entwicklung
- bestehende Zweigniederlassungen der Gesellschaft
- die Grundzüge des Vergütungssystems der Gesellschaft für die Gesamtbezüge der Mitglieder des Geschäftsführungsorgans, eines Aufsichtsrats, eines Beirats oder einer ähnlichen Einrichtung, soweit es sich um eine börsennotierte Aktiengesellschaft handelt.

Sind bestimmte Angaben im Anhang zu machen, ist im Lagebericht darauf hinzuweisen.

Kleine Kapitalgesellschaften brauchen den Lagebericht nicht aufzustellen.

Mit diesen Angaben wird der Lagebericht zu einem wichtigen Instrument der externen Unternehmensanalyse.

11. Welche Rechnungslegungsvorschriften haben kapitalmarktorientierte Unternehmen zu beachten?

Kapitalmarktorientierte Unternehmen, das sind Gesellschaften, die dem Recht eines Mitgliedstaats der EU unterliegen und deren Wertpapiere zum Handel in einem geregelten Markt (Wertpapierbörse) in einem der Mitgliedstaaten zugelassen sind, haben ihre konsolidierten Abschlüsse für Geschäftsjahre, die am oder nach dem 01.01.2005 beginnen, nach **IFRS** aufzustellen.

Der deutsche Gesetzgeber hat mit dem Bilanzrechtsreformgesetz (BilReG) die Verpflichtung zur Anwendung der IFRS auch auf die Unternehmen ausgedehnt, deren Wertpapiere zwar noch nicht gehandelt werden, die sich aber im Zulassungsprozess befinden.

12. Welche Ziele verfolgen die IFRS?

Die International Financial Reporting Standards (IFRS) sind internationale Rechnungslegungsvorschriften. Sie umfassen die Standards des International Accounting Standards Board.

Abschlüsse, die nach den IFRS aufgestellt werden, sollen primär Informationen über die Vermögens-, Finanz- und Ertragslage des Unternehmens liefern. Verständlichkeit, Entscheidungsrelevanz, Wesentlichkeit, Zuverlässigkeit und Vergleichbarkeit sind die qualitativen Anforderungen, denen der Abschluss genügen muss. Oberste Grundsätze der IFRS-Rechnungslegung sind der Grundsatz der Periodenabgrenzung und das Fortführungsprinzip. Die Rechnungslegungsvorschriften des HGB (3. Buch) verfolgen in erster Linie den Gläubigerschutz.

Die IFRS sollen

- die Vergleichbarkeit der Abschlüsse kapitalmarktorientierter Unternehmen weltweit erleichtern und damit
- den Aufbau eines integrierten Kapitalmarkts gewährleisten, der wirksam, reibungslos und effizient funktioniert,
- den Schutz der Anleger verbessern,
- das Vertrauen in die Finanzmärkte und den freien Kapitalverkehr im Binnenmarkt stärken,
- für grenzüberschreitende Geschäfte oder für die Zulassung an allen Börsen der Welt nutzbar machen.

Die IFRS werden in englischer Sprache verfasst und sind in dieser Fassung verbindlich. Zur Erleichterung der Anwendung werden sie aber von dem Eigentümer der Rechte an den IFRS in verschiedene Sprachen übersetzt.

13. Aus welchen Bestandteilen setzt sich ein Abschluss nach IFRS zusammen?

Der Abschluss nach IFRS besteht aus 6 Bestandteilen:

- Bilanz (statement of financial position)
- Gesamtergebnisrechnung (statement of comprehensive income)
- Gewinn- und Verlustrechnung (income statement) (sofern nicht in die Gesamtergebnisrechnung integriert)
- Kapitalflussrechnung (statement of cash flows)
- Eigenkapitalveränderungsrechnung (statement of changes in equity)
- Anhang (notes).

Nicht Pflichtbestandteile, sondern empfohlene Bestandteile sind:
- Management-Bericht zur Lage des Unternehmens
- Umweltbericht
- Wertschöpfungsrechnung.

14. Welche Ansatz- und Bewertungsvorschriften kennzeichnen das IFRS?

Die IFRS sind eine Sammlung von Regeln für die Rechnungslegung von Unternehmen. Besonderheiten gegenüber der handelsrechtlichen Bewertung:
- umfassenderer Ansatz immaterieller Vermögenswerte
- realitätsnähere Bewertung des Sachanlagevermögens
- Fair value-Bewertung finanzieller Vermögenswerte (Fair value ist ein Begriff für den Wertansatz aus der angloamerikanischen Rechnungslegung und bedeutet so viel wie Zeitwert oder auch „fairer Wert".)
- Begrenzung des Vorsichtsprinzips im Vorratsvermögen
- restriktivere Rückstellungsbildung.

15. Was ist eine Zwischenbilanz?

Zwischenbilanzen werden als Halbjahres-, Quartals-, Monats- oder Tagesbilanzen erstellt. Hierbei fehlt in der Regel eine vollständige Bestandsaufnahme, die Bücher werden nicht formell abgeschlossen. Zwischenbilanzen lehnen sich aber an die Buchführung an. Aus ihnen sind in der Regel nur Vermögensteile und Schulden, nicht aber der Erfolg zu ersehen.

16. Was ist ein Status?

Die rechnungsmäßige **Gegenüberstellung** des Vermögens und der Schulden mit dem Zweck, das Reinvermögen bzw. die Überschuldung festzustellen, bezeichnet man als Status (lat. status = Zustand).

Er wird in der Regel nicht in Anlehnung an die Buchführung erstellt. Die Bilanzergebnisse können zwar zugrunde gelegt werden, sind aber nach dem Zweck des Status zu korrigieren. Die Bewertung erfolgt in der Regel zum Tageswert. Anlässe für die Erstellung eines Status sind z. B.:

(1) Sanierung, Insolvenzverfahren, Liquidation
(2) Erbschafts- und Gesellschaftsauseinandersetzungen
(3) Kreditgewährung und finanzielle Überwachung, Überwachung der Liquidität.

9.2 Zeitliche Abgrenzung

1. Was besagt der Grundsatz der periodengerechten Gewinnermittlung?

Aufwendungen und Erträge sind periodengerecht zu erfassen, d. h. sie sind den Wirtschaftsjahren zuzuordnen, zu denen sie wirtschaftlich gehören. Hierfür sind in der Bilanz folgende Positionen vorgesehen:

- Aktive Rechnungsabgrenzung
- Passive Rechnungsabgrenzung
- Sonstige Vermögensgegenstände
- Sonstige Verbindlichkeiten
- Aktive latente Steuern (siehe 9.1 Frage 5!)
- Passive latente Steuern (siehe 9.1 Frage 5!).

2. Was sind Rechnungsabgrenzungsposten?

- Bei einer **aktiven** Rechnungsabgrenzung (1900 (*0980*)) liegt die Ausgabe im alten Jahr, sie betrifft ganz oder teilweise den Aufwand des neuen Jahres (z. B. Miete, Versicherungen, Zinsen, Disagio). Es muss sich um Aufwand für eine kalendermäßig festgelegte – nicht geschätzte – Zeit nach dem Abschlussstichtag handeln (§ 250 Abs. 1 HGB, § 5 Abs. 5 Satz 1 Nr. 1 EStG).

Steuerrechtlich müssen ferner als aktive Rechnungsabgrenzungen ausgewiesen werden (§ 5 Abs. 5 Satz 2 EStG):

- als Aufwand berücksichtigte Zölle und Verbrauchsteuern, soweit sie auf am Abschlussstichtag auszuweisende Wirtschaftsgüter des Vorratsvermögens entfallen
- als Aufwand berücksichtigte Umsatzsteuer auf am Abschlussstichtag auszuweisende oder von den Vorräten offen abgesetzte Anzahlungen.

Handelsrechtlich ist der Ansatz nicht mehr möglich, d. h. diese Aufwendungen sind erfolgswirksam zu erfassen. Handelsbilanz- und Steuerbilanzgewinn weichen voneinander ab (latente Steuern).

Beispiel

Zahlungsausgang in Höhe von 3.000 € am 1. Dezember für Miete Dezember, Januar und Februar.

Buchung bei Zahlung, z. B.:

Sollkonto	SKR 04 (SKR 03)	Euro	Habenkonto	SKR 04 (SKR 03)
Miete	**6310** (4210)	3.000,00	Bank	**1800** (1200)

Buchung des Aufwandanteils für das neue Jahr am Abschlussstichtag:

Sollkonto	SKR 04 (SKR 03)	Euro	Habenkonto	SKR 04 (SKR 03)
Aktive Rechnungsabgr.	**1900** (0980)	2.000,00	Miete	**6310** (4210)

Buchung des Aufwandanteils im neuen Jahr:

Sollkonto	SKR 04 (SKR 03)	Euro	Habenkonto	SKR 04 (SKR 03)
Miete	6310 (4210)	2.000,00	Aktive Rechnungsabgr.	1900 (0980)

▶ Bei einer **passiven** Rechnungsabgrenzung (3900 (*0990*)) liegt die Einnahme vor dem Abschlussstichtag, sie betrifft ganz oder teilweise den Ertrag des neuen Jahres. Es muss sich um einen Ertrag für eine bestimmte (kalendermäßig festgelegte) Zeit nach dem Abschlussstichtag handeln (§ 250 Abs. 2 HGB, § 5 Abs. 5 Satz 1 Nr. 2 EStG). Beispiele: Grundstückserträge, Zinsen etc.

Beispiel

Mieteinnahme in Höhe von 12.000 € am 1. Oktober für ein Jahr im Voraus:

Buchung bei Zahlungseingang, z. B.:

Sollkonto	SKR 04 (SKR 03)	Euro	Habenkonto	SKR 04 (SKR 03)
Bank	1800 (1200)	12.000,00	Grundstückserträge	4830 (2750)

Buchung des Ertragsanteils für das neue Jahr am Abschlussstichtag:

Sollkonto	SKR 04 (SKR 03)	Euro	Habenkonto	SKR 04 (SKR 03)
Grundstückserträge	4830 (2750)	9.000,00	Passive Rechnungsabgr.	3900 (0990)

Buchung des Ertragsanteils im neuen Jahr:

Sollkonto	SKR 04 (SKR 03)	Euro	Habenkonto	SKR 04 (SKR 03)
Passive Rechnungsabgr.	3900 (0990)	9.000,00	Grundstückserträge	4830 (2750)

Die ertragsmäßige Auswirkung der Zahlung geht ins neue Jahr hinüber, daher spricht man bei den aktiven und passiven Rechnungsabgrenzungen auch von einer **transitorischen Abgrenzung**.

3. Wie ist die Vorsteuer zu behandeln, die mit abzugrenzenden Aufwendungen in Zusammenhang steht?

Grundsätzlich ist Voraussetzung für den Vorsteuerabzug, dass eine Leistung von einem Unternehmer an den Unternehmer ausgeführt ist und der Unternehmer eine Rechnung mit Steuerausweis besitzt. Die Vorsteuer ist aber bereits vor Ausführung der Leistung abziehbar, wenn die Rechnung vorliegt und die Zahlung geleistet ist (§ 15 Abs. 1 Nr. 1 Satz 3 UStG).

4. Wie ist die Umsatzsteuer zubehandeln, die mit abzugrenzenden Erträgen in Zusammenhang steht?

Bei der **Sollbesteuerung** entsteht die Umsatzsteuer mit Ablauf des Voranmeldungszeitraums in dem die Leistungen ausgeführt worden sind (§ 13 Abs. 1 Nr. 1a Satz 1 UStG). Das gilt auch für Teilleistungen. Wird das Entgelt vor Leistungsausführung vereinnahmt, so entsteht die Steuer mit Ablauf des Voranmeldungszeitraums, in dem das Entgelt vereinnahmt worden ist (§ 13 Abs. 1 Nr. 1a Satz 4 UStG).

Bei der **Istbesteuerung** (§ 20 UStG) entsteht die Umsatzsteuer mit Ablauf des Voranmeldungszeitraums, in dem die Entgelte vereinnahmt worden sind (§ 13 Abs. 1 Nr. 1b UStG).

5. Was sind „Sonstige Forderungen und Verbindlichkeiten"?

- Hat der Ertrag in dem Jahr, zu dem er wirtschaftlich gehört, noch nicht zu einer Einnahme geführt, sondern folgt die Einnahme erst **nach** dem **Abschlussstichtag**, liegt eine „Sonstige Forderung" vor („Sonstige Vermögensgegenstände" 1300 (1500)). Beispiele: Erträge aus Mieten, Zinsen, Steuerüberzahlungen etc. werden erst im neuen Jahr vereinnahmt.

Buchung des Ertrages am Abschlussstichtag, z. B.

Sollkonto	SKR 04 (SKR 03)	Euro	Habenkonto	SKR 04 (SKR 03)
Sonst. Verm.gegenstände	1300 (1500)	Betrag	Grundstückserträge	4830 (2750)

Buchung bei Zahlung (Einnahme) im neuen Jahr erfolgsneutral, z. B.

Sollkonto	SKR 04 (SKR 03)	Euro	Habenkonto	SKR 04 (SKR 03)
Bank	1800 (1200)	Betrag	Sonst. Verm.gegenstände	1300 (1500)

- Hat der Aufwand in dem Jahr, zu dem er wirtschaftlich gehört, noch nicht zu einer Ausgabe geführt, sondern folgt die Ausgabe erst **nach** dem **Abschlussstichtag**, ist eine „Sonstige Verbindlichkeit" (Konto 3500 (1700)) zu passivieren. Beispiele: Aufwendungen für Mieten, Zinsen etc. werden erst im neuen Jahr verausgabt. Zu den „Sonstigen Verbindlichkeiten" gehören auch Anzahlungen von Kunden, Verbindlichkeiten aus Betriebssteuern, aus einbehaltenen Sozialversicherungsbeiträgen etc.

Buchung des Aufwandes am Abschlussstichtag, z. B.

Sollkonto	SKR 04 (SKR 03)	Euro	Habenkonto	SKR 04 (SKR 03)
Grundstücksaufw.	6530 (2350)	Betrag	Sonstige Verbindlk.	3500 (1700)

Buchung bei Zahlung (Ausgabe) im neuen Jahr erfolgsneutral, z. B.

Sollkonto	SKR 04 (SKR 03)	Euro	Habenkonto	SKR 04 (SKR 03)
Sonstige Verbindlichk.	3500 (1700)	Betrag	Bank	1800 (1200)

Da die Erfolgsauswirkung des Zahlungsvorganges in die Rechnungsperiode vorweggenommen wird, zu der er wirtschaftlich gehört, spricht man auch von **antizipativen Posten**.

9.3 Grundsätze der Bilanzierung und Bewertung

1. Was heißt „Bewerten"?

Bewerten heißt, einem Wirtschaftsgut einen Wert beizumessen. Bewertete, durch Euro-Beträge vergleichbar gemachte Wirtschaftsgüter, sind addierfähig.

2. Nennen Sie Bewertungsanlässe!

Nicht nur anlässlich der Bilanzerstellung stellen sich Bewertungsfragen. Auch bei Anschaffung oder Herstellung, bei Einlage, Entnahme und Veräußerung treten Bewertungsfragen auf.

3. Welche grundsätzlichen Ansatzvorschriften sind zu beachten?

Hinsichtlich der Bilanzierung (Bilanzansatz dem Grunde nach, was ist zu bilanzieren?) gilt der Maßgeblichkeitsgrundsatz. Er ergibt sich aus § 5 Abs. 1 EStG („… das Betriebsvermögen anzusetzen (§ 4 Abs. 1 Satz 1), das nach den handelsrechtlichen Grundsätzen ordnungsmäßiger Buchführung auszuweisen ist) und aus § 6 Abs. 1 Satz 1 EStG („… der einzelnen Wirtschaftsgüter, die nach § 4 Abs. 1 oder § 5 als Betriebsvermögen anzusetzen sind.").

Damit gelten die Ansatzvorschriften der §§ 246 bis 251 HGB unmittelbar auch für die Steuerbilanz: **Aktivierungsgebote und Aktivierungswahlrechte** in der Handelsbilanz führen zu Aktivierungsgeboten in der Steuerbilanz. Beispiele:

- Ansatz eines Disagios, § 250 Abs. 3 HGB
- Aktivierung selbstgeschaffener immaterielle Vermögensgegenstände des Anlagevermögens, § 248 Abs. 2 HGB
- Aktivierung aktiver latenter Steuern, § 274 Abs. 1 Satz 2 HGB.

Durch steuerliche **Aktivierungs- und Passivierungsverbote** und Bewertungsvorbehalte wird die Maßgeblichkeit der Handelsbilanz für die Steuerbilanz durchbrochen (z. B.: Rückstellungen für drohende Verluste aus schwebenden Geschäften dürfen nicht gebildet werden, § 5 Abs. 4b EStG). **Passivierungsverbote und Passivierungswahlrechte** in der Handelsbilanz führen zu Passivierungsverboten in der Steuerbilanz.

Handelsrechtliche **Passivierungsgebote** gelten auch in der Steuerbilanz, soweit keine steuerrechtlichen Vorschriften entgegenstehen. So sind nach den Grundsätzen ordnungsgemäßer Buchführung Rückstellungen für ungewisse Verbindlichkeiten zu bilden. Pensionsrückstellungen dürfen nur angesetzt werden, wenn auch die übrigen Voraussetzungen des § 6a EStG erfüllt sind.

4. Welche speziellen Ansatzvorschriften sind gemäß §§ 246 bis 251 HGB zu beachten?

Vollständigkeit (§ 246 Abs. 1 HGB): Sämtliche Vermögensgegenstände, Schulden, Rechnungsabgrenzungsposten sowie Aufwendungen und Erträge sind anzusetzen. Vermögensgegenstände sind in der Bilanz des Eigentümers aufzunehmen; ist ein Vermögensgegenstand nicht dem Eigentümer, sondern einem anderen wirtschaftlich zuzurechnen, hat dieser ihn in seiner Bilanz aufzunehmen (wirtschaftliches Eigentum, § 39 Abs. 2 Nr. 1 AO). Schulden sind in der Bilanz des Schuldners aufzunehmen. Der entgeltlich erworbene Geschäfts- oder Firmenwert gilt als zeitlich begrenzt nutzbarer Vermögensgegenstand.

Verrechnungsverbot (§ 246 Abs. 2 HGB): Posten der Aktivseite dürfen nicht mit Posten der Passivseite, Aufwendungen nicht mit Erträgen, Grundstücksrechte nicht mit Grundstückslasten verrechnet werden. Ausnahme: Für bestimmte Altersversorgungsverpflichtungen gilt Verrechnungspflicht mit den dazugehörigen Vermögensgegenständen.

Beibehaltung von Ansatzmethoden (§ 246 Abs. 3 HGB): Die auf den vorhergehenden Jahresabschluss angewandten Ansatzmethoden sind beizubehalten.

Bilanzausweis und Gliederung (§ 247 Abs. 1 HGB): Anlage- und Umlaufvermögen, Eigenkapital, Schulden und Rechnungsabgrenzungsposten sind gesondert auszuweisen und hinreichend aufzugliedern.

Bilanzzuordnung (§ 247 Abs. 2 HGB): Beim Anlagevermögen sind nur die Gegenstände auszuweisen, die bestimmt sind, dauernd dem Geschäftsbetrieb zu dienen.

Bilanzierungsverbote (§ 248 Abs. 1 HBG): Zum Beispiel dürfen Aufwendungen für die Gründung eines Unternehmens und für die Beschaffung von Eigenkapital nicht als Aktivposten aufgenommen werden.

Rückstellungen (§ 249 Abs. 1 HGB):

- Rückstellungen sind für ungewisse Verbindlichkeiten und für drohende Verluste aus schwebenden Geschäften zu bilden.
- Rückstellungen sind zu bilden für im Geschäftsjahr unterlassene Aufwendungen für Instandhaltung, die im folgenden Geschäftsjahr innerhalb von drei Monaten (die Nachholfrist von einem Jahr aus § 249 Abs. 1 Satz 3 HGB a. F. entfällt), oder für Abraumbeseitigung, die im folgenden Geschäftsjahr nachgeholt werden.
- Rückstellungen sind zu bilden für Gewährleistungen, die ohne rechtliche Verpflichtung erbracht werden.

Für andere als in Absatz 1 bezeichneten Zwecke dürfen Rückstellungen nicht gebildet werden.

Periodengerechte Gewinnermittlung (§ 250 Abs. 1 und 2 HGB): Rechnungsabgrenzungsposten sind anzusetzen. Für Verbindlichkeiten, deren Erfüllungsbetrag höher ist als der Ausgabebetrag, darf der Unterschiedsbetrag unter den aktiven Rechnungsabgrenzungsposten aufgenommen werden. Er ist für die gesamte Laufzeit der Verbindlichkeit planmäßig jährlich abzuschreiben (§ 250 Abs. 3 HGB).

Haftungsverhältnisse (§ 251 HGB): Unter der Bilanz sind Verbindlichkeiten aus der Begebung und Übertragung von Wechseln, aus Bürgschaften, aus Gewährleistungsverträgen sowie Haftungsverhältnisse aus der Bestellung von Sicherheiten für fremde Verbindlichkeiten anzugeben.

5. In welcher Form kann die Steuerbilanz aus der Handelsbilanz abgeleitet werden?

Für die Erstellung einer selbstständigen Steuerbilanz gibt es keine gesetzliche Vorschrift. Das Steuerrecht fordert lediglich einen handelsrechtlichen Jahresabschluss, der allerdings **steuerrechtlichen Vorschriften** entsprechen muss.

Die Anpassung kann über Zusätze und Anmerkungen zur Handelsbilanz erfolgen (§ 60 Abs. 2 EStDV). Da diese Art der Anpassung häufig umständlich ist, wird dem Finanzamt in der Regel eine den steuerrechtlichen Vorschriften entsprechende Vermögensübersicht („Steuerbilanz", „Einheitsbilanz") eingereicht.

6. Welchen rechtlichen Charakter haben die Grundsätze ordnungsmäßiger Buchführung (GoB)?

Die GoB (H 5.2 „GoB" EStH) beziehen sich einerseits auf das Führen von Büchern, andererseits betreffen sie aber auch die Bilanzierung (Grundsätze ordnungsmäßiger Bilanzierung) und dienen zusammen mit den **Bewertungsvorschriften** der Bewertung. Siehe Einführung in das Rechnungswesen, Frage 2.8.

Der Gesetzgeber hat zwar eine Reihe von Bilanzierungsfragen geregelt, die jedoch nur als rechtlicher Rahmen anzusehen sind. Im Zweifelsfalle wird der Begriff der GoB als unbestimmter Rechtsbegriff angesehen, der durch die Bilanzierungspraxis ordentlicher Kaufleute, die Normen der Betriebswirtschaftslehre und im Falle eines Rechtsstreits durch den Richter zu konkretisieren sind. Die besondere Bedeutung der GoB liegt darin, dass sie sich an Veränderungen der kaufmännischen Praxis elastischer anpassen können als starre gesetzliche Vorschriften.

7. Welche besonderen Grundsätze der Bilanzierung sind zu beachten?

§ 243 Abs. 1 HGB schreibt vor, dass der Jahresabschluss den GoB zu entsprechen hat. „Er muss klar und übersichtlich sein". Der Jahresabschluss der Kapitalgesellschaft hat unter Beachtung der GoB ein den tatsächlichen Verhältnissen entsprechendes Bild der Vermögens-, Finanz- und Ertragslage der Kapitalgesellschaft zu vermitteln (§ 264 Abs. 2 HGB).

Hieraus folgt, dass bei Erstellung des Jahresabschlusses die Grundsätze der

- Bilanzklarheit,
- Bilanzwahrheit,
- Bilanzidentität und
- Bilanzkontinuität

zu beachten sind.

8. Erläutern Sie den Grundsatz der Bilanzklarheit!

Diese Forderung bezieht sich auf die **formale Darstellung** des Jahresabschlusses, die dem fachkundigen Leser die Interpretation möglich machen bzw. nicht unnötig erschweren soll.

Die Posten des Jahresabschlusses müssen **eindeutig** bezeichnet und in der vorgeschriebenen **Reihenfolge** gegliedert sein (§§ 266 und 275 HGB).

Posten der Aktivseite dürfen nicht mit Posten der Passivseite, Aufwendungen nicht mit Erträgen, Grundstücksrechte nicht mit Grundstückslasten verrechnet werden (§ 246 Abs. 2 HGB).

9. Erläutern Sie den Grundsatz der Bilanzwahrheit!

Der Jahresabschluss muss die Wirklichkeit der vorgefundenen Sachverhalte widerspiegeln. Er muss sich auf das Wesentliche konzentrieren, kann von Einzelheiten absehen. Er muss alle Vermögensgegenstände und Schulden, die dem Unternehmen am **Bilanzstichtag** zuzurechnen sind, vollständig erfassen. Er muss Rechnungsabgrenzungsposten, Aufwendungen und Erträge enthalten (§ 246 Abs. 1 HGB).

Aufwendungen für die Gründung des Unternehmens und für die Beschaffung des Eigenkapitals dürfen in die Bilanz nicht als Aktivposten aufgenommen werden. **Fiktive Vermögensgegenstände** und **Schulden** dürfen **nicht** aufgenommen werden. Schätzungen, die im Rahmen der Bewertung unausweichlich sind, müssen willkürfrei sein.

10. Erläutern Sie den Grundsatz der Bilanzidentität!

Die Schlussbilanz des Geschäftsjahres muss mit der Eröffnungsbilanz des nachfolgenden Geschäftsjahres in allen Positionen und Werten übereinstimmen. Man spricht auch vom „Grundsatz des Bilanzenzusammenhanges" (§ 252 Abs. 1 Nr. 1 HGB).

Bilanzierungs- bzw. Bewertungsfehler, die sich in einer Rechnungsperiode **erfolgsmindernd** bzw. **-erhöhend** ausgewirkt haben, wirken sich in der nachfolgenden Periode in **entgegengesetzter** Richtung aus, man spricht von der „Zweischneidigkeit" der Bilanz.

B. Grundwissen | II. Rechnungswesen

Beispiel

Es liegen drei aufeinander folgende Bilanzen vor:

	01				02				03	
AV	50	EK	40	AV	70	EK	60	AV	90	EK	100
UV	30	FK	40	UV	40	FK	50	UV	50	FK	40
	80		80		110		110		140		140

Entnahmen und Einlagen wurden nicht getätigt.

Der Gewinn der Periode 02 bzw. 03 beträgt:

Betriebsvermögen am Ende	02	60	am Ende 03	100
- Betriebsvermögen am Ende	01	40	am Ende 02	60
Gewinn	02	20	03	40

Der Gesamtgewinn (02 + 03) beträgt 60.

Wird der Bilanzsatz des Umlaufvermögens in 02 um 20 erhöht (z. B. aufgrund einer Betriebsprüfung ergibt sich die Erhöhung des Inventurwertes), ändert sich auch das EK 02.

	02		
AV	70	EK	80
UV	60	FK	50
	130		130

Der Gewinn der Periode 02 bzw. 03 ändert sich nun:

Betriebsvermögen am Ende	02	80	am Ende 03	100
- Betriebsvermögen am Ende	01	40	am Ende 02	80
Gewinn	02	40	03	20

Der Gesamtgewinn der Periode 02 und 03 ändert sich nicht, wohl aber der Gewinn der Einzelperioden.

Durch die Identität von Schlussbilanz und Eröffnungsbilanz des Folgejahres ist also gewährleistet, dass die Summe der Periodengewinne gleich dem Totalerfolg während der gesamten Lebensdauer eines Unternehmens ist. Bei der **steuerlichen Gewinnermittlung** wird dieser Grundsatz durch die Anwendung des § 4 Abs. 1 EStG gewahrt. Durch die Einhaltung dieses Grundsatzes soll auch gewährleistet sein, dass **keine** Gewinn- und damit Steuermanipulationen eintreten können.

11. Wodurch kann die Bilanzidentität durchbrochen werden?

Eine Durchbrechung dieses Grundsatzes ist nur in **Ausnahmefällen** zulässig (§ 252 Abs. 2 HGB). Beispiele für eine Durchbrechung der Bilanzidentität sind die Währungsreform vom 21.06.1948 und die Währungsumstellung ostdeutscher Unternehmen am 01.07.1990. Auch durch Feststellungen der Außenprüfung kann es zur Durchbrechung der Bilanzidentität kommen.

12. Erläutern Sie den Grundsatz der Bilanzkontinuität!

- Der Grundsatz der **formellen** Bilanzkontinuität ergänzt den Grundsatz der Bilanzklarheit. Er fordert, dass aufeinander folgende Jahresabschlüsse das einmal gewählte Gliederungsschema wahren müssen, dass einmal gewählte Zusammenfassungen verschiedener Vermögensgegenstände nicht willkürlich aufgegeben werden. Er fordert auch, dass Abschlüsse nicht nur an einem bestimmten, sondern an einem gleichbleibenden Stichtag aufgestellt werden, um die Vergleichbarkeit zu erhalten.

- Der Grundsatz der **materiellen** Bilanzkontinuität richtet sich gegen den willkürlichen Wechsel von Bewertungsmethoden zum Zwecke der Erfolgsgestaltung, er fordert die Fortführung der Werte (Wertzusammenhang), den Bewertungsprinzipienund den Bewertungsmethodenzusammenhang.

   - **Bewertungsprinzipienzusammenhang:** Bewertungswahlrechte innerhalb bestimmter Bewertungsgrenzen sollten einheitlich ausgeübt werden (z. B. Ansatz des niedrigeren Teilwertes statt der fortgeführten Anschaffungskosten).

   - **Bewertungsmethodenzusammenhang:** Einmal gewählte Bewertungsmethoden müssen beibehalten werden, zum Beispiel darf nicht willkürlich von der linearen zur degressiven Abschreibung übergegangen werden (§ 252 Abs. 1 Nr. 6 HGB). Methodenänderungen sind jedoch zulässig, wenn dies sachlich begründet ist (z. B. Änderung der wirtschaftlichen und technischen Verhältnisse).

13. Erläutern Sie den Grundsatz des Wertzusammenhanges!

Der Grundsatz des Wertzusammenhanges besagt, dass die in der Bilanz angesetzten Werte für die nachfolgenden Bilanzen maßgeblich sind und Werterhöhungen über den letzten Bilanzansatz hinaus nicht vorgenommen werden dürfen („Was abgeschrieben ist, bleibt abgeschrieben."). Dieser Grundsatz ist jedoch durch Bewertungsvorschriften des Handelsrechts (z. B. § 253 Abs. 5 Satz 1 HGB) durchbrochen worden. Diese Vorschrift verpflichtet sowohl Nichtkapitalgesellschaften als auch Kapitalgesellschaften und Kapitalgesellschaften & Co. zur Wertaufholung, wenn die Gründe für einen niedrigeren beizulegenden Wert nicht mehr bestehen.

Aufgrund des Wertaufholungsgebots ergibt sich der Wertansatz eines Wirtschaftsguts für jeden Bilanzstichtag aus dem Vergleich der um die zulässigen Abzüge geminderten Anschaffungs- oder Herstellungskosten oder des an deren Stelle tretenden Werts als Bewertungsobergrenze und dem niedrigeren Teilwert als Bewertungsuntergrenze. Hat sich der Wert des Wirtschaftsguts nach einer vorangegangenen Teilwertabschreibung wieder erhöht, so ist diese Betriebsvermögensmehrung bis zum Erreichen der Bewertungsobergrenze steuerlich zu erfassen (§ 6 Abs. 1 Nr. 1 Satz 4 und Nr. 2 Satz 3 EStG, BMF-Schreiben vom 02.09.2016).

Zuschreibung wird auf dem entsprechenden Bestandskonto im Soll ausgewiesen und gegengebucht auf dem Erfolgskonto

„Erträge aus Zuschreibungen des Sachanlagevermögens" **4910** (*2710*)

14. Welche allgemeinen Bewertungsgrundsätze sind zu beachten?

- **Grundsatz der Bilanzidentität** (§ 252 Abs. 1 Nr. 1 HGB): Siehe Fragen 10 und 11.
- **Grundsatz der Fortführung der Unternehmenstätigkeit:** Bei der Bewertung der Vermögensgegenstände und Schulden ist von der Fortführung der Unternehmenstätigkeit (going-concern-Prinzip) auszugehen, sofern dem nicht tatsächliche oder rechtliche Gegebenheiten entgegenstehen (§ 252 Abs. 1 Nr. 2 HGB).

Auch der Teilwertbegriff (§ 6 Abs. 1 Nr. 1 Satz 3 EStG) geht davon aus, dass ein Erwerber des ganzen Betriebes den Betrieb fortführt.

- **Grundsatz der Einzelbewertung:** Die Vermögensgegenstände sind i. d. R. **einzeln** zum Abschlussstichtag zu bewerten (§ 252 Abs. 1 Nr. 3 HGB), es wird grundsätzlich nicht das Unternehmen als Ganzes bewertet. Es ist aber davon auszugehen, dass die Unternehmenstätigkeit fortgeführt wird. Aus praktischen Erwägungen durchbrechen die Gruppen- und Sammelbewertung, die Festbewertung und die Bewertungsvereinfachungsverfahren diesen Grundsatz (§ 240 Abs. 3 und 4 und § 256 HGB).
- Aus dem **Prinzip der Vorsicht** (§ 252 Abs. 1 Nr. 4 HGB) folgen das Niederst- bzw. Höchstwertprinzip und das Realisationsprinzip, die zusammenfassend auch als das Imparitätsprinzip bezeichnet werden: Nicht realisierte Gewinne und Verluste werden bei der Bewertung ungleich (= imparitätisch) behandelt. Nicht realisierte Gewinne dürfen **nicht ausgewiesen werden**, nicht realisierte Verluste können bzw. **müssen ausgewiesen werden**. Sämtliche Vermögensgegenstände und Schulden sind mit dem Wert anzusetzen, der ihnen am Abschlussstichtag beizulegen ist. Das bedeutet, dass Wertänderungen, die sich zwischen Bilanzstichtag und -erstellung ergeben (wertbeeinflussende Faktoren), nicht berücksichtigt werden können. Umstände, die am Bilanzstichtag vorlagen und nach dem Bilanzstichtag, aber vor der Bilanzerstellung bekannt wurden, müssen im Rahmen der Wertaufhellungstheorie (§ 252 Abs. 1 Nr. 4 HGB, H 5.2 „GoB" EStH) berücksichtigt werden. Neue Erkenntnisse nach Bilanzerstellung werden nicht berücksichtigt.
- **Periodengerechte Gewinnermittlung:** Aufwendungen und Erträge sind unabhängig von den Zeitpunkten der entsprechenden Zahlungen im Jahresabschluss zu berücksichtigen (§ 252 Abs. 1 Nr. 5 HGB).
- Zum Grundsatz der **Bewertungskontinuität** (§ 252 Abs. 1 Nr. 6 HGB) siehe Frage 12.

15. Anschaffungs- bzw. Herstellungskostenprinzip

Die Anschaffungs- bzw. Herstellungskosten stellen die absolute **Obergrenze** der Bewertung dar (§ 253 Abs. 1 HGB). In der Steuerbilanz wird dadurch der Ausweis noch nicht realisierter Gewinne und die damit verbundene Besteuerung vermieden.

16. Erläutern Sie das Realisationsprinzip!

Die Leistung des Unternehmers ist in dem Zeitpunkt realisiert, in dem die Leistung durch den Vertragspartner abgenommen wird. Danach geht die Gefahr der Verschlechterung der Beschaffenheit des Gegenstandes oder der Zerstörung auf den Abnehmer über. Der Grundsatz der Vorsicht gebietet, dass Gewinne erst ausgewiesen werden, wenn sie durch Verkauf oder Entnahme realisiert worden sind. Andererseits sind erwartete, aber noch nicht realisierte Verluste in der Regel bei der Bewertung zu berücksichtigen (§ 252 Abs. 1 Nr. 4 HGB).

17. Erläutern Sie das Niederstwertprinzip!

Das Niederstwertprinzip folgt aus dem Imparitätsprinzip. Es besagt, dass von zwei möglichen Wertansätzen bei der Bewertung von Vermögensteilen – den Anschaffungs- bzw. Herstellungskosten bzw. dem letzten Bilanzansatz einerseits und dem Tageswert (Börsen- oder Marktpreis) andererseits – der niedrigere Wert angesetzt wird.

18. Welche Bilanzdelikte sind strafbar?

- **Bilanzfrisur:** Sie liegt vor, wenn zwar die für die einzelnen Posten angesetzten Werte der Bilanzwahrheit entsprechen, aber die Bezeichnung einzelner Posten nicht mit der Realität übereinstimmt. Der Bilanzleser soll stille Reserven vermuten.
- **Bilanzverschleierung:** Die Bilanzierung macht die wirtschaftlichen Tatsachen undeutlich oder unkenntlich, sodass ein ungenaues oder falsches Bild der wirtschaftlichen Situation gegeben wird. Es wird z. B. gegen das Verrechnungsgebot verstoßen und damit die Bilanzsumme manipuliert. Es liegt ein Verstoß gegen den Grundsatz der Bilanzwahrheit vor.
- **Bilanzfälschung:** Sachverhalte werden vorsätzlich unwahr oder irreführend dargestellt, um die Vermögens- oder Ertragslage zu verfälschen (z. B. Verstoß gegen Bewertungsvorschriften, Weglassen von Vermögensteilen oder Verbindlichkeiten, Aufnahme fiktiver Vermögenswerte).

19. Was versteht man unter Bilanzänderung?

Wenn steuerrechtlich, in den Fällen des § 5 EStG auch handelsrechtlich, verschiedene Ansätze für die Bewertung eines Wirtschaftsguts zulässig sind (Bewertungswahlrechte), dann trifft der Steuerpflichtige durch die Einreichung der Steuererklärung an das Finanzamt seine Entscheidung. Der Steuerpflichtige darf die Vermögensübersicht (Bilanz) auch nach ihrer Einreichung beim Finanzamt ändern, soweit sie den Grundsätzen ordnungsmäßiger Buchführung unter Befolgung der Vorschriften dieses Gesetzes nicht entspricht (§ 4 Abs. 2 Satz 1 EStG). Darüber hinaus ist eine **Bilanzänderung** nur zulässig, wenn sie in einem engen zeitlichen und sachlichen Zusammenhang mit einer Änderung nach Satz 1 steht und soweit die Auswirkung der Änderung nach Satz 1 auf den Gewinn reicht.

20. Was versteht man unter Bilanzberichtigung?

Ist ein Ansatz in der Bilanz unrichtig, kann der Stpfl. nach § 4 Abs. 2 Satz 1 EStG den Fehler durch eine entsprechende Mitteilung an das Finanzamt berichtigen (Bilanzberichtigung). Ein Ansatz in der Bilanz ist unrichtig, wenn er unzulässig ist, d. h., wenn er gegen zwingende Vorschriften des Einkommensteuerrechts oder des Handelsrechts oder gegen die einkommensteuerrechtlich zu beachtenden handelsrechtlichen Grundsätze ordnungsmäßiger Buchführung verstößt. Eine Bilanzberichtigung ist unzulässig, wenn der Bilanzansatz im Zeitpunkt der Bilanzaufstellung subjektiv richtig ist. Subjektiv richtig ist jede der im Zeitpunkt der Bilanzaufstellung der kaufmännischen Sorgfalt entsprechende Bilanzierung (R 4.4 Abs. 1 Sätze 1 bis 4 EStR 2012).

Die Lehre vom subjektiven Fehlerbegriff ist durch Beschluss des Großen Senats des BFH vom 31.01.2013 aufgehoben (R 4.4 Abs. 1 Sätze 3 bis 8 EStR sind damit überholt).

9.4 Bewertungsmaßstäbe

1. Welche Wertmaßstäbe kommen in Betracht?

Die wichtigsten Wertmaßstäbe für die handelsrechtliche und ertragsteuerliche Bewertung sind:

- Anschaffungskosten
- Herstellungskosten
- fortgeführte Anschaffungs- bzw. Herstellungskosten.

Hinzu kommen im Steuerrecht der **Teilwert**, im Handelsrecht

- der **Börsenpreis**
- der **Marktpreis**
- der **beizulegende Zeitwert**.

2. Was sind Anschaffungskosten?

Anschaffungskosten sind die Aufwendungen, die geleistet werden, um einen Vermögensgegenstand zu erwerben und ihn in einen betriebsbereiten Zustand zu versetzen, soweit sie dem Vermögensgegenstand einzeln zugeordnet werden können (§ 255 Abs. 1 HGB, H 6.2 (Anschaffungskosten) EStH).

Die Anschaffung setzt also einen Erwerbsvorgang voraus, eine Privateinlage erfüllt diese Bedingung z. B. nicht. Preisnachlässe und -abzüge, die dem Vermögensgegenstand einzeln zugeordnet werden können, mindern die Anschaffungskosten. Erwerbsnebenkosten gehören als Anschaffungsnebenkosten zum zu aktivierenden Betrag (z. B. Grunderwerbsteuer, Transportkosten, Bankprovision beim Wertpapierkauf etc.). Sie teilen das Schicksal der Anschaffungskosten und dürfen den Gewinn insofern nicht mindern. Die Vorsteuer gehört bei dem Unternehmer, der Abzugsumsätze tätigt, in der Regel nicht zu den Anschaffungskosten (näheres siehe § 9b EStG).

Die für die Finanzierung der Gegenstände aufgewendeten Zinsen und Geldbeschaffungskosten stehen nur in mittelbarem Zusammenhang mit der Anschaffung, sie sind gegebenenfalls Anschaffungskosten des Krediets und als solche sofort abzugsfähig oder mithilfe von Rechnungsabgrenzungen auf die Laufzeit des Kredites zu verteilen.

Neben dieser progressiven Methode zur Ermittlung der Anschaffungskosten ist in Handelsunternehmen zur Vereinfachung die retrograde Methode gebräuchlich: der Verkaufspreis wird um die darin enthaltene Handelsspanne gekürzt („Verkaufswertverfahren", siehe 9.5.2 Umlaufvermögen, Frage 3).

3. Was ist unter Herstellungskosten zu verstehen?

Herstellungskosten sind die Aufwendungen, die durch den Verbrauch von Gütern und die Inanspruchnahme von Diensten für die Herstellung eines Vermögensgegenstandes, seine Erweiterung oder für eine über seinen ursprünglichen Zustand hinausgehende wesentliche Verbesserung entstehen (§ 255 Abs. 2 HGB, R 6.3 EStR 2012).

Nach § 6 Abs. 1 Nr. 1a EStG gehören zu den Herstellungskosten eines Gebäudes auch die Aufwendungen für Instandsetzungs- und Modernisierungsmaßnahmen, die innerhalb von drei Jahren nach der Anschaffung des Gebäudes durchgeführt werden, wenn die Aufwendungen ohne die Umsatzsteuer 15 vom Hundert der Anschaffungskosten des Gebäudes übersteigen (anschaffungsnahe Aufwendungen).

Die Steuern vom Einkommen gehören nicht zu den steuerlich abzugsfähigen Betriebsausgaben und damit auch nicht zu den Herstellungskosten (R 6.3 Abs. 6 EStR 2012). Entsprechendes gilt für die Gewerbesteuer (§ 4 Abs. 5b EStG). Dies gilt natürlich auch für den kalkulierten Gewinn. Hinsichtlich der Behandlung der Vorsteuer und der Finanzierungskosten gilt das zu den Anschaffungskosten Gesagte. Zinsen für Fremdkapital, das zur Finanzierung der Herstellung eines Vermögensgegenstandes verwendet wird, dürfen angesetzt werden, soweit sie auf den Zeitraum der Herstellung entfallen; sie gelten in diesem Falle als Herstellungskosten des Vermögensgegenstandes (§ 255 Abs. 3 HGB, R 6.3 Abs. 5 EStR 2012). Die Vertriebskosten gehören nicht zu den Herstellungskosten (§ 255 Abs. 2 Satz 4 HGB, R 6.3 Abs. 6 Satz 3 EStR 2012).

B. Grundwissen | II. Rechnungswesen

Kalkulationsschema	steuerrechtlich	handelsrechtlich
Fertigungsmaterial	aktivierungspflichtig	aktivierungspflichtig
+ Materialgemeinkosten	aktivierungspflichtig	aktivierungspflichtig
= **Materialkosten**		
+ Fertigungslohn	aktivierungspflichtig	aktivierungspflichtig
+ Fertigungsgemeinkosten	aktivierungspflichtig	aktivierungspflichtig
= **Fertigungskosten**		
+ Sondereinzelkosten der Fertigung	aktivierungspflichtig	aktivierungspflichtig
+ Abschreibung der Fertigungsanlagen	aktivierungspflichtig	aktivierungspflichtig
= **Herstellungskosten I =**	Wertuntergrenze	Wertuntergrenze
+ Verwaltungsgemeinkosten	Wahlrecht	Wahlrecht
+ betriebliche Altersversorgung	Wahlrecht	Wahlrecht
+ freiwillige Sozialleistungen	Wahlrecht	Wahlrecht
+ Fremdkapitalzinsen, soweit zuordenbar	Wahlrecht	Wahlrecht
= **Herstellungskosten II =**	Wertobergrenze	Wertobergrenze
+ Vertriebsgemeinkosten	keine Aktivierung	keine Aktivierung
+ Sondereinzelkosten des Vertriebs	keine Aktivierung	keine Aktivierung
+ Forschungskosten	keine Aktivierung	keine Aktivierung
+ sonstige Fremdkapitalkosten	keine Aktivierung	keine Aktivierung
= **Selbstkosten**		

 ACHTUNG

Das Gesetz zur Modernisierung des Besteuerungsverfahrens vom 18.07.2016 fügt nach § 6 Abs. 1 Nr. 1a die folgende Nr. 1b EStG ein:

Bei der Berechnung der Herstellungskosten brauchen

- angemessene Teile der Kosten der allgemeinen Verwaltung sowie
- angemessene Aufwendungen für soziale Einrichtungen des Betriebs,
- für freiwillige soziale Leistungen und
- für die betriebliche Altersversorgung im Sinne des § 255 Abs. 2 Satz 3 HGB

nicht einbezogen zu werden, soweit diese auf den Zeitraum der Herstellung entfallen. Das Wahlrecht ist bei Gewinnermittlung nach § 5 in Übereinstimmung mit der Handelsbilanz auszuüben. Durch Einführung eines **Übereinstimmungsvorbehalts** für die Gewinnermittlung durch Betriebsvermögensvergleich (nach § 5 EStG) wird eine einheitliche Bewertung in der Handels- und der Steuerbilanz erreicht. Demnach darf die Ausübung des steuerlichen Bewertungswahlrechts nicht allein steuerlich motiviert sein.

Die R 6.3 Abs. 1 EStR 2012 und das BMF-Schreiben vom 25.03.2013 sind somit überholt.

Das handelsrechtliche Bewertungswahlrecht für zuordenbare **Fremdkapitalzinsen** gilt auch für die steuerliche Gewinnermittlung. Werden Fremdkapitalkosten in der Handelsbilanz in die Herstellungskosten mit einbezogen, so hat dies auch in der Steuerbilanz zu erfolgen (Maßgeblichkeit).

4. Wie werden die Gemeinkostenzuschlagssätze ermittelt?
Beispiel

Ein Industrieunternehmen stellt verschiedene Produkte her. Aus seiner Jahreserfolgsrechnung legt er folgende Aufwendungen vor, die den Kosten der Betriebsabrechnung entsprechen sollen. Die Einzelkosten sind den Produkten direkt zurechenbar, nicht dagegen die Gemeinkosten.

Einzelkosten:	
Fertigungsmaterial	100.000,00 €
Fertigungslohn	80.000,00 €
Summe Einzelkosten:	**180.000,00 €**
Gemeinkosten:	
Hilfs-, Betriebsstoffe	6.000,00 €
Energie	20.000,00 €
Hilfslöhne	32.000,00 €
Steuern	24.000,00 €
Raumkosten	16.000,00 €
Bürokosten	14.000,00 €
Abschreibungen	28.000,00 €
Summe Gemeinkosten:	**140.000,00 €**
Gesamte Kosten:	**320.000,00 €**

Lösung:
Die Gemeinkosten werden nach dem Verursachungsprinzip auf die Kostenstellen

- Material,
- Fertigung,
- Verwaltung und
- Vertrieb

verteilt. Dies wird im Betriebsabrechnungsbogen dargestellt:

Kostenstellen		Bereiche			
		Material	Fertigung	Verwaltung	Vertrieb
Kostenarten					
Einzelkosten:					
Fertigungsmaterial	100.000 €	100.000 €			
Fertigungslohn	80.000 €		80.000 €		
Summe Einzelkosten:	180.000 €				
Gemeinkosten:					
Hilfs-, Betriebsstoffe	6.000 €	200 €	3.600 €	1.000 €	1.200 €
Energie	20.000 €	800 €	19.200 €	- €	- €
Hilfslöhne	32.000 €	6.000 €	20.000 €	2.000 €	4.000 €
Steuern	24.000 €	2.000 €	2.500 €	4.000 €	15.500 €
Raumkosten	16.000 €	4.000 €	8.000 €	2.000 €	2.000 €
Bürokosten	14.000 €	- €	- €	10.000 €	4.000 €
Abschreibungen	28.000 €	2.000 €	18.000 €	6.000 €	2.000 €
Summe Gemeinkosten:	140.000 €	**15.000 €**	**71.300 €**	**25.000 €**	**28.700 €**
Gesamte Kosten:	320.000 €				

Die Zuschlagssätze ergeben sich durch Vergleich der Gemeinkosten mit den Einzelkosten bzw. mit den Herstellungskosten (siehe unten):

Gemeinkostenzuschlagssätze	15,00 %	89,13 %	9,39 %	10,78 %
	der Einzelkosten		der Herstellungskosten	

Ermittlung der Herstellungskosten und der Selbstkosten als Zuschlagskalkulation:

Zuschlagskalkulation		
Fertigungsmaterial		100.000,00 €
+ Materialgemeinkosten	15,00 %	15.000,00 €
= Materialkosten		**115.000,00 €**
+ Fertigungslohn		80.000,00 €
+ Fertigungsgemeinkosten	89,13 %	71.300,00 €
+ Sondereinzelkosten der Fertigung		- €
= Fertigungskosten		**151.300,00 €**
Herstellungskosten I		**266.300,00 €**
+ Verwaltungsgemeinkosten	9,39 %	25.000,00 €
= Herstellungskosten II		**291.300,00 €**
+ Vertriebsgemeinkosten	10,78 %	28.700,00 €
+ Sondereinzelkosten des Vertriebs		- €
= Selbstkosten		**320.000,00 €**

5. Was sind Herstellungskosten von selbst geschaffenen immateriellen Vermögensgegenständen?

Zu den Herstellungskosten selbst geschaffener immaterieller Vermögensgegenstände des Anlagevermögens (§ 255 Abs. 2a HBG) gehören die bei dessen **Entwicklung** anfallenden Aufwendungen im Sinne des § 255 Abs. 2 HGB (siehe oben!). **Entwicklung** ist die Anwendung von **Forschungsergebnissen** oder von anderem Wissen für die Neuentwicklung von Gütern oder Verfahren oder die Weiterentwicklung von Gütern oder Verfahren mittels wesentlicher Änderungen. **Forschung** ist die eigenständige und planmäßige Suche nach neuen wissenschaftlichen oder technischen Erkenntnissen oder Erfahrungen allgemeiner Art, über deren technische Verwertbarkeit und wirtschaftliche Erfolgsaussichten grundsätzlich keine Aussagen gemacht werden können. Können Forschung und Entwicklung nicht verlässlich voneinander unterschieden werden, ist eine Aktivierung ausgeschlossen.

6. Was versteht man unter den fortgeführten Anschaffungs- bzw. Herstellungskosten?

Die fortgeführten Anschaffungs- bzw. Herstellungskosten werden folgendermaßen ermittelt:

	Anschaffungs- bzw. Herstellungskosten
-	planmäßige Abschreibung bzw. Absetzung für Abnutzung
=	**fortgeführte Anschaffungs- bzw. Herstellungskosten**

7. Definieren Sie den Teilwert!

Teilwert ist nach § 6 Abs. 1 Nr. 1 Satz 3 EStG der Betrag, den ein gedachter Erwerber des gesamten Betriebes im Rahmen des Gesamtkaufpreises für das einzelne zu bewertende Wirtschaftsgut ansetzen würde, unter der Voraussetzung, dass er den Betrieb fortführt („Going-concern-Prinzip"). Sein Ansatz erfordert **eine voraussichtlich dauernde Wertminderung**. Die Nachweispflicht für den niedrigeren Teilwert liegt nach wie vor beim Steuerpflichtigen. Darüber hinaus trägt der Steuerpflichtige auch die **Darlegungs- und Feststellungslast** für eine voraussichtlich dauernde Wertminderung (BMF-Schreiben vom 02.09.2016). Für die Beurteilung eines voraussichtlich dauernden Wertverlustes zum Bilanzstichtag kommt der Eigenart des betreffenden Wirtschaftsgutes eine maßgebliche Bedeutung zu.

8. Welche Höhe hat der Teilwert vermutlich?

Der Teilwert ist ein objektiver Wert, der sich nach der Marktlage am Bewertungsstichtag richtet. Er soll eine Schranke gegen Unterbewertung von Aktivposten sein und verhindern, dass ungerechtfertigt stille Reserven gelegt werden.

Da die Ermittlung des Teilwerts nach der Definition des § 6 EStG schwierig ist, haben Finanzverwaltung und Rechtsprechung Vermutungen über die Höhe des Teilwertes aufgestellt („Teilwertvermutungen"):

- Zum Zeitpunkt des Erwerbs eines Wirtschaftsgutes ist der Teilwert identisch mit seinen Herstellungs- bzw. Anschaffungskosten.
- Bei nicht abnutzbaren Wirtschaftsgütern gilt diese Vermutung auch für spätere Bilanzstichtage.
- Bei abnutzbaren Wirtschaftsgütern ist der Teilwert mit dem Restbuchwert identisch.
- Beim Umlaufvermögen gilt die Vermutung, dass der Teilwert mit den Wiederbeschaffungskosten gleichzusetzen ist.

Diese Vermutungen beruhen auf der Annahme, dass der Bewertende keine größeren Ausgaben für die Wirtschaftsgüter gemacht hat, als sie ihm wert sind und dass ein Erwerber Ausgaben in gleicher Höhe aufgewendet haben würde.

Als Obergrenze sind für den Teilwert die Wiederbeschaffungsbzw. Wiederherstellungskosten (netto) für ein Wirtschaftsgut gleicher Art und Güte im Zeitpunkt der Bewertung zu beachten, als Untergrenze der Einzelveräußerungspreis (netto) abzüglich Veräußerungskosten (gemeiner Wert § 9 Abs. 2 BewG). Es ist jedoch mindestens mit dem Material- oder Schrottwert zu bewerten.

Der Ansatz eines niedrigeren Wertes ist nur möglich, wenn der Bilanzierende die Teilwertvermutungen widerlegt und eine voraussichtlich **dauernde Wertminderung** darlegt. Möglichkeiten hierfür sind:

- Die Anschaffung oder Herstellung eines Wirtschaftsgutes stellt eine Fehlinvestition dar.
- Für die Anschaffung oder Herstellung eines Wirtschaftsgutes sind Beschleunigungskosten (Schnellbaukosten) aufgewendet worden, die nicht branchenüblich sind.
- Es ist nachgewiesen, dass eine Veränderung der innerbetrieblichen Verhältnisse den Teilwert eines Wirtschaftsgutes gemindert haben oder dass die Wiederbeschaffungskosten eines Wirtschaftsgutes gesunken sind.

Die Nutzungsfähigkeit der Wirtschaftsgüter ist in diesen Fällen meist nicht beeinträchtigt, es sei denn, dass durch Fehlmaßnahmen oder Veränderungen der betrieblichen Verhältnisse Nutzungseinbußen eintreten.

Der Teilwert ist ein Nettowert, der keine Umsatzsteuer enthält.

9. Wie werden Börsen- oder Marktpreise ermittelt?

Sind bei Gegenständen des Umlaufvermögens Abschreibungen vorzunehmen, um dies mit einem niedrigeren Wert anzusetzen, kommen die sogenannten Korrekturwerte (§ 253 Abs. 4 HGB) in Betracht. Der **Börsenpreis** wird aufgrund getätigter Umsätze an einer amtlich anerkannten Waren- oder Wertpapierbörse ermittelt. Der **Marktpreis** ist ein Durchschnittspreis, der an einem Handelsplatz für Güter einer bestimmten Gattung von durchschnittlicher Art und Güte zu einem bestimmten Zeitpunkt gezahlt wird.

Der **beizulegende Zeitwert** entspricht dem Marktpreis. Soweit kein aktiver Markt besteht, anhand dessen sich der Marktpreis ermitteln lässt, ist der beizulegende Zeitwert mithilfe allgemein anerkannter Bewertungsmethoden zu bestimmen (§ 255 Abs. 4 HGB).

9.5 Bewertung der Aktiva

9.5.1 Anlagevermögen

1. Wie wird nicht abnutzbares Anlagevermögen bewertet?

Zum nicht abnutzbaren Anlagevermögen gehören insbesondere Grund und Boden, Beteiligungen und andere Finanzanlagen, die dazu bestimmt sind, dem Betrieb dauernd zu dienen (R 6.1 Abs. 1 Satz 6 EStR 2012). Diese Vermögensgegenstände sind in der Bilanz des Eigentümers auszuweisen (§ 246 und § 266 Abs. 2 A HGB).

Zugangs- und Folgebewertung: Diese Güter sind nach **Handelsrecht** mit den Anschaffungskosten zu bewerten (§ 253 Abs. 1 HGB). Herstellungskosten kommen selten infrage, da diese Wirtschaftsgüter in der Regel angeschafft, nicht aber hergestellt werden. Ein niedrigerer beizulegender Wert kann angesetzt werden. Eine außerplanmäßige Abschreibung ist nur vorzunehmen, wenn die **Wertminderung von Dauer ist** (§ 253 Abs. 3 Satz 5 HGB). Bei Finanzanlagen können außerplanmäßige Abschreibungen auch bei voraussichtlich **nicht dauernder** Wertminderung vorgenommen werden (§ 253 Abs. 3 Satz 6 HGB). Der Ansatz eines niedrigeren Wertes darf nicht beibehalten werden, wenn die Gründe dafür nicht mehr bestehen (§ 253 Abs. 5 HGB). Ein niedrigerer Wertansatz eines entgeltlich erworbenen Geschäfts- oder Firmenwertes ist beizubehalten (§ 253 Abs. 5 Satz 2 HGB).

Nach **Steuerrecht** sind sie mit den Anschaffungskosten oder mit dem an deren Stelle tretenden Wert (z. B. Einlagewert), vermindert um Abzüge nach § 6b und ähnliche Abzüge anzusetzen (§ 6 Abs. 1 Nr. 2 Satz 1 EStG).

Ist der Teilwert aufgrund einer voraussichtlich dauernden Wertminderung niedriger, so kann er angesetzt werden. Buchführende Gewerbetreibende, die die handelsrechtlichen Grundsätze ordnungsmäßiger Buchführung zu beachten haben, müssen das Betriebsvermögen ansetzen, das nach den handelsrechtlichen GoB auszuweisen ist (niedriger beizulegender Wert), es sei denn, im Rahmen der Ausübung eines steuerlichen Wahlrechts wird ein anderer Ansatz gewählt (Voraussetzung beachten, § 5 Abs. 1 Satz 2 EStG). Bei der Bewertung ist grundsätzlich darauf abzustellen, ob die Gründe für eine niedrigere Bewertung voraussichtlich anhalten werden (BMF-Schreiben vom 02.09.2016).

Bei börsennotierten Aktien des Anlagevermögens ist von einer voraussichtlich dauernden Wertminderung auszugehen, wenn der Börsenwert zum Bilanzstichtag unter denjenigen im Zeitpunkt des Aktienerwerbs gesunken ist und der Kursverlust die Bagatellgrenze von 5 % der Notierung bei Erwerb überschreitet.

Bei festverzinslichen Wertpapieren ist eine Teilwertabschreibung nur auf 100 % des Nennwerts zulässig, weil die Papiere bei Fälligkeit zum Nennwert eingelöst werden. Ein niedrigerer Börsenkurs am Bilanzstichtag ist für den Steuerpflichtigen nicht von Dauer.

Die handelsrechtliche außerplanmäßige bzw. die steuerrechtliche Teilwertabschreibung auf Sachanlagen ist auf Konto

„Außerplanmäßige Abschreibungen auf Sachanlagen" **6230** (*4840*)

zu erfassen.

Wirtschaftsgüter, die bereits am Schluss des vorangegangenen Wirtschaftsjahres zum Anlagevermögen des Steuerpflichtigen gehört haben, sind in den Folgejahren wieder mit dem sich nach § 6 Abs. 1 Nr. 2 Satz 1 EStG ergebenden Wert (i. d. R. mit den Anschaffungskosten) anzusetzen, es sei denn, der Steuerpflichtige weist nach, dass ein niedrigerer Teilwert angesetzt werden kann (§ 6 Abs. 1 Nr. 2 Satz 2 EStG).

Fällt der Grund für eine Wertminderung später weg, ist die Abschreibung durch eine Wertaufholung bis zur Höhe der Anschaffungskosten rückgängig zu machen (Wertaufholungsgebot, § 6 Abs. 1 Nr. 1 Satz 4 EStG).

Eine Zuschreibung über die Anschaffungs- oder Herstellungskosten hinaus ist nicht zulässig, da nicht realisierte Gewinne nicht ausgewiesen werden dürfen.

Beispiel

Unternehmer Mühl, Mannheim, hat 1993 ein unbebautes Grundstück mit Gleisanschluss der Deutschen Bahn AG für umgerechnet 300.000 € angeschafft. Da der Gleisanschluss 2005 stillgelegt wurde, nahm Mühl eine Teilwertabschreibung von 200.000 € vor. Das Grundstück steht in der Bilanz zum 31.12.2017 mit dem Teilwert von umgerechnet 100.000 €. Erst im März 2018 stellt sich heraus, dass die Gründe für die voraussichtliche Wertminderung entfallen sind, da die Deutsche Bahn AG im Rahmen von Neustrukturierungen den Gleisanschluss wieder herstellt.

Mühl ist verpflichtet in 2018 die Teilwertabschreibung zum 31.12.2017 aufzulösen und eine gewinnerhöhende Zuschreibung von 200.000 € zu buchen:

Sollkonto	SKR 04 (SKR 03)	Euro	Habenkonto	SKR 04 (SKR 03)
Unbebaute Grundstücke	**0215** (*0065*)	200.000,00	Ertr. Zuschr. AV	**4910** (*2710*)

2. Was ist der Firmenwert (Geschäftswert, Goodwill)? Wie wird er bewertet?

Der Firmenwert ist der Wert, der Ruf und Namen eines Unternehmens darstellt, d. h. die Fähigkeiten der Unternehmensleitung, der Kundenstamm, die Zahlungsmoral, der Facharbeiterstamm etc. Es handelt sich hierbei um ein immaterielles Wirtschaftsgut, für das Herstellungskosten nicht aktiviert werden dürfen. Dieses Aktivierungsverbot für den selbstgeschaffenen (originären) Firmenwert gilt für die Handels- und Steuerbilanz.

Beim entgeltlichen Erwerb eines Firmenwertes (**derivativer** Firmenwert als Differenz zwischen Kaufpreis und übernommenem Betriebsvermögen) gibt es im Steuer- und Handelsrecht unterschiedliche Regelungen:

- **Steuerrecht:** Der derivative Firmenwert muss aktiviert werden und ist gem. § 7 Abs. 1 Satz 3 EStG auf 15 Jahre linear mit $6\,{}^{2}/_{3}$ % abzuschreiben.

- **Handelsrecht:** Der **derivative Firmenwert** ist als fiktiver zeitlich begrenzter Vermögensgegenstand zu aktivieren (§ 246 Abs. 1 Satz 4 HGB). Das Bewertungswahlrecht ist abgeschafft. Die Erstbewertung erfolgt mit den Anschaffungskosten (§ 253 Abs. 1 HGB). In der Folge ist er planmäßig über die voraussichtliche (individuelle betriebliche) Nutzungsdauer abzuschreiben. Kann in Ausnahmefällen die voraussichtliche Nutzungsdauer eines selbst geschaffenen immateriellen Vermögensgegenstands des Anlagevermögens nicht verlässlich geschätzt werden, sind planmäßige Abschreibungen auf die Herstellungskosten über einen Zeitraum von **10 Jahren** vorzunehmen. Diese Vorschrift findet auf einen entgeltlich erworbenen Geschäfts- oder Firmenwert entsprechende Anwendung. Ist die Wertminderung von Dauer, ist auf den niedrigeren beizulegenden Wert abzuschreiben (§ 253 Abs. 3 HGB). Es ist das Wertaufholungs**verbot** nach § 253 Abs. 5 Satz 2 HGB zu beachten. Im Anhang ist eine Erläuterung des Zeitraums, über den ein entgeltlich erworbener Geschäfts- oder Firmenwert abgeschrieben wird, anzugeben (§ 285 Nr. 13 HGB).

Für die Abschreibung steht das Konto „Abschreibungen auf den Geschäfts- oder Firmenwert" 6205 (*4824*) zur Verfügung.

3. Wie wird der Praxiswert des Freiberuflers bewertet?

Der erworbene Praxiswert eines Freiberuflers ist zu aktivieren. Es handelt sich nicht um einen Firmenwert i. S. des § 7 Abs. 1 Satz 3 EStG. Er ist abzuschreiben, da er eng an die persönlichen Fähigkeiten des Veräußerers (z. B. Vertrauensverhältnis in einer Steuerberatungspraxis) geknüpft ist und sich schnell verflüchtigt (Abschreibungsdauer 3 bis 5 Jahre).

4. Wie ist Software zu bewerten?

Als Software bezeichnet man alle nichtphysischen Funktionsbestandteile eines Computers. Sie gehört zu den immateriellen Vermögensgegenständen.

Zur **Systemsoftware** gehören z. B. das Betriebssystem und die Gerätetreiber. Sie ist zusammen mit den Anschaffungskosten des Computers abzuschreiben.

Anwendungssoftware unterstützt den Benutzer bei der Ausführung seiner Aufgaben. Sie ist als selbstständig bewertbares Nutzungsrecht mit den Anschaffungskosten zu aktivieren und auf die Nutzungsdauer (nur) linear abzuschreiben.

Ein betriebswirtschaftliches Softwaresystem (ERP, Enterprise-Resource-Planning-Software) ist grundsätzlich auf einen Zeitraum von fünf Jahren abzuschreiben (BMF-Schreiben vom 18.11.2005).

Trivialprogramme sind dagegen als abnutzbare bewegliche und selbstständig nutzbare Wirtschaftsgüter anzusehen. Computerprogramme, deren Anschaffungskosten nicht mehr als 800 € betragen, sind stets als Trivialprogramme zu behandeln (R 5.5 Abs. 1 Satz 3 EStR 2012). Sie können sofort abgeschrieben werden (§ 6 Abs. 2 EStG), alternativ besteht die Möglichkeit der Aktivierung mit Abschreibung über die betriebsgewöhnliche Nutzungsdauer. Übersteigen die Anschaffungskosten 250 €, aber nicht 1.000 €, können die Kosten in einen Sammelposten eingestellt werden (§ 6 Abs. 2a EStG).

Wird die **Software** durch eigene Mitarbeiter für eigenbetriebliche Zwecke **selbst hergestellt**, greift das steuerliche Aktivierungsverbot gemäß § 5 Abs. 2 EStG ein. Demzufolge sind alle Aufwendungen sofort abziehbare Betriebsausgaben. Handelsrechtlich können selbst geschaffene immaterielle Vermögensgegenstände des Anlagevermögens als Aktivposten in die Bilanz aufgenommen werden (Ansatzwahlrecht nach § 248 Abs. 2 HGB).

5. Wie wird abnutzbares Anlagevermögen bewertet?

Die Nutzung bestimmter Vermögensgegenstände ist zeitlich begrenzt. Zu den abnutzbaren Wirtschaftsgütern, die der AfA unterliegen, gehören (R 7.1 Abs. 1 EStR 2012):

1. bewegliche Wirtschaftsgüter
2. immaterielle Wirtschaftsgüter
3. unbewegliche Wirtschaftsgüter, die keine Gebäude oder Gebäudeteile sind
4. Gebäude und Gebäudeteile.

Diese Güter sind nach **Handelsrecht** mit den Anschaffungs- oder Herstellungskosten (AK/HK) vermindert um die Abschreibungen – also mit den fortgeführten AK/HK – zu bewerten (§ 253 Abs. 3 HGB). Ein niedrigerer beizulegender Wert kann angesetzt werden. Eine **außerplanmäßige Abschreibung** ist vorzunehmen, wenn die Wertminderung voraussichtlich **von Dauer** ist (§ 253 Abs. 3 Satz 5 HGB). Der Ansatz eines niedrigeren Wertes darf nicht beibehalten werden, wenn die Gründe dafür nicht mehr bestehen (§ 253 Abs. 5 HGB).

Nach **Steuerrecht** sind sie mit den Anschaffungs- oder Herstellungskosten (AK/HK) oder dem an deren Stelle tretenden Wert, vermindert um die Absetzungen für Abnutzung (AfA), erhöhten Absetzungen, Sonderabschreibungen, Abzüge nach § 6b EStG und ähnliche Abzüge anzusetzen.

Ist der Teilwert aufgrund einer voraussichtlich dauernden Wertminderung niedriger, so kann er angesetzt werden. Buchführende Gewerbetreibende, die die handelsrechtlichen Grundsätze ordnungsmäßiger Buchführung zu beachten haben, müssen das Betriebsvermögen ansetzen, das nach den handelsrechtlichen GoB auszuweisen ist (niedriger beizulegender Wert), es sei denn, im Rahmen der Ausübung eines steuerlichen Wahlrechts wird ein anderer Ansatz (niedrigerer Teilwert) gewählt (Voraussetzung beachten, § 5 Abs. 1 Satz 2 EStG).

Für die Wirtschaftsgüter des abnutzbaren Anlagevermögens kann von einer dauernden Wertminderung ausgegangen werden, wenn der Wert des jeweiligen Wirtschaftsgutes zum Bilanzstichtag mindestens für die halbe Restnutzungsdauer unter dem planmäßigen Restnutzungswert liegt. Die verbleibende Nutzungsdauer ist für Gebäude nach § 7 Abs. 4 und 5 EStG, für andere Wirtschaftsgüter grundsätzlich nach den amtlichen AfA-Tabellen zu bestimmen (BMF-Schreiben vom 02.09.2016).

Beispiel

Der Steuerpflichtige Kurz, Kaiserslautern, hat im Januar 2017 eine Maschine zu Anschaffungskosten von 100.000 € erworben. Die Nutzungsdauer beträgt 10 Jahre, die jährliche Abschreibung beträgt 10.000 €. Zum 31.12.2018 beträgt der Teilwert nur noch 30.000 € bei einer Restnutzungsdauer von 8 Jahren.

Die Teilwertabschreibung auf 30.000 € ist zulässig. Die Minderung ist voraussichtlich von Dauer, da der Wert des Wirtschaftsgutes zum Bilanzstichtag bei planmäßiger Abschreibung erst nach 5 Jahren, d. h. erst nach mehr als der Hälfte der Restnutzungsdauer erreicht wird. Eine Teilwertabschreibung auf 50.000 € wäre dagegen nicht zulässig, da der Wert des Wirtschaftsgutes zum Bilanzstichtag bei planmäßiger Abschreibung schon nach 3 Jahren erreicht wird.

Neben der Jahresabschreibung (Konto 6220 (*4830*)) von 10.000 € wird die außerordentliche bzw. Teilwertabschreibung von 50.000 € auf dem Konto

„Außerplanmäßige Abschreibungen auf Sachanlagen" **6230** (*4840*)

ausgewiesen.

Wirtschaftsgüter, die bereits am Schluss des vorangegangenen Wirtschaftsjahres zum Anlagevermögen des Steuerpflichtigen gehört haben, sind in den Folgejahren wieder mit dem sich nach § 6 Abs. 1 Nr. 1 Satz 1 EStG ergebenden Wert (i. d. R. mit den fortgeführten AK/HK) anzusetzen, es sei denn, der Steuerpflichtige weist nach, dass ein niedrigerer Teilwert angesetzt werden kann (§ 6 Abs. 1 Nr. 1 Satz 4 EStG).

Fällt der Grund für eine Wertminderung später weg, ist die Abschreibung durch eine Wertaufholung bis zur Höhe der Anschaffungskosten rückgängig zu machen (Wertaufholungsgebot).

Eine Zuschreibung über die fortgeführten Anschaffungs- oder Herstellungskosten hinaus ist nicht zulässig, da nicht realisierte Gewinne nicht ausgewiesen werden dürfen.

Beispiel

Unternehmer Mühl, Mannheim, hat im Januar 2010 eine Produktionsanlage für umgerechnet 800.000 € angeschafft, Nutzungsdauer 10 Jahre, lineare Abschreibung. Da die Anlage durch die technische Entwicklung unwirtschaftlich geworden war, musste sie nach 3-jähriger Nutzungsdauer auf einen Teilwert von 119.000 € abgeschrieben werden. Dieser Teilwert wurde weiterhin linear auf die Restnutzungsdauer von 7 Jahren abgeschrieben. Der Restbuchwert zum 31.12.2017 betrug 34.000 € (119.000 € abzüglich lineare Abschreibung von 85.000 € für 5 Jahre bei einer Restnutzungsdauer von 7 Jahren). Zu Beginn des 9. Geschäftsjahres (2018) entfielen die Gründe für die dauernde Wertminderung und die Maschine konnte im Zuge von umfangreichen Aufträgen wieder voll genutzt werden.

Da die fortgeführten Anschaffungskosten zum 31.12.2017 mit 160.000 € (800.000 abzüglich Abschreibungen von 2010 bis 2017, 8 Jahre zu je 10 % von 800.000) den Restbuchwert zum 31.12.2017 von 34.000 € übersteigen, ist Mühl verpflichtet, eine Zuschreibung von 126.000 € vorzunehmen. Den um die Zuschreibung erhöhten Buchwert zum 01.01.2018 kann er auf die Restnutzungsdauer von zwei Jahren abschreiben:

Sollkonto	SKR 04 (SKR 03)	Euro	Habenkonto	SKR 04 (SKR 03)
Maschinen	0340 (0210)	126.000,00	Ertr. Zuschr. AV	4910 (2710)
Abschr. a. Sachanl.	6220 (4830)	80.000,00	Maschinen	0340 (0210)

6. Welche Abschreibungsarten lässt das Steuerrecht zu?

- Lineare AfA, d. h. Absetzung für Abnutzung in gleichen Jahresbeträgen
- Leistungs-AfA, d. h. Absetzung für Abnutzung nach Maßgabe der Leistung
- AfaA, d. h. Absetzung für außergewöhnliche technische oder wirtschaftliche Abnutzung
- Absetzung für Substanzverringerung (AfS)
- Erhöhte Absetzungen (z. B. § 7c, d EStG)
- Sonderabschreibungen (z. B. § 7g EStG)
- Teilwertabschreibung (§ 6 Abs. 1 Nr. 1, 2 und 3 EStG)
- Die degressive AfA, d. h. Absetzung für Abnutzung in fallenden Jahresbeträgen in geometrisch-degressiver Form (Buchwert-AfA; vgl. aber auch Frage 9) ist für

Wirtschaftsgüter des Anlagevermögens, die nach dem 31.12.2008 und vor dem 01.01.2011 angeschafft oder hergestellt worden sind, zulässig. Der dabei anzuwendende Prozentsatz darf höchstens das Zweieinhalbfache des bei der Absetzung für Abnutzung in gleichen Jahresbeträgen in Betracht kommenden Prozentsatzes betragen und 25 % nicht übersteigen. Die arithmetisch-degressive AfA (digitale AfA) ist nach § 7 Abs. 2 EStG nicht zugelassen.

Der Übergang von der degressiven AfA zur linearen AfA ist zulässig. Die AfA bemisst sich vom Zeitpunkt des Übergangs an nach dem dann noch vor vorhandenen Restwert und der Restnutzungsdauer des Wirtschaftsgutes. Der Übergang von der linearen AfA zur degressiven AfA ist nicht zulässig (§ 7 Abs. 3 EStG).

Unterlassene Abschreibungen können nur nachgeholt werden, wenn sie nicht unterblieben sind, um dadurch ungerechtfertigte Steuervorteile zu erlangen (H 7.4 (Unterlassene oder überhöhte AfA) EStH).

7. Was besagt die „pro-rata-temporis-Regel"?

Im Jahr der Anschaffung oder Herstellung des Wirtschaftsguts vermindert sich für dieses Jahr der Absetzungsbetrag um jeweils ein Zwölftel für jeden vollen Monat, der dem Monat der Anschaffung oder Herstellung vorangeht (§ 7 Abs. 1 Satz 4 EStG).

Der auf das Jahr der Anschaffung oder Herstellung entfallende AfA-Betrag vermindert sich zeitanteilig für den Zeitraum, in dem das Wirtschaftsgut nach der Anschaffung oder Herstellung nicht zur Erzielung von Einkünften verwendet wird; dies gilt auch für die AfA nach § 7 Abs. 5 EStG (R 7.4 Abs. 2 Satz 1 EStR 2012). Beim Ausscheiden eines Wirtschaftsgutes im Laufe eines Wirtschaftsjahres kann für dieses Jahr nur der Teil des auf ein Jahr entfallenden AfA-Betrages abgesetzt werden, der dem Zeitraum zwischen dem Beginn des Jahres und der Veräußerung, Entnahme oder Nutzungsänderung entspricht (R 7.4 Abs. 8 Satz 1 EStR 2012). Aus Vereinfachungsgründen wird die Abschreibung nur für volle Monate der Nutzung berechnet.

8. Wie wird die lineare AfA berechnet?

Die Anschaffungskosten oder Herstellungskosten werden gleichmäßig auf die **betriebsgewöhnliche Nutzungsdauer** verteilt (§ 7 Abs. 1 Satz 1 EStG). Der jährliche Abschreibungsbetrag ergibt sich, wenn man den AfA-Satz auf die Anschaffungs- oder Herstellungskosten anwendet.

> AfA-Satz = 100 % : Nutzungsdauer

Die betriebsgewöhnliche Nutzungsdauer (ND) ist zu Beginn der Nutzung zu schätzen. Anhaltspunkte für diese Schätzung sind eigene betriebliche Erfahrungen und die vom BMF herausgegebenen AfA-Tabellen.

AfA-Betrag = (AK/HK • AfA-Satz) : 100

Die lineare AfA kann bei allen abnutzbaren **beweglichen** und **unbeweglichen Wirtschaftsgütern** angewendet werden. Ein Übergang zur degressiven AfA ist nicht zulässig.

Die AfA-Tabelle für allgemein verwendbare Wirtschaftsgüter ist mit BMF-Schreiben vom 15.12.2000 geändert worden. Die neue AfA-Tabelle gilt für alle Anlagegüter, die nach dem 31.12.2000 angeschafft oder hergestellt worden sind. So wird nunmehr z. B.

bei Personenkraftwagen	eine Nutzungsdauer von	6 Jahren (früher 5 Jahre),
bei Büromöbeln	eine Nutzungsdauer von	13 Jahren (früher 10 Jahre),
bei Adressiermaschinen	eine Nutzungsdauer von	8 Jahren (früher 5 Jahre),
bei Kühlschränken	eine Nutzungsdauer von	10 Jahren (früher 8 Jahre)

unterstellt. Für branchenzugehörige Steuerpflichtige gelten die Angaben über die Nutzungsdauer der entsprechenden Branchentabellen.

9. Wie wird die geometrisch-degressive AfA berechnet?

Ein gleichbleibender AfA-Satz wird auf die AK/HK bzw. auf den Buchwert (Restbuchwert) angewendet, dadurch ergibt sich eine von Jahr zu Jahr fallende AfA (AfA in fallenden Jahresbeträgen, § 7 Abs. 2 EStG).

Die Absetzung für Abnutzung in fallenden Jahresbeträgen gem. § 7 Abs. 2 EStG ist nur auf bewegliche Wirtschaftsgüter des Anlagevermögens anzuwenden. Der hierbei anzuwendende AfA-Satz gilt nur für bewegliche Wirtschaftsgüter des Anlagevermögens. Es gelten folgende Anwendungszeiträume:

	Begrenzung auf	maximal
1960 bis 31.08.1977	das Zweifache	20 %
1.9.1977 bis 29.07.1981	das Zweieinhalbfache	25 %
30.07.1981 bis 31.12.2000	das Dreifache	30 %
1.1.2001 bis 31.12.2005	das Zweifache	20 %
1.1.2006 bis 31.12.2007	das Dreifache	30 %
1.1.2009 bis 31.12.2010	das Zweieinhalbfache	25 %
	des linearen Abschreibungsprozentsatzes	

Nach dem **„Unternehmenssteuerreformgesetz 2008"** ist die degressive Abschreibung gem. § 7 Abs. 2 EStG im Jahr 2008 nicht zulässig.

Da bei dieser AfA-Methode am Ende der betriebsgewöhnlichen Nutzungsdauer das Wirtschaftsgut nicht voll abgeschrieben ist, kann und muss zur linearen AfA übergegangen werden (§ 7 Abs. 3 EStG). Der Übergang ist in dem Jahr zweckmäßig, in dem der lineare AfA-Betrag, berechnet als

> Restbuchwert
> Restnutzungsdauer

erstmals höher ist als die fortgesetzte degressive AfA.

10. Wie wird die arithmetisch-degressive (digitale) Abschreibung berechnet?

Der Absetzungsbetrag wird nach gleichmäßig fallenden Abschreibungssätzen von den Anschaffungs- oder Herstellungskosten bzw. von einem Disagio berechnet. Die Abschreibungssätze werden hierbei jedoch nicht als Prozentsätze, sondern als Bruchteile der Anschaffungs- oder Herstellungskosten bzw. des Disagios angegeben.

Der Teiler enthält

- im Zähler in der ersten Abschreibungsperiode die Gesamtnutzungsdauer des Wirtschaftsgutes bzw. die Laufzeit eines Darlehens, in den folgenden Jahren die jeweilige Restnutzungsdauer bzw. Restlaufzeit zu Beginn der Abrechnungsperiode
- im Nenner die Addition der einzelnen Jahre der betriebsgewöhnlichen Nutzungsdauer bzw. Laufzeit, ermittelt nach der Summenformel

> Nenner = ND · ((ND + 1) : 2)

Beispiel

Laufzeit 5 Jahre, Anschaffungskosten 15.000 €

1. Jahr: Zähler: 5, Nenner 5 · ((5 + 1) : 2) = 15
2. Jahr: Zähler: 4, Nenner 15 etc.

Die Abschreibung beträgt im

1. Jahr: $^{5}/_{15}$ von 15.000 € = 5.000 €
2. Jahr: $^{4}/_{15}$ von 15.000 € = 4.000 €
3. Jahr: $^{3}/_{15}$ von 15.000 € = 3.000 €
4. Jahr: $^{2}/_{15}$ von 15.000 € = 2.000 €
5. Jahr: $^{1}/_{15}$ von 15.000 € = 1.000 €

Vorteil dieser Methode ist, dass am Ende der betriebsgewöhnlichen Nutzungsdauer kein Restbuchwert übrig bleibt. Diese Abschreibungsart hat nur noch betriebswirtschaftliche Bedeutung.

Sie wird z. B. bei der Verteilung eines Disagios auf die Laufzeit eines Tilgungs- bzw. Abzahlungsdarlehens und zur Verteilung von Leasingkosten angewendet.

11. Wie werden Gebäude abgeschrieben?

Bei der Gebäudeabschreibung sind „Wirtschaftsgebäude" und „alle anderen Gebäude" zu unterscheiden.

- Die lineare AfA (§ 7 Abs. 4 EStG) kommt grundsätzlich für alle Gebäude in Betracht. Der AfA-Satz beträgt 2 % für Gebäude, die nach dem 31.12.1924 fertig gestellt wurden, 2,5 % für Gebäude, die vor dem 01.01.1925 fertig gestellt wurden (§ 7 Abs. 4 Satz 1 Nr. 2 EStG). Der AfA-Satz beträgt bei Gebäuden, soweit sie zu einem Betriebsvermögen gehören, nicht Wohnzwecken dienen – Wirtschaftsgebäude – und für die der Antrag auf Baugenehmigung nach dem 31.03.1985 gestellt worden ist, bei einer Abschreibungsdauer von 25 Jahren 4 % (§ 7 Abs. 4 Satz 1 Nr. 1 EStG). Durch das Steuersenkungsgesetz wurde der Abschreibungssatz ab VZ 2001 bei einer Abschreibungsdauer von 33 Jahren auf 3 % abgesenkt, wenn der Bauantrag für das hergestellte Gebäude nach dem 31.12.2000 gestellt wurde oder das Gebäude aufgrund eines nach dem 31.12.2000 abgeschlossenen Vertrages angeschafft wurde.

Die gesetzliche Regelung für diese „Wirtschaftsgebäude" rechtfertigt nicht, dass für „andere" Gebäude eine Absetzung für außergewöhnliche technische oder wirtschaftliche Abnutzung oder eine Teilwertbeschreibung vorgenommen wird. Beträgt die Nutzungsdauer nachweislich weniger als 50, 40, 33 bzw. 25 Jahre, können höhere AfA-Sätze angewendet werden, niedrigere AfA-Sätze sind nicht zulässig (R 7.4 Abs. 4 EStR 2008). Im Jahr der Anschaffung/Herstellung und im Jahr des Ausscheidens aus dem Betriebsvermögen ist zeitanteilig abzuschreiben.

Die AfA-Sätze werden auf die Anschaffungs- oder Herstellungskosten (ohne Grund und Boden), u. U. auf Hilfswerte wie den Einheitswert angewendet.

- Die sog. degressive Gebäude-AfA (§ 7 Abs. 5 EStG) kommt nach verschiedenen Staffeln für Gebäude in Betracht, die vom Steuerpflichtigen hergestellt oder bis zum Ende des Fertigstellungsjahres angeschafft wurden. Bei Anschaffung dürfen die Staffeln nur angewendet werden, wenn der Hersteller für das veräußerte Gebäude weder die degressive AfA noch erhöhte Absetzungen oder Sonderabschreibungen in Anspruch genommen hat.
- Degressive Gebäude-AfA nach § 7 Abs. 5 EStG 1979/81:

Sie beträgt

- im Jahr der Fertigstellung oder Anschaffung und in den folgenden **11 Jahren**   jeweils 3,5 %
- in den darauf folgenden **20 Jahren**   jeweils 2 %
- in den darauf folgenden **18 Jahren**   jeweils 1 %

   der Herstellungs- oder Anschaffungskosten (Nutzungsdauer 50 Jahre).

Voraussetzungen:
- Fertigstellung – gleich ob Betriebs- oder Privatgebäude – nach dem 31.12.1978
- Bauantrag und Herstellungsbeginn vor dem 30.07.1981
- im Falle der Anschaffung: Erwerb spätestens im Jahr der Fertigstellung und Abschluss des Kaufvertrages vor dem 30.07.1981

- vom 08.05.1973 bis zum 01.09.1977 war die degressive Gebäudeabschreibung ausgeschlossen.

▸ Degressive Gebäude-AfA für Wirtschaftsgebäude nach § 7 Abs. 5 Nr. 1 EStG **Wirtschaftsgebäude**, das sind Betriebsvermögensgebäude, die **nicht Wohnzwecken** dienen und bei denen der Bauantrag nach dem 31.03.1985 gestellt wurde, können nach folgender Staffel abgeschrieben werden:

Sie beträgt
- im Jahr der Fertigstellung oder Anschaffung und in den folgenden **3 Jahren**   jeweils 10 %
- in den darauf folgenden **3 Jahren**   jeweils 5 %
- in den darauf folgenden **18 Jahren**   jeweils 2,5 %

der Herstellungs- oder Anschaffungskosten (Nutzungsdauer 25 Jahre).

Voraussetzungen:
- Der Bauantrag für das Wirtschaftsgebäude muss nach dem 31.03.1985 gestellt worden sein, aber vor dem 01.01.1994.
- Im Falle der Anschaffung des Gebäudes muss der Erwerb spätestens im **Jahr** der **Fertigstellung** erfolgt sein. Der Kaufvertrag muss nach dem 31.03.1985, aber vor dem 01.01.1994 geschlossen worden sein.

▸ Degressive Gebäude-AfA nach § 7 Abs. 5 Nr. 2 EStG

Sie beträgt
- im Jahr der Fertigstellung oder Anschaffung und in den folgenden **7 Jahren**   jeweils 5 %
- in den darauf folgenden **6 Jahren**   jeweils 2,5 %
- in den darauf folgenden **36 Jahren**   jeweils 1,25 %

der Herstellungs- oder Anschaffungskosten (Nutzungsdauer 50 Jahre).

Voraussetzungen:
- Der Bauantrag für das Gebäude – gleich, ob Privat- oder Betriebsgebäude – muss nach dem 29.07.1981, aber vor dem 01.01.1995 gestellt sein.
- Ist der Bauantrag vor dem 30.07.1981 gestellt worden, genügt es für die Anwendung der Staffelsätze, wenn mit den Bauarbeiten nach dem 29.07.1981 begonnen wurde.
- Im Falle der Anschaffung: Erwerb spätestens im Jahr der Fertigstellung und Abschluss des Kaufvertrages nach dem 29.07.1981, aber vor dem 01.01.1994.

▸ Degressive Gebäude-AfA nach § 7 Abs. 5 Nr. 3 EStG 1993
Der Bauantrag muss nach dem 28.02.1989 und vor dem 01.01.1996 gestellt sein, das Gebäude dient Wohnzwecken und gehört zu keinem Betriebsvermögen. Im Falle der Anschaffung des Gebäudes ist zu beachten: Erwerb spätestens im Jahr der Fertigstellung und Abschluss des Kaufvertrages nach dem 28.02.1989, aber vor dem 01.01.1996.

Sie beträgt

- im Jahr der Fertigstellung und in den folgenden **3 Jahren**	jeweils 7 %
- in den darauf folgenden **6 Jahren**	jeweils 5 %
- in den darauf folgenden **6 Jahren**	jeweils 2 %
- in den darauf folgenden **24 Jahren**	jeweils 1,25 %

der Herstellungs- oder Anschaffungskosten (Nutzungsdauer 40 Jahre).

▶ Degressive Gebäude-AfA nach § 7 Abs. 5 Satz 1 Nr. 3 EStG 1996
Für die soeben genannten Gebäude können nach dem Jahressteuergesetz 1996 nur noch folgende AfA-Sätze in Anspruch genommen werden:

- im Jahr der Fertigstellung und in den folgenden **7 Jahren**	jeweils 5 %
- in den darauf folgenden **6 Jahren**	jeweils 2,5 %
- in den darauf folgenden **36 Jahren**	jeweils 1,25 %

der Herstellungs- oder Anschaffungskosten (Nutzungsdauer 50 Jahre).

Voraussetzungen:
- Der Bauantrag muss **nach** dem 31.12.1995 und vor dem 01.01.2003 gestellt worden sein.
- Im Fall der Anschaffung des Gebäudes gilt: Erwerb spätestens im Jahr der Fertigstellung und Abschluss des Kaufvertrages nach dem 31.12.1995 und vor dem 01.01.2003.

▶ Degressive Gebäude-AfA nach § 7 Abs. 5 Satz 1 Nr. 3 Buchstabe c EStG 2002. Für die soeben genannten Gebäude können nach dem HBeglG 2003 nur noch folgende AfA-Sätze in Anspruch genommen werden:

- im Jahr der Fertigstellung und in den folgenden **9 Jahren**	jeweils 4 %
- in den darauf folgenden **8 Jahren**	jeweils 2,5 %
- in den darauf folgenden **32 Jahren**	jeweils 1,25 %

der Herstellungs- oder Anschaffungskosten (Nutzungsdauer 50 Jahre).

Voraussetzungen:
- Der Bauantrag muss **nach** dem 31.12.2003 und vor dem 01.01.2006 gestellt worden sein.
- Im Fall der Anschaffung des Gebäudes gilt: Erwerb spätestens im Jahr der Fertigstellung und Abschluss des Kaufvertrages nach dem 31.12.2003 und vor dem 01.01.2006.

Die degressive Abschreibung für Wohngebäude ist ab dem 01.01.2006 für „Neufälle" abgeschafft worden.

Die Abschreibungsprozentsätze beziehen sich auf die Herstellungs- bzw. Anschaffungskosten. Im Jahr der Fertigstellung des Gebäudes ist bereits die volle Jahresabschreibung abzuziehen, im Jahr der Veräußerung darf nur zeitanteilig abgeschrieben werden (R 7.4 Abs. 8 EStR 2012).

Der Wechsel von der sog. degressiven zur linearen AfA und umgekehrt ist nicht zulässig (R 7.4 Abs. 7 EStR 2012).

Die Vorschriften der §§ 7 Abs. 4 und Abs. 5 EStG sind auch auf Gebäudeteile, die selbstständige unbewegliche Wirtschaftsgüter sind, anzuwenden (§ 7 Abs. 5a EStG).

12. Erläutern Sie die Leistungs-AfA!

Bei beweglichen Wirtschaftsgütern des Anlagevermögens, deren Leistung in der Regel erheblich schwankt und deren Verschleiß dementsprechend wesentliche Unterschiede aufweist, kann die Absetzung auch nach Maßgabe der Leistung bemessen werden (§ 7 Abs. 1 Satz 6 EStG, R 7.4 Abs. 5 Satz 2 EStR 2012). Voraussetzungen:

- Die AfA-Methode muss wirtschaftlich begründet sein und
- der auf das einzelne Jahr entfallende Umfang der Leistung ist nachzuweisen.

Diese AfA-Methode kann für Spezialmaschinen angewendet werden, wenn z. B. durch einen Laufstundenzähler oder Ähnliches die tatsächliche Leistungsabgabe nachgewiesen wird. An die Stelle der betriebsgewöhnlichen Nutzungsdauer tritt bei der AfA-Berechnung die geschätzte Gesamtleistung des Wirtschaftsgutes.

Der AfA-Betrag ergibt sich aus dem Dreisatz:

```
Gesamtleistung  = AK/HK
Jahresleistung  = AfA-Betrag
AfA-Betrag      = (Jahresleistung • AK/HK) / Gesamtleistung
```

Ein Übergang zur degressiven AfA ist nicht zulässig, wohl aber zur linearen AfA.

13. Erläutern Sie den Investitionsabzugsbetrag zur Förderung kleiner und mittlerer Betriebe (§ 7g Abs. 1 bis 4 EStG)!

Steuerpflichtige können bis zu 40 % der voraussichtlichen Anschaffungs- oder Herstellungskosten als **Investitionsabzugsbetrag** außerhalb der Bilanz gewinnmindernd abziehen. Begünstigt sind die Anschaffungs- oder Herstellungskosten von abnutzbaren beweglichen Wirtschaftsgütern – also auch von gebrauchten Wirtschaftsgütern.

Es sind folgende Voraussetzungen zu beachten:

1. Größenmerkmale:
   Betriebsvermögen bei Einkünften aus Gewerbebetrieb oder bei selbstständiger Arbeit bei Gewinnermittlung nach § 4 Abs. 1 oder § 5 EStG 235.000 €, ab 01.01.2009 Anhebung auf 335.000 € (befristet auf zwei Jahre), Wirtschafts- oder Einheitswert bei Einkünften aus Land- und Forstwirtschaft 125.000 €, bei Gewinnermittlung nach § 4 Abs. 3 EStG ein Gewinn von nicht mehr als 100.000 € (ohne Berücksichtigung des Investitionsabzugsbetrags), ab 01.01.2009 Anhebung auf 200.000 € (befristet auf zwei Jahre).

2. Der Steuerpflichtige muss die Summen der Abzugsbeträge und der hinzuzurechnenden oder rückgängig zu machenden Beträge nach amtlich vorgeschriebenen Datensätzen durch Datenfernübertragung übermitteln (§ 7g Abs. 1 Satz 1 Nr. 2 EStG).

Die Gesamtsumme der Investitionsbeträge darf für drei Jahre maximal 200.000 € betragen.

Im Jahr der Anschaffung oder Herstellung ist der Investitionsabzugsbetrag außerbilanzmäßig gewinnerhöhend aufzulösen, der Investitionsabzugsbetrag ist gewinnmindernd zu buchen und vermindert die Anschaffungs- oder Herstellungskosten und damit die Bemessungsgrundlage für weitere Abschreibungen.

Wird nicht spätestens bis zum Ende des dritten auf das Wirtschaftsjahr des Abzugs folgenden Jahres investiert oder erreicht die Investition nicht die geplante Höhe, so sind die Auswirkungen rückwirkend auf den Zeitpunkt des Abzugs zu korrigieren. Die ursprünglichen Veranlagungen sind entsprechend zu korrigieren. Die Steuernachzahlungen führen zu einer Verzinsung gem. § 233a AO.

Das BMF-Schreiben vom 20.03.2017 enthält einige Änderungen zur Anwendung des § 7g EStG:

- Betriebe in der **Eröffnungsphase** sind nach § 7g EStG begünstigt.
- Ab 2016 wird auf die bisher geforderte **Investitionsabsicht** als Tatbestandsmerkmal für einen Investitionsabzugsbetrag verzichtet.
- Die **Daten** zum Abzug der IAB sind elektronisch **nach einem amtlich vorgeschriebenen** Datensatz zu übermitteln. Erfolgt die Gewinnermittlung durch Bilanzierung sind die Daten zum IAB im Rahmen der E-Bilanz zu übermitteln. Bei einer Einnahmen-Überschussrechnung ist die Datenlieferung zusammen mit der Anlage EÜR vorzunehmen.
- Da mangels konkreter Angaben zu einer künftigen Investition eine **Zuordnung** nicht immer klar ersichtlich ist, wird nunmehr bei der Hinzurechnung im Jahr der erfolgten Investition eine Angabe zum Abzugsjahr und der Höhe des jeweiligen IAB gefordert.

14. Erläutern Sie die Sonderabschreibung zur Förderung kleiner und mittlerer Betriebe (§ 7g Abs. 5 EStG)!

Die **Sonderabschreibung** ist neben der regulären Abschreibung im Jahr der Anschaffung oder Herstellung und in den vier folgenden Jahren möglich. Sie beträgt bis zu 20 % der Anschaffungs- oder Herstellungskosten, die um den Investitionsabzugsbetrag gemindert sind. Die Sonderabschreibung ist nicht von der vorherigen Bildung des Investitionsabzugsbetrages abhängig.

- Die Größenmerkmale des § 7g Abs. 1 Satz 2 Nr. 1 EStG (siehe Frage 13!) sind zu beachten.

▶ Das Wirtschaftsgut wird im Jahr der Anschaffung oder Herstellung und im darauf folgenden Wirtschaftsjahr in einer inländischen Betriebsstätte des Betriebes ausschließlich oder fast ausschließlich betrieblich genutzt.

Nach Ablauf des Begünstigungszeitraums von fünf Jahren bemisst sich die Abschreibung nach dem Restwert und der Restnutzungsdauer (§ 7a Abs. 9 EStG).

ACHTUNG

Unterschreiten die geminderten Anschaffungs- oder Herstellungskosten den Betrag von 1.000 €, sind die Wirtschaftsgüter dem Sammelposten nach § 6 Abs. 2a EStG zuzuführen, für den nur eine Abschreibung von 20 % zulässig ist.

15. In welchem Verhältnis stehen außerplanmäßige Abschreibungen bzw. AfaA, degressive und Teilwertabschreibung zueinander?

In allen Fällen der außergewöhnlichen technischen oder wirtschaftlichen Abnutzung verringert sich die Nutzungsdauer des Wirtschaftsgutes. Bei einer **Teilwertabschreibung** ist die Nutzungdauer des Wirtschaftsgutes in der Regel nicht beeinträchtigt.

Nur wenn Gebäude nach der linearen Methode abgeschrieben werden, ist nach dem Wortlaut des Gesetzes eine AfaA zulässig. Es ist jedoch nicht zu beanstanden, wenn auch bei degressiv abgeschriebenen Gebäuden eine AfaA vorgenommen wird (R 7.4 Abs. 11 EStR 2012).

Sind bewegliche Wirtschaftsgüter degressiv abgeschrieben worden, sind AfaA nicht zulässig. Durch einen Übergang zur linearen AfA kann jedoch die Voraussetzung für die AfaA geschaffen werden. Es ist auch zu prüfen, ob nicht eine Teilwertabschreibung vorgenommen werden kann, die neben der AfaA stets möglich ist.

16. Wie werden sogenannte geringwertige Wirtschaftsgüter bewertet?

Steuerpflichtige haben ein Wahlrecht zwischen **Sofortabschreibung** (§ 6 Abs. 2 EStG) und der Bildung eines **Sammelpostens** (§ 6 Abs. 2a EStG).

Übersteigen die Anschaffungs- oder Herstellungskosten des abnutzbaren Wirtschaftsgutes 1.000 €, ist die Aktivierung mit zeitanteiliger Abschreibung geboten.

Gemäß § 6 Abs. 2 EStG sind folgende Voraussetzungen zu beachten:

▶ Die Wirtschaftsgüter müssen zum **beweglichen, abnutzbaren Anlagevermögen** gehören. R 7.1 Abs. 2 und 3 EStR 2012: Bewegliche Wirtschaftsgüter können nur Sachen (§ 90 BGB), Tiere (§ 90a BGB) und Scheinbestandteile (§ 95 BGB) sein. Betriebsvorrichtungen sind selbstständige Wirtschaftsgüter.

Immaterielle Wirtschaftsgüter gehören grundsätzlich nicht zu den beweglichen Wirtschaftsgütern, Trivialprogramme sind jedoch als abnutzbare bewegliche und selbstständig nutzbare Wirtschaftsgüter anzusehen. Computerprogramme, deren Anschaffungskosten nicht mehr als 800 € betragen, sind stets als Trivialprogramme zu behandeln (R 5.5 Abs. 1 Satz 3 EStR 2012).

▶ Sie müssen einer **selbstständigen Nutzung** fähig sein.

Ein Wirtschaftsgut des Anlagevermögens ist einer selbstständigen Nutzung **nicht** fähig, wenn folgende Voraussetzungen vorliegen (R 6.13 Abs. 1 EStR 2012):

1. Das Wirtschaftsgut kann nach seiner betrieblichen Zweckbestimmung nur zusammen mit anderen Wirtschaftsgütern des Anlagevermögens genutzt werden.
2. Das Wirtschaftsgut ist mit den anderen Wirtschaftsgütern des Anlagevermögens in einen ausschließlichen betrieblichen Zusammenhang eingefügt, d. h., es tritt mit den in den Nutzungszusammenhang eingefügten anderen Wirtschaftsgütern des Anlagevermögens als einheitliches Ganzes in Erscheinung.
3. Das Wirtschaftsgut ist mit den anderen Wirtschaftsgütern des Anlagevermögens technisch abgestimmt.

Wirtschaftsgüter, die zwar in einen betrieblichen Nutzungszusammenhang mit anderen Wirtschaftsgütern eingefügt und technisch auf einander abgestimmt sind, bleiben dennoch selbstständig nutzungsfähig, wenn sie nach ihrer betrieblichen Zweckbestimmung auch ohne die anderen Wirtschaftsgüter im Betrieb genutzt werden können.

▶ Die Anschaffungs- oder Herstellungskosten oder der an deren Stelle tretende Wert gem. § 6 Abs. 1 Nr. 5 bis 6 EStG (Einlagewert, Teilwert) für das einzelne Wirtschaftsgut dürfen **800 €** (Nettobetrag ohne Vorsteuer) nicht übersteigen. Ob der Vorsteuerbetrag umsatzsteuerrechtlich abziehbar ist oder nicht, spielt in diesem Falle keine Rolle (R 9b Abs. 2 EStR 2012). Bei der Beurteilung der Frage, ob die Anschaffungs- oder Herstellungskosten für das einzelne Wirtschaftsgut die Wertgrenze nicht übersteigen, ist, wenn die Anschaffungs- oder Herstellungskosten nach § 7g Abs. 2 Satz 2 EStG gewinnmindernd herabgesetzt wurden, von den geminderten Anschaffungs- oder Herstellungskosten auszugehen (R 6.13 Abs. 2 Nr. 2 EStR 2012).

Die Aufwendungen für diese Wirtschaftsgüter **können** bei Anschaffung oder Herstellung, Einlage oder bei Eröffnung des Betriebes sofort als Betriebsausgaben abgezogen werden (**Sofortabschreibung**). Nachträgliche Anschaffungs- oder Herstellungskosten sind ebenfalls in voller Höhe als Betriebsausgaben zu behandeln. Dies gilt unabhängig davon, ob sie zusammen mit den ursprünglichen Anschaffungs- oder Herstellungskosten den Betrag von 250 € übersteigen (R 6.13 Abs. 4 EStR 2012).

Bei Überschusseinkünften können Wirtschaftsgüter bis zu 410 € netto als Werbungskosten abgezogen werden.

Diese Wirtschaftsgüter können auf dem Konto „Geringwertige Wirtschaftsgüter" 0380 (0670) aktiviert werden und sind dann über das Konto „Abschreibung auf aktivierte, geringwertige Wirtschaftsgüter" 4860 (*6262*) abzuschreiben. Alternativ können sie auch direkt auf dem Konto „Sofortabschreibung geringwertiger Wirtschaftsgüter" 4855 (*6260*) erfasst werden.

Wirtschaftsgüter, deren Wert 250 € übersteigt, sind in ein besonderes, laufend zu führendes Verzeichnis aufzunehmen. Der Tag der Anschaffung, Herstellung oder Einlage oder der Eröffnung des Betriebes und die Anschaffungs- oder Herstellungskosten sind anzugeben. Das Verzeichnis braucht nicht geführt zu werden, wenn diese Angaben aus der Buchführung ersichtlich sind (§ 6 Abs. 2 Sätze 4 und 5 EStG).

- Für diese Wirtschaftsgüter **kann** im Wirtschaftsjahr der Anschaffung, Herstellung oder Einlage des Wirtschaftsguts oder der Eröffnung des Betriebs ein **Sammelposten** (§ 6 Abs. 2a EStG) gebildet werden, wenn die Anschaffungs- oder Herstellungskosten vermindert, um einen darin enthaltenen Vorsteuerbetrag (§ 9b Abs. 1), oder der nach Absatz 1 Nr. 5 oder Nr. 6 an deren Stelle tretende Wert für das einzelne Wirtschaftsgut 250 €, aber nicht **1.000 €** übersteigen. Dieses Wahlrecht kann nach § 6 Abs. 2a Satz 5 EStG nur einheitlich für alle Wirtschaftsgüter des Wirtschaftsjahres mit Aufwendungen von mehr als 250 € und nicht mehr als 1.000 € in Anspruch genommen werden (wirtschaftsjahrbezogenes Wahlrecht).

Der Sammelposten ist im Wirtschaftsjahr der Bildung und den folgenden vier Wirtschaftsjahren mit jeweils einem Fünftel gewinnmindernd aufzulösen. Scheidet ein solches Wirtschaftsgut aus dem Betriebsvermögen aus, wird der Sammelposten nicht vermindert.

Dieser Sammelposten ist kein Wirtschaftsgut, sondern eine Rechengröße, und damit beispielsweise einer Teilwertabschreibung nicht zugänglich. Nachträgliche Anschaffungs- oder Herstellungskosten erhöhen den Sammelposten des Wirtschaftsjahres, in dem die Aufwendungen entstehen. Dies gilt unabhängig davon, ob sie zusammen mit den ursprünglichen Anschaffungs- oder Herstellungskosten den Betrag von 1.000 € übersteigen (R 6.13 Abs. 5 EStR 2012).

Der Sammelposten wird nicht dadurch vermindert, dass darin erfasste Wirtschaftsgüter durch Veräußerung oder Entnahme aus dem Betriebsvermögen des Steuerpflichtigen ausscheiden (R 6.13 Abs. 6 EStR 2012).

Für die Aktivierung steht das Konto „Geringwertige Wirtschaftsgüter größer 250 bis 1.000 € (Sammelposten)" 0385 (*0675*) zur Verfügung. Die Abschreibung erfolgt über das Konto „Abschreibung auf den Sammelposten geringwertige Wirtschaftsgüter" 6264 (*4862*).

Die gennanten Wertgrenzen gelten für Anschaffungen bzw. Herstellungen nach dem 31.12.2017.

17. Wie wird die Entwicklung des Anlagevermögens dargestellt?

Die Entwicklung des Anlagevermögens wird in einem Bestandsverzeichnis dargestellt, es wird auch Anlageverzeichnis genannt. Es enthält Informationen über die Bewertung und über die Kontenentwicklung (Zugänge, Abgänge, Abschreibungen) eines Wirtschaftsgutes.

Bruttowerte sind die aufgelaufenen (kumulierten) Anschaffungs- und Herstellungskosten des gesamten Anlagevermögens, die kumulierten Abschreibungen und Zuschreibungen.

Die **Abschreibungen** des jeweiligen Geschäftsjahres sind entweder bei den einzelnen Bilanzpositionen zu vermerken oder im Anhang anzugeben.

Diesen Anforderungen entspricht ein sog. „Anlagespiegel".

9.5.2 Umlaufvermögen
1. Wie wird Umlaufvermögen bewertet?
Zum Umlaufvermögen gehören die Wirtschaftsgüter, die zur Veräußerung, Verarbeitung oder zum Verbrauch angeschafft oder hergestellt worden sind, insbesondere Roh-, Hilfs- und Betriebsstoffe, Erzeugnisse und Waren, Kassenbestände (R 6.1 Abs. 2 EStR 2012). Nach der Gliederung des § 266 Abs. 2 HGB sind dies:

- Vorräte
- Forderungen und sonstige Vermögensgegenstände
- Wertpapiere
- Kassenbestand, Bundesbankguthaben, Guthaben bei Kreditinstituten und Schecks.

Zugangs- und Folgebewertung:
Wirtschaftsgüter des Umlaufvermögens sind nach **Handelsrecht** mit den Anschaffungs- oder Herstellungskosten zu bewerten (§ 253 Abs. 1 HGB). Abschreibungen **sind** vorzunehmen, um diese Gegenstände mit einem niedrigeren Wert anzusetzen, der sich aus einem Börsen- oder Marktpreis am Abschlussstichtag ergibt (strenges Niederstwertprinzip, § 253 Abs. 4 HGB). Der Ansatz eines niedrigeren Wertes darf nicht beibehalten werden, wenn die Gründe dafür nicht mehr bestehen (§ 253 Abs. 5 HGB).

Nach **Steuerrecht** ist Umlaufvermögen mit den Anschaffungs- oder Herstellungskosten oder mit dem an deren Stelle tretenden Wert (z. B. Einlagewert), vermindert um Abzüge nach § 6b und ähnliche Abzüge anzusetzen (§ 6 Abs. 1 Nr. 2 Satz 1 EStG).

Ist der Teilwert aufgrund einer voraussichtlich dauernden Wertminderung niedriger, so kann er angesetzt werden. Buchführende Gewerbetreibende, die die handelsrechtlichen Grundsätze ordnungsmäßiger Buchführung zu beachten haben, müssen das Betriebsvermögen ansetzen, das nach den handelsrechtlichen GoB auszuweisen ist (§ 253 Abs. 4 HGB, niedriger beizulegender Wert), es sei denn, im Rahmen der Ausübung eines steuerlichen Wahlrechts wird ein anderer Ansatz (niedrigerer Teilwert) gewählt (Voraussetzung beachten, § 5 Abs. 1 Satz 2 EStG).

Wirtschaftsgüter, die bereits am Schluss des vorangegangenen Wirtschaftsjahres zum Umlaufvermögen des Steuerpflichtigen gehört haben, sind in den Folgejahren wieder mit dem sich nach § 6 Abs. 1 Nr. 2 Satz 1 EStG ergebenden Wert (i. d. R. mit den Anschaffungskosten) anzusetzen (Wertaufholungsgebot), es sei denn, der Steuerpflichtige weist nach, dass ein niedrigerer Teilwert aufgrund einer dauernden Wertminderung angesetzt werden kann (§ 6 Abs. 1 Nr. 2 Satz 3 i. V. mit § 6 Abs. 1 Nr. 1 Satz 4 EStG).

Da Wirtschaftsgüter des Umlaufvermögens nicht dazu bestimmt sind, dem Betrieb auf Dauer zu dienen, sondern stattdessen für den Verkauf oder Verbrauch gehalten werden, kommt dem Zeitpunkt der Veräußerung oder Verwendung für die Bestimmung einer dauernden Wertminderung eine besondere Bedeutung zu. Hält die **Wertminderung** bis zum Zeitpunkt der Aufstellung der Bilanz oder dem vorangegangenen Verkaufs- oder Verbrauchszeitpunkt an, so ist die Wertminderung voraussichtlich von Dauer. Zusätzliche werterhellende Erkenntnisse bis zu diesem Zeitpunkt sind in die Beurteilung einer voraussichtlich dauernden Wertminderung der Wirtschaftsgüter zum Bilanzstichtag einzubeziehen (BMF-Schreiben vom 02.09.2016).

2. Wie können Wirtschaftsgüter des Vorratsvermögens bewertet werden?

Abweichend vom Grundsatz der Einzelbewertung (R 6.8 Abs. 3 Satz 1 EStR 2012) ist bei vertretbaren Wirtschaftsgütern des Vorratsvermögens aus Vereinfachungsgründen eine Sammelbewertung zulässig, wenn die Anschaffungs- oder Herstellungskosten wegen schwankender Einstandspreise im Einzelnen nicht mehr eindeutig feststellbar sind. Es kommen folgende Verfahren infrage:

- **Durchschnittsbewertung:** Bei dieser Art der Bewertung (R 6.8 Abs. 3 Satz 3 EStR 2012) wird unter Berücksichtigung des Anfangsbestandes und aller Zugänge einer Periode nur einmal am Ende der Periode der gewogene Durchschnittspreis ermittelt:

> Durchschnittswert je Bewertungseinheit = Warenwert : Warenmenge

Bei Gewinnermittlung nach § 5 EStG ist das strenge Niederstwertprinzip zu beachten. Ist der letzte Anschaffungspreis, der dem Teilwert entsprechen dürfte, dauerhaft niedriger als der Durchschnittswert, so muss der letzte Anschaffungspreis angesetzt werden.

- **Gruppenbewertung:** Zur Erleichterung der Inventur und der Bewertung können gleichartige Wirtschaftsgüter des Vorratsvermögens jeweils zu einer Gruppe zusammengefasst werden und mit dem gewogenen Durchschnittswert angesetzt werden (§ 240 Abs. 4 HGB). Die Gruppenbildung und die Gruppenbewertung dürfen nicht gegen die Grundsätze ordnungsgemäßer Buchführung verstoßen (R 6.8 Abs. 4 EStR 2012).

- **Verbrauchsfolgeverfahren:** Bei dieser Art der Bewertung wird unterstellt, dass Wirtschaftsgüter des Vorratsvermögens in bestimmter Reihenfolge verbraucht oder veräußert werden. Zu diesen Verfahren gehören das **Lifo**- und das **Fifo**-Verfahren, die handelsrechtlich (§ 256 Satz 1 HGB) grundsätzlich zulässig sind. Die Lifo-Methode unterstellt, dass die zuletzt beschafften Wirtschaftsgüter zuerst verbraucht oder veräußert werden („last in first out"). Es kommt für Roh-, Hilfs- und Betriebsstoffe, unfertige Erzeugnisse, fertige Erzeugnisse und Waren in Betracht (§ 266 Abs. 2 Buchstabe B I. HGB). Die handelsrechtlichen Grundsätze ordnungsmäßiger Buchführung müssen bei dieser Bewertung beachtet werden: Die am Schluss des Wirtschaftsjahres vorhandenen Wirtschaftsgüter müssen mengenmäßig vollständig erfasst werden und die Anwendung der Lifo-Methode muss nach den betriebsindividuellen Verhältnissen zu einer Vereinfachung bei der Bewertung des Vorratsvermögens führen. Die Lifo-Methode muss **nicht** mit der tatsächlichen Verbrauchs- oder Veräußerungsfolge übereinstimmen. Allerdings darf die Lifo-Methode nicht bei verderblichen Waren, die weniger als ein Jahr halten, angewendet werden, weil sie dem betrieblichen Ablauf widersprechen würde. Sie ist unabhängig vom Vorhandensein besonderer ordnungsrechtlicher Vorschriften zulässig und stellt ein eigenständiges steuerliches Wahlrecht dar, das unabhängig von einer Einzelbewertung nach IFRS und unabhängig von dem handelsbilanziellen Wahlrecht des § 256 Satz 1 HGB ausgeübt werden kann (BMF-Schreiben vom 12.05.2015). Der Steuerpflichtige kann das permanente Lifo oder das Perioden-Lifo anwenden (§ 6 Abs. 1 Nr. 2a EStG, R 6.9 Abs. 2 EStR 2012). Der Steuerpflichtige hat jedoch bei Gewinnermittlung nach § 5 EStG das strenge Niederstwertprinzip zu beachten (R 6.9 Abs. 6 EStR 2012). Das bedeutet, dass bei steigenden Preisen das Lifo-Verfahren anwendbar ist. Die teuerste Ware wird zuerst verbraucht, die billigere Ware bleibt auf Lager, das Niederstwertprinzip ist gewahrt. Bei sinkenden Preisen verstößt das Lifo-Verfahren allerdings gegen das strenge Niederstwertprinzip und ist nicht anwendbar.

Die Lifo-Methode darf auch dann steuerlich angewendet werden, wenn in der Handelsbilanz eine Einzelbewertung der Wirtschaftsgüter stattfindet (R 6.9 Abs. 1 EStR 2012). Allerdings führt eine Abweichung von Handels- zu Steuerbilanz dazu, dass die Aufzeichnungspflichten des § 5 Abs. 1 Satz 2 EStG (siehe oben) greifen.

Das Fifo-Verfahren geht davon aus, dass die zuerst beschafften oder hergestellten Wirtschaftsgüter auch zuerst verbraucht oder veräußert werden („**f**irst **i**n **f**irst **o**ut"). Das Fifo-Verfahren und andere Verbrauchsfolgeverfahren sind steuerlich nicht zulässig (§ 6 Abs. 1 Nr. 2a EStG). Das Handelrecht lässt außer dem Lifo- und dem Fifo-Verfahren keine anderen Verbrauchsfolgeverfahren (z. B. Hifo, Lofo) mehr zu.

Außerplanmäßige Abschreibungen auf das Vorratsvermögen in der Handelsbilanz sind nicht zwingend in der Steuerbilanz nachzuvollziehen (R 6.8 Abs. 1 Sätze 3 und 4 EStR 2012). Allerdings führt eine Abweichung von Handels- zu Steuerbilanz dazu, dass die Aufzeichnungspflichten des § 5 Abs. 1 Satz 2 EStG greifen.

3. Wie kann der Teilwert von Wirtschaftsgütern des Vorratsvermögens bestimmt werden?

Aus der **Sicht des Beschaffungsmarktes** ist der Teilwert nach dem Netto-Einkaufspreis am Bilanzstichtag zu bestimmen. Dies sind i. d. R. die Wiederbeschaffungskosten am Bilanzstichtag, und zwar auch dann, wenn mit einem entsprechenden Rückgang der Verkaufspreise nicht gerechnet werden braucht (R 6.8 Abs. 2 Satz 1 EStR 2012).

Sind Wirtschaftsgüter des Vorratsvermögens, die zum Absatz bestimmt sind (**Sicht des Absatzmarktes**), durch Lagerung, Änderung des modischen Geschmacks oder aus anderen Gründen im Wert gemindert, so ist als niedrigerer Teilwert der Betrag anzusetzen, der von dem voraussichtlich erzielbaren Veräußerungserlös nach Abzug des durchschnittlichen Unternehmergewinns und des nach dem Bilanzstichtag noch anfallenden betrieblichen Aufwands verbleibt (R 6.8 Abs. 2 Satz 3 EStR 2012). Der Teilwert ist in diesem Falle der **Subtraktionsmethode** nach folgender Formel zu ermitteln:

$$\text{Teilwert} = \frac{\text{Verkaufserlös}}{1 + \text{Rohgewinnaufschlagsatz in v. H.}}$$

Soweit es dem Steuerpflichtigen aufgrund der tatsächlichen Gegebenheiten des Betriebs, z. B. wegen Fehlens entsprechender Warenwirtschaftssysteme, nicht möglich ist, die für die Ermittlung des Teilwertes nach der Subtraktionsmethode notwendigen Daten zugrunde zu legen, ist es nicht zu beanstanden, wenn der Teilwert nach der **Formelmethode** ermittelt wird:

$$X = Z : (1 + Y_1 + Y_2 \cdot W)$$

Dabei sind : X = der zu suchende Teilwert
 Z = der erzielbare Verkaufspreis
 Y_1 = der Durchschnittsunternehmergewinnprozentsatz
 Y_2 = der Rohgewinnaufschlagsrest
 W = der Prozentsatz an Kosten, der noch nach Abzug des durchschnittlichen Unternehmergewinnprozentsatzes vom Rohgewinnaufschlagsatz nach dem Bilanzstichtag anfällt.

4. Für welche Wirtschaftsgüter können Festwerte gebildet werden?

Für Gegenstände des Sachanlagevermögens, Roh-, Hilfs- und Betriebsstoffe, nicht für Waren, unfertige Erzeugnisse und Fertigerzeugnisse, kann ein Festwert gebildet werden, wenn ihr Bestand in Größe, Wert und Zusammensetzung nur geringen Veränderungen unterliegt (§ 240 Abs. 3 HGB, H 6.8 (Festwert) EStH, R 5.4 Abs. 3 EStR 2012). Insbesondere für bestimmte Wirtschaftsgüter des Anlagevermögens (z. B. Kleinwerkzeuge, Gerüst- und Schalungsteile) ist die **Einzelerfassung** und -bewertung sehr aufwendig. Für sie ist unter gleichen Bedingungen der Ansatz eines Festwertes zulässig.

Die Festwerte sind in der Regel alle drei Jahre mithilfe einer körperlichen Bestandsaufnahme zu überprüfen, ggf. sind Zuschreibungen notwendig bzw. können Abschreibungen vorgenommen werden. Die Zugänge während dieser Zeit werden in voller Höhe als Aufwand gebucht.

5. Wie werden Forderungen zum Zwecke der Bewertung eingeteilt?

Hinsichtlich der Bonität (Güte) sind zu unterscheiden:

- einwandfreie Forderungen
- zweifelhafte Forderungen (Dubiose)
- uneinbringliche Forderungen.

6. Wie werden Forderungen bewertet?

Forderungen sind einzeln (Einzelbewertung) mit den **Anschaffungskosten** (Nennwert oder Nominalwert) zu bewerten. Es gelten die Grundsätze für die Bewertung von Umlaufvermögen.

Für die Bewertung sind die Verhältnisse am Bilanzstichtag maßgebend. Umstände, die am Bilanzstichtag vorlagen, dem Steuerpflichtigen aber erst nach dem Bilanzstichtag und vor der Bilanzerstellung bekannt wurden (**wertaufhellende Tatsachen**), sind zu berücksichtigen, später eintretende **wertbeeinflussende Tatsachen** – Umstände, die nach dem Bilanzstichtag bis zur Bilanzaufstellung eintreten – haben keine Auswirkung auf den Bilanzansatz.

7. Wie sind zweifelhafte Forderungen zu bewerten?

Erscheint der Zahlungseingang ungewiss (z. B. Eröffnung des Insolvenzverfahrens), wird die zweifelhafte Forderung (Konto „Zweifelhafte Forderungen" 1460 (*1240*)) mit ihrem wahrscheinlichen Wert (§ 253 Abs. 3 HGB) bzw. mit dem niedrigeren Teilwert (§ 6 Abs. 1 Nr. 2 EStG) bewertet, sofern von einer voraussichtlich dauernden Wertminderung auszugehen ist. Die Forderung wird von den einwandfreien Forderungen abgesondert, erfolgsneutrale Buchung:

Sollkonto	SKR 04 (SKR 03)	Euro	Habenkonto	SKR 04 (SKR 03)
Zweifelhafte Ford.	**1240** (1460)	11.900,00	Debitoren Personenkto.	**1200** (1400)

Am Bilanzstichtag muss die Forderung bewertet werden, d. h. der Forderungsausfall ist im Zweifel zu schätzen, die Forderung wird teilweise abgeschrieben bzw. wertberichtigt (Konto 6923 (*2451*)).

Beispiel

Wir schätzen, dass obige dubiose Forderung zu 40 % ausfällt.

Buchung der indirekten Abschreibung:

Sollkonto	SKR 04 (SKR 03)	Euro	Habenkonto	SKR 04 (SKR 03)
Einstellung in die EWB	**6923** (2451)	4.000,00	EinzelWB Ford. RLZ 1 J.	**1246** (0998)

Diese Einzelwertberichtigung („Einzelwertberichtigung auf Forderungen mit einer Restlaufzeit bis zu einem Jahr" 0998 (*1246*)) ist in der Bilanz der Kapitalgesellschaft nicht vorgesehen, es ist bei dem entsprechenden Aktivposten oder im Anhang ein entsprechender Vermerk anzubringen.

Der Umsatzsteueranteil, der in dem vermuteten Forderungsausfall steckt, darf nicht abgeschrieben werden, da die Umsatzsteuer grundsätzlich erfolgsneutral ist. Eine Steuerberichtigung (§ 17 Abs. 1 UStG) ist erst zulässig, wenn der Forderungsausfall endgültig feststeht.

Wird eine Forderung uneinbringlich, weil der Kunde wegen Insolvenz nicht zahlt und wird ein vorläufiger Insolvenzverwalter mit allgemeinem Zustimmungsvorbehalt und mit dem Recht zum Forderungseinzug bestellt, werden die noch ausstehenden Entgelte für zuvor erbrachte Leistungen **uneinbringlich**. Umsatzsteuer kann insoweit zurückgefordert werden. Wenn der vorläufige Insolvenzverwalter nachfolgend trotzdem Entgelte vereinnahmt, entsteht der Umsatzsteueranspruch als Masseverbindlichkeit **neu** (Abschnitt 17.1. Nr. 11 - 15 UStAE).

8. Wie ist der Zahlungseingang für eine zweifelhafte Forderung zu buchen?
Beispiel

Zu der zweifelhaften Forderung aus obiger Frage erhalten wir eine abschließende Bankgutschrift von 1.190 €.

	Forderung	Nettoforderung	Umsatzsteuer
Rechnungsbetrag	11.900 €	10.000 €	1.900 €
- Abschreibung	4.000 €	4.000 €	-
Offen	7.900 €	6.000 €	1.900 €
- Zahlungseingang	1.190 €	1.000 €	190 €
Differenzbetrag	6.710 €		
Ausfall/Verlust		5.000 €	
Umsatzsteuerberichtigung			1.710 €

Buchungen bei **indirekt abgeschriebener** Forderung

Sollkonto	SKR 04 (SKR 03)	Euro	Habenkonto	SKR 04 (SKR 03)
EinzelWB Ford. RLZ 1 J.	**1246** (0998)	4.000,00	Zweifelhafte Ford.	**1240** (1460)
Bank	**1800** (1200)	1.190,00	Zweifelhafte Ford.	**1240** (1460)
Forderungsverluste	**6930** (2400)	5.000,00	Zweifelhafte Ford.	**1240** (1460)
Umsatzsteuer 19 %	**3806** (1776)	1.710,00	Zweifelhafte Ford.	**1240** (1460)

 ACHTUNG

Das Konto 1240 (*1460*) muss durch diese Buchungen aufgelöst sein! War die Schätzung zu vorsichtig, entsteht bei Zahlungseingang ein außerordentlicher Ertrag („Erträge aus abgeschriebenen Forderungen" 4925 (*2732*)).

9. Wie werden uneinbringliche Forderungen bewertet?

Uneinbringliche Forderungen (z. B. Verjährung) sind mit dem niedrigeren Teilwert anzusetzen, dieser beträgt 0 €. Die Forderung ist **voll abzuschreiben**, die Umsatzsteuer ist zu berichtigen.

Beispiel

Eine Forderung aus dem Jahr 2018 über den Betrag von 11.900 € (einschließlich 19 % Umsatzsteuer) fällt wegen Insolvenz und völliger Vermögenslosigkeit des Kunden im Jahr 2018 aus.

Buchung der direkten Abschreibung:

Sollkonto	SKR 04 (SKR 03)	Euro	Habenkonto	SKR 04 (SKR 03)
Forderungsverl. übl. Höhe	**6930** (2400)	10.000,00	Debitoren Personenkto.	**1200** (1400)
Umsatzsteuer 19 %	**3806** (1776)	1.900,00	Debitoren Personenkto.	**1200** (1400)

10. Wie werden Pauschalwertberichtigungen auf Forderungen berechnet und gebucht?

Wegen des allgemeinen Kreditrisikos kann der Steuerpflichtige eine Pauschalwertberichtigung bilden: „Pauschalwertberichtigung auf Forderungen mit einer Restlaufzeit bis zu einem Jahr" 1248 (*0996*). Erfahrungen der Vergangenheit und erwartete Entwicklungen bestimmen den **Prozentsatz** der Pauschalwertberichtigung, der auf die Nettoforderungen als Bemessungsgrundlage angewendet wird. Die ertragssteuerrechtlich zulässigen pauschalen Wertberichtigungen führen nicht zu einer Berichtigung nach § 17 Abs. 2 UStG (Abschn. 17.1 Abs. 5 Satz 7 UStAE).

Beispiel

Die einwandfreien Forderungen betragen – u. U. nach Bereinigung um dubiose und uneinbringliche Forderungen – am Bilanzstichtag 119.000 €. Es soll eine Pauschalwertberichtigung von 1 % gebildet werden.

Die Pauschalwertberichtigung beträgt 1 % von 100.000 € (Netto) = 1.000 €. Buchung:

Sollkonto	SKR 04 (SKR 03)	Euro	Habenkonto	SKR 04 (SKR 03)
Einst. PWB Ford.	**6920** (2450)	1.000,00	PWB Ford. RLZ bis 1 J.	**1248** (0996)

 ACHTUNG

Eine solche Wertberichtigung darf und kann natürlich nie über Konto 1200 (*1400*) (bzw. das dahinter stehende Personenkonto) gebucht werden!

Die tatsächlichen Forderungsausfälle (mit Steuerberichtigung) werden häufig nicht über das Pauschalwertberichtigungskonto gebucht, sondern direkt abgeschrieben. Die Pauschalwertberichtigung wird dann am folgenden Bilanzstichtag einfach neu berechnet und eingebucht, die alte Pauschalwertberichtigung ist aufzulösen.

Beispiel

Einwandfreie Forderungen am folgenden Bilanzstichtag 178.500 € (inkl. 19 % USt), die Pauschalwertberichtigung soll wiederum 1 % betragen.

Die neue Pauschalwertberichtigung beträgt 1.500 € (1 % von Netto 150.000 €).

Buchungen nach der **„Auflösungsmethode"** (s. o.):

Sollkonto	SKR 04 (SKR 03)	Euro	Habenkonto	SKR 04 (SKR 03)
PWB Ford. RLZ bis 1 J.	**1248** (0996)	1.000,00	Ertr. HerAbs. PWB Ford.	**4920** (2730)
Einst. PWB Ford.	**6920** (2450)	1.500,00	PWB Ford. RLZ bis 1 J.	**1248** (0996)

Buchung nach der **„Anpassungsmethode"**:

Nur die Erhöhung der Pauschalwertberichtigung wird gebucht:

neue Pauschalwertberichtigung	1.500,00 €
- alte Pauschalwertberichtigung	1.000,00 €
Erhöhung:	500,00 €

Buchung:

Sollkonto	SKR 04 (SKR 03)	Euro	Habenkonto	SKR 04 (SKR 03)
Einst. PWB Ford.	**6920** (2450)	500,00	PWB Ford. RLZ bis 1 J.	**1248** (0996)

Die Erfolgsauswirkung der beiden Methoden ist dieselbe.

Eine Minderung der Pauschalwertberichtigung ist nach der **„Anpassungsmethode"** zu buchen:

Sollkonto	SKR 04 (SKR 03)	Euro	Habenkonto	SKR 04 (SKR 03)
PWB Ford. RLZ bis 1 J.	**1248** (0996)	Betrag	Ertr. HerAbs. PWB Ford.	**4920** (2730)

In der Bilanz der Kapitalgesellschaften ist auch für die Pauschalwertberichtigung kein passivischer Ausweis zulässig, diese muss bei dem entsprechenden Bilanzposten vermerkt oder im Anhang angegeben werden.

Voraussetzung für den Ansatz einer Pauschalwertberichtigung dürfte allerdings sein, dass eine voraussichtlich dauernde Wertminderung nachgewiesen werden kann.

11. Wie werden Wertpapiere des Umlaufvermögens bewertet?

Wertpapiere des Umlaufvermögens sind mit den Anschaffungskosten zu bewerten. Im Übrigen gelten die Bewertungsgrundsätze für die Bewertung des Umlaufvermögens.

Für den Ansatz des niedrigeren Teilwertes ist der Börsenkurs am Bilanzstichtag ein Anhaltspunkt. Es muss jedoch geprüft werden, ob die Wertminderung voraussichtlich von Dauer ist. Hierfür sind Erkenntnisse bis zum Zeitpunkt der Bilanzerstellung zu berücksichtigen. Bei festverzinslichen Wertpapieren, die eine Forderung in Höhe des Nominalwertes der Forderung verbriefen, ist eine Teilwertabschreibung unter ihren Nennbetrag allein wegen gesunkener Kurse nicht zulässig. Da der Gläubiger zum Ende der Laufzeit den Nennbetrag des Papiers erhält, ist die Wertminderung nicht von Dauer. Nur wenn die Bonität des Schuldners bezweifelt wird, kommt eine andere Beurteilung in Betracht (BFH, Urteil vom 08.06.2011, BMF-Schreiben vom 02.09.2016). Bei börsennotierten Aktien des Umlaufvermögens ist – wie beim Anlagevermögen – die Bagatellgrenze von 5 % zu beachten.

Beispiel

Der Steuerpflichtige hat Aktien der börsennotierten X-AG zum Preis von 100 €/Stück erworben. Zum Bilanzstichtag ist der Börsenpreis der Aktien auf

a) 90 €/Stück

b) 98 €/Stück

gesunken. Zum Zeitpunkt der Bilanzaufstellung beträgt der Wert 80 €/Stück.

a) Eine Teilwertabschreibung auf 90 € ist zulässig, da der Kursverlust im Vergleich zum Erwerb mehr als 5 % am Bilanzstichtag beträgt. Kursänderungen bei börsennotierten Aktien nach dem Bilanzstichtag und bis zum Tag der Bilanzaufstellung sind als wertbegründender Umstand nicht zu berücksichtigen.

b) Da die Bagatellgrenze von 5 % nicht überschritten ist, kommt eine Teilwertabschreibung nicht infrage.

Der Teilwert entspricht dem Betrag, der sich ergibt, wenn die Anschaffungskosten in demselben Verhältnis erhöht bzw. vermindert werden, in dem der Kaufpreis zum gestiegenen bzw. gesunkenen Börsenkurs steht. Nebenkosten sind bei der Bewertung zu berücksichtigen.

> **Beispiel**
>
> Kauf von Wertpapieren des Umlaufvermögens zum Kurs von 10.000 €, Nebenkosten 200 €. Der Kurswert beträgt am Bilanzstichtag 8.000 €.
>
> Ermittlung des Teilwertes:
>
> Kurswert bei Kauf : Kurswert am Bilanzstichtag = Bankbelastung bei Kauf (= AK) : Teilwert
>
> Teilwert = (Kurswert am Bilanzstichtag : Kurswert bei Kauf) • Anschaffungskosten
> = (8.000 : 10.000) • 10.200 = 8.160
>
> Der Teilwert am Bilanzstichtag beträgt 8.160 €.

9.5.3 Rechnungsabgrenzungsposten

1. Wie wird das bei Darlehensaufnahme einbehaltene Disagio (Damnum) behandelt?

Der **Unterschiedsbetrag** zwischen Ausgabebetrag und Erfüllungsbetrag für Darlehensschulden (Konto 0650 (3170)) ist als Rechnungsabgrenzungsposten auf Konto „Damnum, Disagio" 0986 (1940) zu aktivieren und auf die Laufzeit des Darlehens zu verteilen.

Nach **Handelsrecht** darf das Disagio aktiviert werden (Bewertungswahlrecht nach § 250 Abs. 3 HGB), ist es aktiviert, so muss es durch planmäßige jährliche Abschreibungen getilgt werden, die auf die gesamte Laufzeit der Verbindlichkeit verteilt werden können.

> **Beispiel**
>
> Aufnahme eines Darlehens über 100.000 € am 04.10.2018, die Bank behielt bei Auszahlung 2 % Disagio ein. Das Darlehen ist in einer Summe nach 10 Jahren zurückzuzahlen.
>
> **Buchung bei Darlehensaufnahme:**
>
> | Sollkonto | SKR 04 (SKR 03) | Euro | Habenkonto | SKR 04 (SKR 03) |
> |---|---|---|---|---|
> | Bank | **1800** (1200) | 98.000,00 | Verb. Kl Restl. Z. gr. 5 J. | **3170** (0650) |
> | Damnum/Disagio | **1940** (0986) | 2.000,00 | Verb. Kl Restl. Z. gr. 5 J. | **3170** (0650) |
>
> **Buchung der Abschreibung des Disagios für 2018:**
>
> Jahresabschreibung   10 % von 2.000 € = 200 €, für 3 Monate 50 €

Sollkonto	SKR 04 (SKR 03)	Euro	Habenkonto	SKR 04 (SKR 03)
Zinsaufw. langfr. Verb.	7320 (2120)	50,00	Damnum/Disagio	1940 (0986)

2. Wie wird das Disagio abgeschrieben?

Je nach Art des Darlehens sind folgende Möglichkeiten zu unterscheiden:

- Fälligkeitsdarlehen: Das Darlehen ist nach Vertragsablauf in einer Summe zurückzuzahlen. Das aktivierte Disagio ist linear abzuschreiben (siehe vorheriges Beispiel).
- Tilgungs-, Raten- bzw. Abzahlungsdarlehen: Das Darlehen wird in jährlich gleichbleibenden Raten getilgt.

  Das aktivierte Disagio wird arithmetisch-degressiv (siehe 9.5.1 Frage 10!) abgeschrieben, da auch der Darlehensstand jährlich um den gleichen Betrag abnimmt.
- Annuitätendarlehen: Das Darlehen wird jährlich mit einem gleichbleibenden Betrag „bedient", der sich aus Zinsen und Tilgung zusammensetzt (Annuität = Jahresleistung). Der Tilgungsanteil der Annuität wird von Jahr zu Jahr höher, während der Zinsanteil von Jahr zu Jahr kleiner wird, er sinkt geometrisch-degressiv.

  Das aktivierte Disagio ist entsprechend dem sinkenden Zinsanteil abzuschreiben nach der Formel:

$$\text{Abschreibung Disagio} = (\text{Disagio} \cdot \text{Zinsaufwand des Jahres}) : \text{Gesamtzinsaufwand}$$

9.5.4 Aktive latente Steuern

1. Wie werden aktive latente Steuern bewertet?

Der Bilanzansatz ergibt sich aus dem Abgrenzungsbedarf, der mit dem individuellen Steuersatz multipliziert wird.

2. Ermitteln Sie die abzugrenzende aktive latente Steuer, buchen Sie!

Beispiel

Der vorläufige Jahresüberschuss der COLL GmbH beträgt 2018 und 2019 jeweils 100.000 €. Es ist eine Rückstellung für drohende Verluste aus schwebenden Geschäften in Höhe von 20.000 € zu bilden. Der Verlust wird im Jahr 2019 realisiert. Der individuelle Steuersatz wird mit 30 % angenommen.

Lösung:
Bei der **steuerrechtlichen** Gewinnermittlung darf die Rückstellung nicht berücksichtigt werden (§ 5 Abs. 4a EStG), der Steueraufwand beläuft sich auf 30.000 € (30 % von 100.000 €). Der Jahresüberschuss nach Steuern beträgt 70.000 €.

Der **handelsrechtliche** Jahresüberschuss vor Steuern ist um 20.000 € zu mindern (§ 249 Abs. 1 Satz 1 HGB), er beträgt 80.000 €. Der Steueraufwand von 24.000 € ist zu kürzen, der Jahresüberschuss nach Steuern beträgt 56.000 €.

Es entsteht ein latenter Steuerertrag von 6.000 €, der im Jahr 2018 – im Jahr des Verlusteintritts – wieder aufgelöst wird. Hierfür **kann** ein Aktivposten in die Bilanz eingestellt werden („Bilanzierungshilfe", § 274 Abs. 1 HGB).

	2018		2019	
	HB	StB	HB	StB
vorläufiger Jahresüberschuss	100.000 €	100.000 €	100.000 €	100.000 €
Zuführung Drohverlustrückstellung	20.000 €			
Verlusteintritt				20.000 €
Ergebnis vor Steuern	**80.000 €**	**100.000 €**	**100.000 €**	**80.000 €**
tatsächlicher Steueraufwand	30.000 €	30.000 €	24.000 €	24.000 €
latenter Steuerertrag/-aufwand	- 6.000 €		6.000 €	
ausgewiesener Steueraufwand	24.000 €		30.000 €	
Ergebnis nach Steuern	**56.000 €**	**70.000 €**	**70.000 €**	**56.000 €**

Buchung im Jahr 2018:

Sollkonto	SKR 04 (SKR 03)	Euro	Habenkonto	SKR 04 (SKR 03)
Abg. aktive latente Steuern	1950 (0983)	6.000,00	Körperschaftsteuer	7600 (2200)

Buchung im Jahr 2019:

Sollkonto	SKR 04 (SKR 03)	Euro	Habenkonto	SKR 04 (SKR 03)
Körperschaftsteuer	7600 (2200)	6.000,00	Abg. aktive latente Steuern	1950 (0983)

9.6 Bewertung der Passiva

9.6.1 Eigenkapital

1. Welche Bedeutung hat die Bewertung von Entnahmen und Einlagen?

Da Entnahmen und Einlagen das Betriebsvermögen (Eigenkapital) ändern, aber in der Regel den Erfolg nicht beeinflussen dürfen, **müssen** sie beim Bestandsvergleich (§ 4 Abs. 1 EStG) der Differenz zwischen Betriebsvermögen am Schluss des Wirtschaftsjahres und Betriebsvermögen am Schluss des Vorjahres hinzugerechnet werden bzw. sie müssen davon gekürzt werden.

2. Wie werden Entnahmen bewertet?

Alle Wirtschaftsgüter – Barentnahmen, Waren, Erzeugnisse, Nutzungen und Leistungen –, die der Steuerpflichtige dem Betrieb für sich, für seinen Haushalt oder andere betriebsfremde Zwecke entnimmt, sind Entnahmen (§ 4 Abs. 1 Satz 2 EStG). Handelt es sich um Geldentnahmen, entsteht kein Bewertungsproblem.

Entnahmen des Steuerpflichtigen sind mit dem Teilwert (§ 6 Abs. 1 Nr. 4 EStG) im Zeitpunkt der Entnahme zu bewerten, auch wenn dieser über den Anschaffungs- oder Herstellungskosten liegt. Dadurch soll verhindert werden, dass Gewinne in Form von stillen Reserven unversteuert aus dem betrieblichen in den privaten Bereich gelangen. Bei bestimmten Unternehmen wird die Bemessungsgrundlage für die Entnahme von Gegenständen aus Vereinfachungsgründen anhand von amtlich festgelegten **Pauschbeträgen** ermittelt.

Bei der Nutzungsentnahme entsprechen die anteilig auf die Nutzungsentnahme entfallenden Aufwendungen dem Teilwert, bei Leistungsentnahmen entsprechen die Selbstkosten dem Teilwert.

3. Wie wird die Nutzung eines betrieblichen Kraftfahrzeugs zu Privatfahrten, zu Fahrten zwischen Wohnung und Betriebsstätte sowie zu Familienheimfahrten bewertet und gebucht?

Die Zuordnung von Kraftfahrzeugen zu einem Betriebsvermögen richtet sich nach allgemeinen Grundsätzen (R 4.2 Abs. 1 EStR 2012). Zur betrieblichen Nutzung zählt auch die auf die Wege zwischen Wohnung und Betriebsstätte und Familienheimfahrten entfallende Nutzung (BMF vom 18.11.2009, BMF vom 15.11.2012, BMF vom 30.09.2013).

Der Begriff der Betriebsstätte weicht vom Betriebsstättenbegriff des § 12 AO ab. Unter Betriebsstätte ist die von der Wohnung getrennte dauerhafte Tätigkeitsstätte des Steuerpflichtigen zu verstehen, d. h. eine ortsfeste betriebliche Einrichtung des Steuerpflichtigen. Eine hierauf bezogene eigene Verfügungsmacht des Steuerpflichtigen ist – im Unterschied zur Geschäftseinrichtung i. S. des § 12 Abs. 1 AO – nicht erforderlich. Übt der Steuerpflichtige seine betriebliche Tätigkeit an mehreren Betriebsstätten aus, ist die erste Betriebsstätte anhand quantitativer Merkmale zu bestimmen. Die erste Betriebsstätte ist die Tätigkeitsstätte, an der der Steuerpflichtige typischerweise arbeitstäglich oder je Woche an zwei vollen Arbeitstagen oder mindestens zu einem Drittel seiner regelmäßigen Arbeitszeit tätig werden will.

Kraftfahrzeuge,

- die zu mehr als 50 % eigenbetrieblich genutzt werden, **sind** in vollem Umfang **notwendiges Betriebsvermögen**

- die zu mindestens 10 % bis zu 50 % betrieblich genutzt sind, **können**, wenn sie objektiv „betriebsdienlich" sind, dem **gewillkürten Betriebsvermögen** zugeordnet werden
- die zu weniger als 10 % privat genutzt werden, werden dem **Privatvermögen** zugeordnet.

Gehört das Fahrzeug zum betriebsnotwendigen Vermögen, kann der Anteil der Privatnutzung mittels der pauschalisierenden **1 %-Methode** oder durch **Fahrtenbuch** ermittelt werden.

Für Fahrzeuge des gewillkürten Betriebsvermögens darf die 1 %-Methode **nicht** angewendet werden. Der private Nutzungsanteil ist mittels Fahrtenbuch oder, falls ein Fahrtenbuch nicht ordnungsgemäß geführt wird, durch Schätzung zu ermitteln.

Für Fahrzeuge, die zum Privatvermögen gehören, ist ein steuerlicher Nutzungsanteil nicht zu ermitteln. Der betrieblich veranlasste Kostenanteil erfolgt durch Ansatz einer Kilometerpauschale.

1 %-Regelung (§ 6 Abs. 1 Nr. 4 Satz 2 EStG)
Vom auf volle 100 € abgerundeten Bruttolistenpreis im Zeitpunkt der Erstzulassung als Bemessungsgrundlage ist für die Privatnutzung 1 % je Monat anzusetzen.

Der Nutzungsanteil für Fahrten zwischen Wohnung und Betriebsstätte berechnet sich mit 0,03 % vom Bruttolistenpreis je Entfernungskilometer abzüglich der Entfernungspauschale von 0,30 € je Entfernungskilometer. Für Familienheimfahrten im Rahmen einer doppelten Haushaltsführung sind zusätzlich 0,002 % des Bruttolistenpreises pro Fahrt und für jeden Entfernungskilometer anzusetzen. Auch hier darf die Entfernungspauschale von 0,30 € je Entfernungskilometer abgezogen werden. Begünstigt ist eine Fahrt pro Woche (nicht abzugsfähige Betriebsausgabe: § 4 Abs. 5 Satz 1 Nr. 6 EStG).

Die unternehmensfremde (private) Nutzung ist unter den Voraussetzungen des § 3 Abs. 9a Nr. 1 UStG als unentgeltliche Wertabgabe der Umsatzsteuer zu unterwerfen. Der für Ertragssteuerzwecke ermittelte Wert wird der Bemessungsgrundlage für die Umsatzbesteuerung zugrunde gelegt. Für nicht mit Vorsteuer belastete Ausgaben kann aus Vereinfachungsgründen ein pauschaler Abschlag von 20 % vorgenommen werden.

Auf den so ermittelten Nettobetrag ist die Umsatzsteuer mit dem allgemeinen Steuersatz aufzuschlagen (BMF-Schreiben vom 05.07.2014).

Beispiel

Kauf Hybridelektrofahrzeug einschließlich Batterie
Der Unternehmer Kleinschmitt erwirbt im Jahr 2018 ein Hybridelektrofahrzeug mit einer Batteriekapazität von 16 kWh. Der Bruttolistenpreis beträgt 44.310 €. Die betriebliche Nutzung beträgt 65 %. Der Bruttolistenpreis ist um 4.800 € (16 kWh · 250 €) zu mindern. Der für die Ermittlung des Entnahmewerts geminderte Bruttolistenpreis beträgt (44.310 € - 4.000 € = 40.310 € abgerundet auf volle Hundert Euro =) 40.300 €.

Die „Nutzungsentnahme" nach der 1-%-Regelung beträgt somit 403 € pro Monat (= Gewinnerhöhung). Für umsatzsteuerliche Zwecke gilt dieser Nachteilsausgleich nicht. Die Bemessungsgrundlage für die Umsatzsteuer beträgt 1% des abgerundeten Bruttolistenpreises, also 443 € (44.300 € x 1 %). Hiervon unterliegen 80 % der Umsatzsteuer (354,40 €), der Restbetrag bis zu der „Nutzungsentnahme" von 403 € (40,60 €) entspricht einem pauschalen Abschlag für nicht mit Vorsteuer belastete Kosten.

Sollkonto	SKR 04 (SKR 03)	Euro	Habenkonto	SKR 04 (SKR 03)
Unentgeltl. Wertabgaben	2130 (1880)	48,60	Kfz-Nutzung ohne USt	4639 (8924)
Unentgeltl. Wertabgaben	2130 (1880)	354,40	Verw.v. Gegenständen	4645 (8921)
Unentgeltl. Wertabgaben	2130 (1880)	67,34	Umsatzsteuer 19%	3806 (1776)

Der pauschale Nutzungswert nach § 6 Abs. 1 Nr. 4 Satz 2 EStG sowie die nicht abziehbaren Betriebsausgaben nach § 4 Abs. 5 Satz 1 Nr. 6 EStG können die für das genutzte Kraftfahrzeug insgesamt entstandenen Aufwendungen übersteigen. In diesem Falle sind diese Beträge höchstens mit den Gesamtkosten des Fahrzeugs anzusetzen (**Kostendeckelung**). Die Entfernungspauschale nach § 4 Abs. 5 Satz 1 Nr. 6 i. V. m. § 9 Abs. 1 Satz 3 Nr. 4 EStG ist zu berücksichtigen (BMF-Schreiben vom 18.11.2009).

Fahrtenbuchmethode (§ 6 Abs. 1 Nr. 4 Satz 3 EStG)
Werden die insgesamt entstehenden Aufwendungen durch Belege und das Verhältnis der privaten zu den betrieblichen Fahrten durch ein ordnungsgemäßes Fahrtenbuch nachgewiesen, ist von diesem Wert auch bei der Ermittlung der Bemessungsgrundlage für die Umsatzbesteuerung der unternehmensfremden Nutzung auszugehen. Aus den Gesamtaufwendungen sind für Zwecke der Umsatzsteuer die nicht mit Vorsteuer belasteten Ausgaben in der belegmäßig nachgewiesenen Höhe auszuscheiden (BMF-Schreiben vom 05.06.2014).

4. Wie wird die private Nutzung der betrieblichen Telekommunikationsgeräte bewertet?

Es sind zwei Fälle zu unterscheiden. Der Unternehmer nutzt

- selbst angeschaffte Geräte oder
- gemietete Geräte

privat mit.

Hat der Unternehmer Telefonanlagen etc. **selbst angeschafft**, kann er unter der Voraussetzung des § 15 UStG (Abschn. 3.4. Abs. 4 Satz 1 UStAE) die Vorsteuer in voller Höhe geltend machen. Die nichtunternehmerische Nutzung stellt eine unentgeltliche Wertabgabe im Sinne des § 3 Abs. 9a Nr. 1 UStG (Abschn. 3.4 Abs. 4 Satz 2 UStAE) dar. Die Bemessungsgrundlage für die Umsatzsteuer richtet sich nach den entstandenen Kosten, dies sind die anteiligen Abschreibungen (§ 10 Abs. 4 Nr. 2 UStG).

Beispiel

Anschaffungskosten der Telekommunikationsanlage 10.000 € netto, betriebsgewöhnliche Nutzungsdauer 10 Jahre, lineare Abschreibung, der private Nutzungsanteil wurde mit 30 % festgestellt.

Lösung:

Lineare Jahresabschreibung	1.000 €
Privater Nutzungsanteil 30 %	300 €
+ 19 % USt	57 €
private Nutzung	357 €

Sollkonto	SKR 04 (SKR 03)	Euro	Habenkonto	SKR 04 (SKR 03)
Unentgelt. Wertabgaben	**2130** (1880)	300,00	Verw. V. Gegenständen 19 %	**4640** (8920)
Unentgelt. Wertabgaben	**2130** (1880)	57,00	Umsatzsteuer 19 %	**3806** (1776)

Hat der Unternehmer Telefonanlagen etc. gemietet, sind sämtliche Kosten (Miete, Gesprächsgebühren, Grundgebühren) in einen privaten und einen betrieblichen Anteil aufzuteilen. Die mit dem betrieblichen Nutzungsanteil zusammenhängende Vorsteuer ist abzugsfähig. Die Leistungen der Telefongesellschaft sind unmittelbar dem nichtunternehmerischen Bereich zuzuordnen. Die Besteuerung nach § 3 Abs. 9a Nr. 1 UStG entfällt. Bezüglich des privaten Nutzungsanteils liegt keine unentgeltliche sonstige Leistung vor (Abschn. 3.4 Abs. 4 Satz 4 UStAE).

Beispiel

Die Telefonrechnung Oktober 2018 weist für Grund- und Gesprächsgebühren einen Betrag von netto 800 € zuzüglich 19 % USt aus. Der Betrag von 952 € wird per Bank überwiesen. Der private Nutzungsanteil wurde mit 30 % festgestellt.

Lösung:

Nettorechnungsbetrag	800,00 €
Privater Nutzungsanteil 30 %, netto	240,00 €
Betrieblicher Nutzungsanteil 70 %, netto	560,00 €
Hierauf entfallende abzugsfähige Vorsteuer 19 %	106,40 €
Privater Nutzungsanteil brutto (inklusive 19 % USt)	285,60 €

Sollkonto	SKR 04 (SKR 03)	Euro	Habenkonto	SKR 04 (SKR 03)
Telefon	**6805** (4920)	560,00	Bank	**1800** (1200)
Vorsteuer	**1406** (1576)	106,40	Bank	**1800** (1200)
Unentgelt. Wertabgaben	**2130** (1880)	285,60	Bank	**1800** (1200)

5. Wie werden Entnahmen umsatzsteuerrechtlich behandelt?

Der einkommensteuerrechtliche Entnahmebegriff stimmt nicht mit dem umsatzsteuerrechtlichen Begriff der unentgeltlichen Leistung überein. Der Umsatzsteuer unterliegen grundsätzlich nur bestimmte Entnahmearten. So liegt bei einer Geldentnahme zwar einkommensteuerrechtlich eine Entnahme vor, sie unterliegt jedoch nicht als unentgeltliche Leistung der Umsatzsteuer.

- Die Entnahme eines Gegenstandes ist eine steuerbare unentgeltliche Leistung, wenn die Tatbestandsmerkmale vorliegen (§ 1 Abs. 1 Nr. 1 i. V. mit § 3 Abs. 1b Satz 1 Nr. 1 UStG). Sie liegt nur vor, wenn der Vorgang bei entsprechender Ausführung an Dritte als Lieferung – einschließlich Werklieferung – anzusehen wäre (Abschn. 3.3 Abs. 5 Satz 1 UStAE). Die Entnahme eines dem Unternehmen zugeordneten Gegenstandes wird nach § 3 Abs. 1b UStG nur dann einer unentgeltlichen Lieferung gleichgestellt, wenn der entnommene oder zu verwendende Gegenstand oder seine Bestandteile zum vollen oder teilweisen Vorsteuerabzug berechtigt haben (Abschn. 3.3 Abs. 2 Satz 1 UStAE).

- Die Verwendung eines dem Unternehmen zugeordneten Gegenstandes, der zum vollen oder teilweisen Vorsteuerabzug berechtigt hat, wird eine sonstigen Leistung gegen Entgelt gleichgestellt, wenn die Tatbestandsmerkmale vorliegen (§ 1 Abs. 1 Nr. 1 i. V. mit § 3 Abs. 9a Nr. 1 UStG).

- Andere unentgeltliche sonstige Leistungen (Leistungsentnahmen) stellen steuerbare unentgeltliche Leistungen dar, wenn die Tatbestandsmerkmale vorliegen (§ 1 Abs. 1 Nr. 1 i. V. mit § 3 Abs. 9a Nr. 2 UStG).

Die Entnahme eines Gegenstandes, bei dem Vorsteuer abgezogen wurde, bemisst sich nach dem Nettoeinkaufspreis (§ 10 Abs. 4 Nr. 1 UStG) zuzüglich der Nebenkosten für den Gegenstand oder für einen gleichartigen Gegenstand oder nach den Selbstkosten des Gegenstandes jeweils zum Zeitpunkt des Umsatzes. Diese umfassen alle durch den betrieblichen Leistungsprozess entstandenen Kosten (Abschn. 10.6 Abs. 1 Satz 4 UStAE).

Zur Bemessungsgrundlage für die Besteuerung privat genutzter betrieblicher Gegenstände siehe Frage 2!

Die Umsatzsteuerbemessungsgrundlage für andere sonstige Leistungen im Sinne des § 3 Abs. 9a Nr. 2 UStG richtet sich nach den bei der Ausführung dieser Umsätze entstandenen Ausgaben (§ 10 Abs. 4 Nr. 3 UStG).

6. Wie werden Entnahmen gebucht?

- **Entnahme von Gegenständen (Sachentnahme)**
  Hierfür steht z. B. das Habenkonto „Entnahme durch den Unternehmer für Zwecke außerhalb des Unternehmens (Waren) 19 % USt" 8910 (*4620*) zur Verfügung.

Sollkonto	SKR 04 (SKR 03)	Euro	Habenkonto	SKR 04 (SKR 03)
Unentgelt. Wertabgaben	**2130** (1880)	Betrag	Entnahme Waren 19 %	**4620** (8910)
Unentgelt. Wertabgaben	**2130** (1880)	Betrag	Umsatzsteuer 19 %	**3806** (1776)

- **Private Nutzung betrieblicher Gegenstände (Nutzungsentnahme)**
  Hierfür stehen z. B. das Habenkonten „Verwendung von Gegenständen für Zwecke außerhalb des Unternehmens 19 % USt" 4640 (*8920*) zur Verfügung.

- **Andere unentgeltliche sonstige Leistungen (Leistungsentnahme)**
  Hierfür steht z. B. das Konto „Unentgeltliche Erbringung einer sonstigen Leistung 19 % USt" 4660 (*8925*) zur Verfügung.

Beispiel

Schreinermeister Boll lässt seine Arbeiter während ihrer Arbeitszeit die Türen in seinem neuen Einfamilienhauses in Holzminden einbauen. Die Selbstkosten betragen netto 20.000 €.

Sollkonto	SKR 04 (SKR 03)	Euro	Habenkonto	SKR 04 (SKR 03)
Unentgelt. Wertabgaben	**2130** (1880)	20.000,00	Unentgelt. Sonst. Leistung	**4660** (8925)
Unentgelt. Wertabgaben	**2130** (1880)	3.800,00	Umsatzsteuer 19 %	**3806** (1776)

7. Wie werden Einlagen bewertet und gebucht?

Einlagen (§ 4 Abs. 1 Satz 8 EStG, sind alle Wirtschaftsgüter (Bareinzahlungen und sonstige Wirtschaftsgüter), die der Steuerpflichtige dem Betrieb im Laufe des Wirtschaftsjahrs zugeführt hat. Sie sind grundsätzlich mit dem Teilwert im Zeitpunkt der Zuführung (§ 6 Abs. 1 Nr. 5 EStG) zu bewerten.

 ACHTUNG

Einlagen sind höchstens mit den Anschaffungs- oder Herstellungskosten anzusetzen, wenn das zugeführte Wirtschaftsgut innerhalb der letzten drei Jahre vor der Zuführung angeschafft oder hergestellt wurde. Abschreibungen, die auf die Zeit vor der Zuführung entfallen, sind von den Anschaffungs- bzw. Herstellungskosten zu kürzen.

Die Einlagen (Konto „Privateinlagen" 2180 (*1890*)) erhöhen das Eigenkapital und sind grundsätzlich erfolgsneutral. Handelt es sich um eine Geldeinlage, ist zu buchen:

Sollkonto	SKR 04 (SKR 03)	Euro	Habenkonto	SKR 04 (SKR 03)
Bank	1800 (1200)	Betrag	Privateinlagen	2180 (1890)

8. Welche Sonderposten mit Rücklageanteil können gebildet werden?

Aufgrund steuerrechtlicher Vorschriften können z. B. folgende Sonderposten mit Rücklageanteil gebildet werden:

▸ Rücklagen für Ersatzbeschaffung (R 6.6 Abs. 1 EStR 2012)
▸ Rücklagen für Investitionen gem. § 6b EStG.

Es handelt sich dabei um Passivposten, die unter bestimmten Voraussetzungen für aufgelöste stille Reserven gebildet werden können, um sofortige Versteuerung zu vermeiden. Die Auflösung des Passivpostens kann u. U. erfolgsneutral durchgeführt werden, indem er mit einem Aktivposten verrechnet wird, sodass die Besteuerung der offen gelegten stillen Reserven hinausgeschoben wird.

9.6.2 Rückstellungen

1. Unterscheiden Sie Rückstellungen und Rücklagen!

Während es sich bei Rückstellungen um Fremdkapital handelt – der entsprechende Aufwandsposten hat den Erfolg gemindert – sind die Rücklagen (Kapital- und Gewinnrücklagen) dem Eigenkapital zuzurechnen. Gewinnrücklagen werden aus bereits versteuerten Gewinnen gebildet, sofern sie offen ausgewiesen sind. **Stille Rücklagen** (Reserven) entstehen durch **Unterbewertung** von Aktiva und **Überbewertung** von Passiva zwangsläufig oder freiwillig. Sie werden erst durch eine Veräußerung, Entnahme oder durch eine Bewertungsmaßnahme aufgelöst und als Gewinn versteuert.

2. Unterscheiden Sie „Sonstige Verbindlichkeiten" und „Rückstellungen"!

Während bei einer „Sonstigen Verbindlichkeit" am Abschlussstichtag

▸ der Grund der Verbindlichkeit,
▸ die Höhe und
▸ die Fälligkeit der Verbindlichkeit

feststehen, ist bei Rückstellungen (Konto „Steuerrückstellungen" 3020 (*0955*), „Sonstige Rückstellungen" 3070 (*0970*)) nur der Grund der Verbindlichkeit für einen Aufwand bekannt, der wirtschaftlich vor dem Abschlussstichtag entstanden ist. Höhe und/oder Fälligkeit sind dagegen nicht bekannt.

Die Ausgabe erfolgt in beiden Fällen nach dem Abschlussstichtag.

3. Welche Ansatzvorschriften für Rückstellungen sind zu beachten?

Zu den Ansatzvorschriften siehe 9.3 Frage 3!

4. Wie werden Rückstellungen gebucht?

Buchung der Rückstellung am Abschlussstichtag, erfolgsmindernd:

> Aufwandskonto an **3020** (*0955*) oder an **3070** (*0970*)

Buchung der Auflösung der Rückstellung bei Zahlung, erfolgsneutral:

> **3020** (*0955*) an Bank **1800** (*1200*) oder **3070** (*0970*) an Bank **1800** (*1200*)

Wurde die Höhe der Rückstellung unzutreffend geschätzt, ist die Differenz bei Zahlung oder Bekanntwerden der „Sonstigen Verbindlichkeit" erfolgserhöhend aufzulösen.

„Erträge aus der Auflösung von Rückstellungen
für Steuern vom Einkommen und Ertrag"   7644 (*2284*)
„Erträge aus der Auflösung von Rückstellungen für sonstige Steuern"   7694 (*2289*)
„Erträge aus der Auflösung von Rückstellungen"   4930 (*2735*)

Sollkonto	SKR 04 (SKR 03)	Euro	Habenkonto	SKR 04 (SKR 03)
Steuerrückstellungen	**3020** (*0955*)	Betrag	Ertr. Aufl. Rückst. Steuern	**7644** (*2284*)
Sonst. Rückstellungen	**3070** (*0970*)	Betrag	oder	**7694** (*2289*)
			Erträge Aufl. Rückst.	**4930** (*2735*)

Für die erfolgsmindernde Buchung werden folgende Konten benötigt:

„Steuernachzahlungen Vorjahre für Steuern vom Einkommen und Ertrag" 7640 (*2280*)
„Steuernachzahlungen Vorjahre für sonstige Steuern"   7690 (*2285*)
„Periodenfremde Aufwendungen (sofern nicht außerordentlich)"   6960 (*2020*)

Sollkonto	SKR 04 (SKR 03)	Euro	Habenkonto	SKR 04 (SKR 03)
Stnachz. Vorj. f. Steuern v. Einkommen u. Ertrag	**7640** (*2280*)	Betrag	Steuerrückstellungen	**3020** (*0955*)
oder Stnachz. Vorjahre für sonstige Steuern	**7690** (*2285*)	Betrag	Steuerrückstellungen	**3020** (*0955*)
Periodenfr. Aufw.	**6960** (*2020*)	Betrag	Sonstige Rückstellungen	**3070** (*0970*)

5. Wie werden Rückstellungen bewertet?

Rückstellungen sind in Höhe des nach vernünftiger kaufmännischer Beurteilung notwendigen Erfüllungsbetrages anzusetzen (§ 253 Abs. 1 Satz 2 HGB). Das heißt, dass zukünftige Preis- und Kostensteigerungen, aber auch Preis-und Kostensenkungen berücksichtigt werden müssen. Passiviert wird der im Erfüllungszeitpunkt voraussichtlich aufzuwendende Geldbetrag. Die **Aufzinsung** erfolgt nach der Formel:

> Kapitalwert nach n Jahren = Kapitalwert am Anfang • Aufzinsungsfaktor
> Aufzinsungsfaktor = $(1 + \text{Zinssatz} : 100)^n$
> n = Laufzeit in Jahren

Bei der Bewertung von Rückstellungen für gleichartige Verpflichtungen ist zu berücksichtigen, inwieweit der Steuerpflichtige erfahrungsgemäß nur zu einem Teil der Summe der Verpflichtungen in Anspruch genommen wurde. Rückstellungen für Sachleistungsverpflichtungen sind mit den Einzelkosten und den angemessenen Teilen der notwendigen Gemeinkosten zu bewerten. Bei der Bewertung sind die Verhältnisse am Bilanzstichtag maßgebend, künftige Preis- und Kostensteigerungen dürfen nicht berücksichtigt werden (§ 6 Abs. 1 Nr. 3a EStG).

Rückstellungen mit einer Restlaufzeit von mehr als einem Jahr sind mit dem ihrer Restlaufzeit entsprechenden durchschnittlichen Marktzinssatz der vergangenen sieben Geschäftsjahre **abzuzinsen** (§ 253 Abs. 2 Satz 1 HGB). Der Marktzins wird von der Deutschen Bundesbank ermittelt und bekannt gegeben. Im Steuerrecht sind Rückstellungen mit einheitlich 5,5 % abzuzinsen (§ 6 Abs. 1 Nr. 3a Buchstabe e EStG). Die **Abzinsung** erfolgt nach der Formel:

> Kapitalwert am Anfang = Kapitalwert am Ende • Abzinsungsfaktor
> Abzinsungsfaktor = $1 : (1 + \text{Zinssatz} : 100)^n$
> n = Abzinsungszeit in Jahren

9.6.3 Verbindlichkeiten

1. Wie werden Verbindlichkeiten nach handelsrechtlichen Vorschriften bewertet?

Nach **Handelsrecht** sind Verbindlichkeiten mit ihrem Erfüllungsbetrag anzusetzen (§ 253 Abs. 1 Satz 2 HGB). Eine Abzinsungspflicht besteht nicht. Das Höchstwertprinzip (§ 252 Abs. 1 Nr. 4 HGB) ist zu beachten.

2. Wie werden Verbindlichkeiten nach steuerrechtlichen Vorschriften bewertet?

Nach **Steuerrecht** sind Verbindlichkeiten grundsätzlich mit den Anschaffungskosten zu bewerten (§ 6 Abs. 1 Nr. 3 EStG, H 6.10 (Anschaffungskosten) EStH 2011). Als Anschaffungskosten gilt der Nennwert der Verbindlichkeit.

Für die Bewertung von Verbindlichkeiten besteht grundsätzlich ein **Abzinsungsgebot**. Sie sind mit den um 5,5 % abgezinsten Anschaffungskosten anzusetzen (§ 6 Abs. 1 Nr. 3 Satz 1 EStG), dies ist der Barwert der Verbindlichkeit.

Das Abzinsungsgebot gilt nicht für

- Anzahlungen und Vorauszahlungen,
- übrige Verbindlichkeiten, die verzinslich sind (der vereinbarte Zinssatz ist > 0 %),
- übrige Verbindlichkeiten, die unverzinslich sind, deren Laufzeit aber kleiner als 12 Monate ist.

Der Barwert wird nach folgender Formel ermittelt:

Barwert = AK der Verbindlichkeit · Abzinsungsfaktor

Abzinsungsfaktor = $1 : (1 + 5,5 : 100)^n$

Hierbei gibt n die Abzinsungszeit in Jahren an.

Beispiel

Die Anschaffungskosten einer unverzinslichen Verbindlichkeit betragen 20.000,00 €. Die Laufzeit beträgt 2,5 Jahre.

Der Abzinsungsfaktor beträgt 0,8787, der abgezinste Betrag der Verbindlichkeit beträgt 17.494,39 €.

Eine Höherbewertung kann – in sinngemäßer Anwendung der Bewertungsvorschriften für das Umlaufvermögen – vorgenommen werden, wenn sie voraussichtlich von Dauer ist. Buchführende Gewerbetreibende, die die handelsrechtlichen Grundsätze ordnungsmäßiger Buchführung zu beachten haben, müssen den höheren Teilwert ansetzen (Maßgeblichkeitsgrundsatz), wenn die Werterhöhung von Dauer ist.

Ein höherer Teilwert kommt insbesondere bei der Bewertung von Fremdwährungsverbindlichkeiten (Valutaverbindlichkeiten) infrage. Durch Wechselkursschwankungen ist allerdings keine dauerhafte Erhöhung des Erfüllungsbetrages gegeben (BMF-Schreiben vom 02.09.2016).

Buchung:

Sollkonto	SKR 04 (SKR 03)	Euro	Habenkonto	SKR 04 (SKR 03)
Kreditoren Personenkto.	**70000** (70000)	Betrag	Ertr. Bewertung Rückst.	**4932** (2736)

Auch bei Verbindlichkeiten ist – wie bei der Bewertung des Umlaufvermögens – das strikte Wertaufholungsgebot zu beachten, wenn die Gründe für die Bewertung mit dem höheren Teilwert voraussichtlich nicht von Dauer sind.

9.6.4 Rechnungsabgrenzungsposten
1. Was sind passive Rechnungsabgrenzungsposten?
Unter dieser Position sind lediglich die transitorischen Rechnungsabgrenzungen auszuweisen (§ 250 Abs. 2 HGB, § 5 Abs. 5 Satz 1 Nr. 2 EStG):

Einnahmen vor dem Bilanzstichtag sind, soweit sie **Ertrag für eine bestimmte Zeit nach dem Bilanzstichtag** darstellen, als Rechnungsabgrenzungsposten auf der Passivseite der Bilanz auszuweisen. Die Zeit, der die abzugrenzenden Einnahmen als Ertrag zuzurechnen sind, muss kalendermäßig festliegen, sie darf nicht nur geschätzt werden.

2. Wie werden passive Rechnungsabgrenzungen gebucht?
Beispiel

Der buchführende Kaufmann Merzig – Geschäftsjahr entspricht Kalenderjahr – hat am 01.10.2018 die Miete für vermietete Geschäftsräume für die Zeit vom 01.10.2018 bis zum 31.03.2019 in Höhe von 7.200 € erhalten (Bankgutschrift).

Lösung:
Buchung am 01.10.2018

Sollkonto	SKR 04 (SKR 03)	Euro	Habenkonto	SKR 04 (SKR 03)
Bank	**1800** (1200)	7.200,00	Grundstückserträge	**4860** (2750)

Buchung am 31.12.2018

Da der Ertrag für 3 Monate das Geschäftsjahr 2019 betrifft, ist eine passive Rechnungsabgrenzung zu bilden („periodengerechte Gewinnermittlung").

Sollkonto	SKR 04 (SKR 03)	Euro	Habenkonto	SKR 04 (SKR 03)
Grundstückserträge	**4860** (2750)	3.600,00	Passive Rechnungsabgrenzung	**3900** (0990)

Der Rechnungsabgrenzungsposten kann alternativ auch bereits bei Buchung des Zahlungseingangs erfasst werden:

Sollkonto	SKR 04 (SKR 03)	Euro	Habenkonto	SKR 04 (SKR 03)
Bank	**1800** (1200)	3.600,00	Grundstückserträge	**4860** (2750)
Bank	**1800** (1200)	3.600,00	Passive Rechnungsabgrenzung	**3900** (0990)

Im Jahr 2018 wird das Konto Passive Rechnungsabgrenzung mit dem Betrag von 3.600 € eröffnet und aufgelöst, Buchung am 01.01.2019:

Sollkonto	SKR 04 (SKR 03)	Euro	Habenkonto	SKR 04 (SKR 03)
Passive Rechnungsabgrenzung	**3900** (0990)	3.600,00	Grundstückserträge	**4860** (2750)

Um der kurzfristigen Erfolgsrechnung gerecht zu werden, muss für die Monate Januar bis März 2019 jeweils ein Ertrag von 1.200 € gebucht werden.

9.6.5 Passive latente Steuern

1. Wie werden passive latente Steuern bewertet?

Bestehen zwischen den handelsrechtlichen Wertansätzen von Vermögensgegenständen und ihren steuerlichen Wertansätzen Differenzen, die sich in späteren Geschäftsjahren voraussichtlich abbauen, so ist eine sich daraus insgesamt ergebende Steuerbelastung als passive latente Steuer in der Bilanz anzusetzen (§ 274 Abs. 1 HGB).

Die Beträge der sich ergebenden Steuerbe- und -entlastung sind mit den unternehmensindividuellen Steuersätzen im Zeitpunkt des Abbaus der Differenzen zu bewerten und nicht abzuzinsen (§ 274 Abs. 2 HGB).

2. Ermitteln Sie die abzugrenzende passive latente Steuer, buchen Sie!

Beispiel

Der vorläufige Jahresüberschuss der LEIM GmbH beträgt in den Jahren 2018 bis 2022 je 100.000 €. Im Januar 2018 wurde durch eigene Mitarbeiter eine auf das Unternehmen zugeschnittene Anwendersoftware erstellt und in Betrieb genommen. Die Aufwendungen betrugen 10.000 €. Für die selbst hergestellte Software gilt das steuerliche Aktivierungsverbot (§ 5 Abs. 2 EStG). Die LEIM GmbH nimmt das handelsrechtliche Aktivierungswahlrecht (§ 248 Abs. 2 HGB) in Anspruch und schreibt die Software auf 5 Jahre mit je 25 % ab.

Lösung:

Da der steuerliche Gewinn im Jahr 2018 um 8.000 € niedriger ist als der handelsrechtliche Gewinn, ist der abzugrenzende Steueraufwand (30 % von 8.000 €) mit 2.400 € in die Position „Passive latente Steuern" einzustellen. In den Folgejahren wird dieser Betrag um jährlich 600 € abgebaut.

Jahr:	2018 (Zahlen in €)		2019 (Zahlen in €)		2020 (Zahlen in €)	
	HB	StB	HB	StB	HB	StB
vorläufiger Jahresüberschuss	100.000	100.000	100.000	100.000	100.000	100.000
Abschreibung	2.000	10.000	2.000	0	2.000	0
Ergebnis vor Steuern	98.000	90.000	98.000	100.000	98.000	100.000
tatsächlicher Steueraufwand	27.000	27.000	30.000	30.000	30.000	30.000
latenter Steueraufwand/-ertrag	**2.400**		**- 600**		**- 600**	
ausgewiesener Steueraufwand	29.400		29.400		29.400	
Ergebnis nach Steuern	68.600	63.000	68.600	70.000	68.600	70.000

Jahr:	2021 (Zahlen in €)		2022 (Zahlen in €)		Gesamtsumme (€)	
	HB	StB	HB	StB	HB	StB
vorläufiger Jahresüberschuss	100.000	100.000	100.000	100.000	500.000	500.000
Abschreibung	2.000	0	2.000	0	10.000	10.000
Ergebnis vor Steuern	98.000	100.000	98.000	100.000	490.000	490.000
tatsächlicher Steueraufwand	30.000	30.000	30.000	30.000	147.000	147.000
latenter Steueraufwand/-ertrag	**- 600**		**- 600**		**—**	**entfällt**
ausgewiesener Steueraufwand	29.400		29.400		147.000	
Ergebnis nach Steuern	68.600	70.000	68.600	70.000	343.600	343.000

Buchung im Jahr 2018:

Sollkonto	SKR 04 (SKR 03)	Euro	Habenkonto	SKR 04 (SKR 03)
Aufw. aus der Zuführung u. Aufl. von lat. Steuern	**7645** (2250)	2.400,00	Passive latente Steuern	**3065** (0968)

Buchungen in den Jahren 2019 bis 2022:

Sollkonto	SKR 04 (SKR 03)	Euro	Habenkonto	SKR 04 (SKR 03)
Passive latente Steuern	3065 (0968)	600,00	Ertr. aus der Zuführung u. Aufl. von lat. Steuern	7649 (2255)

10. Betriebswirtschaftliche Auswertungen

10.1 Sachliche Abgrenzung

1. Welche Funktion übernimmt die Kontenklasse 2 im SKR 03?

Die Kosten- und Leistungsrechnung erfordert eine Abgrenzung der betrieblichen Aufwendungen und Erträge von den neutralen Aufwendungen und Erträgen:

- Außerordentliche,
- betriebsfremde und
- periodenfremde

Aufwendungen und Erträge dürfen nicht – bzw. nur in transformierter Form – in die Kosten- und Leistungsrechnung eingehen.

Die Kontenklasse 2 übernimmt diese sachliche Abgrenzung.

Ein Vergleich der Kontenrahmen SKR 04 und SKR 03 zeigt, dass die Kontenzuordnung zu den GuV-Posten im SKR 03 nicht überschneidungsfrei ist: man findet Konten, die dem GuV-Posten „Sonstige betriebliche Aufwendungen" zuzuordnen sind, sowohl in Klasse 2 als auch in Klasse 4; man findet Konten, die dem GuV-Posten „Sonstige betriebliche Erträge" zuzuordnen sind, sowohl in Klasse 2 als auch in Klasse 8.

Sowohl der SKR 04 als auch der SKR 03 enthalten gleiche Kontensteuerungen für den Bilanz- und GuV-Ausweis, sodass sie zu gleichen Jahresabschlussgliederungen führen.

Die **Kosten- und Leistungsrechnung** wird in der Praxis in der Regel außerhalb der Buchführung in tabellarischer Form durchgeführt. Daher kommt der Kontenklasse 2 unter dem Blickwinkel der Kosten- und Leistungsrechnung keine besondere Bedeutung zu. Unter dem Gesichtspunkt einer abschlussorientierten Finanzbuchführung kann auf die sachliche Abgrenzung verzichtet werden (siehe SKR 04).

2. Wie werden kalkulatorische Kosten gebucht?

Für die Buchung und Verrechnung von kalkulatorischen Kosten (Zusatzkosten) stehen folgende Konten zur Verfügung:

SKR 03: 2890 bis 2895 und 4990 bis 4995
SKR 04: 6970 bis 6989

Sollen kalkulatorische Kosten (Zusatzkosten) in die Finanzbuchführung einfließen, wird z. B. gebucht:

Sollkonto	SKR 04 (SKR 03)	Euro	Habenkonto	SKR 04 (SKR 03)
Kalkulatorischer Unternehmerlohn	6970 (4990)	Betrag	Verrechneter kalkulatorischer Unternehmerlohn	6980 (2890)

Da sich Aufwand und Ertrag in gleicher Höhe gegenüberstehen, ist die Buchung erfolgsneutral. Da beide Konten den „Sonstigen betrieblichen Aufwendungen" zugeordnet sind, erscheinen sie auch nicht in der GuV. Der kalkulatorische Unternehmerlohn erhöht jedoch die Kosten des Unternehmers.

Sofern in der Finanzbuchführung sowohl die bilanzielle als auch die kalkulatorische Abschreibung ausgewiesen werden, ergeben sich z. B. folgende Buchungen:

Sollkonto	SKR 04 (SKR 03)	Euro	Habenkonto	SKR 04 (SKR 03)
Abschreibungen auf Sachanlagen	6222 (4832)	Betrag	Lkw	0540 (0350)

Für Zwecke der Kalkulation ist außerdem zu buchen:

Sollkonto	SKR 04 (SKR 03)	Euro	Habenkonto	SKR 04 (SKR 03)
Kalkulatorische Abschreibungen	6976 (4993)	Betrag	Verrechnete kalkulatorische Abschreibungen	6986 (2893)

10.2 Unternehmensanalyse mithilfe von Kennzahlen

1. Welchen Zweck verfolgt die Unternehmensanalyse mithilfe von Kennzahlen?

Die Unternehmensanalyse mithilfe von Kennzahlen soll über Leistungen der Vergangenheit Rechenschaft ablegen und die gegenwärtige **wirtschaftliche Lage** der Unternehmung erläutern. Die interne Unternehmensanalyse dient der Geschäftsleitung z. B. für Zwecke der Investitions- und Finanzplanung.

Durch die externe Unternehmensanalyse versuchen Außenstehende Einblick in das Unternehmen zu gewinnen (z. B. Kreditwürdigkeitsprüfung, Betriebsprüfung, Marktbeobachtung durch Institute und Wirtschaftspresse).

2. Wie geschieht die Aufbereitung der Bilanz und der Gewinn- und Verlustrechnung zum Zwecke der Unternehmensanalyse?

- Posten, die sachlich zusammengehören, werden zusammengefasst. Sofern noch Wertberichtigungen ausgewiesen sind, werden sie mit den jeweiligen Aktiven verrechnet, aktive Rechnungsabgrenzungsposten werden den Forderungen, passive Rechnungsabgrenzungsposten den Verbindlichkeiten zugeschlagen.
- Zahlen und Zahlengruppen des Unternehmens werden mit entsprechenden Ergebnissen früherer Perioden oder Ergebnissen anderer Betriebe und Branchen verglichen.
- Veränderungsraten von Periode zu Periode, von Betrieb zu Betrieb und von Betrieb zu Gesamtwirtschaft werden ermittelt.
- Es werden Kennzahlen ermittelt.

Das so aufbereitete Zahlenmaterial gibt einen Einblick in die **Kostenstruktur** der Unternehmung (prozentualer Anteil der einzelnen Kostenarten an den Gesamtkosten) und zeigt die Verwendung des **Gesamtkapitals** (Kapitalverwendungsrechnung zeigt prozentualen Anteil der einzelnen Vermögensteile am Gesamtvermögen und prozentualen Anteil der einzelnen Kapitalpositionen am Gesamtkapital an). DATEV und andere Firmen stellen diese Analyse in einer monatlichen „Betriebswirtschaftlichen Auswertung" zur Verfügung.

3. Welcher Gruppen von Kennzahlen bedient sich die Unternehmensanalyse?

Man kann die Kennzahlen zur Unternehmensanalyse folgendermaßen zusammenfassen:

- Kennzahlen zu den Risiken eines Unternehmens
- Kennzahlen zur Rentabilität (Ertragskraft) eines Unternehmens
- Kennzahlen zur Produktivität des gesamten Betriebes und zur Beurteilung betrieblicher Teilprozesse.

4. Berechnen Sie die Kennzahlen zu den Risiken des Unternehmens, das folgende Bilanz (verkürzt) vorlegt!

AKTIVA			Alfred Grün, Bilanz zum 31.12.2018		PASSIVA
		T€			T€
Anlagevermögen		600	Eigenkapital		480
Umlaufvermögen			Fremdkapital		
- Vorräte	130		- langfristig	220	
- Forderungen	30		- kurzfristig	100	320
- Zahlungsmittel	40	200			
		800			800

(1) Kennzahlen der **Konstitution** geben an, wie sich das Vermögen zusammensetzt. Die Anlagenintensität – auch Anlagenquote – beträgt:

(Anlagevermögen • 100 %) : Gesamtvermögen = (600 • 100 %) : 800 = 75 %

Die Vorratsquote beträgt demnach 25 % (100 % - 75 %):

(Umlaufvermögen • 100 %) : Gesamtvermögen = (200 • 100 %) : 800 = 25 %

(2) Die Kennzahlen der **Finanzierung** geben an, wer das Kapital aufgebracht hat. Der Eigenkapitalanteil beträgt:

(Eigenkapital • 100 %) : Gesamtkapital = (480 • 100 %) : 800 = 60 %

Der Verschuldungsgrad – auch Verschuldungskoeffizient – beläuft sich auf:
(Fremdkapital • 100 %) : Eigenkapital = (320 • 100 %) : 480 = 66 $^2/_3$ %

(3) Die Kennzahlen der **Investierung** geben an, wofür das Kapital verwendet wurde. Die Anlagendeckung I (durch das Eigenkapital) beträgt:

(Eigenkapital • 100 %) : Anlagevermögen = (480 • 100 %) : 600 = 80 %

Die Anlagendeckung II (durch das Eigenkapital und langfristiges Fremdkapital) beträgt:
((Eigenkapital + langfristiges Fremdkapital) • 100 %) : Anlagevermögen =
((480 + 220) • 100 %) : 600 = 116 $^2/_3$ %

(4) Die Kennzahlen der **Liquidität** geben an, wie es um die Zahlungsbereitschaft der Unternehmung am Bilanzstichtag steht.

Am Bilanzstichtag betrug die Liquidität **1. Grades** (= Barliquidität):
(flüssige Mittel 1. Grades • 100 %) : kurzfristige Verbindlichkeiten =
(40 • 100 %) : 100 = 40 %

Die einzugsbedingte Liquidität berücksichtigt neben den Zahlungsmitteln auch die Forderungen. Die Liquidität **2. Grades** betrug:
(flüssige Mittel 1. und 2. Grades • 100 %) : kurzfristige Verbindlichkeiten =
((40 + 30) • 100 %) : 100 = 70 %

Die umsatzbedingte Liquidität berücksichtigt das gesamte Umlaufvermögen, also auch die Warenvorräte. Die Liquidität **3. Grades** betrug:
(flüssige Mittel 1., 2. und 3. Grades • 100 %) : kurzfristige Verbindlichkeiten =
((40 + 30 + 130) • 100 %) : 100 = 200 %

Die Nettoverschuldung der Unternehmung beträgt 280 T€ und wird wie folgt berechnet:

Fremdkapital	320 T€
- flüssige Mittel 1. Grades	40 T€
Nettoverschuldung	**280 T€**

Das **Working Capital** ergibt sich aus der Differenz von Umlaufvermögen und kurzfristigen Verbindlichkeiten. Das Ergebnis sollte möglichst positiv sein, was bedeutet, dass ein Teil des Umlaufvermögens mit langfristig zur Verfügung stehendem Kapital finanziert wird.

5. Was sagen die Kennzahlen zu den Risiken des Unternehmens aus (Firma Alfred Grün, Frage 4)?

(1) **Konstitution**
Die Anlagenintensität von 75 % lässt auf einen anlagenintensiven Betrieb schließen. Das hohe Anlagevermögen dürfte hohe Fixkosten verursachen, was die Fähigkeit des Unternehmens sich an Marktveränderungen anzupassen, einschränken könnte.

(2) **Finanzierung**
Der ungewöhnlich hohe Eigenkapitalanteil von 60 % macht das Unternehmen sicher kreditwürdig, schränkt seine Dispositionsfreiheit kaum ein.

(3) **Investierung**
Entsprechend der „Goldenen Bilanzregel" soll langfristig gebundenes Vermögen – insbesondere Anlagevermögen – durch langfristig zur Verfügung stehendes Kapital finanziert werden. Nur so ist sichergestellt, dass zur Schuldentilgung nicht Vermögensteile veräußert werden müssen, die der Produktion dienen. Diese Forderung erfüllt die Anlagendeckung II mit 116 $^{2}/_{3}$ %.

(4) **Liquidität**
Sollten die kurzfristigen Verbindlichkeiten von 100 T€ innerhalb weniger Tage nach der Bilanzerstellung fällig werden, müsste die Unternehmung umgehend Forderungen eintreiben und Vorräte liquidieren um nicht zahlungsunfähig zu werden. Es ist Aufgabe der Finanzplanung jederzeit die Zahlungsfähigkeit der Unternehmung sicherzustellen.

6. Die Unternehmung (Firma Alfred Grün) legt folgende Gewinn- und Verlustrechnung vor:

Aufwendungen	Alfred Grün, GuV-Rechnung 1.1. - 31.12.2018 (Werte in T€)		Erträge
Wareneinsatz	1.000	Umsatz	2.000
Personalaufwendungen	500		
Abschreibungen	200		
Übrige Aufwendungen	60		
Zinsaufwand	40		
Gewinn	200		
	2.000		2.000

Berechnen Sie die Kennzahlen zur Rentabilität des Unternehmens!

(1) Die Eigenkapitalrentabilität setzt den Gewinn zum Eigenkapital in Beziehung:
(Gewinn • 100 %) : Eigenkapital = (200 • 100 %) : 480 = 41 $^{2}/_{3}$ %

(2) Die Gesamtkapitalrentabilität stellt die Relation zwischen Gewinn und Fremdkapitalzinsen mit dem Gesamtkapital her:

((Gewinn + Fremdkapitalzinsen) • 100 %) : Gesamtkapital =
((200 + 40) • 100 %) : 800 = 30 %

(3) Die Kennzahl der Umsatzrentabilität lässt erkennen, wie viel Prozent der Umsätze dem Unternehmen als Gewinn für Investitionen und Gewinnausschüttung bzw. -entnahme zugeflossen sind:

(Gewinn • 100 %) : Umsatz = (200 • 100 %) : 2.000 = 10 %

(4) Der Rohgewinnaufschlagsatz vergleicht Rohgewinn und Wareneinsatz (Wareneinsatz = 100 %).

Der Rohgewinn beträgt:

Umsatz	2.000
- Wareneinsatz	1.000
	1.000

Der **Rohgewinnaufschlagsatz** (oder **Kalkulationszuschlag**) beträgt:
(Rohgewinn • 100 %) : Wareneinsatz = (1.000 • 100 %) : 1.000 = 100 %

(5) Der **Rohgewinnsatz** (auch **Handelsspanne**) vergleicht den Rohgewinn mit dem Umsatz (Umsatz = 100 %).

(Rohgewinn • 100 %) : Umsatz = (1.000 • 100 %) : 2.000 = 50 %

(6) Der Kalkulationsfaktor gibt an, mit welchem Faktor der Wareneinsatz multipliziert wird, um den Verkaufspreis zu erhalten.

Umsatz : Wareneinsatz = 2.000 : 1.000 = 2

7. Ermitteln Sie die Cashflow-Kennzahlen der Unternehmung (Firma Alfred Grün)!

(1) Der Cashflow (auch Kapitalflussrechnung) gibt – besser als der Gewinn – Auskunft über die Ertragskraft des Unternehmens.

	Gewinn	200
+	Abschreibungen	200
+/-	Veränderungen der langfristigen Rückstellungen	
+/-	sonstige zahlungsunwirksame Aufwendungen/Erträge z. B. Erträge aus der Auflösung von Sonderposten	
	Cashflow aus laufender Geschäftstätigkeit	400

(2) Der Cashflow in Prozent des Gesamtkapitals gibt an, in welchem Maße das investierte Kapital dem Unternehmen über den Umsatz Mittel für Investitionen, Gewinnentnahmen und Schuldentilgung zuführte:

(Cashflow • 100) : Gesamtkapital = (400 • 100 %) : 800 = 50 %

Dies besagt auch, dass es genau zwei Jahre dauern würde, um das Gesamtkapital aus dem Cashflow zurückzuzahlen.

(3) Die Effektivverschuldung (Nettoverschuldung) in Jahren bezogen auf den Cashflow beträgt:
Nettoverschuldung : Cashflow = 280 : 400 = 0,7 Jahre

(4) Der dynamische Verschuldungsgrad in Jahren beträgt:
Fremdkapital : Cashflow = 320 : 400 = 0,8 Jahre

Er gibt Aufschluss darüber, wann die Verschuldung des Unternehmens abgebaut ist.

(5) Die Eigenkapitalrentabilität in Prozent bezogen auf den Cashflow beträgt:
(Cashflow · 100 %) : Eigenkapital = (400 · 100 %) : 480 = 83 $\frac{1}{3}$ %

(6) Die Umsatzrentabilität in Prozent bezogen auf den Cashflow beträgt:
(Cashflow · 100 %) : Umsatz = (400 · 100 %) : 2.000 = 20 %

8. Wie ist die indirekte Kapitalflussrechnung aufgebaut?

Die indirekte Kapitalflussrechnung gemäß den Empfehlungen des Deutschen Standardisierungsrates ist stärker gegliedert und damit aussagefähiger als die einfache Cashflow-Berechnung aus Frage 7. Sie unterscheidet:

- Cashflow aus laufender Geschäftstätigkeit (operative cash flow),
- Cashflow aus der Investitionstätigkeit (investive cash flow) und
- Cashflow aus der Finanzierungstätigkeit (finance cash flow).

9. Welche Kennzahlen werden zur Beurteilung der Produktivität des gesamten Betriebes und zur Beurteilung betrieblicher Teilprozesse verwendet?

(1) Die Wirtschaftlichkeit kann man messen, indem man Leistung und Kosten in Beziehung setzt:

Wirtschaftlichkeit = Leistung in Euro : Kosten in Euro

Gemessen wird die wertmäßige Ergiebigkeit der betrieblichen Leistungserstellung.

(2) Die Produktivität misst die mengenmäßige Ergiebigkeit der betrieblichen Leistungserstellung:

Produktivität = Ausbringungsmenge : Einsatzmenge der Produktionsfaktoren

(3) Für die Materialwirtschaft kann z. B. die Umschlagshäufigkeit des Materialbestandes ermittelt werden:

Umschlagshäufigkeit = Materialeinsatz : durchschnittlichen Lagerbestand

Hieraus lässt sich auf die durchschnittliche Lagerdauer schließen:
durchschnittliche Lagerdauer = 360 : Umschlagshäufigkeit

Je geringer die durchschnittliche Lagerdauer ist, desto niedriger sind die anteiligen Lagerkosten, die das gelagerte Produkt zu tragen hat.

(4) Für die Personalwirtschaft kann z. B. der Anteil des Personalaufwandes am Umsatz ermittelt werden: (Personalaufwand · 100) : Umsatz

Der Umsatz je 1 € Personalkosten gibt an, wie viel Euro Umsatz 1 € Personalkosten erbringt: Umsatz : Gesamtpersonalkosten

Der Umsatz je Beschäftigtem ergibt sich aus: Umsatz : Beschäftigte

Entsprechend ist der Gewinn zu ermitteln, der durch jeden Beschäftigten erwirtschaftet wird: Gewinn : Beschäftigtenanzahl

(5) Für die Finanzwirtschaft lässt sich die Umschlagshäufigkeit des Gesamtkapitals ermitteln: Umsatz : Gesamtkapital

10. Welche weiteren betriebswirtschaftlichen Kennzahlen werden insbesondere für die Fundamentalanalyse von Aktiengesellschaften herangezogen?

▶ **Break-Even-Point**
Englisch für Gewinnschwelle. Ab dem Break-Even-Point wird ein Gewinn erzielt.

▶ **Einkommen vor Zinsen und Steuern – EBIT**
Englisch für **E**arnings **B**efore **I**nterest and **T**axes.

EBIT ist eine absolute Ertragskennzahl eines Unternehmens und wird ermittelt aus dem Jahresüberschuss vor Steuern, Zinsergebnis und vor außerordentlichem Ergebnis. EBIT ermöglicht eine vergleichbarere Aussage über die eigentliche operative Ertragskraft eines Unternehmens.

▶ **Einkommen vor Zinsen, Steuern und Abschreibung – EBITDA**
Englisch für **E**arnings **B**efore **I**nterest, **T**axes, **D**epreciation and **A**mortization.

EBIT ist eine absolute Ertragskennzahl eines Unternehmens und setzt sich zusammen aus dem Jahresüberschuss vor Steuern, dem Zinsergebnis und den Abschreibungen des Unternehmens. EBITDA ist eine international weit verbreitete und aussagekräftige Kennzahl zur Beurteilung der operativen Ertragskraft eines Unternehmens.

▶ **Operativer Gewinn**
Der Gewinn, den ein Unternehmen mit seinen eigentlichen Geschäftsfeldern verdient (z. B. Autohersteller mit Autos).

Gewinne durch Devisen- oder Immobiliengeschäfte gehören bei einem Kfz-Hersteller z. B. nicht zum operativen Ergebnis.

11. Welche weiteren börsentechnischen Kennzahlen werden insbesondere für die Fundamentalanalyse von Aktiengesellschaften herangezogen?

▶ **Aktienanzahl**
die gesamte Aktienanzahl eines Unternehmens.

Dazu gehören die ausgegebenen, am Markt erhältlichen Aktien und Aktien, die im Unternehmen verbleiben oder im Altaktionärsbesitz sind.

▶ **Dividende**
der Betrag des Bilanzgewinns, der auf die einzelne Aktie fällt.

Sie wird in Prozent des Nennwerts oder in Euro pro Stück angegeben. Die Dividende wird jährlich ausbezahlt. Über die Dividende wird in der Hauptversammlung der AG beschlossen.

▶ **Dividendenrendite**
die Dividende einer AG bezogen auf den Aktienkurs. Die Dividendenrendite in Prozent ist ein Maßstab für die Rentabilität eines Unternehmens.

▶ **Gewinn je Aktie (Ergebnis je Aktie)**
gibt an, welcher Teil des gesamten Unternehmensgewinns auf eine Aktie entfällt. Die Kennzahl dient zur Beurteilung der Ertragskraft und wird besonders bei amerika-

nischen Unternehmen als wichtige Kennzahl betrachtet. Der Gewinn je Aktie dient auch zur Berechnung des Kurs-Gewinn-Verhältnisses.

- **Kurs-Gewinn-Verhältnis (KGV)**
Aktienkurs geteilt durch erzielten Gewinn je Aktie.

Das KGV ist ein Maßstab für die Beurteilung der Ertragskraft einer Aktiengesellschaft. Das langjährige Mittel der Firmen liegt bei einem KGV von 16. Bei niedrigem KGV gelten Aktien als günstig und bei hohem als teuer. Ein niedriges KGV kann jedoch auch durch schlechte Ertragslage oder schlechtes Management entstehen. Ein hohes KGV kann auch durch eine Überbewertung einer Aktie entstehen.

- **Kurs-Cashflow-Verhältnis (KCV)**
Verhältnis des Aktienkurses zum Cashflow. Das KCV dient zur Liquiditätsbestimmung eines Unternehmens.

- **Marktkapitalisierung**
Anzahl der Aktien • Kurs = Marktkapitalisierung, der aktuelle Börsenwert eines Unternehmens.

Über die Marktkapitalisierung lassen sich u. a. Größenvergleiche zwischen Unternehmen anstellen. Eine hohe Marktkapitalisierung bei kleinen Unternehmen kann jedoch auch auf eine Überbewertung deuten.

12. Welche steuerlichen Richtsätze sind in den Richtsatz-Sammlungen enthalten?

(1) Der Rohaufschlag (= Rohgewinn) in v. H. des Wareneinsatzes (auch Rohgewinnaufschlag-Satz) entspricht dem „Kalkulationszuschlag" der Handelskalkulation:

Rohgewinnaufschlagsatz =
(wirtschaftlicher Umsatz - wirtschaftlicher Wareneinsatz) • 100 % : wirtschaftlicher Wareneinsatz

(2) Der Rohgewinnsatz entspricht der „Handelsspanne" der Handelskalkulation:

Rohgewinnsatz =
(wirtschaftlicher Umsatz - wirtschaftlicher Wareneinsatz) • 100 % : wirtschaftlicher Umsatz

Der Rohgewinnaufschlagsatz kann mithilfe folgender Formel leicht in den Rohgewinnsatz umgerechnet werden:

Rohgewinnsatz =
(Rohgewinnaufschlagsatz • 100 %) : (Rohgewinnaufschlagsatz + 100)

Hierbei ist der Rohgewinn I, der bei Handelsbetrieben nur den Wareneinsatz berücksichtigt, vom Rohgewinn II zu unterscheiden, der bei Handwerks- und gemischten Betrieben zusätzlich den Einsatz an Fertigungslöhnen berücksichtigt.

(3) Der Reingewinn wird in v. H. des wirtschaftlichen Umsatzes angegeben.

Reingewinnsatz = (Reingewinn • 100 %) : wirtschaftlicher Umsatz

Der Reingewinnsatz entspricht der Umsatzrentabilität.

III. Wirtschafts- und Sozialkunde

1. Rechtliche Rahmenbedingungen der Wirtschaft

1.1 Grundlagen

1. Von besonderer Wichtigkeit ist die Differenzierung des gesamten Rechts in die Rechtsgebiete öffentliches Recht und Privatrecht. Wodurch unterscheiden sich die beiden Rechtsgebiete?

Beim **Privatrecht** stehen Einzelinteressen im Vordergrund. Es ist gekennzeichnet durch das Prinzip der Gleichordnung bzw. Gleichberechtigung der Bürger. Verpflichtungen aus einem rechtswirksam abgeschlossenen Kaufvertrag werden durch die Kaufvertragsparteien dadurch begründet, dass sie sich diesen Verpflichtungen freiwillig unterworfen haben. Niemand zwingt die Bürger schuldrechtliche Verträge abzuschließen.

Beim **öffentlichen Recht** stehen Gemeinschaftsinteressen im Vordergrund. Es ist gekennzeichnet durch das Prinzip der Über- und Unterordnung von Bürgern und Gebietskörperschaften (Bund, Länder, Gemeinden). Öffentlich-rechtliche Verpflichtungen entstehen nicht freiwillig, sondern werden durch Hoheitsgewalt des Staates erzwungen. Der Bürger ist zur Zahlung der Einkommensteuer verpflichtet, der Staat hat einen Anspruch auf Zahlung der Einkommensteuer.

2. Nennen Sie Rechtsgebiete, die dem Privatrecht zuzuordnen sind!

Zum Privatrecht gehören z. B. das Bürgerliche Recht, das Handelsrecht, das Gesellschaftsrecht, das Wechsel- und Scheckrecht. Teile des Wettbewerbsrechts, des Urheberrechts, des Versicherungs- und Bankrechts und des Arbeits- und Sozialrechts gehören auch zum privaten Recht.

3. Gliedern Sie die Rechtsgebiete des öffentlichen Rechts!

Zum öffentlichen Recht gehören das Staatsrecht und das Kirchenrecht. Im engeren Sinne gehören zum öffentlichen Recht das Strafrecht, das Steuerrecht, das Verwaltungsrecht, Teile des Wirtschafts-, Arbeits- und Sozialrechts.

4. Was sind Rechtsnormen?

Rechtsnormen (Rechtssätze) enthalten Regeln zur Gestaltung zwischenmenschlicher **Beziehungen**.

5. Was versteht man unter der Rechtsordnung?

Verschiedene Rechtsnormen erfassen möglichst lückenlos alle relevanten Sachverhalte des privaten Zusammenlebens und der öffentlichen Verhältnisse. Die Rechtsnormen müssen widerspruchslos zueinander passen und eine in sich geschlossene Einheit bilden, die Rechtsordnung.

6. Welche Struktur haben Rechtsnormen?

Eine Rechtsnorm besteht aus zwei Elementen:

- **Tatbestand:** die Umschreibung des Sachverhalts
- **Rechtsfolge:** die Anordnung von Folgen, die von Rechts wegen eintreten sollen, wenn der Tatbestand verwirklicht ist.

Beispiel des § 823 Abs. 1 BGB: „Wer vorsätzlich oder fahrlässig handelt (= Tatbestand), ist dem anderen zum Ersatz des daraus entstehenden Schadens verpflichtet (= Rechtsfolge)".

7. Ordnen Sie das Bürgerliche Recht in das Rechtssystem ein!

Das Bürgerliche Recht gehört zum Privatrecht. Es regelt die privaten Rechtsbeziehungen der einzelnen Mitglieder der Gemeinschaft zueinander und hat grundlegende Bedeutung für die privatrechtlichen Sonderrechtsgebiete des Handels- und Arbeitsrechts.

8. Nennen und erläutern Sie Leitprinzipien des Bürgerlichen Rechts!

- **Rechtsgleichheit:** Niemand wird bei der Gestaltung seiner Rechtsverhältnisse bevorzugt oder benachteiligt, alle Menschen sind vor dem Gesetz gleich (Art. 3 GG).
- **Privatautonomie:** Die Organisation bürgerlicher Rechtsverhältnisse erfolgt in freier Selbstbestimmung, der Staat hält sich aus der Gestaltung privater Rechtsbeziehungen heraus.
- **Pacta sunt servanda**, d. h. ein einmal geschlossener Vertrag ist korrekt einzuhalten und muss vollständig erfüllt werden. In bestimmten Fällen kann der Einzelne jedoch Rücktrittsrechte vereinbaren, das Bürgerliche Recht räumt bei bestimmten Dauerschuldverhältnissen (z. B. Dienst- oder Mietverträge) gesetzliche Kündigungsrechte ein und bietet die Möglichkeit bei Willensmängeln ein Rechtsgeschäft durch Anfechtung rückwirkend wieder aufzuheben. Der Gesetzgeber räumt den Konsumenten aus sozialpolitischen Erwägungen des Verbraucherschutzes die Möglichkeit ein, sich auch ohne besonderen Grund innerhalb einer bestimmten Frist von einem bereits fest abgeschlossenen Vertrag einseitig wieder loszusagen (z. B. Abzahlungsgeschäfte, sog. Haustürgeschäfte).

9. Wie ist das BGB eingeteilt?

Das BGB ist in **fünf Bücher** eingeteilt, die „allgemeine" und „besondere" Regelungen enthalten:

- Das Erste Buch enthält in einem **„Allgemeinen Teil"** Vorschriften, die für sämtliche Rechtsverhältnisse des Bürgerlichen Rechts maßgebend sind, z. B. über Personen (Rechtssubjekte), Sachen (Rechtsobjekte), Rechtsgeschäfte, Fristen, Termine und Verjährung.

- Das Zweite Buch regelt das **„Recht der Schuldverhältnisse"**. Das Schuldrecht befasst sich mit den Rechtsbeziehungen zwischen zwei oder mehr Personen, aufgrund derer mindestens eine Person der anderen eine bestimmte Leistung schuldet. Solche Schuldverhältnisse können durch Vertrag (z. B. Abschluss eines Kaufvertrages) begründet werden, aber auch kraft Gesetzes entstehen (z. B. Schadenersatzpflicht aufgrund einer „unerlaubten Handlung").
- Das Dritte Buch **„Sachenrecht"** befasst sich mit dem Verhältnis einzelner Personen zu den Gegenständen ihres Privatvermögens, zu den Sachen und Rechten (z. B. Eigentum, Besitz, Nießbrauch, Grundschuld, Hypothek).
- Das Vierte Buch ordnet im **„Familienrecht"** die aus der Eheschließung und der Verwandtschaft hergeleiteten Rechtsbeziehungen.
- Das Fünfte Buch, das **„Erbrecht"**, hat die vermögensrechtlichen Folgen des Todes einer Person zum Gegenstand. Es befasst sich mit den verschiedenen Formen und Gestaltungsmöglichkeiten, wie der Übergang des Vermögens und der Schulden eines Verstorbenen auf einen oder mehrere Erben durch Rechtsgeschäft des Erblassers festgelegt wird.

1.2 Rechts- und Geschäftsfähigkeit

1. Was versteht man unter Rechtsfähigkeit?

Rechtsfähigkeit ist die Eigenschaft von Personen Träger von Rechten und Pflichten zu sein.

2. Wer ist rechtsfähig, wer kann Rechtssubjekt sein?

Rechtsfähig sind
- die natürlichen Personen, dies sind alle Menschen (§ 1 BGB),
- die juristischen Personen, dies sind die von der Rechtsordnung als selbstständige Rechtsträger anerkannten Institutionen.

3. Wann beginnt die Rechtsfähigkeit der natürlichen Personen, wann endet sie?

Die Rechtsfähigkeit des Menschen beginnt mit der **Geburt** und erlischt mit dessen **Tod** (§ 1 BGB).

4. Wodurch erlangen juristische Personen ihre Rechtsfähigkeit?

Juristische Personen erlangen Rechtsfähigkeit durch
- Eintragung in das Vereins-, Handels- oder Genossenschaftsregister des zuständigen Amtsgerichts,
- staatliche Verleihung (Vereine mit wirtschaftlichem Geschäftsbetrieb) oder
- Genehmigung (Stiftungen).

5. Wodurch wird die Rechtsfähigkeit einer juristischen Person beendet?

Das Ende der Rechtsfähigkeit juristischer Personen wird herbeigeführt durch

- Löschung des Registereintrags,
- Entziehung der staatlichen Verleihung,
- Aufhebung der Genehmigung oder
- durch Erfüllung der gestellten Aufgabe, durch Erreichen eines bestimmten Zwecks.

6. Was versteht man unter Geschäftsfähigkeit?

Geschäftsfähigkeit ist die Fähigkeit Rechtsgeschäfte mit rechtlicher Wirksamkeit vorzunehmen, z. B. Verträge abzuschließen. Rechtsfähigkeit und Geschäftsfähigkeit unterscheiden sich grundsätzlich. Die **Rechtsfähigkeit** besitzen **alle** Menschen, die **Geschäftsfähigkeit** setzt **eine** entsprechende Einsicht voraus und hängt deshalb im Normalfall vom Alter ab.

7. Erläutern Sie die Stufen der Geschäftsfähigkeit!

- Kinder unter 7 Jahren, dauernd Geisteskranke sind **geschäftsunfähig** (§ 104 BGB).

Willenserklärungen dieser Personen sind nichtig.

- Minderjährige, die zwar das 7. aber noch nicht das 18. Lebensjahr vollendet haben, sind **beschränkt geschäftsfähig** (§ 106 BGB).

Sie können in beschränktem Umfang allein Rechtsgeschäfte abschließen und zwar solche,

  - durch die sie nur einen rechtlichen Vorteil erlangen (z. B. Annahme einer Schenkung ohne Auflage) oder
  - die mit eigenem Taschengeld erfüllt werden (Bewirkung einer Leistung mit eigenen Mitteln, § 110 BGB).

Im Übrigen bedürfen ihre Rechtsgeschäfte der (vorherigen) Einwilligung des gesetzlichen Vertreters. Liegt diese nicht vor, so sind einseitige Rechtsgeschäfte unwirksam, mehrseitige Rechtsgeschäfte schwebend unwirksam. Verträge werden durch (nachträgliche) Genehmigung von Anfang an gültig. Bei Ablehnung der Genehmigung sind sie von Anfang an nichtig.

Die Geschäftsfähigkeit kann für Minderjährige erweitert sein:

  - für Erwerbsgeschäfte mit Genehmigung des Familiengerichts (bis zum 30.08.2009 „Vormundschaftsgericht"), hier spricht man von der „Handelsmündigkeit".
  - für Dienstverhältnisse mit Ermächtigung des gesetzlichen Vertreters.

- Personen, die das 18. Lebensjahr vollendet haben, sind voll geschäftsfähig, d. h. sie können alle Rechtsgeschäfte ohne Zustimmung eines Vertreters gültig abschließen.

8. Wer ist testierfähig?

Ein Minderjähriger kann ein Testament erst errichten, wenn er das **16. Lebensjahr** vollendet hat.

9. Was versteht man unter Deliktfähigkeit?

Deliktfähigkeit ist die Fähigkeit für sein Handeln verantwortlich gemacht werden zu können.

10. Erläutern Sie die Stufen der Deliktfähigkeit!

- Personen unter 7 Jahren sind **deliktunfähig** (§ 828 Abs. 1 BGB).
- Minderjährige, die das 7. aber noch nicht das 18. Lebensjahr vollendet haben, sind **bedingt deliktfähig** (§ 828 Abs. 3 BGB).
- Personen über 18 Jahre sind **voll deliktfähig**.

11. Was versteht man unter Wohnsitz?

Seinen Wohnsitz hat jemand an dem Ort, an dem er sich **ständig niederlässt** (§ 7 BGB). Der Wohnsitz ist Mittelpunkt der Lebensinteressen einer Person.

12. Welche juristischen Personen unterscheidet man?

Juristische Personen des **öffentlichen Rechts** treten als Körperschaft, Anstalt oder Stiftung auf (Beispiele: Bundesrepublik Deutschland, IHK, Steuerberaterkammer etc.).

Juristische Personen des **privaten Rechts** sind der eingetragene Verein („Idealverein"), die Gesellschaften des Handelsrechts (AG, GmbH, eG, VVaG) und die Stiftungen.

13. Was kann Rechtsgegenstand (Rechtsobjekt) sein?

Rechtsobjekte können

- körperliche Gegenstände (= Sachen, § 90 BGB) und
- nicht körperliche Gegenstände (= Rechte) sein.

In diesem Sinne entspricht der Begriff Gegenstand etwa dem im Steuerrecht entwickelten Begriff des Wirtschaftsgutes.

14. Welche Sachen unterscheidet das BGB?

Das BGB unterscheidet **bewegliche** Sachen (Fahrnis, Mobilien) und **unbewegliche** Sachen (Immobilien, z. B. Grundstücke). Der Bestand der Immobilien und die hieran bestehenden Rechte werden in besonderen amtlichen Registern – Grundbüchern – dokumentiert.

Gebäude sind keine Grundstücke (§ 94 BGB). Sie teilen jedoch als wesentliche Bestandteile die rechtliche Natur der Grundstücke. Sind Gebäude nicht Bestandteil eines Grundstücks, z. B. Ausstellungshallen, so sind sie bewegliche Sachen (§ 95 BGB).

15. Welche beweglichen Sachen unterscheidet das BGB?

- Bewegliche Sachen sind **vertretbar**, wenn sie im Verkehr nach Zahl, Maß oder Gewicht bestimmt zu werden pflegen, sie sind austauschbar (§ 91 BGB). Ist Gegenstand eines Kaufvertrages eine vertretbare Sache, so spricht man von Gattungskauf (§ 243 BGB). **Nicht vertretbare** Sachen sind dagegen Einzelstücke, Originale (objektiv nach der Verkehrsauffassung bestimmt). Den Kauf einer nicht vertretbaren Sache bezeichnet man als Stückkauf.
- **Verbrauchbare** Sachen sind Sachen, deren bestimmungsgemäßer Gebrauch in dem Verbrauch oder in der Veräußerung besteht (§ 92 BGB). Nicht verbrauchbare Sachen (z. B. Maschinen, Kraftfahrzeuge) werden gebraucht und abgenutzt.
- Bewegliche Sachen sind **teilbar**, wenn sie ohne Veränderung des Wertes in gleichartige Teile zerlegt werden können (z. B. Getreide, Meterware). Sie sind **unteilbar**, wenn die Zerlegung zu einer Wertminderung führt (z. B. eine Uhr, ein Paar Schuhe).
- Bewegliche Sachen sind **Gattungssachen**, die nur der Gattung nach bestimmt sind (z. B. Obst, Lebensmittel), es sind Handelsgüter mittlerer Art und Güte. **Speziessachen** (z. B. dieser bestimmte Apfel, dieses bestimmte Bild) sind dagegen einzelne Gegenstände – subjektiv nach dem Willen der Parteien bestimmt.

16. Was sind wesentliche Bestandteile?

Bestandteile sind die Teile einer Sache, die durch Zerlegung gewonnen werden können. Wesentliche Bestandteile sind Teile einer Sache, die voneinander nicht getrennt werden können, ohne dass der eine oder andere Teil zerstört oder in seinem Wesen verändert wird, z. B. eine für ein Fabrikgrundstück besonders angefertigte Maschine. Wesentliche Bestandteile eines Grundstücks (§ 94 BGB) sind die mit dem Grund und Boden fest verbundenen Sachen, z. B. Gebäude, die mit dem Grundstück noch zusammenhängenden Erzeugnisse des Grundstücks und die zur Herstellung eines Gebäudes eingefügten Sachen, z. B. Treppen, Heizungsanlagen.

Wesentliche Bestandteile können nicht Gegenstand besonderer Rechte sein, sie bilden immer eine rechtliche Schicksalsgemeinschaft (§ 93 BGB).

Für Zwecke der steuerlichen Bewertung ist es unerheblich, ob ein Wirtschaftsgut rechtlich selbstständig oder wesentlicher Bestandteil einer anderen Sache ist. Das Steuerrecht legt den Begriff des Wirtschaftsgutes nach wirtschaftlichen Gesichtspunkten aus. Ein Wirtschaftsgut muss selbstständig bewertbar und nutzbar sein (z. B. Abschreibung einer Schaufensteranlage, eine fest mit dem Grund und Boden verbundene Maschine). Ersatzteile einer Maschine sind nicht selbstständig benutzbar und bewertbar (z. B. Zahnräder für ein Getriebe); nur als Vorratsvermögen können sie einzeln bewertet werden.

17. Welche Sachen fallen unter das Zubehör?

Zubehör sind bewegliche Sachen, die zwar keine Bestandteile der Hauptsache sind, aber dem wirtschaftlichen Zweck der Hauptsache dienen und deshalb zu ihr in einem räumlichen Verhältnis stehen, z. B. die Luftpumpe am Fahrrad, Maschinen und Gerätschaften eines gewerblichen Betriebes und das Gutsinventar (§ 97 BGB).

Zubehör teilt nicht das Rechtsschicksal der Hauptsache. Käufer und Verkäufer müssen sich über die Mitveräußerung des Zubehörs einig sein, was jedoch im Zweifelsfalle angenommen wird.

1.3 Überblick über Willenserklärungen und Rechtsgeschäfte

1. In welcher Beziehung stehen die Begriffe „Rechtsgeschäft" und „Willenserklärung" zueinander?

Rechtsgeschäft ist der Oberbegriff, denn ein Rechtsgeschäft kommt durch

- eine Willenserklärung (einseitiges Rechtsgeschäft) oder
- durch zwei sich deckende Willenserklärungen (zweiseitiges Rechtsgeschäft) zustande.

2. Was sind Rechtsgeschäfte?

Rechtsgeschäfte sind gezielte **Handlungen** einer oder mehrerer Personen, die geeignet sind eine Änderung in den rechtlichen Beziehungen Einzelner herbeizuführen.

3. Nennen Sie Beispiele für einseitige und zweiseitige Rechtsgeschäfte!

Einseitige Rechtsgeschäfte sind z. B. die Kündigung, das Testament. Zweiseitige Rechtsgeschäfte sind Verträge, z. B. Kaufvertrag, Miet-, Pacht- und Leihvertrag, Darlehensvertrag, Dienst- und Werkvertrag.

4. Ist für Rechtsgeschäfte eine bestimmte Form vorgeschrieben?

Für Geschäfte des täglichen Lebens ist **keine** bestimmte Form vorgeschrieben, es gilt der Grundsatz der Formfreiheit.

5. Welche gesetzliche Form ist für Rechtsgeschäfte vorgeschrieben?

Schuldrechtliche Verträge sind grundsätzlich an **keine** Form gebunden. Bei bestimmten Geschäften ist eine Form vorgeschrieben, um die Parteien vor Übereilung oder Leichtfertigkeit zu schützen oder um z. B. bei längerfristigen Verträgen ein schriftliches Beweisstück zu haben.

- Die **Schriftform** verlangt, dass die Urkunde von dem Aussteller eigenhändig durch Namensunterschrift unterzeichnet wird. Bei Verträgen muss die Vertragsurkunde von beiden Vertragsparteien unterschrieben sein (§ 126 BGB). Gesetzlich vorgeschrieben ist die Schriftform z. B. für das Bürgschaftsversprechen und die Beendigung des Arbeitsverhältnisses durch Kündigung oder Aufhebungsvertrag (hier elektronische Form jedoch ausgeschlossen). Privattestamente müssen sogar eigenhändig geschrieben und unterschrieben sein.

- Die gesetzliche Schriftform kann grundsätzlich durch die **elektronische Form** ersetzt werden (§ 126 Abs. 3 BGB). Zur Rechtswirksamkeit muss der Aussteller der Erklärung seinen Namen hinzufügen und das elektronische Dokument muss mit einer qualifizierten Signatur nach dem Signaturgesetz versehen werden (§ 126a BGB). Bei einem Vertrag müssen die Parteien jeweils ein gleichlautendes Dokument elektronisch signieren.

- Ist **Textform** gesetzlich vorgeschrieben, so muss eine lesbare Erklärung, in der die Person des Erklärenden genannt ist, auf einem **dauerhaften Datenträger** abgegeben werden (§ 126b HGB).

Ein dauerhafter Datenträger ist jedes Medium, das

1. es dem Empfänger ermöglicht, eine auf dem Datenträger befindliche, an ihn persönlich gerichtete Erklärung so aufzubewahren oder zu speichern, dass sie ihm während eines für ihren Zweck angemessenen Zeitraums zugänglich ist, und
2. geeignet ist, die Erklärung unverändert wiederzugeben.

Beispiel

- Garantieerklärung (§ 434 BGB) beim Verbrauchsgüterkauf (§ 477 BGB)
- Ankündigung von Modernisierungsmaßnahmen durch den Vermieter (§ 555c BGB).

- Die **öffentliche Beglaubigung** der Unterschrift erfolgt durch einen Notar, z. B. für Anmeldungen und Anträge zu einem öffentlichen Register (Handelsregister, Vereinsregister, Grundbuch).

- Bei der **öffentlichen Beurkundung** nimmt der Notar den Inhalt der gesamten Willenserklärung zu Protokoll. Die Beurkundung bestätigt sowohl die Echtheit der Unterschrift als auch den Inhalt der Willenserklärung (Schenkungsversprechen, Grundstücksverkäufe und Belastungen, Eheverträge).

6. Welche Rechtsgeschäfte sind nichtig?

Rechtsgeschäfte sind nichtig, wenn sie

- gegen die gesetzlich vorgeschriebene **Form** (Formmangel, § 125 BGB),
- gegen ein gesetzliches **Verbot** (§ 134 BGB) oder
- gegen die guten **Sitten** (§ 138 BGB) verstoßen.

7. Was versteht man unter einer Willenserklärung?

Die Willenserklärung ist eine Äußerung (objektives Merkmal), durch die das erklärende Rechtssubjekt zu erkennen gibt, dass eine bestimmte Rechtsfolge gewollt (subjektives Merkmal) ist.

8. Welche Mittel der Willenserklärung kommen infrage?

Alle Ausdruckszeichen, die Menschen auch sonst im täglichen Leben zur Verständigung untereinander verwenden, sind als **Mittel der Willensäußerung** geeignet: Sprache, Schrift, schlüssiges Handeln, u. U. auch Schweigen oder Nichtstun. Grundsätzlich bedeutet jedoch Schweigen im Rechtsverkehr weder Zustimmung noch Ablehnung.

9. Wann werden Willenserklärungen wirksam?

Willenserklärungen werden i. d. R. erst mit Zugang beim Erklärungsempfänger wirksam, d. h. sie sind empfangsbedürftig (z. B. Kündigung, Angebot). Willenserklärungen unter Anwesenden werden sofort wirksam, Willenserklärungen unter Abwesenden werden wirksam, sobald die Willenserklärung in den gewöhnlichen Empfangsbereich der Gegenseite gelangt.

Ausnahmsweise können Rechtsgeschäfte auch durch Willenserklärungen vorgenommen werden, die nicht einer bestimmten Person gegenüber abgegeben werden müssen (nicht empfangsbedürftige Willenserklärungen, z. B. Testament). Diese Willenserklärung wird bereits mit Abgabe der Erklärung wirksam.

10. Welche Wirkung hat das Auseinanderfallen von Wille und Erklärung?

Es liegen Willensmängel vor, die nach §§ 116 ff. BGB zu beurteilen sind.

11. Welche Fälle der Willensmängel gibt es?

- Der Erklärende erklärt bewusst etwas anderes als er in Wahrheit will. Willenserklärungen sind nichtig, wenn
    - der Empfänger der Willenserklärung den **geheimen Vorbehalt** kennt (§ 116 Satz 2 BGB),

- sie einem anderen gegenüber mit dessen Einverständnis nur **zum Schein** abgegeben werden (§ 117 Abs. 2 BGB) oder
- sie **nicht ernst gemeint** sind und in der Erwartung abgegeben werden, dass der Mangel der Ernstlichkeit nicht verkannt wird (Scherzerklärung, § 118 BGB).

▶ Wille und Erklärung fallen unbewusst auseinander. Diese Willenserklärungen sind anfechtbar, wenn
- der Erklärende über den Inhalt seiner Erklärung im **Irrtum** war (Inhaltsirrtum, § 119 Abs. 1, 1. Alternative BGB)
- sich der Erklärende verschreibt oder verspricht (Erklärungsirrtum, § 119 Abs. 1, 2. Alternative BGB)
- die Erklärung durch die zur Übermittlung verwendete Person oder Anstalt **unrichtig** übermittelt wurde (Übermittlungsirrtum, § 120 BGB)
- sich der Erklärende über Eigenschaften der Person oder Sache irrt, es sich um eine verkehrswesentliche Eigenschaft handelt (Eigenschaftsirrtum, § 119 Abs. 2 BGB)
- sie durch arglistige Täuschung oder widerrechtliche Drohung zustande kam (§ 123 BGB).

12. Unterscheiden Sie „Anfechtbarkeit" und „Nichtigkeit" einer Willenserklärung!

Nichtigkeitsgründe vernichten die Willenserklärung ohne weiteres Zutun des Erklärenden von Anfang an. Anfechtbarkeit gewährt nur die Möglichkeit eine zunächst voll gültige Erklärung rückwirkend zu vernichten.

13. Wie entstehen Schuldverhältnisse?

Durch Rechtsgeschäfte oder andere rechtlich bedeutsame Vorgänge entstehen Forderungen. Der Forderung des Gläubigers steht die Verpflichtung des Schuldners gegenüber. Forderung und Verpflichtung sind ein und dieselbe Leistung, einmal vom Standpunkt des Gläubigers und einmal vom Standpunkt des Schuldners aus gesehen. Das Rechtsverhältnis zwischen Gläubiger und Schuldner nennt man **Schuldverhältnis**.

Schuldverhältnisse entstehen

▶ grundsätzlich durch **Rechtsgeschäfte**, in der Regel durch Vertrag. Voraussetzung für ihr Zustande-Kommen ist, dass zwei abgegebene Willenserklärungen – Antrag und Annahme – inhaltlich übereinstimmen, in Ausnahmefällen durch einseitige Rechtsgeschäfte (z. B. durch Auslobung)

▶ durch **Gesetz**, z. B. aus ungerechtfertigter Bereicherung, aus unerlaubter Handlung, aus Unterhaltsverpflichtung, aus Geschäftsführung ohne Auftrag

▶ durch unmittelbaren **staatlichen Eingriff**, z. B. Zwangseinweisung von Mietern.

14. Was besagt der Grundsatz der Vertragsfreiheit?

Der Grundsatz der Vertragsfreiheit garantiert

- die **Abschlussfreiheit**, d. h. jeder kann Verträge abschließen, ist aber nicht zum Vertragsabschluss verpflichtet (Ausnahme: staatliche Monopolbetriebe) und
- die **Gestaltungsfreiheit**, d. h. die Vertragsparteien bestimmen nach freiem Willen den Inhalt des Vertrages.

15. Wodurch wird die Vertragsfreiheit eingeschränkt?

Die Vertragsfreiheit wird insoweit eingeschränkt, als dies gesetzliche Grenzen bestimmen: Ein Vertrag ist nichtig, wenn er

- gegen das Gesetz verstößt
- gegen die guten Sitten verstößt
- auf die Übertragung künftigen Vermögens gerichtet ist
- auf eine unmögliche Leistung gerichtet ist.

16. Geben Sie einen Überblick über die einzelnen Schuldverhältnisse!

Man kann die wichtigsten Schuldverhältnisse in fünf Gruppen gliedern:

- Verträge, die auf eine **dauernde Sachüberlassung** gerichtet sind: Kauf, Tausch, Schenkung
- Verträge, die auf **vorübergehende Gebrauchsüberlassung** gerichtet sind: Miete, Pacht, Leihe, Darlehen
- Verträge bzw. Rechtsgeschäfte, die auf **Arbeitsleistung** gerichtet sind: Dienstvertrag, Werkvertrag, Maklervertrag, Auslobung, Auftrag, Geschäftsführung ohne Auftrag, Verwahrung
- Verträge, die auf die **Sicherung des Gläubigers** gerichtet sind und riskante Verträge: Bürgschaft, Vergleich
- Ungerechtfertigte **Bereicherung und unerlaubte Handlung**.

17. Was enthält ein Schenkungsvertrag?

Während beim Kauf und Tausch die Veräußerung gegen Geld oder Gegenstände erfolgt, fehlt es bei der Schenkung (§§ 516 - 534 BGB) am Entgelt. Es handelt sich um einen einseitig verpflichtenden Schuldvertrag.

Eine Schenkung liegt **vor**, wenn
- jemand aus seinem Vermögen einen anderen bereichert und
- Einigkeit darüber besteht, dass die Zuwendung unentgeltlich erfolgt.

Da ein Austausch von Leistungen nicht zustande kommt, unterliegt eine Schenkung nicht der Umsatzsteuer (mangelnder Leistungsaustausch). Sie unterliegt aber u. U. der Erbschaftsteuer. Das Erbschaftsteuerrecht greift auf bürgerlich-rechtliche Vorschriften zurück.

18. Ist das Schenkungsversprechen formgebunden?

Zur Gültigkeit eines Schenkungsversprechens ist die **notarielle Beurkundung** des Versprechens erforderlich (§ 518 Abs. 1 BGB).

19. Kann der Beschenkte zur Rückgabe des geschenkten Gegenstandes verpflichtet werden?

Der Beschenkte hat eine Rückgabepflicht
- bei Verarmung des Schenkers (§ 528 BGB)
- bei grobem Undank des Beschenkten (§ 530 BGB).

20. Beschreiben Sie den Inhalt des Mietvertrages!

Der Mietvertrag (§§ 535 - 580 BGB) ist auf die entgeltliche Überlassung einer Sache gerichtet.

Der Vermieter verpflichtet sich
- die vermietete Sache dem Mieter in einem zu dem vertragsgemäßen Gebrauch geeigneten Zustand zu **überlassen**,
- die Sache während der Mietzeit in diesem Zustand zu erhalten, bzw. **instand zu setzen** und
- dem Mieter die auf die Sache gemachten notwendigen Aufwendungen zu **ersetzen**.

Der Mieter verpflichtet sich
- den Mietzins zu **zahlen**,
- die Mietsache **sorgfältig** zu behandeln und auftretende Mängel anzuzeigen und
- die Mietsache nach Beendigung des Mietverhältnisses **zurückzugeben**.

Der Mieter darf die Mietsache nicht weitervermieten („Untermiete").

21. Grenzen Sie Miet- und Pachtvertrag voneinander ab!

Ein Pachtvertrag (§§ 581 ff. BGB) kann nicht nur über Sachen – wie der Mietvertrag, sondern auch über Rechte abgeschlossen werden. Die Pacht ist nicht nur auf den Gebrauch ausgerichtet, sondern auch auf die **Fruchtziehung**. Im Übrigen sind die Vorschriften des Mietrechts anzuwenden.

22. Beschreiben Sie den Inhalt eines Leihvertrages!

Der Leihvertrag (§§ 598 - 606 BGB) richtet sich – anders als der Mietvertrag – auf eine unentgeltliche Gebrauchsüberlassung von Sachen. Dem Leihvertrag liegt eine Stückschuld zugrunde. Der Verleiher trägt die durch den vertragsgemäßen Gebrauch entstehenden Veränderungen und Verschlechterungen der Sache. Der Entleiher trägt die Kosten der Erhaltung der geliehenen Sache. Er darf sie nur vertragsgemäß gebrauchen und muss sie nach Ablauf der Leihzeit zurückgeben.

Der Verleiher kann die Leihe kündigen, wenn er die Sache unvorhergesehen braucht, wenn der Entleiher die Sache nicht vertragsgemäß gebraucht oder wenn der Entleiher stirbt.

23. Grenzen Sie Leih- und Darlehensvertrag voneinander ab!

Der Darlehensvertrag (§§ 607 - 609 BGB) kann unentgeltlich oder entgeltlich sein. Der Darlehensvertrag hat mit dem Leihvertrag gemeinsam, dass von einer Person bestimmte Sachen an eine andere Person gegeben werden, jedoch handelt es sich bei den Sachen um Geld oder um **verbrauchbare** Sachen. Dem Darlehensvertrag liegt eine Gattungsschuld zugrunde.

Beispiel

Die Hausfrau „leiht" sich bei ihrer Nachbarin Mehl. Es liegt ein Darlehensvertrag vor, da die Hausfrau nur eine Gattungssache (gleiche Art, Menge, Güte) zurückgibt und nicht das „geliehene" Mehl selbst.

Die Verpflichtung einem anderen Geld oder andere verbrauchbare Sachen zu leihen (alt: darzuleihen, daher Darlehen), wird in einem Darlehensvorvertrag geregelt. Erst wenn der Vorvertrag erfüllt ist, der Darleiher seine Leistung erbracht hat, besteht das Schuldverhältnis eines Darlehens. Hierbei steht die Verpflichtung des Schuldners zur Rückerstattung im Vordergrund.

24. Beschreiben Sie den Inhalt des Dienstvertrages!

Der Dienstvertrag (§ 611 - 630 BGB) ist ein Vertrag, der auf den Austausch der persönlichen Dienstleistung gegen das vereinbarte Entgelt gerichtet ist. Der Schuldner hat seine Arbeitskraft und sein Wissen zur Verfügung zu stellen. Auf den Erfolg der Dienstleistung kommt es dabei – anders als beim Werkvertrag – nicht an.

Dienstverträge sind nach der Art der vereinbarten Dienste zu unterscheiden in solche

- über die sog. **unabhängigen, eigenbestimmten** Dienste, die z. B. Anwälte, Ärzte, Architekten, Steuerberater etc. vereinbaren (häufig aber Geschäftsbesorgungsverträge i. S. des § 675 BGB),
- über die sog. **abhängigen, fremdbestimmten** Dienste, die z. B. Personal, Arbeiter, Angestellte, Auszubildende etc. vereinbaren. Im allgemeinen Sprachgebrauch und arbeitsrechtlich werden diese Verträge auch als „Arbeitsverträge" bezeichnet. Die abhängigen Dienstverpflichteten haben Einkünfte aus nichtselbstständiger Arbeit, sie werden zur Lohnsteuer herangezogen. Die unabhängigen Dienstverpflichteten haben in der Regel Einkünfte aus selbstständiger Arbeit und unterliegen der Einkommensteuerpflicht.

25. Wie heißen die Vertragsparteien beim Werkvertrag?

Vertragsparteien beim Werkvertrag sind Unternehmer und Besteller.

26. Beschreiben Sie den Inhalt des Werkvertrages!

Durch den **Werkvertrag** (§§ 631 - 650 BGB) wird der Unternehmer zur Herstellung des versprochenen Werks verpflichtet. Der Besteller hat die vereinbarte Vergütung zu entrichten.

Beispiel

Anfertigung eines Maßanzuges oder eines Gutachtens, Reparaturen von Geräten und Maschinen etc.

Liefert der Besteller den Stoff, den der Unternehmer bearbeitet, so liegt eine reine Werkleistung vor. Beschafft der Unternehmer Zutaten oder sonstige Nebensachen, liegt dennoch ein Werkvertrag vor. Erst mit der Abnahme oder Vollendung des Werkes geht die Gefahr auf den Besteller über. Umsatzsteuerlich wird der Werkvertrag als „Werkleistung" behandelt (Abschn. 3.8 Abs. 1 UStAE).

Ist das Werk mangelhaft, kann der Besteller Nacherfüllung verlangen, den Mangel selbst beseitigen und Ersatz der erforderlichen Aufwendungen verlangen, vom Vertrag zurücktreten oder die Vergütung mindern, Schadenersatz oder Ersatz vergeblicher Aufwendungen verlangen. Mängelansprüche verjähren in 2 Jahren bei einem Werk, dessen Erfolg in der Herstellung, Wartung oder Veränderung einer Sache besteht, in 5 Jahren bei Bauwerken. Im Übrigen gilt die regelmäßige Verjährungsfrist.

Auf einen Vertrag, der die Lieferung herzustellender oder zu erzeugender beweglicher Sachen zum Gegenstand hat (ehemals Werklieferungsvertrag), finden die Vorschriften über den Kauf Anwendung (§ 651 BGB).

Beispiel

Der Maßschneider liefert zu dem Anzug den Stoff und die Zutaten. Im Umsatzsteuerrecht wird diese Lieferung als Werklieferung behandelt (§ 3 Abs. 4 UStG).

Soweit es sich bei den herzustellenden beweglichen Sachen um nicht vertretbare Sachen handelt, sind besondere Vorschriften des Werkvertragsrechts zu beachten (§ 651 Satz 3 BGB).

27. Grenzen Sie Dienstvertrag, Werkvertrag und Auftrag voneinander ab!

Beim Dienst- und Werkvertrag handelt es sich um **entgeltliche** Tätigkeiten. Der Dienstvertrag unterscheidet sich vom Werkvertrag dadurch, dass bei ihm lediglich die Dienstleistung („Wirken") als solche, beim Werkvertrag („Werk") jedoch das Arbeitsergebnis geschuldet wird.

Übernimmt jemand für einen anderen die Besorgung übertragener Geschäfte **unentgeltlich**, handelt es sich um einen Auftrag (§§ 662 - 674 BGB). Dies ist ein unvollkommen zweiseitig verpflichtender Vertrag, da der Verpflichtung des Beauftragten keine Verpflichtung des Auftraggebers zur Gegenleistung gegenübersteht.

Der Beauftragte hat den Auftrag grundsätzlich persönlich auszuführen und hat nur Anspruch auf Ersatz seiner Aufwendungen (§ 670 BGB).

Der Auftragsvertrag betrifft nur das Innenverhältnis zwischen den Vertragsparteien. Die Vollmacht (einseitiges Rechtsgeschäft) ist dagegen die Befugnis zur Stellvertretung, die das Außenverhältnis betrifft.

28. Beschreiben Sie den Inhalt des Mäklervertrages!

Der Mäklervertrag (§§ 652 - 656 BGB) ist ein gegenseitig verpflichtender Vertrag, der auf die Leistung einer Vermittlungs- oder Nachweistätigkeit gegen Vergütung gerichtet ist. Wird der Makler auch für die andere Vertragspartei tätig, wird der Maklerlohn bei dieser doppelseitigen Tätigkeit verwirkt. Zu den Zivilmaklern gehört u. a. der Ehemakler.

Eine Verpflichtung zur Zahlung von Ehemäklerlohn besteht zwar ähnlich wie bei Privatwetten, jedoch können diese „unechten" Verbindlichkeiten (sog. Ehrenschulden) vom Gläubiger **nicht** eingeklagt werden. Der gezahlte Mäklerlohn kann nicht zurückgefordert werden.

29. Was versteht man unter Auslobung?

Die Auslobung (§§ 657 - 661a BGB) ist kein Vertrag. Sie ist vielmehr ein einseitig verpflichtendes Rechtsgeschäft, das an unbestimmte Partner gerichtet ist.

Wer durch öffentliche Bekanntmachung zur Vornahme einer Handlung bzw. für die Herbeiführung eines Erfolges wie

- Aufklärung und Ermittlung strafbarer Handlungen,
- Herbeischaffung gestohlener oder verloren gegangener Sachen,
- Förderung von Erfindungen etc.

eine Belohnung aussetzt, ist zur Zahlung an denjenigen verpflichtet, welcher die Handlung vorgenommen hat, gleichgültig, ob dieser die ausgesetzte Belohnung kannte oder nicht.

1.4 Der Kaufvertrag

1. Was ist Gegenstand des Kaufvertrages?

Der Kaufvertrag ist ein **Umsatzvertrag**, der auf die Veräußerung von Gegenständen gegen Entgelt gerichtet ist (§§ 433 ff. BGB).

2. Wie kommt ein Kaufvertrag zustande?

Vertragsparteien sind Käufer und Verkäufer.

Der Kaufvertrag kommt – wie jedes zweiseitige Rechtsgeschäft – durch **Antrag** und **Annahme** zustande.

Der Antrag kann vom Verkäufer ausgehen und besteht in einem verbindlichen **Angebot**, das der Käufer durch seine **Bestellung** annimmt. Der Antrag kann auch vom Käufer ausgehen, er besteht in der Bestellung des Käufers, die Annahme des Verkäufers liegt in der Bestellungsannahme.

3. Wozu verpflichten sich Verkäufer und Käufer im Kaufvertrag?

Durch den Abschluss des Kaufvertrages (**Verpflichtungsgeschäft**, § 433 BGB) verpflichtet sich der **Verkäufer**,

- die Ware zur rechten Zeit, am richtigen Ort und in der richtigen Art und Weise zu liefern,
- das Eigentum zu verschaffen und

der **Käufer** verpflichtet sich,
- den Kaufgegenstand anzunehmen und
- den Kaufpreis zu zahlen.

Das Verpflichtungsgeschäft ist Grundlage für die Erfüllung des Kaufvertrages (**Erfüllungsgeschäft**, § 929 BGB).

4. Was geht der Bestellung voraus?

Der Bestellung geht in der Regel eine **Anfrage** voraus, die den Verkäufer dazu bewegen soll ein verbindliches Angebot abzugeben. Die Anfrage ist rechtlich an keine bestimmte Form gebunden, sie kann mündlich, schriftlich, fernmündlich, fernschriftlich oder telegrafisch erfolgen. Um Übermittlungsfehler zu vermeiden, empfiehlt sich die Schriftform.

Die **allgemeine** Anfrage soll dem Käufer einen Einblick in das Sortiment des Verkäufers geben (Kataloge, Preislisten, Vertreterbesuche). Die **bestimmte** Anfrage wird geschrieben, um Informationen über einen bestimmten Artikel zu erhalten (genaue Artikelbeschreibung, Abnahmemenge, Liefertermine etc.). Die Anfrage ist rechtlich unverbindlich.

5. Was ist das Angebot?

Das Angebot ist eine **einseitige** empfangsbedürftige Willenserklärung des Verkäufers an eine bestimmte Person, den Käufer. Der Anbietende erklärt sich dadurch bereit, zu den angegebenen Bedingungen einen Kaufvertrag abzuschließen.

Das Angebot ist an keine besondere Form gebunden.

Geht dem Angebot eine Anfrage des Käufers voraus, spricht man von einem verlangten Angebot, schickt der Verkäufer unaufgefordert ein Angebot, handelt es sich um ein unverlangtes Angebot.

6. Ist das Angebot bindend?

Das Angebot ist rechtsverbindlich, wenn es ohne Einschränkungen an eine bestimmte Person gerichtet ist. Es ist der Antrag auf Abschluss eines Kaufvertrages.

Prospekte, Kataloge, Zeitungsinserate etc., die sich an die Allgemeinheit richten, stellen keine Angebote im rechtlichen Sinne dar. Es handelt sich lediglich um eine Aufforderung („Anlockung") an mögliche Käufer, selbst einen Antrag auf Abschluss eines Kaufvertrages (Bestellung) zu unterbreiten.

Das Angebot ist wirksam, wenn es dem Empfänger zugegangen ist. Angebote unter **Anwesenden** können nur sofort angenommen werden. Der einem **Abwesenden** gemachte Antrag ist verbindlich, solange der Eingang der Antwort unter „regelmäßigen Umständen" erwartet werden kann. Er kann bis zum Eintreffen beim Käufer widerrufen werden. Der Widerruf muss jedoch spätestens gleichzeitig mit dem Antrag dem Abwesenden zugehen. Ist für die Annahme eines Angebots eine Frist bestimmt, so kann die Annahme nur innerhalb der Frist erfolgen. Eine verspätete Annahme oder eine Annahme mit wesentlichen Änderungen gilt als neuer Antrag.

Das Zusenden **unbestellter Ware** ist ein Angebot, das Schweigen hierauf kann unterschiedliche Folgen haben. Es bedeutet:

- **Annahme**, wenn zwischen Kaufleuten bereits Geschäftsbeziehungen bestehen. Will der Kaufmann nicht annehmen, muss er zurücksenden.
- **Ablehnung**, wenn zwischen Kaufleuten noch keine Geschäftsbeziehungen bestehen oder wenn der Empfänger Privatmann ist. In diesen Fällen ist die Ware aufzubewahren, damit der Absender sie wieder abholen kann. Werden die Sachen in Gebrauch genommen, dann ist in diesem „schlüssigen Handeln" eine Annahme zu sehen.

Der Verkäufer hat auch die Möglichkeit, durch **Freizeichnungsklauseln** die inhaltliche Bindung des Angebots ganz oder teilweise auszuschließen:

- unverbindliches Angebot hinsichtlich Menge und Preis („freibleibend", „unverbindlich")
- teilweise unverbindliches Angebot
  - Menge ist unverbindlich, Preis ist unverbindlich („Preise freibleibend")
  - Preis ist verbindlich, Menge ist unverbindlich („Menge vorbehalten", „solange Vorrat reicht").

7. Was soll ein Angebot enthalten?

Das Angebot soll alle wichtigen Punkte enthalten, damit die Willenserklärung des Empfängers mit der Willenserklärung des Anbieters übereinstimmen kann.

Dies sind vier Punkte:

- Art, Menge und Preis der Ware
- Lieferbedingungen
- Zahlungsbedingungen
- Erfüllungsort und Gerichtsstand.

Fehlen solche Vereinbarungen, so gelten die entsprechenden **Vorschriften** des BGB bzw. HGB.

8. Woraus setzt sich der Preis der Ware zusammen?

Der Preis der Ware ist der in Geld ausgedrückte Wert der Ware. Bei **Berechnung** des Kaufpreises sind Verpackungskosten und Preisabzüge zu berücksichtigen.

9. Wer trägt die Verpackungskosten?

Die Kosten für die sog. **Verkaufsverpackung** sind im Einkaufspreis bereits enthalten. Ohne sie können die Artikel meist gar nicht angeboten werden, sie dient hauptsächlich der Werbung. Diese Kosten lassen sich meist von den Fertigungskosten nicht trennen, da der Verpackungsvorgang mit dem Fertigungsprozess eng verknüpft ist. Die **Versandverpackung** dient vorwiegend dem Schutz der Ware vor Beschädigung während des Transports und der Lagerung. Diese Kosten sind als Vertriebskosten gesondert zu erfassen. Die **Verpackungskosten** sind Kosten der Abnahme und daher vom Käufer zu tragen (gesetzliche Regelung), denn Warenschulden sind Holschulden. Vertragsgemäß können sie auch dem Verkäufer belastet werden.

10. Welche Abzüge können vom Rechnungsbetrag vorgenommen werden?

Beim **Nettopreissystem** hat der Anbieter Preisabzüge ggf. bereits selbst vorgenommen.

Beim **Bruttopreissystem** können vom Angebotspreis unter bestimmten Voraussetzungen noch prozentuale Preisabzüge vorgenommen werden. Die wichtigsten Preisnachlässe sind die **Rabatte**, die ohne Rücksicht auf den Zahlungstermin eingeräumt werden: Mengen-, Treue-, Messe-, Sonder- und Wiederverkäuferrabatt. Daneben kommen mengenmäßige Nachlässe durch Gewährung eines Naturalrabatts infrage.

Der Bonus als Sonderform des Rabatts wird nicht sofort gewährt, sondern nachträglich.

11. Wer trägt die Versandkosten?

Da die Ware persönlich, durch Boten, mit eigenem Fahrzeug oder durch Vermittlung eines Transportunternehmens überbracht oder abgeholt werden kann, entstehen in der Regel Versandkosten:

Rollgeld für die An- und Zufuhr, Fracht, Wiegegebühr und Verladekosten. Wenn im Vertrag nichts vereinbart ist, gelten die gesetzlichen Regelungen (§ 448 BGB):

- Die Kosten der **Übergabe** der Ware, einschließlich des Messens und Wiegens, trägt der Verkäufer.
- Die Kosten der **Abnahme** und die Versandkosten an einen anderen Ort als dem Erfüllungsort hat der Käufer zu übernehmen.

12. Wann muss geliefert werden?

Ist über die Lieferzeit im Angebot nichts vereinbart, kann der Käufer davon ausgehen, dass der Verkäufer **sofort** zu liefern bereit ist.

Vertraglich kann vereinbart sein:
- Lieferung innerhalb einer bestimmten Frist
- Lieferung zu einem genau festgelegten Zeitpunkt (Fixkauf)
- Lieferung auf Abruf.

13. Welche Zahlungsbedingungen können vereinbart sein?

Wird über den Zahlungszeitpunkt nichts ausgesagt und nimmt der Käufer das Angebot an, muss der Käufer die Ware sofort nach Erhalt bezahlen, die Zahlung erfolgt „Zug um Zug" in bar. Der Zeitpunkt der Zahlung kann auch vor der Lieferung (Anzahlung) oder nach der Lieferung liegen (Ziel- oder Kreditkauf).

Im heute üblichen bargeldlosen Zahlungsverkehr erfolgt die Zahlung häufig von Konto zu Konto. Da das Buchgeld kein gesetzliches Zahlungsmittel ist, gilt die Überweisung auf ein Girokonto nur als „an Zahlung statt", d. h. der Verkäufer muss mit dieser Zahlungsweise einverstanden sein.

Der Käufer leistet rechtzeitig, wenn er das Geld am Fälligkeitstag an seinem Wohnort oder Geschäftssitz abschickt, da Erfüllungsort auch bei Geldschulden der Geschäftssitz des Schuldners ist. Die Überweisung ist rechtzeitig auf den Weg gebracht, wenn der Auftrag bei der Bank eingegangen ist (Kontendeckung vorausgesetzt).

Bei Zahlung mittels Scheck oder Wechsel (Geldsurrogate) gilt die Schuld erst dann als getilgt, wenn der Scheck bzw. Wechsel eingelöst wird. Die Annahme des Schecks oder Wechsels erfolgt also „erfüllungshalber" und nicht an Erfüllung statt.

Die Kosten und die Gefahr der Geldübermittlung bis zur gewerblichen Niederlassung des Verkäufers trägt – sofern nichts anderes vereinbart ist – der Käufer (§ 270 BGB). Geldschulden sind **Bring-** oder **Schickschulden**. Der Käufer befreit sich von seiner Schuld erst, wenn das Geld den Empfänger tatsächlich erreicht.

In den vertraglichen Zahlungsbedingungen können neben den Zahlungsfristen auch Preisvergünstigungen vereinbart sein:
- **Skonto** wird gewährt, wenn der Kunde innerhalb einer vereinbarten Frist vor Ablauf des Zahlungszieles zahlt.
- **Barzahlungsnachlass** ist eine Preisvergünstigung, die ein Einzelhändler dem Verbraucher bei sofortiger Zahlung einräumt. Das Rabattgesetz, in dem der Nachlass auf 3 % beschränkt war, ist abgeschafft.

14. Was versteht man unter dem Leistungsort?

Leistungsort (Erfüllungsort) ist der Ort, an dem der Schuldner seine Leistung zu erbringen hat.

Der **gesetzliche** Leistungsort (§ 269 BGB) für Warenschulden ist der Wohnsitz bzw. die gewerbliche Niederlassung des Verkäufers (Schuldner der Warenlieferung) im Zeitpunkt des Vertragsabschlusses. Er gilt, wenn vertraglich nichts anderes vereinbart ist. An diesem Ort geht die Gefahr der zufälligen Vernichtung oder Beschädigung der Ware auf den Käufer über (§§ 446 f. BGB). Ab hier trägt der Käufer das Risiko und die Versandkosten.

ACHTUNG

Warenschulden sind Holschulden.

Der **natürliche** Erfüllungsort ist der Ort, an dem die Leistung ihrer Natur nach oder den Umständen nach zu bewirken ist.

Der **vertragliche** Erfüllungsort ist von Käufer und Verkäufer vereinbart. Die Vereinbarung muss in die Vertragsbedingungen aufgenommen sein, die Aufnahme entsprechender Klauseln in die Rechnung genügt nicht.

15. Wo ist gesetzlicher Erfüllungsort beim Versendungskauf?

Beim Handkauf (Käufer übernimmt Ware im Geschäftslokal des Verkäufers) und beim Platzkauf (Käufer und Verkäufer haben ihren Geschäftssitz am gleichen Ort) ist gesetzlicher Erfüllungsort das Geschäftslokal des Verkäufers. Da die Warenschulden **Holschulden** sind, übernimmt der Käufer die Versandkosten ab dem Geschäftslokal des Verkäufers.

Beim Versendungskauf – Käufer und Verkäufer haben ihren Geschäftssitz an verschiedenen Orten – ist gesetzlicher Erfüllungsort die Versandstation des Verkäufers. In diesem Falle sind Warenschulden Schickschulden, der Käufer trägt die Versandkosten ab der Versandstation des Verkäufers (§ 447 BGB).

16. Welche Bedeutung hat der Leistungsort?

Der Leistungsort ist der Ort, an dem der Schuldner durch rechtzeitige und mangelfreie Leistung von seiner vertraglichen Verpflichtung befreit wird. Daher hat der Leistungsort auch Bedeutung für den Gerichtsstand, den Gefahrübergang und die Übernahme der Kosten, sofern hierfür keine besonderen Regelungen gelten.

17. Wer trägt die Gefahr für die Leistung?

Geht der Kaufgegenstand durch **Verschulden** eines Vertragspartners oder des Frachtführers verloren, zugrunde oder wird er beschädigt, so hat der schuldige Teil den Schaden zu tragen.

Bei **zufälligem Untergang oder zufälliger Verschlechterung** trägt den Schaden derjenige, der die Gefahr trägt; die Gefahr geht auf den Käufer über

- mit der Übergabe der Ware an den Käufer oder seinen Erfüllungsgehilfen (ohne Rücksicht auf den Erfüllungsort),
- mit der Auslieferung der Ware an den Spediteur oder Frachtführer, wenn die Ware auf Verlangen des Käufers nach einem anderen Ort als dem Erfüllungsort versandt wird.

Um dieses Risiko abzuwälzen wird häufig eine Versicherung abgeschlossen (Brand-, Diebstahl-, Transportversicherung). Wenn nichts anderes vereinbart ist, hat derjenige die Versicherungskosten zu tragen, der auch die Gefahr trägt.

Beim Übersenden von Geld trägt der Versender die Gefahr, bis es in die Verfügungsgewalt des Empfängers gelangt ist.

18. Welche Arten des Kaufvertrages kann man hinsichtlich der Art, Beschaffenheit und Güte der Ware unterscheiden?

- **Gattungskauf:** Gegenstand ist eine vertretbare Sache. Vertretbare Sachen sind bewegliche Sachen, die im Verkehr nach Maß, Zahl oder Gewicht bestimmt zu werden pflegen. Da sie gleichartig sind, können sie durch andere Stücke der gleichen Gattung ersetzt, vertreten werden.
- **Stückkauf:** Gegenstand ist eine nicht vertretbare Sache (z. B. Originalgemälde).
- **Kauf nach Probe:** Der Kauf erfolgt aufgrund früher bezogener Waren (Muster) oder nach einer vom Verkäufer übergebenen Probe.
- **Kauf auf Probe:** Entspricht der Gegenstand nicht den Erwartungen des Käufers, hat er ein Rückgaberecht innerhalb einer vereinbarten Frist (§§ 454, 455 BGB).
- **Kauf zur Probe:** Der Käufer kauft eine kleine Menge zum Ausprobieren.
- **Bestimmungskauf:** Der Kaufvertrag wird über eine genau festgelegte Gesamtmenge einer Gattungsware abgeschlossen. Der Käufer hat das Recht innerhalb einer festgesetzten Frist die zu liefernde Ware nach Maß, Form oder Farbe näher zu bestimmen, zu spezifizieren (Spezifikationskauf).

19. Erläutern Sie die Arten des Eigentumsvorbehalts!

Der Kauf unter Eigentumsvorbehalt (§ 449 BGB) ist ein unbedingt **abgeschlossener Vertrag** mit aufschiebend bedingter Übereignung. Der Vorbehaltskäufer erwirbt ein „Anwartschaftsrecht", er wird zunächst nur Besitzer. Daher kann der Verkäufer als Eigentümer bei Pfändung die Freigabe, bei Insolvenz und Vergleich die Aussonderung der Ware verlangen. Bei Zahlungsverzug kann er Herausgabe seines Eigentums fordern, wenn er von seinem Rücktrittsrecht Gebrauch macht.

Der Eigentumsvorbehalt erlischt, wenn der Kaufpreis vollständig bezahlt ist. Der Eigentumsvorbehalt wird unwirksam, wenn die Ware

- an einen gutgläubigen Dritten weiterveräußert,
- verarbeitet,
- mit einer unbeweglichen Sache verbunden,
- verbraucht oder vernichtet wird.

Vom **verlängerten** Eigentumsvorbehalt spricht man, wenn bei Weiterverkauf die entsprechende Forderung abgetreten, bei Verarbeitung der hergestellte Gegenstand zur Sicherung übereignet wird.

Ein **erweiterter** Eigentumsvorbehalt liegt vor, wenn sich die Vorbehaltsrechte auch auf andere vom selben Verkäufer an denselben Käufer gelieferte Waren beziehen soll.

20. Welche Besonderheiten sind beim Abzahlungskauf zu beachten?

Beim Abzahlungskauf wird der Kaufpreis vereinbarungsgemäß in **Teilzahlungsraten** erbracht.

Um den Abzahlungskäufer besonders zu schützen, schreibt das Gesetz betreffend die Abzahlungsgeschäfte vor:

- Die Käufererklärung bedarf der Schriftform.
- Barzahlungspreis, Teilzahlungspreis, Teilzahlungen sowie effektiver Jahreszins sind aufzugliedern.
- Der Käufer hat ein Widerrufsrecht binnen einer Woche.

21. Was ist ein Tausch?

Beim Tausch werden Waren gegen Waren ausgetauscht. Auf den Tausch (§ 480 BGB) finden die Vorschriften des Kaufvertrages sinngemäße Anwendung.

22. Welche Bedeutung haben die Allgemeinen Geschäftsbedingungen?

Es gilt der **Grundsatz** der **Vertragsfreiheit**. Die Vertragsfreiheit wird häufig durch vorformulierte Verträge und durch Allgemeine Geschäftsbedingungen eingeschränkt, die von Wirtschaftsverbänden verschiedener Branchen oder von Unternehmen selbst entwickelt werden. Die eine Vertragspartei („Verwender") stellt diese Bedingung der anderen Vertragspartei bei Vertragsabschluss.

Allgemeine Geschäftsbedingungen sollen
- Abschluss und Abwicklung von Verträgen standardisieren und erleichtern,
- alle möglichen Fälle beschreiben, um auf diese Art klare Rechtsverhältnisse zu schaffen,
- die manchmal zu allgemein gefassten Vorschriften der Gesetze konkretisieren,
- die Haftung einer Vertragspartei einschränken und
- den Geschäftsablauf vereinfachen, um die Kosten zu sparen.

Die AGB schränken die gesetzlichen Rechte des Kunden ein, dennoch ist er in der Praxis häufig gezwungen die Bedingungen zu akzeptieren, um zu einem Vertragsabschluss zu kommen.

23. Welchen Zweck verfolgt das Recht der Allgemeinen Geschäftsbedingungen?

Das Recht der Allgemeinen Geschäftsbedingungen (AGB-Gesetz) ist mit dem Schuldrechtsmodernisierungsgesetz zum 01.01.2002 in das BGB aufgenommen worden (§§ 305 - 310 BGB). Allgemeine Geschäftsbedingungen sollen den Verbraucher schützen. Es sind dies alle für eine Vielzahl von Verträgen vorformulierten Vertragsbedingungen, die eine Vertragspartei („Verwender") der anderen Vertragspartei bei Abschluss eines Vertrages stellt (§ 305 BGB).

Sie werden nur dann Bestandteil eines Vertrages, wenn der Verwender bei Vertragsabschluss die andere Vertragspartei ausdrücklich auf sie hinweist und die andere Vertragspartei mit ihrer Geltung einverstanden ist (§ 305 Abs. 2 und 3 BGB). Bei Verbraucherverträgen gelten die AGB als vom Unternehmer unterstellt, es sei denn, dass sie durch den Verbraucher in den Vertrag eingeführt werden (§ 310 Abs. 3 BGB).

24. Welche Wirkung haben überraschende Klauseln?

Bestimmungen in den Allgemeinen Geschäftsbedingungen, die nach dem äußeren Erscheinungsbild des Vertrages so ungewöhnlich (überraschend, mehrdeutig) sind, dass der Vertragspartner des Verwenders mit ihnen nicht zu rechnen braucht, werden nicht Vertragsbestandteil. Zweifel in der Auslegung gehen zulasten des Verwenders.

25. Welche Rechtsfolgen ergeben sich bei Nichteinbeziehung der Allgemeinen Geschäftsbedingungen?

Sind Allgemeine Geschäftsbedingungen ganz oder teilweise nicht Vertragsbestandteil geworden oder unwirksam, so bleibt der Vertrag im Übrigen wirksam. Werden die Allgemeinen Geschäftsbedingungen durch anderweitige Gestaltungen umgangen, gelten die Bestimmungen des BGB dennoch weiter (Umgehungsverbot, § 306a BGB).

26. Welche Bestimmungen in Allgemeinen Geschäftsbedingungen sind unwirksam?

Bestimmungen, die den Vertragspartner des Verwenders entgegen dem Gebot von Treu und Glauben unangemessen benachteiligen, sind unwirksam (Inhaltskontrolle, Generalklausel § 307 BGB). Eine unangemessene Benachteiligung kann sich auch daraus ergeben, dass die Bestimmung nicht klar und verständlich ist.

27. Unterscheiden Sie Klauselverbote mit Wertungsmöglichkeit und Klauselverbote ohne Wertungsmöglichkeit!

Klauselverbote **mit Wertungsmöglichkeit** sind nur dann unwirksam, wenn sie bei Prüfung und Wertung des Einzelfalles zu einer unangemessenen Benachteiligung der Vertragspartner führen.

§ 308 BGB:
- Annahme- und Leistungsfrist
- Nachfrist
- Nichtverfügbarkeit der Leistung etc.

Klauselverbote **ohne Wertungsmöglichkeit** sind ohne Prüfung des Einzelfalls unwirksam.

§ 309 BGB:
- kurzfristige Preiserhöhung
- Aufrechnungsverbot
- Ausschluss der Haftung bei grobem Verschulden etc.

1.5 Grundsätze bei Verbraucherverträgen und besondere Vertriebsformen

Das „Gesetz zur Umsetzung der EU-Verbraucherrechterichtlinie und zur Änderung des Gesetzes zur Regelung der Wohnungsvermittlung" (VRRL) ist am 13.06.2014 in Kraft getreten. Die Richtlinie verfolgt das Ziel, Verbraucherverträge europaweit einheitlich zu regeln. Das Gesetz enthält eine Reihe neuer Vorgaben für Händler. Es gibt **keine Übergangsfrist**.

1. Was versteht man unter Verbraucherverträgen?

Verträge zwischen einem Unternehmer (§ 14 BGB) und einem Verbraucher (§ 13 BGB) nennt man Verbraucherverträge (§ 310 Abs. 3 BGB). Es gelten zahlreiche, den Verbraucher schützende Sondervorschriften bei den Allgemeinen Geschäftsbedingungen (AGB), bei außerhalb von Geschäftsräumen geschlossenen Verträgen (§ 312b BGB), bei Fernabsatzverträgen (§ 312c BGB) und beim Widerrufsrecht (§ 312g BGB).

2. Welche Pflichten und Grundsätze sind bei Verbraucherverträgen zu beachten?

Die in § 312a BGB kodifizierten Pflichten gelten nicht für eine bestimmte Vertriebsform, sondern allgemein für alle Verträge, die ein Verbraucher mit einem Unternehmen schließt. Hiermit sollen negative Geschäftspraktiken, welche in der Vergangenheit den Verbraucher benachteiligt haben, verhindert werden.

Informationspflicht bei Telefonanrufen
Gemäß § 312a Abs. 1 BGB hat ein Unternehmer, welcher einen Verbraucher zum Abschluss eines Vertrages anruft, sowohl seine Identität als auch den geschäftlichen Zweck des Anrufs zu offenbaren.

Informationspflichten im stationären Handel
§ 312a Abs. 2 BGB verlangt eine Informationspflicht für Verbraucherverträge im stationären Handel. Der konkrete Pflichtenkatalog ist in Art. 246 EGBGB beschrieben. Der Unternehmer kann vom Verbraucher Fracht-, Liefer- oder Versandkosten nur dann verlangen, wenn er diesen darauf hingewiesen hat. Bei außerhalb von Geschäftsräumen geschlossenen Verträgen, Fernabsatzverträgen bzw. Finanzdienstleistungsverträgen findet die Vorschrift keine Anwendung, da hier speziellere Informationspflichten bestehen (vgl. Art. 246a, 246b EGBGB).

Zustimmungspflicht bei Extrakosten
Der Unternehmer muss vom Verbraucher eine ausdrückliche Zustimmung einholen, bevor er Extrazahlungen verlangen kann, die über das vereinbarte Entgelt für die Hauptleistungspflicht des Verbrauchers hinausgehen. Der Verbraucher soll vor intransparenter Preisgestaltung geschützt werden (§ 312a Abs. 3 BGB).

Verbot von zusätzlichen Entgelten für gängige Zahlungsmittel
Die Gebührenerhebung für die Nutzung von bestimmten Zahlungsmitteln ist grundsätzlich untersagt (§ 312a Abs. 4 BGB). Dem Verbraucher muss unentgeltlich eine gän-

gige und zumutbare Zahlungsart eingeräumt werden (z. B. Barzahlungen, Zahlung mit EC-Karte, Bankeinzug oder auch die Überweisung auf ein Bankkonto).

Schutz vor kostenpflichtigen Telefonhotlines
Der Unternehmer kann vom Verbraucher keine überhöhten Kosten für die Inanspruchnahme von Telefondiensten in Bezug auf Fragen oder Erklärungen zu einem zwischen den Parteien geschlossenen Vertrag verlangen (§ 312a Abs. 5 BGB).

Geltungserhaltung des Vertrages
Ein Vertrag wird in seiner Wirksamkeit nicht berührt, wenn etwaige Vertragsbestandteile nach § 312a Abs. 3 bis 5 BGB unwirksam sind (§ 312a Abs. 6 BGB).

3. Was sind außerhalb von Geschäftsräumen geschlossene Verträge?

§ 312b BGB ersetzt das bisher in § 312 BGB a. F. geregelte Haustürgeschäft und soll einen weitergehenden Verbraucherschutz gewährleisten. Es wird nicht mehr ausschließlich an das Vorliegen besonderer, für das Direktvertriebsgeschäft typischer Situationen, wie z. B. Verhandlungen am Arbeitsplatz oder in einer Privatwohnung angeknüpft, sondern allgemein darauf Bezug genommen, ob der Vertrag außerhalb der Geschäftsräume des Unternehmens verhandelt oder geschlossen wurde.

Folgende Geschäftsumstände werden erfasst:
1. Verträge, die bei gleichzeitiger körperlicher Anwesenheit des Verbrauchers und des Unternehmers an einem Ort geschlossen werden, der kein Geschäftsraum des Unternehmers ist (§ 312b Abs. 1 Nr. 1 BGB)
2. Verträge, für die der Verbraucher unter den in Nr. 1 genannten Umständen ein Angebot abgegeben hat (§ 312b Abs. 1 Nr. 2 BGB)
3. Verträge, die in den Geschäftsräumen des Unternehmers oder durch Fernkommunikationsmittel geschlossen werden, bei denen der Verbraucher jedoch unmittelbar zuvor außerhalb der Geschäftsräume des Unternehmers bei gleichzeitiger körperlicher Anwesenheit des Verbrauchers und des Unternehmers persönlich und individuell angesprochen wurde(§ 312b Abs. 1 Nr. 3 BGB)
4. Verträge, die auf einem Ausflug geschlossen werden, der von dem Unternehmer oder mit seiner Hilfe organisiert wurde, um beim Verbraucher für den Verkauf von Waren oder die Erbringung von Dienstleistungen zu werben und mit ihm entsprechende Verträge abzuschließen; dem Unternehmer stehen Personen gleich, die in seinem Namen oder Auftrag handeln (§ 312b Abs. 1 Nr. 4 BGB).

4. Wie sind Geschäftsräume im Sinne der Frage 3 definiert?

Geschäftsräume sind unbewegliche Gewerberäume, in denen der Unternehmer seine Tätigkeit dauerhaft ausübt, und bewegliche Gewerberäume, in denen der Unternehmer seine Tätigkeit für gewöhnlich ausübt. Gewerberäume, in denen die Personen, die im Namen oder Auftrag des Unternehmers handeln, ihre Tätigkeit dauerhaft oder für gewöhnlich ausüben, stehen Räumen des Unternehmers gleich (§ 312b Abs. 2 BGB).

Keine Geschäftsräume sind der Öffentlichkeit zugängliche Orte wie Straßen, Einkaufszentren, Strände, Sportanlagen und öffentliche Verkehrsmittel, die der Unternehmer ausnahmsweise für seine Geschäftstätigkeit nutzt.

5. Was sind Fernabsatzverträge?

Merkmale des Fernabsatzvertrages (§ 312c Abs. 1 BGB) sind:

- Zum Abschluss des Vertrages werden ausschließlich Fernkommunikationsmittel verwendet.
- Der Vertragsschluss erfolgt im Rahmen eines für den Fernabsatz organisierten Vertriebs- oder Dienstleistungssystems.

6. Was sind Fernkommunikationsmittel?

Fernkommunikationsmittel sind alle Kommunikationsmittel, die zur Anbahnung oder zum Abschluss eines Vertrages eingesetzt werden können, ohne dass die Vertragsparteien körperlich anwesend sind, wie Briefe, Kataloge, Telefonanrufe, Telekopien, über Mobilfunkdienste versendete Nachrichten (SMS) sowie Rundfunk und Telemedien (§ 312c Abs. 2 BGB).

7. Welche besonderen Informationspflichten hat der Unternehmer bei außerhalb der Geschäftsräume geschlossenen Verträgen und bei Fernabsatzverträgen?

Neben den Informationen über die wesentlichen Eigenschaften der **Waren** oder **Dienstleistungen**, seinen Handelsnamen, den Gesamtpreis der Waren oder Dienstleistungen hat der Unternehmer sehr umfangreiche Informationspflichten (§ 312d BGB). Einen detaillierten Katalog von allgemeinen Informationspflichten enthält Art. 246a § 1 Abs. 1 EGBGB. Nach Art. 246a § 1 Abs. 1 Nr. 9 EGBGB ist auf das Bestehen gesetzlicher Gewährleistungsrechte hinzuweisen.

Für Vertragsschlüsse außerhalb von Geschäftsräumen sowie für Fernabsatzverträge über **Finanzdienstleistungen** bestehen weitergehende Informationspflichten nach Maßgabe des § 312d Abs. 2 i. V. m. Art. 246b EGBGB.

8. Welche Folge hat die Verletzung der Informationspflicht über Kosten?

Wenn der Unternehmer seiner Informationspflicht nach § 312d Abs. 1 BGB i. V. m. Art. 246a § 1 Satz 1 Nr. 1 EGBGB nicht nachkommt, kann er vom Verbraucher Fracht-, Liefer-, Versandkosten oder sonstige Kosten **nicht** verlangen (§ 312e BGB).

9. Welche Abschriften und Bestätigungen hat der Unternehmer zur Verfügung zu stellen?

Bei außerhalb von Geschäftsräumen geschlossenen Verträgen ist der Unternehmer dazu verpflichtet dem Verbraucher eine Abschrift des Vertragsdokumentes auszuhändigen, welches derart unterzeichnet wurde, dass die Identität der Vertragschließenden feststellbar ist (§ 312f Abs. 1 Nr. 1 BGB). Außerdem muss eine Bestätigung des Vertrages ausgehändigt werden, in der der Vertragsinhalt wiedergegeben ist (§ 312f Abs. 1 Nr. 2 BGB).

Bei Fernabsatzverträgen hat der Unternehmer dem Verbraucher eine Bestätigung des Vertrags, in der der Vertragsinhalt wiedergegeben ist, innerhalb einer angemessenen Frist nach Vertragsschluss, spätestens jedoch bei der Lieferung der Ware oder bevor mit der Ausführung der Dienstleistung begonnen wird, auf einem dauerhaften Datenträger zur Verfügung zu stellen (§ 312f Abs. 2 BGB).

10. Wie ist das Widerrufsrecht bei Verbraucherverträgen geregelt?

Steht dem Verbraucher ein Widerrufsrecht zu, ist der Unternehmer verpflichtet, den Verbraucher in Textform über sein Widerrufsrecht zu belehren (Art. 246 Abs. 2 EGBGB). Solange der Verbraucher von seinem Widerrufsrecht keinen Gebrauch macht, ist der Vertrag schwebend unwirksam. Macht er von seinem Widerrufsrecht fristgerecht Gebrauch, sind Verbraucher und Unternehmer nicht mehr an den Vertrag gebunden. Aus der formlosen aber eindeutigen Erklärung (per Brief, Telefax oder auch per Telefon) des Verbrauchers muss der Entschluss zum Widerruf des Vertrages eindeutig hervorgehen. Der Widerruf muss keine Begründung enthalten (§ 355 Abs. 1 BGB). Die Widerspruchsfrist beträgt 14 Tage und beginnt mit Vertragsabschluss.

Im Falle des Widerrufs sind die empfangenen Leistungen unverzüglich zurückzugewähren. Der Unternehmer trägt bei Widerruf die Gefahr der Rücksendung der Waren (§ 355 Abs. 3 Satz 4 BGB).

11. Wie ist das Widerrufsrecht bei außerhalb von Geschäftsräumen geschlossenen Verträgen und Fernabsatzverträgen geregelt (§ 312g BGB)?

Dem Verbraucher steht bei außerhalb von Geschäftsräumen geschlossenen Verträgen und bei Fernabsatzverträgen ein Widerrufsrecht gemäß § 355 BGB zu.

Der Unternehmer kann dem Verbraucher die Möglichkeit einräumen, das gesetzliche Muster-Widerrufsformular (Anlage 2 zu Art. 246a § 1 Abs. 2 Satz 1 Nr. 1 EGBGB) oder eine andere eindeutige Widerrufserklärung auf der Webseite des Unternehmers auszufüllen und zu übermitteln. Macht der Verbraucher von dieser Möglichkeit Gebrauch, muss der Unternehmer dem Verbraucher den Zugang des Widerrufs unverzüglich auf einem dauerhaften Datenträger bestätigen (§ 356 Abs. 1 BGB). Die Widerrufsfrist beginnt nicht, bevor der Unternehmer den Verbraucher formgerecht unterrichtet hat (Art. 246a § 1 Abs. 2 Satz 1 Nr. 1 oder Art. 246b § 2 Abs. 1 EGBGB). Das Widerrufsrecht erlischt spätestens 12 Monate und 14 Tage nach dem Vertragsabschluss (§ 356 Abs. 3 BGB).

Das bisherige Rückgaberecht entfällt.

12. Welches sind die Rechtsfolgen des Widerrufs von außerhalb von Geschäftsräumen geschlossenen Verträgen und Fernabsatzverträgen?

Die empfangenen Leistungen sind spätestens nach 14 Tagen zurückzugewähren. Der Unternehmer muss Zahlungen des Verbrauchers für die Lieferung erstatten (§ 357 Abs. 2 BGB). Der Verbraucher trägt die unmittelbaren Kosten der Rücksendung (§ 357 Abs. 6 BGB).

Der Unternehmer kann die Rückzahlung verweigern, bis er die Ware zurückerhalten hat oder der Verbraucher den Nachweis erbringt, dass er die Ware abgesandt hat (§ 357 Abs. 4 BGB).

13. Welche allgemeinen Pflichten sind im elektronischen Geschäftsverkehr zu beachten?

Grundsätzlich sind die Pflichten im elektronischen Geschäftsverkehr bei jedem Internetgeschäft, also auch im Bereich business-to-business (b2b) zu beachten. Hierbei handelt es sich nach § 312i BGB um diese Pflichten:

1. Der Unternehmer muss angemessene, wirksame und zugängliche technische Mittel zur Verfügung stellen, mit deren Hilfe der Kunde Eingabefehler vor Abgabe seiner Bestellung erkennen und berichtigen kann. Der Bestellvorgang muss übersichtlich gestaltet sein. Der Kunde muss seine Bestellung im Check-out überprüfen und korrigieren können.

2. Der Unternehmer muss dem Kunden vor Abgabe der Bestellung die in Art. 246c EGBGB genannten Informationen rechtzeitig vor Abgabe von dessen Bestellung klar und verständlich mitteilen, also

   - die einzelnen technischen Schritte, die zu einem Vertragsschluss führen,
   - ob der Vertragstext nach dem Vertragsschluss von dem Unternehmer gespeichert wird und ob er dem Kunden zugänglich ist,
   - wie der Kunde mit den zur Verfügung gestellten technischen Mitteln Eingabefehler vor Abgabe der Bestellung erkennen und berichtigen kann,
   - die für den Vertragsschluss zur Verfügung stehenden Sprachen und
   - sämtliche einschlägigen Verhaltenskodizes, denen sich der Unternehmer unterwirft sowie die Möglichkeit eines elektronischen Zugangs zu diesen Regelwerken.

3. Der Unternehmer muss den Zugang der Bestellung dem Käufer unverzüglich auf elektronischem Wege bestätigen.

4. Der Unternehmer muss dem Kunden die Möglichkeit geben, die Vertragsbestimmungen einschließlich der Allgemeinen Geschäftsbedingungen bei Vertragsschluss abzurufen und in wiedergabefähiger Form zu speichern.

14. Welche besonderen Pflichten sind im elektronischen Geschäftsverkehr gegenüber Verbrauchern zu beachten (§ 312j BGB)?

1. Der Unternehmer muss spätestens bei Beginn des Bestellvorgangs klar und deutlich angeben, ob Lieferbeschränkungen bestehen und welche Zahlungsmittel akzeptiert werden.
2. Der Unternehmer muss dem Verbraucher die folgenden Informationen unmittelbar bevor der Verbraucher seine Bestellung abgibt, klar und verständlich in hervorgehobener Weise zur Verfügung stellen:
   - die wesentlichen Eigenschaften der Waren oder Dienstleistungen,
   - Gesamtpreis der Ware oder Dienstleistung einschließlich aller Steuern und Abgaben, Versand- und Lieferkosten,
   - Gesamtpreis bei Abos oder unbefristeten Verträgen,
   - ggf. Laufzeit von Verträgen und die Kündigungs- oder Verlängerungsbedingungen sowie
   - ggf. Mindestdauer eines Vertrages.

   Diese Informationen sind in der Bestellübersicht am Ende des Check-outs aufzuführen.
3. Der Unternehmer muss die Bestellsituation so gestalten, dass der Verbraucher mit seiner Bestellung ausdrücklich bestätigt, dass er sich zu einer Zahlung verpflichtet. Erfolgt die Bestellung über eine Schaltfläche, muss der Unternehmer diese Schaltfläche gut lesbar mit nichts anderem als den Wörtern „zahlungspflichtig bestellen" (**Buttonlösung**) oder einer entsprechenden eindeutigen Formulierung beschriften.

1.6 Störungen bei der Erfüllung des Kaufvertrages

1. Welche Störungen können bei Erfüllung des Kaufvertrages auf der Verkäuferseite auftreten?

Es können Sach- oder Rechtsmängel auftreten, d. h. der Verkäufer liefert eine mangelhafte Sache. Leistet der Verkäufer nicht oder nicht rechtzeitig, kommt es zum Lieferungsverzug (Leistungsverzug).

2. Welche Störungen können bei Erfüllung des Kaufvertrages auf der Käuferseite auftreten?

Nimmt der Käufer die Ware nicht oder nicht rechtzeitig an, kommt es zum Annahmeverzug, erbringt er seine Leistung, die Zahlung, nicht oder nicht rechtzeitig, gerät er in Zahlungsverzug.

1.6.1 Mangelhafte Lieferung (Schlechtleistung)

1. Wie muss der Verkäufer liefern?

Der Verkäufer einer Sache ist verpflichtet, dem Käufer die Sache zu übergeben und ihm das Eigentum an der Sache frei von Sach- und Rechtsmängeln zu verschaffen (§ 433 Abs. 1 BGB). Dies gilt auch für den Kauf von Rechten sowie Kaufverträge über sonstige Gegenstände (§ 453 Abs. 1 BGB).

Die Leistung einer mangelhaften Sache stellt eine Pflichtverletzung im Sinne des § 280 BGB dar.

2. Unterscheiden Sie Sach- und Rechtsmängel!

Die Sache ist frei von **Sachmängeln**, wenn sie bei Gefahrübergang die vereinbarte Beschaffenheit hat. Soweit der Verkäufer und der Käufer ausdrücklich oder stillschweigend eine Qualitätsvereinbarung getroffen haben, ist somit die vertragliche Vereinbarung über die geschuldete Qualität der Sache maßgebend. Wird die Beschaffenheit nicht besonders vereinbart, ist eine Sache mängelfrei, wenn sie sich für die nach dem Vertrag vorausgesetzte Verwendung eignet, wenn sie sich für eine gewöhnliche Verwendung eignet und eine Beschaffenheit aufweist, die bei Sachen gleicher Art üblich ist und die der Käufer nach der Art der Sache erwarten kann.

Die Sache ist frei von **Rechtsmängeln**, wenn Dritte in Bezug auf die Sache keine oder nur die im Kaufvertrag übernommenen Rechte gegen den Käufer geltend machen können.

3. Unterscheiden Sie Mängel im Hinblick auf die Sache!

- **Qualitätsmängel** sind Mängel in der Beschaffenheit. Fehlt die vereinbarte Beschaffenheit oder eignet sich die Sache nicht für die nach dem Vertrag vorausgesetzte Verwendung, spricht man von subjektiven Fehlern. Eignet sich die Sache nicht für eine gewöhnliche Verwendung und weist sie nicht die übliche und vom Käufer zu erwartende Beschaffenheit auf, spricht man von objektiven Fehlern.
- **Quantitätsmängel**, hierbei handelt es sich um Abweichungen von der vereinbarten Menge (Minderlieferung). Eine Pflicht zur Gewährleistung entsteht nur, wenn zu wenig geliefert wurde und durch eine Nachlieferung der Lieferzweck nicht erfüllt werden kann.
- Liefert der Verkäufer eine andere als die vereinbarte Sache, liegt ein Mangel in der Art vor (**Gattungsmangel**, Falschlieferung, Aliud).
- Wird die vereinbarte Montage durch den Verkäufer oder dessen Erfüllungsgehilfen unsachgemäß durchgeführt, liegt eine fehlerhafte Montageleistung bzw. ein **Montagemangel** vor (§ 434 Abs. 2 BGB).

4. Unterscheiden Sie Mängel im Hinblick auf ihre Erkennbarkeit!
- **Offene Mängel** sind beim Überprüfen der Ware sofort erkennbar.
- **Versteckte Mängel** sind beim Überprüfen der Ware zunächst nicht erkennbar.
- **Arglistig verschwiegene Mängel** sind versteckte Mängel, die dem Käufer absichtlich verschwiegen werden.

5. Welche Pflichten hat der Käufer beim zweiseitigen Handelskauf?
- **Prüfungspflicht:** Der Kaufmann hat die eingegangene Ware unverzüglich, d. h. ohne schuldhaftes Zögern, auf Güte, Menge und Art zu untersuchen. Stellt er bei der Übergabe Mängel fest, kann er die Annahme verweigern. Nimmt er die Ware trotzdem ab, muss er sich die Rechte aus der Mängelrüge sofort vorbehalten.
- **Rügepflicht:** Offene Mängel sind unverzüglich nach Prüfung zu rügen, versteckte Mängel unverzüglich nach ihrer Entdeckung, jedoch innerhalb der Gewährleistungsfrist. Diese beträgt vom Zeitpunkt der Lieferung an zwei Jahre, kann aber vertraglich verlängert werden (Garantie). Arglistig verschwiegene Mängel verjähren in drei Jahren.
- **Aufbewahrungspflicht:** Beim Platzkauf kann die reklamierte Ware sofort zurückgeschickt werden, nicht jedoch beim Distanzkauf, um unnötige Kosten zu vermeiden. Die Ware muss dem Verkäufer bis zu seiner Entscheidung zur Verfügung gehalten werden. Die Kosten für die Aufbewahrung oder Einlagerung trägt der Verkäufer. Ist die Ware verderblich oder ist Gefahr im Verzug, kann sie der Käufer öffentlich versteigern lassen oder, sofern sie einen Börsen- oder Marktpreis hat, freihändig verkaufen (Notverkauf).

6. Welche Sonderregelungen im Falle von Leistungsstörungen sind beim Verbrauchsgüterkauf zu beachten?
- Ein Verbrauchsgüterkauf liegt vor, wenn ein Verbraucher von einem Unternehmer eine bewegliche Sache kauft. Um einen Verbrauchsgüterkauf handelt es sich auch bei einem Vertrag, der neben dem Verkauf einer beweglichen Sache die Einbringung einer Dienstleistung durch den Unternehmer zum Gegenstand hat. Die §§ 474 ff. BGB schaffen dem Verbraucher eine rechtliche Besserstellung.
- Beim Verbrauchsgüterkauf tritt der Gefahrenübergang erst ein, wenn der Verbraucher die Kaufsache erhalten hat.
- Da es dem Verbraucher oft nicht möglich ist, einem Unternehmer zu beweisen, dass die Kaufsache bereits beim Vertragsabschluss und/oder bei deren Übergabe mangelhaft war, besteht eine auf diesen Kauf beschränkte gewährleistungsrechtliche **Beweislastumkehr** (§ 476 BGB). Beim Auftreten eines Sachmangels in den ersten sechs Monaten nach Gefahrübergang wird zugunsten des Verbrauchers gesetzlich vermutet, dass der Mangel bereits beim Gefahrübergang der Kaufsache vorhanden war. Der Gegenbeweis liegt beim Unternehmer.

- Die allgemeinen Regelungen für die Beschaffenheits- und Haltbarkeitsgarantie (§§ 433 ff. BGB) werden für den Verbrauchsgüterkauf zum Schutz der Verbraucher erweitert. Der Unternehmer hat besondere Verbraucher schützende Vorschriften zu beachten (§ 477 Abs. 1 und 2 BGB):
  - einfache und verständliche Abfassung der Garantieerklärung,
  - Hinweis auf gesetzliche Rechte des Verbrauchers und deren uneingeschränkte Geltung,
  - Inhalt der Garantieerklärung (Angaben über Geltendmachung der Garantie, Dauer und Geltungsbereich des Garantieschutzes, Name und Anschrift des Garantiegebers),
  - Recht des Verbrauchers auf Aushändigung der Garantieerklärung in Textform (dauerhafter Datenträger, § 126b BGB).

Mängelansprüche verjähren bei neuen Sachen in zwei Jahren, bei gebrauchten Sachen in einem Jahr. Ein genereller Ausschluss der Gewährleistung ist nicht möglich.

7. Welche Rechte hat der Käufer bei mangelhafter Lieferung?

Bei der Lieferung mangelhafter Sachen hat der Käufer folgende Rechte:

- **Nacherfüllung**: Der Käufer kann Nachlieferung verlangen oder auf der Beseitigung des Mangels bestehen, es sei denn, die entstehenden Kosten sind unverhältnismäßig hoch. Im Falle der Nachbesserung (= Reparatur) hat der Verkäufer zwei Versuche, die Sache von dem Mangel zu befreien (§ 440 BGB). Liegt ein Verschulden vor, kann neben der Leistung Schadenersatz beansprucht werden.
- Nach Ablauf der gesetzten angemessenen Frist (erfolglose Nacherfüllung) kann er den Kaufpreis mindern (**Minderung, § 441 BGB**) oder
- vom Kaufvertrag zurücktreten (**Rücktritt, §§ 323, 346 BGB**).
- Bei Verschulden oder erheblicher Pflichtverletzung kann er **Schadenersatz** (§§ 280, 281 BGB) verlangen oder
- er kann sich anstelle von Schadenersatz auch statt der Leistung die **vergeblichen Aufwendungen ersetzen** (§ 284 BGB) lassen.

Die Gewährleistungsansprüche verjähren grundsätzlich nach zwei Jahren. Die Verjährungsfrist verlängert sich bei arglistig verschwiegenen Mängeln auf drei Jahre. Im Gegensatz zur (freiwilligen) Garantie ist die Gewährleistung gesetzlich vorgeschrieben.

1.6.2 Lieferungsverzug

1. Was versteht man unter Lieferungsverzug?

Erfüllt der Schuldner seine geschuldete Leistung nicht oder nicht rechtzeitig und hat er diese Nichtleistung oder zu späte Leistung zu vertreten, kommt er in Verzug. Ist der Schuldner ein Verkäufer, dann bezeichnet man diesen Schuldnerverzug auch als Lieferungsverzug.

Er liegt jedoch nur vor, wenn die geschuldete Leistung noch möglich ist, wenn die unterbliebene rechtzeitige Leistung also trotz nicht rechtzeitiger Bewirkung nachholbar ist. Ist dies nicht der Fall, liegt kein Lieferungsverzug, sondern eine **Unmöglichkeit der Leistung** vor.

2. Unter welchen Voraussetzungen gerät der Lieferer in Verzug?

- **Fälligkeit der Leistung:** Der Verkäufer liefert nicht zum vereinbarten Zeitpunkt. Dies ist der Zeitpunkt, von dem ab der Gläubiger eine Leistung verlangen kann. Ist im Kaufvertrag über die Leistungszeit keine Vereinbarung getroffen und ist diese nicht gesetzlich geregelt oder durch die Umstände des Kaufvertrages bestimmt, hat der Käufer das Recht, die Lieferung sofort zu verlangen (§ 271 BGB).

- **Mahnung:** Ist die Fälligkeit für die Lieferung nicht kalendermäßig bestimmt, dann muss die Lieferung nach Fälligkeit angemahnt werden. Der Verkäufer wird in Verzug gesetzt. Die gleiche Rechtswirkung wie die Mahnung hat die rechtzeitige Erhebung einer Leistungsklage und die Zustellung eines Mahnbescheides im gerichtlichen Mahnverfahren. Die Mahnung ist eine einseitige empfangsbedürftige Willenserklärung, durch die der Warenschuldner unzweideutig zur Leistung aufgefordert wird. Die Form der Mahnung bestimmt der Käufer. Der Verkäufer kommt ohne Mahnung in Verzug, wenn der Liefertermin kalendermäßig bestimmt ist.

  - Beim **Terminkauf** ist der Liefertermin kalendermäßig bestimmbar.
  - Beim **Fixkauf** ist die Einhaltung des Liefertermins wesentlicher Vertragsbestandteil.
  - Beim **Zweckkauf** ist nur eine fristgemäße Lieferung sinnvoll.
  - Beim **Selbst-in-Verzug-setzen** erklärt der Lieferer ausdrücklich, dass er nicht liefern kann oder nicht liefern will.

- **Verschulden:** Der Verkäufer, sein gesetzlicher Vertreter oder sein Erfüllungsgehilfe muss die Verzögerung schuldhaft ... vorsätzlich oder fahrlässig – herbeigeführt haben, das heißt der Verkäufer hat die Nichtleistung zu vertreten. Fahrlässig handelt, wer die verkehrsübliche Sorgfaltspflicht außer Acht lässt. Bei einer besonders schweren Verletzung der im Geschäftsverkehr erforderlichen Sorgfaltspflicht liegt grobe Fahrlässigkeit vor.

  Bei höherer Gewalt (Brand, Streik) liegt kein Verschulden vor. Ausnahme: Ist die Ware der Gattung nach bestimmt und noch lieferbar, ist Verschulden keine Voraussetzung.

3. Wie haftet der Schuldner während des Verzugs?

Der Verkäufer haftet nach Eintritt des Lieferungsverzuges nicht nur für Vorsatz und jede Fahrlässigkeit, sondern auch für Zufall, es sei denn der Schaden wäre auch bei rechtzeitiger Lieferung eingetreten. Die Beweislast trägt der Verkäufer.

4. Welche Rechte hat der Käufer beim Lieferungsverzug?

Die Rechte, die sich aus der Pflichtverletzung ergeben, gelten grundsätzlich auch für den Lieferungsverzug (Rücktritt vom Vertrag, Schadenersatz statt der Leistung, Ersatz vergeblicher Aufwendungen). Neben diesen Rechten aus der Pflichtverletzung legt der Gesetzgeber noch einen besonderen Anspruch fest, der sich allein aus der Verspätung der geschuldeten Leistung ergibt, den Ersatz von Verzögerungsschäden (§ 280 Abs. 2 BGB).

- Der Käufer kann auf der **Erfüllung** des Vertrages – ohne Nachfristsetzung – bestehen.

Beispiel

Interesse an der Ware besteht nach wie vor, da die Preise gestiegen sind.

- Er kann **Erfüllung und Schadenersatz** – ohne Nachfristsetzung – verlangen, wenn ihm während der Lieferungsverzögerung Gewinn entgangen ist oder wenn ihm durch die Verzögerung Mehraufwendungen entstanden sind.

Beispiel

Käufer hat noch Interesse an der Ware, verlangt aber Schadenersatz wegen Kundenverlust und entgangenem Gewinn (abstrakter Schaden).

- Der Käufer kann die Erfüllung ablehnen (**Rücktritt**) und auf Schadenersatz verzichten.

Beispiel

Käufer hat kein Interesse mehr an der Ware, da Preise gesunken sind.

- Der Käufer kann die Erfüllung ablehnen und **Schadenersatz** wegen Nichterfüllung geltend machen.

Beispiel

Käufer hat kein Interesse mehr, da er sich anderweitig eingedeckt hat – Deckungskauf (konkreter Schaden).

Die beiden letztgenannten Rechte kann der Käufer nur geltend machen, wenn er dem Schuldner eine angemessene **Nachfrist** gesetzt hat und erklärt, dass er nach Ablauf der Frist entweder vom Vertrag zurücktreten oder Schadenersatz wegen Nichterfüllung verlangen werde.

5. Erläutern Sie die Rechte des Käufers aus dem Lieferungsverzug beim Fixkauf!

Handelt es sich bei dem Fixkauf um einen Handelskauf, so gerät der Lieferer mit Ablauf der Zeit in Verzug, auch wenn ihn kein Verschulden trifft. Der Käufer kann

- vom Vertrag zurücktreten oder
- bei Verschulden des Lieferers Schadenersatz wegen Nichterfüllung verlangen.
- Erfüllung kann er nur verlangen, wenn er dies dem Lieferer sofort mitteilt.

Handelt es sich bei dem Fixkauf um einen bürgerlichen Kauf, so bleibt der Erfüllungsanspruch des Käufers zunächst bestehen, er kann sich auch später entscheiden, ob er auf einer Leistung besteht oder nicht. Der Käufer ist, auch wenn ein Verschulden des Verkäufers nicht vorliegt, berechtigt ohne Nachfrist vom Kaufvertrag zurückzutreten.

6. Wie kann der Schaden ermittelt werden?

Entsteht dem Käufer wegen des Lieferungsverzuges ein Schaden, dann muss ihn der Verkäufer so stellen, als wäre der Vertrag tatsächlich erfüllt worden. Er muss den Schaden aber dem Verkäufer beweisen können.

Der Schadenersatz kann ermittelt werden nach dem

- **konkreten** Schaden:

    Beispiel

    Der Käufer nimmt für die nicht gelieferte Ware einen Deckungskauf vor, der Schaden ergibt sich aus dem Mehrpreis zuzüglich der Kosten.

- **abstrakten** Schaden:

    Beispiel

    Der entgangene Gewinn (§ 252 BGB), der unter normalen Umständen mit Wahrscheinlichkeit erwartet werden konnte, ist zu ersetzen. Dies ist i. d. R. der Unterschied zwischen vertraglichem Einkaufspreis und dem üblichen Verkaufspreis.

Da die Ermittlung der Schadenshöhe, in erster Linie die Ermittlung des entgangenen Gewinns, schwierig sein kann, vereinbaren die Vertragsparteien für den Verzugsfall eine **Konventionalstrafe**. Der vereinbarte Geldbetrag kann z. B. bei einer Bank hinterlegt werden. Er verfällt, sobald der Verkäufer in Verzug gerät.

1.6.3 Annahmeverzug

1. Was versteht man unter Annahmeverzug?

Wird die Erfüllung der Leistungspflicht durch das Verhalten des Käufers verzögert oder dem Verkäufer unmöglich gemacht, liegt ein sogenannter Annahmeverzug (**Gläubigerverzug**) vor. Der Gläubiger (Käufer) nimmt die ihm ordnungsgemäß angebotene Leistung nicht an (§ 293 BGB).

2. Unter welchen Voraussetzungen gerät der Käufer in Annahmeverzug?

Voraussetzungen für den Annahmeverzug sind:

- **Fälligkeit:** Die Leistung des Verkäufers wird bei den meisten Kaufverträgen zu einem bestimmten Termin fällig. Nimmt der Käufer zu diesem Zeitpunkt die angebotene Ware nicht an, kommt er in Annahmeverzug.
- **Ordnungsgemäßes Angebot der Leistung:** Der Verkäufer muss die zur Erfüllung seiner Verbindlichkeit geeignete Leistung zur richtigen Zeit und am richtigen Ort so, wie sie zu bewirken ist, dem Käufer mangelfrei anbieten.
- **Nichtannahme der Leistung:** Die Annahme der Leistung muss verweigert sein. Ein Verschulden des Käufers muss nicht vorliegen.

3. Wie wirkt der Annahmeverzug?

Die Gefahr des zufälligen Untergangs der Leistung oder der Zustandsverschlechterung geht mit dem Zeitpunkt des Verzugs auf den Gläubiger (Käufer) über. Die **Haftung des Schuldners** (Verkäufers) wird eingeschränkt, sie erstreckt sich nur noch auf grobe Fahrlässigkeit und Vorsatz. Für leichte Fahrlässigkeit haftet er nicht mehr (§ 300 Abs. 1 BGB).

Bei einer **Gattungsschuld** geht die Gefahr mit dem Zeitpunkt auf den Käufer über, zu dem dieser durch die Nichtannahme der angebotenen Ware in Verzug kommt. Voraussetzung ist, dass der Käufer in Annahmeverzug geraten ist und der Verkäufer die zur Erfüllung der Leistungspflicht vorgesehene Sache ausgesondert hat, konkretisiert hat. Das Beschaffungsrisiko des Verkäufers wird dadurch eingeschränkt.

Trotz seiner Leistungsbefreiung behält der Verkäufer seinen Anspruch auf die Zahlung des Kaufpreises.

4. Welche Rechte hat der Warenschuldner, wenn der Warengläubiger in Annahmeverzug gerät?

Der Verkäufer kann zwischen folgenden Rechten wählen:

- **Rücktritt** vom Vertrag
  Beispiel: Der Verkäufer hat kein Interesse mehr, da die Preise gestiegen sind.
- **Einlagerung und Klage auf Abnahme**
  Beispiel: Sonderanfertigung.
- **Ersatz von Mehraufwendungen**
  Mehraufwendungen entstehen für das erfolglose Angebot und die Aufbewahrung und Erhaltung der Kaufsache. Der Anspruch ist auf die objektiv erforderlichen Mehraufwendungen beschränkt.
- **Hinterlegungsrecht**
  Wenn bewegliche Sachen geschuldet sind, kann sich der Verkäufer von seiner Leistungspflicht befreien, indem er die Sache hinterlegt (erforderlichenfalls erst nach einem Selbsthilfeverkauf). Die erfolgte Hinterlegung ist keine Erfüllung, sondern ein sogenanntes Erfüllungssurrogat („Ersatzübergabe"). Der Verkäufer verpflichtet sich bei einer Hinterlegung grundsätzlich, auf sein Rücknahmerecht zu verzichten.
- **Einlagerung der Ware und Recht auf Selbsthilfeverkauf** oder bei Sachen, die einen Börsen- oder Marktpreis haben, **freihändiger Verkauf**.

5. Wie läuft der Selbsthilfeverkauf ab?

Unter einem Selbsthilfeverkauf versteht man die öffentliche Versteigerung der Kaufsache.

- Der Verkäufer muss dem Käufer den Selbsthilfeverkauf androhen. Wenn die Sache dem Verderb ausgesetzt ist und mit dem Aufschub der Versteigerung die Gefahr des Untergangs oder der Verschlechterung der Sache verbunden ist, ist die Androhung nicht erforderlich.
- Der Verkäufer muss dem Käufer Ort und Zeitpunkt der öffentlichen Versteigerung mitteilen. Käufer und Verkäufer können bei der öffentlichen Versteigerung mitbieten.
- Der Verkäufer muss dem Käufer das Ergebnis der öffentlichen Versteigerung unverzüglich mitteilen. Unterlässt er die Benachrichtigung, ist er zum Ersatz des hierdurch entstandenen Schadens verpflichtet.
- Der Verkäufer rechnet mit dem Käufer den Verkauf ab. Die Kosten gehen zulasten des Käufers.

6. Beschreiben Sie die erweiterten Rechte des Verkäufers zur Hinterlegung und zum Selbsthilfeverkauf beim Handelskauf!

Die Rechte zum Annahmeverzug sind in den §§ 293 ff. BGB geregelt. Daneben stehen dem Verkäufer beim Handelskauf weitergehende Rechte nach dem HGB zu (§ 373 HGB).

▶ **Erweitertes Recht zur Hinterlegung**
- Der Verkäufer kann alle Arten von Waren auf Gefahr und Kosten des Käufers hinterlegen.
- Der Verkäufer kann die Waren in einem öffentlichen Lagerhaus oder sonst in sicherer Weise bei Dritten hinterlegen.

▶ **Erweitertes Recht beim Selbsthilfeverkauf**
- Der Verkäufer kann den Selbsthilfeverkauf bei jeder Ware durchführen lassen.
- Der Verkauf kann an jedem geeigneten Ort erfolgen.
- Der Selbsthilfeverkauf erfolgt auf Rechnung des säumigen Käufers. Hat der Käufer den Kaufpreis bereits bezahlt, steht ihm der Erlös des Selbsthilfeverkaufs zu. Der Käufer hat dann Anspruch auf Herausgabe des Versteigerungserlöses. Hat der Käufer den Kaufpreis noch nicht bezahlt, kann der Verkäufer den Erlös mit dem Kaufpreis verrechnen. Der Mindererlös geht zulasten des Käufers, ein etwaiger Mehrerlös ist dem Käufer herauszugeben.
- Der Selbsthilfeverkauf bewirkt die Erfüllung der Leistungspflicht des Verkäufers.

1.6.4 Zahlungsverzug

1. Wann ist der Käufer in Zahlungsverzug?

Ein Zahlungsverzug liegt vor, wenn der Zahlungsschuldner trotz Mahnung durch den Gläubiger die vertragsmäßig vereinbarte und fällige Zahlung des Kaufpreises nicht rechtzeitig, nicht vollständig oder gar nicht leistet. Der Zahlungsverzug ist ein Schuldnerverzug.

2. Wann kommt der Käufer in Zahlungsverzug?

▶ Ist der Zahlungszeitpunkt **kalendermäßig genau** bestimmt, kommt der Käufer unmittelbar nach Überschreiten des Zahlungstermins in Verzug. Ein Zahlungstermin ist nur dann genau bestimmt, wenn er auf einem Gesetz oder Urteil beruht oder vertraglich vereinbart ist.

„Der Kaufpreis ist am 07.12.2018 zu entrichten". Der Käufer kommt mit Ablauf des 07.12.2018 in Verzug.

▶ Ist der Zahlungszeitpunkt berechenbar, das heißt, lässt er sich anhand eines der Leistung vorangehenden Ereignisses kalendermäßig bestimmen, so tritt der Zahlungsverzug unmittelbar nach Überschreiten des berechneten Zahlungstermins ein.

▶ Ist der Zahlungszeitpunkt nicht genau bestimmt und nicht berechenbar, so kommt der Käufer in Verzug, wenn er auf eine vom Verkäufer nach der Fälligkeit erfolgte Mahnung nicht zahlt. Verzichtet der Verkäufer auf eine Mahnung, so befindet sich der Käufer spätestens 30 Tage nach Fälligkeit und Zugang einer Rechnung in Zahlungsverzug. Diese 30-Tage-Regelung gilt einem Verbraucher gegenüber jedoch nur, wenn auf die Folgen des automatischen Verzugseintritts in der Rechnung oder Zahlungsaufstellung ausdrücklich hingewiesen wird.

3. Welche Rechte hat der Gläubiger, wenn der Schuldner in Zahlungsverzug geraten ist?

- Der Gläubiger kann die Zahlung verlangen und diese durch Klage erzwingen.
- Er kann **ohne Nachfristsetzung** Verzugszinsen verlangen oder Schadenersatz wegen Verzögerung der Zahlung (Verzugsschaden).
- Er kann **nach erfolgloser angemessener Fristsetzung**
  - Schadenersatz statt der Leistung verlangen,
  - vom Kaufvertrag zurücktreten und zusätzlich Schadenersatz wegen Verzögerung der Zahlung oder Schadenersatz statt der Leistung verlangen.

4. Welche Verzugszinsen kann der Gläubiger berechnen?

Die Geldschuld ist während des Verzugs zu verzinsen. Der Verzugszinssatz beträgt für das Jahr fünf Prozentpunkte über dem Basiszinssatz (§ 288 Abs. 1 BGB). Sind dem Gläubiger geringere Zinsaufwendungen entstanden, kann er dennoch die sich aus dem Gesetz ergebenden Verzugszinsen verlangen. Ihm steht eine gesetzliche Mindestentschädigung zu.

Ist an den Rechtsgeschäften ein **Verbraucher nicht beteiligt**, liegt der Prozentsatz neun Prozentpunkte über dem Basiszinssatz (§ 288 Abs. 2 BGB). Der Basiszinssatz (§ 247 BGB) beträgt ab dem 01.01.2016 -0,83 %, ab dem 01.07.2016 -0,88 % (aktuell: www.bundesbank.de). Vertraglich kann ein höherer Zinssatz vereinbart werden. Darüber hinaus kann der Gläubiger berechnete Kosten weiterverrechnen. Außerdem hat er einen Anspruch auf Zahlung einer Pauschale in Höhe von 40 €, die auf einen geschuldeten Schadenersatz anzurechnen ist (§ 288 Abs. 5 BGB).

5. Wie werden Zahlungsfristen durch das Gesetz zur Bekämpfung des Zahlungsverzugs im Geschäftsverkehr begrenzt?

Das Gesetz stellt klar, dass im unternehmerischen Geschäftsverkehr Zahlungsfristen von mehr als 30 Tagen in Allgemeinen Geschäftsbedingungen den Gläubiger in der Regel unangemessen benachteiligen und damit im Zweifel unwirksam sind (§ 308 Nr. 1a BGB). Es kann auch eine Zahlungsfrist von mehr als 60 Tagen ausdrücklich vereinbart werden, wenn die Vereinbarung für den Gläubiger nicht grob unbillig ist (§ 271a Abs. 1 BGB).

Ist der Schuldner ein öffentlicher Auftraggeber, können Zahlungsfristen von mehr als 30 Tagen nur ausdrücklich vereinbart werden, wenn dies aufgrund von Besonderheiten des Vertrages sachlich gerechtfertigt ist. Zahlungsfristen von mehr als 60 Tagen können sich öffentliche Stellen nicht wirksam gewähren lassen (§ 271a Abs. 2 BGB).

1.7 Besitz und Eigentum

1. Grenzen Sie die Begriffe Besitz und Eigentum voneinander ab!

Besitz und Eigentum sind Begriffe des **Sachenrechts**, es regelt Rechtsbeziehungen einer Sache. Diese Rechte wirken grundsätzlich gegen jedermann, dingliche Rechte wirken absolut.

Im Schuldrecht gilt dagegen der Relativitätsgrundsatz, d. h. schuldrechtliche Verhältnisse wirken zwischen einzelnen Personen, nicht gegen jedermann.

Besitz ist die tatsächliche Herrschaft über eine Sache (§ 854 BGB), der Eigentümer hat die rechtliche Herrschaft über eine Sache (§ 903 BGB). Der Eigentümer einer Sache kann, sofern nicht das Gesetz oder Rechte Dritter entgegenstehen, mit der Sache nach Belieben verfahren und andere von jeder Einwirkung ausschließen. Der nichtbesitzende Eigentümer kann von jedem nichtberechtigten Besitzer die Herausgabe verlangen und gegen Störer mit Beseitigungs- oder Unterlassungsklage vorgehen.

Es gilt der Grundsatz: „Sei im Besitz und du bist im Recht!" Das bedeutet, dass der tatsächliche Besitz einer Sache vermuten lässt, dass der Besitzer nicht nur die tatsächliche Herrschaft, sondern auch mit Recht die Sache besitzt. Dieser Publizitätsgrundsatz wird bei Grundstücken durch das Publizitätsmittel **Grundbuch** erreicht.

2. Wie wird Besitz erworben und beendet?

Der Besitz einer Sache wird durch die Erlangung der tatsächlichen Gewalt über die Sache erworben, er wird dadurch beendet, dass der Besitzer die tatsächliche Gewalt über die Sache aufgibt oder in anderer Weise verliert. Der Besitz geht auf den Erben über.

3. Unterscheiden Sie die Arten des Besitzes!

- **Unmittelbarer und mittelbarer Besitz**
  Wer die tatsächliche Herrschaft über eine Sache erlangt, ist damit unmittelbarer Besitzer. Gibt er die unmittelbare Sachherrschaft aufgrund eines bestimmten Rechtsverhältnisses (Besitzmittlungsverhältnis wie z. B. Mietvertrag) auf, so bleibt er mittelbarer Besitzer. Zweck dieser Regelung ist, dem mittelbaren Besitzer die Besitzschutzrechte zu gewähren. Zwischen Dieb und Eigentümer besteht z. B. kein **Besitzmittlungsverhältnis**, der Eigentümer ist nicht mehr mittelbarer Besitzer, der Dieb ist jedoch unmittelbarer Besitzer.

- **Eigenbesitz und Fremdbesitz**
  Eigenbesitzer ist, wer eine Sache mit dem Willen besitzt, über sie wie ein Eigentümer zu verfügen, gleichgültig ob er hierzu berechtigt ist oder nicht.

  Fremdbesitzer ist, wer eine Sache als ihm nicht gehörig besitzt, z. B. der Mieter, der ehrliche Finder. Er übt den Besitz für einen anderen aus und erkennt das fremde Eigentum an.

  Wer die tatsächliche Herrschaft über Sachen ausübt, die sich im Besitz des Dienstherren befinden, ist **Besitzdiener** (z. B. Verkäufer, Angestellter, Vertreter etc.). Der Besitzdiener ist an die Weisungen des Eigentümers oder Besitzers gebunden. Besitzdienerschaft begründet keinen Besitz.

- **Mitbesitz und Teilbesitz**
  Beim **Mitbesitz** besitzen mehrere Personen eine Sache. Beim gesamthänderischen Mitbesitz kann der Besitz nur durch alle gemeinschaftlich ausgeübt werden, beim schlichten Mitbesitz kann jeder allein die Sachherrschaft ausüben.

  Teilbesitz liegt vor, wenn jemand einen Sachanteil an einem Alleinbesitz hat (z. B. der Untermieter). Der Teilbesitzer hat die gleichen Rechte wie der Alleinbesitzer, jedoch nur soweit sein Teilbesitz reicht.

4. Wie wird Eigentum an beweglichen Sachen erworben?

- **Originärer** Eigentumserwerb
  - Verbindung, Vermischung, Verarbeitung (§§ 946 bis 952 BGB): Werden bewegliche Sachen so miteinander verbunden, dass sie wesentliche Bestandteile einer einheitlichen Sache werden, so werden die bisherigen Eigentümer Miteigentümer dieser Sache. Ihre Anteile bestimmen sich nach dem Verhältnis des Wertes, den die Sachen zurzeit der Verbindung haben. Ist eine der Sachen als Hauptsache anzusehen, so erwirbt ihr Eigentümer das **Alleineigentum**. Durch untrennbare Vermengung werden mehrere Sachen gemischt. Die Eigentümer der ursprünglichen Sachen werden Miteigentümer nach Bruchteilen (im Verhältnis zum Gesamtwert).

    Verarbeitung bedeutet die Umbildung eines oder mehrerer Stoffe zu einer neuen Sache. Das Eigentum an der neuen Sache wird vom Hersteller – wenn die Umbildung durch Bedienstete vorgenommen wurde, vom Dienstherrn – erworben, sofern nicht der **Umbildungswert** (Verarbeitungswert) geringer als der Stoffwert ist.

    Durch die Verarbeitung erlischt ein Eigentumsvorbehalt des Zulieferers. In der Praxis schützt sich der Vorbehaltsverkäufer – der Zulieferer – durch Vereinbarung eines „verlängerten" Eigentumsvorbehalts.

  - Ersitzung (§§ 937 ff. BGB): Wer eine bewegliche Sache 10 Jahre im **gutgläubigen** Eigenbesitz hat, erwirbt das Eigentum.

  - Aneignung (§§ 958 ff. BGB): Man spricht von Aneignung, wenn eine **herrenlose** Sache in Besitz genommen wird. Die Sache ist von dem bisherigen Eigentümer mit eigentumsvernichtender Absicht aufgegeben worden. Liegt diese Absicht vor, wird der Besitznehmer rechtlicher Eigentümer.

- Fund (§§ 965 ff. BGB): Wer eine bewegliche Sache findet, ist gesetzlich verpflichtet, den Fund unverzüglich dem Verlierer, Eigentümer, sonstigen Empfangsberechtigten oder der Polizeibehörde anzuzeigen, sowie die Fundsache zunächst in Verwahrung zu nehmen und später an den Berechtigten herauszugeben oder dem Fundbüro abzuliefern.

  Ablieferungspflicht besteht aber nur bei einem Wert über 10 €. Der Finder kann vom Empfangsberechtigten einen Finderlohn verlangen, er beträgt von dem Wert der Sache bis zu 500 € fünf vom Hundert, von dem Mehrwert drei vom Hundert.

  Meldet sich der Eigentümer nicht bis spätestens 6 Monate nach Ablieferung bzw. ist er während dieser Zeit nicht zu ermitteln, geht das Eigentum auf den Finder über.

▶ **Abgeleiteter** Eigentumserwerb (durch Einigung und Übergabe)

Das Eigentum wird allgemein durch Vertrag erworben. Der Vertrag beinhaltet aber nur ein **Verpflichtungsgeschäft** (= Einigung zwischen Veräußerer und Erwerber). Zur Übertragung des Eigentums ist darüber hinaus ein Erfüllungsgeschäft (= Übergabe an den Erwerber) erforderlich. Mithin erfolgt die Übertragung von Eigentum durch Einigung und Übergabe.

Die Übergabe kann ersetzt werden durch

- die Übergabe „kurzer Hand", wenn der Erwerber bereits im Besitz der Sache war („schlichte Einigung" § 929 BGB),
- Vereinbarung eines Besitzkonstituts (§ 930 BGB) – statt der Übergabe wird ein Besitzmittlungsverhältnis (z. B. Miet-/Pachtvertrag) vereinbart, durch das der Erwerber den mittelbaren Besitz erlangt (Hauptanwendungsfall: Sicherungsübereignung),
- Abtretung des Herausgabeanspruchs (§ 931 BGB), wenn ein Dritter die Sache unmittelbar besitzt oder
- Übergabe eines Traditionspapiers.

5. Wie wird Eigentum an unbeweglichen Sachen erworben?

▶ Originärer Eigentumserwerb kann durch Ersitzung (§ 900 BGB) erfolgen. Wer als Eigentümer eines Grundstücks im Grundbuch eingetragen ist, ohne dass er das Eigentum erlangt hat, erwirbt das Eigentum, wenn die Eintragung 30 Jahre bestanden hat und er während dieser Zeit das Grundstück im Eigenbesitz gehabt hat.

▶ Abgeleiteter Eigentumserwerb erfolgt durch Auflassung und Eintragung im Grundbuch.

Der Erwerb des Grundstückseigentums erfordert einerseits die Einigung des Veräußerers und des Erwerbers (= Auflassung) und andererseits die Eintragung im Grundbuch. Der Übergang des Eigentums erfolgt also nur, wenn **Auflassung** und **Eintragung** vorliegen.

Die Auflassung setzt die Anwesenheit beider Parteien (Veräußerer und Erwerber) vor einem Notar voraus und wird durch vertragliche Vereinbarung bzw. durch Erklärung zu Protokoll herbeigeführt. Die Eintragung ins Grundbuch erfolgt auf Antrag. Vor der Eintragung muss auch die **Zahlung** der Grunderwerbsteuer nachgewiesen werden.

6. Kann Eigentum an beweglichen Sachen gutgläubig erworben werden?

Ein Dritter kann Eigentum vom Nichteigentümer erwerben, wenn er gutgläubig ist; dies gilt z. B. nicht, wenn er es grob fahrlässig versäumt hat, sich Kenntnisse über die Eigentumsrechte des Verkäufers zu verschaffen. An gestohlenen und sonst abhanden gekommenen Sachen kann nicht gutgläubig Eigentum erworben werden (Ausnahmen: Geld, Inhaberpapiere, öffentliche Versteigerung).

7. Nennen Sie Sonderformen des Eigentums!

- Das **Wohnungseigentum** besteht aus zwei Eigentumsarten:
  - Alleineigentum an einer Wohnung und
  - Miteigentum an den gemeinschaftlichen Teilen des Hauses, die rechtlich unlösbar miteinander verbunden sind (vgl. Wohnungseigentumsgesetz). Die Wohnungseigentümer bilden – insbesondere im Hinblick auf den Miteigentumsanteil – eine unauflösliche Gemeinschaft. Sie üben die Verwaltung grundsätzlich gemeinschaftlich aus, sofern sie nicht einen Verwalter bestellt haben.
- Das **Erbbaurecht** ist die Belastung eines Grundstücks in der Weise, dass dem Erbbauberechtigten ein veräußerbares und vererbliches Recht zusteht, auf oder unter der Oberfläche des Grundstücks ein Bauwerk zu errichten (§ 1 Abs. 1 ErbbauV0). Das in Ausübung des Erbbaurechts errichtete Bauwerk gehört nicht dem Grundeigentümer, sondern dem Berechtigten. Das Erbbaurecht wird auf Zeit bestellt, als Entgelt ist der Erbbauzins zu zahlen. Beim Erlöschen des Rechts fällt das Eigentum an dem Bauwerk dem Grundeigentümer zu.

8. Nennen Sie Nutzungsrechte am Eigentum unbeweglicher Sachen!

- **Nießbrauch:** Dies ist das unveräußerliche und unvererbliche Recht die Nutzungen aus einer fremden Sache zu ziehen (§§ 1030 ff. BGB).
- **Grunddienstbarkeit:** Dies ist die Belastung eines Grundstücks zugunsten des jeweiligen Eigentümers eines anderen Grundstücks (§§ 1018 ff. BGB); Beispiele: Wegerecht, Wasserrecht etc.
- **Beschränkte persönliche Dienstbarkeit:** Sie besteht in der Belastung eines Grundstücks zugunsten einer bestimmten Person mit dem Recht das Grundstück in einzelnen Beziehungen zu benutzen (§§ 1090 ff. BGB), z. B. Berechtigung zur Ausbeute etc.
- **Reallast:** Sie besteht in der Belastung eines Grundstücks in der Weise, dass an den Berechtigten wiederkehrende Leistungen aus dem Grundstück zu entrichten sind (§ 1105 BGB).

9. Welche Sicherungsrechte (Grundpfandrechte) können an Grundstücken bestehen?

- **Hypothek:** Dies ist die Belastung eines Grundstücks in der Weise, dass an den Berechtigten eine bestimmte Geldsumme wegen einer ihm zustehenden Forderung aus dem Grundstück zu zahlen ist (§§ 1113 ff. BGB).

Sie setzt das Bestehen einer Forderung voraus. Es gilt der Grundsatz: „Die Hypothek kann nicht ohne Forderung und die Forderung nicht ohne Hypothek übertragen werden."

Der Anspruch aus der Hypothek berechtigt den Gläubiger sich durch Zwangsvollstreckung in das Grundstück (Zwangsversteigerung, Zwangsverwaltung) zu befriedigen, wenn ihm seine Forderung nicht bezahlt wird. Das Grundstück haftet für die Hauptforderung, für die Zinsen und die Kosten der Beitreibung. Die Haftung erstreckt sich auch auf die Kosten der Beitreibung. Die Haftung erstreckt sich auch auf die Erzeugnisse, Bestandteile und das Zubehör des Grundstücks, auf Miet- und Pachtzinsforderungen und auf die Versicherungsforderungen.

- **Grundschuld:** Dies ist die Belastung eines Grundstücks in der Weise, dass zugunsten des Berechtigten eine bestimmte Geldsumme aus dem Grundstück zu zahlen ist (§§ 1191 ff. BGB). Sie ist im Gegensatz zur Hypothek von dem Bestehen einer persönlichen Forderung unabhängig. Infolgedessen kann auch ein Eigentümer eine Grundschuld auf seinen Namen eingetragen lassen, die sog. Eigentümergrundschuld. Diese entsteht auch dann, wenn eine Hypothekenforderung getilgt, aber nicht gelöscht wird. Da die Vorschriften über die Hypothek auf die Grundschuld Anwendung finden, kann neben der Eintragung in das Grundbuch die Bestellung einer Grundschuld auch durch einen „Grundschuldbrief" erfolgen, der als Inhaberschuldverschreibung behandelt wird.

- **Rentenschuld:** Bei der Rentenschuld wird eine Grundschuld in der Weise bestellt, dass eine bestimmte Geldsumme aus dem Grundstück in regelmäßig wiederkehrenden Zeitabständen zu zahlen ist (§§ 1199 ff. BGB).

10. Welche Arten der Hypothek sind zu unterscheiden?

Nach dem Erwerb unterscheidet man die Brief- und die Buchhypothek: Bei der **Briefhypothek** wird zur Verbriefung des Rechts ein Hypothekenbrief (= öffentliche Urkunde des Amtsgerichts) ausgestellt. Diese Urkunde hat Ähnlichkeit mit einem Wertpapier, das zum Erwerb, zur Übertragung und zur Geltendmachung der Hypothek notwendig ist.

Bei der **Buchhypothek** ist die Erteilung eines Hypothekenbriefes ausgeschlossen. Sie entsteht nur durch Eintragung in das Grundbuch.

Die **Sicherungshypothek** kann nur dann und nur in der Höhe geltend gemacht werden, wenn und soweit die Forderung besteht (§ 1184 BGB). Es kann z. B. die von dem Bankkunden der Bank als Sicherheit bestellte Höchstbetragshypothek immer nur bis zur Höhe des von dem Kunden in Anspruch genommenen Betrages, niemals aber ohne Weiteres bis zu dem vereinbarten Höchstbetrag geltend gemacht werden.

Höchstbetragshypothek: Sie bestimmt den Höchstbetrag, bis zu dem das Grundstück haften soll. Der Betrag der Forderung wird aber erst später festgestellt. Sie kann auch aufgrund eines Arrestbefehls eingetragen werden und wird dann zur Arresthypothek.

Bei der **Verkehrshypothek** (gewöhnliche Hypothek) braucht der spätere Erwerber die Entstehung der Forderung nicht zu beweisen. Ihn schützt der öffentliche Glaube des Grundbuches (§§ 891, 892, 1138 BGB).

Beispiel

Für ein Darlehen wird eine Hypothek eingetragen. Ist das Darlehen wegen Wuchers nichtig, so besteht keine rechtsgültige Hypothek. Erwirbt ein Dritter im Vertrauen auf die Richtigkeit des Grundbuchs von dem eingetragenen Hypothekengläubiger diese ungültige Hypothek, so erhält er nun eine rechtsgültige Hypothek, obwohl die zugrunde liegende Forderung nichtig ist.

Eine **Eigentümerhypothek** ist eine Hypothek, die dem Eigentümer an seinem eigenen Grundstück zusteht. Sie entsteht z. B., wenn die gesicherte Forderung durch Zahlung erlischt (§ 1163 BGB). Ihr Zweck ist bei Wegfall des Hypothekengläubigers das Aufrücken der nachfolgenden Berechtigten zu verhindern. Der Eigentümer kann über die Hypothek frei verfügen, er kann sie auch löschen lassen.

11. Welche Sicherungsrechte können an beweglichen Sachen bestehen?

Zur Sicherung von Forderungen oder Rechten werden **Pfandrechte** an beweglichen Sachen bestellt (§§ 1204 ff. BGB). Das Pfandrecht **durch Vertrag** besteht in der Belastung einer beweglichen Sache zur Sicherung einer Forderung. Voraussetzung ist immer das Bestehen einer gültigen Forderung, ohne die ein Pfandrecht weder entstehen noch fortbestehen oder übertragen werden kann. Die Bestellung erfordert die Einigung der Beteiligten und die Übergabe der Sache. Mit der Übergabe muss dem Pfandgläubiger der unmittelbare oder mittelbare Besitz verschafft werden, er muss die Sache in die Hand bekommen, man spricht auch vom Faustpfand.

Ein Pfandrecht **kraft Gesetzes** besitzen Vermieter, Verpächter, Gastwirte an eingebrachten Sachen, Werkunternehmer, Kommissionäre, Spediteure, Lagerhalter und Frachtführer an den ihnen überlassenen Sachen.

Das Pfandrecht geht unter, wenn der Verpfänder den Pfandgläubiger wegen seiner Forderung befriedigt oder wenn sich das Pfandrecht mit dem Eigentum in derselben Person vereinigt (Konsolidation).

Das Faustpfandrecht ist in der Kreditpraxis unbedeutend und ist ersetzt durch die **Sicherungsübereignung**.

Während beim Pfand der Eigentümer seinen Besitz aufgibt, aber weiterhin Eigentümer bleibt, übereignet bei der Sicherungsübereignung der Kreditnehmer sein Eigentum an den Kreditgeber, bleibt aber aufgrund eines Besitzmittlungsverhältnisses Besitzer der Sache.

12. Was ist das Grundbuch?

Grundbücher sind öffentliche Verzeichnisse aller Grundstücke innerhalb eines Bezirks. Sie werden vom zuständigen Amtsgericht oder von den Grundbuchämtern geführt. Jedermann, der ein berechtigtes Interesse nachweisen kann, darf Einsicht ins Grundbuch nehmen oder sich einen Auszug anfertigen lassen.

13. Was wird im Grundbuch eingetragen?

Jedes einzelne Grundstück hat im Grundbuch ein fortlaufend nummeriertes Grundbuchblatt (= Grundbuch i. S. des BGB). Dieses enthält:

- **Aufschrift:** Bezeichnung des Amtsgerichts und des Grundbuchbezirks, des Bandes, der Blattnummer
- **Bestandsverzeichnis:** Bezeichnung von Lage, Größe und Art des Grundstücks
- **Erste Abteilung:** Bezeichnung des Eigentümers, Rechtsgrund und Zeitpunkt des Erwerbs bzw. der Eintragung
- **Zweite Abteilung:** Lasten und Beschränkungen, z. B. Vorkaufsrechte, Nießbrauchrechte, Erbbaurechte etc.
- **Dritte Abteilung:** Grundpfandrechte wie Hypotheken, Grund- und Rentenschulden.

14. Welche Wirkungen haben die Eintragungen im Grundbuch?

Rechtsänderungen an Grundstücken werden nur wirksam, wenn sie im Grundbuch eingetragen werden. Die Eintragung hat konstitutive (rechtsbegründende) Wirkung. Bei der Erbfolge hat die nachträgliche Eintragung ausnahmsweise nur deklaratorische (rechtserklärende) Wirkung. Zugunsten desjenigen, der ein Grundstück erwirbt, gilt das Grundbuch als richtig, es genießt „öffentlichen Glauben".

1.8 Mahnverfahren

1. Wie läuft das Mahnverfahren ab?

Das außergerichtliche (kaufmännische) Mahnverfahren bezweckt den säumigen Schuldner zu seiner Leistung zu veranlassen, ohne dass sich der Gläubiger dabei gerichtlicher Hilfe bedient. Über Inhalt und Form gibt es **keine** Vorschriften. Üblicherweise beschreitet der Gläubiger folgenden Weg:

- Erinnerung durch Zusendung einer Rechnungsdurchschrift
- Mahnbrief mit dem Hinweis auf die Fälligkeit der Schuld und Aufforderung zur Zahlung
- letzte Mahnung unter Androhung gerichtlicher Maßnahmen oder Ankündigung des Einzugs durch Nachnahme oder durch ein Inkassoinstitut.

Wenn alle diese Mittel nicht zum Ziel führen, muss der Gläubiger sich der Hilfe des **Gerichts** bedienen, um seine Forderung einzutreiben.

2. Wie können Forderungen gerichtlich durchgesetzt werden?

Der Gläubiger kann versuchen im gerichtlichen **Mahnverfahren**, durch das **Klageverfahren** oder durch **Zwangsvollstreckung** seine Forderung einzutreiben.

Das gerichtliche Mahnverfahren ist ein vereinfachtes Verfahren zur Sicherung finanzieller Ansprüche ohne vorherige Gerichtsverhandlung. Die Gebühren sind wesentlich niedriger als bei einem Prozess vor einem ordentlichen Gericht.

3. Beschreiben Sie den Ablauf des gerichtlichen Mahnverfahrens!

Das gerichtliche Mahnverfahren unterliegt gesetzlich festgelegten Zeit- und Formvorschriften. Es wird mit dem Antrag auf Erlass eines **Mahnbescheides** – ohne Rücksicht auf die Höhe des Streitwertes – beim zuständigen Amtsgericht eingeleitet. Der Mahnbescheid ist in dreifacher Ausfertigung, versehen mit den bei der Gerichtskasse erhältlichen Kostenmarken, einzureichen. Mit Einreichen des Antrags wird die Verjährung unterbrochen.

Das Gericht prüft die formelle Vollständigkeit der Angaben und der Gerichtskostenmarken. Eine juristische Prüfung, ob die Forderung zu Recht besteht, wird nicht durchgeführt. Das Amtsgericht erlässt den Mahnbescheid und stellt diesen von Amts wegen – i. d. R. mit Postzustellungsurkunde – zu. Mit dem **Mahnbescheid** wird der Schuldner aufgefordert die Schuld samt Kosten und Zinsen binnen einer Frist von zwei Wochen zu bezahlen oder beim Amtsgericht Widerspruch zu erheben.

Der Schuldner kann sich folgendermaßen verhalten:

- Er zahlt an den Gläubiger (nicht an das Gericht), das Verfahren ist beendet.
- Er erhebt innerhalb von zwei Wochen Widerspruch bei Gericht. In diesem Falle kommt es zu einem ordentlichen Klageverfahren (Zivilprozess).
- Er unternimmt nichts. Der Gläubiger kann beim Amtsgericht den Antrag stellen, den Vollstreckungsbescheid zu erlassen. Dieser Antrag kann nicht vor Ablauf der Widerspruchsfrist gestellt werden. Wird er nicht binnen einer Frist von sechs Monaten gestellt, fällt die Wirkung des Mahnbescheides weg. Dieser „vollstreckbare Titel" kann dem Schuldner von Amts wegen **durch das Gericht** (z. B. mit Postzustellungsurkunde) oder auf Antrag des Gläubigers durch einen Gerichtsvollzieher zugestellt werden. Mit der Zustellung beginnt eine zweiwöchige Einspruchsfrist.

Der Schuldner kann sich folgendermaßen verhalten:

- Er erhebt Einspruch gegen den Vollstreckungsbescheid. Es kommt zur mündlichen Verhandlung, die von Amts wegen festgesetzt wird. Solange über die Klage nicht entschieden ist, steht der Vollstreckungsbescheid einem für vorläufig vollstreckbar erklärten **Versäumnisurteil** gleich. Lässt der Antragsteller einen solchen Rechtstitel vollstrecken, muss er dem Antragsgegner Schadenersatz leisten, wenn er das Klageverfahren verliert.
- Er unternimmt nichts. Der Gläubiger kann die Zwangsvollstreckung vornehmen lassen.

4. Was bezweckt das Klageverfahren?

Das Klageverfahren bezweckt die Erlangung staatlichen Rechtsschutzes durch ein Prozessverfahren und gerichtliches Urteil.

Der Gläubiger kann sofort klagen, wenn er befürchtet, dass das gerichtliche Mahnverfahren nicht zum Ziel führt. Das Klageverfahren wird auch bei **Widerspruch** gegen den Mahnbescheid oder bei Einspruch gegen den Vollstreckungsbescheid eingeleitet.

5. Welches Gericht ist für die Klageerhebung zuständig?

Örtlich zuständig für die Klageerhebung ist das Gericht, in dessen Bezirk der Schuldner seinen Wohnsitz oder seine Geschäftsniederlassung hat. Vollkaufleute können vertraglich einen anderen **Gerichtsstand** vereinbaren.

Sachlich zuständig ist bei einem Streitwert bis 5.000 € das Amtsgericht, in anderen Fällen das Landgericht.

6. Wie wird das Klageverfahren durchgeführt?

Nach Prüfung der Klage setzt das Gericht einen Termin zur mündlichen Verhandlung fest. Mit der amtlichen Zustellung der Klageschrift wird dem Beklagten ein Termin mitgeteilt. Er kann durch Gegendarstellungen und Beweismittel zu den Punkten der Anklage Stellung nehmen.

Die mündliche Verhandlung dient der Klärung des Tatbestandes.

Das Verfahren wird beendet durch Urteil, Zurücknahme der Klage oder durch Vergleich. Gegen das Urteil ist unter bestimmten Voraussetzungen Berufung oder Revision möglich.

Wird das Urteil rechtskräftig, hat der Kläger einen vollstreckbaren Titel in Händen. Ist das Urteil noch nicht rechtskräftig, so kann es für vorläufig vollstreckbar erklärt werden.

7. Was ist die Zwangsvollstreckung?

Die Zwangsvollstreckung ist ein **gesetzlich geregeltes Verfahren**, in dem staatliche Organe mit staatlichem Zwang privatrechtliche Ansprüche gegen einen Schuldner durchsetzen. Dies setzt einen vollstreckbaren Titel voraus.

8. Wie wird die Zwangsvollstreckung durchgeführt?

- **Zwangsvollstreckung in das bewegliche Vermögen**
  Die Zwangsvollstreckung erfolgt durch Pfändung und Verwertung der Pfandstücke. Bei der Pfändung von körperlichen Sachen nimmt der Gerichtsvollzieher greifbare Sachen wie Geld, Schmuck und Wertpapiere in Besitz. Andere verwertbare Gegenstände des Schuldners bleiben zwar in dessen Besitz, werden aber durch Aufkleben

einer Pfandsiegelmarke („Kuckuck") als gepfändet gekennzeichnet. **Nicht** pfändbar sind die dem persönlichen Gebrauch oder dem Haushalt dienenden Sachen, die für den Haushalt erforderlichen Nahrungs-, Beleuchtungs- und Feuerungsmittel und die zur Fortsetzung der Erwerbstätigkeit notwendigen Sachen. Die Versteigerung kann frühestens eine Woche nach dem Tage der Pfändung erfolgen, dabei dürfen Gläubiger und Schuldner mitbieten. Der Zuschlag erfolgt an den Meistbietenden. Reicht der Erlös zur Befriedigung des Gläubigers und zur Deckung der Kosten aus, wird die Versteigerung eingestellt.

Bei der Pfändung von Forderungen und Rechten (Geldforderungen) gebietet das Gericht durch einen Pfändungs- oder Überweisungsbeschluss dem Drittschuldner das Geld an den Gläubiger zu überweisen. Dem Schuldner wird verboten, die Forderung einzuziehen. Nicht pfändbar sind festgelegte Teile des Arbeitseinkommens, bestimmte Renten etc.

▶ **Zwangsvollstreckung in das unbewegliche Vermögen**
Die Zwangsvollstreckung in ein Grundstück kann erfolgen durch

a) Eintragung einer Sicherungshypothek,

b) Zwangsversteigerung oder

c) Zwangsverwaltung.

Aus dem Erlös der Zwangsversteigerung wird der Gläubiger befriedigt. Ein Überschuss steht dem bisherigen Grundstückseigentümer zu. Ist mit einem **Mindererlös** zu rechnen, kann der Gläubiger das Grundstück selbst ersteigern, in der Hoffnung es später günstiger, d. h. teurer, verkaufen zu können.

Bei der Zwangsverwaltung behält der Grundstückseigentümer zwar sein Eigentum, jedoch wird ihm die Verfügung so lange entzogen, bis der Gläubiger befriedigt ist. Das Gericht bestellt einen Verwalter, der aus den Erträgen die Kosten bestreitet und einen Überschuss an die Gläubiger abführt.

1.9 Fristen, Termine, Verjährung

1. Welche Vorschriften gelten grundsätzlich für die Berechnung von Fristen?

Für die Berechnung von Fristen gelten die Vorschriften der §§ 187 ff. BGB. Sie werden vom Steuerrecht grundsätzlich übernommen (§ 108 AO).

2. Unterscheiden Sie Fristen und Termine!

Eine Frist ist durch einen Zeitraum bestimmt, Fristen sind nur solche Zeiträume, innerhalb derer eine Handlung zu erwarten ist oder ein bestimmtes Verhalten verlangt wird (z. B. Rechtsbehelfsfrist, Verjährungsfrist). Ein Termin ist durch einen **Zeitpunkt** bestimmt (z. B. Fälligkeitstermin für eine Abgabe, Zeitpunkt der Lieferung).

3. Welche Fristarten kann man unterscheiden?

Das Steuerrecht unterscheidet z. B. Erklärungsfristen (z. B. Abgabe einer Steuererklärung) und Leistungsfristen (z. B. Rechtsbehelfsfrist) oder verlängerungsfähige Fristen (z. B. Abgabe der Steuererklärung) und Ausschlussfristen (z. B. Rechtsbehelfsfrist). Das bürgerliche Recht unterscheidet Beginn- und Ereignisfristen.

4. Welche Dauer kann für eine Frist bestimmt sein?

Man unterscheidet Jahres-, Monats-, Wochen- und Tagesfristen.

5. Wann beginnen Fristen zu laufen?

Bei der Fristberechnung wird grundsätzlich der Tag, in den das Ereignis oder der Zeitpunkt fällt, nicht mitgerechnet. Diese **Ereignisfristen** (§ 187 Abs. 1 BGB) beginnen mit Ablauf des Ereignistages.

Beispiel

Ein Steuerbescheid wird am 15.04.2018 bekannt gegeben, die Rechtsbehelfsfrist beginnt am 16.04.2018 um 0:00 Uhr zu laufen.

Bei sogenannten **Beginnfristen** (§ 187 Abs. 2 BGB) zählt der erste Tag der Frist voll mit, z. B. bei Arbeitsverhältnissen, Mietverträgen und bei der Berechnung des Lebensalters.

Beispiel

Das am 01.01.2018 um 23:55 Uhr geborene Kind ist am 02.01.2018 um 0:00 Uhr bereits einen ganzen Tag alt (rechtlich gesehen).

6. Wann enden Fristen?

Eine Frist kann nie an einem Samstag, Sonn- oder Feiertag enden. An die Stelle dieses Tages tritt jeweils der nächstfolgende Werktag (§ 193 BGB). Eine nach **Tagen** bestimmte Frist endet mit Ablauf des Tages.

Eine nach **Monaten** bestimmte Frist endet bei:
- Ereignisfristen mit Ablauf des gleichen Tages in dem entsprechenden folgenden Monat, der die gleiche Zahl wie der Ereignistag trägt. Fehlt der für den Ablauf maßgebende Tag, so endigt die Frist mit Ablauf des letzten Tages dieses Monats (z. B. am 30.04.).

- Beginnfristen einen Tag vorher im entsprechenden folgenden Monat (z. B. Monatsmietvertrag beginnt am 01.03. und endet am 31.03.).

Für die Berechnung von **Wochenfristen** und anderen Fristen gilt Entsprechendes.

7. Was versteht man unter Verjährung?

Rechtsansprüche, d. h. das Recht, von einem anderen ein Tun oder Unterlassen zu verlangen, unterliegen der Verjährung. Aus Gründen der Rechtssicherheit müssen diese Ansprüche innerhalb einer bestimmten Frist geltend gemacht werden.

Das Verjährungsrecht dient vor allem der Rechts- und Beweissicherheit. Es soll sicherstellen, dass Rechtsgeschäfte möglichst rasch und reibungslos abgewickelt werden. Das Verjährungsrecht berücksichtigt sowohl die Interessen des Schuldners als auch die Interessen des Gläubigers. Der Schuldner braucht nach Ablauf einer bestimmten Zeit nicht mehr mit der Durchsetzung von Ansprüchen gegen ihn zu rechnen, der Gläubiger gerät bei der Feststellung und Durchsetzung seiner Ansprüche nicht unter Zeitdruck.

8. Wie wirkt die Verjährung?

Lässt der Gläubiger die Verjährungsfrist ablaufen, ist der Schuldner berechtigt, die geschuldete Leistung zu verweigern (§ 214 Abs. 1 BGB). Das zur Befriedigung eines verjährten Anspruchs Geleistete kann nicht zurückgefordert werden, auch wenn in Unkenntnis der Verjährung geleistet worden ist. Das Gleiche gilt von einem vertragsmäßigen Anerkenntnis sowie einer Sicherheitsleistung des Schuldners.

Im Steuerrecht ist ein verjährter Anspruch erloschen. Der Steuerschuldner kann die Leistung, die er nach Eintritt der Verjährung geleistet hat, zurückverlangen (siehe § 37 Abs. 2 AO).

9. Welche der Verjährungsfristen sind zu beachten?

- Die regelmäßige Verjährungsfrist (**Regelverjährung**) beträgt **3 Jahre** (§ 195 BGB). Sie gilt immer dann, wenn besondere Verjährungsfristen fehlen. Sie unterscheidet nicht zwischen Ansprüchen schuld-, sachen-, familien- und erbrechtlicher Natur.

- Da der Beginn der regelmäßigen Verjährungsfrist vom subjektiven Tatbestand der groben Fahrlässigkeit abhängt, setzt das BGB **Verjährungshöchstfristen** (§ 199 Abs. 2 bis 4 BGB) fest. Nach deren Ablauf tritt die Verjährung in jedem Falle ein. Sie gelten zum Beispiel für Schadensersatzansprüche aus der Verletzung des Lebens (maximale Verjährungsfrist 30 Jahre).

- Neben der regelmäßigen Verjährungsfrist von drei Jahren gibt es für **bestimmte** andere Ansprüche – in der Regel meist längere – **Verjährungsfristen:**
  - zwei Jahre bei den meisten Gewährleistungsansprüchen aus Kauf- und Werkverträgen
  - drei Jahre bei arglistig verschwiegenen Mängeln des Verkäufers

- fünf Jahre, wenn die normale Verjährungsfrist länger als die bei Arglist bestehende Regelverjährung ist
- fünf Jahre bei kaufrechtlichen Mängelansprüchen bei Bauwerken und bei Gewährleistungsansprüchen aus Werkverträgen
- zehn Jahre bei Ansprüchen auf Übertragung eines Grundstücks
- dreißig Jahre z. B. bei Herausgabeansprüchen aus Eigentum und anderen dinglichen Rechten, bei rechtskräftig festgestellten Ansprüchen, bei Ansprüchen, die durch die im Insolvenzverfahren erfolgte Feststellung vollstreckbar geworden sind etc.

10. Wann beginnt die Verjährungsfrist zu laufen?

Der Beginn der regelmäßigen Verjährungsfrist hängt von einem objektiven und einem subjektiven Tatbestand ab: Die regelmäßige Verjährungsfrist beginnt mit **Schluss des Jahres**, in dem der Anspruch entstanden ist (objektiver Tatbestand). Der Gläubiger muss von den den Anspruch begründenden Umständen und der Person des Schuldners tatsächlich Kenntnis erlangt haben oder er musste sie ohne grobe Fahrlässigkeit erlangen (subjektiver Tatbestand).

Die Verjährungsfrist von Ansprüchen, die nicht der regelmäßigen Verjährung unterliegen, beginnt mit der **Entstehung des Anspruchs** (§ 200 BGB). Die Verjährungsfrist von festgestellten Ansprüchen beginnt mit der Rechtskraft der Entscheidung.

11. Was bewirkt die Hemmung der Verjährung?

Die Hemmung bewirkt, dass der Ablauf der Verjährung für eine bestimmte Zeit aufgehalten wird (§ 209 BGB). Nach Beendigung der Hemmung läuft die Verjährungsfrist weiter. Der Zeitraum der Hemmung, während dessen die Verjährung gehemmt ist, wird nicht in die Verjährungsfrist eingerechnet. Da Umstände eintreten können, die einen Gläubiger gewollt oder ungewollt an der Wahrnehmung seiner Ansprüche hindern können, soll der Gläubiger den Ablauf der Verjährung hinauszögern können. Die Hemmung dient also dem Gläubigerschutz.

Beispiel

Entstehung des Anspruchs am 26.03.2018. Beginn der Verjährung am 31.12.2018 (24:00 Uhr), Verjährungsfrist 3 Jahre. Durch den Antrag auf Mahnbescheid wird die Verjährung vom 15.06.2019 bis 15.07.2019 gehemmt. Die Verjährungsfrist wird um einen Monat in ihrem Ablauf gehemmt und endet nunmehr am 31.01.2022.

12. Wodurch wird der Verjährungsablauf gehemmt?

Die Verjährungsfristen werden gehemmt durch Rechtsverfolgung (§ 204 BGB), z. B.

- **Erhebung der Klage** auf Leistung oder auf Feststellung des Anspruchs auf Erteilung der Vollstreckungsklausel oder auf Erlass des Vollstreckungsurteils
- Zustellung des Mahnbescheides im Mahnverfahren
- Geltendmachung der Aufrechnung des Anspruchs im Prozess
- Anmeldung des Anspruchs im Insolvenzverfahren
- Beginn des schiedsrichterlichen Verfahrens.

Die Hemmung nach § 204 Abs. 1 BGB endet sechs Monate nach der rechtskräftigen Entscheidung.

13. Was bewirkt der Neubeginn der Verjährung?

Der Neubeginn der Verjährung (§ 212 BGB) bewirkt, dass die bereits abgelaufene Verjährungsfrist vom Zeitpunkt des Neubeginns der Verjährung nicht beachtet wird. Die Verjährungsfrist beginnt vom Zeitpunkt des Neubeginns der Verjährung an in voller Länge erneut zu laufen.

Beispiel

Fälligkeit des Anspruchs am 12.09.2018, regelmäßige Verjährungsfrist 3 Jahre, am 05.03.2019 leistet der Schuldner eine Teilzahlung. Die Verjährungsfrist beginnt am 31.12.2018 (24:00 Uhr) zu laufen, sie beginnt am 05.03.2019 neu zu laufen und endet nunmehr am 05.03.2022 (24:00 Uhr).

14. Unter welchen Voraussetzungen beginnt die Verjährung neu?

§ 212 BGB kennt zwei Fälle des Neubeginns der Verjährung:

- **Anerkennung** des Anspruchs seitens des **Schuldners** gegenüber dem Gläubiger, z. B. Abschlagszahlung, Zinsleistung, Sicherheitsleistung, Bitte um Stundung oder in anderer Weise durch ausdrückliche Schuldanerkenntnis.
- **Einleitung** gerichtlicher Maßnahmen seitens des **Gläubigers**, z. B. Klageerhebung, Antrag auf Zustellung eines Vollstreckungsbescheides, Anmeldung des Anspruchs bei Insolvenz, Beantragung der Zwangsvollstreckung.

Eine bloße Mahnung (kaufmännisches Mahnverfahren) genügt nicht!

2. Arbeitsrecht und soziale Sicherung

2.1 Rahmenbedingungen der Berufsausbildung

1. Was versteht man unter dem dualen Ausbildungssystem?

In der dualen Berufsausbildung (duales Ausbildungssystem) erfolgt die Ausbildung im Betrieb und in der Berufsschule.

2. Welches sind die für die Berufsausbildung maßgebenden Rechtsvorschriften?

Rechtliche Grundlagen der betrieblichen Ausbildung sind

- das Berufsbildungsgesetz vom 23.05.2005, zuletzt geändert durch Artikel 14 des Gesetzes vom 17.07.2017, BGBl. I S. 2581
- die Ausbildungsordnung
- der Ausbildungsrahmenplan.

Für die schulische Ausbildung sind maßgebend

- das Schulgesetz
- die Schulordnung
- die Berufsschulverordnung
- der Rahmenlehrplan als Umsetzung von Berufsbild und Ausbildungsrahmenplan.

3. Was regelt das Berufsbildungsgesetz (BBiG)?

Das Berufsbildungsgesetz enthält unter anderem Vorschriften über

- das Berufsausbildungsverhältnis
- die Ordnung der Berufsbildung
- die Ausschüsse der Berufsbildung
- besondere Vorschriften für die Berufsbildung der Fachangestellten im Bereich der Wirtschaftsprüfung und Steuerberatung.

4. Wie wird das Berufsausbildungsverhältnis begründet?

Der Ausbildende schließt mit dem Auszubildenden einen **Berufsausbildungsvertrag** (§§ 10, 11 BBiG) ab. Der Ausbildende hat den Inhalt des Vertrages schriftlich niederzulegen. Folgende **Angaben** müssen mindestens enthalten sein:

1. Art, sachliche und zeitliche Gliederung sowie Ziel der Berufsausbildung, insbesondere die Berufstätigkeit, für die ausgebildet wird
2. Beginn und Dauer der Berufsausbildung
3. Ausbildungsmaßnahmen außerhalb der Ausbildungsstätte
4. Dauer der regelmäßigen täglichen Arbeitszeit
5. Dauer der Probezeit

6. Zahlung und Höhe der Vergütung
7. Dauer des Urlaubs
8. Voraussetzungen, unter denen der Berufsausbildungsvertrag gekündigt werden kann.

Der Ausbildungsvertrag ist von den Vertragspartnern zu unterzeichnen, eine Ausfertigung ist dem Auszubildenden auszuhändigen.

Der Ausbildende hat die **Eintragung** des Vertrages in das Verzeichnis der Berufsausbildungsverhältnisse bei der zuständigen Kammer zu beantragen.

5. Erläutern Sie den Inhalt des Berufsausbildungsverhältnisses!

Die Kernpflichten der Berufsausbildung sind nach dem Berufsbildungsgesetz
- die Lernpflicht des Auszubildenden (§ 13) und
- die Ausbildungspflicht des Ausbildenden (§ 14).

Der Auszubildende hat sich zu bemühen, die Fertigkeiten und Kenntnisse zu erwerben, die erforderlich sind, um das Ausbildungsziel zu erreichen.

Der Ausbildende hat dafür zu sorgen, dass dem Auszubildenden die Fertigkeiten und Kenntnisse vermittelt werden, die zum Erreichen des Ausbildungszieles erforderlich sind. Die Berufsausbildung ist planmäßig zeitlich und sachlich gegliedert durchzuführen.

Zu den Pflichten des Auszubildenden gehören weiterhin:
- Berufsschulbesuch
- Zwischen- und Abschlussprüfungen ablegen
- Befolgen ausbildungsbezogener Anweisungen
- Beachten der Betriebsordnung
- Sorgfaltspflicht
- Schweigepflicht
- Führen des Berichtsheftes in der Form eines Ausbildungsnachweises.

Zu den Pflichten des Ausbilders gehören weiterhin:
- Kostenlose Überlassung betrieblicher Arbeitsmittel
- Freistellung für die Teilnahme am Berufsschulbesuch und an den Prüfungen
- Anhalten zum Besuch der Berufsschule und zum Führen des Ausbildungsnachweises
- Charakterliche Förderung, Vermeidung sittlicher und körperlicher Gefährdungen
- Vergütungspflicht
- Zeugnispflicht.

6. Wann beginnt, wann endet das Berufsausbildungsverhältnis?

Das Berufsausbildungsverhältnis **beginnt** mit vertraglich vereinbartem Termin mit einer Probezeit, die mindestens einen Monat, höchstens vier Monate beträgt (§ 20 BBiG). Es **endet** mit Ablauf der Ausbildungszeit. Legen Auszubildende die Abschlussprüfung vor Ablauf der Ausbildungszeit ab, endet das Berufsausbildungsverhältnis mit Bekanntgabe der Ergebnisse durch den Prüfungsausschuss (§ 21 BBiG). Besteht der Auszubildende die Abschlussprüfung nicht, verlängert sich das Berufsausbildungsverhältnis auf sein Verlangen bis zur nächstmöglichen Wiederholungsprüfung, höchstens um ein Jahr.

Das Berufsausbildungsverhältnis kann während der Probezeit jederzeit durch Kündigung (ohne Einhalten einer Kündigungsfrist) beendet werden.

Nach Ablauf der Probezeit kann das Berufsausbildungsverhältnis nur gekündigt werden
- aus einem wichtigen Grund (ohne Einhalten einer Kündigungsfrist)
- vom Auszubildenden mit einer Kündigungsfrist von vier Wochen, wenn er die Berufsausbildung aufgeben oder sich für eine andere Berufstätigkeit ausbilden lassen will.

In beiderseitigem Einvernehmen kann der Ausbildungsvertrag jederzeit aufgelöst werden.

7. Wer kann zum Steuerfachangestellten ausbilden?

Auszubildende darf nur einstellen, wer **persönlich** und **fachlich** geeignet ist. Wer als Wirtschaftsprüfer, als vereidigter Buchprüfer, als Steuerberater oder Steuerbevollmächtigter bestellt oder anerkannt ist, besitzt die für die fachliche Eignung erforderlichen beruflichen Kenntnisse und Fähigkeiten.

8. Welche Aufgabe hat der Ausbildungsberater?

Der Ausbildungsberater überwacht die Durchführung der Berufsausbildung und fördert sie durch Beratung der Ausbildenden und der Auszubildenden. Die Ausbildenden sind verpflichtet die für die Überwachung notwendigen Auskünfte zu erteilen und Unterlagen vorzulegen, sowie die Besichtigung der Ausbildungsstätte zu gestatten.

9. Welche Aufgabe hat der Berufsbildungsausschuss?

Der paritätisch mit Beauftragten der Arbeitgeber, Arbeitnehmer und Lehrern an den Berufsbildenden Schulen besetzte Ausschuss ist in allen wichtigen Angelegenheiten der beruflichen Bildung zu unterrichten und zu hören. Er hat die aufgrund des Berufsbildungsgesetzes von der Kammer zu erlassenden Rechtsvorschriften (z. B. die Prüfungsordnung für die Abschlussprüfung) zu beschließen.

10. Was regelt die Ausbildungsordnung?

Aufgrund der §§ 4 - 5 des Berufsbildungsgesetzes ist die Verordnung über die Berufsausbildung zum Steuerfachangestellten/zur Steuerfachangestellten am 09.05.1996 erlassen worden. Sie enthält:

1. die staatliche Anerkennung des Ausbildungsberufs Steuerfachangestellte/r
2. die Ausbildungsdauer (drei Jahre)
3. das Ausbildungsberufsbild mit Fertigkeiten und Kenntnissen
   - in der Ausbildungspraxis
   - in der Praxis- und Arbeitsorganisation
   - in der Anwendung von Informations- und Kommunikationstechniken
   - im Rechnungswesen
   - in der betriebswirtschaftlichen Facharbeit
   - in der steuerlichen Facharbeit
4. den Ausbildungsrahmenplan in sachlicher und zeitlicher Gliederung (Anlagen I und II)
5. die Verpflichtung des Ausbildenden unter Zugrundelegung des Ausbildungsrahmenplans einen Ausbildungsplan zu erstellen
6. die Vorschriften zur Führung eines Berichtsheftes in der Form des Ausbildungsnachweises,
7. die Regelung der Zwischenprüfung
8. die Regelung der Abschlussprüfung.

11. Welche Anforderungen stellt die Zwischenprüfung?

Die Zwischenprüfung soll vor dem Ende des **zweiten** Ausbildungsjahres stattfinden. Sie erstreckt sich auf die bis dahin im Ausbildungsbetrieb vermittelten Fertigkeiten und Kenntnisse und auf den in der Berufsschule vermittelten Lehrstoff, soweit er für die Berufsausbildung wesentlich ist.

Die Zwischenprüfung ist in insgesamt höchstens 180 Minuten in den Fächern Steuerwesen, Rechnungswesen, Wirtschafts- und Sozialkunde durchzuführen.

12. Welche Anforderungen stellt die Abschlussprüfung?

Die Abschlussprüfung erstreckt sich auf die im Ausbildungsbetrieb vermittelten Fertigkeiten und Kenntnisse und auf den in der Berufsschule vermittelten Lehrstoff soweit er für die Berufsausbildung wesentlich ist.

Die schriftliche Prüfung dauert im Prüfungsfach **Steuerwesen** 150 Minuten, im Prüfungsfach **Rechnungswesen** 120 Minuten und im Prüfungsfach **Wirtschafts- und Sozialkunde** 90 Minuten.

Eine Mehrzahl der Steuerberaterkammern hat sich zu einem bundeseinheitlichen Klausurenverbund zusammengeschlossen, um die schriftlichen Prüfungen nach bundeseinheitlichen Kriterien durchzuführen.

Im Fach **Mandantenorientierte Sachbearbeitung** soll der Prüfling anhand von zwei ihm zur Wahl gestellten Aufgaben zeigen, dass er berufspraktische Vorgänge und Problemstellungen bearbeiten und Lösungen darstellen kann. Er hat eine Vorbereitungszeit von höchstens 10 Minuten, das Prüfungsgespräch soll nicht länger als 30 Minuten dauern.

Bei der Ermittlung des Gesamtergebnisses haben die Prüfungsfächer das gleiche Gewicht. Zum Bestehen der Abschlussprüfung ist erforderlich:

- Gesamtergebnis mindestens ausreichend
- Steuerwesen und zwei weitere Fächer mindestens ausreichend
- kein Fach mit ungenügend bewertet.

Sind zwei **schriftliche** Prüfungsleistungen mit mangelhaft und eine schriftliche Prüfungsleistung mit mindestens ausreichend bewertet worden, so kann in einem mit mangelhaft bewerteten Prüfungsfach die Prüfung durch eine **mündliche** Prüfung von etwa 15 Minuten Dauer ergänzt werden, wenn diese Leistung für das Bestehen der Prüfung den Ausschlag geben kann (Gewichtung 2 : 1).

Auf dem Zeugnis der Abschlussprüfung kann auf Antrag des Auszubildenden das Ergebnis berufsschulischer Leistungsfeststellungen ausgewiesen werden.

13. Was regelt der Ausbildungsrahmenplan?

Die im Ausbildungsberufsbild genannten Fertigkeiten und Kenntnisse sollen entsprechend den Anleitungen zur sachlichen und zeitlichen Gliederung der Berufsausbildung vermittelt werden. Der Auszubildende soll zur Ausübung einer **qualifizierten beruflichen Tätigkeit** befähigt werden. Dies schließt selbstständiges Planen, Durchführen und Kontrollieren ein.

14. Welche Rechte gewährt das Schulgesetz den Schülern?

Die Schüler nehmen in der Schule ihr Recht auf Bildung und Erziehung wahr. Die Schule fördert die Schüler in ihrer persönlichen Entwicklung, sie bietet den Schülern Information, Beratung, Unterstützung und Hilfe in allen für das Schulleben wesentlichen Fragen an.

15. Welchen Pflichten sind die Schüler in der Berufsschule unterworfen?

Die Schüler sind verpflichtet vom schulischen Bildungs- und Erziehungsangebot verantwortlich Gebrauch zu machen. Unterricht und Erziehung erfordern die Mitarbeit und Leistung der Schüler. Nur so wird die Möglichkeit zur **Leistungsbeurteilung** geschaffen.

16. Wie lange dauert die Pflicht zum Schulbesuch?

Die Schule ist in der Regel für die Dauer von 12 Schuljahren zu besuchen. Das Erreichen des **Volljährigkeitsalters** ist unerheblich.

Vom Schulbesuch ist z. B. befreit, wer den qualifizierten Sekundarabschluss I erreicht hat, sofern kein Berufsausbildungsverhältnis begründet wird.

Besteht nach Ablauf von 12 Schuljahren noch ein Berufsausbildungsverhältnis, so hat der Auszubildende die Berufsschule bis zu dessen Abschluss zu besuchen.

Auszubildende, deren Berufsausbildungsverhältnis nach Beendigung der Pflicht zum Schulbesuch begründet worden ist, sind bis zu dessen Abschluss zum Besuch der Berufsschule berechtigt. Bewerber, die das 25. Lebensjahr vollendet haben, können auf Antrag die Berufsschule besuchen. Die Aufnahme bedarf der Genehmigung der Schulleitung.

Die Absolventen der Berufsschule erhalten ein Abgangs- oder ein Abschlusszeugnis. Letzteres schließt den Hauptschulabschluss, beim Vorliegen weiterer Qualifikationen den qualifizierten Sekundarabschluss ein.

17. Welchen Auftrag hat die Berufsschule?

Die Berufsschule führt als gleichberechtigter **Partner** der betrieblichen Ausbildung durch eine gestufte Grund- und Fachbildung zu berufsqualifizierenden Abschlüssen. Sie soll zur Erfüllung der Aufgaben im Beruf sowie zur **Mitgestaltung** der Arbeitswelt und Gesellschaft in sozialer, ökonomischer und ökologischer **Verantwortung** befähigen und die allgemeine Bildung vertiefen.

Dem Unterricht der Berufsschule liegen berufsübergreifende und berufsbezogene Lerninhalte unter besonderer Berücksichtigung der Anforderungen der Berufsausbildung oder der Berufstätigkeit zugrunde.

18. Wer ist zum Besuch der Berufsschule verpflichtet?

Zum Besuch der Berufsschule ist u. a. verpflichtet, wer in einem **Berufsausbildungsverhältnis** steht und im Zeitpunkt der Begründung dieses Berufsausbildungsverhältnisses die 12-jährige Schulpflicht noch nicht erfüllt hatte.

19. Welche Zielsetzung verfolgt der Rahmenlehrplan?

Die mit dem Berufsbild und dem Ausbildungsrahmenplan angestrebten Ziele sind auf die Entwicklung von **Handlungskompetenz** gerichtet. Handlungskompetenz entfaltet sich in den Dimensionen von

- Fachkompetenz
- Humankompetenz (Personalkompetenz)
- Sozialkompetenz.

Diese Kompetenzen werden im berufsbezogenen Unterricht unter Einbeziehung der modernen Kommunikationstechniken vermittelt.

20. Nennen Sie Rechtsvorschriften zum Schutz des Auszubildenden!

Folgende Rechtsvorschriften dienen u. a. auch dem Schutz der Auszubildenden:
- das Jugendarbeitsschutzgesetz
- das Mutterschutzgesetz
- das Bundesurlaubsgesetz
- das Arbeitszeitgesetz.

21. Für welchen Personenkreis gilt das Jugendarbeitsschutzgesetz (JArbSchG)?

Das Jugendarbeitsschutzgesetz gilt für die Beschäftigung von Personen, die noch nicht 18 Jahre alt sind und sich z. B. in Berufsausbildung befinden.

Es unterscheidet Kinder (noch nicht 15 Jahre alt) und Jugendliche (15, aber noch nicht 18 Jahre alt).

22. Wie regelt das Jugendarbeitsschutzgesetz die Freistellung für die Teilnahme am Unterricht der Berufsschule?

Es gilt ein Beschäftigungsverbot
- vor einem vor 9:00 Uhr beginnenden Berufsschulunterricht; dies gilt auch für Personen, die das 18. Lebensjahr vollendet haben, aber noch berufsschulpflichtig sind.
- an Berufsschultagen mit **mehr** als 5 Unterrichtsstunden von mindestens 45 Minuten, jedoch nur einmal wöchentlich. Dieser Berufsschultag gilt als 8 Stunden Ausbildungszeit.

Für den zweiten Berufsschultag gilt nur die allgemeine Freistellung für die Dauer des tatsächlichen Unterrichts. Wegzeit und Mittagspause stehen dem Auszubildenden jedoch zu.

Für volljährige Auszubildende gilt ab 01.03.1997:
Die betriebliche Ausbildung nach dem Berufsschulunterricht ist entsprechend der Regelarbeitszeit an beiden Berufsschultagen möglich.

23. Welcher Mindesturlaub wird dem Auszubildenden gewährt?

Nach dem Jugendarbeitsschutzgesetz ist der Erholungsurlaub gestaffelt: Wenn der Jugendliche noch nicht 16 Jahre alt ist, beträgt er mindestens **30 Werktage**, wenn er noch nicht 17 Jahre alt ist, beträgt er mindestens **27 Werktage**, wenn er noch nicht 18 Jahre ist, beträgt er mindestens **25 Werktage**. Für Auszubildende, die nicht unter das Jugendarbeitsschutzgesetz fallen, beträgt der Mindesturlaub **24 Werktage** (§ 3 Abs. 1 BUrlG). Als Werktage gelten alle Kalendertage, die nicht Sonntage oder gesetzliche Feiertage sind.

Der Urlaub soll Berufsschülern während der Berufsschulferien gegeben werden.

24. Für welchen Personenkreis gilt das Jugendschutzgesetz (JSchG)?

Das Jugendschutzgesetz gilt für Kinder, die noch nicht 14 Jahre alt sind und für jugendliche Personen, die 14, aber noch nicht 18 Jahre alt sind.

Es regelt den Jugendschutz in der Öffentlichkeit und im Bereich der Medien.

2.2 Institutionen zur Wahrnehmung ausbildungs- und arbeitsrechtlicher Ansprüche

1. In welchen Betrieben können Betriebsräte gewählt werden?

In Betrieben mit mindestens fünf wahlberechtigten Arbeitnehmern, von denen drei wählbar sind, können Betriebsräte gewählt werden (§ 1 BetrVerfG).

Wahlberechtigt sind alle Arbeitnehmer, die das 18. Lebensjahr vollendet haben, wählbar sind alle Arbeitnehmer, die 6 Monate dem Betrieb angehören. Die **Anzahl** der Betriebsratsmitglieder ist nach der Zahl der Wahlberechtigten gestaffelt. Die **Amtszeit** des Betriebsrates beträgt vier Jahre.

2. Welche Rechte hat der Betriebsrat?

Das Betriebsverfassungsgesetz legt folgende Mitwirkungs- und Beschwerderechte des Arbeitnehmers fest (§§ 81 - 86a BetrVerfG):

- Recht auf Unterrichtung
- Recht auf Anhörung
- Einsicht in die Personalakte
- Beschwerderecht.

3. Bei welchen Angelegenheiten hat der Betriebsrat ein Mitwirkungsrecht?

Das Mitwirkungsrecht gewährt dem Betriebsrat ein **Widerspruchsrecht** insbesondere in personellen Angelegenheiten, bei der Gestaltung von Arbeitsplatz, Arbeitsablauf und Arbeitsumgebung und bei bestimmten wirtschaftlichen Angelegenheiten.

4. Bei welchen Angelegenheiten hat der Betriebsrat ein Mitbestimmungsrecht?

Der Arbeitgeber benötigt z. B. für folgende Angelegenheiten die Zustimmung des Betriebsrates:

- Betriebsordnung
- Arbeitszeitregelung
- Entlohnung
- Urlaubsplanung
- Einführung neuer Arbeitsmethoden.

5. Was ist die Betriebsvereinbarung?

Vereinbarungen zwischen Arbeitgebern und Betriebsrat über Arbeitsbedingungen und Arbeitsordnung können schriftlich niedergelegt werden. Sie werden von beiden Seiten unterzeichnet und im Betrieb an geeigneter Stelle ausgehängt (Betriebsvereinbarung).

Tarifvertragliche Regelungen können nicht Gegenstand einer Betriebsvereinbarung sein.

Die Betriebsvereinbarung ist für alle Arbeitnehmer zwingend.

6. Welchen besonderen Schutz genießen Betriebsratsmitglieder?

- Mitglieder des Betriebsrates besitzen einen erweiterten Kündigungsschutz.
- Sie haben das Recht auf einen dreiwöchigen bezahlten Bildungsurlaub.
- Sie erhalten ihr Arbeitsentgelt während ihrer Interessenvertretung weiterbezahlt.

7. In welchen Betrieben können Jugendvertretungen gewählt werden?

In Betrieben mit mindestens fünf Arbeitnehmern, die das 18. Lebensjahr noch nicht vollendet haben oder Auszubildenden, die das 25. Lebensjahr noch nicht vollendet haben, werden Jugend- und Ausbildungsvertretungen gewählt.

Wahlberechtigt sind jugendliche Arbeitnehmer und Auszubildende bis zum 25. Lebensjahr, wählbar sind alle Arbeitnehmer, die das 25. Lebensjahr noch nicht vollendet haben und nicht Mitglied des Betriebsrates sind.

8. Welche Aufgaben hat die Jugendvertretung?

Sie vertritt die Interessen der jugendlichen Arbeitnehmer im Betriebsrat.

Sie hat **Anträge** auf Maßnahmen zugunsten der jungen Betriebsangehörigen entgegenzunehmen.

Sie wacht darüber, dass die zugunsten der jugendlichen Arbeitnehmer geltenden Gesetze, Verordnungen etc. **eingehalten** werden.

9. Wie ist die außerbetriebliche Unternehmensmitbestimmung geregelt?

Während das Betriebsverfassungsgesetz die Zusammenarbeit zwischen Arbeitgebern und Arbeitnehmern im Betrieb regelt, befasst sich die Mitbestimmung mit der Beteiligung der Arbeitnehmer an der Leitung des Unternehmens (außerbetriebliche Unternehmensmitbestimmung).

10. Was versteht man unter kollektivem Arbeitsrecht?

Das Kollektivarbeitsrecht regelt die Rechtsbeziehungen zwischen den Sozialpartnern, zwischen Arbeitgeberverbänden, Gewerkschaften und Betriebsräten. Diese tariffähigen Parteien können Tarifverträge abschließen.

Das individuelle Arbeitsrecht regelt dagegen die Rechtsverhältnisse zwischen den einzelnen Arbeitnehmern und Arbeitgebern.

11. Welche Ziele verfolgen Gewerkschaften?

Dies sind Arbeitnehmervereinigungen zur Verbesserung der sozialen und wirtschaftlichen Lebensbedingungen der Arbeitnehmer. Sie verfolgen z. B. folgende Ziele:

- Bekämpfung der Arbeitslosigkeit und Sicherung der Arbeitsplätze
- Humanisierung der Arbeitsbedingungen
- Erhöhung der Lohnquote und Verringerung der Lohnunterschiede zwischen den verschiedenen Arbeitnehmergruppen.

12. Welche Rechtswirkung hat ein Tarifvertrag?

Die Bestimmungen des Tarifvertrages wirken unmittelbar und zwingend nur auf die Mitglieder der Tarifvertragsparteien, der Arbeitgeber kann mit nicht gewerkschaftlich organisierten Arbeitnehmern abweichende Bedingungen vereinbaren. Die vereinbarten Arbeitsbedingungen gelten automatisch, andere als die tariflichen Regelungen dürfen nicht vereinbart werden. Wird der Arbeitnehmer durch einen Arbeitsvertrag günstiger gestellt als im Tarifvertrag vorgesehen, wird die zwingende Geltung vom **Günstigkeitsprinzip** durchbrochen.

Während der Dauer des Tarifvertrages sind Arbeitskampfmaßnahmen verboten, es herrscht Friedenspflicht. Die Mitglieder der Tarifparteien sind zur Tariftreue anzuhalten.

13. Welche Tarifvertragsarten kann man unterscheiden?

Nach dem Inhalt unterscheidet man

- Rahmen- oder Manteltarifverträge und
- Lohn- und Gehaltstarifverträge.

Die Rahmen- und Manteltarifverträge regeln allgemeine Arbeitsbedingungen, z. B. Einstellungen, Kündigungen, Arbeitszeit, Arbeitsformen etc. Die Lohn- und Gehaltstarife gelten meist nur ein Jahr. Sie enthalten die Lohn- bzw. Gehaltstabelle, aus der sich die Lohnsätze bzw. Gehälter ablesen lassen.

14. Beschreiben Sie zwei Arten des Arbeitskampfes!

Die gemeinsame Arbeitseinstellung mehrerer Arbeitnehmer innerhalb eines Betriebes oder Berufs mit dem Ziel Verbesserungen der Arbeitsbedingungen durchzusetzen, bezeichnet man als **Streik**. Die Arbeitnehmer haben die Absicht nach Beendigung des Streiks die Arbeit wieder aufzunehmen. Bevor eine Gewerkschaft zum Streik aufrufen darf, müssen sich mindestens 75 % der Gewerkschaftsmitglieder in geheimer Wahl für den Streik aussprechen (Urabstimmung). Kommen die Sozialpartner zu einer Einigung, müssen mindestens 25 % der betroffenen Gewerkschaftsmitglieder diesem Kompromiss zustimmen, damit der Tarifvertrag Gültigkeit hat.

Werden die Arbeitnehmer von der Arbeit ausgeschlossen mit der Absicht sie nach Beendigung des Arbeitskampfes wieder zur Arbeitsleistung zuzulassen, spricht man von **Aussperrung**. Reagieren die bestreikten Arbeitgeber auf einen Streik, spricht man von Abwehraussperrung, geht die Initiative von den Arbeitgebern aus, spricht man von einer Angriffsaussperrung.

15. Welche Wirkung hat der Arbeitskampf?

Durch einen Streik oder eine darauf folgende Abwehraussperrung wird der Bestand des Arbeitsverhältnisses nicht berührt, es wird jedoch suspendiert und die Hauptpflichten (Arbeitsleistung und Lohnzahlung) ruhen. Das bedeutet z. B., dass die Arbeitnehmer für die Dauer des Arbeitskampfes keinen Anspruch auf Lohn haben, kein Arbeitslosengeld erhalten, keine Lohnfortzahlung wegen Krankheit erhalten und kein Recht auf Urlaub haben. Die Gewerkschaftsmitglieder erhalten jedoch Streikunterstützung, die gesetzliche Krankenversicherung bleibt bestehen und die Mitgliedschaft zur Rentenversicherung ruht nicht.

16. Wer entscheidet über Streitigkeiten, die sich aus dem Arbeitsverhältnis zwischen Arbeitnehmern und Arbeitgebern ergeben?

Für Streitigkeiten aus dem Arbeitsverhältnis sind die Arbeitsgerichte **sachlich** zuständig. Sie entscheiden z. B. über bürgerliche Rechtsstreitigkeiten zwischen Arbeitgeber und Arbeitnehmer, zwischen Tarifvertragsparteien und über Streitigkeiten aus dem Betriebsverfassungsgesetz. **Örtlich** zuständig ist das Arbeitsgericht am Wohnsitz des Beklagten beziehungsweise am Ort des Sitzes einer juristischen Person.

Gegen das Urteil der ersten Instanz ist Berufung beim Landesarbeitsgericht zulässig, wenn sie im Urteil des Arbeitsgerichts zugelassen ist, wenn der Streitwert 600 € übersteigt oder in Rechtsstreitigkeiten über das Bestehen, das Nichtbestehen oder die Kündigung eines Arbeitsverhältnisses (§ 64 Abs. 2 ArbGG). Das Arbeitsgericht hat die Berufung zuzulassen, wenn die Rechtssache grundsätzliche Bedeutung hat (§ 64 Abs. 3 ArbGG).

Gegen das Endurteil eines Landesarbeitsgerichts ist Revision beim Bundesarbeitsgericht in Erfurt zulässig, wenn das Landesarbeitsgericht die Revision zugelassen hat. Die Revision ist zuzulassen, wenn die Rechtssache grundsätzliche Bedeutung hat (§ 72 ArbGG).

17. Welche Bedeutung hat der Gütetermin?
Um einen Prozess zu vermeiden sind die Gerichte verpflichtet auf eine gütliche Einigung zwischen den Parteien hinzuwirken. Dieser Gütetermin beim Vorsitzenden des Arbeitsgerichtes ist vorgeschrieben (§ 54 ArbGG).

2.3 Wichtige arbeitsrechtliche Bestimmungen
1. Welche Gesetze enthalten Arbeitszeitregelungen?
Folgende Gesetze enthalten u. a. Regelungen zur betrieblichen Arbeitszeit:
- Arbeitszeitgesetz
- Jugendarbeitsschutzgesetz
- Mutterschutzgesetz
- Bundesurlaubsgesetz.

2. Welche Rahmenbedingungen legt das Arbeitszeitgesetz für die betriebliche Arbeit fest?
- Die werktägliche Arbeitszeit darf 8 Stunden nicht überschreiten. Sie kann auf bis zu zehn Stunden nur verlängert werden, wenn innerhalb von sechs Kalendermonaten oder innerhalb von 24 Wochen im Durchschnitt acht Stunden werktäglich nicht überschritten werden.
- Eine regelmäßige Wochenarbeitszeit von 48 Stunden von Montag bis Samstag ist zulässig, sofern nicht kürzere Arbeitszeiten tarifvertraglich vereinbart sind.
- Die Arbeit ist durch im Voraus feststehende Ruhepausen von mindestens 30 Minuten bei einer Arbeitszeit von mehr als sechs bis zu neun Stunden und 45 Minuten bei einer Arbeitszeit von mehr als neun Stunden insgesamt zu unterbrechen.

3. Welche Rechtsvorschriften enthalten Regelungen über den Unfall- und Gesundheitsschutz?
Das Arbeitssicherheitsgesetz (ASiG) verpflichtet den Arbeitgeber, nach Maßgabe dieses Gesetzes Betriebsärzte und Fachkräfte für Arbeitssicherheit zu bestellen. Diese sollen ihn beim Arbeitsschutz und bei der Unfallverhütung unterstützen. Damit soll erreicht werden, dass

1. die dem Arbeitsschutz und der Unfallverhütung dienenden Vorschriften den besonderen Betriebsverhältnissen entsprechend angewandt werden.

2. gesicherte arbeitsmedizinische und sicherheitstechnische Erkenntnisse zur Verbesserung des Arbeitsschutzes und der Unfallverhütung verwirklicht werden können.
3. die dem Arbeitsschutz und der Unfallverhütung dienenden Maßnahmen einen möglichst hohen Wirkungsgrad erreichen.

4. Welche gesetzlichen Kündigungsfristen gelten?

Die Kündigung ist eine einseitige **empfangsbedürftige** Willenserklärung. Die Kündigungsfrist ist der gesetzlich oder vertraglich vorgeschriebene Zeitraum zwischen dem Zugang der Willenserklärung und ihrem Wirksamwerden. Die gesetzliche Kündigungsfrist für Arbeiter und Angestellte beträgt vier Wochen zum 15. eines Monats oder zum Monatsende. Sie verlängert sich für langjährig beschäftigte Arbeitnehmer.

5. Erläutern Sie die Formen der Kündigung!

Eine **ordentliche** Kündigung ist nur unter Einhaltung der Kündigungsfrist möglich. Eine **außerordentliche (fristlose)** Kündigung ist jederzeit möglich, allerdings muss ein wichtiger Grund vorliegen (§ 626 Abs. 1 BGB). Der außerordentlichen Kündigung muss grundsätzlich eine **Abmahnung** an den Arbeitnehmer vorausgehen. Die Beendigung eines Arbeitsverhältnisses bedarf der Schriftform.

6. Wo ist der allgemeine Kündigungsschutz geregelt?

Für alle Arbeitnehmer, die nach dem 31.12.2003 ihre Arbeit aufgenommen haben, gilt das Kündigungsschutzgesetz (KSchG) nur, wenn das Unternehmen regelmäßig mehr als zehn (statt früher fünf) Arbeitnehmer beschäftigt.

Für Altarbeitnehmer – also bei Mitarbeitern, die bereits vor dem 01.01.2004 ihre Arbeit aufgenommen haben – gilt die frühere Rechtslage. Danach hat die Anwendbarkeit des KSchG zwei Voraussetzungen:

- Das Arbeitsverhältnis besteht im selben Betrieb oder Unternehmen ohne Unterbrechung länger als sechs Monate (§ 1 KSchG).
- Der Betrieb oder das Unternehmen beschäftigt regelmäßig mehr als fünf Arbeitnehmer, wobei Auszubildende nicht mitzählen.

Als Arbeitnehmer wird voll gezählt, wer regelmäßig mehr als 30 Wochenstunden arbeitet. Arbeitnehmer, die weniger arbeiten, werden nur teilweise berücksichtigt.

Der Kündigungsschutz schützt Arbeitnehmer, die ohne Unterbrechung länger als sechs Monate in demselben Betrieb beschäftigt waren (§ 1 Abs. 1 KSchG). Sie können die Rechtmäßigkeit einer Kündigung nach dem Kündigungsschutzgesetz vor dem Arbeitsgericht prüfen lassen.

7. Welchen besonderen Schutz genießen werdende Mütter?

Werdende Mütter dürfen in den letzten sechs Wochen vor der Entbindung nicht beschäftigt werden, Mütter dürfen bis zum Ablauf von acht Wochen nach der Entbindung nicht beschäftigt werden. Während der Schwangerschaft und bis zum Ablauf von vier Monaten nach der Entbindung ist eine Kündigung nicht zulässig (§ 9 Abs. 1 Satz 1 MuSchG).

8. Was regelt das „Antidiskriminierungsgesetz"?

Das **Allgemeine Gleichbehandlungsgesetz (AGG) – Antidiskriminierungsgesetz** – ist am 18.08.2006 in Kraft getreten. Es soll ungerechtfertigte Benachteiligungen aus Gründen der Rasse, der ethnischen Herkunft, des Geschlechts, der Religion, der Weltanschauung, einer Behinderung, des Alters oder der sexuellen Identität verhindern und beseitigen. Zur Verwirklichung dieses Ziels erhalten die durch das Gesetz geschützten Personen Rechtsansprüche gegen Arbeitgeber und Private, wenn diese ihnen gegenüber gegen die gesetzlichen Diskriminierungsverbote verstoßen.

Das Allgemeine Gleichbehandlungsgesetz gilt für Arbeitnehmer und Arbeitnehmerinnen und für Auszubildende der Privatwirtschaft, aber auch für Stellenbewerber und -bewerberinnen. Für Beamte, Richter und Beschäftigte des Bundes und der Länder findet es im Dienstrecht entsprechende Anwendung.

Liegen ungerechtfertigte Ungleichbehandlungen vor, hat der Mitarbeiter ein Beschwerderecht. Bei Belästigungen kann darüber hinaus ein Leistungsverweigerungsrecht bestehen. Der Anspruch auf das Arbeitsentgelt bleibt in diesem Fall erhalten. Daneben hat der Mitarbeiter einen Schadensersatzanspruch, der sich auf Ersatz von Vermögensschäden richtet, es sei denn, dass kein dem Arbeitgeber zuzurechnendes Verschulden vorlag. Für die Geltendmachung des Schadenersatz- und des Entschädigungsanspruchs gilt eine Frist von zwei Monaten. Zuständig sind die Arbeitsgerichte.

9. Welche Leistungen sieht das Gesetz zum Erziehungsgeld und zur Elternzeit vor?

Das Bundeselterngeld- und Elternzeitgesetz (BEEG) sieht die Gewährung von

- Elterngeld,
- Betreuungsgeld und
- Elternzeit

vor.

10. Wer hat Anspruch auf Elterngeld?

Anspruch auf Elterngeld hat, wer einen Wohnsitz oder seinen gewöhnlichen Aufenthalt in Deutschland hat, mit seinem Kind in einem Haushalt lebt, dieses Kind selbst betreut und erzieht und keine oder keine volle Erwerbstätigkeit ausübt (§ 1 Abs. 1 BEEG).

Können die Eltern wegen einer schweren Krankheit, Schwerbehinderung oder Tod der Eltern ihr Kind nicht betreuen, haben Verwandte bis zum dritten Grad und ihre Ehegatten, Ehegattinnen, Lebenspartner oder Lebenspartnerinnen Anspruch auf Elterngeld.

Der Anspruch auf Elterngeld bleibt unberührt, wenn die Betreuung und Erziehung des Kindes aus einem wichtigen Grund nicht sofort aufgenommen werden kann oder wenn sie unterbrochen werden muss.

Eine Person ist nicht voll erwerbstätig, wenn ihre wöchentliche Arbeitszeit 30 Wochenstunden im Durchschnitt des Monats nicht übersteigt, sie eine Beschäftigung zur Berufsbildung ausübt oder sie eine geeignete Tagespflegeperson ist und nicht mehr als fünf Kinder in Tagespflege betreut (§ 1 Abs. 6 BEEG).

11. Wie hoch ist das Elterngeld?

Da das Elterngeld eine einkommensabhängige Leistung ist, richtet sich dessen Höhe nach der Höhe des beim betreuenden Elternteil weggefallenen Einkommens (§ 2 BEEG). Es beträgt 67 % des entfallenen Netto-Einkommens (Durchschnitt der letzten 12 Monate), maximal aber 1.800 € pro Monat. Liegt das durchschnittliche monatliche Nettoeinkommen unter 1.000 €, so erhöht sich die für die Berechnung maßgebliche Rate von 67 % um 0,1 % für jede 2 €, die das Netto-Einkommen unter 1.000 € liegt auf bis zu 100 %.

In den Fällen, in denen das Einkommen aus Erwerbstätigkeit vor der Geburt höher als 1.200 € war, sinkt der Prozentsatz von 67 % um 0,1 Prozentpunkte für je 2 €, um die dieses Einkommen den Betrag von 1.200 € überschreitet, auf bis zu 65 %.

Für Mütter und Väter ohne Einkommen, wie zum Beispiel Arbeitslosengeld-II-Empfänger, Studierende oder Hausfrauen wird ein einkommensunabhängiges Mindestelterngeld in Höhe von 300 € pro Monat gezahlt. Hierbei erfolgt keine Anrechnung auf andere Sozialleistungen, wie zum Beispiel das ALG II.

Haben nach 2007 geborene Kinder ein älteres Geschwisterkind unter drei Jahren oder zwei oder mehr Geschwister unter sechs Jahren, wird neben dem Elterngeld ein sogenannter **Geschwisterbonus** gezahlt. Dieser Zuschlag beträgt 10 % vom Elterngeld, mindestens allerdings 75 € pro Monat. Der Geschwisterbonus wird bis zum dritten beziehungsweise sechsten Geburtstag des ältesten Kindes gezahlt. Steht dem Elterngeld-Empfänger lediglich das Mindest-Elterngeld von 300 € zu, wird, wenn Geschwister, die die genannten Alterskriterien erfüllen, vorhanden sind, der Geschwisterbonus in Höhe von 75 € gewährt.

Im Falle einer **Mehrlingsgeburt** stehen den Eltern für jedes weitere Kind 300 € pro Monat Zuschlag für Mehrlingsgeburten zu.

Ab 01.08.2013 können Eltern im Anschluss an das Elterngeld für bis zu 22 Monate **Betreuungsgeld** (§§ 4a - 4d BEEG) bekommen, wenn sie ihr Kind nicht in einer öffentlich geförderten Kindertageseinrichtung oder in einer Kindertagespflegestelle betreuen lassen, sondern ihr Kind zu Hause selbst betreuen oder von einer nicht öffentlich geförderten Stelle betreuen lassen. Das gilt für Kinder, die nach dem 31.07.2012 geboren worden sind. Das Betreuungsgeld beträgt ab 2014 150 € im Monat.

Nach dem Urteil des Bundesverfassungsgerichtes vom 21.07.2015 sind die Vorschriften zum Betreuungsgeld mit Art. 72 Abs. 2 des Grundgesetzes **nicht vereinbar** und daher **nichtig**.

12. Wie lange wird das Elterngeld gezahlt?

Elterngeld kann in der Zeit vom Tag der Geburt bis zur Vollendung des 14. Lebensmonats des Kindes bezogen werden. Grundsätzlich wird das Elterngeld für die Dauer von mindestens zwei und höchstens zwölf Monaten gezahlt (§ 4 BEEG). Es wird allerdings um zwei Monate, die sogenannten **Partnermonate**, verlängert, falls der zweite Elternteil für mindestens diese Zeit die Betreuung übernimmt, das heißt nicht oder höchstens 30 Wochenstunden arbeitet. Darüber hinaus besteht die Möglichkeit, die Auszahlung des Elterngeldes auf 24 Monate (28 mit Partnermonaten) zu strecken, wobei in diesem Fall die Gesamtsumme des in der Elternzeit erzielten Elterngeldes gleichmäßig auf 24 bzw. 28 Monate verteilt wird.

13. Was regelt das Elterngeld Plus?

Mit dem Elterngeld Plus können Mütter und Väter Elterngeldbezug und Teilzeitarbeit miteinander kombinieren. Die Elternzeit kann flexibler gestaltet werden. Das **Gesetz zur Einführung des Elterngeld Plus mit Partnerschaftsbonus und einer flexibleren Elternzeit im Bundeselterngeld- und Elternzeitgesetz** gilt für Eltern, deren Kinder ab 01.07.2015 geboren werden. Das Gesetz ist am 01.01.2015 in Kraft getreten. Der Bezug des bisherigen Elterngeldes ist weiterhin möglich. Dabei darf ein Teilzeitumfang von bis zu 30 Wochenstunden nicht überschritten werden. Entsprechend können Eltern sich nun zwischen dem Bezug von Elterngeld oder von Elterngeld Plus entscheiden. Mütter und Väter können mit den Neuregelungen länger Elterngeld beziehen, wenn sie nach der Geburt eines Kindes Teilzeit arbeiten.

Alleinerziehende können Elterngeld Plus und Partnerschaftsbonus im gleichen Maße nutzen. Teilen sich Vater und Mutter die Betreuung ihres Kindes und arbeiten parallel für vier Monate zwischen 25 und 30 Wochenstunden, erhalten sie zudem den Partnerschaftsbonus in Form von jeweils vier zusätzlichen Elterngeld Plus-Monaten.

- Das Elterngeld Plus ersetzt das wegfallende Einkommen abhängig vom Voreinkommen zu 65 bis 100 % – wie das bisherige Elterngeld auch
- Monatlich beträgt das Elterngeld Plus maximal die Hälfte des Elterngeldes, das den Eltern ohne Teilzeiteinkommen nach der Geburt zustünde
- Das Elterngeld Plus wird für den doppelten Zeitraum gezahlt. Das bedeutet konkret, dass ein Elterngeldmonat dann zwei Elterngeld Plus-Monaten entspricht
- Das Elterngeld Plus kann über den 14. Lebensmonat des Kindes bezogen werden.

Elterngeld Plus muss schriftlich beantragt werden. Jeder Elternteil kann für sich einmal einen Antrag auf Elterngeld Plus stellen.

14. Wer hat Anspruch auf Elternzeit?

Arbeitnehmerinnen und Arbeitnehmer haben Anspruch auf Elternzeit, wenn sie mit ihrem Kind in einem Haushalt leben und dieses Kind selbst betreuen und erziehen. Der Anspruch besteht nur für Zeiten, in denen keiner der Elternteile des Kindes selbst Elternzeit beansprucht (§ 15 BEEG).

Auch Großeltern haben unter bestimmten Voraussetzungen Anspruch auf Elternzeit für Enkelkinder (§ 15 Abs. 1a BEEG).

Der Anspruch auf Elternzeit besteht bis zur Vollendung des dritten Lebensjahres eines Kindes. Bei mehreren Kindern besteht der Anspruch auf Elternzeit für jedes Kind. Ein Anteil der Elternzeit von bis zu zwölf Monaten ist mit Zustimmung des Arbeitgebers auf die Zeit bis zur Vollendung des achten Lebensjahres übertragbar. Der Arbeitgeber darf das Arbeitsverhältnis ab dem Zeitpunkt, von dem an Elternzeit verlangt worden ist, höchstens jedoch acht Wochen vor Beginn der Elternzeit, und während der Elternzeit nicht kündigen.

Der Arbeitnehmer oder die Arbeitnehmerin kann das Arbeitsverhältnis zum Ende der Elternzeit nur unter Einhaltung einer Kündigungsfrist von drei Monaten kündigen.

In der Rentenversicherung wird das erste Lebensjahr des Kindes als Versicherungszeit angerechnet, die Kranken- und Arbeitslosenversicherung bestehen beitragsfrei weiter.

Wer Elternzeit beanspruchen will, muss sie spätestens sieben Wochen vor Beginn schriftlich vom Arbeitgeber verlangen und gleichzeitig erklären, für welche Zeiten innerhalb von zwei Jahren Elternzeit genommen werden soll.

Mit dem Elterngeld Plus-Gesetz wird die Elternzeit flexibler geregelt. Wie bisher können Eltern bis zum 3. Geburtstag eines Kindes eine unbezahlte Auszeit vom Job nehmen. Künftig können 24 statt bisher 12 Monate zwischen dem 3. und dem 8. Geburtstag des Kindes genommen werden.

2.4 Gesetzlicher Datenschutz

1. Welche Aufgabe hat der gesetzliche Datenschutz?

Zweck dieses Gesetzes ist es, den Einzelnen davor zu schützen, dass er durch den Umgang mit seinen personenbezogenen Daten in seinem Persönlichkeitsrecht beeinträchtigt wird (§ 1 Abs. 1 BDSG).

2. Welches sind personenbezogene Daten?

Personenbezogene Daten sind Einzelinformationen über **persönliche** und **sachliche** Verhältnisse einer natürlichen Person, die ihr direkt zugeordnet werden können (z. B. Anschrift, Konfession, Einkommen etc.).

3. Was ist eine Datei?

In einer Datei sind **personenbezogene** Daten in einem Datensatz gesammelt. Sie können mithilfe der Datenverarbeitung nach verschiedenen Gesichtspunkten ausgewertet werden.

4. Unter welchen Voraussetzungen ist ein Datenschutzbeauftragter zu bestellen?

Beschäftigt ein Unternehmen mindestens zehn Personen, die ständig mit der automatisierten Verarbeitung von personenbezogenen Daten betraut sind, muss ein Datenschutzbeauftragter bestellt werden. Des Weiteren muss ein Datenschutzbeauftragter benannt werden, unabhängig von der Beschäftigtenanzahl, wenn die Kerntätigkeit des Unternehmens im Datenverarbeitungsbereich stattfindet bzw. die personenbezogenen Daten geschäftsmäßig verarbeitet werden.

5. Welche Aufgabe hat der Datenschutzbeauftragte?

Der Datenschutzbeauftragte hat die Ausführung der datenschutzrechtlichen Bestimmungen sicherzustellen. Dazu sind entsprechende Fachkunde und Zuverlässigkeit erforderlich. Er kann Mitarbeiter des Unternehmens, aber auch externer Dienstleistungsanbieter sein. Zur Erfüllung seiner Aufgaben ist er nicht an Weisungen des Unternehmers gebunden. Im Einzelnen hat er die Sicherheitsanforderungen zu überprüfen:

- Zugangskontrolle (Unbefugten Zugang verwehren)
- Datenträgerkontrolle (Datenträger gegen unberechtigten Zugriff sichern)
- Speicher- und Zugriffskontrolle (Zugriffsprotokoll, Passwortschutz)
- Benutzerkontrolle (Verhinderung unbefugter Datenübertragung)
- Eingabekontrolle (Wer gab wann personenbezogene Daten ein?)
- Organisationskontrolle (Aufgabenbereiche und Befugnisse der beteiligten Personen protokollieren).

6. Wie ist der Schutz betroffener Personen gewährleistet?

Eine Verarbeitung von Daten ist nur zulässig, wenn sie das BDSG oder eine andere Rechtsvorschrift erlaubt oder die betroffene Person eingewilligt hat.

Wer vorsätzlich unbefugt geschützte Daten speichert, übermittelt, verändert, zum Abruf bereitstellt, abruft oder sich verschafft, wird mit **Sanktionen** belegt (Schadenersatz, Bußgeld).

2.5 Versicherungen

1. Erläutern Sie das Versicherungsprinzip!

Viele Personen, die von denselben Risiken wie Krankheit, Arbeitslosigkeit, Unfall und Tod bedroht sind, bilden eine Gefahrengemeinschaft und übertragen das Risiko des

Gefahreneintritts an einen Versicherer. Tritt bei einem einzelnen Versicherten ein Schaden ein, so wird er von der Gesamtheit der Versicherten getragen.

2. Schildern Sie die Entwicklung der Sozialversicherung!

Die Folgen der industriellen Revolution führten zu der Entstehung der Sozialversicherung:

- 1881: Ankündigung der ersten sozialpolitischen Maßnahmen durch Bismarck
- 1883: Krankenversicherungsgesetz
- 1884: Unfallversicherungsgesetz
- 1889: Gesetz betreffend die Invaliditäts- und Alterssicherung 1911: Zusammenfassung der Einzelgesetze in der Reichsversicherungsordnung
- 1911: Angestelltenversicherung
- 1927: Arbeitslosenversicherung
- 1995: Pflegeversicherungsgesetz
- 2001: Mit der Reform des Betriebsverfassungsgesetzes wird gesetzlich nicht mehr zwischen Angestellten und Arbeitern unterschieden (Oberbegriff Arbeitnehmer)
- 2005: die Trennung zwischen der Rentenversicherung der Arbeiter und der Angestellten wird aufgehoben.
- 2007: Verabschiedung der Gesundheitsreform 2007
- 2008: Gesetzliche Festlegung eines allgemeinen, einheitlichen Beitragssatzes in der gesetzlichen Krankenversicherung zum 01.11.2008, gültig ab 01.01.2009
- 2009: Pflicht zur Krankenversicherung für alle ab 01.01.2009
  Einführung des einheitlichen Beitragssatzes in der gesetzlichen Krankenversicherung
  Einführung eines Basistarifs in der privaten Krankenversicherung.

3. Welcher Grundgedanke liegt der Sozialversicherung zugrunde?

Der Sozialversicherung liegt das Solidaritätsprinzip zugrunde: „Einer für alle, alle für einen." Da der Staat ein Interesse daran hat, dass die Bürger selbst Vorsorge für Notfälle treffen, wird ein Großteil der Arbeitnehmer gezwungen einen Teil des Einkommens für die Absicherung von Notfällen zu verwenden. Die Sozialversicherung ist also eine **soziale Zwangsversicherung**.

4. Nennen Sie die Zweige der Sozialversicherung!

Das Sozialgesetzbuch unterscheidet folgende Zweige der Sozialversicherung:

- Krankenversicherung
- Unfallversicherung
- Rentenversicherung
- Arbeitslosenversicherung
- soziale Pflegeversicherung.

Versicherungsträger der Sozialversicherung sind **juristische Personen** des öffentlichen Rechts, die die Sozialversicherungszweige organisieren und verwalten.

Über Streitigkeiten in Sozialversicherungsangelegenheiten entscheiden die Sozialgerichte.

5. Wer zahlt den Gesamtsozialversicherungsbeitrag? Wer trägt die Beiträge zur Sozialversicherung?

Der Arbeitgeber hat den Gesamtsozialversicherungsbeitrag zu zahlen (§ 28e Sozialgesetzbuch, Viertes Buch):

- Krankenversicherung: ab 2015 beträgt der allgemeine Beitragssatz für die Gesetzlichen Krankenkassen 14,6 % (Arbeitnehmer und Arbeitgeber je 7,3 %). Brauchen die Kassen mehr Geld, können sie einkommensabhängige Zusatzbeiträge erheben. Der durchschnittliche Beitragszuschlag beträgt 2017 1,1 % (Veröffentlichung im Bundesanzeiger am 27.10.2016). Er ist eine Richtgröße für die Krankenkassen bei der Festlegung ihrer individuellen Zusatzbeitragssätze. Pauschale Zusatzbeiträge in festen Eurobeträgen dürfen die Krankenkassen nicht mehr erheben. Einen Sozialausgleich gibt es ab 2015 nicht mehr.
- Rentenversicherung: ab 2018 18,6 %
- Arbeitslosenversicherung: 3 %
- Pflegeversicherung: ab 2015 2,35 % des Arbeitsentgelts. Der Beitragssatz steigt zum 01.01.2017 um 0,2 Prozentpunkte auf 2,55 % (**zweites Pflegestärkungsgesetz – PSG II**).

Die Beitragsbemessungsgrenze für 2018 beträgt in der Renten- und Arbeitslosenversicherung 78.000 € jährlich bzw. 6.500 € monatlich, in den neuen Bundesländern 69.600 € jährlich bzw. 5.800 € monatlich, in der Kranken- und Pflegeversicherung 53.100 € jährlich bzw. 4.425 € monatlich.

Die Beiträge zur Renten-, Arbeitslosen- und Pflegeversicherung werden jedoch grundsätzlich je zur Hälfte vom Arbeitgeber und vom Arbeitnehmer getragen, wobei der vom Arbeitgeber getragene Anteil gemäß § 3 Nr. 62 EStG steuerfrei ist.

Ausnahme beim Beitragssatz für die Pflegeversicherung im Freistaat Sachsen:

- Arbeitgeberanteil: 0,675 %, ab 01.01.2017 0,775 %
- Arbeitnehmeranteil: 1,675 %, ab 01.01.2017 1,775 %

Eine **Ausnahme** gilt auch für **kinderlose Pflegeversicherte** über 23 Jahre. Diese müssen seit dem 01.07.2008 einen Zuschlag von 0,25 % zu ihrem Arbeitnehmeranteil zahlen. Statt 1,175 % zahlen sie somit einen Beitrag von 1,425 %, ab 01.01.2017 (1,275 % + 0,25 %) 1,525 % vom Arbeitsentgelt (unter Berücksichtigung der Beitragsbemessungsgrenze), im Freistaat Sachsen 1,925 %, ab 01.01.2017 2,025 %.

Die Insolvenzgeldumlage wird seit dem 01.01.2009 zusammen mit dem Gesamtsozialversicherungsbeitrag monatlich an die Krankenkasse des Arbeitnehmers abgeführt, die sie an die Bundesagentur für Arbeit weiterleitet.

Der Umlagesatz für die Insolvenzgeldumlage wird vom Bundesarbeitsministerium alljährlich und bundeseinheitlich festgelegt. Der Umlagesatz beträgt

- 2017: 0,09 %
- 2018: 0,06 %

des rentenversicherungspflichtigen Arbeitsentgeltes.

6. Welche Bedeutung kommt dem Sozialversicherungsausweis zu?

Seit 1996 besitzt jeder Beschäftigte einen Sozialversicherungsausweis. Er hat diesen Ausweis beim Arbeitgeber vorzulegen und bei Ausübung seiner Beschäftigung für Kontrollen mitzuführen. Durch dieses Kontrollinstrument sollen **illegale Beschäftigungsverhältnisse** und **Leistungsmissbrauch** vermieden werden. Der Ausweis wird vom zuständigen Rentenversicherungsträger ausgestellt. Seit Januar 2011 ist der Ausweis in früherer Form entfallen. Ein Schreiben des Rentenversicherungsträgers mit den entsprechenden Angaben ersetzt ihn.

7. Wer ist Träger der Krankenversicherung?

Für die gesetzliche Krankenversicherung sind die Primärkassen – früher Zwangskassen – (AOK, BKK, IKK u. a.) und die Ersatzkassen (BEK, DAK, KKH, TKK u. a.) zuständig. Seit **1996** können pflichtversicherte und versicherungsberechtigte Arbeitnehmer ihre Krankenkasse **wählen**. Durch diese Regelung sind Arbeiter und Angestellte in der gesetzlichen Krankenkasse gleichgestellt. Ab 01.01.2009 wird der Beitragsunterschied zwischen den Kassen durch die Einführung des Gesundheitsfonds aufgehoben. Die Beiträge fließen zunächst in den Gesundheitsfond aus dem die Kassen pro Versichertem eine pauschale Zuweisung erhalten, die von der Versichertenstruktur (Alter, Geschlecht und Krankheit) abhängig ist.

8. Umschreiben Sie den in der Krankenversicherung versicherten Personenkreis!

Seit Inkrafttreten der Gesundheitsreform (01.04.2007) gilt in der gesetzlichen Krankenversicherung (GKV) Versicherungspflicht. Versicherungspflichtig (§ 5 Sozialgesetzbuch (SGB) Fünftes Buch (V)) sind z. B.:

- Arbeiter, Angestellte und zu ihrer Berufsausbildung Beschäftigte, die gegen Arbeitsentgelt beschäftigt sind
- Personen, die Arbeitslosengeld beziehen (besondere Bedingungen beachten!)
- Landwirte nach den Bestimmungen des Zweiten Gesetzes über die Krankenversicherung der Landwirte
- Künstler und Publizisten nach näherer Bestimmung des Künstlersozialversicherungsgesetzes
- Behinderte unter bestimmten Voraussetzungen

- eingeschriebene Studenten
- Rentner nach den Bestimmungen der Krankenversicherung der Rentner
- Personen, die keinen anderweitigen Anspruch auf Absicherung im Krankheitsfall haben und zuletzt gesetzlich krankenversichert waren oder bisher nicht gesetzlich krankenversichert oder privat krankenversichert waren.

Versicherungsfrei sind z. B.:

- Arbeiter und Angestellte, deren regelmäßiges Jahresarbeitsentgelt die Jahresarbeitsentgeltgrenze (2017: 57.600 €, 2018: 59.400 €; nicht zu verwechseln mit der Beitragsbemessungsgrenze!) übersteigt und in drei aufeinander folgenden Kalenderjahren überstiegen hat
- Beamte, Richter, Soldaten auf Zeit
- Studenten, die während des Studiums gegen Arbeitsentgelt beschäftigt sind.

Geringfügig Beschäftigte (§§ 8, 8a des Vierten Buches des SGB) sind versicherungsfrei. Dies gilt nicht für eine Beschäftigung

1. im Rahmen betrieblicher Berufsausbildung
2. nach dem Jugendfreiwilligendienstegesetz.

Familienversichert sind Ehegatten, Lebenspartner und Kinder von Mitgliedern bis zu einem bestimmten Alter (18 - 25 Jahre), wenn sie nicht selbst pflichtversichert oder selbstständig erwerbstätig sind.

Seit dem 01.01.2009 gilt in Deutschland **Krankenversicherungspflicht für alle** (§ 193 Abs. 3 VVG). Das bedeutet, dass jede Person ab diesem Stichtag einen privaten oder gesetzlichen Krankenversicherungsschutz besitzen muss. Personen, welche diesen Versicherungsschutz nicht nachweisen können, werden mit Bußgeld belegt. Bei einem verspäteten Abschluss einer Krankenversicherung wird rückwirkend ein Prämienzuschlag festgesetzt (§ 193 Abs. 4 VVG). Die privaten Krankenversicherungen haben seit diesem Zeitpunkt den sogenannten Basistarif eingeführt.

9. Nennen Sie die wichtigsten Leistungen der gesetzlichen Krankenkassen!

- Maßnahmen zur Früherkennung und Verhütung von Krankheiten
- Krankenpflege und Krankenhauspflege
- Behandlung in Kur- oder Spezialeinrichtungen
- Hauspflege und Hilfe für Genesende
- Mutterschaftshilfe
- Haushaltshilfe, sonstige Hilfen
- Krankengeld.

10. Wie ist die Entgeltfortzahlung im Krankheitsfall geregelt?

Die Entgeltfortzahlung im Krankheitsfall ist im Entgeltfortzahlungsgesetz (EFZG) geregelt. Im Krankheitsfall haben nicht nur vollzeitbeschäftigte Arbeitnehmer, sondern auch Teilzeitkräfte und geringfügig Beschäftigte (Minijob) Anspruch auf Entgeltfortzahlung durch den Arbeitgeber für die Zeit der Arbeitsunfähigkeit bis zur Dauer von sechs Wochen.

Voraussetzungen:

- Das Arbeitsverhältnis muss seit mindestens vier Wochen bestehen.
- Der Arbeitnehmer muss infolge einer unverschuldeten Krankheit arbeitsunfähig sein.

Bei der Berechnung des fortzuzahlenden Arbeitsentgelts gilt das Lohnausfallprinzip, d. h. der Arbeitnehmer erhält grundsätzlich diejenige Vergütung, die er bezogen hätte, wenn er nicht arbeitsunfähig erkrankt wäre.

Nach Wegfall des regulären Einkommens wird von der Krankenkasse Krankengeld (Entgeltersatzleistung) bezahlt. Es beträgt 70 % des letzten vollen monatlichen Brutto-, aber höchstens 90 % des letzten vollen monatlichen Nettoeinkommens. Einmalzahlungen der letzten 12 Monaten vor der Arbeitsunfähigkeit werden berücksichtigt. Das Krankengeld ist grundsätzlich beitragspflichtig zur Renten-, Arbeitslosen- und Pflegeversicherung. Die Beiträge werden direkt von der Krankenkasse einbehalten und an die entsprechenden Versicherungsträger abgeführt. Die Beitragsanteile des Arbeitgebers übernimmt während des Krankengeldbezuges die Krankenkasse, wobei diese nur zu 80 % (Regelentgelt) berücksichtigt werden. In der Krankenversicherung besteht während des Bezuges von Krankengeld Beitragsfreiheit. Bei Arbeitslosen werden die Beiträge aus dem Krankengeld komplett von der Krankenkasse bezahlt.

11. Wie kann sich der Arbeitgeber gegen das finanzielle Risiko der Entgeltfortzahlung im Krankheitsfall schützen?

An der Entgeltfortzahlungsversicherung sind grundsätzlich alle Arbeitgeber mit einer Umlage beteiligt, die nicht mehr als 30 Mitarbeiter beschäftigen. Im Umlageverfahren 1 („U1") werden die Aufwendungen finanziert, die aus Anlass der Arbeitsunfähigkeit für die Entgeltfortzahlung an Arbeiter und Auszubildende entstehen. Der Beitrag beträgt etwa 1,7 % bei einem Erstattungssatz von 50 %.

Im Umlageverfahren 2 („U2") werden die Aufwendungen finanziert, die der Arbeitgeber aufgrund des Mutterschutzgesetzes an Arbeitnehmerinnen zu zahlen hat. Der Beitrag liegt bei etwa 0,45 % des Arbeitsentgelts bei 100 % Erstattung. Diese Pflichtumlage besteht auch für Betriebe, die ausschließlich männliche Arbeitnehmer beschäftigen.

12. Wer ist Träger der gesetzlichen Unfallversicherung?

Träger der gesetzlichen Unfallversicherung sind die verschiedenen Berufsgenossenschaften und die Eigenunfallversicherungsträger von Bund, Ländern und Gemeinden.

13. Wer ist durch die gesetzliche Unfallversicherung versichert?

Pflichtversichert sind

- alle Arbeitnehmer und bestimmte Selbstständige während der beruflichen Tätigkeit, auf dem Weg von und zur Arbeit
- Kinder während des Kindergartenbesuchs
- Schüler und Studenten während des Besuchs der Schule oder Hochschule, auf dem Weg zur oder von der Schule bzw. Hochschule.

14. Wie wird die gesetzliche Unfallversicherung finanziert?

Die Beiträge tragen die Arbeitgeber allein, für Schüler der Schulsachkostenträger. Die Beitragshöhe ist abhängig von

- dem Arbeitsverdienst aller Versicherten in dem Unternehmen und
- dem Grad der Unfallgefährdung.

15. Nennen Sie die wichtigsten Leistungen der gesetzlichen Unfallversicherung!

Die Leistungen der gesetzlichen Unfallversicherung bestehen in der Unfallverhütung und in finanziellen Leistungen bei Unfallfolgen. Dazu gehören z. B.:

- Heilbehandlungen
- Verletztengeld, Verletztenrente
- berufliche Rehabilitation
- Hinterbliebenenrente
- Sterbegeld und Beihilfen.

16. Wer ist Träger der Arbeitslosenversicherung?

Versicherungsträger ist die Bundesagentur für Arbeit mit Sitz in Nürnberg.

17. Welche Personen sind in der Arbeitslosenversicherung versichert?

Pflichtversichert sind Angestellte und Arbeiter ohne Rücksicht auf ihre Einkommenshöhe und Auszubildende.

18. Welche Leistungen gewährt die Arbeitslosenversicherung?

Die Arbeitslosenversicherung ist mithilfe der Arbeitsagenturen in der Arbeitsvermittlung und Berufsberatung tätig, sie betreibt Berufs- und Arbeitsmarktforschung und fördert die berufliche Bildung (Fortbildung, Umschulung). Sie erbringt u. a. folgende Geldleistungen:

Wer arbeitslos geworden ist, erhält **Arbeitslosengeld I**, wenn er in den letzten zwei Jahren vor der Arbeitslosenmeldung mindestens zwölf Monate pflichtversichert war (Anwartschaftszeit).

Am Tag der Arbeitslosmeldung beginnt der Anspruch auf Arbeitslosengeld. Es bestimmt sich aus dem durchschnittlichen Nettoarbeitsentgelt der letzten 6 Monate und beträgt 60 % (ohne Kind) bzw. 67 % (mit Kind) des Nettoarbeitsverdienstes. Die Leistungsdauer richtet sich nach der Dauer der Versicherungszeiten innerhalb der letzten drei Jahre vor der Arbeitslosmeldung und dem Lebensalter des Betroffenen. Anspruch auf Arbeitslosengeld hat, wer

- arbeitslos ist,
- der Arbeitsvermittlung zur Verfügung steht,
- die Anwartschaft erfüllt hat und
- sich beim Arbeitsamt arbeitslos gemeldet und Arbeitslosengeld beantragt hat.

ACHTUNG

Durch das 4. Gesetz für moderne Dienstleistungen am Arbeitsmarkt (Hartz IV) ist die bisher im Anschluss gezahlte Arbeitslosenhilfe seit 01.01.2005 mit der Sozialhilfe zum **Arbeitslosengeld II** in der Grundsicherung für Arbeitssuchende zusammengefasst worden. Sie wird nicht durch die Arbeitslosenversicherung getragen, sondern aus Steuermitteln beglichen. Siehe Frage 24!

19. Wer ist Träger der Rentenversicherung?

Mit der Organisationsreform in der Rentenversicherung haben sich alle Rentenversicherungsträger in Deutschland zum **01.10.2005** unter einem gemeinsamen Dach zusammengeschlossen. Die Bundesversicherungsanstalt für Angestellte (BfA), die Landesversicherungsanstalten (LVA), die Seekasse, die Bundesknappschaft und die Bahnversicherungsanstalt (BVA) treten nun gemeinsam unter dem Namen **Deutsche Rentenversicherung** auf. Die nicht mehr zeitgemäße Unterscheidung zwischen Arbeitern und Angestellten wurde abgeschafft.

20. Wer ist in der gesetzlichen Rentenversicherung versichert?

In der gesetzlichen Rentenversicherung sind alle Angestellten und Arbeiter ohne Rücksicht auf die Einkommenshöhe und die Auszubildenden pflichtversichert.

21. Nennen Sie die wichtigsten Leistungen der gesetzlichen Rentenversicherung!

- Maßnahmen zur Erhaltung, Besserung, Wiederherstellung der Erwerbsfähigkeit
- Rente wegen Berufs- oder Erwerbsunfähigkeit
- Witwen-/Witwer- und Waisenrente, Renten an frühere Ehegatten
- Altersruhegeld
- Krankenversicherung der Rentner (Beitragszuschüsse).

22. Wonach richtet sich die Höhe der Rente?

Die Rentenhöhe richtet sich grundsätzlich nach der Höhe der während des Versicherungslebens durch Beiträge versicherten Arbeitsentgelte und Arbeitseinkommen. Unter Berücksichtigung der allgemeinen Einkommensentwicklung werden Renten nach einer vereinfachten Formel berechnet, die durch vier Faktoren bestimmt ist:

Entgeltpunkte: Sie berücksichtigen die individuelle Beitragsleistung des Versicherten. Für jedes Versicherungsjahr mit durchschnittlichem Arbeitsverdienst wird ein voller Entgeltpunkt gewährt.

Zugangsfaktor: Er liegt bei Altersrenten bei 1,0 und mindert sich für jeden Monat der vorzeitigen Inanspruchnahme von Altersrenten.

Rentenartfaktor: Durch ihn erfolgt die Gewichtung der einzelnen Rentenarten. Er beträgt bei Altersrenten 1,0, bei teilweiser Erwerbsminderung 0,5.

Aktueller Rentenwert: Er wird jährlich fortgeschrieben und orientiert sich vor allem an der Veränderung der Bruttolöhne und Bruttogehälter.

Die Höhe der Monatsrente ergibt sich danach aus der Rentenformel:

> Monatsrente = (Entgeltpunkte · Zugangsfaktor) · Rentenartfaktor · aktueller Rentenwert

Die Rentenformel ist nicht zu verwechseln mit der „Rentenanpassungsformel", die angibt, mit welcher Rate die Renten jährlich zum 01.07. der Einkommensentwicklung angepasst werden.

23. Was sind Ersatz- und Anrechnungszeiten in der gesetzlichen Rentenversicherung?

Ersatzzeiten sind beitragslose Zeiten, in denen der Versicherte wegen staatlicher Gründe keine Beiträge zahlen konnte, die Beitragszahlung ist unterblieben wegen eines Ereignisses, das der Versicherte nicht zu vertreten hat.

Anrechnungszeiten sind beitragslose Zeiten, in denen der Versicherte wegen persönlicher Gründe keine Beiträge zahlen konnte.

24. Wie ist die „Grundsicherung für Arbeitssuchende" geregelt?

Arbeitslosengeld II (Alg II) ist die Grundsicherung für erwerbsfähige Hilfebedürftige ab dem 15. Lebensjahr bis zum Erreichen der Altersgrenze. **Erwerbsfähig** ist, wer gegenwärtig oder voraussichtlich innerhalb von 6 Monaten nicht wegen Krankheit oder Behinderung außerstande ist, 3 Stunden täglich zu arbeiten. **Hilfebedürftig** ist, wer keine eigene Sicherung des Lebensunterhalts und der Eingliederung in Arbeit leisten kann. Trotz der Bezeichnung als Arbeitslosengeld ist Arbeitslosigkeit keine Voraussetzung, um Alg II zu erhalten; es kann auch ergänzend zu anderem Einkommen und dem Arbeitslosengeld I bezogen werden. Nicht erwerbsfähige Angehörige des Hilfebedürftigen (Bedarfsgemeinschaft) können Sozialgeld erhalten.

Die Grundsicherung für Arbeitssuchende sieht den Grundsatz des **Förderns** vor, das bedeutet, dass ein Leistungsanspruch auf geeignete Fördermaßnahmen und Unterstützung besteht. Dem steht der Grundsatz des **Forderns** gegenüber. Erwerbsfähige Hilfebedürftige und mit ihnen in einer Bedarfsgemeinschaft lebende Personen müssen alle Möglichkeiten zur Beendigung oder Verringerung ihrer Hilfebedürftigkeit ausschöpfen. Der erwerbsfähige Hilfsbedürftige muss aktiv an allen Maßnahmen zu seiner Eingliederung in Arbeit mitwirken. Um dies zu steuern, bedient sich das Gesetz verschiedener Instrumente:

- der Eingliederungsvereinbarung
- der Verpflichtung zur Aufnahme jeder zumutbaren Arbeit
- der Verpflichtung zur Aufnahme von Arbeitsgelegenheiten
- Leistungsbeschränkungen.

Die monatliche **Regelleistung** zur Sicherung des Lebensunterhalts umfasst insbesondere Ernährung, Kleidung, Körperpflege, Hausrat, Haushaltsenergie ohne die auf die Heizung entfallenden Anteile, Bedarfe des täglichen Lebens sowie in vertretbarem Umfang auch Beziehungen zur Umwelt und eine Teilnahme am kulturellen Leben. Die monatliche Regelleistung beträgt für Berechtigte, die alleinstehend oder allein erziehend sind oder deren Partner minderjährig ist, ab 01.01.2015 399 €, ab 01.01.2016 404 €, ab 01.01.2017 409 €, ab 01.01.2018 416 €. Neben den Regelleistungen werden auch die **Kosten für Unterkunft und Heizung** übernommen.

Für Erwerbsfähige stehen **Eingliederungshilfen** zur Verfügung.

25. Wer ist Träger der Pflegeversicherung?

Träger der Pflegeversicherung sind Pflegekassen, die bei jeder gesetzlichen Krankenkasse errichtet worden sind. Die **Pflegekassen** führen die Pflegeversicherung als eigenständigen Zweig der Sozialversicherung durch.

26. Wer ist in der Pflegeversicherung versichert?

Alle Personen, die in der gesetzlichen Krankenversicherung versichert sind und zwar sowohl die freiwillig als auch die pflichtversicherten, werden Mitglieder der Pflegeversicherung. Freiwillig Versicherte in der gesetzlichen Krankenkasse können in einer Übergangszeit zu einer Privatversicherung wechseln. Alle Privatkrankenversicherte werden Mitglieder einer privaten Pflegeversicherung, die die gleichen Leistungen wie die Sozialkasse gewähren muss.

Die private Absicherung des Pflegerisikos nach dem Vorbild der Riester-Verträge soll finanziell gefördert werden (Pflege-Neuausrichtungs-Gesetz, PNG). Ab 2013 können staatlich subventionierte Pflegetagegeldversicherungen abgeschlossen werden. Sie werden mit 5 € pro Monat staatlich bezuschusst, wenn der Versicherte mindestens 10 € Monatsbeitrag selber leistet. Die Pflegetagegeldpolice ist an bestimmte Mindestleistungen gebunden. Aufgrund der maßgeblichen Initiative durch Gesundheitsminister Daniel Bahr hat sich hierfür der Begriff „Pflege-Bahr" eingebürgert.

27. Welche Leistungen gewährt die Pflegeversicherung?

Das **Zweite Pflegestärkungsgesetz (PSG II)** ist zum 01.01.2016 in Kraft getreten. Es bringt zahlreiche Verbesserungen für Pflegebedürftige, Angehörige und Pflegekräfte. Der Begriff der Pflegebedürftigkeit wird neu definiert, ein neues Begutachtungsinstrument (Neues Begutachtungsassessment – NBA) wird eingeführt (01.01.2017). Mit der Begutachtung wird der Grad der Selbstständigkeit in sechs verschiedenen Bereichen gemessen und – mit unterschiedlicher Gewichtung – zu einer Gesamtbewertung zusammengeführt. Die sechs Bereiche sind:

1. Mobilität
2. Kognitive und kommunikative Fähigkeiten
3. Verhaltensweisen und psychische Problemlagen
4. Selbstversorgung
5. Bewältigung von und selbstständiger Umgang mit krankheits- oder therapiebedingten Anforderungen und Belastungen
6. Gestaltung des Alltagslebens und sozialer Kontakte

Fünf Pflegegrade ersetzen die bisherigen drei Pflegestufen:

Pflegegrad	Beeinträchtigung
1	geringe Beeinträchtigung der Selbstständigkeit
2	erhebliche Beeinträchtigung der Selbstständigkeit
3	schwere Beeinträchtigung der Selbstständigkeit
4	schwerste Beeinträchtigung der Selbstständigkeit
5	schwerste Beeinträchtigung der Selbstständigkeit mit besonderen Anforderungen an die pflegerische Versorgung

Je nach Pflegegrad werden folgende Leistungen gewährt:

- für häusliche Pflege: Pflegesachleistungen: 689 € bis 1.995 €, Pflegegeld: 474 € bis 901 €
- für Pflegevertretung durch nahe Angehörige für Aufwendungen bis sechs Wochen im Kalenderjahr: 474 € bis 1.315,50 €
- für erwerbsmäßige Pflegevertretung für Aufwendungen bis sechs Wochen im Kalenderjahr oder Kurzzeitpflege für Aufwendungen bis acht Wochen im Kalenderjahr: 1.612 €
- für teilstationäre Tages- und Nachtpflege: 689 € bis 1.995 €
- für vollstationäre Pflege: 125 € bis 2.005 €
- für Pflegesachleistungen für Demenzkranke bereits ab Pflegegrad 1: 125 € bis 1.995 €

28. Welche finanziellen Hilfen können Existenzgründerinnen und Existenzgründer erhalten?

Arbeitslose, die sich selbstständig machen wollen, können zur Förderung der Aufnahme einer selbstständigen Tätigkeit den sogenannten Gründungszuschuss erhalten. Arbeitnehmerinnen und Arbeitnehmer, die durch Aufnahme einer selbstständigen, hauptberuflichen Tätigkeit die Arbeitslosigkeit beenden, können zur Sicherung des Lebensunterhalts und zur sozialen Sicherung in der Zeit nach der Existenzgründung einen Gründungszuschuss erhalten. Ein direkter Übergang von einer Beschäftigung in eine geförderte Selbstständigkeit ist nicht möglich. Der Gründungszuschuss (Gesetz zur Verbesserung der Eingliederungschancen am Arbeitsmarkt) fasst die bis 2006 gewährten Einzelmaßnahmen, nämlich das Überbrückungsgeld und den Existenzgründungszuschuss (Ich-AG), zu einem Förderinstrument zusammen.

29. Unter welchen Voraussetzungen kann der Gründungszuschuss gewährt werden?

Der Gründungszuschuss ist eine Ermessensleistung der aktiven Arbeitsförderung, auf die kein Rechtsanspruch besteht. Die Förderung der Aufnahme einer selbstständigen Tätigkeit soll zu einer möglichst nachhaltigen beruflichen Integration führen. Dabei ist auch die Aufnahmefähigkeit des Arbeitsmarktes zu berücksichtigen und die Frage, ob Stellenangebote vorhanden sind.

Der Gründungszuschuss kann geleistet werden, wenn die Arbeitnehmerin oder der Arbeitnehmer bis zur Aufnahme der selbstständigen Tätigkeit einen Anspruch auf Arbeitslosengeld hat, dessen Dauer bei Aufnahme der selbstständigen Tätigkeit noch mindestens 150 Tage beträgt und nicht allein auf § 147 Abs. 3 SGB III beruht („kurze" Anwartschaftszeit).

Der zeitliche Umfang der selbstständigen Tätigkeit muss zur Beendigung der Arbeitslosigkeit führen und mindestens 15 Stunden wöchentlich betragen. Außerdem müssen die notwendigen Kenntnisse und Fähigkeiten zur Ausübung der selbstständigen Tätigkeit dargelegt werden. Bei Zweifeln an der Eignung kann die Teilnahme an einer

Maßnahme zur Eignungsfeststellung oder zur Vorbereitung der Existenzgründung erfolgen.

Die Tragfähigkeit der Existenzgründung ist der Agentur für Arbeit nachzuweisen. Hierzu ist eine Stellungnahme einer fachkundigen Stelle vorzulegen. Fachkundige Stellen sind insbesondere Industrie- und Handelskammern, Handwerkskammern, berufsständische Kammern, Fachverbände und Kreditinstitute.

30. Wie hoch ist der Gründungszuschuss, wie lange wird er gewährt?

Der Gründungszuschuss wird in zwei Phasen geleistet. Für sechs Monate wird der Zuschuss in Höhe des zuletzt bezogenen Arbeitslosengeldes zur Sicherung des Lebensunterhalts und 300 € zur sozialen Absicherung gewährt. Für weitere neun Monate können 300 € pro Monat zur sozialen Absicherung gewährt werden, wenn eine intensive Geschäftstätigkeit und hauptberufliche unternehmerische Aktivitäten dargelegt werden.

Eine erneute Förderung ist nicht möglich, wenn seit dem Ende einer Förderung der Aufnahme einer selbstständigen Tätigkeit nach dem SGB III noch nicht 24 Monate vergangen sind.

Die Dauer des Anspruchs auf Arbeitslosengeld mindert sich um die Anzahl von Tagen, für die ein Gründungszuschuss in Höhe des zuletzt bezogenen Arbeitslosengeldes geleistet worden ist. Für Selbstständige besteht die Möglichkeit der Antragspflichtversicherung in der Arbeitslosenversicherung.

Sollte die selbstständige Tätigkeit aufgegeben werden und erneut Arbeitslosigkeit eintreten, entsteht ein Anspruch auf Arbeitslosengeld, wenn Sie in der Rahmenfrist, die in der Regel die letzten zwei Jahre vor der Arbeitslosmeldung umfasst, mindestens 12 Monate in einem Versicherungspflichtverhältnis gestanden haben. Dazu zählen auch die Zeiten der Antragspflichtversicherung.

Eine Förderung ist ausgeschlossen, wenn nach Beendigung einer Förderung einer selbstständigen Tätigkeit nach dem SGB III noch keine 24 Monate vergangen sind.

31. Wie wird der Gründungszuschuss besteuert?

Der Gründungszuschuss ist steuerfrei (§ 3 Nr. 2 EStG) und unterliegt nicht dem Progressionsvorbehalt (§ 32b Abs. 1 Nr. 1a EStG).

32. Auf welchem Prinzip beruhen Privatversicherungen?

Privatversicherungen sind **Wahlversicherungen**, die nicht per Gesetz, sondern durch Vertrag zustande kommen. Die Beitragsleistungen werden vom Risiko her kalkuliert, es gilt das Äquivalenzprinzip.

33. Nennen Sie die wichtigsten Privatversicherungen!

Zu den Privatversicherungen zählen:
- private Unfallversicherung
- Hausratversicherung
- Privat-Haftpflichtversicherung
- Lebensversicherung
- private Krankenversicherung
- private Pflegeversicherung.

34. Welche Zielsetzung verfolgt das Altersvermögensgesetz (Riester-Rente)?

Aufgrund der demografischen Entwicklung kann der Staat die Rentenzahlungen im Umlageverfahren nicht im bisherigen Umfang aufrechterhalten. Das Versorgungsniveau wird zurückgehen.

Mit dem Altersvermögensgesetz eröffnet der Staat die Möglichkeit privat vorzusorgen und gewährt hierfür Förderungen. Dies ist der Einstieg in die sogenannte private Altersvorsorge, bei der der Bürger für sich selbst spart.

35. Wie wird die zusätzliche Kapital deckende Altersvorsorge gefördert?

Der Aufbau einer privaten Altersvorsorge wird durch steuerliche Fördermaßnahmen flankiert, die auch und gerade Bezieher kleiner Einkommen und Familien mit Kindern besonders unterstützen sollen. Es sollen besondere Sparanreize gesetzt werden. Die gesetzlichen Regelungen hierzu sind – ähnlich wie bei der Kindergeldregelung – im Einkommensteuergesetz als kombinierte Zulagen-/Sonderausgabenregelung verankert.

36. Welche Personen können gefördert werden?

Zum geförderten Personenkreis gehören Personen, die Pflichtbeiträge zur gesetzlichen Rentenversicherung zahlen. Auch Beamte und Angestellte des öffentlichen Dienstes können unter bestimmten Voraussetzungen eine Förderung erhalten.

Leben Ehegatten zusammen und ist nur ein Ehegatte durch die Förderung begünstigt, so ist auch der andere Ehegatte berechtigt, Zulagen zu erhalten, wenn eine auf seinen Namen lautende Altersversorgung besteht.

Keine steuerliche Vergünstigung erhalten Selbstständige und berufsständisch Versicherte.

37. Worin liegt der Vorteil der privaten Kapital deckenden Altersvorsorge („Riester-Rente")?

Der Vorteil liegt darin, dass für freiwillig gezahlte Beiträge zur privaten Altersvorsorge **Zulagen** gezahlt werden und der Zulageberechtigte die Aufwendungen **Steuer mindernd** geltend machen kann.

Die Grundzulage beträgt ab 2018 175 €. Die Kinderzulage beträgt ab 2008 185 €. Die Zulage für ein Ehepaar mit zwei Kindern beträgt also grundsätzlich 720 €.

38. Wie erfolgt der Sonderausgabenabzug für die Altersvorsorgebeiträge?

Die freiwilligen Beiträge können im Rahmen bestimmter Höchstgrenzen als Sonderausgaben (§ 10a EStG) einkommensmindernd geltend gemacht werden. Die Höchstgrenze beträgt ab 2008 2.100 €.

39. Wie hoch ist der Mindesteigenbeitrag?

Um in den vollen Genuss der Zulagen zu kommen, muss jeder berechtigte Vorsorgesparer einen Mindesteigenbeitrag leisten. Er beträgt ab dem Jahr 2008 4 % der im vorangegangenen Kalenderjahr erzielten beitragspflichtigen Einnahmen, jedoch nicht mehr als die sonderabzugsfähigen Beträge, jeweils vermindert um die Zulage.

Beispiel

Ein Vorsorgesparer verdient im Jahr 2017 35.800 €. Sein Mindestbeitrag für 2018 beträgt 4 % von 35.800 €, also 1.432 €. Dieser Betrag liegt unter dem Höchstbetrag gem. § 10a EStG von 2.100 €. Der so errechnete Mindestbeitrag vermindert sich um die gewährten Zulagen. Erhält ein Ehepaar mit zwei Kindern eine Zulage von 720 €, so ist dieser Betrag vom Mindestbetrag abzuziehen. Die Differenz von 712 € ist dann der Mindesteigenbeitrag, den der Vorsorgesparer auf seinen Vorsorgevertrag einzahlen muss.

Die Zulagen werden von der ZfA (Zentrale Zulagenstelle für Altersvermögen) an den Anbieter direkt überwiesen, der die Zulage dem Altersvorsorgevertrag gutschreibt.

3. Handels- und Gesellschaftsrecht

1. In welchem Verhältnis stehen Handelsrecht und Bürgerliches Recht zueinander?

Beide Rechtsgebiete gehören zum Privatrecht.

Während das Bürgerliche Recht allgemeine, für alle Bürger geltende Rechtsbeziehungen regelt, betrifft das Handelsrecht besondere, für Kaufleute geltende Rechtsbeziehungen.

Das Handelsrecht ist das „Sonderprivatrecht" für Kaufleute. Besondere handelsrechtliche Regelungen gehen den allgemeinen Regelungen des Bürgerlichen Rechts vor.

Nicht mit dem Handelsrecht zu verwechseln ist das Wirtschaftsrecht, das als „Recht der Wirtschaftslenkung und Überwachung" zum öffentlichen Recht gehört (z. B. Preisbildungsrecht, Bank- und Börsenrecht, Gewerberecht).

2. Wie ist das HGB gegliedert?

Das HGB ist in fünf Bücher eingeteilt:

1. Buch:	Handelsstand (Kaufleute, Handelsregister, Handelsfirma, Prokura und Handlungsvollmacht, Handlungsgehilfe und -lehrling, Handelsvertreter, Handelsmakler)
2. Buch:	Handelsgesellschaften und stille Gesellschaft
3. Buch:	Handelsbücher (Vorschriften für alle Kaufleute und ergänzende Vorschriften für Kapitalgesellschaften)
4. Buch:	Handelsgeschäfte
5. Buch:	Seehandel.

3.1 Kaufmannseigenschaft

1. Wer ist Kaufmann (Istkaufmann)?

Kaufmann ist, wer ein Handelsgewerbe betreibt.

Seit dem Handelsrechtsreformgesetz vom 01.07.1998 (HRefG) wird nicht mehr zwischen Muss- und Sollkaufleuten unterschieden. Der Katalog der Grundhandelsgewerbe ist weggefallen. Die Rechtsfigur des Minderkaufmanns entfällt. Der Kaufmannsbegriff ist vereinheitlicht worden (§§ 1 und 2 HGB).

Handelsgewerbe ist **jeder Gewerbebetrieb**, es sei denn, dass das Unternehmen nach Art und Umfang einen in kaufmännischer Weise eingerichteten Geschäftsbetrieb nicht erfordert.

Ein Gewerbebetrieb zeichnet sich durch das Vorliegen folgender Merkmale aus:
- Gewerbliche Tätigkeit ist eine selbstständige Tätigkeit. Diese ist nicht weisungsgebunden, der Selbstständige kann seine Arbeitszeit frei einteilen.
- Es handelt sich um eine auf Dauer ausgerichtete Tätigkeit,
- die planmäßig betrieben wird und
- auf dem Markt nach außen erscheinbar tätig wird.
- Das Gewerbe ist eine auf Gewinnerzielung gerichtete Tätigkeit. Die bloße Absicht Gewinne zu erzielen genügt.

Freiberufler betreiben handelsrechtlich kein Gewerbe.

Das Umsatzsteuerrecht kennt einen eigenen Unternehmerbegriff (§ 2 UStG), der nicht mit dem Kaufmannsbegriff zu verwechseln ist!

2. Grenzen Sie Kaufleute und Nicht-Kaufleute voneinander ab!

Die Abgrenzung erfolgt nach „Art und Umfang des in kaufmännischer Weise eingerichteten Geschäftsbetriebes". **Merkmale** für das Vorliegen eines solchen Geschäftsbetriebes sind:

- kaufmännische Buchführung
- geordnete Aufbewahrung der Korrespondenz
- geordnete Kassenführung
- Regelung der Vertretung und Haftung.

Eine Legaldefinition eines solchen Geschäftsbetriebes gibt es nicht. Es kommt darauf an, ob ein in kaufmännischer Weise eingerichteter Geschäftsbetrieb objektiv erforderlich ist, er muss nicht tatsächlich vorhanden sein.

Ob eine solche Einrichtung erforderlich ist, richtet sich im Wesentlichen nach

- der Größe des Betriebes
- der Anzahl und Vielzahl der Erzeugnisse
- der Größe des Kundenstammes
- der Zahl der Beschäftigten
- der Größe des Umsatzes.

Nicht-Kaufleute sind im Wesentlichen

- Freiberufler – Ausnahme: Formkaufmann
- Kleingewerbetreibende – Ausnahme: nach Handelsregistereintrag Kannkaufmann, § 2 HGB
- Fiktivkaufmann (Scheinkaufmann), § 5 HGB.

3. Kann ein Kleingewerbetreibender Kaufmann sein?

Nach der Definition des Handelsgewerbes sollen alle Kleingewerbetreibende dem Bürgerlichen Recht unterstellt werden. Sie unterliegen demnach nicht den verschärften Vorschriften des Handelsrechts, wie z. B.

- Registerpublizität
- Führen von Handelsbüchern (§ 238 HGB)
- Herabsetzen von Vertragsstrafen (§ 348 HGB)
- Untersuchungs- und Rügepflicht (§ 377 HGB).

Andererseits sind die Kleingewerbebetreibenden nun ausdrücklich von Spezialregelungen des HGB erfasst, wenn ihr Schutzbedürfnis im Vordergrund steht (z. B. Ausgleichsanspruch des Handelsvertreters gem. § 89b HGB) oder das Interesse des Geschäftsverkehrs und der Rechtssicherheit dies für bestimmte Gewerbetreibende erfordert. Die Rechtsvorschriften für

- den Handelsvertreter (§ 84 Abs. 4 HGB),
- den Handelsmakler (§ 93 Abs. 3 HGB),
- den Kommissionär (§ 383 Abs. 2 HGB),
- den Spediteur (§ 407 Abs. 2 HGB),
- den Lagerhalter (§ 416 Abs. 2 HGB) und
- den Frachtführer (§ 425 Abs. 2 HGB)

sind entsprechend angepasst worden.

Kleingewerbetreibende haben die Möglichkeit sich ins Handelsregister eintragen zu lassen, sie werden damit zum **Kannkaufmann** (Kaufmann kraft Eintragung, § 2 HGB). Die Eintragung hat konstitutive Wirkung.

4. Kann ein land- oder forstwirtschaftliches Unternehmen Kaufmann sein?

Betriebe der Land- und Forstwirtschaft sind keine Istkaufleute.

Für ein land- oder forstwirtschaftliches Unternehmen, das nach Art und Umfang einen in kaufmännischer Weise eingerichteten Geschäftsbetrieb erfordert, gelten die Vorschriften über den Kannkaufmann (§ 3 HGB). Nach der Handelsregistereintragung findet eine Löschung der Firma nur nach den allgemeinen Vorschriften statt, die für die Löschung kaufmännischer Firmen gelten.

Für ein mit dem land- oder forstwirtschaftlichen Unternehmen verbundenes Nebengewerbe finden die genannten Vorschriften entsprechende Anwendung.

5. Wer ist Formkaufmann?

Formkaufleute (§ 6 HGB) sind alle Kapitalgesellschaften und die Genossenschaften. Sie gelten kraft Rechtsform immer als Kaufmann ohne Rücksicht auf den Umfang des Geschäftsbetriebes und den Gegenstand des Unternehmens. Auch wenn der Geschäftsbetrieb noch so klein ist, können sie niemals Nicht-Kaufleute sein. Die **Eintragung** der Formkaufleute ins Handels- bzw. Genossenschaftsregister wirkt konstitutiv.

6. In welchen Rechten und Pflichten unterscheiden sich Kaufleute von Nicht-Kaufleuten?

Auf die Kaufleute sind die Vorschriften des HGB uneingeschränkt anzuwenden. Zu den Kaufleuten gehören Ist-, Kann- und Formkaufleute.

Nicht-Kaufleute

- Sie haben keine Firma, können daher auch nicht in das Handelsregister eingetragen werden.
- Sie können keine OHG oder KG gründen.

 ACHTUNG

> Obwohl Steuerberater keine Kaufleute i. S. des HGB sind, können Offene Handelsgesellschaften und Kommanditgesellschaften als Steuerberatungsgesellschaften anerkannt werden (§ 49 Abs. 1 StBerG).

- Sie können nicht Handelsrichter werden.
- Sie können keine Prokura erteilen.
- Sie haben als Bürge das Recht der Vorausklage.
- Sie können nicht mündlich, sondern nur schriftlich bürgen.

Sie brauchen andererseits aber auch keine Handelsbücher zu führen. Ob sie nach steuerrechtlichen Vorschriften verpflichtet sind Bücher zu führen, richtet sich nach den Buchführungspflichtgrenzen der AO.

7. Wer ist Fiktivkaufmann (Scheinkaufmann) (§ 5 HGB)?

Jemand kann nach außen als Kaufmann auftreten, ist es aber in Wirklichkeit nicht. Der äußere Schein kann beruhen

- auf der Eintragung im Handelsregister, obwohl kein Handelsgewerbe betrieben wird
- auf dem Unterbleiben der Löschung im Handelsregister nach Verlust der Kaufmannseigenschaft
- auf äußerem Auftreten (entsprechender Briefkopf etc.).

Der Scheinkaufmann muss sich als Kaufmann behandeln lassen, da sein Geschäftspartner auf die Handelsregistereintragung vertraut bzw. ein gutgläubiger Dritter sich auf das Auftreten im Geschäftsverkehr verlässt. Von diesem Auftreten sind die Vorschriften über die Rechnungslegung nicht betroffen: Da der Scheinkaufmann **kein** Kaufmann ist, muss er auch keine Handelsbücher führen.

Kleingewerbetreibende, die sich ins Handelsregister eintragen lassen, können nicht als Scheinkaufleute angesehen werden, sie sind Kaufleute mit allen Rechten und Pflichten.

8. Unterscheiden Sie konstitutive und deklaratorische Wirkung der Handelsregistereintragung!

Istkaufmann ist jeder Gewerbetreibende, dessen Unternehmen einen in kaufmännischer Weise eingerichteten Geschäftsbetrieb erfordert. Die Handelsregistereintragung hat nur deklaratorische (rechtserklärende) Wirkung. Kleingewerbetreibende, land- oder forstwirtschaftliche Unternehmen und Kapitalgesellschaften sowie Genossenschaften erlangen **erst** durch die **Handelsregistereintragung** die Kaufmannseigenschaft (konstitutive oder rechtsbegründende Wirkung).

3.2 Das Handelsregister

1. Was ist das Handelsregister?

Handelsregister sind öffentliche Bücher, die den Zweck haben die Rechtsverhältnisse der Vollkaufleute offenkundig zu machen. Sie werden von den Gerichten elektronisch geführt (§§ 8 bis 16 HGB).

2. In welcher Form wird das Handelsregister geführt?

Durch das „Gesetz über elektronische Handelsregister und Genossenschaftsregister sowie das Unternehmensregister (EHUG)" ist seit dem 01.01.2007 die elektronische Führung des Handelsregisters vorgeschrieben (§ 8 Abs. 1 HGB).

3. Was wird im Handelsregister eingetragen?

In das Handelsregister werden insbesondere die Firma, die Prokura, das Erlöschen der Firma, die Insolvenzeröffnung und die wichtigsten Tatsachen über die Handelsgesellschaft eingetragen. Die Eintragung geschieht i. d. R. nur auf Anmeldung.

Ab dem 01.01.1999 ist bei allen natürlichen Personen, die zur Eintragung ins Handelsregister angemeldet werden, als weiteres wichtiges Identifikationsmerkmal neben dem Namen auch das Geburtsdatum dem Handelsregister mitzuteilen.

4. Welche Wirkung hat die Eintragung in das Handelsregister?

Die Eintragung kann rechtsbezeugende oder rechtsbegründende Wirkung haben.

- **Rechtsbezeugende – deklaratorische – Wirkung:** eine bereits eingetretene Rechtswirkung wird nachträglich bestätigt.

  Dies gilt z. B. für die Rechtsstellung des Prokuristen, die Kaufmannseigenschaft des Istkaufmanns, die Rechtsform der Personengesellschaft.

- **Rechtserzeugende – konstitutive – Wirkung:** eine Tatsache wird erst durch die Eintragung wirksam.

  Dies gilt z. B. für die Kaufmannseigenschaft der Kannkaufleute, die Rechtsform der Kapitalgesellschaften, die beschränkte Haftung des Kommanditisten, das Firmenmonopol aller eingetragenen Kaufleute.

5. Wie werden die Eintragungen im Handelsregister veröffentlicht?

Die Eintragungen macht das Gericht in dem von der Landesjustizverwaltung bestimmten elektronischen Informations- und Kommunikationssystem in der zeitlichen Folge ihrer Eintragung nach Tagen geordnet bekannt (§ 10 HGB).

6. Wie ist das Handelsregister gegliedert?

Das Handelsregister besteht aus zwei Abteilungen. Eingetragen werden in
- **Abteilung A:** Einzelkaufleute, OHG, KG
- **Abteilung B:** AG, KGaA, GmbH und Versicherungsverein auf Gegenseitigkeit.

7. Was versteht man unter „Öffentlichkeit des Handelsregisters"?

Jedermann kann das Handelsregister sowie die eingereichten Schriftstücke einsehen und von den Eintragungen und den zum Handelsregister eingereichten Schriftstücken eine Abschrift gegen Gebühr fordern (§ 9 HGB).

8. Was versteht man unter der Publizität des Handelsregisters?

Das Handelsregister schützt weitgehend den gutgläubigen Dritten, genießt aber keinen öffentlichen Glauben wie das Grundbuch: eingetragene und bekannt gegebene Tatsachen muss ein Dritter grundsätzlich gegen sich gelten lassen, nicht eingetragene und bekannt gegebene eintragungspflichtige Tatsachen können einem gutgläubigen Dritten nicht entgegengesetzt werden. Auf unrichtig bekannt gemachte Tatsachen kann sich ein gutgläubiger Dritter berufen (§ 15 HGB).

9. Was ist das Unternehmensregister?

Das Unternehmensregister (§ 8b HGB) von Deutschland ist eine Datenbank und Website zur Recherche über deutsche Unternehmen. Es wird vom Bundesministerium der Justiz geführt und ermöglicht den Zugriff zu den Informationen aus dem Handelsregister, dem Partnerschaftsregister und dem Genossenschaftsregister. Im Gegensatz zum Handelsregister besteht im Hinblick auf die Inhalte des Unternehmensregisters kein Vertrauensschutz, es entfaltet weder positive noch negative Publizität. Etwas anderes gilt nur, wenn über das Unternehmensregister auf die Originalregisterinformationen zugegriffen wird. Jedem ist die Einsichtnahme zu Informationszwecken gestattet (§ 9 HGB).

3.3 Die Firma

1. Was ist die Handelsfirma?

Die Handelsfirma ist der Name des Kaufmanns, unter dem er im Handel seine Geschäfte betreibt und die Unterschriften abgibt (§ 17 HGB). Unter dieser Firma kann er klagen und verklagt werden.

2. Welche Arten der Firma gibt es?

- Die Personenfirma enthält einen oder mehrere Personennamen.
- Die Sachfirma ist vom Gegenstand der Unternehmung abgeleitet.
- Die gemischte Firma enthält sowohl Personen als auch Gegenstand der Unternehmung.
- Fantasiefirmen sind meist aus Abkürzungen oder Firmenzeichen abgeleitet.

Diese Firmierungen sind grundsätzlich bei allen Unternehmen zugelassen.

3. Welche Grundsätze sind bei der Firmenbildung zu beachten?

Die Firmenbildung soll sich nach drei Funktionen der Firma ausrichten, nach

- der Unterscheidungskraft und der damit verbundenen Kennzeichnungswirkung (§ 18 Abs. 1 HGB),
- der Ersichtlichkeit der Kaufmannseigenschaft oder des Gesellschaftsverhältnisses (§ 19 HGB) und
- der Offenlegung der Haftungsverhältnisse.

Jede Firma, die diese drei Kriterien erfüllt, ist grundsätzlich eintragungsfähig.

Die Unterscheidungskraft von Fantasiefirmen kann größer sein, als die von Sachfirmen. Der Unternehmer kann die hiermit verbundene Kennzeichnungswirkung nutzen, um sich von Mitbewerbern abzuheben.

Die Liberalisierung des Firmenbildungsrechts erfordert Maßnahmen, um Gläubiger und Verbraucher im Rechtsverkehr zu schützen. Daher sind die Gesellschafts- und Haftungsverhältnisse offen zu legen: Für alle eingetragenen Kaufleute ist zwingend ein Rechtsformzusatz anzugeben. Insbesondere die eingetragenen **Einzelkaufleute** müssen zwingend einen Hinweis auf die Kaufmannseigenschaft in ihrer Firma angeben. Der Kaufmannszusatz kann lauten:

- eingetragener Kaufmann/eingetragene Kauffrau oder eine allgemein verständliche Abkürzung dieser Bezeichnung, insbesondere
- e. K., e. Kfm. oder e. Kffr.

Eine Steuerberatungsgesellschaft ist verpflichtet, die Bezeichnung „Steuerberatungsgesellschaft" in die Firma oder den Namen aufzunehmen (§ 53 StBerG).

4. Was besagt das firmenrechtliche Irreführungsverbot?

Nachdem der Grundsatz der Firmenwahrheit aufgegeben wurde, wird eine Irreführung nur noch berücksichtigt, wenn sie dem Registergericht ersichtlich ist. Eine Eintragung ist dann ausgeschlossen, wenn sie Angaben enthält, die ersichtlich geeignet sind, über geschäftliche Verhältnisse, die für die angesprochenen Verkehrskreise wesentlich sind, irrezuführen (§ 18 Abs. 2 HGB). Diese vorbeugende **Irreführungskontrolle** des Registergerichts liegt auch im Interesse des Unternehmers selbst. Er vermeidet damit einem späteren wettbewerbsrechtlichen Unterlassungsverfahren ausgesetzt zu werden.

5. Welche Folgen hat beim Erwerb eines Handelsgeschäfts die Fortführung der Firma?

Derjenige, der ein Handelsgeschäft von einer lebenden Person erwirbt und es unter der bisherigen Firma mit oder ohne Beifügung eines das Nachfolgeverhältnis andeutenden Zusatzes fortführt, **haftet** für alle im Betrieb des Geschäfts begründeten Verbindlichkeiten des früheren Inhabers (§ 25 HGB).

6. Welche Regelung gilt hinsichtlich bestehender Forderungen bei Geschäftsübernahme?

Die in dem Betrieb begründeten Forderungen gelten den Schuldnern gegenüber als auf den Erwerber übergegangen, falls der bisherige Inhaber oder seine Erben ihre Einwilligung zur Fortführung gegeben haben.

7. Was ist ein Firmenmantel?

Die Summe aller Anteilsrechte an einer Kapitalgesellschaft bezeichnet man als Firmenmantel (AG-Mantel, GmbH-Mantel). Der Firmenmantel wird gehandelt, wenn eine nicht mehr aktive Kapitalgesellschaft veräußert werden soll, um einer neuen Unternehmung die Gründungskosten zu ersparen. Im Übrigen kann die Firma nicht **ohne** das Handelsgeschäft, für welches sie geführt wird, veräußert werden (§ 23 HGB).

8. Woraus besteht die Firma der Personengesellschaft, der Kapitalgesellschaft?

Der Firmenkern kann bei Personen- und Kapitalgesellschaften aus einer Sach-, Personen- oder Fantasiefirma bestehen.

Die Firma der Personengesellschaft muss außerdem enthalten:

- bei einer offenen Handelsgesellschaft die Bezeichnung „offene Handelsgesellschaft" oder eine allgemein verständliche Abkürzung dieser Bezeichnung
- bei einer Kommanditgesellschaft die Bezeichnung „Kommanditgesellschaft" oder eine allgemein verständliche Abkürzung dieser Bezeichnung.

Der Zusatz **„& Co."**, der bisher als ein Gesellschaftsverhältnis andeutender Zusatz möglich war, ist nicht mehr erlaubt.

Wenn in einer offenen Handelsgesellschaft oder Kommanditgesellschaft keine natürliche Person haftet, muss die Firma eine Bezeichnung enthalten, welche die Haftungsbeschränkung kennzeichnet.

Die Firma einer Kapitalgesellschaft muss immer die Bezeichnung „Aktiengesellschaft", „Gesellschaft mit beschränkter Haftung" oder „eingetragene Genossenschaft" oder eine allgemein verständliche Abkürzung dieser Bezeichnung enthalten.

9. Welche Pflichtangaben sind auf Geschäftsbriefen erforderlich?

Aus Gründen der Sicherheit des Geschäftsverkehrs und der Einheitlichkeit des Firmenrechts sind für alle kaufmännischen Unternehmen entsprechende Angaben in allen Geschäftsbriefen und Bestellscheinen (auch Telefax oder E-Mail) verpflichtend vorgeschrieben (§ 37a HGB):

- die Firma,
- die Rechtsform (§ 19 HGB),
- der Ort der Handelsniederlassung,
- das Registergericht und
- die Handelsregisternummer, unter der die Firma eingetragen ist.

Bei den Kapital- und Personengesellschaften sind weitere Angaben erforderlich (§ 80 AktG, § 35a GmbHG, § 125a HGB, § 25a GenG).

Auch Rechnungen sind Geschäftsbriefe. Für diese sind neben den hier genannten Pflichtangaben noch weitere Angaben gesetzlich vorgeschrieben, wie z. B. die Angabe der Umsatzsteueridentifikationsnummer oder der anzuwendende Umsatzsteuersatz.

3.4 Die kaufmännischen Hilfsgewerbe

1. Wer ist Handelsvertreter?

Handelsvertreter (§§ 84 ff. HGB) ist, wer als selbstständiger Gewerbetreibender ständig damit beauftragt ist, für einen anderen Unternehmer Geschäfte zu vermitteln (Vermittlungsvertreter) oder in dessen Namen abzuschließen (Abschlussvertreter).

Der Handelsvertreter arbeitet im fremden Namen und für fremde Rechnung, d. h. nur sein Auftraggeber wird Vertragspartner im Kaufvertrag. Er ist somit auch nicht Lieferer i. S. des Umsatzsteuerrechts. Er hat nur die Provision der Umsatzsteuer zu unterwerfen, er erzielt Einkünfte aus Gewerbebetrieb.

2. Welche Pflichten hat der Handelsvertreter?

- **Bemühungspflicht:** Er muss sich um die Vermittlung oder den Abschluss von Geschäften bemühen und dabei die Interessen des Unternehmers wahrnehmen.

- **Benachrichtigungspflicht:** Der Vertreter muss dem Unternehmer jede Geschäftsvermittlung oder jeden Geschäftsabschluss unverzüglich mitteilen und regelmäßig Reiseberichte erstatten.
- **Sorgfaltspflicht:** Er hat seine Pflichten mit der Sorgfalt eines ordentlichen Kaufmanns wahrzunehmen.
- **Pflicht zur Verschwiegenheit:** Geschäfts- und Betriebsgeheimnisse dürfen – auch nach Beendigung des Vertragsverhältnisses – nicht weitergegeben oder verwertet werden.
- **Pflicht zur Wettbewerbsenthaltung:** Konkurrenzfirmen dürfen nicht vertreten werden, wenn dadurch die Interessen des Unternehmers geschädigt werden.

3. Welche Rechte hat der Handelsvertreter?

- Der Handelsvertreter hat **Anspruch auf erforderliche Unterlagen**, die er zur Ausübung seiner Tätigkeit benötigt (Preislisten, Werbedrucksachen, Geschäftsbedingungen, Muster etc.).
- **Recht auf Benachrichtigung:** Er kann verlangen, dass ihm die Annahme, Abänderung oder Ablehnung eines von ihm vermittelten Geschäftes mitgeteilt wird.
- **Recht auf Provision:** Der Handelsvertreter erhält für alle Geschäfte, die er vermittelt oder abgeschlossen hat, auch für Nachbestellungen, Vermittlungs- und Abschlussprovision. Übernimmt er die Haftung für den Eingang der Zahlung, erhält er Delkredereprovision. Inkassoprovision wird für auftragsgemäß eingezogene Beträge gewährt.
- Nach Beendigung des Vertragsverhältnisses kann der Handelsvertreter einen angemessenen **Ausgleichsanspruch** verlangen.

4. Wer ist Handelsmakler?

Der Handelsmakler (§§ 93 ff. HGB) vermittelt gewerbsmäßig für andere Personen von Fall zu Fall Verträge über Gegenstände des Handelsverkehrs (bewegliche Sachen und Wertpapiere).

Er ist also nicht ständig an einen oder mehrere Unternehmer – wie der Handelsvertreter – gebunden, sondern vermittelt neutral für beide Seiten. Er betätigt sich vornehmlich an Börsen, Großmärkten und Umschlagplätzen. Der Makler arbeitet im fremden Namen und für fremde Rechnung, er hat wie der Handelsvertreter seine sonstigen Leistungen (Provision) der Umsatzsteuer zu unterwerfen.

Vom Handelsmakler ist der Zivilmakler zu unterscheiden, der nicht nur Geschäftsabschlüsse vermittelt, sondern auch die Gelegenheit zum Geschäftsabschluss nachweist. Die Verträge haben keine Gegenstände des Handelsverkehrs zum Inhalt (z. B. Konzerte, Ehen, Grundstücke).

5. Welche Rechte hat der Handelsmakler?

Der Makler hat Anspruch auf Maklerlohn (Courtage), der im Zweifelsfalle von beiden Vertragsparteien je zur Hälfte zu tragen ist. Der Maklerlohn ist fällig, sobald das Geschäft zustande gekommen ist.

6. Welche Pflichten hat der Handelsmakler?

Der Handelsmakler muss für jede Vertragspartei eine von ihm unterzeichnete Schlussnote erstellen. Er muss ein Tagebuch führen, Warenproben aufbewahren, er muss Auskunft erteilen und haftet für entstandenen Schaden.

7. Wer ist Kommissionär?

Kommissionär (§§ 383 ff. HGB) ist, wer gewerbsmäßig in eigenem Namen für Rechnung eines anderen – des Kommittenten – Waren oder Wertpapiere kauft (Einkaufskommission) oder verkauft (Verkaufskommission). Er ist Kaufmann kraft Grundhandelsgewerbe und kann in einem dauernden Vertragsverhältnis stehen oder von Fall zu Fall beauftragt werden.

Umsatzsteuerlich wird der Kommissionär wie ein Eigenhändler behandelt, d. h. zwischen Kommissionär und Kommittent liegt eine Lieferung vor (§ 3 Abs. 3 UStG).

8. Unterscheiden Sie die Tätigkeiten von Makler, Handelsvertreter und Kommissionär!

Der Kommissionär unterscheidet sich vom Makler und Vermittlungsvertreter, die den Abschluss nur vermitteln, dadurch, dass er selbst abschließt. Er unterscheidet sich vom Abschlussvertreter dadurch, dass er nicht wie dieser im fremden Namen (nämlich des Unternehmers), sondern im eigenen Namen abschließt. Rechtsbeziehungen bestehen nur zwischen ihm und der dritten Person. An den von ihm gekauften Sachen erhält der Einkaufskommissionär Eigentum. Bei Makler und Handelsvertreter liegt ein Warenerwerb auch dann nicht vor, wenn die Ware durch ihre Hände läuft, sie sind im Umsatzsteuerrecht nur mit ihrer Provision umsatzsteuerpflichtig. Der Kommissionär jedoch steht dem Eigenhändler gleich.

9. Welche Rechte hat der Kommissionär?

Neben der Provision kann der Kommissionär Ersatz seiner Aufwendungen verlangen und hat zur Sicherung dieser Forderung ein gesetzliches Pfandrecht an der Ware.

Kann der Einkaufskommissionär die Güter aus eigenen Beständen liefern, hat er **ein Selbsteintrittsrecht**. Der Verkaufskommissionär kann die Güter für sich selbst kaufen, sofern sie einen Börsen- oder Marktpreis haben. Dem Auftraggeber ist die Ausübung des Selbsteintrittsrechts mitzuteilen, auch in diesem Fall entsteht ein Anspruch auf Provision und Ersatz der Auslagen.

10. Welche Pflichten hat der Kommissionär?

Der Kommissionär hat die Sorgfalts- und Haftpflicht wie ein ordentlicher Kaufmann. Er hat die Interessen des Auftraggebers wahrzunehmen und dessen Weisungen zu beachten. Er muss dem Auftraggeber die Ware liefern bzw. den Erlös schicken und eine Abrechnung beifügen.

11. Erwirbt der Kommissionär Eigentum am Kommissionsgut?

Der Einkaufskommissionär erwirbt zunächst Eigentum am Kommissionsgut, da er im eigenen Namen kauft. Das Eigentum geht auf den Kommittenten erst dann über, wenn der Kommissionär das Gut dem Kommittenten übereignet. Der Verkaufskommissionär erwirbt kein Eigentum am Kommissionsgut. Mit der Eigentumsübertragung an einen Dritten durch den Kommissionär verliert der Kommittent sein Eigentumsrecht. Die Forderung aus dem Verkauf erwirbt zunächst der Kommissionär, da er im eigenen Namen verkauft. Er ist aber zur Abtretung der Forderung an den Kommittenten verpflichtet.

12. Welche Bedeutung kommt dem Kommissionslager zu?

Wenn der Kommissionär die Kommissionswaren neben seinen eigenen Waren in seinem Lager lagert, kann er rascher liefern, braucht das Risiko des festen Kaufs nicht zu übernehmen und kann dem Käufer die Möglichkeit geben die Erzeugnisse an Ort und Stelle in Augenschein zu nehmen. Im Überseegeschäft heißt das Warenlager Konsignationslager.

3.5 Die unselbstständigen Hilfspersonen des Kaufmanns

1. Wer ist Handlungsgehilfe?

Handlungsgehilfe ist, wer in einem Handelsgewerbe zur Leistung kaufmännischer Dienste gegen Entgelt angestellt ist (§ 59 HGB).

2. Nennen Sie rechtliche Grundlagen für das Angestelltenverhältnis!

Zwischen dem Kaufmann oder seinem Bevollmächtigten und dem Angestellten wird ein schriftlicher Dienstvertrag (Einzelvertrag) abgeschlossen. Neben diesen Vereinbarungen gelten die Bestimmungen des HGB, des Tarifvertrages (falls ein solcher existiert), die Betriebsordnung und der Ortsgebrauch. Die spezielle Regelung hat jeweils Vorrang vor der allgemeinen. Stellt der Tarifvertrag den Angestellten günstiger, so gilt dieser.

3. Welche Rechte hat der Handlungsgehilfe, welche Pflichten hat der Dienstherr?

- **Vergütung:** Sie besteht in einem festen Gehalt.
- **Fürsorge:** Der Dienstherr hat den Angestellten gegen Gefahren zu sichern, er muss ihn zur Sozialversicherung anmelden und den Arbeitgeberanteil zur Sozialversicherung übernehmen. Er hat Urlaub zu gewähren.

- **Zeugnis:** Nach Ablauf des Dienstverhältnisses ist ein (einfaches) Zeugnis auszustellen. Auf Verlangen ist es auf die Führung und Leistung auszudehnen (qualifiziertes Zeugnis).

4. Welche Rechte hat der Dienstherr, welche Pflichten hat der Handlungsgehilfe?

- **Dienstleistung:** Der Angestellte hat die ihm übertragenen Arbeiten gewissenhaft, treu und ehrlich auszuführen.
- **Verschwiegenheit:** Der Angestellte muss über alle Geschäfts- und Betriebsgeheimnisse Stillschweigen bewahren. Er ist verpflichtet, Schmiergelder abzulehnen.
- **Handels- und Wettbewerbsverbot:** Der Angestellte darf ohne Einwilligung des Dienstherrn kein eigenes Handelsgewerbe, auch nicht außerhalb des Geschäftszweigs des Arbeitgebers, betreiben. Er kann nicht Vollhafter in einem anderen Unternehmen sein. Dem Angestellten ist es auch verboten, im Geschäftszweig des Arbeitgebers dauernd oder gelegentlich Geschäfte für eigene oder fremde Rechnung zu machen oder zu vermitteln, es sei denn, dass der Arbeitgeber seine ausdrückliche Einwilligung dazu gibt.

Bei Verletzung dieses Verbots hat der Dienstherr einen klagbaren Anspruch auf Schadenersatz oder auf Herausgabe des Erlangten. Er kann auch in das Geschäft eintreten.

Nach Beendigung des Dienstverhältnisses kann vertraglich vereinbart werden, dass sich der Angestellte auch über die Zeit des Dienstverhältnisses hinaus des Wettbewerbs zu enthalten hat (vertragliches Wettbewerbsverbot, Konkurrenzklausel). Diese Vereinbarung bedarf der Schriftform und gilt längstens für zwei Jahre. Der Angestellte hat in diesem Falle Anspruch auf eine angemessene Entschädigung.

5. Wie kann das Dienstverhältnis aufgelöst werden?

Das Dienstverhältnis kann aufgelöst werden

- **ohne Kündigung**, wenn der Zeitpunkt der Beendigung schon bei Vertragsabschluss festgelegt wird,
- durch **ordentliche Kündigung** oder
- durch **außerordentliche (fristlose)** Kündigung.

6. Durch welche handelsrechtlichen Stellvertreter kann sich der Kaufmann vertreten lassen?

Handelsrechtliche Stellvertreter sind der Handlungsbevollmächtigte und der Prokurist. Sie sind unselbstständige Hilfspersonen des Kaufmanns, da sie weisungsgebunden sind.

7. Wer besitzt Handlungsvollmacht?

Handlungsvollmacht (§ 54 HGB) besitzt, wer zum Betrieb eines Handelsgewerbes oder innerhalb eines Handelsgewerbes zur Vornahme von Rechtsgeschäften ermächtigt ist, die sein Handelsgewerbe gewöhnlich mit sich bringt. Eine besondere Ermächtigung braucht der Handlungsbevollmächtigte zur Veräußerung oder Belastung von Grundstücken, zur Eingehung von Wechselverbindlichkeiten, zur Aufnahme von Darlehen und zur Prozessführung.

8. Welche Arten der Handlungsvollmacht unterscheidet man?

- Die **Allgemeine Handlungsvollmacht** berechtigt zu allen Rechtshandlungen im üblichen Umfang, die in dem Handelsgewerbe dieses Geschäftszweiges gewöhnlich vorkommen. Generalhandlungsvollmacht haben z. B. Geschäftsführer und Filialleiter.
- Die **Artvollmacht** ermächtigt zur dauernden Vornahme einer genau bestimmten Art von Rechtsgeschäften, die im Handelsgewerbe dieses Geschäftszweiges laufend vorkommen. Artvollmacht haben z. B. Handlungsreisende, Einkäufer, Kassierer etc.
- Die **Einzelvollmacht** berechtigt zur Vornahme eines einzelnen Rechtsgeschäftes (z. B. Führung eines Prozesses, Einzug einer Rechnung etc.).

9. Wie wird die Handlungsvollmacht erteilt?

Kaufleute sowie Prokuristen haben ohne Weiteres das Recht zur Erteilung einer Handlungsvollmacht. Jeder Bevollmächtigte kann im Rahmen seiner Vollmacht Untervollmacht erteilen. Die Erteilung der Vollmacht kann mündlich, schriftlich oder auch stillschweigend durch Duldung erfolgen und wird nicht ins elektronische Handelsregister eingetragen.

10. Wie unterzeichnet der Handlungsbevollmächtigte?

Der Generalhandlungsbevollmächtigte unterzeichnet „in Vollmacht" (i. V.), bei Art- und Einzelvollmacht wird „im Auftrag" (i. A.) unterzeichnet.

11. Wodurch erlischt die Handlungsvollmacht?

Die Handlungsvollmacht erlischt durch Widerruf, durch Beendigung des Arbeitsverhältnisses, durch Tod des Handlungsbevollmächtigten, durch freiwillige oder zwangsweise Auflösung des Geschäfts oder bei Einzelvollmacht nach Durchführung des Auftrages. Beim Wechsel des Geschäftsinhabers erlischt die Handlungsvollmacht i. d. R. nur, wenn der neue Inhaber sie widerruft.

12. Wer besitzt Prokura?

Prokura besitzt, wer von einem Kaufmann zu allen Arten von gerichtlichen und außergerichtlichen Geschäften und Rechtshandlungen ermächtigt ist, die der Betrieb irgendeines Handelsgewerbes mit sich bringen kann. Anders als die Allgemeine Handlungsvollmacht **berechtigt** die Prokura auch zu Handlungen, die über den üblichen Rahmen des Geschäfts hinausgehen oder die außerhalb des Geschäftszweiges liegen (§ 49 HGB).

Eine besondere Vollmacht braucht der Prokurist zum Verkauf und zur Belastung von Grundstücken, verboten ist die Vertretung bei folgenden Handlungen: Eid leisten, Bilanz und Steuererklärungen unterschreiben, Prokura erteilen, Geschäft verkaufen, Gesellschafter aufnehmen, Insolvenz anmelden, Eintragungen ins elektronische Handelsregister anmelden. Der **Umfang** der Prokura ist **gesetzlich** festgelegt.

13. Wie wird die Prokura erteilt?

Der Kaufmann oder sein gesetzlicher Vertreter kann Prokura erteilen. Sie muss ausdrücklich – schriftlich oder mündlich – erteilt werden. Die Prokura muss zur **Eintragung** ins elektronische Handelsregister angemeldet werden.

14. Wann beginnt die Prokura?

Die Prokura beginnt im **Innenverhältnis** (Rechtsbeziehung: Unternehmer – Angestellter) mit der Ernennung. Im **Außenverhältnis** (Rechtsbeziehung: Unternehmer – Dritter) wird sie erst wirksam, wenn der Dritte von ihr Kenntnis hat oder wenn sie in das elektronische Handelsregister eingetragen und veröffentlicht ist. Die Eintragung hat deklaratorische Wirkung.

15. Ist der Umfang der Prokura beschränkbar?

Im Innenverhältnis kann der Umfang der Prokura beliebig eingeschränkt werden. Im Außenverhältnis ist der Umfang der Prokura grundsätzlich nicht beschränkbar, Ausnahmen:

- Die Prokura kann auf ein Unternehmen beschränkt werden, wenn der Kaufmann mehrere selbstständige Unternehmen mit verschiedenen Firmen betreibt.
- Die Filialprokura kann auf das Hauptgeschäft oder eine Filiale beschränkt sein, wenn die Filialfirmen sich durch einen Zusatz sowohl vom Hauptgeschäft als auch voneinander unterscheiden.
- Gesamtprokura kann mehreren Personen erteilt sein, die nur gemeinsam handeln können.

16. Wie unterzeichnet der Prokurist?

Der Prokurist muss der Firma seinen Namen mit dem Zusatz beifügen, aus dem hervorgeht, dass er „per procura" (ppa.) unterschreibt.

17. Wodurch erlischt die Prokura?

Die Prokura kann jederzeit durch den Kaufmann widerrufen werden. Sie endet auch durch Beendigung des Dienstverhältnisses, durch freiwillige oder zwangsweise Auflösung des Geschäfts, durch Tod des Prokuristen, beim Wechsel des Geschäftsinhabers, nicht aber beim Tod des Geschäftsinhabers. Das Erlöschen der Prokura ist durch den Kaufmann zur Eintragung ins elektronische Handelsregister anzumelden. Gutgläubigen Dritten gegenüber gilt die Prokura so lange weiter, bis sie im elektronischen Handelsregister gelöscht ist.

18. Wer besitzt Generalvollmacht?

Generalvollmacht (§§ 164 ff. BGB) besitzt, wer den Vollmachtgeber in allen Rechtsgeschäften vertreten kann, für die eine Vertretungsmacht gesetzlich oder satzungsmäßig zulässig ist. Der Umfang der Generalvollmacht kann über den Umfang der Prokura noch hinausgehen.

3.6 Unternehmensformen

3.6.1 Grundlagen

1. Grenzen Sie die Begriffe Betrieb und Unternehmung voneinander ab!

Die **planmäßige, organisatorische Kombination** der Produktionsfaktoren menschliche Arbeit, Betriebsmittel und Werkstoffe (= Elementarfaktoren) durch die dispositive Arbeit (= dispositiver Faktor) zum Zweck, Güter herzustellen und Dienstleistungen zu erbringen, geschieht im Betrieb. Der **rechtliche** und **wirtschaftlich-finanzielle** Rahmen, in dem der Betrieb organisiert ist, wird als Unternehmung bezeichnet. Die Unternehmung kann nach dieser Definition aus mehreren Betrieben bestehen oder aber auch keinen Betrieb im technischen Sinne haben, wenn sie nur verwaltet (Holdinggesellschaft).

Man kann aber auch den Betrieb als übergeordneten Begriff bezeichnen. Die Güterproduktion geschieht in der Marktwirtschaft hauptsächlich in privaten Unternehmungen, die erwerbswirtschaftlichen Zielsetzungen (Gewinnmaximierung, Angemessenheitsprinzip) folgen. Daneben treten aber auch die öffentlichen Gemeinwesen als Produzenten von Gütern, insbesondere von Dienstleistungen, auf. Sie streben in der Regel Kostendeckung oder Verlustminimierung an (gemeinwirtschaftliche Zielsetzung).

2. Welche wirtschaftlichen Fragen sind vor Gründung einer Unternehmung zu klären?

- **Art des Betriebes:** Sie ist abhängig von der Ausbildung, den Fähigkeiten des Unternehmers, vom Kapitalbedarf und dessen Aufbringung, von der Nachfrage und von den Ertragsaussichten.
- **Standort:** Absatzorientierte Unternehmen suchen die räumliche Nähe zu Abnehmern; materialorientierte Unternehmen siedeln sich dort an, wo für sie wichtige Rohstoffe auftreten; verkehrsorientierte Unternehmen sind auf bestimmte Verkehrsformen

angewiesen (Wasserwege, Eisenbahn etc.); bei arbeitskraftorientierten Unternehmen stehen die Qualifikationen und Kosten der Arbeitnehmer im Vordergrund; energieorientierte Unternehmen haben hohen Energiebedarf und siedeln sich dort an, wo die benötigte Energie vergleichsweise billig ist; die Verantwortung für die Umwelt bestimmt den Standort von umweltorientierten Unternehmen; andere Gründe für die Wahl des Standortes sind gesetzliche Vorschriften, Tradition, Steuern und Abgaben.

- **Zeitpunkt der Eröffnung:** Er ist abhängig von der Wirtschaftslage, Geschäftsart, von der Nachfrage.
- **Aufbringung und Höhe des Kapitals:** Die Höhe des Kapitals richtet sich nach Art und Größe des Betriebes, nach der Umschlagsgeschwindigkeit der Vermögensposten (Kapitalbedarfsrechnung). Die Aufbringung des Kapitals richtet sich nach den Möglichkeiten des Unternehmers und den Kreditzusagen der Gläubiger.
- **Unternehmensform:** Je nach der Kapitalausstattung, Haftung, Unternehmensleitung kommen verschiedene Unternehmensformen in Betracht.
- Ein **Businessplan** muss erstellt werden, der alle Faktoren berücksichtigt, die für Erfolg oder Misserfolg entscheidend sein können (Existenzgründungspotential des BMWi, **www.existenzgruender.de**).

3. Wo ist die Errichtung einer Unternehmung anzumelden?

- Das Gewerbe ist bei der zuständigen Gemeinde oder Ortspolizeibehörde anzuzeigen und wird im Gewerberegister eingetragen (§ 14 GewO).
- Die Eröffnung eines gewerblichen Betriebes, einer Betriebsstätte oder eines Betriebes der Land- und Forstwirtschaft ist auf amtlich vorgeschriebenem Vordruck der Gemeinde mitzuteilen, in der der Betrieb oder die Betriebsstätte eröffnet wird (§ 138 Abs. 1 AO). Die Gemeinde unterrichtet unverzüglich das nach § 22 Abs. 1 AO zuständige Finanzamt.
- Jeder Kaufmann ist verpflichtet seine Firma und den Ort seiner Handelsniederlassung beim zuständigen Gericht zur Eintragung in das Handelsregister anzumelden (§ 29 HGB). Seit Inkrafttreten des Gesetzes über elektronische Handelsregister und Genossenschaftsregister sowie das Unternehmensregister zum 01.01.2007 sind für die Entgegennahme und Veröffentlichung von wichtigen Daten der Unternehmensrechnungslegung nicht mehr die Amtsgerichte (Registergerichte), sondern der Betreiber des elektronischen Bundesanzeigers, die Bundesanzeiger Verlagsgesellschaft mbH in Köln, zuständig.
- Der Gewerbebetrieb ist bei der zuständigen Industrie- und Handelskammer bzw. bei der Handwerkskammer anzumelden.
- Wer als Unternehmer – kraft Gesetz – Mitglied einer Berufsgenossenschaft wird, hat den Gegenstand und die Art des Unternehmens, die Zahl der Versicherten und den Eröffnungstag für das Unternehmen der Berufsgenossenschaft anzumelden (§ 192 Abs. 1 SGB VII).
- Das Unternehmen hat die Arbeitnehmer bei der zuständigen Krankenversicherung zur Anmeldung in die Sozialversicherung anzumelden.

4. Welche rechtlichen Einschränkungen sind bei der Gründung einer Unternehmung zu beachten?

Art. 12 Abs. 1 GG garantiert das Grundrecht der Berufsfreiheit: „Alle Deutschen haben das Recht Beruf, Arbeitsplatz und Ausbildungsstätte frei zu wählen." Die Berufsausübung kann aber durch Bundes- oder Landesgesetz eingeschränkt werden.

Die Gewerbeordnung folgt dem Grundrecht und garantiert die Gewerbefreiheit, Beschränkungen sind zulässig, bedürfen jedoch einer gesetzlichen Regelung. Die Zulassungsbeschränkungen der Gewerbeordnung betreffen teils die Person des Gewerbetreibenden, teils die zu betreibende Anlage, teils beides. Es sind aber in der Regel keine echten Beschränkungen, sondern Mindestanforderungen, die dem Schutz des Bürgers gegen Gefährdung aller Art, Belästigungen, Übervorteilung und sonstige Nachteile dienen und die durch Einholung einer Genehmigung, Erlaubnis, Konzession durch Vorlage von Prüfungszeugnissen u. Ä. nachzuweisen sind.

Natürliche Personen müssen grundsätzlich voll geschäftsfähig sein um eine Unternehmung führen zu können, Minderjährige können nur mithilfe eines Vormundes eine Unternehmung führen. Juristische Personen und rechtsfähige Vereine müssen durch einen Vorstand oder Geschäftsführer vertreten werden.

3.6.2 Einzelunternehmung und Personengesellschaften

1. Wie lassen sich Unternehmensformen einteilen?

Man unterscheidet die **Einzelunternehmen** und die **Gesellschaftsunternehmen**. Die Gesellschaftsunternehmen lassen sich wiederum in Personengesellschaften (Stille Gesellschaft, BGB Gesellschaft, OHG, KG), Kapitalgesellschaften (GmbH, UG (haftungsbeschränkt), AG, Reederei u. a.) und Gesellschaften genossenschaftlicher Art (e. G., VVaG) einteilen.

2. Nennen Sie vier Merkmale einer Einzelunternehmung!

Die Einzelunternehmung kann als Handelsgewerbe (§ 1 HGB) betrieben werden. Unter seiner Firma betreibt der Kaufmann seine Geschäfte und gibt seine Unterschrift ab. Das Kapital bringt der Einzelunternehmer selbst auf. Der Einzelunternehmer haftet unbeschränkt, d. h. mit seinem gesamten Vermögen.

3. Nennen Sie je zwei Vor- und Nachteile der Einzelunternehmung!

Vorteile: Unternehmerische Entscheidungen können allein, frei und rasch gefällt werden. Dem Einzelunternehmer steht der Gewinn allein zu.

Nachteile: Der Einzelunternehmer haftet mit seinem gesamten Vermögen. Für den Einzelunternehmer ist es oft schwierig Kredit zu erhalten.

4. Welche Bedeutung hat die Einzelunternehmung am Markt?

Einzelunternehmungen trifft man in allen Wirtschaftszweigen an. Ca. 90 % aller Unternehmen sind Einzelunternehmen, in denen 40 % der Erwerbstätigen beschäftigt sind. Ihr Anteil am Gesamtumsatz beträgt 26 %.

5. Weshalb werden Gesellschaftsunternehmen gegründet?

Die Einzelunternehmung dient in vielen Fällen als Ausgangspunkt für die Gründung von Gesellschaften. Verschiedene Aspekte können der Anlass dafür sein:

- **Familiäre Gesichtspunkte:** Z. B. soll eine Einzelunternehmung nach dem Tode des Unternehmers in Form einer Gesellschaft weitergeführt werden.
- **Risikogemeinschaft:** Das wirtschaftliche Risiko soll abgewälzt oder beschränkt werden.
- **Haftungsgemeinschaft:** Die Kreditwürdigkeit eines Unternehmens in Gesellschaftsform ist in der Regel größer als das Vertrauen, das eine Einzelfirma genießt. Es haften mehrere Personen für die Verbindlichkeiten.
- **Wettbewerbsbeschränkung:** Zwei oder mehrere Personen tun sich zusammen um den Wettbewerb zu beeinträchtigen, um den Markt zu beherrschen, um den Wettbewerb auszuschalten.
- **Tätigkeitsgemeinschaft:** Der menschlichen Arbeitskraft sind Grenzen gesetzt. Sie bedarf der Ergänzung durch Kenntnisse und Erfahrung von Teilhabern.
- **Vermögensgemeinschaft:** Die Kapitalkraft des Einzelunternehmers ist begrenzt. Stellen mehrere Gesellschafter Kapital zur Verfügung, ist die Gesellschaft Trägerin des Vermögens. Die Gesellschafter sind gemeinsam am Vermögenszuwachs oder -verlust beteiligt.
- **Prüfungs- und Publizitätsvorschriften:** Bilanzen von bestimmten Aktiengesellschaften und Gesellschaften mit beschränkter Haftung z. B. müssen von Wirtschaftsprüfern oder vereidigten Buchprüfern geprüft werden und sind zu veröffentlichen.
- Steuerliche Erwägungen.

6. Was versteht man unter einer Stillen Gesellschaft?

Die Stille Gesellschaft ist eine Gesellschaft die dadurch zustande kommt, dass sich ein Kapitalgeber am Handelsgewerbe eines anderen mit einer Vermögenseinlage beteiligt.

Die Einlage geht in das Vermögen des Inhabers über (§§ 230 - 236 HGB).

7. Warum bezeichnet man die Stille Gesellschaft als sog. Innengesellschaft?

Sie tritt nach außen nicht in Erscheinung (keine Eintragung im elektronischen Handelsregister, keine gemeinsame Firma und die Höhe der Einlage des stillen Gesellschafters ist nicht ersichtlich). Der stille Gesellschafter haftet nur im Innenverhältnis, nicht den Gesellschaftsgläubigern gegenüber.

8. Wer kann stiller Gesellschafter sein?

Jede **natürliche** oder **juristische** Person kann stiller Gesellschafter sein.

9. Nennen Sie Rechte und Pflichten des stillen Gesellschafters!

Die Rechte des stillen Gesellschafters im Innenverhältnis sind: Gewinn und Verzinsung der Einlage, Kontrollrecht wie der Kommanditist, Kündigung sechs Monate zum Jahresende, Rückzahlung der Einlage. Im Außenverhältnis tritt der stille Gesellschafter nicht in Erscheinung und hat somit auch keine Rechte.

Die **Pflichten** des stillen Gesellschafters sind: Pflicht zur Erbringung seiner Einlage, Verlustbeteiligung bis zur Höhe seiner Einlage möglich.

10. Welche Arten der stillen Gesellschafter unterscheidet man?

Von einem **typischen** stillen Gesellschafter wird gesprochen, wenn der stille Gesellschafter vertraglich nur am Gewinn beteiligt ist. Von einem **atypischen** stillen Gesellschafter wird gesprochen, wenn im Gesellschaftsvertrag nicht nur eine Beteiligung am Gewinn, sondern auch an der Geschäftsführung und/oder an den stillen Reserven der Unternehmung vorgesehen ist.

11. Wie werden der typische und atypische stille Gesellschafter einkommensteuerlich behandelt?

Der typische stille Gesellschafter bezieht Einkünfte aus Kapitalvermögen. Sein Gewinnanteil gehört zum Gewerbeertrag. Der Gewinnanteil unterliegt der **Kapitalertragsteuer**. Der atypische stille Gesellschafter wird wie ein Mitunternehmer behandelt, er hat demnach **Einkünfte aus Gewerbebetrieb**.

12. Was versteht man unter einer BGB-Gesellschaft?

Die BGB-Gesellschaft (§§ 705 - 740 BGB) ist die privatrechtliche Form des Zusammenschlusses mehrerer natürlicher oder juristischer Personen, die sich durch formlosen oder schriftlichen Vertrag vorübergehend oder dauernd verpflichten, die Erreichung eines gemeinsamen Zieles in der durch den Vertrag bestimmten Weise zu fördern, insbesondere die vereinbarten Beträge zu leisten. Sie hat keine eigene Rechtspersönlichkeit, sie ist **kein** Kaufmann und sie kann demnach keine eigene Firma haben und auch **nicht** in das elektronische Handelsregister eingetragen werden. Sie hat jedoch die Möglichkeit durch Handelsregistereintrag die Rechtsform einer Personenhandelsgesellschaft zu erlangen.

13. Für welche Personengesellschaften sind die Rechtsvorschriften der BGB-Gesellschaft bedeutend?

Die Rechtsvorschriften der BGB-Gesellschaft finden auch Anwendung auf die OHG (§ 105 Abs. 3 HGB), die KG (§ 161 Abs. 2 HGB) und auf die Stille Gesellschaft (§ 233 Abs. 2 und § 234 Abs. 1 HGB). Sie werden ebenfalls auf die Partnerschaftsgesellschaften Angehöriger freier Berufe angewendet, sofern das Partnerschaftsgesellschaftsgesetz nichts anderes bestimmt (§ 1 Abs. 4 PartGG).

14. Erklären Sie die Rechtsbeziehungen der BGB-Gesellschafter!

- **Geschäftsführung:** Sie besteht grundsätzlich für alle Gesellschafter gemeinschaftlich. Ist vertraglich die Geschäftsführung auf einen oder mehrere Gesellschafter übertragen worden, stehen den anderen Gesellschaftern umfangreiche Kontroll- und Widerspruchsrechte zu.
- **Vertretungsmacht:** Die Vertretung nach außen obliegt grundsätzlich allen Gesellschaftern gemeinschaftlich oder dem bzw. den hierzu beauftragten geschäftsführenden Gesellschaftern.
- **Einlage:** Die für den Gesellschaftszweck vereinbarten Beiträge (Kapitalleistungen oder Dienste) werden gemeinschaftliches Vermögen der BGB-Gesellschafter (= Gesamthandsvermögen). Kein Gesellschafter kann über seinen Anteil am Gesellschaftsvermögen verfügen oder Teilung verlangen, solange die Gesellschaft besteht.
- **Haftung:** Für Gesellschaftsschulden können die Gläubiger das Gesellschaftsvermögen und sonstiges Vermögen der Gesellschafter in Anspruch nehmen.
- **Treuepflicht:** Grundsatz gegenseitiger Treue, d. h. die Interessen der Gesellschaft wahrnehmen und alles zu unterlassen, was schadet.
- **Sorgfalt:** Der Gesellschafter hat die Sorgfalt zu beachten, die er in eigenen Angelegenheiten anzuwenden pflegt.
- **Gesellschafterwechsel:** Die BGB-Gesellschaft ist eine Personengesellschaft und als solche von unveränderter Personenzusammensetzung abhängig.
- **Gewinn:** Der Gewinn wird nach Köpfen verteilt.

15. Wodurch kann die BGB-Gesellschaft beendet werden?

Die BGB-Gesellschaft endet durch Auflösungsbeschluss der Gesellschafter, durch Kündigung, durch Zeitablauf, Erreichen des vereinbarten Zwecks, durch Tod oder Insolvenz eines Gesellschafters.

16. Welche Bedeutung hat die BGB-Gesellschaft?

Die BGB-Gesellschaft dient vor allem als **Gesellschaft unter Nichtkaufleuten**. Man trifft sie als Erwerbsgesellschaft (Vereinigung von Landwirten, Ärzten, Rechtsanwälten und Steuerberatern) und Gelegenheitsgesellschaft (Lotteriegesellschaft, Gesellschaft zum Ankauf und zur Parzellierung eines Grundstücks und Emissionskonsortien) an.

17. Was ist eine Offene Handelsgesellschaft (OHG)?

Die OHG ist die vertragliche Vereinigung von zwei oder mehreren Personen zum Betrieb eines Handelsgewerbes unter gemeinschaftlicher Firma mit unbeschränkter Haftung aller Gesellschafter (§ 105 HGB).

18. Wie firmiert die OHG?

Die Firma einer OHG kann eine Personen-, Sach- oder Fantasiefirma sein. Ein Rechtsformenzusatz ist erforderlich (§ 19 Abs. 1 Nr. 2 HGB).

 ACHTUNG

Die Firmierung „Maier & Co." ist nach dem Handelsrechtsreformgesetz nicht mehr zulässig.

19. Wie wird die OHG gegründet?

Die Gründung erfolgt durch formfreien Vertrag, in der Regel schriftlich; bei Sacheinlagen ist die Schriftform, bei Einbringung von Grundstücken die notarielle Beurkundung erforderlich.

20. Wann beginnt die OHG?

Die Gesellschaft beginnt im Innenverhältnis an dem im Gesellschaftsvertrag angegebenen Termin, im Außenverhältnis mit Eintragung in das elektronische Handelsregister (rechtsbegründende Wirkung). Wird ein Handelsgewerbe betrieben, beginnt die Gesellschaft mit den ersten Geschäften.

21. Welche Rechte haben die Gesellschafter der OHG im Innenverhältnis?

- **Geschäftsführung:** Jeder Gesellschafter ist allein zur Geschäftsführung berechtigt, es besteht der Grundsatz der Einzelgeschäftsführungsbefugnis bei allen Handlungen, die der Betrieb des Handelsgewerbes gewöhnlich mit sich bringt (z. B. Warenein- und -verkauf, Durchführung des Zahlungsverkehrs, Personalverwaltung). Die Geschäftsführung kann vertraglich beschränkt oder aufgehoben werden.

Für außergewöhnliche Geschäfte wie Geschäftserweiterung, Kauf und Verkauf von Grundstücken sowie ihre Belastung ist der Gesamtbeschluss aller Gesellschafter – auch der nichtgeschäftsführenden Gesellschafter – erforderlich.

- **Kontrolle:** Bei Bestellung einzelner Gesellschafter als geschäftsführende Gesellschafter steht den anderen Gesellschaftern ein Kontrollrecht zu. Sie können in die Handelsbücher und Papiere der Gesellschaft Einsicht nehmen und sich daraus eine Bilanz anfertigen.
- **Ersatz** von Aufwendungen.
- **Anteil am Gewinn:** Jeder Gesellschafter hat Anspruch auf 4 % seines Kapitalanteils. Reicht der Jahresgewinn hierfür nicht aus, so wird ein entsprechend niedrigerer Prozentsatz angewendet. Privatentnahmen und -einlagen eines Gesellschafters während des Geschäftsjahres sind zinsmäßig zu berücksichtigen. Der Restgewinn wird nach Köpfen verteilt.

    Eine andere Art der Gewinnverteilung kann vertraglich vereinbart werden.
- **Kapitalentnahme:** Jeder Gesellschafter ist berechtigt bis zu 4 % seines Anfangskapitals zu entnehmen (Privatentnahme). Dies gilt auch dann, wenn die OHG mit Verlust arbeitet. Größere Entnahmen sind nur mit Zustimmung der übrigen Gesellschafter zulässig.
- **Kündigung:** Ist die Gesellschaft für unbestimmte Zeit eingegangen, so kann die Kündigung eines Gesellschafters nur für den Schluss eines Geschäftsjahres zulässig sein. Die Kündigungsfrist beträgt mindestens sechs Monate.

22. Welche Pflichten haben die Gesellschafter der OHG im Innenverhältnis?

- **Kapitaleinlage:** Jeder Gesellschafter ist verpflichtet, die im Vertrag festgesetzte Kapitaleinlage (in bar, in Sachwerten oder in Rechtswerten) zu erbringen. Eine Mindesthöhe ist nicht vorgeschrieben.

    Die persönlichen Eigentumsrechte an der Kapitaleinlage erlöschen, der Gesellschafter kann darüber nicht mehr verfügen. Die Kapitaleinlagen werden gemeinschaftliches Vermögen der Gesellschafter, sog. Gesamthandsvermögen.
- **Geschäftsführung:** Jeder Gesellschafter ist verpflichtet die Geschäfte der Gesellschaft zu führen und die Dienste persönlich zu erbringen.
- **Wettbewerbsenthaltung:** Ein Gesellschafter darf ohne Einwilligung der anderen Gesellschafter im Handelszweig der Gesellschaft keine Geschäfte auf eigene Rechnung machen. Er darf sich an einer anderen Gesellschaft nicht als persönlich haftender Gesellschafter beteiligen. Bei Verstoß gegen das Wettbewerbsverbot ist der Gesellschafter schadensersatzpflichtig; die OHG kann in die abgeschlossenen Geschäfte eintreten oder die bezogene Vergütung herausverlangen.
- **Verlustbeteiligung:** Der Verlust wird nach Köpfen verteilt und mindert den Kapitalanteil des Gesellschafters.

23. Welche Rechte haben die Gesellschafter der OHG im Außenverhältnis?

Jeder Gesellschafter ist gesetzlich allein zur Vertretung der Gesellschaft ermächtigt, es gilt der Grundsatz der Einzelvertretungsmacht. Jeder Gesellschafter kann Dritten gegenüber Willenserklärungen abgeben, durch welche die Unternehmung berechtigt oder verpflichtet wird. Vertraglich kann jedoch vereinbart werden, dass die Gesellschafter die OHG nur zusammen vertreten können (Kollektivvertretung) oder dass nur einem oder mehreren Gesellschaftern die Vertretungsvollmacht erteilt wird, während die übrigen Gesellschafter von der Vertretung ausgeschlossen sind.

Die Vertretungsmacht erstreckt sich auf alle gerichtlichen und außergerichtlichen Geschäfte, sie ist unbeschränkt und auch unbeschränkbar. Eine im Innenverhältnis vereinbarte Beschränkung der Vertretung ist nach außen nicht wirksam.

24. Welche Pflicht haben die Gesellschafter der OHG im Außenverhältnis?

Für die Verbindlichkeiten der OHG haften alle Gesellschafter persönlich als Gesamtschuldner und die OHG mit ihrem Gesellschaftsvermögen.

Die Gesellschafter haften demnach:

- persönlich, d. h. unmittelbar, die Gläubiger können sich an jeden Gesellschafter wenden
- unbeschränkt mit Privat- und Geschäftsvermögen
- gesamtschuldnerisch (solidarisch), d. h. jeder Gesellschafter haftet für die gesamte Schuld. Wird er in Anspruch genommen, hat er einen Ausgleichsanspruch gegenüber den Mitgesellschaftern.

Eintretende Gesellschafter haften für vorhandene Schulden, austretende Gesellschafter haften noch fünf Jahre für die bei Austritt vorhandenen Schulden.

25. Wodurch kann eine OHG aufgelöst werden?

Die OHG wird aufgelöst durch vereinbarten Zeitablauf, Beschluss der Gesellschafter, Eröffnung der Insolvenz über das Vermögen der Gesellschaft, durch gerichtliche Entscheidung. Mangels abweichender vertraglicher Bestimmung führen **folgende Gründe** zum Ausscheiden eines Gesellschafters: Tod des Gesellschafters, Eröffnung der Insolvenz über das Vermögen des Gesellschafters, Kündigung des Gesellschafters, Kündigung durch den Privatgläubiger des Gesellschafters, Eintritt von weiteren im Gesellschaftsvertrag vorgesehenen Fällen, Beschluss der Gesellschafter.

26. Welche wirtschaftliche Bedeutung hat die OHG?

Zur Gründung einer OHG ist nur geringes Kapital erforderlich, Gründungskosten fallen kaum an. Die Rechte und Pflichten der Gesellschafter sind gleichmäßig verteilt, die Gesellschaft basiert auf gegenseitigem Vertrauen, man spricht daher von der „Kaufmannsehe". Die Kreditwürdigkeit ist durch größere Haftung erhöht.

27. Welche Besonderheiten sind bei der Besteuerung der OHG zu beachten?

Die Gesellschaft hat die auf dem Betrieb ruhenden oder durch den Betrieb veranlassten Steuern (Umsatz-, Gewerbe- und Verkehrsteuern) zu tragen, die Gesellschafter haften lediglich für diese Steuern.

Die Gesellschafter werden aufgrund der einheitlichen und gesonderten Feststellung des Gewinns **persönlich** und **anteilig** zur Einkommensteuer herangezogen.

Zum steuerlichen Gewinn zählen auch die Gehälter an die geschäftsführenden Gesellschafter, Zinsen für Gesellschaftsdarlehen und an Gesellschafter gezahlte Mieten etc. (Gewinnvorwegvergütungen nach § 15 Abs. 1 Nr. 2 EStG).

28. Was ist eine Kommanditgesellschaft (KG)?

Die KG ist die vertragliche Vereinbarung von zwei oder mehreren Personen zum Betrieb eines Handelsgewerbes unter gemeinschaftlicher Firma, wobei den Gläubigern gegenüber mindestens ein Gesellschafter unbeschränkt und mindestens ein Gesellschafter beschränkt haftet. Die Vollhafter heißen Komplementäre, die Teilhafter Kommanditisten (§ 161 HGB).

29. Wer kann Kommanditist sein?

Neben natürlichen Personen können auch **Kapital-** oder **Personengesellschaften** Kommanditisten sein (siehe z. B. GmbH & Co. KG).

30. Wie firmiert die KG?

Die Firma der KG ist eine Personen-, Sach- oder Fantasiefirma. Ein Rechtsformenzusatz ist erforderlich (§ 19 Abs. 1 Nr. 3 HGB).

31. Welche Rechte haben die Kommanditisten?

- **Widerspruch:** Der Kommanditist kann nur den Handlungen des Komplementärs widersprechen, die über den gewöhnlichen Betrieb des Handelsgewerbes der Gesellschaft hinausgehen. Da er von der Geschäftsführung und Vertretung ausgeschlossen ist, kann er den gewöhnlichen Geschäftshandlungen nicht widersprechen.
- **Kontrolle:** Die Kommanditisten haben ein eingeschränktes Kontrollrecht, ihnen steht nur eine Abschrift der Bilanz zu, die anhand der Bücher nachgeprüft werden kann. Das Recht auf laufende Kontrolle, das der von der Geschäftsführung ausgeschlossene OHG-Gesellschafter hat, hat er nicht.
- **Gewinnanteil:** Jeder Gesellschafter erhält bis zu 4 % seiner Kapitalanlage, der Rest wird in angemessenem Verhältnis verteilt. Was als angemessen anzusehen ist, wird in der Regel im Gesellschaftsvertrag festgelegt.

- **Gewinnauszahlung:** Wenn die vereinbarte Einlage geleistet ist, kann der Kommanditist die Auszahlung seines Gewinnanteils fordern. Ist die Einlage durch Verluste gemindert, so ist der Gewinn zunächst für die Auffüllung der Einlage zu verwenden.

  Werden Gewinnanteile, die die vereinbarte Einlage übersteigen, nicht ausbezahlt, stellen sie Verbindlichkeiten der KG dar.

- **Kündigung:** Wenn vertraglich nichts anderes vereinbart ist, kann der Kommanditist unter Einhaltung einer Frist von mindestens sechs Monaten zum Geschäftsjahresende kündigen.

32. Welche Pflichten haben die Kommanditisten?

- Leistung der Einlage, die im Gesellschaftsvertrag vereinbart ist.
- Haftung: Der Kommanditist haftet den Gläubigern der Gesellschaft bis zur Höhe seiner Einlage unmittelbar; die Haftung ist ausgeschlossen, soweit die Einlage geleistet ist.
- Verlustbeteiligung: Die Kommanditisten sind am Verlust in angemessenem Verhältnis bis zum Betrag ihres Kapitalanteils und der noch rückständigen Einlage beteiligt.

33. Wodurch kann die KG aufgelöst werden?

Die KG wird aus den gleichen Gründen aufgelöst wie die OHG (siehe Frage 25). Beim **Tod** eines Kommanditisten wird die Gesellschaft mangels abweichender vertraglicher Bestimmung mit den Erben fortgesetzt.

34. Welche wirtschaftliche Bedeutung hat die KG?

Für den Vollhafter bietet sich die Ausweitung des Kapitals ohne Beschränkung der Geschäftsführung und Vertretung. Kapitalkosten fallen nur bei Gewinn an, der Teilhafter ist in erster Linie Geldgeber, ist aber am Verlust beteiligt. Die Rückforderung des Teilhaberkapitals ist an längere Kündigungsfristen gebunden.

35. Erklären Sie die Besonderheiten der Partnerschaftsgesellschaft!

Die Partnerschaftsgesellschaft – geregelt durch das Partnerschaftsgesellschaftsgesetz (PartGG) – ist eine Gesellschaft, in der sich Angehörige Freier Berufe zur Ausübung ihrer Berufe zusammenschließen. „Die Freien Berufe haben im Allgemeinen auf der Grundlage besonderer beruflicher Qualifikation oder schöpferischer Begabung die persönliche, eigenverantwortliche und fachlich unabhängige Einbringung von Dienstleistungen höherer Art im Interesse der Auftraggeber und der Allgemeinheit zum Inhalt."

Die Partnerschaftsgesellschaft enthält Elemente des Rechts der OHG und der GmbH und ist nicht mit einer Büro- oder Praxisgemeinschaft zu verwechseln. Soweit das PartGG keine speziellen Regelungen enthält sind die Vorschriften des BGB entsprechend anzuwenden (wie bei der OHG). Die Partnerschaft ist eine rechtsfähige Personengesellschaft. Angehörige der Partnerschaft können nur natürliche Personen sein, die aktiv mitarbeiten. Eine bloße Kapitalbeteiligung oder eine Beteiligung zum Zwecke der Zurverfügungstellung eines zugkräftigen Namens ist ausgeschlossen.

Die Partnerschaft muss den Namen mindestens eines Partners, den Zusatz „und Partner" oder „Partnerschaft" sowie die Berufsbezeichnung aller in der Partnerschaft vertretenen Berufe enthalten (§ 2 Abs. 1 PartGG).

Die Partnerschaft wird in das elektronisch geführte Partnerschaftsregister (§ 4 PartGG) eingetragen. Es gilt weitgehend das für das Handelsregister geltende Recht. Vor ihrer Eintragung ist die Partnerschaft als BGB-Gesellschaft anzusehen.

36. Welche Rechte und Pflichten haben die Gesellschafter der Partnerschaft im Innenverhältnis?

Die Partner unterliegen bei ihrer freiberuflichen Aktivität dem jeweils **einschlägigen Berufsrecht**. Kein Partner kann von der Geschäftsführung ausgeschlossen werden.

Für Rechte und Pflichten im Innenverhältnis, für Wettbewerbsverbot, Geschäftsführung, Kontrollrecht und Beschlussfassung gilt im Übrigen OHG-Recht (§§ 112 ff. HGB).

Die Beteiligung an einer Partnerschaft ist grundsätzlich nicht vererblich. Der Partnerschaftsvertrag kann jedoch bestimmen, dass sie an Dritte vererblich sind, die Partner im Sinne des Gesetzes sein können.

Für die Beendigung und Auflösung der Partnerschaft gelten die Vorschriften des OHG-Rechts.

37. Welche Rechte und Pflichten haben die Gesellschafter der Partnerschaft im Außenverhältnis?

Die Partnerschaft kann unter ihrem Namen Rechte erwerben und Verbindlichkeiten eingehen, Eigentum und Rechte an Grundstücken erwerben, vor Gericht klagen und verklagt werden. Sie ist insolvenz- und vergleichsfähig. Die Partnerschaft ist Trägerin des Gesellschaftervermögens. Die Partner haben Einzelvertretungsmacht. Durch einen **Gesellschaftsvertrag** kann die Gesamtvertretung durch jeweils zwei Gesellschafter bestimmt werden.

Durch Gesetz kann für einzelne Berufe eine Haftungsbeschränkung für Ansprüche aus Schäden wegen fehlerhafter Berufsausübung auf einen bestimmten Höchstbetrag erfolgen. In diesem Falle muss aber die Pflicht zum Abschluss einer Berufshaftpflicht bestehen.

Neben dem Vermögen der Partnerschaft haften auch die Partner als Gesamtschuldner für die Verbindlichkeiten der Partnerschaft.

Neu eintretende Partner haften nach Maßgaben des § 130 HGB auch für Altverbindlichkeiten der Partnerschaft. Ausscheidende Partner haften für Altverbindlichkeiten nach allgemeinen Grundsätzen mit Geltung der Nachhaftungsbegrenzung (§§ 159, 160 HGB).

Die Vereinbarung einer weiter reichenden Haftungsbegrenzung ist möglich. Die Partner können ihre Haftung mit Wirkung gegenüber dem jeweiligen Mandanten für Ansprüche aus Schäden wegen fehlerhafter Berufsausübung durch allgemeine Geschäftsbedingungen auf denjenigen von ihnen beschränken, der innerhalb der Partnerschaft den Mandanten betreut.

38. Erklären Sie die Besonderheiten der PartG mbB!

Die neu geschaffene Partnerschaftsgesellschaft mit beschränkter Berufshaftung (Gesetz vom 15.07.2013) verbessert die Haftungssituation für die Freiberufler hinsichtlich beruflicher Fehler und ist damit eine Rechtsformvariante zu der britischen Limited Liability Partnership (siehe 3.6.3 Kapitalgesellschaften, Fragen 61 bis 66).

- Der Name der Partnerschaft muss den Zusatz „mit beschränkter Berufshaftung" oder die Abkürzung „mbB" oder eine andere allgemein verständliche Abkürzung dieser Bezeichnung enthalten.
- In der PartG mbB wird die Haftung für Beratungsfehler auf das Vermögen der Partnerschaft beschränkt (§ 8 Abs. 4 PartGG n. F.).
- Der Anmeldung einer Partnerschaft mit beschränkter Berufshaftung muss eine Versicherungsbescheinigung gemäß § 113 Abs. 2 des Gesetzes über den Versicherungsvertrag beigefügt sein.
- Partnerschaftsgesellschaften mit beschränkter Berufshaftung müssen eine Berufshaftpflichtversicherung unterhalten, deren Mindestversicherungssumme bei Anwälten 2,5 Mio. €, bei Steuerberatern mindestens 1 Mio. € beträgt.
- Weil die PartG mbB eine Personengesellschaft bleibt, fallen keine Körperschafts- und Gewerbesteuern an.
- Es gibt keine handelsrechtlichen Buchführungs- oder Publizitätspflichten.

3.6.3 Kapitalgesellschaften

1. Welche Kapitalgesellschaften nennt das HGB?

Das HGB unterscheidet im 3. Buch über die Handelsbücher im zweiten Abschnitt:

- Aktiengesellschaften
- Kommanditgesellschaften auf Aktien
- Gesellschaften mit beschränkter Haftung.

2. Welche Kapitalgesellschaften unterscheidet das HGB bezüglich der Anforderungen an die Rechnungslegung?

Die Kapitalgesellschaften werden in Größenklassen (§ 267 HGB) eingeteilt:

(1) **„Kleine"** Kapitalgesellschaften überschreiten mindestens zwei der drei nachstehenden Merkmale in zwei aufeinander folgenden Jahren nicht:

- Bilanzsumme **6,000 Mio. €**
- Umsatzerlöse **12,000 Mio. €** in den zwölf Monaten vor dem Abschlussstichtag
- im Jahresdurchschnitt 50 Arbeitnehmer.

(2) **„Mittelgroße"** Kapitalgesellschaften überschreiten mindestens zwei der drei unter (1) bezeichneten Merkmale und überschreiten mindestens zwei der drei nachfolgenden Merkmale in zwei aufeinander folgenden Jahren nicht:

- Bilanzsumme **20,000 Mio. €**
- Umsatzerlöse **40,000 Mio. €**
- im Jahresdurchschnitt 250 Arbeitnehmer.

(3) **„Große"** Kapitalgesellschaften überschreiten mindestens zwei der drei unter (2) bezeichneten Merkmale in zwei aufeinanderfolgenden Jahren. Kapitalmarktorientierte Kapitalgesellschaften (§ 264d HGB) gelten stets als „große" Kapitalgesellschaft (§ 267 Abs. 3 HGB).

(4) Das Kleinstkapitalgesellschaften-Bilanzrechtsänderungsgesetz (MicroBilG) gewährt **„Kleinstkapitalgesellschaften"** ab 2013 einige Erleichterungen.

Die Definition der Kleinstkapitalgesellschaften erfolgt in § 267a HGB. Eine Kapitalgesellschaft oder eine Personenhandelsgesellschaft i. S. d. § 264a HGB gilt als Kleinstkapitalgesellschaft, wenn zwei der folgenden Merkmale an zwei aufeinanderfolgenden Abschlussstichtagen nicht überschritten werden:

- Bilanzsumme   350.000 €
- Umsatzerlöse in den zwölf Monaten vor dem Abschlussstichtag   700.000 €
- Arbeitnehmeranzahl   10

Die Erleichterungen betreffen die **Bilanz** (siehe Grundwissen Rechnungswesen, 3. Grundlagen der Finanzbuchführung, Frage 8), die **GuV** (siehe Grundwissen Rechnungswesen, 9. Bilanzsteuerrecht, 9.1 Jahresabschluss, Frage 3), den **Anhang** (siehe Grundwissen Rechnungswesen, 9. Bilanzsteuerrecht, 9.1 Jahresabschluss, Frage 7) sowie die **Offenlegung** (siehe Grundwissen Wirtschafts- und Sozialkunde, 3. Handels- und Gesellschaftsrecht, 3.6.3 Kapitalgesellschaften, Frage 52). Dabei können die Erleichterungen nicht nur insgesamt angewendet werden, sondern auch partiell. Hierbei ist jedoch der Stetigkeitsgrundsatz zu beachten.

Wird eine der dargestellten Erleichterungen in Anspruch genommen, darf ein ggf. vorhandenes Deckungsvermögen nicht mit dem beizulegenden Zeitwert bewertet werden (§ 253 Abs. 1 Sätze 5 - 6 HGB).

3. Wie ist das Eigenkapital der Kapitalgesellschaften gegliedert?

Für Kapitalgesellschaften schreibt § 266 Abs. 3 HGB folgende Gliederung vor:

> I. Gezeichnetes Kapital
> II. Kapitalrücklage
> III. Gewinnrücklagen
>   1. gesetzliche Rücklage
>   2. Rücklage für Anteile an einem herrschenden oder mehrheitlich beteiligten Unternehmen
>   3. Satzungsmäßige Rücklagen
>   4. andere Gewinnrücklagen
> IV. Gewinnvortrag/Verlustvortrag
> V. Jahresüberschuss/Jahresfehlbetrag

4. Was ist das gezeichnete Kapital?

Gezeichnetes Kapital ist das Kapital, auf das die Haftung der Gesellschafter für die Verbindlichkeiten der Kapitalgesellschaft gegenüber den Gläubigern beschränkt ist. Ausstehende Einlagen auf das gezeichnete Kapital sind auf der Aktivseite vor dem Anlagevermögen **gesondert** auszuweisen. Nicht eingeforderte ausstehende Einlagen dürfen auch von dem Posten „Gezeichnetes Kapital" offen abgesetzt werden.

5. Was ist als Kapitalrücklage auszuweisen?

Als Kapitalrücklage sind auszuweisen (§ 272 Abs. 2 HGB):

- der bei der Ausgabe von Anteilen über den Nennbetrag hinaus erzielte Betrag (**Agio**)
- der Betrag, der bei der Ausgabe von Schuldverschreibungen und für Wandlungsrechte und Optionsrechte zum Erwerb von Anteilen erzielt wird
- der Betrag von Zuzahlungen, die Gesellschafter gegen Gewährung eines Vorzugs für ihre Anteile leisten
- der Betrag von anderen Zuzahlungen, die Gesellschafter in das Eigenkapital leisten.

6. Welche Gewinnrücklagen können ausgewiesen werden?

Als Gewinnrücklage (§ 272 Abs. 3 HGB) dürfen nur Beträge ausgewiesen werden, die im Geschäftsjahr oder in einem früheren Geschäftsjahr aus dem Ergebnis gebildet worden sind:

- gesetzliche Rücklagen
- Rücklage für Anteile an einem herrschenden oder mehrheitlich beteiligten Unternehmen
- satzungsgemäße Rücklagen
- andere Gewinnrücklagen.

7. Was ist eine Aktiengesellschaft (AG)?

Die AG ist eine Handelsgesellschaft mit eigener Rechtspersönlichkeit (juristische Person), deren Gesellschafter (Aktionäre) mit Einlagen auf das in Aktien zerlegte Grundkapital beteiligt sind ohne persönlich für die Verbindlichkeiten der Gesellschaft zu haften (§ 1 AktG).

8. Wie firmiert die AG?

Die AG tritt nach außen auf als
- Sachfirma, wenn der Gegenstand des Unternehmens zum Ausdruck kommt
- Personenfirma, wenn Namen von Gründern benutzt werden
- Fantasiefirma.

Die Firma muss die Bezeichnung „Aktiengesellschaft" enthalten (§ 4 AktG).

9. Wie vollzieht sich die Gründung der AG?

Die Gründung geschieht durch eine oder mehrere Personen, die alle Aktien gegen Einlage übernehmen müssen. Die Gründer stellen eine Satzung (Vertrag) auf, deren Inhalt gesetzlich vorgeschrieben ist (§ 23 AktG). Die Satzung muss durch notarielle Beurkundung festgestellt werden.

10. Welche Gründungsarten kommen für die AG infrage?

- **Einheitsgründung** (= Simultangründung): Hierbei übernehmen die Gründer sämtliche Aktien.
- Eine **Stufengründung** (= Sukzessivgründung), bei der die nicht von den Gründern übernommenen Aktienbeträge von anderen Personen gezeichnet werden konnten, ist heute nicht mehr zulässig.
- **Bargründung:** Alle Aktien werden gegen Barzahlung übernommen.
- **Gemischte Gründung:** Hier werden die Aktienbeträge durch Sacheinlagen und Barzahlungen erbracht.
- Eine **qualifizierte Gründung** liegt vor, wenn ein Mitglied des Vorstandes oder Aufsichtsrates zu den Gründern gehört, wenn bei Gründung für Rechnung eines Mit-

glieds des Vorstands oder Aufsichtsrates Aktien übernommen werden, wenn ein Mitglied des Vorstandes oder Aufsichtsrates einen „Gründerlohn" erhält, wenn eine Gründung mit Sacheinlagen oder Sachübernahme erfolgt. In diesen Fällen muss eine besondere Gründungsprüfung stattfinden.

11. Wie entsteht die AG?

Die AG entsteht durch Eintragung ins elektronische Handelsregister, sie wird dadurch juristische Person mit Kaufmannseigenschaft (Formkaufmann). Die Eintragung hat **konstitutive Wirkung**.

Bis zur Eintragung bilden die Gründer eine Gesellschaft des bürgerlichen Rechts, d. h. sie haften für im Namen der Gesellschaft geschlossene Geschäfte persönlich und gesamtschuldnerisch.

12. Welchen Mindestnennbetrag muss das Grundkapital der AG haben?

Der **Mindestnennbetrag** des Grundkapitals ist auf **50.000 €** festgesetzt (§ 7 AktG). Er entspricht der Summe sämtlicher ausgegebenen Aktienwerte. Die Aktie ist eine Einheit des Grundkapitals.

13. Unterscheiden Sie Nennbetrags- und Stückaktien!

Aktien können als Nennbetrags- oder als Stückaktien begründet werden (§ 8 Abs. 1 AktG).

Um den Erwerb von **Nennbetragsaktien** zu erleichtern, beträgt der Mindestnennbetrag 1 €. Höhere Aktienbeträge müssen auf volle Euro lauten, Aktien über einen geringeren Nennbetrag sind nichtig. Aktien dürfen nicht unter dem Nennwert ausgegeben werden.

Werden sie über dem Nennwert, über pari, ausgegeben, so ist das Aufgeld (Agio) als eine besondere Form der Kapitalrücklage auszuweisen (§ 272 Abs. 2 Nr. 1 HGB). Der Anteil am Grundkapital bestimmt sich nach dem Verhältnis ihres Nennbetrages am Grundkapital.

Stückaktien lauten auf keinen Nennbetrag. Sie sind am Grundkapital in gleichem Umfang beteiligt. Der Anteil am Grundkapital bestimmt sich nach der Zahl der Aktien, sodass er sich aufgrund einer Teilung des Grundkapitals durch die Zahl der Aktien errechnet.

14. Welche Aktienarten unterscheidet man im Hinblick auf die gewährten Rechte und auf die Übertragbarkeit?

- Nach den gewährten Rechten: **Stammaktien** gewähren gleiche Rechte, **Vorzugsaktien** (§ 11 AktG) sind mit besonderen Vorteilen im Hinblick auf die Verteilung des Gewinns oder des Gesellschaftsvermögens – nicht bezüglich der Stimmrechte – ausgestattet.

- Nach der Übertragbarkeit: **Inhaberaktien** (§ 10 Abs. 1 Satz 1 AktG) lauten auf den Inhaber, dies gilt insbesondere, wenn die Gesellschaft börsennotiert ist. Die Übertragung erfolgt durch Einigung und Übergabe.
- **Namensaktien** lauten auf den Namen des Inhabers, der Name des Inhabers ist auf der Aktie zu vermerken. Name, Wohnort und Beruf sind im Aktienbuch der Gesellschaft einzutragen. Sie sind Orderpapiere, die durch Indossament übertragen werden. Die Übertragung ist der AG anzumelden und im Aktienbuch zu vermerken.
- Die Satzung kann die Übertragung von der Zustimmung der Gesellschaft abhängig machen, man spricht dann von **vinkulierten Namensaktien**.

15. Woraus besteht die Aktie?

Die Aktie ist ein Wertpapier, sie besteht aus der eigentlichen Urkunde (= Mantel), die das Beteiligungsrecht verbrieft und dem Dividendenbogen. Dieser besteht aus einzelnen Coupons (= Anrechtsschein auf Dividende) und einem Talon, dem Erneuerungsschein, zum Bezug eines neuen Dividendenbogens nach Einlösung der vorhergehenden Coupons.

Die Einzelverbriefung kann ausgeschlossen oder eingeschränkt sein (§ 10 Abs. 5 AktG).

16. Erläutern Sie die Rechtsstellung des Vorstandes!

Der Vorstand leitet eigenverantwortlich die AG. Der Vorstand kann aus einer oder mehreren Personen bestehen. Besteht er aus mehreren Personen, haben diese Gesamtgeschäftsführungsbefugnis und Gesamtvertretungsmacht. Die Satzung kann etwas anderes vorsehen. Der Vorstand wird in der Regel vom Aufsichtsrat auf höchstens fünf Jahre bestellt, wiederholte Bestellung ist zulässig, Aufsichtsratsmitglieder können nicht gleichzeitig Vorstandsmitglieder in ein und derselben Gesellschaft sein.

Bei Gesellschaften mit einem Grundkapital von mehr als 3 Mio. € hat der Vorstand aus mindestens zwei Personen, Direktoren, zu bestehen, es sei denn, die Satzung bestimmt, dass er nur aus einer Person besteht (§ 76 Abs. 2 AktG).

Der Vorstand von börsennotierten oder mitbestimmten Gesellschaften legt Zielgrößen für den Frauenanteil in den beiden Führungsebenen unterhalb des Vorstands fest. Eine Zielgröße von 30 % ist anvisiert (§ 76 Abs. 4 AktG).

In Gesellschaften mit mehr als 2.000 Arbeitnehmern und in Gesellschaften der Montanindustrie gehört dem Vorstand ein Arbeitsdirektor an. Er ist gleichberechtigt, wird vom Aufsichtsrat bestellt und befasst sich vorwiegend mit personellen, arbeitsrechtlichen und sozialen Aufgaben. Die Zusammensetzung des Vorstandes und jede Änderung sind im elektronischen Handelsregister einzutragen und zu veröffentlichen.

Alle Namen der Vorstandsmitglieder und der Name des Vorstandsvorsitzenden müssen auf den Geschäftsbriefen der AG angegeben sein. Der Vorstand erhält ein festes Gehalt. Daneben kann er einen **Gewinnanteil** (Tantieme) erhalten, der sich vom Jahresüberschuss vermindert um einen Verlustbetrag des Vorjahres und die Einstellung in die Gewinnrücklage errechnet.

17. Welche Aufgaben hat der Vorstand?

- Der Vorstand hat die AG zu **leiten**. Die Mitglieder haben bei ihrer Geschäftsführung die Sorgfalt eines ordentlichen und gewissenhaften Geschäftsleiters anzuwenden. Verletzen sie ihre Pflichten, sind sie der Gesellschaft gegenüber schadensersatzpflichtig. Für den Vorstand besteht Wettbewerbsenthaltungspflicht.

- Der Vorstand hat dem Aufsichtsrat regelmäßig mindestens vierteljährlich **Bericht zu erstatten**. Über die beabsichtigte Geschäftspolitik, die Rentabilität, den Gang der Geschäfte und über Geschäfte, die für die Rentabilität oder Liquidität der Gesellschaft von erheblicher Bedeutung sein können.

- Der Vorstand hat dafür zu sorgen, dass die entsprechenden **Handelsbücher geführt werden**. Er hat in den ersten drei Monaten des Geschäftsjahres für das vergangene Geschäftsjahr den um einen Anhang erweiterten Jahresabschluss (= Bilanz und Gewinn- und Verlustrechnung) sowie einen Lagebericht aufzustellen (§ 264 Abs. 1 HGB).

"Kleine" Kapitalgesellschaften dürfen den Jahresabschluss und den Lagebericht innerhalb der ersten sechs Monate des folgenden Geschäftsjahres aufstellen, wenn dies einem ordnungsgemäßen Geschäftsgang entspricht. Der Vorstand hat den Jahresabschluss und den Lagebericht unverzüglich nach ihrer Aufstellung dem Aufsichtsrat vorzulegen. Ist der Jahresabschluss durch einen Abschlussprüfer zu prüfen, so sind diese Unterlagen zusammen mit dem Prüfungsbericht des Abschlussprüfers unverzüglich nach dem Eingang des Prüfungsberichtes dem Aufsichtsrat vorzulegen (§ 170 Abs. 1 AktG).

- Er hat die **Hauptversammlung** einzuberufen und ihr einen Vorschlag über die Verwendung des Bilanzgewinnes zu unterbreiten.

- Er muss bei **Zahlungsunfähigkeit** oder Überschuldung die Eröffnung des Insolvenzverfahrens oder des gerichtlichen Vergleichs beantragen.

18. Erläutern Sie die Rechtsstellung des Aufsichtsrates!

Der Aufsichtsrat überwacht die Geschäftsführung des Vorstandes. Er wird auf vier Jahre bestellt.

Den Aufsichtsratsmitgliedern kann eine Vergütung gewährt werden. Ist diese Vergütung gewinnabhängig, so berechnet sich der Anteil nach dem Bilanzgewinn, der um einen Betrag von mindestens 4 % (Vordividende) der auf den Nennbetrag der Aktien geleisteten Einlage zu vermindern ist.

19. Welche Aufgaben hat der Aufsichtsrat?

- Der Aufsichtsrat **bestellt** und **überwacht** den Vorstand, beruft ihn ab, wenn ein wichtiger Grund vorliegt.
- Der Aufsichtsrat **prüft** den Jahresabschluss, den Lagebericht und den Vorschlag für die Verwendung des Bilanzgewinnes.

  Ist der Jahresabschluss durch einen Abschlussprüfer zu prüfen, so hat der Abschlussprüfer auf Verlangen des Aufsichtsrats an dessen Verhandlungen über diese Vorlagen teilzunehmen, der Aufsichtsrat hat ferner zu dem Ergebnis der Prüfung des Jahresabschlusses durch den Abschlussprüfer Stellung zu nehmen.
- Er hat eine außerordentliche Hauptversammlung einzuberufen, wenn das Wohl der Gesellschaft dies erfordert.
- Der Aufsichtsrat hat die Sorgfaltspflicht und Schadensersatzpflicht wie der Vorstand.

20. Wie ist der Aufsichtsrat zusammengesetzt?

- In Gesellschaften, die **nicht mehr** als 2.000 Arbeitnehmer beschäftigen, wird der Aufsichtsrat zu zwei Dritteln aus Vertretern der Anteilseigner, zu einem Drittel aus Vertretern der Arbeitnehmer gebildet (Drittbeteiligungsgesetz). Die Anzahl der Aufsichtsratsmitglieder hängt von der Höhe des Grundkapitals ab. Der Aufsichtsrat besteht aus mindestens drei und höchstens einundzwanzig Mitgliedern (§ 95 AktG).
- In Gesellschaften, die **mehr** als 2.000 Arbeitnehmer beschäftigen, setzt sich der Aufsichtsrat je zur Hälfte aus Vertretern der Anteilseigner und der Arbeitnehmer zusammen. In diesem Falle hängt die Zahl der Aufsichtsratsmitglieder von der Anzahl der Arbeitnehmer ab, sie beträgt mindestens zwölf und höchstens zwanzig (§ 7 MitbestG).
- In Gesellschaften **der Montanindustrie** besteht der Aufsichtsrat nach dem Gesetz über Mitbestimmung der Arbeitnehmer aus elf Mitgliedern, die alle von den Anteilseignern gewählt werden: fünf Mitglieder auf Vorschlag der Hauptversammlung, davon vier Aktionäre, fünf Mitglieder auf Vorschlag des Betriebsrates und der Gewerkschaften, davon vier Arbeitnehmer, ein weiteres Mitglied auf Vorschlag der gewählten zehn Aufsichtsratsmitglieder, der „elfte Mann".
- Bei kapitalmarktorientierten Gesellschaften (§ 264d HGB) muss mindestens ein unabhängiges Mitglied des Aufsichtsrats über Sachverstand auf dem Gebiet der Rechnungslegung oder Abschlussprüfung verfügen.
- Bei börsennotierten Gesellschaften, für die das Mitbestimmungsgesetz, das Montan-Mitbestimmungsgesetz oder das Mitbestimmungsergänzungsgesetz gilt, setzt sich der Aufsichtsrat zu mindestens 30 % aus Frauen und zu mindestens 30 % aus Männern zusammen (§ 96 Abs. 2 AktG).
- Der Aufsichtsrat von Gesellschaften, die börsennotiert sind oder der Mitbestimmung unterliegen, legt für den Frauenanteil im Aufsichtsrat und im Vorstand Zielgrößen fest (Zielgröße 30 % – § 111 Abs. 5 AktG).

Ein Aufsichtsratsmitglied kann in der gleichen Gesellschaft nicht gleichzeitig Mitglied des Vorstandes sein, da er seine Kontrollfunktion nicht objektiv wahrnehmen könnte, er kann jedoch Vorstandsmitglied in einer anderen Gesellschaft sein (Verflechtung). Die Entsendung von gesetzlichen Vertretern anderer Kapitalgesellschaften in den Aufsichtsrat einer AG ist nicht zulässig, wenn ein Vorstandsmitglied dieser AG bereits dem Aufsichtsrat der anderen Gesellschaft angehört (Überkreuzverflechtung). Ferner kann ein Vorstandsmitglied eines abhängigen Unternehmens (Tochtergesellschaft) nicht dem Aufsichtsrat der herrschenden Gesellschaft (Muttergesellschaft) angehören.

21. Erläutern Sie die Rechtsstellung der Hauptversammlung!

Die Hauptversammlung ist die Versammlung der Aktionäre, in der sie ihre Rechte durch Ausübung des Stimmrechts wahrnehmen. Jedem Aktionär muss auf Verlangen in der Hauptversammlung durch den Vorstand Auskunft gegeben werden über Angelegenheiten der Gesellschaft, soweit sie zur sachgemäßen Beurteilung des Gegenstandes der Tagesordnung erforderlich ist. Der Vorstand darf die Auskunft nur in den vom Gesetz vorgesehenen Fällen verweigern.

Die **ordentliche** Hauptversammlung wird einmal im Jahr innerhalb der ersten acht Monate nach Geschäftsjahresschluss zur Entgegennahme des Jahresabschlusses und des Lageberichtes sowie zur Beschlussfassung über die Verwendung des Bilanzgewinnes einberufen.

Eine **außerordentliche** Hauptversammlung wird einberufen, wenn

- es die Aktionäre, deren Anteile zusammen den zwanzigsten Teil des Grundkapitals erreichen, aus besonderen Gründen verlangen
- eine Kapitalerhöhung oder -herabsetzung vorgenommen werden soll
- der Verlust die Hälfte des Grundkapitals erreicht.

Für Beschlüsse der Hauptversammlung genügt grundsätzlich die einfache Mehrheit der abgegebenen Stimmen. Beschlüsse über Satzungsänderungen müssen mit der qualifizierten Mehrheit von 75 % des bei der Beschlussfassung vertretenen Grundkapitals gefasst werden. Sobald ein Unternehmen 25 % des Kapitals der AG erworben hat, muss es dies der AG mitteilen. Besitzt ein Aktionär mehr als 25 % des Grundkapitals, kann er Beschlüsse, die die qualifizierte Mehrheit erfordern, verhindern. Er besitzt eine „Sperrminorität".

22. Welche Aufgaben hat die Hauptversammlung?

- Die Hauptversammlung **wählt** die Mitglieder des Aufsichtsrates (Vertreter der Anteilseigner) mit einfacher Mehrheit. Sie kann sie vor Ablauf ihrer Dienstzeit nur mit qualifizierter Mehrheit abberufen.
- Sie **beschließt** über Fragen der AG, die besonders weitreichend sind, die eine Satzungsänderung bewirken, wie z. B. Kapitalerhöhung und -herabsetzung, Verschmelzung und Auflösung.

- Sie **wählt** den Abschlussprüfer und Prüfer für Sonderprüfungen (z. B. Gründungsprüfung).
- Sie beschließt über die Verwendung des Bilanzgewinnes.
- Sie **stellt** den Jahresabschluss **fest**, wenn Vorstand und Aufsichtsrat dies beschließen oder wenn der Aufsichtsrat den Jahresabschluss des Vorstandes nicht billigt.
- Sie **beschließt** über die Entlastung der Vorstands- und Aufsichtsratsmitglieder.

23. Welche Pflichten hat der Aktionär?

Der Aktionär hat die Pflicht, die übernommene Einlage zu leisten. Dies sind bei Bargründungen mindestens 25 % des Nennwertes der Aktien sowie das volle Agio. Bei Sachgründungen sind die Sacheinlagen in voller Höhe einzubringen.

Weitere Verpflichtungen können durch die Satzung auferlegt werden.

24. Welche Rechte hat der Aktionär?

- **Recht** auf Teilnahme an der Hauptversammlung
- **Stimmrecht** in der Hauptversammlung: Jede Aktie gewährt das Stimmrecht, Vorzugsaktien können stimmrechtslos ausgegeben werden, Mehrstimmrechtsaktien sind nicht zulässig.

  Kleinaktionäre üben das Stimmrecht häufig nicht persönlich aus. Der Aktionär kann sich durch einen Bevollmächtigten vertreten lassen, dieser ist häufig die Bank, bei der die Aktien deponiert sind. Das Depotstimmrecht muss schriftlich erteilt werden und ist jederzeit widerruflich.

- **Auskunftsrecht:** Sie haben das Recht, in der Hauptversammlung die Vorlage des vollständigen Jahresabschlusses zu verlangen, wenn die Gesellschaft von größenabhängigen Erleichterungen bei der Aufstellung oder Offenlegung Gebrauch gemacht hat (siehe Bilanzgliederung, Gliederung der GuV-Rechnung, Pflichtangaben im Anhang, § 131 Abs. 1 AktG).
- **Anfechtung** eines Beschlusses der Hauptversammlung wegen Verletzung des Gesetzes oder der Satzung
- **Recht auf Anteil am Bilanzgewinn** (Dividende) nach dem Verhältnis der Aktiennennbeträge
- **Recht auf Bezug** neuer (junger) Aktien im Verhältnis der Kapitalerhöhung zum alten Grundkapital
- **Recht auf Anteil** am Liquidationserlös.

25. Wie wird der Gewinn der AG verwendet?

Der Bruttogewinn, d. h. der Überschuss der Erträge über die Aufwendungen ist um die Tantiemen für Vorstand und Aufsichtsrat und um die gewinnabhängigen Steuern (Gewerbesteuer, Körperschaftsteuer) zu mindern. Das Ergebnis ist der Jahresüberschuss.

Dieser ist folgendermaßen zu verwenden:

- **Einstellung in die gesetzliche Rücklage:** 5 % des Jahresüberschusses, der um einen etwaigen Verlustvortrag aus dem Vorjahr vermindert ist. Die gesetzliche Rücklage ist solange aufzustocken, bis die gesetzliche Rücklage und die Kapitalrücklagen nach § 272 Abs. 2 Nr. 1 bis 3 HGB zusammen den zehnten oder den in der Satzung bestimmten höheren Teil des Grundkapitals erreichen (§ 150 Abs. 2 AktG).
- **Einstellung in andere Gewinnrücklagen:** Vorstand und Aufsichtsrat können, sofern sie den Jahresabschluss feststellen, bis zur Hälfte des Jahresüberschusses (vermindert um Zuführung zu gesetzlicher Rücklage und Verlustvortrag) andere Gewinnrücklagen zuführen. Der verbleibende Jahresüberschuss ist der Bilanzgewinn. Die Hauptversammlung kann im Beschluss über die Verwendung des Bilanzgewinnes weitere Beträge in die Gewinnrücklage einstellen.
- **Dividende:** Die Hauptversammlung beschließt über die Gewinnanteile der Aktionäre.
- **Gewinnvortrag:** Der restliche Gewinn wird auf neue Rechnung vorgetragen.

Die Gewinn- und Verlustrechnung der Aktiengesellschaft wird um folgende Posten ergänzt (§ 275 HGB und § 158 AktG):

	Jahresüberschuss/Jahresfehlbetrag
+/-	Gewinn- bzw. Verlustvortrag aus dem Vorjahr
+	Entnahme aus der Kapitalrücklage
+	Entnahmen aus Gewinnrücklagen
-	Einstellungen in Gewinnrücklagen
=	**Bilanzgewinn/Bilanzverlust**

26. Welche wirtschaftliche Bedeutung hat die AG?

Die AG ist die Unternehmungsform, die für **kapitalintensive Großbetriebe** typisch ist. Nach dem Bundesverband deutscher Banken gibt es über 15.000 Aktiengesellschaften, vor 20 Jahren waren es lediglich etwa 2.800.

Die niedrigen Aktiennennbeträge ermöglichen eine breite Streuung des Eigentums an Produktionsmitteln. Diesem Zweck dient auch der Verkauf von „Volksaktien" und die Ausgabe von Belegschaftsaktien. Die Gesellschaften erhalten Kapital, das ihnen zeitlich unbefristet zur Verfügung steht, der Aktionär aber kann seine Beteiligung jederzeit wieder veräußern.

27. Welche Besonderheiten sind bei der Besteuerung der AG zu beachten?

Die Einkünfte der Aktiengesellschaft sind als Einkünfte aus Gewerbebetrieb zu behandeln. Das zu versteuernde Einkommen der AG unterliegt der Körperschaftsteuer.

Durch das **Unternehmenssteuerreformgesetz 2008** wurde der Körperschaftsteuersatz von 25 % erstmalig für den Veranlagungszeitraum 2008 auf 15 % herabgesetzt. Zu Einzelheiten siehe Grundwissen Steuerwesen, 4. Körperschaftsteuer.

28. Was ist eine Kommanditgesellschaft auf Aktien (KGaA)?

Die KGaA ist eine Handelsgesellschaft mit eigener Rechtspersönlichkeit, deren Gesellschafter sich zusammensetzen aus einem persönlich haftenden Gesellschafter (= Komplementär, Vollhafter) und den übrigen Gesellschaftern, die mit Einlagen an dem in Aktien aufgeteilten Grundkapital beteiligt sind (= Kommanditaktionäre, Teilhafter). Die KGaA ist somit ihrem Wesen nach die Vereinigung von AG und KG zu einer Gesellschaft, welche die Kaufmannseigenschaft kraft Rechtsform hat.

29. Erläutern Sie die Organe der KGaA!

Die Rechtsvorschriften über die KGaA sind im Aktiengesetz (§§ 278 - 290) zu finden. Da sie auch Züge der KG aufweist, sind auch die Vorschriften über die KG (§§ 161 - 177a HGB) zu beachten.

- **Komplementäre:** Anders als die AG hat die KGaA keinen besonderen Vorstand, dessen Aufgaben werden vielmehr von den Komplementären wahrgenommen. Sie führen die Geschäfte der Gesellschaft und vertreten sie. Sie können am Aktienkapital beteiligt sein, also Kommanditaktionäre sein oder aber auch Einlagen außerhalb des Grundkapitals leisten, die dann freies Gesellschaftsvermögen sind, die nicht den aktienrechtlichen Bestimmungen unterliegen.

- **Aufsichtsrat:** Er ist einerseits Organ der Gesellschaft und überwacht die Geschäftsführung der KGaA, andererseits ist er aber auch Organ der Kommanditaktionäre und führt deren Beschlüsse aus. Persönlich haftende Gesellschafter können nicht Aufsichtsratsmitglieder sein.

- **Hauptversammlung:** Sie besteht nur aus den Kommanditaktionären und ist nur deren Organ, nicht das aller Gesellschafter. Die Komplementäre sind in der Hauptversammlung nur vertreten, wenn sie auch Aktionäre sind. Damit keine Interessenkonflikte entstehen können, ist ihr Stimmrecht in diesem Falle in gewissen Fällen ausgeschlossen.

Die Beschlüsse der Hauptversammlung sind nur wirksam, wenn sie lediglich die Angelegenheiten der Kommanditaktionäre betreffen. Im Übrigen bedürfen sie der Zustimmung der persönlich haftenden Gesellschafter.

30. Welche wirtschaftliche Bedeutung hat die KGaA?

Sie spielt in der Praxis eine geringe Rolle. Die persönliche Haftung bei einer juristischen Person schreckt stark ab. Sie kommt bei einigen größeren Familienunternehmen vor.

31. Wie wird der Gewinn der KGaA steuerlich behandelt?

- **Körperschaftsteuer:** Die KGaA unterliegt gem. § 1 KStG der Körperschaftsteuer. Die Ausführungen zur AG gelten sinngemäß.

- **Einkommensteuer:** Die Gewinnanteile der Komplementäre, soweit sie nicht auf Anteile am Grundkapital entfallen, die Vergütungen, die sie von der Gesellschaft für

Tätigkeiten im Dienste der Gesellschaft oder für die Hingabe von Darlehen oder für die Überlassung von Wirtschaftsgütern bezogen haben, sind bei ihnen Einkünfte aus Gewerbebetrieb (§ 15 Abs. 1 Nr. 3 EStG). Die an die Kommanditaktionäre ausgeschütteten Gewinnanteile stellen bei diesen Einkünfte aus Kapitalvermögen dar, für sie gilt die Regelung wie bei Aktiengesellschaften.

- **Gewerbesteuer:** Die KGaA gilt als Gewerbebetrieb kraft Rechtsform (§ 2 Abs. 2 GewStG) und unterliegt der Gewerbesteuer. Die Gewinnanteile, die an die Komplementäre auf ihre nicht auf das Grundkapital gemachten Einlagen oder als Vergütung (Tantieme) für die Geschäftsführung verteilt worden sind, sind dem Gewinn aus Gewerbebetrieb hinzuzurechnen (§ 8 Nr. 4 GewStG).

32. Was ist eine Gesellschaft mit beschränkter Haftung (GmbH)?

Die GmbH ist eine Handelsgesellschaft mit eigener Rechtspersönlichkeit, deren Gesellschafter mit Stammeinlagen auf das in Geschäftsanteile zerlegte Stammkapital beteiligt sind, ohne persönlich für die Verbindlichkeiten der Gesellschaft zu haften (§ 13 GmbHG).

33. Wie firmiert die GmbH?

Die Firma der GmbH kann eine Personen-, Sach- oder Fantasiefirma sein. Sie muss die Bezeichnung „Gesellschaft mit beschränkter Haftung" oder eine allgemein verständliche Abkürzung dieser Bezeichnung enthalten (§ 4 GmbHG).

34. Wie entsteht die GmbH?

Sie wird durch notariell beurkundeten **Gesellschaftsvertrag** von einem oder mehreren Gesellschaftern errichtet. Der Gesellschaftsvertrag ist von sämtlichen Gesellschaftern zu unterzeichnen (§ 2 Abs. 1 GmbHG). Das Eintragungsverfahren wird unabhängig von einem staatlichen Genehmigungsverfahren durchgeführt.

Durch die Eintragung in das elektronische Handelsregister entsteht die GmbH als juristische Person, sie ist Kaufmann kraft Rechtsform. Vor der Eintragung haften die Gesellschafter persönlich und solidarisch.

35. Wie sieht das vereinfachte Gründungsverfahren aus?

Hat die Gesellschaft höchstens drei Gesellschafter und einen Geschäftsführer, kann die Gesellschaft in einem vereinfachten Verfahren gegründet werden (§ 2 Abs. 1a GmbHG). Für diese Verfahren ist ein Musterprotokoll zu verwenden. Darüber hinaus dürfen keine vom Gesetz abweichenden Bestimmungen getroffen werden. Das Musterprotokoll darf nur bei einer Bargründung verwendet werden, wenn die Gesellschaft nur **einen** Geschäftsführer hat. Es fasst Gesellschaftsvertrag, Geschäftsführerbestellung und Gesellschafterliste zusammen und ist beurkundungspflichtig.

36. Welche Besonderheiten sind bei Ein-Personen-Gesellschaften zu beachten?

Besondere Sicherheiten sind bei der Gründung von Ein-Personen-Gesellschaften nicht mehr erforderlich. Das Gericht kann jedoch bei erheblichen Zweifeln an der Richtigkeit der Versicherung, dass die Leistungen auf die Stammeinlage bewirkt sind, Nachweise (unter anderem Einzahlungsbelege) verlangen (§ 8 Abs. 2 Satz 2 GmbHG).

37. Wo ist der Sitz der Gesellschaft?

Sitz der Gesellschaft ist der Ort im Inland, den der Gesellschaftsvertrag bestimmt (§ 4a GmbHG). Bei der Handelsregisteranmeldung ist eine inländische Geschäftsanschrift anzugeben (§ 8 Abs. 4 GmbHG). Bei der Eintragung in das Handelsregister sind unter anderem die Firma und der Sitz der Gesellschaft sowie eine inländische Geschäftsanschrift anzugeben (§ 10 Abs. 1 GmbHG).

- Durch die Streichung des § 4a Abs. 2 GmbHG a. F. soll es deutschen Gesellschaften ermöglicht werden, einen **Verwaltungssitz** zu wählen, der nicht notwendig mit dem Satzungssitz übereinstimmt. Dieser Verwaltungssitz kann auch im Ausland liegen. Damit soll der Spielraum deutscher Gesellschaften erhöht werden, ihre Geschäftstätigkeit auch außerhalb des deutschen Hoheitsgebiets zu entfalten.

- Die Rechtsverfolgung gegenüber Gesellschaften soll beschleunigt werden. Das setzt voraus, dass die Gläubiger wissen, an wen sie sich wegen ihrer Ansprüche wenden können. Deshalb muss zukünftig in das Handelsregister eine inländische Geschäftsanschrift eingetragen werden.

38. Grenzen Sie die Begriffe Stammkapital und Geschäftsanteil voneinander ab!

- **Stammkapital:** Dies ist der in der Satzung festgelegte und in der Bilanz ausgewiesene Gesamtbetrag aller Geschäftsanteile, es muss mindestens 25.000 € betragen.

- **Geschäftsanteil:** Dies ist der von einem Gesellschafter übernommene Anteil am Stammkapital. Durch die Übernahme werden das Gesellschaftsrecht und die Pflicht zur Leistung der Einlage begründet. Der Geschäftsanteil bestimmt sich nach dem Betrag der von dem Gesellschafter übernommenen Stammeinlage. Über ihn kann eine Urkunde ausgestellt werden, die aber nur Beweisurkunde ist, kein Wertpapier.

Der Nennbetrag jedes Geschäftsanteils muss auf volle Euro lauten. Ein Gesellschafter kann bei Errichtung der Gesellschaft mehrere Geschäftsanteile übernehmen (§ 5 Abs. 2 GmbHG). Die Höhe der Nennbeträge der einzelnen Geschäftsanteile kann verschieden bestimmt werden. Die Summe der Nennbeträge aller Geschäftsanteile muss mit dem Stammkapital übereinstimmen (§ 5 Abs. 3 GmbHG).

Geschäftsanteile sind veräußerlich und vererbbar. Die Veräußerung als Ganzes muss der Gesellschaft gemeldet werden, die Veräußerung von Teilen bedarf der Genehmigung der Gesellschaft.

39. Erläutern Sie die Pflichten der GmbH-Gesellschafter!

- **Leistung des Geschäftsanteils:** Die Anmeldung zum elektronischen Handelsregister darf erst erfolgen, wenn auf jeden Geschäftsanteil ein Viertel eingezahlt ist, mindestens jedoch die Hälfte des Mindeststammkapitals vorhanden ist. Sacheinlagen sind voll zu erbringen.
- **Nachschusspflicht:** Im Gesellschaftsvertrag kann bestimmt werden, dass die Gesellschafter über die Nennbeträge der Geschäftsanteile hinaus die Einforderung von weiteren Einzahlungen (Nachschüssen) beschließen können (§ 26 GmbHG).

  Ist die Nachschusspflicht nicht auf einen bestimmten Betrag beschränkt, hat der Gesellschafter die Möglichkeit sich dieser Verpflichtung zu entziehen, indem er den Geschäftsanteil der Gesellschaft zur Befriedigung aus demselben zur Verfügung stellt, die Gesellschaft verkauft seinen Anteil. Dem Gesellschafter muss dieses Preisgaberecht (Abandonrecht) zustehen, da durch eine unbeschränkte Nachschusspflicht der Sinn der GmbH die Haftung der Gesellschafter auf den Geschäftsanteil zu beschränken verloren geht. Bei beschränkter Nachschusspflicht hat der Gesellschafter nicht die Möglichkeit der Preisgabe. Kommt er seiner beschränkten Nachschusspflicht nicht nach, kann er seinen Geschäftsanteil verlieren (Kaduzierung) oder der Geschäftsanteil wird verkauft.

40. Erläutern Sie die Rechte der GmbH-Gesellschafter!

- **Gewinnanteil:** Die Gesellschafter haben Anspruch auf den nach der jährlichen Bilanz sich ergebenden Reingewinn. Die Verteilung erfolgt nach dem Verhältnis der Geschäftsanteile, sofern die Satzung nichts anderes vorsieht.
- **Geschäftsführung:** Die Rechte bestimmen sich nach dem Gesellschaftsvertrag, soweit nicht gesetzliche Vorschriften entgegenstehen. Die Vertretung der Gesellschaft nach außen steht zwar nur den Geschäftsführern zu, jedoch können die Gesellschafter im Innenverhältnis die Geschäftsführungsbefugnis so regeln, dass die wesentlichen Entscheidungen von ihnen zu treffen sind.
- **Auskunftsrecht:** Die Geschäftsführer haben den Gesellschaftern über alle Angelegenheiten der Gesellschaft Auskunft zu geben und Einsicht in Bücher und Schriften zu gewähren. Da die Gesellschafter als oberstes Organ der Gesellschaft die wesentlichen Entscheidungen treffen, müssen sie auch umfassend informiert werden.

41. Erläutern Sie die Funktionen der Organe der GmbH!

- **Geschäftsführer:** Er führt die Geschäfte der GmbH und vertritt sie gerichtlich und außergerichtlich. Er wird durch die Gesellschafterversammlung bestellt oder abberufen, er ist an die Weisungen der Gesellschafter gebunden. Geschäftsführer können Gesellschafter oder dritte Personen sein.

  Gesellschaften, die mehr als 2.000 Arbeitnehmer beschäftigen, haben einen Arbeitsdirektor zu bestellen.

  Die Stellung des Geschäftsführers der GmbH entspricht derjenigen des Vorstandes einer AG. Die Amtszeit des Geschäftsführers ist jedoch nicht gesetzlich festgelegt.

- **Gesellschafterversammlung:** Sie bestimmt die Richtlinien der Geschäftsführung, ist beschließendes Organ. Die Einberufung erfolgt durch eingeschriebenen Brief. Die Gesellschafter beschließen u. a. über:

  (1) die Feststellung der Jahresbilanz und die Verteilung des Reingewinns

  (2) die Einforderung von Einzahlungen auf das Stammkapital

  (3) die Rückzahlung von Nachschüssen

  (4) die Teilung sowie Einziehung von Geschäftsanteilen

  (5) die Bestellung und die Abberufung von Geschäftsführern sowie deren Entlastung

  (6) die Bestellung von Prokuristen und von Handlungsbevollmächtigten.

  Beschlüsse werden nach der Mehrheit der abgegebenen Stimmen gefasst, jede 50 € eines Geschäftsanteils gewähren eine Stimme.

- **Aufsichtsrat:** Der Aufsichtsrat kontrolliert die Geschäftsführer. Unternehmen mit weniger als 500 Beschäftigten benötigen keinen Aufsichtsrat. Bei mehr als 500 bis 2.000 Beschäftigten wählt die Gesellschafterversammlung die Mitglieder des Aufsichtsrates, bei Gesellschaften mit mehr als 2.000 Arbeitnehmern wählen die Gesellschafterversammlung und die Betriebsbelegschaft je die Hälfte der Zahl der Aufsichtsratsmitglieder. Die Frauenquote ist zu beachten (Zielgröße 30 % – §§ 36 und 52 Abs. 2 GmbHG).

42. Was ist die Unternehmergesellschaft?

Die Unternehmergesellschaft stellt eine Unterform der traditionellen GmbH dar. Der bedeutendste Unterschied liegt in der Höhe des Stammkapitals. Während für die GmbH ein Stammkapital von mindestens 25.000 € erbracht werden muss, darf für die Unternehmergesellschaft dieses Mindestkapital unterschritten werden (§ 5a Abs. 1 GmbHG). Theoretisch kann die Unternehmergesellschaft als Ein-Personen-Gründung mit einem Stammkapital von 1 € ausgestattet sein (§ 5 Abs. 2 und 3 GmbHG). Sie wird daher auch als „Mini-GmbH" oder „1 € GmbH" bezeichnet.

43. Wie firmiert die Unternehmergesellschaft?

Abweichend von § 4 GmbHG muss die Unternehmergesellschaft in der Firma die Bezeichnung „Unternehmergesellschaft (haftungsbeschränkt)" oder „UG (haftungsbeschränkt)" führen (§ 5a Abs. 1 GmbHG).

44. Welche Voraussetzungen hat die Unternehmergesellschaft bei der Anmeldung zum Handelsregister zu beachten?

Abweichend von § 7 Abs. 2 GmbHG darf die Anmeldung erst erfolgen, wenn das Stammkapital in voller Höhe eingezahlt ist (§ 5a Abs. 2 GmbHG). Sacheinlagen sind ausgeschlossen.

45. Welche Besonderheiten sind bei der Gewinnverteilung der Unternehmergesellschaft zu beachten?

Die Unternehmergesellschaft hat ein Viertel des Jahresüberschusses, der ggf. um einen Verlustvortrag aus dem Vorjahr gemindert ist, in eine gesetzliche Rücklage einzustellen (§ 5a Abs. 3 Satz 1 GmbHG). Aus der Rücklage kann das Stammkapital erhöht werden (§ 57c GmbHG). Ist das Mindeststammkapital von 25.000 € erreicht, kann die UG zu einer „Normalen-GmbH" umgewandelt werden.

46. Für welche Zwecke darf die gesetzliche Rücklage der Unternehmergesellschaft verwendet werden?

Gemäß § 5a Abs. 3 GmbHG darf die Rücklage verwandt werden,

- um eine Kapitalerhöhung aus Gesellschaftsmitteln vorzunehmen
- zum Ausgleich eines Jahresfehlbetrages, soweit er nicht durch einen Gewinnvortrag aus dem Vorjahr gedeckt ist
- zum Ausgleich eines Verlustvortrages aus dem Vorjahr, soweit er nicht durch einen Jahresüberschuss gedeckt ist.

47. Welche wirtschaftliche Bedeutung hat die GmbH?

In der Bundesrepublik Deutschland gibt es etwa 1 Mio. Gesellschaften mit beschränkter Haftung. Sie kommt so häufig vor, weil

- das erforderliche Stammkapital nicht sehr hoch ist
- die Haftung der Gesellschafter auf die Stammeinlage beschränkt ist
- die Gründungs- und Verwaltungskosten niedriger als bei einer AG sind
- die Unternehmensführung durch einen Geschäftsführer sehr flexibel sein kann
- die Gesellschafter ein weitreichendes Mitspracherecht haben
- die Publizitätspflicht für kleinere Gesellschaften entfällt
- die Fortführung als juristische Person gesichert ist.

Spezielle Funktionen einer Unternehmung werden bisweilen ausgegliedert und in der Rechtsform der GmbH geführt (z. B. Forschung und Entwicklung, Vertrieb). Die GmbH kann auch für nichtgewerbliche Zwecke gegründet werden. Sie ist besonders für Familienunternehmen geeignet.

Der GmbH-Mantel – der rechtliche Rahmen der GmbH – kann ohne den dazugehörigen Betrieb veräußert werden. Der Erwerber erspart somit Gründungskosten.

48. Was ist eine GmbH & Co. KG?

Die GmbH & Co. KG ist eine Personengesellschaft (KG), bei der eine Gesellschaft mit beschränkter Haftung (GmbH) Vollhafter (Komplementär) ist.

Damit ist zwar ein Vollhafter vorhanden, der aber selbst nur beschränkt haftet. Häufig sind die Kommanditisten der KG gleichzeitig Gesellschafter und/oder Geschäftsführer der GmbH. Haftungsgrundlage sind demnach das Stammkapital der GmbH und die Kommanditeinlagen der Kommanditisten.

49. Wie firmiert die GmbH & Co. KG?

Die Firma der GmbH & Co. KG kann eine Personen-, Sach- oder Fantasiefirma sein. Sie muss eine Bezeichnung enthalten, welche die Haftungsbeschränkung kennzeichnet. Der Zusatz „& Co." ist künftig grundsätzlich nicht mehr zulässig.

50. Welche Bedeutung hat die GmbH & Co. KG?

Diese Rechtsform wurde aus steuerlichen Gründen gern gewählt, seit der Körperschaftsteuerreform sind diese Gründe weggefallen.

- **Haftungsbeschränkung:** Obwohl eine Personengesellschaft vorliegt, ist die Haftung dennoch beschränkt.
- **Firma:** Es muss kein Personenname in Erscheinung treten, obwohl es sich um eine Personenfirma handelt.
- **Nachfolge:** Bei Erbfällen bleibt die Personengesellschaft dennoch bestehen, da an die Stelle des Vollhafters als natürliche Person die GmbH getreten ist.
- **Finanzierung:** Die Eigenkapitalbeschaffung durch Erhöhung der Kommanditanteile ist verhältnismäßig unproblematisch und verursacht geringe Kapitalbeschaffungskosten.

Da die Haftungsbeschränkung das Risiko der Gläubiger erhöht, werden die Kreditgeber nur in eingeschränktem Umfang Finanzierungsmittel zur Verfügung stellen.

51. Welche Besonderheiten sind bei der Besteuerung der GmbH & Co. KG zu beachten?

- **Einkommensteuer/Körperschaftsteuer:** Die GmbH & Co. KG ist als Personengesellschaft nicht körperschaftsteuerpflichtig, lediglich die Komplementär-GmbH unterliegt mit ihrem Einkommen der Körperschaftsteuer. Der Gewinn der GmbH & Co. KG wird einheitlich und für die beteiligten Gesellschafter gesondert festgestellt. Sind die Kommanditisten natürliche Personen, unterliegt ihr Gewinnanteil der Einkommensteuer. Es liegen Einkünfte aus Gewerbebetrieb vor. Der Gewinnanteil der Komplementär-GmbH ist bei dieser körperschaftsteuerpflichtiges Einkommen.
- **Gewerbesteuer:** Die gewerblich tätige GmbH & Co. KG unterliegt wie eine sonstige KG auch der Gewerbesteuer. Die Komplementär-GmbH gilt als Gewerbebetrieb kraft Rechtsform.
- **Umsatzsteuer:** Die GmbH & Co. KG gilt als Unternehmer im umsatzsteuerlichen Sinne. Eine GmbH, die an einer KG als persönlich haftende Gesellschafterin beteiligt ist, kann nicht als Organgesellschaft in das Unternehmen dieser KG eingegliedert sein.

52. Welche besonderen Vorschriften sind bei der Rechnungslegung der Kapitalgesellschaften zu beachten?

▶ Die gesetzlichen Vertreter einer Kapitalgesellschaft haben den Jahresabschluss und den Lagebericht in den ersten drei Monaten für das vergangene Geschäftsjahr aufzustellen.

Die gesetzlichen Vertreter einer kapitalmarktorientierten Kapitalgesellschaft, die nicht zur Aufstellung eines Konzernabschlusses verpflichtet ist, haben den Jahresabschluss um eine Kapitalflussrechnung und einen Eigenkapitalspiegel zu erweitern, die mit der Bilanz, Gewinn- und Verlustrechnung und dem Anhang eine Einheit bilden. Sie können den Jahresabschluss um eine Segmentberichterstattung erweitern.

„Kleine" Kapitalgesellschaften müssen diese Unterlagen innerhalb der ersten sechs Monate des Geschäftsjahres erstellen (§ 264 HGB). Sie brauchen den Lagebericht nicht aufzustellen.

▶ Der Jahresabschluss und der Lagebericht von „mittelgroßen" und „großen" Kapitalgesellschaften sind durch einen Abschlussprüfer zu prüfen. Hat keine Prüfung stattgefunden, so kann der Jahresabschluss nicht festgestellt werden (§ 316 HGB). In die Prüfung des Jahresabschlusses ist die Buchführung einzubeziehen. Der Abschlussprüfer hat zu prüfen, ob die gesetzlichen Vorschriften und die ergänzenden Bestimmungen des Gesellschaftsvertrages oder der Satzung beachtet sind. Der Lagebericht ist darauf zu prüfen, ob er mit dem Jahresabschluss in Einklang steht und ob die sonstigen Angaben nicht eine falsche Vorstellung von der Lage des Unternehmens erwecken (§ 317 Abs. 1 HGB). Der Abschlussprüfer des Jahresabschlusses wird von den Gesellschaftern gewählt (§ 318 Abs. 1 HGB).

▶ Abschlussprüfer können Wirtschaftsprüfer und Wirtschaftsprüfungsgesellschaften sein. Abschlussprüfer von Jahresabschlüssen und Lageberichten einer „mittelgroßen" GmbH können auch vereidigte Buchprüfer oder Buchprüfungsgesellschaften sein (§ 319 Abs. 1 HGB).

Der Abschlussprüfer erstellt einen **Prüfungsbericht** (§ 321 HGB), den er unterzeichnet und den gesetzlichen Vertretern der Gesellschaft vorlegt. Das Ergebnis der Prüfung ist in einem **Bestätigungsvermerk** zum Jahresabschluss oder zum Konzernabschluss zusammenzufassen (§ 322 HGB). Der Bestätigungsvermerk hat Gegenstand, Art und Umfang der Prüfung zu beschreiben und dabei die angewandten Rechnungslegungs- und Prüfungsgrundsätze anzugeben. Er hat ferner eine Beurteilung des Prüfungsergebnisses (z. B. uneingeschränkter oder eingeschränkter Bestätigungsvermerk) zu enthalten. In einem einleitenden Abschnitt haben zumindest die Beschreibung des Gegenstandes der Prüfung und die Angabe zu den angewandten Rechnungslegungsgrundsätzen zu erfolgen.

▶ Der Vorstand hat den Jahresabschluss und den Lagebericht unverzüglich nach ihrer Aufstellung dem Aufsichtsrat vorzulegen. Ist der Jahresabschluss durch einen Abschlussprüfer zu prüfen, so sind diese Unterlagen zusammen mit dem Prüfungsbericht der Abschlussprüfer unverzüglich nach dem Eingang des Prüfungsberichts dem Aufsichtsrat vorzulegen (§ 170 Abs. 1 AktG).

Der Aufsichtsrat hat den Jahresabschluss, den Lagebericht und den Vorschlag für die Verwendung des Bilanzgewinnes zu prüfen und ggf. zu dem Ergebnis der Prüfung des Jahresabschlusses durch den Abschlussprüfer Stellung zu nehmen. Ist der Jahresabschluss durch einen Abschlussprüfer zu prüfen, so hat der Abschlussprüfer auf Verlangen des Aufsichtsrates an dessen Verhandlungen teilzunehmen (§ 171 AktG). Billigt der Aufsichtsrat den Jahresabschluss, ist er festgestellt (§ 172 AktG).

Diese Vorschriften gelten sinngemäß für die GmbH (§ 42a GmbHG).

- Unverzüglich nach Eingang des Berichts des Aufsichtsrates hat der Vorstand die Hauptversammlung zur Entgegennahme des festgestellten Jahresabschlusses und des Lageberichts sowie zur Beschlussfassung über die Verwendung des Bilanzgewinnes einzuberufen.
- Offenlegung und Veröffentlichung.

Das „Gesetz über elektronische Handelsregister und Genossenschaftsregister sowie das Unternehmensregister" (EHUG) ändert nichts daran, welche Unterlagen die Unternehmen zur Veröffentlichung einreichen müssen:

- **Große und mittelgroße Gesellschaften** (zur Abgrenzung der Größenklassen vgl. § 267 HGB) müssen sämtliche in § 325 HGB genannten Unterlagen einreichen. Das sind:
  - der festgestellte oder gebilligte Jahresabschluss, der Lagebericht und der Bestätigungsvermerk oder der Vermerk über dessen Versagung
  - der Bericht des Aufsichtsrates und die nach § 161 AktG vorgeschriebene Erklärung.

Für eingetragene Genossenschaften gelten Besonderheiten (vgl. § 339 HGB).

- **Kleine Gesellschaften** können von der Erleichterung nach § 326 HGB und mittelgroße Gesellschaften von den Erleichterungen nach § 327 HGB Gebrauch machen. Einzureichen und offenzulegen sind von kleinen Gesellschaften nur Bilanz und Anhang.

Den Offenlegungspflichten nach § 325 HGB können Kleinstkapitalgesellschaften durch Hinterlegung der Bilanz – statt Veröffentlichung des Jahresabschlusses – beim Bundesanzeiger nachkommen. Eine Einreichung der GuV und des ggf. aufgestellten Anhangs ist nicht notwendig. Es ist jedoch eine Mitteilung an den Betreiber des Bundesanzeigers zu machen, dass zwei der drei in § 267a Abs. 1 HGB genannten Kriterien für die letzten beiden Abschlussstichtage **nicht** überschritten werden.

53. Wie werden Unterlagen eingereicht?

Das EHUG schreibt vor, dass die Unterlagen ab 01.01.2007 elektronisch beim elektronischen Bundesanzeiger eingereicht werden müssen. Für eine Übergangszeit können die Unterlagen bis zum 31.12.2009 auch in Papierform eingereicht werden. Für die elektronische Einreichung bietet der Betreiber des elektronischen Bundesanzeigers einen komfortablen Übermittlungsweg über ein Upload-Verfahren via Internet an. Zugelassene Datei-Formate sind Word, RTF, Excel und ein XML-Format auf der Grundlage einer vom Bundesanzeiger vorgegebenen XBRL-basierten Struktur.

54. Bis wann müssen die Unterlagen offengelegt werden?

Die neuen Vorschriften sind erstmals auf Unterlagen für das nach dem 31.12.2005 beginnende Geschäftsjahr anzuwenden, das ist in den meisten Fällen das Geschäftsjahr 2006. Die Unterlagen müssen nach wie vor unverzüglich nach ihrer Vorlage an die Gesellschafter, spätestens 12 Monate nach dem Abschlussstichtag des Geschäftsjahres eingereicht werden.

55. Wie werden die eingereichten Unterlagen offengelegt?

Nachdem die Unterlagen zum elektronischen Bundesanzeiger eingereicht und hier bekannt gemacht wurden, übermittelt dessen Betreiber die Unterlagen an das Unternehmensregister. Sie werden auf der Internetseite **www.unternehmensregister.de** eingestellt. Darüber hinaus können die Daten auch im elektronischen Bundesanzeiger kostenlos eingesehen werden.

56. Für welche Unternehmen gilt das Publizitätsgesetz?

Für Unternehmen, die z. B. in der Rechtsform des Einzelkaufmanns, einer Personengesellschaft, bestimmter Vereine oder Stiftungen geführt werden, besteht die Verpflichtung, den Jahresabschluss und den Lagebericht nach Prüfung durch einen Abschlussprüfer zu veröffentlichen. Für den Abschlussstichtag und für die zwei darauf folgenden Abschlussstichtage sind mindestens zwei der folgenden drei Merkmale zutreffend:

(1) die Bilanzsumme übersteigt 65 Mio. €

(2) die Umsatzerlöse übersteigen 130 Mio. €

(3) es werden mehr als 5.000 Arbeitskräfte beschäftigt (§ 1 Publizitätsgesetz).

Diese Vorschriften betreffen nicht die Kapitalgesellschaften, für die bereits eine allgemeine Publizitätspflicht nach dem HGB (§ 15 HGB) besteht.

57. Was ist eine Europäische Gesellschaft?

Die Europäische Gesellschaft (international auf Lateinisch auch Societas Europaea, kurz SE) ist eine Rechtsform für Aktiengesellschaften in der Europäischen Union und im Europäischen Wirtschaftsraum. Mit ihr ermöglicht die EU seit dem Jahresende 2004 die Gründung von Gesellschaften nach weitgehend einheitlichen Rechtsprinzipien. Die SE wird in EU-Dokumenten auch als Europäische Aktiengesellschaft und umgangssprachlich daher auch als Europa-AG bezeichnet.

Rechtsgrundlage für die Europäische Aktiengesellschaft ist die EG-Verordnung 2157/2001 über das Statut der Europäischen Gesellschaft (SE) vom 08.10.2001, die am 08.10.2004 in Kraft getreten ist.

58. Wie kann eine Europäische Gesellschaft gegründet werden?

Es bestehen vier verschiedene Möglichkeiten zur Gründung einer „Europa-AG":

- Zusammenschluss (Verschmelzung/Fusion) von bestehenden Gesellschaften
- Gründung einer Holding-Gesellschaft
- Gründung einer gemeinsamen Tochtergesellschaft durch mehrere Gesellschaften oder durch eine bereits bestehende SE
- Umwandlung einer nationalen Aktiengesellschaft.

59. Nennen Sie Merkmale der Europäischen Gesellschaft!

- Die Europäische Gesellschaft besitzt eine eigene Rechtsfähigkeit.
- Sie ist eine Kapitalgesellschaft mit einem Mindestkapital von 120.000 €.
- Ihr Kapital ist in Aktien zerlegt. Jeder Aktionär haftet nur bis zur Höhe des von ihm gezeichneten Kapitals.
- Sie muss ihren Sitz in einem Staat der EU oder des Europäischen Wirtschaftsraum haben, kann ihn aber jederzeit in einen anderen Mitgliedstaat erlegen.
- Ihre Aktionäre versammeln sich in der Hauptversammlung und üben grundlegende Rechte aus (sozusagen die Eigentumsrechte).
- Die Geschäftsführung kann folgendermaßen ausgeübt werden:
  - Entweder führt der Vorstand die Geschäfte und wird vom Aufsichtsrat kontrolliert (Dualistisches System)
  - oder ein Verwaltungsrat übernimmt die Leitung der SE in eigener Verantwortung (Monistisches System). Der Verwaltungsrat besteht aus drei Mitgliedern; die Satzung kann eine höhere oder (wenn das Grundkapital maximal 3 Mio. € beträgt) niedrigere Anzahl festlegen. Für die Führung der laufenden Geschäfte sowie für die Vertretung der „monistischen" SE muss der Verwaltungsrat geschäftsführende Direktoren bestellen. Diese können entweder – als interne geschäftsführende Direktoren – aus dem Kreis der Verwaltungsratsmitglieder stammen, dann müssen aber die nicht-geschäftsführenden Verwaltungsratsmitglieder in der Mehrheit sein, oder es kann sich um dem Verwaltungsratsmitglieder nicht angehörende Personen handeln, dann spricht man von externen geschäftsführenden Direktoren.
- Die Aktien können nach den jeweils nationalen Vorschriften übertragen werden. Es gehört nicht zu den notwendigen Merkmalen einer Europäischen Gesellschaft, dass ihre Aktien an einer Börse gehandelt werden.

60. Welche Bedeutung hat die Europäische Gesellschaft?

Am 31.12.2016 gab es 2.670 SE's in Europa. Nur 451 davon sind „Normale", d. h. nur hier wird eine Gesellschaft wirklich operativ tätig, davon sind 230 SE's in Deutschland registriert (z. B. Allianz, BASF, Klöckner, Knauf, Porsche, Schering, Tchibo usw.).

61. Unterscheiden Sie die englischen Kapitalgesellschaften ‚Private Limited Company by Shares' und ‚Public Limited Company'!

Die Public Limited Company (PLC) ist mit einer deutschen Aktiengesellschaft vergleichbar. Ihre Aktien werden einer breiten Öffentlichkeit angeboten. Sie hat ein Mindeststammkapital von 50.000 GBP.

Bei der Private Limited Company by Shares (Limited, Ltd.) ist der Gesellschafterkreis begrenzt. Man spricht nicht von Aktien sondern von Anteilen, deren Handel nicht an der Börse zugelassen ist. Für Existenzgründer ist diese Gesellschaftsform interessant, da sie einfach und kostengünstig zu gründen ist.

62. Wie wird die Limited gegründet?

Die Limited wird in England nach englischem Recht und in englischer Sprache gegründet. Der Gesellschaftsvertrag (Memorandum and Articles of Association) besteht aus zwei Teilen. Das Memorandum of Association regelt dabei das Außenverhältnis der Gesellschaft, die Articles of Association das Innenverhältnis.

Der Gesellschaftsvertrag wird zusammen mit dem Beschluss zur Berufung des Directors und des Company Secretary beim englischen Handelsregister eingereicht. Eine notarielle Beglaubigung dieser Unterlagen ist nicht notwendig. Die Gesellschaft wird in das Handelsregister eingetragen und das Gründungszertifikat („**Certificate of Incorporation**") ausgestellt.

63. Welches sind die Organe der Limited?

Der **Director** ist der **gesetzliche Stellvertreter** der im englischen Handelsregister eingetragenen Gesellschaft. Die Position setzt **keine** formale Qualifikation voraus. Der Director ist für alle geschäftlichen Tätigkeiten, die im Namen der Firma getätigt werden, verantwortlich und hat dabei die Interessen des Unternehmens zu vertreten. Der Director kann eine **juristische Person** (also eine weitere Firma) sein. Der Director ist dem Companies House (englisches Handelsregister) gegenüber persönlich dafür verantwortlich, dass die **notwendigen Dokumente termingerecht** erstellt und eingereicht werden.

Die Gründung der Ltd. kann mit einem einzigen **Shareholder** (Gesellschafter, Aktionär) erfolgen. Dieser zeichnet bei der Gründung die Zahl von Aktien, die er übernehmen möchte. Nach der Registrierung der Gesellschaft beim Handelsregister gibt die Gesellschaft die Aktie(n) an den Zeichner der Aktie(n) aus.

Der **Company Secretary** wird durch den Director ernannt. Er ist im Gegensatz zu den beiden anderen Posten kein Organ einer Limited. Er ist wie ein Verwalter innerhalb der Limited zu betrachten und übernimmt die Kommunikation mit den englischen Behörden. Seit April 2008 ist der bislang vorgeschriebene Secretary jedoch nicht mehr zwingend erforderlich.

64. Wie firmiert die Limited?

Der Name der Limited ist grundsätzlich **frei** wählbar, nur die Länge ist begrenzt. Zudem muss der gewählte Name mit dem Zusatz „**Ltd.**" oder „**Limited**" enden. Bei bestimmten Begriffen wie „european" oder „international" ist eine Genehmigung erforderlich. Ähnlich klingende beziehungsweise gleiche Namen wie die bereits bestehender Limiteds sind nicht zulässig.

65. Welche Vorteile bietet die Limited?

- Die Limited benötigt ein Eigenkapital von einem britischen Pfund.
- Die Limited ist innerhalb eines Zeitraums von wenigen Tagen gegründet und geschäftsfähig.
- Der Vorteil für die Kunden einer Limited ist die Transparenz der Gesellschaftsform.
- Die Haftung ist limitiert, das heißt es wird nicht mit dem Privatvermögen gehaftet.
- Es ist jederzeit möglich, einen Gesellschafter hinzuzunehmen oder eine Kapitalerhöhung durchzuführen.
- Eine Limited lässt sich gegen eine Gebühr von zirka zehn GBP wieder löschen.

66. Welche Nachteile hat die Limited?

- Die Gründung einer Limited erfordert eine Adresse und einen Vertreter in England.
- Eine Limited, deren Haupttätigkeit in Deutschland liegt, muss sowohl eine Steuererklärung in Deutschland, als auch einen Jahresabschluss in England einreichen.
- Da es sich bei der Limited um eine englische Gesellschaftsform handelt, bewegt sich der deutsche Gründer zwischen zwei Rechtssystemen: Gesellschaftsrechtlich gilt englisches Recht, steuerlich und bilanziell gelten sowohl deutsches als auch englisches Recht.

3.6.4 Die Genossenschaft

1. Was ist eine Genossenschaft?

Gesellschaften von nicht geschlossener Mitgliederzahl, deren Zweck darauf gerichtet ist, den Erwerb oder die Wirtschaft ihrer Mitglieder oder deren soziale oder kulturelle Belange durch gemeinschaftlichen Geschäftsbetrieb zu fördern (Genossenschaften), erwerben die Rechte einer „eingetragenen Genossenschaft" nach Maßgabe des Genossenschaftsgesetzes. Ab dem 18.08.2006 besteht in der Europäischen Union die Möglichkeit, für genossenschaftliche Aktivitäten die Rechtsform der Europäischen Genossenschaft zu wählen.

2. Wie vollzieht sich die Gründung der Genossenschaft?

Die Gründung erfolgt durch schriftlich niedergelegte und unterschriftlich vollzogene Satzung (§ 5 GenG) von mindestens drei Mitgliedern (§ 4 GenG) mit anschließender Wahl des Vorstandes und Aufsichtsrates, Prüfung durch den Prüfungsverband und Eintragung in das Genossenschaftsregister (§ 10 GenG) beim elektronischen Bundesanzeiger. Die Eintragung hat rechtsbegründende Wirkung. Die Genossenschaft wird durch Eintragung juristische Person und zugleich Formkaufmann.

In der Satzung kann ein Mindestkapital der Genossenschaft bestimmt werden, das auch durch die Auszahlung eines Auseinandersetzungsguthabens von Mitgliedern, die ausgeschieden sind oder einzelne Geschäftsanteile gekündigt haben, nicht unterschritten werden darf.

3. Wie firmiert die Genossenschaft?

Die Firma kann eine Sach-, Personen- oder Fantasiefirma sein, sie muss den Zusatz „eingetragene Genossenschaft" oder die Abkürzung „eG" enthalten (§ 3 GenG).

4. Welche Prüfungsverbände überprüfen die Genossenschaften?

Der Zentralverband der genossenschaftlichen Großhandels- und Dienstleistungsunternehmen e. V. prüft gewerbliche Genossenschaften (z. B. Einkaufs- und Lieferungsgenossenschaften).

Der Bundesverband der Volksbanken und Raiffeisenbanken e. V. prüft die Kreditgenossenschaften.

Der Deutsche Raiffeisenverband e. V. prüft die Ländlichen Genossenschaften (z. B. Warengenossenschaften).

Der Revisionsverband deutscher Konsumgenossenschaften e. V. prüft die Konsumgenossenschaften.

Der Gesamtverband gemeinnütziger Wohnungsunternehmen e. V. prüft die Baugenossenschaften. Zwecks Feststellung der wirtschaftlichen Verhältnisse und der Ordnungsmäßigkeit der Geschäftsführung sind die Einrichtungen, die Vermögenslage sowie die Geschäftsführung der Genossenschaft einschließlich der Führung der Mitgliederliste mindestens in jedem zweiten Geschäftsjahr zu prüfen. Bei Genossenschaften, deren Bilanzsumme 2 Mio. € übersteigt, muss die Prüfung in jedem Geschäftsjahr stattfinden. Im Rahmen dieser Prüfung ist bei Genossenschaften, deren Bilanzsumme 1 Mio. € und deren Umsatzerlöse 2 Mio. € übersteigen, der Jahresabschluss unter Einbeziehung der Buchführung und des Lageberichts zu prüfen.

5. Erläutern Sie die Mitgliedschaft in einer Genossenschaft!

Jede natürliche und juristische Person kann Mitglied in einer Genossenschaft sein. Der Eintritt in eine bestehende Genossenschaft ist jederzeit durch schriftliche, unbedingte Beitrittserklärung möglich. Der Vorstand muss die Eintragung in die Liste der Mitglieder dem Gericht einreichen, erst durch die Eintragung entsteht die Mitgliedschaft des Beitretenden.

Die Satzung kann bestimmen, dass Personen, die für die Nutzung oder Produktion der Güter und die Nutzung oder Erbringung der Dienste der Genossenschaft nicht infrage kommen, als investierende Mitglieder zugelassen werden können. Die Zahl der investierenden Mitglieder im Aufsichtsrat darf ein Viertel der Aufsichtsratsmitglieder nicht überschreiten.

Die Kündigung der Mitgliedschaft ist zum Schluss eines Geschäftsjahres möglich, die Kündigungsfrist beträgt drei Monate.

6. Grenzen Sie die Begriffe Geschäftsanteil und Geschäftsguthaben voneinander ab!

Geschäftsanteil ist der Betrag, bis zu welchem sich die einzelnen Mitglieder mit Einlagen beteiligen können. Der Betrag muss in der Satzung bestimmt sein. Die Satzung kann auch festlegen, dass sich ein Mitglied mit mehr als einem Geschäftsanteil beteiligen darf oder muss (Pflichtbeteiligung). Die Pflichtbeteiligung muss für alle Mitglieder gleich sein. Sacheinlagen als Einzahlung auf den Geschäftsanteil können zugelassen werden. Die Satzung kann auch eine Höchstzahl der Geschäftsanteile festlegen.

Geschäftsguthaben ist der Betrag, mit dem das Mitglied tatsächlich an der Genossenschaft beteiligt ist. Der Mindesteinlage (mindestens ein Zehntel des Geschäftsanteils), die tatsächlich einbezahlt ist, werden Gewinne hinzugerechnet, Verluste werden davon gekürzt. Die Summe der Geschäftsguthaben aller Mitglieder ergibt das in der Bilanz ausgewiesene Geschäftsguthaben.

7. Wie haften die Mitglieder?

Die Mitglieder haften für die Verbindlichkeiten der Genossenschaft.

Wer in eine Genossenschaft eintritt, haftet für die bei Eintritt vorhandenen Verbindlichkeiten. Das Mitglied trägt das Risiko, dass sein Geschäftsanteil verloren geht.

Der Geschäftsanteil setzt sich folgendermaßen zusammen:

	Einzahlungen
+	Gewinngutschriften
=	Geschäftsguthaben
+	rückständige Pflichteinzahlungen
=	**Geschäftsanteil**

Die Satzung kann festlegen, dass im Insolvenzfalle die Mitglieder eine unbeschränkte oder beschränkte Nachschusspflicht haben. In diesem Falle erstreckt sich das Risiko des Mitglieds auch auf diese Nachschussleistung.

8. Erläutern Sie die Rechte und Pflichten der Mitglieder!

- **Pflichten:** Sie müssen die in der Satzung vorgeschriebenen Einzahlungen auf den übernommenen Geschäftsanteil leisten.

Sofern die Satzung es bestimmt, haben sie im Insolvenzfalle eine beschränkte oder unbeschränkte Nachschusspflicht.

- **Rechte:** Sie können die Einrichtungen der Genossenschaften benutzen. Sie können an der Generalversammlung teilnehmen, sofern nicht eine Vertreterversammlung besteht.

Sie haben ein Recht auf Anteil am Gewinn, der nach dem Verhältnis der geleisteten Einzahlungen bzw. der Geschäftsguthaben verteilt wird, sofern er nicht den Rücklagen zugeführt wird. Die Zuschreibung des Gewinns erfolgt so lange, als nicht der Geschäftsanteil erreicht ist. Das Geschäftsguthaben wird grundsätzlich nicht verzinst.

Sie können kündigen.

Bei Ausscheiden haben sie das Recht, sich ihr Geschäftsguthaben auszahlen zu lassen.

Bei Liquidation der Genossenschaft haben sie Anspruch auf den Liquidationserlös nach dem Verhältnis der Geschäftsguthaben bis zu deren Höhe. Weitere Überschüsse werden nach Köpfen verteilt.

9. Erläutern Sie die Funktionen der Organe der Genossenschaft!

- **Vorstand:** Die Genossenschaft wird durch den Vorstand gerichtlich und außergerichtlich vertreten (§ 24 GenG). Der Vorstand besteht aus zwei Personen, die Mitglieder der Genossenschaft sein müssen. Sie werden von der Generalversammlung oder, wenn die Satzung dies vorsieht, vom Aufsichtsrat gewählt und abberufen. Die Satzung kann eine höhere Personenzahl sowie eine andere Art der Bestellung und Abberufung bestimmen. Bei Genossenschaften mit nicht mehr als 20 Mitgliedern kann die Satzung bestimmen, dass der Vorstand aus einer Person besteht. Bei Genossenschaften, die den Vorschriften des Mitbestimmungsgesetzes unterliegen, wird ein Arbeitsdirektor bestellt.

Die Mitglieder des Vorstands sind nur gemeinschaftlich zur Vertretung der Genossenschaft befugt. Die Satzung kann aber vorsehen, dass einzelne Vorstandsmitglieder allein oder gemeinschaftlich mit einem Prokuristen zur Vertretung der Genossenschaft befugt sind.

- **Aufsichtsrat:** Der Aufsichtsrat überwacht die Geschäftsführung des Vorstandes (§ 38 GenG). Er hat eine Generalversammlung einzuberufen, wenn dies im Interesse der Genossenschaft erforderlich ist. Der Aufsichtsrat besteht aus mindestens drei Mitgliedern, die von der Generalversammlung gewählt werden. In Genossenschaften mit mehr als 500 Arbeitnehmern muss ein Drittel der Aufsichtsratsmitglieder Arbeitnehmer sein (Drittelbeteiligungsgesetz). In Genossenschaften, die mehr als 2.000 Arbeitnehmer beschäftigen, muss der Aufsichtsrat paritätisch aus Mitgliedern der Anteilseigner und der Arbeitnehmer besetzt sein (Mitbestimmungsgesetz).

Bei Genossenschaften mit nicht mehr als 20 Mitgliedern kann durch Bestimmung in der Satzung auf einen Aufsichtsrat verzichtet werden. In diesem Fall nimmt die Generalversammlung die Rechte und Pflichten des Aufsichtsrats wahr.

- **Generalversammlung:** Die Mitglieder üben ihre Rechte in den Angelegenheiten der Genossenschaft in der Generalversammlung (§ 43 GenG) aus, sie entspricht etwa der Hauptversammlung der Aktiengesellschaft, hat jedoch umfangreichere Rechte. Die Generalversammlung wählt Aufsichtsrat und Vorstand. Sie stellt den Jahresabschluss fest. Sie beschließt über die Verwendung des Jahresüberschusses oder die Deckung eines Jahresfehlbetrags sowie über die Entlastung des Vorstands und des Aufsichtsrats. Die Generalversammlung hat in den ersten sechs Monaten des Geschäftsjahres stattzufinden.

Die Abstimmung in der Generalversammlung erfolgt nach Köpfen, jedes Mitglied hat unabhängig von der Anzahl seiner Geschäftsanteile und der Höhe seines Geschäftsguthabens eine Stimme.

Bei Genossenschaften mit mehr als 1.500 Mitgliedern kann die Satzung bestimmen, dass die Generalversammlung aus Vertretern der Mitglieder (Vertreterversammlung) besteht. Die Vertreterversammlung besteht aus mindestens 50 Vertretern, die von den Mitgliedern der Genossenschaft gewählt werden. Die Vertreter können nicht durch Bevollmächtigte vertreten werden.

Ist bei Genossenschaften, die der Mitbestimmung unterliegen, ein Aufsichtsrat bestellt, legt dieser für den **Frauenanteil** im Aufsichtsrat und im Vorstand Zielgrößen fest (Zielgröße 30 %). In diesen Genossenschaften legt der Vorstand für den **Frauenanteil** in den beiden Führungsebenen unterhalb des Vorstands ebenfalls Zielgrößen fest (§ 9 Abs. 3 und 4 GenG).

10. Welche wirtschaftliche Bedeutung hat die Genossenschaft?

Zur Bekämpfung wirtschaftlicher Not der Bevölkerung, des Gewerbes und der Arbeitnehmer wurden Mitte des 19. Jahrhunderts die ersten Genossenschaften in Deutschland gegründet. Mit dem genossenschaftlichen Gedanken „Vereint sind auch die Schwachen mächtig" verbinden sich Namen wie Schulze-Delitzsch und Raiffeisen. Von ihrer ursprünglichen Zielsetzung her sind Genossenschaften keine Kapitalgesellschaften, sie tragen auch noch Züge von Personenvereinigungen. Eigentliche Aufgabe war die Förderung des Erwerbs (Erwerbsgenossenschaften) und der Wirtschaft (Wirtschaftsgenossenschaften) der „Genossen", was aber eine wirtschaftliche Betriebsführung und die Gewinnerzielungsabsicht nicht ausschließt. Nach dem Genossenschaftsgesetz von 2006 können auch soziale oder kulturelle Zwecke der Mitglieder gefördert werden.

In der Bundesrepublik Deutschland hat die Zahl der Genossenschaften stark abgenommen. Es gibt etwa 7.700 gewerbliche und ländliche Genossenschaften (Stand 2008) mit rund 20 Mio. Genossenschaftsmitgliedern.

11. Welche Besonderheiten sind bei der Besteuerung von Genossenschaften zu beachten?

▶ **Körperschaftsteuer:** Erwerbs- und Wirtschaftsgenossenschaften sind unbeschränkt körperschaftsteuerpflichtig, wenn sie ihren Sitz oder ihre Geschäftsleitung im Inland haben. Hauberg-, Wald-, Forst- und Laubgenossenschaften (Realgemeinden) sind nur insoweit steuerpflichtig, als sie einen Gewerbebetrieb unterhalten, der über den Rahmen eines Nebenbetriebes hinausgeht.

Rückvergütungen der Erwerbs- und Wirtschaftsgenossenschaften an ihre Mitglieder sind nur insoweit Betriebsausgaben, als die dafür verwendeten Beträge im Mitgliedergeschäft erwirtschaftet worden sind.

Die Gewinnanteile der Genossen aus Erwerbs- und Wirtschaftsgenossenschaften gehören zu den Einkünften aus Kapitalvermögen, sofern der Geschäftsanteil nicht zu einem Betriebsvermögen gehört.

▶ **Gewerbesteuer:** Die Tätigkeit von Erwerbs- und Wirtschaftsgenossenschaften gilt stets und in vollem Umfang als Gewerbebetrieb (Gewerbebetrieb kraft Rechtsform). Realgemeinden sind von der Gewerbesteuer befreit. Unterhalten sie einen Gewerbebetrieb, der über den Rahmen eines Nebenbetriebes hinausgeht, so sind sie insoweit steuerpflichtig.

▶ **Umsatzsteuer:** Die Umsätze der Genossenschaften sind nur im Rahmen des § 4 UStG von der Umsatzsteuer befreit.

12. Vergleichen Sie eingetragene Genossenschaft (eG) und Verein (e. V.)!

Das deutsche Genossenschaftsrecht öffnet seit 2006 den Förderzweck für soziale und kulturelle Belange der Mitglieder. Das Recht des Idealvereins (§ 21 BGB) verfolgt diesen Zweck ebenfalls. Der Zweck des wirtschaftlichen Vereins (§ 22 BGB) ist allerdings – wie auch die eG – auf einen wirtschaftlichen Geschäftsbetrieb gerichtet. Somit kann die eG als gesetzliche Sonderform des wirtschaftlichen Vereins angesehen werden.

Sowohl der bürgerlich-rechtliche Idealverein (e. V.) als auch die eingetragene Genossenschaft sind juristische Personen (Satzung, Organe, unabhängig vom Mitgliederwechsel, Firma bzw. Vereinsname). Sie sind zweckgebunden. Während der e. V. nur ideelle Zwecke (also nichtwirtschaftliche) Zwecke verfolgen darf, muss die eG der wirtschaftlichen Förderung der Mitglieder dienen. Ein e. V. kann nur im Rahmen des (wirtschaftlichen) Nebenzwecksprivilegs und damit nur in sehr beschränktem Umfang einen wirtschaftlichen Geschäftsbetrieb zum Gegenstand haben.

Während die eG einem Prüfungsverband angehören muss (Gründungsprüfung, regelmäßige Abschlussprüfungen), unterliegt der e. V. als typische nichtwirtschaftliche Vereinigungsform keiner gesetzlichen Pflichtprüfung.

4. Investition und Finanzierung

4.1 Grundlagen

1. Definieren Sie den Begriff „Investition"!

Unter Investition versteht man die Bindung bzw. Verwendung von Kapital.

Im weitesten Sinne kann man sämtliche Kapital bindenden Ausgaben zur Beschaffung von Produktionsfaktoren als Investition bezeichnen. Es ist jedoch üblich die Ausgaben für den Produktionsfaktor Arbeit trotz seines Kapital bindenden Charakters nicht als Investitionsausgabe zu behandeln. Die Ausgaben für die Produktionsfaktoren des Umlaufvermögens – insbesondere Roh-, Hilfs- und Betriebsstoffe – werden wegen ihrer kurzfristigen Kapitalbindung nicht zu den Investitionsausgaben im engeren Sinne gerechnet.

Im engeren Sinne versteht man unter einer Investition eine in der Regel langfristige, betragsmäßig höhere Kapitalbindung im Realvermögen (Produktionsfaktor Betriebsmittel) oder Finanzvermögen.

2. Teilen Sie die Investitionen nach der Art des Investitionsobjektes ein!

Investitionsarten werden eingeteilt in:
- Sachinvestitionen und
- Finanzinvestitionen.

Man kann Investitionsobjekte auch nach betrieblichen Bereichen einteilen, denen sie zugeordnet werden:
- Investitionen für den Beschaffungsapparat
- Investitionen für den Produktionsapparat
- Investitionen für den Absatzapparat.

3. Teilen Sie Investitionen nach dem Auftreten im Leben der Unternehmung ein!

Einmalige Gründungsinvestitionen legen den Grundstock für das Vermögen der Unternehmung. Laufende Fortbestandsinvestitionen bezwecken die Schaffung von Ersatz für abgenutzte Anlagen (Erhaltung des Grundstocks) oder die Vergrößerung der Kapazität (Erhöhung des Grundstocks).

4. Nach welchen Gesichtspunkten werden Investitionsmittel auf die Investitionsobjekte verteilt?

Investitionsmittel werden in erster Linie nach wirtschaftlichen Gesichtspunkten auf verschiedene Investitionsalternativen verteilt. Die technische Leistungsfähigkeit einer Anlage bildet zwar die Grundlage der Investitionsentscheidung, ist aber allein kein ausreichender Maßstab für die Kapitalverwendung.

Maßstäbe für die Investitionsentscheidung können z. B. sein:

(1) die Kosten

(2) die Rentabilität.

Zu (1): Entscheidungsregel: Wähle die Investitionsalternative mit den geringsten Kosten!

Beispiel

Der Unternehmer E. will eine Maschine anschaffen, er hat die Wahl zwischen den Modellen A und N. Maschine A verursacht in der Rechnungsperiode 1.000 € fixe Kosten (z. B. Abschreibungen) und 10 € variable Kosten (z. B. Lohnkosten) je Stück. Maschine N verursacht zwar 5.000 € fixe Kosten aber nur 5 € variable Kosten je Stück.

Lösung:
Der Unternehmer entscheidet sich bei geringer gewünschter Stückzahl (x = produzierte Menge) für Maschine A, bei höher gewünschter Stückzahl für Maschine N. Die kritische Menge (xk) wird grafisch durch den Schnittpunkt der beiden Kostenkurven bestimmt:

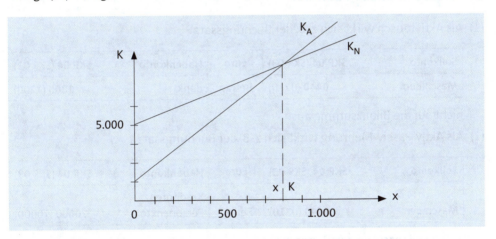

Mathematisch erhält man die kritische Menge, indem man die Kostenfunktionen gleichsetzt:

$K_A = K_{(f)} + K_{(v)} = 1.000 + 10\,x$

$K_N = 5.000 + 5\,x$

gleichgesetzt:

$1.000 + 10\,x = 5.000 + 5\,x$

$\qquad 5\,x = 4.000$

$\qquad\quad \mathbf{x = 800}$

Beabsichtigt der Unternehmer, weniger als 800 Stück zu produzieren, arbeitet Maschine A billiger, will er mehr als 800 Stück produzieren, verursacht Maschine N niedrigere Gesamtkosten.

Zu (2): Entscheidungsregel: Wähle die Investitionsalternative mit der größten Rentabilität!

Rentabilität = Durchschnittsgewinn der Investition : durchschnittlicher Kapitaleinsatz für die Investition.

Die Eigenkapitalrentabilität bezieht sich auf das eingesetzte Eigenkapital, die Gesamtkapitalrentabilität auf das eingesetzte Gesamtkapital.

5. Nennen Sie Beispiele für Investitionen, deren Buchung sich
(1) auf die Bilanzsumme nicht auswirkt,
(2) auf die Bilanzsumme auswirkt!

(1) Als Aktivtausch wirkt sich z. B. der Buchungssatz

Sollkonto	SKR 04 (SKR 03)	Euro	Habenkonto	SKR 04 (SKR 03)
Maschinen	0440 (0210)	Betrag	Bank	1800 (1200)

nicht auf die Bilanzsumme aus.

(2) Als Aktiv-Passiv-Mehrung wirkt sich z. B. der Buchungssatz

Sollkonto	SKR 04 (SKR 03)	Euro	Habenkonto	SKR 04 (SKR 03)
Maschinen	0440 (0210)	Betrag	Kreditoren, Personenkto.	70000 (70000)

auf die Bilanzsumme verlängernd aus.

Beide Buchungen sind erfolgsneutral, da nur auf Bestandskonten gebucht wird.

6. Definieren Sie den Begriff „Finanzierung"!
Das Wesen der Finanzierung liegt in der Kapitalbeschaffung für die Unternehmung.

Im weiteren Sinne versteht man unter Finanzierung die Gestaltung und Steuerung von Zahlungsströmen, die zu **Kapital zuführenden** und **Kapital freisetzenden** Einnahmen führen.

7. Erläutern Sie den Zusammenhang zwischen Investition und Finanzierung!

Sowohl die Investition als auch die Finanzierung orientiert sich am Kapital. Diese stellt die Mittelverwendung, jene die Mittelherkunft dar. Diese beiden Bereiche werden im Betrieb auch zur Kapitalwirtschaft bzw. Finanzpolitik zusammengefasst.

Im Rahmen des betrieblichen Wertekreislaufs nehmen Investition und Finanzierung eine beherrschende Rolle ein:

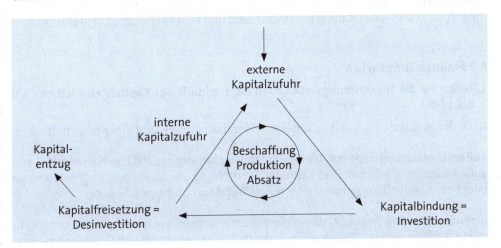

Die Finanzpolitik trifft die Entscheidungen über Einnahmen und Ausgaben:

Einnahmen	Ausgaben
Kapital zuführend = Finanzierung	**Kapital entziehend = Definanzierung**
▸ Selbstfinanzierung	▸ Gewinnausschüttung
▸ Beteiligungsfinanzierung	▸ Eigenkapitalrückzahlung
▸ Finanzierung aus Rückstellungen	▸ Fremdkapitaltilgung
▸ Fremdkapitalaufnahme	▸ Gewinnabhängige Steuern
Kapital freisetzend = Desinvestition	**Kapital bindend = Investitionen**
▸ Verwertung von Leistungen	
▸ Finanzierung aus Abschreibungen	
▸ Verwertung nicht verzehrter Produktionsfaktoren	

8. Was versteht man unter Desinvestition?

Während bei Investitionen Kapital bindende Ausgaben vorliegen, haben wir es bei Desinvestitionen mit Kapital freisetzenden Einnahmen zu tun, es liegt eine Finanzierung im weiteren Sinne vor.

Formen:
- die marktwirtschaftliche Verwertung von Leistungen (Umsätze)
- die Finanzierung aus Abschreibungen (Lohmann-Ruchti-Effekt)
- die Veräußerung nicht verzehrter Produktionsfaktoren (z. B. Veräußerung einer gebrauchten Maschine).

Man nennt die Finanzierungen auch Innenfinanzierungen oder Umschichtungsfinanzierungen, da gebundenes Kapital freigesetzt wird und kein Kapital neu zugeführt wird.

4.2 Finanzierungsarten

1. Teilen Sie die Finanzierungsarten nach der Herkunft des Kapitals ein! Nennen Sie Beispiele!

Nach der Herkunft des Kapitals unterscheidet man Außen- und Innenfinanzierung.

Außenfinanzierung liegt vor, wenn der Unternehmung zusätzliche Finanzmittel von außen zugeführt werden. Dies kann durch Erhöhung des Eigenkapitals (Privateinlage oder Beteiligungsfinanzierung) oder durch Kreditaufnahme geschehen.

Innenfinanzierung liegt vor, wenn die Finanzierungsmittel innerhalb der Unternehmung gebildet werden. Dies kann z. B. durch Zurückbehaltung von Gewinnen (Selbstfinanzierung) oder durch Finanzierungsvorteile durch Abschreibungen geschehen.

2. Teilen Sie die Finanzierungsarten nach der Rechtsstellung ein und geben Sie Beispiele!

Nach der Rechtsstellung teilt man Finanzierung in **Eigen-** und **Fremdfinanzierung** ein. Eigenfinanzierung bedeutet die Erhöhung des Eigenkapitals, sei es durch Selbstfinanzierung oder durch Beteiligungsfinanzierung.

Fremdfinanzierung bedeutet die Aufstockung des Fremdkapitals durch Kreditaufnahme, durch Bildung von Rückstellungen (z. B. Pensionsrückstellungen) oder durch Ausgabe von Belegschaftsobligationen.

3. Wie wird die Beteiligungsfinanzierung bei den verschiedenen Unternehmensformen durchgeführt?

- **Einzelunternehmung:** Der Einzelunternehmer kann das in seine Unternehmung eingebrachte Eigenkapital durch Privateinlagen erhöhen oder durch Privatentnahmen mindern. Betriebliche Gewinne und Verluste sind direkt mit seinem Eigenkapital zu verrechnen.

  Will der Einzelunternehmer zusätzlichen Kapitalbedarf durch Eigenkapitalbeschaffung decken und seine uneingeschränkten Rechte wahren, kommt auch die Beteiligung eines stillen Gesellschafters in Betracht. Die Einlage des stillen Gesellschafters geht in das Vermögen der Unternehmung über. Im Außenverhältnis gilt der stille Gesellschafter als Gläubiger, das bedeutet, dass er nicht insolvenzfähig ist.

- **Personengesellschaften:** Die Eigenkapitalerhöhung erfolgt über die Kapitalkonten der unbeschränkt haftenden Gesellschafter sinngemäß wie bei der Einzelunternehmung durch Gewinngutschrift oder Privateinlagen. Daneben ist auch die Aufnahme neuer Gesellschafter oder durch die Erhöhung der Beteiligung der Gesellschafter die Aufstockung des Eigenkapitals möglich.

- **Aktiengesellschaft:** Das Eigenkapital der Aktiengesellschaft setzt sich folgendermaßen zusammen:

Grundkapital (Nominalkapital = festes Eigenkapital = Summe der Nennwerte aller Aktien; hiervon sind ggf. ausstehende Einlagen abzusetzen), es erscheint in der Bilanz als gezeichnetes Kapital

+	Kapitalrücklage
+	Gewinnrücklagen
+	Gewinnvortrag bzw. - Verlustvortrag
+	Jahresüberschuss bzw. - Jahresfehlbetrag
=	bilanzielles Eigenkapital
+	stille Reserven
=	**effektives Eigenkapital**

Der Aktiengesellschaft steht als Instrument der Kapitalzuführung durch Eigenkapitalbeschaffung die Kapitalerhöhung zur Verfügung, die sich jedoch auf die Änderung des Nominalkapitals und nicht auf das Eigenkapital bezieht.

Das Aktiengesetz nennt vier Arten der Kapitalerhöhung:

1. Kapitalerhöhung gegen Einlage (§§ 182 ff. AktG)
2. bedingtes Kapital (§§ 192 ff. AktG)
3. genehmigtes Kapital (§ 202 AktG)
4. Kapitalerhöhung aus Gesellschaftsmitteln (§§ 207 ff. AktG).

- **GmbH:** Das GmbH-Gesetz regelt eine Maßnahme der Kapitalbeschaffung, die Erhöhung des Stammkapitals (§ 55 GmbHG). Hierfür sind zwei Möglichkeiten vorgesehen:
  - Die Übernahme neuer Stammeinlagen und Bildung neuer Geschäftsanteile (Regelfall). Auch die bisherigen Gesellschafter übernehmen einen neuen Geschäftsanteil, der von den alten getrennt ist.
  - Die Erhöhung des Nennbetrages der Stammeinlage gegen Einzahlung der Erhöhungsbeiträge, wenn die Geschäftsanteile bereits voll eingezahlt sind.

Besonderheit bei der GmbH: Im Gesellschaftsvertrag kann eine unbeschränkte, beschränkte oder gemischte Nachschusspflicht geregelt sein, um zusätzliches Eigenkapital zu beschaffen (§§ 26 - 28 GmbHG).

4. Erläutern Sie die Kapitalerhöhung gegen Einlage!

Die Kapitalerhöhung gegen Einlage (§§ 182 - 191 AktG) vollzieht sich durch die Ausgabe „junger" Aktien. Die Entscheidung hierüber muss von mindestens 75 % des in der Hauptversammlung anwesenden stimmberechtigten Kapitals getragen sein. Der Ausgabekurs der „jungen" Aktien darf nicht unter pari (unter dem Nennwert) liegen, er wird aber unter dem Tageskurs der „alten" Aktien liegen um Aktionäre zum Kauf zu bewegen. Wird über den Nennwert hinaus ein Agio verlangt, kann der nominelle Ausgabebetrag der Aktien niedriger sein als die benötigte Eigenkapitalsumme.

Buchungssatz:

> Bank an Grundkapital
> Bank an Kapitalrücklage für das Agio

Da der Aktienkurs nach der Kapitalerhöhung sinken wird, muss dem Altaktionär ein Bezugsrecht für den Erwerb der „jungen" Aktien eingeräumt werden, das den Vermögensverlust und den relativen Stimmrechtsverlust ausgleicht. Dieses Bezugsrecht wird für kurze Zeit an der Börse wie die Aktie selbst gehandelt. Der Altaktionär kann es verkaufen oder verwenden, um an der Kapitalerhöhung teilzunehmen.

Beispiel

AKTIVA	Bilanz der X-AG vor der Kapitalerhöhung		PASSIVA
		Euro	Euro
▶	Gezeichnetes Kapital		500.000,00
▶	Gewinnrücklage		300.000,00
▶	Eigenkapital		800.000,00
▶	▶		

Der Bilanzkurs oder Substanzkurs einer 50 €-Aktie beträgt 80 € (160 %), liegt also um 60 % über dem Nennwert, da die Rücklagen 60 % des gezeichneten Kapitals betragen.

Der Aktionär A besitzt eine 50 €-Aktie und damit einen Wert (Bilanzkurs) von 80 €.

Die X-AG erhöht ihr Grundkapital durch Ausgabe „junger" Aktien, Ausgabebedingungen:

- Ausgabekurs der „jungen" Aktie 60 €
- Bezugsverhältnis 1 : 1, d. h. dem Besitzer einer alten Aktie wird eine „junge" Aktie zum Bezugspreis von 60 € angeboten.

AKTIVA	Bilanz der X-AG nach der Kapitalerhöhung		PASSIVA
	Euro		Euro
▸		Gezeichnetes Kapital (500.000 + Erhöhung 500.000 bei Bezugsverhältnis 1 : 1)	1.000.000,00
▸		Kapitalrücklagen (20 % Agio auf die Kapitalerhöhung von 500.000 €)	100.000,00
▸		Gewinnrücklage	300.000,00
▸		Eigenkapital	1.400.000,0
Bank	600.000,00	▸	

Der Bilanzkurs beträgt nunmehr 70 € (140 %), d. h. der rechnerische Wert des Bezugsrechts muss 10 € sein (Bilanzkursminderung).

Der rechnerische Wert des Bezugsrechts wird i. d. R. mithilfe folgender Formel ermittelt:

Wert des Bezugsrechts = (Kurs alte Aktie - Ausgabekurs „junge" Aktie) : (Bezugsverhältnis + 1)

In unserem Beispiel: (80 - 60) : (1 + 1) = 10 €

Übt der Aktionär A sein Bezugsrecht aus, so hat er nach der Kapitalerhöhung zwei Aktien im Wert von insgesamt 140 € (eine Aktie vor Kapitalerhöhung zu 80 € und eine „junge" Aktie zum Ausgabekurs von 60 € ergibt einen Durchschnittswert von 70 €).

Übt der Aktionär A sein Bezugsrecht nicht aus, erlöst er aus dessen Verkauf 10 €, der Wert seiner Aktie beträgt nach der Werterhöhung nur noch 70 € (Bilanzkurs), er ist also nicht benachteiligt.

Für den Aktionär B, der sich neu an der X-AG beteiligen will, bedeutet der Ausgabekurs der „jungen" Aktie von 60 € jedoch kein Geschenk, da er zu ihrem Erwerb noch ein Bezugsrecht zum Preis von 10 € erwerben muss. Er muss demnach 70 € aufwenden, das ist auch der Betrag, den er aufwenden müsste, wenn er die Aktie nach der Kapitalerhöhung an der Börse kaufen würde.

5. Zu welchem Zweck wird die bedingte Kapitalerhöhung beschlossen?

Die Hauptversammlung kann eine Erhöhung des Grundkapitals beschließen, die nur so weit durchgeführt werden soll, wie von einem Umtausch- oder Bezugsrecht Gebrauch gemacht wird, das die Gesellschaft auf Bezugsaktien einräumt (§§ 192 - 201 AktG).

Die **bedingte** Kapitalerhöhung z. B. soll nur beschlossen werden:

1. zur Gewährung von Umtausch- oder Bezugsrechten aufgrund von Wandelschuldverschreibungen
2. zur Vorbereitung des Zusammenschlusses mehrerer Unternehmen
3. zur Gewährung von Bezugsrechten an Arbeitnehmer und Mitglieder der Geschäftsführung.

6. Zu welchem Zweck wird die genehmigte Kapitalerhöhung beschlossen?

Die Satzung kann den Vorstand ermächtigen das Grundkapital bis zu einem bestimmten Nennbetrag (genehmigtes Kapital) durch Ausgabe neuer Aktien gegen Einlagen zu erhöhen (§§ 202 - 206 AktG).

Wie die bedingte Kapitalerhöhung stellt auch die **genehmigte** Kapitalerhöhung keine echte Kapitalerhöhung dar, es handelt sich vielmehr um durchführungstechnische Vorbereitungen einer Kapitalerhöhung.

7. Wie wirkt die Kapitalerhöhung aus Gesellschaftsmitteln?

Die Kapitalerhöhung aus Gesellschaftsmitteln (§§ 207 - 220 AktG) stellt keine echte Kapitalerhöhung durch Zuführung neuer Mittel (Bilanz verlängernd) dar, da nicht das Eigenkapital, sondern nur seine Zusammensetzung geändert wird (Passivtausch; Buchung: Kapital- und/oder Gewinnrücklage an gezeichnetes Kapital). Der Bezugskurs dieser Aktien ist gleich Null, d. h. diese Aktien werden den Altaktionären unentgeltlich zur Verfügung gestellt, sie werden daher auch Gratis- oder Berichtigungsaktien genannt.

Beispiel

AKTIVA	Bilanz der Y-AG vor der Kapitalerhöhung aus Gesellschaftsmitteln	PASSIVA
	Euro	Euro
▸	Gezeichnetes Kapital	200.000,00
▸	Kapital- und	
▸	Gewinnrücklage	400.000,00
▸	Eigenkapital	600.000,00
▸	▸	

Bilanzkurs: 150 € je 50 €-Aktie (300 %)

Aktionär A besitzt eine Aktie, Wert 150 €, es werden Gratisaktien im Verhältnis 1 : 1 herausgegeben.

AKTIVA	Bilanz der Y-AG nach der Kapitalerhöhung aus Gesellschaftsmitteln		PASSIVA
			Euro
▸		Euro	
▸		Gezeichnetes Kapital	400.000,00
▸		Kapital- und Gewinnrücklage	200.000,00
▸		Eigenkapital	600.000,00
▸	▸		

Bilanzkurs: 75 € je 50 €-Aktie (150 %)

Aktionär A besitzt nun zwei Aktien im Wert von insgesamt 150 € (2 · 75), er ist durch die Ausgabe der „Gratisaktie" nicht reicher geworden.

8. Was kostet Eigenkapital?

Das im Unternehmen arbeitende Eigenkapital kostet – wie Fremdkapital – Zinsen. Der Unternehmer muss hierfür Eigenkapitalzinsen kalkulieren (kalkulatorische Zinsen), damit er „auf seine Kosten kommt". Es verursacht jedoch im Gegensatz zu Fremdkapital keine Aufwendungen und keine regelmäßigen Ausgaben.

Würde der Unternehmer die Eigenkapitalzinsen nicht in den Preis seiner Produkte hineinrechnen, würde er die Ware billiger anbieten als ein Konkurrent, der mit Fremdkapital finanziert.

Würde der Unternehmer das Kapital anderweitig außerbetrieblich anlegen, erhielte er hierfür in der Regel einen Ertrag.

Es ist zu beachten, dass die kalkulatorischen Eigenkapitalzinsen den Gewinn erhöhen, wenn sie sich Preis erhöhend durchsetzen lassen, sie sind Gewinnbestandteil und lösen ggf. Ertragsteuern aus.

Den in den Preis hineinkalkulierten Fremdkapitalzinsen stehen dagegen die aufgewendeten Fremdkapitalzinsen gegenüber, sodass sich hierdurch u. U. keine Gewinnauswirkung ergibt.

9. Grenzen Sie die Begriffe „Wertpapiere" und „Effekten" gegeneinander ab!

Wertpapiere sind Urkunden über Vermögensrechte. Sie verbriefen Vermögensrechte so, dass deren Ausübung an den Besitz des Papiers geknüpft ist: das Recht aus dem Papier folgt dem Recht am Papier.

Man unterscheidet:
- Warenwertpapiere, wie Konnossement, Ladeschein, Lagerschein
- Geldwertpapiere, wie Banknoten, Wechsel, Scheck
- Kapitalwertpapiere, wie Hypothekenbrief, Gläubiger- und Teilhaberpapiere u. a.

Kapitalwertpapiere verbriefen eine Kapitaleinlage. Sie sind entweder
- nicht vertretbare (Hypothekenbrief) oder
- vertretbare Kapitalwertpapiere oder Effekten.

Effekten sind innerhalb ihrer Gattung völlig gleich (fungibel). Diese Eigenschaft macht sie börsenfähig. Die Urkunde verbrieft einen festen oder schwankenden Ertrag.

10. Teilen Sie die Wertpapiere nach der Form der Übertragung ein!

1. **Inhaberpapiere** werden durch Einigung und Übergabe übertragen. Der Berechtigte ist nicht namentlich genannt.

   Die Urkunde kann eine ausdrückliche Inhaberklausel enthalten (Inhaberaktie) oder nicht (Banknote).

2. **Namenspapiere** nennen den Berechtigten namentlich.
   - **Orderpapiere** werden durch Einigung und Übergabe übertragen, es ist ein Indossament erforderlich. Geborene Orderpapiere (kraft Gesetzes) sind mit oder ohne Orderklausel versehen (Wechsel, Namensaktie), gekorene Orderpapiere (durch Orderklausel) werden durch Orderklausel des Ausstellers zum Orderlagerschein etc.
   - **Rektapapiere** werden durch Abtretung und Übergabe übertragen, sie haben daher geringe Verkehrsfähigkeit.

11. Unterscheiden Sie Teilhaber- und Gläubigerpapiere!

Teilhaberpapiere, auch Dividendenpapiere oder Wertpapiere mit variablem Ertrag genannt, verbriefen dem Teilhaber
- das Stimmrecht in der Hauptversammlung
- das Recht auf Anteil am Gewinn (Dividende)
- das Recht auf Anteil am Liquidationserlös
- das Bezugsrecht bei der Ausgabe junger Aktien.

Das Teilhaberpapier besteht aus dem Mantel (der eigentlichen Urkunde) und dem Dividendenscheinbogen, dieser aus den Dividendenscheinen oder Coupons und dem Erneuerungsschein oder Talon. Auf dem Dividendenschein ist weder Betrag noch Fälligkeit der Dividende aufgedruckt. Gläubigerpapiere, auch festverzinsliche Wertpapiere oder Rentenpapiere genannt, verbriefen dem Gläubiger das Recht auf

- Verzinsung
- Rückzahlung
- Anteil an der Insolvenzmasse des Gemeinschuldners.

Das Gläubigerpapier besteht aus dem Mantel und dem Zinsscheinbogen, der wiederum aus Zinsscheinen und dem Talon besteht. Der Zinsschein enthält Betrag und Fälligkeit der Zinsen.

12. Welche Schuldner emittieren festverzinsliche Wertpapiere?

Bund, Länder und Gemeinden legen Anleihen auf, wenn die Mittel für große Ausgaben nicht aus den laufenden Einnahmen beschafft werden können. Diese Verbindlichkeiten sind durch die Steuerkraft und das Vermögen der öffentlich-rechtlichen Körperschaften gesichert. Öffentlichrechtliche Kreditanstalten und private Hypothekenbanken legen Pfandbriefe oder Kommunalobligationen auf. Der Erlös aus dem Verkauf wird an die Eigentümer von Grundstücken ausgeliehen oder fließt den Gemeinden für Zwecke des außerordentlichen Haushalts zu. Sicherheit: erste Hypotheken bzw. die Steuerkraft der Gemeinden.

Industrieunternehmen beschaffen sich Fremdkapital durch Ausgabe von Industrieobligationen, die durch erste Hypotheken oder Bürgschaften gesichert sind.

13. Nennen Sie Gründe, die den Börsenkurs von Effekten bestimmen!

Angebot und Nachfrage bestimmen den Preis, den Börsenkurs der Effekten. Spezielle Gründe für Kursschwankungen sind

- Konjunkturschwankungen und politische Ereignisse
- die Währungspolitik der Notenbanken
- die Sicherheit der Anlage
- Kurspflege.

14. Nennen Sie Gründe, die den Börsenkurs einer Aktie bestimmen!

Kursschwankungen haben in der Regel mehrere Ursachen, z. B.

- Bilanz- oder Substanzkurs (siehe nachstehende Frage)
- Ertragsaussichten.

Aus der Dividende, die die Aktie erbracht hat und in Zukunft eventuell erbringen wird, lässt sich eine Durchschnittsdividende ermitteln und mit dem branchen- oder landesüblichen Zinssatz vergleichen (Kapitalisierung der erwarteten Durchschnittserträge):

> Ertragswert = (Ertrag · 100) : Zinssatz

Ertragswert und Substanzwert einer Aktie können stark voneinander abweichen, der wirkliche Wert der Aktie liegt in der Regel zwischen Substanz- und Ertragswert.
- Die **Wirtschaftspolitik** des Staates (Steuer-, Sozial-, Konjunkturpolitik) kann sich auf den Kurs der Aktie des betroffenen Wirtschaftszweiges auswirken.
- **Politische Ereignisse** (Streik, Krieg) können den Börsenkurs der Aktien in Bewegung bringen.
- **Spekulanten** hoffen, Änderungen von Angebot und Nachfrage zur Gewinnerzielung nutzen zu können und wirken dadurch auf Angebot und Nachfrage zurück und damit auf den Börsenkurs.

15. Wie wird die Effektivverzinsung von Aktien berechnet?

Die Aktienrendite wird aufgrund des jeweiligen Börsenkurses und der letztgezahlten Dividende berechnet:

> Rendite = (Dividende · 100) : Börsenkurs

Die Aktienrendite nach Steuer hängt vom persönlichen Ertragsteuerprozentsatz des Aktionärs ab. Eine wesentlich bessere Maßgröße für die Aktienbewertung ist die Price-earnings-ratio (PE), das Kurs-Gewinn-Verhältnis (KGV). Es sagt aus, das Wievielfache des Reingewinns je Aktie den Kurs einer Aktie ausmacht.

Beispiel

Kurs der Aktie 150,00 €, Gewinnanteil je Aktie 7,50 €. Das KGV ist 20.

Das KGV berücksichtigt nicht nur den ausgeschütteten Gewinn, sondern den wirklichen Reingewinn. Es wird heute meist in den Kurszetteln für die einzelnen Aktiengesellschaften ermittelt.

16. Nennen Sie Gründe, die den Börsenkurs von Gläubigerpapieren bestimmen!

Der effektive Ertrag einer Anleihe stimmt in der Regel nicht mit der Nominalverzinsung überein. Die Nominalverzinsung ist die Verzinsung des Nennbetrags, die während der Laufzeit der Anleihe garantiert ist. Liegt der Ausgabekurs bzw. der Börsenkurs **unter** dem Rückzahlungskurs (unter pari), so verdient der Gläubiger neben der Nominalverzinsung noch einen Rückzahlungsgewinn. Die tatsächliche Verzinsung **liegt über** der Normalverzinsung.

- Börsenkurs = 100 % (pari): Effektivverzinsung = Nominalverzinsung
- Börsenkurs > 100 % (über pari): Effektivverzinsung unter Nominalverzinsung
- Börsenkurs < 100 % (unter pari): Effektivverzinsung über Nominalverzinsung.

Der Börsenkurs der Anleihe wird bestimmt durch
- die Höhe des Disagios bei Ausgabe
- die Höhe des Agios bei Rückzahlung
- die Höhe der Nominalverzinsung und den zurzeit gültigen Marktzinssatz
- die Laufzeit bzw. Restlaufzeit
- den Zeitpunkt und die Form der Tilgung
- die Zinstermine
- die steuerliche Behandlung der Zinsen.

17. Wie wird die Effektivverzinsung von Gläubigerpapieren ermittelt?

Vereinfacht kann man rechnen:

Beispiel

- Nennwert der Anleihe 100 €, Nominalzinssatz 8 %, Börsenkurs 90 %
- 90 € Kaufpreis erbringen 8 € Ertrag
- 100 € Anlagebetrag müssten x € Ertrag bringen
- Rendite = (Nennwert • Nominalzinssatz) : Börsenkurs = 8,89 %

Bei einer exakteren Bestimmung der Effektivverzinsung müssten die vorstehend genannten Faktoren mit berücksichtigt werden (siehe Frage 16).

18. Was ist ein Investmentzertifikat?

Investmentzertifikate als eine Sonderform der Effekten sind Urkunden über eine Beteiligung an einem Wertpapierfonds einer Kapitalanlagegesellschaft. Solche Gesellschaften verkaufen Zertifikate, die nicht an der Börse gehandelt werden und legen deren Erlöse in Wertpapieren verschiedener Wirtschaftszweige und Unternehmen an. Nach Zusammensetzung des Fondsvermögens unterscheidet man Rentenfonds, Aktienfonds und gemischte Fonds.

Der Ausgabepreis der Zertifikate – sie haben einen Nennwert – wird folgendermaßen ermittelt:

> Ausgabepreis = (Tageswert des Fondsvermögens : Zahl der umlaufenden Zertifikate) + Aufgeld für Ausgabekosten

Der Ertrag des Fonds setzt sich zusammen aus

>   Dividenden
> \+ Zinserträgen
> \+ realisierten Kursgewinnen
> − Kursverlusten
> − Verwaltungskosten der Investmentgesellschaft

Bei **Wachstumsfonds** erfolgt keine Ertragsausschüttung, die Erträge werden in zusätzlichem Fondsvermögen angelegt, wodurch der Wert des Zertifikats steigt.

Immobilienfonds finanzieren ertragreiche Wohn- und Geschäftsgebäude.

19. Nennen Sie Vor- und Nachteile von Investmentzertifikaten!

(1) **Vorteile**

Durch die Streuung des Wertpapierbesitzes wird das Kursrisiko gemildert. Auch das Ertragsrisiko wird geringer, da geringere Erträge einzelner Wertpapiere durch höhere Erträge anderer Papiere kompensiert werden können.

Die Auswahl und Verwaltung der Wertpapiere erfolgt von Spezialisten. Eine kleine Stückelung gestattet auch Kleinsparern die Kapitalbildung in Wertpapieren (Investmentsparen).

(2) **Nachteile**

Die Verwaltung des Fonds verursacht Aufwendungen, die den Ertrag des Zertifikats mindern. Die Chancen auf hohen Kursgewinn sind gering, da auch das Risiko gering ist.

Das Zertifikat verbrieft kein Stimmrecht wie eine Aktie. Der Rücknahmepreis des Zertifikats ist i. d. R. niedriger als der Ausgabepreis.

20. Wie werden die Erträge aus Investmentzertifikaten versteuert?

Die Erträge unterliegen ab 01.01.2009 grundsätzlich der Abgeltungssteuer von 25 % zzgl. Solidaritätszuschlag und ggf. Kirchensteuer.

21. Definieren Sie den Begriff „Selbstfinanzierung"!

Unter Selbstfinanzierung ist die Finanzierung aus nicht ausgeschütteten (thesaurierten) Gewinnen zu verstehen. Da es sich hierbei um Mittel aus dem Betrieb handelt, spricht man von Innenfinanzierung. Da die Eigenkapitalbasis hierdurch verstärkt wird, liegt eine **Eigenfinanzierung** vor.

22. Welche Erscheinungsformen der Selbstfinanzierung sind zu unterscheiden?

Die Selbstfinanzierung ist

(1) nach dem Kriterium des Entscheidungsspielraums und

(2) nach dem Kriterium des Gewinnausweises zu untergliedern.

Zu (1): Die Zurückbehaltung von Gewinnen kann **freiwillig** aufgrund unternehmerischer Dispositionen erfolgen durch

- Einweisung von Gewinnen in die freien Rücklagen
- Bildung stiller Reserven bei der Bilanzerstellung
- freiwilligen Beschluss über eine Satzungsbestimmung zur Bildung statutarischer Rücklagen
- freiwilligen Beschluss über die Gewinnverwendung (Gewinnvortrag).

Die Zurückbehaltung von Gewinnen kann aber auch **zwangsweise** aufgrund gesetzlicher Gewinnverteilungsvorschriften (§ 150 AktG) und Bewertungsvorschriften erfolgen.

Zu (2): Werden Gewinne, die in der Bilanz und Gewinn- und Verlustrechnung ausgewiesen werden, zurückbehalten, so spricht man von **offener** Selbstfinanzierung. Sie geschieht bei Kapitalgesellschaften durch die Einstellung von Gewinnanteilen in die offenen (gesetzlichen und freien) Gewinnrücklagen. Die **stille** Selbstfinanzierung besteht darin, dass in der Bilanz Vermögensteile niedriger, Schulden höher bewertet werden, als es ihrem tatsächlichen Wert entspricht. Dies hat zur Folge, dass ein niedrigerer Gewinn ausgewiesen wird. Die Differenz zwischen dem Tageswert und dem Bilanzansatz – die stillen Reserven – stellen zusätzliches, nicht ausgewiesenes Eigenkapital dar. Werden diese nicht realisierten Gewinne später durch einen Umsatzvorgang aufgedeckt, erfolgt die Gewinnbesteuerung.

Der Finanzierungseffekt besteht also in der zeitlichen Verschiebung des Gewinnausweises, nicht in der Zuführung neuer Mittel.

Es ist zu beachten, dass die stille Selbstfinanzierung eine Verschlechterung der Bilanzrelationen zur Folge hat und u. U. die Fremdfinanzierungsmöglichkeiten beeinträchtigt.

23. Nennen Sie Beispiele der unechten Selbstfinanzierung!

Die Selbstfinanzierung ist unecht,

- weil sie eigentlich in einer Fremdfinanzierung besteht, die von der Unternehmensführung bewirkt wird – Finanzierung aus verzögerter Gewinnversteuerung oder -ausschüttung und aus Rückstellungen –
- weil es sich überhaupt nicht um Finanzierung, also Zufluss neuer Mittel, sondern um Reinvestition von verflüssigten Abschreibungen handelt.

Unechte Selbstfinanzierung bedeutet Finanzierung aus freigesetztem Kapital.

24. Stellen Sie Vor- und Nachteile der Selbstfinanzierung gegenüber!

Vorteile:

- Keine Belastung durch Zins- und Tilgungsverpflichtungen
- Erhöhung der Sicherheit für die Unternehmung und für die Gläubiger durch zusätzliches Eigenkapital
- Größere Unabhängigkeit in der Unternehmenspolitik durch Erhöhung des Eigenkapitals.

Nachteile:

- Gefahr von Fehlinvestitionen, da wegen fehlender Belastungen durch Zinsaufwendungen und Tilgungen nicht so „scharf" kalkuliert wird, Kontrolle des Kreditgebers fehlt
- Bilanz verliert bei erheblichen stillen Reserven die Aussagekraft
- Auflösung stiller Reserven kann Fehler der Unternehmensleitung vertuschen
- Finanzierung erfolgt über den Preis, d. h. der Verbraucher muss die Kapitalerhöhung bezahlen.

25. Erläutern Sie die Finanzierung aus Abschreibungen!

(1) Bilanzielle und kalkulatorische Abschreibung stimmen überein: Die in die Preise kalkulierten Abschreibungen fließen in flüssiger Form wieder in den Betrieb zurück. Aus Anlagevermögen wird Umlaufvermögen. Die Abschreibungsrückflüsse dienen der Ersatzbeschaffung von Anlagevermögen. Da diese jedoch in der Regel erst in späteren Perioden notwendig werden, können die liquiden Mittel in der Zwischenzeit für Erweiterungsinvestitionen verwendet werden. Diese können selbst wieder abgeschrieben werden. Das Anlagevermögen lässt sich so mengenmäßig ausdehnen, ohne dass der Buchwert des Anlagevermögens steigt. Man spricht daher auch vom Kapazitätserweiterungseffekt.

(2) Übersteigt die bilanzielle die kalkulatorische Abschreibung, so stellt die Differenz eine **verdeckte Selbstfinanzierung** dar. Ein Teil des tatsächlichen Gewinnes wird nicht als Gewinn, sondern als Kosten ausgewiesen und damit vorläufig der Besteuerung entzogen.

26. Nennen Sie Finanzierungsgrundsätze und kritisieren Sie diese!

(1) **Allgemeiner Finanzierungsgrundsatz:** Eine Unternehmung soll so viel Kapital aufnehmen, wie zur Gewährleistung eines reibungslosen Betriebsablaufs erforderlich ist (Gefahr der Über- oder Unterfinanzierung).

(2) **Horizontale Finanzierungsregeln:** Sie richten sich gemäß der Fristengleichheit nach der Kapitalbindungsdauer aus. Bei der Aufnahme von Fremdkapital muss darauf geachtet werden, dass die Tilgung aus dem Rückfluss des Vermögens möglich ist, die Fälligkeit von Vermögen und Kapital soll sich decken („Goldene Bankregel" bzw. „Goldene Bilanzregel" auch Bindungsregeln).

- **Investierungsverhältnis** = Eigenkapital : Anlagevermögen
  Das Anlagevermögen und die eisernen Bestände des Umlaufvermögens sollen durch Eigenkapital gedeckt sein, bei weniger riskanten Investitionen ist auch eine Finanzierung durch langfristiges Fremdkapital möglich.

- **Liquiditätsverhältnis:** Das Umlaufvermögen sollte mit kurzfristigem Fremdkapital finanziert sein, Liquiditätsverhältnis 1 : 1. Die sog. „two-to-one-rule" betrachtet das Liquiditätsverhältnis dann als gut, wenn die Hälfte des Umlaufvermögens dem kurzfristigen Fremdkapital entspricht.

- Die Liquidität wird beschrieben als Barliquidität, einzugsbedingte Liquidität und umsatzbedingte Liquidität. Die Liquidität ist optimal, wenn keine finanziellen Engpässe auftreten und die Rentabilität nicht durch „überflüssige" Mittel geschmälert wird.

(3) **Vertikale Finanzierungsregeln:** Sie untersuchen das Verhältnis der einzelnen Kapital- und Vermögensarten zueinander, die Zusammensetzung von Kapital („Kapitalstrukturregeln") und Vermögen.

Für den anlageintensiven Industriebetrieb wird das Finanzierungsverhältnis 1 : 1, für den Handelsbetrieb das Verhältnis 1 : 2 gefordert. Ist der Fremdfinanzierungsanteil relativ hoch, besteht die Gefahr, dass der Unternehmer in schwierigen Zeiten in Abhängigkeit seiner Gläubiger (Kreditkündigungen) gerät.

Der Fremdfinanzierungsanteil in der deutschen Wirtschaft nimmt ständig zu.

(4) Die genannten Finanzierungsgrundsätze wurden zu Bilanzkennziffern entwickelt, die zur Beurteilung der Lage einer Unternehmung (zwischenbetrieblicher und Zeitvergleich) dienen sollen. Die Finanzierungsregeln sind nicht vorbehaltlos und für alle Fälle gleichermaßen anzuwenden, da die Struktur und Situation der einzelnen Unternehmung berücksichtigt werden muss.

Die Mängel dieser Regeln resultieren aus der Ableitung aus bilanziellen Größen, die Stichtagsgrößen sind, die unvollständig und u. U. überaltert sein können.

Dynamische Finanzierungsgrundsätze fordern, dass letztlich das finanzielle Gleichgewicht gewahrt sein muss und dass zu keinem Zeitpunkt die Zahlungsfähigkeit verletzt wird (mehrjähriger Finanzplan).

Dies bedeutet, dass der Ertrag so hoch sein muss, dass die laufenden Aufwendungen und die Ersatzinvestitionen gedeckt werden. Erweiterungsinvestitionen können dann mit zusätzlichem Eigen- oder Fremdkapital durchgeführt werden.

27. Beurteilen Sie die Liquidität mithilfe des Cashflow!

Die Messung der Liquidität anhand von Bilanzgrößen ist problematisch. Eine andere Möglichkeit der externen Liquiditätsbeurteilung ist die Cashflow-Analyse (Kapitalflussrechnung). Sie findet auch als Maßstab der Innenfinanzierung und der dynamischen Finanzplanung Anwendung.

Der Cashflow ist der positive Umsatzüberschuss, der sich aus den Ertragseinnahmen und Aufwandsausgaben ergibt. Er entspricht in der Bewegungsbilanz der Summe der Abschreibungen, Gewinn, Zuführungen zu Rücklagen und Rückstellungen.

Er zeigt, wie viele erwirtschaftete Mittel für

- Gewinnausschüttungen,
- Investitionen und
- Schuldentilgungen

zur Verfügung stehen, wie hoch die Ertragskraft der Unternehmung tatsächlich ist. Dies lässt sich am ausgewiesenen Gewinn allein nicht erkennen.

Im Rahmen der Liquiditätsplanung dient die Cashflow-Analyse als Prognoseinstrument. Die Differenz aus zukünftigem Kapitalbedarf und geplantem Cashflow weist den Betrag aus, der durch Außenfinanzierung oder Kapitalfreisetzung beschafft werden muss.

28. Beschreiben Sie den Aufbau einer Bewegungsbilanz (Kapitalflussrechnung)!

Aus zwei aufeinander folgenden Bilanzen werden der Mittelverbleib und die Mittelherkunft gegenübergestellt. Diese finanzwirtschaftliche Bewegungsbilanz darf nicht mit der Umsatzbilanz einer Betriebsübersicht verwechselt werden.

Mittelverbleib	Bewegungsbilanz (Kapitalflussrechnung)	Mittelherkunft
Erhöhung der Aktivposten		Minderung der Passivposten
Erhöhung der Passivposten		Minderung der Aktivposten

29. Was sagt eine Bewegungsbilanz (Kapitalflussrechnung) über Investition und Finanzierung aus?

Aus einer Bewegungsbilanz lassen sich Investitionen und deren Finanzierung erkennen:

- Erhöhung der Aktivposten = Investitionen in weiterem Sinne
- Minderung der Passivposten = Definanzierung
- Erhöhung der Passivposten = Kapitalzuführung von innen und außen
- Minderung der Aktivposten = Desinvestition, z. B. Finanzierung aus Abschreibungen.

4.3 Kreditarten

1. Definieren Sie „Fremdfinanzierung"!

Die Maßnahmen zur Beschaffung fremder Mittel (Fremdkapital), die der Unternehmung nur auf begrenzte Zeit zur Verfügung stehen, bezeichnet man als Fremdfinanzierung.

Da diese Mittel von außerhalb des Betriebes stammen, spricht man auch von Außenfinanzierung.

2. Was besagt der Leverage-Effekt?

Übersteigt die Gesamtkapitalrentabilität den Zinssatz für das Fremdkapital, so erhöht sich die Eigenkapitalrentabilität stetig, wenn das Eigenkapital ständig durch Fremdkapital ersetzt wird („lever" = Hebel; Hebelwirkung).

Beispiel

	Euro	Euro	Euro
Eigenkapital:	100	50	10
Fremdkapital:	100	150	190
Gesamtkapital:	200	200	200
Rendite des Gesamtkapitals vor Zinszahlung z. B. 10 % (r_{GK})	20	20	20
Fremdkapitalzinsen bei einem Zinssatz von z. B. 8 % (p_{FK})	8	12	15,2
Rendite des Eigenkapitals (r_{EK}) in Euro	12	8	4,8
(r_{EK}) = (Reingewinn · 100) : Eigenkapital in %	12	16	48

Dieser Zusammenhang lässt sich formelmäßig darstellen:

$$r_{EK} = r_{GK} + FK : EK \cdot (r_{GK} - p_{FK})$$

Für das Beispiel der ersten Zahlenreihe:

$$r_{EK} = 10\,\% + 100 : 100 \cdot (10\,\% - 8\,\%) = 12\,\%$$

Übersteigt der Zinssatz für das Fremdkapital die Gesamtkapitalrentabilität, sinkt die Eigenkapitalrendite (siehe Formel!).

Es ist zu beachten, dass der übermäßige Fremdkapitaleinsatz Gefahren in sich birgt: Bei rückläufigen Gewinnen sinkt i. d. R. auch die Gesamtrentabilität und die fixen Kosten des Fremdkapitals führen zu einer überproportionalen Abnahme der Rendite, die Unternehmung ist krisenanfälliger (siehe: Finanzierungsgrundsätze!).

Unter ertragsteuerrechtlichem Gesichtspunkt ist auch die sog. Zinsschranke (§ 4h EStG) zu beachten. Sie beschränkt den Abzug der Zinsaufwendungen auf die Höhe des Zinsertrages und 30 % des steuerlichen EBITDA (siehe Grundwissen Rechnungswesen 10.2 Frage 10!). Unter anderem sind Kleinbetriebe mit einem Zinssaldo von weniger als 1 Mio. € von der Zinsschranke ausgenommen.

3. Teilen Sie Fremdfinanzierungsarten ein nach

(1) **dem Verwendungszweck,**

(2) **der Fristigkeit,**

(3) **der Verfügbarkeit und**

(4) **der Sicherung!**

Zu (1): Der Produktivkredit dient der Steigerung der Produktion. Als Investitionskredit finanziert er die Beschaffung von Anlagegütern, als Betriebsmittelkredit soll er vor allem das Umlaufvermögen stärken, als Saisonkredit überbrückt er den gesteigerten Geldbedarf vor oder während der Saison.

Zu (2): Kurzfristige Kredite haben eine Laufzeit von bis zu sechs Monaten, mittelfristige Kredite eine Laufzeit von länger als sechs Monaten. Langfristige Kredite haben eine Laufzeit von mehr als vier Jahren.

Zu (3): Kontokorrentkredite stehen dem Kreditnehmer entsprechend seinen Bedürfnissen innerhalb einer bestimmten Höchstsumme und einer bestimmten Zeit zur Verfügung.

Darlehen werden dagegen einmalig in bestimmter Höhe für bestimmte Zeit ausgezahlt. Über bereits getilgte Beträge kann nicht mehr ohne neuen Kreditvertrag verfügt werden.

Zu (4):

▶ **Personalkredit:** Die Sicherheit für einen Kredit kann allein in der Kreditwürdigkeit einer Person liegen. Er ist meist kurzfristig, eignet sich also nicht für Investitionszwecke, Personenkredite werden häufig als Kontokorrentkredit, seltener als Darlehen gewährt.

▶ Bei den verstärkten Personalkrediten haftet neben dem Kreditnehmer eine weitere Person für die Tilgung und Verzinsung des Kredits. Diese Personen sind z. B.

- Wechselgaranten beim Wechseldiskontkredit
- Bürgen beim Bürgschaftskredit
- Drittschuldner beim Zessionskredit.

▶ Bei **Realkrediten** ist die Forderung des Kapitalgebers zusätzlich durch Pfandrechte an beweglichen Sachen (Lombardkredit) oder unbeweglichen Sachen (Hypothek, Grundschuld) oder durch Sicherungsübereignung gesichert.

4. Was ist ein Kredit?

Ein Kredit besteht in der Überlassung von Geld oder Sachgütern oder in der Zuwendung von Dienstleistungen an einen Dritten (Kreditnehmer) im Vertrauen (credo = ich glaube, vertraue) auf eine spätere Gegenleistung. Man unterscheidet **Sachkredite** (Lieferantenkredit) und **Geldkredit** (z. B. Bankkredit).

5. Wie kommt ein Kreditvertrag zustande?

Der Kreditvertrag kommt durch zwei übereinstimmende Willenserklärungen zustande:
- Kreditbewilligung aufgrund eines Kreditgesuchs
- Einverständniserklärung des Schuldners.

6. Welche Vereinbarungen sind im Kreditvertrag geregelt?

Der Kreditvertrag enthält Vereinbarungen über
- Kredithöhe
- bei Darlehen: Auszahlung, Disagio
- Verwendungszweck
- Zinssatz, Zinstermine, eventuell zusätzliche Kreditprovision
- Rückzahlung bzw. Kündigung (Laufzeit)
- Kreditsicherungen.

7. Erläutern Sie den Kontokorrentkredit!

Das Kontokorrentverhältnis ist allgemein in den §§ 355 - 357 HGB geregelt. Zweck eines Kontokorrentvertrages ist die Erleichterung des Zahlungs- und Abrechnungsverkehrs zwischen Personen, die in laufender Geschäftsbeziehung stehen. Mindestens eine dieser Personen muss Kaufmann sein.

Vertragliche Grundlagen des Kontokorrentkredits, eines Kredites in laufender Rechnung, sind die Allgemeinen Geschäftsbedingungen der Banken.

Der Kontokorrentkredit wird dadurch eingeräumt, dass die Bank ihrem Kunden gestattet bis zu einem vereinbarten Höchstbetrag über sein Konto zu verfügen, obwohl es kein Guthaben aufweist.

Er ist ein Personenkredit, der als Blankokredit oder durch Verpfändung von Effekten, durch Sicherungsübereignung etc. gesichert sein kann.

Er zählt zu den kurzfristigen Krediten, da er kurzfristig kündbar ist, wird aber bei guter Geschäftslage auch für längere Zeit gewährt.

Es entstehen folgende Kosten:
- Für die Kreditzusage berechnet die Bank Kredit- oder Bereitstellungsprovision.
- Für den in Anspruch genommenen Kredit sind Sollzinsen zu zahlen.
- Überzieht der Kunde das Kreditlimit, werden Überziehungszinsen fällig.
- Für die Buchungsvorgänge auf dem Konto werden Buchungsgebühren berechnet (Posten- oder Umsatzprovision).

Da der Kontokorrentkredit verhältnismäßig teuer ist, sollte er nicht für die Finanzierung von langfristigen Anschaffungen verwendet werden.

8. Erläutern Sie den Diskontkredit!

Ein Besitzwechsel wird vor Fälligkeit an ein Kreditinstitut verkauft, der Einreicher überträgt durch Indossament die Rechte aus dem Wechsel. Die Bank stellt ihm dafür den Barwert zur Verfügung. Der Zins (Diskont) für die Restlaufzeit des Wechsels, d. h. für die Laufzeit des Kredits, wird im Voraus abgezogen:

	Wechselsumme
-	Diskont
=	**Barwert**

Falls der Wechsel am Verfalltag nicht gelöst wird, muss der Einreicher haften, weitere Indossanten haften mit.

Die Banken kaufen in der Regel nur Handelswechsel mit einer Restlaufzeit von höchstens drei Monaten und guten Unterschriften, da hierfür die Möglichkeit der Rediskontierung besteht, d. h. die Banken können diese Wechsel an die Notenbanken weiterverkaufen um liquide zu bleiben. Meist diskontiert die Bank die von einem Kunden eingereichten Wechsel nur bis zum Höchstbetrag des ihm eingeräumten Diskontkredits (Kontingent). Der Diskontkredit ist für die Bank der sicherste und daher für den Kunden – bei ungestörtem Ablauf – der billigste Kredit.

9. Erläutern Sie den Akzeptkredit!

Ein Akzeptkredit liegt vor, wenn ein Kreditinstitut den von einem Kunden auf sie gezogenen Wechsel mit einem Akzept versieht. Der Kunde verpflichtet sich, spätestens einen Werktag vor Verfall Deckung zu beschaffen. Die Bank setzt somit keine eigenen Mittel ein, es sei denn, sie diskontiert ihr eigenes Akzept.

Beim Akzeptkredit leiht die Bank dem Kunden also kein zusätzliches Kapital in Form von Geld, sondern ihre **Kreditwürdigkeit** (Kreditleihe).

Der Kunde kann dieses Bankakzept zur Begleichung eigener Verbindlichkeiten verwenden oder diskontieren lassen, es ist ein Kreditmittel ersten Ranges und wird zu einem besonders günstigen Privatdiskontsatz diskontiert, der unter dem Diskontsatz der Landeszentralbank liegt.

Die Kosten für einen Akzeptkredit liegen unter denen eines vergleichbaren Kontokorrentkredits.

10. Was kostet ein Lieferantenkredit?

Der Lieferantenkredit entsteht durch die zeitliche Verschiebung von Warenlieferung und daraus resultierender vertragsmäßiger Zahlung. Die Finanzierungsmaßnahme besteht also in dem Hinausschieben der Zahlung. Wird das vereinbarte Zahlungsziel überschritten, entsteht u. U. ein sichtbarer Zinsaufwand in Form von Verzugszinsen. Fast jeder Lieferantenkredit weist aber auch eine versteckte Zinskomponente auf: Zinsaufwand durch Nichtausnutzung des Skontoabzugs.

Beispiel

In den Zahlungsbedingungen wurde festgelegt, dass der Rechnungsbetrag innerhalb 30 Tagen nach Lieferung zu begleichen ist, bei frühzeitiger Begleichung innerhalb von 10 Tagen kann ein Skonto von 3 % berücksichtigt werden.

Objektiv entsteht ein Zinsaufwand für die Zeit vom 11. bis zum 30. Tag in Höhe von 3 % des Rechnungsbetrages. Der Skontosatz ist kein Jahresprozentsatz, er bezieht sich vielmehr in obigem Beispiel auf 20 Tage:

20 Tage entsprechen 3 %
360 Tage entsprechen x %
x = 54 %

Die volle Ausnutzung des Zahlungsziels würde einer effektiven Jahreszinsbelastung von 54 % entsprechen. Es ist daher in der Regel günstiger den Lieferantenkredit – unter Ausnutzung von Skonto – durch einen Kontokorrentkredit abzulösen.

Der Lieferantenkredit kann als Kredit mit dem höchsten Zinsaufwand angesehen werden.

11. Erklären Sie Leasing als Finanzierungsart!

Beim Leasing handelt es sich um eine Beschaffung von Investitionsgütern, bei der der **Leasinggeber** (= Vermieter) sich meist durch längerfristigen Vertrag verpflichtet, dem **Leasingnehmer** (= Mieter) genau bezeichnete Investitionsgüter gegen Leistung eines festgesetzten Entgelts zur Nutzung zu überlassen (to lease = mieten). Investition und

Finanzierung sind zu einem Simultanvorgang zusammengefasst, die „Geldform wird übersprungen".

12. Beschreiben Sie die Erscheinungsformen des Leasing!

In der Praxis gibt es eine Vielzahl von Vertragsvarianten. Je nach Untersuchungskriterium lassen sich folgende Arten unterscheiden:

(1) Nach der **Art des gemieteten bzw. vermieteten Gegenstandes**

- **Equipment-Leasing:** Die Ausrüstungsvermietung erstreckt sich auf die Vermietung von Büromaschinen, Ladeneinrichtungen, Maschinen etc., die der Ausrüstung des Unternehmens dienen.

- **Industrie-Leasing:** Die Anlagevermietung liegt vor, wenn ganze Industrieanlagen vermietet bzw. verpachtet werden.

- **Konsumgüterleasing** besteht in der Vermietung von Konsumgütern an Haushalte (Waschmaschinen, Kühltruhen, Fernsehgeräten etc.).

(2) Nach der **Person des Leasinggebers** können unterschieden werden:

- **Service-Equipment-Leasing**, bei dem der Hersteller des Leasinggegenstandes gleichzeitig Vermieter ist.

- **Finance-Equipment-Leasing**, bei dem zwischen Hersteller und Mieter des Gegenstandes eine Leasinggesellschaft tritt.

(3) Nach der **Dauer des Leasingvertrages** sind zu unterscheiden:

- **Operating-Leasing**, vergleichbar der traditionellen Miete als juristischem Tatbestand des BGB, bei dem die Übertragung von Objektnutzungen im Vordergrund steht; Operating- Leasing ist in der Regel kurzfristig;

- **Financial-Leasing** als wirtschaftliche Miete, das in der Regel langfristig ist. Im Gegen- Satz zum Operating-Leasing geht es hierbei um die Übertragung der Objekte selbst. Die Verträge lauten auf eine langfristige vereinbarte Grundmietzeit und sind in dieser Zeit in der Regel für beide Seiten unkündbar. Hieraus folgt, dass der Leasingnehmer das Investitionsrisiko, z. B. das Risiko des Veraltens, während der Grundmietzeit trägt. Nach Ablauf der Grundmietzeit trägt der Leasinggeber das Verwertungsrisiko.

(4) Bei einer besonderen Form des Leasing spricht man vom **„sale and lease back"**, wenn eine Unternehmung eigene bereits in Gebrauch befindliche Objekte an einen Leasinggeber verkauft und unter Abschluss eines Mietvertrages vom Leasinggeber zurückmietet. Auf diese Art und Weise können sich insbesondere Unternehmen, die in ernsten wirtschaftlichen Schwierigkeiten sind, flüssige Mittel verschaffen.

13. Wie werden geleaste Gegenstände bilanzmäßig behandelt?

(1) **Operating-Leasing:** Bei dieser Vertragsform richten sich die Rechte und Pflichten der Vertragspartner – ähnlich wie beim Mietvertrag – nach dem BGB, der Vertrag ist kurzfristig unter Einhaltung der vereinbarten Kündigungsfrist kündbar. Der Vermieter als Eigentümer aktiviert den Gegenstand, die Mieteinnahme ist für ihn Ertrag. Der Leasingnehmer bucht als Besitzer des Gegenstandes die Leasinggebühr als Aufwand.

(2) **Financial-Leasing:** Der Leasinggeber kalkuliert in seine Leasing-Raten folgende Beträge ein:

- Abschreibung
- Kapitalkosten (sein eingesetztes Kapital muss sich verzinsen)
- Risikoprämie z. B. für schnelles Veralten
- Verwaltungskosten
- Gewinn.

Die monatlichen Leasing-Raten werden in der Regel so bemessen, dass alle diese Kosten vom Leasingnehmer während der Grundmietzeit zu erstatten sind.

Ist die Grundmietzeit im Verhältnis zur betriebsgewöhnlichen Nutzungsdauer sehr lang oder relativ kurz, so wird der Leasingnehmer als wirtschaftlicher Eigentümer behandelt, er bilanziert den Leasinggegenstand.

Beträgt die Grundmietzeit dagegen 40 bis 90 % der betriebsgewöhnlichen Nutzungsdauer, so ist wie beim Operating-Leasing zu verfahren, der Leasinggeber bleibt wirtschaftlich Eigentümer und bilanziert den Gegenstand.

Der Leasingnehmer wird normalerweise mit einer Erstattung aller Kosten in einer relativ kurzen Grundmietzeit nur einverstanden sein, wenn ihm

- eine Option zur Verlängerung der Vertragslaufzeit zu einer günstigen Folgemiete oder
- eine Option auf einen günstigen Kaufpreis nach Ablauf der Grundmietzeit

eingeräumt wird. In diesen Fällen und für das Financial-Leasing von unbeweglichen Wirtschaftsgütern gelten besondere Bilanzierungsvorschriften.

14. Nennen Sie Vor- und Nachteile des Leasing!

(1) **Vorteile:**

- Geringer Finanzmittelbedarf im Jahr der Anschaffung, der Investitionsspielraum wird größer;
- Schnelle Anpassung an den neuen Stand der Technik (Operating-Leasing);
- Erhöhung der Liquidität unter der Voraussetzung, dass die in den Umsatz kalkulierten Kosten höher sind als die Mietaufwendungen;

- Service-Leistungen durch den Vermieter;
- Leasingraten gewinnmindernd als Betriebsausgaben abzugsfähig (bei Bilanzierung: Abschreibung und Kostenanteil in der Leasingrate).

(2) **Nachteile:**
- Hohe Leasingraten;
- U. U. Aktivierung, Leasingraten können nicht sofort als Betriebsausgaben abgezogen werden;
- Leasingraten sind während der Grundmietzeit als fixe Kosten zu berücksichtigen;
- Bei schnellem technischem Fortschritt keine Kündigungsmöglichkeit während der Grundmietzeit.

15. Vergleichen Sie Leasing und Fremdfinanzierung!

(1) Sämtliche Kosten der Finanzierungsalternativen müssen in einer Kostenrechnung gegenübergestellt werden:
- Kosten bei Kauf mit Fremdfinanzierung: Zinsen, AfA
- Kosten bei Leasing: Leasingraten.

(2) In einer Investitionsvergleichsrechnung müssen die Barwerte der Auszahlungen bei Leasing und Fremdfinanzierung gegenübergestellt werden. Dies ist wichtig, da die Auszahlungen bei den Finanzierungsalternativen zu unterschiedlichen Zeitpunkten erfolgen.

16. Beschreiben Sie das Factoring!

Das Factoring ist eine neuere Form der Absatzfinanzierung. Es beruht auf der Zession.

Der Factor (Bank oder spezielle Factoringgesellschaft) kauft sämtliche Forderungen ihres Kunden auf und übernimmt – anders als beim gewöhnlichen Zessionskredit – das volle Kreditrisiko (= Delkredere).

Der Factor kann zusätzlich folgende Servicefunktionen übernehmen:
- Debitorenbuchhaltung
- Mahnwesen und Inkasso
- Fakturierung (= Rechnungsschreibung).

Er berechnet für seine Dienstleistungen folgende Kosten:
- Zinsen für vorfinanzierte Forderungen inklusive Zuschlag für das Kreditrisiko – daher ca. 2 % über banküblichem Zinssatz
- Gebühren für weitere Dienstleistungen (ca. 1 bis 2 % des Monatsumsatzes).

17. Nennen Sie Vor- und Nachteile des Factoring!

(1) **Vorteile:**
- Erhöhung der Liquidität, da sofort Bargeld zufließt
- Ausnutzung des Lieferantenskontos wird erleichtert
- Verwaltungskosten werden gesenkt
- Kreditrisiko wird vom Factor getragen
- Kapitalbedarf wird geringer, da Kundenzahlungsziel entfällt
- Lieferer braucht nicht selbst zu mahnen, verärgert seine Kunden nicht.

(2) **Nachteile:**
- Zinsen und Gebühren sind hoch.
- Enge Beziehung zwischen Lieferer und Kunden wird beeinträchtigt.

4.4 Kreditsicherungen

1. Erläutern Sie die Bürgschaft!

Der Bürgschaftsvertrag wird zwischen dem Bürgen und der Bank durch Abgabe eines Bürgschaftsversprechens und dessen formlose Entgegennahme abgeschlossen.

- **Form:** Für das Bürgschaftsversprechen ist die Schriftform vorgeschrieben, um voreiligen Zusicherungen des Bürgen vorzubeugen. Kaufleute können sich im Rahmen ihrer Handelsgeschäfte auch wirksam mündlich verbürgen. Banken verlangen aus Gründen der Beweissicherung stets Schriftform.

- **Arten:** Bei der Ausfallbürgschaft kann der Bürge die „Einrede der Vorausklage" geltend machen, er braucht erst dann zu leisten, wenn der Hauptschuldner „ausfällt", d. h. alle gerichtlichen Maßnahmen gegen ihn erfolglos sind.

Banken verlangen vom Bürgen häufig, dass er auf das Recht der Vorausklage verzichtet, weil das Verfahren u. U. langwierig sein kann; der Bürge haftet „wie selbst". Dadurch entsteht die **selbstschuldnerische Bürgschaft**, bei der sich der Gläubiger am Fälligkeitstag ohne Weiteres sofort an den Bürgen wenden kann. Die Bürgschaft des Kaufmanns ist stets selbstschuldnerisch.

Der Bürge kann dem Gläubiger alle Einwendungen entgegenhalten, die dem Hauptschuldner auch zustehen, z. B. Stundung etc.

Verbürgen sich mehrere Schuldner für die gleiche Forderung, so haften sie als Gesamtschuldner (= **gesamtschuldnerische Bürgschaft**).

2. Erläutern Sie die Sicherungsübereignung!

Zur Sicherung eines Kredits wird das Eigentum an einer beweglichen Sache in einem gesonderten Vertrag neben dem Kreditvertrag durch Einigung auf den Gläubiger übertragen. Die körperliche Übergabe unterbleibt und wird durch die Vereinbarung ersetzt, dass der Schuldner im Rahmen eines Miet- oder Pachtvertrages unmittelbarer Besitzer der Sache bleibt, sie weiterhin nutzen kann (Besitzkonstitut).

Umsatzsteuer: Es liegt keine Lieferung vor, da der Gläubiger nicht uneingeschränkt Eigentümerrechte über die Sache hat.

Mit dem Gegenstand kann der Schuldner arbeiten und damit die Voraussetzungen für regelmäßige Zins- und Tilgungszahlungen schaffen.

Kommt der Schuldner seinen Verpflichtungen nicht nach, kann der Gläubiger das Sicherungsgut verwerten.

Umsatzsteuer: Schuldner liefert an Gläubiger, Gläubiger liefert an Dritten.

Die Sicherungsübereignung ist nach außen nicht erkennbar. Der Gläubiger geht daher das Risiko ein, dass die Sache bereits anderweitig übereignet war oder die Sache an einen gutgläubigen Dritten veräußert wird.

Da die Sache durch Nutzung beschädigt oder zerstört werden kann, beleiht der Gläubiger nur einen bestimmten Prozentwert der übertragenen Sache. Hat der Schuldner seine Verbindlichkeit getilgt, geht das Eigentum automatisch wieder auf ihn über.

3. Vergleichen Sie Sicherungsübereignungskredit und Faustpfandkredit (Lombardkredit)!

Hochwertige und wertbeständige bewegliche Sachen (Edelmetalle, Schmuck, Wertpapiere) werden durch Einigung und tatsächliche Übergabe an den Gläubiger verpfändet. Es muss sich um Sachen handeln, die der Schuldner für die Fortführung seines Betriebes nicht unbedingt benötigt, und die der Gläubiger leicht verwahren und verwerten kann. Einrichtungsgegenstände und Maschinen scheiden daher in der Regel aus der Verpfändung aus.

Pfandkredit: Schuldner bleibt Eigentümer – Gläubiger wird Besitzer. Bei der Sicherungsübereignung jedoch

- wird der Gläubiger Eigentümer,
- bleibt der Schuldner Besitzer.

4. Erläutern Sie den Zessionskredit!

Zur Sicherung eines Kredits vereinbart der Schuldner (Zedent) mit dem Gläubiger (= Zessionar), dass seine Forderungen gegenüber Dritten (= Drittschuldner) zahlungshalber auf den Gläubiger übergehen. Der Abtretungsvertrag (= Zessionsvertrag) wird in der Regel schriftlich abgeschlossen, es besteht jedoch keine Formvorschrift.

Offene Zession: Dem Drittschuldner wird die Abtretung mitgeteilt, er kann bei Fälligkeit mit befreiender Wirkung nur an den Gläubiger (Zessionar) zahlen.

Nachteil: Dem Drittschuldner werden die Zahlungsschwierigkeiten des Kreditnehmers bekannt. Stille Zession: Der Drittschuldner erfährt von der Tatsache der Abtretung nichts und zahlt dementsprechend an den Schuldner (Zedent), seinen Gläubiger, der die erhaltenen Gelder an seinen Gläubiger (Kreditgeber) weiterleitet.

Risiko: Der Kreditnehmer könnte seine Forderung gegenüber dem Drittschuldner mehrmals abtreten.

Einzelzession: Zur Verminderung des Risikos wird eine einzelne Forderung, z. B. aus einem Bausparguthaben, an einen Kreditgeber abgetreten.

Mantelzession: Die Abtretung wird oft in Form eines Mantelvertrages – daher Mantelzession – über eine bestimmte Summe still abgetretener Forderungen vorgenommen. Diese werden in einer „Debitoren"-Liste dem Vertrag beigefügt und müssen in regelmäßigen Abständen erneuert werden.

Noch einfacher ist die Globalzession, bei der sämtliche bestehenden und künftigen Warenforderungen bereits mit ihrer Entstehung auf den Zessionar übergehen.

5. In welcher Form können Darlehen getilgt werden?

(1) **Fälligkeitsdarlehen:** Die gesamte Darlehenssumme wird an dem vorher vereinbarten Termin zurückgezahlt. Während der Laufzeit des Darlehens sind nur Zinsen zu zahlen.

(2) **Kündigungsdarlehen:** Die Darlehenssumme wird als Ganzes nach Ablauf einer vereinbarten Kündigungsfrist zurückgezahlt. Die Laufzeit des Darlehens ist also nicht von vornherein festgelegt.

(3) **Abzahlungsdarlehen:** Das Darlehen wird in festgelegten Raten getilgt, sodass die Schuld immer um den gleichen Betrag abnimmt. Die zu entrichtenden Zinsen verringern sich dementsprechend.

(4) **Annuitätsdarlehen:** Es werden gleichbleibende Zahlungen vereinbart, die Zins und Tilgung enthalten. Der Zinsanteil sinkt durch Verringerung der Schuld, der Tilgungsanteil nimmt entsprechend zu.

6. Vergleichen Sie Hypothek und Grundschuld!

Für die Bestellung einer Grundschuld muss ein Schuldverhältnis – anders als bei der Hypothek – nicht vorhanden sein.

Bei der Grundschuld besteht – anders als bei der Hypothek – keine persönliche Haftung, sondern nur eine dingliche Sicherung durch das Grundstück.

7. Nennen Sie Vorteile der Grundschuld gegenüber der Hypothek!

Vorteile sind:

- Die Grundschuld stellt ein abstraktes Grundpfandrecht dar, d. h. Einwendungen aus dem Grundgeschäft können nicht geltend gemacht werden.
- Schwankungen des Schuldsaldos beeinträchtigen den Bestand der Grundschuld nicht.
- Die Grundschuld kann als Eigentümergrundschuld eingetragen werden. Bei späterer Kreditaufnahme bedarf es dann nur deren Abtretung.
- Diese Abtretung braucht bei Briefrechten nicht in das Grundbuch eingetragen zu werden, der Kreditgeber kann anonym bleiben.
- Eingeräumte, aber noch nicht in Anspruch genommene Kredite, können nur durch eine Grundschuld gesichert werden.

8. Wovon hängen die Kreditkonditionen ab?

Die Kreditkonditionen hängen entscheidend von der Bonität des Kreditnehmers ab. Kreditinstitute müssen für jeden ausgereichten Kredit einen bestimmten Prozentsatz der Kreditsumme aus ihrem Eigenkapital hinterlegen. Der Baseler Ausschuss hat eine Überarbeitung der Eigenkapitalanforderungen vorgenommen, die als „Baseler Eigenkapitalakkord II" (**Basel II**) bekannt geworden sind. Zentrale Rolle für die Eigenkapitalunterlegung spielt danach die Bonität des Schuldners. Diese soll durch ein Rating festgestellt werden. Je nach dem Ratingergebnis wird ein Eigenkapitalunterlegungssatz von 8 % in verschiedene Gewichte unterteilt. Diese gehen von 20 % (bezogen auf die 8 %) für beste Bonität bis zu 150 % für schlechteste Bonität. Das heißt, Unternehmen mit schlechter Bonität werden künftig höhere Zinssätze für den Kredit zahlen müssen als solche mit guter Bonität.

Die Finanzkrise hatte gezeigt, dass das globale Bankensystem ungenügend qualitativ hochwertiges Eigenkapital besitzt. Unter **Basel III** wird nunmehr verstärkt auf die reinste Form von Eigenkapital, das sogenannte Kernkapital („Common Equity"), gesetzt. Es setzt sich bei Aktiengesellschaften in erster Linie aus dem eingezahlten Gesellschaftskapital und den Gewinnrücklagen zusammen. Die Umsetzung in der Europäischen Union wird über Änderungen der Capital Requirements Directive (CRD) erfolgen und soll ab 2013 schrittweise in Kraft treten.

9. Was ist ein Rating?

Bei einem Rating handelt es sich um eine Benotung der Bonität nach feststehenden Kriterien, welche in Buchstabenkombinationen oder in einer numerischen Ratingklassenskala angegeben werden kann.

Die Ratingklasse gibt dabei eine Aussage über die wahrscheinliche Fähigkeit eines Schuldners, seinen Zahlungsverpflichtungen zukünftig nachzukommen.

10. Wie misst man Bonität?

Die Bonität wird von vielen betrieblichen und externen Faktoren beeinflusst. Die Bewertung aller maßgebenden Faktoren ermöglicht eine verlässliche Aussage über die Bonität.

Komponenten des Ratings sind:

- Marktsituation und Produktpalette, Wettbewerbssituation
- betriebswirtschaftliche Steuerung
- Rechtsform und Gesellschafterstruktur
- Wertschöpfungskette
- Unternehmensführung, Management-Einschätzung
- Ertragslage, Finanzlage, Bilanzdaten.

5. Finanzwirtschaftliche Störungen

1. Welche Ursachen können zu finanzwirtschaftlichen Störungen führen?

Umfragen bei Wirtschaftsprüfern, Unternehmensberatern, Verbänden und Banken zeigen, dass insbesondere bei jüngeren, bei kleineren und mittleren Unternehmen folgende Probleme zu finanzwirtschaftlichen Störungen führen können:

- Managementfehler
- Vernachlässigung des Rechnungswesens bzw. des Controllings
- schleppende Zahlungsweise der Kunden
- veraltete Produktpalette, zu wenig Produktinnovation
- zu geringes Eigenkapital
- Fehler im Personalmanagement
- zu wenig Markterfahrung.

2. Welche Folgen können finanzwirtschaftlichen Störungen haben?

Sie können Umsatzeinbußen oder Kostenanstieg zur Folge haben, der Gewinn geht zurück, es entstehen Verluste. Bei steigender Verschuldung kommt es zu Liquiditätsengpässen, Zahlungsverzögerungen können zur Zahlungsunfähigkeit führen.

3. Welche Maßnahmen können beim Vorliegen finanzwirtschaftlicher Störungen ergriffen werden?

Die Maßnahmen können darauf gerichtet sein, das Unternehmen zu erhalten (**Sanierung**) oder aufzulösen (**Liquidation**).

4. Was versteht man unter Sanierung?

Unter Sanierung versteht man alle Maßnahmen finanzieller und organisatorischer Art, die geeignet sind, einem Unternehmen eine neue – gesunde – Grundlage zu geben, um die Leistungsfähigkeit und Rentabilität wiederzugeben.

Hierzu gehören

- sachliche,
- organisatorische und
- personelle Maßnahmen.

Eine finanzielle Sanierung hat die Veränderung des Eigenkapitals oder des Fremdkapitals zum Ziel. Um eine Unterbilanz (Jahresfehlbetrag) der Kapitalgesellschaft zu beseitigen, kann das Eigenkapital an das Vermögen angepasst werden, indem Rücklagen aufgelöst werden, das Grund- bzw. Stammkapital herabgesetzt wird oder Anteile zusammengelegt werden. Bei dieser nominellen Sanierung werden dem Unternehmen allerdings keine neuen Mittel zugeführt. Bei einer effektiven Sanierung werden dem Unternehmen durch Gesellschafter Finanzmittel zugeführt oder es werden Nachschüsse eingefordert. Durch den Erwerb eigener Aktien kann aus der Differenz zwischen Kurs- und Nennwert ein Bilanzverlust ausgeglichen werden.

Die Kapitalstruktur kann durch Erlass von Schulden, durch Stundung von Rückzahlungsverpflichtungen, durch Umschuldung von kurzfristigem zu mittel- und langfristigem Fremdkapital oder durch die Umwandlung von Fremdkapital in Eigenkapital verbessert werden.

Werden Betriebsschulden aus betrieblichen Gründen erlassen, so sind die entsprechenden Verbindlichkeiten aufzulösen. Es entsteht ein handelsrechtlicher Ertrag, eine steuerrechtliche Betriebseinnahme. Die Einkommensteuerbefreiung des so entstandenen Sanierungsgewinns (§ 3 Nr. 66 EStG) entfällt seit 1998.

Werden Verbindlichkeiten aus privaten Gründen erlassen, ist eine Einlage zu buchen.

5. Was versteht man unter Liquidation?

Stellt eine Unternehmung ihre Tätigkeit ein, werden die laufenden Geschäfte abgewickelt, die Gläubiger werden abschließend befriedigt, das Vermögen wird verwertet und an die Eigentümer verteilt. Die Firma erhält den Zusatz „i. L." (in Liquidation). Um die Interessen von Gläubigern und nicht an der Geschäftsführung beteiligten Anteilseignern zu wahren, sind strenge rechtliche Anforderungen an den Ablauf der Liquidation zu beachten. Diese ergeben sich insbesondere aus den §§ 145 ff. HGB.

Der Liquidationserlös ist zu versteuern. Bei Einzelunternehmen und Personengesellschaften ist die Liquidation einer Betriebsaufgabe gem. § 16 EStG gleichzusetzen.

6. Welche Ziele verfolgt das Insolvenzverfahren?

Die Insolvenzverordnung – vom Bundestag 1994 verabschiedet – ist am 01.01.1999 in Kraft getreten. Sie hat die bisherige Konkurs- und die Vergleichsordnung sowie in den neuen Bundesländern die Gesamtvollstreckungsordnung abgelöst und ein für die ganze Bundesrepublik einheitliches Insolvenzrecht geschaffen.

Die Insolvenzrechtsreform hat die innerdeutsche Rechtseinheit auf dem Gebiet des Insolvenzrechts wiederhergestellt. Seit Inkrafttreten der Insolvenzordnung gibt es nur noch ein einziges Insolvenzverfahren. Ziel der Neuordnung ist es, neben der Befriedigung der Gläubiger das Unternehmen durch Aufstellung eines Insolvenzplanes (§ 1 InsO) zu erhalten: „Das Insolvenzverfahren dient dazu, die Gläubiger eines Schuldners gemeinschaftlich zu befriedigen, indem das Vermögen des Schuldners verwertet und der Erlös verteilt oder in einem Insolvenzplan eine abweichende Regelung insbesondere zum Erhalt des Unternehmens getroffen wird. Dem redlichen Schuldner wird Gelegenheit gegeben, sich von seinen restlichen Verbindlichkeiten zu befreien." Eine solche Restschuldbefreiung war dem früheren deutschen Recht nicht bekannt.

7. Wie läuft das Insolvenzverfahren bei Unternehmensinsolvenzen ab?

Für das Insolvenzverfahren ist das Amtsgericht, in dessen Bezirk ein Landgericht seinen Sitz hat, als Insolvenzgericht zuständig (§ 2 Abs. 1 InsO).

1. Stufe: Der Schuldner oder ein Gläubiger beantragt die Eröffnung des Insolvenzverfahrens. Das Insolvenzgericht prüft, ob ein Eröffnungsgrund vorliegt:

- Zahlungsunfähigkeit des Schuldners (§ 17 InsO)
- drohende Zahlungsunfähigkeit bei eigenem Antrag des Schuldners (§ 18 InsO)
- Überschuldung bei juristischen Personen (§ 19 InsO); Überschuldung liegt vor, wenn das Vermögen des Schuldners die bestehenden Verbindlichkeiten nicht mehr deckt, es sei denn, die Fortführung des Unternehmens ist nach den Umständen überwiegend wahrscheinlich.

Reicht das Vermögen des Schuldners voraussichtlich nicht aus, um die Kosten des Verfahrens zu decken, wird der Antrag auf Eröffnung des Konkursverfahrens mangels Masse abgewiesen (§ 26 Abs. 1 InsO).

2. Stufe: Sind die Voraussetzungen für die Eröffnung des Verfahrens erfüllt, wird das Insolvenzverfahren eröffnet (Eröffnungsbeschluss). Das Insolvenzgericht ernennt einen **Insolvenzverwalter** (§ 27 Abs. 1 InsO). Die Gläubiger werden aufgefordert, ihre Forderungen anzumelden und dem Verwalter unverzüglich mitzuteilen, welche Sicherungsrechte sie an beweglichen Sachen oder an Rechten des Schuldners in Anspruch nehmen. Durch die Eröffnung des Insolvenzverfahrens geht das Recht des Schuldners, das zur Insolvenzmasse gehörende Vermögen zu verwalten und über es zu verfügen, auf den Insolvenzverwalter über (§ 80 InsO). Zur Insolvenzmasse gehört das gesamte Vermögen, das dem Schuldner zur Zeit der Eröffnung des Verfahrens gehört und das er während des Verfahrens erlangt (Insolvenzmasse, § 35 InsO).

3. Stufe: Im Eröffnungsbeschluss werden folgende Termine bestimmt:
- In einer Gläubigerversammlung werden die angemeldeten Forderungen geprüft (Prüfungstermin). Der Zeitraum zwischen dem Ablauf der Anmeldefrist und dem Prüfungstermin soll mindestens eine Woche und höchstens zwei Monate betragen.
- In einer Gläubigerversammlung wird auf der Grundlage eines Berichts des Insolvenzverwalters über den Fortgang des Insolvenzverfahrens beschlossen (**Berichtstermin**, § 156 InsO). Sie beschließt, ob das Unternehmen stillgelegt (**Liquidation**) oder vorläufig fortgeführt (**Sanierung**) werden soll. Der Termin soll nicht über sechs Wochen und darf nicht über drei Monate hinaus angesetzt werden.

4. Stufe: Für die Sanierung steht das Rechtsinstitut des „Insolvenzplanes" zur Verfügung. Der Insolvenzplan ermöglicht statt der starren Quotenregelung alten Rechts flexible Regelungen. Er kann vom Schuldner oder vom Insolvenzverwalter bis zum Schlusstermin vorgelegt werden (§ 218 InsO) und besteht aus zwei Teilen:

Im gestaltenden Teil (§ 221 InsO) ist festzustellen, wie die Rechte verschiedener, unterteilbarer Gruppen geändert werden sollen (§ 222 InsO).

Im darstellenden Teil (§ 220 InsO) werden alle getroffenen Maßnahmen zur Wahrung der Rechte der Beteiligten beschrieben.

5. Stufe: Die gesicherten Gläubiger sind in das Insolvenzverfahren einbezogen. Unter Eigentumsvorbehalt gelieferte bewegliche Sachen dürfen während des ersten Verfahrensabschnitts nicht aus dem Unternehmen abgezogen werden. Zur Sicherung übereignete bewegliche Sachen werden vom Insolvenzverwalter verwertet; aus dem Verwertungserlös entnimmt der Verwalter die Kosten der Feststellung der Sicherheiten, die Verwertungskosten und die Umsatzsteuer. Die Rechte der gesicherten Gläubiger können durch einen Insolvenzplan gekürzt werden.

6. Stufe: Im Falle der Liquidation des insolventen Unternehmens werden alle ungesicherten Gläubiger mit der gleichen Quote befriedigt. Die Konkursvorrechte des früheren Rechts sind entfallen. Die Arbeitnehmer bleiben durch das Insolvenzgeld geschützt, das Lohnausfälle für die Zeit von drei Monaten abdeckt. Außerdem müssen die Arbeitnehmer bei einer Betriebsstilllegung regelmäßig Abfindungsleistungen erhalten (**Sozialplan**, § 123 InsO).

8. Wie läuft das Insolvenzverfahren beim Verbraucherinsolvenzverfahren ab?

Mit dem Verbraucherinsolvenzverfahren (§§ 304 - 314 InsO) hat der Gesetzgeber ein Verfahren geschaffen, das auf die Verbraucher und Kleingewerbetreibenden zugeschnitten ist und letztendlich eine übermäßige Belastung der Insolvenzgerichte verhindern soll. Das Verbraucherinsolvenzverfahren läuft in drei Stufen ab:

1. Stufe: Der Schuldner hat zunächst eine außergerichtliche Einigung mit seinen Gläubiger zu versuchen. Unterstützt wird er dabei von einer Schuldnerberatungsstelle, einem Rechtsanwalt, Notar, Steuerberater oder einer vergleichbar geeigneten Person. Es wird ein Schuldenbereinigungsplan erstellt. Hat kein Gläubiger Einwendungen gegen den Plan erhoben, so gilt er als angenommen. Der Antrag auf Eröffnung des Insolvenzverfahrens gilt als zurückgenommen.

2. Stufe: Misslingt der Einigungsversuch, folgt das gerichtliche Insolvenzverfahren. In einem ersten Abschnitt versucht das Gericht nochmals, auf der Grundlage eines vom Schuldner vorgelegten Schuldenbereinigungsplans eine Einigung zwischen Gläubigern und Schuldnern herbeizuführen. Dabei hat es auch die Möglichkeit, die Zustimmung einzelner Gläubiger unter bestimmten Voraussetzungen zu ersetzen, wenn der Plan inhaltlich angemessen ist.

3. Stufe: Kommt auch das gerichtliche Schuldenbereinigungsverfahren nicht zustande, wird ein **vereinfachtes Insolvenzverfahren** durchgeführt. Die §§ 312 - 314 InsO sehen hierfür eine Reihe von Vereinfachungen vor.

9. Wie läuft das Restschuldbefreiungsverfahren ab?

Ist der Schuldner eine natürliche Person, so kann er unter bestimmten Voraussetzungen von den im Insolvenzverfahren nicht erfüllten Verbindlichkeiten gegenüber den Insolvenzgläubigern befreit werden (§ 286 InsO). Die Restschuldbefreiung setzt einen Antrag des Schuldners voraus, der mit seinem Antrag auf Eröffnung des Insolvenzverfahrens verbunden werden soll.

Nach dem neugefassten § 300 InsO (Gesetz zur Verkürzung des Restschuldbefreiungsverfahrens und zur Stärkung der Gläubigerrechte) entscheidet das Insolvenzgericht über die Erteilung der Restschuldbefreiung abhängig davon, welche Leistungen von Schuldner erbracht worden sind. Bislang galt nach § 287 InsO (alte Fassung) eine 6-jährige Wohlverhaltensphase, nach deren Ablauf über die Restschuldbefreiung entschieden wurde. Die Neuregelung sieht nun folgende Fristen vor:

- Wenn kein Insolvenzgläubiger eine Forderung angemeldet hat oder wenn die Forderungen der Insolvenzgläubiger befriedigt sind und der Schuldner die sonstigen Masseverbindlichkeiten ausgeglichen hat, wird auf Antrag des Schuldners entschieden, ohne dass eine Mindestfrist abzuwarten ist.
- Wenn die Forderungen der Insolvenzgläubiger zu mindestens 35 % befriedigt werden können, wird nach **drei** Jahren entschieden.
- Wenn die Kosten des Verfahrens durch den Schuldner bezahlt wurden, wird nach **fünf** Jahren entschieden.
- Ansonsten wird nach **sechs** Jahren entschieden, unabhängig davon, ob der Schuldner Zahlungen erbringen konnte oder nicht.

Um Missbrauch zu vermeiden, ist bei einem vorzeitigen Antrag darzulegen, woher die Mittel kommen, mit denen die Zahlungen erbracht werden. Dies soll verhindern, dass jemand Geld zur Seite legt, Insolvenzantrag stellt und sich dann mit einer Teilzahlung vorzeitig freikauft.

6. Grundzüge der Wirtschaftsordnung und Wirtschaftspolitik

1. Welchen Stellenwert hat die Wirtschaftsordnung in der Gesellschaftsordnung?

- Wirtschaftsordnung,
- Sozialordnung,
- Rechtsordnung und
- politische Ordnung

sind Teilbereiche einer Gesellschaftsordnung, die in wechselseitiger Beziehung zueinander stehen.

2. Erläutern Sie die Grundlagen einer Wirtschaftsordnung!

Da Produktion und Bedarf von Konsum- und Produktionsgütern nicht von vornherein übereinstimmen, muss in einer Volkswirtschaft entschieden werden

- welche Güter in welchen Mengen produziert werden,
- in welcher Kombination der Produktionsfaktoren produziert werden soll und
- an wen die Güter verteilt werden sollen.

3. Wer übernimmt die Lenkung der Volkswirtschaft?

Um Produktion und Bedarf in Übereinstimmung zu bringen, ist planvolles Handeln erforderlich. Diese Planung kann von einer zentralen **Planungsbehörde** ausgehen (Zentralverwaltungswirtschaft, Planwirtschaft, Kollektivismus) oder die Produzenten und Konsumenten planen in eigener Verantwortung dezentral (freie Marktwirtschaft, Individualismus).

Die genannten Wirtschaftsordnungen sind allerdings idealtypische Formen. Die tatsächlich realisierten Wirtschaftssysteme stellen Mischformen dar, die sowohl Merkmale der Zentralverwaltungswirtschaft als auch der Marktwirtschaft aufweisen.

4. Nennen Sie die Hauptmerkmale einer freien Marktwirtschaft!

In einer freien Marktwirtschaft gibt es keine Zentrale, die plant. Die Wirtschaftsteilnehmer haben völlige Entscheidungsfreiheit. Das Privateigentum ist garantiert, es herrscht Vertragsfreiheit, Gewerbe- und Berufsfreiheit.

Die vielfältigen Wünsche der Verbraucher und die Pläne der Anbieter werden durch den Marktpreis in Übereinstimmung gebracht. Die Preise bilden sich am Markt durch Angebot und Nachfrage.

Die Marktteilnehmer stehen in völlig freiem Wettbewerb gegenüber, ihr Handeln folgt dem Prinzip der Nutzen- bzw. Gewinnmaximierung.

5. Nennen Sie die Hauptmerkmale der Zentralverwaltungswirtschaft!

Das Wirtschaftsgeschehen wird zentral gelenkt. Die Entscheidungsfreiheit der Wirtschaftsteilnehmer ist eingeschränkt. Die zentrale Planungsbehörde teilt die Produktionsfaktoren den Behörden zu, setzt die Preise für Güter und Dienstleistungen, für Kapital und Arbeit fest.

Die Produktionsmittel gehören dem Staat. Die zentrale Planungsbehörde entscheidet über ihre Verfügbarkeit, in ihren Händen liegt das Bank- und Versicherungswesen. Alle Güter werden zentral gesteuert verteilt.

6. Welches ist die Grundidee der sozialen Marktwirtschaft?

Die Idee der sozialen Marktwirtschaft wurde in der Bundesrepublik erstmals unter dem damaligen Wirtschaftsminister Ludwig Erhard umgesetzt. Ihr Konzept übernimmt die Gesetze des Marktmechanismus und verbindet sie mit dem Anspruch der Menschen auf sozialen Ausgleich. Motor der freien Wirtschaft ist der Wettbewerb, der Staat reguliert nur, wenn sich wirtschaftliche und soziale Ungleichgewichte abzeichnen.

MERKE

Wettbewerb so viel wie möglich, staatliche Planung so viel wie nötig.

7. Welches ist das Ziel unternehmerischen Handelns in der sozialen Marktwirtschaft?

Private Betriebe streben nach maximalem Gewinn (ökonomisches Ziel = Gewinnmaximierung). Gemäß dem ökonomischen Prinzip lässt sich dieses Ziel durch Umsatzmaximierung (bei gegebenen Kosten) oder durch Kostenminimierung (bei gegebenem Umsatz) erreichen.

Die Nachfrager dagegen wollen einen möglichst großen Nutzen erzielen (Nutzenmaximierung). Der Interessenausgleich erfolgt über den Preis.

8. Welche weiteren Ziele müssen in der sozialen Marktwirtschaft beachtet werden?

Jede wirtschaftliche Betätigung beeinträchtigt die Umwelt. Zwar ist das Umweltbewusstsein von Unternehmen und Konsumenten gestiegen, aber zwischen Ökonomie und Ökologie besteht ein Zielkonflikt. Daher ist ein staatlicher Ordnungsrahmen notwendig, um den **ökologischen Zielen** näher zu kommen. Dies kann geschehen, indem man dem Verursacher die Kosten der Verminderung oder Beseitigung der Beeinträchtigung auferlegt (Verursacherprinzip). Um Umweltbeeinträchtigungen von vornherein zu vermeiden, kann der Staat Verordnungen erlassen, wenn Schäden für Mensch und Umwelt aufgrund menschlichen Handelns erkennbar sind (z. B. Lärmschutzverordnung), es gilt das Vorsorgeprinzip. Auch durch Kooperation zwischen Staat, Unternehmen und Interessengruppen kann Einvernehmen über ökologische Ziele erreicht werden.

Die Verantwortung für die Mitmenschen macht es notwendig **soziale Ziele** (sozialer Ausgleich) anzustreben.

9. Wie sorgt der Staat für den sozialen Ausgleich?

Der Staat versucht den sozialen Ausgleich zu schaffen, indem er

- soziale Sicherheit bietet (z. B. Wohngeld, Kindergeld, Sozialhilfe etc.)
- die Grundversorgung mit öffentlichen Gütern garantiert (Kindergärten, Schulen, Hochschulen und andere öffentliche Einrichtungen)
- für eine sozialverträgliche Einkommens- und Vermögensverteilung sorgt (progressiver Einkommensteuertarif, Förderung der Vermögensbildung etc.).

10. Wie kann der Staat Fehlentwicklungen der sozialen Marktwirtschaft korrigieren?

Durch staatliche Eingriffe können Fehlentwicklungen korrigiert werden:

- Der Staat sorgt für einen funktionierenden Wettbewerb (vgl. Gesetz gegen Wettbewerbsbeschränkungen).
- Der Staat betreibt aktive Konjunkturpolitik (vgl. das im Stabilitätsgesetz verfolgte Ziel des magischen Vierecks).

- Der Staat greift direkt oder indirekt in den Wettbewerb ein. Er bedient sich dabei marktkonformer Mittel mit dem Ziel, den Menschen z. B.
  - soziale Sicherheit,
  - soziale Gerechtigkeit,
  - persönliche Freiheitsentfaltung und
  - Mitbestimmung in Unternehmen

  zu garantieren und ihnen eine natürliche Umwelt zu erhalten.

11. Welche Bestimmungen dienen dem Verbraucherschutz?

Die Wettbewerbspolitik stärkt den Wettbewerb, indem sie den Verbraucher schützt. Dieser hat gegenüber den Unternehmen naturgemäß eine relativ schwache Position.

Zahlreiche Gesetze und Verordnungen sollen die Anbieter an einem wettbewerbswidrigen Verhalten hindern und die Stellung des Verbrauchers auf dem Markt verbessern.

Wichtige Verbraucherschutzgesetze sind mit dem Schuldrechtsmodernisierungsgesetz und dem „Gesetz zur Umsetzung der EU-Verbraucherrechterichtlinie und zur Änderung des Gesetzes zur Regelung der Wohnungsvermittlung" (VRRL) in das BGB integriert worden (siehe Gliederungspunkt „Kaufvertrag"):

Recht der Allgemeinen Geschäftsbedingungen	§§ 305 - 310 BGB
Anwendungsbereich und Grundsätze bei Verbraucherverträgen	§§ 312 - 312a BGB
Außerhalb von Geschäftsräumen geschlossene Verträge	§ 312b BGB
Fernabsatzverträge	§ 312c BGB
Verträge im elektronischen Geschäftsverkehr	§§ 312i - 312j BGB
Finanzierungshilfen zwischen einem Unternehmen und einem Verbraucher	§§ 506 - 508 BGB
Ratenlieferungsvertrag zwischen einem Unternehmer und einem Verbraucher	§ 510 BGB

- Nach dem **Produkthaftungsgesetz** haftet der Hersteller für Schäden, die der Käufer aufgrund eines Fehlers seines Produktes erleidet.
- Das Gesetz gegen **unlauteren Wettbewerb** schützt den freien Wettbewerb zwischen den Anbietern.
- Nach der **Preisabgabeverordnung** ist der Preis für den Endverbraucher einschließlich der Umsatzsteuer anzugeben. Waren, die sichtbar ausgestellt sind, sind durch Preisschilder oder Beschriftung der Ware auszuzeichnen.

Rabattgesetz und Zugabeverordnung sind im Jahr 2001 abgeschafft worden.

12. Was ist ein Kartell?

Ein Kartell ist ein Zusammenschluss von

- rechtlich und wirtschaftlich selbstständigen Unternehmen der gleichen Produktionsstufe,
- die durch vertragliche Bindung (auch mündlich)
- eine Regelung oder Beschränkung des Wettbewerbs bewirken wollen.

13. Nennen Sie Kartellarten!

- Konditionskartelle regeln die Verkaufs- bzw. Geschäftsbedingungen, die Zahlungstermine, die Liefertermine.
- Kartelle, die die Preisermittlung bzw. -festsetzung regeln, sind Kalkulationsverfahrenskartelle, Rabattkartelle, Preiskartelle, Submissionskartelle.
- Kartelle, die die Art der Produktion regeln, sind Normierungs- und Spezialisierungskartelle.
- Kartelle, die den Umfang der Produktion regeln, sind Kontingentierungskartelle, insbesondere Quoten-, Gebiets- und Kundenschutzkartelle.
- Patentverwertungskartelle regeln die Art und den Umfang einer Patentauswertung.
- Kartelle, die die Verkaufstätigkeit reglementieren, sind Syndikate.

14. Sind Kartelle in Deutschland erlaubt?

Nach § 1 des Gesetzes gegen die Wettbewerbsbeschränkungen (GWB) sind Kartelle grundsätzlich verboten. Die am 01.01.1999 in Kraft getretene Neufassung des „Kartellgesetzes" passt sich durch verschärfte Normierungen dem europäischen Wettbewerbsrecht an und streicht einige Ausnahmeregelungen und Fälle von geringerer Bedeutung.

Ausnahmen: Zulässig, aber anmeldepflichtig sind Rationalisierungs-, Strukturkrisen- und Importkartelle.

Verboten sind Preis-, Gebiets- und Produktionskartelle.

15. Was versteht man unter Fusion?

Bei einer Fusion (Verschmelzung) wird das gesamten Vermögens eines Rechtsträgers auf einen anderen schon bestehenden oder neu gegründeten Rechtsträger im Wege der Gesamt-rechtsnachfolge unter Auflösung ohne Abwicklung übertragen. Dem Anteilseigner des über-tragenden und erlöschenden Rechtsträgers wird eine Beteiligung an dem neuen bzw. über-nehmenden Rechtsträger gewährt. Es handelt sich um eine besondere Form der Umwandlung nach dem UmwG (vgl. §§ 2 ff. UmwG).

Nach der Verschmelzung gibt es zwischen den fusionierten Unternehmen keinen Wettbewerb mehr.

16. Wie wird die Kontrolle über die Fusion ausgeübt?

Durch die Fusionskontrolle wird der Gefahr der Unternehmenskonzentration entgegengewirkt.

In der Fusionskontrolle (Zusammenschlusskontrolle, § 35 GWB) nach dem GWB sind zwei Klassen von Zusammenschlüssen zu unterscheiden: kontrollpflichtige und nicht kontrollpflichtige Zusammenschlüsse. Kontrollpflichtige Fälle sind stets vor Vollzug dem Bundeskartellamt vollständig anzumelden (§ 39 GWB). Für nicht kontrollpflichtige Zusammenschlüsse besteht weder eine Anmeldepflicht noch eine Pflicht zur Vollzugsanzeige.

Kontrollpflichtige Zusammenschlüsse:
Im letzten Geschäftsjahr vor dem Zusammenschluss haben

- die beteiligten Unternehmen insgesamt weltweit Umsatzerlöse von mehr als 500 Mio. € und
- mindestens ein beteiligtes Unternehmen im Inland Umsatzerlöse von mehr als 25 Mio. € und
- mindestens ein weiteres beteiligtes Unternehmen im Inland Umsatzerlöse von mehr als 5 Mio. € erzielt.

Nicht kontrollpflichtige und nicht anzeigepflichtige Zusammenschlüsse (z. B.):

- der Zusammenschluss hat keine Inlandsauswirkung oder
- die genannten Umsatzschwellen werden nicht erreicht oder
- die Bagatellmarktklausel ist erfüllt, d. h. soweit ausschließlich ein Markt betroffen ist, auf dem seit mindestens fünf Jahren Waren oder gewerbliche Leistungen angeboten werden und auf dem im letzten Kalenderjahr weniger als 15 Mio. € umgesetzt wurden.

Für marktbeherrschende Unternehmen hat das Kartellamt Zusammenschlüsse zu verbieten. Marktbeherrschung wird unterstellt, wenn kein wesentlicher Wettbewerb vorliegt und der Anbieter eine überragende Marktstellung hat. Konkret unterstellt das GWB eine marktbeherrschende Stellung (§ 18 GWB), wenn

- ein Unternehmen einen Marktanteil von mindestens 40 % hat oder
- drei oder weniger Unternehmen zusammen 50 % Marktanteil besitzen oder
- fünf oder weniger Unternehmen einen Marktanteil von zwei Dritteln haben (§ 18 Abs. 6 GWB).

Das Kartellamt kann

- einen Zusammenschluss **untersagen**
- die Auflösung (Entflechtung) eines Zusammenschlusses **nachträglich anordnen**.

17. Unterscheiden Sie Marktarten und Marktformen!

Markt ist ein abstrakter Begriff. Dies ist der Ort, an dem sich Anbieter und Nachfrager treffen. Am Markt vollzieht sich die Preisbildung. Man unterscheidet Märkte für die Produktionsfaktoren (Faktormärkte) und Konsumgütermärkte.

Die Möglichkeit Preispolitik zu betreiben hängt im besonderen Maße von der Zahl der Anbieter und Nachfrager und deren Bedeutung, das heißt von der Marktform ab.

18. Unterscheiden Sie vollkommene und unvollkommene Märkte!

Der vollkommene Markt ist durch folgende Bedingungen gekennzeichnet:
- Die auf dem Markt angebotenen Güter sind homogen, sie sind vollständig gleichartig.
- Die Marktpartner entscheiden rational. Die Nachfrager haben keine Präferenzen gegenüber bestimmten Anbietern. Die Anbieter folgen dem Prinzip der Gewinnmaximierung.
- Alle Marktteilnehmer haben vollständige Marktübersicht (Markttransparenz) über Kosten, Preise, Bedürfnisse etc.
- Änderungen am Markt lösen sofortige Reaktionen der Marktteilnehmer aus, sie verfügen über eine hohe Anpassungsgeschwindigkeit.

Fehlen eine oder mehrere Bedingungen, liegt ein unvollkommener Markt vor.

Immer, wenn
- die Verbraucher den Markt nicht vollständig überblicken,
- die Produzenten den Markt bei an sich gleichartigen Gütern durch Preisdifferenzierung aufspalten,
- die Produzenten versuchen, durch Werbung Präferenzen zu schaffen,
- Marktteilnehmer nicht sofort auf Marktänderungen reagieren können, weil ihnen die Markttransparenz fehlt,

liegt – wie in der Realität – ein unvollkommener Markt vor.

19. Was versteht man unter einem Angebotsmonopol?

Beim Angebotsmonopol stehen einem einzigen Anbieter viele Abnehmer gegenüber. Der Monopolist kann den Angebotspreis autonom bestimmen.

20. Was versteht man unter einem Angebotsoligopol?

Beim Angebotsoligopol teilen sich wenige Anbieter eines Gutes den Branchenumsatz. Weicht ein Wettbewerber vom Konkurrenzpreis ab, so kann dies bedeutsame Konsequenzen haben:

- Bei Preissteigerungen kann ein Umsatzverlust eintreten,
- bei Preissenkungen müssen die Konkurrenten mit absatzpolitischen Maßnahmen reagieren.

21. Was versteht man unter einem Angebotspolypol?

Treten viele Anbieter vielen Nachfragern gegenüber, so handelt es sich um ein Polypol. In der Regel ist der Wettbewerb aber unvollständig, da

- die Nachfrager keine vollkommene Markttransparenz besitzen,
- die Nachfrager feste Kaufgewohnheiten haben,
- die Anbieter nur an ihrem Standort auf den Markt reagieren und
- Güter beschränkt substituierbar (austauschbar) sind.

Der Markt erhält dadurch monopolartige Züge, man spricht auch von monopolistischer Konkurrenz.

22. Beschreiben Sie die Phasen des Konjunkturverlaufs!

Die **Aufschwungphase (Expansion)** ist durch steigende gesamtwirtschaftliche Nachfrage gekennzeichnet. Auftragsbestand und Kapazitätsauslastung nehmen zu, es werden zusätzliche Arbeitskräfte eingestellt, die zusätzliches Einkommen beziehen. Die Nachfrage nach Konsumgütern steigt. Aktienkurse steigen, da mit steigenden Unternehmergewinnen gerechnet wird.

In der **Hochkonjunktur (Boom)** herrscht Vollbeschäftigung, die Kapazitäten sind ausgelastet, Löhne und Preis steigen. Wegen steigender Zinsen und sinkender Unternehmensgewinne nimmt die Investitionsbereitschaft der Unternehmer ab. In der Investitionsgüterindustrie nimmt die Beschäftigung ab. Mit dem Überschreiten des oberen Wendepunktes des Konjunkturzyklus beginnt eine neue Phase der wirtschaftlichen Entwicklung.

Die Verringerung der gesamtwirtschaftlichen Nachfrage führt zu sinkender Produktion, die Arbeitslosenzahlen steigen. Mit sinkender Kreditnachfrage sinken die Zinsen, Gewinne schrumpfen, Aktienkurse sinken. Die Zuwachsraten der Löhne und Preissteigerungen nehmen ab. Die Wirtschaft befindet sich in der Phase des **Abschwunges (Rezession)**.

In der Phase des **Tiefstands (Depression)** herrscht Unterbeschäftigung. Die geringe gesamtwirtschaftliche Nachfrage hat unausgenutzte Kapazitäten zur Folge, es kommt zu Betriebsstilllegungen und Insolvenzen. Die Arbeitslosigkeit nimmt zu. Preise und Löhne sind stabil. Die Zinsen sind niedrig, da die Banken einen großen Kreditspielraum haben.

Der Konjunkturzyklus ist von saisonalen Schwankungen überlagert.

23. Mit welchen Indikatoren kann man den Konjunkturverlauf analysieren und diagnostizieren?

Mithilfe bestimmter Indikatoren kann man die wirtschaftliche Lage beurteilen und Voraussagen über die künftige Entwicklung machen. Zu den volkswirtschaftlich besonders wichtigen und aussagekräftigen Größen gehören folgende Indikatoren:

- das Volkseinkommen, das Bruttoinlandsprodukt
- die industrielle Produktion, der Auftragseingang in der Industrie, die Zukunftserwartungen der Unternehmen
- der Preisindex für die Lebenshaltung, für die industriellen und landwirtschaftlichen Produkte
- die Lagerbestände, die Kapazitätsauslastung
- die Zahl der Arbeitslosen
- die Zinsentwicklung, das Geldvolumen
- die Güterimporte und -exporte.

24. Wer ist Träger der Wirtschaftspolitik?

Träger der Wirtschaftspolitik sind in Deutschland vor allem die Staatsorgane (Bund, Länder, Gemeinden), die Deutsche Bundesbank und die Tarifparteien.

25. Welche gesamtwirtschaftlichen Ziele verfolgt die Wirtschaftspolitik?

Das Gesetz zur Förderung der Stabilität und des Wachstums der Wirtschaft („Stabilitätsgesetz") nennt als Oberziel der Wirtschaftspolitik:

„Bund und Länder haben bei ihren wirtschafts- und finanzpolitischen Maßnahmen die Erfordernisse des gesamtwirtschaftlichen Gleichgewichts zu beachten."

Nach diesem Gesetz besteht Gleichgewicht und damit Stabilität, wenn die folgenden vier Einzelziele gleichzeitig verwirklicht werden:

„Die Maßnahmen sind so zu treffen, dass sie im Rahmen der marktwirtschaftlichen Ordnung gleichzeitig

- zur Stabilität des Preisniveaus,
- zu einem hohen Beschäftigungsstand und
- außenwirtschaftlichem Gleichgewicht
- bei stetigem und angemessenem Wirtschaftswachstum beitragen."

Man spricht bei diesen Zielen vom magischen Viereck, dies wohl auch deshalb, weil zumindest zwischen den Zielen Vollbeschäftigung und Preisniveaustabilität ein Zielkonflikt besteht.

Mit zunehmendem Umweltbewusstsein wird nicht nur ein quantitatives, sondern auch ein qualitatives Wachstum angestrebt, das die Erfordernisse des Umweltschutzes berücksichtigt. Neben diesem fünften wirtschaftspolitischen Ziel wird in der Regel heute auch eine sozialverträgliche Einkommens- und Vermögensverteilung als sechstes wirtschaftspolitisches Ziel anerkannt. Man spricht in diesem Zusammenhang dann von dem magischen Sechseck.

26. Wie kann der Staat durch seine Fiskalpolitik in den Konjunkturverlauf eingreifen?

Ziel der Fiskalpolitik ist es, über eine Beeinflussung der gesamtwirtschaftlichen Nachfrage das gesamtwirtschaftliche Gleichgewicht zu erreichen.

Die gesamtwirtschaftliche Nachfrage kann gesteuert werden, indem

- die Gebietskörperschaften ihre eigenen Ausgaben verändern,
- die Nachfrage der privaten Unternehmen und
- die Nachfrage der privaten Haushalte über Steuer- und Transferzahlungen beeinflusst werden.

Wenn der Staat seine Einnahmen und Ausgaben zur Dämpfung konjunktureller Schwankungen einsetzt, spricht man von antizyklischer Fiskalpolitik.

Zur **Konjunkturbelebung** stehen der Bundesregierung nach dem Stabilitätsgesetz folgende Möglichkeiten zur Verfügung:

- **Ausgabenseite:** Beschleunigung von Investitionsvorhaben, Auflösung der Konjunkturausgleichsrücklage.
- **Einnahmenseite:** Wiedereinführung von Abschreibungsvergünstigungen, Senkung der Einkommen- und Körperschaftsteuer bis zu 10 %, zusätzliche Kreditaufnahme, Gewährung eines Investitionsbonus von maximal 7,5 %.

Zur Konjunkturdämpfung stehen der Bundesregierung folgende Möglichkeiten zur Verfügung:

- **Ausgabenseite:** Streckung von Baumaßnahmen, Mittelzuführung in die Konjunkturausgleichsrücklage, zusätzliche Schuldentilgung.
- **Einnahmenseite:** Abschreibungsvergünstigungen aussetzen oder reduzieren, Konjunkturzuschlag zur Einkommen- und Körperschaftsteuer erheben, öffentliche Kreditaufnahme begrenzen.

27. Welche Ziele verfolgt die staatliche Strukturpolitik?

Im Zuge der Wirtschaftsentwicklung ändert sich der Anteil der einzelnen Wirtschaftssektoren an der Gesamtproduktion. Zum primären Sektor rechnet man die land- und forstwirtschaftliche Produktion, zum sekundären Sektor die industrielle Produktion und zum tertiären Sektor die Dienstleistungsproduktion.

Die staatliche Strukturpolitik verfolgt diese Ziele:
- Erhaltung gewünschter Strukturen
- Erleichterung des Übergangs von der bestehenden in eine neue Struktur
- Schaffung neuer Strukturen.

28. Nennen Sie strukturpolitische Maßnahmen im Bereich der Wirtschaftssektoren!

Zu den strukturpolitischen Maßnahmen im Bereich der Wirtschaftssektoren gehören z. B.:
- Staatliche Preisfestsetzungen im Bereich der Landwirtschaft
- Festlegen von mengen- oder wertmäßigen Einfuhrbeschränkungen (Einfuhrkontingente),
- Erhebung von Importzöllen
- Förderung des Mittelstandes
- Zuschüsse zu den Forschungs- und Entwicklungsaufwendungen um zukunftsorientierte Technologien zu fördern (Subventionen).

29. Nennen Sie Maßnahmen der regionalen Strukturpolitik!

Ziel der regionalen Strukturpolitik ist es wirtschaftlich unterentwickelte Gebiete zu fördern. Dies kann z. B. geschehen durch
- Erschließung von Industriegelände
- Subventionierung der Ansiedlung neuer Betriebe
- Durchführung von Ausbildungs-, Fortbildungs- und Umschulungsmaßnahmen.

30. Nennen Sie Maßnahmen der Infrastrukturpolitik!

Zur Infrastruktur gehören alle öffentlichen und privaten Einrichtungen in einem Wirtschaftsgebiet, die von der Allgemeinheit genutzt werden kann.

Die Maßnahmen der Infrastrukturpolitik erstrecken sich auf
- das Unterrichts- und Gesundheitswesen,
- die soziale Sicherung
- das Kulturangebot, die Erholungsmöglichkeiten
- das Wohnungswesen
- Umweltschutz und Entsorgung
- die Verkehrserschließung.

Maßnahmen der Infrastrukturpolitik sind auch Maßnahmen der Arbeitsmarktpolitik und der Standortpolitik.

31. Beschreiben Sie den politischen Aufbau der Europäischen Union (EU)!

Der „Vertrag von Lissabon" regelt, welche Organe die EU hat, welche Aufgaben diese Organe und die Mitgliedsstaaten in den verschiedenen Politikbereichen zu erfüllen haben. Dieser Vertrag ist seit dem 01.12.2009 in Kraft und beruht auf Vorläufern, vor allem dem Gründungsvertrag der Europäischen Wirtschaftsgemeinschaft (EWG) von 1957 und dem Maastrichter Vertrag über die Europäische Union von 1992.

Die sieben Organe der EU sind:

- Der **Europäische Rat** hat Leitlinienkompetenz, aber keine gesetzgebende Gewalt. Unter der Leitung des Ratspräsidenten – zurzeit Donald Tusk – treten die Staats- und Regierungschefs sowie der Präsident der Kommission mindestens alle sechs Monate für einige Tage zusammen. Der Präsident vertritt die EU nach außen und in Sicherheitsfragen.

- Die **Europäische Kommission** (Exekutive) vertritt und wahrt die Interessen der gesamten EU. Die 28 Kommissare aus den einzelnen EU-Mitgliedsstaaten übernehmen die politische Leitung der Kommission für die Dauer von fünf Jahren. Derzeitiger Präsident ist Jean-Claude Juncker.

- Die Mitglieder des **Europäischen Parlaments** (Legislative) sind die Vertreter der europäischen Bürgerinnen und Bürger. Sie werden in direkten Wahlen alle fünf Jahre neu gewählt. Gemeinsam mit dem Rat der Europäischen Union („der Rat") bildet das Parlament die gesetzgebende Gewalt der EU. Es erörtert und verabschiedet den EU-Haushalt in Zusammenarbeit mit dem Rat. Derzeitiger Präsident ist Antonio Tajani.

- Dem **Rat** (Legislative) gehören die Fachminister aller Mitgliedsstaaten in verschiedenen Zusammensetzungen an.

- Dem **Gerichtshof der Europäischen Union** (Judikative) gehört je ein Richter je Mitgliedsstaat an.

- Der **Rechnungshof** kontrolliert die Ausgaben der EU. Ihm gehört ein Mitglied je EU-Staat an.

- Die **Europäische Zentralbank** ist der Währungshüter der EU.

Der Hohe Vertreter für Gemeinsame Außen- und Sicherheitspolitik ist zugleich Vizepräsident der Europäischen Kommission und Vorsitzender des Rates für Auswärtige Angelegenheiten (zurzeit Frau Federica Mogherini).

32. Welche Ziele verfolgt die Europäische Wirtschafts- und Währungsunion (EWWU)?

Die EWWU soll eine Stabilitätsgemeinschaft mit **einer** stabilen Währung, dem Euro, sein. Daher sollen nur solche Länder an der Währungsunion teilnehmen, die eine niedrige Inflationsrate haben und deren gesamte Wirtschaftsentwicklung annähernd gleich ist.

33. Von welchen Konvergenzkriterien ist die Aufnahme in die EWWU abhängig?

Es gelten folgende Eintrittsbedingungen:

1. **Inflationsrate:** Im Jahr vor der Konvergenzprüfung darf die durchschnittliche Preissteigerungsrate nicht mehr als 1,5 % über dem Durchschnitt der drei Länder mit der niedrigsten Inflationsrate liegen.

2. **Öffentliche Defizite und Schulden (Haushaltsdisziplin):** Das Haushaltsdefizit darf nicht mehr als 3 % des Bruttoinlandsproduktes betragen. Die Staatsverschuldung muss unter 60 % des Bruttoinlandsproduktes liegen.

3. **Wechselkursstabilität:** Der Staat muss mindestens zwei Jahre lang ohne Abwertung am Wechselkursmechanismus teilgenommen haben. Dabei darf die Währung des Landes nur in einer bestimmten Wechselkursbandbreite (meist 15 %) vom Eurokurs abweichen; bei größeren Abweichungen muss die Zentralbank des Landes intervenieren.

4. **Langfristige Zinsen:** Die durchschnittliche Rendite langfristiger Staatsanleihen darf im Jahr der Konvergenzprüfung nicht mehr als 2 % über dem Durchschnitt der drei Länder mit der niedrigsten Inflationsrate liegen.

34. Beschreiben Sie den Aufbau des Europäischen Systems der Zentralbanken (ESZB)!

Am 01.01.1999 ist die Verantwortung für die Geldpolitik von 11 Mitgliedstaaten der Europäischen Union (EU) auf das ESZB übergegangen.

Das ESZB besteht aus der Europäischen Zentralbank (EZB) und den nationalen Zentralbanken aller Staaten der Europäischen Union. Hierbei haben einige Mitgliedsländer, die nicht am Euro-Währungsgebiet teilnehmen einen Sonderstatus (Eurosystem).

Das ESZB wird von den Beschlussorganen der EZB geleitet. Dies sind

- der EZB-Rat und
- das Direktorium.

Der EZB-Rat, das oberste Beschlussorgan der EZB, besteht aus allen Mitgliedern des Direktoriums sowie den Gouverneuren bzw. Präsidenten der nationalen Zentralbanken des Eurosystems. Zum erweiterten Rat der EZB gehören neben dem Präsidenten und dem Vizepräsident der EZB alle Gouverneure bzw. Präsidenten der EU-Zentralbanken. Er hat u. a. eine beratende Funktion.

35. Welches sind die grundlegenden Aufgaben und Ziele des ESZB?

Die grundlegenden Aufgaben des ESZB bestehen darin,

- die Geldpolitik der Gemeinschaft festzulegen und auszuführen,
- Devisengeschäfte durchzuführen,
- die offiziellen Währungsreserven der Mitgliedstaaten zu halten und zu verwalten,

- zur Aufsicht über Kreditinstitute und zur Finanzmarktstabilität beitragen und
- das reibungslose Funktionieren der Zahlungssysteme zu fördern.

 MERKE

> Gemäß Art. 105 des Maastrichter Vertrages ist es das vorrangiges Ziel des ESZB, die Preisstabilität zu gewährleisten.

Dabei wird die allgemeine Wirtschaftspolitik in der EU unterstützt, soweit dies ohne Beeinträchtigung des Zieles der Preisstabilität möglich ist. Bei der Verwirklichung seiner Ziele handelt das ESZB im Einklang mit dem Grundsatz einer offenen Marktwirtschaft mit freiem Wettbewerb.

Für die Umsetzung ihrer Geldpolitik, die in allen Mitgliedstaaten zu den gleichen Bedingungen erfolgt, bedient sich die EZB der nationalen Zentralbanken.

36. Was versteht der EZB-Rat unter Preisstabilität?

Preisstabilität hat der EZB-Rat als Anstieg des Harmonisierten Verbraucherpreisindex (HVPI) im Euro-Währungsgebiet von unter 2 % gegenüber dem Vorjahr definiert.

37. Welches sind die Hauptaufgaben des EZB-Rates?

Zu den Hauptaufgaben des EZB-Rates gehört es
- die **Leitlinien** zu **erlassen** und die Beschlüsse zu fassen, die notwendig sind, um die Erfüllung der dem ESZB übertragenen Aufgaben zu gewährleisten und
- die **Geldpolitik** der Gemeinschaft **festzulegen**, gegebenenfalls einschließlich Beschlüssen in Bezug auf geldpolitische Zwischenziele, Leitzinssätze und die Versorgung des Eurosystems mit Zentralbankgeld, und die für die Ausführung notwendigen Leitlinien zu erlassen.

38. Welches sind die Hauptaufgaben des Direktoriums?

Die Hauptaufgaben des Direktoriums sind
- die Sitzungen des EZB-Rates vorzubereiten,
- die Geldpolitik gemäß den Leitlinien und Beschlüssen des EZB-Rates durchzuführen und den nationalen Zentralbanken des Eurosystems die erforderlichen Anweisungen zu erteilen und
- die laufenden Geschäfte der EZB zu führen.

39. Wie ist die Unabhängigkeit der EZB gewährleistet?

Die Unabhängigkeit der EZB ist gewährleistet durch:

Funktionelle Unabhängigkeit: Die EZB hat keine Verpflichtung, eine den Geldwert gefährdende Wirtschaftspolitik der EU-Länder zu unterstützen.

Personelle Unabhängigkeit: Die Mitglieder des Rates der EZB werden nicht von den Regierungen ernannt, sondern von den Zentralbanken der Länder entsandt.

Instrumentelle Unabhängigkeit: Bei der Wahrnehmung ihrer Aufgaben darf weder die EZB noch eine nationale Zentralbank, noch ein Mitglied ihrer Beschlussorgane Weisungen von nationalen oder gemeinschaftlichen politischen Instanzen einholen oder entgegennehmen.

Finanzielle Unabhängigkeit: Die EZB verfügt über einen eigenen Haushalt. EZB-Gewinne fließen den einzelnen EU-Ländern nach ihrem Anteil am Sozialprodukt der EU-Länder zu.

40. Beschreiben Sie den geldpolitischen Handlungsrahmen der EZB!

Das geldpolitische Instrumentarium der EZB unterscheidet sich grundlegend von dem der Deutschen Bundesbank. So gehört die Diskont- und Lombardpolitik der Vergangenheit an.

Im Zentrum der geldpolitischen Instrumente stehen die sogenannten **Offenmarktgeschäfte**. Dabei ist zu unterscheiden zwischen

- Hauptrefinanzierungsgeschäften,
- längerfristigen Refinanzierungsgeschäften (Basistendern),
- Feinsteuerungsoperationen und
- strukturellen Operationen.

Die **Hauptrefinanzierungsgeschäfte** sind ein Mittel der Liquiditätsbereitstellung und werden im wöchentlichen Rhythmus mit 14-tägiger Laufzeit als sogenannte befristete Transaktionen ausgeschrieben. Diesem Instrument kommt eine Schlüsselrolle zu, da es dem Finanzsektor den größten Teil der Liquidität zur Verfügung stellt.

Die Liquiditätsbereitstellung mittels der **längerfristigen Refinanzierungsgeschäfte** erfolgt ebenfalls über befristete Transaktionen. Allerdings werden diese Geschäfte nur in monatlichen Abständen ausgeschrieben. Die Laufzeit dieser Basistender beträgt drei Monate.

Das Hauptrefinanzierungs- und das längerfristige Refinanzierungsgeschäft werden den Banken im Wege der Ausschreibung angeboten. Dabei stehen zwei Möglichkeiten zur Verfügung:

- Das ESZB legt den Zins für ein Liquiditätsangebot fest. Die Kreditinstitute nennen in ihren Geboten die Beträge, über die sie Wertpapiere an das ESZB abzugeben wünschen. Das ESZB teilt dann den verfügbaren Geldbetrag gleichmäßig zu (**Mengentender**).

- Neben einem Gebot über die gewünschte Menge müssen die Kreditinstitute auch den Zins nennen, zu dem sie Refinanzierungsgeschäfte abschließen wollen. Wenn sie zu niedrige Zinsen bieten, laufen sie Gefahr, bei der Zuteilung leer auszugehen (**Zinstender**).

Feinsteuerungsoperationen werden nur von Fall zu Fall durchgeführt, um unerwartete Liquiditätsschwankungen auszugleichen.

Strukturelle Operationen können in regelmäßigen oder unregelmäßigen Abständen zur Anpassung der strukturellen Liquiditätsposition eines Finanzsektors gegenüber dem ESZB genutzt werden.

Als weiteres Instrument stehen dem ESZB zwei **ständige Fazilitäten** zur Verfügung, die dazu dienen, Liquidität kurzfristig bereitzustellen (**Spitzenrefinanzierungsfazilität**) oder zu absorbieren (**Einlagefazilität**). Die Zinssätze dieser beiden Instrumente stecken dabei die Ober- bzw. Untergrenze der Geldmarktsätze für Tagesgeld ab.

Die genannten Instrumente werden durch das **Mindestreserveninstrument** ergänzt. Danach müssen die Banken bei den nationalen Zentralbanken Guthaben unterhalten, deren Höhe sich nach bestimmten Verbindlichkeiten richtet. Das zu diesem Zweck bei der Bundesbank zu unterhaltende Guthaben wird zum Satz für die ESZB-Hauptrefinanzierungsgeschäfte verzinst.

41. Welche Aufgaben hat die Deutsche Bundesbank im Rahmen des ESZB zu erfüllen?

Die Deutsche Bundesbank ist als Zentralbank der Bundesrepublik Deutschland integraler Bestandteil des ESZB. Sie wirkt an der Erfüllung seiner Aufgaben mit dem vorrangigen Ziel mit, die **Preisstabilität** zu gewährleisten und sorgt für die bankmäßige Abwicklung des Zahlungsverkehrs im Inland und mit dem Ausland (§ 3 des Gesetzes über die Deutsche Bundesbank).

Die Bundesbank führt damit als nationale Zentralbank die gemeinsame Geldpolitik des ESZB in Deutschland durch.

42. Welche Funktionen hat die Deutsche Bundesbank?

Als Zentralbank nimmt die Bundesbank historisch gewachsene Funktionen wahr: Sie ist

- Notenbank,
- Bank der Banken,
- Bankenaufsicht,

- Bank des Staates und
- Verwalterin der Währungsreserven.
- Sie tätigt Bankgeschäfte.

Die EZB hat das ausschließliche Recht, die Ausgabe von Banknoten innerhalb des Euro-Währungsraumes zu genehmigen. Dabei sind die EZB und die nationalen Zentralbanken zur Ausgabe von Banknoten berechtigt.

Die Kreditinstitute sind zur Aufrechterhaltung ihrer Zahlungsfähigkeit auf Guthaben bei der undesbank angewiesen.

Die Bundesbank führt für die öffentlichen Haushalte Konten, besorgt den Zahlungsverkehr und unterstützt den Bund und die Länder bei der Kreditaufnahme am Kapitalmarkt. Sie hält die offiziellen Währungsreserven der Bundesrepublik Deutschland und legt sie gewinnbringend an.

ÜBUNGSTEIL (AUFGABEN UND FÄLLE)

C. Übungsfälle für die schriftliche Prüfung

I. Steuerwesen

Umsatzsteuer-Prüfungsfall 1

Aufgabenstellung

(1) Beurteilen Sie die einzelnen Textziffern des Sachverhalts aus umsatzsteuerrechtlicher Sicht unter Angabe der entsprechenden Rechtsgrundlagen bei der **Art des Umsatzes**, dem **Ort des Umsatzes**, der **Bemessungsgrundlage** und dem **Steuersatz**. Sie können die Lösungen zu den Textziffern (Tz.) auch stichwortartig in eine Lösungstabelle nach dem folgenden Muster eintragen:

Tz.	Art des Umsatzes	Ort des Umsatzes	nicht steuerbar Euro	steuerbar im Inland Euro	steuerfrei im Inland Euro	steuerpflichtig im Inland Euro	
						zu 7 %	zu 19 %
1.							
2.							

(2) Ermitteln Sie die **USt-Traglast**, die **abziehbare Vorsteuer** und die **USt-Zahllast** für den Monat **April 2018**.

(3) Erläutern Sie unter Angabe der entsprechenden Gesetzesvorschriften, bis wann die Umsatzsteuer-Voranmeldung für den vorliegenden Sachverhalt **fristgerecht** an das Finanzamt zu übermitteln und zu bezahlen ist.

Sachverhalt

Friedhelm Kurz betreibt in Köln das Fahrradgeschäft „Fahrrad Kurz" als Einzelunternehmung. Im Kalenderjahr 2017 hat der Umsatz **392.500 €** (netto) betragen. Die Umsatzsteuer-Zahllast belief sich für 2017 auf **29.365 €**. Eine Dauerfristverlängerung (§ 46 UStDV) liegt vor.

Bei innergemeinschaftlichen Lieferungen und Erwerben verwendet Herr Kurz seine deutsche USt-IdNr. Erforderliche Buch- und Belegnachweise gelten als erbracht.

Sie erhalten für April 2018 die folgenden Informationen inklusive der zugehörigen Belege und Nachweise:

1. Einnahmen im Laden aus dem Verkauf von Fahrrädern und Ersatzteilen: **39.865 €** (brutto). Forderungen an Kunden sind nicht entstanden.

2. Einnahmen aus Fahrradreparaturen für Privatpersonen in der Werkstatt, die zu dem Fahrradgeschäft gehört: **2.380 €** (brutto). Für sämtliche Reparaturen wurden ausschließlich Materialien verwendet, die als Zutaten bzw. sonstige Nebensachen anzusehen sind.

ÜBUNGSTEIL (AUFGABEN UND FÄLLE)

3. Herr Kurz benutzt den betrieblichen Pkw, den er im März 2018 mit vollem Vorsteuerabzug angeschafft hatte, auch a) für **Privatfahrten** und b) für **Fahrten zwischen Wohnung und Betrieb**. Ein Fahrtenbuch wurde nicht geführt, der Pkw gehört aber zweifelsfrei zum notwendigen Betriebsvermögen. [Hinweis: siehe Grundwissen S. 97 f.]
   - Listenpreis des Pkw nach § 6 Abs. 1 Nr. 4 Satz 2 EStG: **32.025 €**
   - Fahrten zwischen Wohnung und Betrieb im April 2018:
     20 Fahrten • 10 km (zurückgelegte km).

4. Seit Januar 2018 hatte Herr Kurz eine Forderung an den Fahrradclub „Gib Gas Köln e. V." in Höhe von **1.200 € + USt** aus der Lieferung von 100 Exemplaren des Buchs „Mein geliebtes Bike". Da sich im April 2018 ein Mangel an den Büchern gezeigt hatte, reduzierte der Fahrradclub diese Rechnung vereinbarungsgemäß um 50 %. Der verbleibende Betrag wurde Ende April per Überweisung bezahlt. Der Vorgang ist damit abgeschlossen.

5. Dem Vorsitzenden des Fahrradclubs hat Herr Kurz im April 2018 ein Trikot mit dem Werbeaufdruck seines Fahrradgeschäftes geschenkt. Das Trikot hatte beim Einkauf im Juli 2017 **75,16 € inklusive 19 % USt** (einschließlich Werbeaufdruck) gekostet. Die Vorsteuer in Höhe von **12,00 €** wurde im Juli 2017 von Herrn Kurz geltend gemacht. Aus dem Katalog des Herstellers geht hervor, dass das Trikot aufgrund einer Preissteigerung in 2018 insgesamt **85,00 € + 19 % USt** kostet (Wiederbeschaffungskosten).

6. Herr Kurz schenkte seinem Sohn am 04.04.2018 zum 3. Geburtstag ein „Puky"-Fahrrad, das er dem Warenbestand seines Ladens entnommen hatte. Aus den beigefügten Belegen ergibt sich, dass das Fahrrad 6 Monate zuvor für umgerechnet **100,00 € + 19 % USt** eingekauft wurde. Am 04.04.2018 betrug der Nettoeinkaufspreis zuzüglich Nebenkosten **110,00 €**. Im Laden wird das Fahrrad für **178,50 € (brutto 19 % USt)** verkauft.

7. Am 08.04.2018 erhielt Herr Kurz per Spedition ein Spezialrennrad (Einzelanfertigung für einen Kunden) von der Manufaktur „Spezi-Rad" aus Wien. Die beigefügte Rechnung vom 01.04.2018 enthält die USt-IdNr. des Herstellers. Der zu zahlende Preis beträgt **1.050 €** für das Rad + **50 €** Frachtkosten für die Anlieferung. Österreichische USt ist auf der Rechnung nicht ausgewiesen.

8. Die in den Eingangsrechnungen und Kassenbelegen korrekt ausgewiesenen Vorsteuerbeträge belaufen sich für April 2018 auf insgesamt **3.512,66 €**.

9. Noch nicht berücksichtigt wurde ein Beleg in Höhe von **760 €** Einfuhrumsatzsteuer, die Herr Kurz am 27.04.2018 an das Zollamt bezahlt hatte (für die Einfuhr von Ersatzteilen aus der Schweiz).

10. Ebenfalls **noch nicht berücksichtigt** ist eine Quittung vom 28.04.2018 in Höhe von **74,38 € (brutto 19 % USt)** über Bewirtungskosten (Geschäftsessen mit einem wichtigen Lieferanten). Der Beleg ist ordnungsgemäß ausgestellt und alle sonstigen Nachweisvorschriften sind erbracht. Der Beleg wird nachträglich ordnungsgemäß erfasst.

Lösung s. Seite 877

ÜBUNGSTEIL (AUFGABEN UND FÄLLE)

Umsatzsteuer-Prüfungsfall 2

Aufgabenstellung

(1) Beurteilen Sie die einzelnen Textziffern des Sachverhalts aus umsatzsteuerrechtlicher Sicht unter Angabe der entsprechenden gesetzlichen Vorschriften bei der **Art des Umsatzes**, dem **Ort des Umsatzes**, der **Bemessungsgrundlage** und dem **Steuersatz**. Sie können die Lösungen zu den Textziffern auch stichwortartig in eine Lösungstabelle eintragen (vgl. Muster bei dem Prüfungsfall 1).

(2) Ermitteln Sie die **USt-Traglast**, die **abziehbare Vorsteuer** und die **USt-Zahllast** für den Monat **Mai 2018**.

(3) Erläutern Sie unter exakter Angabe der entsprechenden Gesetzesvorschriften, bis wann Herr Fölbach die Voranmeldung für Mai 2018 **fristgerecht** an das Finanzamt zu übermitteln und zu bezahlen hat.

Sachverhalt

Dietmar Fölbach betreibt in Koblenz eine Druckerei mit einem Verlag in gemieteten Räumen. Er ist zusätzlich Eigentümer eines in Winningen (bei Koblenz) belegenen Hauses, das 1998 fertig gestellt wurde. Seine jährlichen Umsätze schwanken zwischen **400.000 und 450.000 €**. Die USt-Zahllast hat im vorangegangenen Kalenderjahr **22.016 €** betragen.

Nr. 8, 9, 12, 13, 19

Herr Fölbach hat auf Steuerbefreiungen (§ 9 UStG) verzichtet, soweit dies möglich ist.

Bei innergemeinschaftlichen Lieferungen und Erwerben verwendet Herr Fölbach seine deutsche USt-IdNr.

Am 06.02.2018 hat Herr Fölbach die Sondervorauszahlung (§ 47 UStDV) für das Kalenderjahr 2018 an das Finanzamt Koblenz gezahlt (eine Dauerfristverlängerung besteht seit 2008).

Sie erhalten die folgenden Informationen inklusive der zugehörigen Belege und Nachweise mit dem Auftrag, die USt-Voranmeldung 05/18 zu erstellen:

1. Lieferungen von Druckerzeugnissen, die von der Druckerei Fölbach mit selbst beschafften Roh-, Hilfs- und Betriebsstoffen hergestellt wurden, an Abnehmer im Inland. Die Erzeugnisse wurden sämtlich im Mai bei der Druckerei Fölbach abgeholt; sie unterliegen alle dem allgemeinen Steuersatz (§ 12 Abs. 1). Warenwert insgesamt: **22.500 €** (netto).

2. Entnahme von 4.000 Blatt DIN A4-Papier für private Zwecke am 20.05.2018:
   ▶ Anschaffungskosten beim Einkauf im Januar 2018: **45 €**
   ▶ Nettoeinkaufspreis inklusive Nebenkosten zum Entnahmezeitpunkt: **50 €**
   ▶ Verkaufswert Mitte Mai 2018, netto: **60 €**

ÜBUNGSTEIL (AUFGABEN UND FÄLLE)

3. Herstellung von 1.000 Exemplaren des Buches „Durch den Rücken in die Herzkammer" für den Versandhandel HEIMES in Köln. Lieferung mit dem eigenen Fahrzeug nach Köln am 29.05.2018. Rechnungsdatum: 02.06.2018; Nettowarenwert: **9.000 €**.

   Herr Fölbach hatte bereits im April 2018 eine Anzahlung in Höhe von **brutto 2.675 €** von HEIMES erhalten und ordnungsgemäß erfasst. HEIMES zieht die Anzahlung bei der Begleichung der Rechnung am 04.07.2018 ab. Die Rechnung vom 02.06.2018 ist bisher nicht erfasst (nicht in Tz. 1 enthalten).

4. Ein Kunde aus Luxemburg mit luxemburgischer USt-IdNr. holte am 23.05.2018 Drucksachen bei Fölbach ab, um diese in Luxemburg für sein Unternehmen zu verwenden. Die Rechnung und der Lieferschein enthalten alle erforderlichen Angaben und Nachweise. Nettowarenwert: **1.750 €**. Die Rechnung ist bisher nicht erfasst (nicht in Tz. 1 enthalten).

5. Für die Druckerei hat Herr Fölbach in Paris von dem Unternehmen „Repro-Pascal" (mit französischer USt-IdNr.) eine Repro-Kamera für **11.000 €** (inklusive aller Nebenkosten) gekauft. „Repro-Pascal" lieferte das Gerät am 30.05.2018 mit dem eigenen Lkw nach Koblenz. Die Rechnung, die ebenfalls am 30.05.2018 ausgestellt wurde, enthält keine französische USt, ansonsten alle erforderlichen Angaben.

6. Dem säumigen Kunden Godde, Koblenz, hat Herr Fölbach am 30.05.2018 Verzugszinsen in Höhe von **75 €** in Rechnung gestellt. Die Rechnung wurde bisher nicht erfasst.

7. Herr Fölbach schenkte einem guten Kunden im Anschluss an eine Besprechung in der Druckerei am 19.05.2018 eine Flasche Champagner. Mitte Mai 2018 betrugen die Wiederbeschaffungskosten des Champagner **125 €** (netto). Fölbach hatte die Flasche im Januar 2018 für **100 €** (netto) angeschafft und die Vorsteuer nach § 15 Abs. 1 geltend gemacht.

8. Herr Fölbach benutzt den betrieblichen Pkw, den er mit vollem Vorsteuerabzug angeschafft hatte und für den er ein Fahrtenbuch führt, auch für Privatfahrten. [Hinweis: siehe Grundwissen S. 97 f.] Für Mai 2018 liegen die folgenden Werte vor:

   - insgesamt gefahrene km: **2.000**, davon privat gefahrene km: **300**;
   - gesamte Kosten dieses Pkw (bereits als Kfz-Kosten gebucht): **500 €** (netto), davon Kosten ohne Vorsteuerabzug: **100 €**.

   Fahrten zwischen Wohnung und Betrieb liegen nicht vor, weil Herr Fölbach unmittelbar neben seinem Betrieb wohnt.

9. Das Haus in Winningen wurde wie folgt genutzt:
   a) **Erdgeschoss**: 140 qm, vermietet an eine Steuerberatungspraxis.
      Jährliche Einnahme: **14.280 €**;
   b) **1. Obergeschoss**: 140 qm, vermietet an eine Tierarztpraxis.
      Jährliche Einnahme: **14.280 €**;
   c) **2. Obergeschoss**: 70 qm, als Privatwohnung an den Steuerberater vermietet, der im Erdgeschoss seine Praxis hat. Jährliche Einnahme: **6.000 €**.

ÜBUNGSTEIL (AUFGABEN UND FÄLLE)

10. Die Ihnen von Herrn Fölbach vorgelegten Unterlagen weisen für den Monat Mai 2018 abziehbare Vorsteuerbeträge in Höhe von **3.258,50 €** aus (ohne Tz. 5, 11 und 12).

11. Für die am 23.05.2018 durchgeführte Reparatur eines Schadens am Dach des Hauses in Winningen wurden Herrn Fölbach am 25.05.2018 von dem Dachdecker Frank **2.500 € + 475 €** USt in Rechnung gestellt. Die Rechnung wurde noch nicht erfasst; sie enthält alle erforderlichen Angaben (§ 14 Abs. 4).

12. Eine noch nicht erfasste Reisekostenabrechnung vom 26.05.2018 enthält die folgenden Angaben (ordnungsgemäße Belege liegen vor):

    *„Eintägige Geschäftsreise nach Köln am **26.05.2018 mit der Bahn**. Besprechung mit dem Kunden HEIMES. Fahrkarte: **71,40 €** (brutto). Abwesenheit: 8:00 - 18:00 Uhr."*

Lösung s. Seite 879

Umsatzsteuer-Prüfungsfall 3

Aufgabenstellung

(1) Beurteilen Sie die einzelnen Textziffern des Sachverhalts aus umsatzsteuerrechtlicher Sicht unter Angabe der entsprechenden gesetzlichen Vorschriften bei der **Umsatzart**, dem **Ort des Umsatzes**, der **Bemessungsgrundlage** und dem **Steuersatz**. Sie können die Lösungen zu den Textziffern auch stichwortartig in eine Lösungstabelle (vgl. Muster bei dem Prüfungsfall 1) eintragen.

(2) Ermitteln Sie die **USt-Traglast**, die **abziehbare Vorsteuer** und die **USt-Zahllast** für den Monat Juni 2018.

(3) Erläutern Sie kurz unter Angabe der entsprechenden Gesetzesvorschriften, bis wann die Voranmeldung an das Finanzamt **fristgerecht** übermittelt und bezahlt werden muss.

(4) Welche Folgen ergeben sich, wenn die Voranmeldung am 15.09.2018 eingereicht und gleichzeitig bar bezahlt wird?

Sachverhalt

Jürgen Preußer betreibt in Koblenz ein Einzelhandelsgeschäft mit Lebensmitteln und Haushaltswaren. Außerdem ist er Eigentümer eines in Vallendar belegenen Hauses, das 1999 fertig gestellt wurde (Baubeginn 1998). Er hat nach § 9 zur USt optiert, soweit dies möglich ist.

Der Umsatz hat im Kalenderjahr 2017 insgesamt **326.242 €** betragen. Die USt-Zahllast für 2017 belief sich auf **16.227 €**. Eine Dauerfristverlängerung (§ 46 UStDV) besteht seit 2002. Die Sondervorauszahlung (§ 47 UStDV) für 2018 hat Herr Preußer am 10.02.2018 an das Finanzamt Koblenz gezahlt.

Herr Preußer verwendet bei innergemeinschaftlichen Lieferungen und Erwerben seine deutsche USt-IdNr.

Sie erhalten die im Folgenden aufgeführten Informationen inklusive der zugehörigen Belege und erforderlichen Nachweise für den Monat **Juni 2018** mit dem Auftrag, die USt-Voranmeldung 06/18 zu erstellen:

1. Herr Preußer führt Aufzeichnungen, in welchen er alle Einnahmen und Ausgaben sowie alle Forderungen und Verbindlichkeiten des Einzelhandelsgeschäfts erfasst. Für den Monat Juni 2018 sind von Ihnen die folgenden Daten zu entnehmen:

1.1 Summe der Bar**einnahmen** aus Verkäufen von Getränken und Haushaltswaren im Geschäft zum allgemeinen Steuersatz (§ 12 Abs. 1): **10.710 €**

1.2 Summe der Bar**einnahmen** aus Verkäufen von Lebensmitteln im Geschäft zum ermäßigten Steuersatz (§ 12 Abs. 2): **25.680 €**

Forderungen sind nicht entstanden.

ÜBUNGSTEIL (AUFGABEN UND FÄLLE)

1.3 Summe der Vorsteuerbeträge nach § 15 Abs. 1 Nr. 1: **2.636,39 €**

2. Nach Geschäftsschluss nimmt Herr Preußer regelmäßig Lebensmittel für den privaten Verzehr mit nach Hause. Er führt genaue Aufzeichnungen hierüber. Für den Monat Juni 2018 ergeben sich die folgenden Daten für die entnommenen Waren, für die sämtlich Vorsteuerabzug möglich war und die dem ermäßigten Steuersatz unterliegen:

   ▶ Nettoeinkaufspreise (Wiederbeschaffungskosten): **450 €**
   ▶ Nettoverkaufspreise: **630 €**

3. Herr Preußer benutzt das betriebliche Telefon und den betrieblichen Pkw, den er im Januar 2018 mit vollem Vorsteuerabzug angeschafft hatte, auch für private Zwecke. Aus den von Herrn Preußer geführten Aufzeichnungen ergibt sich für das Telefon ein privater Nutzungsanteil von 15 % und für den Pkw 20 %.

3.1 Die laufenden Telefonkosten (Entgelte für die gemietete Telefonanlage und die Gespräche) beliefen sich im Juni 2018 auf netto **100 €**. Diese Telefonkosten wurden in voller Höhe als Betriebsausgaben erfasst, und die hierauf entfallende Vorsteuer (**19 €**) wurde als abziehbare Vorsteuer behandelt (in 1.3 enthalten).

3.2 Für den Pkw beliefen sich die Gesamtkosten im Monat Juni 2018 auf **1.250 €**, davon **mit Vorsteuerabzug 1.100 €** und **ohne Vorsteuerabzug 150 €** (jeweils netto). Die Kosten wurden zu 100 % als Betriebsausgaben erfasst. Für den Pkw liegt **kein** ordnungsgemäß geführtes Fahrtenbuch vor, er gehört jedoch zweifelsfrei zum notwendigen Betriebsvermögen.

   Weitere Informationen hierzu:

   ▶ Listenpreis des Pkw nach § 6 Abs. 1 Nr. 4 Satz 2 EStG: **27.020 €**
   ▶ Fahrten zwischen Wohnung und Betrieb sind nicht angefallen, weil Herr Preußer neben seinem Einzelhandelsgeschäft wohnt.

4. Für das Einzelhandelsgeschäft hat Herr Preußer von der Firma „Denree" in den Niederlanden Rohmilchkäse gekauft. „Denree" lieferte den Käse für umgerechnet **500 €** (inkl. aller Nebenkosten) am 27.06.2018 mit eigenem Lkw nach Koblenz. Die Rechnung wurde am 27.06.2018 von „Denree" ausgestellt. Sie enthält keine niederländische USt, ansonsten alle erforderlichen Angaben. Herr Preußer bezahlte die Rechnung bei der nächsten Lieferung (am 25.07.2018) bar an den Fahrer von „Denree" (Kassenbucheintrag deshalb am 25.07.2018).

5. Das Haus in Vallendar wurde wie folgt verwendet:

5.1 **Erdgeschoss:** 180 qm, vermietet an einen praktischen Arzt für dessen Arztpraxis
   Jährliche Einnahme: **17.400 €**

ÜBUNGSTEIL (AUFGABEN UND FÄLLE)

5.2 **Obergeschoss:** 120 qm, vermietet an eine Rechtsanwaltspraxis.
   Jährliche Einnahme: **12.852 €**

6. Für die am 12.06.2018 durchgeführten Installationsarbeiten an der Wasserleitung im Keller des Hauses wurde Herrn Preußer von dem Installateur Kühn, Koblenz, am 13.06.2018 eine Rechnung mit dem folgenden Wortlaut erteilt:

„Für Installationsarbeiten im Keller Ihres Hauses in Vallendar am 12.06.2018 berechnen wir Ihnen **595 €**. Der Rechnungsbetrag enthält 19 % Umsatzsteuer".

(Name und Anschrift des leistenden Unternehmers sowie des Leistungsempfängers sind auf der Rechnung angegeben.)

Lösung s. Seite 882

Umsatzsteuer-Prüfungsfall 4

Allgemeine Hinweise
Erforderliche Beleg- oder Buchnachweise sind als erfüllt anzusehen. Soweit sich aus dem jeweiligen Sachverhalt nichts anderes ergibt, ist davon auszugehen, dass

- die Umsätze dem allgemeinen Steuersatz (§ 12 Abs. 1) unterliegen,
- Sollbesteuerung (§ 13 Abs. 1 Nr. 1a Satz 1) vorliegt,
- die Vorgänge in das Jahr 2018 fallen und
- alle Preise Bruttopreise sind.

Sachverhalte und Aufgaben
Sachverhalt 1
Otto Rot betreibt seit Jahren zusammen mit seinem Schwiegersohn Emil Weiß ein Malergeschäft in der Rechtsform einer Gesellschaft bürgerlichen Rechts (Rot und Weiß GbR) in gemieteten Räumen in Pforzheim. Beide Gesellschafter sind mit je 50 % an dieser GbR beteiligt. Der Jahresumsatz beträgt durchschnittlich **500.000 €**.

Frau Rot (Ehefrau des Otto Rot) ist seit 1993 Eigentümerin eines viergeschossigen Hauses im Zentrum von Baden-Baden, das wie folgt genutzt wird:

- Im **EG** betreibt sie eine Gastwirtschaft (jährliche Umsätze ca. **150.000 €**),
- das **1. OG** wird der Rot und Weiß GbR **kostenlos** zu Bürozwecken überlassen (der Mietwert beträgt netto **400 €** pro Monat),
- das **2. OG** ist an ein älteres Ehepaar zu Wohnzwecken vermietet (Monatsmiete: **350 €** + **25 €** für Heizung und Umlagen),
- im **3. OG** sind möblierte Fremdenzimmer eingerichtet, die an Kurgäste laufend vermietet werden. Einnahmen in 2018 aus der Vermietung der Fremdenzimmer (ohne Frühstück): **2.500 €** + **250 €** für Kurtaxe, die an die Kurverwaltung weitergeleitet wurde.

Die Flächen der vier Geschosse sind alle gleich groß. Für das 1. OG und das 2. OG wurde bisher keine Vorsteuer geltend gemacht. Für das EG und das 3. OG nimmt Frau Rot regelmäßig Vorsteuerabzug in Anspruch.

Die Eheleute Rot und Weiß wohnen in eigenen Einfamilienhäusern in Baden-Oos.

Aufgabe zum Sachverhalt 1
a) Wer ist Unternehmer im Sachverhalt 1? Begründen Sie Ihre Antwort kurz!
b) Welche Häuser gehören in welchem Umfang zum Unternehmensvermögen?
c) Wie ist die beschriebene Nutzung des Hauses von Frau Rot umsatzsteuerlich zu behandeln? Etwaige Umsatzsteuerbeträge sind zu berechnen!

ÜBUNGSTEIL (AUFGABEN UND FÄLLE)

Sachverhalt 2

Die GbR (siehe Sachverhalt 1) hat in 2018 an verschiedenen Gebäuden für die nachstehenden Auftraggeber den Außenanstrich angebracht:

1. für die Stadtverwaltung am städtischen Görres-Gymnasium:
   Rechnung vom 10.04.2018 über **1.500 € + 285 €** Umsatzsteuer;
2. für eine deutsche Schiffswerft an einem Gebäude in Basel (Schweiz):
   Rechnung vom 14.04.2018 über **2.500 €**;
3. für ein Kaufhaus in Baden-Baden:
   Rechnung vom 15.04.2018 in folgender Höhe:

Malerarbeiten	2.000 €
+ 19 % Umsatzsteuer	380 €
Gerüstkosten	500 €
Gesamtbetrag	2.880 €

   (Das Kaufhaus hat die Rechnung am 18.04.2018 unter Abzug von 2 % Skonto bezahlt.)
4. für Frau Rot an ihrem Haus in Baden-Baden (siehe Sachverhalt 1):
   Rechnung vom 21.04.2018 über **1.000 €** zuzüglich **190 €** Umsatzsteuer.

Aufgabe zum Sachverhalt 2

a) Welche Leistungsart liegt bei den Textziffern 1. bis 4. vor?
b) Wie sind die Umsätze umsatzsteuerlich zu beurteilen?
   Etwaige Umsatzsteuerbeträge sind zu berechnen!
c) Besteht für die Leistungsempfänger die Möglichkeit des Vorsteuerabzugs?
   Falls ja, in welcher Höhe jeweils?

Sachverhalt 3

1. Die Kurgäste von Frau Rot (siehe Sachverhalt 1) nahmen in der Gaststätte das Frühstück ein; die Einnahmen hierdurch betrugen in 2018 insgesamt **800 €**. Außerdem hat Frau Rot freiwillige Trinkgelder in Höhe von insgesamt **50 €** erhalten.
2. Die Eheleute Rot essen regelmäßig mittags in der Gaststätte von Frau Rot. Für 2018 betragen die Selbstkosten der Speisen **1.250 €** und die Einkaufspreise der Getränke **250 €** (jeweils netto); den Gästen würden im Lokal für die Speisen **3.480 €** und für die Getränke **870 €** (jeweils brutto) berechnet.
3. In der Gaststätte ist von einer Tabakladenkette ein Zigarettenautomat aufgestellt. Frau Rot hat hierfür folgende Abrechnung für das erste Halbjahr 2018 von der Ladenkette erhalten:

Automateneinnahmen	2.000 €
10 % Provision	200 €
19 % Umsatzsteuer hierzu	38 €

   Die Ladenkette hat Frau Rot **238 €** überwiesen.

Aufgabe zum Sachverhalt 3
a) Wie sind die vorstehenden Vorgänge (1. - 3.) bei Frau Rot und der Ladenkette (3.) zu beurteilen? Etwaige Umsatzsteuerbeträge sind zu berechnen!
b) Inwieweit kommt bei der Ladenkette ein Vorsteuerabzug in Betracht?

Sachverhalt 4
Die GbR hat im Sommer 2018 die Baugenehmigung für die Errichtung eines eigenen Werkstattgebäudes in Pforzheim erhalten. Daraufhin wurde im Herbst 2018 mit dem Bau begonnen (das Gebäude wird voraussichtlich 2019 bezugsfertig sein).

Folgende Rechnungen liegen 2018 schon vor und wurden in 2018 bezahlt:

1. Grundstückskauf von der Elektro-AG vom 01.06.2018 für netto **100.000 €**. Die Elektro-AG hat hierfür nach § 9 Abs. 1 i. V. mit Abs. 3 zur USt optiert und im notariellen Vertrag auch auf die Steuerschuldnerschaft des Erwerbers hingewiesen.
2. Architektenrechnung gem. Gebührenordnung über **6.000 €** (brutto) für die Bauplanerstellung (Juli 2018); Berechnung ohne gesonderten Umsatzsteuerausweis (jedoch Angabe, dass der Rechnungsbetrag 19 % USt enthält);
3. berechnete erste Abschlagszahlung vom November 2018 durch den Rohbauunternehmer in Höhe von **30.000 € + 5.700 €** Umsatzsteuer (der Rohbau wird voraussichtlich im Januar 2019 fertig sein und dann abgenommen werden).

Aufgabe zum Sachverhalt 4
Können 2018 schon Vorsteuerabzüge durch die GbR geltend gemacht werden und wenn ja, in welcher Höhe? Begründen Sie Ihre Antwort!

Lösung s. Seite 884

Umsatzsteuer-Prüfungsfall 5

Aufgabenstellung

(1) Beurteilen Sie die einzelnen Textziffern des Sachverhalts aus umsatzsteuerrechtlicher Sicht unter Angabe der entsprechenden Rechtsgrundlagen. Tragen Sie die Lösungen stichwortartig in eine Lösungstabelle ein (siehe Muster beim Prüfungsfall 1).

(2) Ermitteln Sie die USt-Traglast, die abziehbare Vorsteuer und die USt-Zahllast für das Kalenderjahr 2018.

(3) Erläutern Sie kurz unter Angabe der entsprechenden Gesetzesvorschriften, bis wann die Umsatzsteuererklärung für den vorliegenden Sachverhalt fristgerecht beim Finanzamt einzureichen und zu bezahlen ist.

Sachverhalt

Daniel Lauxen betreibt in Köln seit dem 02.05.2018 die „Dom-Buchhandlung" als Einzelunternehmung.

Bei innergemeinschaftlichen Lieferungen und Erwerben verwendet Herr Lauxen seine deutsche USt-IdNr. Erforderliche Buch- und Belegnachweise gelten als erbracht.

Sie erhalten die folgenden Informationen inklusive der zugehörigen Belege und Nachweise für 2018:

1. Einnahmen aus dem Verkauf von Büchern im Laden zum ermäßigten Steuersatz: **401.250 €**.
Forderungen an Kunden sind nicht entstanden.

2. Einnahmen aus dem Verkauf von Musik-CDs und Computerprogrammen (Standardsoftware) im Laden: **50.575 €**. Forderungen an Kunden sind auch hierbei nicht entstanden.

3. Am 03.11.2018 erhielt Herr Lauxen 100 CDs, die er bei einer Plattenfirma in London bestellt hatte. Die beigefügte Rechnung enthält die USt-IdNr. des Herstellers. Der zu zahlende Preis beträgt – in Euro umgerechnet – **750 €** für die CDs **+ 50 €** Frachtkosten für die Anlieferung. Englische USt ist auf der Rechnung nicht ausgewiesen, stattdessen enthält die Rechnung den Hinweis, dass die Lieferung steuerfrei ist.

4. Herr Lauxen schenkte seinem Sohn zu Weihnachten ein mehrbändiges Lexikon, das er dem Warenbestand seines Ladens entnommen hatte. Aus den beigefügten Belegen ergibt sich, dass das Lexikon einen Monat zuvor für **200 € + USt** eingekauft wurde. Im Laden wird das Lexikon für **321 €** (brutto) verkauft.

5. Herr Lauxen benutzt den betrieblichen Pkw, den er am 10.01.2018 für **30.000 € + 19 % USt** angeschafft hatte, auch für Privatfahrten. Aus dem ordnungsgemäß geführten Fahrtenbuch und den anderen Unterlagen können Sie für 2018 die folgenden Informationen entnehmen:

   - mit dem Pkw insgesamt gefahren: **28.000 km**
   - davon privat gefahren: **4.200 km**
   - Kosten mit 19 % Vorsteuerabzug (einschl. AfA): **8.000 €** (netto)

- Kosten ohne Vorsteuerabzug: **1.100 €**
- die Vorsteuer aus der Anschaffung und den vorgenannten Kfz-Kosten wurde zu 100 % nach § 15 Abs. 1 geltend gemacht (in Tz. 8 enthalten)
- Fahrten zwischen Wohnung und Betrieb sind nicht angefallen, weil Herr Lauxen direkt neben seiner Buchhandlung wohnt.

6. Seiner Arbeitnehmerin Nadine Debernitz schenkte Herr Lauxen zum Geburtstag einen Fotokalender. Der Kalender hatte beim Einkauf **40 € + 19 % USt** gekostet. Die Vorsteuer aus dem Einkauf macht Herr Lauxen nach § 15 Abs. 1 geltend (in Tz. 8 enthalten). Zum Zeitpunkt der Entnahme kostete der Kalender aufgrund einer Preissteigerung **50 € + 19 % USt** (Wiederbeschaffungskosten).

7. Am 29.12.2018 hatte Herr Lauxen eine „Lesung zum Jahreswechsel" mit namhaften Autoren veranstaltet. Die Bareinnahmen hieraus beliefen sich auf insgesamt **2.000 €** (noch nicht erfasst).

8. Die in den Eingangsrechnungen und Kassenbelegen ausgewiesenen Vorsteuerbeträge belaufen sich für 2018 auf insgesamt **22.725,45 €**.

9. Noch nicht berücksichtigt wurde ein Beleg über **175 €** Einfuhrumsatzsteuer, die Herr Lauxen am 29.12.2018 an das Zollamt bezahlt hatte (für Kinderbücher aus Norwegen).

10. In den Kassenbelegen, aus welchen die Vorsteuer herausgerechnet wurde, ist eine Quittung vom 30.12.2018 über **89,25 €** (brutto 19 % USt) enthalten. Es handelt sich um Bewirtungskosten (Geschäftsessen mit einem wichtigen Lieferanten). Der Beleg ist handschriftlich ausgestellt, abgestempelt und vom Wirt persönlich unterschrieben.

Lösung s. Seite 888

ÜBUNGSTEIL (AUFGABEN UND FÄLLE)

Umsatzsteuer-Prüfungsfall 6

Aufgabenstellung
Beurteilen Sie die einzelnen Textziffern des nachfolgenden Sachverhalts aus umsatzsteuerrechtlicher Sicht unter Angabe der entsprechenden Rechtsgrundlagen. Sie können die Lösungen zu den Textziffern (Tz.) auch stichwortartig in eine Lösungstabelle nach dem folgenden Muster eintragen **(Lösungstabelle des Klausurenverbunds)**:

Tz.	Art des Umsatzes §	Ort der Leistung §	steuerbar §	steuerfrei §	steuerpflichtig im Inland	Bemessungsgrundlage Euro	USt Euro	VorSt Euro §

Sachverhalt
Florian Quirbach betreibt in Koblenz das Computerfachgeschäft „Tablets and more e. K." als Einzelunternehmer. Er versteuert seine Umsätze nach vereinbarten Entgelten (Sollbesteuerung).

Bei innergemeinschaftlichen Lieferungen und Erwerben verwendet Herr Quirbach seine deutsche USt-IdNr. Andere inländische Unternehmer des Sachverhalts verwenden im Liefer- und Leistungsverkehr ihre deutsche USt-IdNr., Unternehmer, die im übrigen Gemeinschaftsgebiet ansässig sind, verwenden die USt-IdNr. ihres jeweiligen Landes. Alle erforderlichen Buch- und Belegnachweise gelten als erbracht.

Sie erhalten von Herrn Quirbach die folgenden Informationen aus 2018 inklusive der zugehörigen Belege und Nachweise zur Beurteilung der Einzelsachverhalte:

1. Herr Quirbach verkaufte in seinem Laden ein Computerbuch zum Ladenpreis von **35 €**.

2. An den Unternehmer Sarkozy in Metz (Frankreich) verkaufte Herr Quirbach 20 Monitore zum Gesamtpreis von **4.000 €** (netto).

3. Für den Transport der Monitore von Koblenz nach Metz beauftragte Herr Quirbach einen Spediteur mit Sitz in Metz. Die Rechnung des Spediteurs beträgt **80 €** (netto).

4. An den belgischen Unternehmer Brouwers in Brügge verkaufte Herr Quirbach 10 Multifunktionsdrucker für insgesamt **5.000 €** (netto). Herr Quirbach lieferte die Drucker vereinbarungsgemäß zu einem Lager des belgischen Unternehmers in Aachen.

5. Herr Quirbach verkaufte 5 weitere Multifunktionsdrucker für insgesamt **2.500 €** (netto) an den Unternehmer Züsset mit Sitz in Bern (Schweiz). Züsset holte die Drucker bei Herrn Quirbach in Koblenz ab und brachte sie in die Schweiz zu seinem Unternehmenssitz.

ÜBUNGSTEIL (AUFGABEN UND FÄLLE)

6. Von dem norwegischen Unternehmen „Funcom Norway" mit Sitz in Oslo erwarb Herr Quirbach 20 Tablet-PCs zum Einzelpreis von umgerechnet **230 €** (netto). Herr Quirbach holte die Tablet-PCs in Oslo ab und brachte sie in sein Unternehmen in Koblenz, um sie dort zu verkaufen. Herr Quirbach war vereinbarungsgemäß Schuldner der Einfuhrumsatzsteuer.

7. Seiner Angestellten Magdalene Posnak schenkte Herr Quirbach zum 25. Geburtstag einen Tablet-PC, der kurz zuvor für **250 €** netto eingekauft wurde. Der Einkaufspreis hat sich seitdem nicht verändert. Im Laden in Koblenz hat dieses Gerät einen Verkaufspreis von **450 €** brutto.

8. Herr Quirbach ließ seine betrieblichen Räume von dem Malermeister Kaul aus Koblenz renovieren. Herr Kaul stellte Herrn Quirbach **2.000 € + 380 €** USt in Rechnung.

Lösung s. Seite 890

ÜBUNGSTEIL (AUFGABEN UND FÄLLE)

Einkommensteuer-Prüfungsfall 1

Aufgabenstellung

(1) Nehmen Sie Stellung zur persönlichen **Steuerpflicht**, zu den **altersmäßigen Vergünstigungen** des Steuerpflichtigen, zu dem **Kind** des Steuerpflichtigen, zur **Veranlagungsart** und zum **Steuertarif**.

(2) Ermitteln Sie das **zu versteuernde Einkommen** des Steuerpflichtigen für den VZ **2018** und weisen Sie auf **eventuelle Steuerermäßigungen** (Kürzungen von der Steuerschuld) hin. Alle belegmäßigen Nachweise liegen vor.

 TIPP

Das Kindergeld führt im nachfolgenden Fall zu einer Steuerentlastung, die höher ist als die aus dem Abzug der Freibeträge nach § 32 Abs. 6 EStG resultierende Steuerermäßigung.

Sachverhalt

Angaben zur Person und Familie:
Der selbstständige Buchhändler Jürgen Schmidt, Neuwied, geb. am **10.09.1950**, ist **seit 2016** verwitwet. Seitdem ist er alleinstehend und konfessionslos.

Aus der Ehe mit seiner verstorbenen Ehefrau ist die **Tochter Elisabeth**, geb. am **03.08.1994**, hervorgegangen. Die Tochter studiert seit 2013 Betriebswirtschaftslehre mit dem Schwerpunkt Steuerrecht an der Universität zu Köln (Erststudium bzw. Erstausbildung im Sinn von § 32 Abs. 4 Satz 2 EStG). Sie wohnte in 2018 dort im Studentenwohnheim. Für die auswärtige Unterbringung von Elisabeth sind Herrn Schmidt in 2018 Aufwendungen in Höhe von **4.800 €** entstanden. Elisabeth hatte in 2018 aus Aushilfstätigkeiten als Kellnerin eigene Einnahmen in Höhe von **3.476 €** (Bruttoarbeitslohn). Das Studium wird voraussichtlich bis Mitte 2019 dauern. Elisabeth war in 2018 mit ihrem Nebenwohnsitz bei ihrem Vater gemeldet.

Einkünfte und sonstige Angaben:

1. Herr Schmidt ermittelt den Gewinn der Buchhandlung nach § 5 EStG. Aus der Buchführung ergibt sich folgendes:

1.1 Eigenkapital 31.12.2018:   **105.363 €**
    Eigenkapital 31.12.2017:   **110.500 €**

   Die in 2018 gebuchten Privatentnahmen belaufen sich auf **37.387 €**.

1.2 Die private Nutzung des mit vollem Vorsteuerabzug erworbenen betrieblichen Pkw wurde noch nicht gebucht. Laut ordnungsgemäß geführtem Fahrtenbuch beträgt der private Nutzungsanteil **20 %** der gesamten Kfz-Kosten. Die bereits gebuchten Kfz-Kosten beliefen sich in 2018 auf insgesamt **5.000 €** (netto); davon entfallen **1.000 €** auf Kosten ohne Vorsteuerabzug und **4.000 €** auf Kosten mit Vorsteuerabzug.

ÜBUNGSTEIL (AUFGABEN UND FÄLLE)

1.3 Ebenfalls noch nicht berücksichtigt sind die Fahrten von Herrn Schmidt zwischen seiner Wohnung und dem Betrieb mit dem betrieblichen Pkw. Zu berücksichtigen sind **220** Fahrten.

Die Entfernung zwischen Wohnung und Betrieb (einfache Strecke) beträgt **25 km**. Aus dem Fahrtenbuch geht hervor, dass in 2018 mit dem Pkw insgesamt **18.181 km** gefahren wurden (inkl. Privatfahrten und Fahrten zwischen Wohnung und Betrieb).

1.4 Herr Schmidt hat die betrieblich veranlassten Bewirtungskosten des Jahres 2018 in Höhe von **1.020 € (netto)** zu 100 % als Betriebsausgaben auf dem Konto „Bewirtungskosten" erfasst. Die Vorsteuer (**193,80 €**) hat er zu 100 % auf dem Konto „Vorsteuer" gebucht.

2. Aus Sparguthaben erhielt Herr Schmidt im Dezember 2018 für 2018 Zinsen in Höhe von **1.831,01 €** (**nach** Abzug von Abgeltungsteuer und Solidaritätszuschlag). Kirchensteuer wurde nicht abgezogen. Herr Schmidt hatte der Bank einen Freistellungsauftrag in Höhe von **801 €** erteilt. Nach der Steuerbescheinigung der Bank wurden **349,75 €** Kapitalertragsteuer und **19,24 €** SolZ einbehalten und an das Finanzamt abgeführt.

Im Mai 2018 erhielt er Dividenden für 2017 in Höhe von **4.123 €** (**nach** Abzug von Abgeltungsteuer und Solidaritätszuschlag) aus Aktien des Privatvermögens auf seinem Bankkonto gutgeschrieben. Nach der Steuerbescheinigung der Bank wurden **1.400 €** Kapitalertragsteuer und **77 €** SolZ einbehalten und an das Finanzamt abgeführt.

3. Herr Schmidt bewohnt **seit Februar 2018** eine Wohnung im eigenen, selbst hergestellten Zweifamilienhaus (ZFH) in Neuwied. Das Haus, für das er den **Bauantrag im Dezember 2016** gestellt hatte, ist **im Februar 2018 fertig gestellt** worden. Die Herstellungskosten des ZFH haben **253.750 €** betragen. Davon entfallen **35.000 €** auf den Grund und Boden. An laufenden Kosten (Gas, Strom, Wasser, Müllabfuhr, Grundsteuer usw.) sind in 2018 für die eigengenutzte Wohnung insgesamt **2.500 €** angefallen. Die eigengenutzte Wohnung hat eine Wohnfläche von 80 qm.

Die zweite Wohnung, die in **Größe** und Ausstattung mit der eigengenutzten Wohnung **identisch** ist, hat Herr Schmidt seit dem 01.02.2018 vermietet. Die Mieteinnahmen haben in 2018 insgesamt **6.875 €** (inkl. Nebenkosten) betragen. An Schuldzinsen für ein Darlehen, das der Finanzierung des Hausbaus diente, hat Herr Schmidt in 2018 insgesamt **4.500 €** an seine Bank bezahlt (für das ganze Haus). Ohne die AfA weist Herr Schmidt sonstige Werbungskosten in Höhe von **1.619 €** nach, die auf die vermietete Wohnung entfallen.

4. Herr Schmidt erhielt 2018 eine monatliche Altersrente aus der gesetzlichen Rentenversicherung in Höhe von **6 · 253,58 €** (Januar - Juni) und **6 · 257,42 €** (Juli - Dezember) (Bruttorente). Außerdem erhält er einen Zuschuss zu seiner privaten Krankenversicherung in Höhe von monatlich **20 €**. Der Rentenbeginn dieser Rente war am 10.09.2013. Im Einkommensteuerbescheid für den VZ 2014 wurde für diese Rente ein Rentenfreibetrag in Höhe von **1.080 €** festgestellt und festgesetzt.

ÜBUNGSTEIL (AUFGABEN UND FÄLLE)

5. Herr Schmidt möchte weiterhin folgende Beträge berücksichtigen (jeweils in 2018 gezahlt):

   a) Krankenversicherungsbeiträge 2018 **2.840 €**
      Beitragserstattung von der KV für 2017 **- 200 €** **2.640 €**

   Von den gesamten gezahlten und erstatteten KV-Beiträgen entfallen insgesamt **1.860 €** (Saldo) auf die **Basisabsicherung**.

   b) Beitrag private Haftpflichtversicherung **105 €**

   c) Beiträge zu einer Leibrentenversicherung gem. § 10 Abs. 1 Nr. 2 Buchst. b) - sog. „Rürup-Rentenversicherung" **3.600 €**

   d) Hundehaftpflichtversicherungsbeitrag **65 €**

   e) Spende an eine politische Partei **2.000 €**

   f) Spende an den als gemeinnützig anerkannten Förderverein der Berufsbildenden Schule Neuwied e. V. **1.220 €**

Lösung s. Seite 891

ÜBUNGSTEIL (AUFGABEN UND FÄLLE)

Einkommensteuer-Prüfungsfall 2

Aufgabenstellung

(1) Nehmen Sie Stellung zur persönlichen **Steuerpflicht**, zur Berücksichtigung der **Kinder**, zur **Veranlagungsart** und zum **Steuertarif**.

(2) Ermitteln Sie das **zu versteuernde Einkommen** für den VZ **2018** und weisen Sie ergänzend unter Angabe der zutreffenden Rechtsgrundlagen auf **eventuelle Steuerermäßigungen** (Kürzungen von der Steuerschuld) hin. Alle belegmäßigen Nachweise liegen vor.

TIPP

Für die steuerlich zu berücksichtigenden Kinder führt der Abzug der Freibeträge nach § 32 Abs. 6 EStG zu einer höheren Steuerermäßigung als das Kindergeld.

Sachverhalte und Aufgaben

1. Persönliche Verhältnisse

Anja Weber, geb. am **12.08.1966**, wohnt in Bonn. Ihr Ehemann Gerd, geb. am **01.05.1962, verstarb am 13.11.2017** bei einem Verkehrsunfall. Seitdem lebt Frau Weber mit ihrer Tochter Lena allein in ihrem Einfamilienhaus in Bonn. Frau Weber hat folgende Kinder:

1.1 **Ralf**, geb. am **17.10.1989**, eheliches Kind von Anja und Gerd Weber, ist Diplomkaufmann und arbeitet in Bonn. Ralf wohnt mit seiner Ehefrau in einer der beiden Wohnungen des Zweifamilienhauses von Frau Weber in Brühl (vgl. Tz. 2.3).

1.2 **Frederike**, geb. am **18.09.1995**, ebenfalls eheliches Kind von Anja und Gerd Weber, studiert Sport in Köln, und zwar das ganze Jahr 2018. Für Frederike ist das Studium ein Erststudium im Sinn von § 32 Abs. 4 Satz 2 EStG. Frederike wohnt im Studentenwohnheim in Köln. Mit ihrem Nebenwohnsitz ist Frederike bei ihrer Mutter in Bonn gemeldet. Frau Weber unterstützt ihre Tochter mit monatlich **400 €**. Als selbstständige Trainerin bei dem Schwimmverein „Poseidon Köln" erhielt Frederike 2018 insgesamt **4.052 €**, die sie dem Sportverein für ihre Tätigkeiten in Rechnung gestellt hatte.

1.3 **Lena**, geb. am **15.01.2005**, wurde von den Eheleuten Weber im August 2006 adoptiert. Sie wohnt bei Frau Weber und ist dort auch mit ihrem Hauptwohnsitz gemeldet. Lena besucht in Bonn die Realschule. Für Hausaufgabenbetreuung hat Frau Weber **2.400 €** in 2018 aufgewendet. An der Musikschule Bonn hat Lena einen Kurs für Querflöte belegt, für den Frau Weber in 2018 **180 €** bezahlt hat. Die Aufwendungen für die Hausaufgabenbetreuung und den Querflötenkurs weist Frau Weber durch Rechnungen und Banküberweisungsbelege ordnungsgemäß nach.

2. Einkünfte

2.1 Anja Weber betreibt in Bonn das von ihrem verstorbenen Ehemann übernommene Fachgeschäft für Computer und Zubehör. Der nach § 5 EStG ermittelte vorläufige Gewinn zum 31.12.2018 beträgt **122.560 €**.

Die nachfolgenden Sachverhalte sind auf ihre Gewinnauswirkung zu überprüfen. So weit erforderlich, ist der Gewinn, der **niedrigstmöglich** ausgewiesen werden soll, zu korrigieren. Die Sonderabschreibung gem. § 7g Abs. 5 EStG kann nicht in Anspruch genommen werden (die Voraussetzungen sind nicht erfüllt).

a) Im Juli 2018 wurden 10 Bürostühle für das Geschäft für **6.000 € + 19 % USt** eingekauft und wie folgt gebucht (in dem o. g. vorläufigen Gewinn bereits berücksichtigt):

Sollkonto SKR 03 (SKR 04)		Euro	Habenkonto SKR 03 (SKR 04)	
Ladeneinrichtung	0430 (0640)	6.000,00	Bank	1200 (1800)
Vorsteuer 19 %	1576 (1406)	1.140,00	Bank	1200 (1800)
Abschreibungen	4830 (6220)	600,00	Ladeneinrichtung	0430 (0640)

In den Vorjahren wurde für diese Anschaffung kein Investitionsabzugsbetrag in Anspruch genommen.

b) Bei der Druckerei Böhm in Bad Godesberg hatten Techniker von Frau Weber eine Computeranlage für insgesamt **11.900 €** (brutto 19 % USt) installiert. Die Forderung wurde noch nicht beglichen. Kurz vor der Bilanzerstellung im Mai 2019 hat Frau Weber erfahren, dass die Druckerei Böhm bereits 2018 in Zahlungsschwierigkeiten geraten war. Frau Weber muss mit einem Forderungsausfall von **50 %** rechnen. Der Vorgang wurde noch nicht berücksichtigt.

c) Die private Nutzung des betrieblichen Pkw, der zweifelsfrei zum notwendigen Betriebsvermögen gehört, wurde noch nicht erfasst. Frau Weber hat kein Fahrtenbuch geführt. Der **private Nutzungsanteil** an den Gesamtfahrten beträgt etwa **35 %** (geschätzt). Aus der Buchführung ergeben sich die folgenden Kfz-Kosten (jeweils netto):

- Kosten mit Vorsteuerabzug: **9.000 €**
- Kosten ohne Vorsteuerabzug: **1.000 €**

Fahrten zwischen Wohnung und Betrieb sind nicht angefallen, weil Frau Weber direkt neben ihrem Geschäft wohnt.

Der Listenpreis des im Januar 2018 angeschafften Pkw hat zum Zeitpunkt der Erstzulassung **32.025 € inklusive 19 % USt** betragen.

2.2 Das im Mai 2018 fertig gestellte eigene Einfamilienhaus in Bonn bewohnt Frau Weber selbst seit dem 01.06.2018. Die Herstellungskosten haben **187.500 €** betragen. Das Grundstück wurde im Februar 2012 für **62.500 €** erworben, den Bauantrag hatte sie im März 2014 gestellt. In 2018 hat Frau Weber Grundbesitzabgaben in Höhe von **558 €** und Schuldzinsen in Höhe von **6.500 €** bezahlt.

2.3 Frau Weber ist zusätzlich Eigentümerin eines selbst hergestellten Zweifamilienhauses in Brühl. Das Haus wurde 2010 fertig gestellt (Bauantrag am 31.10.2005). Die Herstellungskosten haben **378.000 €** betragen.

Beide Wohnungen sind **120 qm** groß und gleichwertig. Das Obergeschoss bewohnt Sohn Ralf Weber mit seiner Ehefrau. Die monatliche Miete beträgt **320 €**. Das Erdgeschoss ist zum ortsüblichen Mietpreis von **800 €** im Monat fremdvermietet.

Für 2018 anzuerkennende Werbungskosten ohne AfA: **9.180 €**. Das Haus ist wie bisher höchstmöglich abzuschreiben.

2.4 Aus privatem Aktienbesitz sind Frau Weber im Mai 2018 **3.024,20 €** als Dividendenzahlung auf dem Bankkonto gutgeschrieben worden. 24,45 % KapESt (Abgeltungssteuer), 9 % Kirchensteuer und 5,5 % SolZ wurden einbehalten. Die Steuerbescheinigung liegt vor.

2.5 Frau Weber erhielt am 30.09.2018 außerdem Zinsen für 2018 aus festverzinslichen Wertpapieren des Privatvermögens. Ihrem Bankkonto wurden Nettozinsen in Höhe von **3.104,43 €** gutgeschrieben (Frau Weber hatte einen Freistellungsauftrag in Höhe von **801,00 €** erteilt). Nach der Steuerbescheinigung der Bank wurden **782,16 €** Kapitalertragsteuer sowie **70,39 €** Kirchensteuer und **43,02 €** SolZ von den Bruttozinsen einbehalten und an das Finanzamt abgeführt.

3. Sonstige Angaben

3.1 Der Vater von Anja Weber ist vermögenslos und bezieht seit Oktober 2004 eine niedrige Rente. Anja Weber unterstützt ihren Vater deshalb mit monatlich **500 €** durch Banküberweisungen. Die Bruttorente 2018 ihres Vaters beträgt **5.940 €**. Der 2005 festgesetzte Rentenfreibetrag beträgt **2.850 €**. Er hatte in 2018 keine anderen Einkünfte, er erhielt jedoch Wohngeld nach dem Wohngeldgesetz in Höhe von monatlich **155 €**. Seine Beiträge zur KV- und PV-Basisabsicherung haben im VZ 2018 insgesamt **883 €** betragen. Der Zuschuss des Rentenversicherungsträgers zu den KV-Beiträgen hat im VZ 2018 insgesamt **392 €** betragen.

3.2 In 2018 hat Frau Weber außerdem folgende Zahlungen geleistet bzw. erhalten:

a) Private Kranken- und Pflegeversicherung

Beiträge für 2018	**4.900 €**
Beitragserstattung für 2017	**− 275 €**

Von den gesamten KV- und PV-Beiträgen entfallen **3.720 €** (Saldo) auf die Basisabsicherung. Die übersteigenden Beiträge entfallen auf Wahlleistungen wie Chefarztbehandlung, Einbettzimmerzuschlag etc.

b) Beitrag private Haftpflichtversicherung	**47 €**
c) Beiträge zu einer Leibrentenversicherung gem. § 10 Abs. 1 Nr. 2 Buchst. b) – sog. „Rürup-Rentenvers."	**1.800 €**
d) Beitrag Hausratversicherung	**172 €**
e) Spende für Forschungszwecke	**2.000 €**
f) Spende an eine politische Partei	**2.000 €**
g) Kirchensteuer-Vorauszahlung 2018	**2.025 €**
h) Kirchensteuer-Erstattung für 2017	**185 €**

Lösung s. Seite 895

ÜBUNGSTEIL (AUFGABEN UND FÄLLE)

Einkommensteuer-Prüfungsfall 3

Aufgabenstellung

(1) Nehmen Sie Stellung zur **persönlichen Steuerpflicht** der Eheleute Gilles, zu eventuellen **altersmäßigen Vergünstigungen**, zur Berücksichtigung der **Kinder**, zur **Veranlagungsart** und zum **Steuertarif**.

(2) Ermitteln Sie das **zu versteuernde Einkommen** für den VZ **2018** und weisen Sie ergänzend unter Angabe der zutreffenden Rechtsgrundlagen auf **eventuelle Steuerermäßigungen** (Kürzungen von der Steuerschuld) hin. Alle belegmäßigen Nachweise liegen vor; erforderliche Nachweise gelten als erbracht.

TIPP

Das ausgezahlte Kindergeld ist höher als die Steuerermäßigung, die durch den Abzug der Freibeträge gem. § 32 Abs. 6 EStG entstehen würde.

Sachverhalt

1. Persönliche Verhältnisse

Marco Gilles, geb. am **13.11.1971**, ist seit 1992 mit Christina Gilles, geb. am **24.05.1968**, verheiratet. Sie wohnen in Winningen bei Koblenz.

Aus der Ehe sind die folgenden zwei Kinder hervorgegangen:

Kai, geb. am **08.08.1993**, studierte bis zum 31.08.2018 Informatik an der Universität Koblenz/Landau. Er wohnte in Koblenz in einem Studentenwohnheim, wofür die Eltern **monatlich 225 €** bezahlten. Sie unterstützten ihn zusätzlich mit **monatlich 275 €**. Seit dem 01.09.2018 arbeitet Kai bei einer Versicherungsgesellschaft in Köln für monatlich **2.750 €** brutto. In der Zeit vom 01.01. bis 31.08.2018 hatte er keine eigenen Einkünfte oder Bezüge.

Friedhelm, geb. am **14.05.2001**, besuchte das ganze Jahr 2018 das Eichendorff-Gymnasium in Koblenz. Er wohnte bei den Eltern und hatte keine eigenen Einkünfte oder Bezüge.

2. Einkünfte

2.1 Herr Gilles betreibt ein Architekturbüro in Winningen. Sein Gewinn wird für 2018 wie in den Vorjahren nach § 4 Abs. 3 EStG ermittelt. Es soll der **niedrigstmögliche** Gewinn ausgewiesen werden. Zur Gewinnermittlung liegen die folgenden Angaben vor:

  a) Die aufgezeichneten Betriebseinnahmen betragen **171.997,50 €**, die aufgezeichneten Betriebsausgaben **102.134,96 €**.

ÜBUNGSTEIL (AUFGABEN UND FÄLLE)

b) Am 01.12.2018 hat Herr Gilles einen neuen Pkw für sein Architekturbüro angeschafft, der zweifelsfrei zum notwendigen Betriebsvermögen gehört. Die betriebsgewöhnliche Nutzungsdauer beträgt 5 Jahre.

Der Pkw wird von Herrn Gilles zu etwa 20 % privat genutzt (Schätzung), ein ordnungsgemäß geführtes Fahrtenbuch existiert aber nicht.

Die Rechnung für den neuen Pkw lautete über **25.000 € + 4.750 €** USt. Sie wurde noch im Dezember 2018 bezahlt. Der Vorgang wurde noch nicht erfasst (nicht in den Betriebsausgaben enthalten).

c) Gleichzeitig wurde der alte Pkw, der 2016 mit vollem Vorsteuerabzug angeschafft und auch zu etwa 20 % von Herrn Gilles für Privatfahrten verwendet wurde, verkauft. Herr Gilles erzielte einen Bruttopreis von **11.900 €**. Der Restbuchwert betrug im Zeitpunkt der Veräußerung noch **10.400 €**. Die Vorgänge wurden noch nicht erfasst.

d) Die private Pkw-Nutzung (siehe Tz. b) und c) wurde noch nicht berücksichtigt. **In den Betriebsausgaben** (Tz. a) sind folgende Aufwendungen für die beiden Pkw bereits **enthalten**:

Kfz-Steuer	**180 €**
Kfz-Haftpflicht-Versicherung	**450 €**
Kfz-Vollkasko-Versicherung	**650 €**
Benzin und Reparaturen (brutto)	**5.350 €**
AfA alter Pkw (Tz. c)	**5.000 €**

Die **Listenpreise** der Pkw haben zum Zeitpunkt der Erstzulassung einschließlich USt betragen:

- alter Pkw: **25.725 €**
- neuer Pkw: **31.020 €**.

e) Herr Gilles ist 2018 an 230 Tagen mit den betrieblichen Pkw zwischen Wohnung und Betrieb gefahren (davon 20 Tage im Dezember 2018). Die einfache Entfernung beträgt 24 km. Diese Fahrten sind noch nicht erfasst.

f) Am 15.12.2018 hatte Herr Gilles einen Computer für sein Architekturbüro gekauft (betriebsgewöhnliche Nutzungsdauer: 3 Jahre). Mit allem Zubehör hatte er am 15.12.2018 **7.437,50 €** per Bankscheck bezahlt. Die Rechnung wurde ordnungsgemäß ausgestellt. Dieser Betrag ist in voller Höhe in den Betriebsausgaben (Tz. a) enthalten. In den Vorjahren wurde für diese Anschaffung kein Investitionsabzugsbetrag in Anspruch genommen.

g) Am 28.12.2018 wurde ein Telefaxgerät für **150 € + 28,50 € USt** für das Architekturbüro angeschafft. Die Rechnung wurde am 16.01.2019 durch Banküberweisung beglichen. Der Vorgang ist noch nicht erfasst.

2.2 Die Eheleute wohnen in einer der beiden Wohnungen des Zweifamilienhauses, das Frau Gilles gehört. Der Bauantrag wurde am 14.02.2016 gestellt, die Fertigstellung erfolgte am 12.04.2018. Bezug der eigenen Wohnung am 14.04.2018.

ÜBUNGSTEIL (AUFGABEN UND FÄLLE)

Die zweite Wohnung ist seit dem 01.05.2018 für **monatlich 900 €** inklusive aller Nebenkosten für Wohnzwecke vermietet. Beide Wohnungen sind gleichartig ausgestattet.

Größe der selbst genutzten Wohnung: 180 qm, Größe der vermieteten Wohnung: 120 qm.

Frau Gilles legt für 2018 folgende Belege für das gesamte Gebäude vor:

- AK Grund und Boden — 110.000 €
- Baukosten (Gebäude) — 338.750 €
- Schuldzinsen für das Baudarlehen ab 01.03.2018 monatlich gleichbleibend — 1.150 €
- Damnum (im März 2018 bezahlt) [Laufzeit des Darlehens: 20 Jahre; Zinsbindung: 5 Jahre] — 2.950 €
- Gas, Strom, Wasser — 1.500 €
- Hausversicherungen — 550 €
- Sonstige direkt abziehbare Aufwendungen (ohne AfA) — 1.100 €

Die AfA ist höchstmöglich vorzunehmen.

3. Sonstige Angaben

In 2018 haben die Eheleute Gilles die folgenden Zahlungen geleistet bzw. erhalten:
Versicherungsbeiträge:

- Kranken- und Pflegeversicherung — 5.600 €
  davon Basisabsicherung Kranken-/Pflegeversicherung (ohne Wahlleistungen) **3.480 €**
- Hausratversicherung — 175 €
- Leibrentenversicherung gem. § 10 Abs. 1 Nr. 2 Buchst. b) - sog. „Rürup"-Rentenvers. — 4.800 €
- Hundehaftpflichtversicherung — 130 €
- Bausparkassenbeiträge — 3.000 €
- Kirchensteuer
  Vorauszahlungen für 2018 — 1.250 €
  Abschlusszahlung für 2017 — 250 €
- Spenden
  - an das Deutsche Rote Kreuz (DRK) — 1.000 €
  - an die Universität Koblenz/Landau — 3.000 €
  - für anerkannt kulturelle Zwecke — 1.000 €
  - an eine politische Partei — 2.750 €
- Arztkosten — 7.900 €
  davon erstattet durch die Krankenversicherung — 3.900 €

Lösung s. Seite 900

ÜBUNGSTEIL (AUFGABEN UND FÄLLE)

Einkommensteuer-Prüfungsfall 4

Aufgabenstellung

(1) Nehmen Sie Stellung zur **persönlichen Steuerpflicht** des Herrn Bohrer, zu eventuellen **altersmäßigen Vergünstigungen**, zur Berücksichtigung der **Kinder**, zur **Veranlagungsart** und zum **Steuertarif**.

(2) Ermitteln Sie das **niedrigstmögliche zu versteuernde Einkommen** des Herrn Bohrer für den VZ **2018** unter Angabe der zutreffenden Rechtsgrundlagen und weisen Sie ergänzend auf **eventuelle Steuerermäßigungen** (Kürzungen von der Steuerschuld) hin.

Alle belegmäßigen Nachweise liegen vor; erforderliche Anträge gelten als gestellt.

TIPP

Die steuerliche Entlastung durch den Abzug der Freibeträge nach § 32 Abs. 6 EStG ist höher als das Kindergeld.

Sachverhalt

1. Persönliche Verhältnisse

Peter Bohrer, geb. am **28.03.1952**, ist Zahnarzt in Mainz. 2014 wurde er von seiner damaligen Ehefrau Patricia, geb. am **04.04.1966**, geschieden. Seitdem lebt Herr Bohrer mit seinem Sohn Thomas allein.

Herr Bohrer hat die folgenden zwei leiblichen Kinder, die aus der Ehe mit Patricia hervorgegangen sind:

Tochter Karen, geb. am **23.08.1988**, studiert Tiermedizin in Gießen und wohnt dort während der Studienzeit in einem Studentenwohnheim. Herr Bohrer unterstützt Karen mit **monatlich 500 €** durch Banküberweisungen. Zusätzlich bezahlt er ihr die studentische Krankenversicherung (Basisabsicherung) in Höhe von **monatlich 65 €**. Neben ihrem Studium arbeitet Karen als Kellnerin. 2018 hat sie einen Bruttoarbeitslohn von **5.100 €** erzielt. Frau Bohrer unterstützt Karen nicht.

Sohn Thomas, geb. am **18.05.2005**, wohnt bei Herrn Bohrer und ist dort mit seinem Hauptwohnsitz gemeldet. Er besuchte in 2018 die Realschule in Mainz. Für Hausaufgabenbetreuung bezahlte Herr Bohrer **monatlich 125 €** an eine Studentin, die Thomas montags bis freitags betreute. Die pauschalen Abgaben für die Studentin an die Minijob-Zentrale hat Herr Bohrer am 15.01.2019 abgeführt.

ÜBUNGSTEIL (AUFGABEN UND FÄLLE)

2. Einkünfte

a) Herr Bohrer betreibt eine eigene Zahnarztpraxis (ohne Labor). Der nach § 4 Abs. 3 EStG ermittelte Gewinn beläuft sich nach den vorläufigen Berechnungen auf **110.178 €**.

Die anteiligen Gebäudekosten (siehe Tz. 2b) wurden noch nicht berücksichtigt. Außerdem wurden die folgenden Sachverhalte bei der Gewinnermittlung **noch nicht erfasst**:

- Barkauf eines Behandlungsstuhls am 22.07.2018 für **15.000 € + 19 % USt**, Nutzungsdauer 6 Jahre. Zum 31.12.2017 wurde für diese Anschaffung ein Investitionsabzugsbetrag (IAB) gem. § 7g Abs. 1 in Höhe von **7.140 €** gewinnmindernd in Anspruch genommen.

  Die Nutzungsdauer soll 4 Jahre betragen. Die Voraussetzungen für die Inanspruchnahme von § 7g EStG sind in den Veranlagungszeiträumen 2017 und 2018 vollständig erfüllt. Der IAB wird im Jahr der Anschaffung des Behandlungsstuhls aufgelöst.

- Anschaffung eines Diktiergerätes am 18.03.2018 für **140 € + 26,60 € USt**. Nach Abzug von 2 % Skonto wurden zum Ausgleich **163 €** (gerundeter Betrag) überwiesen.

b) Herr Bohrer wohnt seit der Fertigstellung im September 2017 in dem von ihm gebauten Einfamilienhaus in Mainz. Er betreibt dort im Erdgeschoss auf 40 % der Gesamtnutzfläche seine Praxis (bei a) noch nicht berücksichtigt). Die Herstellungskosten beliefen sich auf **340.000 €** einschließlich Umsatzsteuer. Der Antrag auf Baugenehmigung wurde im November 2015 gestellt, das Baugrundstück wurde im September 2015 für **90.000 €** erworben (nicht in den 340.000 € enthalten).

Die Schuldzinsen belaufen sich in 2018 auf **10.000 €**, die übrigen Hauskosten (Heizung, Grundsteuer usw.) auf **6.000 €** einschließlich Umsatzsteuer.

c) Herr Bohrer bezieht seit dem 01.04.2017 eine monatliche Altersrente; 2018 in Höhe von 6 · **454 €** (Januar - Juni) und 6 · **460,90 €** (Juli - Dezember) (Bruttorente), weil er 15 Jahre als angestellter Zahnarzt Beiträge zur gesetzlichen Rentenversicherung bezahlt hatte. Außerdem erhielt er 2018 einen Zuschuss zu seiner privaten Krankenversicherung in Höhe von monatlich **42 €**.

3. Sonstige Angaben

a) Einer ab 15.06.2018 sozialversicherungspflichtig beschäftigten Haushaltshilfe zahlte Herr Bohrer **4.875 €** Bruttoarbeitslohn in 2018. An Lohnnebenkosten (Arbeitgeberanteile zur Kranken-, Pflege-, Renten- und Arbeitslosenversicherung etc.) fielen in 2018 insgesamt **1.203 €** an (in 2018 gezahlt).

b) Spende an eine politische Partei im Mai 2018   **2.000 €**

c) In 2018 gezahlte Beiträge zum Versorgungswerk der Zahnärzte (Vorsorgebeiträge gem. § 10 Abs. 1 Nr. 2 EStG)   **9.000 €**

d) In 2018 gezahlte Versicherungsbeiträge im Sinne des § 10 Abs. 1 Nr. 3 und 3a EStG (private Kranken-, Pflege-, Haftpflichtvers.)   **4.200 €**
davon für die **Basisabsicherung** Kranken- und Pflegeversicherung gem. § 10 Abs. 1 Nr. 3   **2.890 €**

e) In 2018 gezahlte Versicherungsbeiträge im Sinne des § 10 Abs. 1
   Nr. 3a EStG (Kapital-Lebensversicherung – „Altvertrag"), 100 % **5.195 €**
f) Aufwendungen für eine medizinisch notwendige Erholungskur
   im August 2018 **4.600 €**
   davon für Verpflegung: **500 €**
   von der Krankenversicherung erstattet: **2.250 €**

Lösung s. Seite 905

ÜBUNGSTEIL (AUFGABEN UND FÄLLE)

Einkommensteuer-Prüfungsfall 5

Sachverhalt

Der Facharzt für innere Krankheiten, Dr. Karl Müller, Heidelberg, geb. am **07.07.1976**, ist mit Heidi Mohr, geb. am **08.08.1975**, verheiratet. Aus ihrer Ehe ist die Tochter Rita, die am **01.01.2004** geboren wurde, hervorgegangen.

Herr Müller hat für das Kalenderjahr 2018 Betriebseinnahmen in Höhe von **171.400,50 €** und Betriebsausgaben in Höhe von **94.596,00 €** aufgezeichnet. Er ermittelt seinen Gewinn nach § 4 Abs. 3 EStG.

Die folgenden Vorgänge sind im Hinblick auf die Richtigkeit ihrer Aufzeichnung zu überprüfen. Notwendige Korrekturen sind vorzunehmen und jeweils kurz zu erläutern. Sofern Korrekturen unterbleiben, bedarf dies jeweils einer kurzen Begründung.

1. Am 01.12.2018 hatte Herr Müller bei der Volksbank Heidelberg ein zusätzliches Girokonto eröffnet und einen Genossenschaftsanteil (Geschäftsanteil) von **100 €** übernommen und sofort bezahlt. Der Betrag ist in den Betriebsausgaben enthalten, weil der Genossenschaftsanteil als geringwertiges Wirtschaftsgut angesehen wurde.

2. Am 02.02.2018 hatte Herr Müller einen Bauplatz zur Erstellung einer modernen Praxis erworben. Mit dem Bau ist 2018 begonnen worden. Die Anschaffungskosten des Grund und Bodens betrugen **25.000 €**; diese sind in den Betriebsausgaben enthalten.

3. Im Zusammenhang mit dem Bauplatzerwerb (Tz. 2) sind dem Steuerpflichtigen folgende Aufwendungen entstanden, die er ebenfalls als Betriebsausgaben abgesetzt hat:

    a) Grundsteuer 2018: **50 €**, bezahlt am 01.06.2018;

    b) Architektenhonorar: **5.000 € + 950 € USt**, bezahlt am 31.03.2018.

4. Der medizinisch-technischen Assistentin ist am 15.12.2018 bei Aufräumarbeiten ein Behälter mit 5 Blutkonserven zerbrochen. Das Blut ist dadurch unbrauchbar geworden.

    Der Gegenwert von **200 €** (Wiederbeschaffungskosten) wurde abgeschrieben (als Betriebsausgabe behandelt). Herr Müller hatte die Blutkonserven am 01.12.2018 für **175 €** erworben und direkt per Banküberweisung bezahlt (als BA erfasst).

5. Zum Erwerb eines Bestrahlungsgerätes hatte Herr Müller zu Beginn des Jahres 2018 ein Darlehen in Höhe von **5.000 €** aufgenommen. Der Auszahlungsbetrag wurde als Betriebseinnahme angesetzt.

    Am 30.11.2018 hatte er für das Darlehen **500 €** Zinsen bezahlt und als Betriebsausgabe abgesetzt (§ 11 Abs. 2 Satz 1 EStG).

6. 2018 hatte Herr Müller für insgesamt **12.500 €** (brutto) Verbrauchsmaterial gekauft und bezahlt (in den Betriebsausgaben enthalten). Ende des Jahres 2018 erhielt er einen Rabatt von **500 €** (brutto), der noch im Dezember auf seinem Konto gutgeschrieben wurde. Die Gutschrift hatte er 2018 als Betriebseinnahme erfasst.

ÜBUNGSTEIL (AUFGABEN UND FÄLLE)

7. Ein Patient hatte Herrn Müller am 30.12.2018 zur Begleichung seiner Rechnung in Höhe von **500 €** einen Scheck übergeben. Den Scheck legte Herr Müller am 20.01.2019 seiner Bank vor, die ihn am gleichen Tag gutschrieb. Der Betrag ist 2018 in den Betriebseinnahmen enthalten.

8. An den Apotheker Schnell übergab Herr Müller am 30.12.2018 für verschiedene Medikamente einen von ihm ausgestellten Scheck in Höhe von **250 €**.

   Der Scheck wurde dem Konto von Herrn Müller erst am 05.01.2019 belastet und deshalb erst zu diesem Zeitpunkt als Betriebsausgabe erfasst.

9. Am 29.12.2018 gab Herr Müller bei seiner Bank eine Überweisung an seinen Vermieter in Höhe von **250 €** Abschlusszahlung für Wasser- und Stromgebühren für die gemieteten Praxisräume ab. Dieser Betrag wurde bei den Betriebsausgaben des Kalenderjahres 2019 erfasst, weil er erst am 05.01.2019 dem Bankkonto belastet wurde.

10. Am 30.12.2018 hatte Herr Müller die Praxismiete für Januar 2019 in Höhe von **500 €** überwiesen. Der Betrag ist in den Betriebsausgaben 2018 enthalten.

11. Am 15.12.2018 hatte Herr Müller ein Diktiergerät für **250 € + 47,50 € USt** erworben und sofort genutzt. Da die Bezahlung erst am 07.01.2019 erfolgte, hat er den gesamten Betrag in 2019 als Betriebsausgabe behandelt. Ein direkter Abzug als geringwertiges Wirtschaftsgut kam nach seiner Meinung nicht in Betracht, weil die gesamte Ausgabe mehr als **250,00 €** betragen hatte und die Bezahlung erst in 2019 erfolgte.

12. Ebenfalls am 15.12.2018 hatte Herr Müller einen Multifunktionsdrucker für **300 € + 57 € USt** erworben, der sofort genutzt wurde. Die Bezahlung erfolgte am 07.01.2019. Der Vorgang wurde in der Gewinnermittlung noch nicht berücksichtigt.

13. Herr Müller musste eine in Rechnung gestellte Honorarforderung in Höhe von **1.000 €** als uneinbringlich ansehen, weil der Patient verstorben ist. Vermögen oder Erben sind nicht vorhanden. Er hat deshalb den gesamten Rechnungsbetrag von **1.000 €** in 2018 als Betriebsausgabe abgesetzt.

14. Die Gehälter für Januar 2019 zahlte Herr Müller am 31.12.2018 aus. Der Betrag von **3.000 €** ist in den Betriebsausgaben 2018 enthalten.

15. Die auf die Dezembergehälter entfallenden Steuern in Höhe von **500 €** wurden am 06.01.2019 an das Finanzamt abgeführt. Eine Erfassung als Betriebsausgabe erfolgte für 2019.

16. Die für die Dezembergehälter abzuführenden Sozialversicherungsbeiträge in Höhe von **1.000 €** wurden am 05.01.2019 an die Krankenkasse überwiesen und deshalb für 2019 als Betriebsausgabe erfasst.

17. Herr Müller behandelt seine Familie in Krankheitsfällen selbst. Nach der Gebührenordnung wären **500 €** für 2018 zu berechnen gewesen. In den Betriebseinnahmen 2018 ist hierfür nichts enthalten, weil tatsächlich nichts berechnet worden ist.

18. Zu Weihnachten 2018 hatte ein Patient aus Dankbarkeit neben dem Honorar eine Kiste Krimsekt im Wert von **100 €** übersandt. Herr Müller sah dies als Geschenk des privaten Bereichs an und hat deshalb keine Betriebseinnahmen angesetzt.

ÜBUNGSTEIL (AUFGABEN UND FÄLLE)

Herr Müller war seit dem 15.01.2009 Eigentümer eines Zweifamilienhauses in Lindau (Bodensee). Eine der Wohnungen nutzten die Eheleute selbst als Zweitwohnung, die andere Wohnung hatte Herr Müller zu Wohnzwecken vermietet. Beide Wohnungen sind hinsichtlich ihrer Größe und Ausstattung gleich. Herr Müller hatte das Haus zum 01.01.2018 für **335.000 €** verkauft (in 2018 sind somit keine Mieteinnahmen und keine Werbungskosten aus der Vermietung angefallen). Die Anschaffungskosten hatten **330.000 €** betragen, wovon **80.000 €** auf den Grund und Boden entfallen. An Verkaufskosten (Makler-, Notar, Grundbuchgebühren, Zeitungsinserate usw.) sind insgesamt **4.200 €** angefallen. Die vermietete Wohnung wurde mit **2 % linear** abgeschrieben. Die Einnahmen und Ausgaben, die mit dem Verkauf zusammenhängen, wurden alle im Januar 2018 gezahlt.

Heidi Müller ist in Heidelberg als beamtete Lehrerin tätig. Ihre Dienstbezüge haben 2018 insgesamt **48.824,00 €** (brutto) betragen. Hiervon wurde Lohnsteuer in Höhe von **6.726,00 €** und SolZ in Höhe von **282,24 €** einbehalten.

Für Fachliteratur und Büromaterial macht Frau Müller insgesamt **480 €** geltend (unzweifelhaft und ordnungsgemäß nachgewiesen). 2018 ist sie an 190 Tagen zur Schule gefahren. Die einfache Entfernung beträgt 5 km.

Für Zwecke der Unterrichtsvorbereitung hat Frau Müller im August 2018 einen neuen Computer mit Monitor, Scanner und Drucker für insgesamt **1.160 €** gekauft. Die berufliche Nutzung beträgt nahezu 100 %, weil im Haushalt der Familie Müller ein weiterer Computer für die private Nutzung zur Verfügung steht, der steuerlich nicht geltend gemacht wird. Die Nutzungsdauer des neuen Computers soll 3 Jahre betragen.

Am 14., 15. und 16.09.2018 hat Frau Müller an einer Lehrerfortbildung in Nürnberg teilgenommen. Bis auf die Teilnehmergebühr musste Frau Müller die entstandenen Kosten vollständig selbst tragen. Sie ist mit ihrem privaten Pkw von Heidelberg nach Nürnberg gefahren (einfache Strecke: **230 km**). Die Übernachtungskosten in Höhe von **110 €** weist Frau Müller durch eine bezahlte Hotelrechnung nach (der Rechnungsbetrag enthält keine Verpflegungskosten). Am 14.09.2018 ist Frau Müller um 8:00 Uhr von zu Hause losgefahren, und am 16.09.2018 ist sie um 18:00 Uhr wieder zurückgekehrt.

Frau Müller hat in der Schule keinen eigenen Arbeitsplatz zur Verfügung (durch eine Bescheinigung der Schule nachgewiesen). Für ihre Unterrichtsvor- und -nachbereitungen hat sie ein häusliches Arbeitszimmer, welches sie steuerlich geltend machen möchte. Die anteiligen Aufwendungen für das Arbeitszimmer (anteilige Gebäudeabschreibung, Strom, Heizung usw.) betragen im VZ 2018 insgesamt **965 €** (einzeln nachgewiesen).

Zur zusätzlichen Altersvorsorge hat Frau Müller eine kapitalgedeckte private Leibrentenversicherung nach § 10 Abs. 1 Nr. 2 Buchst. b, in die sie 2018 insgesamt **1.800 €** eingezahlt hat.

ÜBUNGSTEIL (AUFGABEN UND FÄLLE)

Familie Müller hat im VZ 2018 weiterhin die folgenden Ausgaben geleistet bzw. Einnahmen erhalten:

- Beiträge zur privaten Kranken- und Pflegeversicherung **5.800 €**
  davon für die **Basisabsicherung** Kranken- und Pflegeversicherung (ohne Komfort-/Wahlleistungen) **4.920 €**
- Beiträge zum Ärzteversorgungswerk gem. § 10 Abs. 1 Nr. 2 EStG **12.000 €**
- Beiträge zur privaten Haftpflichtversicherung **76 €**
- Beiträge zur Hausratversicherung **80 €**
- Beiträge zur Krankenhaustagegeldversicherung **900 €**
- Beiträge zur Bausparkasse **3.100 €**
- Spenden an eine politische Partei **1.720 €**
- Mitgliedsbeitrag an die politische Partei **1.600 €**
- gezahlte Kirchensteuer für 2018 **600 €**
- erstattete Kirchensteuer für 2017 **700 €**

Aufgabenstellung
Ermitteln Sie das **niedrigstmögliche zu versteuernde Einkommen** der Eheleute Müller für den VZ **2018** unter Angabe der zutreffenden Rechtsgrundlagen und weisen Sie ergänzend auf **eventuelle Steuerermäßigungen** (Kürzungen von der Steuerschuld) hin.

Alle belegmäßigen Nachweise liegen vor; erforderliche Anträge gelten als gestellt.

 TIPP

Die steuerliche Entlastung durch den Abzug der Freibeträge nach § 32 Abs. 6 EStG ist höher als das Kindergeld.

Lösung s. Seite 910

ÜBUNGSTEIL (AUFGABEN UND FÄLLE)

Einkommensteuer-Prüfungsfall 6

Aufgabe 1
Ermitteln Sie für den nachfolgenden Sachverhalt den **Gesamtbetrag der Einkünfte 2018** der Eheleute Sailer in übersichtlicher Form in der von § 2 EStG vorgegebenen Reihenfolge.

Beträge, die im Sachverhalt aufgeführt sind und bei der Berechnung des Gesamtbetrags der Einkünfte unberücksichtigt bleiben, sind mit Null anzusetzen; das Weglassen ist zu begründen.

Sachverhalt
Die Eheleute Antje (geb. 14.04.1957) und Thomas (geb. 15.10.1952) Sailer, wohnhaft in Koblenz, werden zusammen zur Einkommensteuer veranlagt.

Für 2018 legen die Eheleute die folgenden Informationen vor:

1. Frau Sailer ist bei der Druckerei Stürz ganztags als kaufmännische Angestellte tätig. 2018 erhielt sie ein gleichbleibendes monatliches Bruttogehalt von **2.203 €**.

    Sie fuhr an **220 Tagen** mit dem eigenen Pkw von ihrer Wohnung zur Arbeitsstätte (Fahrtstrecke hin und zurück zusammengerechnet: **16 km**).

    Frau Sailer weist außerdem folgende Aufwendungen für 2018 nach:

    - für Fachliteratur: 370 €
    - für sonstige Arbeitsmittel: 140 €
    - für ihr häusliches Arbeitszimmer in der Privatwohnung, in dem sie abends und an Wochenenden Tätigkeiten für ihren Arbeitgeber erledigt - Summe der anteiligen Ausgaben für das Arbeitszimmer in 2018: 1.350 €

2. Herr Sailer war bis zum 30.09.2017 bei der Stahlbau-AG in Neuwied als Verkaufsleiter beschäftigt. Seit dem 01.10.2017 bezieht er bis zu seinem Lebensende:

    a) eine monatliche Rente aus der gesetzlichen Rentenversicherung in Höhe von brutto 6 · 1.091,75 € (Januar - Juni 2018) und 6 · 1.108,25 € (Juli - Dezember 2018);

    b) eine Betriebspension (ohne frühere Beitragsleistungen) in Höhe von brutto 250 € monatlich.

3. Herr Sailer betreibt in Weitersburg nebenbei eine Obstplantage als Einzelunternehmer. Er erzielte daraus folgende Gewinne:

    - Wirtschaftsjahr 2017/2018: **40.000 €**
    - Wirtschaftsjahr 2018/2019: **50.000 €**.

    Das Wirtschaftsjahr läuft vom 01.07. bis 30.06.

4. Am 25.10.2018 haben die Eheleute Sailer ihr gemeinsames Zweifamilienhaus in Koblenz fertiggestellt. Der Bauantrag wurde am 02.01.2017 gestellt. Die bisher ermittelten Herstellungskosten des Gebäudes betragen **338.100 €**.

Das Obergeschoss (100 qm) ist seit dem 01.12.2018 für monatlich **650 € + 284 €** Nebenkosten vermietet. Die Miete inkl. Nebenkosten wurde zum 01.12.2018 von dem Mieter bezahlt. In der Zeit vom 25.10. bis zum 30.11.2018 stand das Obergeschoss leer, die Eheleute hatten die Wohnung aber bereits seit dem 01.10. zur Vermietung angeboten (Zeitungsinserat).

Das Erdgeschoss (150 qm) bewohnen die Eheleute Sailer seit dem 01.11.2018 selbst.

An die Bausparkasse haben die Eheleute in 2018 insgesamt **5.500 €** Schuldzinsen gezahlt.

Zur Restfinanzierung hatten die Eheleute am 30.09.2018 ein Darlehen bei der Volksbank Koblenz in Höhe von **200.000 €** aufgenommen, das mit **2,5 %** verzinst wird. Die Zinsen wurden monatlich zum Monatsende pünktlich bezahlt.

Die Eheleute legen zusätzlich die folgenden, 2018 bezahlten Belege vor, die alle für das ganze Haus angefallen sind und noch nicht berücksichtigt wurden:

- Hausanschluss**kosten** für Strom, Gas und Wasser (brutto 19 %)
  – an den Bauunternehmer bezahlt — **11.900 €**
- Haushaftpflichtversicherung — **300 €**
- Gebäudeversicherung — **600 €**
- Kanalanschluss**gebühren** – an die Stadt Koblenz bezahlt – **2.000 €**
- Gas (brutto 19 % USt) — **1.100 €**
- Wasser (brutto 7 % USt) — **500 €**
- Grundbesitzabgaben (Abwasser, Müllabfuhr usw.) — **800 €**

Herr und Frau Sailer möchten für das Haus die höchstzulässige AfA in Anspruch nehmen.

ÜBUNGSTEIL (AUFGABEN UND FÄLLE)

Aufgabe 2
Ermitteln Sie die Höhe der **abzugsfähigen Vorsorgeaufwendungen 2018** für den nachfolgenden Sachverhalt. Alle belegmäßigen Nachweise gelten als erbracht. Im Sachverhalt genannte Beträge, die nicht berücksichtigt werden, sind anzugeben und mit Null anzusetzen.

Sachverhalt
Die Eheleute Frank und Jutta Starke sind verheiratet. Sie werden zusammen zur Einkommensteuer veranlagt.

Frank Starke ist beim SWR als angestellter Journalist tätig.

Frau Starke ist Hausfrau. Sie hatte in 2018 keine Einkünfte; deshalb ist sie bei der gesetzlichen Krankenversicherung über ihren Ehemann beitragsfrei mitversichert.

Der Gesamtbetrag der Einkünfte der Eheleute beträgt für 2018 insgesamt **38.500 €**.

Für 2018 weisen die Eheleute Starke u. a. die folgenden Ausgaben nach:

- Sozialversicherungsbeiträge:
  Rentenversicherung, Arbeitgeberanteil — **3.980 €**
  Rentenversicherung, Arbeitnehmeranteil — **3.980 €**
  gesetzliche Krankenversicherung, Arbeitnehmerbeiträge — **3.280 €**
  gesetzliche Pflegeversicherung, Arbeitnehmerbeiträge — **390 €**
  gesetzliche Arbeitslosenversicherung, Arbeitnehmerbeiträge — **560 €**
- Beiträge zur privaten Haftpflichtversicherung — **200 €**
- Beitrag zur Kfz-Versicherung — **1.150 €**
  davon:
  - Haftpflicht — **500 €**
  - Kasko — **650 €**
- Beitrag zur Hausratversicherung — **450 €**
- Beitrag zur privaten Rechtschutzversicherung — **140 €**
- Lebensversicherungsbeiträge (Kapital-LV-„Altvertrag", 100 %) — **2.000 €**

Lösung s. Seite 916

Gewerbesteuer-Prüfungsfall 1

Sachverhalt
Stefan Mannheim ist Alleininhaber einer Lederwarenfabrik in Worms.

Der aufgrund ordnungsmäßiger Buchführung für das Kalenderjahr 2018 (Wirtschaftsjahr ist das Kalenderjahr) ermittelte steuerliche Gewinn beträgt **250.000 €**.

Aus den Büchern und Unterlagen ergibt sich Folgendes:

1. Im Betriebsvermögen befinden sich zwei Fabrikgrundstücke. Ihre Einheitswerte betragen **125.000 €** und **100.000 €** (Wertverhältnisse 1964).

    Das Grundstück mit dem Einheitswert von **100.000 €** (= 100 %) dient zu 85 % dem Unternehmen und zu 15 % privaten Zwecken. Das andere Grundstück dient voll dem Unternehmen.

2. Die Lederwarenfabrik hat langfristige Bankschulden in Höhe von **915.000 €** (Laufzeit 8 Jahre). Die hierauf entfallenden Schuldzinsen 2018 in Höhe von **72.500 €** wurden in der Buchführung korrekt als Zinsaufwand erfasst.

3. Herr Mannheim hat zur Produktion seiner Lederwaren diverse Maschinen eingesetzt. Wegen des totalen Ausfalls einer Stanzmaschine hatte er von einem Maschinenhändler in Stuttgart für 6 Monate eine Ersatzmaschine gemietet. Die Miete hatte **15.000 €** + USt betragen und wurde in der Buchführung netto als Mietaufwand erfasst.

4. Der Kontostand des betrieblichen Girokontos war in 2018 an 2 Tagen im Guthaben und die restliche Zeit im Minus.

    Die Kontokorrentzinsen betrugen insgesamt **32.500 €** in 2018 (als Aufwand gebucht).

Aufgabenstellung
Ermitteln Sie in einer übersichtlichen Aufstellung unter Verwendung der korrekten steuerrechtlichen Begriffe und **Angabe der einschlägigen Gesetzesgrundlagen** die **Gewerbesteuer 2018** für Herrn Mannheim. Der **Hebesatz** beträgt **400 %**.

Wenn einzelne Teilaspekte des obigen Sachverhalts bei der Berechnung unberücksichtigt bleiben, sind diese unter Angabe der jeweiligen Textziffer mit Null anzugeben; das Weglassen ist kurz zu begründen.

Lösung s. Seite 920

Gewerbesteuer-Prüfungsfall 2

Sachverhalt

Jürgen Preußer betreibt in Koblenz mit seiner Ehefrau Hedi den Naturkostladen „Rote Rübe OHG". Der für 2018 ermittelte Gewinn der Steuerbilanz beträgt **27.500 €**. Aus den Büchern und Unterlagen ergibt sich weiterhin Folgendes:

1. Für ein in 2016 aufgenommenes Bankdarlehen (für betriebliche Investitionen) mit einer Laufzeit von 5 Jahren sind für 2018 insgesamt **3.000 €** Zinsen angefallen, die von der OHG jeweils pünktlich beglichen wurden. Die Zinsen wurden als Betriebsausgaben erfasst. Das Darlehen, das am 01.01.2018 einen Stand von **32.500 €** hatte, wurde von der OHG mit monatlich **500 €** getilgt.

2. Von der Firma „Cool", Zürich (Schweiz) hat die OHG eine Kühltheke gemietet und 2018 hierfür insgesamt **6.000 €** Miete bezahlt (in der Buchführung ordnungsgemäß erfasst).

3. Elmar Still ist an der OHG seit 2013 beteiligt. Seine Einlage beträgt **15.000 €**. Nach dem Gesellschaftervertrag ist er am Gewinn/Verlust, nicht aber am Betriebsvermögenszuwachs beteiligt. Mitspracherechte bei Unternehmensentscheidungen stehen ihm ebenfalls nicht zu. 2018 erhielt er einen Gewinnanteil von brutto **1.500 €** (bei der OHG als Betriebsausgabe gebucht).

4. Die OHG ist mit **2.000 €** an der „Schrot & Korn KG" in Köln beteiligt. Für 2018 erhielt sie einen Gewinnanteil von **200 €** (als Betriebseinnahme 2018 erfasst).

5. Im Vorjahr hatte die OHG einen Gewerbeverlust von **2.500 €** erzielt.

6. Die Eheleute Preußer haben in 2018 aus betrieblichen Mitteln der OHG **1.500 €** an „Greenpeace Deutschland" gespendet (Spendenquittung liegt vor). Die Spende wurde in der Buchführung als Betriebsausgabe erfasst. Umsatz der OHG in 2018: **425.000 €**; Summe der Löhne und Gehälter 2018: **42.500 €**.

7. Zinsen für die Inanspruchnahme des Dispositionskredits auf dem Girokonto 2018 (in 2018 belastet und gewinnmindernd erfasst): **2.450 €**.

Aufgabenstellung

Ermitteln Sie in einer übersichtlichen Aufstellung unter Verwendung der korrekten steuerrechtlichen Begriffe und **Angabe der einschlägigen Gesetzesgrundlagen** die **Gewerbesteuer 2018** für die „Rote Rübe OHG". Der **Hebesatz** beträgt **420 %**.

Wenn einzelne Teilaspekte des obigen Sachverhalts bei der Berechnung unberücksichtigt bleiben, sind diese unter Angabe der jeweiligen Textziffer mit Null anzugeben; das Weglassen ist kurz zu begründen.

Lösung s. Seite 921

Gewerbesteuer-Prüfungsfall 3

Sachverhalt
Günter Meurer betreibt in Koblenz einen Elektronikgroßhandel in der Rechtsform einer GmbH („Einmann-GmbH").

1. Der steuerliche Gewinn beträgt für 2018 insgesamt **46.875 €**.
2. Das Unternehmen wird auf dem eigenen Geschäftsgrundstück betrieben, das zum Betriebsvermögen gehört und ausschließlich betrieblich genutzt wird. Der Einheitswert des Grundstücks beträgt **45.000 €** (Wertverhältnisse 01.01.1965).
3. Auf dem betrieblichen Grundstück lastet eine Hypothek in Höhe von **37.500 €**, für die die GmbH in 2018 insgesamt **2.250 €** Zinsen gezahlt hat (als Aufwand in der Buchführung erfasst).
4. Der Kontostand des betrieblichen Girokontos war in 2018 an 4 Tagen im Guthaben und in der restlichen Zeit im Minus.
   Die Kontokorrentzinsen betrugen in 2018 insgesamt **3.000 €** (als Aufwand gebucht).
5. Aus einer zum Betriebsvermögen gehörenden Beteiligung an einer OHG in Koblenz hat die GmbH 2018 einen Gewinnanteil von **11.288 €** erzielt und diesen in der Buchführung 2018 zutreffend als Ertrag erfasst.
6. Aufgrund des Ausfalls einer der betrieblichen Lkw hat die GmbH in 2018 für 2 Monate einen Lkw von einem gewerbesteuerpflichtigen Lkw-Händler mieten müssen. Die Miete in Höhe von **1.500 €** ist in der Buchführung als Aufwand erfasst worden.
7. Im Jahr 2018 spendete die GmbH der Universität Koblenz-Landau **3.000 €** und dem Schwimmverein Poseidon Koblenz ebenfalls **3.000 €**. Ordnungsgemäße Zuwendungsbestätigungen liegen vor. Die Spenden wurden 2018 bei der GmbH gewinnmindernd gebucht. Bei der Ermittlung des Einkommens wurden die Spenden (6.000 €) ebenfalls abgezogen.

Aufgabenstellung
Ermitteln Sie in einer übersichtlichen Aufstellung unter Verwendung der korrekten steuerrechtlichen Begriffe und **Angabe der einschlägigen Gesetzesgrundlagen** die **Gewerbesteuer 2018** für die Günter Meurer GmbH. Der **Hebesatz** beträgt **420 %**.

Wenn einzelne Teilaspekte des obigen Sachverhalts bei der Berechnung unberücksichtigt bleiben, sind diese unter Angabe der jeweilgen Textziffer mit Null anzugeben; das Weglassen ist kurz zu begründen.

Lösung s. Seite 922

Gewerbesteuer-Prüfungsfall 4

Sachverhalt
Klaus Görgen ist Inhaber des Textilwarengroßhandels „In & Out Görgen" (Einzelunternehmung). Das Unternehmen hat in Koblenz seinen Hauptsitz und in Hamburg eine Filiale. Herr Görgen legt Ihnen für 2018 folgende Zahlen und Informationen vor:

1. Gewinn nach § 5 EStG: **270.060 €**.
2. Seit 2011 ist Frau Steuder als stille Gesellschafterin an dem Unternehmen beteiligt. Ihr Gewinnanteil 2018 beträgt **97.000 €**. Nach dem Gesellschaftervertrag ist Frau Steuder nur am Erfolg beteiligt. Der Gewinnanteil an Frau Steuder wurde als Betriebsausgabe erfasst.
3. Von seinem Vater, der selbst Inhaber eines Gewerbebetriebs war, aber schon seit Jahren im Ruhestand lebt (er hatte seinen Gewerbebetrieb 2014 eingestellt), hat Herr Görgen einen Lkw gemietet. 2018 hat er hierfür **4.000 €** Miete bezahlt und als Betriebsausgabe erfasst.
4. Bereits ermittelte Entgelte für betriebliche Schulden gem. § 8 Nr. 1a: **8.000 €**.
5. Spende an den Verein der Freunde und Förderer der Berufsbildenden Schule Wirtschaft e. V. (als gemeinnütziger Verein anerkannt): **1.000 €** aus den Mitteln des Gewerbebetriebs. Die Spende hat den Gewinn des Gewerbebetriebs nicht gemindert, weil sie in der Buchführung als Privatentnahme erfasst wurde.
6. Zum Betriebsvermögen des Textilwarenhandels gehört ein bebautes Grundstück in Koblenz (Geschäftssitz). Der Einheitswert des Grundstücks beträgt **125.000 €**.
7. Summe der Löhne und Gehälter (einschließlich Unternehmerlohn gem. § 31 Abs. 5 GewStG): **250.000 €**; davon in Koblenz **150.000 €** und in Hamburg **100.000 €**.

Aufgabenstellung
Ermitteln Sie in einer übersichtlichen Aufstellung unter Verwendung der korrekten steuerrechtlichen Begriffe und **Angabe der einschlägigen Gesetzesgrundlagen** die **Gewerbesteuer 2018** für den Textilgroßhandel „In & Out Görgen". Der **Hebesatz** von **Koblenz** beträgt **420 %** und von **Hamburg 470 %**.

Wenn einzelne Teilaspekte des obigen Sachverhalts bei der Berechnung unberücksichtigt bleiben, sind diese unter Angabe der jeweiligen Textziffer mit Null anzugeben; das Weglassen ist kurz zu begründen.

Lösung s. Seite 923

Gewerbesteuer-Prüfungsfall 5

Sachverhalt

Rainer Nockher betreibt in Koblenz mit seinem Geschäftspartner Ralf Godde das Computerunternehmen „MicroHard OHG". Rainer Nockher ist für die OHG als Geschäftsführer tätig, wofür er von der OHG vereinbarungsgemäß ein jährliches Gehalt in Höhe von 48.000 € erhält (bei der OHG gewinnmindernd gebucht).

Ihnen liegt die folgende vorläufige handelsrechtliche Gewinn- und Verlustrechnung für das Wirtschaftsjahr 2018 vor (das Wirtschaftsjahr entspricht dem Kalenderjahr):

Vorläufige Gewinn- und Verlustrechnung 2018 der MicroHard OHG			
	Euro		Euro
Wareneinsatz	377.688	Umsatzerlöse	681.486
Personalaufwand	138.250	andere aktivierte Eigenleistungen	12.750
Abschreibungen auf Sachanlagen	13.798	sonstige betriebliche Erträge	6.737
Mietaufwendungen	18.000		
Gewerbesteuervorauszahlungen 2017	16.000		
Zinsaufwendungen	12.000		
Bewirtungsaufwendungen	1.850		
Spende für wissenschaftliche Zwecke	2.000		
sonstige betriebliche Aufwendungen	21.378		
Gewinn	100.009		
Summe	**700.973**	**Summe**	**700.973**

Die Mietaufwendungen betreffen die für die OHG gemieteten Firmenfahrzeuge.

Die Bewirtungsaufwendungen sind sämtlich angemessen und ordnungsgemäß nachgewiesen.

Zum Betriebsvermögen der OHG gehört ein bebautes Grundstück. Der Einheitswert zum 01.01.2018 nach den Wertverhältnissen 1964 beträgt 185.000 €.

Aufgabenstellung

Ermitteln Sie in einer übersichtlichen Aufstellung, unter Verwendung der korrekten steuerrechtlichen Begriffe und unter **Angabe der einschlägigen Gesetzesgrundlagen** die **Gewerbesteuerrückstellung 2018** für die „MicroHard OHG". Der **Hebesatz** beträgt **420 %**.

ÜBUNGSTEIL (AUFGABEN UND FÄLLE)

Wenn einzelne Teilaspekte des obigen Sachverhalts bei der Berechnung unberücksichtigt bleiben, sind diese mit Null anzugeben; das Weglassen ist kurz zu begründen.

Lösung s. Seite 924

ÜBUNGSTEIL (AUFGABEN UND FÄLLE)

Gewerbesteuer-Prüfungsfall 6

Sachverhalt

Josef Weeg betreibt in Mainz den Elektrofachgroßhandel Elektro-Weeg GmbH. Das Wirtschaftsjahr der GmbH entspricht dem Kalenderjahr.

Der vorläufige steuerliche Gewinn 2018 beträgt **64.100 €**.

Die nachstehenden Einzelsachverhalte sind noch zu beurteilen und ggf. zu berücksichtigen oder zu berichtigen:

1. Für ein betriebliches Hypothekendarlehen zahlte die Elektro-Weeg GmbH in 2018 Zinsen in Höhe von **95.500 €** (als Zinsaufwand gewinnmindernd erfasst).

2. An der Elektro-Weeg GmbH ist Karl Thunert seit 2012 als Gesellschafter mit **50.000 €** beteiligt, ohne öffentlich in Erscheinung zu treten. Sein Gewinnanteil für 2018 beträgt **5.250 €**. Nach dem Gesellschaftervertrag ist Herr Thunert auch am Betriebsvermögenszuwachs und an den stillen Reserven beteiligt (noch nichts gebucht).

3. Die geschäftlich veranlassten Bewirtungsaufwendungen in Höhe von **3.000 €** (netto) wurden in voller Höhe als Aufwand erfasst. Die Vorsteuer (**570 €**) wurde bei der Ermittlung der USt zu 100 % abgezogen.

4. In 2018 wurden von der Elektro-Weeg GmbH folgende Mieten gezahlt (Jahresbeträge; jeweils gewinnmindernd gebucht):
   - **1.200 €** für eine Telefonanlage
   - **3.120 €** für einen Parkplatz.

5. Am 31.08.2018 hat die Elektro-Weeg GmbH bei der ABC-Bank ein Darlehen in Höhe von **50.000 €** aufgenommen (Laufzeit bis zum 31.08.2023). Für dieses Darlehen wurden 2018 folgende Beträge gezahlt und in der Buchführung korrekt erfasst:
   - Schuldzinsen (für die Zeit vom 01.09. bis 31.12.2018) **1.460 €**
   - 5 % Disagio **2.500 €**

   Die zeitliche Abgrenzung des Disagios wurde in der Buchführung bereits richtig vorgenommen.

6. Für ein bei der selben Bank bestehendes Kontokorrentkonto zahlte die Elektro-Weeg GmbH 2018 Zinsen in Höhe von **2.250 €** (gewinnmindernd gebucht).

7. Der Einheitswert (1964) des Grundstücks der Elektro-Weeg GmbH beträgt **45.000 €**. Das Grundstück wird zu 60 % für eigenbetriebliche Zwecke der GmbH und zu 40 % für andere Zwecke genutzt.

8. Aus betrieblichen Mitteln wurden 2018 folgende Spenden gezahlt und auf dem Konto „Sonstige betriebliche Aufwendungen" im Soll gebucht:
   - für mildtätige Zwecke **10.000 €**
   - für gemeinnützige Zwecke **10.000 €**
   - an eine politische Partei **500 €**

ÜBUNGSTEIL (AUFGABEN UND FÄLLE)

Aufgabenstellung
Ermitteln Sie für den vorstehenden Sachverhalt in einer übersichtlichen Darstellung für den Erhebungszeitraum 2018 die Gewerbesteuer für die Elektro-Weeg GmbH. Der **Hebesatz** beträgt **440 %**.

Begründen Sie die Wertansätze jeweils kurz und **geben Sie die zugehörigen Rechtsgrundlagen mit an**. Das Weglassen von Werten, die im Sachverhalt aufgeführt sind, ist zu begründen.
Lösung s. Seite 925

Körperschaftsteuer-Prüfungsfall 1

Sachverhalt
Das Pharmaunternehmen „Pro Sun-Lotion GmbH" verlegt Ende Dezember 2017 die Produktion, den Vertrieb usw. von Köln nach Hull (Großbritannien). Die Geschäfte werden aber weiterhin von einem Büro in Bonn abgewickelt.

Zum 31.12.2018 wird auch das Büro in Bonn geschlossen und nach London verlegt.

Für den Vertrieb in Deutschland richtet die „Pro Sun-Lotion GmbH" am 01.03.2019 ein Lager in Köln ein.

Aufgabenstellung
Beurteilen Sie die **Körperschaftsteuerpflicht** der „Pro Sun-Lotion GmbH" für **2017, 2018 und 2019**. Geben Sie hierbei die relevanten Rechtsgrundlagen an.

Lösung s. Seite 927

Körperschaftsteuer-Prüfungsfall 2

Sachverhalt

Die „Holz & Hobel GmbH", die in Montabaur ihren Sitz und ihre Geschäftsleitung hat, beschäftigte bis zum 30.06.2018 Herrn Uwe Wingender als Geschäftsführer. Herr Wingender erhielt für diese Tätigkeit das branchenübliche Bruttomonatsgehalt von **5.000 €**.

Ab dem 01.07.2018 wird der Gesellschafter Frank Adler mit der Geschäftsführung betraut (identische Tätigkeit, die zuvor von Herrn Wingender ausgeführt wurde). Herr Adler erhält für diese Tätigkeit ein Bruttomonatsgehalt von **12.500 €**.

Aufgabenstellung

Beurteilen Sie den Sachverhalt unter den folgenden körperschaftsteuerlichen Gesichtspunkten:

1. **Körperschaftsteuerpflicht** der GmbH in **2018**,
2. **Auswirkung des Geschäftsführergehalts** auf den steuerlichen Gewinn **2018**.

Geben Sie die relevanten Rechtsgrundlagen mit an.

Lösung s. Seite 928

Körperschaftsteuer-Prüfungsfall 3

Sachverhalt

Dirk Wies und Eric Hoffmann sind zu gleichen Teilen die alleinigen Gesellschafter der „Westerwald-Bräu GmbH" in Dernbach.

Aus dem handelsrechtlichen Jahresabschluss für das Kalenderjahr 2018 (Wirtschaftsjahr = Kalenderjahr) ergibt sich ein Jahresüberschuss von **74.000 €**.

In der Buchführung für 2018 wurden folgende Aufwendungen, die 2018 angefallen sind, gewinnmindernd erfasst:

- KSt-Nachzahlung für 2017 — 10.190 €
- 5,5 % SolZ zur KSt-Nachzahlung — 560 €
- KSt-Vorauszahlungen für 2018 — 30.000 €
- 5,5 % SolZ zu den KSt-Vorauszahlungen — 1.650 €
- angemessene und ordnungsgemäß nachgewiesene Bewirtungskosten (zu 100 % gewinnmindernd erfasst), netto — 1.250 €

Es wurde gebucht:

Sollkonto	SKR 03 (SKR 04)	Betrag (Euro)	Habenkonto	SKR 03 (SKR 04)
Bewirtungskosten	4650 (6640)	1.250,00	Bank	1200 (1800)
Vorsteuer 19 %	1576 (1406)	237,50	Bank	1200 (1800)

- Spende an eine politische Partei — 2.500 €

Aufgabenstellung

Ermitteln Sie für die „Westerwald-Bräu GmbH"

1. das zu **versteuernde Einkommen 2018**
2. die **tarifliche Körperschaftsteuer 2018**.

Geben Sie die relevanten Rechtsgrundlagen mit an.

Lösung s. Seite 929

Körperschaftsteuer-Prüfungsfall 4

Sachverhalt

Klaus Retterath betreibt in Koblenz als Alleingesellschafter die „EDV-Durchblick GmbH". Aus dem handelsrechtlichen Jahresabschluss für das Kalenderjahr 2018 (Wirtschaftsjahr = Kalenderjahr) ergibt sich ein Jahresüberschuss von **73.567 €**.

In der Buchführung für 2018 wurden folgende Aufwendungen, die 2018 angefallen sind, gewinnmindernd gebucht:

- Geschenke an Geschäftsfreunde zu Weihnachten in Höhe von insgesamt brutto 928 € (jeweils über 35 €/Empfänger), gebucht:

Sollkonto	SKR 03 (SKR 04)	Betrag (Euro)	Habenkonto	SKR 03 (SKR 04)
Geschenke über 35 €	4635 (6620)	928,00	Kasse	1000 (1600)

- KSt-Nachzahlung für 2017 — **7.642 €**
- 5,5 % SolZ zur KSt-Nachzahlung — **420 €**
- KSt-Vorauszahlungen für 2018 — **10.000 €**
- 5,5 % SolZ zu den KSt-Vorauszahlungen — **550 €**
- Spende für gemeinnützige Zwecke — **25.000 €**

Aufgabenstellung

Ermitteln Sie für die „EDV-Durchblick GmbH"

1. das zu **versteuernde Einkommen 2018**
2. die **tarifliche Körperschaftsteuer 2018**.

Geben Sie hierbei die relevanten Rechtsgrundlagen an.

Lösung s. Seite 930

ÜBUNGSTEIL (AUFGABEN UND FÄLLE)

Körperschaftsteuer-Prüfungsfall 5

Sachverhalt
Am 02.01.2018 wurde die „Marcel Pohl Z5-Vertriebs-GmbH" mit Sitz und Geschäftsleitung in Winningen (Mosel) gegründet. Marcel Pohl ist alleiniger Gesellschafter und Geschäftsführer der GmbH. Das Stammkapital wurde vollständig eingezahlt.

Für seine Tätigkeit als Geschäftsführer der GmbH erhält Herr Pohl 2018 eine angemessene Vergütung in Höhe von brutto 70.000 € (gewinnmindernd gebucht).

2018 erzielte die GmbH einen Jahresüberschuss von 80.000 € vor Körperschaftsteuer und Solidaritätszuschlag. Vorauszahlungen für diese Steuern wurden 2018 nicht geleistet. Die Gewerbesteuer für 2018 wurde zutreffend gebucht.

Bei der Ermittlung des Jahresüberschusses wurden Bewirtungskosten in Höhe von netto 4.000 €, die angemessen und ordnungsgemäß nachgewiesen sind, zu 100 % gewinnmindernd gebucht. Die Vorsteuer hierzu wurde auch zu 100 % geltend gemacht.

Es wurde gebucht:

Sollkonto	SKR 03 (SKR 04)	Betrag (Euro)	Habenkonto	SKR 03 (SKR 04)
Bewirtungskosten	4650 (6640)	4.000,00	Bank	1200 (1800)
Vorsteuer 19 %	1576 (1406)	760,00	Bank	1200 (1800)

Herr Pohl hat der GmbH aus privaten Mitteln zum 01.01.2018 ein Darlehen in Höhe von 100.000 € gewährt, das mit 10 % p. a. verzinst wird. Der marktübliche Zins beträgt 5 % p. a.

Aufgabenstellung
1. Ermitteln Sie das **zu versteuernde Einkommen** der GmbH **für 2018**.
2. Wie hoch sind **für 2018** die **festzusetzende Körperschaftsteuer** und der **Solidaritätszuschlag**?

Geben Sie hierbei die relevanten Rechtsgrundlagen an.
Lösung s. Seite 931

Körperschaftsteuer-Prüfungsfall 6

Sachverhalt

Die Gewinn- und Verlust-Rechnung der Microhard-GmbH aus Köln weist 2018 folgende Zahlen aus:

	Euro
Umsatzerlöse	1.434.520
Dividendenerträge aus der Beteiligung der Chips AG[1]	36.000
Sonstige betriebliche Erträge	6.470
Wareneingang	857.750
Personalkosten	242.900
Abschreibungen	42.600
Spenden (gemeinnützig)	4.000
Spenden (politische Partei)	12.000
Bewirtungsaufwendungen (netto) zu 100 % als Aufwand erfasst	17.250
Verwaltungsratsvergütung	24.000
Zinsaufwendungen, die im Zusammenhang mit den o. g. Dividendenerträgen angefallen sind	2.000
KSt-Vorauszahlungen	80.000
SolZ darauf	4.400
Jahresüberschuss	**190.090**

Aufgabenstellung

Ermitteln Sie systematisch das zu versteuernde Einkommen der GmbH für 2018. Geben Sie hierbei die relevanten Rechtsgrundlagen mit an.

Lösung s. Seite 932

---

[1] Die Beteiligungsquote beträgt 15 % des Grundkapitals der Chips AG.

Abgabenordnung-Prüfungsfall 1

Sachverhalt
Andreas Theres ist Rechtsanwalt. Er betreibt in **Bonn** eine eigene Rechtsanwaltspraxis. Seine Ehefrau ist Gesellschafterin der Getränkegroßhandlung „Durstlöscher OHG" in **Mayen**. Ihren Wohnsitz haben die Eheleute Theres in **Koblenz**.

Aufgabenstellung
Nehmen Sie zu den folgenden Fragen Stellung und geben Sie hierbei die relevanten Rechtsgrundlagen mit an:

1. Welche gesonderten Feststellungen sind im Zusammenhang mit der Einkommensbesteuerung der Eheleute Theres vorzunehmen? [Hinweis: siehe § 180 AO]
2. Welche Finanzämter sind für die Eheleute Theres und deren Tätigkeiten jeweils zuständig? [Hinweis: siehe §§ 17 ff. AO]

Lösung s. Seite 933

Abgabenordnung-Prüfungsfall 2

Sachverhalt
Das Finanzamt Koblenz hat den Einkommensteuerbescheid 2017 an den Steuerpflichtigen Rüdiger Mayer am **08.10.2018 mit einfachem Brief** zur Post gegeben. Herr Mayer erhält den Bescheid am **10.10.2018**. Er ist mit dem Bescheid nicht einverstanden, weil einige Werbungskosten, die er angegeben hatte, nicht anerkannt wurden.

Aufgabenstellung
1. Wann wird der Einkommensteuerbescheid 2017 Herrn Mayer bekannt gegeben?
2. Was kann Herr Mayer gegen den Bescheid unternehmen und innerhalb welcher Zeit muss er diese Maßnahme durchführen? Berechnen Sie die Zeitspanne, die Herr Mayer für diese Maßnahme zur Verfügung hat!
3. Welche Änderungsvorschrift kommt in Betracht, wenn den Einwendungen von Herrn Mayer stattgegeben wird?
4. Wie wäre zu verfahren, wenn Herr Mayer am 06.11.2018 schwer erkrankt (Operation, Krankenhausaufenthalt) und erst am 25.11.2018 in der Lage wäre, seine Post zu erledigen. Vor dem 06.11.2018 hatte Herr Mayer keine Zeit, gegen den o. g. Einkommensteuerbescheid vorzugehen.

Geben Sie alle relevanten Rechtsgrundlagen mit an.

Lösung s. Seite 934

Abgabenordnung-Prüfungsfall 3

Am 16.08.2018 hat Frau Laura Klein ihren Einkommensteuerbescheid für 2017 vom Finanzamt Montabaur erhalten, der am 15.08.2018 mit einfachem Brief zur Post gegeben wurde. Der Bescheid weist eine **Nachzahlung** in Höhe von **2.150 €** aus.

Weil Frau Klein mit der Höhe der berücksichtigten Werbungskosten nicht einverstanden ist, legt sie gegen den Bescheid **am 19.08.2018** schriftlich **Einspruch** ein. Die Nachzahlung in Höhe von 2.150 € bezahlt sie deshalb zunächst nicht.

Am **31.10.2018** erhält Frau Klein vom Finanzamt Montabaur einen weiteren Bescheid, in dem wegen der Nichtzahlung der 2.150 € ein **Säumniszuschlag** in Höhe von **43 €** (2.150 € · 2 %) gegen sie festgesetzt wird.

Aufgabe
Nehmen Sie zu der Rechtmäßigkeit der Festsetzung des Säumniszuschlags gegen Frau Klein Stellung. Geben Sie die relevanten Rechtsgrundlagen mit an.

Lösung s. Seite 935

ÜBUNGSTEIL (AUFGABEN UND FÄLLE)

Abgabenordnung-Prüfungsfall 4

Die Steuerpflichtige Marina Adler, Koblenz, erhält ihren **Einkommensteuer-Bescheid für 2016** am 10.08.2018. Das Finanzamt Koblenz hatte den Bescheid **am 07.08.2018 zur Post gegeben**.

Die festgesetzte Einkommensteuer beträgt **20.716 €**, die anzurechnende Lohnsteuer beträgt **15.770 €**.

Aufgabe
a) Ist der von Frau Adler noch zu bezahlende Restbetrag zu verzinsen (Rechtsgrundlage mit angeben)?
b) Wann beginnt und wann endet die Verzinsung (Rechtsgrundlagen mit angeben)?
c) Berechnen Sie die zu zahlenden Zinsen (Lösungsweg und Rechtsgrundlagen angeben)!

Lösung s. Seite 936

ÜBUNGSTEIL (AUFGABEN UND FÄLLE)

Abgabenordnung-Prüfungsfall 5

Die Steuerpflichtige Sabine Schäfer, Mayen, hatte ihre **Einkommensteuererklärung für 2011** am 31.08.2013 beim Finanzamt Mayen eingereicht. Am 05.10.2018 erhält Frau Schäfer den Einkommensteuerbescheid 2011, der vom Finanzamt Mayen am 04.10.2018 mit gewöhnlichem Brief zur Post gegeben wurde. Der Bescheid weist eine Nachzahlung in Höhe von **2.800 €** aus.

Frau Schäfer will die Nachzahlung nicht akzeptieren. Sie ist der Meinung, dass der ganze Vorgang bereits verjährt ist und dass sie deshalb nichts mehr bezahlen muss.

Aufgabe
Hat Frau Schäfer Recht? Begründen Sie Ihre Antwort und geben Sie die relevanten Rechtsgrundlagen mit an. [Hinweis: siehe §§ 169, 170 AO.]

Lösung s. Seite 937

Abgabenordnung-Prüfungsfall 6

Sachverhalt

Ihr Mandant Friedhelm Kurz mit Wohnsitz in Koblenz hatte seine Einkommensteuererklärung 2017 am 03.02.2018 beim Finanzamt Koblenz eingereicht. In der Anlage N hatte er folgende unstrittige Werbungskosten eingetragen:

Fachliteratur	**200 €**
Reisekosten (Dienstreisen)	**1.250 €**
Arbeitsmittel	**1.720 €**
Kontoführungsgebühr	**16 €**

Das Finanzamt Koblenz hatte den Einkommensteuerbescheid 2017 an Herrn Kurz am 09.05.2018 mit gewöhnlichem Brief zur Post gegeben. In der Berechnung der Einkünfte aus nichtselbstständiger Arbeit wurden versehentlich nur **2.186 €** an Werbungskosten anerkannt.

Herr Kurz nimmt den Fehler zunächst nicht zur Kenntnis. Sie bemerken den Fehler und teilen Herrn Kurz mit, dass er beim Finanzamt eine Änderung des Bescheids beantragen soll. Er beantragt die Änderung am 12.06.2018 (= Datum des Eingangs beim Finanzamt).

Aufgabenstellung

a) Überprüfen Sie die Zulässigkeit des „Änderungsantrags" (Fristberechnung, Rechtsgrundlagen).

b) Nennen Sie die zutreffende Änderungsvorschrift mit der Rechtsgrundlage.

c) Wie wäre der Fall zu beurteilen, wenn Herr Kurz den „Änderungsantrag" erst am 06.07.2018 beim Finanzamt abgibt, weil er wegen einer Operation vom 10. - 29.06.2018 im Krankenhaus lag.

d) Welche Möglichkeiten hätte Herr Kurz, wenn der Bescheid unter dem Vorbehalt der Nachprüfung stünde?

Lösung s. Seite 938

II. Rechnungswesen

Prüfungsfall 1

Prüfung im Prüfungsverbund
Teil I: Einnahmenüberschussrechnung
Ausgangssituation
Anton Brill betreibt in Erfurt einen Fachhandel für Designerschmuck und firmiert als „Anton Brill e. K.". Brill ermittelt seinen Gewinn nach § 4 Abs. 3 EStG und versteuert seine Umsätze nach vereinnahmten Entgelten. Er unterliegt beim Vorsteuerabzug keinen Beschränkungen. Sein Jahresüberschuss beläuft sich seit Jahren auf etwa 40.000 €. Er soll auch künftig möglichst niedrig ausgewiesen werden.

Aufgabenstellung

1. Prüfen Sie, ob Brill zulässigerweise den Gewinn nach § 4 Abs. 3 EStG ermittelt und begründen Sie unter Hinweis auf die gesetzlichen Vorschriften!
2. Prüfen Sie die folgenden noch nicht berücksichtigten Sachverhalte und ermitteln Sie den endgültigen Überschuss in Tabellenform:

Tz.	Erläuterungen/Nebenrechnungen	Betriebsausgaben Euro	Betriebseinnahmen Euro
	vorläufig	15.000	64.000
1			
2			

Sachverhalte

1. Brill hat zur Finanzierung einer Ladentheke am 30.09.2018 ein Annuitätendarlehen über 20.000 € aufgenommen, Laufzeit 5 Jahre, Zinssatz 6 %, halbjährliche Zinszahlung. Bankgutschrift 19.400 €.
2. Eine Angestellte hat am 01.04.2018 300 € aus der Ladenkasse gestohlen. Sie – die Angestellte – wurde inzwischen entlassen.
3. Um dem BMF-Schreiben vom 14.11.2014 über die Grundsätze zur ordnungsmäßigen Führung und Aufbewahrung von Büchern, Aufzeichnungen und Unterlagen in elektronischer Form sowie zum Datenzugriff (GoBD) und dem Gesetz zum Schutz vor Manipulationen an digitalen Grundaufzeichnungen vom 22.12.2016 gerecht zu werden, hat Brill seine Oldtimer Registrierkasse (Buchwert 1 €) am 05.05.2018 mit dem Unternehmer Kroll gegen eine neue Registrierkasse (betriebsgewöhnliche Nutzungsdauer 6 Jahre) getauscht. Der gemeine Wert der Gegenstände betrug zu diesem Zeitpunkt 952 € einschließlich Umsatzsteuer.
4. Brill hat seiner Freundin im Herbst 2017 Waren zum Vorzugspreis von 300 € zuzüglich 19 % Umsatzsteuer geliefert. Anlässlich des Weihnachtsfestes 2018 erklärte er ihr, dass er auf die Zahlung verzichte.

5. Die Miete Januar 2018 über den Betrag von 600 € hatte Brill bereits am 28.12.2017 an den Vermieter überwiesen. Die Miete war am 02.01.2018 fällig.
6. Am 01.10.2018 wurden die Jahresprämien für die Versicherungen bezahlt:

   Betriebshaftpflicht   240 €
   Privathaftpflicht   80 €
   Glasversicherung für Schaufenster 370 €

7. Brill macht belegte Bewirtungsaufwendungen aus Anlass des Geschäftsjubiläums geltend: 200 € zuzüglich 19 % Umsatzsteuer
8. Der Kunde Moll hat eine Anzahlungsrechnung vom Dezember 2018 über 238 € bereits im Dezember 2018 beglichen. Die Ware wird jedoch erst im Januar 2019 geliefert.

Teil II: Laufende Buchungen, Abschlussbuchungen, Bewertung
Ausgangssituation
Dieter Ernst betreibt seit 2007 am Rande von Kiel einen Chemikaliengroßhandel in der Rechtsform eines Einzelunternehmens. Seine Firma „ERNSTCHEM e. K." ist im Handelsregister eingetragen.

Ernst ermittelt seinen Gewinn nach § 5 EStG und versteuert seine Umsätze nach vereinbarten Entgelten. Er unterliegt beim Vorsteuerabzug keinen Beschränkungen. Zu einigen noch offenen Fragestellungen im Zusammenhang mit dem Jahresabschluss der ERNSTCHEM zum 31.12.2018 werden Sie um Stellungnahme gebeten.

Aufgabenstellung
Lösen Sie die zu den unten aufgeführten einzelnen Sachverhalten gestellten Aufgaben jeweils so, dass für das Jahr 2018, bei Ausnutzung aller möglichen Vergünstigungen, gem. Rechtsstand 2018 insgesamt ein möglichst niedriger steuerlicher Gewinn ausgewiesen wird. Das Betriebsvermögen (Eigenkapital) der ERNSTCHEM hat am 31.12.2017 insgesamt 175.000 € betragen.

ACHTUNG

- Kontieren Sie nach SKR 04 bzw. SKR 03, erstellen Sie eine Buchungsliste.
- Vorsteuer und Umsatzsteuer sind gesondert zu buchen, auch wenn Sie Automatikkonten verwenden.
- Gestalten Sie Nebenberechnungen übersichtlich!
- Angaben von Rechtsvorschriften sind nur vorzunehmen, wenn sie ausdrücklich nachgefragt werden.

ÜBUNGSTEIL (AUFGABEN UND FÄLLE)

Sachverhalte
1. Anlagevermögen
1.1 Grundstückskauf

Den Grund und Boden A, bebaut mit dem Lagergebäude A, hat Ernst gem. Kaufvertrag vom 12.02.2018 als bebautes Grundstück zum Preis von 450.000 € erworben. Grundstück und Gebäude (Bauantrag am 05.01.2016) werden 100 % betrieblich genutzt. Der Anteil des Grund und Bodens beträgt 25 %. Nutzen und Lasten sind am 01.08.2018 übergegangen.

Der Buchhalter der ERNSTCHEM hatte im Zusammenhang mit dem Grundstückskauf einige Bankbelastungen per 30.05.2018 zusammengefasst:

Kaufpreis 450.000 € + Notarkosten inkl. USt 5.950 € + Grundbucheintragung 3.500 € + Grunderwerbsteuer 22.500 € = 481.950 €.

Gebucht hatte er dann wie folgt:

Geldtransit	481.000 €
Vorsteuer	950 €
an Bank	481.950 €

Aufgabe

a) Ermitteln Sie die Anschaffungskosten jeweils des Grund und Bodens und des Gebäudes!
b) Entwickeln Sie den Buchwert des Gebäudes zum 31.12.2018 in einer Nebenrechnung!
c) Bilden Sie die Buchungssätze zu dem Anschaffungsvorgang und zu den Abschreibungen!

1.2 Bewertung Wertpapiere des Anlagevermögens

Im Anlagevermögen der ERNSTCHEM befinden sich seit 01.01.2015 1.000 Stück Aktien der FSAB AG (seinerzeit gebuchte Anschaffungskosten 1.000 Stück • Kurs 500 € = 500.000 €; Anschaffungsnebenkosten sollen hier nicht berücksichtigt werden). Per 31.12.2016 hatte Ernst diese Beteiligung mit Billigung des Finanzamtes bis auf die Hälfte der Anschaffungskosten abgeschrieben und die Bewertung bisher beibehalten (Kontostand Konto 0910 (*0530*) per 31.12.2018 = Soll 250.000 €). Seit 2017 stiegen die Kurse nachhaltig an. Zum 31.12.2018 wurde der Kurswert je Stück mit 550 € festgestellt, bis zum Zeitpunkt der Bilanzaufstellung betrug der Kurswert 580 € pro Stück.

ÜBUNGSTEIL (AUFGABEN UND FÄLLE)

Aufgabe

a) Welche Möglichkeiten hat Ernst, die Beteiligung per 31.12.2018 im Hinblick auf den niedrigstmöglichen Gewinn zu bilanzieren:

1) nach Handelsrecht?

2) nach Steuerrecht?

b) Buchen Sie evtl. vorzunehmende steuerliche Wertanpassungen!

1.3 Ausscheiden Sachanlagegut aus Betriebsvermögen

Die ERNSTCHEM hatte am 01.01.2016 aus einer Konkursmasse eine gebrauchte Verpackungsanlage angeschafft (Anschaffungskosten = 48.000 € netto) und seither, bei einer angenommenen Nutzungsdauer von 4 Jahren, jedes Jahr höchstmöglich abgeschrieben. Die Anlage wurde per 01.12.2018 im Zuge der Anschaffung eines neuen Gabelstaplers zu einem Nettopreis von 4.000 € in Zahlung gegeben (siehe 1.4).

Aufgabe

Ermitteln Sie in einer Übersicht den Buchwert der Anlage zum 01.12.2018!

1.4 Kauf und Inzahlunggabe Sachanlagegut

Für einen am 10.11.2018 von der Hellwig GmbH gekauften und gelieferten Gabelstapler (Nutzungsdauer = 6 Jahre) wurde der ERNSTCHEM folgende Rechnung erteilt:

Listenpreis	123.711,34 €
- 3 % Rabatt	3.711,34 €
	120.000,00 €
+ 19 % Umsatzsteuer	22.800,00 €
Bruttokaufpreis	142.800,00 €

Der Lieferer war bereit, die Verpackungsanlage (siehe 1.3) zu einem Bruttopreis von 4.760 € per 01.12.2018 in Zahlung zu nehmen. Die ERNSTCHEM hat die verbleibende Restschuld am 05.12.2018 unter Abzug von 2 % Skonto vom Bruttokaufpreis des Gabelstaplers per Banküberweisung bezahlt (noch nicht gebucht).

Da Ernst die Investition bereits 2017 geplant hatte, hat er einen Investitionsabzugsbetrag von 44.000 € (40 % von geplanten 110.000 €) als Betriebsausgabe (außerbilanzmäßige Kürzung des Gewinns) abgesetzt.

ÜBUNGSTEIL (AUFGABEN UND FÄLLE)

Aufgabe
a) Entwickeln Sie in einer Übersicht die Anschaffungskosten des Gabelstaplers!
b) Bilden Sie alle Buchungssätze im Zusammenhang mit dem Kauf des Gabelstaplers, der Inzahlunggabe der Verpackungsanlage und der Banküberweisung. Buchen Sie auch die Abschreibungen!

1.5 Einlage Wirtschaftsgut
Ernst nutzte ab 01.08.2018 den am 01.07.2016 privat angeschafften PC ausschließlich betrieblich (bis 30.07.2018 ausschließlich privat genutzt, keine Sonder-AfA oder erhöhte Absetzungen, Nutzungsdauer 4 Jahre, Anschaffungskosten 1.344 € inkl. 19 % Umsatzsteuer). Der Teilwert des PC betrug 800 € per 01.08.2018.

Aufgabe
a) Ermitteln Sie die fortgeführten Anschaffungskosten des PC per 01.08.2018!
b) Wie hoch ist der Einlagewert des PC per 01.08.2018 (Rechtsbegründung)?
c) Bilden Sie die in diesem Zusammenhang anfallenden Buchungssätze!

2. Laufende Buchungen
2.1 Privatabgrenzung Telefonkosten
Die Anfang Dezember zugegangene Telefonrechnung (gemietete Anlage) über 595 € (brutto) wurde noch nicht bezahlt und auch nicht gebucht. Da Herr Ernst das betriebliche Telefon auch für Privatgespräche nutzt, wurde bei der letzten Betriebsprüfung ein privater Nutzungsanteil an den gesamten Telefonkosten in Höhe von 5 % festgelegt.

Aufgabe
Bilden Sie die erforderlichen Buchungssätze zu dieser Rechnung!

2.2 Reisekosten Unternehmer
Ernst hatte der Buchführung im Dezember 2018 zwei Quittungen über insgesamt 34,50 € (brutto) für Taxifahrten, jeweils innerhalb von Kiel, anlässlich einer eintägigen Geschäftsreise eingereicht. Ernst war dem gemäß 18 Stunden abwesend. Ernst hatte den Gesamtbetrag privat bezahlt, eine Erstattung in 2018 erfolgte nicht.

Aufgabe
Bilden Sie die Buchungssätze (es ist noch nichts gebucht)!

2.3 Innergemeinschaftlicher Erwerb

Die ERNSTCHEM erhielt am 31.12.2018 eine Rechnung für eine Warenlieferung von einer Chemiefirma aus Großbritannien über 9.500 €. Die Zahlung der Rechnung erfolgte in 03/2019. Auf der Rechnung befand sich u. a. ein Hinweis auf Steuerfreiheit der Lieferung gem. § 6a des UStG und die jeweiligen nationalen USt-IdNrn (= innergem. Erwerb der ERNSTCHEM).

Aufgabe
Bilden Sie den Buchungssatz zu dem Vorgang per 31.12.2018 (es ist noch nichts gebucht)!

3. Sonstige Abschlussfragen
Bewertung Umlaufvermögen (Forderungen)
Auszug aus der Saldenbilanz

Konto	Soll	Haben
1248 (0996) PWB		7.500 €
1246 (0998) EWB		9.000 €
1200 (1400) Forderungen (brutto 19 %)	368.900 €	
1240 (1460) Zweifelhafte Forderungen (brutto 19 %)	29.750 €	

a) Das Konto 1240 (*1460*) betrifft die Forderung gegenüber dem Kunden A; diese Forderung wurde von der ERNSTCHEM bereits im August 2014 mit 9.000 € einzelwertberichtigt.

Am 28.12.2018 ging auf dem Bankkonto der ERNSTCHEM eine Abschlusszahlung in Höhe von 7.735 € ein. Der Rest der Forderung ist definitiv uneinbringlich.

b) Eine weitere Forderung in Höhe von 11.900 € stellte sich am 28.12.2018 als zweifelhaft heraus. Das Insolvenzverfahren ist eröffnet. Es wird noch ein Zahlungseingang von 35 % erwartet.

c) Die Pauschalwertberichtigung ist, wie im Vorjahr, mit 1 % zu bilden und ggf. anzupassen.

Aufgabe
Berechnen Sie zu a) den tatsächlichen Forderungsverlust (netto) und nehmen Sie zu a), b) und c) die erforderlichen Buchungen vor!

Teil III: Auswertung von Warenkonten, Gewinnverteilung

Es liegt folgende verkürzte Gewinn- und Verlustrechnung 2018 vor:

	Aufwendungen	Erträge
Sonstige Erträge		17.000 €
Wareneingang	147.000 €	
Erhaltene Skonti		3.000 €
Bezugsnebenkosten	2.000 €	
Bestandsveränderungen		6.000 €
Kosten der Warenabgabe	1.500 €	
übrige betr. Aufwendungen	30.500 €	
Erlöse		205.000 €
Gewährte Skonti	10.000 €	
Unentgeltliche Wertabgaben		10.000 €
Gewinn	50.000 €	
	241.000 €	241.000 €

Aufgaben

1. Ermitteln Sie den wirtschaftlichen Wareneinsatz!
2. Berechnen Sie den Warenrohgewinn und den Rohgewinnsatz!
3. Wie hoch ist der Rohgewinnaufschlagsatz?

Lösung s. Seite 939

ÜBUNGSTEIL (AUFGABEN UND FÄLLE)

Prüfungsfall 2

Sachverhalt und Aufgabenstellung

Max Engel betreibt seit 1985 in Trier ein Computerfachgeschäft mit Werkstatt und Versandabteilung in der Rechtsform eines Einzelunternehmens. Seine Firma „Hard+Soft e. K." ist im Handelsregister eingetragen.

Herr Engel beschäftigt insgesamt 26 Arbeitnehmer. Er ermittelt seinen Gewinn nach § 5 EStG, da er nicht nach § 241a HGB von der Buchführungspflicht befreit ist.

Sie haben die Aufgabe, den Jahresabschluss zum 31.12.2018 für Herrn Engel vorzubereiten.

Erstellen Sie alle notwendigen Buchungssätze zu den nachfolgend aufgeführten Einzelsachverhalten.

Falschbuchungen sind zu berichtigen (umzubuchen).

Grundlage für alle Buchungen ist der DATEV-Standardkontenrahmen **SKR 04** (SKR 03) 2018.

Umsatzsteuer und Vorsteuer sind auch bei Verwendung von Automatikkonten gesondert zu buchen (Automatikfunktionen der Konten sind hier unbeachtlich).

Falls bei einer Aufgabe eine Buchung nicht erforderlich ist, müssen Sie dies kurz begründen.

Es soll der niedrigstmögliche steuerliche Gewinn ausgewiesen werden. Alle möglichen steuerlichen Vergünstigungen sind auszuschöpfen.

Das Betriebsvermögen (Eigenkapital) des Unternehmens hat am 31.12.2017 insgesamt 350.000 € betragen.

Maximal erreichbare Punktzahl **100 Punkte**

Einzelsachverhalte
1. Grundstück (16 Punkte)
Mit beurkundetem Kaufvertrag vom 15.12.2018 und gleichzeitigem Übergang des wirtschaftlichen Eigentums hat Herr Engel für sein Unternehmen ein Grundstück mit einem Geschäftsgebäude (Baujahr 1980) umsatzsteuerfrei (§ 4 Nr. 9 UStG) für 200.000 € gegen Bankscheck gekauft. Nach den Vereinbarungen im Kaufvertrag beträgt der Kaufpreisanteil für den Grund und Boden 36.000 €. Der Vorgang wurde bereits wie folgt gebucht:

ÜBUNGSTEIL (AUFGABEN UND FÄLLE)

Sollkonto	SKR 04 (SKR 03)	Euro	Habenkonto	SKR 04 (SKR 03)
Grundstücke	0200 (0050)	200.000,00	Bank	1800 (1200)

Am 19.12.2018 erhielt Herr Engel außerdem die folgenden Rechnungen, die 2018 noch nicht gebucht und auch noch nicht bezahlt wurden:

Notargebühren	3.000 € + 19 % USt
Grundbuchgebühren	500 €
Grunderwerbsteuerbescheid	10.000 €

Aufgabe
a) Bilden Sie alle Buchungssätze, die sich aus der Anschaffung des Grundstücks ergeben. Jeder der genannten Geschäftsvorfälle ist hierbei einzeln zu erfassen. Sofern die bereits erfolgte Buchung falsch ist, müssen Sie diese entsprechend berichtigen.
b) Bewerten Sie das Grundstück zum 31.12.2018. Erläutern Sie Ihr Bewertungsergebnis unter Angabe der relevanten Rechtsgrundlagen und bilden Sie Buchungssätze, sofern diese zum 31.12.2018 notwendig sind.

2. Darlehen (7 Punkte)
Am 14.12.2018 (= Tag der Auszahlung) hat Herr Engel zur Finanzierung des Grundstücks ein Darlehen in Höhe von 150.000 € aufgenommen, das am 14.12.2023 in einem Betrag zurückzuzahlen ist.

Die Darlehensbedingungen wurden wie folgt vereinbart:
- vereinbarter Zinssatz über die gesamte Laufzeit: 1,5 %
- Auszahlungsbetrag bei der Darlehensaufnahme: 98 %.

Die Zinsen für 2018 wurden am 31.12.2018 vom Bankkonto abgebucht. Die Berechnung erfolgt hier nach der kaufmännischen Zinsrechnung.

Es wurde noch nichts gebucht.

Aufgabe
Bilden Sie alle Buchungssätze, die sich aus diesem Vorgang für 2018 ergeben. Nebenrechnungen sind vollständig aufzuführen.

ÜBUNGSTEIL (AUFGABEN UND FÄLLE)

3. Gabelstapler (15 Punkte)

Im November 2018 hat Herr Engel für sein Unternehmen einen neuen Gabelstapler für 20.000 € + 19 % USt (Listenpreis) Ziel gekauft. Der Händler gewährte auf diesen Listenpreis 5 % Rabatt, auf den Zielpreis nochmals 2 % Skonto. Er bezahlte die Rechnung des Lieferanten vom 15.12.2018.

Herr Engel beauftragte eine Spedition mit dem Transport des Gabelstaplers zu seinem Unternehmen. Die Lieferung erfolgte am 30.11.2018. Der Spediteur stellte ihm 200 € + 19 % USt in Rechnung. Herr Engel bezahlte die Rechnung des Spediteurs am 05.12.2018 mit einem Bankscheck.

Die Nutzungsdauer des neuen Gabelstaplers beträgt 8 Jahre; die Abschreibung erfolgt höchstmöglich.

Bei der Anschaffung des neuen Gabelstaplers hat Herr Engel den alten Stapler, der zum 01.01.2018 einen Buchwert von 2.000 € hatte, für 500 € + 95 € USt in Zahlung gegeben (noch nicht gebucht). Der alte Stapler wurde linear mit jährlich 4.000 € abgeschrieben.

Aufgabe

a) Ermitteln Sie die Anschaffungskosten und den Abschreibungsbetrag für den neuen Gabelstapler für 2018 in einer übersichtlichen Nebenrechnung.
b) Erstellen Sie alle Buchungssätze für diesen Sachverhalt für 2018. Es wurde noch nichts gebucht.

4. Gehalt mit Darlehensgewährung (13 Punkte)

Der verheiratete Steuerpflichtige Klaus King ist bei der Firma „Hard+Soft e.K." als Abteilungsleiter beschäftigt. Sein Bruttomonatsgehalt beträgt 4.800 €.

Der Arbeitgeberzuschuss zur vermögenswirksamen Anlage in Höhe in Höhe von insgesamt 40 € beträgt 20 €.

Zur Finanzierung seines Reihenbungalows gewährte ihm sein Arbeitgeber, Herr Engel, am 01.02.2018 ein Darlehen in Höhe von 48.000 €. Konditionen: 2,5 % p. a. Zinsen, Laufzeit 48 Monate, monatliche Tilgung je 1.000 €, erste Tilgung am 28.02.2018. Der maßgebliche Effektivzinssatz der Deutschen Bundesbank (Deutsche Bundesbank, Zinsstatistik zum 01.02.2018) beträgt 4,28 %. Zinsen und Tilgung werden mit dem Märzgehalt verrechnet.

Herr King ist katholisch und Mitglied der gesetzlichen Krankenversicherung (Zusatzbeitrag 1,0 %). Die anderen Sozialversicherungsbeitragssätze betragen:

- Pflegeversicherung (PV)   2,55 % (Zusatzbeitrag 0,25 %)
- Rentenversicherung (RV)   18,6 %
- Arbeitslosenversicherung (ArblV)   3,0 %.

Herr King hat dem Arbeitgeber eine Lohnsteuerkarte mit der Lohnsteuerklasse drei – keine Kinder – vorgelegt. Hieraus ergibt sich eine monatliche Lohnsteuer in Höhe von 608,33 €, SolZ und die Kirchensteuer (Rheinland-Pfalz: 9 %) sind zu berücksichtigen. Der Beitragssatz zur Insolvenzgeldumlage beträgt 0,06 %.

Engel nimmt an der Umlageversicherung teil: Umlage U1 2,2 %, Umlage U2 0,49 %.

Die Zahlungen – außer Sozialversicherungsbeiträge – erfolgen erst im Folgemonat.

Aufgabe

a) Erstellen Sie die vollständige Gehaltsabrechnung Februar 2018.

b) Bilden Sie alle zum 28.02.2018 erforderlichen Buchungssätze.

5. Selbst hergestellte Computeranlage (7 Punkte)

Die Computeranlage des Unternehmens wurde in der eigenen Werkstatt selbst hergestellt. Die Fertigstellung erfolgte am 18.07.2018.

Nach den Ihnen vorgelegten Unterlagen wurden für die Herstellung Bauteile, Kabel, Platinen usw. im Gesamtwert von netto 6.775 € aus dem eigenen Lagerbestand verwendet. An Lohneinzelkosten sind für die Herstellung insgesamt 3.725 € angefallen (in der Buchführung als Personalkosten erfasst).

Der Materialgemeinkostenzuschlagssatz beträgt 25 %, der Lohngemeinkostenzuschlagssatz 75 %, der Verwaltungsgemeinkostenzuschlag 10 % und der Zuschlagsprozentsatz für die Vertriebsgemeinkosten 12 %.

Die Computeranlage ist zu aktivieren und höchstmöglich abzuschreiben. Die betriebsgewöhnliche Nutzungsdauer beträgt 3 Jahre.

Aufgabe

a) Ermitteln Sie die Herstellungskosten und den Abschreibungsbetrag 2018 der Computeranlage in einer übersichtlichen Nebenrechnung.

b) Erstellen Sie alle notwendigen Buchungssätze zur Erfassung dieses Sachverhalts für 2018.

6. Bürostuhl (5 Punkte)

Herr Engel hat für seinen betrieblichen Schreibtisch am 01.12.2018 einen neuen Bürostuhl für 820 € + 19 % USt auf Ziel gekauft. Den Rechnungsbetrag hat er im selben Monat unter Abzug von 2 % Skonto vom betrieblichen Bankkonto durch Überweisung bezahlt.

Der Vorgang ist insgesamt noch nicht erfasst. Der Bürostuhl soll höchstmöglich abgeschrieben werden (Nutzungsdauer laut AfA-Tabelle: 13 Jahre).

Aufgabe

a) Ermitteln Sie die Anschaffungskosten und den Abschreibungsbetrag 2018 für den Bürostuhl in einer übersichtlichen Nebenrechnung.
b) Erstellen Sie alle notwendigen Buchungssätze zur Erfassung dieses Sachverhalts für 2018.

7. Wareneinkauf in Belgien (5 Punkte)

Im November 2018 hatte Herr Engel von einem Lieferanten aus Belgien unter Hinweis auf eine steuerfreie innergemeinschaftliche Lieferung 100 DVD-Laufwerke zum Gesamtpreis von 5.000 € erhalten.

Die Rechnung enthält keine belgische USt, ansonsten alle erforderlichen Angaben (z. B. auch die USt-IdNrn. des Lieferanten und von der Firma „Hard+Soft e. K.")

Diese Eingangsrechnung wurde im November wie folgt gebucht:

Sollkonto	SKR 04 (SKR 03)	Euro	Habenkonto	SKR 04 (SKR 03)
Wareneingang	5200 (3200)	5.000,00	Verbindlichkeiten aus LuL	3300 (1600)

Am 05.12.2018 hatte Herr Engel diese Rechnung unter Abzug von 2 % Skonto durch Banküberweisung bezahlt.

Aufgabe

Erstellen Sie alle notwendigen Buchungssätze zur korrekten und vollständigen Erfassung dieses Sachverhalts für 2018.

8. Warenverkauf nach Holland (3 Punkte)

Ende November 2018 hat Herr Engel fünf Computer für insgesamt 4.000 € (netto) an den Unternehmer Heun in Groningen (Niederlande) auf Ziel verkauft und dorthin befördert. Heun verwendet die Rechner für sein Unternehmen in Groningen.

Die Rechnung an Herrn Heun vom 30.11.2018 enthält alle erforderlichen Angaben (z. B. auch die USt-IdNrn. von Herrn Heun und von der Firma „Hard+Soft e. K.").

Herr Heun bezahlte die Rechnung am 10.12.2018 vereinbarungsgemäß unter Abzug von 3 % Skonto durch Banküberweisung.

Der gesamte Sachverhalt wurde noch nicht erfasst.

Aufgabe
Erstellen Sie alle notwendigen Buchungssätze zur korrekten und vollständigen Erfassung dieses Sachverhalts für 2018. Die Vorgänge im November und im Dezember sind getrennt voneinander zu erfassen.

9. Bewertung Warenbestand (5 Punkte)
Ein Posten eingekaufter Laptops (40 Stück), der mit Anschaffungskosten von 30.000 € zu Buch steht, hat am 31.12.2018 nur noch einen Wert von 28.000 € (gesunkene Wiederbeschaffungskosten).

Wegen der Erwartung steigender Preise wurde der Verkauf dieser Ware Ende 2018 zurückgestellt.

Wie erwartet erholen sich die Marktpreise für Laptops Anfang 2019.

Im März/April 2019 – noch vor Bilanzaufstellung – wurden die Laptops im Rahmen einer Werbeaktion mit 25 % Rabatt für netto 900 €/Stück im Geschäft verkauft. Zu dieser Zeit betrug der Wiederbeschaffungspreis dieser Laptops 31.000 € (der Marktpreis war also nur vorübergehend gesunken).

Aufgabe
Wie ist die Ware zum 31.12.2018 zu bewerten:

a) nach Handelsrecht?

b) nach Steuerrecht?

Begründen Sie Ihre Entscheidung. Sofern zum 31.12.2018 eine Buchung vorzunehmen ist, erstellen Sie bitte den entsprechenden Buchungssatz!

10. Bewertung von Forderungen (12 Punkte)

Auszug aus der Summenbilanz zum 31.12.2018

			Euro	
			Soll	Haben
1200 (1400)	Forderungen a LuL, darin enthalten: Forderungen an ausländische Kunden ohne USt: 7.500 €		81.570	
1240 (1460)	Zweifelhafte Forderungen		14.280	
1248 (0996)	Pauschalwertberichtigung auf Forderungen			712
1246 (0998)	Einzelwertberichtigung auf Forderungen (EWB zu Forderung Linke)			5.000

Angaben für Nachtragsbuchungen (19 % USt):

1. Die bisher einwandfreie Forderung gegen die Firma Heißler in Höhe von 7.140 € (im Bestand des Kontos „1400" („*1200*") enthalten) ist vermutlich nur noch zu ⅓ eintreibbar; der Rest fällt wahrscheinlich aus.

2. Auf die zweifelhafte Forderung gegen die Firma Linke aus 2014 in Höhe von 14.280 € gingen im September 2018 auf dem Bankkonto 5.950 € ein (die Zahlung wurde bereits gebucht). Der Rest fällt vermutlich aus. [Beachte: bestehende EWB auf dem Konto „1246" („*0998*")].

3. Die Forderung an die Firma Hardy in London vom 01.10.2018 ist im Bestand des Kontos „1200"(„*1400*") mit 7.500 € enthalten.

4. Aufgrund betrieblicher Erfahrungswerte der vergangenen Jahre ist eine Pauschalwertberichtigung in Höhe von 3 % vorzunehmen.

Aufgabe

Bilden Sie diejenigen Buchungssätze, die sich aufgrund der gegebenen Informationen als notwendig erweisen. Alle zugrunde liegenden Nebenrechnungen sind mit aufzuführen.

Umsätze zum ermäßigten Steuersatz sind im Forderungsbestand nicht enthalten.

11. Vorauszahlung Versicherung und „Dachschaden" (4 Punkte)

a) Der Jahresbeitrag zur Einbruch-, Diebstahl- und Feuerversicherung für den Betrieb in Höhe von 2.400 € wurde am 28.04.2018 für die Zeit vom 01.05.2018 bis zum 30.04.2019 im Voraus durch Banküberweisung bezahlt. Der Betrag wurde in voller Höhe auf dem Konto „6400 *(4360)* Versicherungen" im Soll gebucht.

b) Im Dezember 2018 entstand durch einen Wintersturm ein Dachschaden, der erst im April 2019 repariert werden konnte. Der Kostenvoranschlag des Dachdeckers im Dezember 2018 belief sich auf 4.000 € + 760 € USt.

Aufgabe
Bilden Sie diejenigen Buchungssätze, die sich aufgrund der gegebenen Informationen als notwendig erweisen. Alle zugrunde liegenden Nebenrechnungen sind mit aufzuführen.

12. Private Pkw-Nutzung (8 Punkte)

Herr Engel nutzt den betrieblichen Pkw (Anschaffung 2017 für 28.560 € einschließlich 4.560 € Umsatzsteuer) mit dem Kennzeichen TR EM 123 sowohl für betriebliche als auch für private Fahrten (gemischte Nutzung).

Aus dem ordnungsgemäß geführten Fahrtenbuch und den weiteren Unterlagen der Buchführung sind für 2018 die folgenden Daten zu entnehmen:

- insgesamt zurückgelegte Kilometer — 42.000
- privat zurückgelegte Kilometer (in den 42.000 km enthalten) — 7.770
- Kfz-Kosten 2018 ohne Kfz-Abschreibung netto (Euro) — 16.000
- darin Kosten ohne Vorsteuerabzug enthalten (Euro) — 800

Aufgabe
Berechnen Sie den Wert der privaten Pkw-Nutzung, die Höhe der hierauf entfallenden USt, und bilden Sie diejenigen Buchungssätze, die sich aufgrund der gegebenen Informationen als notwendig erweisen.

Lösung s. Seite 946

Prüfungsfall 3

Sachverhalt und Aufgabenstellung
Die Wäscherei Abele e. K., Köln, legt Ihnen folgende Unterlagen vor:

Teil 1: Anlageverzeichnis
Ergänzen Sie das Anlagenverzeichnis 2018 (Anlage) unter Berücksichtigung der folgenden Geschäftsvorfälle. Abele erfüllt in allen maßgeblichen Veranlagungszeiträumen die Voraussetzungen für die Ansparabschreibungen bzw. Investitionsabzugsbeträge und Sonderabschreibung gem. § 7g EStG alter und neuer Fassung.

1. Das Grundstück A wurde 2010 zum Preis von 15.000 € erworben. Durch die allgemeine Preissteigerung für Grundstücke ist sein Wert zum 31.12.2018 auf 20.000 € gestiegen.

2. Das unbebaute Grundstück B wird seit 5 Jahren ausschließlich als Parkplatz für firmeneigene Fahrzeuge benutzt. Dieser Parkplatz war bisher nicht in der Bilanz ausgewiesen, da der Kaufpreis 2010 aus privaten Mitteln entrichtet worden war. Kaufpreis 2010 10.000 €, heutiger Wert 26.800 €.

3. Das Betriebsgebäude – es dient nicht Wohnzwecken, die Baugenehmigung wurde am 01.06.2014 beantragt – wurde am 05.01.2015 bezugsfertig, Herstellungskosten 500.000 €, AfA-Satz 3 %. Im Jahr 2017 trat eine starke Wertminderung ein, der Teilwert betrug am 31.12.2017 200.000 €.

4. Die Bügelmaschine wurde am 20.03.2017 für netto 26.000 € angeschafft, Nutzungsdauer 10 Jahre, es wurde linear abgeschrieben (kein Investitionsabzugsbetrag, keine Sonderabschreibung). Im Jahr 2018 tritt eine Wertminderung ein, die von Dauer ist, Teilwert 10.000 €.

5. Die Waschmaschine 15 (Nutzungsdauer 10 Jahre, Sonderabschreibung 20 %, kein Investitionsabzugsbetrag) wurde bei Anschaffung einer neuen Waschmaschine am 20.11.2018 für netto 12.000 € in Zahlung gegeben. Anschaffungskosten der neuen Waschmaschine 40.000 € (netto), betriebsgewöhnliche Nutzungsdauer 10 Jahre, höchstmögliche Abschreibung, Zahlung erst 2019! Für diese Maschine wurde im Jahre 2017 ein Investitionsabzugsbetrag in Höhe von 16.000 € gewinnmindernd geltend gemacht.

6. Für die Waschmaschine 10 wurde bereits eine Sonderabschreibung von 20 % in Anspruch genommen, degressive Abschreibung!

7. Der Pkw VW wurde dem Sohn des Unternehmers anlässlich des Bestehens seiner Fachangestelltenprüfung am 04.06.2018 geschenkt. Der VW-Händler wollte den Wagen noch Ende Mai für 24.000 € (netto) in Zahlung nehmen. Das Fahrzeug wurde bis zur Entnahme nachweislich zu 80 % betrieblich genutzt.

8. Die übrigen Gegenstände des Anlagevermögens sind weiterhin höchstmöglich abzuschreiben!

9. Für die Neuanschaffung einer neuen Teppichreinigungsanlage für seinen inländischen Geschäftsbetrieb liegt ein Kostenvoranschlag über 25.000 € (netto) vor. Die Investition soll 2019 oder 2020 getätigt werden.

Wie lauten die erforderlichen Buchungssätze?

ÜBUNGSTEIL (AUFGABEN UND FÄLLE)

Anlagenverzeichnis der Firma „Wäscherei Abele e. K."

Gegenstand	ND	Anschaffungswert (in €)	Anschaffungsjahr	Abschreibung Art	Abschreibung %	Abschreibung Betrag (in €)	Buchwert 01.01.2018 + Zugänge (in €)	Abschreibung 2018 (in €)	Abgang 2018 (in €)	Restbuchwert 31.12.2018 (in €)
Unbewegliches Anlagevermögen										
1. Grundstück A		15.000,00 €	2010				15.000,00 €			
2. Grundstück B		500.000,00 €	2015	lin.			200.000,00 €			
3. Betriebsgebäude	33						**225.000,00 €**			
Bewegliches Anlagevermögen										
1. Bügelmaschine	10	26.000,00 €	3/2017	lin.			23.833,00 €			
2. Waschmaschine 15	10	24.000,00 €	1/2015	lin.			12.000,00 €			
3. Waschmaschine XXL	10	40.000,00 €	11/2018	lin.						
4. Waschmaschine 10	10	21.000,00 €	1/2010	degr.			814,85 €			
5. PKW VW	6	30.000,00 €	5/2016	lin.			21.667,00 €			
6. PKW BMW (40 % Privatnutzung)	6	42.000,00 €	2/2016	lin.			28.583,00 €			
7. PKW VW Kombi (gebr.)	3	6.000,00 €	12/2015	lin.			1.833,00 €			

ÜBUNGSTEIL (AUFGABEN UND FÄLLE)

Teil 2: vorbereitende Abschlussbuchungen

Beim Jahresabschluss 2018 der Firma Abele sind noch einige vorbereitende Abschlussbuchungen durchzuführen. Sofern eine Buchung bereits durchgeführt worden sein sollte, überprüfen Sie diese auf ihre Richtigkeit und korrigieren Sie gegebenenfalls!

Legen Sie eine Buchungsanweisung an!

1. Ein Lieferant hat eine Bonusgutschrift für II/2018 geschickt, Bruttobetrag 476 €.
2. Im Dezember 2018 wurde ein Vermittlungsgeschäft getätigt. Der Auftraggeber zahlt erst am 12.01.2019 auf Postbank die Provision. Die Rechnung lautet auf 200 € + 19 % Umsatzsteuer.
3. Am 01.11.2018 wurde die Gebühr für die Wach- und Schließgesellschaft für ein Jahr im Voraus in Rechnung gestellt, Betrag 300 € + 19 % Umsatzsteuer. Vertraglich wurde jährliche Zahlung im Voraus vereinbart. Diese Rechnung wurde durch eine Gegenrechnung der Wäscherei aus dem Dezember 2018 über den gleichen Betrag beglichen.
4. Am 05.03.2019 ist die Abrechnung der Stadtwerke für IV/2018 gekommen:

    Städtische Gebühren IV/2018 netto 1.500 €
    Umsatzsteuer 19 % auf 1.200 €, 7 % auf 200 €.
    Die Vorauszahlungen betrugen 1.800 €, Vorsteuer war nicht gebucht.
5. Die Gewerbesteuer 2018 betrug 5.400 € und wurde als Betriebsausgabe gebucht. Für Gewerbesteuer ist für das Jahr 2018 ein Betrag von 1.350 € zurückgestellt (alle Umbuchungen sind bei der Berechnung bereits berücksichtigt).
6. Ein Teil der Kontokorrentschulden wurde am 01.09.2018 in ein Darlehen umgewandelt.

    Darlehen 24.000 €
    Disagio 2 %, Laufzeit des Darlehens 10 Jahre
    Es wurde gebucht: Bank an Darlehen 23.520 €
    Die Zinsen in Höhe von 3 % für das 4. Quartal 2018 sind noch nicht bezahlt.
    Es handelt sich um ein Fälligkeitsdarlehen.
7. Der Debitorenauszug per 31.12.2018 stimmt mit der Buchführung überein: 47.600 €

    Die Forderung an R. aus 2015 über 595 € war 2016 mit 300 €
    wertberichtigt worden,
    die Forderung an S. aus 2016 über 714 € mit 200 €

    Zum 31.12.2018 sind keine neuen zweifelhaften Forderungen festgestellt worden. Die Gründe für die Teilwertabschreibung auf die Forderung an R. sind weggefallen, die Forderung an S. wird zu 50 % ausfallen, die Wertminderung ist von Dauer. Die Pauschalwertberichtigung ist wiederum mit 1 % zu bilden (alte Pauschalwertberichtigung 350 €).

8. Der Privatanteil Pkw-Benutzung BMW Dezember 2018 ist noch nicht gebucht. Ein Fahrtenbuch wird nicht geführt, jedoch hat Abele nachgewiesen, dass er das Fahrzeug zu 60 % betrieblich nutzt. Der Bruttolistenpreis des Fahrzeugs betrug bei Anschaffung 51.170 €. Die Vorsteuern sind richtig erfasst (100 % abzugsfähig).

Die Telefonrechnung Dezember 2018 ist noch nicht beglichen. Telefonkosten 357 € inkl. 19 % USt, Privatanteil 10 %, Anlagenmieten sind nicht enthalten.

9. Der Endbestand an Reinigungsmitteln (gleichartige Vermögensgegenstände) ist noch zu bewerten.

Die folgenden Mengen wurden eingekauft bzw. verbraucht:

		Menge Pakete	Einzelpreis
01.01.	AB	500	120 €
31.03.	Zugang 1	500	105 €
31.05.	Abgang 1	800	
30.06.	Zugang 2	600	100 €
30.07.	Abgang 2	400	
30.09.	Zugang 3	1.200	130 €
18.10.	Abgang 3	300	
30.11.	Zugang 4	1.400	140 €
20.12.	Abgang 4	2.000	
31.12.	EB	700	

Der Teilwert am 31.12.2018 beträgt 135 €.

Bewerten Sie den Endbestand nach der Methode:

- gewogener periodischer Durchschnitt
- gleitender (permanenter) Durchschnitt
- Lifo-Verfahren.

Welchen Wert setzt Abele in der Steuerbilanz an? Eine Buchung erfolgte bisher nicht.

Lösung s. Seite 955

ÜBUNGSTEIL (AUFGABEN UND FÄLLE)

Prüfungsfall 4

Fall 1
Sachverhalt und Aufgabenstellung

Der Steuerpflichtige Breivogel, Kleingewerbetreibender, legt für 2018 folgende Aufzeichnungen vor. Sämtliche Beträge sind Nettobeträge. Die Umsatzsteuer ist aus Vereinfachungsgründen nicht zu berücksichtigen.

1. Warenverkauf auf Ziel	120.000 €
2. Warenrücksendungen von Kunden	175 €
3. Kundenskonti	2.400 €
4. Wareneinkauf auf Ziel	60.000 €
5. Lieferantenskonti	1.800 €
6. AfA Fuhrpark	3.000 €
7. gezahlte Löhne	26.000 €
8. Übrige gezahlte Betriebsausgaben (nicht in den übrigen Positionen enthalten)	17.225 €
9. Barentnahmen	24.000 €
10. Warenentnahmen	3.000 €
11. Bareinlagen aus Lottogewinn	4.000 €

Zum 31.12.2017 und zum 31.12.2018 hat Breivogel Inventur gemacht, steuerliche Bewertungsvorschriften sind beachtet.

	31.12.2017	31.12.2018
Grund und Boden		20.000 €
Fuhrpark	40.000 €	37.000 €
Warenbestand	60.000 €	70.000 €
Debitoren	12.000 €	6.000 €
Finanzkonten	60.000 €	12.000 €
Summe Aktiva	172.000 €	145.000 €
Darlehen	45.000 €	12.000 €
Kreditoren	17.000 €	19.000 €
Umsatzsteuerschuld		1.000 €
Summe Fremdkapital	62.000 €	32.000 €

ÜBUNGSTEIL (AUFGABEN UND FÄLLE)

Breivogel gibt Ihnen folgende Aufträge:
1. Ermitteln Sie den Gewinn 2018 mithilfe des Bestandsvergleichs!
2. Erstellen Sie die dazugehörige Gewinn- und Verlustrechnung 2018!
3. Erstellen Sie eine Überschussrechnung 2018 gem. § 4 Abs. 3 EStG!
4. Begründen Sie die Gewinnabweichung bei der Gewinnermittlung durch Bestandsvergleich und durch Überschussrechnung!
5. Wie hoch ist die Gewinnberichtigung, wenn Breivogel im Jahr 2018 zur Gewinnermittlung durch Bestandsvergleich übergeht?

Fall 2
Sachverhalt und Aufgabenstellung
Der Steuerpflichtige Christmann e. K. legt Ihnen folgende Bilanz vor, die er selbst erstellt hat. Er wünscht, einen möglichst niedrigen Gewinn auszuweisen. Er kann Investitionsabzugsbeträge und Sonderabschreibungen gem. § 7g EStG **nicht** in Anspruch nehmen.

AKTIVA	Bilanzentwurf per 31.12.2018		PASSIVA
	Euro		Euro
Grund und Boden	70.000,00	Eigenkapital	413.417,50
Gebäude	347.400,00	Pauschalwertberichtigung	2.622,00
Maschinen	127.395,50	Grundschuld	136.500,00
Material	79.642,00	Darlehen	60.000,00
Fertigerzeugnisse	28.000,00	Kreditoren	102.345,10
Wertpapiere des UV	1.300,00	Sonstige Verbindlichkeiten	7.678,70
Debitoren	104.006,00	Gewinn	126.000,00
Finanzkosten	8.419,80		
Aktive Rechnungsabgrenzung	1.200,00		
Disagio	1.200,00		
Privatentnahmen	80.000,00		
	848.563,30		848.563,30

Bei Durchsicht der Unterlagen des Steuerpflichtigen Christmann stellen Sie fest:
1. Christmann ist bei der Gebäudeabschreibung von der linearen AfA (2 % der Herstellungskosten von umgerechnet 450.000 €) auf die degressive AfA übergegangen und hat 3,5 % vom Buchwert zum 01.01.2018 abgeschrieben.
2. Unter den Maschinen befindet sich ein Neuzugang, Anschaffung am 25.04.2018 für netto 16.000 €, betriebsgewöhnliche Nutzungsdauer 10 Jahre. Christmann hat die Maschine bereits degressiv mit 4.000 € abgeschrieben.

   Auf dem Konto „Reparaturen" finden Sie die Installationskosten für diese Maschine in Höhe von 1.200 € (netto). Die Vorsteuer ist jeweils richtig erfasst.

ÜBUNGSTEIL (AUFGABEN UND FÄLLE)

3. Eine andere Maschine, angeschafft am 20.01.2010 für netto 20.000 €, betriebsgewöhnliche Nutzungsdauer 10 Jahre, wurde mit 25 % degressiv abgeschrieben (Übergang nach dem 7. Jahr). 2018 wurde eine Abschreibung in Höhe von 445 € gebucht.

4. Die Bilanzposition Fertigerzeugnisse wurde folgendermaßen bewertet:

Materialeinzelkosten	4.000,00	
+ Materialgemeinkosten	800,00	4.800,00
Fertigungseinzelkosten	8.000,00	
+ Fertigungsgemeinkosten	9.600,00	17.600,00
		22.400,00
+ Verwaltungsgemeinkosten		600,00
+ Vertriebsgemeinkosten		1.500,00
		24.500,00
+ Gewinnzuschlag		3.500,00
		28.000,00

5. Die Wertpapiere des Umlaufvermögens wurden 2017 für 1.800 € angeschafft. Bilanziert ist in obiger Bilanz der Kurswert per 31.12.2017, der aufgrund einer dauerhaften Wertminderung angesetzt war. Am 31.12.2018 bestehen die Gründe für die Teilwertabschreibung nicht mehr.

6. Am 02.05.2018 wurde ein Darlehen aufgenommen. Das Abgeld von 1.200 € ist aktiviert.

   Das Darlehen hat eine Laufzeit von 33 $\frac{1}{3}$ Jahren (Fälligkeitsdarlehen).

7. Die Mietvorauszahlung von 1.200 € ist aufzulösen.

8. Christmann buchte die Pauschalwertberichtigung (neu) in voller Höhe als Aufwand. Das Finanzamt hat eine Pauschalwertberichtigung von 1 % akzeptiert. Den einwandfreien Forderungen liegen nur 19 %ige Umsätze zugrunde.

9. Die Gewerbesteuerrückstellung 2018 ist noch zu passivieren. Die Rückstellungsberechnung ergab – unter Berücksichtigung Ihrer Korrekturen – einen Betrag von 5.680 €.

10. Die Jahresabrechnung für städtische Gebühren und Beiträge 2018 liegt vor, ist aber noch nicht gebucht:

				Brutto:
Strom	12.000,00	+ 19 %	2.280,00	14.280,00
Wasser	800,00	+ 7 %	56,00	856,00
Kanal, Oberflächenwasser	800,00			800,00
	13.600,00		2.336,00	15.936,00

Die vierteljährlichen Abschlagszahlungen wurden richtig gebucht: Strom 4 • 2.500 €, Wasser 4 • 250 €, Kanal, Oberflächenwasser 4 • 250 €, ebenso die darauf entfallende Vorsteuer. Die Nachzahlung in Höhe von 1.966 € ist am 15.02.2019 fällig.

ÜBUNGSTEIL (AUFGABEN UND FÄLLE)

Aufgaben

1. Erstellen Sie eine Buchungsanweisung zu den 10 Punkten, vergessen Sie nicht die Erläuterungen im Text!
2. Ermitteln Sie die von Kaufmann Christmann gewünschten und steuerlich zulässigen Wertansätze der Steuerbilanz!
3. Ermitteln Sie den Gewinn aus Gewerbebetrieb 2018 mithilfe einer Korrekturrechnung (Gewinnmehr- und -wenigerrechnung)!
4. Erstellen Sie die Steuerbilanz (Einheitsbilanz) 2018! Kontieren Sie nach DATEV-Kontenrahmen SKR 04 bzw. 03!

Fall 3
Sachverhalt und Aufgabenstellung
Christmann kaufte 8.000 kg Drehstahlstäbe zu einem Bezugspreis von 5.107,20 €. Sein Lieferant gewährte ihm 15 % Rabatt und 2 % Skonto. Die Bezugskosten beliefen sich auf 0,15 € je 10 kg, die Fracht wurde mit insgesamt 905,50 € in Rechnung gestellt. Christmann kalkuliert mit einem Handlungskostenzuschlag von 25 %. Die Drehstahlstäbe werden mit 5 % Rabatt, 2 % Skonto und 8 % Vertreterprovision für 8.400,00 € weiterverkauft.

1. Wie hoch ist der Listeneinkaufspreis?
2. Mit welchem Gewinn in Euro und in Prozent hat Christmann kalkuliert?
3. Berechnen Sie (zwei Nachkommastellen)
   a) den Kalkulationszuschlag (Rohgewinnaufschlagsatz)
   b) die Handelsspanne (Rohgewinnsatz)
   c) den Kalkulationsfaktor!

Lösung s. Seite 965

ÜBUNGSTEIL (AUFGABEN UND FÄLLE)

Prüfungsfall 5

Sachverhalt und Aufgabenstellung
Bäckermeister Erich Ehrlich e. K. betreibt seit 1998 in Koblenz eine Bäckerei. Er ermittelt seinen Gewinn nach § 5 i. V. mit § 4 Abs. 1 EStG. Die Voraussetzungen des § 7g EStG liegen vor.

Seine Umsätze versteuert er nach vereinbarten Entgelten. Die Umsätze der Backwaren unterliegen dem ermäßigten Steuersatz gem. § 12 Abs. 2 Nr. 1 UStG.

Er übt sein Gewerbe in eigenen Geschäftsräumen aus.

▶ Geben Sie die sich aus den folgenden Sachverhalten ergebenden Buchungen **unter Hinweis auf die gesetzlichen Vorschriften** – Rechtslage 2018 – an.
▶ Nehmen Sie auch Stellung, falls Sie Buchungen nicht für notwendig erachten.
▶ Herr Ehrlich möchte 2018 einen möglichst niedrigen Gewinn ausweisen.
▶ Vorsteuer und Umsatzsteuer sind gesondert zu buchen, auch wenn Sie „Automatikkonten" bebuchen. Die Automatik gilt als aufgehoben.

Teil I: Buchführung
Tz. 1: Bonus
Die Bäckereinkaufsgenossenschaft gewährt Ehrlich auf seinen Nettoumsatz II 2018 von 25.000 € (netto) einen Bonus von 2 %. Der Wareneinkauf, der dem ermäßigten Steuersatz unterliegt betrug 15.000 €, die übrigen Einkäufe beliefen sich auf 10.000 €.

Der Betrag ist im Januar 2019 auf Ehrlichs Bankkonto eingegangen.

Tz. 2: Personalkosten
Ehrlich überlässt seinem angestellten ledigen Bäckermeister Fleißig ein Betriebsfahrzeug zur regelmäßigen privaten Nutzung. Darüber hinaus kann Fleißig das Fahrzeug auch für Fahrten zwischen seiner Wohnung in Rheinhausen und der ersten Tätigkeitsstätte in Koblenz (einfache Entfernung 28 km) nutzen. Der Bruttolistenpreis des Fahrzeugs betrug im Zeitpunkt der Erstzulassung 2018 23.205 €.

Das Bruttogehalt des Fleißig beträgt monatlich 4.100,00 € (ohne Sachbezüge). Die Lohnsteuer (Klasse I) beträgt unter Berücksichtigung der Sachbezüge 861,83 €, die Kirchensteuer ist mit 9 % zu berücksichtigen, der Solidaritätszuschlag mit 5,5 %. Die Beitragssätze in der Sozialversicherung betragen: RV: 18,6 %, AlV: 3 %, KV: 14,6 %, Zusatzbeitrag 1,0 %, PflV: 2,55 % (+ 0,25 %). Der Beitrag U1 beträgt 2,2 %, U2 0,49 %. Der Beitrag zur Insolvenzgeldumlage beträgt 0,09 %.

Die Beitragsbemessungsgrenze beträgt in der RV/AlV monatlich 6.500 €, in der KV und PflV 4.425 €.

a) Ermitteln Sie den geldwerten Vorteil für Fleißig.
b) Erstellen Sie die Gehaltsabrechnung für Fleißig.
c) Buchen Sie diese Gehaltsabrechnung und den Arbeitgeberanteil zur Sozialversicherung unter Verwendung des Kontos 3790 *(1755)*. Die Beträge sind mit Ausnahme des Sozialversicherungsbeitrags erst im Folgemonat verausgabt worden.

Tz. 3: Eigenverbrauch
Folgende Jahres-Pauschbeträge für unentgeltliche Wertabgaben sind im BMF-Schreiben vom 13.12.2017 festgesetzt, diese sind nach Rücksprache mit dem Finanzamt zu berücksichtigen:

Gewerbeklasse
Bäckerei

zu 19 v. H.	391,00 €
zu 7 v. H.	1.173,00 €
insgesamt	1.564,00 €

Buchen Sie die Sachentnahme für den Monat Dezember 2018. Ehrlich ist verheiratet. Kinder leben nicht in seinem Haushalt.

Tz. 4: Telefonkosten
Telefon und Telefonanlage werden von Ehrlich 20 % privat genutzt.

Die Telefonrechnung sowie die anteilige Privatnutzung der Telefonanlage sind im Dezember 2018 noch nicht gebucht.

Ehrlich legt die Telefonrechnung Dezember 2018 vor, die im Januar 2019 eingegangen ist und durch Banklastschrift eingezogen wird:

Basisanschluss	40,00 €
Beträge für Verbindungen	460,00 €
	500,00 €
+ 19 % USt	95,00 €
	595,00 €

Die Anschaffungskosten der Telefonanlage werden 2018 mit einem Betrag von 1.200 € abgeschrieben.

Tz. 5: Geschenke

a) Dem Inhaber der „Rathausstuben" hat Ehrlich ein Präsent im Wert von 200 € (7 %ige Waren, für die er den Vorsteuerabzug hatte) zum Weihnachtsfest 2018 zusammengestellt, das er aus seinem Warenbestand entnommen hat. Die Bemessungsgrundlage für die unentgeltliche Lieferung beträgt 200 €.

b) Dem Inhaber der Gaststätte „Zum Winkel" hat Ehrlich zum 30. Geburtstag aus betrieblicher Veranlassung einen elektronischen Terminkalender gekauft, Kaufpreis des Werbegeschenks 30 € + 19 % USt. Den Betrag hat er in bar entrichtet.

c) Ein weiteres Geschenk hat Ehrlich für den Inhaber der Gaststätte „Zum Winkel" anlässlich der Jahreswende 2018/2019 gekauft: Kaufpreis 80 € + 19 % USt. Auch dieses Geschenk hat er bar bezahlt und dem Inhaber der Gaststätte „Zum Winkel" Silvester 2018 überreicht.

Tz. 6: Zinsberechnung und -buchung
Das „Stadthotel" ist mit einigen Zahlungen in Verzug:

Forderung	fällig am
10.700 €	05.10.2018
642 €	18.11.2018
3.905 €	14.12.2018

Wie hoch ist die Verbindlichkeit des „Stadthotels" einschließlich 8 % Verzugszinsen am 31.12.2018? Berechnen Sie die Zinsen mittels der summarischen Zinsrechnung! Der Monat soll mit 30 Zinstagen gerechnet werden! Zinszahlen sind kaufmännisch zu runden! Was ist am 31.12.2018 bei Ehrlich zu buchen?

Teil II: Jahresabschluss
Die vorliegenden Zahlen beziehen sich auf die Saldenbilanz I zum 31.12.2018. Die sich aus Teil I ergebenden Buchungen sind hierin bereits berücksichtigt.

Tz. 1:
Konto 0215 *(0065)* (Unbebaute Grundstücke) SOLL: **270.000,00 €**

Ehrlich hat am 01.04.2018 das angrenzende unbebaute Grundstück Rheingasse 1 A zum Preis von 300.000 € erworben.

Die Grunderwerbsteuer in Höhe von 5,0 %, die Notariatskosten für die Beurkundung des Kaufvertrages in Höhe von 1.500 € netto und die Grundbuchkosten in Höhe von 250 € hat Ehrlich als Grundstücksaufwand auf Konto 6350 *(2350)* gebucht, die Vorsteuer ist richtig erfasst.

ÜBUNGSTEIL (AUFGABEN UND FÄLLE)

Zur Teilfinanzierung dieses Grundstücks hat Ehrlich im März 2018 360 m² seines unbebauten Geschäftsgrundstücks in der Rheingasse 6 verkauft. Dieses Grundstück hatte eine Größe von 1.200 m² und steht nach wie vor mit den Anschaffungskosten von 120.000 € zu Buch. Den Verkaufserlös von 150.000 € buchte er:

Sollkonto	SKR 04 (SKR 03)	Euro	Habenkonto	SKR 04 (SKR 03)
Bank	**1800** (1200)	150.000,00	Unbebaute Grundstücke	**0215** (0065)

Sämtliche Verkaufskosten hat vereinbarungsgemäß der Käufer getragen.

Das Konto 2981 *(0931)* muss nicht angesprochen werden.

Mit welchen Werten stehen die Grundstücke Rheingasse 1A und 6 am 31.12.2018 zu Buch?

Tz. 2:
Konto 0540 *(0350)* (Lkw) HABEN: **2.000,00 €**

a) Am 10.07.2018 hat Ehrlich seinen MB-Lieferwagen für netto 20.000 € verkauft, er buchte:

Sollkonto	SKR 04 (SKR 03)	Euro	Habenkonto	SKR 04 (SKR 03)
Bank	**1800** (1200)	20.000,00	Lkw	**0540** (0350)
Bank	**1800** (1200)	3.800,00	Umastzsteuer 19 %	**3806** (1776)

Das Fahrzeug hatte er am 15.01.2017 für netto 24.000 € gebraucht gekauft. Er wollte es nur vorübergehend bis 2018 nutzen, da er eine Neuinvestition plante. Er hat es bei einer betriebsgewöhnlichen Nutzungsdauer von 4 Jahren höchstmöglich abgeschrieben.

b) Die Ersatzbeschaffung scheiterte 2018 an den langen Lieferfristen für das gewünschte Neufahrzeug.

Nachdem die Auslieferung des Neuwagens zunächst für September 2018 zugesagt war, wurde es endlich im April 2019 zu Anschaffungskosten von 40.000 € zuzüglich 19 % Umsatzsteuer ausgeliefert. Ehrlich möchte den Investitionsabzugsbetrag in Anspruch nehmen. Die Nutzungsdauer ist mit 6 Jahren anzusetzen.

c) Zwischenzeitlich nutzte Ehrlich 8 Monate lang (September 2018 bis April 2019) ein Leasingfahrzeug. Die Aufwendungen in Höhe von 8.000 € zuzüglich 19 % Umsatzsteuer hatte Ehrlich im Voraus zu zahlen, er buchte:

Sollkonto	SKR 04 (SKR 03)	Euro	Habenkonto	SKR 04 (SKR 03)
Mietleasing	**6840** (4810)	8.000,00	Bank	**1800** (1200)
Vorsteuer 19 %	**1406** (1576)	1.520,00	Bank	**1800** (1200)

ÜBUNGSTEIL (AUFGABEN UND FÄLLE)

Tz. 3:
Konto 0640 (*0430*) (Ladeneinrichtung) SOLL: 3.920,00 €

Im September 2018 beschaffte Ehrlich das Mobiliar für sein Stehcafé. Er hat 2017 keinen Investitionsabzugsbetrag in Anspruch genommen. Es liegt folgende Rechnung vor:

4 Bistrotische	2.000,00 €
12 Stühle	1.920,00 €
	3.920,00 €
+ 19 % Umsatzsteuer	744,80 €
	4.664,80 €

Die Rechnung wurde unter Abzug von 2 % Skonto bezahlt. Ehrlich buchte:

Sollkonto	SKR 04 (SKR 03)	Euro	Habenkonto	SKR 04 (SKR 03)
Ladeneinrichtung	**0640** *(0430)*	3.920,00	Sonstige Verbindlichk.	**3500** *(1700)*
Vorsteuer 19 %	**1406** *(1576)*	744,80	Sonstige Verbindlichk.	**3500** *(1700)*
Sonstige Verbindlichk.	**3500** *(1700)*	4.571,50	Bank	**1800** *(1200)*
Sonstige Verbindlichk.	**3500** *(1700)*	93,30	Erh. Skonti 19 % VorSt.	**5736** *(3736)*

Die Einrichtungsgegenstände haben eine betriebsgewöhnliche Nutzungsdauer von 8 Jahren.

Tz 4:
Konto 1200 *(1400)* (Forderungen a. LuL) SOLL 64.200,00 €
Konto 1240 *(1460)* (Zweifelhafte Forderungen) SOLL 7.811,00 €
Konto 1246 *(0998)* (Wertberichtigung) HABEN 3.290,00 €
Konto 1248 *(0996)* (Pauschalwertberichtigung) HABEN 930,00 €

Das Konto 1240 *(1460)* setzt sich aus folgenden Einzelforderungen zusammen:

„Rathausstuben"	4.280,00 €
„Oma Carli"	642,00 €
„Zum Winkel"	2.889,00 €

Die Forderung „Rathausstuben" ist bereits mit 50 % wertberichtigt, die Forderung „Oma Carli" mit 80 % und die Forderung „Zum Winkel" mit 30 %. Eine Pauschalwertberichtigung in Höhe von 1 % ist vom Finanzamt anerkannt, die Gründe für die niedrige Bewertung sind von Dauer.

a) Die Forderung „Oma Carli" konnte Ehrlich anlässlich einer privaten Weihnachtsfeier im Dezember 2018 „realisieren", er hat den Betrag privat vereinnahmt.

b) Die Forderung „Rathausstuben" wird nach neuesten Erkenntnissen zu 65 % ausfallen, die Gründe für die Teilwertabschreibung sind voraussichtlich von Dauer.

ÜBUNGSTEIL (AUFGABEN UND FÄLLE)

c) Der Inhaber der Gaststätte „Zum Winkel" hat Ehrlich am Silvesterabend 2018 aus seiner Tageskasse einen Betrag von 1.819 € ausgehändigt. Der Restbetrag der Forderung ist verloren.

d) Leider ist die Gaststätte „Stolz" 2018 insolvent geworden. Ehrlichs Forderung über 535 € ist verloren.

e) Die Pauschalwertberichtigung ist mit dem bekannten Prozentsatz wiederum einzustellen.

Tz. 5:
Konto 1510 (*1348*) (Wertpapiere) SOLL: 181.800,00 €

a) Ehrlich hatte 2014 1.000 Stück Aktien der Backmaschinen AG für 101.000 € (inkl. 1 % Anschaffungsnebenkosten) für sein Privatvermögen erworben. Der Kurs ist 2015 auf 180 € je Stück gestiegen. Um etwaige künftige Kursrückschläge Steuer mindernd geltend machen zu können, legte Ehrlich die Wertpapiere im Mai 2018 als gewillkürtes Betriebsvermögen ein und buchte:

Sollkonto	SKR 04 (SKR 03)	Euro	Habenkonto	SKR 04 (SKR 03)
Sonst. Wertpapiere	**1510** (1348)	181.800,00	Privateinlagen	**2180** (1890)

Am 31.12.2018 wurden die Aktien tatsächlich nur noch mit 140 € je Stück gehandelt.

b) Die Dividendenausschüttung für diese Wertpapiere – 7 € Bardividende je Stück – buchte Ehrlich:

Sollkonto	SKR 04 (SKR 03)	Euro	Habenkonto	SKR 04 (SKR 03)
Bank	**1800** (1200)	5.153,75	Laufende Erträge	**7103** (2655)

Tz. 6:
Konto 31760 (*0650*) (Grundschuld) HABEN: 174.600,00 €

Zur Restfinanzierung des Grundstückskaufs Rheingasse 1 A hat Ehrlich eine Grundschuld bei der Deutschen Bank Bonn aufgenommen. Die Bank zahlte ihm nach Abzug von 3 % Disagio am 31.03.2018 174.600 € aus. Die Grundschuld hat eine Laufzeit von 20 Jahren und ist mit 3 % p. a. zu verzinsen. Zinsen und Tilgung sind jeweils am 31.03. des Jahres nachträglich fällig. Das Disagio soll digital abgeschrieben werden.

Ehrlich zahlte folgende Nebenkosten:

Notariatskosten für die Beurkundung der Grundschuld	1.000,00 €
zuzüglich 19 % USt	190,00 €
Grundbuchkosten	450,00 €
	1.640,00 €

Er buchte:

Sollkonto	SKR 04 (SKR 03)	Euro	Habenkonto	SKR 04 (SKR 03)
Verb. KI RestLZ gr. 5 J.	**3170** (0650)	1.640,00	Bank	**1800** (1200)

Lösung s. Seite 973

ÜBUNGSTEIL (AUFGABEN UND FÄLLE)

Prüfungsfall 6
Teil I: Buchführung

Die Sachverhalte im Teil I sind voneinander unabhängig zu lösende Fälle. Die Mandanten ermitteln ihren Gewinn nach § 5 Abs. 1 EStG in Verbindung mit § 4 Abs. 1 EStG. Der Gewinn soll möglichst niedrig ausgewiesen werden. Die Umsätze werden nach vereinbarten Entgelten mit dem Regelsteuersatz besteuert.

Sachverhalt 1

Frau Adam ist Angestellte im Autohaus Brecht, Trier. Sie bezieht ein monatliches Bruttogehalt von 3.000 €. Im Juni 2018 kauft sie von ihrem Arbeitgeber einen neuen Pkw zum Bruttolistenpreis von 24.940 € und zahlt nach Abzug von 20 % Rabatt 19.952 €. Weitere Rabatte wurden ihr 2018 nicht gewährt.

Für den Monat Juli werden unter Berücksichtigung des Sachbezuges folgende Abzüge anfallen:

LSt (Steuerklasse I), KiSt, SolZ	1.585,06 €
Sozialversicherung, Arbeitnehmeranteil	1.073,08 €
Sozialversicherung, Arbeitgeberanteil	1.017,77 €
zuzüglich:	
Umlage 1, Umlage 2 und Umlage 3	162,54 €

Aufgaben

1. Erstellen Sie die Gehaltsabrechnung Juli 2018!
2. Buchen Sie die Gehaltsabrechnung (alle Zahlungen – mit Ausnahme der Zahlung der Sozialversicherungsbeiträge – erfolgen erst im August 2018)!
3. Wie bucht der Arbeitgeber den Verkauf des Fahrzeugs?

Sachverhalt 2
Unternehmer Caspar legt folgende – komprimierte – Zahlen vor:

Bilanz		31.12.2017		31.12.2018
AKTIVA				
Anlagevermögen				
Grundstück, unbebaut	80.000 €		80.000 €	
Maschinen	35.000 €	115.000 €	40.000 €	120.000 €
Umlaufvermögen				
Warenbestand	12.000 €		16.000 €	
Forderungen	45.000 €		44.000 €	
Wertpapiere	12.000 €		9.000 €	
Liquide Mittel	14.000 €		15.000 €	
Sonstige Vermögensgegenstände	4.000 €	87.000 €	7.000 €	91.000 €
		202.000 €		211.000 €
PASSIVA				
Eigenkapital		100.000 €		110.000 €
Fremdkapital				
Hypothek	80.000 €		78.000 €	
Lieferantenschulden	20.000 €		22.000 €	
Sonstige Verbindlichkeiten	2.000 €	102.000 €	1.000 €	101.000 €
		202.000 €		211.000 €

verkürzte Gewinn- und Verlustrechnung	2018
Umsatzerlöse	190.000 €
Erhöhung des Bestandes an Fertigen Erzeugnissen	10.000 €
Materialaufwand	100.000 €
Personalaufwand	40.000 €
Abschreibungen	20.000 €
sonstige betriebliche Aufwendungen	10.000 €
Zinsen	5.000 €

Er fragt, wie sich dieses Geschäft rentiert.

ÜBUNGSTEIL (AUFGABEN UND FÄLLE)

Aufgaben
1. Wie hoch ist der Gewinn?
2. Ermitteln Sie die Eigen- und die Gesamtkapitalrentabilität!
3. Wie hoch sind Rohgewinnsatz, Rohgewinnaufschlagsatz und Reingewinnsatz?
4. Wo stammen die Mittel für die Investitionen und die Schuldentilgungen her?
5. Erstellen Sie eine Bewegungsbilanz (Kapitalflussrechnung)!

Die im Dezember neu angeschafften Maschinen werden nicht mehr abgeschrieben!

Sachverhalt 3
Unternehmer Deimel hat seinem Kunden Früh im Jahr 2018 zu dessen Firmenjubiläum aus seinem Warensortiment im Mai 2018 eine digitale Wetterstation geschenkt. Beim Einkauf hatte er gebucht:

Sollkonto	SKR 04 (SKR 03)	Euro	Habenkonto	SKR 04 (SKR 03)
Wareneingang	**5200** (3200)	34,00	Bank	**1800** (1200)
Vorsteuer	**1406** (1576)	6,46	Bank	**1800** (1200)

Zum Weihnachtsfest 2018 schenkte Deimel seinem Kunden Früh noch eine Armbanduhr, die er zu diesem Zweck erworben hatte. Er buchte:

Sollkonto	SKR 04 (SKR 03)	Euro	Habenkonto	SKR 04 (SKR 03)
Geschenke abzugsfähig	**6610** (4630)	42,00	Kasse	**1600** (1000)
Vorsteuer	**1406** (1576)	7,98	Kasse	**1600** (1000)

Aufgaben
1. Welche Buchungen halten Sie im Mai und im Dezember für erforderlich, um die steuerlichen Gewinnermittlungsvorschriften zu erfüllen?
2. Wie wirken sich diese Geschenke auf den Gewinn aus?

Sachverhalt 4
Der Einzelhändler Gräulich besitzt 500 Aktien der Brückenbau AG, die er in seinem Umlaufvermögen hält. Die AG schüttet nach der Dividendenbekanntmachung für das Geschäftsjahr 2017 am 12.06.2018 1,20 € Dividende je Stückaktie aus.

ÜBUNGSTEIL (AUFGABEN UND FÄLLE)

Aufgaben
1. Wie hat Gräulich zu buchen, wenn die Dividendenzahlung auf seinem Bankkonto eingeht?
2. Wie wirken sich die Buchungen auf seinen steuerlichen Gewinn aus?

Sachverhalt 5
Der Gewerbetreibende Harm (kein Existenzgründer) hat zulässigerweise im Jahr 2017 für die geplante Anschaffung einer stationären Hobelmaschine einen Investitionsabzugsbetrag gem. § 7g EStG in Höhe von 40 % von 45.000 € (= 18.000 €) in Anspruch genommen.

Die fabrikneue Maschine wird am 05.10.2018 ausgeliefert, in Betrieb genommen und durch Bankscheck bezahlt. Die Anschaffungskosten betragen netto 40.000 €, die betriebsgewöhnliche Nutzungsdauer beträgt 10 Jahre.

Teil II: Jahresabschluss
Friedrich Klein betreibt in Neuwied ein Bauunternehmen unter der Firma „Friedrich Klein e. K.".

Er ermittelt seinen Gewinn nach § 5 Abs. 1 EStG in Verbindung mit § 4 Abs. 1 EStG. Der Gewinn soll möglichst niedrig ausgewiesen werden. Klein versteuert seine Umsätze nach vereinbarten Entgelten. Das Betriebsvermögen übersteigt die in § 7g EStG genannten Grenzen.

Herr Klein legt die von seiner Ehefrau für das Kalenderjahr (= Wirtschaftsjahr) 2018 zusammengestellten Unterlagen vor, unter anderem eine Saldenliste, auf die sich die Sachverhalte 6 bis 12 beziehen.

Aufgaben
1. Nehmen Sie zu den vorgelegten Sachverhalten Stellung!
2. Ermitteln Sie in übersichtlicher Nebenrechnung die neuen Bilanzansätze!
3. Zeitliche Abgrenzungen sind noch nicht vorgenommen worden.
4. Führen Sie die notwendigen Buchungen 2018 durch! Die Buchungssätze sind in einer Umbuchungsliste festzuhalten!

ÜBUNGSTEIL (AUFGABEN UND FÄLLE)

Sachverhalt 6
Konto 0215 (*0065*) (Unbeb. Grundstücke)   230.339,00 €

Herr Klein hat das Grundstück im Jahr 2018 für   200.000,00 €
(1.000 qm für je 200,00 €) erworben, um darauf eine
Werkhalle in Leichtbauweise zu errichten. Auf dem
Konto wurden außerdem ausgewiesen:

- Grunderwerbsteuer   10.000,00 €
- Kanalanschlussgebühr und Anliegerbeitrag   8.725,00 €
- Kosten des Anschlusses an die Versorgungsleitungen
  (Gas, Wasser, Strom) inkl. 19 % USt   9.282,00 €
- Notariatskosten:
  Abschluss Kaufvertrag (inkl. 19 % USt)   1.011,50 €
  Eintragung Grundschuld (inkl. 19 % USt)   535,50 €
- Grundbuchkosten:
  Eintragung Kauf   425,00 €
  Eintragung Grundschuld   360,00 €
      230.339,00 €

Da die Halle in „Eigenleistung" errichtet wurde, hat die Buchhalterin außer dem oben genannten Betrag nichts aktiviert. Aus dem Lager wurden für den Bau der Halle Materialien im Einkaufswert von 64.000 € entnommen, die anteiligen Lohnaufwendungen betragen 32.000 €.

Aus seiner Kalkulation (Kostenstellenrechnung, Betriebsabrechnungsbogen) legt Herr Klein folgende Gemeinkostenzuschlagsprozentsätze vor:

- für Fertigungsmaterial   30 %
- für Fertigungslöhne   240 %
- für Verwaltung   10 %
- für Vertrieb   8 %
- für Gewinn   50 %
- Herr Klein hat für die Herstellung des Gebäudes kein eigenes Anlagevermögen eingesetzt.

Die auf die Bauarbeiter entfallenden Kosten für das Richtfest in Höhe von 238 € (inkl. 19 % USt) sind privat bezahlt worden. Die Halle wurde am 01.12.2018 bezugsfertig und bezogen. Die betriebsgewöhnliche Nutzungsdauer beträgt 14 Jahre.

ÜBUNGSTEIL (AUFGABEN UND FÄLLE)

Sachverhalt 7
Konto 0540 (*0350*) (Lkw)   36.940,00 €

Am 05.03.2018 wurde der neue Lkw ausgeliefert, zugelassen und bezahlt. Vom Händler liegt folgende Abrechnung vor:

Listenpreis MB 3000		40.000 €
abzüglich Aktionsnachlass		4.000 €
		36.000 €
+ 19 % USt		6.840 €
		42.840 €
Wir nahmen Ihren gebrauchten Lkw in Zahlung mit	10.000 €	
+ 19 % USt	1.900 €	11.900 €
Restzahlung:		30.940 €

Das Altfahrzeug (Anschaffungskosten 36.000 €, Nutzungsdauer 6 Jahre, lineare Abschreibung) stand am 01.01.2018 mit 6.000 € zu Buch.

Der neue Lkw ist bei einer betriebsgewöhnlichen Nutzungsdauer von 9 Jahren höchstmöglich abzuschreiben.

Sachverhalt 8
Konto 0560 (*0380*) (Sonst. Transportmittel)   24.000,00 €

Der Hydraulikbagger wurde als Ersatz (siehe Sachverhalt 10!) für den 2017 durch Brand zerstörten Bagger am 20.02.2018 angeschafft, Nettoanschaffungskosten 24.000 €. Die betriebsgewöhnliche Nutzungsdauer beträgt 8 Jahre.

Sachverhalt 9
Konto 0940 (*0550*) (Darlehen)   200.000,00 €

Die Kosten für die Anschaffung des Grundstücks und für die Herstellung der Halle hat Herr Klein teils aus betrieblichen, teils aus privaten Mitteln getragen. Da diese nicht ausreichten, musste er am 30.09.2018 ein Fälligkeitsdarlehen über 200.000 € aufnehmen, das bei einer Laufzeit von 10 Jahren mit 5 % p. a. (Festzinsvereinbarung) zu verzinsen ist. Jahreszinsen sind jeweils nachträglich am 30.09. fällig. Die Bearbeitungsgebühr in Höhe von 1,2 % wurde auf Konto 6855 (*4970*) „Nebenkosten des Geldverkehrs" gebucht.

ÜBUNGSTEIL (AUFGABEN UND FÄLLE)

Sachverhalt 10
Konto 2982 (*0932*) (Sonderposten, EStR R 6.6)   **21.000,00 €**

Der alte Hydraulikbagger (Restbuchwert 9.000 €) war 2017 durch einen Brand völlig zerstört worden. Die Versicherung zahlte eine Entschädigung von 29.000 €, für den Schrott konnten 1.000 € erlöst werden. Der Ersatz konnte erst 2018 beschafft werden (siehe Sachverhalt 8!)

Sachverhalt 11
Konto 1248 (*0996*) (Pauschalwertberichtigung)   **2.800,00 €**

Das Konto weist den Stand der Pauschalwertberichtigung 01.01.2018 aus. Eine Pauschalwertberichtigung in Höhe von 1 % der einwandfreien Forderungen ist vom Finanzamt akzeptiert worden.

Konto 1246 (*0998*) (Einzelwertberichtigung)   **18.000,00 €**

Das Konto weist den Stand der Wertberichtigung zum 01.01.2018 zu der Forderung Lehnen aus.

Konto 1200 (*1400*) (Forderungen a. LuL)   **345.100,00 €**

Der Debitorenauszug zum 31.12.2018 weist eine Summe von 345.100 € aus. Nach Rückfrage teilt Herr Klein mit, dass die Forderung an **Meister** über 14.280 € (brutto) seit November 2018 verjährt ist. Der Kunde **Reibold** hat Insolvenzantrag gestellt. Die Forderung an ihn über brutto 45.220 € (inkl. 19 % Umsatzsteuer) wird nach Auskunft des Insolvenzverwalters voraussichtlich zu 60 % ausfallen.

Konto 1240 (*1460*) (zweifelhafte Forderungen)   **69.600,00 €**

Mit dem in Zahlungsschwierigkeiten befindlichen Kunden **Lehnen** (Forderung über 69.600 € brutto aus dem Jahr 2006) wurde 2018 ein Vergleich geschlossen. Er überwies eine abschließende Zahlung von 34.800 €. Klein hat den Betrag privat vereinnahmt, nachdem er schon mit einem Totalausfall gerechnet hatte.

Sachverhalt 12
Konto 6050 (*4125*) (Ehegattengehalt)   **6.000,00 €**

Herrn Kleins Ehefrau erledigt entgeltlich die notwendigen Verwaltungsarbeiten. Nach dem Ehegattenarbeitsvertrag erhält sie seit Juli 2018 eine monatliche Bruttovergütung von 1.200 €. Da die liquiden Mittel nicht ausreichen, wurde monatlich gebucht:

Ehegattengehalt an Privateinlage	1.200,00 €

Arbeitgeber- und Arbeitnehmeranteil zur Sozialversicherung beträgt monatlich 40 %, die Beiträge wurden regelmäßig abgeführt. Lohnsteuer, Kirchensteuer und Solidaritätsbeitrag wurden nicht einbehalten.

Das Dezembergehalt wurde noch nicht gebucht.

Lösung s. Seite 981

III. Wirtschafts- und Sozialkunde

Prüfungsfall 1

Verbundprüfung
Teil I: Schuld- und Sachenrecht (BGB)
Kaufvertrag

1. Wie kommt ein Kaufvertrag zustande?
2. Was ist das Angebot?
3. Ist ein Angebot bindend? Wann ist es wirksam?
4. Kaufmann Schmitt stellt Ware zu, die der Kunde nicht bestellt hat. Was ist beim Zusenden unbestellter Ware zu beachten?
5. Acker, Geschäftsführer einer Maschinenbau-GmbH, und Unternehmer Becker, Becker e. K., treffen sich zu einem Geschäftsessen in einem Lokal. Bei dieser Gelegenheit werden sie sich einig, dass Becker der GmbH 100 „Gelenkwellen 40 • 60" für brutto 10.000 € abnimmt. Am folgenden Tag geht bei Becker ein Fax ein: „Bestätigungsschreiben! Ich bestätige den Verkauf von 100 Gelenkwellen zum Preis von 10.000 € netto. Gezeichnet, Acker." Einen Tag später faxt Becker an Acker: „Ich korrigiere: 100 Gelenkwellen 40 • 60 zum Preis von 10.000 € brutto. So war das vereinbart. Gezeichnet, Becker. Kommt ein Vertrag zustande? Zu welchen Bedingungen kommt er zustande?

Sachenrecht
Grenzen Sie die Begriffe Eigentum und Besitz voneinander ab!

Teil II: Handels- und Gesellschaftsrecht (HGB, GmbHG)
GmbH
Die Kauffrau für Büromanagement Sarah Busse möchte sich mit einem Cupcake Geschäft selbständig machen. Sie verfügt über 5.000 € Barmittel und Einrichtungsgegenstände im Wert von 2.000 €. Ihre Firma in Mannheim soll „Petit gâteau GmbH" lauten. Die fleißige und unverschuldete Sarah Busse ist alleinige Gesellschafterin und soll als Geschäftsführerin einer „kleinen" GmbH bestellt werden.

1. Kann Sarah Busse eine Gesellschaft mit beschränkter Haftung gründen?
2. Welche Formvorschriften sind beim Gesellschaftsvertrag zu beachten?
3. Was muss Sarah Busse bei der Firmierung beachten?
4. Ist sein Kapital für die geplante Firmengründung ausreichend?
5. Was hat er bei der Verwendung des Jahresüberschusses zu beachten?

ÜBUNGSTEIL (AUFGABEN UND FÄLLE)

Stille Gesellschaft

1. Was ist die stille Gesellschaft?
2. Warum bezeichnet man die stille Gesellschaft als Innengesellschaft?
3. Welche Rechte hat der stille Gesellschafter?
4. Wie firmiert die stille Gesellschaft?
5. Welche Arten der stillen Gesellschaft gibt es?
6. Wie werden die verschiedenen Formen der stillen Gesellschaft im Einkommensteuerrecht behandelt?

Teil III: Arbeitsrecht und soziale Sicherung
Ausbildungsverhältnis
Wie wird das Ausbildungsverhältnis beendet?

Altersvorsorge
Albert Brecht, verheiratet, zwei schulpflichtige Kinder (10 und 14 Jahre alt), möchte für das Alter vorsorgen. Er bezieht ein Jahresbruttogehalt in Höhe von 50.000 € (beitragspflichtige Einnahmen).

1. Worin liegt der Vorteil der privaten kapitaldeckenden Altersvorsorge?
2. Kann Herr Brecht „riestern"?
3. Wie erfolgt der Sonderausgabenabzug für die Altersvorsorgebeträge?
4. Wie hoch ist der Mindesteigenbeitrag für Brecht?
5. Herr Brecht möchte wissen, ob seine Tochter diese Förderungsmöglichkeit auch in Anspruch nehmen kann, wenn sie im zweiten Jahr ihrer Berufsausbildung einen Jahreslohn von 5.000 € erhält.

Teil IV: Investition und Finanzierung
Bürgschaft

1. Beschreiben Sie drei Arten der Bürgschaft!
2. Wie bürgt der Kaufmann?

Lieferantenkredit

Kaufmann Schneider hat eine Rechnung über 11.900 € zu begleichen. Die Zahlungsbedingungen lauten: „Bei Zahlung innerhalb 14 Tagen 3 % Skonto oder nach 30 Tagen ohne Abzug." Um den Skontoabzug in Anspruch nehmen zu können, müsste Schneider einen Kontokorrentkredit zu einem Zinssatz von 8 % aufnehmen.

1. Wie hoch ist der Jahreszinssatz des Lieferantenkredits?
2. Wie hoch ist der Finanzierungsgewinn, wenn Schneider die Skontierungsmöglichkeit in Anspruch nimmt?

Lösung s. Seite 991

ÜBUNGSTEIL (AUFGABEN UND FÄLLE)

Prüfungsfall 2

I. Rechtliche Rahmenbedingungen
Sachverhalt

Die Steuerfachangestellte Eva Berger kaufte am 15.10.2018 bei der Firma Kohlmann, e. K., einen Flachbildfernseher im Wert von 1.780 €. Es wurde ein Zahlungsziel von 30 Tagen vereinbart. Da Mitte Januar 2019 die Rechnung noch immer nicht beglichen war, erinnert Kohlmann am 20.01.2019 Frau Berger an die Fälligkeit der Rechnung. Am 23.01.2019 bittet Frau Berger telefonisch um Stundung des Kaufpreises für zwei Monate. Der Stundungsbitte von ihr wird von Herrn Kohlmann noch am gleichen Tag entsprochen.

Aufgaben

(1) Erläutern Sie die Wirkung der Verjährung aus der Sicht des Schuldners und aus der Sicht des Gläubigers.

(2) Wie wirkt sich das Erinnerungsschreiben von Herrn Kohlmann auf den Ablauf der Verjährungsfrist aus?

(3) Wann verjährt der Anspruch der Firma Kohlmann auf Zahlung des Kaufpreises? Begründen Sie Ihre Lösung.

(4) Wann würde im Eingangsfall der Anspruch auf Zahlung des Kaufpreises verjähren, wenn weder Frau Berger noch Firma Kohlmann etwas unternommen hätten?

(5) Wir unterstellen, dass Frau Berger in Unkenntnis der Verjährung den Kaufpreis bezahlt. Später beruft sie sich auf die Verjährung und verlangt die Rückzahlung des Kaufpreises. Mit Recht? Begründen Sie Ihre Lösung.

(6) Wie wäre die Rechtslage, wenn ein Steuerschuldner in Unkenntnis der Zahlungsverjährung eines steuerrechtlichen Anspruchs bezahlt hat und später die Zahlung wieder zurückverlangt?

II. Investition und Finanzierung
Sachverhalt

Die ASCS AG legt für 2018 folgende (sehr verkürzte) Bilanz vor:

AKTIVA	Bilanz der AG zum 31.12.2018		PASSIVA
	Euro		Euro
A. Anlagevermögen		A. Eigenkapital	
I. Immaterielle Vermögensgegenstände	100.000	I. Gezeichnetes Kapital	3.000.000
		II. Kapitalrücklage	390.000
II. Sachanlagen	1.400.000	III. Gewinnrücklagen	570.000
		IV. Gewinnvortrag	40.000
B. Umlaufvermögen	4.500.000	V. Jahresüberschuss	300.000
		B. Rückstellungen	130.000
		C. Verbindlichkeiten	1.570.000
	6.000.000		6.000.000

Aufgaben

(1) Wie hoch ist das Eigenkapital in der obigen Bilanz?

(2) Inwiefern können in den Bilanzpositionen „Sachanlagen" (Unbebaute Grundstücke) und „Rückstellungen" stille Rücklagen stecken?

(3) Wie hoch ist der Bilanzkurs?

(4) Wodurch unterscheiden sich Rücklagen von Rückstellungen?

(5) Berechnen und kommentieren Sie die Kennzahlen der Konstitution, Finanzierung und Investierung!

(6) Der Börsenkurs der ASCS-Aktie beträgt 280 € je Stück. Wie groß ist der Unterschied zwischen Börsenkurs und Bilanzkurs?

(7) Wie viele Personen und wie viel Grundkapital sind für die Gründung einer AG erforderlich?

(8) Aus welchen Teilen besteht eine Aktie?

(9) Erklären Sie die Begriffe Finanzierung und Investition!

ÜBUNGSTEIL (AUFGABEN UND FÄLLE)

III. Insolvenzrecht
Aufgaben

(1) Welche Ziele verfolgt das Insolvenzverfahren?

(2) Die Eröffnung des Insolvenzverfahrens setzt voraus, dass ein Eröffnungsgrund gegeben ist. Nennen und beschreiben Sie drei Eröffnungsgründe!

(3) Unterscheiden Sie Aussonderung und Absonderung!

IV. Arbeitnehmer und soziale Sicherung

Tamara Wiesler, 23-jährige Auszubildende im ersten Ausbildungsjahr, erhält im November 2018 eine Ausbildungsvergütung in Höhe von 300 €. Im Dezember 2018 erhält sie zusätzlich zu der Ausbildungsvergütung eine **einmalige** Gratifikation in Höhe von 300 €. Es liegt eine Lohnsteuerkarte mit der Steuerklasse I vor.

(1) Berechnen Sie die Sozialversicherungsbeiträge für Arbeitnehmer und Arbeitgeber!

(2) Berechnen Sie die Nettovergütung für die Monate November und Dezember 2018!

V. Grundzüge der Wirtschaftsordnung und Wirtschaftspolitik
Aufgaben

(1) Welche Ziele der Wirtschaftspolitik nennt das Gesetz zur Förderung der Stabilität und des Wachstums der Wirtschaft?

(2) Warum spricht man in diesem Zusammenhang von einem magischen Viereck?

(3) Welche weiteren wirtschaftspolitischen Ziele werden angestrebt (magisches Sechseck)?

(4) Welche Aufgabe hat die Europäische Zentralbank (EZB)?

Lösung s. Seite 996

Prüfungsfall 3

I. Arbeitnehmer und soziale Sicherung

(1) Wie lange ist die gesetzliche Kündigungsfrist für Arbeitnehmer?
(2) Nennen Sie drei Personenkreise, für die ein besonderer Kündigungsschutz besteht.
(3) Wann ist eine Kündigung nach dem Kündigungsschutzgesetz sozial ungerechtfertigt?
(4) Wodurch unterscheidet sich ein Einzelarbeitsvertrag von einem Tarifvertrag?
(5) Was versteht man unter Tariffähigkeit und wer hat die Tariffähigkeit?
(6) Was versteht man unter Tarifautonomie?

II. Handels- und Gesellschaftsrecht

1. Teilaufgabe

Beantworten Sie die folgenden Fragen zur jeweiligen Rechtsform (Unternehmensform)!

Unternehmensform Frage	Gesellschaft des bürgerlichen Rechts	OHG	KG
Wer hat die Geschäftsführung und Vertretung?			
Wie werden die Gewinne verteilt?			
Wer haftet in welchem Umfang für die Verbindlichkeiten gegenüber Gläubigern?			
Wie firmieren die Unternehmen?			

2. Teilaufgabe

Die Steuerberater Clemenz und Doll wollen sich in einer Beratungsgesellschaft zusammenschließen und aktiv in der Gesellschaft mitarbeiten. Sie entscheiden sich, die Gesellschaft in der Rechtsform der Partnerschaftsgesellschaft zu gründen.

(1) Schlagen Sie zwei geeignete Namen für die Partnerschaftsgesellschaft vor!
(2) Prüfen Sie, ob die Partnerschaft die Kaufmannseigenschaft erfüllt!
(3) Clemenz bringt sein Bürogebäude in die Partnerschaft ein, Doll verpflichtet sich 150.000 € Barmittel zur Verfügung zu stellen. Diese Absprachen werden im Partnerschaftsvertrag festgehalten.
(3.1) Welche Formvorschriften sind zu beachten?
(3.2) Was muss der Partnerschaftsvertrag mindestens enthalten?

(4) Der Partnerschaftsvertrag ist inzwischen formgerecht abgeschlossen worden. Er enthält folgende Bestimmung:

„Für Ansprüche aus fehlerhafter Beratung im Rahmen der Berufsausübung der Partner besteht keine gesamtschuldnerische Haftung. Für derartige Ansprüche kommt der jeweils tätige Partner auf."

Ist die getroffene Vereinbarung gültig? Begründen Sie!

(5) Wie werden die Partnerschaftsgesellschaft und die jeweiligen Partner einkommensteuerlich behandelt?

3. Teilaufgabe

1. Aus welchen Teilen bestehen Effekten?
2. Wie wird das Eigentum an Inhaberaktien bzw. Namensaktien übertragen?
3. Nennen Sie drei Rechte, die der Aktionär hat.
4. Die X-AG will 2018 aus dem erwirtschafteten Gewinn eine Dividende von 10 € ausschütten. Welchen Betrag erhält der einkommensteuerpflichtige Eigentümer von einhundert Aktien von seiner Bank gutgeschrieben? Wie ist der Ertrag des Jahres 2018 zu versteuern?

4. Teilaufgabe

An einer OHG ist A mit 100.000 € und B mit 200.000 € beteiligt.

1. Verteilen Sie einen Gewinn von 1.500 €.
2. Verteilen Sie einen Verlust von 1.500 €.

III. Investition und Finanzierung

1. Beschreiben Sie die Kreditsicherung durch Sicherungsübereignung.
2. Was versteht man unter Rating?

Lösung s. Seite 1002

ÜBUNGSTEIL (AUFGABEN UND FÄLLE)

Prüfungsfall 4

1. Teilaufgabe
Bestimmen Sie die Rechtslage in den folgenden Fällen:

1. Ein Prokurist akzeptiert einen Wechsel über 5 Mio. €.
2. Der Prokurist eines Betriebes für Feuerwerkskörper ist der Meinung, dass die Herstellung von Schokoladeprodukten mehr Zukunft hat. Der Geschäftsinhaber verbringt einen längeren Erholungsurlaub im Ausland. Während seiner Abwesenheit stellt der Prokurist den Betrieb auf die Herstellung von Schokoladeprodukten um.
3. Ein Handlungsbevollmächtigter stellt einen neuen Mitarbeiter ein.
4. Ein Prokurist kauft ein bebautes Grundstück im Wert von 750.000 €.
5. Ein Handlungsbevollmächtigter erteilt einem Mitarbeiter Handlungsvollmacht.
6. Einem Prokuristen ist die Prokura mit der Auflage erteilt worden Wareneinkäufe über 30.000 € nur mit ausdrücklicher Genehmigung des Geschäftsinhabers vorzunehmen. Der Prokurist kauft Waren im Wert von 90.000 €. Der Verkäufer verlangt vom Geschäftsinhaber Vertragserfüllung.
7. Ein Prokurist kauft 40 Flaschen des Champagners „Highnoon" zu einem besonders günstigen Preis für die Frau des Geschäftsinhabers. Der Geschäftsinhaber verweigert die Zahlung.
8. Ein Prokurist erteilt einem Mitarbeiter Handlungsvollmacht.
9. Einem Prokuristen wurde die Prokura entzogen. Der Widerruf ist ins Handelsregister eingetragen und bekannt gegeben. Der ehemalige Prokurist nimmt ein Darlehen in Höhe von 250.000 € für den Betrieb auf. Der Geschäftsinhaber ist der Meinung, dass der Darlehensvertrag von Anfang an nichtig ist.
10. Einem Prokuristen wird am 04.11.2018 Prokura erteilt. Die Eintragung ins Handelsregister erfolgt am 25.11.2018. Am 21.11.2018 entlässt der Prokurist einen Mitarbeiter. Ist die Entlassung rechtswirksam?

2. Teilaufgabe
Die Gründungsmitglieder einer AG beraten sich, ob sie folgende Klausel in die Satzung aufnehmen dürfen: „Bei Meinungsverschiedenheiten der Vorstandsmitglieder kann der Vorstandsvorsitzende gegen die Mehrheit seiner Mitglieder entscheiden." Ist diese Klausel zulässig?

3. Teilaufgabe

An einer OHG sind drei Gesellschafter wie folgt beteiligt:

Gesellschafter	Kapitaleinlage
A	180.000 €
B	112.000 €
C	68.000 €

Während des Geschäftsjahres 2018 erfolgten durch den Gesellschafter B folgende Privatentnahmen und Privateinlagen:

Privatentnahmen		Privateinlagen	
05.02.	8.000 €	15.05.	10.000 €
30.04.	6.000 €	01.09.	2.000 €
12.08.	3.000 €		
31.10.	4.000 €		

Im Gesellschaftsvertrag wurde folgendes vereinbart:

1. Vom Jahresgewinn 2018 erhält jeder Gesellschafter entgegen den gesetzlichen Bestimmungen (aufgerundet auf volle Euro) einen Anteil in Höhe von 5 % seiner Kapitaleinlage. Ein übersteigender Gewinnrest wird unter den Gesellschaftern im Verhältnis ihrer Kapitaleinlage verteilt.
2. Die Gesellschafter B und C erhalten für ihre Tätigkeit als Geschäftsführer eine Vorwegvergütung pro Monat ausbezahlt:

Gesellschafter	Vorwegvergütung für Geschäftsführertätigkeit pro Monat
B	3.200 €
C	2.800 €

3. Die Privatentnahmen eines jeden Gesellschafters dürfen 20 % seiner zu Beginn des Geschäftsjahres bestehenden Kapitaleinlage nicht übersteigen.
4. Gewinnverteilung soll mit Verzinsung der Kapitalbewegung gem. § 121 Abs. 2 HGB erfolgen.

    Die Geschäftsführergehälter wurden während des Geschäftsjahres als Aufwand auf dem Konto „Gehälter" erfasst.

    Ermitteln Sie die Beträge, die den Gesellschaftern als steuerliche Gewinnanteile zuzurechnen sind sowie die Kapitaleinlagen am 31.12.2018, wenn der nach Handelsrecht ermittelte Jahresgewinn 120.000 € beträgt.

4. Teilaufgabe
Das Grundkapital der LUKAS AG beträgt 1,5 Mio. €.

1. Jahresüberschuss: 600.000 €
   Verlustvortrag: 180.000 €
   Gesetzliche Rücklage zu Beginn des Geschäftsjahres: 110.000 €

   In welcher Höhe ist der Bilanzgewinn auszuweisen, wenn ein Teil des Jahresüberschusses in die anderen Gewinnrücklagen eingestellt werden sollten?

2. Jahresfehlbetrag: 80.000 €
   Verlustvortrag: 60.000 €
   Gesetzliche Rücklage: 160.000 €
   Andere Gewinnrücklagen: 2,5 Mio. €

   Wie sieht das Rechenschema aus, wenn ein Bilanzgewinn von 50.000 € ausgewiesen wird, der voll an die Aktionäre ausgeschüttet werden soll?

3. Jahresüberschuss: 800.000 €
   Gewinnvortrag: 100.000 €
   Gesetzliche Rücklage: 60.000 €
   Dividendenausschüttung: 240.000 €

   Ermitteln Sie den verbleibenden Gewinnvortrag, wenn keine weiteren Beträge in die anderen Gewinnrücklagen eingestellt werden sollen.

Lösung s. Seite 1005

Prüfungsfall 5

I. Arbeitsrecht
1. Teilaufgabe

Arbeitgeber Schmitt stellt Herrn Möller, der volljährig ist, in seinem Unternehmen als Arbeitnehmer ein.

Der Vertrag wird mündlich geschlossen und später auch nicht schriftlich bestätigt.

a) Kommt ein gültiger Arbeitsvertrag zustande? Begründen Sie Ihre Antwort kurz!

b) Welche Argumente sprechen für eine schriftliche Abfassung des Arbeitsvertrages? Nennen Sie mindestens zwei!

c) Welche wesentlichen Inhalte sollten in einem Arbeitsvertrag geregelt werden? Nennen Sie mindestens sieben!

2. Teilaufgabe

Wodurch unterscheidet sich die „ordentliche" Kündigung von der „außerordentlichen" Kündigung? Nennen Sie vier Unterscheidungsmerkmale!

3. Teilaufgabe

Nennen Sie drei Gründe, die es rechtfertigen, dass ein Arbeitgeber einem Arbeitnehmer „fristlos" kündigt!

II. Gesellschaftsrecht
1. Teilaufgabe

a) Wie viele Personen werden benötigt, um eine AG zu gründen?

b) Wie ist das Eigenkapital der AG im Jahresabschluss gegliedert? Erstellen Sie einen entsprechenden Auszug aus der Bilanz!

c) Nennen Sie die Organe der AG und beschreiben Sie kurz deren Funktionen!

2. Teilaufgabe

Die Möbelbau AG mit Sitz in Frankfurt möchte eine Erhöhung des Grundkapitals durch Emission von 50.000 jungen Aktien, Nennwert 50 €, Ausgabekurs 160 % vornehmen.

a) Um welche Finanzierungsform handelt es sich hierbei? (Benennung und Kurzbegründung)?

b) Um welchen Betrag erhöhen sich welche Posten des Eigenkapitals im Jahresabschluss?

3. Teilaufgabe
Der Mandant Müller erscheint in der Steuerberaterpraxis und möchte hinsichtlich der Gründung eines Unternehmens beraten werden. Insbesondere möchte er folgende Unterscheidungsmerkmale zwischen einer GmbH und einer OHG geklärt haben.

Beantworten Sie die Fragen bei der GmbH und der OHG jeweils mit „Ja" beziehungsweise „Nein"!

a) Zur Errichtung der Gesellschaft muss der Gesellschaftsvertrag **notariell** beurkundet sein.

b) Der im Gesellschaftsvertrag festgelegte **Betrag** des Stammkapitals ist auf der Passivseite der Bilanz als „Gezeichnetes Kapital" auszuweisen.

c) Die Eintragung der Gesellschaft ins Handelsregister hat **deklaratorische (rechtsbezeugende)** Wirkung.

d) Jeder Gesellschafter hat – falls nichts anderes vereinbart wurde – Anspruch auf eine 4 %ige Verzinsung seines Eigenkapitals zuzüglich einer Beteiligung am Restgewinn nach Köpfen.

e) Der Gesellschafter ist zur Vertretung der Gesellschaft befugt.

f) Die Zinsen, die der Gesellschafter für ein der Gesellschaft gewährtes Darlehen erhält, sind Einkünfte aus Gewerbebetrieb.

III. Sozialversicherung
1. Teilaufgabe
Nennen Sie die Zweige der gesetzlichen Sozialversicherung und ihre jeweiligen Träger!

2. Teilaufgabe
In welchem Versicherungszweig ist der höchste Beitragssatz zu entrichten?

3. Teilaufgabe
Welche Bedeutung hat die Beitragsbemessungsgrenze für die Gehaltsabrechnung?

ÜBUNGSTEIL (AUFGABEN UND FÄLLE)

IV. Finanzierung
1. Teilaufgabe

Die Meier KG benötigt einen Betriebsmittelkredit in Höhe von 200.000 €. Die Aktivseite der Bilanz weist folgende Positionen aus:

AKTIVA	Bilanz		PASSIVA
	Euro		Euro
Unbebaute Grundstücke	100.000		
Geschäftsgebäude	300.000		
Geschäftsausstattung	100.000		
Wertpapiere	200.000		
Forderungen	180.000		

Mit welchen Sicherheiten könnte die Sparkasse Hamburg den Kredit absichern, wenn bisher keinerlei Sicherheiten benötigt wurden?

Die Kreditsicherungen sind den einzelnen Bilanzpositionen zuzuordnen!

2. Teilaufgabe

Welche Möglichkeiten der Beschaffung liquider Mittel stünden der Meier KG (Aufgabe 1) zur Verfügung? Nennen Sie drei Möglichkeiten!

3. Teilaufgabe

Was ist unter „sale and lease back" zu verstehen?

V. Grundzüge der Rechtsordnung
1. Teilaufgabe

Unterscheiden Sie – per Kurzerklärung und durch Nennung jeweils eines Beispiels – zwischen einem

a) einseitigen Rechtsgeschäft und einem

b) zweiseitigen Rechtsgeschäft.

2. Teilaufgabe
In Deutschland gilt grundsätzlich die „Formfreiheit" für Rechtsgeschäfte. Der Gesetzgeber hat jedoch für bestimmte Rechtsgeschäfte gesetzliche Formvorschriften festgelegt. Nennen Sie drei gesetzliche Formvorschriften für Rechtsgeschäfte und ordnen Sie diese folgenden Rechtsgeschäften zu:

a) Anmeldung zur Handelsregistereintragung

b) Grundstückskauf

c) Bürgschaftsversprechen zwischen Privatpersonen

d) Ehevertrag.

3. Teilaufgabe
Welche Rechtswirkung hat der Verstoß gegen gesetzliche Formvorschriften?

Lösung s. Seite 1008

Prüfungsfall 6

I. Investition und Finanzierung, Rendite
Sachverhalt
Der Steuerpflichtige Marc Schreiber hat in Trier ein Mehrfamilienhaus für 860.000 € angeschafft. Auf den Grund und Boden entfallen 20 % des Kaufpreises.

Zur Finanzierung hat Herr Schreiber 239.920 € Eigenkapital eingesetzt. Hierfür erwartet er eine Verzinsung von 3 % p. a. Die 1. Hypothek wurde ihm von der VR-Bank Trier zugesagt: 360.000 € bei 96 % Auszahlung und 5,4 % Nominalverzinsung. Der Restbetrag muss durch eine 2. Hypothek finanziert werden, die mit 94 % ausbezahlt werden soll.

Seine jährlichen Mieteinnahmen belaufen sich für die Kaltmiete auf 66.000 €. Er hat folgende Grundstücksaufwendungen zu tragen:

- Gebäude-AfA 2 %
- Grundsteuer vierteljährlich 300 €
- Aufwendungen für die Instandhaltung des Gebäudes jährlich 8.000 €.

Aufgabenstellung
Ermitteln Sie den maximal möglichen Zinssatz für die 2. Hypothek, wenn Herr Schreiber die angestrebte Eigenkapitalverzinsung erhalten will!

Zinseszinseffekte und steuerliche Auswirkungen sind nicht zu berücksichtigen!

Das Disagio soll aus Vereinfachungsgründen nicht in die Zinsberechnung einbezogen werden!

II. Vertragsrecht
1. Teilaufgabe
Anfang Juni 2018 gibt die Firma SPORTFIT GmbH bei der Textilfabrik SABU folgende Bestellung auf:

- 100 T-Shirts, Größe M, Farbe orange, Stückpreis 8 €
- 50 Sweat-Shirts, Größe L, Farbe dunkelblau, Stückpreis 15 €
- 30 Jacken, Modell „Camper", Größe 38/40, Stückpreis 35 €

Nach 14 Tagen trifft die Lieferung ein und wird bei der Firma SPORTFIT sofort auf Richtigkeit überprüft. Bei der Überprüfung wird festgestellt, dass fünf Jacken mit erheblichen Produktionsfehlern geliefert wurden.

Welche Gewährleistungsansprüche kann die SPORTFIT GmbH geltend machen?

2. Teilaufgabe

Durch Reklamationen von Kunden stellt die SPORTFIT GmbH (Teilaufgabe 1) 3 Monate nach dem Erhalt der Ware fest, dass die gelieferten T-Shirts, die von SABU als „einlaufecht" verkauft wurden, beim Waschen etwa 20 % einlaufen.

a) Wodurch unterscheidet sich der hier beschriebene Mangel von dem in der 1. Teilaufgabe?
b) Welche Rechte kann die SPORTFIT GmbH geltend machen?
c) Nennen Sie die Rechtsgrundlagen (§§) zu b)!

3. Teilaufgabe
Sachverhalt

Im Lebensmittelmarkt „Tau-Frisch", Martin Schmitt e. K., wird die Ware der Firma Müller & Möller aus Mannheim geliefert. Beim Auspacken der Ware wird Folgendes festgestellt:

a) Statt 200 Paketen Waschpulver „Dalli" sind nur 190 Pakete in der Sendung enthalten.
b) Statt der bestellten 100 Flaschen „Fresh-Rasierwasser" sind 100 Flaschen „Fresh-Hairtonic" eingetroffen.
c) Von den 20 Flaschen „Red-Ball-Whisky" sind zwei Flaschen nur zu 50 % gefüllt.

Aufgaben

1. Stellen Sie fest, welche Mängel hier vorliegen und nennen Sie die dazugehörige Rechtsquelle, in welchen die Mängel definiert sind (Paragraf und Absatz)!
2. Wie muss Herr Schmitt den Reklamationsfall weiter behandeln, um sein Gewährleistungsrecht zu wahren?
3. Wie unterscheiden sich Prüf- und Rügepflichten beim zweiseitigen Handelskauf vom bürgerlichen Kauf?

4. Teilaufgabe
Sachverhalt

Der Privatmann Winnie Pohl kauft am 16.01.2018 bei dem Autohändler Schnell in Darmstadt einen gebrauchten Pkw für 4.000 €. Der Autohändler verkauft den Pkw mit der vertraglichen Vereinbarung „gekauft wie gesehen – Gewährleistung ausgeschlossen".

Im Oktober 2018 hat der Pkw einen Mangel, der nicht durch die Nutzung von Herrn Pohl verursacht wurde.

Aufgabe
Hat Herr Pohl Gewährleistungsrechte oder sind diese durch die vertragliche Vereinbarung ausgeschlossen?

Begründen Sie Ihre Antwort und geben Sie die zutreffende Rechtsgrundlage an!

III. Geringfügige Beschäftigung
Sachverhalt
Frau Gerlinde Weiss hat nach ihrer „Kinderpause" eine Stelle als medizinische Fachangestellte angenommen. Sie verdient ab Juli 2018 monatlich 450 €, weitere Einkünfte hat sie nicht.

Aufgabe 1
Prüfen Sie, ob Frau Weiss eine geringfügige Beschäftigung ausübt. Begründen Sie Ihre Entscheidung unter Bezugnahme auf § 8 SGB IV!

Aufgabe 2
Für welche Zweige der Sozialversicherung müssen Beiträge abgeführt werden? Wie hoch sind die Beitragssätze? Frau Weiss hat sich von der Rentenversicherungspflicht befreien lassen.

Berechnen Sie die zu zahlenden Beträge! Wer schuldet die abzuführenden Beträge?

Aufgabe 3
Frau Weiss könnte ihre Arbeitszeit ausdehnen und dann monatlich 700 € verdienen. Welche Auswirkung hat das auf Sozialversicherungsbeiträge und Steuer? Der Beitragssatz zur Krankenversicherung beträgt 14,6 %, Zusatzbeitrag 1,1 %. Ein Zusatzbeitrag zur Pflegeversicherung fällt nicht an.

Aufgabe 4
Frau Zuber hat eine Arbeitsstelle als Hausgehilfin gefunden. Sie soll ab Juli 2018 monatlich 450 € verdienen. Sie möchte wissen, ob das brutto oder netto ist. Was hat der Arbeitgeber zu beachten? Die Vorgaben des Mindestlohngesetzes (MiLoG) sind beachtet.

Lösung s. Seite 1012

D. Übungsfälle für die mündliche Prüfung: Mandantenorientierte Sachbearbeitung

Vorbemerkungen

Die Prüfungsordnung der Ausbildung zur bzw. zum Steuerfachangestellten beinhaltet neben den drei Klausuren in den Fächern Steuerwesen, Rechnungswesen und Wirtschafts- und Sozialkunde die **mündliche** Prüfung in dem **4. Prüfungsfach „Mandantenorientierte Sachbearbeitung"**. Der zeitliche Rahmen der mündlichen Prüfung wird von der Prüfungsordnung vorgegeben. Sie soll **pro Kandidat höchstens 30 Minuten** betragen (möglicherweise also auch kürzer). In der Vorbereitungszeit (10 Minuten) kann der Prüfungskandidat **einen** von zwei ihm zur Wahl gestellten Fällen auswählen und unter Zuhilfenahme von üblichen Hilfsmitteln (Gesetze, Durchführungsverordnungen, Richtlinien, Hinweise, Übersichten, Taschenrechner) Lösungshinweise notieren.

Dieser insgesamt knapp gesteckte zeitliche Rahmen der Vorbereitungsphase bedingt, dass die Fälle mit der zu bearbeitenden Aufgabenstellung **kurz und übersichtlich** gefasst sein müssen; immerhin soll der Prüfungskandidat in der Vorbereitungsphase zwei Fälle mit Aufgabenstellung lesen, eine Entscheidung zugunsten eines Falls treffen und anschließend Lösungshinweise notieren.

Ein weiterhin zu beachtender Aspekt ist das **Ziel dieses Prüfungsfaches**, neben der **Fachkompetenz** des Prüfungskandidaten dessen **Problemlösungskompetenz** (spezieller Aspekt einer allgemeinen Handlungskompetenz) zu überprüfen. Die Fälle können deshalb **mehrere Lösungsvarianten** zulassen und es dem Prüfungskandidaten dann anheim stellen, welchen Lösungsweg und welche konkrete Lösung er dem Prüfungsausschuss vorstellt.

Bei den nachfolgenden Fällen wurden die dargestellten Aspekte berücksichtigt.

 TIPP

Nun noch einige Hinweise für die Bearbeitung der Fälle:

1. Lesen Sie die zwei Fälle, die Ihnen ausgehändigt werden, zunächst nur oberflächlich **(schnell)**, damit keine kostbare Zeit verloren geht. Das „Überfliegen" soll nur dazu dienen, Ihnen einen **ersten Eindruck** zu vermitteln.

2. Entscheiden Sie **spontan (!)**, welcher der beiden Fälle Ihnen am ehesten zusagt. Lassen Sie sich von Ihrem ersten Eindruck leiten; dieser ist oft der richtige. **Zum längeren Überlegen haben Sie keine Zeit!** Sie brauchen die Zeit für die Bearbeitung des von Ihnen ausgewählten Falls.

3. Nehmen Sie den ausgewählten Fall erneut zur Hand und lesen Sie diesen nun **sehr sorgfältig**, damit Sie den Sachverhalt und die Aufgabenstellung **vollständig** erfassen.

ÜBUNGSTEIL (AUFGABEN UND FÄLLE)

Beim Lesen sollten Sie den Fall durch Unterstreichungen, Hervorhebungen, Randbemerkungen etc. schon bearbeiten.

Wenn Sie in dieser Phase hektisch und unkonzentriert vorgehen, kann es passieren, dass Sie wesentliche Aspekte übersehen oder sogar falsch interpretieren.

Kehren Sie auch auf keinen Fall zu der verworfenen Aufgabe zurück.

4. Nehmen Sie nach dem sorgfältigen Lesen des ausgewählten Falls ein leeres Blatt Papier und gliedern Sie dieses auf der Vorder- und Rückseite in 3 - 5 Abschnitte (zunächst nur die Zahlen aufschreiben und genügend Platz zwischen den Zahlen frei lassen), z. B.

<u>Vorderseite:</u>

I.

II.

<u>Rückseite:</u>

III.

IV.

V.

5. Bilden Sie für die einzelnen Zahlen **Überschriften**, die in **Kurzform** die Inhaltsbereiche (Themengebiete) darstellen, über die Sie bei dem Prüfungsgespräch reden möchten. Dies ist dann **Ihre Gliederung** für die weitere Bearbeitung.

6. Lösen Sie den Fall nun **gedanklich** in der Reihenfolge Ihrer Gliederung (siehe 5.). Notieren Sie hierbei möglichst **nur Stichworte**, die Sie durch das nachfolgende Prüfungsgespräch leiten sollen. Vermeiden Sie längere Notizen (z. B. ganze Sätze oder Satzteile), weil Ihnen hierbei zu viel Zeit verloren geht! Außerdem fördern Stichworte das freie Vortragen; Sätze hingegen verleiten zum Ablesen (was bei der Bewertung Ihres Vortrags negative Auswirkungen hätte).

7. Wenn Ihnen nun noch Zeit verbleibt, können Sie abschließend Gesetzesquellen zu den Stichworten notieren (es macht immer einen guten Eindruck, wenn Sie bei Ihren Ausführungen die zugrunde liegenden Rechtsquellen nennen!).

Sofern Berechnungen anzustellen sind, sollten Sie diese erst am Ende der Vorbereitungszeit erledigen. Wenn hierfür nicht genügend Zeit zur Verfügung steht und die Prüfer nach solchen Berechnungen fragen, sollten Sie auf die zu knapp bemessene Vorbereitungszeit verweisen und gegebenenfalls notwendige Kurzberechnungen während des Prüfungsgesprächs durchführen.

ÜBUNGSTEIL (AUFGABEN UND FÄLLE)

Fall 1: Der neue Computerladen

Sachverhalt

Ralf Kilanowski ist Arbeitnehmer in einem Fachgeschäft für Computer und Zubehör in Koblenz. Aufgrund seiner guten Fachkenntnisse und dem Bestreben, sein eigener Chef zu sein, möchte er ein eigenes Computergeschäft in Lahnstein gründen.

Ein geeignetes Ladenlokal mit Räumen für eine Werkstatt und ein Lager hat Herr Kilanowski bereits gefunden.

Zur Finanzierung der Unternehmensgründung will Herr Kilanowski sein gespartes Geld in Höhe von **25.000 €** verwenden.

Herr Kilanowski hat nun viele **Fragen, welche die Unternehmensgründung betreffen.** Er wendet sich deshalb an seinen Steuerberater (Ihr Arbeitgeber), der Ihnen den Fall überträgt.

Aufgabe

Informieren Sie Herrn Kilanowski über wichtige bei der Unternehmensgründung zu beachtende **rechtliche, betriebswirtschaftliche und steuerliche Aspekte.**

Hierbei können Sie **beispielsweise** auf **einige** der folgenden Themengebiete eingehen:

- Wahl der geeigneten Rechtsform der Unternehmung (mit Vor- und Nachteilen gegenüber anderen Rechtsformen)
- Meldepflichten/Handelsregistereintragung
- Buchführungspflicht
- allgemeine Aspekte der Besteuerung (Umsatzsteuer, Gewerbesteuer, evtl. Körperschaftsteuer, Einkommensteuer)
- Verpflichtung zur Abgabe von Umsatzsteuer-Voranmeldungen und Entrichtung von Vorauszahlungen.

Lösung s. Seite 1020

ÜBUNGSTEIL (AUFGABEN UND FÄLLE)

Fall 2: Der neue Arbeitnehmer

Sachverhalt

Ralf Kilanowski hat in der vergangenen Woche in Lahnstein den Computerladen „Soft-Hard" eröffnet. Er betreibt das Geschäft als Einzelunternehmung.

Da Herr Kilanowski den Kundendienst vor Ort selbst durchführt, möchte er für die Beratung und den Verkauf im Laden einen fachkompetenten **Einzelhandelskaufmann einstellen**. Das Bruttogehalt soll **2.500 €** betragen. Er hat bereits einige Interessenten in der engeren Auswahl.

Herr Kilanowski ist einer Ihrer Mandanten. Vor der Einstellung des Arbeitnehmers wendet er sich mit einigen Fragen an Sie. Diese betreffen beispielsweise den **Abschluss und die Auflösung des Arbeitsvertrages**, die gesetzlichen **Bestimmungen zum Kündigungsschutz,** und die **Nettogehaltsermittlung.**

Aufgabe

Informieren Sie Herrn Kilanowski über das Thema **Personal**. Hierbei können Sie **beispielsweise** auf **einige** der folgenden Themengebiete eingehen:

- Abschluss des Arbeitsvertrages (Form, gesetzlicher Mindestinhalt, Tarifvertragsrecht)
- Auflösung des Arbeitsvertrages (Gründe und Form der Auflösung)
- Kündigungsschutz/Kündigungsfristen
- Sozialversicherung (z. B. Sozialversicherungspflicht, Zweige der Sozialversicherung, Beiträge, Leistungen)
- Ermittlung des Nettogehalts (Aufbau einer Gehaltsabrechnung)
- Verpflichtung zur Abgabe von Lohnsteuer-Anmeldungen.

Lösung s. Seite 1025

ÜBUNGSTEIL (AUFGABEN UND FÄLLE)

Fall 3: Die geplante Investition

Sachverhalt

Dietmar Fölbach ist Inhaber einer Offsetdruckerei in Koblenz, die er in der Rechtsform einer Einzelunternehmung betreibt.

Die Produktionskapazitäten (Druckmaschinen und Maschinen zur Weiterverarbeitung) sind Dank der konstanten Auftragslage ausgelastet. Um Produktionsengpässe zu vermeiden, plant Herr Fölbach die Anschaffung einer neuen Druckmaschine. Die Lieferzeit beträgt 6 bis 8 Monate ab Bestellung.

Weil Herr Fölbach sich noch nicht sicher ist, ob er diese hohe Investition tatsächlich tätigen soll, möchte er vorab noch einige Informationen von Ihnen, die ihm bei seiner Entscheidungsfindung helfen können. Er wendet sich deshalb im Juli 2018 mit einigen Fragen an Sie. Diese betreffen insbesondere die **Abziehbarkeit der Umsatzsteuer**, die Herr Fölbach an die Firma „Druckmaschinen-Reisinger" bei der Lieferung zu bezahlen hat, die **steuerliche Absetzbarkeit der Druckmaschine** und die **Möglichkeiten der Finanzierung**. Eigenkapital möchte er hierbei nicht einsetzen.

Ihnen liegen bereits die folgenden Informationen vor:

▶ Preis der Druckmaschine ohne USt	**71.500 €**
▶ Lieferkosten (Spedition), netto	**1.000 €**
▶ Aufbau und Installation, netto	**2.500 €**
▶ Wert des Betriebsvermögens am 31.12.2017	**175.000 €**
▶ Wert des Betriebsvermögens Mitte 2018	**150.000 €**

- für 2018 sind keine zusätzlichen Investitionen geplant
- geplanter Liefertermin: 15.02.2019

Aufgabe

Informieren Sie Herrn Fölbach über das Thema **Anschaffung und Abschreibung von Anlagegütern**. Hierbei können Sie **beispielsweise** auf **einige** der folgenden Themengebiete eingehen:

- Abziehbarkeit der Vorsteuer (Voraussetzungen)
- planmäßige Abschreibung (Ermittlung der AK, der Nutzungsdauer, der AfA)
- Inanspruchnahme von Steuervergünstigungen und Sonderabschreibungen (§ 7g EStG)
- Möglichkeiten und Probleme der Finanzierung mit Fremdkapital
- Buchungen (Anschaffung, Abschreibung).

Lösung s. Seite 1032

ÜBUNGSTEIL (AUFGABEN UND FÄLLE)

Fall 4: Das gemischt genutzte Gebäude

Sachverhalt
Ines Beck ist Inhaberin eines Sportartikelgeschäfts in Koblenz. Die erwirtschafteten Gewinne möchte sie anlegen. Sie entschließt sich deshalb, ein eigenes Gebäude zu bauen.

Das **Erdgeschoss** soll für ihr Sportartikelgeschäft genutzt werden.
Das **1. Obergeschoss** will sie als Wohnung oder Büro vermieten.
Das **2. Obergeschoss** wird sie selbst bewohnen (Privatwohnung).

Den **Bauantrag** hatte sie im **Mai 2016** gestellt. Im **Juli 2018** ist das gesamt Gebäude **bezugsfertig**. Anschaffungskosten des Grund und Bodens: **200.000 €**, Herstellungskosten des Gebäudes: **400.000 €**. Die einzelnen Geschosse sind gleich groß.

Frau Beck ist bereits Mandantin bei Ihnen. Zu den steuerlichen Gesichtspunkten dieses Hausbaus hat sie einige Fragen, die Sie ihr beantworten sollen.

Aufgabe
Informieren Sie Frau Beck über das Thema **„steuerliche Berücksichtigung eines gemischt genutzten Gebäudes"**. Hierbei sollten Sie auf die folgenden Themengebiete eingehen:

- Zuordnung zum Betriebs- oder Privatvermögen
- Einkünfte aus Vermietung und Verpachtung
- Abschreibungsmöglichkeiten
- Umsatzsteuerliche Berücksichtigung (z. B. Vorsteuerabzug beim Hausbau, Besteuerung der Vermietungsumsätze, Option nach § 9 UStG).

Lösung s. Seite 1038

ÜBUNGSTEIL (AUFGABEN UND FÄLLE)

Fall 5: Italo-Express

Sachverhalt

Giovanni Trapattoni ist Inhaber eines italienischen Restaurants in Koblenz. Auf Bestellung liefert sein Restaurant auch Speisen mit dem betrieblichen Pkw an Kunden nach Hause.

Herr Trapattoni kauft für das Restaurant – insbesondere für die Lieferung der Speisen außer Haus – am 02.05.2018 einen neuen Pkw. Er erwirbt das Fahrzeug, das regulär **25.000 € + 4.750 € USt** kostet, mit einem vereinbarten **Preisnachlass** von **10 %**. Die Bezahlung erfolgt durch Banküberweisung.

Zusätzlich fallen **25 € + 4,75 € USt** für Nummernschilder und **25 €** für die Erstzulassung an, die Herr Trapattoni bar bezahlt.

Herr Trapattoni benutzt diesen Pkw auch für Privatfahrten. Ein Fahrtenbuch wird für das Fahrzeug nicht geführt.

Die betriebsgewöhnliche Nutzungsdauer dieses Fahrzeugs beträgt nachweislich 5 Jahre. Die Abschreibung erfolgt linear.

Aufgabe

Ihr Mandant Trapattoni möchte von Ihnen wissen, wie dieser Pkw steuerlich und buchhalterisch berücksichtigt wird.

Gehen Sie bei Ihrer Antwort z. B. auf folgende Aspekte ein:

- Wie werden die Anschaffung und die Abnutzung des Pkw in der Buchführung erfasst?
- Wie werden die laufenden Pkw-Kosten dieses Fahrzeugs in der Buchführung erfasst?
- Wie wird die private Pkw-Nutzung berücksichtigt?
- Ist es für Herrn Trapattoni sinnvoll, Aufzeichnungen über die betrieblichen und die privaten Fahrten zu führen?

Lösung s. Seite 1046

LÖSUNGEN

Lösungen zu den Übungsfällen für die schriftliche Prüfung
I. Steuerwesen
Lösungen zu Umsatzsteuer-Prüfungsfall 1

(1) Beurteilung der Umsätze:

Tz.	Art des Umsatzes	Ort des Umsatzes	nicht steuerbar Euro	steuerbar im Inland Euro	steuerfrei im Inland Euro	steuerpflichtig im Inland Euro zu 7 %	zu 19 %
1.	Lieferungen § 3 Abs. 1	Köln § 3 Abs. 6 Satz 1		33.500 § 1 Abs. 1 Nr 1, § 10 Abs. 1			33.500
2.	sonstige Leistungen (Werkleistungen) § 3 Abs. 9	Köln § 3a Abs. 3 Nr. 3c		2.000 § 1 Abs. 1 Nr. 1, § 10 Abs. 1			2.000
3a.	unentgeltl. sonstige Leistung § 3 Abs. 9a Nr. 1	Köln § 3f	64[1] *80%* *20%*	256[1] § 1 Abs. 1 Nr. 1, § 10 Abs. 4 Nr. 2, BMF-Schreiben vom 05.06.2014			256
3b.	nicht steuerbare sonstige Leistung	Köln	18[2]				
4.	–	–		–			- 600 Änderung der Bemessungsgrundlage § 17 Abs. 1
5.	kein Umsatz, sondern **Vorsteuerkürzung** (siehe Vorsteuer)						

---

[1] Zur Tz. 3a: 32.000 € • 1 % = 320 €, davon Abschlag in Höhe von 20 % für Kosten ohne Vorsteuerabzug (BMF-Schreiben vom 05.06.2014, Gliederungspunkt I.5.) = 256 € (320 € • 80 %).

[2] Zur Tz. 3b: 32.000 € • 0,03 % • 5 km (Entfernung zwischen Wohnung und Betrieb) = 48 €, davon als Betriebsausgaben abzugsfähig: 20 Fahrten • 5 km • 0,30 € = 30 €. Nichtabzugsfähige Betriebsausgaben also: 18 €. Diese nabz. BA unterliegen nicht der Umsatzsteuer (nicht steuerbar); siehe BMF-Schreiben vom 05.06.2014, Gliederungspunkt I.2.

LÖSUNGEN

Tz.	Art des Umsatzes	Ort des Umsatzes	nicht steuerbar Euro	steuerbar im Inland Euro	steuerfrei im Inland Euro	steuerpflichtig im Inland Euro	
						zu 7 %	zu 19 %
6.	unentgeltl. Lieferung § 3 Abs. 1b Nr. 1	Köln § 3f		110 § 1 Abs. 1 Nr. 1, § 10 Abs. 4 Nr. 1			110
7.	innergemein- schaftlicher Erwerb § 1a Abs. 1	Köln § 3d Satz 1		1.100 § 1 Abs. 1 Nr. 5, § 10 Abs. 1			1.100
		Summen der steuerpflichtigen Umsätze:				- 600	36.966

(2) Ermittlung der USt-Zahllast:

	Euro	Euro
USt-Traglast		
36.966,00 € · 19 % =		7.023,54
- 600,00 € · 7 %		- 42,00
		6.981,54
- Vorsteuer		
Tz. 8: (§ 15 Abs. 1 Nr. 1)	3.512,66	
Tz. 5: Vorsteuerabzugsverbot (§ 15 Abs. 1a) Berichtigung nach § 17 (siehe Abschn. 15.6 Abs. 5 UStAE)	- 12,00	
Tz. 7: 1.100,00 € · 19 % (§ 15 Abs. 1 Nr. 3)	209,00	
Tz. 9: (§ 15 Abs. 1 Nr. 2)	760,00	
Tz. 10: (§ 15 Abs. 1 Nr. 1 und Abs. 1a Satz 2) Vorsteuer voll abziehbar: 74,38 € : 119 · 19 = 11,88 €	11,88	- 4.481,54
= USt-Zahllast		**2.500,00**

(3) Fristgerechte Abgabe und Bezahlung der Voranmeldung:
Da Herr Kurz Monatszahler ist (Zahllast im vorangegangenen Kalenderjahr mehr als 7.500 €), muss er die USt-Voranmeldung für April 2018 nach § 18 Abs. 1 und Abs. 2 Satz 2 UStG sowie §§ 46 - 48 UStDV (Dauerfristverlängerung) spätestens am 10.06.2018 an das Finanzamt übermitteln und bezahlen. Ergänzend kommt für die Bezahlung eine Schonfrist von 3 Tagen in Betracht (vgl. § 240 Abs. 3 AO).

Lösungen zu Umsatzsteuer-Prüfungsfall 2

(1) Beurteilung der Umsätze:

Tz.	Art des Umsatzes	Ort des Umsatzes	nicht steuerbar Euro	steuerbar im Inland Euro	steuerfrei im Inland Euro	steuerpflichtig im Inland Euro zu 7 %	steuerpflichtig im Inland Euro zu 19 %
1.	Lieferungen (Werklieferungen) § 3 Abs. 1 i. V. mit Abs. 4	Koblenz § 3 Abs. 6 Satz 1		22.500 § 1 Abs. 1 Nr. 1, § 10 Abs. 1			22.500
2.	unentgeltl. Lieferung § 3 Abs. 1b Nr. 1	Koblenz § 3f		50 § 1 Abs. 1 Nr. 1, § 10 Abs. 4 Nr. 1			50
3.	Lieferung (Werklieferung) § 3 Abs. 1 i. V. mit Abs. 4	Koblenz § 3 Abs. 6 Satz 1		6.500[1] § 1 Abs. 1 Nr. 1, § 10 Abs. 1, § 13 Abs. 1 Nr. 1 Buchst. a		6.500 § 12 Abs. 2 Satz 1, Nr. 49 der Anlage 2 zu § 12	
4.	Lieferung § 3 Abs. 1	Koblenz § 3 Abs. 6 Satz 1		1.750 § 1 Abs. 1 Nr. 1, § 10 Abs. 1	1.750 § 4 Nr. 1b i. V. m. § 6a Abs. 1		
5.	innergem. Erwerb § 1a Abs. 1	Koblenz § 3d Satz 1		11.000 § 1 Abs. 1 Nr. 5, § 10 Abs. 1			11.000
6.	echter Schadenersatz	Koblenz	75 Abschn. 1.3 Abs. 6 UStAE				
7.	kein Umsatz, sondern Vorsteuerabzugsverbot		100 § 15 Abs. 1a Satz 1, Abschn. 3.3 Abs. 12 UStAE				

---

[1] 9.000 € - 2.500 € (2.675 € : 1,07) = **6.500 €**.

LÖSUNGEN

Tz.	Art des Umsatzes	Ort des Umsatzes	nicht steuerbar Euro	steuerbar im Inland Euro	steuerfrei im Inland Euro	steuerpflichtig im Inland Euro	
						zu 7 %	zu 19 %
8.	unentgelt. sonstige Leistung § 3 Abs. 9a Nr. 1	Koblenz § 3f	15[2]	60[1] § 1 Abs. 1 Nr. 1, § 10 Abs. 4 Nr. 2			60
9a.	sonstige Leistung § 3 Abs. 9	Winningen § 3a Abs. 3 Nr. 1		1.000 § 1 Abs. 1 Nr. 1, § 10 Abs. 1			1.000 Option § 9
9b.	sonstige Leistung § 3 Abs. 9	Winningen § 3a Abs. 3 Nr. 1		1.000 § 1 Abs. 1 Nr. 1, § 10 Abs. 1			1.000 Option § 9
9c.	sonstige Leistung § 3 Abs. 9	Winningen § 3a Abs. 3 Nr. 1		500 § 1 Abs. 1 Nr. 1, § 10 Abs. 1	500 § 4 Nr. 12 Buchst. a (keine Option möglich)		
		Summen der steuerpflichtigen Umsätze:				**6.500**	**35.610**

---

[1] Zur Tz. 8: privater Nutzungsanteil: 300 km : 2.000 km · 100 = **15 %**; 15 % von 400 € [Kosten mit Vorsteuerabzug (500 € - 100 €)] = **60 €**.

[2] Zur Tz. 8: 15 % von 100 € [Kosten ohne Vorsteuerabzug] = **15 €**.

(2) Ermittlung der USt-Zahllast:

	Euro	Euro
USt-Traglast		
35.610,00 € • 19 % =		6.765,90
6.500,00 € • 7 % =		455,00
		7.220,90

- Vorsteuer

Tz. 5:	11.000,00 € • 19 % (§ 15 Abs. 1 Nr. 3)	2.090,00	
Tz. 7:	Vorsteuerabzugsverbot (§ 15 Abs. 1a) Berichtigung nach § 17 (siehe Abschn. 15.6 Abs. 5 UStAE)	- 19,00	
Tz. 10:	(§ 15 Abs. 1 Nr. 1)	3.258,50	
Tz. 11:	80 %[1] von 475 € (§ 15 Abs. 4 i. V. mit § 15 Abs. 1 Nr. 1)	380,00	
Tz. 12:	71,40 € : 1,19 • 19 % = (§ 15 Abs. 1); kein Vorsteuerabzug für Verpflegungsmehraufwendungen	11,40	- 5.720,90

= USt-Zahllast   **1.500,00**

(3) Fristgerechte Abgabe und Bezahlung:

Da Herr Fölbach Monatszahler ist (Zahllast im vorangegangenen Kalenderjahr mehr als 7.500 €, muss er die USt-Voranmeldung für Mai 2018 nach § 18 Abs. 1 und Abs. 2 Satz 2 UStG sowie §§ 46 - 48 UStDV **spätestens am 10.07.2018** an das Finanzamt übermitteln und bezahlen, damit keine gesetzliche Frist versäumt wird. Zusätzlich kommt für die Bezahlung per Lastschrift oder Überweisung eine Schonfrist von 3 Tagen in Betracht (§ 240 Abs. 3 AO).

---

[1] Vorsteuerabzug für das Erdgeschoss und das 1. Obergeschoss möglich, weil steuerpflichtig vermietet. Für das 2. Obergeschoss ist kein Vorsteuerabzug zulässig, weil es steuerfrei vermietet ist.
Ermittlung des abzugsfähigen Anteils: 140 qm (EG) + 140 qm (1. OG) = 280 qm. 280 qm : 350 qm (gesamte Fläche) • 100 = 80 % [Siehe BMF-Schreiben vom 19.11.2002, BStBl I S. 1368 f.].

Lösung zu Umsatzsteuer-Prüfungsfall 3

(1) Beurteilung der Umsätze:

Tz.	Art des Umsatzes	Ort des Umsatzes	nicht steuerbar Euro	steuerbar im Inland Euro	steuerfrei im Inland Euro	steuerpflichtig im Inland Euro zu 7 %	steuerpflichtig im Inland Euro zu 19 %
1.1	Lieferungen § 3 Abs. 1	Koblenz § 3 Abs. 6 Satz 1		9.000 § 1 Abs. 1 Nr. 1, § 10 Abs. 1			9.000
1.2	Lieferungen § 3 Abs. 1	Koblenz § 3 Abs. 6 Satz 1		24.000 § 1 Abs. 1 Nr. 1, § 10 Abs. 1		24.000	
2.	unentgeltl. Lieferungen § 3 Abs. 1b Nr. 1	Koblenz § 3f		450 § 1 Abs. 1 Nr. 1, § 10 Abs. 4 Nr. 1		450	
3.1	kein Umsatz Abschn. 3.4 Abs. 4 UStAE	–		–		–	–
3.2	unentgelt. sonstige Leistung § 3 Abs. 9a Nr. 1	Koblenz § 3f	54[1]	216[1] § 1 Abs. 1 Nr. 1, § 10 Abs. 4 Nr. 2		–	216
4.	innerge- meinschaftl. Erwerb § 1a Abs. 1	Koblenz § 3d Satz 1		500 § 1 Abs. 1 Nr. 5, § 10 Abs. 1		500 § 12 Abs. 2	
5.1	sonstige Leistung § 3 Abs. 9	Vallendar § 3a Abs. 3 Nr. 1		1.450 § 1 Abs. 1 Nr. 1, § 10 Abs. 1	1.450 § 4 Nr. 12a (keine Option möglich)	–	–
5.2	sonstige Leistung § 3 Abs. 9	Vallendar § 3a Abs. 3 Nr. 1		900 § 1 Abs. 1 Nr. 1, § 10 Abs. 1			900 Option § 9
Summen der steuerpflichtigen Umsätze:						**24.950**	**10.116**

---

[1] Zur Tz. 3.2: 27.020 €; Abrundung auf volle 100 € ergibt 27.000 €; 27.000 € · 1 % = 270 €, davon 80 % steuerbar (= 216 €) und 20 % nicht steuerbar (= 54 €).

(2) Ermittlung der USt-Zahllast:

	Euro	Euro
USt-Traglast		
10.116,00 € • 19 % =		1.922,04
24.950,00 € • 7 % =		1.746,50
		3.668,54
- Vorsteuer		
Tz. 1.3:	2.636,39	
Tz. 3.1: anteilige Vorsteuerkürzung 15 % privater Nutzungsanteil von 19 € (Abschn. 3.4 Abs. 4 UStAE)	- 2,85	
Tz. 4: 500,00 € • 7 % (§ 15 Abs. 1 Nr. 3)	35,00	
Tz. 6: Vorsteuer nicht abziehbar, weil in der Rechnung nicht gesondert ausgewiesen (§ 15 Abs. 1 Nr. 1)	0,00	- 2.668,54
= USt-Zahllast		**1.000,00**

(3) Fristgerechte Abgabe und Bezahlung:

Die USt-Voranmeldung 6/17 muss für den vorliegenden Fall bis einschließlich **10.08.2018** an das Finanzamt übermittelt und bezahlt werden, damit keine gesetzliche Frist versäumt wird (nach § 18 Abs. 1 am 10.07.2018, Verlängerung bis zum 10.08.2018 durch § 46 Satz 1 UStDV). Zusätzlich kommt für die Bezahlung eine Schonfrist von 3 Tagen in Betracht (vgl. § 240 Abs. 3 AO).

(4) Fristversäumnis:

Im vorliegenden Fall wird die Abgabe- und Zahlungsfrist überschritten. Als Folge der Fristversäumnis **kann** das Finanzamt nach **§ 152 AO** einen **Verspätungszuschlag** in Höhe von **bis zu 10 %** der festgesetzten bzw. angemeldeten Steuer (hier: 10 % von 1.000 €) gegen den Steuerpflichtigen festsetzen. Wenn die Versäumnis entschuldbar erscheint, ist von der Festsetzung des Verspätungszuschlags abzusehen.

Ein Säumniszuschlag kommt **nicht** in Betracht, weil die Säumnis nicht eintritt, bevor die Steuer festgesetzt oder angemeldet ist (§ 240 Abs. 1 Satz 3 AO). Der Säumniszeitraum beginnt erst am Tag **nach** dem tatsächlichen Eingang der Voranmeldung beim Finanzamt (AEAO zu § 240).

Weil Herr Preußer die Zahlung zeitgleich mit der Abgabe der Voranmeldung erledigt, entsteht somit kein Säumniszuschlag.

Lösung zu Umsatzsteuer-Prüfungsfall 4

Zu Sachverhalt 1:

a) Nach § 2 UStG sind sowohl die Gesellschaft bürgerlichen Rechts (Rot und Weiß GbR) als auch Frau Rot Unternehmer (selbstständige Ausübung einer gewerblichen Tätigkeit = nachhaltige Tätigkeit zur Erzielung von Einnahmen).

Die Gesellschafter Otto Rot und Emil Weiß sind **selbst keine** Unternehmer im Sinne des UStG, da sie zu keinem Leistungsempfänger **persönlich** in einen Leistungsaustausch treten.

b) Das EG und das 3. OG des Hauses von Frau Rot im Zentrum von Baden-Baden gehören zu ihrem Unternehmensvermögen, weil sie für diese Gebäudeteile Vorsteuerabzug in Anspruch nimmt (vgl. Abschn. 15.2c Abs. 17 Satz 1 UStAE).

Die Einfamilienhäuser werden vollständig privat genutzt und gehören deshalb zu keinem Unternehmensvermögen.

c) - Das **EG** wird eigenunternehmerisch genutzt, sodass für die Nutzung **keine** USt anfällt (**Innenumsatz**).

- Im **1. OG** liegt **kein** Umsatz vor, weil dieser Gebäudeteil nicht zum Unternehmen gehört (bei der Anschaffung und auch danach wurde für diesen Gebäudeteil keine Vorsteuer geltend gemacht – siehe Sachverhalt). Die Zuordnung eines Gegenstands (hier eines Gebäudeteils) erfordert eine durch Beweisanzeichen gestützte Zuordnungsentscheidung, die z. B. durch die Geltendmachung des Vorsteuerabzugs für diesen Gegenstand zum Ausdruck kommt (vgl. Abschn. 15.2c Abs. 17 Satz 1 UStAE).

- Die Vermietung des **2. OG** ist ebenfalls **nicht steuerbar**, weil auch dieser Gebäudeteil nicht zum Unternehmensvermögen gehört (kein Vorsteuerabzug in Anspruch genommen).

- Die vorübergehende Beherbergung von Fremden im **3. OG** ist nach § 4 Nr. 12 Satz 2 UStG **nicht** steuerfrei (also steuerpflichtig, weil steuerbar nach § 3 Abs. 9 i. V. mit § 1 Abs. 1 Nr. 1 UStG). Die Kurtaxe ist als durchlaufender Posten nicht steuerbar (§ 10 Abs. 1 letzter Satz UStG). Die USt für das 3. OG beträgt: 2.500 : 1,07 · 7 % = **163,55 €**. Die Bemessungsgrundlage nach § 10 Abs. 1 UStG beträgt somit **2.336,45 €**.

Zu Sachverhalt 2:

a) - Bei den Außenanstricharbeiten handelt es sich um Werkleistungen nach Abschn. 3.8 Abs. 1 Sätze 3 - 7 UStAE, da nur Nebenstoffe (Farbe und andere Hilfsstoffe) verwendet werden. Hauptleistung ist die Arbeitsleistung.

b) - Die Leistung für die **Stadtverwaltung** ist steuerbar nach § 1 Abs. 1 Nr. 1 UStG und steuerpflichtig zu 19 %. Die Umsatzsteuer beträgt wie berechnet **285 €**.

- Die Leistung für die **Schiffswerft** ist in Deutschland nicht steuerbar, weil der Ort der Leistung im Ausland (Basel) liegt (§ 3a Abs. 3 Nr. 1 UStG).

- Bei den Arbeiten für das **Kaufhaus** gehören die Gerüstkosten zum Entgelt für die gesamte Werkleistung (Leistungseinheit) nach § 10 Abs. 1 UStG. Der Skontoabzug stellt eine Entgeltminderung dar (§ 17 Abs. 1 UStG). Von der GbR wird für diesen Umsatz die folgende Umsatzsteuer geschuldet (vgl. Abschn. 14c.1 Abs. 9 UStAE):

Rechnungsbetrag	2.880,00 €
- 2 % Skonto	57,60 €
	2.822,40 €
daraus 19 % Umsatzsteuer (2.822,40 € : 119 · 19) =	450,64 €

- Die Leistung für **Frau Rot** ist steuerbar nach § 1 Abs. 1 Nr. 1 UStG und steuerpflichtig zu 19 %. Es fällt die berechnete Umsatzsteuer in Höhe von **190 €** an.

c)
- Die **Stadtverwaltung** ist als juristische Person des öffentlichen Rechts nur im Rahmen ihrer Betriebe gewerblicher Art unternehmerisch tätig. Die Schule gehört jedoch zum hoheitlichen Bereich, sodass insoweit **kein** Vorsteuerabzug nach § 15 Abs. 1 UStG möglich ist.

- Da der deutschen **Schiffswerft** zu Recht keine deutsche Umsatzsteuer berechnet wurde, entfällt auch die Möglichkeit des Vorsteuerabzugs in Deutschland.

- Das **Kaufhaus** in Baden-Baden kann nur in Höhe von **380 €** Vorsteuern abziehen, weil in der Rechnung kein höherer Steuerbetrag ausgewiesen ist (§ 15 Abs. 1 UStG i. V. mit Abschn. 14c.1 Abs. 9 Satz 2 UStAE). Allerdings kann die Rechnung durch die Rot und Weiß GbR berichtigt werden. Dann könnte das Kaufhaus unter den Voraussetzungen des § 15 Abs. 1 UStG einen Vorsteuerabzug in Höhe des korrekt in Rechnung gestellten Steuerbetrages abzüglich des auf die Entgeltminderung (Skontoabzug) entfallenden Steuerbetrages geltend machen.

- Frau Rot ist als Unternehmerin grundsätzlich zum Vorsteuerabzug berechtigt. Nach § 15 Abs. 1 könnte sie also grundsätzlich **190 €** Vorsteuer geltend machen. Für das 1. und 2. OG macht Frau Rot keinen Vorsteuerabzug geltend, weil diese Gebäudeteile nicht zu ihrem Unternehmen gehören (siehe Sachverhalt sowie Ausführungen auf der vorangegangenen Seite). Für das EG und das 3. OG kann Frau Rot Vorsteuerabzug geltend machen, weil dort Abzugsumsätze vorliegen. Nach § 15 Abs. 4 beträgt der Vorsteuerabzug somit 50 % (Hälfte des Gebäudes, weil alle Geschosse gleich groß sind) von 190 € = **95 €**.

Zu Sachverhalt 3:

a)
- Die Frühstücksumsätze sind steuerbar nach § 1 Abs. 1 Nr. 1 UStG und zu 19 % umsatzsteuerpflichtig, da es sich um Verzehr an Ort und Stelle handelt. Die freiwilligen Zuzahlungen (Trinkgelder) zählen ebenfalls zur Bemessungsgrundlage. Die Umsatzsteuer berechnet sich also wie folgt:

850 € : 119 · 19 = **135,71 €**

- Bei den von Familie Rot in der **Gaststätte** eingenommenen Mittagessen handelt es sich um **unentgeltliche sonstige Leistungen** gem. § 3 Abs. 9a Nr. 2 i. V. mit 1 Abs. 1 Nr. 1 UStG. **Bemessungsgrundlage** sind nach § 10 Abs. 4 Nr. 2 UStG die **Selbstkosten** bzw. **Wiederbeschaffungskosten** (netto). Es liegt **insgesamt eine sonstige Leistung** (Verzehr an Ort und Stelle) vor, die mit dem allgemeinen Steuersatz (19 %) zu besteuern ist.

    Die Umsatzsteuer beträgt somit:

    1.500 € : 19 % = **285 €**

- Bei den **Zigarettenautomaten** ist der Automatenaufsteller der Lieferer der Zigaretten. Die Lieferungen an die Käufer sind steuerbar nach § 3 Abs. 1 i. V. mit § 1 Abs. 1 Nr. 1 UStG und zu 19 % steuerpflichtig. **Der Automatenaufsteller** schuldet somit **319,33 €** (2.000 € : 119 · 19).

    Frau Rot erbringt eine steuerbare sonstige Leistung nach § 3 Abs. 9 i. V. mit § 1 Abs. 1 Nr. 1 UStG (Duldung des Zigarettenautomaten in ihrer Gastwirtschaft). Der Automatenaufsteller rechnet mit Frau Rot bezüglich der sonstigen Leistung mittels einer **Gutschrift** nach § 14 Abs. 2 Satz 2 UStG ab. **Frau Rot** schuldet demnach 19 % USt zu 200 € = **38 €**.

b) Der Automatenaufsteller hat zunächst einen Vorsteuerabzug aus dem Einkauf der Zigaretten (Höhe hier nicht bekannt). Weiterhin ist der mittels der Gutschrift an Frau Rot ermittelte und ausgewiesene Umsatzsteuerbetrag in Höhe von 38 € bei dem Automatenaufsteller als Vorsteuer abziehbar (§ 15 Abs. 1 i. V. mit § 14 Abs. 2 Satz 2 UStG).

Zu Sachverhalt 4:
Bei dem Grundstückserwerb und der Architektenleistung handelt es sich um Vorumsätze für das Gebäude der GbR (Werkstattgebäude).

Der **Erwerb des Grundstücks** ist ein Umsatz, der dem Grunderwerbsteuergesetz unterliegt (vgl. § 1 Abs. 1 Nr. 1 GrEStG). Nach **§ 13b Abs. 2 Nr. 3 i. V. mit Abs. 5 Satz 1 UStG** geht bei diesen Umsätzen die Steuerschuldnerschaft auf den Leistungsempfänger über. Dies bedeutet, dass **die GbR** diesen Umsatz beim Finanzamt anmelden muss und die USt dem Finananzamt schuldet. Gleichzeitig hat die GbR nach **§ 15 Abs. 1 Nr. 4 UStG** das Recht auf **Vorsteuerabzug in Höhe der geschuldeten USt**. Die GbR schuldet damit für diesen Umsatz per Saldo keine USt.

Bemessungsgrundlage der USt: Nettokaufpreis, hier: **100.000 €**. **Umsatzsteuer** hierzu: 19 % auf 100.000 € = **19.000 €** [Die Grunderwerbsteuer gehört nicht zur Bemessungsgrundlage (vgl. Abschn. 10.1 Abs. 7 Satz 6 UStAE.]

Weil die **Rechnung des Architekten** keinen gesonderten USt-Ausweis enthält, ist bei der GbR hierfür **kein** Vorsteuerabzug möglich (vgl. § 15 Abs. 1 UStG). Die GbR kann aber von dem **Architekten** eine berichtigte Rechnung mit gesondertem Ausweis der Umsatzsteuer verlangen, wodurch dann die Möglichkeit eines Vorsteuerabzugs nach § 15 Abs. 1 UStG gegeben wäre.

LÖSUNGEN

Bei der von dem Rohbauunternehmer berechneten **Abschlagszahlung** ist der entsprechende Vorsteuerabzug (**5.700 €**) möglich, weil eine Abschlagsrechnung mit gesondertem Umsatzsteuerausweis vorliegt und die Zahlung auch bereits erfolgt ist (§ 15 Abs. 1 Nr. 1 Satz 3 UStG).

Vorsteuerabzug insgesamt: 19.000 € + 5.700 € = **24.700 €**

LÖSUNGEN

Lösung zu Umsatzsteuer-Prüfungsfall 5

(1) Beurteilung der Umsätze:

Tz.	Art des Umsatzes	Ort des Umsatzes	nicht steuerbar Euro	steuerbar im Inland Euro	steuerfrei im Inland Euro	steuerpflichtig im Inland Euro zu 7 %	steuerpflichtig im Inland Euro zu 19 %
1.	Lieferungen § 3 Abs. 1	Köln § 3 Abs. 6 Satz 1		375.000 § 1 Abs. 1 Nr. 1, § 10 Abs. 1		375.000 Nr. 49 der Anlage 2 zu § 12	
2.	Lieferungen § 3 Abs. 1	Köln § 3 Abs. 6 Satz 1		42.500 § 1 Abs. 1 Nr. 1, § 10 Abs. 1			42.500
3.	innergemeinschaftl. Erwerb § 1a Abs. 1	Köln § 3d Satz 1		800 § 1 Abs. 1 Nr. 5, § 10 Abs. 1			800
4.	unentgeltl. Lieferung § 3 Abs. 1b Nr. 1	Köln § 3f		200 § 1 Abs. 1 Nr. 1, § 10 Abs. 4 Nr. 1		200 Nr. 49 der Anlage 2 zu § 12	
5.	unentgeltl. sonstige Leistung § 3 Abs. 9a Nr. 1	Köln § 3f	165[2]	1.200[1] § 1 Abs. 1 Nr. 1, § 10 Abs. 4 Nr. 2			1.200
6.	nicht steuerbare unentgelt. Lieferung	Köln	50 Freigrenze in Höhe von 60 € brutto nicht überschritten				

---

[1] Zur Tz. 5: privater Nutzungsanteil: 4.200 km : 28.000 km · 100 = 15 %;
steuerbar: 15 % der Kfz-Kosten, für die Vorsteuerabzug möglich war:
8.000 € · 15 % = **1.200 €**.

[2] Zur Tz. 5: nicht steuerbar: 15 % der Kfz-Kosten, für die kein Vorsteuerabzug möglich war:
1.100 € · 15 % = **165 €**.

LÖSUNGEN

Tz.	Art des Umsatzes	Ort des Umsatzes	nicht steuerbar Euro	steuerbar im Inland Euro	steuerfrei im Inland Euro	steuerpflichtig im Inland Euro zu 7 %	steuerpflichtig im Inland Euro zu 19 %
7.	sonstige Leistung § 3 Abs. 9	Köln § 3a Abs. 3 Nr. 3a		1.680,67 § 1 Abs. 1 Nr. 1, § 10 Abs. 1			1.680,67
Summen der steuerpflichtigen Umsätze:						375.200	46.180,67

(2) Ermittlung der USt-Zahllast:

	Euro	Euro
USt-Traglast		
375.200,00 € · 7 % =		26.264,00
46.180,00 € · 19 % =		8.774,20
		35.038,20
- Vorsteuer		
Tz. 8: (§ 15 Abs. 1 Nr. 1)	22.725,45	
Tz. 3: 800,00 € · 19 % (§ 15 Abs. 1 Nr. 3)	152,00	
Tz. 9: (§ 15 Abs. 1 Nr. 2)	175,00	
Tz. 10: Vorsteuer nicht abziehbar, weil der Beleg nicht ordnungsgemäß ist (nicht maschinell erstellt und registriert[1])	- 14,25	- 23.038,20
= USt-Zahllast 2018		**12.000,00**

(3) Fristgerechte Abgabe und Bezahlung der Steuererklärung:

Nach **§ 18 Abs. 3 UStG** hat der Unternehmer für das Kalenderjahr eine Steuererklärung nach amtlich vorgeschriebenem Datensatz an das Finanzamt zu übermitteln. **§ 149 Abs. 2 AO** bestimmt, dass die Steuererklärung für 2018 spätestens 7 Monate nach dem Ablauf des Kalenderjahres, also **bis zum 31.07.2019, an das Finanzamt zu übermitteln** ist.

Die **Fälligkeit** der zu entrichtenden USt-Zahllast geht aus **§ 18 Abs. 4 UStG** hervor. Danach ist die berechnete USt-Zahllast grundsätzlich **einen Monat nach dem Eingang** der Steuererklärung beim Finanzamt fällig.

---

[1] Vgl. § 15 Abs. 1a UStG i. V. mit § 4 Abs. 5 Nr. 2 EStG und R 4.10 Abs. 8 Satz 8 EStR.

Lösung zu Umsatzsteuer-Prüfungsfall 6
Beurteilung der Sachverhalte:

Tz.	Art des Umsatzes §	Ort der Leistung §	steuerbar §	steuerfrei §	steuerpflichtig im Inland	Bemessungsgrundlage Euro §	USt Euro	VorSt Euro §
1.	Lieferung § 3 Abs. 1	Koblenz § 3 Abs. 6	§ 1 Abs. 1 Nr. 1		ja, weil nicht steuerfrei	32,71 (35,00 : 1,07) § 10 Abs. 1	2,29	
2.	Lieferung § 3 Abs. 1	Koblenz § 3 Abs. 6	§ 1 Abs. 1 Nr. 1	§ 4 Nr. 1b i. V. mit § 6a	nein, weil steuerfrei	4.000,00 § 10 Abs. 1		
3.	sonstige Leistung § 3 Abs. 9	Koblenz § 3a Abs. 2	§ 1 Abs. 1 Nr. 1		ja, weil nicht steuerfrei; steuerpflichtig bei Herrn Quirbach nach § 13b Abs. 5	80,00 § 10 Abs. 1	15,20	15,20 § 15 Abs. 1 Nr. 4
4.	Lieferung § 3 Abs. 1	Koblenz § 3 Abs. 6	§ 1 Abs. 1 Nr. 1		ja, weil nicht steuerfrei; die Ware verbleibt im Inland	5.000,00 § 10 Abs. 1	950,00	
5.	Lieferung § 3 Abs. 1	Koblenz § 3 Abs. 6	§ 1 Abs. 1 Nr. 1	§ 4 Nr. 1a i. V. mit § 6	nein, weil steuerfrei	2.500,00 § 10 Abs. 1		
6.	Einfuhr	Inland	§ 1 Abs. 1 Nr. 4		ja, weil nicht steuerfrei	4.600,00	874,00	874,00 § 15 Abs. 1 Nr. 2
7.	unentgeltl. Lieferung § 3 Abs. 1b Nr. 2	Koblenz § 3f	§ 1 Abs. 1 Nr. 1		ja, weil nicht steuerfrei	250,00 § 10 Abs. 4 Nr. 1	47,50	
8.								380,00 § 15 Abs. 1 Nr. 1

Lösung zu Einkommensteuer-Prüfungsfall 1

I. Vorbemerkungen
1. Persönliche Steuerpflicht:
Herr Schmidt ist unbeschränkt einkommensteuerpflichtig, weil er einen Wohnsitz im Inland hat (§ 1 Abs. 1 EStG).

2. Alter des Steuerpflichtigen:
Zu Beginn des Veranlagungszeitraums (VZ) 2018 hatte Herr Schmidt bereits das 67. Lebensjahr vollendet. Er erfüllt somit die altersmäßige Voraussetzung für die Gewährung des Altersentlastungsbetrages nach § 24a EStG (Vollendung des 64. Lebensjahres vor dem Beginn des VZ).

3. Zu berücksichtigendes Kind:
Tochter Elisabeth ist zu Beginn des VZ 2018 23 Jahre alt, und sie befindet sich während des gesamten VZ 2018 in Berufsausbildung (Studium). Elisabeth ist ein zu berücksichtigendes Kind nach § 32 Abs. 4 Satz 1 Nr. 2a i. V. mit Abs. 1 Nr. 1 EStG. Ihre Einkünfte sind für die Berücksichtigung als steuerliches Kind irrelevant.

Herr Schmidt erhält in 2018 **Kindergeld** in Höhe von monatlich **194 €** für Elisabeth, weil die Mutter von Elisabeth verstorben ist (§§ 66 Abs. 1, 62 Abs. 1 Nr. 1, 63 Abs. 1 EStG).

Außerdem kommt die Gewährung eines **Ausbildungsfreibetrages** nach § 33a Abs. 2 EStG für Elisabeths Berufsausbildung in Betracht.

Herr Schmidt hat weiterhin Anspruch auf die Gewährung eines **Entlastungsbetrags für Alleinerziehende (§ 24b)**, weil er alleinstehend ist und zu seinem Haushalt ein Kind gehört, für das er Anspruch auf Kindergeld hat. Von der Summe der Einkünfte wird ein Betrag in Höhe von **1.908 €** abgezogen.

4. Veranlagungsart:
Herr Schmidt wird **einzeln** zur Einkommensteuer veranlagt (§ 25 EStG), weil seine Ehefrau bereits 2016 verstorben ist und er seitdem ledig ist.

5. Steuertarif:
Das zu versteuernde Einkommen von Herrn Schmidt wird nach dem **Grundtarif** versteuert (§ 32a Abs. 1 EStG).

LÖSUNGEN

II. Ermittlung des zu versteuernden Einkommens

	Euro	Euro	Euro

Einkünfte aus Gewerbebetrieb (§ 15)

		Euro	Euro	Euro
	Betriebsvermögen 31.12.2018		105.363,00	
−	Betriebsvermögen 31.12.2017		110.500,00	
	Unterschiedsbetrag		− 5.137,00	
+	gebuchte Privatentnahmen		37.387,00	
+	private Kfz-Nutzung (Tz. 1.2) 20 % von 5.000 € =		1.000,00	
+	nichtabzugsfähige Betriebsausgaben für Fahrten zwischen Wohnung und Betrieb (§ 4 Abs. 5 Nr. 6) (Tz. 1.3):			
	▸ tatsächliche Kosten der Fahrten (als Betriebsausgaben erfasst): 5.000 € : 18.181 km = 0,275 €/km 220 Tage • 25 km • 2 • 0,275 € =	3.025,00		
	▸ höchstens abzugsfähige Kosten: 220 Tage • 25 km • 0,30 € =	− 1.650,00	1.375,00	
+	nicht abzugsfähige Bewirtungskosten (§ 4 Abs. 5 Nr. 2) (Tz. 1.4) 30 % von 1.020 € =		306,00	
=	**Einkünfte aus Gewerbebetrieb**		34.931,00	34.931,00

Einkünfte aus Kapitalvermögen (§ 20)

		Euro	Euro	Euro
	Bruttozinsen 2018	2.200,00		
−	Abgeltungsteuer (§ 32d Abs. 1) 25 % von 1.399 € (2.200 € − 801 € Freistellungsauftrag) =	349,75		
−	5,5 % SolZ zur Abgeltungsteuer =	19,24		
=	Nettozinsen	1.831,01		
	Bruttodividende	5.600,00		
−	Abgeltungsteuer 25 % von 5.600 € =	1.400,00		
−	5,5 % SolZ zur Abgeltungsteuer =	77,00		
=	Nettodividende	4.123,00		

Die Abgeltungsteuer und der hierauf entfallende SolZ werden von der Bank einbehalten und an das Finanzamt abgeführt. Die auf diese Einkünfte entfallende Einkommensteuer zzgl. SolZ ist damit abgegolten. Deshalb bleiben diese Einkünfte bei der Ermittlung des zu versteuernden Einkommens außer Ansatz (§ 2 Abs. 5b).

				0,00
Übertrag:				34.931,00

LÖSUNGEN

	Euro	Euro	Euro
Übertrag:			34.931,00

Einkünfte aus Vermietung und Verpachtung (§ 21)
Die eigengenutzte Wohnung (Tz. 3) wird steuerlich
nicht berücksichtigt, weil keine Einnahmen anfallen.

Berücksichtigung der vermieteten Wohnung (Tz. 3):

	Euro	Euro	Euro
Einnahmen		6.875,00	
- Werbungskosten:			
▸ nachgewiesene WK: 50 % der Schuldzinsen + 1.619 € sonstige WK (ohne AfA)	3.869,00		
▸ AfA gem. § 7 Abs. 4 Nr. 2a: 2 % von 109.375 € (HK der vermieteten Wohnung) • ¹¹/₁₂ (Februar bis Dezember)	2.006,00	- 5.875,00	
= **Einkünfte aus Vermietung und Verpachtung**		1.000,00	1.000,00

Sonstige Einkünfte (§ 22)
Einnahmen (§ 22 Nr. 1):
6 • 253,58 € = 1.521,48 €
6 • 257,42 € = 1.544,52 €

	Euro	Euro	Euro
		3.066,00	
Rentenfreibetrag gem. § 22 Abs. 1 Nr. 1 Sätze 4 - 5		- 1.080,00	
- Werbungskosten (§ 9a Satz 1 Nr. 3)		- 102,00	
= **Sonstige Einkünfte**		1.884,00	1.884,00

[Der Zuschuss zur privaten Krankenversicherung
in Höhe von 240 € (12 • 20 €) ist nach § 3 Nr. 14 steuerfrei.
Er vermindert aber die berücksichtigungsfähigen
Krankenversicherungsbeiträge bei der Berechnung
der Sonderausgaben.]

	Euro	Euro	Euro
Summe der Einkünfte			37.815,00
Altersentlastungsbetrag (§ 24a)			
positive Summe der Einkünfte	37.815,00		
- Einkünfte nach § 22 Nr. 1	- 1.884,00		
= Bemessungsgrundlage	35.931,00		
davon 24 % = 8.624 €, höchstens	1.140,00		- 1.140,00
Entlastungsbetrag für Alleinerziehende (§ 24b) (siehe Vorspann)			- 1.908,00
Gesamtbetrag der Einkünfte (GdE)			34.767,00

LÖSUNGEN

	Euro	Euro	Euro
Übertrag:			34.767,00

Sonderausgaben

- Beiträge und Spenden (§ 10b) für gemeinnützige Zwecke (Tz. 5f) (höchstens 20 % des GdE) — 1.220,00 → 1.220,00

  an politische Parteien (Tz. 5e) — 2.000,00
  davon **Berücksichtigung im Rahmen von § 34g: 1.650 €**
  (= Steuerermäßigung in Höhe von 825 €) — - 1.650,00
  = abziehbar nach § 10b Abs. 2 — 350,00 → 350,00
  insgesamt abziehbare Spenden — 1.570,00 — - 1.570,00

- **Vorsorgeaufwendungen**
  Altersvorsorgeaufwendungen (Tz. 5c)
  § 10 Abs. 1 Nr. 2 Buchst. b) i. V. mit Abs. 3
  geleistete Beiträge: 3.600 €
  davon im VZ 2018 abziehbar: 86 % — 3.096,00
  sonstige Vorsorgeaufwendungen (Tz. 5a, 5b, 5d)
  § 10 Abs. 1 Nrn. 3 und 3a i. V. mit Abs. 4
  geleistete Beiträge: 2.840 € - 200 € + 105 €
  + 65 € - 240 € Zuschuss (siehe § 22) = 2.570 €
  hier höchstens abziehbar: 1.900 €
  (§ 10 Abs. 4 Satz 2) — 1.900,00 → - 4.996,00

Ausbildungsfreibetrag (§ 33a Abs. 2)

ungekürzter Höchstbetrag — - 924,00

Die eigenen Einkünfte von Elisabeth sind für die Höhe des Ausbildungsfreibetrags irrelevant.

Einkommen — 27.277,00

Freibeträge für Kinder (§ 32 Abs. 6)
(Die Gewährung des Kindergeldes führt zu einem günstigeren Ergebnis als die Gewährung der Freibeträge für Kinder nach § 32 Abs. 6) — 0,00

zu versteuerndes Einkommen — **27.277,00**

Lösung zu Einkommensteuer-Prüfungsfall 2

I. Vorbemerkungen

1. Persönliche Steuerpflicht:
Anja Weber ist unbeschränkt einkommensteuerpflichtig, weil sie einen Wohnsitz im Inland hat (§ 1 Abs. 1 EStG).

2. Zu berücksichtigende Kinder:
Sohn Ralf kann steuerlich nicht mehr berücksichtigt werden, weil er vor dem Beginn des VZ 2018 bereits das 25. Lebensjahr vollendet hatte und nicht behindert ist.

Tochter Frederike ist zu Beginn des VZ 2018 22 Jahre alt und sie befindet sich während des gesamten Jahres 2018 in Berufsausbildung (Erststudium). Frederike ist ein steuerlich zu berücksichtigendes Kind nach § 32 Abs. 1 i. V. mit Abs. 4 Satz 1 Nr. 2a EStG. Ihre Einkünfte sind für die Berücksichtigung als steuerliches Kind irrelevant.

Tocher Lena hatte zu Beginn des VZ 2018 das 12. Lebensjahr vollendet. Sie ist ohne weitere Voraussetzung ein steuerliches Kind nach § 32 Abs. 1 i. V. mit Abs. 3 EStG.

Frau Weber erhält in 2018 **Kindergeld** in Höhe von monatlich **388 €** (**194 €** für Frederike und **194 €** für Lena) nach §§ 66 Abs. 1, 62 Abs. 1 Nr. 1, 63 Abs. 1 EStG.

Für Frederike kommt die Gewährung eines **Ausbildungsfreibetrages** nach § 33a Abs. 2 EStG in Betracht, weil Frau Weber Aufwendungen für die Berufsausbildung ihrer Tochter entstanden sind und Fredrike auswärtig untergebracht war. Die eigenen Einkünfte von Frederike sind bei der Berechnung des abzugsfähigen Ausbildungsfreibetrages nicht zu berücksichtigen.

Für Lena erhält Frau Weber **keinen** Ausbildungsfreibetrag, weil Lena nicht volljährig ist und nicht auswärtig untergebracht war (vgl. § 33a Abs. 2 Satz 1 EStG).

Frau Weber hat Anspruch auf einen **Entlastungsbetrag für Alleinerziehende (§ 24b)**, weil sie alleinstehend ist und zu ihrem Haushalt zwei Kinder gehören, für die sie Anspruch auf Kindergeld hat. Von der Summe der Einkünfte wird hierfür ein Betrag in Höhe von **2.148 €** (1.908 € + 240 €) abgezogen.

3. Veranlagungsart:
Frau Weber wird **einzeln** zur Einkommensteuer veranlagt (§ 25 EStG), weil ihr Ehemann 2017 verstorben und sie seitdem ledig ist.

LÖSUNGEN

4. Steuertarif:
Das zu versteuernde Einkommen von Frau Weber wird 2018 letztmalig nach dem Splittingtarif nach § 32a Abs. 6 Nr. 1 EStG versteuert („Witwensplitting").

II. Ermittlung des zu versteuernden Einkommens

	Euro	Euro	Euro
Einkünfte aus Gewerbebetrieb (§ 15)			
vorläufiger Gewinn Computerfachgeschäft (Tz. 2.1)	122.560,00		
a) Hinzurechnung bisherige AfA	+ 600,00		
Vollabschreibung nach § 6 Abs. 2	− 6.000,00		
b) Einzelwertberichtigung 50 % auf den Nettobetrag der Forderung	− 5.000,00		
c) Hinzurechnung des Wertes der privaten Pkw-Nutzung (Nutzungsentnahme) nach § 6 Abs. 1 Nr. 4 Satz 2			
32.000 € · 1 % · 12 Monate =	+ 3.840,00		
= Einkünfte aus Gewerbebetrieb		116.000,00	116.000,00
Einkünfte aus Kapitalvermögen (§ 20)			
Tz. 2.4 und 2.5:			
Bruttodividende	4.200,00		
− Abgeltungsteuer 24,45 % (vgl. § 32d Abs. 1 Satz 3) von 4.200 € =	1.026,90		
− 9 % Kirchensteuer zur Abgeltungsteuer	92,42		
− 5,5 % SolZ zur Abgeltungsteuer =	56,48		
= Nettodividende	3.024,20		
Bruttozinsen 2018	4.000,00		
− Abgeltungsteuer 24,45 % von 3.199 € (4.000 € − 801 € Freistellungsauftrag) =	782,16		
− 9 % Kirchensteuer zur Abgeltungsteuer	70,39		
− 5,5 % SolZ zur Abgeltungsteuer =	43,02		
= Nettozinsen	3.104,43		
Übertrag:			116.000,00

LÖSUNGEN

	Euro	Euro	Euro
Übertrag:			116.000,00

Die Abgeltungsteuer, die hierauf entfallende Kirchensteuer und der SolZ werden von der Bank einbehalten und an das Finanzamt abgeführt. Die auf diese Einkünfte entfallende Einkommensteuer zzgl. KiSt und SolZ sind damit abgegolten. Deshalb bleiben diese Einkünfte bei der Ermittlung des zu versteuernden Einkommens außer Ansatz (§ 2 Abs. 5b).

Einkünfte aus Vermietung und Verpachtung (§ 21)
Tz. 2.2:
Das privat genutzte Einfamilienhaus in Bonn wird steuerlich nicht berücksichtigt (keine Einnahmen).
Tz. 2.3:

	Euro	Euro	Euro
Einnahmen: EG: 12 · 800 €	9.600,00		
OG: 12 · 320 €	3.840,00		
	13.440,00	13.440,00	
- Werbungskosten:			
gesamtes Haus:			
▶ AfA: § 7 Abs. 5 Nr. 3c			
4 % von 378.000 € =	15.120,00		
▶ sonstige WK	9.180,00		
	24.300,00		
davon abziehbar:			
▶ EG: 50 % von 24.300 € =	12.150,00		
▶ OG: 50 % von 24.300 € · 40 %			
(die Miete beträgt 40 % der ortsüblichen Miete) § 21 Abs. 2	4.860,00		
	17.010,00	- 17.010,00	
= Einkünfte aus Vermietung und Verpachtung		- 3.570,00	- 3.570,00
Summe der Einkünfte			**112.430,00**
Entlastungsbetrag für Alleinerziehende (§ 24b)			- 2.148,00
Gesamtbetrag der Einkünfte			**110.282,00**
Sonderausgaben (Tz. 3)			
▶ **Kirchensteuer** (§ 10 Abs. 1 Nr. 4) (2.025 € - 185 €)			- 1.840,00
▶ **Beiträge und Spenden** (§ 10b)			
- für wissenschaftliche Zwecke			
(§ 10b Abs. 1) höchstens 20 % des GdE	2.000,00 →	2.000,00	
- an politische Parteien	2.000,00		
davon Berücksichtigung im Rahmen			
von § 34g: 1.650 € (= Steuerermäßigung in Höhe von 825 €)	- 1.650,00		
abziehbar nach § 10b Abs. 2:	350,00 →	350,00	
insgesamt abziehbare Spenden		2.350,00	- 2.350,00
Übertrag:			106.092,00

LÖSUNGEN

	Euro	Euro	Euro
Übertrag:			106.092,00

- **Kinderbetreuungskosten** für Lena (Tz. 1.3)
  § 10 Abs. 1 Nr. 5
  ²/₃ von 2.400 € = 1.600 €
  (Querflötenkurs nicht abziehbar) | | | - 1.600,00

- **Vorsorgeaufwendungen**
  Altersvorsorgeaufwendungen (Tz. 3.2 c)
  § 10 Abs. 1 Nr. 2 Buchst. b) i. V. mit Abs. 3
  geleistete Beiträge: 1.800 €
  davon im VZ 2018 abziehbar: 86 %   1.548,00

  sonstige Vorsorgeaufwendungen (Tz. 3.2 a) und b)
  § 10 Abs. 1 Nrn. 3 und 3a i. V. mit Abs. 4
  4.900 € - 275 € + 47 € = 4.672 €
  davon höchstens abziehbar: 2.800 €;
  mindestens aber Beiträge zur Basisabsicherung
  der KV/PV abziehbar: 3.720,00   - 5.268,00

Unterhaltsaufwendungen (§ 33a Abs. 1) (Tz. 3.1)
entstandene Aufwendungen: 6.000 €
ungekürzter Höchstbetrag   9.000,00
Erhöhung des Höchstbetrags um
die Basisabsicherung in der KV/PV   883,00
erhöhter Höchstbetrag   9.883,00

Einkünfte des Vaters:
Bruttorente 2018   5.940,00
Rentenfreibetrag   - 2.850,00
WKP § 9a Satz 1 Nr. 3   - 102,00   2.988,00

Bezüge des Vaters:
steuerlich nicht erfasster Teil der Rente
(Rentenfreibetrag)   2.850,00
+ steuerfreies Wohngeld   1.860,00
+ Zuschuss zur KV gem. § 3 Nr. 14   392,00
  5.102,00
Kostenpauschale (R 32 Abs. 3 EStR)   - 180,00   4.922,00

Summe der Einkünfte und Bezüge   7.910,00
anrechnungsfreier Betrag   - 624,00
anzurechnende Einkünfte und Bezüge   7.286,00

erhöhter Höchstbetrag   9.883,00
anzurechnende Einkünfte und Bezüge   - 7.286,00
abziehbare Unterhaltsaufwendungen   2.597,00   - 2.597,00
Übertrag: 96.627,00

LÖSUNGEN

	Euro	Euro	Euro
Übertrag:			96.627,00

Ausbildungsfreibetrag (§ 33a Abs. 2)
ungekürzter Höchstbetrag — 924,00
Einkommen **95.703,00**
Freibeträge für Kinder (§ 32 Abs. 6)
Freibeträge für Frederike und Lena:
2 • 4.788 € (Kinderfreibeträge)
2 • 2.640 € (Betreuungs-/Erziehungs-/Ausbildungsbedarf) — 14.856,00
[Hinzurechnung des ausgezahlten Kindergeldes zur tariflichen Einkommensteuer nach § 31 Satz 4 i. V. mit § 36 Abs. 2 EStG]
zu versteuerndes Einkommen **80.847,00**

LÖSUNGEN

Lösung zu Einkommensteuer-Prüfungsfall 3

I. Vorbemerkungen
1. Persönliche Steuerpflicht:
Die Eheleute Marco und Christina Gilles sind unbeschränkt einkommensteuerpflichtig, weil sie einen Wohnsitz im Inland haben (§ 1 Abs. 1 EStG).

2. Zu berücksichtigende Kinder:
Sohn Friedhelm ist nach § 32 Abs. 1 i. V. mit Abs. 3 EStG steuerlich zu berücksichtigen, weil er ein leibliches Kind der Eheleute Gilles ist und vor dem Beginn des VZ 2018 das 18. Lebensjahr noch nicht vollendet hatte.

Sohn Kai ist zu Beginn des VZ 2018 24 Jahre alt, und er befindet sich in der Zeit vom 01.01. bis zum 31.08.2018 in Berufsausbildung (Studium). Kai ist somit für diesen Zeitraum (01.01. - 31.08.2018) ein steuerlich zu berücksichtigendes Kind nach § 32 Abs. 1 i. V. mit Abs. 4 Satz 1 Nr. 2a EStG.

Die Eheleute Gilles erhalten in 2018 **Kindergeld** in Höhe von monatlich **388 €** für die Zeit vom 01.01. bis 31.08.2018 (**194 €** für Friedhelm und **194 €** für Kai) und monatlich **194 €** für die Zeit vom 01.09. bis 31.12.2018 (nur für Friedhelm) nach §§ 66 Abs. 1, 62 Abs. 1 Nr. 1, 63 Abs. 1 EStG.

Für Kai ist ein **Ausbildungsfreibetrag** nach § 33a Abs. 2 EStG zu gewähren, weil den Eheleuten Aufwendungen für die Berufsausbildung ihres Sohnes entstanden sind und Kai über 18 Jahre alt und auswärtig untergebracht war. Da Kai zum Zweck des Studiums vom 01.01. bis 31.08.2018 auswärtig untergebracht war, beträgt der Ausbildungsfreibetrag $8/12$ von 924 € = **616 €**. Die eigenen Einkünfte von Kai sind bei der Berechnung des abzugsfähigen Ausbildungsfreibetrages nicht zu berücksichtigen.

Für Friedhelm erhalten die Eheleute **keinen** Ausbildungsfreibetrag, weil er **nicht** über 18 Jahre alt und auch nicht auswärtig untergebracht war (vgl. § 33a Abs. 2 Satz 1 EStG).

3. Altersmäßige Vergünstigung:
Weder für Herrn Gilles, noch für Frau Gilles kommt die Gewährung eines Altersentlastungsbetrages in Betracht, weil keiner der beiden die altersmäßige Voraussetzung nach § 24a Satz 3 EStG erfüllt.

4. Veranlagungsart:
Die Eheleute Gilles werden **zusammen** zur Einkommensteuer veranlagt (§ 26b EStG), weil keiner der beiden Ehegatten die Einzelveranlagung von Ehegatten beantragt (§ 26 Abs. 2 EStG).

5. Steuertarif:
Das zu versteuernde Einkommen wird nach dem Splittingtarif (§ 32a Abs. 5 EStG) versteuert.

II. Ermittlung des zu versteuernden Einkommens

	Euro	Euro EM	Euro EF
Einkünfte aus selbstständiger Arbeit (§ 18)			
vorläufiger Gewinn Architekturbüro			
a) Betriebseinnahmen		171.997,50	
- Betriebsausgaben		102.134,96	
= vorläufiger Gewinn		69.862,54	
Gewinnkorrekturen			
b) ▸ abziehbare Vorsteuer ist Betriebsausgabe		- 4.750,00	
▸ AfA 20 % (§ 7 Abs. 1) der AK:			
25.000 € • 20 % = 6.250 €;			
davon 1/12 (§ 7 Abs. 1 Satz 4) = 416,67 €		- 417,00	
▸ Sonderabschreibung § 7g Abs. 5 ist nicht möglich, weil die betriebliche Nutzung nicht mindestens 90 % beträgt.			
c) ▸ AfA alter Pkw bereits erfasst (vgl. Tz. d)		0,00	
▸ Verkaufserlös ist Betriebseinnahme (brutto)		11.900,00	
▸ Restbuchwert ist Betriebsausgabe		- 10.400,00	
d) private Pkw-Nutzung ist Betriebseinnahme:			
▸ alter Pkw: 25.700 € • 1 % • 11 Monate 2.827,00			
▸ + 19 % USt auf 2.261,60 € (2.827,00 € minus 20 % für Kosten ohne Vorsteuerabzug = 2.261,60 €)	429,70		
▸ neuer Pkw: 31.000 € • 1 % • 1 Monat	310,00		
▸ + 19 % USt auf 248 € (310 € minus 20 % für Kosten ohne Vorsteuerabzug)	47,12		
Übertrag:		3.613,82	3.613,82

	Euro	Euro EM	Euro EF

	Euro	Euro EM
Übertrag:	3.613,82	3.613,82

e) Fahrten zwischen Wohnung und Betrieb:
- Wert der Fahrten nach der Prozentmethode:

  25.700 € • 0,03 % • 24 km • 11 Monate   2.035,44

  31.000 € • 0,03 % • 24 km •   1 Monat   223,20

  　　　　　　　　　　　　　　　　　　　2.258,64

- davon abzugsfähig:

  230 Tage • 24 km • 0,30 €   - 1.656,00

- nicht abzugsfähig: 602,64   602,64

f)
- Stornierung der erfassten Betriebsausgabe   7.437,50
- Vorsteuer ist Betriebsausgabe   - 1.187,50
- AfA linear 33 ⅓ % • ¹/₁₂ (§ 7 Abs. 1 Satz 4)   - 174,00
- Sonderabschreibung § 7g Abs. 5

  20 % von 6.250 €   - 1.250,00

g)
- Vorsteuer richtig behandelt

  (erst bei Zahlung in 2019 Betriebsausgabe)
- Nettobetrag direkt als Betriebsausgabe

  absetzbar (§ 6 Abs. 2)   - 150,00

korrigierter Gewinn = Einkünfte § 18   **75.088,00**

Einkünfte aus Vermietung und Verpachtung (§ 21) (Tz. 2.2)

- Die **selbst bewohnte** Wohnung wird steuerlich nicht berücksichtigt, weil keine Einnahmen erzielt werden.

- **Vermietete** Wohnung:

  a) Einnahmen

  　8 • 900 € =   7.200,00

  b) Werbungskosten

  　- Anteil der Fläche mit Einkunftserzielung
  　　an der Gesamtfläche:

  　　120 qm : 300 qm • 100 = **40 %**

  　- aufzuteilende WK:

  　　Schuldzinsen   11.500,00

  　　Damnum   2.950,00

  　　Gas, Strom, Wasser   1.500,00

  　　Hausversicherungen   550,00

  　　sonstige WK   1.100,00

  　　AfA § 7 Abs. 4 Nr. 2a

  　　338.750 € • 2 % = 6.775 €

  　　davon ⁹/₁₂ (April - Dez.)   5.082,00

  　　　　　　　　　　　　　　　22.682,00

  　davon 40 % als WK

  　abziehbar   9.073,00   - 9.073,00

= Einkünfte aus Vermietung und Verpachtung (Verlust)   **- 1.873,00**

LÖSUNGEN

	Euro	Euro EM	Euro EF

Zusammenfassung der Einkünfte:
- Einkünfte aus selbstständiger Arbeit — 75.088,00
- Einkünfte aus Vermietung und Verpachtung — - 1.873,00

Summe der Einkünfte — 75.088,00 — - 1.873,00

- Summe der Einkünfte EM — 75.088,00
- Summe der Einkünfte EF — - 1.873,00

Gesamtbetrag der Einkünfte (GdE) — 73.215,00

Sonderausgaben (Tz. 3)

- Kirchensteuer (§ 10 Abs. 1 Nr. 4) — - 1.500,00

- Beiträge und Spenden (§ 10b)
  wissenschaftliche Zwecke 3.000,00
  kulturelle Zwecke 1.000,00
  gemeinnützige Zwecke (DRK) 1.000,00
  _____
  5.000,00
  davon abziehbar (höchstens 20 % des GdE) 5.000,00 → 5.000,00

- an eine politische Partei 2.750 €
  davon Berücksichtigung im Rahmen von
  § 34g: 2.750 € (= Steuerermäßigung
  in Höhe von 1.375 €)
  abziehbar nach § 10b Abs. 2: 0,00
  insgesamt abziehbare Spenden nach § 10b 5.000,00 — - 5.000,00

- **Vorsorgeaufwendungen**
  Altersvorsorgeaufwendungen (Tz. 3)
  § 10 Abs. 1 Nr. 2 Buchst. b i. V. mit Abs. 3
  geleistete Beiträge 2018: 4.800 €
  davon abziehbar: 86 % = 4.128,00

  sonstige Vorsorgeaufwendungen (Tz. 3)
  § 10 Abs. 1 Nr. 3 und 3a i. V. mit Abs. 4
  5.600 € + 130 € = 5.730 €
  (Höchstbetrag gem. § 10 Abs. 4 Satz 1:
  EM 2.800 € + EF 2.800 € = 5.600 €) 5.600,00
  insgesamt abziehbare Vorsorgeaufwendungen 9.728,00 — - 9.728,00

Übertrag: 56.987,00

LÖSUNGEN

	Euro	Euro
Übertrag:		56.987,00

Ausbildungsfreibetrag (§ 33a Abs. 2)
ungekürzter Höchstbetrag für Sohn Kai 924,00
davon ⁸⁄₁₂ (01.01. - 31.08.2018) abziehbar 616,00   − 616,00

außergewöhnliche Belastungen allgemeiner Art (§ 33)
Arztkosten (Tz. 3) 7.900,00
davon erstattet − 3.900,00
  4.000,00

zumutbare Belastung
15.340 € · 2 % = 306,80 €
35.790 € · 3 % = 1.073,70 €
22.085 € · 4 % = 883,40 €
73.215 € 2.263,90 € → − 2.263,90
abziehbar 1.736,10   − 1.737,00

Einkommen **54.634,00**

Freibeträge für Kinder (§ 32 Abs. 6)
Kein Ansatz der Freibeträge, weil die steuerliche Freistellung des Existenzminimus der Kinder durch die Auszahlung des Kindergeldes bereits vollständig abgegolten ist. 0,00

zu versteuerndes Einkommen **54.634,00**

Lösung zu Einkommensteuer-Prüfungsfall 4

I. Vorbemerkungen

1. Persönliche Steuerpflicht:
Peter Bohrer ist unbeschränkt einkommensteuerpflichtig, weil er einen Wohnsitz im Inland hat (§ 1 Abs. 1 EStG).

2. Zu berücksichtigende Kinder:
Sohn Thomas ist nach § 32 Abs. 1 i. V. mit Abs. 3 EStG steuerlich zu berücksichtigen, weil er ein leibliches Kind des Steuerpflichtigen ist und vor dem Beginn des VZ 2018 das 18. Lebensjahr noch nicht vollendet hatte.

Herr Bohrer erhält in 2018 **Kindergeld** in Höhe von monatlich **194 €** für Thomas nach §§ 66 Abs. 1, 62 Abs. 1 Nr. 1, 63 Abs. 1 und 64 Abs. 1 und 2 Satz 1 EStG, weil Thomas bei ihm wohnt. Die Mutter hat einen zivilrechtlichen Ausgleichsanspruch in Höhe des halben Kindergeldes gegenüber Herrn Bohrer. Ein **Ausbildungsfreibetrag** nach § 33a Abs. 2 EStG ist für Thomas nicht zu gewähren, weil Thomas unter 18 Jahre alt ist.

Tochter Karen ist kein steuerlich zu berücksichtigendes Kind mehr, weil sie zu Beginn des VZ 2013 die Altersgrenze des § 32 Abs. 4 Satz 1 Nr. 2 EStG bereits überschritten hatte (Vollendung des 25. Lebensjahres) und die Voraussetzungen des § 32 Abs. 4 Satz 1 Nr. 3 EStG (Behinderung) bei ihr nicht zutreffen.

Die **Unterstützungsleistungen** von Herrn Bohrer **an seine Tochter Karen** können im Rahmen von **§ 33a Abs. 1** EStG als außergewöhnliche Belastung berücksichtigt werden (siehe bei der Ermittlung des zu versteuernden Einkommens Unterpunkt „Unterhaltsaufwendungen").

Herr Bohrer hat Anspruch auf einen **Entlastungsbetrag für Alleinerziehende (§ 24b)**, weil er alleinstehend ist und zu seinem Haushalt ein Kind gehört, für das er Anspruch auf Kindergeld hat. Von der Summe der Einkünfte wird hierfür ein Betrag in Höhe von **1.908 €** abgezogen.

3. Altersmäßige Vergünstigung:
Für Herrn Bohrer kommt die Gewährung eines Altersentlastungsbetrages in Betracht, weil er die altersmäßige Voraussetzung nach § 24a Satz 3 EStG erfüllt (Vollendung des 64. Lebensjahres vor dem Beginn des VZ). Berechnung des AEB: siehe Ermittlung des zu versteuernden Einkommens, Unterpunkt „Altersentlastungsbetrag").

LÖSUNGEN

4. Veranlagungsart:
Herr Bohrer wird **einzeln** zur Einkommensteuer veranlagt (§ 25 Abs. 1 EStG), weil er bereits seit 2014 geschieden ist und er nicht erneut geheiratet hat.

5. Steuertarif:
Das zu versteuernde Einkommen wird nach dem **Grundtarif** versteuert (§ 32a Abs. 1 EStG).

II. Ermittlung des zu versteuernden Einkommens

	Euro	Euro	Euro
Einkünfte aus selbstständiger Arbeit (§ 18)			
▸ vorläufiger Gewinn aus Zahnarztpraxis		110.178,00	
▸ Gewinnkorrekturen:			
• Hinzurechnung Investitionsabzugsbetrag gem. § 7g Abs. 2 Satz 1: 40 % von 17.850 €	7.140,00		
• Abzugsbetrag gem. § 7g Abs. 2 Satz 2: 40 % von 17.850 €	7.140,00		
• planmäßige Abschreibung § 7 Abs. 1: 17.850 € - 7.140 € = 10.710 € 10.710 € • 16,67 % • 6/12 (Juli-Dez.)	893,00		
• Sonderabschreibung § 7g Abs. 5: 17.850 € - 7.140 € = 10.710 € 10.710 € • 20 %	2.142,00		
• Abschreibung Diktiergerät nach § 6 Abs. 2 und R 9b Abs. 2 EStR	163,00		
• anteilige Schuldzinsen für die Praxisräume (Tz. 2b): 10.000 € • 40 % =	4.000,00		
• anteilige Gebäude-AfA für die Praxisräume (Tz. 2b): 340.000 € • 3 % lin. • 40 % =	4.080,00		
• anteilige sonstige Hauskosten für die Praxisräume (Tz. 2b): 6.000 € • 40 % =	2.400,00	- 20.818,00	
korrigierter Gewinn = Einkünfte aus selbstständiger Arbeit		96.500,00	96.500,00
Übertrag:			96.500,00

	Euro	Euro	Euro
Übertrag:			96.500,00

Sonstige Einkünfte (§ 22)

▸ Rente (Tz. 2c) (§ 22 Nr. 1)
Einnahmen:
6 · 454 € + 6 · 460,90 € = 5.489,40 €

	Euro	Euro	Euro
hiervon 74 % Besteuerungsanteil	4.062,00		
- WK § 9a Satz 1 Nr. 3	- 102,00		3.960,00
Summe der Einkünfte			**100.460,00**

Altersentlastungsbetrag (§ 24a)

positive Summe der Einkünfte	100.460,00		
- Einkünfte § 22 Nr. 1	3.960,00		
= Bemessungsgrundlage	96.500,00		
davon 20,8 %, höchstens 988 €	988,00		- 988,00
Entlastungsbetrag für Alleinerziehende (§ 24b)			- 1.908,00
Gesamtbetrag der Einkünfte (GdE)			**97.564,00**

Sonderausgaben

▸ **Spenden (§ 10b)**

Spende an eine politische Partei (Tz. 3b)	2.000,00		
davon Berücksichtigung im Rahmen von § 34g: 1.650 € (= Steuerermäßigung in Höhe von 825 €)	- 1.650,00		
abziehbar nach § 10b Abs. 2	350,00		- 350,00

▸ **Vorsorgeaufwendungen**

Altersvorsorgeaufwendungen (Tz. 3c)
§ 10 Abs. 1 Nr. 2 Buchst. a i. V. mit Abs. 3
geleistete Beiträge 2018: 9.000 €

davon abziehbar: 86 % =		7.740,00	

sonstige Vorsorgeaufwendungen (Tz. 3d und e)
§ 10 Abs. 1 Nr. 3 und 3a i. V. mit Abs. 4
4.200 € + 4.572 € (88 % von

5.195 €) =	8.772,00		
- Zuschuss BfA: 12 · 42 € (Tz. 2c)	- 504,00		
Zwischensumme	8.268,00		
davon höchstens abziehbar nach § 10 Abs. 4 Satz 2: 1.900 € (Höchstbetrag) mindestens jedoch abziehbar: Basisversorgung Kranken- und Pflegeversicherung (§ 10 Abs. 4 Satz 4):	- 2.890,00	2.890,00	
nicht abziehbar	5.388,00		
insgesamt abziehbare Vorsorgeaufwendungen		10.630,00	- 10.630,00
Übertrag:			86.584,00

LÖSUNGEN

	Euro	Euro	Euro
Übertrag:			86.584,00

▶ **Kinderbetreuungskosten (§ 10 Abs. 5)**
Hausaufgabenbetreuung Thomas:
12 · 125 € = 1.500 €; davon ²/₃ = 1.000 €   - 1.000,00

Außergewöhnliche Belastungen

▶ **Unterhaltsaufwendungen (§ 33a Abs. 1)**

Unterstützung Karen mit (12 · 565 € =) 6.780 €			
Höchstbetrag nach § 33a Abs. 1 Satz 1		9.000,00	
Erhöhung um die für Karen gezahlten KV-Beiträge			
zur Basisabsicherung nach § 33a Abs. 1 Satz 2		780,00	
zu berücksichtigender Höchstbetrag		9.780,00	
Einkünfte Karen:			
Bruttoarbeitslohn	5.100,00		
- WKP § 9a (Arbeitnehmer-Pauschbetrag)	- 1.000,00		
Einkünfte	4.100,00		
anrechnungsfreier Betrag	- 624,00		
anzurechnende Einkünfte/Bezüge	3.476,00 →	- 3.476,00	
abziehbare Unterhaltsaufwendungen		6.304,00	- 6.304,00

▶ **außergew. Belastungen allgemeiner Art (§ 33)**

Aufwendungen für Kur (Tz. 3f)		4.600,00	
Haushaltsersparnis ¹/₅ von 500 €		- 100,00	
Erstattung von der KV		- 2.250,00	
		2.250,00	
zumutbare Belastung:			
15.340 € · 2 % =	306,80 €		
35.790 € · 3 % =	1.073,70 €		
46.248 € · 4 % =	1.849,92 €		
97.378 €	3.230,42 € →	- 3.230,00	
= abziehbare agB		0,00	0,00

Einkommen   **79.280,00**

Freibeträge für Kinder (§ 32 Abs. 6)
Die Gewährung der Freibeträge nach § 32 Abs. 6 führt zu einem günstigeren Ergebnis als das ausgezahlte, auf Herrn Bohrer entfallende Kindergeld.

Kinderfreibetrag für Thomas: **4.788,00 €**;
Freibetrag für den Betreuungs-, Erziehungs- und Ausbildungsbedarf
für Thomas: **2.640 €**;

davon **jeweils die Hälfte** für Herrn Bohrer, weil die Mutter von Thomas
Anspruch auf die andere Hälfte dieser Freibeträge hat   - 3.714,00

zu versteuerndes Einkommen   **75.566,00**

▶ Für die Beschäftigung der **Haushaltshilfe (Tz. 3a)** wird eine **Steuerermäßigung** nach § 35a Abs. 2 in Höhe von 20 % der Aufwendungen, höchstens jedoch 4.000 €, gewährt. Im vorliegenden Fall beträgt die Steuerermäßigung **20 % von 6.078 €** (4.875 € + 1.203 €) = **1.215,60 €** (= Abzug von der tariflichen ESt).

LÖSUNGEN

Lösung zu Einkommensteuer-Prüfungsfall 5

Ermittlung des zu versteuernden Einkommens:

	Euro	Euro
Einkünfte aus selbstständiger Arbeit (§ 18) – Ehemann –		
aufgezeichnete Betriebseinnahmen		171.400,50
- aufgezeichnete Betriebsausgaben		94.596,00
= **vorläufiger Gewinn aus freiberuflicher Tätigkeit**		76.804,50

Gewinnkorrekturen:

Zu Tz. 1:
Nach § 4 Abs. 3 Satz 4 EStG sind die AK bei einem Wirtschaftsgut des AV, das nicht der Abnutzung unterliegt, erst im Zeitpunkt der Entnahme oder Veräußerung als Betriebsausgabe abzugsfähig.
[Als geringwertige Wirtschaftsgüter können nur bewegliche Anlagegüter, die der Abnutzung unterliegen, behandelt werden (§ 6 Abs. 2 EStG)]. Gewinnerhöhung: 100,00

Zu Tz. 2:
Für Grund und Boden gilt das zur Tz. 1 Gesagte (§ 4 Abs. 3 Satz 4 EStG). Gewinnerhöhung: 25.000,00

Zu Tz. 3:
a) Die aufgewendete Grundsteuer gehört zu den Betriebsausgaben (lfd. Grundstückskosten), auch wenn das Grundstück noch nicht genutzt wird.
Keine Änderung: 0,00

b) Das Architektenhonorar gehört zu den Herstellungskosten des Gebäudes. Es kann deshalb erst zusammen mit den übrigen Herstellungskosten ab der Fertigstellung des Gebäudes gemäß § 7 EStG abgeschrieben werden (§ 4 Abs. 3 Satz 3 EStG).
Das Gleiche gilt für die auf das Architektenhonorar entfallende Umsatzsteuer, weil diese nicht als Vorsteuer abziehbar ist (vgl. § 9b Abs. 1 EStG, R 9b EStR).
Gewinnerhöhung: 5.950,00

Zu Tz. 4:
Der Verderb von Waren und Verbrauchsgegenständen (UV) kann nicht als Betriebsausgabe behandelt werden, weil die Aufwendungen hierfür bei der Bezahlung als Betriebsausgabe abgezogen worden sind. Der erhöhte Zeitwert ist unbeachtlich. Gewinnerhöhung: 200,00

LÖSUNGEN

	Euro	Euro

Zu Tz. 5:
Geldbeträge, die dem Betrieb durch Aufnahme von
Darlehen zufließen, stellen keine Betriebseinnahmen und
Geldbeträge, die zur Tilgung von Darlehen geleistet werden,
keine Betriebsausgaben dar. Die Zinsen für betriebliche
Darlehen sind dagegen grundsätzlich Betriebsausgaben.
Die Betriebseinnahmen wurden also in Höhe von 5.000 €
zu hoch angesetzt. Gewinnminderung: - 5.000,00

Zu Tz. 6:
Der nachträgliche Rabatt ist keine Betriebseinnahme, sondern
eine rückwirkende Kürzung der bereits erfassten Betriebsausgaben.
Die Betriebseinnahmen sind also um 500 € zu vermindern, und
die Betriebsausgaben sind ebenfalls um 500 € zu vermindern.
Insgesamt keine Gewinnänderung.   0,00

Zu Tz. 7:
Die Betriebseinnahmen gelten mit der Übergabe des Schecks
als zugeflossen (vgl. H 11 (Scheck) EStH 2017).
Keine Gewinnänderung: 0,00

Zu Tz. 8:
Bei Zahlung durch Scheck ist die Ausgabe mit der Entgegennahme
des Schecks durch den Empfänger abgeflossen (vgl. § 11 Abs. 2
EStG und H 11 (Scheck) EStH 2017).
Gewinnminderung: - 250,00

Zu Tz. 9:
Mit der Abgabe des Überweisungsauftrages am 28.12.2018
durch Herrn Müller bei seiner Bank ist die Abschlusszahlung
für Wasser- und Stromgebühren i. S. des § 11 Abs. 2 Satz 1 EStG
im Kalenderjahr 2018 abgeflossen (vgl. H 11 (Überweisung)
EStH 2017). Regelmäßig wiederkehrende Leistungen nach
§ 11 EStG liegen bei diesem Fall nicht vor. Gewinnminderung: - 250,00

Zu Tz. 10:
Die Miete gehört zu den regelmäßig wiederkehrenden Leistungen
im Sinne des § 11 Abs. 2 Satz 2 EStG. Sie ist in diesem Fall dem
Jahr zuzurechnen, zu dem sie wirtschaftlich gehört (also 2019).
Gewinnerhöhung: 500,00

LÖSUNGEN

	Euro	Euro

Zu Tz. 11:
Für die Frage, ob bei den geringwertigen Anlagegütern die Grenze von 250 € bzw. 800 € überschritten ist oder nicht, ist stets von den Anschaffungs- oder Herstellungskosten abzüglich eines darin entaltenen Vorsteuerbetrages, also vom reinen Warenpreis ohne Vorsteuer auszugehen (vgl. R 9b Abs. 2 EStR).

Kann die Vorsteuer umsatzsteuerlich nicht abgezogen werden (§ 15 Abs. 2 UStG, z. B. bei einem Arzt), so wird der gesamte Wert des geringwertigen Wirtschaftsgutes einschließlich Vorsteuer im Jahr der Anschaffung als Betriebsausgabe abgezogen (§ 6 Abs. 2 Satz 1 EStG).
Gewinnminderung: - 297,50

Zu Tz. 12:
Vgl. oben Tz. 11 (gezahlte Umsatzsteuer nicht als Vorsteuer abziehbar, deshalb Bestandteil der AK; Umkehrschluss aus § 9b Abs. 1 EStG). „Vollabschreibung" nach § 6 Abs. 2 EStG
Gewinnminderung: - 357,00

Zu Tz. 13:
Der Ausfall der Honorarforderung hat keine Auswirkung auf die Gewinnermittlung, weil der Gewinn beim Entstehen der Forderung nicht berührt wurde.
Gewinnerhöhung: 1.000,00

Zu Tz. 14:
Gehälter gehören zu den regelmäßig wiederkehrenen Leistungen und sind deshalb Aufwendungen des Jahres, zu dem sie wirtschaftlich gehören (hier 2019), wenn sie kurze Zeit (bis zu 10 Tage) vor oder nach dem Ablauf des Kj. verausgabt werden.
Gewinnerhöhung: 3.000,00

Zu Tz. 15:
Für die Lohnsteuer und Lohnkirchensteuer gelten die Ausführungen zu der Tz. 14 analog. Die Behandlung als Betriebsausgaben des Jahres 2019 ist falsch. Wirtschaftlich sind die Steuern dem Kj 2018 (Dezembergehälter) zuzurechnen.
Gewinnminderung: - 500,00

Zu Tz. 16:
Auch für die Sozialversicherungsbeiträge gelten die Ausführungen zu Tz. 14 und 15. Sie sind Betriebsausgaben des Jahres 2018.
Gewinnminderung: - 1.000,00

	Euro	Euro

Zu Tz. 17:
Eine Gewinnänderung tritt nicht ein, weil die persönliche Arbeitsleistung keine Einnahme darstellt.
Gewinnänderung: 0,00

Zu Tz. 18:
Das Geschenk steht mit der Leistung des Steuerpflichtigen in wirtschaftlichem Zusammenhang und berührt keinesfalls etwa seine private Stellung. Der Wert des Geschenks ist im Rahmen seiner freiberuflichen Tätigkeit als Betriebseinnahme anzusetzen.
Gewinnerhöhung: 100,00

Saldo Gewinnänderungen 28.195,50 → 28.195,50

korrigierter Gewinn 2018
= Einkünfte aus selbstständiger Arbeit 105.000,00

Einkünfte aus nichtselbstständiger Arbeit (§ 19) – Ehefrau –

Bruttobezüge 48.824,00

- WK § 9   Euro

Fahrten Wohnung - erste Tätigkeitsstätte:
190 Tage • 5 km • 0,30 € =   285,00
Arbeitsmittel   480,00
AfA Computer:
1.160 € : 3 Jahre = 387 €
davon ⁵⁄₁₂ (Aug. - Dez.) =   162,00

Reisekosten (Dienstreise nach Nürnberg):

Fahrtkosten:
2 • 230 km • 0,30 €/km =   138,00

Übernachtungskosten: 110,00

Verpflegungsmehraufwendungen:
14.09.   12 €
15.09.   24 €
16.09.   12 €   48,00

häusliches Arbeitszimmer   965,00
Kontoführungsgebühren pauschal   16,00
Summe nachgewiesene WK   2.204,00   - 2.204,00
= Einkünfte   **46.620,00**   **46.620,00**
Übertrag: 151.620,00

LÖSUNGEN

	Euro	Euro
Übertrag:		151.620,00

Sonstige Einkünfte (§ 22)
Privates Veräußerungsgeschäft (§ 22 Nr. 2 i. V. mit § 23)
[Der Verkauf der selbst bewohnten Wohnung unterliegt nicht der Besteuerung (vgl. § 23 Abs. 1 Nr. 1 Satz 3).]

Verkaufserlös für das Grundstück in Lindau: 335.000 €		
davon ½ (für die vermietete Wohnung)	167.500,00	
- ½ der AK inkl. Grund und Boden	- 165.000,00	
+ Hinzurechnung der seit 2009 geltend gemachten AfA: 165.000 € - 40.000 € (Grund und Boden) = 125.000 €; davon 2 % • 9 Jahre =	22.500,00	
- ½ der Verkaufskosten	- 2.100,00	
= **Überschuss**	**22.900,00**	**22.900,00**
Summe der Einkünfte = Gesamtbetrag der Einkünfte		**174.520,00**

Sonderausgaben

	Euro		
▸ **Spenden (§ 10b)**			
Spende an politische Partei	1.720,00		
Beitrag an politische Partei	1.600,00		
	3.320,00		
davon Berücksichtigung im Rahmen von § 34g: 3.300 € (= Steuerermäßigung in Höhe von 1.650 €)	- 3.300,00		
abziehbar nach § 10b Abs. 2	20,00		
▸ **Sonderausgaben-Pauschbetrag § 10c** (höher als der Spendenabzug)			- 72,00
▸ **Vorsorgeaufwendungen**			
Altersvorsorgeaufwendungen § 10 Abs. 1 Nr. 2 i. V. mit Abs. 3 geleistete Beiträge 2018:			
EM: Beiträge Versorgungswerk	12.000,00		
EF: Beiträge kapitalgedeckte priv. Leibrentenvers.	1.800,00		
Summe:	13.800,00		
davon abziehbar: 86 % =		11.868,00	
sonstige Vorsorgeaufwendungen § 10 Abs. 1 Nr. 3 und 3a i. V. mit Abs. 4 5.800 € + 76 € + 900 € =	6.776,00		
davon ½ EM = 3.388 €; ½ EF = 3.388 € Höchstbeträge			
EM (§ 10 Abs. 4 Satz 1):	2.800,00		
Übertrag:	2.800,00	11.868,00	174.448,00

	Euro	Euro	Euro
Übertrag	2.800,00	11.868,00	174.448,00
EF (§ 10 Abs. 4 Satz 2):	1.900,00		
	4.700,00		
mindestens jedoch abziehbar: Basisversorgung Kranken- u. Pflegeversicherung (§ 10 Abs. 4 Satz 4):	4.920,00	4.920,00	
insgesamt abziehbare Vorsorgeaufwendungen		16.788,00	- 16.788,00

Hinzurechnung gem. § 10 Abs. 4b Satz 3

Kirchenerstattung	700,00		
Kirchensteuerzahlung	- 600,00		100,00
Einkommen			**157.760,00**

Freibeträge für Kinder (§ 32 Abs. 6)

Die Gewährung der Freibeträge nach § 32 Abs. 6 führt zu einem günstigeren Ergebnis als das ausgezahlte Kindergeld. Das Kindergeld wird der tariflichen ESt hinzugerechnet.

Kinderfreibetrag	- 4.788,00
Freibetrag für den Betreuungs-, Erziehungs- und Ausbildungsbedarf	- 2.640,00
zu versteuerndes Einkommen	**150.332,00**

LÖSUNGEN

Lösung zu Einkommensteuer-Prüfungsfall 6
Aufgabe 1

	Euro	Euro	Euro

Einkünfte aus Land- und Forstwirtschaft (§ 13)
EM (Tz. 3):
40.000 € • ½ + 50.000 € • ½ (§ 4a Abs. 2 Nr. 1 Satz 1) 45.000,00

Einkünfte aus nichtselbstständiger Arbeit (§ 19)
EM (Tz. 2):
Bruttoarbeitslohn aus einem früheren Dienstverhältnis
(§ 19 Abs. 1 Nr. 2)
  12 • 250 € = ... 3.000,00
- Versorgungsfreibetrag § 19 Abs. 2:
  3.000 € • 20,8 % = ... 624,00
  Zuschlag zum Versorgungsfreibetrag ... 468,00 ... - 1.092,00
- WKP § 9a Satz 1 Nr. 1 Buchst. b .... - 102,00
= Einkünfte .... 1.806,00 ... 1.806,00

EF (Tz. 1):
Bruttoarbeitslohn: 12 • 2.203 € = ... 26.436,00
- abziehbare Werbungskosten (§ 9):

  ▸ Fahrten Wohnung - Arbeitsstätte:
    220 Tage • 8 km • 0,30 € = ... 528,00

  ▸ Fachbücher und Fachzeitschriften 370,00

  ▸ sonstige Arbeitsmittel 140,00

  ▸ Arbeitszimmer nicht absetzbar, weil
    beim Arbeitgeber ein Arbeitsplatz zur
    Verfügung steht (§ 9 Abs. 5 i. V. mit
    § 4 Abs. 5 Nr. 6b) 0,00

  ▸ Kontoführungsgeb. pauschal .... 16,00 ... - 1.054,00
Einkünfte § 19 .... 25.382,00 ... 25.382,00
.... 27.188,00

Einkünfte aus Vermietung und Verpachtung (§ 21)
EM/EF (Tz. 5):
Die selbst genutzte Wohnung in dem Zweifamilienhaus ist steuerlich irrelevant (keine Einnahmen).

Für die vermietete Wohnung ist der Überschuss der Einnahmen über die Werbungskosten zu ermitteln:
Einnahmen: 1 • 650 € + 284 € 934,00
Übertrag: 934,00

	Euro	Euro	Euro
Übertrag:			934,00

Werbungskosten:

- Schuldzinsen an die Bausparkasse — 5.500,00
- Schuldzinsen an die Volksbank: 200.000 € • 2,5 %, 360 Tage • 90 Tage = 1.250 € — 1.250,00
- Kanalanschlussgebühren = AK Grund und Boden, also nicht als WK absetzbar; H 6.4 EStH (Hausanschlusskosten) — 0,00
- Haushaftpflichtversicherung — 300,00
- Gebäudeversicherung — 600,00
- Gas — 1.100,00
- Wasser — 500,00
- Grundbesitzabgaben — 800,00
  Zwischensumme — 10.050,00
  davon 40 % (100 von 250 qm) = — 4.020,00
- AfA: linear 2 % (§ 7 Abs. 4 Nr. 2 Buchst. a)
  von 140.000 € = 2.800 €, davon ³/₁₂ = — 700,00 — - 4.720,00
  HK vorläufig 338.100,00
  Anschlusskosten für Strom usw. 11.900,00
  350.000,00
  davon 40 % (100 von 250 qm) = 140.000,00

Verlust (je ½ dem EM und der EF zuzuordnen) — - 3.786,00

Sonstige Einkünfte (§ 22)

EM (Tz. 2 a):
Einkünfte aus wiederkehrenden Bezügen (§ 22 Nr. 1a):
Bruttorente 2018: 13.200 €
   Besteuerungsanteil: 74 % (Rentenbeginn in 2017) = — 9.768,00
- WKP § 9a — - 102,00
= Einkünfte — 9.666,00 — 9.666,00

Rentenfreibetrag (festgeschrieben):
13.200 € - 9.768 € = **3.432 €**

Zusammenstellung der Einkünfte

	EM	EF	Summe
	Euro	Euro	Euro
§ 13	45.000,00	0,00	45.000,00
§ 19	1.806,00	25.382,00	27.188,00
§ 21	- 1.893,00	- 1.893,00	- 3.786,00
§ 22	9.666,00	0,00	9.666,00
Summe der Einkünfte	**54.579,00**	**23.489,00**	**78.068,00**

LÖSUNGEN

	Euro	Euro
SdE		**78.068,00**
- **Freibetrag für LuF (§ 13 Abs. 3)**		
Kein Abzug möglich, weil die Summe der Einkünfte mehr als 61.400 € beträgt.	0,00	
- **Altersentlastungsbetrag (§ 24a)**		
EF:		
Kein AEB, weil sie zu Beginn des VZ 2018 das 64. Lj. noch nicht vollendet hatte.		
EM:		
AEB ja, weil er bereits vor dem Beginn des VZ 2017 das 64. Lj. vollendet hatte.		

BMG: § 13   45.000,00 €
§ 21   - 1.893,00 €
          43.107,00 €
davon 20,8 % =   8.967,00 €, jedoch höchstens   - 988,00

Gesamtbetrag der Einkünfte   **77.080,00**

Aufgabe 2

	Euro	Euro abziehbar
Altersvorsorgeaufwendungen EM		
(§ 10 Abs. 1 Nr. 2 Buchst. a EStG):		
▸ RV AG-Anteil	3.980,00	
▸ RV AN-Anteil	3.980,00	
	7.960,00	
davon 86 % =	6.846,00	
- AG-Anteil	3.980,00	
= abziehbare Aufwendungen (§ 10 Abs. 3 EStG)	2.866,00	2.866,00
sonstige Vorsorgeaufwendungen		
(10 Abs. 1 Nr. 3 und 3a EStG):		
▸ KV AN-Beiträge	3.280,00	
▸ PV AN-Beiträge	390,00	
▸ ArblV AN-Beiträge	560,00	
▸ Haftpflichtvers.beiträge (200 € + 500 €)	700,00	
▸ Kapital-LV-Beiträge: 2.000 € • 88 % =	1.760,00	
	6.690,00	
davon abziehbar (§ 10 Abs. 4 EStG)		
EM: 1.900 €		
EF: 1.900 €	3.800,00	3.800,00
Rest nicht abziehbar	2.890,00	

	Euro	Euro
nicht zu berücksichtigen (keine Vorsorgeaufwendungen):		
Beitrag Kfz-Kasko-Versicherung	650,00	
Beitrag Hausratversicherung	450,00	
Beitrag Rechtschutzversicherung	140,00	

Vergleich Basisabsicherung in der KV und PV
(§ 10 Abs. 4 Satz 4 EStG):
- ► KV AN-Beiträge 3.280,00
- - 4 % für Krankengeldanspruch - 131,00
- ► PV AN-Beiträge 390,00
- Summe (niedriger als o. a. Höchstbeträge) 3.539,00

Insgesamt abziehbare Vorsorgeaufwendungen **6.666,00**

Lösung zu Gewerbesteuer-Prüfungsfall 1

	Euro	Euro
Gewinn der Lederwarenfabrik (§ 7)		250.000,00

Hinzurechnungen (§ 8)
1. Entgelte für Schulden (§ 8 Nr. 1a)
  Tz. 2: 72.500,00
  Tz. 4: 32.500,00
2. Miet- und Pachtzinsen einschließlich Leasingraten für bewegliche Wirtschaftsgüter zu 20 % (§ 8 Nr. 1d)
  Tz. 3: 15.000 € · 20 % = 3.000,00
  Summe 108.000,00
  - Freibetrag 100.000,00
  Summe der Finanzierungsaufwendungen
  nach Abzug des Freibetrags 8.000,00
  davon 25 % = Hinzurechnungsbetrag   2.000,00

Kürzungen (§ 9)
Tz. 1: (§ 9 Nr. 1):
 125.000 € + 85 % von 100.000 € = 210.000 €
 210.000 € · 140 % = 294.000 €
 294.000 € · 1,2 % =   - 3.528,00

Gewerbeertrag		**248.472,00**
Abrundung auf volle 100 €		248.400,00
Freibetrag (§ 11 Abs. 1)		- 24.500,00
steuerpflichtiger Gewerbeertrag		**223.900,00**

Steuermessbetrag nach § 11 Abs. 2
223.900 € · 3,5 %, abgerundet auf volle Euro
(R 14.1 Satz 3 GewStR) =   7.836,00

• **Hebesatz 400 % = Gewerbesteuer**   **31.344,00**

Lösung zu Gewerbesteuer-Prüfungsfall 2

	Euro	Euro
Gewinn der „Rote Rübe OHG"	27.500,00	
Hinzurechnung der Spende an Greenpeace (darf bei einer OHG nicht als Betriebsausgabe abgesetzt werden)	1.500,00	29.000,00

Hinzurechnungen (§ 8)
1. Entgelte für Schulden (§ 8 Nr. 1a)
   Tz. 1: 3.000,00
   Tz. 7: 2.450,00

2. Gewinnanteile stiller Gesellschafter (§ 8 Nr. 1c)
   Tz. 3: 1.500,00

3. Miet- und Pachtzinsen einschließlich Leasingraten für bewegliche Wirtschaftsgüter zu 20 % (§ 8 Nr. 1d)
   Tz. 2: 6.000 € · 20 % = 1.200,00
   Summe 8.150,00
   - Freibetrag 100.000,00
   Summe der Finanzierungsaufwendungen nach Abzug des Freibetrags 0,00
   Hinzurechnungsbetrag 0,00

Kürzungen (§ 9)
Anteile am Gewinn von Personengesellschaften nach § 9 Nr. 2 (Tz. 4) 200,00

Spenden nach § 9 Nr. 5 (Tz. 6):
(höchstens 20 % von 29.000 €) 1.500,00 - 1.700,00

Gewerbeverlust nach § 10a (Tz. 5) - 2.500,00

Gewerbeertrag 24.800,00

Abrundung auf volle 100 € 24.800,00

Freibetrag (§ 11 Abs. 1) - 24.500,00

steuerpflichtiger Gewerbeertrag 300,00

Steuermessbetrag nach § 11 Abs. 2
300 € · 3,5 %, abgerundet auf volle Euro
(R 14.1 Satz 3 GewStR) = **10,00**

• **Hebesatz 420 % = Gewerbesteuer** **42,00**

LÖSUNGEN

Lösung zu Gewerbesteuer-Prüfungsfall 3

	Euro	Euro
Gewinn der GmbH (§ 7)		46.875,00
Hinzurechnungen (§ 8)		
1. Entgelte für Schulden (§ 8 Nr. 1a)		
Tz. 3:	2.250,00	
Tz. 4:	3.000,00	
2. Miet- und Pachtzinsen einschließlich Leasingraten für bewegliche Wirtschaftsgüter zu 20 % (§ 8 Nr. 1d)		
Tz. 6: 1.500 € · 20 % =	300,00	
Summe	5.550,00	
- Freibetrag	100.000,00	
Summe der Finanzierungsaufwendungen nach Abzug des Freibetrags	0,00	
Tz. 7: Spenden der GmbH (§ 8 Nr. 9)	6.000,00	6.000,00
Zwischensumme		52.875,00
Kürzungen (§ 9)		
Tz. 2: § 9 Nr. 1: 140 % von 45.000 € = 63.000 € · 1,2 % =	756,00	
Tz. 5: § 9 Nr. 2: Gewinnanteil OHG	11.288,00	
Tz. 7: Spenden wissenschaftliche Zwecke 3.000,00 €		
Spenden gemeinnützige Zwecke 3.000,00 €	6.000,00	- 18.044,00
(höchstens 20 % von 52.875 € abziehbar)		
Gewerbeertrag		**34.831,00**
Abrundung auf volle 100 €		34.800,00
[Kein Freibetrag, weil Kapitalgesellschaft]		0,00
steuerpflichtiger Gewerbeertrag		**34.800,00**
Steuermessbetrag: 36.200 € · 3,5 % =		**1.218,00**
• Hebesatz 420 % = Gewerbesteuer		**5.115,60**

Lösung zu Gewerbesteuer-Prüfungsfall 4

	Euro	Euro
Gewinn des Textilgroßhandels nach § 5 EStG (§ 7)		270.060,00

Hinzurechnungen (§ 8)

1. Entgelte für Schulden (§ 8 Nr. 1a)
   Tz. 4: 8.000,00

2. Gewinnanteile stiller Gesellschafter (§ 8 Nr. 1c)
   Tz. 2: 97.000,00

3. Miet- und Pachtzinsen einschließlich Leasingraten
   für bewegliche Wirtschaftsgüter zu 20 % (§ 8 Nr. 1d)
   Tz. 3: 4.000 € · 20 % = 800,00

Summe	105.800,00	
- Freibetrag	100.000,00	
Summe der Finanzierungsaufwendungen nach Abzug des Freibetrags	5.800,00	
Hinzurechnungsbetrag: 25 % von 5.800 € =		1.450,00

Kürzungen (§ 9)
für Grundbesitz nach § 9 Nr. 1 (Tz. 6):
140 % von 125.000 € = 175.000 €
175.000 € · 1,2 % =   2.100,00

Spenden nach § 9 Nr. 5 (Tz. 5):	1.000,00	- 3.100,00
Gewerbeertrag		**268.410,00**
Abrundung auf volle 100 €		268.400,00
Freibetrag (§ 11 Abs. 1)		- 24.500,00
steuerpflichtiger Gewerbeertrag		**243.900,00**

Steuermessbetrag nach § 11 Abs. 2
243.900 € · 3,5 %, abgerundet auf volle Euro
(R 14.1 Satz 3 GewStR) =   **8.536,00**

Zerlegung:

Betriebsstätte	Anteil in %	anteiliger Messbetrag
Koblenz	150.000 : 250.000 · 100 = 60 %	5.121,60 €
Hamburg	100.000 : 250.000 · 100 = 40 %	3.414,40 €

Berechnung der Gewerbesteuer:

Betriebsstätte	anteiliger Messbetrag	Hebesatz	Gewerbesteuer
Koblenz	5.121,60 €	420 %	21.510,72
Hamburg	3.414,40 €	470 %	16.047,68

Lösung zu Gewerbesteuer-Prüfungsfall 5

	Euro	Euro
vorläufiger handelsrechtlicher Gewinn (ohne Berücksichtigung der GewSt-Rückstellung)		100.009,00
steuerrechtliche Korrekturen		
Geschäftsführervergütung Rainer Nockher (§ 15 Abs. 1 Nr. 2 EStG)		48.000,00
Gewebesteuervorauszahlungen 2018 (§ 4 Abs. 5b EStG)		16.000,00
Spende für wissenschaftliche Zwecke (Spenden dürfen bei Personengesellschaften den steuerlichen Gewinn nicht mindern)		2.000,00
30 % der Bewirtungsaufwendungen (§ 4 Abs. 5 Nr. 2 EStG)		555,00
Gewinn aus Gewerbebetrieb = Gewerbeertrag gem. § 7		166.564,00
Hinzurechnungen (§ 8)		
Entgelte für Schulden (§ 8 Nr. 1a) (Zinsaufwendungen)	12.000,00	
Mietaufwendungen (§ 8 Nr. 1d): 18.000 € • 20 % =	3.600,00	
Summe	15.600,00	
davon ¼ =	3.900,00	
Freibetrag (höchstens 100.000 €)	3.900,00	
Summe der Finanzierungsaufwendungen nach Abzug des Freibetrags	0	0
Zwischensumme		166.564,00
Kürzungen (§ 9)		
Grundbesitzkürzung (§ 9 Nr. 1): 185.000 € • 140 % • 1,2 % =	3.108,00	
Spenden für wissenschaftliche Zwecke (§ 9 Nr. 5)	2.000,00	- 5.108,00
Gewerbeertrag (§ 7)		**161.456,00**
Abrundung auf volle 100 € (§ 11 Abs. 1)		161.400,00
Freibetrag (§ 11 Abs. 1)		24.500,00
steuerpflichtiger Gewerbeertrag		**136.900,00**
Steuermessbetrag (§ 11 Abs. 2) 136.900 € • 3,5 %, abgerundet auf volle 100 € (R 14.1 Satz 3 GewStR)		4.791,00
• Hebesatz 420 % = Gewerbesteuer		**20.122,00**
- geleistete Vorauszahlungen		16.000,00
= Gewerbesteuerrückstellung		**4.122,00**

Lösung zu Gewerbesteuer-Prüfungsfall 6

	Euro
vorläufiger steuerlicher Gewinn	64.100,00
30 % der geschäftlich veranlassten Bewirtungsaufwendungen (Tz. 3) sind nicht abzugsfähige Betriebsausgaben (§ 4 Abs. 5 Nr. 2 EStG): 30 % von 3.000 € = 900 €	+ 900,00
Die aus Betriebsmitteln bezahlten Spenden an politische Parteien (Tz. 8) sind keine abziehbaren Betriebsausgaben (§ 4 Abs. 6 EStG).	+ 500,00
berichtigter Steuerbilanzgewinn	65.500,00

Hinzurechnungen § 8

		Euro	
▸ Entgelte für Schulden (§ 8 Nr. 1a)			
Tz. 1: Hypothekenzinsen		95.500,00	
Tz. 5: Schuldzinsen bei der ABC-Bank		1.460,00	
Disagio bei der ABC-Bank Anteil 2018: 2.500 € : 5 Jahre = 500 €/Kj. davon 120/360 für 2018 =		167,00	
Tz. 6: Kontokorrentzinsen		2.250,00	
▸ Gewinnanteil des Gesellschafters Thunert (Tz. 2) wird nicht hinzugerechnet, weil keine echte stille Gesellschaft vorliegt (Thunert ist als Mitunternehmer anzusehen)		0,00	
▸ Miet- und Pachtentgelte			
Tz. 4: Die für die Telefonanlage entrichtete Miete ist zu 20 % (§ 8 Nr. 1d) zu berücksichtigen.		240,00	
Tz. 4: Die für den Parkplatz entrichtete Miete ist zu 50 % (§ 8 Nr. 1d) zu berücksichtigen.		1.560,00	
Summe Finanzierungsaufwendungen		101.177,00	
Freibetrag		100.000,00	
zu berücksichtigen		1.177,00	
davon 25 % hinzuzurechnen =			+ 294,00
▸ Spenden, die gewinnmindernd erfasst wurden (Tz. 8) § 8 Nr. 9: 10.000 € + 10.000 € =			+ 20.000,00

LÖSUNGEN

	Euro
Kürzungen § 9	
▸ Grundbesitzkürzung zu 60 % (Tz. 7)	
§ 9 Nr. 1: 45.000 € • 60 % • 140 % • 1,2 %	- 454,00
▸ Spenden (Tz. 8)	
§ 9 Nr. 5:	

- Die Parteispenden sind mangels Erwähnung in § 9 nicht abzugsfähig.
- Die Spenden für mildtätige und gemeinnützige Zwecke sind im Rahmen der Höchstbetragsberechnung wie folgt anrechnungsfähig:
  65.500 € + 20.000 € = 85.500 €
  davon 20 % = 17.100 €   − 17.100,00

[übersteigender Betrag: 2.900 € ist im VZ 2019 abziehbar]

Gewerbeertrag	68.240,00
Abrundung auf volle 100 € (§ 11 Abs. 1 Satz 3)	68.200,00
Freibetrag (§ 11 Abs. 1) kein Freibetrag, weil Kapitalgesellschaft	0,00
steuerpflichtiger Gewerbeertrag	68.200,00
• Steuermesszahl (§ 11 Abs. 2 Nr. 2)	3,5 %
= **Steuermessbetrag**	2.387,00
• **Hebesatz**	440 %
= **Gewerbesteuer**	**10.502,80**

LÖSUNGEN

Lösung zu Körperschaftsteuer-Prüfungsfall 1

Kalenderjahr 2017:
Die GmbH ist eine Kapitalgesellschaft. Da sie sowohl ihren Sitz (§ 11 AO) als auch ihre Geschäftsleitung (§ 10 AO) im Inland hat, ist sie 2017 in Deutschland **unbeschränkt** körperschaftsteuerpflichtig (§ 1 Abs. 1 Nr. 1 KStG), was bedeutet, dass sie mit sämtlichen Einkünften der deutschen Körperschaftsteuer unterliegt („Welteinkommensprinzip").

Kalenderjahr 2018:
Die GmbH hat in 2018 ihren Sitz nicht mehr in Deutschland, sondern in Hull (Großbritannien).

Da die maßgebenden Geschäfte aber weiterhin in Bonn getroffen werden, befindet sich die Geschäftsleitung (§ 10 AO) weiterhin in Deutschland.

Die GmbH ist deshalb auch in 2018 **unbeschränkt** körperschaftsteuerpflichtig in Deutschland. In Großbritannien ist die GmbH ebenfalls körperschaftsteuerpflichtig, weil sie ihren Sitz dort hat. Zur Vermeidung von Doppelbesteuerungen ist das Doppelbesteuerungsabkommen zwischen Großbritannien und Deutschland zu berücksichtigen.

Kalenderjahr 2019:
Durch die Verlegung der Geschäftsleitung von Bonn nach London am 31.12.2018 befinden sich ab dem 01.01.2019 sowohl der Sitz als auch die Geschäftsleitung der GmbH in Großbritannien. Die GmbH ist deshalb in Deutschland **ab dem 01.01.2019 nicht mehr unbeschränkt** körperschaftsteuerpflichtig.

Da sich ab dem 01.03.2019 in Köln ein Lager der „Pro Sun-Lotion GmbH" befindet, ist sie ab diesem Zeitpunkt nur mit den in Deutschland erzielten Einkünften steuerpflichtig (**beschränkte** Steuerpflicht nach § 2 Nr. 1 KStG).

LÖSUNGEN

Lösung zu Körperschaftsteuer-Prüfungsfall 2

1. Körperschaftsteuerpflicht:
Da die „Holz & Hobel GmbH" ihre Geschäftsleitung (§ 10 AO) und ihren Sitz (§ 11 AO) im Inland hat, ist sie 2018 in Deutschland **unbeschränkt** körperschaftsteuerpflichtig (§ 1 Abs. 1 Nr. 1 KStG). Die unbeschränkte Steuerpflicht erstreckt sich auf sämtliche Einkünfte der GmbH im In- und Ausland („Welteinkommensprinzip").

2. Geschäftsführergehalt:
Das Geschäftsführergehalt, das Herrn Wingender gezahlt wurde, ist als Betriebsausgabe (§ 4 Abs. 4 EStG) abzugsfähig und damit in voller Höhe gewinnmindernd.

Das Geschäftsführergehalt an den Gesellschaftergeschäftsführer Frank Adler ist aufzuteilen in einen **angemessenen** und einen **unangemessenen** Teil.

Der als „angemessen" anzusehende Teil (hier das branchenübliche Gehalt von monatlich 5.000 €) ist sowohl handels- als auch steuerrechtlich als Betriebsausgabe abzugsfähig.

Der als „unangemessen" anzusehende Teil (hier die 7.500 € monatlich, die den angemessenen Teil übersteigen) sind zwar handelsrechtlich, nicht aber steuerrechtlich als Betriebsausgabe abzugsfähig, weil es sich hierbei um eine **verdeckte Gewinnausschüttung** gem. § 8 Abs. 3 KStG handelt (siehe hierzu H 8.5 (III. Veranlassung durch das Gesellschaftsverhältnis) zu R 8.5 KStR).

Bei der Ermittlung des zu versteuernden Einkommens der GmbH für 2018 sind somit **45.000 €** (6 · 7.500 €) dem **Gewinn/Verlust der Steuerbilanz hinzuzurechnen** (keine Gewinnminderung zulässig).

Lösung zu Körperschaftsteuer-Prüfungsfall 3

1. Ermittlung des zu versteuernden Einkommens:

		Euro
Gewinn lt. Handelsbilanz (Jahresüberschuss):		74.000,00
+ nichtabzugsfähige Betriebsausgaben: 30 % der Bewirtungskosten (§ 4 Abs. 5 Nr. 2 EStG), netto [Vorsteuer, die auf die 30 % der nicht abziehbaren Bewirtungskosten entfällt, ist voll abziehbar.]		375,00
+ Spende an politische Partei (nicht abziehbar gem. § 4 Abs. 6 EStG):		2.500,00
+ nichtabziehbare Steuern (§ 10 Nr. 2 KStG):		
KSt-Nachzahlung für 2017	10.190,00 €	
5,5 % SolZ zur KSt-Nachzahlung	560,00 €	
KSt-Vorauszahlungen für 2018	30.000,00 €	
5,5 % SolZ zur KSt-Vorauszahlung	1.650,00 €	42.400,00
= Einkommen = zu versteuerndes Einkommen		**119.275,00**

2. Ermittlung der tariflichen Körperschaftsteuer für 2018:

zu versteuerndes Einkommen	119.275,00
• 15 % KSt-Satz (§ 23 Abs. 1)	
= tarifliche Körperschaftsteuer	**17.891,25**

LÖSUNGEN

Lösung zu Körperschaftsteuer-Prüfungsfall 4

1. Ermittlung des zu versteuernden Einkommens:

		Euro
Gewinn lt. Handelsbilanz (Jahresüberschuss):		73.567,00
+ nichtabzugsfähige Betriebsausgaben: Geschenke über 35 € (§ 4 Abs. 5 Nr. 1 EStG), brutto		928,00
+ nichtabziehbare Steuern (§ 10 Nr. 2 KStG):		
KSt-Nachzahlung für 2017	7.642,00 €	
5,5 % SolZ zur KSt-Nachzahlung	420,00 €	
KSt-Vorauszahlungen für 2018	10.000,00 €	
5,5 % SolZ zur KSt-Vorauszahlung	550,00 €	18.612,00
+ Hinzurechnung des Spendenaufwands		25.000,00
Zwischensumme		118.107,00
− Spenden, die nach § 9 Abs. 1 Nr. 2 abziehbar sind: 20 % von 118.107 € =		− 23.622,00
= Einkommen = zu versteuerndes Einkommen		**94.485,00**

2. Ermittlung der tariflichen Körperschaftsteuer für 2018:

	Euro
zu versteuerndes Einkommen	94.485,00
• 15 % KSt-Satz (§ 23 Abs. 1)	
= **tarifliche Körperschaftsteuer**	**14.172,75**

Lösung zu Körperschaftsteuer-Prüfungsfall 5

1. Ermittlung des zu versteuernden Einkommens:

	Euro
Gewinn lt. Handelsbilanz (Jahresüberschuss):	80.000,00
+ nichtabzugsfähige Betriebsausgaben: 30 % der Bewirtungskosten (§ 4 Abs. 5 Nr. 2 EStG) [Die Vorsteuer ist voll abziehbar gem. § 15 Abs. 1 UStG.]	1.200,00

+ verdeckte Gewinnausschüttung (§ 8 Abs. 3 KStG)

		Euro
Zinsen für 2018: 100.000 € · 10 % =	10.000,00 €	
- marktübliche Zinsen: 100.000 € · 5 % =	5.000,00 €	
= verdeckte Gewinnausschüttung	5.000,00 €	5.000,00
= Einkommen = zu versteuerndes Einkommen		**86.200,00**

2. Ermittlung der Körperschaftsteuer- und SolZ-Schuld für 2018:

	Euro
zu versteuerndes Einkommen	86.200,00
• 15 % KSt-Satz (§ 23 Abs. 1)	
= festzusetzende KSt:	**12.930,00**
= festzusetzender SolZ: 12.930 € · 5,5 % =	**711,15**

LÖSUNGEN

Lösung zu Körperschaftsteuer-Prüfungsfall 6

Ermittlung des zu versteuernden Einkommens:

		Euro
Jahresüberschuss		190.090,00
- KSt-freie Dividendenerträge (§ 8b Abs. 1) davon 5 % pauschal nichtabzugsfähige Betriebsausgabe (§ 8b Abs. 5)	36.000,00 € - 1.800,00 €	- 34.200,00
+ 30 % der Bewirtungskosten (§ 4 Abs. 5 Nr. 2 EStG)		5.175,00
+ nichtabziehbare Aufwendungen: ▸ ½ der Verwaltungsratvergütung (§ 10 Nr. 4) ▸ KSt-Vorauszahlungen (§ 10 Nr. 2) ▸ SolZ darauf (§ 10 Nr. 2)		 12.000,00 80.000,00 4.400,00
+ Hinzurechnung aller Spenden (4.000 € + 12.000 €)		16.000,00
Einkommen vor Spendenabzug		**273.465,00**
- abziehbare Spenden (gemeinnützige) (§ 9 Abs. 1 Nr. 2)[1] 20 % von 273.465 € = 54.693 €, max. 4.000 € (Ausgaben)		- 4.000,00
Zu versteuerndes Einkommen		**269.465,00**

 ACHTUNG

Die 2.000 € Zinsaufwendungen, die im Zusammenhang mit den Dividendenerträgen angefallen sind, bleiben abziehbar, weil § 3c EStG in diesem Zusammenhang nicht anzuwenden ist (vgl. § 8b Abs. 5 Satz 2 KStG).

---

[1] Spenden an politische Parteien sind nicht abziehbar (vgl. § 4 Abs. 6 EStG).

Lösung zu Abgabenordnung-Prüfungsfall 1

1. Gesonderte Feststellungen

- Gesonderte Feststellung der Einkünfte aus der Rechtsanwaltspraxis, weil Wohnsitz- und Tätigkeitsfinanzamt verschieden sind (§ 180 Abs. 1 Nr. 2b AO).
- Gesonderte und einheitliche Feststellung der Einkünfte aus der OHG, weil an dem Gewerbebetrieb mehrere Personen beteiligt sind (§ 180 Abs. 1 Nr. 2a AO).

2. Örtliche Zuständigkeit

- Finanzamt **Bonn** als **Tätigkeitsfinanzamt** (§ 18 Abs. 1 Nr. 3 AO) für die Feststellung der Einkünfte aus selbstständiger Arbeit von Herrn Theres;
- Finanzamt **Bonn** als **Betriebsfinanzamt** (§ 21 Abs. 1 AO) für die Besteuerung Umsätze der Rechtsanwaltspraxis mit Umsatzsteuer;
- Finanzamt **Mayen** als **Betriebsfinanzamt** (§§ 18 Abs. 1 Nr. 2, 21 Abs. 1, 22 Abs. 1) für die Umsatzsteuer und Gewerbesteuer der OHG und die gesonderte Feststellung der Einkünfte aus der OHG;
- Finanzamt **Koblenz** als **Wohnsitzfinanzamt** (§ 19 Abs. 1 AO) für die Besteuerung der Eheleute Theres mit Einkommensteuer.

LÖSUNGEN

Lösung zu Abgabenordnung-Prüfungsfall 2

1. Bekanntgabe
Der Einkommensteuerbescheid 2017 wird Herrn Mayer nach § 122 Abs. 2 Nr. 1 AO am **11.10.2018** (Tag der Aufgabe zur Post + 3 Tage) bekannt gegeben.

2. Einspruch
Herr Mayer kann nach §§ 347 Abs. 1 und 355 Abs. 1 AO gegen den Einkommensteuerbescheid **Einspruch** einlegen. Der Einspruch ist **innerhalb eines Monats** nach der Bekanntgabe des Bescheids einzulegen. Die Einspruchsfrist läuft vom **12.10.2018 (0:00 Uhr) bis** zum **11.11.2018 (24:00 Uhr)**. Da der 11.11.2018 ein Sonntag ist, verlängert sich die Frist auf Montag, den 12.11.2018 (§ 108 Abs. 3 AO).

3. Änderungsvorschrift
Sofern dem Einspruch von Herrn Mayer teilweise oder vollständig stattgegeben wird, kann der Einkommensteuerbescheid nach § 172 Abs. 1 Satz 1 Nr. 2a AO geändert werden (sog. „schlichte Änderung").

4. Wiedereinsetzung
Herr Mayer hätte die Rechtsbehelfsfrist dann unverschuldet versäumt. Er könnte einen Antrag auf Wiedereinsetzung in den vorigen Stand stellen (§ 110 Abs. 1 AO).

Die versäumte Handlung (der Einspruch gegen den Einkommensteuerbescheid) wäre dann innerhalb eines Monats nach dem Wegfall der Verhinderung (Krankheit) nachzuholen (§ 110 Abs. 2 AO).

Der Antrag wäre somit bis zum 27.12.2018 (der 25. und 26.12.2018 sind gesetzliche Feiertage) zu stellen.

Lösung zu Abgabenordnung-Prüfungsfall 3
Fehlender Antrag auf Aussetzung der Vollziehung
Durch das Einlegen eines Einspruchs gegen einen Steuerbescheid wird die Vollziehung der Steuer nicht gehemmt; sie ist also trotz des Einspruchs termingerecht zu bezahlen (vgl. § 361 Abs. 1 AO).

Frau Klein hätte nach § 361 Abs. 2 AO einen Antrag auf Aussetzung der Vollziehung stellen können, der hinreichend zu begründen gewesen wäre. Sofern der **Einspruch** gegen den Steuerbescheid **Aussicht auf Erfolg** hat, hätte das Finanzamt dem Antrag auf Aussetzung der Vollziehung stattgeben und damit die Fälligkeit der Steuer aussetzen können. **Dies hätte bedeutet, dass auf die Erhebung der Steuer während des Einspruchsverfahrens verzichtet worden wäre.**

Da Frau Klein den Antrag auf Aussetzung der Vollziehung nicht gestellt hatte, ist die Festsetzung des Säumniszuschlags rechtmäßig.

Frau Klein sollte den Antrag auf Aussetzung der Vollziehung deshalb unverzüglich stellen oder die Nachzahlung an die Finanzkasse überweisen, weil sonst weitere Säumniszuschläge gegen sie festgesetzt werden.

Lösung zu Abgabenordnung-Prüfungsfall 4
Gesetzliche Verzinsung

a) Die Einkommensteuer-Nachzahlung ist nach § 233a AO zu verzinsen.

b) Der Zinslauf **beginnt** 15 Monate nach Ablauf des Kalenderjahres, in dem die Steuer entstanden ist (vgl. § 233a Abs. 2 Satz 1 AO), im vorliegenden Fall also am **01.04.2018** (31.12.2016, 24:00 Uhr + 15 Monate).

Der Zinslauf **endet** am Tag der Bekanntgabe des Einkommensteuerbescheids, also am **10.08.2018** (07.08.2018 + 3 Tage), vgl. § 233a Abs. 2 Satz 3 i. V. mit § 124 Abs. 1 Satz 1 AO.

c) Die Zinsen betragen 0,5 % für jeden vollen Monat des Zinslaufs (vgl. § 238 Abs. 1 AO). Hier sind 4 volle Monate mit 0,5 % zu verzinsen (= zu verzinsender Betrag • 2 %).

Der zu verzinsende Betrag errechnet sich nach §§ 233a Abs. 3 und 238 Abs. 2 AO wie folgt:

	festgesetzte Steuer	20.716,00 €
-	anzurechnende Lohnsteuer	15.770,00 €
=	Differenzbetrag (Nachzahlung)	4.946,00 €
	Abrundung auf volle 50 €	4.900,00 €

Die Nachzahlungszinsen betragen somit **98 €** (4.900 € • 2 %).

Lösung zu Abgabenordnung-Prüfungsfall 5
Festsetzungsverjährung
Bei der Einkommensteuer beginnt die Festsetzungsfrist nach § 170 Abs. 2 Satz 1 Nr. 1 AO grundsätzlich mit Ablauf des Kalenderjahres, in dem die Steuererklärung eingereicht wird, spätestens jedoch mit Ablauf des dritten Kalenderjahres nach dem Ablauf des Jahres der Steuerentstehung.

Da Frau Schäfer ihre Einkommensteuererklärung für 2012 in 2013 beim Finanzamt eingereicht hatte, beginnt die Festsetzungsfrist mit dem Ablauf des 31.12.2013.

Nach § 169 Abs. 2 Satz 1 Nr. 2 AO beträgt die Festsetzungsfrist im vorliegenden Fall 4 Jahre. Somit ist die Festsetzungsfrist zum 31.12.2017 abgelaufen.

Frau Schäfer hat Recht, weil die Festsetzungsfrist bereits abgelaufen ist.

LÖSUNGEN

Lösung zu Abgabenordnung-Prüfungsfall 6

a) **Bekanntgabe:** 09.05.2018 + 3 Tage = 12.05.2018 (§ 122 Abs. 2 AO), = Samstag; Verlängerung auf Montag, den 14.05.2018 (§ 108 Abs. 3 AO).

   Einspruchsfrist: Frist = 1 Monat ab Bekanntgabe (§ 355 AO), also bis zum 14.06.2018 um 24:00 Uhr möglich.

   Der Einspruch am 12.06.2018 ist somit fristgemäß.

b) **Änderungsvorschrift:** Berichtigung einer offenbaren Unrichtigkeit (§ 129 i. V. mit § 172 Abs. 1 Nr. 2d AO).

c) Durch die unverschuldete Verhinderung der Einhaltung der Einspruchsfrist (Krankheit) hat Herr Kurz die Möglichkeit, einen **Antrag auf Wiedereinsetzung in den vorigen Stand** gem. **§ 110 Abs. 1 AO** zu stellen. Innerhalb der Antragsfrist (1 Monat nach Wegfall des Hindernisses) ist die versäumte Handlung gem. § 110 Abs. 2 AO (hier: Einspruch) nachzuholen. Der Einspruch zum 06.07.2018 ist somit fristgemäß, sofern Wiedereinsetzung in den vorigen Stand gewährt wird (wovon hier auszugehen ist).

d) Wenn der Bescheid unter dem Vorbehalt der Nachprüfung (§ 164 Abs. 1 AO) ergangen wäre, dann könnte Herr Kurz jederzeit (auch nach dem Ablauf der Rechtsbehelfsfrist) einen Antrag auf Änderung der Steuerfestsetzung stellen (§ 164 Abs. 2 AO).

II. Rechnungswesen
Lösung zu Prüfungsfall 1
Prüfung im Prüfungsverbund
Teil I: Einnahmeüberschussrechnung
Zu Aufgabe 1
Anton Brill ist Kaufmann im Sinne des § 1 HGB und als solcher grundsätzlich verpflichtet, Bücher zu führen und in diesen seine Handelsgeschäfte und die Lage seines Vermögens nach den Grundsätzen ordnungsgemäßer Buchführung ersichtlich zu machen (§ 238 HGB). Da seine Umsatzerlöse seit Jahren nicht mehr als 600.000 € und seine Jahresüberschüsse nicht mehr als 60.000 € betragen, braucht § 238 HGB nicht angewendet zu werden (§ 241a HGB).

Anton Brill ermittelt daher seinen Gewinn zu Recht nach § 4 Abs. 3 EStG. Er setzt den Gewinn als Überschuss der Betriebseinnahmen über die Betriebsausgaben an.

Zu Aufgabe 2

	Gewinnermittlung nach § 4 Abs. 3 EStG	BA Euro	BE Euro
	vorläufig	15.000 €	64.000 €
1	Disagio abzugsfähig	600 €	
	Zinsen noch nicht verausgabt, keine Tilgung		
2	Diebstahl mit betrieblicher Veranlassung, es wird eine Ladenkasse geführt, sie gehört zum Betriebsvermögen	300 €	
3	Restbuchwert		1 €
	Veräußerungsgewinn		799 €
	USt vereinnahmt auf 800 €		152 €
	Anlagenabgang	1 €	
	Anschaffung GWG, da nicht über 800 € AK	800 €	
	Vorsteuer verausgabt	152 €	
	Zahllast hieraus 0 €		
4	private Veranlassung, vereinnahmt		300 €
	USt dazu		57 €
5	10 Tagesfrist, Zuordnung 2018	600 €	
6	Betriebsversicherungen (240 € + 370 €)	610 €	
	PrivatHV keine Betriebsausgabe		
7	Bewirtung 30 % von 200 € nicht abzugsfähig		
	Bewirtung 70 % von 200 € abzugsfähig	140 €	
	Vorsteuer voll abziebar	38 €	

LÖSUNGEN

	Gewinnermittlung nach § 4 Abs. 3 EStG	BA Euro	BE Euro
8	Anzahlung		200 €
	USt dazu		38 €
	Summen	18.241 €	65.547 €
	Überschuss = Gewinn	**47.306 €**	

Anton Brill hat den Gewinn in Höhe von 47.306 € zu versteuern.

Teil II: Laufende Buchungen, Abschlussbuchungen, Bewertung
1. Anlagevermögen
1.1 Grundstückskauf

a) und b)

AK Gebäude und Grund und Boden:	
Kaufpreis beb. Grundstück	450.000,00 €
Notarkosten, netto	5.000,00 €
Grundbucheintrag	3.500,00 €
Grunderwerbsteuer 5 %	22.500,00 €
AK Gebäude und Grund und Boden	**481.000,00 €**
Anteil Grund und Boden 25 %	120.250,00 €
AK Gebäude	**360.750,00 €**
b)	
- AfA § 7 Abs. 4 Nr. 1 EStG 3 % für $^5/_{12}$	4.510,00 €
Buchwert 31.12.2018	356.240,00 €

Die Anschaffungskosten des Grund und Bodens betragen 120.250 €,
des Gebäudes 360.750 €.
Das Gebäude hat am 31.12.2018 einen Restbuchwert von 356.240 €.

c) Buchungen:

SV.	Sollkonto	SKR 04 (SKR 03)	Euro	Habenkonto	SKR 04 (SKR 03)
1.1	Grwert beb. Grundstücke	**0235** (0085)	120.250,00	Geldtransit	**1460** (1360)
	Geschäftsbauten	**0340** (0090)	360.750,00	Geldtransit	**1460** (1360)
	Abschr. auf Gebäude	**6221** (4831)	4.510,00	Geschäftsbauten	**0340** (0090)

1.2 Bewertung Wertpapiere des Anlagevermögens

a) 1. Handelsrechtlich darf ein niedrigerer Wert nicht beibehalten werden, wenn die Gründe dafür nicht mehr bestehen, § 253 Abs. 5 HGB.

   2. Steuerrechtlich muss per 31.12.2018 eine Wertaufholung bis zu den Anschaffungskosten (= Höchstwert) vorgenommen werden, der Grund für die Teilwertabschreibung ist weggefallen, § 6 Abs. 1 Nr. 2 Satz 3 EStG.

b) Buchung:

SV.	Sollkonto	SKR 04 (SKR 03)	Euro	Habenkonto	SKR 04 (SKR 03)
1.2	Wertpapiere	0910 (0530)	250.000,00	Erträge Zuschreibung Finanzanlageverm	4912 (2712)

1.3 Ausscheiden Sachanlagegut aus Betriebsvermögen

Anschaffungskosten 01.01.2016	48.000,00 €
- AfA 2016 bei 4 Jahren Nutzungsdauer, linear 25 %	12.000,00 €
Buchwert 01.01.2017	36.000,00 €
- AfA 2017	12.000,00 €
Buchwert 01.01.2018	24.000,00 €
AfA 2018 für $^{11}/_{12}$	11.000,00 €
Restbuchwert im Zeitpunkt der Veräußerung	13.000,00 €

1.4 Kauf und Inzahlunggabe Sachanlagegut

a) Anschaffungskosten und Restzahlung

Zieleinkaufspreis, netto		120.000,00 €
- Skonto	2 %	2.400,00 €
Bareinkaufspreis, zu aktivieren		117.600,00 €
Abzüglich IAB		44.000,00 €
AfA Basis		**73.600,00 €**
Sonderabschreibung § 7g Abs. 5 EStG, 20 %		14.720,00 €
AfA Stapler neu, 16,67 % linear, $^2/_{12}$		2.045,00 €
Bilanzansatz 31.12.2018		**56.835,00 €**
Restzahlung:		
Kaufpreis, brutto		142.800,00 €
- Skonto	2 %	2.856,00 €
- Inzahlunggabe (brutto)		4.760,00 €
Restbetrag		**135.184,00 €**

LÖSUNGEN

b) Buchungen:

SV.	Sollkonto	SKR 04 (SKR 03)	Euro	Habenkonto	SKR 04 (SKR 03)
1.4	Transportmittel	0560 (0380)	120.000,00	Sonst. Verbdlichk.	3500 (1700)
	Vorsteuer 19 %	1406 (1576)	22.800,00	Sonst. Verbdlichk.	3500 (1700)
	Kürzung § 7g EStG	6243 (4853)	44.000,00	Transportmittel	0560 (0380)
	der Gewinn ist außerbilanzmäßig zu erhöhen		44.000,00		
	Abschr. Sachanlagen	6220 (4830)	11.000,00	masch. Anlagen	0420 (0240)
	Anlagenabgang Sachanl.	6895 (2310)	13.000,00	masch. Anlagen	0420 (0240)
	Sonst. Verbdlichk.	3500 (1700)	4.000,00	Erlös Verk. Sachanl.	6889 (8801)
	Sonst. Verbdlichk.	3500 (1700)	760,00	Umsatzsteuer 19 %	3806 (1776)
	Sonst. Verbdlichk.	3500 (1700)	2.400,00	Transportmittel	0560 (0380)
	Sonst. Verbdlichk.	3500 (1700)	456,00	Vorsteuer 19 %	1406 (1576)
	Sonst. Verbdlichk.	3500 (1700)	135.184,00	Bank	1800 (1200)
	Abschr. Sachanlagen	6220 (4830)	2.045,00	Transportmittel	0560 (0380)
	Sonderabschr. § 7g EStG	6241 (4851)	14.720,00	Transportmittel	0560 (0380)

1.5 Einlage Wirtschaftsgut

a) Anschaffungskosten am 01.07.2016   1.344 €
Abschreibung linear bis zum 31.07.2018 (25 von 48 Monaten)   700 €
Fortgeführte Anschaffungskosten per 01.08.2018   **644 €**

b) Ein eingelegtes Wirtschaftsgut, innerhalb von drei Jahren vor dem Anlagezeitpunkt angeschafft (das trifft in diesem Falle zu), darf höchstens mit den fortgeführten Anschaffungskosten (hier 644 €) bewertet werden (§ 6 Abs. 1 Nr. 5 Buchstabe a EStG).

c) Buchungen:

SV.	Sollkonto	SKR 04 (SKR 03)	Euro	Habenkonto	SKR 04 (SKR 03)
1.5	Geringw. Wi.güter	0670 (0480)	644	Privateinlage	2180 (1890)
	Abschr. akt. GWG	6262 (4860)	644	Geringw. Wi.güter	0670 (0480)

Da die Anschaffungskosten 250 €, aber nicht 1.000 € übersteigen, kann ein Sammelposten (§ 6 Abs. 2a EStG) gebildet werden, jedoch führt die Sofortabschreibung (Bewertungsfreiheit) zu einem niedrigeren Gewinn. Die Anschaffungskosten übersteigen nicht den Wert von 800 €.

2. Laufende Buchungen
2.1 Privatabgrenzung Telefonkosten
Die Kosten sind in einen privaten und einen betrieblichen Anteil aufzuteilen. Die mit dem betrieblichen Nutzungsanteil zusammenhängenden Vorsteuerbeträge sind abzugsfähig.

Rechnungsbetrag brutto	595,00 €
enthaltene Umsatzsteuer	95,00 €
Nettobetrag	500,00 €
betrieblicher Nutzungsanteil 95 %	475,00 €
privater Nutzungsanteil 5 %	25,00 €
hierauf entfallende Umsatzsteuer	4,75 €
privater Nutzungsanteil	29,75 €

Bei diesem Nutzungsanteil liegt keine unentgeltliche Leistung vor (Abschn. 3.4 Abs. 4 Satz 4 UStAE).

SV.	Sollkonto	SKR 04 (SKR 03)	Euro	Habenkonto	SKR 04 (SKR 03)
2.1	Telefon	6805 (4920)	475,00	Sonst. Verbdlichk.	3500 (1700)
	Vorsteuer 19 %	1406 (1576)	90,25	Sonst. Verbdlichk.	3500 (1700)
	Privatentnahme	2100 (1800)	29,75	Sonst. Verbdlichk.	3500 (1700)

2.2 Reisekosten Unternehmer
Die Pauschale für Verpflegungsmehraufwendungen beträgt 12 €, ein Vorsteuerabzug ist nicht möglich.

Die Rechnungen der Taxifahrer enthalten 7 % Umsatzsteuer.

SV.	Sollkonto	SKR 04 (SKR 03)	Euro	Habenkonto	SKR 04 (SKR 03)
2.2	Reisek., VerpfMA	6674 (4674)	12,00	Privateinlage	2180 (1890)
	Reisek., Fahrtkosten	6673 (4673)	32,24	Privateinlage	2180 (1890)
	Vorsteuer 7 %	1401 (1571)	2,26	Privateinlage	2180 (1890)

2.3 Innergemeinschaftlicher Erwerb

SV.	Sollkonto	SKR 04 (SKR 03)	Euro	Habenkonto	SKR 04 (SKR 03)
2.3	ig Erwerb 19 %	5425 (3425)	9.500,00	Verbdkl aLuL	3300 (1600)
	Vorst. 19 % ig Erwerb	1404 (1574)	1.805,00	USt 19 % ig Erwerb	3804 (1774)

3. Sonstige Abschlussfragen
Bewertung Umlaufvermögen (Forderungen)

a)

tatsächlicher Forderungsverlust Kunde A	
Forderung A	29.750,00 €
- Zahlung	7.735,00 €
= tatsächlicher Forderungsausfall (brutto)	22.015,00 €
- zu berichtigende Umsatzsteuer	3.515,00 €
= tatsächlicher Forderungsausfall (netto)	18.500,00 €
- bereits wertberichtigt	9.000,00 €
= noch abzuschreiben	**9.500,00 €**

b)

alternative Lösung:	brutto	USt	netto
Forderung	29.750,00 €	4750,00 €	25.000,00 €
EWB	9.000,00 €	-	9.000,00 €
noch erwartet 1.1.07	20.000,00 €	4.750,00 €	16.000,00 €
Zahlungseingang	7.735,00 €	1.235,00 €	6.500,00 €
USt ÜZ		3.515,00 €	
weiterer Ausfall			**9.500,00 €**

c) Buchungen:

SV.	Sollkonto	SKR 04 (SKR 03)	Euro	Habenkonto	SKR 04 (SKR 03)
3a	USt 19 %	**3806** (1776)	3.515,00	Zweifelhafte Ford.	**1240** (1460)
	EinzelWB RLZ 1 Jahr	**1246** (0998)	9.000,00	Zweifelhafte Ford.	**1240** (1460)
	Forderungsverlust	**6936** (2406)	9.500,00	Zweifelhafte Ford.	**1240** (1460)

SV.	Sollkonto	SKR 04 (SKR 03)	Euro	Habenkonto	SKR 04 (SKR 03)
3b	Zweifelhafte Ford.	**1240** (1460)	11.900,00	Ford. aLuL.	**1200** (1400)
	Forderungsverlust	**6936** (2406)	6.50000	EinzelWB RLZ 1 Jahr	**1246** (0998)
	USt 19 %	**3806** (1776)	1.900,00	EinzelWB RLZ 1 Jahr	**1246** (0998)

Die Forderung ist mit 65 % vom Nettobetrag (10.000 €) abzuschreiben. Die Umsatzsteuer ist zu berichtigen (UStAE 17.1. Abs. 5).

SV.	Sollkonto	SKR 04 (SKR 03)	Euro	Habenkonto	SKR 04 (SKR 03)
3c	PWB Ford RLZ 1J	**1248** (0996)	4.500,00	Ertr. HerAbs. PWB	**4920** (2730)

Konto 1200 (1400)	368.900,00 €
- Dubiose	11.900,00 €
	357.000,00 €
enthaltene USt	57.000,00 €
Nettoforderungen (einwandfrei)	300.000,00 €
PWB neu	3.000,00 €
PWB alt	7.500,00 €
Minderung	**4.500,00 €**

Teil III: Auswertung von Warenkonten, Gewinnverteilung

1. Ermittlung des wirtschaftlichen Wareneinsatzes

Wareneingang	147.000,00
- erhaltene Skonti	3.000,00
+ Bezugsnebenkosten	2.000,00
- Bestandsveränderung	6.000,00
- unentgeltliche Wertabgaben	10.000,00
wirtschaftlicher Wareneinsatz 2018	**130.000,00**

2. Berechnung des Warenrohgewinns und des Rohgewinnsatzes

Ermittlung des wirtschaftlichen Warenumsatzes:

Erlöse	205.000,00
- gewährte Skonti	10.000,00
wirtschaftlicher Warenumsatz	195.000,00
Die Kosten der Warenabgabe sind hier nicht zu berücksichtigen (Buchung in Klasse 6 bzw. 4)	
- wirtschaftlicher Wareneinsatz	130.000,00
Warenrohgewinn 2018	**65.000,00**

> Rohgewinnsatz = Rohgewinn · 100 % - Warenumsatz
> = 65.000 · 100 % - Warenumsatz = **33 $\frac{1}{3}$ %**

Der Rohgewinnsatz entspricht der Handelsspanne der Handelskalkulation

Der Rohgewinnaufschlagsatz entspricht dem Kalkulationszuschlag der Handelskalkulation:

> Rohgewinnaufschlagsatz = Rohgewinn · 100 % - Wareneinsatz
> = 65.000 · 100 % - 130.000 = **50 %**

LÖSUNGEN

Lösung zu Prüfungsfall 2

Erläuterungen zu Tz. 1

Engel hat das Grundstück (Grund und Boden und Gebäude) mit Wirkung vom 15.12.2018 in seiner Bilanz anzusetzen, da er wirtschaftlicher Eigentümer ist (§ 246 Abs. 1 HGB). Das Grundstück gehört zu seinem notwendigen Betriebsvermögen (R 4.2 EStR 2015, Betriebsvermögen). Die Zugangsbewertung hat nach § 253 Abs. 1 HGB i. V. m. § 6 Abs. 1 Nr. 1 und 2 EStG zu erfolgen. Das Grundstück ist unter dem Posten des § 266 Abs. 2 A II 1 auszuweisen. Der Grund und Boden ist mit den Anschaffungskosten zuzüglich Anschaffungsnebenkosten zu bewerten (§§ 253 Abs. 1 Satz 1, 255 Abs. 1 HGB, § 6 Abs. 1 Nr. 2 EStG).

Das Gebäude ist mit den fortgeführten Anschaffungskosten zu bewerten (§§ 253 Abs. 3 Sätze 1 und 2, § 6 Abs. 1 Nr. 1 Satz 1)

Kaufpreis	200.000,00
Grunderwerbsteuer 5,0 % von 200.000,00	10.000,00
Notargebühren	3.000,00
Grundbuchgebühren	500,00
	213.500,00
Hiervon entfallen auf den Grund und Boden 18 % =	38.430,00
Hiervon entfallen 82 % auf das Gebäude =	175.070,00
Das Gebäude wird nach § 7 Abs. 4 Satz 1 Nr. 2 Buchst. a EStG linear mit 2 % von 175.070,00 für 1/12 Monate abgeschrieben	292,00

Tz.	Sollkonto	SKR 04 (SKR 03)	Euro	Habenkonto	SKR 04 (SKR 03)
1	Beb. Grundstücke	**0200** (0050)	3.000,00	Sonstige Verbindlichk.	**3500** (1700)
	Beb. Grundstücke	**0200** (0050)	500,00	Sonstige Verbindlichk.	**3500** (1700)
	Beb. Grundstücke	**0200** (0050)	10.000,00	Sonstige Verbindlichk.	**3500** (1700)
	Vorsteuer 19 %	**1406** (1576)	570,00	Sonstige Verbindlichk.	**3500** (1700)
	Grwert beb. Grundstücke	**0235** (0085)	38.430,00	Beb. Grundstücke	**0200** (0050)
	Geschäftsbauten	**0240** (0090)	175.070,00	Beb. Grundstücke	**0200** (0050)
	Abschr. a. Gebäude	**6221** (4831)	292,00	Geschäftsbauten	**0240** (0090)

Alternative Buchung, wenn die Aufteilungen sofort vorgenommen werden:

Tz.	Sollkonto	SKR 04 (SKR 03)	Euro	Habenkonto	SKR 04 (SKR 03)
1	Grwert beb. Grundstücke	**0235** (0085)	36.000,00	Beb. Grundstücke	**0200** (0050)
	Geschäftsbauten	**0240** (0090)	164.000,00	Beb. Grundstücke	**0200** (0050)
	Grwert beb. Grundstücke	**0235** (0085)	540,00	Sonstige Verbindlichk.	**3500** (1700)
	Geschäftsbauten	**0240** (0090)	2.460,00	Sonstige Verbindlichk.	**3500** (1700)
	Vorsteuer 19 %	**1406** (1576)	570,00	Sonstige Verbindlichk.	**3500** (1700)
	Grwert beb. Grundstücke	**0235** (0085)	90,00	Sonstige Verbindlichk.	**3500** (1700)
	Geschäftsbauten	**0240** (0090)	410,00	Sonstige Verbindlichk.	**3500** (1700)
	Grwert beb. Grundstücke	**0235** (0085)	1.800,00	Sonstige Verbindlichk.	**3500** (1700)
	Geschäftsbauten	**0240** (0090)	8.200,00	Sonstige Verbindlichk.	**3500** (1700)
	Abschr. a. Gebäude	**6221** (4831)	292,00	Geschäftsbauten	**0240** (0090)

LÖSUNGEN

Erläuterungen zu Tz. 2
Der Erfüllungsbetrag der Verbindlichkeit (150.000,00 €) ist höher als der Ausgabebetrag (147.000,00 €). Das Disagio (3.000,00 €) kann in den Rechnungsabgrenzungsposten auf der Aktivseite aufgenommen werden (Wahlrecht nach § 250 Abs. 3 Satz 1 HGB). Steuerrechtlich ist es als Rechnungsabgrenzungsposten zu aktivieren und auf die Laufzeit abzuschreiben (H 6.10 (Damnum) EStH). Da es sich um ein Fälligkeitsdarlehen handelt, wird das Disagio linear (Laufzeit 5 Jahre) mit 20 % für 16 Tage abgeschrieben (26,67 €).

Das Darlehen in Höhe von 150.000,00 € ist mit 1,5 % für 16 Tage zu verzinsen (100,00 €).

Tz.	Sollkonto	SKR 04 (SKR 03)	Euro	Habenkonto	SKR 04 (SKR 03)
2	Bank	**1800** (1200)	147.000,00	Verb. Kl RestLZ bis 5 J.	**3160** (0640)
	Damnun/Disagio	**1940** (0986)	3.000,00	Verb. Kl RestLZ bis 5 J.	**3160** (0640)
	Zinsaufw. f. Gebäude	**7325** (2125)	26,67	Damnun/Disagio	**1940** (0986)
	Zinsaufw. f. Gebäude	**7325** (2125)	100,00	Bank	**1800** (1200)

Erläuterungen zu Tz. 3
a) und b)
Der Gabelstapler ist mit den Anschaffungskosten zu bewerten, Anschaffungskostenminderungen sind abzusetzen (§ 255 Abs. 1 HGB). Laut Sachverhalt wird der Skontoabzug vom Zielpreis des Staplers gewährt. Wird der Skontoabzug vom um die Inzahlunggabe verminderten Zielpreis berechnet, beträgt der Nettoskontobetrag nur 370,00 €. Dadurch würde sich der zu aktivierende Betrag ändern.

Die Anschaffungskosten sind um die planmäßige Abschreibung (§ 253 Abs. 3 HGB) bzw. die Absetzung für Abnutzung (§ 6 Abs. 1 Nr. 1 EStG) zu vermindern. Der lineare AfA-Satz beträgt bei einer betriebsgewöhnlichen Nutzungsdauer von acht Jahren 12,5 %. Die degressive AfA ist für Anschaffungen nach dem 31.12.2010 nicht mehr zulässig.

		Buchungssätze		
Anschaffung, Listenpreis	20.000,00 €			
5 % Rabatt von 20.000 €	− 1.000,00 €			
2 % Skonto von 19.000 €	− 380,00 €			
Kosten Spedition	+ 200,00 €	**0560** (0380) 200,00 €	**3500** (1700)	
Anschaffungskosten	18.820,00 €			
		0560 (0380) 19.000,00 €	**3500** (1700)	
		1406 (1576) 3.610,00 €	**3500** (1700)	
		1406 (1576) 38,00 €	**3500** (1700)	
lin. AfA, 12,5 % von 18.820 für $^2/_{12}$		**6222** (4832) 392,08 €	**0560** (0380)	
AfA alter Stapler		**6222** (4832) 1.999,00 €	**0560** (0380)	
Abgang alter Stapler		**4855** (2315) 1,00 €	**0560** (0380)	
Inzahlunggabe alter Stapler		**3500** (1700) 500,00 €	**4849** (8820)	
Umsatzsteuer 19 %		**3500** (1700) 95,00 €	**3806** (1776)	

LÖSUNGEN

Zahlungen an Lieferanten	20.000,00 €				
	- 1.000,00 €				
	- 380,00 €				
Barpreis	18.620,00 €				
Bruttobetrag	22.157,80 €				
- Erlös	595,00 €				
Bankbelastung Lieferant	21.562,80 €	**3500** (1700)	21.562,80 €	**1800** (1200)	
Bankbelastung Spediteur		**3500** (1700)	238,00 €	**1800** (1200)	
Berichtigung wegen Skonto, netto		**3500** (1700)	380,00 €	**0560** (0380)	
Berichtigung wegen Skonto, Vorsteuer		**3500** (1700)	72,20 €	**1406** (1576)	

Erläuterungen zu Tz. 4
Gehaltsabrechnung mit Darlehensgewährung, Februar 2018:
a) Gehaltsabrechnung
   Sachbezüge § 8 Abs. 2 EStG, R 8.2 LStR

Darlehen	48.000,00 €
Stand des Darlehenskontos am 01.03.2018	48.000,00 €
Zinsvorteil:	
Maßgeblicher Zinssatz der Deutschen Bundesbank beträgt	4,28 %
Abschlag 4 %	0,171 %
Maßstabszinssatz	4,109 %
Vereinbarter Effektivzinssatz	2,50 %
Zinsvorteil	**1,609 %**
Zinsen auf Restschuld für $1/12$ Monat	64,35 €

Die Freigrenze von 44,00 € ist überschritten (§ 8 Abs. 2 Satz 9 EStG).

Bruttogehalt	4.800,00 €
+ Sachbezüge	64,35 €
+ AG-Anteil vermögenswirksame Leistungen	20,00 €
Lohnsteuerliche und sozialversicherungsrechtliche Bemessungsgrundlage	**4.884,35 €**

Gehalt			4.884,35 €
- LSt		608,33 €	
- SolZ	5,5 %	33,46 €	
- KiSt	9 %	54,75 €	696,54 €
- RV (BG 6.500,00)	9,30 %	454,24 €	
- AlV (BG 6.500,00)	1,5 %	73,27 €	
- KV (BG 4.425,00)	7,3 + 1,0 %	367,28 €	
- PlV (BG 4.425,00)	1,275 + 0,25 %	67,48 €	962,27 €
			3.225,54 €
- Sachbezüge			64,35 €
- vermögenswirksame Leistungen			40,00 €
- monatliche Tilgung			1.000,00 €
- Effektivzins (2,5 % von 48.000 € für 1 Monat)			100,00 €
Auszahlung			2.021,19 €

Der Arbeitgeberanteil beträgt 906,96 €, zusätzlich trägt der Arbeitgeber die Umlage U1 (107,46 €) und die Umlage U2 (23,93 €), sowie die Insolvenzgeldumlage (2,93 €), insgesamt 1.041,28 €.

Die Beitragsbemessungsgrenzen sind zu beachten!

Kontrollieren Sie, ob tatsächlich ein Aufwand von 5.925,63 € (4.884,35 € + 1.041,28 €) gebucht ist!

b) Buchungen

Tz.	Sollkonto	SKR 04 (SKR 03)	Euro	Sollkonto	SKR 04 (SKR 03)
4	Gehälter	6020 (4120)	4.800,00	Lohn- u. Gehaltsverr.	3790 (1755)
	Gehälter	6020 (4120)	64,35	Lohn- u. Gehaltsverr..	3790 (1755)
	vL	6080 (4170)	20,00	Lohn- u. Gehaltsverr.	3790 (1755)
	Ges. soz. Aufwend.	6110 (4130)	1.041,28	Lohn- u. Gehaltsverr.	3790 (1755)
	Lohn- u. Gehaltsverr.	3790 (1755)	696,54	Verb. Lohn- u. KiSteuer	3730 (1741)
	Lohn- u. Gehaltsverr.	3790 (1755)	2.003,55	Verb. soziale Sicherheit	3740 (1742)
	Lohn- u. Gehaltsverr.	3790 (1755)	1.000,00	Darlehen	0940 (0550)
	Lohn- u. Gehaltsverr.	3790 (1755)	40,00	Verb. Aus Vermögensb.	3770 (1750)
	Lohn- u. Gehaltsverr.	3790 (1755)	64,35	Verr. Sonst. Sachbez.	4949 (8614)
	Lohn- u. Gehaltsverr.	3790 (1755)	100,00	Sonst. Zinserträge	7110 (2650)
	Lohn- u. Gehaltsverr.	3790 (1755)	2.021,19	Verb. A. Lohn u. Gehalt	3720 (1740)
	Verb. soziale Sicherheit	3740 (1741)	2.003,55	Bank	1800 (1200)
	Verb. Aus Vermögensb.	3770 (1750)	40,00	Bank	1800 (1200)

LÖSUNGEN

Erläuterungen zu Tz. 5
Die Computeranlage ist mit Herstellungskosten (§ 255 Abs. 2 HGB) zu bewerten. Hierzu gehören neben den Material- und Fertigungskosten angemessene Teile der Material- und Fertigungskosten. Handelsrechtlich besteht für allgemeine Verwaltungskosten, die auf den Zeitraum der Herstellung entfallen, ein Bewertungswahlrecht (§ 255 Abs. 2 Satz 3 HGB). Auch steuerrechtlich müssen diese Kosten nicht in die Herstellungskosten einbezogen werden (§ 6 Abs. 1 Nr. 1b EStG). Das Wahlrecht ist bei der Gewinnermittlung nach § 5 EStG in Übereinstimmung mit der Handelsbilanz auszuüben.

Zum Herstellungskostenbegriff siehe II. Rechnungswesen, 9.4 Bewertungsmaßstäbe, Frage 3.

Unter der Bedingung, dass ein möglichst niedriger Gewinn ausgewiesen werden soll, sind die Herstellungskosten folgendermaßen zu ermitteln:

Materialeinzelkosten		6.775,00 €	
Materialgemeinkosten	25 %	1.693,75 €	8.468,75 €
Fertigungseinzelkosten		3.725,00 €	
Fertigungsgemeinkosten	75 %	2.793,75 €	6.518,75 €
Herstellungskosten I und II			14.987,50 €

Die Herstellungskosten sind um die planmäßige Abschreibung bzw. die AfA zu vermindern. Sie beträgt bei einer betriebsgewöhnlichen Nutzungsdauer von drei Jahren und einem Nutzungszeitraum von sechs Monaten 2.748 €.

Tz.	Sollkonto	SKR 04 (SKR 03)	Euro	Habenkonto	SKR 04 (SKR 03)
5	Sonstige Betriebsausst. Abschr. auf Sachanlagen	**0690** (0490) **6220** (4830)	14.987,50 2.498,00	Andere aktivierte Eigenlstg. Sonstige Betriebsausst.	**4820** (8990) **0690** (0490)

Erläuterungen zu Tz. 6
Der Bürostuhl ist einer selbstständigen Nutzung fähig, er ist mit den Anschaffungskosten vermindert um den Skontoabzug zu aktivieren und grundsätzlich auf die betriebsgewöhnliche Nutzungsdauer von 13 Jahren linear (7,69 %) abzuschreiben.

Nettorechnungsbetrag	820,00 €
Skontoabzug 2 %	16,40 €
Anschaffungskosten	**803,60 €**

Da die Anschaffungskosten den Betrag von 800 € übersteigen, ist der sofortige Abzug als Betriebsausgabe ausgeschlossen (§ 6 Abs. 2 EStG).

Der Bürostuhl **kann** einem Sammelposten zugeführt werden, da die Anschaffungskosten den Wert von 250 €, aber nicht 1.000 € übersteigen (§ 6 Abs. 2a EStG). Der Sammelposten ist im Jahr der Bildung und in den folgenden vier Jahren jeweils mit einem Fünftel aufzulösen.

Da die Sammelpostenabschreibung höher als die lineare Abschreibung ist, wird der Bürostuhl in den Sammelposten eingestellt und mit 20 % abgeschrieben.

Alle weiteren im Wirtschaftsjahr angeschafften Wirtschaftsgüter, deren 250 €, aber nicht 1.000 € übersteigen, sind in den Sammelposten aufzunehmen.

Tz.	Sollkonto	SKR 04 (SKR 03)	Euro	Habenkonto	SKR 04 (SKR 03)
6	GWG Sammelposten	0675 (0485)	803,60	Bank	1800 (1200)
	Vorsteuer 19 %	1406 (157)	152,68	Bank	1800 (1200)
	Abschr. Sammelposten	6264 (4862)	160,72	GWG Sammelposten	0675 (0485)

Diese steuerliche Regelung verstößt gegen den Grundsatz der Einzelbewertung (§ 252 Abs. 1 Nr. 3 HGB). Wenn der Sammelposten von untergeordneter Bedeutung ist, kann er dennoch in die Handelsbilanz übernommen werden.

Erläuterungen zu Tz. 7
Der innergemeinschaftliche Erwerb gegen Entgelt ist steuerbar, da alle Tatbestandsmerkmale erfüllt sind (§ 1 Abs. 1 Nr. 5 i. V. m. § 1a Abs. 1 UStG). Engel ist als Erwerber Steuerschuldner, er kann als vorsteuerabzugsberechtigter Unternehmer die Erwerbsteuer als Vorsteuer abziehen (§ 15 Abs. 1 Nr. 3 UStG).

Tz.	Sollkonto	SKR 04 (SKR 03)	Euro	Habenkonto	SKR 04 (SKR 03)
7	November 2018:				
	ig Erwerb 19 % VorSt, USt	5425 (3425)	5.000,00	Wareneingang	5200 (3200)
	Vorsteuer ig Erwerb	1403 (1574)	950,00	USt ig Erwerb	3803 (1774)
	Dezember 2018:				
	Verbindlichkeiten a. LuL	3300 (1600)	4.900,00	Bank	1800 (1200)
	Verbindlichkeiten a. LuL	3300 (1600)	100,00	Nachlässe ig Erwerb 19 %	5725 (3725)
	USt ig Erwerb	3803 (1774)	19,00	Vorsteuer ig Erwerb	1403 (1574)

Erläuterungen zu Tz. 8
Engel führt eine steuerfreie innergemeinschaftliche Lieferung aus (§ 4 Nr. 1b i. V. m. § 6a Abs. 1 UStG). Er weist die Voraussetzungen für die Steuerbefreiung durch Beleg- und Buchnachweis nach (§§ 17a bis 17c UStDV). Er hat die steuerfreien innergemeinschaftlichen Lieferungen in der Umsatzsteuervoranmeldung einzutragen und hierüber vierteljährlich Zusammenfassende Meldungen – ZM – dem Bundesamt für Steuern durch Datenübertragung zu übermitteln.

Tz.	Sollkonto	SKR 04 (SKR 03)	Euro	Habenkonto	SKR 04 (SKR 03)
8	November 2018:				
	Forderungen a. LuL	1200 (1400)	4.000,00	Steuerfreie ig Lieferung	4125 (8125)
	Dezember 2018:				
	Bank	1800 (1200)	3.880,00	Forderungen a. LuL	1200 (1400)
	Erlösschm. ig Lieferung	4724 (8724)	120,00	Forderungen a. LuL	1200 (1400)

Erläuterungen zu Tz. 9

a) Bei Vermögensgegenständen des Umlaufvermögens sind Abschreibungen vorzunehmen, um diese mit einem niedrigeren Wert anzusetzen, der sich aus dem Marktpreis am Abschlussstichtag ergibt. Dieser beträgt 28.000 €. Es gilt das strenge Niederstwertprinzip (§ 253 Abs. 4 HGB). Es ist eine Abschreibung von 2.000 € vorzunehmen.

Tz.	Sollkonto	SKR 04 (SKR 03)	Euro	Habenkonto	SKR 04 (SKR 03)
9	Bestandsveränd. Waren	**5880** (3960)	2.000,00	Bestand Waren	**1140** (3980)

b) Steuerrechtlich ist eine Abschreibung auf den niedrigeren Teilwert nur zulässig, wenn die Wertminderung voraussichtlich von Dauer ist (§ 6 Abs. 1 Nr. 1 Satz 2 EStG). Die Wertminderung ist bei Wirtschaftsgütern des Umlaufvermögens voraussichtlich von Dauer, wenn sie bis zum Zeitpunkt der Bilanzaufstellung anhält (BMF-Schreiben vom 02.09.2016). Da diese Voraussetzung nach dem Sachverhalt nicht gegeben ist, ist eine Teilwertabschreibung nicht zulässig. Da Handels- und Steuerbilanzergebnis nicht übereinstimmen, ist dem Handelsbilanzgewinn außerbilanzmäßig der Betrag von 2.000 € hinzuzurechnen.

Erläuterungen zu Tz. 10

Forderungen sind mit den Anschaffungskosten, dies ist der Nennbetrag der Forderung (Bruttorechnungsbetrag), zu bewerten (§ 253 Abs. 1 HGB, § 6 Abs. 1 Nr. 2 EStG). Ein niedrigerer beizulegender Wert muss angesetzt werden (§ 253 Abs. 4 HGB, strenges Niederstwertprinzip). Steuerrechtlich kann der niedrigere Teilwert nur angesetzt werden, wenn die Wertminderung voraussichtlich von Dauer ist (§ 6 Abs. 1 Nr. 2 Satz 2 EStG).

Forderung Heißler
Vom Nettobetrag der Forderung (6.000 €) ist ein Drittel abzuschreiben (4.000 €).

Forderung **Linke**, brutto	14.280,00 €
Abzüglich Zahlungseingang	5.950,00 €
Vermuteter Zahlungsausfall, brutto	8.330,00 €
Netto	7.000,00 €
Bereits wertberichtigt	5.000,00 €
Erhöhung Einzelwertberichtigung	2.000,00 €
Forderung **Hardy**, steuerfreie Ausfuhrlieferung	7.500,00 €

Pauschalwertberichtigung

Forderungen Konto **1200** (1400)	81.570,00 €
Abz. Forderung Heißler	7.140,00 €
Abz. steuerfreie Forderung Hardy	7.500,00 €
	66.930,00 €
netto	56.243,70 €
zuzüglich steuerfreie Forderung Hardy	7.500,00 €
	63.743,70 €
hiervon 3 %	1.912,31 €
alte Pauschalwertberichtigung	712,00 €
Erhöhung der Pauschalwertberichtigung	1.200,31 €

Tz.	Sollkonto	SKR 04 (SKR 03)	Euro	Habenkonto	SKR 04 (SKR 03)
10	Heißler:				
	Zweifelhafte Ford.	**1240** (1460)	7.140,00	Forderungen a. LuL	**1200** (1400)
	Einstellung Einzelwertber. Linke	**6923** (2451)	4.000,00	EinzelWB Ford. RLZ 1 J.	**1246** (0998)
	Einstellung Einzelwertber. Pauschalwertberichtigung	**6923** (2451)	2.000,00	EinzelWB Ford. RLZ 1 J.	**1246** (0998)
	Einst. Pauschalwertber.	**6920** (2450)	1.200,00	PWB Ford. RLZ bis 1 J.	**1248** (0996)

Erläuterungen zu Tz. 11

a) Die Ausgaben für die Versicherung betreffen Aufwand für eine bestimmte Zeit nach dem Abschlussstichtag (§ 250 Abs. 1 HGB). $^4/_{12}$ von 2.400 € sind als aktiver Rechnungsabgrenzungsposten auszuweisen.

Tz.	Sollkonto	SKR 04 (SKR 03)	Euro	Habenkonto	SKR 04 (SKR 03)
11	Aktive Rechnungsabgr.	**1900** (0980)	800,00	Versicherungen	**6400** (4360)

b) Rückstellungen für im Geschäftsjahr unterlassene Aufwendungen für Instandhaltung dürfen nur gebildet werden, wenn sie im folgenden Geschäftsjahr innerhalb von drei Monaten nachgeholt werden (§ 249 Abs. 1 Satz 2 Nr. 1 HGB). Da die Reparatur erst im April 2019 ausgeführt wurde, ist eine Rückstellung nicht zulässig.

LÖSUNGEN

Erläuterungen zu Tz. 12

Die auf die private Nutzung des betrieblichen Kraftfahrzeugs entfallenden Kosten werden mithilfe des Fahrtenbuchs ermittelt (§ 6 Abs. 1 Nr. 4 Satz 3 EStG). Von den insgesamt zurückgelegten Kilometern (42.000 km) entfallen 7.770 km auf die private Nutzung, dies entspricht einem privaten Nutzungsanteil von 18,5 %.

Kraftfahrzeugkosten **ohne Vorsteuer**		800,00 €
hiervon privater Nutzungsanteil	18,50 %	**148,00 €**
Kraftfahrzeugkosten **mit Vorsteuer**		16.000,00 €
ESt-AfA Kraftfahrzeug (ND 6 Jahre)		
Anschaffungskosten 24.000 € netto	16,67 %	4.000,00 €
		20.000,00 €
hiervon privater Nutzungsanteil	18,50 %	**3.700,00 €**
Berechnung der Umsatzsteuer:		
Kraftfahrzeugkosten **mit Vorsteuer**		16.000,00 €
Anschaffungskosten 24.000 € netto		
Berichtigungszeitraum § 15a UStG 5 Jahre		
USt-AfA Kraftfahrzeug	20,00 %	4.800,00 €
		20.800,00 €
hiervon privater Nutzungsanteil	18,50 %	3.848,00 €
Umsatzsteuer	19,00 %	**731,12 €**

Tz.	Sollkonto	SKR 04 (SKR 03)	Euro	Habenkonto	SKR 04 (SKR 03)
12	Unentgeltl. Wertabgaben	2130 (1880)	148,00	Kfz-Nutzung ohne USt	4639 (8924)
	Unentgeltl. Wertabgaben	2130 (1880)	3.700,00	Verw. v. Gegenständen	4645 (8921)
	Unentgeltl. Wertabgaben	2130 (1880)	731,12	Umsatzsteuer 19 %	3806 (1776)

Die sog. **Umsatzsteuer-AfA** ergibt sich, indem die Nettoanschaffungskosten des Pkw gleichmäßig auf einen Zeitraum von fünf Jahren verteilt werden (§ 10 Abs. 4 Nr. 2 UStG, § 15a Abs. 1 Satz 2 UStG). Nach dieser Zeit ist der Pkw umsatzsteuerlich abgeschrieben. Von da an wird bei der Bemessungsgrundlage für die Umsatzsteuer auf den Privatanteil keine Abschreibung mehr berücksichtigt.

Lösung zu Prüfungsfall 3
Teil 1: Anlageverzeichnis

Tz.	Sollkonto	SKR 04 (SKR 03)	Euro	Habenkonto	SKR 04 (SKR 03)
1	Keine Buchung				
2	Unbeb. Grundstücke	**0215** (0065)	10.000,00	Var. Kapital	**2010** (0880)
3	Abschr. a. Gebäude	**6221** (4831)	7.350,00	Geschäftsbauten	**0240** (0090)
4	Abschr. a. Sachanl.	**6220** (4830)	2.600,00	Maschinen	**0440** (0210)
	Außerplanm. Abschr.	**6230** (4840)	11.233,00	Maschinen	**0440** (0210)
5	Abschr. a. Sachanl.	**6220** (4830)	2.000,00	Maschinen	**0440** (0210)
	Anlagenabgänge Sachanl.				
	(Restbuchwert b. Buchg.)	**4855** (2315)	10.000,00	Maschinen	**0440** (0210)
	Verbindlichkeiten a. LuL	**3300** (1600)	12.000,00	Erlöse a. Verkäufen Sachanl.	
				(bei Buchgewinn)	**4845** (8820)
	Verbindlichkeiten a. LuL	**3300** (1600)	2.280,00	Umsatzsteuer 19 %	**3806** (1776)
	Maschinen	**0440** (0340)	40.000,00	Verbindlichkeiten a. LuL	**3300** (1600)
	Vorsteuer 19 %	**1406** (1576)	7.600,00	Verbindlichkeiten a. LuL	**3300** (1600)
	Kürzung § 7g Abs. 2 EStG	**6243** (4853)	16.000,00	Maschinen	**0440** (0210)
	Abschr. a. Sachanl.	**6220** (4830)	400,00	Maschinen	**0440** (0210)
	Sonderabschreibung	**6241** (4851)	4.800,00	Maschinen	**0440** (0210)
	statistisch:			Investitionsabzugs-	
	Investitionsabzugsbetrag	**9973** (9973)	16.000,00	betrag	**9972** (9972)
6	Abschreibung				
	Waschmaschine 10	**6220** (4830)	407,42	Maschinen	**0440** (0210)
7	Abschreibung auf Kfz	**6222** (4832)	2.083,00	Pkw	**0520** (0320)
	Anlagenabgänge Sachanl.				
	(Restbuchwert b. Buchg.)	**4855** (2315)	19.584,00	Pkw	**0520** (0320)
				Erlöse a. Verkäufen Sach-Anlageverm. 19 %	
	Unentgelt. Wertabgaben	**2130** (1880)	24.000,00	(b. Buchgewinn)	**4845** (8820)
	Unentgelt. Wertabgaben	**2130** (1880)	4.560,00	Umsatzsteuer 19 %	**3806** (1776)
8	Abschreibung auf Kfz	**6222** (4832)	7.000,00	Pkw	**0520** (0320)
	Abschreibung auf Kfz	**6222** (4832)	1.832,00	Pkw	**0520** (0320)
9	statistisch Investitions-abzugsbetrag	**9970** (9970)	10.000,00	Investitionsabzugs-betrag	**9971** (9971)

LÖSUNGEN

Zu Tz. 1
Das Grundstück darf höchstens mit den Anschaffungskosten aktiviert werden (§ 253 HGB; § 6 Abs. 1 Nr. 2 EStG). Nicht realisierte Gewinne dürfen nicht ausgewiesen werden.

Zu Tz 2
Das unbebaute Grundstück ist notwendiges Betriebsvermögen von Anfang an.

Zu Tz. 3

Herstellungskosten am 05.01.2015		500.000,00
AfA 2015 und 2016 je 3 % (§ 7 Abs. 4 Satz 1 Nr. 1 EStG)		30.000,00
Buchwert am 01.01.2017		470.000,00
AfA 2017		15.000,00
Teilwertabschreibung 2017		255.000,00
Buchwert 01.01.2018 (Teilwert)		200.000,00
AfA-Basis für 2018 gem. § 11c Abs. 2 EStDV:		
Herstellungskosten	500.000,00	
- Teilwertabschreibung	255.000,00	
	245.000,00	
AfA 3 % von 245.000,00		7.350,00
Restbuchwert 31.12.2018		192.650,00

Die Teilwertabschreibung war 2017 zulässig, da der Wert des Wirtschaftsgutes zum Bilanzstichtag mindestens für die halbe Restnutzungsdauer unter dem planmäßigen Restbuchwert liegt. Die verbleibende Restnutzungsdauer ist für das Gebäude nach § 7 Abs. 4 EStG zu bestimmen (BMF-Schreiben vom 02.09.2016).

Zu Tz. 4 Bügelmaschine

Anschaffungskosten am 20.03.2017	26.000,00
- lineare AfA 2017 10 % für $^{10}/_{12}$	2.167,00
Buchwert 01.01.2018	23.833,30
- Abschreibung 2018 10 %	2.600,00
- Teilwertabschreibung	11.233,00
= Restbuchwert 31.12.2018 = Teilwert	10.000,00

LÖSUNGEN

Zu Tz. 5
Berechnung des Restbuchwertes der Waschmaschine 15 zum 20.11.2018:

Anschaffungskosten Januar 2015	24.000,00
- 10 % lineare Abschreibung, § 7 Abs. 1 EStG	2.400,00
- 20 % Sonderabschreibung gem. § 7g Abs. 5 EStG	4.800,00
Buchwert am 01.01.2016	16.800,00
- 10 % lineare Abschreibung 2016	2.400,00
Buchwert am 01.01.2017	14.400,00
- 10 % lineare Abschreibung 2017	2.400,00
Buchwert am 01.01.2018	12.000,00
- 10 % lineare Abschreibung 2018 für $^{10}/_{12}$	2.000,00
Restbuchwert im Zeitpunkt der Veräußerung	10.000,00
Waschmaschine XXL: Anschaffungskosten November 2018	40.000,00
- Investitionsabzugsbetrag	16.000,00
Abschreibungsbasis	24.000,00
Lineare Abschreibung 10 % für zwei Monate	400,00
Sonderabschreibung gem. § 7g Abs. 5 EStG (n. F.) 20 % von 24.000,00	4.800,00
= Restbuchwert 31.12.2018	18.800,00

Der Investitionsabzugsbetrag schlägt sich in der Handelsbilanz nicht nieder, da er außerhalb der Bilanz berücksichtigt wird. Bei Nutzung des Investitionsabzugsbetrages ist man gemäß § 274 Abs. 1 HGB gezwungen, eine Rückstellung für latente Steuern (sogenannte passive latente Steuern) zu bilden.

Zu Tz. 6 Waschmaschine 10

Anschaffungskosten Januar 2010	21.000,00
- § 7 Abs. 1 EStG 12,5 %, degressiv 25 %	5.250,00
- § 7g EStG 20 %	4.200,00
Buchwert am 01.01.2011	11.550,00
- AfA 2011	3.937,50
Buchwert am 01.01.2012	7.612,50
- AfA 2012	2.953,13
Buchwert am 01.01.2013	4.659,37
- AfA 2013	2.214,84
Buchwert am 01.01.2014	2.444,53
- AfA 2014, 16 $^2/_3$ % linear	407,42
Buchwert am 01.01.2015	2.037,11
- AfA 2015, 16 $^2/_3$ % linear	407,42
= Buchwert am 01.01.2016	1.629,69
- AfA 2017, 16 $^2/_3$ % linear	407,42
= Buchwert am 01.01.2017	1.222,27
- AfA 2017, 16 $^2/_3$ % linear	407,42
= Buchwert am 01.01.2018	814,85

- AfA 2018, 16 $^2/_3$ % linear | 407,42
= Restbuchwert am 31.12.2018 | 407,43

Änderung der Bemessungsgrundlage ab 2014 (§ 7a Abs. 9 EStG): Der Restwert von 2.444,53 € ist auf die Restnutzungsdauer von 6 Jahren zu verteilen, AfA-Satz 16 $^2/_3$ %.

Zu Tz. 7

Berechnung des Restbuchwertes des Pkw VW im Zeitpunkt der Entnahme:

Anschaffungskosten Mai 2016	30.000,00
- lineare Abschreibung 2016 16 $^2/_3$ für $^8/_{12}$	3.333,00
Die Voraussetzungen für die Anwendung des § 7 g EStG sind nicht erfüllt.	
Buchwert am 01.01.2017	26.667,00
- lineare Abschreibung 2017	5.000,00
Buchwert 01.01.2018	21.667,00
- lineare Abschreibung 2018 für $^5/_{12}$	2.083,00
= Restbuchwert im Zeitpunkt der Entnahme	19.584,00

Zu Tz. 8
BMW

Anschaffungskosten Februar 2016 (40 % Privatnutzung, da notwendiges Betriebsvermögen 1 %-Regelung zulässig)	42.000,00
- 16 $^2/_3$ % lineare Abschreibung , § 7 Abs. 1 EStG, für $^{11}/_{12}$	6.417,00
Die Voraussetzungen für die Anwendung des § 7g EStG sind nicht erfüllt.	
Buchwert am 01.01.2017	35.583,00
- AfA 2017	7.000,00
Buchwert 01.01.2018	28.583,00
- AfA 2018	7.000,00
= Restbuchwert 31.12.2018	21.583,00

VW Kombi

Anschaffungskosten Dezember 2015	6.000,00
- lineare AfA 33 $^1/_3$ % für $^1/_{12}$	167,00
Buchwert am 01.01.2016	5.833,00
- Afa 2016 und 2017 je 2.000,00 €	4.000,00
Buchwert am 01.01.2018	1.833,00
- AfA 2018	1.832,00
= Erinnerungswert am 31.12.2018	1,00

LÖSUNGEN

Zu Tz. 8
Abele kann einen gewinnmindernden Investitionsabzugsbetrag in Höhe von 40 % der künftigen Anschaffungskosten in Anspruch nehmen. Der Betrag von 10.000 € (40 % von 25.000 €), ist außerbilanzmäßig vom Gewinn zu kürzen (§ 7g Abs. 1 EStG). Eine tatsächliche Investitionsabsicht wird nicht vorausgesetzt. Ausreichend ist es, wenn Abele in den nächsten drei Jahren ein bewegliches Anlagegut anschaffen oder herstellen will. Die Dokumentationspflicht ist entfallen und wird durch eine Verpflichtung zur elektronischen Übermittlung der notwendigen Angaben ersetzt (BMF-Schreiben vom 20.03.2017). Soll der Vorgang buchmäßig erfasst werden, wird gebucht:

9970 (9970) Investitionsabzugsbetrag § 7g Abs. 1 EStG, außerbilanziell (Soll) an
9971 (9971) Investitionsabzugsbetrag § 7g Abs. 1 EStG, außerbilanziell (Haben)
– Gegenkonto zu **9970** (9970)

 ACHTUNG

Das HGB lässt nur steuerlich zulässige Abschreibungen nicht mehr zu. Niedrigere Wertansätze von Vermögensgegenständen, die auf steuerrechtlichen Abschreibungen beruhen, die in Geschäftsjahren vorgenommen wurden, die vor dem 01.01.2010 begonnen haben, können fortgeführt werden (Fortführungswahlrecht, Art. 67 Abs. 4 Satz 1 EGHBG).

LÖSUNGEN

Anlagenverzeichnis der Firma „Wäscherei Abele e. K."

Gegenstand	ND	Anschaffungswert (in €)	Anschaffungsjahr	Abschreibung Art	Abschreibung %	Abschreibung Betrag (in €)	Buchwert 01.01.2018 + Zugänge (in €)	Abschreibung 2018 (in €)	Abgang 2018 (in €)	Restbuchwert 31.12.2018 (in €)
Unbewegliches Anlagevermögen										
1. Grundstück A		15.000,00 €	2010				15.000,00 €			15.000,00 €
2. Grundstück B		10.000,00 €	2010				10.000,00 €			10.000,00 €
3. Betriebsgebäude	33	500.000,00 €	2015	lin.	3	7.350,00 €	200.000,00 €	7.350,00 €		192.650,00 €
							225.000,00 €	**7.350,00 €**		**217.650,00 €**
Bewegliches Anlagevermögen										
1. Bügelmaschine Teilwertabschreibung	10	26.000,00 €	3/2017	lin.	10	2.600,00 €	23.833,00 €	2.600,00 € 11.233,00 €		10.000,00 €
2. Waschmaschine 15	10	24.000,00 €	1/2015	lin.	10	2.400,00 €	12.000,00 €	2.000,00 €	10.000,00 €	– €
3. Waschmaschine XXL Sonderabschreibung IAB	10	40.000,00 €	11/2018	lin.	10	2.400,00 €	40.000,00 €	400,00 € 4.800,00 € 16.000,00 €		18.800,00 €
4. Waschmaschine 10	10	21.000,00 €	1/2010	degr.	14,29	var.	814,85	407,00 €		407,43 €
5. PKW VW	6	30.000,00 €	5/2016	lin.	16 2/3		21.667,00 €	2.083,00 €	19.584,00 €	– €
6. PKW BMW (40 % Privatnutzung)	6	42.000,00 €	2/2016	lin.	16 2/3		28.583,00 €	7.000,00 €		21.583,00 €
7. VW Kombi (gebr.)	3	6.000,00 €	12/2015	lin.	33 1/3	2.000,00 €	1.833,00 €	1.832,00 €		1,00 €
							128.730,84 €	**48.355,00 €**	**29.584,00 €**	**50.791,42 €**

LÖSUNGEN

Teil 2: vorbereitende Abschlussbuchungen

Tz.	Sollkonto	SKR 04 (SKR 03)	Euro	Habenkonto	SKR 04 (SKR 03)
1	Verbindlichk. a. LuL	**3300** (1600)	400,00	Erh. Boni Vorsteuer 19 %	**5760** (3760)
	Verbindlichk. a. LuL	**3300** (1600)	76,00	Vorsteuer 19 %	**1406** (1576)
2	Sonst. Verm.gegenst.	**1300** (1500)	200,00	Provisionsumsätze 19 %	**4569** (8519)
	Sonst. Verm.gegenst.	**1300** (1500)	38,00	Umsatzsteuer 19 %	**3806** (1776)
3	Vorsteuer 19 %	**1406** (1576)	57,00	Verbindlichk. a. LuL	**3300** (1600)
	Sonstige Raumkosten	**6345** (4280)	300,00	Verbindlichk. a. LuL	**3300** (1600)
	Verbindlichk. a. LuL	**3300** (1600)	300,00	Erlöse	**4200** (8200)
	Verbindlichk. a. LuL	**3300** (1600)	57,00	Umsatzsteuer 19 %	**3806** (1776)
	Aktive Rechnungsabgr.	**1900** (0980)	250,00	Sonstige Raumkosten	**6345** (4280)
4	Sonst. Verm. gegenstände	**1300** (1500)	300,00	Gas, Wasser, Strom	**6325** (4240)
	Vorsteuer 19 %	**1406** (1576)	228,00	Sonst. Verm. gegenstände	**1300** (1500)
	Abziehbare Vorst. 7 %	**1411** (1571)	14,00	Sonst. Verm. gegenstände	**1300** (1500)
5	siehe Erläuterung				
6				Verbindl. gegen KI RestLZ	
	Damnum/Disagio	**1940** (0986)	480,00	größer 5 Jahre	**3170** (0650)
	Zinsaufw. langfr. Verb.	**7320** (2120)	16,00	Damnum/Disagio	**1940** (0986)
	Zinsaufw. langfr. Verb.	**7320** (2120)	180,00	Sonstige Verbindl.	**3500** (1700)
7	R: EinzelWB Ford. RLZ 1 J.	**1246** (0998)	300,00	Ertr. a. abgeschr. Ford.	**4925** (2732)
	R: Forderungen a. LuL	**1200** (1400)	595,00	Zweifelhafte Ford.	**1240** (1460)
	S: Abschr. a. Umlaufverm.	**6930** (4886)	100,00	EinzelWB Ford. RLZ 1 J.	**1246** (0998)
	Einst. PWB Ford.	**6920** (2450)	55,00	PWB Ford. RLZ bis 1 J.	**1248** (0996)
8	Unentgelt. Wertabgaben	**2130** (1880)	102,34	Kfz-Nutzung ohne USt	**4639** (8924)
	Unentgelt. Wertabgaben	**2130** (1880)	409,36	Kfz-Nutzung 19 %	**4639** (8921)
	Unentgelt. Wertabgaben	**2130** (1880)	77,78	Umsatzsteuer 19 %	**3806** (1776)
	Telefon	**6805** (4920)	270,00	Sonstige Verbindlichk.	**3500** (1700)
	Vorsteuer 19 %	**1406** (1576)	51,30	Sonstige Verbindlichk.	**3500** (1700)
	Unentgelt. Wertabgaben	**2130** (1880)	35,70	Sonstige Verbindlichk.	**3500** (1700)
9	Bestand Waren	**1140** (3980)	21.000,00	Bestandsveränd. Waren	**5881** (3950)

Zu Tz. 5

Die Gewerbesteuer ist handelsrechtlich Aufwand (5.400 €), den steuerlichen Gewinn darf sie nicht mindern (§ 4 Abs. 5b EStG). Für die Ermittlung des steuerlichen Gewinns ist die Gewerbesteuer dem Handelsbilanzgewinn außerbilanziell hinzuzurechnen.

Gleiches gilt für die Gewerbesteuerrückstellung. Trotz dieses Abzugsverbots ist die handelsrechtlich zu passivierende Gewerbesteuerrückstellung aufgrund des Maßgeblichkeitsgrundsatzes gemäß § 5 Abs. 1 Satz 1 EStG auch in der Steuerbilanz auszuweisen (R 5.7 Abs. 1 Satz 2 EStR 2012). Dabei ist die Gewerbesteuer mit dem Betrag anzusetzen, der sich ohne ihre Berücksichtigung als Betriebsausgabe ergibt. Allerdings sind die sich aus der Berücksichtigung der Gewerbesteuerrückstellung ergebenden Gewinnminderungen außerbilanziell wieder zu korrigieren. Eine derartige Rückstellung mindert das Betriebsvermögen (im Sinne des § 7g EStG), also die Anwendungskriterien zur Bildung eines Investitionsabzugsbetrages.

Zu Tz. 8
Da das Fahrzeug zu mehr als 50 % betrieblich genutzt wird, kann aus Vereinfachungsgründen der Wert der Nutzungsentnahme nach der 1 %-Regelung ermittelt werden (§ 6 Abs. 1 Nr. 4 Satz 2 EStG). Er beträgt monatlich 1 % des auf volle 100 € abgerundeten Bruttolistenpreises, also 511,70 €. Für die nicht mit Vorsteuer belasteten Kosten kann ein Abschlag von 20 % vorgenommen werden (102,34 €). Der Differenzbetrag ist ein Nettowert, auf den die Umsatzsteuer mit dem Allgemeinen Steuersatz aufzuschlagen ist (BMF-Schreiben vom 05.06.2014, Abschn. 15.23 UStAE).

Die laufenden privaten Telefonkosten stellen keine unentgeltliche sonstige Leistung dar (Abschn. 3.4 Abs. 4 Satz 4 UStAE). Die Vorsteuerbeträge, die auf die anteiligen privaten Telefonkosten entfallen, sind nicht abziehbar.

Zu Tz. 9
Abweichend vom Grundsatz der Einzelbewertung sind für gleichartige Vermögensgegenstände des Umlaufvermögens vereinfachte Bewertungsverfahren zulässig.

gewogener periodischer Durchschnitt
Die Durchschnittspreisermittlung erfolgt nach der Formel

$$\text{gewogener Durchschnittspreis} = \frac{\text{Wert des Anfangsbestands} + \text{Wert der Zugänge}}{\text{Menge des Anfangsbestandes} + \text{Menge der Zugänge}}$$

Datum	Vorgang	Menge Pakete	Preis/Einheit (in €)	Wert (in €)
1.1.	AB	500	120,00	60.000,00
31.3.	Zugang 1	500	105,00	52.500,00
30.6.	Zugang 2	600	100,00	60.000,00
30.9.	Zugang 3	1.200	130,00	156.000,00
30.11.	Zugang 4	1.400	140,00	196.000,00
31.12.	**Summe**	**4.200**		**524.500,00**

$$\text{gewogener Durchschnittspreis} = \frac{524.500\ €}{4.200} = 124,88\ €$$

Wert des Endbestandes: 700 Pakete · 124,88 € Durchschnittspreis = **87.416,67 €**

gleitender (permanenter) Durchschnitt

Nach jedem Zugang wird ein neuer Durchschnittspreis errechnet. Aus diesem wird der Wert der Abgänge und der Wert des jeweiligen Zwischen- bzw. des Endbestandes berechnet.

Datum	Vorgang	Menge Pakete	Preis/Einheit (in €)	Wert (in €)	Durchschnittspreis je Einheit (in €)
1.1.	AB	500	120,00	60.000,00	
31.3.	Zugang 1	500	105,00	52.500,00	
	neuer Bestand	1.000		112.500,00	112,50
31.5.	Abgang 1	800	112,50	90.000,00	
	neuer Bestand	200		22.500,00	112,50
30.6.	Zugang 2	600	100,00	60.000,00	
	neuer Bestand	800		82.500,00	103,13
30.7.	Abgang 2	400	103,13	41.250,00	
	neuer Bestand	400		41.250,00	103,13
30.9.	Zugang 3	1.200	130,00	156.000,00	
	neuer Bestand	1.600		197.250,00	123,28
18.10.	Abgang 3	300	123,28	36.984,38	
	neuer Bestand	1.300		160.265,63	123,28
30.11.	Zugang 4	1.400	140,00	196.000,00	
	neuer Bestand	2.700		356.265,63	131,95
20.12.	Abgang 4	2.000	131,95	263.900,46	
31.12.	**neuer Bestand**	**700**		**92.365,16**	**131,95**

Wert des Endbestandes: 700 Pakete • 131,95 € Durchschnittspreis = **92.365,16 €**

Lifo-Verfahren

Bei dem last-in-first-out-Verfahren wird unterstellt, dass die zuletzt eingekauften Waren zuerst wieder verkauft oder verbraucht werden. Der Bestand setzt sich also aus dem historischen Anfangsbestand und den zuerst eingekauften Waren zusammen.

Anfangsbestand	500 Pakete zu 120 € =	60.000 €
aus Zugang 31.3.	200 Pakete zu 105 € =	21.000 €
Schlussbestand	700 Pakete	81.000 €

Dies entspricht einem Preis/Einheit von **115,71 €**.

LÖSUNGEN

Abele setzt dieses Umlaufvermögen mit einem Wert von **81.000 €** an, da das Lifo-Verfahren sowohl handelsrechtlich (§ 256 Satz 1 HBG) als auch steuerrechtlich (§ 6 Abs. 1 Nr. 2a EStG, R 6.9 EStR 2012) zulässig ist. Ein niedrigerer Teilwert liegt nicht vor. Die Bewertung mit dem Teilwert würde zu einem höheren Wertansatz führen (700 Pakete zu je 135 € = 94.500 €). Die Differenz gegenüber dem noch angesetzten Wert am 01.01. (60.000 €) ist als Wertanpassung zu buchen.

LÖSUNGEN

Lösung zu Prüfungsfall 4

Fall 1
Zu 1.

Betriebsvermögen 31.12.2018	145.000 €	
	- 32.000 €	113.000 €
- Betriebsvermögen 31.12.2017	172.000 €	
	- 62.000 €	110.000 €
		3.000 €
+ Privatentnahmen		27.000 €
- Privateinlagen		4.000 €
Gewinn 2018		26.000 €

Zu 2.

Warenverkaufskonto	Haben	120.000 €
	Haben	3.000 €
	Soll	175 €
	Kundenskonti	- 2.400 €
		120.425 €
Wareneinsatz:	Anfangsbestand	60.000 €
	+ Zugang	60.000 €
	- Endbestand	70.000 €
	- Liefererskonti	1.800 €
		48.200 €

Soll	Gewinn- und Verlustrechnung 2018		Haben
AfA	3.000,00	Warenverkauf	120.425,00
Löhne	26.000,00		
übrige Betriebsausgaben	17.225,00		
Wareneinsatz	48.200,00		
Gewinn	26.000,00		
	120.425,00		120.425,00

LÖSUNGEN

Zu 3.

Betriebseinnahmen	12.000 €	(Debitoren 01.01.)
+	120.000 €	(Warenverkauf auf Ziel)
–	6.000 €	(Debitoren 31.12.)
–	175 €	(Rücksendungen)
–	2.400 €	(Kundenskonti)
	123.425 €	

Betriebsausgaben:		
Warenzahlungen	17.000 €	(Kreditoren 01.01.)
+	60.000 €	(Wareneinkäufe auf Ziel)
–	1.800 €	(Lieferskonti)
–	19.000 €	(Kreditoren 31.12.)
	56.200 €	

Betriebseinnahmen		123.425 €
Warenentnahme		3.000 €
		126.425 €
Betriebsausgaben	56.200 €	
Warenzahlungen	3.000 €	
AfA Löhne	26.000 €	
Übrige Betriebsausgaben	17.225 €	102.425 €
Gewinn 2018		24.000 €

Zu 4.

§ 4 Abs. 3 EStG	24.000 €
§ 4 Abs. 1 EStG	26.000 €
Differenz	2.000 €

Begründung:

Aktiva:
Ware

01.01.2018	60.000 €		
31.12.2018	70.000 €	Mehrung	+ 10.000 €

Debitoren

01.01.2018	12.000 €		
31.12.2018	6.000 €	Minderung	– 6.000 €

Passiva:
Kreditoren

01.01.2018	17.000 €		
31.12.2018	19.000 €	Mehrung	– 2.000 €
Differenz			2.000 €

LÖSUNGEN

Zu 5.
Da sich Erfolgsvorgänge nicht zweimal auf den Gewinn auswirken dürfen, ist der Gewinn im ersten Jahr des Übergangs um folgende Hinzurechnungen und Abrechnungen zu berichtigen (Anlage zu R 4.6 EStR 2012):

Hinzurechnungen:
Warenbestand	70.000 €
Debitoren	6.000 €
Abrechnungen	
Kreditoren	19.000 €
Umsatzsteuerschuld	1.000 €
Übergangsgewinn	56.000 €

Die Anschaffungskosten für nicht abnutzbare Wirtschaftsgüter des Anlagevermögens sind erst im Zeitpunkt des Zuflusses des Veräußerungserlöses oder bei Entnahme im Zeitpunkt der Entnahme als Betriebsausgaben zu berücksichtigen (§ 4 Abs. 3 Satz 4 EStG).

Der Übergangsgewinn kann zur Vermeidung von Härten auf Antrag des Steuerpflichtigen gleichmäßig entweder auf das Jahr des Übergangs und das folgende Jahr oder auf das Jahr des Übergangs und die beiden folgenden Jahre verteilt werden (R 4.6 EStR 2012).

Fall 2

Tz.	Sollkonto	SKR 04 (SKR 03)	Euro	Habenkonto	SKR 04 (SKR 03)
1	Geschäftsbauten	0240 (0090)	3.600,00	Abschr. a. Gebäude	6221 (4831)
2	Maschinen	0440 (0210)	4.000,00	Abschr. a. Sachanl.	6220 (4830)
	Maschinen	0440 (0210)	1.200,00	Rep. Instandh. Masch.	6460 (4800)
	Abschr. a. Sachanl.	6220 (4830)	1.290,00	Maschinen	0440 (0210)
3	Abschr. a. Sachanl.	6220 (4830)	445,00	Maschinen	0440 (0210)
4	Bestandsänd. Fertige Er.	4800 (8980)	5.000,00	Fertige Er. (Bestand)	1110 (7110)
5	Sonst. Wertpapiere	1510 (1348)	500,00	Ertr. Zuschr. des UV	4915 (2715)
6	Zinsaufw. langfr. Verb.	7320 (2120)	24,00	Damnun/Disagio	1940 (0986)
7	Miete	6310 (4210)	1.200,00	Aktive Rechnungsabgr.	1900 (0980)
8	PWB Ford. RLZ bis 1 J.	1248 (0996)	1.748,00	Ertr. HerAbs. PWB Ford.	4920 (2730)
10	Gas, Wasser, Strom	6325 (4240)	1.600,00	Sonstige Verbindlichk.	3500 (1700)
	Vorsteuer Folgejahr abz.	1434 (1548)	380,00	Sonstige Verbindlichk.	3500 (1700)
	Sonstige Verbindlichk.	3500 (1700)	14,00	Abziehbare Vorsteuer 7 %	1401 (1571)

LÖSUNGEN

Erläuterungen zu Fall 2

Zu Tz. 1

Restbuchwert lt. Bilanzentwurf, entspricht	96,5 %	347.400,00
+ AfA	3,5 %	12.600,00
Buchwert 01.01.2018 (100 %)	100,0 %	360.000,00
richtige AfA, 2 % der Anschaffungskosten von 450.000,00		9.000,00
Restbuchwert 31.12.2018		351.000,00
AfA-Differenz: 12.600,00 - 9.000,00 =		3.600,00

Wechsel der AfA-Methode ist bei Gebäuden grundsätzlich nicht möglich (R 7.4 Abs. 7 EStR 2012).

Zu Tz. 2

Wert am 31.12.2018 (lt. Bilanzentwurf)	127.395,50
+ falsche AfA, degressiv nicht zulässig	4.000,00
+ Installationskosten	1.200,00
- 10 % lineare Abschreibung von 17.200,00 für $^9/_{12}$	1.290,00
vorläufiger Bilanzansatz am 31.12.2017	131.305,50

(beachte Tz. 3!)

Zu Tz. 3

Die 2010 angeschaffte Maschine befindet sich im 9. Nutzungsjahr. Am Ende des 7. Nutzungsjahres (31.12.2016) hat sie nach 7-maliger degressiver Abschreibung einen Restbuchwert von 2.670,60 €.

Da die Restnutzungsdauer am 01.01.2015 nur noch 3 Jahre beträgt, ist der Übergang zur linearen AfA angebracht, dies führt zu einem Abschreibungsprozentsatz von 33 $^1/_3$ %.

Richtige AfA, 33 $^1/_3$ % von 2.670,60 =	890,00
Gebuchte AfA 25 % von 1.780,00 (zum 31.12.2017) =	445,00
AfA-Differenz gerundet (zu wenig abgeschrieben)	445,00

Die führt zu einer nochmaligen Änderung des Bilanzansatzes für Maschinen:

Ansatz lt. Tz. 2	131.305,50
Abzüglich	445,00
Bilanzansatz	130.860,50

Zu Tz. 4

R 6.3 EStR 2012: Die Herstellungskosten sind mit einem Betrag von zu aktivieren. Aktiviert sind	23.000,00
	28.000,00
zu viel aktiviert	5.000,00

Vertriebsgemeinkosten und Gewinn werden nicht aktiviert!

Zu Tz. 5
Das Wertaufholungsgebot ist zu beachten (§ 253 Abs. 5 Satz 1 HGB, § 6 Abs. 1 Nr. 2 Satz 3 EStG)

Vorläufiger Bilanzansatz	1.300,00
Anschaffungskosten	1.800,00
Wertaufholung	500,00

Zu Tz. 6

3 % Abschreibung auf Disagio für $^8/_{12}$	24,00

Zu Tz. 7
Die aktive Rechnungsabgrenzung ist gewinnmindernd aufzulösen.

Zu Tz. 8

Nettoforderung	87.400,00
Pauschalwertberichtigung 1 %	874,00
Gebucht lt. Bilanzentwurf	2.622,00
Wertberichtigung zu hoch	1.748,00

Zu Tz. 9
Die Gewerbesteuer und die darauf entfallenden Nebenleistungen sind (ab 2008) keine Betriebsausgaben (§ 4 Abs. 5b EStG). Gleiches gilt für die Gewerbesteuerrückstellung. Trotz dieses Abzugsverbots ist die handelsrechtlich zu passivierende Gewerbesteuerrückstellung aufgrund des Maßgeblichkeitsgrundsatzes gemäß § 5 Abs. 1 Satz 1 EStG auch in der Steuerbilanz auszuweisen (R 5.7 Abs. 1 Satz 2 EStR 2012). Allerdings sind die sich aus der Berücksichtigung der Gewerbesteuerrückstellung ergebenden Gewinnminderungen außerbilanziell wieder zu korrigieren. Eine derartige Rückstellung mindert das Betriebsvermögen (i. S. d. § 7g EStG), also die Anwendungskriterien zur Bildung eines Investitionsabzugsbetrages.

Zu Tz. 10

	Netto	Vorsteuer	Brutto
Rechnung/Strom	12.000,00 €	2.280,00 €	14.280,00 €
Vorauszahlung/Strom	10.000,00 €	1.900,00 €	11.900,00 €
Nachzahlung/Strom	**2.000,00 €**	**380,00 €**	**2.380,00 €**
Rechnung/Wasser	800,00 €	56,00 €	856,00 €
Vorauszahlung/Wasser	1.000,00 €	70,00 €	1.070,00 €
Überzahlung/Wasser	**200,00 €**	**14,00 €**	**214,00 €**
Rechnung/Kanal	800,00 €		800,00 €
Vorauszahlung/Kanal	1.000,00 €		1.000,00 €
Überzahlung/Kanal	**200,00 €**		**200,00 €**
Nachzahlung gesamt	**1.600,00 €**	**366,00 €**	**1.966,00 €**

Verbindlichkeit städtische Gebühren	15.936,00
- Vorauszahlungen	13.970,00
Restschuld	1.966,00
Sonstige Verbindlichkeiten laut Bilanzentwurf	7.678,70
+ Restschuld städtische Gebühren	1.966,00
	9.644,70
sonstige Forderungen Vorsteuer	366,00

Ermittlung des Gewinns aus Gewerbebetrieb (Mehr- und Wenigerrechnung)

Gewinn lt. Bilanzentwurf Christmann		126.000,00
Tz. 1	+	3.600,00
Tz. 2	+	4.000,00
	+	1.200,00
	-	1.290,00
Tz. 3	-	445,00
Tz. 4	-	5.000,00
Tz. 5	+	500,00
Tz. 6	-	24,00
Tz. 7	-	1.200,00
Tz. 8	+	1.748,00
Tz. 9		0,00
Tz. 10	-	1.600,00
		127.489,00

LÖSUNGEN

AKTIVA		Bilanz per 31.12.2018	PASSIVA
	Euro		Euro
Grund und Boden	70.000,00	Eigenkapital 01.01.2017	413.417,50
Gebäude	351.000,00	- Entnahmen	- 80.000,00
Maschinen	130.860,50	+ Gewinn	127.489,00
Material	79.642,00	Eigenkapital 31.12.2017	460.906,50
Fertigerzeugnisse	23.000,00	Rückstellungen	
Wertpapiere des UV	1.800,00	Grundschuld	136.500,00
Debitoren 104.006,00		Darlehen	60.000,00
- Wertberichtigung - 874,00	103.132,00	Kreditoren	102.345,10
Sonstige Forderungen	366,00	Sonstige Verbindlichkeiten	9.644,70
Finanzkonten	8.419,80		
Disagio	1.176,00		
	769.396,30		769.396,30

Fall 3

Listeneinkaufspreis		4.900,00 €			
- Lieferrabatt	15 %	735,00 €	15 %		735,00 €
Zieleinkaufspreis		4.165,00 €	85 %		
- Liefererskonto	2 %	83,30 €		2 %	83,30 €
Bareinkaufspreis		4.081,70 €	98 %		
+ Bezugskosten	0,15 · 800	120,00 €			
+ Fracht		905,50 €			
Bezugspreis		5.107,20 €			
+ Handlungskosten	25 %	1.276,80 €			
Selbstkostenpreis		6.384,00 €	100 %		
+ Gewinn	12,50 %	798,00 €	x %		
Barverkaufspreis		7.182,00 €			
+ Kundenskonto	2 %	159,60 €		2 %	159,60 €
+ Vertreterprovision	8 %	638,40 €		8 %	638,40 €
Zielverkaufspreis		7.980,00 €		100 %	
+ Kundenrabatt	5 %	420,00 €	5 %		420,00 €
Listenverkaufspreis		8.400,00 €	100 %		

Listenverkaufspreis	8.400,00 €
Bezugspreis	5.107,20 €
Rohaufschlag	**3.292,80 €**

LÖSUNGEN

Kalkulationszuschlag: Rohaufschlag · 100 : Bezugspreis = 64,47 %
Handelsspanne: Rohaufschlag · 100 : Listenverkaufspreis = 39,20 %
Kalkulationsfaktor: Listenverkaufspreis : Bezugspreis = 1,64

- Der Listeneinkaufspreis beträgt 4.900,00 €.
- Der Gewinn beträgt 798,00 € und 12,5 % des Selbstkostenpreises.
- Der Kalkulationszuschlag beträgt 64,47 %.
- Die Handelsspanne beträgt 39,20 %.
- Der Kalkulationsfaktor beträgt 1,64.

Lösung zu Prüfungsfall 5
Teil I: Buchführung

Tz.	Sollkonto	SKR 04 (SKR 03)	Euro	Habenkonto	SKR 04 (SKR 03)
1	Sonst. Verm.gegenst.	1300 (1500)	200,00	Erh. Boni 19 % Vorst.	5760 (3760)
	Sonst. Verm.gegenst.	1300 (1500)	38,00	Vorsteuer 19 %	1406 (1576)
	Sonst. Verm.gegenst.	1300 (1500)	300,00	Ehr. Boni 7 % Vorst.	5750 (3750)
	Sonst. Verm.gegenst.	1300 (1500)	21,00	Abziehbare Vorsteuer 7 %	1401 (1571)

Zu Tz. 2
Lohnabrechnung 2018:

Sachbezüge, § 8 Abs. 2 EStG 1 % von 23.200,00 € =		232,00
Zuschlag für Fahrten zwischen Wohnung und erster Tätigkeitstätte		
0,03 % von 23.200,00 € für 28 km =		194,88
Sachbezug insgesamt =		426,88
Brutto		4.100,00
+ Sachbezüge netto	358,72	
19 % USt [1]	68,16	426,88
lohnsteuerliche und sozialversicherungsrechtliche Bemessungsgrundlage		4.526,88

- LSt		861,83	
- SolZ	5,5 %	47,40	
- KiSt	9 %	77,56	986,79
- RV (BG 6.500,00)	9,30 %	421,00	
- AlV (BG 6.500,00)	1,5 %	67,90	
- KV (BG 4.425,00)	7,3 % + 1,0 %	367,28	
- PlV (BG 4.425,00)	1,275 % + 0,25 %	67,48	923,66
			2.616,43
- Sachbezüge			426,88
Auszahlung			2.189,55

Der Arbeitgeber trägt die Umlage U1 (99,59 €), die Umlage U2 (22,18 €), die Umlage U3 (2,72 €) allein, Summe (124,49 €).

Die Beitragsbemessungsgrenzen sind zu beachten! Kontrollieren Sie, ob tatsächlich ein Aufwand von 5.519,72 € (4.326,88 + 992,84) gebucht ist! Arbeitgeberanteil zur Sozialversicherung: 421,00 + 67,90 + 323,03 + 56,42 + 124,49 €.

---

[1] pauschaler Abschlag für nicht mit Vorsteuer belastete Kosten nicht zulässig, BMF-Schreiben vom 05.06.2014, Abschnitt II. 2.

LÖSUNGEN

Tz.	Sollkonto	SKR 04 (SKR 03)	Euro	Habenkonto	SKR 04 (SKR 03)
2	Gehälter	**6020** (4120)	4.100,00	Lohn- u. Gehaltsverr.	**3790** (1755)
	Gehälter	**6020** (4120)	358,72	Verr. Sachb. 19 % (Kfz)	**4947** (8611)
	Gehälter	**6020** (4120)	68,16	Umsatzsteuer 19 %	**3806** (1776)
	Ges. soz. Aufwend.	**6110** (4130)	992,84	Lohn- u. Gehaltsverr.	**3790** (1755)
	Lohn- u. Gehaltsver.	**3790** (1755)	986,79	Verb. Lohn- u. KiSteuer	**3730** (1741)
	Lohn- u. Gehaltsver.	**3790** (1755)	1.916,50	Verb. soziale Sicherheit	**3740** (1742)
	Lohn- u. Gehaltsver.	**3790** (1755)	2.189,55	Verb. a. Lohn u. Gehalt	**3720** (1740)
	Verb. soziale Sicherheit	**3740** (1742)	1.916,50	Bank	**1200** (1800)

Zu Tz. 3

Die Warenentnahme ist nach § 6 Abs. 1 Nr. 4 EStG mit dem Teilwert anzusetzen. Nach dem BMF-Schreiben vom 13.12.2017 ist diese Entnahme zu pauschalieren und als unentgeltliche Wertabgabe der Umsatzsteuer zu unterwerfen:

Jahreswert 19 %   391,00 €, monatlich   32,58 €,   für 2 Erwachsene   65,17 €
Jahreswert 7 %   1.173,00 €, monatlich   97,75 €,   für 2 Erwachsene   195,50 €

Diese Beträge sind Nettobeträge.

Tz.	Sollkonto	SKR 04 (SKR 03)	Euro	Habenkonto	SKR 04 (SKR 03)
3	Unentgelt. Wertabgaben	**2130** (1880)	65,17	Entnahme Waren 19 %	**4620** (8910)
	Unentgelt. Wertabgaben	**2130** (1880)	195,50	Entnahme Waren 7 %	**4610** (8915)
	Unentgelt. Wertabgaben	**2130** (1880)	12,38	Umsatzsteuer 19 %	**3806** (1776)
	Unentgelt. Wertabgaben	**2130** (1880)	13,69	Umsatzsteuer 7 %	**3801** (1771)

Zu Tz. 4

Tz.	Sollkonto	SKR 04 (SKR 03)	Euro	Habenkonto	SKR 04 (SKR 03)
4	Telefon	**6805** (4920)	400,00	Sonstige Verbindlichk.	**3500** (1700)
	Vorsteuer Folgejahr abz.	**3500** (1548)	76,00	Sonstige Verbindlichk.	**3500** (1700)
	Privatentnahme allgem.	**2130** (1880)	119,00	Sonstige Verbindlichk.	**3500** (1700)
	Unentgelt. Wertabgaben	**2130** (1880)	20,00	Telefonnutzung 19 %	**4645** (8922)
	Unentgelt. Wertabgaben	**2130** (1880)	1,80	Umsatzsteuer 19 %	**3806** (1776)

Zu Tz. 5

Bei dem Geschenk aus dem Warensortiment ist die Freigrenze von 35 € überschritten. Die Betriebsausgaben sind nicht abzugsfähig (§ 4 Abs. 5 Satz 1 Nr. 1 EStG). Die Aufwendungen sind im Zeitpunkt der Hingabe des Geschenks auf das Konto „Geschenke nicht abzugsfähig" umzubuchen. Die bereits abgezogene Vorsteuer ist zu berichtigen (§ 17 Abs. 2 Nr. 5 UStG).

Bei dem Werbegeschenk (Terminkalender) ist die Freigrenze nicht überschritten, der Vorsteuerabzug bleibt erhalten. Diese Aufwendungen sind einzeln und getrennt von den übrigen Betriebsausgaben aufzuzeichnen. Dies geschieht durch die Erfassung auf dem Konto „Geschenke abzugsfähig".

Das weitere Geschenk (Kaufpreis 80 € zuzüglich 19 % Umsatzsteuer) stellt eine nicht abzugsfähige Betriebsausgabe dar, die Freigrenze von 35 € ist überschritten, der Vorsteuerabzug ist ausgeschlossen (§ 15 Abs. 1a Satz 1 UStG).

Die Geschenke an den Inhaber der Gaststätte übersteigen damit insgesamt die Freigrenze, sodass auch das Geschenk „Terminkalender" nachträglich zu nicht abzugsfähiger Betriebsausgabe wird. Der Vorsteuerabzug entfällt nachträglich.

Das Konto „Geschenke nicht abzugsfähig" wird über das GuV-Konto abgeschlossen. Um den Zweck der Nichtabzugsfähigkeit zu erreichen, sind diese Aufwendungen außerhalb der Buchführung dem handelsrechtlichen Gewinn hinzuzurechnen, um den steuerlichen Gewinn zu erhalten.

Tz.	Sollkonto	SKR 04 (SKR 03)	Euro	Habenkonto	SKR 04 (SKR 03)
5	Geschenke nicht abz.	6620 (4635)	200,00	Wareneingang	5200 (3200)
	Geschenke nicht abz.	6620 (4635)	14,00	Abziehb. Vorsteuer 7 %	1401 (1571)
	Geschenke abzugsfähig	6610 (4630)	30,00	Kasse	1600 (1000)
	Vorsteuer 19 %	1406 (1576)	5,70	Kasse	1600 (1000)
	Geschenke nicht abz.	6620 (4635)	95,20	Kasse	1600 (1000)
	Geschenke nicht abz.	6620 (4635)	30,00	Geschenke abzugsfähig	6610 (4630)
	Geschenke nicht abz.	6620 (4635)	5,70	Vorsteuer 19 %	1406 (1576)

Zu Tz. 6
Zinsberechnung:
Zinssatz p = 8 %, Zinsteiler = 360 dividiert durch 8 = 45
Stichtag: 30.12.2018

Forderung	fällig	Tage	#
10.700,00 €	05.10.2018	85	9.095
642,00 €	18.11.2018	42	270
3.905,00 €	14.12.2018	16	625
15.247,00 €			9.990
222,00 € Zinsen:	# dividiert durch Zinsteiler = 9.990 : 45		
15.469,00 €			

Tz.	Sollkonto	SKR 04 (SKR 03)	Euro	Habenkonto	SKR 04 (SKR 03)
6	Sonst. Verm.gegenst.	1300 (1500)	222,00	Sonstige Zinsen	7100 (2650)

LÖSUNGEN

Teil II: Jahresabschluss
Zu Tz. 1
Konto 0215 (0065)

Anfangsbestand Grundstück Rheingasse 6	120.000,00
+Zukauf Grundstück Rheingasse 1 A	300.000,00
- Erlös Teilgrundstück Rheingasse 6	- 150.000,00
Saldenbilanz I	270.000,00
+Veräußerungsgewinn Rheingasse 6	114.000,00 (150.000 - 30 % von 120.000)
	384.000,00
- Übertragung aufgelöste stille Reserve (§ 6b EStG) auf Grundstück Rheingasse 1 A	114.000,00
+Nebenkosten Grundstück Rheing. 1 A	16.750,00 (5,0 % von 300.000 + 1.500 + 250)
= Bilanz 31.12.2017	286.750,00
davon Rheingasse 6 (120 T€ - 36 : 200 von 120 T€)	84.000,00
davon Rheingasse 1A (300 T€ - 114 T€ + 16.750)	202.750,00

Die Grunderwerbsteuer (10.500 €), die Notariatskosten für die Beurkundung des Kaufvertrages sowie die Grundbuchkosten gehören zu den Anschaffungskosten des unbebauten Grundstücks.

Tz.	Sollkonto	SKR 04 (SKR 03)	Euro	Habenkonto	SKR 04 (SKR 03)
1	Unbebaute Grundstücke	**0215** (0065)	114.000,00	ErträgeAbgangAV	**4900** (2720)
	Sonstige betr. Aufw.	**6300** (4900)	114.000,00	Unbebaute Grundstücke	**0215** (0065)
	Unbebaute Grundstücke	**0215** (0065)	15.000,00	Grundstücksaufw.	**6530** (2350)
	Unbebaute Grundstücke	**0215** (0065)	1.750,00	Grundstücksaufw.	**6530** (2350)

Zu Tz. 2
Die Saldenbilanz weist einen Wert von 2.000,00 € aus:

Restbuchwert alter Lkw Ende 2017 (Soll)	18.000,00 €
Erlös alter Lkw (Haben)	20.000,00 €
Saldo (Haben)	2.000,00 €
Entwicklung des Kontos Lkw:	
AK 15.01.2017	24.000,00 €
- AfA linear 25 %	6.000,00 €
Voraussetzung § 7g Abs. 1 Satz 2 Nr. 2b EStG nicht gegeben	
Buchwert Ende 2017	18.000,00 €
AfA linear für ½ Jahr	3.000,00 €
Restbuchwert im Zeitpunkt der Veräußerung	15.000,00 €
Anlagenabgang	
Erlös	20.000,00 €
also Veräußerung mit Gewinn	5.000,00 €

Die Leasingaufwendungen betreffen zu 4/8 das Jahr 2019, der Betrag von 4.000 € ist zeitlich abzugrenzen. Die gebuchte Vorsteuer ist abziehbar, da die Rechnung vorliegt und die Zahlung geleistet wurde (§ 15 Abs. 1 Nr. 1 Satz 3 UStG).

Tz.	Sollkonto	SKR 04 (SKR 03)	Euro	Habenkonto	SKR 04 (SKR 03)
2	Abschreibung auf Kfz	6222 (4832)	3.000,00	Lkw	0540 (0350)
	Anlagenabg. (Gewinn)	4855 (2315)	15.000,00	Lkw	0540 (0350)
	Lkw	0540 (0350)	20.000,00	Erlöse Verk. SachAV	4849 (8820)
	Aktive Rechnungsabgr.	1900 (0980)	4.000,00	Mietleasing	6840 (4810)

Der Investitionsabzugsbetrag von 16.000 € (40 % von 40.000 €) ist außerbilanzmäßig steuermindernd zu berücksichtigen.

Tz.	Sollkonto	SKR 04 (SKR 03)	Euro	Habenkonto	SKR 04 (SKR 03)
2	Investitionsabzugsbetrag	9970 (9970)	16.000,00	Investitionsabzugsbetrag	9971 (9971)

Zu Tz. 3
Es handelt sich um abnutzbare bewegliche Wirtschaftsgüter des Anlagevermögens, die einer selbstständigen Nutzung fähig sind.

AK 4 Bistrotische, netto	2.000,00 €
- 2 % Skonto	40,00 €
AK	1.960,00 €
AK je Bistrotisch	**490,00 €**

Da die Anschaffungskosten 250 € aber nicht 1.000 € je Tisch übersteigen, **kann** ein Sammelposten in Höhe von 1.960 € aktiviert werden. Er ist im Jahr seiner Bildung und in den folgenden vier Wirtschaftsjahren unabhängig von der tatsächlichen Nutzungsdauer linear mit jeweils 20 % (392 €) abzuschreiben (§ 6 Abs. 2a Satz 2 EStG). Scheidet einer der Tische aus dem Betriebsvermögen aus, wird der Sammelposten nicht vermindert. Die Aktivierung in Verbindung mit Sonderabschreibung und linearer Abschreibung führt jedoch im Wirtschaftsjahr 2018 zu einem niedrigeren Gewinn:

Bei Poolwirtschaftsgütern lehnt die Finanzverwaltung die Sonderabschreibung nach § 7g Abs. 5 EStG ab.

Sonderabschreibung (§ 7g Abs. 5 EStG) 20 % von 1.960,00 €	392,00 €
lineare Abschreibung 12,5 % für 4 Monate	81,67 €

AK 12 Stühle, netto	1.920,00 €
- 2 % Skonto	38,40 €
AK	1.881,60 €
AK je Stuhl	**156,80 €**

Da die Anschaffungskosten nicht mehr als netto 800 € betragen, sind die Stühle in voller Höhe als Betriebsausgaben anzusetzen (§ 6 Abs. 2 Satz 1 EStG).

LÖSUNGEN

Der Skontobetrag mindert die Anschaffungskosten, die Vorsteuer ist zu berichtigen.

Tz.	Sollkonto	SKR 04 (SKR 03)	Euro	Habenkonto	SKR 04 (SKR 03)
3	Erh. Skonti 19 % VorSt	**5736** (3736)	78,40	Ladeneinrichtung	**0640** (0430)
	Erh. Skonti 19 % VorSt	**5736** (3736)	14,90	Vorsteuer 19 %	**1406** (1576)
	GWG (Stühle)	**0670** (0480)	1.881,60	Ladeneinrichtung	**0640** (0430)
	Abschr. aktivierte GWG	**6260** (4855)	1.881,60	GWG	**0670** (0480)
	Sonderabschreibung § 7g EStG (Tische)	**6241** (4851)	392,00	Ladeneinrichtung	**0640** (0430)
	Abschreibung auf Sachanlagen	**6220** (4830)	81,67	Ladeneinrichtung	**0640** (0430)

Zu Tz. 4
Forderung „Oma Carli"

Die gebildete Wertberichtigung (80 % von 600 € netto = 480 €) ist aufzulösen. Die Forderung ist privat vereinnahmt. Da der vermutete Ausfall nicht eingetreten ist, entsteht ein Ertrag von 480 €. Die Umsatzsteuer war richtig abgeführt und nicht berichtigt.

Tz.	Sollkonto	SKR 04 (SKR 03)	Euro	Habenkonto	SKR 04 (SKR 03)
4	EinzelWB Ford. RLZ 1 J.	**1246** (0998)	480,00	Zweifelhafte Ford.	**1240** (1460)
	Privatentnahmen allgem.	**2100** (1800)	642,00	Zweifelhafte Ford.	**1240** (1460)
	Zweifelhafte Ford.	**1240** (1460)	480,00	Ertr. a. abgeschr. Ford.	**4925** (2732)

Forderung „Rathausstuben"

Die Wertberichtigung ist um 15 % von 4.000 € netto aufzustocken.

Tz.	Sollkonto	SKR 04 (SKR 03)	Euro	Habenkonto	SKR 04 (SKR 03)
4	Abschr. a. Umlaufverm.	**6930** (4886)	600,00	EinzelWB Ford. RLZ 1 J.	**1246** (0998)

Forderung „Zum Winkel"

Die Summe der Einzelwertberichtigungen beträgt	3.290,00 €
− Einzelwertberichtigung „Rathausstuben"	2.000,00 €
− Einzelwertberichtigung „Oma Carli"	480,00 €
= Einzelwertberichtigung „Zum Winkel"	810,00 €

	Gesamt	netto	USt
Forderung	2.889,00 €	2.700,00 €	189,00 €
wertberichtigt	810,00 €	810,00 €	− €
Ansatz 31.12.2017	2.079,00 €	1.890,00 €	189,00 €
Zahlungseingang	1.819,00 €	1.700,00 €	119,00 €
Ausfall		190,00 €	
Steuerberichtigung			70,00 €

Tz.	Sollkonto	SKR 04 (SKR 03)	Euro	Habenkonto	SKR 04 (SKR 03)
4	EinzelWB Ford. RLZ 1 J.	**1246** (0998)	810,00	Zweifelhafte Ford.	**1240** (1460)
	Kasse	**1600** (1000)	1.819,00	Zweifelhafte Ford.	**1240** (1460)
	Forderungsverl. 7 %	**6931** (2401)	190,00	Zweifelhafte Ford.	**1240** (1460)
	Umsatzsteuer 7 %	**3801** (1771)	70,00	Zweifelhafte Ford.	**1240** (1460)

Forderung „Stolz"

Tz.	Sollkonto	SKR 04 (SKR 03)	Euro	Habenkonto	SKR 04 (SKR 03)
4	Forderungsverl. 7 %	**6931** (2401)	500,00	Forderungen a. LuL	**1200** (1400)
	Umsatzsteuer 7 %	**3801** (1771)	35,00	Forderungen a. LuL	**1200** (1400)

Pauschalwertberichtigung

Forderungen lt. Kto. 1400 (1200)	64.200,00 €
- direkt abgeschrieben, Stolz	535,00 €
	63.665,00 €
netto (7 %-ige Umsätze!):	59.500,00 €
davon 1 %	595,00 €
PWB alt	930,00 €
= **Minderung PWB**	335,00 €

Tz.	Sollkonto	SKR 04 (SKR 03)	Euro	Habenkonto	SKR 04 (SKR 03)
4	PWB Ford. RLZ bis 1 J.	**1248** (0996)	335,00	Ertr. HerAbs. PWB Ford.	**4920** (2730)

Zu Tz. 5
Die Einlage der Wertpapiere ist mit dem Teilwert zu bewerten, höchstens jedoch mit den Anschaffungskosten von 101.000 € (§ 6 Abs. 1 Nr. 5 EStG).

Teilwert	181.800,00 €
Anschaffungskosten	101.000,00 €
Einlage zu hoch	80.800,00 €

Tz.	Sollkonto	SKR 04 (SKR 03)	Euro	Habenkonto	SKR 04 (SKR 03)
5	Privateinlagen	**2180** (1890)	80.800,00	Sonst. Wertpapiere	**1510** (1348)

Der nicht realisierte Gewinn (Kursanstieg auf 140 € je Stück) darf nicht ausgewiesen werden.

Bardividende			7.000,00 €
- KapErtrSt	25 %		1.750,00 €
- SolZ	5,5 %		96,25 €
			5.153,75 €

LÖSUNGEN

Die Bankgutschrift von 5.153,75 € entspricht 73,625 % der Bardividende. Kapitalertragsteuer und Solidaritätszuschlag betragen 26,375 % und sind bei der Steuerfestsetzung zu berücksichtigen. Nach dem Teileinkünfteverfahren (§ 3 Nr. 40 Buchst. d EStG) bleiben 40 % der Bardividende steuerfrei, d. h. es ist eine außerbilanzmäßige Kürzung von 2.800 € vorzunehmen. Stehen Betriebsausgaben im Zusammenhang mit diesem Ertrag, so können sie nur zu 60 % abgezogen werden.

Tz.	Sollkonto	SKR 04 (SKR 03)	Euro	Habenkonto	SKR 04 (SKR 03)
5	Privatsteuern	**2150** (1810)	1.846,25	Erträge aus Anteilen	**7103** (2655)

Zu Tz. 6
Das Disagio beträgt $3/97$ des Auszahlungsbetrages von 174.600,00 €, also 5.400,00 €. Es ist digital abzuschreiben:

$(20/210) \cdot 9/12 = 385,70$ €

Die Nebenkosten sind Finanzierungskosten, also sofort abzugsfähige Betriebsausgaben. Die Vorsteuer ist abziehbar.

Die erste Tilgung ist erst 2018 zu leisten und nicht abzugrenzen, dagegen sind die Zinsen (3 % von 180.000,00 € für $9/12$ Monate) zu berücksichtigen.

Tz.	Sollkonto	SKR 04 (SKR 03)	Euro	Habenkonto	SKR 04 (SKR 03)
6	Damnum/Disagio	**1940** (0986)	5.400,00	Verb. Kl RestLZ gr. 5 J.	**3170** (0650)
	Zinsähnl. Aufw.	**7330** (2140)	385,70	Damnum/Disagio	**1940** (0986)
	Zinsähnl. Aufw.	**7330** (2140)	1.450,00	Verb. Kl RestLZ gr. 5 J.	**3170** (0650)
	Vorsteuer 19 %	**1406** (1576)	190,00	Verb. Kl RestLZ gr. 5 J.	**3170** (0650)
	Zinsaufw. langfr. Verb.	**7320** (2120)	4.050,00	Sonstige Verbindlichk.	**3500** (1700)

Lösung zu Prüfungsfall 6
I. Teil: Buchführung
Gehaltsabrechnung Juli 2018:
Berechnung des Sachbezugswertes (§ 8 Abs. 3 EStG)

Listenpreis	24.940,00 €
Abzüglich Rabatt 20 %	4.988,00 €
Zahlung des Arbeitnehmers	19.952,00 €
Üblicher Endpreis am Abgabeort	24.940,00 €
Abzüglich 4 % Preisabschlag	997,60 €
Bruttowert	23.942,40 €
Abzüglich Zahlung des Arbeitnehmers	19.952,00 €
Geldwerter Vorteil	3.990,40 €
Abzüglich Rabattfreibetrag	1.080,00 €
Sachbezugswert brutto	2.910,40 €
Bargehalt, brutto	3.000,00 €
+ Sachbezug	2.910,40 €
lohnsteuerliche und sozialversicherungsrechtliche Bemessungsgrundlage	5.910,40 €
- LSt, KiSt, SolZ	1.585,06 €
- SV-Arbeitnehmeranteil	1.073,08 €
Nettogehalt	3.252,26 €
- Sachbezüge	2.910,40 €
= Auszahlung	341,86 €

SV.	Sollkonto	SKR 04 (SKR 03)	Euro	Habenkonto	SKR 04 (SKR 03)
1	Gehälter	**6020** (4120)	5.910,40	Lohn- u. Gehaltsverr.	**3790** (1755)
	Ges. soz. Aufwend.	**6110** (4130)	1.180,31	Lohn- u. Gehaltsverr.	**3790** (1755)
	Lohn- u. Gehaltsverr.	**3790** (1755)	1.585,06	Verb. Lohn- u. KiSteuer	**3740** (1741)
	Lohn- u. Gehaltsverr.	**3790** (1755)	2.253,39	Verb. soziale Sicherheit	**3740** (1742)
	Lohn- u. Gehaltsverr.	**3790** (1755)	317,02	Verb. aus Lohn u. Gehalt	**3720** (1740)
	Lohn- u. Gehaltsverr.	**3790** (1755)	2.910,40	Verr. Sachbez. ohne USt	**4949** (8614)
	Verb. soziale Sicherh.	**3740** (1742)	2.253,39	Bank	**1800** (1200)

Der Arbeitgeber bucht den Verkauf des Fahrzeugs an den Arbeitnehmer. Der von diesem gezahlte Betrag in Höhe von 19.952,00 € enthält 19 % Umsatzsteuer (3.185,61 €).

SV.	Sollkonto	SKR 04 (SKR 03)	Euro	Habenkonto	SKR 04 (SKR 03)
1	Bank	**1800** (1200)	16.766,39	Erlöse	**4200** (8200)
	Bank	**1800** (1200)	3.185,61	Umsatzsteuer 19 %	**3806** (1776)

LÖSUNGEN

Zu Sachverhalt 2
Der Reingewinn beträgt 25.000 €.

verkürzte Gewinn- und Verlustrechnung		2018
Umsatzerlöse	190.000,00 €	
Erhöhung des Bestandes an Fertigen Erzeugnissen	10.000,00 €	200.000,00 €
Materialaufwand	100.000,00 €	
Personalaufwand	40.000,00 €	
Abschreibungen	20.000,00 €	
sonstige betriebliche Aufwendungen	10.000,00 €	
Zinsen	5.000,00 €	175.000,00 €
Reingewinn		**25.000,00 €**

Das Anfangskapital verzinst sich mit **25 %**:
Gewinn • 100 % : Anfangskapital = 25.000 € • 100 % : 100.000 €

Das Gesamtkapital verzinst sich mit **14,22 %**:

(Gewinn + Fremdkapitalzinsen) • 100 % : Gesamtkapital =
(25.000 € + 5.000 €) • 100 % : 211.000 €

Berechnung des wirtschaftlichen Warenumsatzes, des wirtschaftlichen Wareneinsatzes und des Reingewinns:

wirtschaftlicher Warenumsatz	200.000,00 €
- wirtschaftlicher Wareneinsatz	100.000,00 €
= Warenrohgewinn	**100.000,00 €**
- übrige Aufwendungen	75.000,00 €
= Reingewinn	**25.000,00 €**

Der Rohgewinnsatz beträgt **50 %**:
Rohgewinn • 100 % : Warenumsatz = 100.000 € • 100 % : 200.000 €

Der Rohgewinnaufschlagsatz beträgt **100 %**:
Rohgewinn • 100 % : Wareneinsatz = 100.000 € • 100 % : 100.000 €

Der Reingewinnsatz beträgt **12,5 %**:
Reingewinn • 100 % : Umsatz = 25.000 € • 100 % : 200.000 €

LÖSUNGEN

Kapitalflussrechnung			
Mittelverwendung		Mittelherkunft	
Aktivmehrung		**Passivmehrung**	
Maschinen	25.000,00 €	Eigenkapital	10.000,00 €
Waren	4.000,00 €	Lieferanten	2.000,00 €
liquide Mittel	1.000,00 €		
sonstige Vermögensgegenstände	3.000,00 €		
Passivminderung		**Aktivminderung**	
Hypothek	2.000,00 €	Forderungen	1.000,00 €
sonstige Verbindlichkeiten	1.000,00 €	Wertpapiere	3.000,00 €
		Fin. aus Abschr.	20.000,00 €
	36.000,00 €		**36.000,00 €**

In Maschinen wurden 25.000 € neu investiert, der Altbestand wurde mit 20.000 € abgeschrieben. In das Umlaufvermögen wurden 8.000 € investiert. Das Fremdkapital verminderte sich um 3.000 €. Diese Mittelverwendung in Höhe von **36.000 €** wurde finanziert durch:

Offene Selbstfinanzierung	10.000,00 €
Von dem Gewinn von 25.000 € wurden 15.000 € entnommen.	
Tilgung der Lieferantenschuld	2.000,00 €
Die Forderungen wurden abgebaut um	1.000,00 €
Wertpapiere wurden veräußert	3.000,00 €
Finanzierung aus Abschreibungen	20.000,00 €

Zu Sachverhalt 3
Das Geschenk aus dem Warensortiment ist als Betriebsausgabe abzugsfähig, die Wertgrenze von 35 € (netto) ist nicht überschritten, die Vorsteuer bleibt abzugsfähig.

Da die beiden Geschenke zusammen die Wertgrenze von 35 € (netto) übersteigen, sind beide Beträge zwar Betriebsausgaben, aber gemäß § 4 Abs. 5 Nr. 1 EStG nicht abzugsfähig. Die Vorsteuer ist insgesamt nicht abzugsfähig.

Es ergibt sich buchtechnisch eine Gewinnminderung von 90,44 €, die dem Handelsbilanzgewinn außerbilanzmäßig hinzugerechnet werden muss.

SV.	Sollkonto	SKR 04 (SKR 03)	Euro	Habenkonto	SKR 04 (SKR 03)
3	Geschenke abzugsf.	**6610** (4630)	34,00	Wareneingang	**5200** (3200)
	Geschenke nicht abz.	**6620** (4635)	76,00	Geschenke abzugsf.	**6610** (4630)
	Geschenke nicht abz.	**6620** (4635)	14,44	Vorsteuer 19 %	**1406** (1576)

Zu Sachverhalt 4

Bardividende (500 · 1,20 €)		600,00 €
- KapErtrSt	25 %	150,00 €
- SolZ	5,5 %	8,25 €
= Bankgutschrift		441,75 €

Wegen des Teileinkünfteverfahrens dürfen sich nur 360 € gewinnerhöhend auswirken. Es ist eine Kürzung von 240 € vom Handelsbilanzgewinn vorzunehmen. Stehen Betriebsausgaben im Zusammenhang mit diesem Ertrag, so können sie nur zu 60 % abgezogen werden.

SV.	Sollkonto	SKR 04 (SKR 03)	Euro	Habenkonto	SKR 04 (SKR 03)
4	Bank	**1800** (1200)	441,75	Erträge aus Anteilen	**7103** (2655)
	Privatsteuern	**2150** (1810)	158,25	Erträge aus Anteilen	**7103** (2655)

Zu Sachverhalt 5

Der Investitionsabzugsbetrag schlägt sich in der Handelsbilanz nicht nieder, da er außerhalb der Bilanz berücksichtigt wird. Bei Nutzung des Investitionsabzugsbetrages ist man gemäß § 274 Abs. 1 HGB gezwungen, eine Rückstellung für latente Steuern (sogenannte passive latente Steuern) zu bilden.

Der Investitionsabzugsbetrag ist in Höhe von 16.000 € (40 % von 40.000 €) dem Gewinn außerbilanzmäßig hinzuzurechnen. Die AfA-Bemessungsgrundlage vermindert sich um diesen Betrag. Der Rest des Investitionsabzugsbetrages (2.000 €) kann mit nachträglichen Anschaffungs- oder Herstellungskosten verrechnet werden. Soweit er nicht bis zum Ende des dritten auf das Wirtschaftsjahr des Abzugs folgenden Wirtschaftsjahres hinzugerechnet wurde, ist er rückgängig zu machen (§ 7g Abs. 3 EStG).

Anschaffungskosten der Maschine am 05.10.2018	40.000,00 €
- Verrechnung des Investitionsabzugsbetrages	16.000,00 €
AfA-Bemessungsgrundlage	24.000,00 €
- Sonderabschreibung gem. § 7g Abs. 5 EStG	4.800,00 €
- lineare AfA 10 % für 3 Monate	600,00 €
= Restbuchwert am 31.12.2018	18.600,00 €

SV.	Sollkonto	SKR 04 (SKR 03)	Euro	Habenkonto	SKR 04 (SKR 03)
5	Maschinen	**0340** (0210)	40.000,00	Bank	**1800** (1200)
	Vorsteuer 19 %	**1406** (1576)	7.600,00	Bank	**1800** (1200)
	Kürzung AK/HK	**6243** (4853)	16.000,00	Maschinen	**0440** (0210)
	Sonderabschreibung	**6241** (4850)	4.800,00	Maschinen	**0440** (0210)
	Abschr. a. Sachanl.	**6220** (4830)	600,00	Maschinen	**0340** (0210)

Teil II: Jahresabschluss
Zu Sachverhalt 6
Anschaffungskosten Grund und Boden:

Kaufpreis	200.000,00 €
Grunderwerbsteuer	10.000,00 €
Kanalanschluss und Anliegerbeitrag (EStH H 6.4)	8.725,00 €
Notariatskosten Kauf, netto	850,00 €
Grundbuchkosten Kauf	425,00 €
Bilanzansatz 31.12.2018	220.000,00 €

Herstellungskosten Gebäude:

Materialentnahme	64.000,00 €
Materialgemeinkosten 30 %	19.200,00 €
Fertigungslöhne	32.000,00 €
Fertigungsgemeinkosten 240 %	76.800,00 €
Herstelungskosten I	192.000,00 €
Verwaltungsgemeinkosten 10 %, § 6 Abs. 1 Nr. 1b EStG	
Herstellungskosten II	192.000,00 €
Kosten des Anschlusses an die Versorgungsleitungen, netto (EStH H 6.4)	7.800,00 €
Kosten Richtfest, netto	200,00 €
	200.000,00 €
lineare AfA bei 14 Jahren ND (§ 7 Abs. 4 Satz 2 EStG) 7,14 %	14.280,00 €
für einen Monat	1.190,00 €
Bilanzansatz 31.12.2018	198.810,00 €

Vorsteuer aus Konto 0065 (0215)

	brutto	Vorsteuer
Notariatskosten	1.011,50 €	161,50 €
Anschluss Versorgungsleitungen	535,50 €	85,50 €
	9.282,00 €	1.482,00 €
		1.729,00 €
Vorsteuer Richtfest	238,00 €	38,00 €

LÖSUNGEN

SV.	Sollkonto	SKR 04 (SKR 03)	Euro	Habenkonto	SKR 04 (SKR 03)
6	Grwert beb. Grundstücke	**0235** (0085)	230.339,00	Unbebaute Grundstücke	**0215** (0065)
	Fabrikbauten	**0250** (0100)	7.800,00	Grwert beb. Grundstücke	**0235** (0085)
	Fabrikbauten	**0250** (0100)	200,00	Privateinlagen	**2180** (1890)
	Fabrikbauten	**0250** (0100)	192.200,00	Aktivierte Eigenleistung	**4820** (8990)
			200.000,00		
	Nebenkosten Geldverk.	**6855** (4970)	450,00	Grwert beb. Grundstücke	**0235** (0085)
	Nebenkosten Geldverk.	**6855** (4970)	360,00	Grwert beb. Grundstücke	**0235** (0085)
	Vorsteuer 19 %	**1406** (1576)	1.729,00	Grwert beb. Grundstücke	**0235** (0085)
	Vorsteuer 19 %	**1406** (1576)	38,00	Privateinlagen	**2180** (1890)
	Abschr. a. Sachanl.	**6221** (4831)	1.190,00	Fabrikbauten	**0250** (0100)

Zu Sachverhalt 7
Der Saldo setzt sich folgendermaßen zusammen:

Restzahlung aus Neuanschaffung		30.940,00 €
Buchwert Lkw alt am 01.01.2018		6.000,00 €
		36.940,00 €
Lkw alt, 01.01.2018		6.000,00 €
AfA linear jährlich	6.000,00 €	
AfA 2018 für 2 Monate		1.000,00 €
Abgang, mit Veräußerungsgewinn		5.000,00 €
Lkw alt, 31.12.2018		0,00 €
Lkw neu, AK netto		36.000,00 €
AfA linear 11,11 %	4.000,00 €	
AfA 2018 für 10 Monate		3.334,00 €
Lkw neu, 31.12.2018		32.666,00 €

SV.	Sollkonto	SKR 04 (SKR 03)	Euro	Habenkonto	SKR 04 (SKR 03)
7	Abschreibung auf Kfz	**6222** (4832)	1.000,00	Lkw	**0540** (0350)
	Anlagenabg. (Gewinn)	**4855** (2315)	5.000,00	Lkw	**0540** (0350)
	Lkw	**0540** (0350)	10.000,00	Erlöse Verk. SachAV	**4849** (8820)
	Lkw	**0540** (0350)	1.900,00	Umsatzsteuer 19 %	**3806** (1776)
	Vorsteuer 19 %	**1406** (1576)	6.840,00	Lkw	**0540** (0350)
	Abschreibung auf Kfz	**6222** (4832)	3.334,00	Lkw	**0540** (0350)

Zu Sachverhalten 8 und 10

Rücklage R 6.6 EStR 2012 01.01.2018 (29.000 + 1.000 - 9.000) übertragbar:	21.000,00 €
Rücklage • AK Ersatzwirtschaftsgut : Entschädigung 21.000 • 24.000 : 30.000	16.800,00 €
nicht übertragbar:	4.200,00 €
Rücklage R 6.6 EStR 2012 31.12.2018	0,00 €
Hydraulikbagger, 20.02.2018	24.000,00 €
abz. Rücklage für Ersatzbeschaffung	16.800,00 €
AfA-Basis	7.200,00 €
AfA- Prozentsatz linear 12,5 %	
AfA 2018 für 11 Monate	825,00 €
Hydraulikbagger, 31.12.2018	6.375,00 €

SV.	Sollkonto	SKR 04 (SKR 03)	Euro	Habenkonto	SKR 04 (SKR 03)
9,	SoPo R 6.6 EStR	2982 (0932)	16.800,00	Sonst. Transportmittel	0560 (0380)
11	SoPo R 6.6 EStR	2982 (0932)	4.200,00	Erträge Auflös. SoPo	4935 (2740)
	Abschr. a. Sachanl.	6220 (4830)	825,00	Sonst. Transportmittel	0560 (0380)

Zu Sachverhalt 9

Disagio 30.09.2018 1,20 %	2.400,00 €
Abschreibung linear 10 % p. a., da Fälligkeitsdarlehen	240,00 €
Abschreibung 2018 für 3 Monate	60,00 €
Disagio 31.12.2018	2.340,00 €
5 % Zinsen von 200.000,00 € für 3 Monate	2.500,00 €

SV.	Sollkonto	SKR 04 (SKR 03)	Euro	Habenkonto	SKR 04 (SKR 03)
10	Damnum/Disagio	1940 (0986)	2.400,00	Nebenkosten Geldverk.	6855 (4970)
	Zinsähnl. Aufw.	7330 (2140)	60,00	Damnum/Disagio	1940 (0986)
	Zinsaufw. langfr. Verb.	7320 (2120)	2.500,00	Sonstige Verbindlichk.	3500 (1700)

LÖSUNGEN

Zu Sachverhalt 11

	Gesamt	netto	USt
Forderung **Lehnen** (16 %)	69.600,00 €	60.000,00 €	9.600,00 €
wertberichtigt	18.000,00 €	18.000,00 €	- €
Ansatz	51.600,00 €	42.000,00 €	9.600,00 €
Zahlungseingang	34.800,00 €	30.000,00 €	4.800,00 €
Ausfall		12.000,00 €	
Steuerberichtigung			4.800,00 €

SV.	Sollkonto	SKR 04 (SKR 03)	Euro	Habenkonto	SKR 04 (SKR 03)
12	EinzelWB Ford. RLZ 1 J.	**1246** (0998)	18.000,00	Zweifelhafte Ford.	**1240** (1460)
	Forderungsverluste 16 %	**6936** (2405)	12.000,00	Zweifelhafte Ford.	**1240** (1460)
	Umsatzsteuer 16 %	**3805** (1775)	4.800,00	Zweifelhafte Ford.	**1240** (1460)
	Privatentnahmen allgem.	**2100** (1800)	34.800,00	Zweifelhafte Ford.	**1240** (1460)

Die zweifelhafte Forderung **Reibold** ist umzubuchen. Vom Nettobetrag in Höhe von 38.000 € ist eine Abschreibung von 22.800 € (60 %) vorzunehmen. Die Umsatzsteuer ist bereits zu berichtigen (Abschn. 17.1 UStAE).

SV.	Sollkonto	SKR 04 (SKR 03)	Euro	Habenkonto	SKR 04 (SKR 03)
12	Zweifelhafte Ford.	**1240** (1460)	45.220,00	Forderungen a. LuL	**1200** (1400)
	Forderungsverluste	**6936** (2406)	22.800,00	EinzelWB Ford. RLZ 1 J.	**1246** (0998)
	Umsatzsteuer	**3806** (1776)	7.220,00	EinzelWB Ford. RLZ 1 J.	**1246** (0998)

Die **Forderung Meister** ist verjährt und damit abzuschreiben, die bereits abgeführte Umsatzsteuer ist zu berichtigen.

SV.	Sollkonto	SKR 04 (SKR 03)	Euro	Habenkonto	SKR 04 (SKR 03)
12	Forderungsverluste	**6936** (2406)	12.000,00	Forderungen a. LuL	**1200** (1400)
	Umsatzsteuer	**3806** (1776)	2.280,00	Forderungen a. LuL	**1200** (1400)

Forderungen lt. Saldenbilanz	345.100,00 €
abzüglich Forderung Meister	14.280,00 €
abzüglich Forderung Reibold	45.220,00 €
einwandfreie Forderungen brutto (119 %)	285.600,00 €
einwandfreie Forderungen netto	240.000,00 €
Pauschalwertberichtigung neu	2.400,00 €
Pauschalwertberichtigung alt	2.800,00 €
Minderung der Pauschalwertberichtigung	400,00 €

SV.	Sollkonto	SKR 04 (SKR 03)	Euro	Habenkonto	SKR 04 (SKR 03)
12	PWB Ford. RLZ bis 1 J.	**1248** (0996)	400,00	Ertr. HerAbs. PWB Ford.	**4920** (2730)

Zu Sachverhalt 12
Die Voraussetzungen für die Berücksichtigung des Ehegattengehaltes als Betriebsausgaben sind nicht erfüllt. Das Gehalt wird nicht regelmäßig an die Ehefrau ausgezahlt (R 4.8 EStR 2012, EStH H 4.8). Die Sozialabgaben wurden zu Unrecht abgeführt und sind zurückzufordern. Für den Monat Dezember ist kein Aufwand zu buchen.

SV.	Sollkonto	SKR 04 (SKR 03)	Euro	Habenkonto	SKR 04 (SKR 03)
13	Privatentnahmen allgem.	**2100** (1800)	6.000,00	Ehegattengehalt	**6050** (4125)
	Privatentnahmen allgem.	**2100** (1800)	2.400,00	Ges. soz. Aufwend.	**6030** (4130)

III. Wirtschafts- und Sozialkunde

Lösung zu Prüfungsfall 1
Verbundprüfung
Teil I: Schuld- und Sachenrecht (BGB)
Kaufvertrag (§§ 433 - 479 BGB)

1. Der Kaufvertrag ist ein **zweiseitiges Rechtsgeschäft**. Es kommt durch Antrag und Annahme zustande.

   a) Der Antrag geht vom Verkäufer aus: **Angebot und Bestellung**

   b) Der Antrag geht vom Käufer aus: **Bestellung und Bestellungsannahme**

2. Das Angebot ist eine **einseitige empfangsbedürftige Willenserklärung** des Verkäufers an eine bestimmte Person, den Käufer. Es ist an keine besondere Form gebunden.

3. Das Angebot ist **rechtsverbindlich**, wenn es ohne Einschränkungen an eine bestimmte Person gerichtet ist. Es ist wirksam, wenn es dem Empfänger zugegangen ist. Angebote unter Anwesenden können nur sofort angenommen werden. Der einem Abwesenden gemachte Antrag ist verbindlich, solange der Eingang der Antwort unter regelmäßigen Umständen erwartet werden kann.

4. Die Zusendung unbestellter Ware ist ein Angebot, das Schweigen hierauf kann unterschiedliche Folge haben. Es bedeutet:

   Annahme, wenn zwischen Kaufleuten bereits Geschäftsbeziehungen bestehen. Will der Kaufmann nicht annehmen, muss er zurücksenden.

   Ablehnung, wenn zwischen Kaufleuten noch keine Geschäftsbeziehungen bestehen oder wenn der Empfänger Privatmann ist. In diesen Fällen ist die Ware aufzubewahren, damit der Absender sie wieder abholen kann.

5. Es kommt ein Vertrag über 100 Gelenkwellen 40 · 60 zum Preis von 10.000 € brutto zustande. Schweigen auf das Bestätigungsschreiben bedeutet Zustimmung. Wenn dem Inhalt des Bestätigungsschreibens nicht zugestimmt werden soll, muss nach Treu und Glauben und kaufmännischer Sitte unverzüglich widersprochen werden.

Sachenrecht
Besitz und Eigentum sind Begriffe des Sachenrechts, es regelt Rechtsbeziehungen einer Sache. Diese Rechte wirken grundsätzlich gegen jedermann.

Besitz ist die tatsächliche Herrschaft über eine Sache (§ 854 BGB). Der **Eigentümer** hat die rechtliche Herrschaft über eine Sache (§ 903 BGB).

Teil II: Handels- und Gesellschaftsrecht (HGB, GmbHG)

GmbH

1. Busse kann keine GmbH [UG] gründen, da das Stammkapital mindestens 25.000 € betragen muss (§ 5 GmbHG). Unterschreitet das Stammkapital diesen Mindestbetrag, kann er eine sog. Mini-GmbH gründen (§ 5a Abs. 1 GmbHG).
2. Der Gesellschaftsvertrag bedarf notarieller Form. Die Mini-GmbH kann in einem vereinfachten Verfahren gegründet werden (§ 2 Abs. 1a GmbHG). Für die Gründung einer Einpersonengesellschaft ist das Musterprotokoll zu verwenden (§ 2 Abs. 1a GmbHG).
3. Die Firma muss abweichend von § 4 GmbHG die Bezeichnung „Unternehmergesellschaft (haftungsbeschränkt)" oder „UG (haftungsbeschränkt)" führen.
4. Die Mini-GmbH kann mit einem Stammkapital zwischen 1 € und 24.999 € gegründet werden (§ 5a Abs. 1 GmbHG), es muss auf volle Euro lauten (§ 5 Abs. 2 Satz 1 GmbHG). Busse kann also mit einem Stammkapital von 5.000 € starten. Sacheinlagen sind ausgeschlossen (§ 5a Abs. 2 Satz 2 GmbHG). Die Anmeldung kann erst erfolgen, wenn das Stammkapital in voller Höhe eingezahlt ist (§ 5a Abs. 2 Satz 1 GmbHG).
5. Sarah Busse muss 25 % des Jahresüberschusses in eine gesetzliche Rücklage einstellen (Zwangsthesaurierung, § 5a Abs. 3 GmbHG).

Stille Gesellschaft

1. Bei der stillen Gesellschaft beteiligt sich eine natürliche oder juristische Person mit einer Vermögenseinlage an dem Handelsgewerbe eines anderen. Die Einlage geht in das Vermögen des Inhabers der Gesellschaft über (§ 230 Abs. 1 HGB), d. h. es gibt kein Gesamthandsvermögen.
2. Sie tritt nach außen nicht in Erscheinung, es erfolgt keine Eintragung im elektronischen Handelsregister, d. h. die Höhe der Einlage ist nicht ersichtlich. Der stille Gesellschafter haftet nur im Innenverhältnis, nicht den Gesellschaftsgläubigern gegenüber.
3. Die Rechte im Innenverhältnis sind:

    a) Anteil am Gewinn und Verzinsung der Einlage

    b) Kontrollrecht wie ein Kommanditist (§ 233 Abs. 1 HGB)

    c) Kündigung sechs Monate zum Jahresende

    d) Rückzahlung der Einlage
4. Da die Gesellschaft eine Innengesellschaft ist, erfolgt keine Fimierung.
5. Bei einer **typischen** stillen Gesellschaft beteiligt sich der Stille mit seiner Vermögenseinlage am Handelsgewerbe. Seine Einlage hat Darlehenscharakter ohne Miteigentümerschaft. Bei einer **atypischen** stillen Gesellschaft ist im Gesellschaftsvertrag nicht nur eine Gewinnbeteiligung, sondern auch eine Beteiligung an der Geschäftsführung und/oder an den stillen Reserven der Unternehmung vorgesehen.
6. Der **typische** stille Gesellschafter bezieht Einkünfte aus Kapitalvermögen. Sein Gewinnanteil gehört zum Gewerbeertrag des Unternehmers. Der **atypische** stille Gesellschafter wird wie ein Mitunternehmer behandelt. Er hat Einkünfte aus Gewerbebetrieb.

Teil III: Arbeitsrecht und soziale Sicherung
Ausbildungsverhältnis
Das Ausbildungsverhältnis wird beendet durch

a) Bestehen der Abschlussprüfung, falls die Abschlussprüfung vor Ablauf des Ausbildungsvertrages bestanden wird
b) Ablauf des Ausbildungsvertrages, falls die Prüfung später stattfindet
c) Auflösung im gegenseitigen Einvernehmen (Aufhebungsvertrag)
d) Rechtswirksame schriftliche Kündigung als einseitige empfangsbedürftige Willenserklärung.

Altersvorsorge
Die private Altersvorsorge durch Steuervergünstigungen soll dem sinkenden Rentenniveau bzw. der Versorgungslücke im Alter vorbeugen. Die Regelungen dazu finden sich im Altersvermögengesetz (AVmG, in Kraft seit dem 01.01.2002) und im Einkommensteuerrecht (§ 10a, Abschnitt XI § 79 bis § 99 EStG).

1. Der Vorteil besteht darin, dass für freiwillig gezahlte Beiträge zur privaten Altersvorsorge **Zulagen** gezahlt werden und der Zulageberechtigte die Ausgaben **steuermindernd** geltend machen kann. Die **Grundzulage** beträgt für Herrn Brecht 175 €, die **Kinderzulage** beträgt 370 € (2 · 185 €), die Gesamtförderung beträgt 545 €. Der Förderung in der **Ansparphase** steht die volle Besteuerung der Riester-Rente in der **Auszahlungsphase** gegenüber. Die sogenannte nachgelagerte Besteuerung ist also eine aufgeschobene Steuerlast. Ist der persönliche SteuerSatz im Rentenalter niedriger als im Erwerbsleben, dann wäre die nachgelagerte Besteuerung ein Vorteil.

2. Zulageberechtigt sind insbesondere rentenversicherungspflichtige Arbeitnehmer. Die Begünstigung ist an die Pflichtversicherung in einer inländischen Rentenversicherung geknüpft.

3. Die freiwilligen Beiträge können im Rahmen bestimmter Höchstbeträge als Sonderausgaben (§ 10a EStG) einkommensmindernd berücksichtigt werden. Die Höchstgrenze beträgt für den Zulageberechtigten 2.100 €. Für den Vergleich von Steuerermäßigung und Altersvorsorgezulage erfolgt von Amts wegen die Günstigerprüfung durch das Finanzamt.

4. Der Mindesteigenbeitrag für Herrn Brecht beträgt 4 % von 50.000 €, also 2.000 €.
   Dieser Betrag liegt unter dem Höchstbetrag gem. § 10a EStG von 2.100 €.
   Der Mindestbetrag ist um die gewährten Zulagen zu mindern 545 €.
   Die Differenz (2.000 - 545) von **1.455 €**

   übersteigt den Mindestbetrag (Sockelbetrag) von 60 € und ist als Mindesteigenbeitrag auf einen Vorsorgevertrag einzuzahlen.

   Ehepaare müssen zwei separate Verträge abschließen, um jeweils die Zulage zu erhalten.

5. Die Berufseinsteigerin erhält ebenfalls die Grundzulage von 175 €. Zusätzlich erhält sie einen Berufseinsteigerbonus von 200 €, wenn sie zum 1. Januar des Jahres, in dem sie den Vertrag schließt, ihr 25. Lebensjahr noch nicht vollendet hat, unmittelbar zulagenberechtigt ist und nach dem 31.12.1982 geboren ist.

Berechnung des Mindesteigenbeitrags:

Arbeitslohn	5.000,00 €
hiervon 4 %	200,00 €
abzüglich Grundzulage	175,00 €
abzüglich Berufseinsteigerbonus	200,00 €
negativer jährlicher Mindesteigenbeitrag	175,00 €

Sie muss also in jedem Fall wenigstens 60 € jährlich in ihre Riester Rente einzahlen, um den vollen Zulagenanspruch zu nutzen und den Berufseinsteigerbonus zu bekommen.

Teil IV: Investition und Finanzierung
Bürgschaft (§§ 765 - 778 BGB)

1.

a) Bei der **einfachen Bürgschaft** hat der Bürge das Recht auf die Einrede der Vorausklage, er kann aber auf dieses Recht verzichten.

b) Bei der **selbstschuldnerischen Bürgschaft** hat der Bürge bei der Übernahme der Bürgschaft auf das Recht der Vorausklage verzichtet. Der Kreditgeber kann in diesem Fall den Bürgen sofort in Anspruch nehmen, ohne vorher die Zwangsvollstreckung in das Vermögen des Hauptschuldners versucht zu haben.

c) Bei der **Ausfallbürgschaft** hat der Bürge das Recht auf die Einrede der Vorausklage und kann **nicht** darauf verzichten, d. h. der Kreditgeber muss die Zwangsvollstreckung in das Vermögen des Hauptschuldners versucht haben.

2.
Kaufleute haften nach HGB selbstschuldnerisch.

Lieferantenkredit

1.

Zahlungsziel:	30 Tage
Zahlungsfrist bei Skontogewährung:	14 Tage
Laufzeit des Lieferantenkredits:	16 Tage
Kreditkosten für 16 Tage	3,00 %
Kreditkosten für 360 Tage	67,50 %

Der Jahreszinssatz des Lieferantenkredits beträgt 67,50 %.

2.
Rechnungsbetrag	11.900,00 €
abzgl. 3 % Skonto	357,00 €
Kreditbetrag	11.543,00 €
Kreditkosten für 16 Tage	41,04 €
Skontoertrag	357,00 €
abzgl. Kreditkosten	41,04 €
Finanzierungsgewinn	315,96 €

Der Finanzierungsgewinn beläuft sich auf 315,96 €.

LÖSUNGEN

Lösung zu Prüfungsfall 2

I. Rechtliche Rahmenbedingungen

(1) Nach Ablauf der Verjährungsfrist ist der Schuldner berechtigt, die Leistung zu verweigern (§ 214 Abs. 1 BGB). Der Gläubiger kann seinen Anspruch nicht mehr gerichtlich geltend machen.

(2) Erinnerungsschreiben haben wie außergerichtliche (private) Mahnungen keinen Einfluss auf den Ablauf der Verjährungsfrist.

(3) Es handelt sich um einen Kaufvertrag zwischen einem Kaufmann und einer Privatperson. Nach § 195 BGB unterliegen diese Rechtsgeschäfte der dreijährigen Verjährungsfrist. Die Frist beginnt am Ende des Jahres zu laufen, in dem der Anspruch entstanden ist (§ 199 Abs. 1 BGB). Die telefonische Stundungsbitte führt nach § 212 BGB dazu, dass die Verjährung neu beginnt. Die Verjährungsfrist beginnt sofort vom Tag der Stundungsbitte an wieder neu zu laufen. Der Tag des Ereignisses bleibt nach § 187 Abs. 1 BGB unberücksichtigt. Die nachträgliche Stundungsgewährung führt nach § 209 BGB zu einer Hemmung der Verjährung. Der Zeitraum, während dessen die Verjährung gehemmt ist, wird in die Verjährungsfrist nicht eingerechnet (§ 209 BGB), d. h. die Verjährungsfrist verlängert sich um zwei Monate.

Das Ende der Verjährungsfrist ist demnach der 23.03.2022 um 24:00 Uhr.

(4) Am 31.12.2021, um 24:00 Uhr.

(5) Nach Ablauf der Verjährungsfrist kann der Gläubiger zwar seinen Anspruch nicht mehr gerichtlich geltend machen, der Anspruch selbst ist jedoch nicht erloschen. Daraus folgt, dass ein Schuldner, der in Unkenntnis der Verjährung geleistet hat, diese Leistung nicht wieder zurückfordern kann (§ 214 Abs. 2 Satz 1 BGB).

(6) Im Gegensatz zur Verjährung im bürgerlichen Recht, kann der Steuerschuldner nach § 37 Abs. 2 AO Beträge, die er nach Vollendung der Verjährung gezahlt hat, zurückfordern.

II. Investition und Finanzierung

(1) 4,3 Mio. €.

Hinweis: Der Jahresüberschuss kann sowohl Eigenkapital (wenn er den Rücklagen zugeführt wird) als auch Fremdkapital sein (wenn er an die Aktionäre ausgeschüttet wird).

(2) Stille Rücklagen entstehen durch Überbewertung von Passivposten oder Unterbewertung von Aktivposten. Gesetzlich erzwungene stille Rücklagen könnten in dem Aktivposten „Unbebaute Grundstücke" stecken. Wenn beispielsweise die Anschaffungskosten der Grundstücke 300.000 € betragen haben (oberster zulässiger Bilanzansatz) und ihr Verkehrswert liegt bei 500.000 €, so sind stille Rücklagen in Höhe von 200.000 € gebildet worden. Auf der Passivseite könnten in den Rückstellungen stille Rücklagen stecken, wenn aus übertriebener Vorsicht überhöhte Rückstellungen gebildet wurden (z. B. bei Rückstellungen für ungewisse Verbindlichkeiten in einem Schadensersatzprozess).

(3) Grundkapital   3.000.000 € =   100 %
    Eigenkapital   4.300.000 € =   x %
                              x = 143 $\frac{1}{3}$ %

(4) Rücklagen = Eigenkapital

   Rückstellungen = Fremdkapital (Verbindlichkeiten, die im Grunde feststehen, deren Höhe und/oder Fälligkeit aber ungewiss sind)

(5) Konstitution:
   Anlagevermögen : Umlaufvermögen = 1.500.000 : 4.500.000 = **0,33**

   Aus der Kennzahl kann man schließen, dass es sich hier um ein Unternehmen des Handels handelt, das – im Vergleich zum Umlaufvermögen – mit relativ wenig Anlagevermögen arbeitet. Folglich sind auch die Abschreibungen (fixe Kosten) auch relativ gering, die Kosten der Lagerhaltung relativ hoch.

   Finanzierung:
   Eigenkapital : Fremdkapital = 4.300.000 : 1.700.000 = **2,53**

   Die Finanzierung ist als günstig zu bezeichnen. Die Zinsaufwendungen sind relativ niedrig. Es ist jedoch nicht zu vernachlässigen, dass auch das Eigenkapital Zinskosten verursacht.

   Investierung:
   Eigenkapital : Anlagevermögen = 4.300.000 : 1.500.000 = **2,87**

   Das Anlagevermögen ist fast dreifach durch Eigenkapital finanziert, es liegt eine solide Finanzierung vor.

(6) Börsenkurs   280,00 €
    Bilanzkurs   143,33 €
    Unterschied   136,67 €

   Der Unterschiedsbetrag lässt auf das Vorhandensein von stillen Reserven schließen. Im Übrigen bestimmen Angebot und Nachfrage den Börsenkurs. Der Markt schätzt die Erfolgsaussichten des Unternehmens positiv ein.

(7) Für die Gründung ist mindestens eine Person und ein Mindestgrundkapital von 50.000 € vorgeschrieben (§§ 2 und 7 AktG).

(8) Die Aktie besteht aus der eigentlichen Urkunde (Mantel) und dem Bogen. Der Bogen enthält die Dividendenscheine und am unteren Ende einen Erneuerungsschein (Talon) für den ein neuer Bogen ausgegeben wird.

(9) Unter Finanzierung versteht man die Beschaffung von finanziellen Mitteln in Form von Eigen- und Fremdkapital (Frage der Mittelherkunft). Unter Investition versteht man die Verwendung der finanziellen Mittel für den Kauf von Anlage- und Umlaufvermögen (Frage der Mittelverwendung).

III. Insolvenzrecht

Zu Aufgabe 1
Das Insolvenzverfahren dient dazu, die Gläubiger eines Schuldners gemeinschaftlich zu befriedigen, indem das Vermögen des Schuldners verwertet und der Erlös verteilt oder in einem Insolvenzplan eine abweichende Regelung insbesondere zum Erhalt des Unternehmens getroffen wird. Dem redlichen Schuldner wird Gelegenheit gegeben, sich von seinen restlichen Verbindlichkeiten zu befreien (§ 1 InsO).

Zu Aufgabe 2
1. Allgemeiner Eröffnungsgrund ist die **Zahlungsunfähigkeit** (§ 17 InsO). Der Schuldner ist zahlungsunfähig, wenn er nicht in der Lage ist, die fälligen Zahlungspflichten zu erfüllen. Zahlungsunfähigkeit ist in der Regel anzunehmen, wenn der Schuldner seine Zahlungen eingestellt hat.
2. Beantragt der Schuldner die Eröffnung des Insolvenzverfahrens, so ist auch die **drohende Zahlungsunfähigkeit** Eröffnungsgrund (§ 18 InsO). Der Schuldner droht zahlungsunfähig zu werden, wenn er voraussichtlich nicht in der Lage sein wird, die bestehenden Zahlungspflichten im Zeitpunkt der Fälligkeit zu erfüllen.
3. Bei einer juristischen Person ist auch die **Überschuldung** Eröffnungsgrund (§ 19 InsO). Überschuldung liegt vor, wenn das Vermögen des Schuldners die bestehenden Verbindlichkeiten nicht mehr deckt, es sei denn, die Fortführung des Unternehmens ist nach den Umständen überwiegend wahrscheinlich.

Zu Aufgabe 3
Wer aufgrund eines dinglichen oder persönlichen Rechts geltend machen kann, dass ein Gegenstand nicht zur Insolvenzmasse gehört, ist kein Insolvenzgläubiger. Zur **Aussonderung** berechtigen insbesondere Eigentum und einfaches Vorbehaltseigentum (§ 47 InsO).

Gläubiger, denen ein Recht auf Befriedigung aus Gegenständen zusteht, die der Zwangsvollstreckung in das unbewegliche Vermögen unterliegen (unbewegliche Gegenstände), sind zur **Absonderung** berechtigt (§ 49 InsO). Absonderungsfähig sind Rechte aus Sicherungsübereignung, Sicherungsabtretung, Grundpfandrechte, sowie aus der Verpfändung von Sachen oder Rechten.

IV. Arbeitnehmer und soziale Sicherung

(1) Auszubildende unterliegen unabhängig von der Höhe der Ausbildungsvergütung der Versicherungspflicht in der Kranken-, Pflege-, Renten- und Arbeitslosenversicherung. Die Bestimmungen über die Versicherungsfreiheit von geringfügig entlohnten Beschäftigungsverhältnissen gelten nicht. Auch die sog. Gleitzone ist bei Auszubildenden nicht anwendbar. Die Sozialversicherungsbeiträge sind in der Regel von dem Auszubildenden und dem Arbeitgeber je zur Hälfte zu tragen. Der Arbeitgeber hat jedoch die gesamten Sozialversicherungsbeiträge allein aufzubringen, wenn die Ausbildungsvergütung monatlich 325 € nicht übersteigt. Dies gilt auch für den Bei-

tragszuschlag zur Pflegeversicherung für Kinderlose in Höhe von 0,25 % und den zusätzlichen Arbeitnehmerbeitrag zur Krankenversicherung in Höhe von 1,10 %.

November 2018:
Da die Ausbildungsvergütung von Frau Wiesler die Grenze von 325 € nicht übersteigt, trägt der Arbeitgeber die Sozialversicherungsbeiträge (§ 20 Abs. 3 SGB IV).

Ausbildungsvergütung	**300,00 €**
Sozialversicherungsbeitrag:	
Krankenversicherung	14,60 %
Zuschlag	1,10 %
Pflegeversicherung	2,55 %
Zuschlag	0,25 %
Rentenversicherung	18,60 %
Arbeitslosenversicherung	3,00 %
U1	2,10 %
U2	0,45 %
Insolvenzgeldumlage	0,06 %
	42,71 %
Arbeitgeberanteil	**128,13 €**

Der Arbeitgeberanteil beträgt 42,71 % von 300 € = 128,13 €.

Übersteigt die **regelmäßige** Ausbildungsvergütung den Betrag von 350 €, tragen Arbeitgeber und Arbeitnehmer den Gesamtsozialversicherungsbeitrag gemeinsam.

Dezember 2018:
Bis zu einem Monatslohn von 325 € trägt der Arbeitgeber den Gesamtsozialversicherungsbeitrag allein, für den übersteigenden Betrag (600 - 325) von 275 € tragen ihn Arbeitnehmer und Arbeitgeber je zur Hälfte. Den Beitragszuschlag zur Pflegeversicherung für Kinderlose trägt der Arbeitnehmer allein.

Arbeitnehmeranteil vom übersteigenden Betrag (600 - 325 = 275)			
Krankenversicherung	14,60 %	20,08 €	
Zuschlag	1,10 %	3,03 €	
Pflegeversicherung	2,55 %	3,51 €	
Zuschlag	0,25 %	0,69 €	
Rentenversicherung	18,60 %	25,58 €	
Arbeitslosenversicherung	3,00 %	4,13 €	**57,02 €**
Arbeitgeberanteil vom übersteigenden Betrag (600 - 325 = 275)			
Krankenversicherung	14,60 %	20,08 €	
Zuschlag	1,10 %	0,00 €	
Pflegeversicherung	2,55 %	3,51 €	
Zuschlag	0,25 %	0,00 €	
Rentenversicherung	18,60 %	25,58 €	
Arbeitslosenversicherung	3,00 %	4,13 €	
U1	2,10 %	5,78 €	
U2	0,45 %	1,24 €	
Insolvenzgeldumlage	0,06 %	0,17 €	**60,49 €**

LÖSUNGEN

Arbeitgeberbeitrag bis zur Geringverdienergrenze von 325 €

Krankenversicherung	14,60 %	47,45 €	
Zuschlag	1,10 %	3,58 €	
Pflegeversicherung	2,55 %	8,29 €	
Zuschlag	0,25 %	0,81 €	
Rentenversicherung	18,60 %	60,45 €	
Arbeitslosenversicherung	3,00 %	9,75 €	
U1	2,10 %	6,83 €	
U2	0,45 %	1,46 €	
Insolvenzgeldumlage	0,06 %	0,20 €	**138,82 €**
Arbeitgeberanteil insgesamt			**199,31 €**
Gesamtsozialversicherungsbeitrag			**256,33 €**

(2) Die Nettovergütung November 2018 beträgt 300 €. Den Sozialversicherungsbeitrag trägt der Arbeitgeber. In der Steuerklasse I bleibt die Ausbildungsvergütung lohnsteuerfrei.

Die Lohnabrechnung Dezember 2018 ergibt Folgendes:

laufende Vergütung		300,00 €
Gratifikation		300,00 €
steuer- und beitragspflichtig		600,00 €
Lohnsteuer (s. o.)	0,00 €	
Solidaritätszuschlag	0,00 €	
Kirchensteuer	0,00 €	
Sozialversicherung	57,02 €	57,02 €
Nettovergütung		**542,98 €**

V. Grundzüge der Wirtschaftsordnung und Wirtschaftspolitik
Zu Aufgabe 1
- Stabilität des Preisniveaus
- Hoher Beschäftigungsstand
- Außenwirtschaftliches Gleichgewicht
- Stetiges und angemessenes Wachstum

Zu Aufgabe 2
Zumindest zwischen den Zielen Vollbeschäftigung und Preisstabilität besteht ein Zielkonflikt.

Zu Aufgabe 3
Neben den genannten Zielen wird ein qualifiziertes Wachstum angestrebt, das die Erfordernisse des Umweltschutzes berücksichtigt. Außerdem wird eine sozialverträgliche Einkommens- und Vermögensverteilung als sechstes Ziel anerkannt.

Zu Aufgabe 4
Hauptaufgabe der EZB ist das ihr im EG-Vertrag vorgegebene Ziel der Preisniveaustabilität zu erreichen. Hierzu setzt sie ihr geldpolitisches Instrumentarium ein.

LÖSUNGEN

Lösung zu Prüfungsfall 3

I. Arbeitnehmer und soziale Sicherung

(1) Vier Wochen zum 15. eines Monats oder zum Monatsende (Grundkündigungsfrist, § 622 Abs. 1 BGB).

(2) Betriebsratsmitglieder während der Amtszeit, Schwerbehinderte, Auszubildende nach der Probezeit, Mütter nach dem Erziehungsgeldgesetz, Wehrdienst- und Zivildienstleistende.

(3) Wenn sie nicht personenbedingt, verhaltensbedingt oder betriebsbedingt ist (§ 1 Abs. 2 KSchG).

(4) Einzelarbeitsvertrag gilt für einen einzelnen Arbeitnehmer, Tarifvertrag gilt für eine Gruppe von Arbeitnehmern.

(5) Tariffähigkeit = Recht Tarifverträge gültig abzuschließen; Gewerkschaften auf Arbeitnehmerseite, ein einzelner Betrieb oder Arbeitgeberverbände auf Arbeitgeberseite (§ 2 TVG).

(6) Recht ohne staatliche Einmischung Tarifverträge abzuschließen.

II. Handels- und Gesellschaftsrecht
Zu Teilaufgabe 1

Unternehmensform \ Frage	Gesellschaft des bürgerlichen Rechts	OHG	KG
Wer hat die Geschäftsführung und Vertretung?	Gesamtvertretung Gesamtgeschäftsführung	Einzelvertretung Einzelgeschäftsführung	Wie OHG, jedoch nur Komplementäre
Wie werden die Gewinne verteilt?	Nach Köpfen (gleiche Anteile)	4 % Verzinsung des Kapitalanteils, Rest nach Köpfen	4 % Verzinsung des Kapitalanteils, Rest in angemessenem Verhältnis
Wer haftet in welchem Umfang für die Verbindlichkeiten gegenüber Gläubigern?	Jeder Gesellschafter haftet unbeschränkt (unmittelbar und solidarisch)	Jeder Gesellschafter haftet unbeschränkt (unmittelbar und solidarisch)	Wie OHG-Gesellschafter (Komplementäre), Kommanditisten bis zur Höhe der Einlage unmittelbar
Wie firmieren die Unternehmen?	Keine Firma, da kein Kaufmann; bei Eintragung ins HR Kaufmann, Firmierung dann wie OHG und KG	Personen-, Sach- oder Fantasiefirma mit Zusatz (z. B. OHG)	Personen-, Sach- oder Fantasiefirma mit Zusatz (z. B. KG)

Zu Teilaufgabe 2

(1) „Clemenz und Partner, Steuerberater", „Clemenz und Doll, Partnerschaft, Steuerberater"

(2) Die Partnerschaft übt kein Handelsgewerbe aus (§ 1 PartGG), daher kann sie auch nicht Kaufmann sein (§ 1 HGB).

(3) (3.1)

Die Schriftform genügt nicht, da das Grundstück mit Bürogebäude eingebracht wird, ist die notarielle Beurkundung nötig.

(3.2)

- Name und Sitz der Partnerschaft
- Namen und Vornamen sowie den in der Partnerschaft ausgeübten Beruf und den Wohnort jedes Partners
- Gegenstand der Partnerschaft

(4) Die Regelung ist nach § 8 Abs. 2 PartGG möglich. Die Haftung soll auf die Partner beschränkt werden können, die mit der Bearbeitung eines Auftrags befasst waren. Die Vorschrift konkretisiert damit die Haftung in eine Handelndenhaftung, welche gerade für berufsspezifische Beratung und Tätigkeit von Freiberuflern nicht nur sachgerecht, sondern auch durchaus im Interesse der Partner ist, die sich zu einer Gesellschaftsform zusammenschließen wollen, ohne mit ihrem Privatvermögen für die fehlerhafte Berufsausübung eines anderen Partners haften müssen.

(5) Die Partnerschaftsgesellschaft ist einkommensteuerrechtlich kein selbstständiges Steuersubjekt. Die Partner haben ihre Gewinnanteile als Einkünfte aus selbstständiger Arbeit zu versteuern.

Zu Teilaufgabe 3

1. Mantel (eigentliche Urkunde), Zinsschein- bzw. Dividendenscheinbogen, Erneuerungsschein (Talon).

2. Inhaberaktie = Einigung und Übergabe

   Namensaktie = Einigung, Übergabe, Indossament

3. Dividende, Teilnahme- und Stimmrecht bei der HV, Bezugsrecht bei der Ausgabe junger Aktien, Liquidationserlös

4.
Zur Ausschüttung bestimmter Gewinn, Bruttodividende	1.000,00 €
- 15,0 % Körperschaftsteuer	150,00 €
- 5,5 % SolZ von 150 €	8,25 €
= Bardividende (Auszahlung der AG)	841,75 €
- 25 % KapErtrSt von 841,75 €	210,44 €
- 5,5 % SolZ von 210,44 €	11,57 €
Nettodividende = Bankgutschrift	619,74 €

Die Aktien befinden sich im **Betriebsvermögen** der Einzelunternehmung.

Die Betriebseinnahmen betragen (HGB)   841,75 €.

Nach dem Teileinkünfteverfahren sind 60 % (= 505,05 €) hiervon zu versteuern. 40 % (= 336,70 €) sind nach § 3 Nr. 40d EStG steuerfrei. Die Kapitalertragsteuer (210,44 €) und der Solidaritätsbeitrag (11,57 €) sind auf die Steuerschuld des Aktionärs anzurechnen (§ 20 Abs. 1 Nr. 1 EStG).

Befinden sich die Wertpapiere im steuerlichen Privatvermögen, sind die Dividenden in voller Höhe zu versteuern und unterliegen der 25 %igen Abgeltungssteuer.

Zu Teilaufgabe 4
1. 12.000 € = 4 % Verzinsung der Kapitalanteile
   1.500 € = 0,5 % (niedrigere Verzinsung)
   A erhält 500 €, B erhält 1.000 €.
2. A und B tragen den Verlust zu gleichen Teilen, also jeder 750 €.

III. Investition und Finanzierung

(1) Das Eigentum an einer beweglichen Sache wird auf den Kreditgeber übertragen. Der Kreditnehmer bleibt Besitzer und kann die Sache benutzen. Ist der Kredit getilgt, wird das Eigentum auf den Kreditnehmer zurückübertragen. Kommt der Kreditnehmer seinen Verpflichtungen nicht nach, kann der Kreditgeber die übereignete Sache veräußern (Verwertung).

(2) Beim Rating handelt es sich um eine Benotung der Bonität nach feststehenden Kriterien. Die Bonität von Unternehmen wird von betrieblichen und externen Faktoren beeinflusst. Kriterien für Ratingsysteme sind z. B. die Ertragslage, die Management-Einschätzung, die Aktualität der Unterlagen, die Brancheneinschätzung etc. Die Initiative des Baseler Ausschusses für Bankenaufsicht („Basel II") schlägt die Unterlegung von Krediten durch haftendes Eigenkapital des Kreditinstitutes in Abhängigkeit von der Bonität des Kunden vor. Damit werden die Kreditkosten des Kreditnehmers von seiner Bonität abhängen, von seiner Einstufung in einem Ratingsystem.

Lösung zu Prüfungsfall 4
Zu Teilaufgabe 1
1. Erlaubt.
2. Erlaubt.
3. Erlaubt.
4. Erlaubt.
5. Verboten.
6. Kaufvertrag ist rechtswirksam; Beschränkungen der Prokura im Außenverhältnis sind unwirksam.
7. Die Prokura bindet den Geschäftsinhaber nur für Rechtsgeschäfte, die der Prokurist für den Geschäftsinhaber im Rahmen des Betriebes vornimmt. Der Geschäftsinhaber verweigert zu Recht die Zahlung, da der Kauf des Champagners zum privaten und nicht zum geschäftlichen Bereich gehört.
8. Erlaubt.
9. Auf die Aussage des HR ist Verlass. Es ist kein Vertrag zwischen dem Geschäftsinhaber und dem Darlehensgeber zustande gekommen, sondern zwischen dem ehemaligen Prokuristen und dem Darlehensgeber.
10. Ja, die Prokura ist bereits mit Erteilung wirksam. Der Handelsregistereintrag hat lediglich deklaratorische Wirkung.

Zu Teilaufgabe 2
Nach § 77 Abs. 1 Satz 2 AktG ist diese Klausel unzulässig.

LÖSUNGEN

Zu Teilaufgabe 3
Kontokorrentkonto Gesellschafter B

Wertstellung	S/H	Text	Betrag in Euro	Tage	Haben #
31.12.	H	Saldovortrag	112.000 €	35	39.200
05.02.	S	Entnahme	8.000 €		$\left(\dfrac{112.000 € \cdot 35}{100}\right)$
	H		104.000 €	85	88.400
30.04.	S	Entnahme	6.000 €		$\left(\dfrac{104.000 € \cdot 85}{100}\right)$
	H		98.000 €	15	14.700
15.05.	H	Einlage	10.000 €		$\left(\dfrac{98.000 € \cdot 15}{100}\right)$
	H		108.000 €	87	93.960
12.08.	S	Entnahme	3.000 €		$\left(\dfrac{108.000 € \cdot 87}{100}\right)$
	H		105.000 €	19	19.950
01.09.	H	Einlage	3.000 €		$\left(\dfrac{105.000 € \cdot 19}{100}\right)$
	H		107.000 €	59	63.130
31.10.	S	Entnahme	4.000 €		$\left(\dfrac{107.000 € \cdot 59}{100}\right)$
	H		103.000 €	60	61.800
31.12.	H	Zinsen	5.294 €[1]		$\left(\dfrac{103.000 € \cdot 60}{100}\right)$
31.12.	H		108.294 €	360	381.140

Kapitalkontenentwicklung

Gesell-schaf-ter	Kapital-einlage am 01.01.2018	5 % Verzinsung des Kapital-anteils	Restgewinn	Vorweg-vergütung	Entnah-men und Einlagen (Saldo)	Steuerlicher Gewinn-anteil	Kapital-einlage am 31.12.2018
A	180.000 €	9.000 €	51.153 €	0 €	0 €	60.153 €	240.153 €
B	112.000 €	5.294 €[1]	31.829 €	38.400 €	- 9.000 €	75.523 €	140.123 €
C	68.000 €	3.400 €	19.324 €	33.600 €		56.324 €	90.724 €
	360.000 €	17.694 €	102.306 €	72.000 €	- 9.000 €	192.000 €	471.000 €

Gewinn lt. Handelsbilanz 2018	120.000 €
Vorwegvergütungen	72.000 €
Gewinn lt. Steuerbilanz 2018	192.000 €

---

[1] Summe Zinszahlen : Zinsteiler = 381.140 : 72 = 5.294 €.

ACHTUNG

Die Vergütungen, die der Gesellschafter von der Gesellschaft für seine Tätigkeit im Dienst der Gesellschaft bezogen hat (Geschäftsführergehalt) gehören nach § 15 Abs. 1 Nr. 2 EStG zu den Einkünften aus Gewerbebetrieb. Sie sind zwar Aufwand im handelsrechtlichen Sinne, jedoch keine Betriebsausgaben. Da es sich bei den Vorwegvergütungen um einen Vorweggewinn handelt, müssen sie beim Jahresabschluss auf die entsprechenden Privatkonten der Gesellschafter umgebucht werden. (Eine sofortige Buchung auf die Privatkonten ist auch möglich.)

Zu Teilaufgabe 4
Zu 1.

Jahresüberschuss	600.000,00 €
- Verlustvortrag	180.000,00 €
= Bemessungsgrundlage für die gesetzliche Rücklage	420.000,00 €
- 5 % gesetzliche Rücklage gem. § 150 Abs. 2 AktG	21.000,00 €
= Bemessungsgrundlage für die anderen Rücklagen	399.000,00 €
- andere Gewinnrücklagen gem. § 58 Abs. 2 AktG (50 %)	199.500,00 €
= Bilanzgewinn	199.500,00 €

Zu 2.

Jahresfehlbetrag	80.000,00 €
- Verlustvortrag	60.000,00 €
	- 140.000,00 €
Auflösung von anderen Gewinnrücklagen	+ 190.000,00 €
= Bilanzgewinn	50.000,00 €
- Dividendenausschüttung	50.000,00 €
	0,00 €

Zu 3.

Jahresüberschuss	800.000,00 €
- 5 % gesetzliche Rücklage	40.000,00 €
= Zwischensumme	760.000,00 €
+ Gewinnvortrag	100.000,00 €
= Bilanzgewinn	860.000,00 €
- Dividendenausschüttung	240.000,00 €
= Gewinnvortrag	620.000,00 €

Lösung zu Prüfungsfall 5

I. Arbeitsrecht
Zu Teilaufgabe 1

a) Ja, ein gültiger Arbeitsvertrag ist zustande gekommen, und zwar durch Angebot und Annahme der Vertragspartner. Ein Arbeitsvertrag kann auch mündlich geschlossen werden (Hinweis auf § 2 Nachweisgesetz).

b) Rechtssicherheit, Hervorhebung der Arbeitsbedingungen, Beweiskraft, Eindeutigkeit.

c) Vertragsparteien, Beginn des Arbeitsverhältnisses, Beschreibung der vom Arbeitnehmer zu leistenden Tätigkeit, vereinbarte Arbeitszeit, Angaben zum Arbeitsort, Zusammensetzung und Höhe des Arbeitsentgelts, gegebenenfalls Hinweis auf Tarifvertrag, Fristen für die Kündigung des Arbeitsverhältnisses.

Zu Teilaufgabe 2
Die **ordentliche** Kündigung ist nur unter Einhaltung der gesetzlichen Kündigungsfrist (§ 622 BGB) möglich. Grundsätzlich ist kein besonderer (wichtiger) Grund notwendig; Ausnahme: Gültigkeit des KSchG; dann muss die Kündigung zusätzlich sozial gerechtfertigt sein (vgl. § 1 Abs. 2 KSchG).

Es muss ein wichtiger Grund im Sinne von § 626 Abs. 1 BGB vorliegen, damit eine **außerordentliche** Kündigung zulässig ist. Die außerordentliche Kündigung kann nur mit einer Frist von 2 Wochen erfolgen (§ 626 Abs. 2 BGB). Zuvor ist in der Regel eine Abmahnung notwendig, damit diese Kündigung überhaupt zulässig ist (Rechtsprechung).

Zu Teilaufgabe 3
Den Arbeitgeber berechtigen zur „fristlosen" Kündigung des Arbeitnehmers: Androhung einer Erkrankung, Straftat, Arbeitsverweigerung, Tätlichkeiten oder grobe Beleidigungen, Verletzung der Verschwiegenheitspflicht, Konkurrenztätigkeit.

II. Gesellschaftsrecht
Zu Teilaufgabe 1

a) Gemäß § 2 AktG eine Person

b) I. Gezeichnetes Kapital
   II. Kapitalrücklagen
   III. Gewinnrücklagen
      1. gesetzliche Rücklage
      2. Rücklage für Anteile an einem herrschenden oder mehrheitlich beteiligten Unternehmen
      3. satzungsmäßige Rücklagen
      4. andere Gewinnrücklagen
   IV. Gewinnvortrag/Verlustvortrag
   V. Jahresüberschuss/Jahresfehlbetrag

c) **Vorstand**: Leitung der AG, Geschäftsführung und Vertretung der AG, Berichterstattung gegenüber dem Aufsichtsrat, Aufstellung des Jahresabschlusses, Einberufung der Hauptversammlung.

Aufsichtsrat: Bestellung des Vorstandes, Überwachung des Vorstandes (Geschäftsführung, Prüfung des Jahresabschlusses).

Hauptversammlung: Bestellung der Mitglieder des Aufsichtsrates, Bestellung des Abschlussprüfers, Beschlussfassung über die Verwendung des Bilanzgewinnes, Entlastung der Mitglieder von Vorstand und Aufsichtsrat, Satzungsänderungen.

Zu Teilaufgabe 2

a) Beteiligungsfinanzierung oder Außen-/Eigenfinanzierung
Erwerb von Anteilen an einer Kapitalgesellschaft
Bildung von Eigenkapital

b) Grundkapital   2,5 Mio. (50.000 · 50,00 € Nennwert)
   Kapitalrücklage   1,5 Mio.
                     4,0 Mio. (50.000 · 50,00 € · 160 %)

Zu Teilaufgabe 3

a) Zur Errichtung der Gesellschaft muss der Gesellschaftsvertrag **notariell** beurkundet werden.

   GmbH: ja; OHG: nein

b) Der im Gesellschaftsvertrag festgelegte **Gesamtbetrag** aller Stammeinlagen ist auf der Passivseite der Bilanz als „Gezeichnetes Kapital" auszuweisen.

   GmbH: ja; OHG: nein

c) Die Eintragung der Gesellschaft im Handelsregister hat **deklaratorische (rechtsbezeugende)** Wirkung.

   GmbH: nein; OHG: ja

d) Jeder Gesellschafter hat – falls nichts anderes vereinbart wurde – Anspruch auf eine 4 %ige Verzinsung seines Kapitalanteils zuzüglich einer Beteiligung am Restgewinn nach Köpfen.

   GmbH: nein; OHG: ja

e) Der Gesellschafter ist zur Vertretung der Gesellschaft befugt.

   GmbH: nein; OHG: ja

f) Die Zinsen, die der Gesellschafter für ein der Gesellschaft gewährtes Darlehen erhält, sind Einkünfte aus Gewerbebetrieb.

   GmbH: nein; OHG: ja

LÖSUNGEN

III. Sozialversicherung
Zu Teilaufgabe 1

Zweige	Träger
Krankenversicherung	Primärkassen und Ersatzkassen
Pflegeversicherung	Pflegekassen der gesetzlichen Krankenkassen
Rentenversicherung	Deutsche Rentenversicherung (früher BfA/LVA)
Arbeitslosenversicherung	Bundesagentur für Arbeit
Unfallversicherung	Berufsgenossenschaften und die Eigenunfallversicherung von Bund, Ländern und Gemeinden

Zu Teilaufgabe 2
Rentenversicherung

Zu Teilaufgabe 3
Höchstgrenze des Arbeitsentgelts, von dem Pflichtbeiträge einbehalten werden.

Die Beitragsbemessungsgrenze wird jährlich neu festgesetzt. Sie beträgt im Jahr 2018 jährlich			
in den alten Bundesländern		in den neuen Bundesländern	
RV/AIV	78.000 €	RV/AIV	69.600 €
KV/PflV	53.100 €	KV/PflV	53.100 €

IV. Finanzierung
Zu Teilaufgabe 1

Bilanzposition	Kreditsicherheit
Geschäftsgebäude	Grundschuld oder Hypothek
Geschäftsausstattung	Sicherungsübereignung
Wertpapiere	Pfandrecht
Forderungen	Sicherungsabtretung
unbebaute Grundstücke	Grundschuld oder Hypothek

Zu Teilaufgabe 2
Aufnahme weiterer Gesellschafter (Kommanditist, Komplementär)
Aufnahme stiller Gesellschafter
Erhöhung der Einlagen
Veräußerung von Betriebsvermögen

Zu Teilaufgabe 3
Verkaufen und Zurückmieten von Anlagegütern.

V. Grundzüge der Rechtsordnung
Zu Teilaufgabe 1

Geschäftsart	Erläuterung	Beispiel
einseitiges Rechtsgeschäft	nur eine Willenserklärung notwendig	z. B. Kündigung
mehrseitiges Rechtsgeschäft	zwei deckungsgleiche Willenserklärungen notwendig	z. B. Kaufvertrag

Zu Teilaufgabe 2

Formvorschrift	Rechtsgeschäft
Schriftform:	Bürgschaftsversprechen zwischen Privatpersonen
Notarielle Beurkundung:	Grundstückskauf, Ehevertrag
Anmeldung elektronisch in öffentlich beglaubigter Form (§ 12 Abs. 1 Satz 1 HGB):	Anmeldung zur Handelsregistereintragung

Zu Teilaufgabe 3
Nichtigkeit des Rechtsgeschäfts

LÖSUNGEN

Lösung zu Prüfungsfall 6

I. Investition und Finanzierung, Rendite

Herr Schreiber muss insgesamt	860.000 € finanzieren.
Die eigenen Mittel belaufen sich auf	239.920 €.
Die 1. Hypothek wird zu 96 % ausbezahlt	345.600 €.
Es bleiben noch	274.480 € (94 % Auszahlung) durch

eine 2. Hypothek zu finanzieren. Die Hypothek muss über einen Betrag von 292.000 € (100 %) lauten.

Die vorläufige Renditerechnung des Herrn Schreiber sieht folgendermaßen aus:

Mieteinnahmen	66.000 €
- AfA 2 % von 688.000 € (80 % der Anschaffungskosten)	13.760 €
- Grundsteuer (4 • 300 €)	1.200 €
- Reparaturen	8.000 €
- Zinsen 1. Hypothek, 5,4 % von 360.000 €	19.440 €
- erwartete Eigenkapitalverzinsung 3 % von 239.200 €	7.176 €
Zinsbetrag, der maximal für die 2. Hypothek zur Verfügung stehen kann	16.424 €

Berechnung der Zinssatzes für die 2. Hypothek:
p = (16.424 • 100) : 292.000 = 5,625 %

Herr Schreiber muss in seinen Kreditverhandlungen versuchen, einen Zinssatz von 5,625 % herauszuhandeln, wenn er für sein Eigenkapital eine Verzinsung von 3 % erreichen will.

(In einer weiteren Verfeinerungsstufe müssten die Laufzeiten und Rückzahlungsmodalitäten für die Hypotheken bekannt sein, damit der „zusätzliche" Zins, das Disagio, berücksichtigt werden könnte.)

II. Vertragsrecht

Zu Aufgabe 1

- **vorrangig** („zuerst"); Nacherfüllung im Sinne von § 437 Nr. 1, also Nachbesserung (Reparatur) oder Neulieferung, § 439 Abs. 1 BGB

- **nachrangig**: Wenn die Nacherfüllung gescheitert ist oder vom Verkäufer verweigert wird: **Rücktritt** vom Vertrag oder **Minderung des Kaufpreises**, § 437 Nr. 2 BGB (zuvor jedoch grundsätzlich **Fristsetzung** und erfolgloser **Fristablauf** notwendig)

Zu Aufgabe 2

a) Es liegt ein verdeckter Mangel vor; außerdem ist die zugesicherte Eigenschaft nicht erfüllt (vereinbarte Beschaffenheit fehlt).

b) **vorrangig**: Nacherfüllung im Sinne von Neulieferung „einlaufechter" T-Shirts; **nachrangig**: nach gescheiterter Nacherfüllung und erfolgter Fristsetzung und erfolglosem Fristablauf oder Verweigerung der Nacherfüllung durch den Verkäufer:

Rücktritt vom Vertrag (Rückabwicklung) oder **Minderung** des Kaufpreises (Minderung hier wenig sinnvoll).

c) §§ 434, 437, 439 f., 323, 441 BGB

Zu Aufgabe 3

1. zu a: **zu geringe Menge** geliefert = Mangel in der Quantität (offener Mangel), § 434 Abs. 3 BGB

   zu b.: „**Falschlieferung**" = Mangel in der Warenart (andere als die bestellte Sache, offener Mangel), § 434 Abs. 3 BGB

   zu c: **fehlende zu erwartende Beschaffenheit** (offener Mangel), § 434 Abs. 1 Satz 2 Nr. 2 BGB

2. **Sofortige** Mängelrüge (unverzügliche Anzeige beim Verkäufer, § 377 Abs. 1 HGB)

3. **Zweiseitiger Handelskauf**: unverzügliche Untersuchungs- und Rügepflicht, § 377 Abs. 1 HGB; **bürgerlicher Kauf**: Untersuchungs- und Rügepflicht innerhalb der gesetzlichen **Gewährleistungspflicht**, also innerhalb von 2 Jahren ab Lieferung, § 438 Abs. 1 Nr. 3 BGB.

Zu Aufgabe 4
Herr Pohl hat alle Gewährleistungsrechte nach § 437 BGB. Die Einschränkung „gekauft wie gesehen – Gewährleistung ausgeschlossen" ist unzulässig, weil es sich um einen Verbrauchsgüterkauf nach § 474 Abs. 1 Satz 1 BGB handelt, § 475 Abs. 1 BGB. Die Gewährleistungsfrist darf bei gebrauchten Sachen auf ein Jahr verkürzt werden, eine kürzere Gewährleistungsfrist ist unzulässig (§ 475 Abs. 2 BGB).

III. Geringfügige Beschäftigung
Zu Aufgabe 1
Der Gesetzgeber unterscheidet drei Arten von „Minijobs":

- Jobs für geringfügig entlohnte Beschäftigte, die pro Monat nicht mehr als 450 € brutto verdienen (450-Euro-Jobs)
- Jobs für geringfügig entlohnte Beschäftigte in Privathaushalten, die pro Monat nicht mehr als 450 € brutto verdienen (450-Euro-Jobs in Privathaushalten)
- Jobs für kurzfristig Beschäftigte.

Für Minijobs gilt:

- Ein Beschäftigter muss keine Sozialabgaben zahlen.
- Die Lohnsteuer kann in vielen Fällen pauschaliert werden.

Frau Weiss übt eine **geringfügige Beschäftigung** im Sinne des § 8 Abs. 1 Nr. 1 SGB IV aus, da das Arbeitsentgelt aus dieser Beschäftigung regelmäßig im Monat 450 € nicht übersteigt. Die wöchentliche Arbeitszeit spielt dabei grundsätzlich keine Rolle. Für die Prüfung der 450-Euro-Grenze kommt es nicht auf das tatsächlich gezahlte Arbeitsentgelt, sondern auf das Arbeitsentgelt an, auf das ein Rechtsanspruch besteht.

LÖSUNGEN

Die Arbeitnehmerin ist versicherungsfrei in der Kranken-, Pflege- und Arbeitslosenversicherung. In der Rentenversicherung besteht Versicherungspflicht. Der Beitragssatz beträgt 3,6 % (18,6 % - 15,0 %), jedoch besteht ein Befreiungsrecht („Opt-out"). Bis 2012 waren geringfügig Beschäftigte in der Rentenversicherung versicherungsfrei. Arbeitnehmer hatten aber die Möglichkeit, auf die Rentenversicherungsfreiheit zu verzichten („Opt-in"). Der Arbeitgeber hat den Pauschalbetrag zur Kranken- und Rentenversicherung in Höhe von (13 % + 15 %) 28 % zu entrichten. Wird keine Lohnsteuerkarte vorgelegt, muss eine Pauschalsteuer von 2 % gezahlt werden, die auch den Solidaritätszuschlag und die Kirchensteuer mit abgilt. Beschäftigt der Arbeitgeber von Frau Weiss maximal 30 Arbeitnehmer, fallen außerdem Beiträge zur Umlage U1 (0,9 %) für Entgeltfortzahlung im Krankheitsfall an. Außerdem fallen Beiträge zur U2 für Mutterschaftsaufwendungen an, und zwar auch bei Arbeitgebern, die mehr als 30 Arbeitnehmer beschäftigen. Dieser Umlagesatz beträgt 2018 0,24 %. Die Insolvenzgeldumlage beträgt 2018 0,06 % und wird von den Krankenkassen eingezogen.

Für die Sozialabgaben wird bei einem monatlichen Arbeitsentgelt zwischen 450 € bis zu einer Grenze von 850 € eine sogenannte Gleitzone eingerichtet. Oberhalb der Grenze von 450 € besteht danach Versicherungspflicht in allen Zweigen der Sozialversicherung. Der Arbeitgeber muss in diesem Fall den vollen Arbeitgeberanteil zur Sozialversicherung für das gesamt Arbeitsentgelt entrichten.

Zu Aufgabe 2

Rentenversicherung:	15,00 % von 450 € =	67,50 €
Krankenversicherung:	13,00 % von 450 € =	58,50 €
Pauschalsteuer	2,00 % von 450 € =	9,00 €
U1	0,90 % von 450 € =	4,05 €
U2	0,24 % von 450 € =	1,08 €
Insolvenzgeldumlage	0,06 % von 450 € =	0,27 €
Summe Arbeitgeberbeitrag:		140,40 €
Die Arbeitnehmerin trägt ihren		
Beitrag zur Rentenversicherung	3,60 % von 450 € =	16,20 €
Der Arbeitgeber hat den Gesamtbetrag abzuführen		156,60 €

Die monatliche Vergütung beträgt	450,00 €
abzüglich Arbeitnehmeranteil zur Rentenversicherung	16,20 €
Nettovergütung	433,80 €
Stellt Frau Weiss den Antrag auf Befreiung von der Rentenversicherungspflicht, beträgt ihre monatliche Vergütung (brutto = netto)	450,00 €

Zu Aufgabe 3

Die Beschäftigung stellt kein geringfügiges Beschäftigungsverhältnis im Sinne des § 8 Abs. 1 Nr. 1 SGB IV dar, weil das regelmäßige monatliche Arbeitsentgelt den Betrag von 450 € übersteigt. Es besteht daher in allen Zweigen der Sozialversicherung Versicherungspflicht. Da das Arbeitsentgelt den Betrag von 850 € nicht übersteigt, liegt ein Fall der sogenannten „Gleitzone" vor. Der Arbeitgeber hat die von ihm zu tragenden Sozialversicherungsbeiträge in voller Höhe und vom Arbeitnehmer ermäßigte Sozialversicherungsbeiträge zu entrichten. Beim Arbeitnehmer steigen die Beiträge linear bis zum vollen Arbeitnehmeranteil an.

Ab einem Arbeitsentgelt von 450,01 € erfolgt die individuelle Besteuerung, eine Pauschalierung mit 2 % (§ 40a Abs. 2 EStG) ist nicht möglich.

Die Bemessungsgrundlage für den Arbeitnehmerbeitrag 2018 errechnet sich aus folgender Formel (§ 344 Abs. 4 SGB III, § 266 Abs. 4 SGB V, § 163 Abs. 10 SGB VI):

$$\text{Faktor} \cdot 450 + ([850 / (850 - 450)] - [450 / (850 - 450)] \cdot \text{Faktor}) \cdot (\text{Arbeitsentgelt} - 450)$$

Vereinfacht beim Faktor 0,7547:
0,7547 · 450 + (2,125 − 1,125 · 0,7547) · (Arbeitsentgelt − 450)

Hierbei ergibt sich der Faktor, indem der Wert von 30 % durch den durchschnittlichen Gesamtversicherungsbeitragssatz dividiert und dann auf vier Dezimalstellen gerundet wird. Für 2018 beträgt der Faktor 0,7547.

Im Falle der Frau Weiss liegt also ein beitragspflichtiges Arbeitsentgelt von 658,61 vor.

Krankenversicherung
Von der beitragspflichtigen Einnahme in Höhe von 658,61 € sind insgesamt 96,16 € abzuführen: 14,6 % zuzüglich Zusatzbeitrag von 1,1 %, den der Arbeitnehmer allein zu tragen hat.

Hiervon trägt der **AG** 7,30 % von 700,00 € = **51,10 €**,
der Rest ist vom AN **zu** tragen = 45,06 € zuzüglich 1,1 % von 658,61 € = 7,24 €.

Rentenversicherung
Von der beitragspflichtigen Einnahme in Höhe von 658,61 € sind insgesamt 18,6 % abzuführen, dies sind 122,50 €.

Hiervon trägt der **AG** 9,30 % von 700,00 € = **65,10 €**,
der Rest ist **vom** AN zu tragen = 57,40 €

Arbeitslosenversicherung
Von der beitragspflichtigen Einnahme in Höhe von 658,61 € sind insgesamt 3,0 % abzuführen, dies sind 19,76 €.

Hiervon trägt der **AG** 1,5 % von 700,00 € = **10,50 €**,
der **Rest** ist vom AN zu tragen = 9,26 €.

Pflegeversicherung
Von der beitragspflichtigen Einnahme in Höhe von 658,61 € sind insgesamt 2,55 % abzuführen, dies sind 16,79 €.

Hiervon **trägt** der **AG** 1,275 % von 700,00 € = **8,93 €**,
der Rest ist **vom** AN zu tragen = 7,86 €.

Im Ergebnis hat der **Arbeitgeber** den Arbeitgeberanteil von 135,63 € abzuführen. Die Umlagen sind vom Arbeitgeber zu tragen, sie betragen 2018 21,08 €.

Der Arbeitnehmer hat einen Beitrag von 126,82 € zu tragen, den der Arbeitgeber abzuführen hat. Der Gesamtbeitrag beläuft sich auf insgesamt 283,53 €.

Zu Aufgabe 4
Zwischen „normalen" 450-Euro-Jobs und 450-Euro-Jobs in Privathaushalten muss sozialversicherungsrechtlich hinsichtlich der Pauschbeträge und dem Meldeverfahren unterschieden werden (Haushaltsscheck-Verfahren). Das Arbeitsverhältnis von Frau Zuber muss durch einen privaten Haushalt begründet sein (§ 8a Satz 2 SGB IV). Ihre Tätigkeit muss gewöhnlich durch Mitglieder des privaten Haushalts erledigt werden. Hierzu gehören z. B. die Reinigung der Wohnung des Arbeitgebers, die Zubereitung von Mahlzeiten im Haushalt des Arbeitgebers. Nicht begünstigt ist dagegen die Erteilung von Unterricht.

Der Arbeitgeber hat Pauschalabgaben in Höhe von 12 % für Beschäftigungen in einem Privathaushalt abzuführen:

- Pauschalbeitrag zur Rentenversicherung 5 %
- Pauschalbeitrag zur Krankenversicherung 5 %
- Pauschalsteuer 2 %
- Umlage (U1) zur Lohnfortzahlungsversicherung für Krankheit, Kur 0,9 %
- Umlage (U2) zur Lohnfortzahlungsversicherung für Mutterschutz 0,24 %
- Beitrag zur gesetzlichen Unfallversicherung 1,6 %.

Zur Krankenversicherung werden Pauschbeträge nur fällig, wenn der Arbeitnehmer gesetzlich krankenversichert ist (pflicht-, freiwillig oder familienversichert). Für geringfügig Beschäftigte besteht ab 2013 Versicherungspflicht in der gesetzlichen Rentenversicherung. Dabei tragen die Versicherten den Differenzbetrag zum Pauschalbeitrag des Arbeitgebers (18,6 % - 5 % = 13,6 %). Sie können damit u. a. Ansprüche auf Erwerbsminderungsrente erwerben und die Vorteile der Riester-Förderung in Anspruch nehmen. Zudem können durch die Versicherungszeiten Lücken im Versicherungsablauf vermieden werden. Den geringfügig Beschäftigten steht es frei, sich auf Antrag von der Versicherungspflicht in der gesetzlichen Rentenversicherung befreien zu lassen („Opt-out").

Neben diesen niedrigen Pauschalabgaben (12 % statt 30 %) wird der Arbeitgeber steuerlich nach § 35a EStG gefördert.

LÖSUNGEN

Für 450-Euro-Jobs in Privathaushalten ist zwingend ein vereinfachtes Beitrags- und Meldeverfahren, das Haushaltsscheckverfahren, vorgeschrieben. Es wird ausschließlich von der Minijob-Zentrale bei der Deutschen Rentenversicherung Knappschaft-Bahn-See durchgeführt. In diesem Verfahren werden auch die Umlage U1 (0,9 %) und U2 (0,24 %) sowie der Beitrag zur Unfallversicherung (1,6 %) abgeführt.

Arbeitnehmer (keine Befreiung von der Rentenversicherung)

Monatslohn	450,00 €
Lohnsteuer	0,00 €
Krankenversicherung	0,00 €
Rentenversicherung	61,20 €
Umlage U1	0,00 €
Umlage U2	0,00 €
Umfallversicherung	0,00 €
Nettolohn:	388,80 €

Arbeitgeber

Lohnsteuer	2,00 %	9,00 €
Krankenversicherung	5,00 %	22,50 €
Rentenversicherung	5,00 %	22,50 €
Umlage U1	0,90 %	4,05 €
Umlage U2	0,24 %	1,08 €
Unfallversicherung	1,60 %	7,20 €
Arbeitgeberanteil		66,33 €
Arbeitnehmeranteil		61,20 €
Summe der abzuführenden Abgaben		127,53 €

LÖSUNGEN

Lösungshinweise zu den Übungsfällen für die mündliche Prüfung

Vorbemerkungen

Wie bereits in den Vorbemerkungen zu den Fällen ausgeführt, können die Prüfungsfälle so angelegt sein, dass **mehrere Lösungsvarianten** möglich sind. Es kommt darauf an, welchen Problemlösungsweg der Prüfungskandidat wählt. Er soll hierdurch seine **Problemlösungsfähigkeit** und **Fachkompetenz** unter Beweis stellen.

Zur jeweiligen Vertiefung, Erweiterung oder Konkretisierung werden die Prüfer in der Regel **ergänzende Fragen** stellen.

Die nachfolgenden Lösungsvorschläge sind deshalb nur **beispielhafte Lösungsvarianten**. Zudem sollen hier nur Lösungshinweise aufgezeigt werden, die in der konkreten Prüfungssituation mündlich ausformuliert und gegebenenfalls erweitert bzw. vertieft werden müssen.

ACHTUNG

Der Prüfungskandidat kann auch nur Teile der dargestellten Lösungsvorschläge ansprechen und diese dann vertiefen bzw. erweitern.

Vorab einige Hinweise für das Prüfungsgespräch:

TIPP

1. Treten Sie den Prüfern ruhig und „offen" gegenüber. Versuchen Sie, vor dem Gespräch eine positive Grundhaltung zu gewinnen; Ihre innere Einstellung sollte sein: „Ich werde die Situation meistern!"; „Was soll mir schon passieren?"

2. Pflegen Sie von Anfang an **Blickkontakt** zu Ihren Prüfern. Das baut Spannung ab, lässt die Prüfungssituation „persönlicher" werden und vermittelt den Prüfern den Eindruck, dass Sie für ein Gespräch offen sind.

3. Beginnen Sie Ihre Ausführungen mit einer kurzen **Darstellung des von Ihnen gewählten Falls**. Beschreiben Sie den Sachverhalt und die Aufgabenstellung **mit Ihren Worten**.

4. Geben Sie anschließend einen **kurzen Überblick über die von Ihnen geplante Vorgehensweise** bei der Lösung. Hierbei können Sie die von Ihnen formulierten „Überschriften" (Gliederung) kurz nennen.

5. Gehen Sie beim Vortragen Ihres Lösungsvorschlags in der von Ihnen geplanten Reihenfolge vor. Blicken Sie hierzu gelegentlich kurz auf Ihr Konzeptblatt mit den notierten Stichworten.

LÖSUNGEN

6. **Lassen Sie sich durch Zwischenfragen der Prüfer nicht aus dem Konzept bringen!** Beantworten Sie die jeweilige Zwischenfrage und kehren Sie dann zu Ihrem Konzept zurück. Ein Blick auf Ihr Konzeptblatt und schon geht's weiter.

7. Reden Sie **nicht zu schnell**! Sonst könnte es passieren, dass Sie mit Ihren Ausführungen zu schnell fertig sind und die Prüfer dann in die „Zwangslage" geraten, ergänzende Fragen stellen zu müssen.

   Reden Sie aber auch **nicht zu langsam**. Es sollte nicht der Eindruck entstehen, dass Sie eine „Verzögerungstaktik" betreiben.

   Orientieren Sie sich beispielsweise am Sprechtempo der Nachrichtensprecher/innen oder Ansager/innen im Fernsehen. Schauen Sie sich Nachrichten mehrmals unter Beobachtung dieses Aspekts an!

8. Achten Sie bei Ihren Ausführungen darauf, dass Sie Ihre **Zuhörer beim Sprechen ansehen**. Schauen Sie nicht zu viel auf Ihr Blatt (nur kurz, um ein Stichwort aufzunehmen).

9. Machen Sie zwischen unterschiedlichen inhaltlichen Aspekten **kurze Redepausen**. Dann können Ihnen die Zuhörer besser folgen.

10. Beenden Sie Ihre Ausführungen mit einem **Resumeé**, einer **Zusammenfassung** oder einem **Ergebnis**. Wenn möglich, sollten Sie eine Verbindung zwischen dem Anfang ihrer Ausführungen (z. B. Problemstellung des Falls) und dem Ergebnis Ihrer Ausführungen herstellen. Dann kommt ein „runder" Vortrag zustande.

LÖSUNGEN

Lösung zu Fall 1: Der neue Computerladen

1. Wahl der Rechtsform

Da Herr Kilanowski die entsprechenden Fachkenntnisse zur Führung des Computergeschäfts und ausreichendes Eigenkapital für die Gründung und Ingangsetzung besitzt, kann ihm empfohlen werden, ein **Einzelunternehmen** zu gründen.

[Andere Rechtsformen, wie z. B. eine „Einmann-GmbH", wären als Alternativvorschlag ebenfalls möglich].

Vorteile einer Einzelunternehmung im Vergleich zu Gesellschaftsunternehmen sind z. B.:

- **alleiniges Entscheidungsrecht** (unternehmerische Entscheidungen können allein und damit in der Regel rasch gefällt werden)
- **alleiniger Gewinnanspruch** (keine Gewinnverteilungsproblematik)
- **geringere Kosten der Rechnungslegung** (Buchführung, Bilanz etc.) im Vergleich zu Gesellschaftsunternehmen; insbesondere im Vergleich zu Kapitalgesellschaften.

Nachteile sind z. B.:

- **alleinige und unbeschränkte Haftung** (der Einzelunternehmer haftet mit seinem gesamten Betriebs- und Privatvermögen)
- in der Regel **geringere Finanzierungsspielräume** im Vergleich zu einer Gesellschaft (bei mehreren Gesellschaftern vergrößert sich normalerweise der Spielraum für Eigen- und Fremdfinanzierungen).

2. Anzeigepflicht der Erwerbstätigkeit

Wer einen Betrieb der Land- und Forstwirtschaft, einen gewerblichen Betrieb oder eine Betriebsstätte eröffnet, hat dies nach amtlich vorgeschriebenem Vordruck der Gemeinde mitzuteilen, in der der Betrieb eröffnet wird (§ 138 AO). Die Gemeinde unterrichtet dann unverzüglich das zuständige Finanzamt von dem Inhalt der Mitteilung.

Unternehmer im Sinne des § 2 UStG können ihre Anzeigepflichten auch bei der für die Umsatzbesteuerung zuständigen Finanzbehörde elektronisch erfüllen (§ 138 Abs. 1a AO).

3. Handelsregistereintragung

Das Handelsregister ist ein öffentliches Verzeichnis, in welchem bestimmte Tatsachen der **Kaufleute und Handelsgesellschaften** in einem Amtsgerichtsbezirk registriert werden. Es wird in elektronischer Form geführt und ist über das Internet einsehbar.

Im HGB und in Nebengesetzen finden sich verstreut die Vorschriften über die Pflicht zur Eintragung und Anmeldung eintragungspflichtiger Tatsachen.

Fraglich ist, ob Herr Kilanowski mit dem Computergeschäft ein kaufmännisches Unternehmen betreiben wird.

Kaufmann (Istkaufmann) wäre er nur dann, wenn er einen nach Art und Umfang in kaufmännischer Weise eingerichteten Geschäftsbetrieb („kaufmännische Organisation") benötigt, um sein Unternehmen zu betreiben.

[Die Abgrenzung zwischen Ist- und „Nichtkaufmann" könnte an dieser Stelle vertieft werden; ergänzend könnte der Prüfling hier auf die Eintragungsoption nach § 2 HGB eingehen.]

Für den geschilderten Fall ist anzunehmen, dass im Zeitpunkt der Unternehmensgründung und für einige Zeit danach **kein** kaufmännisches Unternehmen vorliegt (wenige Mitarbeiter, kein hoher Umsatz, kein Im- und Export usw.). Herr Kilanowski ist deshalb als „Nichtkaufmann" **nicht** verpflichtet, sein Unternehmen bzw. bestimmte Tatsachen hierüber zur Eintragung in das Handelsregister anzumelden.

ACHTUNG

Dieser Aspekt der Lösung fällt grundlegend anders aus, falls bei 1. z. B. eine GmbH als Rechtsform gewählt wird, weil dann eine Eintragungspflicht vorliegt, da die GmbH kraft Rechtsform Kaufmann ist!

4. Buchführungspflicht

Die gesetzliche Pflicht zur Buchführung ist sowohl im **Handelsrecht** als auch im **Steuerrecht** verankert.

Die **handelsrechtliche** Buchführungspflicht geht aus **§ 238 Abs. 1 HGB** hervor und besagt, dass jeder Kaufmann verpflichtet ist, Bücher zu führen und in diesen seine Handelsgeschäfte und die Lage seines Vermögens nach den Grundsätzen ordnungsmäßiger Buchführung ersichtlich zu machen. Weil diese Vorschrift jedoch **nur für Kaufleute im Sinne der §§ 1 - 6 HGB bindend** ist (nicht bindend für Nichtkaufleute), ist Herr Kilanowski nach Handelsrecht zunächst **nicht** buchführungspflichtig.

ACHTUNG

Auch dieser Lösungsaspekt fällt anders aus, wenn bei 1. eine GmbH gewählt wird!

Die **Buchführungspflicht des Steuerrechts** geht aus den **§§ 140 und 141 AO** hervor.

§ 140 AO enthält die sog. **„abgeleitete Buchführungspflicht"** (aus anderen Gesetzen abgeleitet). Sie kommt nur dann zum Zuge, wenn die Buchführungspflicht nach einem anderen Gesetz (z. B. HGB) bereits vorliegt. Da für unseren Fall keine Buchführungspflicht nach Handelsrecht oder einem anderen Gesetz vorliegt, ist § 140 AO für Herrn Kilanowski nicht von Bedeutung, so lange er kein Kaufmann ist.

LÖSUNGEN

§ 141 AO regelt die sog. **„originäre (ursprüngliche) Buchführungspflicht"** des Steuerrechts. Sie ist für einen Steuerpflichtigen dann bindend, wenn § 140 AO nicht zum Zuge kommt – was hier der Fall ist – und er die entsprechenden Tatbestandsmerkmale des § 141 AO erfüllt (hier zu prüfen).

Nach **§ 141 AO** sind

- **gewerbliche Unternehmer** sowie
- **Land- und Forstwirte,**

  die nach den Feststellungen der Finanzbehörde für den einzelnen Betrieb **eine** der folgenden Grenzen überschreiten, buchführungspflichtig (hier verkürzte Darstellung):

- **Umsätze** von mehr als **600.000 €** im Kalenderjahr
- **Wirtschaftswert** (nur bei Land- und Forstwirtschaft) von mehr als **25.000 €**
- **Gewinn** von mehr als **60.000 €** beim Gewerbebetrieb pro Wirtschaftsjahr, bei Land- und Forstwirtschaft pro Kalenderjahr.

Bei dem vorliegenden Fall ist anzunehmen, dass im ersten Wirtschaftsjahr keine der genannten Grenzen überschritten wird und Herr Kilanowski deshalb auch nach § 141 AO zunächst **nicht** buchführungspflichtig ist. *[Eine andere Annahme ist natürlich ebenfalls möglich, bedürfte dann allerdings einer entsprechenden Begründung!]*

Es ist jedoch zu überlegen, ob es für Herrn Kilanowski möglicherweise sinnvoll ist, freiwillig Bücher zu führen, um einen regelmäßigen Überblick über das Ergebnis seiner Geschäftstätigkeit zu erhalten (**betriebswirtschaftlicher Aspekt**) und den Aufzeichnungspflichten anderer Gesetze (z. B. § 22 UStG oder § 4 Abs. 7 EStG) gerecht zu werden (**steuerrechtlicher Aspekt**).

[Prüfungskandidaten, die eine überdurchschnittliche Bewertung anstreben, sollten diesen Gedankengang vertiefen!]

Herr Kilanowski ist darauf hinzuweisen, dass er vermutlich eine der genannten Grenzen in einem der folgenden Wirtschaftsjahre überschreiten und damit buchführungspflichtig nach § 141 AO wird (nach § 141 Abs. 2 Satz 1 AO vom Beginn des Wirtschaftsjahres an, das auf die Bekanntgabe der Mitteilung folgt, durch welche die Finanzbehörde auf den Beginn dieser Verpflichtung hingewiesen hat).

5. Besteuerung

a) Umsatzsteuer

Mit der Gründung des Computergeschäfts wird Herr Kilanowski zum **Unternehmer** im Sinne des **§ 2 UStG** (gewerbliche Tätigkeit, die nachhaltig zur Erzielung von Einnahmen ausgeübt wird). Die Umsätze seines Unternehmens unterliegen somit der Umsatzsteuer, sofern diese die weiteren Voraussetzungen des UStG erfüllen.

*[Hier könnten die Prüfer beispielsweise ergänzende Fragen zur **Unternehmereigenschaft** oder den **Umsatzarten des UStG** stellen. Der Prüfungskandidat könnte diese Aspekte aber auch von vornherein selbst vertiefen.]*

b) **Gewerbesteuer**
Da es sich bei dem Computergeschäft um einen **Gewerbebetrieb** im Sinne des § 15 Abs. 2 EStG handelt, unterliegt dieser nach **§ 2 Abs. 1 GewStG** grundsätzlich der Gewerbesteuer. *[Die Definition des Begriffs „Gewerbebetrieb" könnte an dieser Stelle vertieft werden!]*

Es ist jedoch aufgrund obiger Annahmen (vgl. z. B. 4. der Lösung) davon auszugehen, dass der **Freibetrag** des § 11 Abs. 1 Nr. 1 GewStG (**24.500 € beim Gewerbeertrag**) zunächst **nicht** überschritten wird. Deshalb wird für das Computergeschäft erst einmal **keine** Gewerbesteuer anfallen.

Wenn die Entwicklung der Ertragslage jedoch deutlich positiver als erwartet verläuft, muss eine Besteuerung mit Gewerbesteuer in Betracht gezogen werden.

*[Hier könnte der Prüfungskandidat vertiefend auf die **Ermittlung der Gewerbesteuer** eingehen. Auch die Prüfer könnten ergänzende Fragen – z. B. zum **Schema der Gewerbesteuerermittlung** – stellen.]*

c) **Einkommensteuer**
Da Herr Kilanowski einen **Wohnsitz im Inland** hat, ist er nach § 1 Abs. 1 EStG **unbeschränkt** einkommensteuerpflichtig.

Sein Bruttoarbeitslohn als Arbeitnehmer (Einkünfte nach § 19 EStG) und der Gewinn bzw. Verlust aus dem Gewerbebetrieb (Einkünfte nach § 15 EStG) werden – sofern beide Einkunftsarten innerhalb eines Kalenderjahres anfallen – zusammengerechnet. Nach dem Schema der Einkommensteuer (vgl. R 2 EStR) wird für Herrn Kilanowski dann die Einkommensteuer ermittelt.

*[Hier könnte ergänzend auf das **Schema zur Ermittlung des zu versteuernden Einkommens und die Ermittlung der festzusetzenden Einkommensteuer** eingegangen werden.]*

d) **Körperschaftsteuer**
Die Körperschaftsteuer (KSt) ist die Einkommensteuer der juristischen Personen (z. B. GmbH, AG), Personenvereinigungen und Vermögensmassen.

Da für den vorliegenden Fall als Rechtsform eine **Einzelunternehmung** gewählt wird, fällt für das Computergeschäft **keine** KSt an.

[Für den Fall, dass bei 1. beispielsweise eine GmbH gewählt wird, muss hier auf die Steuerpflicht (§ 1 KStG) und ggf. auf die Grundzüge der KSt eingegangen werden.]

6. Umsatzsteuer-Voranmeldungen und Vorauszahlungen
Die Verpflichtung zur Abgabe von Umsatzsteuer-Voranmeldungen und Entrichtung von Vorauszahlungen ist in **§ 18 UStG** geregelt.

Nach § 18 Abs. 1 muss Herr Kilanowski **innerhalb von 10 Tagen nach Ablauf jedes Voranmeldungszeitraums** eine **Umsatzsteuer-Voranmeldung** nach amtlich vorgeschriebenem Datensatz durch Datenfernübertragung an das Finanzamt übermitteln und die

LÖSUNGEN

selbst berechnete Umsatzsteuer-Schuld (Vorauszahlung) begleichen. Das Finanzamt kann jedoch auf Antrag des Steuerpflichtigen zur Vermeidung von unbilligen Härten auf eine elektronische Übermittlung verzichten. In diesem Fall hat der Unternehmer eine Voranmeldung nach amtlich vorgeschriebenem Vordruck abzugeben (§ 18 Abs. 1 Satz 2 UStG).

Falls sich bei der Berechnung ein Vorsteuerguthaben ergibt, entfällt die Zahlungsverpflichtung für diesen Voranmeldungszeitraum. Das Guthaben wird dem Steuerpflichtigen vom Finanzamt erstattet oder auf Wunsch des Steuerpflichtigen mit anderen Steuerschulden verrechnet.

Zu klären ist in diesem Zusammenhang, **welcher Voranmeldungszeitraum** für Herrn Kilanowski in Betracht kommt.

Regel-Voranmeldungszeitraum ist das Kalender**vierteljahr** (§ 18 Abs. 2 Satz 1 UStG). Die Voranmeldungen sind dann jeweils innerhalb von 10 Tagen nach Ablauf eines Kalendervierteljahres beim Finanzamt einzureichen und zu bezahlen (z. B. für das 1. Kalendervierteljahr bis zum Ablauf des 10. April, für das 2. Kalendervierteljahr bis zum Ablauf des 10. Juli usw.).

Beträgt die **USt-Zahllast** für das vorangegangene Kalenderjahr **mehr als 7.500 €**, dann ist der Kalender**monat** Voranmeldungszeitraum (vgl. § 18 Abs. 2 Sätze 1 und 2 UStG).

Wenn der Unternehmer – wie im vorliegenden Fall – seine gewerbliche **Tätigkeit neu aufgenommen** hat, dann ist im **Erstjahr** und dem **darauf folgenden Kalenderjahr** generell der **Kalendermonat** Voranmeldungszeitraum (monatliche Abgabe der USt-Voranmeldung).

In den nachfolgenden Jahren ist zur Beurteilung dieser Fragestellung auf die **Umsatzsteuer-Schuld** des jeweils **vorangegangenen** Kalenderjahres abzustellen (§ 18 Abs. 2 Satz 2 UStG).

*[Hier bietet es sich an, ergänzend auf die Möglichkeit der Beantragung einer **Dauerfristverlängerung** (§§ 46 - 48 UStDV) einzugehen.]*

*[Ergänzend kann hier abschließend auf den Aspekt der **Schonfrist** oder die **Folgen einer Fristversäumnis** eingegangen werden.]*

Lösung zu Fall 2: Der neue Arbeitnehmer

1. Abschluss des Arbeitsvertrages

Aus rechtlicher Sicht wird ein Arbeitsverhältnis durch den Abschluss eines Arbeitsvertrages (schuldrechtlicher Vertrag) begründet. Dieser kann **schriftlich oder mündlich** abgeschlossen werden. Er kommt durch **zwei übereinstimmende Willenserklärungen** (Angebot und Annahme) zustande.

Aus Beweisgründen empfiehlt es sich, Arbeitsverträge nur **schriftlich** abzuschließen. Außerdem ist das **Gesetz über den Nachweis der für ein Arbeitsverhältnis geltenden wesentlichen Bedingungen (Nachweisgesetz)** zu beachten, welches den **Arbeitgeber** verpflichtet, dem Arbeitnehmer die für das Arbeitsverhältnis geltenden Arbeitsbedingungen spätestens einen Monat nach Beginn des Arbeitsverhältnisses schriftlich zu bestätigen. (Das Nachweisgesetz gilt nicht für vorübergehende Aushilfen, die für höchstens einen Monat eingestellt werden.)

[An dieser Stelle könnte der Prüfungskandidat ausführen, welche Punkte nach dem Nachweisgesetz in der schriftlichen Bestätigung bzw. im schriftlichen Arbeitsvertrag mindestens aufgeführt sein müssen. Siehe hierzu § 2 Abs. 1 Nachweisgesetz].

Wenn der Arbeitgeber die aus dem Nachweisgesetz hervorgehenden Verpflichtungen nicht erfüllt, ist der Arbeitsvertrag dennoch wirksam. Ein Verstoß gegen dieses Gesetz wird allerdings im Streitfall zugunsten des Arbeitnehmers gewertet, sofern der Streit einen der Punkte betrifft, die der Arbeitgeber hätte schriftlich fixieren müssen.

Bei dem Abschluss des Arbeitsvertrags ist **gegebenenfalls** ein bestehender **Tarifvertrag zu beachten**. Der Tarifvertrag ist aber **nur dann zwingend, wenn beiderseitige Tarifgebundenheit vorliegt**, d. h. wenn der Arbeitgeber Mitglied des tarifschließenden Arbeitgeberverbandes und der Arbeitnehmer Mitglied der tarifschließenden Gewerkschaft ist (vgl. § 4 Abs. 1 TVG). Ist dies der Fall, dann stellt der Tarifvertrag grundsätzlich zwingendes Recht dar. Von der tarifvertraglichen Regelung darf dann nur zugunsten des Arbeitnehmers abgewichen werden (vgl. § 4 Abs. 3 TVG). Einzelvertragliche Regelungen, die gegen die tarifvertraglichen Regelungen verstoßen, sind in diesem Fall ungültig. Wenn **keine** beiderseitige Tarifgebundenheit vorliegt (z. B. der Arbeitgeber ist kein Mitglied eines Arbeitgeberverbandes), dann ist der Tarifvertrag lediglich eine **Empfehlung**, die beachtet werden kann, aber nicht muss (Ausnahme: **Allgemeinverbindlichkeitserklärung** → siehe § 5 TVG). *[Die Allgemeinverbindlichkeitserklärung könnte von dem Prüfungskandidaten vertieft werden: z. B. Voraussetzungen, Inhalt und Sinn der Regelung.]*

Bereits bei dem Abschluss des Arbeitsvertrages kann es zu **Vertragsstörungen** kommen, die dazu führen, dass der Vertrag nichtig oder anfechtbar ist.

LÖSUNGEN

Beispiele für die Nichtigkeit sind:

- **Geschäftsunfähigkeit** (§ 104 BGB) oder **vorübergehende Störung der Geistestätigkeit** (§ 105 BGB) des Arbeitnehmers oder des Arbeitgebers
- **Formmangel**: z. B. mündlicher Abschluss des Arbeitsvertrags, obwohl ein anzuwendender Tarifvertrag die Schriftform vorschreibt
- **Verstoß gegen ein gesetzliches Verbot** (§ 134 BGB): z. B. Vereinbarung von Kinderarbeit oder von Tätigkeiten, die sittenwidrig oder strafrechtlich verboten sind.

2. Auflösung des Arbeitsvertrages

Ein bestehender Arbeitsvertrag kann durch die folgenden Maßnahmen aufgelöst (beendet) werden:

- **Anfechtung** des Arbeitsvertrages, sofern ein Anfechtungsgrund vorliegt: z. B. Irrtum nach § 119 BGB oder arglistige Täuschung oder widerrechtliche Drohung nach § 123 BGB
- **einvernehmliche Auflösung (Auflösungsvertrag)** – beachte, dass in diesem Fall der Bezug von Arbeitslosengeld bis zu 12 Wochen gesperrt werden kann (§ 144 Abs. 1 SGB III)
- **Ablauf der Befristungsdauer** (nur bei befristeten Arbeitsverträgen)
- **Kündigung** (durch den Arbeitgeber oder den Arbeitnehmer)..

Die **Kündigung** ist eine **einseitige**, aber bindende Willenserklärung, durch die der Arbeitgeber oder der Arbeitnehmer das Arbeitsverhältnis beendet. Sie kann nicht einseitig zurückgenommen werden, sondern nur im gegenseitigen Einvernehmen. Zu beachten ist, dass für Kündigungen die **Schriftform** zwingend vorgeschrieben ist (siehe § 623 BGB in Verbindung mit § 125 BGB). Wird dieses formale Kriterium nicht eingehalten, dann ist die Kündigung unwirksam. **Bei Auszubildenden muss die Kündigung ohnehin schriftlich erfolgen**, um wirksam zu sein (vgl. § 22 Abs. 3 Berufsbildungsgesetz).

[Der Aspekt der Kündigung könnte an dieser Stelle vertieft werden – insbesondere: Kündigungsgründe, Unterscheidung zwischen ordentlicher und außerordentlicher Kündigung und Schadenersatz bei nicht gerechtfertigter Kündigung.]

3. Kündigungsschutz/Kündigungsfristen

Ein Hauptzweck des Arbeitsrechts ist der Schutz des Arbeitnehmers vor Nachteilen, die ihm aus seiner unselbstständigen Stellung entstehen können. Hierbei spielt der Schutz vor ungerechtfertigter Kündigung eine besondere Rolle.

Ein spezieller Aspekt dieses Rechtsgebiets ist die gesetzliche Regelung der **Kündigungsfristen**. Seit dem 15.10.1993 gelten für alle Arbeitnehmer, also für Arbeiter und Angestellte, bundeseinheitlich für **ordentliche** Kündigungen **unbefristeter** Arbeitsverhältnisse die folgenden Kündigungsfristen:

LÖSUNGEN

Gesetzliche Kündigungsfristen (§ 622 BGB)	
Dauer der Betriebszugehörigkeit	Kündigungsfrist
innerhalb einer vereinbarten Probezeit (längstens für die Dauer von 6 Monaten)	2 Wochen (auf jeden Tag)
nach der Probezeit bis zum Ablauf von 2 Jahren	4 Wochen zum 15. oder Ende eines Kalendermonats (= **Grundkündigungsfrist**)
ab 2 Jahren	1 Monat zum Monatsende[1]
ab 5 Jahren	2 Monate zum Monatsende[1]
ab 8 Jahren	3 Monate zum Monatsende[1]
ab 10 Jahren	4 Monate zum Monatsende[1]
ab 12 Jahren	5 Monate zum Monatsende[1]
ab 15 Jahren	6 Monate zum Monatsende[1]
ab 20 Jahren	7 Monate zum Monatsende[1]

INFO

Der Europäische Gerichtshof (EuGH) hatte im Januar 2010 entschieden, dass die Regelung, wonach bei Kündigungsfristen nur die Beschäftigungsdauer ab der Vollendung des 25. Lebensjahres berücksichtigt wird, gegen das EU-Recht verstößt.

Der EuGH ordnete ausdrücklich an, dass die deutschen Gerichte diese Vorschrift des § 622 Abs. 2 Satz 2 BGB nicht mehr anwenden dürfen.

Arbeitgeber müssen somit für die Berechnung der gesetzlichen Kündigungsfristen sämtliche Beschäftigungszeiten ab dem 1. Tag des Arbeitsverhältnisses berücksichtigen.

ACHTUNG

- Die **verlängerten Kündigungsfristen** (ab 2 Jahren ununterbrochener Betriebszugehörigkeit) gelten nach dem Gesetzeswortlaut nur für die **arbeitgeberseitige** Kündigung; der Arbeitnehmer braucht somit grundsätzlich nur die Grundkündigungsfrist (4 Wochen zum 15. oder zum Ende eines Monats) einzuhalten.
- Von den gesetzlichen Kündigungsfristen **kann durch Tarifvertrag abgewichen werden** (vgl. § 622 Abs. 4 BGB).
- **Einzelvertragliche Verlängerungen** der Kündigungsfristen sind **auch möglich** (die vertraglich verlängerte Kündigungsfrist darf für den Arbeitnehmer aber nicht länger als für den Arbeitgeber sein); vgl. § 622 Abs. 6 BGB.
- **Einzelvertragliche Verkürzungen** sind grundsätzlich **nicht** möglich.

[1] jeweils Kalendermonat.

Ausnahmen:
- Bei **Aushilfsbeschäftigten** (bis zu 3 Monaten Beschäftigungsdauer) kann die Grundkündigungsfrist vertraglich verkürzt werden (vgl. § 622 Abs. 5 Nr. 1 BGB).
- Bei **Kleinbetrieben** (durchschnittlich nicht mehr als 20 Arbeitnehmer ohne Auszubildende) kann vereinbart werden, dass die **Grundkündigungsfrist** 4 Wochen beträgt und auf jeden beliebigen Tag erfolgen kann (nicht notwendigerweise zum 15. oder zum Ende eines Monats) (vgl. § 622 Abs. 5 Nr. 2 BGB).

[Der Prüfungskandidat kann wahlweise auch auf weitere Kündigungsschutzbestimmungen eingehen, die hier nicht angesprochen wurden: z. B. **Regelungen des Mutterschutzgesetzes** *für Schwangere,* **des Elterngeldgesetzes** *für Arbeitnehmer in „Elternzeit",* **des Berufsbildungsgesetzes** *für Auszubildende,* **des Kündigungsschutzgesetzes** *für Betriebsrats-/Personalratsmitglieder oder* **des SGB IX für Schwerbehinderte***].*

Eine **„fristlose"** (außerordentliche) Kündigung kann nur bei Vorliegen **besonderer Umstände** erfolgen. Es müssen dann Tatsachen vorliegen, aufgrund derer dem Kündigenden die Fortsetzung des Dienstverhältnisses nicht zugemutet werden kann (§ 626 Abs. 1 BGB). Beispiele wären **Diebstahl**, **Körperverletzung** o. ä. Sachverhalte.

[Der Prüfungskandidat könnte an dieser Stelle auf die **Gründe für eine außerordentliche Kündigung** *näher eingehen.]*

Sofern auf das Arbeitsverhältnis das **Kündigungsschutzgesetz** Anwendung findet (Betriebe, die regelmäßig mehr als 10 Arbeitnehmer ohne Auszubildende beschäftigen), ist die wirksame ordentliche Kündigung **nur unter bestimmten Voraussetzungen zulässig** (siehe § 1 KSchG). Da es sich bei dem vorliegenden Unternehmen aber um einen **Kleinbetrieb** handelt, findet das KSchG keine Anwendung. Der Arbeitgeber kann somit jederzeit eine ordentliche Kündigung unter Einhaltung der gesetzlichen oder arbeitsvertraglich vereinbarten Kündigungsfrist aussprechen. Er benötigt für seine Kündigung **keinen** rechtfertigenden Grund. Besondere Kündigungsverbote (z. B. nach dem Mutterschutzgesetz, dem Berufsbildungsgesetz etc.) gelten aber auch für diese Betriebe.

4. Sozialversicherung
Arbeitnehmer unterliegen – sofern kein spezieller Befreiungstatbestand vorliegt – der Versicherungs**pflicht** in den folgenden Bereichen der gesetzlichen Sozialversicherung:

- Krankenversicherung (KV)
- Pflegeversicherung (PV)
- Rentenversicherung (RV)
- Arbeitslosenversicherung (AV)
- Unfallversicherung (UV).

LÖSUNGEN

[An dieser Stelle könnte der Prüfungskandidat auf bestimmte Befreiungstatbestände eingehen: z. B. geringfügige Beschäftigung, kurzfristige Beschäftigung, Überschreiten der Beitragsbemessungsgrenze.]

Der Arbeitgeber muss den versicherungspflichtigen Arbeitnehmer bei einer gesetzlichen Krankenversicherung oder einer Ersatzkasse anmelden, an die er die jeweils fälligen Beiträge zur KV, PV, RV und AV abzuführen hat.

Die **Beiträge** werden grundsätzlich zur **Hälfte vom Arbeitnehmer** und zur anderen **Hälfte vom Arbeitgeber** getragen (Ausnahme: Bundesland Sachsen bei der Pflegeversicherung).

Bei der **Kranken- und Pflegeversicherung** gilt zwar grundsätzlich auch die hälftige Finanzierung der Beiträge, seit 2005 wurde sie aber schrittweise aufgegeben:

- Seit dem **01.01.2005** wird in der Pflegeversicherung bei **„Kinderlosen"** ein **zusätzlicher** Beitrag zu dem hälftigen Arbeitnehmeranteil erhoben. Dieser beträgt **0,25 %** des versicherungspflichtigen Arbeitsentgelts. Der Arbeitnehmeranteil zur Pflegeversicherung eines kinderlosen Versicherten beträgt somit in 2018: 1,525 % (die Hälfte von 2,55 % plus 0,25 % „Kinderlosenzuschlag").

  Davon ausgenommen sind Personen unter 23 Jahren, vor dem 01.01.1940 Geborene, Wehr- und Zivildienstleistende und Arbeitslosengeld II-Bezieher.

- Seit dem 01.01.2015 bezahlen die Mitglieder der gesetzlichen Krankenversicherung zu dem hälftigen bundeseinheitlichen Krankenversicherungsbeitrag einen zusätzlichen kassenindividuellen Arbeitnehmer-Beitrag. Die Höhe dieses Arbeitnehmer-Zusatzbeitrags wird von der jeweiligen Krankenkasse des Arbeitnehmers in der Satzung dieser Krankenkasse festgelegt. Im Kalenderjahr 2018 beträgt der Arbeitgeberanteil somit 7,3 % (die Hälfte von 14,6 %) und der Arbeitnehmeranteil 7,3 % + AN-Zusatzbeitrag (z. B. 1,1 %).

Bei einem monatlichen Arbeitsentgelt **zwischen 450,01 und 850,00 €** besteht zwar **volle** Versicherungspflicht, jedoch mit der Sonderregelung, dass der Arbeitnehmer einen geringeren als den halben Beitrag zu entrichten hat. Der Arbeitnehmeranteil steigt mit der Höhe des Entgelts – nach einer **besonderen Berechnungsformel** – linear bis zum vollen hälftigen Beitrag (bei Lohn/Gehalt = 850,00 €) an (sog. **„Gleitzone"**).

Weiterhin muss der Arbeitnehmer vom Arbeitgeber bei der zuständigen Berufsgenossenschaft unfallversicht werden. Diesen **Beitrag** trägt der **Arbeitgeber allein**.

LÖSUNGEN

[An dieser Stelle könnte der Prüfungskandidat ergänzend/vertiefend auf die folgenden Aspekte eingehen:

- **Träger** der einzelnen Bereiche **der Sozialversicherung**
- **Leistungen** der einzelnen Bereiche **der Sozialversicherung**
- Bedeutung der **Beitragsbemessungsgrenze**
- **Höhe der aktuellen Beitragsbemessungsgrenze**.]

5. Nettogehaltsermittlung

Das Schema einer Gehaltsabrechnung hat in der Regel den folgenden Aufbau:

   Bruttogehalt
[+ vermögenswirksame Leistung (sofern vom Arbeitgeber getragen)]
[+ Sachbezüge (z. B. geldwerter Vorteil einer Kfz-Gestellung)]
= steuer- und sozialversicherungspflichtiges Entgelt
- Lohnsteuer
- Solidaritätszuschlag
- Kirchensteuer
- Krankenversicherungsbeitrag (AN-Anteil)
- Pflegeversicherungsbeitrag (AN-Anteil)
- Rentenversicherungsbeitrag (AN-Anteil)
- Arbeitslosenversicherungsbeitrag (AN-Anteil)
= **Nettogehalt**
[- vermögenswirksame Leistung]
[- Sachbezüge (s. o.)]
= **Auszahlungsbetrag**

[Der Prüfungskandidat könnte dieses Schema an die Tafel schreiben, weitere Annahmen setzen (z. B. Lohnsteuerklasse III, 1 Kinderfreibetrag, vermögenswirksame Leistung 40 €, die voll vom Arbeitgeber getragen wird) und anhand dieser Daten die tatsächliche Gehaltsabrechnung erstellen. Der Prüfungsausschuss müsste dann die aktuellen Sozialversicherungsprozentsätze und die abzuziehende Lohnsteuer zur Verfügung stellen.]

Eine für den Arbeitgeber wichtige Information ist die **Höhe der insgesamt entstehenden Lohnkosten**. Direkt ermittelbar sind hier die Lohneinzelkosten (direkt zurechenbare Lohnkosten). Sie sind wie folgt zu ermitteln:

   Bruttogehalt des Arbeitnehmers
+ vermögenswirksame Leistung, die vom Arbeitgeber getragen wird
+ Sachbezüge, sofern noch nicht im obigen Bruttogehalt enthalten
+ Arbeitgeberanteil zur Sozialversicherung
= **unmittelbar zurechenbare Lohnkosten**

Direkt zurechenbar ist auch der vom Arbeitgeber an die Berufsgenossenschaft zu bezahlende Beitrag zur gesetzlichen Unfallversicherung für den Arbeitnehmer (dieser muss dem obigen Schema noch hinzugerechnet werden).

6. Lohnsteuer-Anmeldungen
Nach § 41a EStG hat der Arbeitgeber spätestens am 10. Tag nach Ablauf jedes Lohnsteuer-Anmeldungszeitraums eine Lohnsteuer-Anmeldung nach amtlich vorgeschriebenem Datensatz durch Datenfernübertragung an das Finanzamt zu übermitteln und zu bezahlen.

Nach § 41a Abs. 2 EStG gelten die folgenden Lohnsteuer-Anmeldungszeiträume:

Steuerschuld des vorangegangenen Kalenderjahres	Anmeldungszeitraum des laufenden Kalenderjahres	Abgabe- und Bezahlungsfrist
0 bis 1.080 €	Kalenderjahr (= jährlich)	bis zum Ablauf des 10. Tages nach dem Ende des Kalenderjahres (10.01.)
1.080,01 € bis 5.000 €	Kalendervierteljahr (= vierteljährlich)	bis zum Ablauf des 10. Tages nach dem Ende jedes Kalendervierteljahres (z. B. für das 1. Vierteljahr: 10.04.)
mehr als 5.000 €	Kalendermonat (= monatlich)	bis zum Ablauf des 10. Tages des Folgemonats (z. B. für Januar: 10.02.)
Besonderheiten: § 41a Abs. 2 Sätze 3 - 4 EStG		**+ jeweils 3 Tage Schonfrist** bei Überweisung oder Lastschrift

Zur Vermeidung unbilliger Härten kann jedoch **auf Antrag** weiterhin der unterschriebene **Vordruck in Papierform** abgegeben werden. Nach der Gesetzesbegründung ist eine unbillige Härte anzunehmen, wenn der Arbeitgeber nicht über die technischen Voraussetzungen im Sinne der Steuerdaten-Übermittlungsverordnung verfügt.

Weil das hier betrachtete Unternehmen im vorangegangenen Kalenderjahr noch nicht existierte, ist für die Bestimmung des Anmeldungszeitraums die für den ersten vollen Kalendermonat nach der Eröffnung des Betriebes abzuführende Lohnsteuer maßgebend, die dann in einen Jahresbetrag umzurechnen ist (§ 41a Abs. 2 Satz 4 EStG).

Für die Bestimmung des Anmeldungszeitraums im folgenden Kalenderjahr ist die für das aktuelle Kalenderjahr insgesamt abzuführende Lohnsteuer in einen Jahresbetrag umzurechnen, weil der Betrieb nicht während des ganzen Kalenderjahres bestanden hat, Bezugsgröße aber ein ganzes Kalenderjahr ist (§ 41a Abs. 2 Satz 3 EStG).

*[An dieser Stelle könnte der Prüfungskandidat kurz auf die Problematik der **Verspätungs- und Säumniszuschläge** bei verspäteter Abgabe bzw. Bezahlung eingehen.]*

LÖSUNGEN

Lösung zu Fall 3: Die geplante Investition

1. Abziehbarkeit der Vorsteuer

Herr Fölbach kann die Umsatzsteuer, die ihm bei der Realisierung der Investition von dem Lieferer der Druckmaschine in Rechnung gestellt wird, unter den folgenden Voraussetzungen als Vorsteuer geltend machen (alle Voraussetzungen müssen vorliegen!):

- Der **Leistungsempfänger** (Herr Fölbach) **ist Unternehmer** im Sinne des § 2 UStG und kein Kleinunternehmer gem. § 19 Abs. 1 UStG (hier erfüllt) und
- die gesetzlich geschuldete Umsatzsteuer wird ihm
  1. in einer **Rechnung im Sinne des § 14 UStG**
  2. **von einem anderen Unternehmer** (hier „Druckmaschinen-Reisinger") berechnet,
  3. für Lieferungen oder sonstige Leistungen, die **für Fölbachs Unternehmen** erbracht wurden (Lieferung und Installation der Druckmaschine), und
  4. die in Rechnung gestellten **Leistungen wurden bereits ausgeführt**. **Ausnahme**: Bei einer in Rechnung gestellten **Anzahlung** kann die Vorsteuer bereits abgezogen werden, wenn
     a) die **Anzahlungsrechnung vorliegt** und
     b) die **Zahlung geleistet** wurde (die Leistung kann später erbracht werden) Vgl. hierzu Abschn. 15.3 UStAE.

Ergänzend ist hier zu erwähnen, dass der Vorsteuerabzug nur dann zulässig ist, wenn Herr Fölbach die Druckmaschine für Umsätze verwendet, die zum Vorsteuerabzug berechtigen (sog. „Abzugsumsätze" gem. § 15 Abs. 3 UStG).

[An dieser Stelle könnten die folgenden Aspekte vertieft werden: Unternehmerbegriff des UStG, Pflichtangaben in einer Rechnung nach § 14 UStG, Definition der Begriffe „Lieferung" und „sonstige Leistung", Unterscheidung von „Hauptleistung" und „Nebenleistung".]

2. Planmäßige Abschreibung

Wenn Herr Fölbach die Investition in dem beschriebenen Umfang realisiert, betragen die **Anschaffungskosten (AK):**

Nettopreis der Druckmaschine		71.500,00 €
+ Anschaffungsnebenkosten		
Lieferkosten, netto	1.000,00 €	
Aufbau und Installation, netto	2.500,00 €	3.500,00 €
- Anschaffungspreisminderungen		
(z. B. Skonto, Rabatt) – nicht bekannt –		0,00 €
= Anschaffungskosten (AK)		75.000,00 €

LÖSUNGEN

Die **Nutzungsdauer (ND)** der Maschine wird ca. 8 Jahre betragen. Sie kann aus der amtlichen AfA-Tabelle für den Wirtschaftsbereich Druckerei und Verlagsunternehmen mit Druckerei entnommen werden oder auf Erfahrungswerten beruhen.

Unter der Annahme, dass Herr Fölbach höchstmöglich abschreiben möchte, könnte er die folgende **planmäßige Abschreibung** absetzen:

AK : ND = 75.000 € : 8 Jahre = **9.375 €**.

Davon dürfen im **Anschaffungsjahr** (hier 2019) **zeitanteilig** $^{x}/_{12}$ berücksichtigt werden, wobei x für die Anzahl der Monate in 2019 ab dem Monat der Lieferung steht (der Anschaffungsmonat wird als voller Monat mitgezählt), z. B. bei Lieferung der Maschine im Februar: $^{11}/_{12}$ von 9.375 € = **8.594 €** (aufgerundet).

Sofern der Investitionsabzugsbetrag nach § 7g Abs. 1 EStG in 2018 in Anspruch genommen und im Jahr der Anschaffung des Anlagegegenstandes (hier 2019) nach § 7g Abs. 2 Sätze 1 und 2 im Anschaffungsjahr erfolgsneutral aufgelöst wird (siehe unten 3.), beträgt die planmäßige steuerliche Abschreibung in 2019: 45.000 € (AK 75.000 € - Investitionsabzugsbetrag 30.000 €) : 8 Jahre • $^{11}/_{12}$ = **5.157 €** (aufgerundet).

3. Sonderabschreibungen

a) Investitionsabzugsbetrag

Da Herr Fölbach für das folgende Kalenderjahr die Realisierung einer Investition plant, ist zu prüfen, ob er die Voraussetzungen für die Inanspruchnahme des Investitionsabzugsbetrags nach § 7g EStG erfüllt.

Die folgenden Voraussetzungen müssen erfüllt sein, damit Herr Fölbach den Investitionsabzugsbetrag in Anspruch nehmen kann (hier verkürzt wiedergegeben):

- geplante Anschaffung eines **beweglichen** Wirtschaftsgutes des **Anlagevermögens (AV)**;
- das **Betriebsvermögen** des Betriebs, zu dessen AV das Wirtschaftsgut gehören soll, hat zum Schluss des Wirtschaftsjahres **nicht mehr als 235.000 €** betragen (bei Betrieben, die ihren Gewinn nach **§ 4 Abs. 3 EStG** ermitteln, darf der Gewinn vor Berücksichtigung des Abzugsbetrags **100.000 €** nicht überschreiten).

Aufgrund der Fallvorgaben kann festgestellt werden, dass die Voraussetzungen für die Inanspruchnahme des Investitionsabzugsbetrags erfüllt sind.

Herr Fölbach kann somit für 2018 nach § 7g Abs. 1 EStG einen Investitionsabzugsbetrag in Höhe von **bis zu 40 % der geplanten Anschaffungskosten** vornehmen:

40 % von 75.000 € = **30.000 €** (= Gewinnminderung in Höhe von 30.000 €).

Der Abzug erfolgt **außerbilanziell**. Der Investitionsabzugsbetrag wird also **nach** der „regulären" Gewinnermittlung abgezogen, um den steuerlichen Gewinn zu ermitteln.

Im **Jahr der Anschaffung des Wirtschaftsguts** oder in einem späteren Wirtschaftsjahr wird der in den Vorjahren in Anspruch genommene Investitionsabzugsbetrag außerbilanziell für steuerliche Zwecke dem ermittelten Gewinn hinzugerechnet (= Gewinnerhöhung um diesen Betrag). Gleichzeitig dürfen die Anschaffungs-/Herstellungskosten in Höhe von 40 % vermindert werden (= Gewinnminderung in Höhe von 40 % der AK/HK); **höchstens** jedoch in Höhe des für dieses Wirtschaftsgut in Anspruch genommenen Investitionsabzugsbetrags. Die **Abschreibung** des Wirtschaftsguts erfolgt dann **von den um den Investitionsabzugsbetrag verminderten AK/HK**.

b) **Sonderabschreibung nach § 7g Abs. 5 - 6 EStG:**
   Im Jahr der Realisierung der Investition kommt für Herrn Fölbach die Inanspruchnahme der Sonderabschreibung nach **§ 7g Abs. 5 - 6 EStG** in Betracht. Hierfür muss er die folgenden Voraussetzungen erfüllen (verkürzte Wiedergabe):

> - **Betriebsvermögen** zum Schluss des der Anschaffung **vorangegangenen** Wirtschaftsjahres nicht mehr als **235.000 €** bzw. bei **Einnahmeüberschussrechnung Gewinn** des der Anschaffung **vorangegangenen** Wirtschaftsjahres nicht mehr als **100.000 €**,
> - das Wirtschaftsgut muss mindestens ein Jahr nach seiner Anschaffung in einer inländischen Betriebsstätte dieses Betriebes verbleiben,
> - das Wirtschaftsgut wird ausschließlich oder fast ausschließlich **(zu mindestens 90 %) betrieblich genutzt.**

Da anzunehmen ist, dass diese Voraussetzungen erfüllt werden, kann Herr Fölbach im Jahr der Anschaffung der Druckmaschine **neben** der planmäßigen Abschreibung (siehe 2.) in einem **Zeitraum von 5 Jahren** (einschließlich des Anschaffungsjahres) **20 % der Anschaffungskosten** abschreiben.

Unter der Annahme, dass Herr Fölbach im Anschaffungsjahr **höchstmöglich** abschreiben möchte, beträgt die **Sonderabschreibung im Jahr der Anschaffung** der Maschine 20 % von 45.000 € (AK 75.000 € - Investitionsabzugsbetrag 30.000 €) = 9.000 €. (Annahme: „Auflösung" des Investitionsabzugsbetrags und Herabsetzung der AK gem. § 7g Abs. 2 EStG im Jahr der Anschaffung des Wirtschaftsguts.). In den Folgejahren kann für dieses Wirtschaftsgut dann keine Sonderabschreibung mehr in Anspruch genommen werden, weil sie im 1. Jahr voll ausgeschöpft wird.

[Vertiefungs-/Erweiterungsmöglichkeiten z. B.: Verteilung der Sonderabschreibung nach § 7g Abs. 1 auf mehrere Jahre, Ermittlung der planmäßigen Abschreibung ab dem 6. Jahr nach der erstmaligen Inanspruchnahme von § 7g Abs. 1 EStG].

ACHTUNG

Die Sonderabschreibung nach § 7g Abs. 5 EStG ist nur für Zwecke der steuerlichen Gewinnermittlung zulässig. **Handelsrechtlich** muss **ohne Berücksichtigung der Sonderabschreibung** von den ursprünglichen AK/HK planmäßig abgeschrieben werden.

---

4. Finanzierung

Da Herr Fölbach für die Investition kein Eigenkapital verwenden möchte, muss eine Finanzierung mit Fremdkapital erfolgen. Hierfür kommt insbesondere ein langfristiges Darlehen in Betracht (z. B. Bankdarlehen von einer ortsansässigen Bank oder von einer Anlagenfinanzierungsgesellschaft).

Aus Liquiditätsgesichtspunkten wäre es sinnvoll, sich **bei der Festlegung der Darlehenslaufzeit an der geplanten Nutzungsdauer der Maschine** zu **orientieren**, um die mit der Maschine erwirtschafteten Erträge für die Darlehenstilgung und die Zinsen verwenden zu können.

In Betracht kommt somit ein Tilgungs- oder Annuitätendarlehen mit einer Laufzeit von 6 - 8 Jahren.

[An dieser Stelle könnten Vor- und Nachteile kurzer bzw. langer Darlehenslaufzeiten und die Vor- und Nachteile der Finanzierung mit Fremdkapital erörtert werden.]

Die Bank wird von Herrn Fölbach eine Kreditsicherung verlangen. Herr Fölbach könnte beispielsweise folgende Sicherheiten anbieten:

- **Abtretung** anderer Werte (Lebensversicherungen, Wertpapiere o. Ä.),
- **Bürgschaft** von einer anderen Person oder
- **Sicherungsübereignung** der Maschine.

In der Praxis ist die **Sicherungsübereignung** bei derart gelagerten Fällen eine übliche Form der Kreditsicherung.

ACHTUNG

Der Prüfungskandidat könnte alternativ auch eine andere Form der Kreditsicherung wählen und diese erläutern.

Bei der **Sicherungsübereignung** wird das **Eigentum an der Druckmaschine auf den Kreditgeber (die Bank)** übertragen (= rechtlicher Eigentümer).

Herr Fölbach ist dann nur Besitzer der Druckmaschine und darf diese entsprechend dem Verwendungszweck nutzen (= wirtschaftlicher Eigentümer).

Wenn Herr Fölbach seine Verpflichtungen gegenüber der Bank nicht vertragsgemäß erfüllt (termingerechte Tilgungs- und Zinszahlungen), kann die Bank über die Druckmaschine verfügen und diese veräußern.

Die Sicherungübereignung ist nicht gesetzlich geregelt, aber durch die Rechtsprechung anerkannt. Rechliche Grundlage ist der Sicherungsübereignungsvertrag, der neben dem Kreditvertrag abgeschlossen wird (bedingte Eigentumsübertragung nach den §§ 929 f.BGB).

[An dieser Stelle könnte vertiefend auf die verschiedenen Vor- und Nachteile der Sicherungsübereignung gegenüber anderen Formen der Kreditsicherung eingegangen werden.]

 ACHTUNG

Die Höhe der Kreditgewährung für die Finanzierung des sicherungsübereigneten Gegenstandes richtet sich nach dem mutmaßlichen Liquidationswert (Verkaufs-/Versteigerungswert) für den Fall, dass der Kreditnehmer (Herr Fölbach) das Darlehen nicht zurückzahlt und die Bank dann auf die Sicherheit (Druckmaschine) zurückgreift.

In der Regel haben Universalmaschinen einen höheren Liquidationswert als Spezialmaschinen. Im vorliegenden Fall handelt es sich um eine Universalmaschine, weshalb der Beleihungsprozentsatz **hoch** ist (z. B. 70 % des Nettoanschaffungspreises).

5. Buchungen 2019
(1) Anschaffung

Sollkonto – SKR 03 (SKR 04)		Betrag (Euro)	Habenkonto – SKR 03 (SKR 04)	
Maschinen	0210 (0440)	75.000,00	Verbindlichkeiten	1600 (3300)
Vorsteuer 19 %	1576 (1406)	14.250,00	Verbindlichkeiten	1600 (3300)

Trotz Sicherungsübereignung erfolgt die Aktivierung der Maschine bei Herrn Fölbach, weil er wirtschaftlicher Eigentümer der Maschine ist (vgl. §§ 246 Abs. 1 Satz 2 HGB und 39 Abs. 2 AO).

Annahme hier:
Gewinnerhöhende Auflösung des IAB gem. § 7g Abs. 2 Satz 1 EStG und Kürzung der AK gem. § 7g Abs. 2 Satz 2 EStG **im Jahr der Anschaffung** des Wirtschaftsguts.

(2) Kürzung der AK gem. § 7g Abs. 2 Satz 2 im Jahr der Anschaffung:

Sollkonto – SKR 03 (SKR 04)	Betrag (Euro)	Habenkonto – SKR 03 (SKR 04)
Kürzung der AK/HK gem. § 7g Abs. 2 4853 (6243)	30.000,00	Maschinen 0210 (0440)

Außerhalb der Buchführung wird der in Anspruch genommene Investitionsabzugsbetrag (hier 30.000 €) für die steuerliche Gewinnermittlung **dem Gewinn/Verlust der Buchführung hinzugerechnet.** Dadurch erfolgt die Neutralisierung der Kürzung der AK im Anschaffungsjahr.

ACHTUNG

Die Kürzung der AK ist nur für Zwecke der **steuerlichen** Gewinnermittlung zulässig. Handelsrechtlich muss von den ursprünglichen AK planmäßig abgeschrieben werden.

(3) planmäßige steuerliche Abschreibung im Jahr der Anschaffung:

Sollkonto – SKR 03 (SKR 04)	Betrag (Euro)	Habenkonto – SKR 03 (SKR 04)
Abschreibungen 4830 (6220)	5.157,00	Maschinen 0210 (0440)

Annahme: Lieferung der Maschine im Februar 2019; dann steuerliche Abschreibung (75.000 € - 30.000 € = 45.000 €) : 8 Jahre = 5.625 €, davon $^{11}/_{12}$ = 5.156,25 €, gerundet 5.157 €.

[Hinweis: Sofern in der Buchführung die handelsrechtliche Abschreibung erfasst werden soll, ist als Betrag der handelsrechtliche Abschreibungsbetrag in Höhe von 8.594 € zu erfassen (75.000 € : 8 Jahre • $^{11}/_{12}$).]

(4) Sonderabschreibung nach § 7g Abs. 5 im Jahr der Anschaffung:

Sollkonto – SKR 03 (SKR 04)	Betrag (Euro)	Habenkonto – SKR 03 (SKR 04)
Sonderabschr. § 7g 4851 (6241)	9.000,00	Maschinen 0210 (0440)

ACHTUNG

Die Sonderabschreibung nach § 7g Abs. 5 EStG ist nur für Zwecke der steuerlichen Gewinnermittlung zulässig. **Handelsrechtlich** muss **ohne Berücksichtigung der Sonderabschreibung** von den ursprünglichen AK/HK planmäßig abgeschrieben werden.

LÖSUNGEN

Lösung zu Fall 4: Das gemischt genutzte Gebäude

1. Zuordnung zum Betriebs- oder Privatvermögen

Wird ein Gebäude teils **eigenbetrieblich**, teils **fremdbetrieblich**, teils zu **eigenen oder fremden Wohnzwecken** genutzt, ist jeder der unterschiedlich genutzten Gebäudeteile ein **eigenständig** zu bewertendes Wirtschaftsgut (vgl. R 4.2 Abs. 4 EStR).

Hierbei gelten die folgenden Regeln:

- Die **Anschaffungs- oder Herstellungskosten** des gesamten Gebäudes sind auf die einzelnen Gebäudeteile aufzuteilen. Für die Aufteilung ist das **Verhältnis der Nutzflächen maßgebend** (vgl. R 4.2 Abs. 6 EStR).
- Grundstücksteile, die **ausschließlich für eigenbetriebliche Zwecke** genutzt werden, gehören zum **notwendigen Betriebsvermögen** (vgl. R 4.2 Abs. 7 EStR).
- Grundstücksteile, die **ausschließlich eigenen Wohnzwecken** dienen, gehören zum **notwendigen Privatvermögen**.
- Grundstücksteile, die nicht eigenbetrieblich genutzt werden und nicht eigenen Wohnzwecken dienen, sondern **vermietet** sind, können als **gewillkürtes Betriebsvermögen** behandelt werden, wenn sie **in einem gewissen objektiven Zusammenhang mit dem Betrieb** stehen und ihn zu fördern bestimmt und geeignet sind (vgl. R 4.2 Abs. 9 EStR).

Das vorliegende Haus ist somit wie folgt zu unterteilen:

2. OG:	eigene Wohnzwecke (eigene Wohnung)	notwendiges Privatvermögen
1. OG:	fremdbetriebliche Zwecke (soll als Büro vermietet werden)	Privatvermögen oder gewillkürtes Betriebsvermögen (Wahlrecht)
EG:	eigenbetriebliche Zwecke (eigenes Ladenlokal)	notwendiges Betriebsvermögen

Da die Geschosse gleich groß sind, werden die AK des Grund und Bodens und die HK des Gebäudes den drei Geschossen wie folgt zugeordnet:

		Grund und Boden	Gebäude
EG	(1/3)	66.667 €	133.334 €
1. OG	(1/3)	66.667 €	133.334 €
2. OG	(1/3)	66.666 €	133.333 €

Wenn das 1. OG als gewillkürtes Betriebsvermögen behandelt wird, dann erfolgt die Vermögenszuordnung zum Gewerbebetrieb „Sportartikelgeschäft". Bei dieser Variante gäbe es im vorliegenden Fall keine Einkünfte aus Vermietung und Verpachtung, sondern nur Einkünfte aus Gewerbebetrieb (die Einnahmen und Ausgaben aus der Vermietung würden dann in der Buchführung des Gewerbebetriebs erfasst).

Hier wird jedoch die **Annahme** getroffen, dass das **1. OG** dem **Privatvermögen** zugeordnet wird und somit Einkünfte aus Vermietung und Verpachtung erzielt werden. Ein Vorteil dieser Zuordnung ist, dass bei einer möglichen späteren Veräußerung des Gebäudes mit Gewinn der Gewinnanteil für das 1. OG nicht zu versteuern sein wird, sofern die Veräußerung außerhalb der Veräußerungsfrist von § 23 Abs. 1 EStG erfolgt (10 Jahre ab der Anschaffung des Grund und Bodens).

ACHTUNG

Diese Zuordnung gilt nur **für ertragsteuerliche Zwecke** (Einkommen-/Körperschaft- und ggf. Gewerbesteuer). Für die Umsatzsteuer ist diese Unterteilung und Zuordnung **nicht** von Bedeutung; dort wird nur zwischen **Unternehmens-** und **Privat**vermögen unterschieden (siehe 4.).

---

2. Einkünfte aus Vermietung und Verpachtung
Weil die Einkunftsart „Vermietung und Verpachtung nach § 21 EStG" zu den Einkünften des Privatvermögens gehört (keine betriebliche, sondern eine **private Einkunftsart**), werden die Einkünfte als **Überschuss der Einnahmen über die Werbungskosten** ermittelt (Gegenüberstellung der Einnahmen nach § 8 Abs. 1 EStG und der Werbungskosten nach § 9 EStG).

Im vorliegenden Fall betrifft dies nur das 1. OG, **weil es dem Privatvermögen zugeordnet wird** (siehe 1.). Das 2. OG ist steuerlich bedeutungslos, weil dort keine Einnahmen anfallen.

Zu den **Einnahmen** aus Vermietung und Verpachtung gehören alle Güter in Geld oder Geldeswert, die dem Steuerpflichtigen im Rahmen der Nutzungsüberlassung zufließen (vgl. § 8 Abs. 1 EStG). Dazu gehören insbesondere:

- **Mieteinnahmen** und
- **vereinnahmte Umlagen**, z. B. für Heizung, Wasser, Abwasser, Müllabfuhr, Straßenreinigung, Flur-/Kellerbeleuchtung usw., sofern sie nicht bereits in der Miete enthalten sind.

Weil für die **zeitliche Zuordnung** der Einnahmen **§ 11 Abs. 1 EStG** gilt, gehören auch Mietnachzahlungen für frühere Kalenderjahre oder Mietvorauszahlungen für nachfolgende Kalenderjahre grundsätzlich zu den Mieteinnahmen des laufenden Kalenderjahres (Zuflussprinzip des § 11 Abs. 1 Satz 1 EStG). Eine Ausnahme hiervon bildet das Zurechnungsprinzip des § 11 Abs. 1 Satz 2 EStG bei regelmäßig wiederkehrenden Zah-

LÖSUNGEN

lungen innerhalb von 10 Tagen vor oder 10 Tagen nach dem 31.12. des laufenden Kalenderjahres.

Mietvorauszahlungen für einen Zeitraum von mehr als 5 Jahren können auf den Zeitraum, für den sie gezahlt wurden, gleichmäßig verteilt werden (Wahlrecht nach § 11 Abs. 1 Satz 3 EStG).

Nicht zu den Einnahmen gehört die **Kaution**, die der Mieter als Sicherheitsleistung bezahlt, weil der Vermieter keine wirtschaftliche Verfügungsmacht hierüber erlangt.

Zu den **Werbungskosten** gehören alle Aufwendungen zur Erwerbung, Sicherung und Erhaltung der Einnahmen (vgl. § 9 Abs. 1 Satz 1 EStG). Bei der Ermittlung der Einkünfte aus Vermietung und Verpachtung kommen insbesondere die folgenden Werbungskosten in Betracht, sofern sie für das 1. OG anfallen oder diesem anteilig zuzuordnen sind (vgl. R 21.2 EStR und H 21.2 EStH):

- Schuldzinsen einschließlich Disagio/Damnum und Finanzierungsnebenkosten, wie Kreditprovisionen, Bereitstellungsgebühren etc. (nicht Tilgungsbeiträge)
- Absetzungen für Abnutzung (AfA)
- erhöhte Absetzungen und Sonderabschreibungen
- Erhaltungsaufwendungen (z. B. für Reparaturen)
- Grundsteuer, Straßenreinigung, Müllabfuhr
- Wasserversorgung, Entwässerung, Hausbeleuchtung
- Heizung, Warmwasser
- Schornsteinreinigung, Hausversicherung, Hauswart, Treppenreinigung, Fahrstuhl und
- sonstige Werbungskosten.

Die **Zuordnung der Aufwendungen** für das 1. OG erfolgt

- **direkt** (und dann zu 100 %), wenn sie nur für dieses Geschoss anfallen oder
- **anteilig** im Verhältnis der Nutzflächen (**hier** ⅓ der Gesamtnutzfläche des Gebäudes), wenn sie für das gesamte Gebäude anfallen.

3. Abschreibung

Absetzungen für Abnutzung (AfA) sind für Gebäude und Gebäudeteile vorzunehmen, die zur Erzielung von Einkünften verwendet werden (hier das **EG** und das **1. OG**) und einer Abnutzung unterliegen (vgl. R 7.1 EStR).

LÖSUNGEN

Grundlage für die Berechnung der AfA bilden die **Anschaffungskosten** (beim Kauf) oder **Herstellungskosten** (bei eigener Herstellung) **des Gebäudes**.

Der Wert des Grund und Bodens ist für die Zwecke der AfA-Ermittlung vom Wert des Gebäudes zu trennen.

Auf die AK/HK eines Gebäudes wird der **vom Gesetzgeber vorgegebene AfA-Satz** angewendet.

Da die degressive AfA nach § 7 Abs. 5 EStG für neue Objekte nicht mehr anwendbar ist, kommt **im vorliegenden Fall nur die lineare Gebäude-AfA nach § 7 Abs. 4** EStG zur Anwendung.

- Das **EG** ist ein **Wirtschaftsgebäude** nach § 7 Abs. 4 Satz 1 **Nr. 1** EStG (Betriebsvermögen, keine Wohnzwecke, Bauantrag nach dem 31.03.1985). Der vom Gesetz hierfür vorgegebene AfA-Satz beträgt **3 %**. Die **Jahres-AfA** beläuft sich somit auf **4.000 €** (133.334 € · 3 %).

- Das **1. OG** ist – sofern es wie in der Tz. 1 angenommen dem Privatvermögen zugeordnet wird – ein Gebäude nach § 7 Abs. 4 Satz 1 **Nr. 2** EStG. Der vom Gesetz hierfür vorgegebene AfA-Satz beträgt **2 %**. Die **Jahres-AfA** beläuft sich somit auf **2.667 €** (133.334 € · 2 %).
  Würde das 1. OG alternativ dem Betriebsvermögen zugeordnet, dann wäre wie beim EG ein AfA-Satz von 3 % anzuwenden.

- Das **2. OG** wird **nicht** abgeschrieben, weil hierfür **keine Einnahmen** und somit keine Einkünfte erzielt werden.

Abschreibungsbeginn ist bei angeschafften Gebäuden der **Zeitpunkt der Anschaffung** und bei hergestellten Gebäuden der **Zeitpunkt der Fertigstellung** (wenn die wesentlichen Bauarbeiten abgeschlossen sind und der Bau so weit errichtet ist, dass der Bezug zumutbar ist (vgl. H 7.4 (Fertigstellung) EStH 2017).

Zu den **Herstellungskosten** eines **Gebäudes** gehören neben den reinen Baukosten (Rechnungen der Bauunternehmungen und der Handwerker oder Belege über eigene Materialeinkäufe) z. B. auch (vgl. H 6.4 EStH 2017):

- Kosten des Anschlusses an das Gasnetz, an das Stromversorgungsnetz, an die Wasser- und Wärmeversorgung und an das Breitbandkabel, Kanalanschlusskosten (Kosten für die Zuleitung zum öffentlichen Kanal und Kanalanstich)
- Aufwendungen für Heizungsanlagen
- Fahrtkosten zur Baustelle
- Aufwendungen für das Richtfest und für den sog. Baustrom und das Bauwasser.

Nicht zu den Herstellungskosten eines **Gebäudes** gehören u. a. die folgenden Aufwendungen (vgl. H 6.4 EStH 2017):

> - Wert der eigenen Arbeitsleistung
> - Aufwendungen für Gartenanlagen (= eigenständige Wirtschaftsgüter, vgl. R 21.1 Abs. 3 EStR)
> - Erschließungs-, Straßenanliegerbeiträge und andere, auf das Grundstückseigentum bezogene **kommunale Beiträge**, wie z. B. erstmalige Straßenausbau- und Kanalanschluss**beiträge** (= AK des Grund und Bodens!).

4. Umsatzsteuerliche Berücksichtigung
Frau Beck ist Unternehmerin nach § 2 UStG, weil sie eine gewerbliche Tätigkeit selbstständig ausübt.

Umsätze
Im Rahmen Ihres Unternehmens erzielt Frau Beck die folgenden Umsätze (ab Fertigstellung und planmäßiger Verwendung des Gebäudes):

- steuerbare und **steuerpflichtige Lieferungen (§ 3 Abs. 1 UStG)** durch Warenverkäufe in dem **Sportartikelgeschäft**
- ggf. steuerbare und **steuerpflichtige sonstige Leistungen (§ 3 Abs. 9 UStG)** im Rahmen des **Sportartikelgeschäfts** (z. B. Vermittlungsleistungen, Beratungsleistungen gegen Entgelt, Reparaturleistungen etc.)
- steuerbare und nach § 4 Nr. 12 Buchstabe a UStG **steuerfreie sonstige Leistungen (Vermietung)** im 1. OG.

[Hier könnte eine Vertiefung/Erweiterung dadurch erfolgen, dass die Voraussetzungen für die Steuerbarkeit eines Umsatzes im Einzelnen aufgezählt und kurz erläutert werden.]

Nach § 9 UStG kann der Unternehmer unter bestimmten Voraussetzungen auf die Steuerfreiheit von Umsätzen verzichten. Durch den Verzicht auf die Steuerfreiheit **wählt er die Steuerpflicht** dieser Umsätze. Die **Wahl der Steuerpflicht** wird als **Option** bezeichnet.

Zu den Umsätzen, für die der Unternehmer die Steuerpflicht wählen kann, gehören auch die Umsätze aus der **Vermietung und Verpachtung von Grundstücken nach § 4 Nr. 12 Buchstabe a UStG**. Diese Option betrifft somit die Umsätze im 1. OG des Hauses.

LÖSUNGEN

Für **die Option nach § 9 UStG** müssen folgende Voraussetzungen vorliegen:

- steuerfreie Leistung, für die ein Optionsrecht in § 9 Abs. 1 UStG eingeräumt wird
- **an einen anderen Unternehmer**
- **für dessen Unternehmen** und
- bei den in § 9 Abs. 2 UStG genannten Leistungen (z. B. Vermietung eines Grundstücks) der Leistungsempfänger das Grundstück ausschließlich **für Umsätze** verwendet oder zu verwenden beabsichtigt, **die den Vorsteuerabzug nicht ausschließen** (z. B. der Leistungsempfänger verwendet das Grundstück ausschließlich für steuerpflichtige Umsätze).

Die vorgenannten Voraussetzungen sind im vorliegenden Fall sämtlich erfüllt, **wenn der Mieter zum Vorsteuerabzug berechtigt ist.**

Wenn der Unternehmer nach § 9 UStG auf die Steuerbefreiung verzichtet und somit USt für diese Umsätze berechnet, dann ist er berechtigt, die Vorsteuerbeträge, die im Zusammenhang mit diesen steuerpflichtigen Umsätzen anfallen, nach § 15 UStG geltend zu machen (= Berechtigung zum Vorsteuerabzug).

Vorsteuerabzug
Unternehmer im Sinne der §§ 2 und 2a UStG (keine Kleinunternehmer im Sinne des § 19 Abs. 1 UStG) sind **im Rahmen ihrer unternehmerischen Tätigkeit** grundsätzlich zum Vorsteuerabzug berechtigt (vgl. § 15 Abs. 1 Satz 1 UStG und Abschn. 15.1 Abs. 1 UStAE).

Vorsteuerabzug nach § 15 Abs. 1 Nr. 1 UStG ist möglich, wenn die folgenden Voraussetzungen erfüllt sind:

- Der Leistungsempfänger ist **Unternehmer** im Sinne der §§ 2 oder 2a UStG (kein Kleinunternehmer nach § 19 Abs. 1 UStG), und
- er besitzt eine **ordnungsgemäße Rechnung** (gem. §§ 14, 14a UStG bzw. §§ 31 - 34 UStDV),
- in der ihm die **gesetzlich geschuldete** Umsatzsteuer
- von einem **anderen Unternehmer** (Leistungserbringer) berechnet wurde,
- für Lieferungen oder sonstige Leistungen, die **für sein Unternehmen** erbracht wurden, und
- die in Rechnung gestellten Leistungen wurden bereits **ausgeführt**.
  Ausnahme: Bei einer Anzahlung kann die Vorsteuer bereits abgezogen werden, wenn
    - die **Anzahlungsrechnung vorliegt** und
    - die **Zahlung geleistet** wurde (die Leistung kann später erbracht werden).

LÖSUNGEN

Wenn es sich bei der erhaltenen Leistung um einen **Gegenstand** handelt, der teilweise betrieblichen und teilweise privaten oder anderen Zwecken außerhalb des Unternehmens dient, kann die **Vorsteuer**, die bei der Anschaffung/Herstellung, der Miete und der Unterhaltung des Gegenstandes anfällt, in dem **Umfang abgezogen werden, in dem der Gegenstand dem Unternehmen zugeordnet wird**.

Die Entscheidung über die Zuordnung zum Unternehmen hat der Unternehmer zu treffen; er trifft diese Entscheidung in der Regel durch die **Inanspruchnahme oder Nichtinanspruchnahme des Vorsteuerabzugs**. Der Gegenstand muss allerdings in einem objektiven und erkennbaren wirtschaftlichen Zusammenhang mit der gewerblichen oder beruflichen Tätigkeit des Unternehmers stehen und der **unternehmerische Nutzungsanteil** muss **mindestens 10 %** betragen (vgl. § 15 Abs. 1 Satz 2 UStG), damit eine Zuordnung zum Unternehmen zulässig ist.

Für gemischt genutzte Grundstücke, die insgesamt oder anteilig dem Unternehmensvermögen zugeordnet sind, regelt **§ 15 Abs. 1b** UStG, dass der **Vorsteuerabzug nur im Hinblick auf den unternehmerisch genutzten Teil zulässig** ist.

Weitere Voraussetzung für den Vorsteuerabzug ist neben den Voraussetzungen des § 15 Abs. 1 UStG, dass der Unternehmer **zum Vorsteuerabzug berechtigende Ausgangsumsätze** mit dem Gegenstand erzielt (sog. **Abzugsumsätze**), zu denen steuerpflichtige Lieferungen und sonstige Leistungen sowie steuerfreie Umsätze nach § 4 Nr. 1 - 7 UStG gehören.

Zu dem vorliegenden Fall:
Für die im **Rahmen des Sportartikelgeschäfts** anfallenden Vorsteuerbeträge ist hier kein Abzugsverbot erkennbar; somit sind diese Vorsteuern im Rahmen der Voraussetzungen des § 15 UStG **abziehbar**.

[Hier könnte eine Vertiefung/Erweiterung dadurch erfolgen, dass einige Vorsteuerabzugsverbote – beispielsweise bei bestimmten nichtabzugsfähigen Betriebsausgaben – genannt und kurz erläutert werden.]

Hinsichtlich des **Dreifamilienhauses** kann Frau Beck empfohlen werden, neben dem EG das **1. OG** dem **Unternehmensvermögen** zuzuordnen und für das **1. OG** die **Option nach § 9 UStG** (siehe oben) in Anspruch zu nehmen. Hieraus ergeben sich folgende Konsequenzen für den Vorsteuerabzug:

- für das **EG** ist **Vorsteuerabzug zulässig**, weil mit dem Sportartikelgeschäft steuerpflichtige Umsätze erzielt werden
- für das **1. OG** ist **Vorsteuerabzug** für den Fall **zulässig**, dass Frau Beck dieses Geschoss steuerpflichtig vermietet (hier angenommen)
- für das **2. OG** ist **kein** Vorsteuerabzug möglich, weil dort keine Umsätze erzielt werden (Privatwohnung).

LÖSUNGEN

Die Ermittlung der abziehbaren/nicht abziehbaren Vorsteuerbeträge erfolgt
- durch **direkte Zuordnung** zu dem jeweiligen Gebäudeteil oder
- **anteilig im Verhältnis der Nutzflächen** (wenn sie für das gesamte Gebäude anfallen); vgl. § 15 Abs. 4 UStG.

Lösung zu Fall 5: Italo-Express

1. Erfassung der Anschaffung des Pkw

Aus **einkommensteuerlicher** Sicht gehören Wirtschaftsgüter, die zu **mehr als 50 % eigenbetrieblich** genutzt werden (für das „Pizza-Taxi" anzunehmen), zum **notwendigen** Betriebsvermögen (vgl. R 4.2 Abs. 1 EStR).

Die gesamten **Anschaffungskosten (AK)** sind – weil das Wirtschaftsgut dem Betrieb langfristig dienen soll – dem **Anlagevermögen** zuzuordnen und auf die geplante Nutzungsdauer zu verteilen (abzuschreiben); vgl. R 6.1 Abs. 1 EStR, § 247 Abs. 2 HGB, § 7 Abs. 1 EStG.

Zu den **AK** (§ 255 Abs. 1 HGB) gehören alle Aufwendungen, die geleistet werden, um einen Vermögensgegenstand zu erwerben und in einen betriebsbereiten Zustand zu versetzen, soweit sie dem Gegenstand einzeln zugeordnet werden können; dazu gehören auch die Nebenkosten (hier: Schilder und Zulassungskosten). Anschaffungspreisminderungen (hier: Rabatt) sind abzusetzen.

Weil Herr Trapattoni ein zum Vorsteuerabzug berechtigter Unternehmer ist (hier anzunehmen), gehören die bei der Anschaffung des Pkw in Rechnung gestellten Umsatzsteuerbeträge grundsätzlich nicht zu den Anschaffungskosten, da Herr Trapattoni diese – sofern alle formalen Voraussetzungen gem. §§ 14 und 15 UStG erfüllt sind – als Vorsteuer abziehen kann.

Aus **umsatzsteuerlicher** Sicht stellt sich für Herrn Trapattoni die Frage, ob und in welcher Höhe er die Umsatzsteuerbeträge, die ihm in Rechnung gestellt wurden, bei der Ermittlung seiner Umsatzsteuer-Zahllast abziehen kann.

Er kann die **Vorsteuer**, die bei der Anschaffung des Pkw anfällt, in dem Umfang abziehen, in dem er den Gegenstand dem Unternehmen zuordnet. Der Unternehmer kann den Gegenstand

> - **voll** dem Unternehmensbereich zuordnen (dann **voller** Vorsteuerabzug) oder
> - **voll** dem Privatbereich zuordnen (dann **kein** Vorsteuerabzug) oder
> - **anteilig** dem Unternehmensbereich zuordnen, d. h. im Ausmaß der unternehmerischen Nutzung (dann Vorsteuerabzug in Höhe dieses Prozentsatzes).

Die Entscheidung über die Zuordnung zum Unternehmen hat der Unternehmer zu treffen; er trifft diese Entscheidung in der Regel durch die **Inanspruchnahme oder Nichtinanspruchnahme des Vorsteuerabzugs**. Der Gegenstand muss allerdings in einem objektiven und erkennbaren wirtschaftlichen Zusammenhang mit der gewerblichen oder beruflichen Tätigkeit des Unternehmers stehen und der **unternehmerische Nutzungsanteil** muss **mindestens 10 %** betragen (vgl. § 15 Abs. 1 Satz 2 UStG), damit eine Zuordnung zum Unternehmen zulässig ist. Diese Voraussetzung ist hier als erfüllt anzusehen.

Ordnet der Unternehmer den Gegenstand in vollem Umfang dem Unternehmen zu – was hier anzunehmen und zu empfehlen ist – und zieht er die Vorsteuer aus der Anschaffung dementsprechend zu 100 % ab, so unterliegt die Verwendung des Gegenstandes für Zwecke außerhalb des Unternehmens (hier die Privatnutzung) als **unentgeltliche sonstige Leistung** nach § 3 Abs. 9a Nr. 1 i. V. mit § 1 Abs. 1 Nr. 1 der Umsatzsteuer.

Konkrete Buchungen im Zusammenhang mit der Anschaffung: siehe Gliederungspunkt 4.

2. Erfassung der laufenden Pkw-Kosten

Aus **einkommensteuerlicher** Sicht gehören die **Nettobeträge** der laufenden Pkw-Kosten (z. B. Benzin, Reparaturen, Kfz-Steuer, Kfz-Versicherung und Kfz-Nebenkosten) zu den **Betriebsausgaben** der Pizzeria (§ 4 Abs. 4 EStG). Sie sind in der Buchführung gewinnmindernd als Aufwendungen zu erfassen (Kontengruppe **„Fahrzeugkosten"** im **Soll**).

Aus **umsatzsteuerlicher** Sicht sind **Vorsteuerbeträge**, die im Zusammenhang mit den laufenden Kfz-Kosten anfallen, bei der Ermittlung der Umsatzsteuer-Zahllast der Pizzeria **abziehbar**, sofern jeweils alle formalen Voraussetzungen (§§ 14, 15 UStG, 33 UStDV) erfüllt sind. Sie sind auf dem Konto **„Abziehbare Vorsteuer"** im **Soll** zu erfassen.

Zu den konkreten Buchungen siehe Gliederungspunkt 4.

3. Berücksichtigung der privaten Pkw-Nutzung

Einkommensteuerlich ist die private Nutzung nach § 6 Abs. 1 Nr. 4 EStG zu berücksichtigen (Privatentnahme, die das zu versteuernde Einkommen erhöht).

Die Höhe der Entnahme kann alternativ nach der Ein-Prozent-Regelung (Prozentmethode) oder der Fahrtenbuchmethode ermittelt werden, da der Pkw zum notwendigen Betriebsvermögen gehört.

Bei der **Prozentmethode**, die zwingend anzuwenden ist, sofern kein Fahrtenbuch geführt wird, ist der Wert der privaten Nutzung für jeden Monat mit 1 % des Listenpreises zum Zeitpunkt der Erstzulassung zuzüglich Sonderausstattung einschließlich Umsatzsteuer anzusetzen.

Bei der **Fahrtenbuchmethode** werden die entstandenen Aufwendungen durch Belege und das Verhältnis der privaten zu den übrigen Fahrten durch ein ordnungsgemäßes Fahrtenbuch nachgewiesen (§ 6 Abs. 1 Nr. 4 Satz 3 EStG).

Umsatzsteuerlich unterliegt die **private Nutzung als unentgeltliche sonstige Leistung** der Besteuerung (§ 3 Abs. 9a Nr. 1 i. V. mit § 1 Abs. 1 Nr. 1 UStG). Nach § 10 Abs. 4 Nr. 2 UStG sind in die Bemessungsgrundlage die **anteiligen Kosten** einzubeziehen, welche durch die Privatnutzung verursacht wurden, sofern für sie Vorsteuerabzug möglich war. Kosten, für die **kein** Vorsteuerabzug möglich war (z. B. Kfz-Steuer, Kfz-Versicherung) sind in die Ermittlung der umsatzsteuerlichen Bemessungsgrundlage also nicht einzubeziehen.

LÖSUNGEN

Wenn Herr Trapattoni ein ordnungsgemäß geführtes **Fahrtenbuch** vorlegen kann, dann wird die umsatzsteuerliche Bemessungsgrundlage (BMG) also wie folgt ermittelt:

> BMG = Kfz-Kosten, für die Vorsteuerabzug möglich war • priv. Nutzungsanteil in %

Wenn Herr Trapattoni den Wert der Nutzungsentnahme für einkommensteuerliche Zwecke stattdessen nach der sog. **„Ein-Prozent-Regelung"** ermittelt und diesen Wert auch für die Umsatzsteuer heranzieht, dann ist als umsatzsteuerliche Bemessungsgrundlage **80 %** dieses Wertes anzusetzen (pauschaler Abschlag in Höhe von 20 % für diejenigen Kostenbestandteile, für die kein Vorsteuerabzug möglich war).

4. Berechnungen und Buchungen

a) **Ermittlung der Anschaffungskosten**

Pkw (Listenpreis 25.000,00 € netto minus 10 % Rabatt)	22.500,00 €
+ Nummernschild (netto)	25,00 €
+ Zulassung	25,00 €
= AK	22.550,00 €

b) **Abschreibung**
22.550,00 € : 5 Jahre ND (§ 7 Abs. 1 EStG) = 4.510,00 €
davon $^8/_{12}$ (Mai - Dez.) = **3.007,00 €**

c) **Privatnutzung**
Bruttolistenpreis (BLP) zum Zeitpunkt der Erstzulassung auf
volle 100,00 € abgerundet: 29.700,00 €.

 ACHTUNG

> Bei der Ermittlung des BLP werden Preisabzüge (Rabatt, Skonto) nicht berücksichtigt!

1 % von 29.700,00 € = **297,00 €**

297,00 € • 8 Monate (Mai - Dez.) = **2.376,00 €**

davon bei der USt steuerbar: **80 %** von 2.376,00 € =	1.900,80 €
▶ 19 % USt hierzu =	361,15 €
▶ nicht steuerbar: **20 %** von 2.376,00 € =	475,20 €

d) Buchungssätze

Sollkonto SKR 03 (SKR 04)	Betrag (Euro)	Habenkonto SKR 03 (SKR 04)
(1) Rechnung des Pkw-Händlers: 0320 (0520) Pkw 1576 (1406) abziehbare Vorsteuer	 22.500,00 4.275,00	 1600 (3300) Verb. aLuL 1600 (3300) Verb. aLuL
(2) Nummernschilder: 0320 (0520) Pkw 1576 (1406) abziehbare Vorsteuer	 25,00 4,75	 1000 (1600) Kasse 1000 (1600) Kasse
(3) Kfz-Zulassungsgebühr: 0320 (0520) Pkw	 25,00	 1000 (1600) Kasse
(4) Bezahlung der Pkw-Rechnung: 1600 (3300) Verb. aLuL	 26.775,00	 1200 (1800) Bank
(5) Abschreibung: 4832 (6222) Abschreibungen auf Kfz	 3.007,00	 0320 (0520) Pkw
(6) Privatnutzung: 1880 (2130) Unentgeltliche Wertabgaben	 1.900,80	 8921 (4640) Verwendung von Gegenständen für Zwecke außerhalb des Unternehmens 19 % USt
1880 (2130) Unentgeltliche Wertabgaben	361,15	1776 (3806) Umsatzsteuer 19 %
1880 (2130) Unentgeltliche Wertabgaben	475,20	8924 (4639) Verwendung von Gegenständen für Zwecke außerhalb des Unternehmens ohne USt

5. Ist es sinnvoll, Aufzeichnungen über die betrieblichen und die privaten Fahrten zu führen?

Wenn Herr Trapattoni nachweisen kann, dass der Wert der Privatnutzung tatsächlich niedriger als der durch die Ein-Prozent-Regelung ermittelte Wert ist, würde es sich lohnen, ein Fahrtenbuch zu führen.

Die Werte des Fahrtenbuchs werden dann bei der Berechnung der Privatnutzung zugrunde gelegt. Das Fahrtenbuch muss jedoch lückenlos und fehlerfrei sein, damit die tatsächlichen Kfz-Kosten prozentual auf die betrieblichen und privaten Fahrten aufgeteilt werden können.

Ein Fahrtenbuch muss im Normalfall mindestens die folgenden Angaben enthalten (siehe im Einzelnen BMF-Schreiben vom 18.11.2009 und vom 15.11.2012, Gliederungspunkt III., abgedruckt im Anhang 16 III des EStH 2016):

LÖSUNGEN

- Datum und Kilometerstand zu Beginn und Ende jeder einzelnen betrieblich/beruflich veranlassten Fahrt
- Reiseziel
- Reisezweck
- aufgesuchte Geschäftspartner
- gefahrene Umwege.

Da das Fahrzeug als „Pizza-Taxi" eingesetzt wird, ist anzunehmen, dass der private Nutzungsanteil im Verhältnis zum betrieblichen Nutzungsanteil niedrig ist. Die Führung eines Fahrtenbuchs würde somit vermutlich zu einer Steuerersparnis im Vergleich zur Anwendung der Prozentmethode führen. Eine Vergleichsrechnung sollte also – zumindest vorab überschlägig – durchgeführt werden.

LITERATURVERZEICHNIS

I. Aus- und Weiterbildungsliteratur

Bilke/Heining/Mann, Lehrbuch Buchführung und Bilanzsteuerrecht, 12. Auflage, Herne 2017

Bornhofen, M., Buchführung 1, 30. Auflage, Wiesbaden 2018

Bornhofen, M., Buchführung 2, 29. Auflage, Wiesbaden 2018

Bornhofen, M., Steuerlehre 1, 39. Auflage, Wiesbaden 2018

Bornhofen, M., Steuerlehre 2, 38. Auflage, Wiesbaden 2018

Dötsch/Alber/Sell/Zenthöfer, Körperschaftsteuer, Finanzen und Steuern, Band 5, 18. Auflage, Stuttgart 2017

Falterbaum/Bolk/Reiß/Kirchner, Buchführung und Bilanz, 22. Auflage, Achim 2015

Grawe/Karg/Walden, Umsatzsteuer, Grundkurs des Steuerrechts, Band 4, 21. Auflage, Stuttgart 2011

Gräfer/Gerenkamp, Bilanzanalyse, 13. Auflage, Herne 2016

Grefe, C., Kompakt-Training Bilanzen, 9. Auflage, Herne 2016

Grefe, C., Unternehmenssteuern, 21. Auflage, Herne 2018

Gunsenheimer/Segebrecht, Die Einnahme-Überschussrechnung nach § 4 Abs. 3 EStG, 15. Auflage, Herne 2018

Helmschrott/Schaeberle/Scheel, Abgabenordnung, Grundkurs des Steuerrechts, Band 1, 16. Auflage, Stuttgart 2016

Hottmann/Beckers/Schustek, Einkommensteuer, Grundkurs des Steuerrechts, Band 2, 22. Auflage, Stuttgart 2017

Huber-Jilg/Lutz, Steuerlehre, 21. Auflage, Haan-Gruiten 2018

Kintzel, Allgemeine Wirtschaftslehre für Steuerfachangestellte, 10. Auflage, Rinteln 2015

Kotz/Hubo, Mandantenorientierte Sachbearbeitung, Das vierte Prüfungsfach für Steuerfachangestellte, 14. Auflage, Herne 2017

Kurz, D./Meissner, G., Umsatzsteuer, Finanz und Steuern, Band 2, 18. Auflage, Stuttgart 2017

Leib/Schlafmann, Allgemeine Wirtschaftslehre für Steuerfachangestellte, 17. Auflage, Herne 2016

Meyer/Theile, Bilanzierung nach Handels- und Steuerrecht, 29. Auflage, Herne 2018

Möhlmeier/Nath/Wierichs/Wurm, Allgemeine Wirtschaftslehre für steuer- und wirtschaftsberatende Berufe, 13. Auflage, Troisdorf 2018

Nath/Clarenz/Grüber, Rechnungswesen für steuer- und wirtschaftsberatende Berufe, 23. Auflage, Troisdorf 2012

Ramb/Schneider, Die Einnahme-Überschuss-Rechnung von A - Z, 5. Auflage, Nürnberg 2010

Rauser/Stüsgen, Steuerlehre, 44. Auflage, Darmstadt 2017

Schweizer, R., Steuerlehre, 20. Auflage, Herne 2018

Sorg, P., Buchführung, Landsberg/Lech 1999

Zenthöfer, W., Einkommensteuer, Finanz und Steuern, Band 3, 12. Auflage, Stuttgart 2016

Zschenderlein, O., Kompakt-Training Buchführung 1 (Grundlagen), 9. Auflage, Herne 2017

Zschenderlein, O., Kompakt-Training Buchführung 2 (Vertiefung), 4. Auflage, Herne 2017

LITERATURVERZEICHNIS

Zschenderlein, O., Rechnungswesen 1 für Steuerfachangestellte, 5. Auflage, Herne 2016

Zschenderlein, O., Rechnungswesen 2 für Steuerfachangestellte, 4. Auflage, Herne 2016

Zschenderlein, O., Rechnungswesen für Steuerfachangestellte, Gesamtausgabe, 6. Auflage, Herne 2017

Zschenderlein, O., Übungsaufgaben zum Rechnungswesen für Steuerfachangestellte, 1. Auflage, Herne 2017

II. Standardwerke und Kommentare

Coenenberg/Haller/Schultze, Jahresabschluss und Jahresabschlussanalyse, 24. Auflage, Landsberg am Lech 2016

Falterbaum/Bolk/Reiß/Kirchner, Buchführung und Bilanz, Grüne Reihe, Band 10, 22. Auflage, Achim 2015

Hidien/Pohl/Schnitter, Gewerbesteuer, Grüne Reihe, Band 5, 15. Auflage, Achim 2014

Jäger/Lang/Künze, Körperschaftsteuer, Grüne Reihe, Band 6, 19. Auflage, Achim 2016

Lippross, O. G., Umsatzsteuer, Grüne Reihe, Band 11, 24. Auflage, Achim 2017

Niemeier/Schnitter u. a., Einkommensteuer, Grüne Reihe, Band 3, 24. Auflage, Achim 2018

Schmidt, L. (Hrsg.), Einkommensteuergesetz (EStG), Kommentar, 37. Auflage, München 2018

III. Zeitschriften

Betriebs-Berater, Heidelberg

Deutsches Steuerrecht (DStR), München

Die Steuerfachangestellten (STFA), Herne

Neue Juristische Wochenschrift (NJW), München

Neue Wirtschafts-Briefe (NWB), Herne

NWB Rechnungswesen (BBK), Herne

Steuer-Seminar, Achim

Steuer und Studium (SteuerStud), Herne

Steuern und Bilanzen (StuB), Herne

STICHWORTVERZEICHNIS

1 %-Regelung	962
450-Euro-Jobs in Privathaushalten	1016

A

Abflussprinzip	166
Abgabe	21
Abgabenordnung	27
-, Bedeutung	350
Abgangsort des Beförderungsmittels	66
Abgeld	450
Abgeltungsteuer	190, 193
-, Ausnahme	192
Abgeordnetenbezüge	210
Abnutzbares Anlagevermögen	513
Abschlussprüfer	693
Abschlussprüfung	619
-, schriftliche	15
Abschreibung	
-, direkte	419
-, Gebäude	1040
-, indirekte	420
-, planmäßige	1032
-, Sonderabschreibungen	1033
Abschreibungsbeginn bei angeschafften Gebäuden	205
Absonderung	998
Abweichendes Wirtschaftsjahr	165
Abzahlungskauf	583
Abzugsfähigkeit	27
Abzugssteuer	27, 137, 300
Adoptivkind	274
AEB	221
AG	
-, Eigenkapital	862
-, Organe	862
AgB	260
Agent	44 f.
Aktie	680
Aktiengesellschaft (AG)	678
Aktionär	684
Aktiver Rechnungsabgrenzungsposten	953
Aktivierende Eigenleistung	464
Aktivierungsgebot	495
Aktivierungswahlrecht	495
Akzeptkredit	726
Allein stehend	223
Allgemeine Geschäftsbedingungen	583
Allgemeiner Bewertungsgrundsatz	501
Allgemeines Gleichbehandlungsgesetz (AGG)	629
Allgemeines Steuergesetz	27
Allgemeinverbindlichkeitserklärung	1025
Allphasen-Netto-Umsatzsteuer mit Vorsteuerabzug	31
Altersentlastungsbetrag	220
Altersvermögensgesetz	646
Altersvorsorge	993
Altersvorsorgeaufwendung	244 f., 247 ff.
Altersvorsorgezulage	237
Andere unentgeltliche sonstige Leistung	76
Andere unentgeltliche Zuwendung	71
Änderung der Bemessungsgrundlage	92
Änderung nach § 172 AO	364
Änderung nach § 173 AO	364
Anfechtbarkeit	570
Angebot	577
Angebotsmonopol	746
Angebotsoligopol	746
Angebotspolypol	747
Anhang	487
-, Kapitalgesellschaft	485
Anlagenwirtschaft	463
Anlagespiegel	467, 527
Anlagevermögen	405
-, Bruttomethode	466
-, Nettomethode	466
-, Verkauf	465
Anlageverzeichnis	826
Annahmeverzug	598
Annuitätendarlehen	451
Anpassungsmethode	534
Anrechnung der Gewerbesteuer auf die Einkommensteuer	293
Ansatzmethode	
-, Beibehaltung	496
Ansatzvorschrift	495
-, spezielle	496
Anschaffungs- bzw. Herstellungskostenprinzip	502
Anschaffungskosten	503, 822, 947
-, Grund und Boden	946, 985
Anschaffungskosten eines Gebäudes	206
Ansparabschreibung	826
Antidiskriminierungsgesetz	629
Antragsveranlagung	310
Anwendungssoftware	513
Anzahlung	116
-, erhaltene	449
-, geleistete	448
-, Vorsteuerabzug	116

STICHWORTVERZEICHNIS

Anzeigepflicht
-, der Erwerbstätigkeit 1020
Arbeitgeberdarlehen 432
Arbeitnehmer 178
-, Arbeitslohn 179
-, Einnahmen 179
Arbeitnehmer-Pauschbetrag 188, 305
Arbeitskampf
-, Aussperrung 626
-, Streik 626
Arbeitslohn 178 f.
Arbeitslosengeld 146, 180, 640
Arbeitslosenhilfe 146, 180
Arbeitslosenversicherung 639
Arbeitsmittel 185
Arbeitsrecht 1008
Arbeitssicherheitsgesetz (ASiG) 627
Arbeitsvertrag 862
-, Abschluss 1025
-, Auflösung 1026
Arbeitszeitregelung 627
Arbeitszimmer 187
Arithmetisch-degressive Abschreibung 518
Aufbereitung der Bilanz 554
Aufbewahrungsfrist 398
Aufgabegewinn 178
Auflösungsmethode 534
Aufmerksamkeit 70, 76, 180, 477
Aufsichtsrat 681
Aufsichtsratsmitglied 177
Auftrag 575
Aufwendungen für die Lebensführung 150
Aufzeichnung des Leistungseingangs 134
Aufzeichnung des Warenausgangs 396
Aufzeichnung des Wareneingangs 395
Aufzeichnungserleichterung 134
Aufzeichnungspflichten im UStG 133
Aufzeichnungsvorschrift 394
Aufzeichnungsvorschrift nach
§ 4 Abs. 7 EStG 397
Ausbilder 177
Ausbildungsbeihilfe 266
Ausbildungsberater 618
Ausbildungsdienstverhältnis 277
Ausbildungsfreibetrag 261, 267 ff.
-, Auslandskinder 270
Ausbildungsordnung 619
Ausbildungsrahmenplan 620
Ausbildungsvergütung 999
Ausbildungsverhältnis 852, 993

Ausbildungszuschuss aus öffentlichen
  Mitteln 263
Ausfuhrabgabe (Zölle) 21
Ausfuhrlieferung 85, 472
Ausführungsort 61
Ausgaben
-, nicht abzugsfähige 150
Auslagenersatz 180
Auslandskinder 280
-, Ausbildungsfreibetrag 270
Auslobung 576
Ausschlussumsatz 122
Außenfinanzierung 708
Außergewöhnliche Belastung 257
-, allgemeiner Art 258 f.
-, Ausbildungsfreibetrag 267
-, Hauptgruppe 258
-, Pauschbetrag 270 f.
-, spezieller Art 258, 261
-, Unterhaltsaufwendung 261
-, zumutbare Belastung 260
Aussetzung der Vollziehung 367 f.
Aussonderung 998
Aus- und Fortbildung 185
Auswärtstätigkeit 149
Auswertung von Warenkonten 817

B

B2B-Umsatz 59
B2C-Umsatz 59
Bardividende 457, 980, 984, 1003
Basel II 734
Basiskrankenversicherung 250
Basisvorsorge 250
Basisvorsorgeaufwand 252
Bauleister an Bauleister 108
Bauleistung 106
Bauleistung an Bauleiter
-, Umsatzsteuer 106
Baumschule 168
Beamtenpension 181
Bedingte Kapitalerhöhung 711
Beförderung von Gegenständen 64
Beginnfrist 355, 612
Begleichung einer Steuerschuld
-, Zahlungserleichterung 367
Behinderten-Pauschbetrag 261, 271
Beitrag 22, 238, 241
Beiträge zur gesetzlichen
  Unfallversicherung 435

STICHWORTVERZEICHNIS

Beiträge zur Kranken- und Pflegeversicherung	250
Beiträge zur Rürup-Rentenversicherung	256
Beiträge zur zusätzlichen privaten Altersvorsorge	238
Beitragsbemessungsgrenze	863, 1010
Beizulegender Zeitwert	510, 676
Bekanntgabefiktion	354
Belege	390
Belegenheitsort	60
Bemessungsgrundlage	90
-, andere unentgeltliche Zuwendung	92
-, bei entgeltlicher Leistung	90
-, bei innergemeinschaftlichem Erwerb	92
-, Gegenstandsentnahme	92
-, private Nutzung eines betrieblichen Pkw	94
-, Sachzuwendung an das Personal	92
-, unentgeltliche Wertabgabe	92
-, Verwendung von Gegenständen für den privaten Bedarf des Personals	92
-, Verwendung von Gegenständen für Zwecke außerhalb des Unternehmens	92
Benutzungsgebühr	22
Berichtigung offenbarer Unrichtigkeit	363
Beruflich	41
Berufsausbildung	267
-, Aufwendungen für eine Berufsausbildung	185
Berufsausbildungskosten	
-, Beispiel	235
-, Sonderausgabenabzug	235
Berufsausbildungskosten als Sonderausgaben	234
Berufsausbildungsverhältnis	616
Berufsbildungsausschuss	618
Berufsbildungsgesetz	616
Berufsschule	621
Berufsverbandsbeitrag	185
Beschränkte persönliche Dienstbarkeit	605
Beschränkte Steuerpflicht	141
Beschränkt körperschaftsteuerpflichtig	314
Besitz	602, 991
Besitzsteuer	26, 137, 312
Bestandskonto	406
Bestandteil	
-, wesentlicher	566
Bestattungskosten	259
Besteuerungsverfahren	
-, Ablauf	350
Bestimmungskauf	582
Beteiligung an einer Kapitalgesellschaft	194
Beteiligungsfinanzierung	708
Betreuer	177
Betreuungsgeld	630
Betriebsabrechnungsbogen	506
Betriebsausgabe	148
Betriebsfinanzamt	351
Betriebspension	181
Betriebsrat	623
Betriebsstätte	539
Betriebssteuer	468
Betriebsveräußerung	
-, eines Freiberuflers	178
-, Gewerbebetrieb	173
Betriebsvermögen	160 f., 163
-, gewillkürtes	162 f.
-, notwendiges	161, 163
-, Übersicht	163
Betriebsvermögensvergleich	152, 379
Betriebsvermögensvergleich nach § 4 Abs. 1	152
Betriebsvermögensvergleich nach § 5	153
Betriebswirt	
-, staatlich geprüfter	20
Bewegungsbilanz	722, 844
Bewerten	495
Bewertung	
-, Forderung	816, 824
-, Umlaufvermögen	944
-, Warenbestand	823
-, Wertpapiere des Anlagevermögens	813, 941
Bewertungsanlass	495
Bewertungskontinuität	501
Bewertungsmaßstab	503
Bewertungsmethodenzusammenhang	500
Bewertungsprinzipienzusammenhang	500
Bewirtungsaufwendung	118 f., 149, 474
-, angemessene	477
-, unangemessene	478
Bewirtungskosten	
-, Vorsteuerbetrag aus	119
Bezüge	263, 265
Bezug von Waren	442
BGB	
-, allgemeiner Teil	562
-, Bücher	562

STICHWORTVERZEICHNIS

-, Erbrecht	563
-, Familienrecht	563
-, Recht der Schuldverhältnisse	563
-, Sachenrecht	563
BGB-Gesellschaft	667
Bilanz	402
-, Gliederungsschema	403
Bilanzänderung	502
Bilanzberichtigung	503
Bilanzbuchhalter	19
Bilanzdelikt	502
Bilanzfälschung	502
Bilanzfrisur	502
Bilanzidentität	498
Bilanzklarheit	498
Bilanzkontinuität	500
Bilanzkurs	855
Bilanzposten	484
Bilanzsteuerrecht	481
Bilanzverschleierung	502
Bilanzwahrheit	498
Bilanzzuordnung	496
Binnenfischerei	168
BMF-Schreiben	28
Bonität	735
Bonus	835
Börsenkurs	
-, Effekten	715
Börsenkurs von Gläubigerpapieren	716
Börsen- oder Marktpreis	509
Break-Even-Point	559
Bruttodividende	1003
Bruttolistenpreis	97
Bruttorente	211
Buchführung	
-, Aufgabe	378
-, doppelte und einfache	423
-, kaufmännische	377
-, ordnungsmäßige	384
Buchführungspflicht	1021
-, abgeleitete	382, 1021
-, handelsrechtliche	381
-, originäre	383
-, steuerrechtliche	382
-, ursprüngliche	1022
Buchführungspflichtgrenze	380
Buchung	
-, betriebsvermögensumschichtende	410
Buchungssatz	407
Bundesministerium der Finanzen	29
Bundessteuer	24 f.
Bundeszentralamt für Steuern	29
Bürgerliches Recht	
-, Leitprinzip	562
Bürgschaft	852, 994
-, Arten	731
-, Form	731

C

Campingplatz	102
-, Umsatzsteuer	102
Cashflow	722
Cashflow-Kennzahl	557
Computeranlage	
-, selbst hergestellte	821

D

Damnum	204, 450
Darlehen	450, 733, 819, 833, 847
Darlehensvertrag	573
Datenschutz	632
Datenzugriff	393
Dauerfristverlängerung	129
Dauerhafter Datenträger	568
Degressive Gebäude-AfA	519
Deliktfähigkeit	565
Derivativer Firmenwert	512
Desinvestition	707
Deutsche Bundesbank	755
Diätverpflegung	259
Dienstherr	
-, Pflichten	659
-, Rechte	660
Dienstreise	149
Dienstverhältnis	179
Dienstvertrag	574
Differenzbesteuerung	473
Direkte Steuer	25 f., 137, 312, 325
Disagio	204, 450, 536, 947, 980
-, Abschreibung	537
Diskontkredit	726
Dividende	189, 844, 858
Dividendeneinnahme	
-, Kapitalgesellschaft	457
Dividendenertrag	457
Dividendenpapiere	
-, Kauf	455
-, Verkauf	455
Dividendenrendite	559
Doppelbesteuerungsabkommen	141

STICHWORTVERZEICHNIS

Doppelte Haushaltsführung	185
Dreiecksgeschäft	36
Drittlandsgebiet im Sinne des UStG	49
Drohende Zahlungsunfähigkeit	998
Duales Ausbildungssystem	616
Durchführungsverordnung	28
Durchlaufender Posten	49, 91
Durchschnittsbewertung	528
Durchschnittssatzgewinn	380
Durchschnittssteuersatz	288
Dynamischer Verschuldungsgrad	557

E

EBIT	559
EBITDA	559
Echter stiller Gesellschafter	189
Effekten	714, 858
Effektivverzinsung von Aktien	716
Effektivverzinsung von Gläubigerpapieren	717
Ehegatte	
-, gesetzlicher Güterstand	45
-, Gütergemeinschaft	45
-, Gütertrennung	45
-, vertraglicher Güterstand	45
Ehegattengehalt	848, 989
Ehegattenveranlagung	284 f.
Ehrenamtspauschale	146
Eigenbetriebliche Zwecke	164
Eigenfinanzierung	708, 719
Eigenhändler	43
Eigenkapital	410
-, Kosten	713
Eigenkapital der Kapitalgesellschaft	677
Eigenkapitalrentabilität	556, 844
Eigenleistung	846
Eigentum	602
Eigentümer	991
Eigentumsvorbehalt	39, 582
Eigenverbrauch	836
Einfuhrabgabe	21
Einfuhr nach § 1 Abs. 1 Nr. 4	77
Einfuhrumsatzsteuer	78, 115
Einfuhrumsatzsteuer als Vorsteuer	117
Einheitlichkeit der Leistung	40
Einkommen	143, 224
Einkommensteuer	
-, Abschlusszahlung	292
-, Anrechnung der Gewerbesteuer	293
-, außergewöhnliche Belastung	257
-, beschränkte	141
-, Durchschnittssteuersatz	288
-, Einkunftermittlung	142
-, Einkunftsart	142
-, Ermittlung	291 f.
-, Erstattung	292
-, Familienleistungsausgleich	273
-, Freibetrag für Kinder	273
-, Gewinnermittlungsmethode	151
-, Grenzsteuersatz	288
-, Grundgröße der Einkünfte	142
-, Grundtarif	289
-, Handwerkerleistungen	294
-, Härteausgleich	282
-, haushaltsnahe Dienstleistung	294
-, haushaltsnahes Beschäftigungsverhältnis	294
-, Kinderfreibetrag	273
-, Kindergeld	273
-, Kosten der Lebensführung (§ 12)	150
-, nicht abzugsfähige Ausgaben	150
-, rechtliche Grundlage	137
-, Restguthaben	291
-, Restschuld	291
-, sachliche Steuerpflicht	142
-, Sonderausgabe	226
-, Spitzensteuersatz	288
-, Splittingtarif	289
-, Stellung innerhalb des Steuersystems	137
-, Steuerberatungskosten	151
-, steuerfreie Einnahmen	146
-, Steuerpflicht	138
-, Tarif	287 f.
-, Veranlagung	283
-, Veranlagungsart	284
-, Veranlagung von Arbeitnehmern	310
-, Verlustrücktrag	224
-, Verlustvortrag	226
-, Werbungskosten	146
-, zu versteuerndes Einkommen, Ermittlung	142
Einkommensteuer der juristischen Personen	313
Einkommensteuer-Restguthaben	292
Einkommensteuer-Restschuld	291 f.
Einkommensteuertarif	287
Einkünfte	144
Einkünfte aus Altersvorsorgeverträgen nach dem AVmG	210

STICHWORTVERZEICHNIS

Einkünfte aus bestimmten Leistungen	210
Einkünfte aus Gewerbebetrieb	171
-, bei einem Gesellschafter einer Personengesellschaft	172
Einkünfte aus Kapitalvermögen	188
-, Einnahmen	189
Einkünfte aus Kapitalvermögen im Veranlagungsverfahren	198
Einkünfte aus Land- und Forstwirtschaft	168
Einkünfte aus Leistungen nach § 22 Nr. 3	217
-, Freigrenze	218
Einkünfte aus nichtselbstständiger Arbeit	
-, Einnahmen	178
Einkünfte aus privaten Veräußerungsgeschäften	210, 215 f.
Einkünfte aus selbstständiger Arbeit	176
-, Hauptart	176
-, Voraussetzung	176
Einkünfte aus sonstiger selbstständiger Arbeit	177
Einkünfte aus Unterhaltsleistungen	210
Einkünfte aus Vermietung und Verpachtung	200, 1039
-, Werbungskosten	203
Einkünfte aus Versorgungsleistungen	210
Einkünfte aus wiederkehrenden Bezügen	210
Einkünfte und Bezüge	263 f., 276
Einkunftsart	142
Einkunftsarten 4 bis 7	164
Einkunftsermittlung	144
-, zeitlicher Aspekt	165
Einlage	154, 544, 979
Einlage Wirtschaftsgut	942
Einnahmen	144
-, steuerfreie	146, 180
Einnahmen aus Vermietung und Verpachtung	202
Einnahmen in Geldeswert	145
Einnahmenüberschussrechnung	152, 155, 811
Ein-Prozent-Methode	97
Ein-Prozent-Regelung	95, 98, 1048
Einspruch	364, 371, 373
Einspruchsfrist	372 f.
Eintägige Abwesenheit	149
Einzelsteuergesetz	27
Einzelunternehmung	665
-, Nachteil	1020
-, Vorteil	1020
Einzelveranlagung	284
Elektrizität	56
Elektrofahrrad	441
Elektrofahrzeug	440
Elektronische Form	568
Elektronische Lohnsteuerbescheinigung	308
Elektronischer Geschäftsverkehr	590
Elektronische Übermittlung	354
Elterngeld	146, 629
Elternzeit	632
Empfängerortprinzip	56, 59
Endabrechnung	113
Entfernungspauschale	146 f.
Entgelt	49, 90 f.
Entgeltfortzahlung	638
Entgelt für Konzession und Lizenz	338
Entgelt für Schulden	335, 338
Entgeltliche Leistung	34
Entgeltsminderung	91 f.
Entlastungsbetrag für Alleinerziehende	222 f., 305
Entnahme	153 f.
-, Umsatzsteuer	543
Entnahmeart	154
Entnahme und Einlage	
-, Bewertung	538
Entnahme von Gegenständen	68
Entnahme von Geld	68
Entschädigung für nicht gewährten Urlaub	179
Entstehung der Umsatzsteuer	103
Erbbaurecht	605
Ereignisfrist	355, 612
-, Beispiel für die Berechnung	356
Erfolgskonten	411
Erhebungsform	27
Erhebungsverfahren	366
Erhöhung des Grundkapitals	862
erichtigungsvorschriften für Verwaltungsakte	365
Erlass	369
Erläuterung der Bilanz und Gewinn- und Verlustrechnung	484
Eröffnungsbeschluss	738
Erschließungsbeitrag	207
Erstausbildung	185, 277
Erste Tätigkeitsstätte	437
Erststudium	277
Ertragsanteil	211
Ertragshoheit	24
Erwerbsteuer	80

Erziehungsfreibetrag	280
EÜR	156
Europäische Gesellschaft	695
Europäischer Wirtschaftsraum	140
Europäisches System der Zentralbanken (ESZB)	752
Europäische Wirtschafts- und Währungsunion (EWWU)	751
Eurozinsmethode	445
EZB-Rat	753

F

Factoring	730
Fahrausweis	113, 121
Fahrtenbuch	95, 1048
Fahrtenbuchmethode	97
Fahrten zwischen Wohnung und Arbeitsstätte	973
Fahrzeugeinzelbesteuerung	83
Fahrzeugüberlassung an Arbeitnehmer	96
Faktorverfahren	303
Fälligkeitsdarlehen	451, 947
Fälligkeitszins	91
Familienleistungsausgleich	273
Faustpfandkredit	732
Fernabsatzvertrag	588
Fernkommunikationsmittel	588
Fertigerzeugnis	833
Festsetzungsfrist	363
Festsetzungsverfahren	360
Festsetzungsverjährung	363
Feststellungsverfahren	360
Festverzinsliches Wertpapier	715
-, Kauf	458
Festwert	530
Fiktive unbeschränkte Steuerpflicht	139
Financial-Leasing	451, 729
Finanzamt	29 f.
Finanzbehörde	
-, örtliche Zuständigkeit	351
Finanzierung	556, 707, 855, 866
Finanzierung aus Abschreibungen	720
Finanzierungsart	708
Finanzierungsgrundsatz	721
Finanzwirtschaftliche Störung	735
Firma	654
-, der Kapitalgesellschaft	655
-, der Personengesellschaft	655
Firmenmantel	655
Firmenwert	512
First in first out	529
Fischzucht	168
Fiskalpolitik	749
Fixkauf	597
Fondsgebundene Lebensversicherung	199, 257
Forderung	530, 839, 848, 952
-, uneinbringliche	533
-, zweifelhafte	531
Formfreiheit	865
Formkaufmann	650
Formvorschrift	
-, gesetzliche	865
Forstwirtschaft	168
Fortführung der Firma	655
Fortgeführte Anschaffungs- bzw. Herstellungskosten	508
Freiberufliche Tätigkeit	176
Freibetrag für Kinder	273, 280
-, Günstigerprüfung	280
-, Übertragung	282
Freibetrag für Land- und Forstwirte	170, 223
Freibetrag Gewerbesteuer	343
Freie Marktwirtschaft	741
Freigrenze	974
Freihafen	47
Freihafen im Sinne des UStG	46
Freistellungsauftrag	197
Fremdbetriebliche Zwecke	164
Fremde Erzeugnisse	169
Fremdfinanzierung	708, 723
Fremdkapitalzins	506
Frist	354, 611
-, Beginnfrist	355
-, behördliche	355
-, Ereignisfrist	355
-, gesetzliche	355
-, Umsatzsteuer-Voranmeldung	128
Fristart	612
Fristbeginn	355
Fristberechnung	356
Fristdauer	355
Fristende	355
Fristversäumnis	357
Fusion	744

G

Gartenbau	168
Gas	56
Gästehaus	474

STICHWORTVERZEICHNIS

Gattungskauf	582
Gattungsmangel	592
GDPdU	386
Gebäude	
-, Abschreibungsbeginn	205
-, AfA-Arten	205
-, Anschaffungskosten	206
-, Erhaltungsaufwendung	207 f.
-, Herstellungskosten	206, 208
Gebäudeabschreibung	519, 832
Gebäudereinigungsleistung	106
Gebühr	22
Gegenleistung	50
Gegenstand des täglichen Gebrauchs	216
Gegenstandsentnahme	69
Gehälter	178
Gehalt mit Darlehensgewährung	820
Gehaltsabrechnung	842
-, Schema	1030
Gehaltsabrechnung mit Darlehensgewährung	948
Gehaltsvorschuss	431
Geldbuße	150
Geldentnahme	154
Geldstrafe	150
Geldtransit	447
Geldwerter Vorteil	145, 442
-, Erwerb von Kraftfahrzeugen	443
Geleistete Anzahlung und Anlagen im Bau	465
Gemeindefinanzbehörde	30
Gemeindesteuer	24 f., 325
Gemeinkostenzuschlagssatz	506
Gemeinschaftsgebiet	48
Gemeinschaftsgebiet im Sinne des UStG	47
Gemeinschaftsteuer	24 f., 30, 137, 312
Gemüsebau	168
Genehmigte Kapitalerhöhung	712
Generalvollmacht	663
Genossenschaft	698
-, Mitglied	700
Geometrisch-degressive AfA	517
Gerichtliches Mahnverfahren	609
Geringfügige Beschäftigung	868, 1013
Geringwertiges Wirtschaftsgut	524
Gesamtbetrag der Einkünfte	143, 220
Gesamtkapitalrentabilität	556, 844
Gesamtschuldnerische Bürgschaft	731
Gesamtwirtschaftliches Ziel	748
Geschäftsanteil	688, 700
Geschäftsfähigkeit	
-, Stufen	564
Geschäftsguthaben	700
Geschäftsleitungsfinanzamt	351
Geschäftsräume	587
Geschäftsreise	149
Geschäftsvorfälle	390
Geschäftswert	512
Geschenk	474, 836, 844, 974, 983
Geschenk an Nichtarbeitnehmer	475
Geschenk aus betrieblichem Anlass	118
Geschenk über netto 35 €	149
Geschenk von geringem Wert	72
Gesellschaft des bürgerlichen Rechts	857, 1002
Gesellschaft mit beschränkter Haftung	687, 851
Gesellschaftsunternehmen	666
Gesellschaftsvergütung	
-, Personengesellschaft	172
Gesetz	28
Gesetzliche Krankenkasse	
-, Leistung	637
Gesetzlich unterhaltsberechtigte Person	262
Gestellung Elektrofahrrad	441
Gestellung Elektrofahrzeug	440
Gestellung von Kraftfahrzeugen	437
Gewährleistungsanspruch	866
Gewährleistungsrecht	868
Gewerbebetrieb	172
Gewerbebetrieb kraft gewerblicher Betätigung	327
Gewerbebetrieb kraft Rechtsform	327
Gewerbebetrieb kraft wirtschaftlichen Geschäftsbetriebs	327
Gewerbeertrag	333
Gewerbesteuer	961, 969
-, Ausgangsgröße für die Ermittlung	333
-, Berechnungsschema	332
-, Besteuerungsobjekt	327
-, Ermittlung	332
-, Freibetrag	343
-, Hinzurechnungen nach § 8 GewStG	334
-, Kürzung für Grundbesitz	340
-, Kürzung nach § 9	339
-, rechtliche Grundlage	325
-, Rechtsgrundlagen	326
-, Rückstellung	347
-, Schema zur Ermittlung	332
-, Spendenabzug	341

STICHWORTVERZEICHNIS

-, Stellung innerhalb des Steuersystems 325
-, Steuerbefreiung 330
-, Steuergegenstand 327
-, Steuermessbetrag 344
-, Steuermesszahl 344
-, Steuerpflicht 327
-, Steuerschuldner 331
-, Verlustabzug 342
-, Verwaltung 326
-, Zerlegung 345, 347
-, Zuwendungen
 (Spenden und Beiträge) 339, 341
Gewerbesteuer-Abschlusszahlung 345
Gewerbesteuerbescheid 326
Gewerbesteuerguthaben 345, 348
Gewerbesteuermessbescheid 326
Gewerbesteuerpflicht
-, Beginn 328
-, Ende 329
Gewerbesteuerrückstellung 348 f., 833, 961
-, berechnete 348
Gewerbeverlust 342
Gewerblich 41
Gewerkschaft 625
Gewerkschaftsbeitrag 185
Gewillkürtes Betriebsvermögen 163
Gewinn 142
-, im Sinne des EStG 153
-, nach Handelsrecht 153
Gewinnanteil an bestimmten
 juristischen Personen 189
Gewinnanteil aus GmbH-Beteiligungen 189
Gewinnanteil der Gesellschafter einer
 Personengesellschaft 171 f.
Gewinnanteil stiller Gesellschafter 336, 338
Gewinn aus der Veräußerung oder
 Aufgabe eines Betriebes 173
Gewinn aus Gewerbebetrieb 333
Gewinn aus gewerblichem
 Einzelunternehmen 171
Gewinn der AG 684
Gewinneinkünfte 142
Gewinnermittlung
-, Übergang zur
 Einnahmenüberschussrechnung 159
Gewinnermittlung durch
 Bestandsvergleich 832
Gewinnermittlung nach
 § 4 Abs. 3 EStG 939
Gewinnermittlungsmethode 152
Gewinnermittlungszeitraum 165

Gewinnermittlung zum
 Betriebsvermögensvergleich 158
Gewinnrücklage 677
Gewinn- und Verlustrechnung
-, Gesamtkostenverfahren 481
-, Umsatzkostenverfahren 482
Gewogener periodischer
 Durchschnitt 830, 962
Gewöhnlicher Aufenthalt 138
Gezeichnetes Kapital 677
Gleitender (permanenter)
 Durchschnitt 830, 963
Gleitzone 1014, 1029
GmbH 687, 863, 992
GmbH & Co. KG 691
GoBD 386
GoBS 386
Going-concern-Prinzip 508
Goodwill 512
Grenzpendler 140
Grenzsteuersatz 288
Grundbuch 422, 608
Grunddienstbarkeit 605
Grunderwerbsteuer 976
Grundfreibetrag 305
Grundgeschäft 55
Grundgesetz des Steuerrechts 27, 350
Grundgröße der Einkünfte 144
Grundhöchstbetrag 255
Grundkapital der AG 679
Grundkündigungsfrist 1027
Grundpfandrecht 605
Grundsatz der Bilanzidentität 501
Grundsatz der Bilanzierung 497
Grundsatz der Einzelbewertung 501
Grundsatz der Fortführung der
 Unternehmenstätigkeit 501
Grundsatz der Vertragsfreiheit 571
Grundsatz des Wertzusammenhanges 500
Grundsatz ordnungsmäßiger
 Buchführung 497
Grundschuld 606, 734, 840
Grundsicherung für Arbeitssuchende 642
Grundstück 163, 818
-, Betriebsvermögen 201
-, Privatvermögen 201
Grundstück des Privatvermögens
-, gemischt genutztes 202
-, voll selbst bewohnt 202
-, voll vermietet 202
Grundstücksaufwendung 208

STICHWORTVERZEICHNIS

Grundstückskauf	813, 940
Grundstücksteil	
-, ausschließlich eigene Wohnzwecke	164
-, ausschließlich für eigenbetriebliche Zwecke	164
Grundtarif	284, 289
Grundtarif der Einkommensteuer	287
Gruppenbewertung	528
Günstigerprüfung bei den Freibeträgen für Kinder	280
Güterbeförderung	64
Gütergemeinschaft	45
Gütertrennung	45
Gutschrift im Sinne des UStG	109
GuV-Rechnung	483

H

Handelsfirma	654
Handelsmakler	657
Handelsregister	652
Handelsregistereintragung	1020
-, deklaratorische Wirkung	652
-, konstitutive Wirkung	652
Handelsspanne	427, 972
Handelsvertreter	44, 656
Handlungsbevollmächtigter	859
Handlungsgehilfe	659
-, Pflicht	660
-, Rechte	659
Handlungsvollmacht	661
Handwerkerleistung	61, 294, 297 f.
Härteausgleich	282
-, Beispiel	283
Hauptabschlussübersicht	420
Hauptbuch	422
Hauptgeschäft	55
Hauptversammlung	683
Hauptzollamt	29 f.
Haushaltsgemeinschaft	223
Haushaltsnahe Dienstleistung	294, 296 ff.
Haushaltsnahes Beschäftigungsverhältnis	294 f.
Haushaltsnahe Tätigkeit	294
Haushaltsscheck-Verfahren	1016
Haushaltszugehörigkeit	223
Häusliches Arbeitszimmer	474
Hausratversicherung	256
Haustürgeschäft	587
Hemmung der Verjährung	614

Herstellungsaufwendung nach der Fertigstellung	208
Herstellungskosten	504, 821, 950
-, immaterielle Vermögensgegenstände	508
Herstellungskosten Gebäude	206, 208, 985, 1041
Herstellungskosten I	507
Herstellungskosten II	507
HGB	
-, Bücher	648
Hilfsbuch	423
Hilfsgeschäft	55
Hinterbliebenen-Pauschbetrag	261, 271
Hinterlegung	600
Hinzurechnung nach § 8 GewStG	334
-, Überblick	338
Hobby	143
Hotel- und Fremdenzimmer	
-, Umsatzsteuer	101
Hybridelektrofahrzeug	440
Hypothek	605, 734

I

IFRS	490
Imkerei	168
Indirekte Steuer	25 f., 30
Infrastrukturpolitik	750
Inland	46, 48
Inlandsbegriff	46
Innenfinanzierung	708
Innenumsatz	50 f.
Innergemeinschaftliche Lieferung	86, 472, 951
Innergemeinschaftlicher Erwerb	816, 943, 951
-, Ort	82
Innergemeinschaftlicher Erwerb gegen Entgelt	79 f.
Innergemeinschaftlicher Erwerb neuer Fahrzeuge	83
Innergemeinschaftlicher Umsatz	471
Innergemeinschaftliches Verbringen	54, 82
Insolvenzmasse	738
Insolvenzplan	738
Insolvenzrecht	856, 998
Insolvenzverfahren	737
Insolvenzverwalter	177
Inventar	402

STICHWORTVERZEICHNIS

Inventur	399
Inventurart	400
Investierung	556
Investition	704, 855
Investitionsabzugsbetrag	522, 826, 845, 955, 959, 977, 984, 1033
Investmentzertifikat	717
Istbesteuerung	103
Istkaufmann	648

J

Jacht	474
Jagd	168, 474
Jahresabschluss	481
Journal	422
Jugendarbeitsschutzgesetz (JArbSchG)	622
Jugendschutzgesetz (JSchG)	623
Junge Aktie	710
Juristische Person	
-, des öffentlichen Rechts	565
-, des privaten Rechts	565

K

Kalkulationsfaktor	427, 557, 834, 972
Kalkulationszuschlag	426, 972
Kanalanschlusskosten	206
Kannkaufmann	650
Kapitalerhöhung aus Gesellschaftsmitteln	712
Kapitalerhöhung gegen Einlage	710
Kapitalertragsteuerabzug	190
Kapitalertragsteuer bei Zinsen und Dividenden	197
Kapitalflussrechnung	
-, indirekte	558
Kapitalgesellschaft	484, 675
-, Lagebericht	489
Kapitallebensversicherung	189, 198, 244, 257
Kapitalrücklage	677
Kapitalvermögen	
-, Einnahmen	188
Kapitalversicherung	257
Karenzbetrag	263
Kartell	744
Kaskoversicherung	256
Kasseneinnahme	395
Kassen-Nachschau	388
Kassensicherungsverordnung	389
Katalogberufe im Sinne des § 18 Abs. 1 Satz 2	176
Kaufabrechnung	
-, mit laufendem Zinsschein	458
-, ohne laufenden Zinsschein	460
Kauf auf Probe	582
Kaufmännisches Hilfsgewerbe	656
Kaufmannseigenschaft	648
Kauf nach Probe	582
Kaufvertrag	576, 851, 991
Kauf zur Probe	582
Kaution	203
KCV	560
Kennzahl	553
-, Finanzierung	555
-, Investierung	555
-, Konstitution	555
-, Liquidität	555
Kfz-Gestellung an Arbeitnehmer	97
Kfz-Kosten behinderter Menschen	259
Kfz-Überlassung an Arbeitnehmer für private Zwecke	75
KG	857, 1002
KGV	560
Kind	
-, Einkünfte und Bezüge	276
-, Erstausbildung	276
-, Gruppe	275
-, Monatsprinzip	276
Kindbegriff des § 32 Abs. 1	273
Kinderbetreuungskosten	231, 481
Kinderfreibetrag	
-, Übertragung	282
Kindergeld	273, 279
Klageverfahren	610
Klauselverbot	585
Kleinbetragsrechnung	112, 121
Kleingewerbetreibender	649
Kleinstkapitalgesellschaft	404, 483, 487, 676, 694
Kleinstkapitalgesellschaften-Bilanzrechtsänderungsgesetz	676
Kleinunternehmer	
-, Option zur Regelbesteuerung	136
Kommanditgesellschaft auf Aktien (KGaA)	686
Kommanditgesellschaft (KG)	672
Kommission	39
Kommissionär	44, 658
Konstitution	556
Kontenarten	406
Kontenklasse 2	552
Kontenplan	414

STICHWORTVERZEICHNIS

Kontenrahmen	412
Kontierung	414
Konto	406
Kontokorrentkredit	725
Kontokorrentschulden	829
Konvergenzkriterium	752
Konzession und Lizenz	337
Körperschaftsteuer	
-, Abschlusserstattung	325
-, Abschlusszahlung	325
-, Abzugsverbote gem. § 10 KStG	319
-, Bemessungsgrundlage	317
-, rechtliche Grundlagen	312
-, Rechtsgrundlagen	312
-, Spendenabzug	322
-, Stellung innerhalb des Steuersystems	312
-, Steuerbefreiung	315
-, Steuerpflicht	313
-, Steuerpflicht, Beginn	315
-, Steuerpflicht, Ende	315
-, Tarif	324
-, unbeschränkte Steuerpflicht	313
-, verdeckte Einlagen	320
-, verdeckte Gewinnausschüttung	319
-, zu versteuerndes Einkommen, Ermittlung	317 f.
-, Zuwendungen (Spenden und Beiträge)	322
Körperschaftsteuerpflicht	
-, beschränkte	314
Körperschaftsteuerrechtliche Korrektur	318
Kosten	357
Kosten der Warenabgabe	424
Kostenpauschale	265
Kostenpauschale für Bezüge	263
Kostenpflichtige Telefonhotline	587
Kosten- und Leistungsrechnung	377, 380
Krankengeld	146, 180
Kranken- und Pflegeversicherungsbeitrag	254
Krankenversicherung	
-, Träger	636
-, versicherter Personenkreis	636
-, Zuschuss bei Rentnern	215
Krankheitskosten	259
Kredit	725
Kreditart	723
Kreditkondition	734
Kreditsicherung	864, 1035
Kundenscheck	448
Kündigung	862, 1026
-, außerordentliche	1008
-, fristlose	1008
-, ordentliche	1008
Kündigungsfrist	628, 1026 f.
Kündigungsschutz	628, 1026
Kündigungsschutzgesetz	1028
Kurkosten	259
Kurs-Gewinn-Verhältnis (KGV)	716
Kurzarbeitergeld	146, 180
Kurzfristige Vermietung eines Beförderungsmittels	60
Kürzung für Grundbesitz	340
Kürzung nach § 9	339

L

Lagefinanzamt	351
Landesfinanzministerium	29
Landessteuer	24 f.
Land- und Forstwirtschaft	168
Land- und forstwirtschaftlicher Nebenbetrieb	169
Landwirtschaft	168
Latente Steuern	484
-, aktive	537
-, passive	550
Leasing	451
Leasing als Finanzierungsart	727
Leasingaufwendung	977
Leasingfahrzeug	838
Leibrente	
-, Einkünfte	211
Leichtfertige Steuerverkürzung	374
Leihvertrag	573
Leistung	34
Leistungs-AfA	522
Leistungsart	35
Leistungsaustausch	50
Leistungsbegriff	35
Leistungsentnahme	154, 544
Leistungsort	581
Leistungszeitpunkt	55
Leverage-Effekt	723
Liebhaberei	143
Lieferantenkredit	727, 853, 994
Lieferung	35
-, Elektrizität	56
-, Gas	56
-, Ort	56
-, Wasser	56

STICHWORTVERZEICHNIS

Lieferung mit Gegenstandsbewegung	36
Lieferung ohne Entgelt	66 f.
Lieferung ohne Gegenstandsbewegung	36
Lieferung ohne Warenbewegung	57
Lieferungsverzug	594
Lifo-Verfahren	830, 963
Lineare AfA	516
Liquidation	737, 739
Liquidität	556, 722
Lohn	178
Lohnsteuer	300
-, Anmeldung und Abführung	309
-, Ermäßigungsverfahren	306
-, pauschale	309
-, Steuerklassenkombination	302
Lohnsteuerabzug Steuerklasse II	222
Lohnsteueranmeldung	
-, Übersicht	310
Lohnsteuerbescheinigung	308
Lohnsteuerermäßigungsverfahren	306
Lohnsteuerklasse	301 f.
Lohnsteuerpauschalierung	309
Lohnsteuertabelle	305
-, Freibetrag und Pauschale	305
Lombardkredit	732

M

Magisches Viereck	856
Mahngebühr	91
Mahnkosten	91
Mahnverfahren	608
Mäklervertrag	575
Mandantenorientierte Sachbearbeitung	17
Mangel	
-, formeller	393
-, materieller	394
Mangelhafte Lieferung	592
-, Minderung	594
-, Nacherfüllung	594
-, Rücktritt	594
-, Schadensersatz	594
-, vergebliche Aufwendung ersetzen	594
Mantelgesetz	27, 350
Markt	
-, unvollkommener	746
-, vollkommener	746
Marktart	746
Marktform	746
Maßgeblichkeit der Handelsbilanz für die Steuerbilanz	153
Maßgeblichkeitsgrundsatz	488
Mehraufwendungen für die Verpflegung	149
Mehraufwendung für Verpflegung	149, 474
Mehrtägige Abwesenheit	149
Mehrwertsteuer	31
MicroBilG	676
Mieteinnahmen	202
-, für mehr als 5 Jahre im Voraus	203
Mietnachzahlung	203
Miet- und Pachtzins	336, 338
Mietvertrag	572
Mietvorauszahlung	203
Mindestbemessungsgrundlage	99
Mindesturlaub	623
Minijob	1013
Mini-One-Stop-Shop	130
Mitbestimmungsrecht	624
Mitgliederbeitrag	
-, echter	53
Mitgliedsbeitrag	238 f., 322
Monatsprinzip	264, 269, 276
Montagemangel	592
Mutterschaftsgeld	146, 180

N

Nachhaltigkeit	41
Nachweisgesetz	1025
Namensaktie	680
Nebenberufliche Tätigkeit	
-, als Übungsleiter, Ausbilder, Erzieher	177
-, Freibetrag für bestimmte Tätigkeiten	177
Nebenbetrieb	169
Nebenbuch	422
Nebengeschäft	55
Nebenleistung	40
Nennbetragsaktie	679
Nettobetrag	90
Nettodividende	457, 1003
Nettogehaltsermittlung	1030
Nicht abnutzbares Anlagevermögen	510
Nicht abzugsfähige Aufwendungen nach § 10 KStG	318
Nicht abzugsfähige Betriebsausgaben	118, 148, 474
-, Beispiele	149
Nichtehelicher Lebenspartner	262
Nichtigkeit	570
-, Beispiele	1026
Nicht-Kaufleute	649

STICHWORTVERZEICHNIS

Nichtveranlagungs-Bescheinigung	197
Niederschlagung	369
Niederstwertprinzip	502
Nießbrauch	605
Notwendiges Betriebsvermögen	163
Nutzungsentnahme	154, 544
NV-Bescheinigung	197

O

Oberfinanzdirektion	30
Objektsteuer	325
Obstbau	168
OFD-Verfügung	28, 30
Offenbare Unrichtigkeit	363
offenbare Unrichtigkeiten	365
Offene Handelsgesellschaft (OHG)	669
Offene-Posten-Buchführung	423
Offenlegung	694
Offenlegungspflicht	694
Öffentliche Beglaubigung	568
Öffentliche Beurkundung	568
Öffentlichkeit des Handelsregisters	653
Öffentlich-rechtliche Abgabe	21
OHG	857 f., 863, 1002
-, Gewinnverteilung	860
Operating-Leasing	451, 729
Operativer Gewinn	559
Option nach § 9	88
Option zur Steuerpflicht	
-, bei Grundstücksverkauf	89
Ordnungsgelder	150
Organ der Genossenschaft	
-, Aufsichtsrat	701
-, Generalversammlung	702
-, Vorstand	701
Organschaft	42 f.
Ort der Beförderungsleistungen	64
Ort der Leistung	55
-, der unentgeltlichen Wertangabe	77
Ort der Lieferung	55
-, § 3 Abs. 8	57
-, § 3c	58
Ort der sonstigen Leistung	59 f.
-, auf dem Gebiet der Telekommunikation an Nichtunternehmer	63
-, bei elektronischen Leistungen an Nichtunternehmer	63
-, bei Rundfunk- und Fernsehdienstleistungen an Nichtunternehmer	63
Ort der Vermietung eines Beförderungsmittels	62
Ort der Vermittlungsleistung	62
Örtliche Zuständigkeit der Finanzbehörde	351

P

Pachtvertrag	573
Pacta sunt servanda	562
Parteispende	240, 243
PartG mbB	675
Partnerschaftsgesellschaft	673, 857
Passivierungsverbot	495
Passivierungswahlrecht	495
Pauschalierung der Lohnsteuer	309
Pauschalwertberichtigung	533
Pauschbetrag für Behinderte, Hinterbliebene und Pflegepersonen	261
Pauschbetrag nach § 33b	270, 272
Pensionen	178
Periodengerechte Gewinnermittlung	492, 496, 501
Personal im Sinne des UStG	71
Personalkosten	835
-, Bruttoverfahren	430
-, Lohn- und Gehaltsverrechnungskonto	431
-, Nettoverfahren	429
Personenbeförderung	64
Personenbeförderung im Nahverkehr	
-, ermäßigter Steuersatz	101
Personenkonten	448
Personensteuer	27, 137, 150, 312
Persönliche Steuerpflicht	138
Pflegeaufwendungen	299
Pflege-Bahr	643
Pflegegeld	146, 180, 298
Pflegekind	274
Pflege-Neuausrichtungs-Gesetz	643
Pflege-Pauschbetrag	261, 271
Pflegeversicherung	642
Pflichtveranlagung	310 f.
Phase des Konjunkturverlaufs	747
Pkw-Nutzung	
-, durch Arbeitnehmer für private Zwecke	97
-, Fahrtenbuchmethode	1047
-, für private Zwecke	97
-, private	1047
-, Prozentmethode	1047
PNG	643

STICHWORTVERZEICHNIS

Praxiswert des Freiberuflers	512
Preisabgabeverordnung	743
Preisausschreiben	72
Preisnachlass	
-, Einkaufsbereich	424, 426
Price-earnings-ratio (PE)	716
Primanota	422
Prinzip der Vorsicht	501
Privatabgrenzung Telefonkosten	943
Privatanteil Pkw-Benutzung	830
Privatautonomie	562
Private kapitaldeckende Altersvorsorge	852
Private Limited Company by Shares	697
Private Nutzung von betrieblichen Telekommunikationsgeräten	146, 541
Private Pkw-Nutzung	97, 825
Privates Veräußerungsgeschäft	193 f.
-, Antiquität	215
-, Ermittlung der Einkünfte	216
-, Freigrenze	217
-, Gegenstand des täglichen Gebrauchs	215
-, Grundstücksverkauf	215
-, Verlust	216
Private Telefonkosten	962
Privatkonten	419
Privatsphäre	55
Privatsteuer	469
Privatvermögen	162 f.
-, notwendiges	162
Produkthaftungsgesetz	743
Produktivität	558
Progressionsvorbehalt	290
Prokura	661
Prokurist	859
Pro-rata-temporis-Regel	516
Prozesszins	91
Prüf- und Rügepflicht	
-, bürgerlicher Kauf	867
-, zweiseitiger Handelskauf	867
Prüfung im Prüfungsverbund	811
Prüfungstechnik	15
Prüfungsverband	699
Public Limited Company	697
Publizität des Handelsregisters	653
Publizitätsgesetz	695

Q

Qualitätsmangel	592
Quantitätsmangel	592
Quellensteuer	300

R

Rabattfreibetrag	180, 432
Rahmen des Unternehmens	53 ff.
Rahmenlehrplan	621
Ratenzahlung	367
Rating	735, 858, 1004
Realisationsprinzip	502
Reallast	605
Realsplitting	231
Realsteuer	325
Rechenzentrum	29
Rechnung	110
-, Pflichtangabe	110
-, über steuerfreie innergemeinschaftliche Lieferung	111
-, über Voraus- oder Anzahlungen	113
-, Verpflichtung zur Ausstellung	111
-, zu hoher Steuerausweis	114
-, zu niedriger Steuerausweis	114
Rechnung im Sinne des UStG	109
Rechnungsabgrenzungsposten	492, 536, 947
-, passiver	549
Rechnungserteilung mit unberechtigtem Steuerausweis	114
Rechnungslegung der Kapitalgesellschaft	693
Rechnungslegungsvorschrift	
-, kapitalmarktorientiertes Unternehmen	489
Rechnungswesen	
-, betriebliches	377
Rechtsbehelf	370
Rechtsbehelfsverfahren	370
Rechtschutzversicherung	256
Rechtsfähigkeit	
-, juristische Person	563
-, natürliche Person	563
Rechtsgebiet	
-, öffentliches Recht	561
-, Privatrecht	561
Rechtsgeschäft	
-, einseitiges	567, 864, 1011
-, Form	567
-, gesetzliche Form	568
-, mehrseitiges	1011
-, zweiseitiges	567, 864
Rechtsgleichheit	562
Rechtsgrundlagen	
-, Gewerbesteuer	326

STICHWORTVERZEICHNIS

-, Körperschaftsteuer	312
Rechtsmangel	592
Rechtsnorm	561
Rechtsobjekt	565
Rechtsordnung	561
Rechtsprechung	28
Rechtssubjekt	563
Regelmäßig wiederkehrende Zahlung	167
Reihengeschäft	35 f.
Reineinkünfte	144
Reingewinnsatz	560, 844, 982
Reisekosten	185
-, Arbeitnehmer	478
-, Unternehmer	478, 815, 943
-, Vorsteuerbetrag aus	120
Rendite	866, 1012
Rentabilität	706
Rente	641
-, abgekürzte	214
-, aus der gesetzlichen Rentenversicherung	214
-, Besteuerung	211
-, Einkünfte	211
-, Einnahmen	211
-, Ertragsanteil	211
-, private Leibrente	214
-, Werbungskosten	211
Rentenfreibetrag	211 ff.
Rentenschuld	606
Rentenversicherung	640
Rentenversicherungsbeitrag	
-, Sonderausgabenabzug	245
Rente und dauernde Last	335, 338
Restaurationsleistung	61
Restaurationsort	61
Restschuldbefreiungsverfahren	739
Richtlinie	28
Riester-Rente	237, 257, 646
Risiko-Lebensversicherung	244
Rohaufschlag	560
Rohaufschlagssatz	427
Rohgewinnaufschlagsatz	557, 834, 844, 945, 982
Rohgewinnsatz	428, 557, 560, 834, 844, 945, 982
Rücklagen für Ersatzbeschaffung	545
Rücklagen für Investitionen gem. § 6b EStG	545
Rücklage R 6.6 EStR 2008	987
Rückstellung	496, 545
-, Abzinsung	547
-, Aufzinsung	547
-, unterlassene Aufwendung für Instandhaltung	953
Ruhegelder	178
Rürup-Rente	214, 246, 256

S

Sachanlagegut	
-, Anschaffung	463
-, Ausscheiden	814, 941
-, Betriebsvermögen	814, 941
-, Kauf und Inzahlunggabe	814, 941
Sachbezug	145, 179
-, § 8 Abs. 2 EStG	973
-, i. S. der Sachbezugsverordnung	435
Sachbezugswert (§ 8 Abs. 3 EStG)	981
Sache	
-, bewegliche	566
-, unbewegliche	566
Sachenrecht	991
Sachentnahme	154
Sachliche Abgrenzung	552
Sachmangel	592
Sachspende an Verein und Schule	72
Sachsteuer	27
Sachversicherung	257
Sachzuwendung an das Personal	70
Sale and lease back	864
Sammelposten	950
Sammelposten (§ 6 Abs. 2a EStG)	526
Sanierung	736, 738
Säumniszuschlag	357
Schadenersatz	50 f.
-, echter	51
-, unechter	52
Scheidungskosten	259
Scheinkaufmann	651
Schenkungsvertrag	571
Schlichte Änderung	364
Schonfrist	128, 358
Schriftgut	
-, aufzubewahrendes	398
Schuldner der USt	105
Schuldverhältnis	570
Schulgeld nach § 10 Abs. 1 Nr. 9	236
SE	695
Seeling-Urteil	122
Selbstanzeige	375 f.
Selbstfinanzierung	
-, offene	719

STICHWORTVERZEICHNIS

-, stille	719
-, unechte	720
Selbsthilfeverkauf	599
Selbstkosten	507
Selbstschuldnerische Bürgschaft	731
Selbstständige Arbeit	
-, Merkmal	176
Selbstständige Tätigkeit	42
Sicherungsübereignung	732, 858, 1035
Sitzort	63
Societas Europaea	695
Sofortabschreibung	525
Software	512
Sollbesteuerung	103
Sonderabschreibung gem. § 7g EStG	826
Sonderabschreibung nach § 7g Abs. 5 - 6	1034
Sonderausgabe	
-, Berufsausbildungskosten	235
Sonderausgaben	226 f.
-, Abzugsvoraussetzungen	227
-, Altersvorsorgeaufwendungen	244
-, Beitrag zur Riester-Rentenversicherung	237 f.
-, Berufsausbildungskosten	234
-, beschränkt abzugsfähig	229
-, Einteilung	228
-, Erstattungsüberhang	227
-, Kinderbetreuungskosten	231
-, Krankenversicherungsbeitrag	250
-, Mitgliedsbeitrag	239
-, Pauschbetrag	257, 305
-, Realsplitting	231
-, Rentenversicherungsbeitrag	245
-, Schulgeld	235
-, Spende	239
-, Übersicht	229
-, unbeschränkt abzugsfähig	229
-, Unterhaltsleistungen an Ehegatten	230
-, Versicherungsbeitrag	244
-, Vorsorgeaufwendungen	244
Sonderposten	
-, EStR R 6.6	848
Sonderposten mit Rücklageanteil	545
Sondervorauszahlung	129
Sonstige Einkünfte	
-, Art	210
Sonstige Forderungen	494
Sonstige Leistungen	35
-, Ort	58
-, Ort des Umsatzes	60
Sonstige Leistungen ohne Entgelt	67
Soziale Marktwirtschaft	741
Sozialversicherung	634, 1010, 1028
-, Träger	863
-, Zweige	863
Sozialversicherungsausweis	636
Sparer-Pauschbetrag	196
Sparzinsen	189
Speisen und Getränken zum Verzehr an Ort und Stelle	101
Spekulationsfrist	215
Spende	238 f., 241, 322
Spitzensteuersatz	288
Splittingtarif	284, 289
Splitting-Verfahren	288
Stammaktie	679
Stammkapital	688
Stationärer Handel	586
Status	491
Steuer	21
-, Abzugsfähigkeit bei der Gewinnermittlung	27
-, direkte	25 f.
-, indirekte	25 f.
Steueranmeldung	360
Steueraufkommen	23
Steuerbare Einfuhr	77, 79
Steuerbarer innergemeinschaftlicher Erwerb	79
Steuerbarer Umsatz	34
-, Art	33
Steuerbarkeit einer Lieferung	38
Steuerbefreiung	
-, Verzicht	89
Steuerbefreiung im Sinne des UStG	84
Steuerbescheid	
-, bekannt geben	353
-, Berichtigung	364
-, Merkmal	360
Steuerbilanz	
-, aus der Handelsbilanz abgeleitete	497
Steuereinnahme	23
Steuererklärung	360
Steuerermäßigung bei Einkünften aus Gewerbebetrieb	292
Steuerermäßigung für haushaltsnahe Beschäftigungen, Dienstleistungen und Handwerkerleistungen	294
Steuerermäßigung für Pflegeleistung	298
Steuerermäßigung nach § 35	293

STICHWORTVERZEICHNIS

Steuerfachwirt	20
Steuerfreie Einnahme	145
Steuerfreier Umsatz mit Vorsteuerabzug	84 f.
Steuerfreier Umsatz ohne Vorsteuerabzug	84, 87, 122
Steuergefährdung	374
Steuerhinterziehung	357, 374
Steuerklasse III	303
Steuerklasse IV	303
Steuerklassenkombination	302
Steuerklassenkombination III/V	303
Steuerliche Nebenleistung	22, 357, 470
Steuerliche Vorschrift	27
Steuermessbetrag	344
Steuermesszahl	344
Steuern	
-, Einteilung	24
Steuern vom Einkommen	150
Steuerordnungswidrigkeit	374
Steuerpflicht	
-, Einkommensteuer	138
-, Gewerbesteuer	327
-, Körperschaftsteuer	313
-, unbeschränkte	138
Steuersatz	100
-, Umsatzsteuer	99
Steuerschuld	
-, Entstehung	366
-, Erlöschen	369
-, Fälligkeit	366
-, Verjährung	369
Steuerschuld auf den Leistungsempfänger	108
Steuerschuldner	
-, Leistungsempfänger	473
Steuerschuldnerschaft des Leistungsempfängers	105, 107
Steuerspirale	23
Steuerstraftat	374
Steuerverwaltung	
-, Aufbau	29
-, Aufgabe	29
Steuerverwaltungsakt	352
Stichtagsinventur	400
Stille Gesellschaft	666, 852, 992
Stille Reserve (§ 6b EStG)	976
Stiller Gesellschafter	
-, echter (typischer)	171, 188
-, unechter (atypischer)	171, 189
Stille Rücklage	996
Straßenanliegerbeitrag	207
Strukturpolitik	749
Stückaktie	679
Stückkauf	582
Stückzinstopf	462
Stundung	357, 367 f.
Stundungszins	367
Subsidiaritätsklausel des § 21 Abs. 3	200
Summe der Einkünfte	143, 218
Systemsoftware	512

T

Tageszinsberechnungsmethode	445
Tarif	
-, Körperschaftsteuer	324
Tarifvertrag	625, 1025
Tätigkeitsfinanzamt	351
Tätigkeitsort	61
Tausch	50, 583
Tauschähnlicher Umsatz	50
Tausch mit Baraufgabe	50
Teichwirtschaft	168
Teilarbeitslosengeld	146
Teileinkünfteverfahren	175, 192, 456, 980, 1004
Teilwert	155, 508, 830
-, Formelmethode	529
-, Subtraktionsmethode	530
Teilwertabschreibung	952
Teilwertvermutung	509
Teilwert von Wirtschaftsgütern des Vorratsvermögens	529
Telefonkosten	815, 836
Telefonrechnung	830
Termin	354, 611
Testamentsvollstrecker	177
Testierfähig	565
Textform	568
Tierhaltung	168
Tierzucht	168
Tilgungsdarlehen	451
Traglast	34
Transitorische Abgrenzung	493
Trinkgeld	180
Typische Berufskleidung	185

STICHWORTVERZEICHNIS

U

Übergabeort	60
Übergang der Gewinnermittlung nach § 4 Abs. 3 zum Betriebsvermögensvergleich	158
Übergangsgewinn	159
Übergang vom Betriebsvermögensvergleich zur Einnahmenüberschussrechnung	159
Überschuldung	998
Überschuss	142
Überschusseinkünfte	142
-, Ermittlung	164
Überschussrechnung	379, 381, 832
Übriges Gemeinschaftsgebiet	48
Übungsleiter	177
Übungsleiterfreibetrag	146
Umgekehrte Maßgeblichkeit	488
Umlage	202
Umlaufvermögen	405, 527
Umsatz	
-, steuerbarer	33
Umsatzrentabilität	557
Umsatzsteuer	
-, Aufzeichnungspflichten	133
-, Bemessungsgrundlage	90
-, Campingplatz	102
-, Dauerfristverlängerung	129
-, Drittlandsgebiet	49
-, Eigentumsvorbehalt	39
-, Einheitlichkeit von Leistung	40
-, Entstehungszeitpunkt	102
-, Entstehungszeitpunkt beim innergem. Erwerb	104
-, Erhebung	126
-, Fahrausweis	113
-, Festsetzung	126
-, Freihafen	46 f.
-, Gebietsbegriff	46
-, Gemeinschaftsgebiet	47
-, Gutschrift	109
-, Hotel- und Fremdenzimmer	101
-, Inland	46
-, Innenumsatz	51
-, Istbesteuerung	102
-, Istbesteuerung, Voraussetzung	104
-, Kleinbetragsrechnung	112
-, Kleinunternehmerregelung	134
-, Kommissionsgeschäft	39
-, Mitgliederbeitrag	53
-, Nebenleistung	40
-, Ort der sonstigen Leistung	58
-, Rechnung	109
-, Rechnung, Pflichtangabe	110
-, rechtliche Grundlage	30
-, Rechtsgrundlage	31
-, Schadenersatz	51
-, Schuldner	105
-, Sollbesteuerung	102
-, Sondervorauszahlung	129
-, Stellung innerhalb des Steuersystems	30
-, Steuerbefreiung	84
-, Steuersatz	99
-, Steuerschuldner	102
-, Steuerschuldnerschaft gem. § 13b	105
-, unentgeltliche Wertabgabe	66
-, Unternehmenseinheit	54
-, Voranmeldungszeiträume und -fristen	127
-, Vorsteuerabzug	115
-, zusammenfassende Meldung	129, 133
Umsatzsteuer-Anwendungserlass (UStAE)	31
Umsatzsteuerkonten	417
Umsatzsteuer-Traglast	34
Umsatzsteuer-Voranmeldung	127, 1023
Umsatzsteuer-Zahllast	34
Umschlagshäufigkeit	558
Umzugskosten	185
Unbebautes Grundstück	837, 846
Unbeschränkte Körperschaftsteuerpflicht	314
Unentgeltliche Leistung	66 f.
Unentgeltliche Lieferung	93
Unentgeltliche Sachzuwendung	72
Unentgeltliche Wertabgabe	66, 974
Unentgeltliche Zuwendung eines Gegenstandes	70, 72
Unfallversicherung	639
Unlauterer Wettbewerb	743
Unselbstständige Tätigkeit	42
Untätigkeitseinspruch	371
Unterhaltsaufwendung	261, 263
Unterhaltsleistungen an Ehegatten	230
Unternehmensanalyse	553
Unternehmenseinheit	51, 54
Unternehmensform	663
Unternehmensinsolvenz	737
Unternehmer	42, 53
Unternehmerbegriff	41
Unternehmereigenschaft	43
Unternehmergesellschaft	690

STICHWORTVERZEICHNIS

Unternehmer im Sinne des UStG	41
Unternehmerortprinzip	59
Unterstützung gesetzlich unterhaltsberechtigter Personen	261
Unterstützung von Angehörigen	261
USt-Abschlusszahlung	130
USt-Erklärung	
-, Abgabe	129
-, Bezahlung	129
USt-IdNr.	81
USt-Voranmeldung	128

V

Veranlagung	283
Veranlagungsart	284
Veranlagungssteuer	27, 30, 137, 312, 325
Veranlagung zur Einkommensteuer	
-, Antragsveranlagung	310
-, Pflichtveranlagung	310
Veranstaltungsort	62
Veräußerung einer Beteiligung an einer Kapitalgesellschaft	175
Veräußerungsfrist	215
Veräußerungsgewinn	174, 178
Veräußerungsgewinn nach § 17	175
Veräußerung von Anteilen an Kapitalgesellschaften	216
Verbilligte Überlassung einer Wohnung	209
Verbindlichkeit	
-, Abzinsungsgebot	548
-, Erfüllungsbetrag	947
-, Handelsrecht	547
-, Steuerrecht	547
Verböserung	373
Verbraucherinsolvenzverfahren	739
Verbraucherschutz	743
Verbrauchervertrag	586
Verbrauchsfolgeverfahren	528
Verbrauchsgüterkauf	593
Verbrauchsteuer	26, 30
Verbundprüfung	851
Verdeckte Einlagen	320
Verdeckte Gewinnausschüttung	319 f.
Verein (e. V.)	703
-, Einkünfte	323
-, Mitgliederbeitrag	324
Verfügungsgeschäft	38
Verfügungsmacht über einen Gegenstand	38 f.

Verjährung	613, 854
-, Steuerschuld	369
Verjährungsfrist	996
Verkauf	
-, festverzinslicher Wertpapiere	461
Verkehrsteuer	26, 30
Verlosung	72
Verlustabzug	224
Verlustanteil an Mitunternehmerschaft	338
Verlust aus Aktienverkauf	196
Verlustausgleich	218, 224
-, horizontaler (interner)	218
-, vertikaler (externer)	219
Verluste aus Leistungen nach § 22 Nr. 3	220
Verluste aus privaten Veräußerungsgeschäften	216, 220
Verlustrücktrag	225
Verlustverrechnungstopf	196
Verlustvortrag	226
Vermietung	
-, verbilligte	208
Vermietung eines Beförderungsmittels	60
Vermietung privater Gegenstände	218
Vermietung und Verpachtung	
-, Einnahmen	200
-, Werbungskosten	203
Vermietung von Sachinbegriffen	200
Vermittlungsleistung	62
Vermögensart	163
Vermögensverwalter	177
Vermögenswirksame Leistungen	433
Verpackungskosten	579
Verpflegungspauschale	149
Verpflichtungsgeschäft	38
Verrechnungsverbot	496
Versandkosten	579
Versandumsatz innerhalb des Gemeinschaftsgebietes	58
Verschaffung der Verfügungsmacht	55
Versendungsfall	56
Versendungskauf	581
Versicherung	633
Versicherungsbeitrag	244
-, Abzug	252
-, sonstige Vorsorgeaufwendung	252
-, zur Krankenversicherung	250
Versorgungsbezüge	181, 184
Versorgungsfreibetrag	181 f., 184
-, Berechnung	183
Verspätungszuschlag	357 f.
Vertragsrecht	1012

STICHWORTVERZEICHNIS

Vertragsstrafe	91
Vertretbare Sache	117
Verwaltungsakt	
-, Bekanntgabe	352
-, Form der Zustellung	354
-, Wirksamkeit	352
-, Zeitpunkt der Bekanntgabe	354
Verwaltungsanweisung	28
Verwaltungsfinanzamt	351
Verwaltungsgebühr	22
Verwarnungsgelder	150
Verwendung eines Gegenstandes für den privaten Bedarf des Personals	75
Verwendung eines Gegenstandes für Zwecke außerhalb des Unternehmens	73 f.
Verzehr an Ort und Stelle	61, 101
Verzeichnis § 4 Abs. 3 EStG	396
Verzinsung	357
Verzollt und versteuert	78
Verzugszins	91, 601
Vinkulierte Namensaktie	680
Vollständigkeit	496
Vorabvergütung	173
Vorbehalt der Nachprüfung	361
Vorgesellschaft	315
Vorgründungsgesellschaft	315
Vorläufige Steuerfestsetzung	362
Vorsorgeaufwendungen	229, 244, 249, 252
-, altes Recht	255
-, Höchstbetrag	249
-, Höchstbetragsberechnung	255
Vorsorgepauschale	305
Vorstand	680
Vorsteuer	
-, Abziehbarkeit	1032
-, Abzugsberechtigung	115
-, Abzugsverbot	118
-, Art	115
-, Einfuhrumsatzsteuer	115, 117
-, Erwerbsteuer aus innergemeinschaftlichem Erwerb	115, 118
-, nicht abzugsfähige Betriebsausgabe	118
-, Reisekosten	120
Vorsteuerabzug	115
-, anteilig bei gemischter Veranlassung	116
-, Anzahlung	116
-, aus Fahrausweisen	121
-, aus Kleinbetragsrechnung	121
-, aus Reisekosten	120
-, Voraussetzung	116
Vorsteuerabzugsverbot	118
-, für Grundstücksteile, die nicht für Zwecke des Unternehmens verwendet werden	122
-, für steuerfreie Ausschlussumsätze	122
Vorsteueraufteilung	122
-, bei sonstiger Leistung	117
-, bei vertretbaren Sachen	117
Vorsteueraufteilung nach § 15 Abs. 4	123
Vorsteuerberichtigung	124
-, Bagatellgrenze	126
Vorsteuerbetrag	470
-, abzugsfähiger Aufwand	471
Vorsteuerguthaben	34
Vorwegabzug	255
Vorzugsaktie	679

W

Waisengeld	178
Wareneinsatz	
-, wirtschaftlicher	945
Warenentnahme	974
Warenkommissionär	44
Warenkonten	415
-, Auswertung	945
-, Bruttoabschluss	416
-, Just-in-time-Verfahren	416
-, Nettoabschluss	415
Warenmuster	72
Warenrohgewinn	945
Warenrücksendung	
-, Einkaufsbereich	424
Wärme	56
Wartegeld	178
Wasser	56
Wege des Unternehmers zwischen Wohnung und Betriebsstätte	149
Wege zwischen Wohnung und Arbeitsstätte	147, 185
Weinbau	168
Welteinkommensprinzip	139, 314
Werbungskosten	146, 184 f.
-, Aufwendungen für eine Berufsausbildung	185
-, pauschale	188
-, Pauschbetrag	148
Werkleistung	35
Werklieferung	35
Werkvertrag	574
Wertaufhellend	384

STICHWORTVERZEICHNIS

Wertaufhellende Tatsache	531
Wertbeeinflussend	384
Wertbeeinflussende Tatsache	531
Wert des Bezugsrechts	711
Wertpapiere	714, 840, 979
Wertpapiere des Umlaufvermögens	535, 833
Wiedereinsetzung in den vorigen Stand	358 f.
Willenserklärung	569
Willensmangel	569
Wirtschaftlicher Geschäftsbetrieb	316
-, Kleinbetriebsregelung	330
Wirtschaftliche Zugehörigkeit	167
Wirtschaftlichkeit	558
Wirtschaftsgebäude	520
Wirtschaftsgut	161
-, Einlage	815
Wirtschaftsgüter des Betriebsvermögens	160
Wirtschaftsgüter des Privatvermögens	160
Wirtschaftsgüter des Vorratsvermögens	528
Wirtschaftsjahr	165
-, abweichendes	165
Wirtschaftsordnung	740
Wirtschaftspolitik	740
Witwengelder	178
Wohngeld	146
Wohnsitz	138, 565
Wohnsitzfinanzamt	351
Wohnungseigentum	605
Wohnzwecke	
-, eigene	164
-, fremde	164
Working Capital	555

Z

Zahlung	
-, regelmäßig wiederkehrende	167
-, wirtschaftliche Zurechnung	167
Zahlungsbedingung	580
Zahlungsunfähigkeit	998
Zahlungsverzug	600
Zahlungszuschlag	91
Zeitliche Abgrenzung	492
Zeitliche Zurechnung	
-, Ausgaben	166
-, Einnahmen	166

Zeitraum für die Ermittlung der Überschusseinkünfte	166
Zentralfinanzamt	351
Zentralverwaltungswirtschaft	741
Zerlegung des Steuermessbetrags	345 f.
Zerlegungsanteil einer Gemeinde	346
Zessionskredit	733
Ziele der Wirtschaftspolitik	856
Zins	357
Zinsabschlagsteuer	461
Zinsberechnung	837, 975
Zinsen auf hinterzogene Steuern	150
Zinsen aus Bausparguthaben	189
Zinsen aus festverzinslichen Wertpapieren	189
Zinsen für kurzfristige Schulden	335
Zinsrechnung	444
Zinsschein	
-, Einlösung	460
Zinsschranke	475
Zinsvorteil	
-, Arbeitgeberdarlehen	432
Zölle	26
Zollkriminalamt	29
Zubehör	567
Zufälliger Untergang	582
Zufällige Verschlechterung	582
Zuflussprinzip	166
Zukauf fremder Erzeugnisse	169
Zumutbare Belastung	259
Zusammenfassende Meldung	131 f.
Zusammenveranlagung	284
Zuschlagskalkulation	507
Zuschlag zum Versorgungsfreibetrag	181 f., 184
Zuschuss der Rentenversicherungsträger zur Krankenversicherung	214
Zuständigkeit der Finanzbehörde	351
Zu versteuerndes Einkommen	143, 273
Zuwendungen	238 f., 322, 341
Zuwendungen an politische Parteien	240 f., 322
Zuwendungen bei Betriebsveranstaltungen	180
Zuwendungen (Spenden)	339
Zuwendungen (Spenden und Beiträge)	243
Zwangsgeld	357
Zwangsläufigkeit	258
Zwangsvollstreckung	610

STICHWORTVERZEICHNIS

Zweiseitiger Handelskauf
-, Aufbewahrungspflicht 593
-, Prüfungspflicht 593
-, Rügepflicht 593

Zwischenbilanz 491
Zwischenprüfung 619